LANDMANN/ROHMER, UMWELTRECHT

Anweisung zum Einordnen der 93. Ergänzungslieferung (Stand: August 2020)

Herauszunehmen:	Zahl der Blätter	**Einzufügen:**	Zahl der Blätter
		Band I	
Titelblatt (Band I)–**Geleitwort** ...	2	**Titelblatt** (Band I)–**Geleitwort** ...	2
Inhalt 1/2 ...	1	**Inhalt** 1–2c ...	3
7/8 ...	1	7/8 ...	1
Bearbeiter 1–6 ...	3	**Bearbeiter** 1–6 ...	3
UVPG 1 § 1 1–**Anlage 6** 34 ...	95	**UVPG 1 § 1** 1–**Anlage 6** 38 ...	137
UmweltHG 2 § 1 1–**§ 7** 12 ...	41	**UmweltHG 2 § 1** 1–**§ 7** 10 ...	37
§ 11 1–**§ 23** 4 ...	28	**§ 11** 1–**§ 23** 4 ...	24
UAG 12.1 §§ 1, 2 1–**§ 3** 2 ...	1	**UAG 12.1 § 1** 1–**§§ 2, 3** 2 ...	1
UAGBV 12.2 1/2 ...	1	**UAGBV 12.2** 1/2 ...	1
USchadG 14 Vorb. 1–**Anlage 3** 2	61	**USchadG 14 Vorb.** 1–**Anlage 3** 2	65
WHG 1 § 1 1/2 ...	1	**WHG 1 § 1** 1/2 ...	1
		nach **§ 38** 18 *einfügen:*	
		§ 38a 1/2 ...	1
§ 50 1–**§ 53** 8 ...	41	**§ 50** 1–**§ 53** 8 ...	42
		Band II	
Titelblatt (Band II) ...	1	**Titelblatt** (Band II) ...	1
Inhalt 7/8 ...	1	**Inhalt** 7/8 ...	1
Bearbeiter 1–6 ...	3	**B**[illegible]	3
OGewV 1.2 Vorb. 1/2 ...	1	[illegible]	1
AwSV 1.4 1/1a ...	1	[illegible]	1
BzBlG 4.1 1/1a ...	1	[illegible]	1
VerpackG 6.60 § 1 1/2 ...	1	**VerpackG 6.60 § 1** 1/2 ...	1
BBodSchV 9.2 1/2 ...	1	**BBodSchV 9.2** 1/2 ...	1
BNatSchG 11 § 1 1/2 ...	1	**BNatSchG 11 § 1** 1/2 ...	1
§ 45 1–**§ 50** 2 ...	17	**§ 45** 1–**§ 50** 2 ...	29
Übertrag:	304	Übertrag:	358

Herauszunehmen:	Zahl der Blätter	Einzufügen:	Zahl der Blätter
Übertrag:	304	Übertrag:	358
Band III			
Titelblatt (Band III)	1	**Titelblatt** (Band III)	1
Bearbeiter 1–6	3	**Bearbeiter** 1–6	3
BImSchG 1 Text 1/2	1	**BImSchG 1 Text** 1/2	1
11/11a	1	11/11a	1
16/16a	1	16/16a	1
20/20a	1	20/20a	1
23/23a	1	23/23a	1
23d/23e	1	23d/23e	1
24/24a	1	24/24a	1
27/27a	1	27/27a	1
31/32	1	31/32	1
35/36	1	35/36	1
39–42	2	39–42	2
§ 10 3/4	1	**§ 10** 3/4	1
§ 14 19/20	1	**§ 14** 19/20	1
§ 27 1/2	1	**§ 27** 1/2	1
§ 37 1/2	1	**§ 37** 1/2	1
§ 37b 1/2	1	**§ 37b** 1/2	1
7/8	1	7/8	1
§ 37e 1/2	1	**§ 37e** 1/2	1
§ 38 1/2	1	**§ 38** 1/2	1
§ 39 1/2	1	**§ 39** 1/2	1
§ 47c 1/2	1	**§ 47c** 1/2	1
§ 47d 1/2	1	**§ 47d** 1/2	1
§ 51a 1/2	1	**§ 51a** 1/2	1
§ 53 1/2	1	**§ 53** 1/2	1
§ 55 1/2	1	**§ 55** 1/2	1
§ 61 1/2	1	**§ 61** 1/2	1
§ 62 1/2	1	**§ 62** 1/2	1
Band IV			
Titelblatt (Band IV)	1	**Titelblatt** (Band IV)	1
Bearbeiter 1–6	3	**Bearbeiter** 1–6	3
1. BImSchV 2.1 Vorb. 1/2	1	**1. BImSchV 2.1 Vorb.** 1/2	1
1. BImSchV 2.1 29/30	1	**1. BImSchV 2.1** 29/30	1
2. BImSchV 2.2 1/2	1	**2. BImSchV 2.2** 1/2	1
29/30	1	29/30	1
12. BImSchV 2.12 Vorb. 1/2	1	**12. BImSchV 2.12 Vorb.** 1/2	1
§ 19 1/2	1	**§ 19** 1/2	1
13. BImSchV 2.13 1/2	1	**13. BImSchV 2.13** 1/2	1
125/126	1	125/126	1
Übertrag:	348	Übertrag:	402

Herauszunehmen:		Zahl der Blätter
Übertrag:		348
31. BImSchV 2.31	1/2	1
	9/10	1
32. BImSchV 2.32	1/2	1
	9/10	1
34. BImSchV 2.34	1/2	1
	5–8	2
38. BImSchV 2.38	9/10	1
39. BImSchV 2.39	**Vorb.** 1/2	1
39. BImSchV 2.39	11/12	1
	15–18	2
	21/22	1
	27–30	2
	43/44	1
41. BImSchV 2.41	1/2	1
	29/30	1
TEHG 5.1 Vorb.	1/2	1
§ 8	1/2	1
Insgesamt herauszunehmen:		368

Einzufügen:		Zahl der Blätter
Übertrag:		402
31. BImSchV 2.31	1/2	1
	9/10	1
32. BImSchV 2.32	1/2	1
	9/10	1
34. BImSchV 2.34	1/2	1
	5–8	2
38. BImSchV 2.38	9/10	1
39. BImSchV 2.39	**Vorb.** 1/2	1
39. BImSchV 2.39	11/12	1
	15–18	2
	21/22	1
	27–30	2
	43/44	1
41. BImSchV 2.41	1/2	1
	29/30	1
TEHG 5.1 Vorb.	1/2	1
§ 8	1/2	1
Insgesamt einzufügen:		422

LANDMANN/ROHMER

UMWELTRECHT

BAND I

KOMMENTAR

Herausgegeben von

Prof. Dr. Martin Beckmann
Rechtsanwalt und Fachanwalt für Verwaltungsrecht,
Honorarprofessor der Universität Münster

Prof. Dr. Dr. Wolfgang Durner LL. M.
Rheinische Friedrich-Wilhelms-Universität Bonn und Direktor des Instituts für das Recht der Wasser- und Entsorgungswirtschaft

Prof. Dr. Thomas Mann
Direktor des Instituts für Öffentliches Recht,
Lehrstuhl für Verwaltungsrecht der Georg-August-Universität Göttingen

Prof. Dr. Marc Röckinghausen
Hochschule für Polizei und öffentliche Verwaltung NRW, Abteilung Gelsenkirchen,
Fachbereich Allgemeine Verwaltung/Rentenversicherung

Stand: 1. August 2020
(93. Ergänzungslieferung)

(Zum Bearbeitungsstand im Einzelnen siehe die Datumszeile am unteren Ende jeder Seite)

C.H.BECK

Dieses Titelblatt entstammt der 93. Ergänzungslieferung August 2020

(Anschluss an die 92. Ergänzungslieferung Februar 2020)

ISBN 978 3 406 75341 1

Der Kommentar wurde von der 1. bis zur 50. Ergänzungslieferung von Prof. Dr. Klaus Hansmann und von der 51. bis zur 58. Ergänzungslieferung von Prof. Dr. Martin Beckmann herausgegeben.

Zitiervorschläge:

Beckmann in Landmann/Rohmer UmweltR KrWG § 17 Rn. 1
Landmann/Rohmer UmweltR/*Beckmann* KrWG § 17 Rn. 1

www.beck.de

Grundwerk ISBN 978 3 406 34327 8 ergänzt bis ISBN 978 3 406 75341 1

Wilhelmstraße 9, 80801 München
Satz und Druck: Druckerei C. H. Beck Nördlingen
(Adresse wie Verlag)

CO_2 neutral
chbeck.de/nachhaltig

Gedruckt auf säurefreiem, alterungsbeständigem Papier
(hergestellt aus chlorfrei gebleichtem Zellstoff)

Geleitwort zur 93. Ergänzungslieferung

Die vorliegende Ergänzungslieferung bringt alle Rechtstexte des Kommentars auf den Rechtsstand von August 2020 und enthält darüber hinaus eine stattliche Reihe von Kommentierungen, die von den Autoren weitgehend während der Beschränkungen des öffentlichen Lebens im Zuge der Corona-Pandemie und vielfach im Home-Office verfasst worden sind. Sie betreffen im Schwerpunkt den Allgemeinen Teil des Umweltrechts, der in Band I unseres Großkommentars versammelt ist.

Beginnend mit dieser Lieferung wird das UVPG in seiner Fassung von 2017 neu kommentiert werden. Als ersten Schritt hierzu enthält diese Lieferung zu jeder Vorschrift des UVPG einen Abdruck der jeweils auf sie bezogenen Parlamentaria (Regierungsentwurf, Stellungnahme des Bundesrats, Gegenäußerung der Bundesregierung, Beschlussempfehlung und Bericht des Umweltausschusses), für deren Zusammenstellung der Mitherausgeber *Mann* verantwortlich zeichnet. Diese entstehungsgeschichtlichen Hinweise werden sukzessive durch ausführliche Kommentierungen ersetzt, von denen mit dieser Lieferung die Bearbeitungen zu § 15 UVPG von unserem Mitherausgeber *Beckmann,* zu § 29 UVPG von *Dix* und zu § 47 UVPG von *Schladebach* den Anfang machen. Die beiden letztgenannten Verfasser begrüßen wir herzlich als neuen Kollegen im Kreis der Autoren des Landmann/Rohmer. *Dr. Robert Dix* ist als Rechtsanwalt in Oldenburg tätig und dort als Syndikus der EWE AG im Bereich der erneuerbaren Energien in vielfältiger Weise mit dem UVPG befasst. In den Folgelieferungen wird er noch weitere Bestimmungen des Gesetzes, u.a. den gesamten dritten Abschnitt des zweiten Teils des UVPG, kommentieren. Professor Dr. *Marcus Schladebach* LL.M. ist Professor für Öffentliches Recht an der Universität Potsdam und wird sich als einer der deutschlandweit wenigen Spezialisten für das Luftrecht sich künftig u.a. bei den Kommentierungen zum Fluglärmgesetz noch stärker in das Gesamtwerk einbringen.

Ebenfalls des Allgemeinen Teil des Umweltrechts betreffen zwei weitere Kommentierungen: Zunächst legt *Rehbinder* mit dieser Lieferung eine aktualisierte Gesamtbearbeitung des Umwelthaftungsgesetzes vor. Nachdem der frühere Co-Kommentator des UmweltHG *Günter Hager* vor einigen Jahren verstorben ist, erfolgt damit nun eine Kommentierung des UmweltHG aus „einer Hand", die Ihren Abschluss finden wird, wenn *Rehbinder* mit der nächsten Ergänzungslieferung die Bestimmungen über die Auskunftspflichten (§§ 8–10 UmweltHG) erläutert. Bereits mir dieser Lieferung vollständig aktualisiert wird darüber hinaus die Kommentierung des Umweltschadensgesetzes. *Beckmann/Wittmann* bringen ihre bisherige Bearbeitung des USchadG damit auf den neuesten Stand von Rechtsprechung und Literatur.

Aktualisierungen ihrer bisherigen Kommentierungen legen mit dieser Lieferung auch *Hünnekes* zum Abschnitt des Wasserhaushaltsgesetzes über die öffentliche Wasserversorgung, Wasserschutzgebiete und den Heilquellenschutz (§§ 50 bis 53 WHG) sowie *Gellermann* zu den §§ 45 bis 50 BNatSchG vor. Seine Neukommentierung trägt den Änderungen Rechnung, die diese Bestimmungen des Bundesnaturschutzgesetzes in den Jahren 2017 bzw. 2020 erfahren haben und erfasst auch die erst im März 2020 in Kraft getretene Vorschrift über den „Umgang mit dem Wolf" (§ 45a BNatSchG).

Göttingen, im August 2020

Prof. Dr. Thomas Mann
für die Herausgeber

Inhaltsverzeichnis (Band I)

Umweltverfassungsrecht

1. Umweltvölkerrecht

2. Vertrag über die Arbeitsweise der Europäischen Union (AEUV)

Kommentierung

3. Grundgesetz (GG)

Kommentierung

Umweltrecht Allgemeiner Teil

1. Gesetz über die Umweltverträglichkeitsprüfung (UVPG)

Kommentierung

Teil 1. Allgemeine Vorschriften

Teil 2. Umweltverträglichkeitsprüfung

Abschnitt 1. Voraussetzungen für eine Umweltverträglichkeitsprüfung

2. Umwelthaftungsgesetz (UmweltHG)

Kommentierung

3. Umweltinformationsgesetz (UIG)

Kommentierung

Abschnitt 1. Allgemeine Vorschriften

Abschnitt 2. Informationszugang auf Antrag

Abschnitt 3. Ablehungsgründe

Abschnitt 4. Verbreitung von Umweltinformationen

Abschnitt 5. Schlussvorschriften

(Fortsetzung nächstes Blatt)

Abschnitt 3. Bewirtschaftung von Küstengewässern

Abschnitt 3a. Bewirtschaftung von Meeresgewässern

Abschnitt 4. Bewirtschaftung des Grundwassers

Kapitel 3. Besondere wasserwirtschaftliche Bestimmungen

Abschnitt 1. Öffentliche Wasserversorgung. Wasserschutzgebiete, Heilquellenschutz

Bearbeiterverzeichnis (Band I–IV)

Prof. Dr. Martin Beckmann Rechtsanwalt in Münster	Vorb. Abfallrecht, §§ 1–2, 4–39, 41–57, 62–68, 70–72 KrWG § 15 UVPG, Umweltschadensgesetz (mit Wittmann)
Dr. Christian-Dietrich Bracher Rechtsanwalt in Bonn	§§ 41 bis 43 BImSchG, 16. und 24. BImSchV
Prof. Dr. Peter Bruckmann Landesamt für Natur, Umwelt und Verbraucherschutz Nordrhein-Westfalen, Essen	39. BImSchV (mit Strecker und Vogt), 43. BImSchV (mit van Endern und Vogt)
Prof. Dr. Pascale Cancik O. Professorin an der Universität Osnabrück	Vorb. §§ 47a ff. BImSchG, §§ 47a–47f BImSchG (§§ 47a–47c, 47e und 47f mit Hansmann)
Prof. Dr. Johannes Dietlein O. Professor an der Universität Düsseldorf	§§ 1, 2, Vorb. §§ 4–21, 4 bis 8, 9 bis 11, 16a, 19, 23a–23c und 25a BImSchG, 9. BImSchV
Dr. Robert Dix Syndikusrechtsanwalt der EWE AG, Oldenburg	§ 29 UVPG
Prof. Dr. Matthias Dombert Rechtsanwalt in Potsdam	§§ 4–6, 8, 13, 14, 20, 24, 25 BBodSchG
Rolf-Dieter Dörr Ministerialrat a. D.	OberflächengewässerV (mit Walter)
Prof. Dr. Dr. Wolfgang Durner LL. M. O. Professor an der Universität Bonn	Umweltvölkerrecht, Vorb. §§ 27 ff. WHG, §§ 27–31, 34, 35, 82–85 WHG
Benedikt van Endern Ministerium für Umwelt, Landwirtschaft, Natur- und Verbraucherschutz des Landes Nordrhein-Westfalen	43. BImSchV (mit Bruckmann und Vogt)
Prof. Dr. Astrid Epiney LL. M. O. Professorin an der Université de Fribourg	Art. 191–193 AEUV
Prof. Dr. Wolfgang Ewer Rechtsanwalt in Kiel	Vorb. BBodSchG, §§ 9, 15, 16 BBodSchG
Prof. Dr. Kurt Faßbender O. Professor an der Universität Leipzig	§§ 1–5, 33, 36–38 WHG
Dr. Frank Fellenberg LL. M. Rechtsanwalt in Berlin	Fluglärmgesetz (mit Reidt und Schiller), Umweltrechtsbehelfsgesetz (mit Schiller)
Dr. Henrik Flatter Bundesamt für Naturschutz, Bonn	§§ 69–74 BNatSchG

Bearbeiter

Dr. Matthias Ganske Rechtsanwalt in Bonn	§§ 25, 26, 54–61 WHG
Prof. Dr. Klaus Ferdinand Gärditz O. Professor an der Universität Bonn	Art. 20a GG
Prof. Dr. Martin Gellermann Rechtsanwalt, apl. Professor an der Universität Osnabrück	Vorb. BNatSchG, §§ 4, 7–51, §§ 52–56, §§ 57–68 Vorb. §§ 37, 38, §§ 37–40, BNatSchG (§§ 41–43 mit Sanden)
Nela Gies Richterin am Verwaltungsgericht Gelsenkirchen	§§ 41, 42 WHG
Prof. Dr. Christoph Görisch Hochschule für Polizei und öffentliche Verwaltung NRW, Abteilung Münster	§§ 4–14 UAG
Dipl.-Met. Arno Graff Umweltbundesamt, Dessau	Nr. 5.5 TA Luft (mit Hansmann), Vorb. zu Anhang 3 der TA Luft
Moritz Grunow Rechtsanwalt in Düsseldorf	Vorb. AwSV, § 1 AwSV
Prof. Dr. Günter Hager O. Professor an der Universität Freiburg	§§ 1, 6, 7 UmweltHG (mit Rehbinder), §§ 8–10 UmweltHG
Prof. Dr. Klaus Hansmann Leitender Ministerialrat a. D.	§§ 17, 18, 20, 21, 26–37, 38–40, 44–47c, 47e, 47f, 52, 52b–58d, 59, 60, 62–72, 74 BImSchG (§§ 17, 18 mit Ohms, Vor § 26, §§ 26–31 mit Pabst, Vor § 38, §§ 38–40 mit Hofmann, §§ 20, 21, Vor 32, §§ 32–37, Vorb. §§ 44–47, §§ 45, 46, 46a, 47, 52, 52b, 62, 66 und 67 mit Röckinghausen, §§ 47a–47c, 47e und 47f mit Cancik), Vor § 53, §§ 53–58d mit Maciejewski, 14., 32. und 34. BImSchV, TA Lärm, TA Luft (ohne Vorb. zu Anhang 3), 4., 11., 20., 21., 25., 27., 28., 30. und 35. BImSchV (mit Röckinghausen), 2. BImSchV (mit Mahrwald und Röckinghausen), 5. BImSchV mit Maciejewski, 12. BImSchV (mit König), BzBlG, 1. DVO BzBlG
Dr. Felix Hardach Bundesministerium für Umwelt, Naturschutz und nukleare Sicherheit	§§ 1, 8, 11–13, 17, 20, 22, 23, 26 31, 32, 35 TEHG
Prof. Dr. Torsten Heilshorn Rechtsanwalt in Freiburg	Vor § 22 BImSchG, §§ 22–25 BImSchG (mit Sparwasser)

Michael Heugel Bundesministerium für Umwelt, Naturschutz und nukleare Sicherheit	§§ 5, 6 BNatSchG
Prof. Dr. Ekkehard Hofmann O. Professor an der Universität Trier	Vorb. § 38, §§ 38–40 BImSchG
Dr. Frank Hofmann Bundesministerium für Umwelt, Naturschutz und nukleare Sicherheit	§ 23 WHG
Dr. Georg Hünnekens Rechtsanwalt in Münster	§§ 50–53 WHG, Vorb. §§ 64–66, §§ 64–66 WHG, Vorb. §§ 72–81 WHG, §§ 72–81 WHG
Georg Kahl † Ministerialrat a. D.	7. BImSchV
Lutz Keppner Bundesministerium für Umwelt, Naturschutz und nukleare Sicherheit	Grundwasserverordnung
Dr. Andreas Kersting Rechtsanwalt in Münster	§§ 58–61 KrWG
Dr. Heike Kieserling Deutsche Bahn AG	§§ 13, 14, 25–38 AwSV
Dr. Jens Martin König Hessisches Ministerium für Umwelt, Klimaschutz, Landwirtschaft und Verbraucherschutz	12. BImSchV (mit Hansmann)
Dr. Olaf Konzak Rechtsanwalt in Köln	§§ 2, 3 und 7 VerpackG (mit Körner)
Dr. Michael Körner, LL.M. Rechtsanwalt in Köln	§§ 2, 3 und 7 VerpackG (mit Konzak)
Dr. Philip Kubitza Richter auf Probe, Rheinland-Pfalz	§§ 100–102 WHG
Prof. Dr. Silke Ruth Laskowski O. Professorin an der Universität Kassel	§ 24 WHG, § 58e BImSchG mit der EMASPrivilegV
Prof. Dr. Joachim Lege O. Professor an der Universität Greifswald	§§ 96–99 WHG
Dr. Rasso Ludwig LL. M. Bayerisches Staatsministerium für Umwelt und Verbraucherschutz	§§ 19, 21–23, 26 BBodSchG
Prof. Dr. Karim Maciejewski Hochschule des Bundes für öffentliche Verwaltung	Vor § 53 BImSchG, §§ 53–58d BImSchG (mit Hansmann), 5. BImSchV (mit Hansmann)
Birgit Mahrwald Bundesministerium für Umwelt, Naturschutz und nukleare Sicherheit	2. BImSchV (mit Hansmann und Röckinghausen)

Bearbeiter

Prof. Dr. Thomas Mann O. Professor an der Universität Göttingen	§§ 8a, 12 BImSchG, Vorb. ElektroG, §§ 1, 2 ElektroG, §§ 1–14, 16–28, 30–46, 48–74 UVPG
Dr. Cedric Christian Meyer Rechtsanwalt in Köln	§§ 46–49, 62–63 WHG
Dr. Uwe Neuser Bundesministerium für Umwelt, Naturschutz und nukleare Sicherheit	§§ 2, 27, 33, 34 TEHG
Volkmar Nies Landwirtschaftsdirektor bei der Landwirtschaftskammer Rheinland	§§ 1, 2, 7, 17, 18 BBodSchG
Dr. Martin Ohms Rechtsanwalt in Berlin	§§ 17, 18 BImSchG (mit Hansmann), 13. BImSchV, 17. BImSchV (z. T. mit Sahm)
Prof. Dr. Heinz-Joachim Pabst Hochschule des Bundes für öffentliche Verwaltung	Vor § 26, §§ 26–31 BImSchG (mit Hansmann), § 61 BImSchG, 41. BImSchV
Dr. Kay Artur Pape Rechtsanwalt in Bonn	Vorb. WHG, §§ 6–22 WHG
Dr. Malte Petersen LL. M. Bundesnetzagentur, Bonn	§§ 89–95 WHG
Prof. Dr. Alexander Proelß O. Professor an der Universität Trier	§§ 43–45l WHG
Prof. Dr. Eckard Rehbinder Em. Professor an der Universität Frankfurt/Main	§ 14 BImSchG §§ 1–7, 11–23 UmweltHG (§§ 1, 6, 7 mit Hager)
Prof. Dr. Olaf Reidt Rechtsanwalt in Berlin	§ 16 BImSchG (mit Schiller), 18. BImSchV (mit Schiller), Fluglärmgesetz (mit Fellenberg und Schiller), Umweltinformationsgesetz (mit Schiller)
Dr. Christoph Riese Rechtsanwalt in Berlin	§§ 67–71, 86 WHG
Prof. Dr. Marc Röckinghausen Hochschule für Polizei und öffentliche Verwaltung NRW, Abteilung Gelsenkirchen	§§ 20, 21, Vor § 32, §§ 32–37, Vorb. §§ 44–47, §§ 45, 46, 46a, 47, 52, 52b, 62, 66, 67 BImSchG (mit Hansmann), §§ 37a bis 37f, 52a, 73 BImSchG, 1., 10., 26., 36., 37., 38., 42. BImSchV, 4., 11., 20., 21., 25., 27., 28., 30. und 35. BImSchV (mit Hansmann), 2. BImSchV (mit Hansmann und Mahrwald), Schadstofffreisetzungs- und Verbringungsregistergesetz
Christoph Sahm LL. M. E.ON Kernkraft GmbH	§§ 23–25, 27 der 17. BImSchV (mit Ohms)

Prof. Dr. Dr. Joachim Sanden † Behörde für Stadtentwicklung und Umwelt, Freie und Hansestadt Hamburg, zugl. Apl. Prof. an der Universität Lüneburg	§§ 41–43 (mit Gellermann)
Dr. Gernot Schiller Rechtsanwalt in Berlin	§ 16 BImSchG (mit Reidt), 18. BImSchV (mit Reidt), Fluglärmgesetz (mit Reidt und Fellenberg), Umweltinformationsgesetz (mit Reidt) Umweltrechtsbehelfsgesetz (mit Fellenberg), §§ 14a, 15 BImSchG
Prof. Dr. Marcus Schladebach, LL.M. O. Professor an der Universität Potsdam	§ 47 UVPG
Matthias Schleifenbaum, LL.M. Rechtsanwalt in Köln	Vorb. BattG, § 1 BattG
Prof. Dr. Hendrik Schoen Hochschule für Polizei und öffentliche Verwaltung NRW, Abteilung Münster	§ 50 BImSchG
Prof. Dr. Meinhard Schröder Em. Professor an der Universität Trier	EG-Abfallverbringungs-VO
Prof. Dr. Max-Jürgen Seibert Vorsitzender Richter am Oberverwaltungsgericht Münster	§ 13 BImSchG
Prof. Dr. Reinhard Sparwasser Rechtsanwalt in Freiburg	Vor § 22 BImSchG, §§ 22–25 BImSchG (mit Heilshorn)
Prof. Dr. Indra Spiecker genannt Döhmann, LL.M. O. Professorin an der Universität Frankfurt a. M.	UStatG
Prof. Dr. Peter-Tobias Stoll O. Professor an der Universität Göttingen	EG-Artenschutzverordnung
Silvia Strecker Ministerium für Umwelt, Landwirtschaft, Natur- und Verbraucherschutz des Landes Nordrhein-Westfalen	39. BImSchV (mit Bruckmann und Vogt)
Prof. Dr. Dr. Markus Thiel Deutsche Hochschule der Polizei, Münster	§§ 3, 48–48b BImSchG
Dr. Christian Tünnesen-Harmes Rechtsanwalt in Duisburg	AbfAEV
Dr. Klaus Vogt Landesamt für Natur, Umwelt und Verbraucherschutz Nordrhein-Westfalen	39. BImSchV (mit Bruckmann und Strecker), 43. BImSchV (mit Bruckmann und van Endern)
Anne-Barbara Walter Umweltbundesamt	OberflächengewässerV (mit Dörr)
Dr. Dirk Weinreich Bundesministerium für Umwelt, Naturschutz und nukleare Sicherheit	Vorb. TEHG, §§ 7, 19 TEHG

Bearbeiter

Dr. Armin von Weschpfennig — §§ 13a, 13b, 103–107 WHG
Akademischer Rat, Universität Bonn

Dr. Antje Wittmann — UmweltschadensG (zusammen mit Beckmann)
Rechtsanwältin in Münster

Frank Wolke — §§ 4, 18, 24 TEHG
Umweltbundesamt,
Deutsche Emissionshandelsstelle

1. Gesetz über die Umweltverträglichkeitsprüfung (UVPG)[1]

In der Fassung der Bekanntmachung vom 24. Februar 2010[2]

(BGBl. I S. 94), zuletzt geändert durch Art. 2 G zur Einführung eines Bundes-KlimaschutzG und zur Änderung weiterer Vorschriften v. 12.12.2019 (BGBl. I S. 2513)

Teil 1. Allgemeine Vorschriften für die Umweltprüfungen

§ 1 Anwendungsbereich

(1) **Dieses Gesetz gilt für**

1. die in Anlage 1 aufgeführten Vorhaben,

2. die in Anlage 5 aufgeführten Pläne und Programme,

3. sonstige Pläne und Programme, für die nach den §§ 35 bis 37 eine Strategische Umweltprüfung oder Vorprüfung durchzuführen ist, sowie

4. die grenzüberschreitende Behörden- und Öffentlichkeitsbeteiligung bei UVP-pflichtigen Vorhaben im Ausland nach den §§ 58 und 59 und bei SUP-pflichtigen Plänen und Programmen eines anderen Staates nach den §§ 62 und 63.

(2) **Bei Vorhaben oder Teilen von Vorhaben, die ausschließlich Zwecken der Verteidigung dienen, kann das Bundesministerium der Verteidigung oder eine von ihm benannte Stelle im Einzelfall entscheiden, dieses Gesetz ganz oder teilweise nicht anzuwenden, soweit sich die Anwendung nach Einschätzung des Bundesministeriums der Verteidigung oder der von ihm benannten Stelle nachteilig auf die Erfüllung dieser Zwecke auswirken würde, insbesondere wegen Eilbedürftigkeit des Vorhabens oder aus Gründen der Geheimhaltung. Zwecke der Verteidigung schließen auch zwischenstaatliche Verpflichtungen ein. Bei der Entscheidung ist der Schutz vor erheblichen nachteiligen Umweltauswirkungen zu berücksichtigen. Sonstige Rechtsvorschriften, die das Zulassungsverfahren betreffen, bleiben unberührt. Wird eine Entscheidung nach Satz 1 getroffen, unterrichtet das Bundesministerium der Verteidigung hierüber das für Umwelt zuständige Ministerium des betroffenen Landes unverzüglich sowie das Bundesministerium für Umwelt, Naturschutz, Bau und Reaktorsicherheit spätestens bis zum Ablauf des 31. März des Folgejahres.**

---

[1] **[Amtl. Anm.:]** Das Gesetz dient der Umsetzung der Richtlinie 85/337/EWG des Rates vom 27. Juni 1985 über die Umweltverträglichkeitsprüfung bei bestimmten öffentlichen und privaten Projekten (ABl. L 175 vom 5.7.1985, S. 40), der Richtlinie 97/11/EG des Rates vom 3. März 1997 zur Änderung der Richtlinie 85/337/EWG über die Umweltverträglichkeitsprüfung bei bestimmten öffentlichen und privaten Projekten (ABl. L 73 vom 14.3.1997, S. 5), der Richtlinie 2001/42/EG des Europäischen Parlaments und des Rates vom 27. Juni 2001 über die Prüfung der Umweltauswirkungen bestimmter Pläne und Programme (ABl. L 197 vom 21.7.2001, S. 30) sowie der Umsetzung von Artikel 3 der Richtlinie 2003/35/EG des Europäischen Parlaments und des Rates vom 26. Mai 2003 über die Beteiligung der Öffentlichkeit bei der Ausarbeitung bestimmter umweltbezogener Pläne und Programme und zur Änderung der Richtlinien 85/337/EWG und 96/61/EG des Rates in Bezug auf die Öffentlichkeitsbeteiligung und den Zugang zu Gerichten (ABl. L 156 vom 25.6.2003, S. 17).

[2] Neubekanntmachung des UVPG idF der Bek. v. 25.6.2005 (BGBl. I S. 1757) in der ab 2.3.2010 geltenden Fassung.

(3) **Bei Vorhaben oder Teilen von Vorhaben, die ausschließlich der Bewältigung von Katastrophenfällen dienen, kann die zuständige Behörde im Einzelfall entscheiden, dieses Gesetz ganz oder teilweise nicht anzuwenden, soweit sich die Anwendung nach Einschätzung der zuständigen Behörde negativ auf die Erfüllung dieses Zwecks auswirken würde. Bei der Entscheidung ist der Schutz vor erheblichen nachteiligen Umweltauswirkungen zu berücksichtigen. Sonstige Rechtsvorschriften, die das Zulassungsverfahren betreffen, bleiben unberührt.**

(4) **Dieses Gesetz findet Anwendung, soweit Rechtsvorschriften des Bundes oder der Länder die Umweltverträglichkeitsprüfung nicht näher bestimmen oder die wesentlichen Anforderungen dieses Gesetzes nicht beachten. Rechtsvorschriften mit weitergehenden Anforderungen bleiben unberührt.**

Literatur: *Peters,* Verkehrswegerechtliche und immissionsschutzrechtliche Zulassungsverfahren mit UVP ohne Erörterungstermin?, NuR 2018, 457.

Rechtsprechung: zu Vorhaben nach Anlage 1 (Absatz 1 Nummer 1): VG Münster (2. Kammer), Urteil vom 12.4.2018 – 2 K 2307/16 (NuR 2018, 644; BeckRS 2018, 8220).

Hinweise auf die Gesetzesmaterialien
(ausführliche Kommentierung folgt)

Übersicht

I. Begründung der Bundesregierung (BT-Drs. 18/11499, S. 73 f.)

1 „Die bisherige Zweckbestimmung entfällt (Handbuch der Rechtsförmlichkeit Rn. 362). Wesentliche Inhalte aus dem bisherigen § 1 werden in § 2 Absatz 10 sowie den §§ 3 und 25 übernommen. § 1 regelt in Anlehnung an den bisherigen § 3 den Anwendungsbereich des Gesetzes.

Absatz 1 Nummer 1 in Verbindung mit Anlage 1 (Liste „UVP-pflichtige Vorhaben") regelt in Übereinstimmung mit der bisherigen Regelung, welche Vorhaben in den Anwendungsbereich des Gesetzes fallen. Bedeutung hat die Vorschrift vor allem für die Frage, welche Vorhaben Gegenstand einer Umweltverträglichkeitsprüfung sein können. Von der erneuten Aufnahme einer Ermächtigung an die Bundesregierung, die Liste „UVP-pflichtige Vorhaben" durch Rechtsverordnung zu ändern, wurde abgesehen. Diese Verordnungsermächtigung hat in der Vergangenheit keine Rolle gespielt und ist daher entbehrlich.

Absatz 1 Nummer 2 und 3 regelt in Übereinstimmung mit der bisherigen Regelung, welche Pläne und Programme in den Anwendungsbereich des Gesetzes fallen und damit Gegenstand einer Strategischen Umweltprüfung sein können. Hierzu verweist die Nummer 2 auf die Liste „SUP-pflichtige Pläne und Programme" in Anlage 5. § 1 Absatz 1 Nummer 3 verweist zusätzlich auf die Bestimmungen, aus denen sich eine SUP-Pflicht für Pläne und Programme ergeben kann, die in der Anlage 5 nicht aufgeführt sind (§§ 35 bis 37). Eine Ermächtigung an die Bundesregierung, die Liste „SUP-pflichtige

Pläne und Programme“ durch Rechtsverordnung zu ändern, soll es künftig nicht mehr geben, da diese Möglichkeit in der bisherigen Staatspraxis kaum eine Rolle gespielt hat.

Nummer 4 vervollständigt den Anwendungsbereich im Hinblick auf die grenzüberschreitende Behörden- und Öffentlichkeitsbeteiligung bei UVP-pflichtigen Vorhaben im Ausland sowie bei SUP-pflichtigen Plänen und Programmen eines anderen Staates. Das UVPG enthält zwar hierzu schon bisher Regelungen (vgl. die bisherigen §§ 9b und 14i Absatz 2 Satz 2 und Absatz 3), von dem bisherigen § 3 (Anwendungsbereich) waren sie jedoch nicht erfasst. Daher ist eine entsprechende Bestimmung zu ergänzen.

Absatz 2 setzt Artikel 1 Absatz 3 der geänderten UVP-Richtlinie im Hinblick auf Vorhaben um, die der Verteidigung dienen. Nach Artikel 1 Absatz 3 der geänderten UVP-Richtlinie können die Mitgliedstaaten entscheiden, dass Vorhaben oder Teile von Vorhaben, die ausschließlich Zwecken der Verteidigung dienen, von den Anforderungen der Richtlinie ausgenommen werden, wenn die Anwendung der UVP-Vorschriften sich nach Auffassung der Mitgliedstaaten negativ auf diese Zwecke auswirken würde. Von dieser Möglichkeit soll in Absatz 2 in Anlehnung an das bestehende Recht Gebrauch gemacht werden. Hierzu werden das Bundesministerium der Verteidigung sowie die von ihm benannten Stellen ermächtigt, im Einzelfall zu bestimmen, dass die Anwendung des Gesetzes bei bestimmten Vorhaben im Bereich der Verteidigung ganz oder teilweise ausgeschlossen werden kann. Voraussetzung dafür ist, dass das Vorhaben insgesamt oder Teile des Vorhabens ausschließlich Zwecken der Verteidigung dienen. Abstriche von den UVP-rechtlichen Anforderungen sind nur zulässig, soweit sich deren Einhaltung nach Einschätzung des Bundesministeriums der Verteidigung oder der benannten Stelle negativ auf die genannten Zwecke auswirken würde. Im Ergebnis kann diese Prüfung dazu führen, dass für die Teile des Vorhabens, die nicht ausschließlich Zwecken der Verteidigung dienen, eine vollständige UVP durchzuführen ist. Auch wenn das Vorhaben ausschließlich Verteidigungszwecken dient, ist jeweils im Einzelfall zu entscheiden, inwieweit der Schutz dieser Belange Einschränkungen bei der UVP notwendig macht. So kann es u. U. ausreichend sein, Einschränkungen bei der Öffentlichkeitsbeteiligung vorzunehmen. Dagegen dürfte die Erarbeitung eines UVP-Berichts in der Regel nicht aus Gründen der Verteidigung ausgeschlossen sein. Satz 2 stellt klar, dass zu den Verteidigungszwecken im Sinne des Satzes 1 auch die Einhaltung von Verpflichtungen aus zwischenstaatlichen Vereinbarungen auf dem Gebiet der Verteidigung gehört.

Absatz 3 dient der Umsetzung von Artikel 1 Absatz 3 der geänderten UVP-Richtlinie im Hinblick auf Vorhaben oder Teile von Vorhaben, die ausschließlich der Bewältigung von Katastrophenfällen dienen. Auch derartige Vorhaben können ganz oder teilweise von Anforderungen des Gesetzes ausgenommen werden, soweit dessen Anwendung nach Einschätzung der zuständigen Behörde die Bewältigung der Katastrophe beeinträchtigen oder erschweren würde.

Absatz 4 entspricht dem bisherigen § 4. Auf die Gesetzbegründung der Bundesregierung BT-Drs. 11/3919 S. 22 f. wird Bezug genommen.“

II. Stellungnahme des Bundesrates (BR-Drs. 164/17 (B), S. 1)

Der Bundesrat richtete seine Aufmerksamkeit in seiner Stellungnahme vom 31.3.2017 2
(BR-Drs. 164/17, S. 1) auf die Regelung in Abs. 2 und machte hierzu einen eigenen Regelungsvorschlag, den er wie folgt begründete:

„Die Entscheidung im Einzelfall, das UVP-Gesetzes ganz oder teilweise nicht anzuwenden, bedarf einer rechtssicheren Entscheidung des Bundesministeriums der Verteidigung. Sollen Vorhaben der Landesverteidigung, die erhebliche Umweltauswirkungen haben können, ohne eine Umweltverträglichkeitsprüfung mit Öffentlichkeitsbeteiligung durchgeführt werden, hat hierüber aus Gründen der Rechtsstaatlichkeit das Bundesministerium selbst und keine „sonstige Stelle" zu entscheiden. Die Übertragung der Entscheidungszuständigkeit auf eine andere, nicht näher benannte Stelle ist nicht hinreichend bestimmt und transparent. Auch sind über die Entscheidung im Einzelfall nicht nur das Bundesumweltministerium, sondern auch die von der Ausnahmeentscheidung betroffenen Länder zu informieren. Letztere sind schließlich auch für die Überwachung und Einhaltung von umweltrechtlichen Vorschriften und den Schutz vor Umwelt- und Gesundheitsgefahren zuständig. Die Ausnahmeentscheidung im Einzelfall bedarf, wie die Gerichtsentscheidung im Klageverfahren „USHospital Weilerbach" deutlich gemacht hat (Verwaltungsgericht Neustadt a. W., Beschl. vom 14.11.2012 – 5 L 789/12.NW), einer Konkretisierung der verfahrensseitigen und materiellen Voraussetzungen für die Ausnahmeerteilung. Unbestimmte Rechtsbegriffe reichen hierfür nicht aus. Die Ermächtigungsgrundlage zum Erlass einer konkretisierenden Rechtsverordnung ist daher beizubehalten, um Rechtsunsicherheiten und daraus resultierende Verfahrensverzögerungen und Rechtsstreitigkeiten möglichst zu vermeiden. Die bisher geltende „Verordnung zur Durchführung des § 3 Absatz 2 des Gesetzes über die Umweltverträglichkeitsprüfung bei Vorhaben der Verteidigung (UVP-V Verteidigung)" vom 19. April 2013 (BGBl. I S. 938), die durch Artikel 94 der Verordnung vom 31. August 2015 (BGBl. I S. 1474) geändert worden ist, gilt insoweit bis zum Erlass einer neuen Rechtsverordnung fort."

III. Gegenäußerung der Bundesregierung (BT-Drs. 18/11948, S. 20)

3 In ihrer **Gegenäußerung** stimmte die **Bundesregierung** den Vorschlägen des Bundesrates zur Änderung des Gesetzentwurfs nur im Hinblick auf die zusätzliche Unterrichtung der Umweltministerien der Länder zu **(BT-Drs. 18/11948, S. 20).** Sie begründete ihre Entscheidung mit folgenden Erwägungen:

„Die Bundesregierung stimmt dem Vorschlag teilweise zu. Soweit gefordert wird, das Umweltministerium des betroffenen Landes unverzüglich über getroffene Ausnahmeentscheidungen zu informieren, ist die Bundesregierung zu einer entsprechenden Ergänzung der Vorschrift bereit. Im Übrigen lehnt sie den Vorschlag ab.

Die Entscheidung, das UVP-Gesetz ganz oder teilweise nicht anzuwenden, sollte nach Auffassung der Bundesregierung weiterhin nicht allein dem BMVg vorbehalten sein, sondern auch durch eine von ihm beauftragte Stelle erfolgen können. Diese Möglichkeit ist bereits in § 5 Absatz 1 UVP-V Verteidigung vorgesehen; es handelt sich daher um keine Neuerung.

Die Übertragung auf eine beauftragte Stelle ist auch in der Sache sinnvoll. Sie trägt dem Umstand Rechnung, dass auf Ministeriumsebene typischerweise Entscheidungen konzeptioneller Art getroffen werden, während die operative Verfahrensführung regelmäßig dem nachgeordneten Bereich obliegt.

Einer Ermächtigung zum Erlass einer konkretisierenden Rechtsverordnung bedarf es nach Auffassung der Bundesregierung nicht. Die Regelung des Regierungsentwurfs enthält eine 1:1 Umsetzung der entsprechenden Bezugsvorschrift in Artikel 1 Absatz 3 der geänderten UVP-Richtlinie 2011/92/EU (in der Fassung der UVP-Änderungsrichtlinie 2014/52/EU vom 16. April 2014, ABl. Nr. L 124 v. 25.4.2014, S. 1 ff.). Sie umfasst alle bisher in der „Verordnung zur Durchführung des § 3 Absatz 2 des Gesetzes über die Umweltverträglichkeitsprüfung bei Vorhaben der Verteidigung (UVP-V Verteidigung)" enthaltenen Ausnahmegründe. Die Voraussetzungen für die Entscheidung, ob und inwieweit das UVP-Gesetz ganz oder teilweise nicht anzuwenden ist, sollen künftig allein dem Gesetz selbst zu entnehmen sein.

Die Bundesregierung betrachtet den Verzicht auf die bisherige Rechtsverordnung auch als einen Beitrag zur Rechtsvereinfachung. Inhaltliche Änderungen, die Auswirkungen auf die Entscheidungspraxis haben könnten, sind damit nicht verbunden. Dazu gibt auch das Urteil des Verwaltungsgerichts Neustadt a. W. zum„US-Hospital Weilerbach" keinen Anlass. Das Verwaltungsgericht Neustadt a. W. hat sich nicht zu den materiellen Anforderungen einer Ausnahme geäußert, sondern lediglich formell aufgrund des zu diesem Zeitpunkt geltenden § 3 Absatz 2 UVPG den Erlass einer Rechtsverordnung anstatt der bis dahin bestehenden Verwaltungsvorschrift gefordert."

IV. Beschlussempfehlung und Bericht des Umweltausschusses (BT-Drs. 18/12994, S. 2)

Anknüpfend an diese Kontroverse haben die Ausschussberatungen zwei Änderungsvorschläge zu § 1 erarbeitet. Die **Beschlussempfehlung des Umweltausschusses** (BT-Drs. 18/12994, S. 2) sieht hierzu vor, § 1 wie folgt zu ändern: 4

– In Absatz 2 Satz 5 werden nach dem Wort „hierüber" die Wörter „das für Umwelt zuständige Ministerium des betroffenen Landes unverzüglich sowie" eingefügt.
– In Absatz 4 Satz 1 werden die Wörter „in ihren Anforderungen diesem Gesetz nicht entsprechen" durch die Wörter „die wesentlichen Anforderungen dieses Gesetzes nicht beachten" ersetzt.

In der Ausschussbegründung (BT-Drs. 18/12994, S. 16) heißt es dazu,

„Die (erstgenannte) Änderung greift einen Vorschlag des Bundesrates (Nummer 1 der BR-Drucksache 164/17 – Beschluss) auf, soweit ihm die Bundesregierung in ihrer Gegenäußerung zugestimmt hat. Damit wird einem berechtigten Anliegen der betroffenen Länder Rechnung getragen.

Mit der (zweiten) Änderung wird das Verhältnis zwischen UVPG und fachrechtlichen Vorschriften zur Umweltverträglichkeitsprüfung modifiziert. Fachrechtliche Abweichungen, die die wesentlichen Anforderungen des UVPG beachten, sind möglich."

(ausführliche Kommentierung folgt)

§ 2 Begriffsbestimmungen

(1) **Schutzgüter im Sinne dieses Gesetzes sind**

1. **Menschen, insbesondere die menschliche Gesundheit,**
2. **Tiere, Pflanzen und die biologische Vielfalt,**
3. **Fläche, Boden, Wasser, Luft, Klima und Landschaft,**
4. **kulturelles Erbe und sonstige Sachgüter sowie**
5. **die Wechselwirkung zwischen den vorgenannten Schutzgütern.**

(2) **Umweltauswirkungen im Sinne dieses Gesetzes sind unmittelbare und mittelbare Auswirkungen eines Vorhabens oder der Durchführung eines Plans oder Programms auf die Schutzgüter. Dies schließt auch solche Auswirkungen des Vorhabens ein, die aufgrund von dessen Anfälligkeit für schwere Unfälle oder Katastrophen zu erwarten sind, soweit diese schweren Unfälle oder Katastrophen für das Vorhaben relevant sind.**

(3) **Grenzüberschreitende Umweltauswirkungen im Sinne dieses Gesetzes sind Umweltauswirkungen eines Vorhabens in einem anderen Staat.**

(4) **Vorhaben im Sinne dieses Gesetzes sind nach Maßgabe der Anlage 1**

1. **bei Neuvorhaben**
   a) **die Errichtung und der Betrieb einer technischen Anlage,**
   b) **der Bau einer sonstigen Anlage,**
   c) **die Durchführung einer sonstigen in Natur und Landschaft eingreifenden Maßnahme,**
2. **bei Änderungsvorhaben**
   a) **die Änderung, einschließlich der Erweiterung, der Lage, der Beschaffenheit oder des Betriebs einer technischen Anlage,**
   b) **die Änderung, einschließlich der Erweiterung, der Lage oder der Beschaffenheit einer sonstigen Anlage,**
   c) **die Änderung, einschließlich der Erweiterung, der Durchführung einer sonstigen in Natur und Landschaft eingreifenden Maßnahme.**

(5) **Windfarm im Sinne dieses Gesetzes sind drei oder mehr Windkraftanlagen, deren Einwirkungsbereich sich überschneidet und die in einem funktionalen Zusammenhang stehen, unabhängig davon, ob sie von einem oder mehreren Vorhabenträgern errichtet und betrieben werden. Ein funktionaler Zusammenhang wird insbesondere angenommen, wenn sich die Windkraftanlagen in derselben Konzentrationszone oder in einem Gebiet nach § 7 Absatz 3 des Raumordnungsgesetzes befinden.**

(6) **Zulassungsentscheidungen im Sinne dieses Gesetzes sind**

1. **die Bewilligung, die Erlaubnis, die Genehmigung, der Planfeststellungsbeschluss und sonstige behördliche Entscheidungen über die Zulässigkeit von Vorhaben, die in einem Verwaltungsverfahren getroffen werden, einschließlich des Vorbescheids, der Teilgenehmigung und anderer Teilzulassungen, mit Ausnahme von Anzeigeverfahren,**
2. **Linienbestimmungen und andere Entscheidungen in vorgelagerten Verfahren nach den §§ 47 und 49,**
3. **Beschlüsse nach § 10 des Baugesetzbuchs über die Aufstellung, Änderung oder Ergänzung von Bebauungsplänen, durch die die Zulässigkeit von bestimmten Vorhaben im Sinne der Anlage 1 begründet werden soll, sowie Beschlüsse nach § 10 des Baugesetzbuchs über Bebauungspläne, die Planfeststellungsbeschlüsse für Vorhaben im Sinne der Anlage 1 ersetzen.**

(7) **Pläne und Programme im Sinne dieses Gesetzes sind nur solche bundesrechtlich oder durch Rechtsakte der Europäischen Union vorgesehenen Pläne und Programme, die**

1. von einer Behörde ausgearbeitet und angenommen werden,

2. von einer Behörde zur Annahme durch eine Regierung oder im Wege eines Gesetzgebungsverfahrens ausgearbeitet werden oder

3. von einem Dritten zur Annahme durch eine Behörde ausgearbeitet werden.

Ausgenommen sind Pläne und Programme, die ausschließlich Zwecken der Verteidigung oder der Bewältigung von Katastrophenfällen dienen, sowie Finanz- und Haushaltspläne und -programme.

(8) **Öffentlichkeit im Sinne dieses Gesetzes sind einzelne oder mehrere natürliche oder juristische Personen sowie deren Vereinigungen.**

(9) **Betroffene Öffentlichkeit im Sinne dieses Gesetzes ist jede Person, deren Belange durch eine Zulassungsentscheidung oder einen Plan oder ein Programm berührt werden; hierzu gehören auch Vereinigungen, deren satzungsmäßiger Aufgabenbereich durch eine Zulassungsentscheidung oder einen Plan oder ein Programm berührt wird, darunter auch Vereinigungen zur Förderung des Umweltschutzes.**

(10) **Umweltprüfungen im Sinne dieses Gesetzes sind Umweltverträglichkeitsprüfungen und Strategische Umweltprüfungen.**

(11) **Einwirkungsbereich im Sinne dieses Gesetzes ist das geographische Gebiet, in dem Umweltauswirkungen auftreten, die für die Zulassung eines Vorhabens relevant sind.**

Literatur: *Wegener,* Von Windfarmen, dem Umfang standortbezogener UVP-Vorprüfunden und Schallimmissionsprognosen nach dem sog. Interimsverfahren, NuR 2018, 388; *Karrenstein,* Das neue Schutzgut Fläche in der Umweltverträglichkeitsprüfung, NuR 2019, 98.

Rechtsprechung: zu Änderungsvorhaben (Absatz 4) und Zulassungsentscheidungen (Absatz 6): OVG Münster, Beschl. v. 11.4.2018 – 8 B 1463/17 (ZUR 2018, 492; DÖV 2018, S. 583; BeckRS 2018, 5981); zu Absatz 4, 6 und 10: OVG Lüneburg, Urt. v. 27.9.2018 – 12 KN 191/17 (NJOZ 2019, 1290).

Hinweise auf die Gesetzesmaterialien
(ausführliche Kommentierung folgt)

Übersicht

I. Begründung der Bundesregierung (BT-Drs. 18/11499, S. 74)

1 „Mit den neuen §§ 2 und 3 werden die Begriffsbestimmungen des bisherigen § 2 neu strukturiert und zugleich an die Anforderungen der geänderten UVP-Richtlinie angepasst. § 2 enthält eine Legaldefinition zentraler Begriffe des Gesetzes.

Absatz 1 definiert den Begriff der Schutzgüter und setzt damit zugleich den neuen Artikel 3 Absatz 1 der geänderten UVP-Richtlinie um. Strukturell wird der Schutzgüterkatalog des UVPG an die Bezugsregelung der Richtlinie angepasst; inhaltlich sind gegenüber dem bisherigen § 2 Absatz 1 Satz 2 jedoch nur wenige Änderungen zu verzeichnen. Zur Anpassung an die Terminologie der Richtlinie 2001/42/EG ist der Begriff „Mensch" in der UVP-Änderungsrichtlinie durch den Begriff „Bevölkerung" ersetzt worden. Damit ist jedoch kein Bedeutungswechsel verbunden, der Änderungen bei der Begrifflichkeit des UVPG erforderlich machen würde. Der Schutzgüterkatalog des § 2 Absatz 1 Satz 2 UVPG enthält schon bisher die Bezeichnung „Menschen, einschließlich der menschlichen Gesundheit" und gilt sowohl für die Umweltverträglichkeitsprüfung als auch, gemäß dem bisherigen § 2 Absatz 4 Satz 2, für die Strategische Umweltprüfung. Dieses Merkmal umfasst einzelne Menschen ebenso wie eine Personenmehrheit und entspricht damit inhaltlich dem in der Richtlinie verwendeten Begriff „Bevölkerung".

Auch die bisherigen Schutzgüter „Tiere, Pflanzen und die biologische Vielfalt" können unverändert beibehalten werden. Zur terminologischen Angleichung an die Biodiversitätskonvention wurden die in der Richtlinie 2011/92/EU verwendeten Worte „Fauna und Flora" in der UVP-Änderungsrichtlinie durch „biologische Vielfalt" ersetzt. Dieser nunmehr in Artikel 3 der geänderten UVP-Richtlinie verwendete Begriff schließt sowohl „Tiere und Pflanzen" als auch die „biologische Vielfalt" im Sinne des bisherigen § 2 Absatz 1 Satz 2 UVPG ein. Artikel 3 Absatz 1 Buchstabe b der geänderten UVP-Richtlinie enthält darüber hinaus Hinweise auf die nach Richtlinie 92/43/EWG und nach Richtlinie 2009/147/EG geschützten Arten und Lebensräume. Die nach diesen Richtlinien geschützten Arten und Lebensräume sind schon durch den bisherigen § 2 Absatz 1 Satz 2 Nummer 1 erfasst. Sie sind zugleich nach den fachrechtlichen Bestimmungen des Bundesnaturschutzgesetzes geschützt (vgl. die in § 7 Absatz 2 Nummer 10, § 7 Absatz 1 Nummer 4 des Bundesnaturschutzgesetzes genannten Arten und natürlichen Lebensraumtypen von gemeinschaftlichem Interesse sowie die in § 7 Absatz 2 Nummer 12 des Bundesnaturschutzgesetzes genannten europäischen Vogelarten und ihre Lebensräume). Die Hervorhebung der europäischen Schutzgüter in der geänderten UVP-Richtlinie zielt nicht darauf ab, den Schutz von Tieren, Pflanzen und der biologischen Vielfalt auf die Einhaltung EU-rechtlicher Anforderungen zu beschränken. Auch die entsprechenden Anforderungen des nationalen Rechts sind mit ihrem jeweiligen Gewicht in die Umweltprüfung einzustellen. Daher wird davon abgesehen, die aufgrund des Rechts der Europäischen Union geschützten Arten und Lebensräume in Absatz 1 Nummer 2 besonders zu erwähnen. Hierdurch wird verdeutlicht, dass den Vorschriften zum Schutz von Tieren, Pflanzen und biologischer Vielfalt, die nicht durch das Recht der Europäischen Union begründet sind, zukünftig keine geringere Bedeutung zukommen soll als bisher; so sind auch weiterhin z. B. national bedeutsame oder gesetzlich geschützte Biotoptypen oder nach Roter Liste gefährdete Arten und Biotope zu untersuchen.

Die Aufnahme des Schutzguts „Fläche" in Absatz 1 Nummer 3 trägt der gestiegenen Bedeutung dieses Schutzguts Rechnung. Zwar war der sog. „Flächenverbrauch" auch bisher schon – als Teilaspekt der Auswirkungen auf das Schutzgut „Boden" – in der UVP zu prüfen. Durch seine ausdrückliche Einbeziehung in den Schutzgüterkatalog erfährt das Schutzgut „Fläche" jedoch eine stärkere Akzentuierung.

Absatz 2 enthält eine Definition des Begriffs „Umweltauswirkungen". Sie gilt sowohl für die Umweltverträglichkeitsprüfung als auch für die Strategische Umweltprüfung. In Übereinstimmung mit dem bisherigen § 2 Absatz 1 Satz 2 sind mittelbare und unmittelbare Auswirkungen auf die Schutzgüter erfasst. Darüber hinaus wird in Übereinstimmung mit Artikel 3 Absatz 2 der geänderten UVP-Richtlinie klargestellt, dass auch solche Auswirkungen auf die Schutzgüter in der UVP zu prüfen sind, die aus der Anfälligkeit des Projekts für schwere Unfälle oder Katastrophen resultieren. Inwieweit die in § 2 Absatz 2 letzter Halbsatz genannten Gesichtspunkte für das jeweilige Vorhaben von Bedeutung sind, ist jeweils nach fachlichen Gesichtspunkten unter maßgeblicher Berücksichtigung der einschlägigen Vorschriften des Fachrechts zu bestimmen.

Absatz 3 definiert grenzüberschreitende Umweltauswirkungen. Die Begriffsbestimmung hat Bedeutung für den neuen Teil 5 des UVPG.

Absatz 4 definiert in Anlehnung an den bisherigen § 2 Absatz 2 den Begriff des „Vorhabens“. Bezugsgegenstand dieser Vorschrift sind die Vorhaben, die in der Anlage 1 des Gesetzes (Liste „UVP-pflichtige Vorhaben“) aufgeführt sind.

Nach der Systematik des Absatzes 4 Nummer 1 sind dabei drei Kategorien von Neuvorhaben zu unterscheiden, nämlich

1. die Errichtung und der Betrieb einer technischen Anlage, insbesondere einer Anlage im Sinne des § 3 Absatz 5 des Bundes-Immissionsschutzgesetzes,
2. der Bau einer sonstigen Anlage, z. B. einer Straße, Bahnstrecke oder eines Flugplatzes, und
3. die Durchführung einer sonstigen in Natur und Landschaft eingreifenden Maßnahme, z. B. die Rodung von Wald oder eine Tiefbohrung. Änderungen, einschließlich der Erweiterung von Vorhaben fallen nach Nummer 2 gleichfalls unter den Vorhabenbegriff, wobei betriebliche Änderungen nur bei technischen Anlagen erfasst werden.

Absatz 5 enthält eine Definition der besonderen Vorhabenart „Windfarm“. Für die Frage, wann mehrere Windkraftanlagen eine Windfarm im Sinne der Anlage 1 Nummer 1.6 bilden, wird dabei auf ähnliche Kriterien abgestellt, wie sie nach § 10 Absatz 4 für die Kumulation von Vorhaben gelten. Insbesondere soll es dabei nicht darauf ankommen, ob die Anlagen von einem oder mehreren, gegebenenfalls unterschiedlichen, Vorhabenträgern errichtet und betrieben werden.

Absatz 6 entspricht weitestgehend dem bisherigen § 2 Absatz 3. Die Verwaltungsverfahren, die als Trägerverfahren für die Durchführung der UVP in Betracht kommen, werden abschließend aufgezählt. In Übereinstimmung mit dem bisherigen § 13 Absatz 1 Satz 1 wird in Nummer 1 klargestellt, dass auch Verfahren zur Erteilung eines Vorbescheids, einer Teilgenehmigung oder einer anderen Teilzulassung geeignete Trägerverfahren für die UVP sein können.

Die in Absatz 7 enthaltene Begriffsbestimmung der Pläne und Programme hat eine grundlegende Überarbeitung erfahren. Unverändert bleibt, dass nur behördliche Pläne und Programme erfasst werden, d. h. solche, deren Ausarbeitung oder Annahme durch eine Behörde erfolgt. Durch Aufnahme konkreter Fallgruppen soll die neue Regelung jedoch klarer als bisher zum Ausdruck bringen, unter welchen Voraussetzungen vom Vorliegen eines behördlichen Plans oder Programms auszugehen ist. Darüber hinaus soll der Rechtsprechung des Europäischen Gerichtshofs (Urteil vom 22.3.2012, Rs. C-567/10 – Inter-Environment Bruxelles) Rechnung getragen werden. Danach sind nicht nur Pläne und Programme SUP-tauglich, zu deren Ausarbeitung oder Annahme die Behörde rechtlich verpflichtet ist, sondern auch solche, deren Aufstellung im Ermessen der Behörde steht, sofern das Aufstellungsverfahren in Rechts- oder Verwaltungsvorschriften geregelt ist. Die Fallgruppe nach Nummer 2 entspricht nahezu wortgleich der Formulierung in Artikel 2 Absatz a, 1. Spiegelstrich der Richtlinie 2001/92/EG. Demnach werden auch solche bundesrechtlich oder durch Rechtsakte der Europäischen Union vorgesehenen Pläne und Programme erfasst, die von einer Behörde zur Annahme durch eine Regierung oder im Wege des Gesetzgebungsverfahrens ausgearbeitet werden. Beispiele hierfür sind Bedarfspläne nach einem Verkehrsausbaugesetz des Bundes (vgl. Nummer 1.1 der Anlage 5) und Bundesbedarfspläne nach § 12e EnWG (vgl. Nummer 1.10 der Anlage 5). In der Regel weisen Gesetze, Verordnungen und Verwaltungsvorschriften, die Regelungen abstrakt-genereller Art enthalten, dagegen nicht die Eigenschaften eines Plans oder Programms auf. Die in Satz 2 vorgesehene Ausnahme dient der Umsetzung von Artikel 3 Absatz 8 SUP-Richtlinie.

Absatz 8 entspricht dem bisherigen § 2 Absatz 6 Satz 1.

Absatz 9 entspricht dem bisherigen § 2 Absatz 6 Satz 2.

Absatz 10 entspricht der Klammerdefinition des bisherigen § 1 Nummer 1 und stellt klar, dass „Umweltprüfung" der Oberbegriff für „Umweltverträglichkeitsprüfung" und „Strategische Umweltprüfung" ist.

Absatz 11 enthält eine Definition des Begriffs „Einwirkungsbereich". Dieser Begriff ist nicht neu. Er wird beispielsweise schon im bisherigen § 6 Absatz 3 Satz 1 Nummer 4 und im Einleitungssatz der bisherigen Anlage 2 verwendet. Nach der neuen Legaldefinition ist der Einwirkungsbereich auf das Gebiet beschränkt, in dem Umweltauswirkungen eines Vorhabens, die für dessen Zulassung relevant sind, auftreten können. Maßgebend hierfür sind die fachrechtlichen Bestimmungen. Das UVPG enthält keine eigenständigen, von den fachrechtlichen Zulassungsvoraussetzungen unabhängigen materiellen Anforderungen für die Zulassung des Vorhabens.

II. Stellungnahme des Bundesrates (BR-Drs. 164/17 (B), S. 3)

Der Bundesrat sprach sich in seiner Stellungnahme vom 31.3.2017 (BR-Drs. 164/17, 2
S. 3) mit folgender Begründung für eine Änderung von Abs. 1 Nr. 3 und 4 aus:

„§ 2 Absatz 1 Nummer 3 und 4 des Gesetzentwurfs weicht bei den Begriffsbestimmungen von Artikel 3 der UVP-Richtlinie 2011/92/EU in der Fassung der Richtlinie 2014/52/EU ab. Die dort vorgeschlagene Formulierung sollte erneut aufgegriffen werden. Durch die Neustrukturierung der Schutzgüter nach der UVP-Änderungsrichtlinie wird die Betrachtung beim Schutzgut „Landschaft" implizit auf die Aspekte und Erfordernisse der „Kulturlandschaft" gelenkt. Darin ist eine bedeutende Stärkung des kulturellen Erbes aus Bau- und Bodendenkmalen (Archäologie) und von Kulturlandschaften insgesamt zu erkennen. Der Aspekt der Kultur im Landschaftsschutz wird gestärkt."

Darüber hinaus regte er eine Streichung des „funktionalen Zusammenhangs" in Abs. 5 an (BR-Drs. 164/17, S. 3).

„In der Begriffsbestimmung „Windfarm" ist das Kriterium „funktionaler Zusammenhang" sehr schwierig zu beurteilen, da z.B. in Berlin keine Konzentrationszonen für Windkraft oder Windeignungsgebiete in Regionalplänen festgesetzt sind. Ein vergleichbares Kriterium könnte man sich nur als räumliches Kriterium (ein bestimmter Abstand) vorstellen. Dieser Punkt wird jedoch bereits durch die sich überschneidenden Einwirkungsbereiche abgedeckt, so dass die Regelung des funktionalen Zusammenhangs hier leer läuft. Hinzu kommt, dass sich die Definition in Artikel 1 § 10 Absatz 4 für kumulierende Vorhaben, die „funktional und wirtschaftlich aufeinander bezogen sind", nur schwer von der Definition „Windfarm" in § 2 Absatz 5 abgrenzen lässt. Der Unterschied zwischen einer „Windfarm" und mehreren lediglich „kumulierenden Windkraftanlagen", die sich nicht in einer gemeinsamen Konzentrationszone befinden (für den Fall, dass keine solche existiert), wird im Einzelfall gar nicht oder nur sehr schwer begründbar sein. Das Kriterium der sich überschneidenden Einwirkungsbereiche ist ausreichend, um eine Windfarm zu definieren, zumal es bei der UVP auf die Bewertung der Umweltauswirkungen ankommt."

III. Gegenäußerung der Bundesregierung (BT-Drs. 18/11948, S. 20)

3 In ihrer **Gegenäußerung** stimmte die **Bundesregierung** den Vorschlägen des Bundesrates zur Änderung des Gesetzentwurfs nur im Hinblick auf die Ersetzung des Begriffs „Kulturgüter" durch „kulturelles Erbe" in Abs. 1 Nr. 4 zu **(BT-Drs. 18/11948, S. 20).** Sie begründete ihre Entscheidung mit folgenden Erwägungen:

„Die Bundesregierung stimmt dem Vorschlag teilweise zu, soweit darin der Begriff „Kulturgüter" durch den Begriff „kulturelles Erbe" ersetzt wird. Im Übrigen wird der Vorschlag abgelehnt. Aufgrund der inhaltlichen Überschneidungen, insbesondere mit den Schutzgütern Fläche, Boden und Wasser, sollte der Begriff „Landschaft" weiterhin in Absatz 2 Nummer 3 stehen."

Zu dem Vorschlag des Bundesrates, den funktionalen Zusammenhang in Abs. 5 zu streichen, führt sie aus **(BT-Drs. 18/11948, S. 20)**:

„Die Bundesregierung lehnt den Vorschlag ab. Der Begriff der Windfarm ist bisher im UVPG nicht definiert. In der Rechtsprechung der Oberverwaltungsgerichte hat sich ein weiter Windfarmbegriff durchgesetzt, der alle Windkraftanlagen mit sich überschneidendem oder sich berührendem Einwirkungsbereich einbezieht (z. B. OVG Berlin Berlin-Brandenburg, Beschl. v. 9.9.2005, Az. 11 S 14.05; OVG Rheinland-Pfalz Beschl. 25.1. 2005, Az. 7 B 12114/04; OVG NW, Beschl. v. 24.6.2015, Az. 8 B 315/15). Der Vorschlag des Bundesrates entspricht diesem Ansatz. Er kann dazu führen, dass auch mehrere Kilometer voneinander entfernte Windkraftanlagen eine gemeinsame Windfarm bilden. In der Praxis würden die UVP und die UVP-Vorprüfung damit erheblich erschwert. Außerdem steht dieser Ansatz im Widerspruch zu den Voraussetzungen der Kumulation von Vorhaben, die im Entwurf der Bundesregierung enger gefasst sind. Der Definitionsvorschlag der Bundesregierung verlangt demgegenüber in Anlehnung an die Kumulationsregelung zusätzlich zum gemeinsamen Einwirkungsbereich auch einen funktionalen Zusammenhang der Windkraftanlagen. Für Windkraftanlagen, die sich in derselben Konzentrationszone befinden, wird ein funktionaler Zusammenhang fingiert. Ein solcher Windfarmbegriff ist ebenfalls europarechtskonform, im Vergleich zum Vorschlag des BR jedoch praxisgerechter."

IV. Beschlussempfehlung und Bericht des Umweltausschusses (BT-Drs. 18/12994, S. 2)

4 In der Folge haben die Ausschussberatungen einen Änderungsvorschlag zu § 2 erarbeitet. Die **Beschlussempfehlung des Umweltausschusses** (BT-Drs. 18/12994, S. 2) sieht hierzu vor, § 2 wie folgt zu ändern:

– In Absatz 1 Nummer 4 wird das Wort „Kulturgüter" durch die Wörter „kulturelles Erbe" ersetzt.

In der **Ausschussbegründung** (BT-Drs. 18/12994, S. 16) heißt es dazu,

„Die Änderung greift einen Vorschlag des Bundesrates (Nummer 2 der BR-Drucksache 164/17 – Beschluss) auf, soweit ihm die Bundesregierung in ihrer Gegenäußerung zugestimmt hat. Damit wird der in Artikel 3 Absatz 1 Buchstabe d der geänderten UVP-Richtlinie verwendete Begriff übernommen."

(ausführliche Kommentierung folgt)

§ 3 Grundsätze für Umweltprüfungen

Umweltprüfungen umfassen die Ermittlung, Beschreibung und Bewertung der erheblichen Auswirkungen eines Vorhabens oder eines Plans oder Programms auf die Schutzgüter. Sie dienen einer wirksamen Umweltvorsorge nach Maßgabe der geltenden Gesetze und werden nach einheitlichen Grundsätzen sowie unter Beteiligung der Öffentlichkeit durchgeführt.

Hinweise auf die Gesetzesmaterialien (ausführliche Kommentierung folgt)

In der Begründung im Regierungsentwurf **(BT-Drs. 18/11499, S. 76)** führt die Bundesregierung zu § 3 aus: 1

„§ 3 bestimmt den Gegenstand von Umweltprüfungen und greift dabei verschiedene Bestimmungen der bisherigen §§ 1 und 2 auf. Im Übrigen bezeichnet die Vorschrift einige wesentliche gemeinsame Elemente beider Prüfverfahren und übernimmt hierzu die entsprechenden Vorschriften des bisherigen § 2 Absatz 1 Satz 2 und 3 und Absatz 4 Satz 2. Mit der näheren Bestimmung „nach Maßgabe der geltenden Gesetze" wird klargestellt, dass sich die materiellen Prüfmaßstäbe für Umweltprüfungen aus den fachrechtlichen Vorschriften ergeben. Das UVPG enthält hierfür keine eigenständigen Prüf- und Bewertungsmaßstäbe."

(ausführliche Kommentierung folgt)

§ 4 Umweltverträglichkeitsprüfung

Die Umweltverträglichkeitsprüfung ist unselbständiger Teil verwaltungsbehördlicher Verfahren, die Zulassungsentscheidungen dienen.

Hinweise auf die Gesetzesmaterialien (ausführliche Kommentierung folgt)

Im Regierungsentwurf heißt es zu § 4 **(BT-Drs. 18/11499, S. 77):** 1

„Die Vorschrift regelt das Verhältnis zwischen der Umweltverträglichkeitsprüfung und dem jeweiligen Zulassungsverfahren. Ebenso wie im bisherigen § 2 Absatz 1 Satz 1 wird klargestellt, dass die Umweltverträglichkeitsprüfung unselbständiger Teil verwaltungsbehördlicher Verfahren ist, die der Zulassungsentscheidung dienen.“

(ausführliche Kommentierung folgt)

§ 5 Feststellung der UVP-Pflicht

(1) **Die zuständige Behörde stellt auf der Grundlage geeigneter Angaben des Vorhabenträgers sowie eigener Informationen unverzüglich fest, dass nach den §§ 6 bis 14 für das Vorhaben eine Pflicht zur Durchführung einer Umweltverträglichkeitsprüfung (UVP-Pflicht) besteht oder nicht. Die Feststellung trifft die Behörde**

1. auf Antrag des Vorhabenträgers oder

2. bei einem Antrag nach § 15 oder

3. von Amts wegen nach Beginn des Verfahrens, das der Zulassungsentscheidung dient.

(2) **Sofern eine Vorprüfung vorgenommen worden ist, gibt die zuständige Behörde die Feststellung der Öffentlichkeit bekannt. Dabei gibt sie die wesentlichen Gründe für das Bestehen oder Nichtbestehen der UVP-Pflicht unter Hinweis auf die jeweils einschlägigen Kriterien nach Anlage 3 an. Gelangt die Behörde zu dem Ergebnis, dass keine UVP-Pflicht besteht, geht sie auch darauf ein, welche Merkmale des Vorhabens oder des Standorts oder welche Vorkehrungen für diese Einschätzung maßgebend sind. Bei der Feststellung der UVP-Pflicht kann die Bekanntgabe mit der Bekanntmachung nach § 19 verbunden werden.**

(3) **Die Feststellung ist nicht selbständig anfechtbar. Beruht die Feststellung auf einer Vorprüfung, so ist die Einschätzung der zuständigen Behörde in einem gerichtlichen Verfahren betreffend die Zulassungsentscheidung nur daraufhin zu überprüfen, ob die Vorprüfung entsprechend den Vorgaben des § 7 durchgeführt worden ist und ob das Ergebnis nachvollziehbar ist.**

Rechtsprechung: zu Windkraftanlagen und Änderungsvorhaben: VG Schleswig (6. Kammer), Beschluss vom 3.4.2020 – 6 B 51/19

Hinweise auf die Gesetzesmaterialien (ausführliche Kommentierung folgt)

Der § 5 wird im Regierungsentwurf wie folgt begründet **(BT-Drs. 18/11499, S. 77):** 1

„Die Vorschrift regelt in Anlehnung an den bisherigen § 3a die Feststellung der UVP-Pflicht.

In Absatz 1 werden die bisherigen Worte „Angaben zum Vorhaben" durch die Worte „Angaben des Vorhabenträgers" ersetzt. Grund dafür ist, dass der Vorhabenträger bei vorprüfungspflichtigen Vorhaben nach der neuen Anlage 2, die zur Umsetzung der Anlage II.A der geänderten UVP-Richtlinie eingeführt wird, nicht nur Angaben zum Vorhaben, sondern auch solche zu anderen Faktoren (Standort, Schutzgüter, Auswirkungen) zu machen hat. Die übrigen Änderungen gegenüber dem bisherigen § 3a Absatz 1 sind sprachlicher Art und dienen der besseren Verständlichkeit.

Absatz 2 dient der Umsetzung von Artikel 4 Absatz 5 Satz 2 der geänderten UVP-Richtlinie. Anders als nach derzeitigem Recht ist das Ergebnis der Vorprüfung nicht nur dann aktiv bekannt zu geben, wenn eine Umweltverträglichkeitsprüfung unterbleiben soll. Der für die Behörde damit verbundene Mehraufwand ist jedoch gering. Die Bezeichnung „Bekanntgabe" wurde in bewusster Abgrenzung vom Begriff der „Bekanntmachung" im Sinne von § 72 Absatz 2 VwVfG und entsprechender fachgesetzlicher Regelungen gewählt, um deutlich zu machen, dass für die „Bekanntgabe" nicht die gleichen formalen Anforderungen gelten. Ermöglicht werden soll der Verwaltung vielmehr eine flexible und kostengünstige Handhabung. Damit wird die zuständige Behörde in die Lage versetzt, selbst diejenigen Mittel zu wählen, die geeignet sind, der betroffenen und interessierten Öffentlichkeit im konkreten Fall eine effektive Möglichkeit der Kenntnisnahme zu eröffnen. In der Praxis dürfte sich hierfür vor allem das nach § 20 einzurichtende UVP-Portal anbieten, im Übrigen aber auch eine Veröffentlichung über Amtstafel, Amtsblatt oder eine örtliche Tageszeitung. Schon nach bisherigem Recht ist die Durchführung der Vorprüfung und deren Ergebnis nach § 3c Satz 6 zu dokumentieren (s. dazu auch die Begründung zu § 7 Absatz 7). Bedeutung kommt dieser Dokumentationspflicht vor allem im Hinblick auf die Möglichkeit der gerichtlichen Überprüfung nach § 4 des Umwelt-Rechtsbehelfsgesetzes in Verbindung mit dem bisherigen § 3a Satz 4 zu. Zur Umsetzung von Artikel 4 Absatz 5 Satz 2 Halbsatz 2 der geänderten UVP-Richtlinie sieht § 5 Absatz 2 Satz 2 nunmehr vor, dass die Vorprüfentscheidung zu begründen ist. Die Begründungspflicht entspricht weitgehend der bisherigen Dokumentationspflicht. Die Sätze 2 und 3 bestimmen die hierfür geltenden inhaltlichen Anforderungen in Übereinstimmung mit den Anforderungen der geänderten UVP-Richtlinie. Neu ist, dass die wesentlichen Gründe der Öffentlichkeit stets zusammen mit dem Ergebnis der Vorprüfung bekannt zu geben ist. Im Falle einer UVP-Pflicht kann die Bekanntgabe des Ergebnisses der Vorprüfung nach Satz 4 mit der Bekanntmachung nach § 19 verbunden werden.

Absatz 3 regelt in Anlehnung an den bisherigen § 3a Satz 3 und 4 das Maß der gerichtlichen Überprüfbarkeit der Vorprüfung. Satz 1 übernimmt die Regelung des bisherigen § 3a Satz 3. In Übereinstimmung mit dem in § 44a VwGO geregelten Grundsatz, wonach behördliche Verfahrenshandlungen nur gemeinsam mit dem gegen die Sachentscheidung zulässigen Rechtsbehelf angefochten werden können, wird klargestellt, dass die Vorprüfung nicht selbständig anfechtbar ist. Nach Satz 2 wird der Behörde ein gerichtlich nur eingeschränkt überprüfbarer Beurteilungsspielraum eingeräumt. Damit soll dem Charakter der Vorprüfung als überschlägige Vorausschau mit begrenzter Prüfungstiefe (so im Hinblick auf den bisherigen § 3a Satz 4 UVPG bereits die Begründung der Bundesregierung im Entwurf für ein Gesetz zur Umsetzung der UVP-Änderungsrichtlinie, der IVU-Richtlinie und weiterer EG-Richtlinien zum Umweltschutz, BR-Drucksache 674/00, S. 89) Rechnung getragen werden. Anders als nach dem bisherigem Recht sollen künftig nicht nur die Fälle erfasst werden, in denen die Vorprüfung zu dem Ergebnis kommt, dass keine UVP durchzuführen ist. Vielmehr soll die Regelung auch für Rechtsbehelfe von Vorhabenträgern gelten, deren Genehmigungsantrag mit der Begründung abgelehnt worden ist, dass das Vorhaben UVP-pflichtig sei und der Vorhabenträger nicht die erforderlichen UVP-Unterlagen, insbesondere keinen UVP-Bericht nach § 16, vorgelegt habe."

(ausführliche Kommentierung folgt)

§ 6 Unbedingte UVP-Pflicht bei Neuvorhaben

Für ein Neuvorhaben, das in Anlage 1 Spalte 1 mit dem Buchstaben „X“ gekennzeichnet ist, besteht die UVP-Pflicht, wenn die zur Bestimmung der Art des Vorhabens genannten Merkmale vorliegen. Sofern Größen- oder Leistungswerte angegeben sind, besteht die UVP-Pflicht, wenn die Werte erreicht oder überschritten werden.

Literatur: *Beckmann,* Grenzüberschreitende Umweltverträglichkeitsprüfungen für Laufzeitverlängerungen ausländischer Kernkraftwerke und deutscher Zwischenlager?, UPR 2019, 121.

Hinweise auf die Gesetzesmaterialien (ausführliche Kommentierung folgt)

Die Bundesregierung führt im Regierungsentwurf zu § 6 aus **(BT-Drs. 18/11499, S. 78):** 1

„Die §§ 6 und 7 übernehmen das bisherige System der UVP-Pflicht, das zwischen Vorhaben mit unbedingter UVP-Pflicht und solchen Vorhaben unterscheidet, bei denen die Notwendigkeit einer UVP vom Ergebnis einer allgemeinen oder standortbezogenen Vorprüfung abhängt. Die § 6 regelt unter Bezugnahme auf Anlage 1 die unbedingte UVP-Pflicht bei Neuvorhaben und entspricht damit im Wesentlichen dem bisherigen § 3b Absatz 1. Die Durchführung einer UVP wird für die Neuvorhaben vorgeschrieben, bei denen die in Anlage 1 zur Bestimmung seiner Art genannten Merkmale vorliegen und die, sofern bestimmte Größen- oder Leistungswerte angegeben sind, diese Werte erreichen oder überschreiten. Neu ist die konkrete Bezugnahme auf die Kennzeichnung mit „X“ in Spalte 1 der Anlage 1. Auf diese Weise wird deutlicher als bisher, dass von der Regelung nur Vorhaben erfasst werden, bei denen die UVP-Pflicht nicht von dem Ergebnis einer Vorprüfung abhängt, sondern sich unmittelbar aus dem Gesetz ergibt.“

(ausführliche Kommentierung folgt)

§ 7 Vorprüfung bei Neuvorhaben

(1) Bei einem Neuvorhaben, das in Anlage 1 Spalte 2 mit dem Buchstaben „A" gekennzeichnet ist, führt die zuständige Behörde eine allgemeine Vorprüfung zur Feststellung der UVP-Pflicht durch. Die allgemeine Vorprüfung wird als überschlägige Prüfung unter Berücksichtigung der in Anlage 3 aufgeführten Kriterien durchgeführt. Die UVP-Pflicht besteht, wenn das Neuvorhaben nach Einschätzung der zuständigen Behörde erhebliche nachteilige Umweltauswirkungen haben kann, die nach § 25 Absatz 2 bei der Zulassungsentscheidung zu berücksichtigen wären.

(2) Bei einem Neuvorhaben, das in Anlage 1 Spalte 2 mit dem Buchstaben „S" gekennzeichnet ist, führt die zuständige Behörde eine standortbezogene Vorprüfung zur Feststellung der UVP-Pflicht durch. Die standortbezogene Vorprüfung wird als überschlägige Prüfung in zwei Stufen durchgeführt. In der ersten Stufe prüft die zuständige Behörde, ob bei dem Neuvorhaben besondere örtliche Gegebenheiten gemäß den in Anlage 3 Nummer 2.3 aufgeführten Schutzkriterien vorliegen. Ergibt die Prüfung in der ersten Stufe, dass keine besonderen örtlichen Gegebenheiten vorliegen, so besteht keine UVP-Pflicht. Ergibt die Prüfung in der ersten Stufe, dass besondere örtliche Gegebenheiten vorliegen, so prüft die Behörde auf der zweiten Stufe unter Berücksichtigung der in Anlage 3 aufgeführten Kriterien, ob das Neuvorhaben erhebliche nachteilige Umweltauswirkungen haben kann, die die besondere Empfindlichkeit oder die Schutzziele des Gebietes betreffen und nach § 25 Absatz 2 bei der Zulassungsentscheidung zu berücksichtigen wären. Die UVP-Pflicht besteht, wenn das Neuvorhaben nach Einschätzung der zuständigen Behörde solche Umweltauswirkungen haben kann.

(3) Die Vorprüfung nach den Absätzen 1 und 2 entfällt, wenn der Vorhabenträger die Durchführung einer Umweltverträglichkeitsprüfung beantragt und die zuständige Behörde das Entfallen der Vorprüfung als zweckmäßig erachtet. Für diese Neuvorhaben besteht die UVP-Pflicht. Die Entscheidung der zuständigen Behörde ist nicht anfechtbar.

(4) Zur Vorbereitung der Vorprüfung ist der Vorhabenträger verpflichtet, der zuständigen Behörde geeignete Angaben nach Anlage 2 zu den Merkmalen des Neuvorhabens und des Standorts sowie zu den möglichen erheblichen Umweltauswirkungen des Neuvorhabens zu übermitteln.

(5) Bei der Vorprüfung berücksichtigt die Behörde, ob erhebliche nachteilige Umweltauswirkungen durch Merkmale des Vorhabens oder des Standorts oder durch Vorkehrungen des Vorhabenträgers offensichtlich ausgeschlossen werden. Liegen der Behörde Ergebnisse vorgelagerter Umweltprüfungen oder anderer rechtlich vorgeschriebener Untersuchungen zu den Umweltauswirkungen des Vorhabens vor, bezieht sie diese Ergebnisse in die Vorprüfung ein. Bei der allgemeinen Vorprüfung kann sie ergänzend berücksichtigen, inwieweit Prüfwerte für Größe oder Leistung, die die allgemeine Vorprüfung eröffnen, überschritten werden.

(6) Die zuständige Behörde trifft die Feststellung zügig und spätestens sechs Wochen nach Erhalt der nach Absatz 4 erforderlichen Angaben. In Ausnahmefällen kann sie die Frist für die Feststellung um bis zu drei Wochen oder, wenn dies wegen der besonderen Schwierigkeit der Prüfung erforderlich ist, um bis zu sechs Wochen verlängern.

(7) Die zuständige Behörde dokumentiert die Durchführung und das Ergebnis der allgemeinen und der standortbezogenen Vorprüfung.

Literatur: *Pauli/Hagemann,* Die UVP-Vorprüfung und deren Heilung, UPR 2018, 8; *Spannowsky,* Der Ausschlussgrund für die Anwendung des beschleunigten Verfahrens der Bebauungsplanung nach § 13a Abs. 1 S. 4 BauGB am Beispiel des Neubaus oder der Erweiterung eines großflächigen Einzelhandelsbetriebs, ZfBR 2018, 544; *Seibert,* Die gerichtliche Kontrolle von Verfahrensvorschriften nach § 4 UmwRG, NVwZ 2019, 337.

Rechtsprechung: zu Absatz 1 Satz 2: VGH München (8. Senat), Beschluss vom 27.3. 2019 – 8 CS 18.2398 (BeckRS 2019, 7224).

Hinweise auf die Gesetzesmaterialien
(ausführliche Kommentierung folgt)

Übersicht

I. Begründung der Bundesregierung (BT-Drs. 18/11499, S. 78 f.)

1 „Mit der Neuregelung der Vorprüfung wird vor allem den umfangreichen Änderungen des Artikels 4 in der geänderten UVP-Richtlinie Rechnung getragen. Diese Änderungen haben zum Teil nur klarstellende Bedeutung, dh sie bilden eine bisher schon übliche Praxis beim Vollzug der Vorprüfung ab und verankern sie ausdrücklich im Gesetz. Verschiedene weitere Änderungen sind nicht unmittelbar durch die UVP-Änderungsrichtlinie veranlasst, sondern dienen dem Zweck, das Verständnis und die Anwendung der Norm zu erleichtern. Bei bestimmten Vorhabenarten, bei denen sich – anders als bei den von § 6 erfassten Vorhaben – die Erforderlichkeit einer UVP nicht schon aus dem Vorliegen bestimmter artbezogener Merkmale oder ihrer Größe oder Leistung ergibt, soll die UVP-pflicht von einer überschlägigen Prüfung der konkreten Umstände des Einzelfalls (Vorprüfung) abhängen. Diese überschlägige Prüfung soll die eigentliche Umweltverträglichkeitsprüfung nicht vorwegnehmen, dh sie ist noch nicht darauf gerichtet, die zu erwartenden Umweltauswirkungen des Vorhabens im Rahmen einer in Einzelheiten gehenden Untersuchung umfassend zu ermitteln. Entsprechend ihrer verfahrenslenkenden Funktion mit einer auf eine überschlägige Vorausschau begrenzten Prüfungstiefe soll die Vorprüfung vielmehr nur eine begründete Einschätzung der zuständigen Behörde ermöglichen, ob das Vorhaben zu erheblichen nachteiligen Umweltauswirkungen führen kann.

In den Absätzen 1 und 2 werden ebenso wie im bisherigen § 3c zwei Vorprüfungsarten unterschieden und deren jeweiligen Prüfungsinhalte bestimmt. Bei Vorhaben, die in Anlage 1 Spalte 2 mit einem „A" gekennzeichnet sind, ist nach Absatz 1 eine allgemeine Vorprüfung durchzuführen. Diese Vorhaben sind UVP-pflichtig, wenn sie nach Einschätzung der zuständigen Behörde aufgrund überschlägiger Prüfung unter Berücksichtigung der in der Anlage 3 aufgeführten Kriterien erhebliche nachteilige Umweltauswirkungen haben können, die bei der Zulassungsentscheidung zu berücksichtigen wären. Davon zu unterscheiden ist die standortbezogene Vorprüfung nach Absatz 2. Sie ist bei Vorhaben geringer Größe oder Leistung durchzuführen, die in der Anlage 1 Spalte 2 mit einem „S" gekennzeichnet sind. Absatz 2 Satz 2 stellt klar, dass die standortbezogene Vorprüfung als überschlägige Prüfung in zwei Stufen durchgeführt wird. Zunächst hat die zuständige Behörde als Vorfrage zu klären, ob bei dem Vorhaben besondere örtliche Gegebenheiten gemäß den in Anlage 3 Nummer 2.3 aufgeführten Schutzkriterien vorliegen. Liegen keine besonderen örtlichen Gegebenheiten vor, bedarf das Vorhaben keiner Vorprüfung und damit erst recht keiner UVP. Wenn dies jedoch der Fall ist, ist auch bei solchen Vorhaben eine Vorprüfung durchzuführen. Dabei sind – unter Berücksichtigung sämtlicher im konkreten Fall relevanter Kriterien der Anlage 3 – nur die Umweltauswirkungen des Vorhabens relevant, die die besondere Empfindlichkeit oder die Schutzziele des Gebietes betreffen können.

Nach Absatz 3 entfällt die Vorprüfung, wenn der Vorhabenträger die Durchführung einer UVP beantragt und die zuständige Behörde zustimmt. Auf diese Weise erhält der Vorhabenträger unabhängig vom möglichen Ausgang der Vorprüfung die Möglichkeit, eine freiwillige UVP durchzuführen. Vorteilhaft kann ein solcher Antrag für den Vorhabenträger insbesondere dann sein, wenn er ohnehin damit rechnet, dass die Vorprüfung das Bestehen einer UVP-Pflicht ergeben wird. In einem solchen Fall spart der Antrag nach Satz 1 Zeit und Aufwand für die Vorprüfung. Ferner vermeidet der Vorhabenträger rechtliche Unsicherheiten, die im Falle eines Verfahrens ohne UVP bei einem UVP-vorprüfungspflichtigen Vorhaben für den Bestand der Genehmigung entstehen könnten (vgl. § 4 Absatz 1 Satz 2 des Umwelt-Rechtsbehelfsgesetzes). Wie die Bezugnahme in Satz 1 auf die Absätze 1 und 2 deutlich macht, ist eine freiwillige UVP nur bei Vorhaben möglich, für die nach Anlage 1 zumindest eine Vorprüfungspflicht besteht sowie bei der Änderung derartiger Vorhaben (vgl. § 9 Absatz 4). Zweite Voraussetzung der freiwilligen UVP ist, dass die zuständige Behörde das Entfallen der Vorprüfung als zweckmäßig erachtet. Ein Fall fehlender Zweckmäßigkeit wird zB dann gegeben sein, wenn offenkundig ist, dass das Vorhaben keine erheblichen nachteiligen Umweltauswirkungen hat. Liegen die Voraussetzungen des Satzes 1 vor, besteht nach Satz 2 die UVP-Pflicht. Dementsprechend bestehen für eine solche „freiwillige UVP" keine geringeren Anforderungen als in den Fällen, in denen die Verpflichtung zur Durchführung einer UVP sich als unbedingte UVP-Pflicht unmittelbar aus dem Gesetz oder als Ergebnis einer Vorprüfung ergibt. Erachtet die zuständige Behörde das Entfallen der UVP nicht als zweckmäßig, findet eine Vorprüfung nach Absatz 1 oder Absatz 2 statt. Die Entscheidung ist als Verfahrenshandlung der Behörde nicht anfechtbar. Für die Anfechtbarkeit des Ergebnisses der Vorprüfung gilt § 5 Absatz 3.

Absatz 4 dient der Umsetzung von Artikel 4 Absatz 4 Satz 1 und 2 der geänderten UVP-Richtlinie. Danach hat der Vorhabenträger bei Vorhaben, für die die Mitgliedstaaten eine Vorprüfung vorsehen, bestimmte Angaben über das Vorhaben, dessen Standort und dessen Umweltauswirkungen vorzulegen. Welche Angaben dies sind, wird in der neuen Anlage 2 konkretisiert, auf die die Vorschrift Bezug nimmt.

Zur Umsetzung von Artikel 4 Absatz 5 Satz 1 der geänderten UVP-Richtlinie bestimmt Absatz 5 in enger Anlehnung an den bisherigen § 3c Satz 3 und 4 weitere Gesichtspunkte, die bei der Durchführung der Vorprüfung zu berücksichtigen sind. Vorkehrungen nach Anlage 2 Nummer 3, mit denen erhebliche nachteilige Umweltauswirkungen ausgeschlossen werden, sind bei der Vorprüfung zu berücksichtigen. Derartige Vorkehrungen umfassen grundsätzlich sowohl Vermeidungs- als auch Verminderungsmaßnahmen im Sinne des bisherigen § 3c Satz 3. Mit Vorkehrungen zur Verminderung können erhebliche nachteilige Umweltauswirkungen ausgeschlossen werden, wenn die gleichwohl zu erwartenden nachteiligen Umweltauswirkungen nicht die Schwelle der Erheblichkeit erreichen. Hiervon zu unterscheiden sind jedoch Ausgleichs- und Ersatzmaßnahmen, da sie erhebliche nachteilige Umweltauswirkungen nicht ausschließen, sondern, wie sich bereits aus ihrer Bezeichnung ergibt, hierfür lediglich einen Ausgleich oder Ersatz schaffen. Demgemäß gelten die Maßstäbe für die Vorprüfung nach dem bisherigen § 3c Satz 3 auch in dieser Hinsicht fort. Der bisherige § 3c Satz 5 UVPG wird durch die Regelungen in den §§ 9 bis 13 ersetzt.

In Absatz 6 wird erstmals eine Frist für die Vorprüfung eingeführt. Sie konkretisiert die nach § 5 Absatz 1 Satz 1 bestehende Verpflichtung der Behörde zur unverzüglichen Feststellung der UVP-Pflicht für die Fälle der Vorprüfung. Grundsätzlich gilt nach Satz 1, dass die Vorprüfung zügig und innerhalb einer Frist von sechs Wochen abzuschließen ist. Dabei handelt es sich um die maximale Dauer der Vorprüfung. Lediglich in Ausnahmefällen kann diese Frist gemäß Satz 2 drei Wochen bzw., in besonders schwierigen Fällen, sechs Wochen verlängert werden. Besondere Schwierigkeiten können sich zB durch die Komplexität des Vorhabens, die Besonderheiten des Standorts oder den Umfang des Vorhabens ergeben. Aufgrund der begrenzten Prüfungstiefe wird es in den meisten Fällen möglich sein, die Vorprüfung in kürzerer Zeit abzuschließen. Um zu vermeiden, dass sich die Vorprüfung in der Praxis zu einer vorweggenommenen UVP entwickelt, sowie aus Gründen der Verfahrensbeschleunigung soll von der Option einer Verlängerung auf eine Gesamtfrist von mehr als 90 Tagen, wie sie Artikel 4 Absatz 6 der geänderten UVP-Richtlinie den Mitgliedstaaten eröffnet, in Deutschland kein Gebrauch gemacht werden.

Absatz 7 übernimmt die Regelung des bisherigen § 3c Satz 6. Diese Vorschrift wurde seinerzeit im Hinblick auf das Urteil des Europäischen Gerichtshofes vom 10. Juni 2004 (Rs. C-87/02, Kommission gegen Italien) durch das Öffentlichkeitsbeteiligungsgesetz vom 9. Dezember 2006 (BGBl. I S. 2819) in das UVPG eingefügt. Die Durchführung der Vorprüfung ist nur insoweit zu dokumentieren, wie dies für das Ergebnis der Vorprüfung relevant ist.

II. Stellungnahme des Bundesrates (BR-Drs. 164/17 (B), S. 4)

2 Der Bundesrat beabsichtigte im Hinblick auf die in Absatz 5 vorgesehene Einbeziehung von Ergebnissen vorgelagerter Untersuchungen abweichend vom ursprünglichen Regierungsentwurf den Einschub „gegebenenfalls" vorzunehmen (BR-Drs. 164/17, S. 4). Diesen Vorschlag begründete er wie folgt:

„Der Einschub „gegebenenfalls" entspricht der Formulierung in Artikel 4 Absatz 5 der UVP-Änderungsrichtlinie. So wird klargestellt, dass im Rahmen der Vorprüfung des Einzelfalls keine neuen Gutachten erstellt werden müssen, sondern die Auswertung gegebenenfalls vorhandener Unterlagen ausreicht. Diese Vorgehensweise steht auch im Einklang mit der Rechtsprechung des Bundesverwaltungsgerichts (Urt. v. 20.12.2011 – Az. 9 A 31.10 Rn. 25)."

III. Gegenäußerung der Bundesregierung (BT-Drs. 18/11948, S. 21)

3 In ihrer **Gegenäußerung** stimmte die Bundesregierung in der Sache zu **(BT-Drs. 18/11948, S. 21):**

„Die Bundesregierung stimmt dem Vorschlag mit einem modifizierten Wortlaut zu. Der Satz sollte wie folgt formuliert werden: „Liegen der Behörde Ergebnisse vorgelagerter Umweltprüfungen oder anderer rechtlich vorgeschriebener Untersuchungen zu den Umweltauswirkungen des Vorhabens vor, so bezieht sie diese Ergebnisse in die Vorprüfung ein."

IV. Beschlussempfehlung und Bericht des Umweltausschusses (BT-Drs. 18/12994, S. 2)

4 Die **Beschlussempfehlung des Umweltausschusses** (BT-Drs. 18/12994, S. 2) sieht vor, den § 7 Abs. 5 entsprechend dem Vorschlag der Bundesregierung zu ändern **(BT-Drs. 18/12994, S. 2, 17).**

(ausführliche Kommentierung folgt)

§ 8 UVP-Pflicht bei Störfallrisiko

Sofern die allgemeine Vorprüfung ergibt, dass aufgrund der Verwirklichung eines Vorhabens, das zugleich benachbartes Schutzobjekt im Sinne des § 3 Absatz 5d des Bundes-Immissionsschutzgesetzes ist, innerhalb des angemessenen Sicherheitsabstandes zu Betriebsbereichen im Sinne des § 3 Absatz 5a des Bundes-Immissionsschutzgesetzes die Möglichkeit besteht, dass ein Störfall im Sinne des § 2 Nummer 7 der Störfall-Verordnung eintritt, sich die Eintrittswahrscheinlichkeit eines solchen Störfalls vergrößert oder sich die Folgen eines solchen Störfalls verschlimmern können, ist davon auszugehen, dass das Vorhaben erhebliche nachteilige Umweltauswirkungen haben kann.

Hinweise auf die Gesetzesmaterialien (ausführliche Kommentierung folgt)

Die **Bundesregierung** führt im Entwurf zu § 8 aus **(BT-Drs. 18/11499, S. 79)**: 1

„Die Vorschrift ist – abgesehen von der Streichung der Wörter „des Einzelfalls“, die eine redaktionelle Folgeänderung zu § 7 ist – wortgleich mit dem bisherigen § 3d (vgl. Gesetzesbegründung der Bundesregierung, BT-Drs. 18/9417, S. 31 f.).“

(ausführliche Kommentierung folgt)

§ 9 UVP-Pflicht bei Änderungsvorhaben

(1) **Wird ein Vorhaben geändert, für das eine Umweltverträglichkeitsprüfung durchgeführt worden ist, so besteht für das Änderungsvorhaben die UVP-Pflicht, wenn**

1. allein die Änderung die Größen- oder Leistungswerte für eine unbedingte UVP-Pflicht gemäß § 6 erreicht oder überschreitet oder

2. die allgemeine Vorprüfung ergibt, dass die Änderung zusätzliche erhebliche nachteilige oder andere erhebliche nachteilige Umweltauswirkungen hervorrufen kann.

Wird ein Vorhaben geändert, für das keine Größen- oder Leistungswerte vorgeschrieben sind, so wird die allgemeine Vorprüfung nach Satz 1 Nummer 2 durchgeführt. Wird ein Vorhaben der Anlage 1 Nummer 18.1 bis 18.8 geändert, so wird die allgemeine Vorprüfung nach Satz 1 Nummer 2 nur durchgeführt, wenn allein durch die Änderung der jeweils für den Bau des entsprechenden Vorhabens in Anlage 1 enthaltene Prüfwert erreicht oder überschritten wird.

(2) **Wird ein Vorhaben geändert, für das keine Umweltverträglichkeitsprüfung durchgeführt worden ist, so besteht für das Änderungsvorhaben die UVP-Pflicht, wenn das geänderte Vorhaben**

1. den Größen- oder Leistungswert für die unbedingte UVP-Pflicht gemäß § 6 erstmals erreicht oder überschreitet oder

2. einen in Anlage 1 angegebenen Prüfwert für die Vorprüfung erstmals oder erneut erreicht oder überschreitet und eine Vorprüfung ergibt, dass die Änderung erhebliche nachteilige Umweltauswirkungen hervorrufen kann.

Wird ein Städtebauprojekt oder eine Industriezone nach Anlage 1 Nummer 18.5, 18.7 und 18.8 geändert, gilt Satz 1 mit der Maßgabe, dass allein durch die Änderung der Größen- oder Leistungswert nach Satz 1 Nummer 1 oder der Prüfwert nach Satz 1 Nummer 2 erreicht oder überschritten wird.

(3) **Wird ein Vorhaben geändert, für das keine Umweltverträglichkeitsprüfung durchgeführt worden ist, so wird für das Änderungsvorhaben eine Vorprüfung durchgeführt, wenn für das Vorhaben nach Anlage 1**

1. eine UVP-Pflicht besteht und dafür keine Größen- oder Leistungswerte vorgeschrieben sind oder

2. eine Vorprüfung, aber keine Prüfwerte vorgeschrieben sind.

Die UVP-Pflicht besteht, wenn die Vorprüfung ergibt, dass die Änderung erhebliche nachteilige Umweltauswirkungen hervorrufen kann.

(4) **Für die Vorprüfung bei Änderungsvorhaben gilt § 7 entsprechend.**

(5) **Der in den jeweiligen Anwendungsbereich der Richtlinien 85/337/EWG und 97/11/EG fallende, aber vor Ablauf der jeweiligen Umsetzungsfristen erreichte Bestand bleibt hinsichtlich des Erreichens oder Überschreitens der Größen- oder Leistungswerte und der Prüfwerte unberücksichtigt.**

Rechtsprechung: zur UVP-Pflicht bei Änderungsvorhaben: VGH München (8. Senat), Beschl. v. 27.3.2019 – 8 CS 18.2398 (BeckRS 2019, 7224); zur Vorprüfung bei Änderungsvorhaben (Absatz 3): OVG Münster, Beschl. v. 11.4.2018 – 8 B 1463/17 (ZUR 2018, 492; DÖV 2018, S. 583; BeckRS 2018, 5981).

Hinweise auf die Gesetzesmaterialien (ausführliche Kommentierung folgt)

Übersicht

I. Begründung der Bundesregierung (BT-Drs. 18/11499, S. 79 f.)

1 „Die Vorschrift dient der Umsetzung von Artikel 2 Absatz 1 in Verbindung mit Artikel 4 Absatz 2 und Anhang I Nummer 24 und Anhang II Nummer 13 der UVP-Richtlinie. Sie regelt die Notwendigkeit einer UVP bei der Änderung von Vorhaben. Anders als im bisherigen § 3e Absatz 1 wird bei den in der Neuregelung erfassten Änderungsfällen nicht danach unterschieden, ob für das zu ändernde Vorhaben eine UVP-Pflicht besteht. Vielmehr wird darauf abgestellt, ob für das zu ändernde Vorhaben eine UVP durchgeführt worden ist. Damit brauchen die Behörden künftig keine komplizierten retrospektiven Prüfungen mehr dazu anzustellen, ob das zu ändernde Vorhaben nach heutigem Recht UVP-pflichtig wäre. Entscheidend ist vielmehr, ob die Zulassung des bestehenden Vorhabens seinerzeit tatsächlich mit UVP erfolgt ist oder nicht. Der Begriff der „Änderung" in § 9 schließt nach § 2 Absatz 4 Nummer 2 die Erweiterung eines Vorhabens ein. Damit wird ein bisher schon auf anderen Rechtsgebieten, z. B. im Immissionsschutzrecht, übliches Begriffsverständnis für das UVP-Recht übernommen. Die Erweiterung eines bestehenden Vorhabens stellt somit ebenfalls ein Änderungsvorhaben dar.

Absatz 1 regelt die UVP-Pflicht bei der Änderung von Vorhaben, die mit UVP zugelassen worden sind. Satz 1 Nummer 1 schreibt für das Änderungsvorhaben in diesen Fällen die Durchführung einer UVP vor, wenn die Änderung selbst den in Anlage 1 angegebenen Größen- oder Leistungswert für die unbedingte UVP-Pflicht erreicht oder überschreitet. Satz 1 Nummer 2 gilt für andere Änderungen bestehender, mit UVP zugelassener Vorhaben. In diesen Fällen ist stets eine allgemeine Vorprüfung nach § 7 Absatz 1 durchzuführen. Dabei hat die Behörde überschlägig zu prüfen, ob das geänderte Vorhaben gegenüber dem Vorhaben, für das seinerzeit bereits eine UVP durchgeführt worden ist, zusätzliche oder andere nachteilige Umweltauswirkungen hervorrufen kann, die erheblich sind. Wurde das bestehende Vorhaben nach Durchführung der UVP geändert, ohne dass hierfür eine weitere UVP erfolgt ist, sind die Umweltauswirkungen dieser Änderungen anders als nach dem bisherigen § 3e Absatz 1 Nummer 2 nicht mehr dem beantragten neuen Änderungsvorhaben zuzurechnen, gleichwohl aber zu berücksichtigen.

Satz 3 bestimmt für Bauvorhaben der Anlage 1 Nummer 18.1 bis 18.8, dass eine Vorprüfung hier erst dann durchzuführen ist, wenn die Änderung selbst den Prüfwert für die Vorprüfung in der Spalte 2 erreicht oder überschreitet. Dies entspricht der bisher geltenden Regelung des § 3e Absatz 2 und trägt den Besonderheiten der „Städtebauprojekte" Rechnung.

Absätze 2 und 3 bestimmen die UVP-Pflicht bei der Änderung von Vorhaben, die ohne UVP zugelassen worden sind und bei denen auch nicht für eine frühere Änderung eine UVP durchgeführt wurde. Dies kann z. B. darauf beruhen, dass das frühere Vorhaben

– vor Inkrafttreten des Gesetzes über die Umweltverträglichkeitsprüfung zugelassen wurde,

– weder die Größen- und Leistungswerte noch die Prüfwerte nach Anlage 1 erreichte oder überschritt,
– zwar die Prüfwerte nach Anlage 1 erreichte oder überschritt, aber eine oder mehrere Vorprüfungen zu dem Ergebnis kam bzw. kamen, dass das Vorhaben bzw. die Änderung keine erheblichen Umweltauswirkungen haben kann oder
– zwar eigentlich UVP-pflichtig gewesen wäre, die Zulassungsbehörde jedoch die diesbezüglichen rechtlichen Anforderungen verkannt hat.

Nach Absatz 2 Satz 1 Nummer 1 bedarf die Änderung derartiger Vorhaben der UVP, wenn das geänderte Vorhaben durch die Änderung den in der Anlage 1 angegebenen Größen- oder Leistungswert für die unbedingte UVP-Pflicht erstmals erreicht oder überschreitet. Hierzu sind die Größen- und Leistungswerte des bereits errichteten bzw. genehmigten Vorhabens mit den durch das Änderungsvorhaben hinzutretenden Werten zu summieren. Hiervon zu unterscheiden ist im Falle einer nach der Vorschrift bestehenden UVP-Pflicht die Durchführung der UVP. Gegenstand der UVP ist nur das Änderungsvorhaben, während die Auswirkungen des bestehenden Vorhabens in der UVP nach Maßgabe des Fachrechts zu berücksichtigen sind.

Absatz 2 Satz 1 Nummer 2 entspricht dem bisherigen § 3c Satz 5 UVPG. Danach bedarf die Änderung eines ohne UVP zugelassenen Vorhabens einer UVP, wenn durch sie ein in der Anlage 1 festgelegter Prüfwert für die Vorprüfung erstmals oder erneut erreicht oder überschritten wird und eine Vorprüfung ergibt, dass die Änderung erhebliche Umweltauswirkungen hervorrufen kann. Erfasst werden durch die Vorschrift u. a. Fälle wiederholter Änderungen vorprüfbedürftiger Vorhaben, bei denen die Vorprüfung jeweils zu dem Ergebnis kam, dass erhebliche Umweltauswirkungen nicht zu erwarten seien und daher keine UVP erforderlich sei. Bei jeder weiteren Änderung eines solchen Vorhabens ist erneut eine Vorprüfung durchzuführen, sofern durch die Änderung nicht erstmals der Größen- oder Leistungswert für die unbedingte UVP-Pflicht erreicht oder überschritten wird (Fall des Absatzes 2 Nummer 1). Fälle eines erneuten Erreichens oder Überschreitens eines im Sinne von Nummer 2 sind aber beispielsweise auch bei Altanlagen denkbar, die für sich genommen nicht nur die Prüfwerte für die Vorprüfung, sondern sogar die Größen- und Leistungswerte nach § 6 erreichen oder überschreiten, bei deren Zulassung das UVPG noch nicht in Kraft oder eine entsprechende UVP-Pflicht für Anlagen dieser Art noch nicht vorgesehen war. Ein „erneutes Überschreiten" liegt in diesen Fällen auch dann vor, wenn die geplante Änderung keine Auswirkungen auf die Größe und Leistung des Vorhabens hat. Bei der Durchführung der nach Nummer 2 erforderlichen Vorprüfung ist das bestehende Vorhaben (ggfs. einschließlich der ohne UVP zugelassenen früheren Änderungen) zu berücksichtigen. Absatz 2 Satz 2 enthält eine Sonderregelung für die in Anlage 1 Nummer 18.5, 18.7 und 18.8 aufgeführten Industriezonen und Städtebauprojekte und behält damit für diese Vorhaben die bisher nach § 3b Absatz 3 Satz 4 und § 3c Satz 5 geltende Rechtslage bei. Demnach besteht bei diesen Vorhaben eine unbedingte UVP-Pflicht nach Satz 1 Nummer 1 nur, wenn die Änderung selbst den Größen- und Leistungswerte nach § 6 erreicht oder überschreitet. Ferner ist eine Vorprüfung nach Satz 1 Nummer 2 nur durchzuführen, wenn die Änderung selbst den Prüfwert für die Vorprüfung in der Spalte 2 erreicht oder überschreitet. Die genannten Infrastrukturvorhaben sind oftmals Teil einer kontinuierlichen Entwicklung und längeren Siedlungsgeschichte. Bei solchen Vorhaben ist es nicht angemessen, bei der Bestimmung der UVP-Pflicht die bestehenden Größen- und Leistungswerte und Prüfwerte in der Weise anzuwenden, dass der Bestand mit dem Änderungsvorhaben summiert wird.

Absatz 3 gilt für die Änderung UVP-pflichtiger Vorhaben, für die in Anlage 1 keine Größen- oder Leistungswerte ausgewiesen, sowie für die Änderung vorprüfbedürftiger

Vorhaben, für die in Anlage 1 keine Prüfwerte festgelegt sind. Wird ein solches Vorhaben geändert, bedarf das Änderungsvorhaben einer Vorprüfung nach § 7 Absatz 1 oder 2. Allerdings gilt auch hier die gleiche Voraussetzung wie nach Absatz 2, wonach das zu ändernde Vorhaben seinerzeit ohne UVP zugelassen worden sein muss und auch eventuelle frühere Änderungen ohne UVP zugelassen wurden. Auch bei Durchführung der nach Absatz 3 erforderlichen Vorprüfung ist das bestehende Vorhaben zu berücksichtigen.

Absatz 4 stellt klar, dass für eine nach Absatz 1 Nummer 2, Absatz 2 Nummer 2 sowie Absatz 3 durchzuführende Vorprüfung die Bestimmungen des § 7 entsprechend gelten.

Absatz 5 entspricht dem bisherigen § 3b Absatz 3 Satz 3.“

II. Stellungnahme des Bundesrates (BR-Drs. 164/17 (B), S. 4 f.)

2 Absatz 1 Satz 2 war im ursprünglichen Regierungsentwurf nicht vorgesehen (Regierungsentwurf – BT-Drs. 18/11499, S. 15). Der **Bundesrat** sprach sich in seiner **Stellungnahme** für dessen Einfügung aus **(BR-Drs. 164/17, S. 4)**:

„Die Änderung dient der Klarstellung der Rechtslage bei der Änderung von Vorhaben, für die eine UVP durchgeführt worden ist, wenn für das geänderte Vorhaben eine unbedingte UVP-Pflicht besteht und dafür keine Größen- und Leistungswerte vorgeschrieben sind. Dies betrifft in der Straßenbauverwaltung die Änderung von Bundesautobahnen, für deren Bau gemäß Nummer 14.3 Anlage 1 zum UVPG unabhängig von Größen- und Leistungswerten immer eine UVP-Pflicht besteht. Gemäß § 9 Absatz 1 UVPG besteht bei der Änderung von Vorhaben, für die eine UVP durchgeführt worden ist, die UVP-Pflicht: – wenn allein die Änderung die Größen- und Leistungswerte einer unbedingten UVP-Pflicht gemäß § 6 erreicht oder überschreitet oder – die allgemeine Vorprüfung ergibt, dass die Änderung erhebliche nachteilige Umweltauswirkungen haben kann. Zweifelhaft ist, ob die Änderung von Vorhaben, für die eine unbedingte UVP-Pflicht besteht, aber keine Größen- und Leistungswerte vorgegeben sind, unter „UVP-Pflicht“ oder „Allgemeine Vorprüfung“ fällt. In der Literatur wurde bisher für den in etwa gleichlautenden § 3e Absatz 1 UVPG die Ansicht vertreten, in diesen Fällen sei für jede Änderung gem. § 3e Absatz 1 Nummer 1 eine UVP erforderlich (vgl. Storm/Bunge, Handbuch der Umweltverträglichkeitsprüfung, Loseblattsammlung, Stand Juli 2012, RN 30 zu § 3e). Diese Rechtsansicht hat eine gewisse Logik, da immer eine „Bundesautobahn“ geändert wird. Anderseits erfüllt das Änderungsvorhaben allein regelmäßig nicht die Anforderungen an eine Bundesautobahn und die unbedingte UVP-Pflicht für diese Änderungen wäre im Hinblick auf den Zweck des UVPG sachwidrig. In der Folge wäre auch für kleinste Änderungen einer Bundesautobahn, zB einer Autobahnraststätte, Autobahnmeisterei, eines Regenrückhaltbeckens oder einer Lärmschutzwand eine Entscheidung über das Entfallen von Planfeststellung und Plangenehmigung immer ausgeschlossen (§ 74 Absatz 7 Nummer 3 VwVfG iVm § 17b FStrG). Diese sachwidrige Rechtsansicht könnte jedoch nunmehr durch § 9 Absatz 3 Satz 1 Nummer 1 und Satz 2 UVPG bestärkt werden. Dieser regelt für die Änderung eines Vorhabens, für das keine UVP-Pflicht durchgeführt worden ist, ausdrücklich, dass für Vorhaben, für die eine UVP-Pflicht besteht und für die keine Größen- und Leistungswerte vorgeschrieben sind, eine UVP-Pflicht nur nach Maßgabe einer Vorprüfung besteht. Dies ließe den Schluss zu, dass dies bei der Änderung von Vorhaben nach § 9 Absatz 1 (UVPG), für die eine UVP durchgeführt worden ist, gerade nicht gelten soll, da dieser keine entsprechende Regelung enthält (systematisches Argument). Es soll deshalb klargestellt werden, dass sich diese Fälle nach § 9 Absatz 1 Nummer 2 UVPG (Allgemeine Vorprüfung) richten, vgl. auch Regelung in § 9 Absatz 3 UVPG.“

III. Gegenäußerung der Bundesregierung (BT-Drs. 18/11948, S. 21)

In ihrer **Gegenäußerung** stimmte die **Bundesregierung** dem Vorschlag in sprachlich modifizierter Form zu **(BT-Drs. 18/11948, S. 21):** 3

„Die Bundesregierung stimmt dem Vorschlag mit einer sprachlichen Modifikation zu. Statt der Formulierung „für das keine Größen- oder Leistungswerte bestehen" sollte es heißen: „Wird ein Vorhaben geändert, für das keine Größen- oder Leistungswerte vorgeschrieben sind, so wird die allgemeine Vorprüfung nach Satz 1 Nummer 2 durchgeführt.""

IV. Beschlussempfehlung und Bericht des Umweltausschusses (BT-Drs. 18/12994, S. 2)

Die **Beschlussempfehlung des Umweltausschusses** (BT-Drs. 18/12994, S. 2) sieht die Einfügung des Satz 2 in der von der Bundesregierung vorgeschlagenen Form vor. 4

(ausführliche Kommentierung folgt)

§ 10 UVP-Pflicht bei kumulierenden Vorhaben

(1) **Für kumulierende Vorhaben besteht die UVP-Pflicht, wenn die kumulierenden Vorhaben zusammen die maßgeblichen Größen- oder Leistungswerte nach § 6 erreichen oder überschreiten.**

(2) **Bei kumulierenden Vorhaben, die zusammen die Prüfwerte für eine allgemeine Vorprüfung erstmals oder erneut erreichen oder überschreiten, ist die allgemeine Vorprüfung durchzuführen. Für die allgemeine Vorprüfung gilt § 7 Absatz 1 und 3 bis 7 entsprechend.**

(3) **Bei kumulierenden Vorhaben, die zusammen die Prüfwerte für eine standortbezogene Vorprüfung erstmals oder erneut erreichen oder überschreiten, ist die standortbezogene Vorprüfung durchzuführen. Für die standortbezogene Vorprüfung gilt § 7 Absatz 2 bis 7 entsprechend.**

(4) **Kumulierende Vorhaben liegen vor, wenn mehrere Vorhaben derselben Art von einem oder mehreren Vorhabenträgern durchgeführt werden und in einem engen Zusammenhang stehen. Ein enger Zusammenhang liegt vor, wenn**

1. sich der Einwirkungsbereich der Vorhaben überschneidet und

2. die Vorhaben funktional und wirtschaftlich aufeinander bezogen sind.

Technische und sonstige Anlagen müssen zusätzlich mit gemeinsamen betrieblichen oder baulichen Einrichtungen verbunden sein.

(5) **Für die in Anlage 1 Nummer 14.4, 14.5 und 19.1 aufgeführten Vorhaben gilt Absatz 4 mit der Maßgabe, dass zusätzlich ein enger zeitlicher Zusammenhang besteht.**

(6) **Der in den jeweiligen Anwendungsbereich der Richtlinien 85/337/EWG und 97/11/EG fallende, aber vor Ablauf der jeweiligen Umsetzungsfristen erreichte Bestand bleibt hinsichtlich des Erreichens oder Überschreitens der Größen- oder Leistungswerte und der Prüfwerte unberücksichtigt.**

Literatur: *Schink/Ley,* Kumulierende Vorhaben iSd § 10 IV UVPG, DVBl. 2019, 535.

Hinweise auf die Gesetzesmaterialien (ausführliche Kommentierung folgt)

Zur Begründung des § 10 führt die Bundesregierung (BT-Drs. 18/11499, S. 81 f.) aus: 1
„Die §§ 10 bis 13 setzen Artikel 4 der UVP-Richtlinie unter Beachtung des sog. „Irland-Urteils" des Europäischen Gerichtshofes vom 21. September 1999 (Rs. C-392/96) um. Sie regeln die UVP-Pflicht bei kumulierenden Vorhaben.

Die Vorschriften sind notwendige Ergänzungen zu den in § 1 in Verbindung mit Anlage 1 sowie den §§ 5 bis 9 getroffenen Regelungen zur UVP-Pflicht, um die in Artikel 2 Absatz 1 der UVP-Richtlinie geregelte Verpflichtung umzusetzen. Danach sind Projekte, bei denen insbesondere aufgrund ihrer Art, ihrer Größe oder ihres Standortes mit erheblichen Auswirkungen auf die Umwelt zu rechnen ist, einer UVP zu unterziehen (vgl. EuGH Urteil vom 24.10.1996, C 72/95 – Kraaijeveld ua Rn. 50). Um die Wirksamkeit dieser Anforderung sicherzustellen, ist es nicht ausreichend, die Notwendigkeit einer UVP allein von der Größe oder Leistung eines jeweils betrachteten Einzelvorhabens abhängig zu machen. Nach dem „Irland-Urteil" des EuGH müssen die Mitgliedstaaten vielmehr sicherstellen, dass das Regelungsziel nicht durch eine Aufsplitterung von Vorhaben umgangen wird. Deshalb müssen bei der Bestimmung der UVP-Pflicht auch kumulative Wirkungen berücksichtigt werden, die sich daraus ergeben, dass mehrere Projekte derselben Art „dicht beieinander durchgeführt werden" (vgl. EuGH, Rs. C 392/96 –„Irland-Urteil" –, Rn. 76 ff). Denn für die Frage der Umweltauswirkungen ist es ohne Bedeutung, ob an einem bestimmten Standort lediglich ein größeres

Vorhaben oder mehrere kleinere Vorhaben derselben Art durchgeführt werden, die zusammen die gleiche Größe oder Leistung aufweisen. Angeknüpft wird dabei an die entsprechenden bisherigen Bestimmungen in § 3b Absatz 2 und Absatz 3 Satz 2 sowie in dem bisherigen § 3c Satz 5 UVPG. Mit diesen Vorschriften hat der Gesetzgeber bei der Umsetzung der UVP-Änderungsrichtlinie 97/11/EG den Versuch unternommen, den Kumulations-Grundsätzen des „Irland-Urteils" des EuGH Rechnung zu tragen.

Wie sich gezeigt hat, bereitet das Verständnis dieser Regelungen aufgrund ihrer inhaltlichen Unbestimmtheit in der Praxis allerdings beträchtliche Schwierigkeiten. Die erweiterten Klagemöglichkeiten nach dem Umwelt-Rechtsbehelfsgesetz führen dazu, dass sich auch die Gerichte zunehmend mit den Voraussetzungen und Grenzen der Kumulation bei der UVP befassen. Die Rechtsprechung in diesem Bereich ist inzwischen vielfältig und uneinheitlich. Die Gerichte beschränken sich dabei nicht nur auf eine Auslegung der bestehenden Vorschriften, sondern gelangen über Analogiebildungen unter Rückgriff auf das „Irland-Urteil" des EuGH auch zu Ausweitungen des Kumulationstatbestandes, die vom Gesetzgeber seinerzeit so nicht vorgesehen waren (so zB BVerwG, Urt. v. 18.6.2015, 4 C 4/14 zur nachträglichen Kumulation). Insgesamt ist daher festzustellen, dass bei der Kumulation derzeit eine beträchtliche Rechtsunsicherheit herrscht, die ein Handeln des Gesetzgebers unabdingbar macht. Mit den neuen §§ 10 bis 13 werden Unklarheiten, die die Anwendung der Kumulationsvorschriften des UVPG bislang erschwert haben, beseitigt. Darüber hinaus wird der neueren verwaltungsgerichtlichen Rechtsprechung Rechnung getragen (zB BVerwG, Urt. v. 18.6.2015, 4 C 4/14 und Urt. v. 17.12.2015, 4 C 7/14).

Entscheidend für den Anwendungsbereich der Kumulation ist die Frage, unter welchen Voraussetzungen zwischen mehreren formal eigenständigen Vorhaben ein Zusammenhang besteht, der es rechtfertigt, die Vorhaben für die Frage der Notwendigkeit einer UVP als Einheit zu betrachten. Dafür gibt das og „Irland-Urteil" des EuGH wichtige Orientierungspunkte. So hat der EuGH darauf hingewiesen, dass eine Kumulation nur bei gleichartigen Vorhaben in Betracht kommt, und zwar bei solchen, die „dicht beieinander" durchgeführt werden. Unerheblich ist, ob es sich um Vorhaben desselben oder unterschiedlicher Vorhabenträger handelt. Schließlich kann dem Urteil nicht entnommen werden, dass nur Vorhaben erfasst werden sollen, die parallel zugelassen werden. § 10 regelt grundsätzliche Fragen der Kumulation. Während der bisherige § 3b Absatz 2 die Kumulation lediglich für Vorhaben regelt, sollen die in § 10 genannten Grundsätze auch in den Fällen der sog. „nachträglichen Kumulation" gelten, soweit die §§ 11 bis 13 keine abweichenden Regelungen enthalten. Die betreffenden Regelungen gelten sowohl für Neuvorhaben als auch für Änderungsvorhaben. Ein kumulierendes Änderungsvorhaben kann zum Beispiel vorliegen, wenn bereits mehrere kumulierende Vorhaben bestehen und eines dieser kumulierenden Vorhaben erweitert wird.

Zu Absatz 1: In Übereinstimmung mit der oben genannten Rechtsprechung bestimmt Absatz 1, dass bei kumulierenden Vorhaben eine UVP erforderlich ist, wenn die Vorhaben zusammen den in Anlage 1 ausgewiesenen Größen- oder Leistungswert für die UVP-Pflicht erreichen oder überschreiten. Liegen die Voraussetzungen des Absatzes 1 vor, ist für die kumulierenden Vorhaben jeweils grundsätzlich eine Umweltverträglichkeitsprüfung durchzuführen, soweit die §§ 11 bis 13 nicht etwas Abweichendes regeln.

Zu Absatz 2: Absatz 1 bestimmt, dass bei kumulierenden Vorhaben eine allgemeine Vorprüfung erforderlich ist, wenn die Vorhaben zusammen die in Anlage 1 ausgewiesenen Prüfwerte für die allgemeine Vorprüfung erreichen oder überschreiten. Das gilt sowohl für Neu- als auch für Änderungsvorhaben und sowohl für das erstmalige wie auch jedes weitere Erreichen oder Überschreiten der Prüfwerte. In einem solchen Fall bedürfen jeweils beide Vorhaben einer UVP-Vorprüfung, soweit sich aus den §§ 11 bis 13 nicht etwas Abweichendes ergibt; dabei sind nach Anlage 3 Nummer 2 (Einleitungssatz) die Umweltauswirkungen der anderen kumulierenden Vorhaben zu berücksichtigen. § 7 Absatz 1 und 3 bis 7 ist für die allgemeine Vorprüfung entsprechend anzuwenden.

Zu Absatz 3: Absatz 3 enthält eine dem Absatz 2 entsprechende Regelung für die Fälle, in denen die kumulierenden Vorhaben zusammen die in Anlage 1 ausgewiesenen Prüfwerte für die standortbezogene Vorprüfung erreichen oder überschreiten.

Zu Absatz 4: Absatz 4 bestimmt die generellen Voraussetzungen der Kumulation und legt damit die Grundsätze fest, nach denen mehrere Vorhaben bei der Entscheidung über die Notwendigkeit einer UVP kumulativ zu betrachten sind.

Nach Satz 1 ist das der Fall, wenn es sich um gleichartige Vorhaben desselben oder eines anderen Trägers handelt, die in einem engen räumlichen und funktionalen Zusammenhang durchgeführt werden. Kumulierende Vorhaben liegen nur dann vor, wenn es sich um Vorhaben derselben Art handelt. Dies ist insbesondere bei Vorhaben der Fall, die in der Liste „UVP-pflichtige Vorhaben" (Anlage 1 dieses Gesetzes) einer Vorhabenart derselben Ordnungsnummer (zB Nummer 8.4) angehören. Als derselben Art zugehörig können in Ausnahmefällen aber auch Vorhaben betrachtet werden, die innerhalb derselben Sachgebietsgruppe unterschiedlichen Ordnungsnummern zugeordnet sind. Voraussetzung ist, dass sich die Vorhaben durch eine entsprechende technische oder bauliche Beschaffenheit und Betriebsweise sowie durch vergleichbare Umweltauswirkungen auszeichnen und dass die angegebenen Größen- oder Leistungswerte addierbar, dh in derselben Messeinheit ausgewiesen sind (so zB bei Vorhaben nach Nummer 14.4 und 14.5). Nicht erforderlich ist, dass es sich um Vorhaben desselben Trägers handelt.

Weitere Voraussetzung der Kumulation ist nach Satz 1 wie schon nach dem bisherigen § 3b Absatz 2 das Vorliegen eines engen Zusammenhangs. Gegenüber der Regelung des „engen Zusammenhangs" im bisherigen § 3b Absatz 2 Satz 2 UVPG wird die Bestimmung neu gefasst und im Sinne der UVP-Anforderungen, wie sie sich insbesondere aus dem og „Irland-Urteil" des EuGH und der aktuellen deutschen Rechtsprechung ergeben, fortentwickelt. Damit sollen zugleich Auslegungsschwierigkeiten beseitigt werden, die bei der Anwendung des § 3b Absatz 2 Satz 2 UVPG in der Praxis aufgetreten sind. Der Grund liegt zum einen darin, dass sich der bisherige Wortlaut an der immissionsschutzrechtlichen Regelung über die „gemeinsame Anlage" (§ 1 Absatz 3 der 4. BImSchV) orientiert, die jedoch nur für Anlagen desselben Betreibers gilt. Bei der UVP-rechtlichen Kumulation wird dagegen Betreiberidentität nicht vorausgesetzt. Deshalb ist es erforderlich, den bisherigen Begriff des „engen Zusammenhangs" UVP-rechtlich anzureichern, soweit die immissionsschutzrechtliche Betrachtung für die Anforderungen der UVP zu kurz greift.

Auch soweit es um die Kumulation von sonstigen Vorhaben geht, ist der bisherige § 3b Absatz 2 Satz 2 Nummer 2 wenig aussagefähig. Nach dem Wortlaut des bisherigen § 3b Absatz 2 Satz 2 Nummer 1 können technische Anlagen nur kumulieren, wenn sie „auf demselben Betriebs- oder Baugelände liegen". Diese Formulierung ist missverständlich, da sie den Rechtsanwender zu der Vorstellung verleiten könnte, dass sich die Vorhaben innerhalb eines zusammenhängenden, von einer gemeinsamen Einfriedung umgrenzten Geländes befinden müssten. Jedoch hat das Bundesverwaltungsgericht in mehreren Entscheidungen klargestellt, dass für die Annahme des erforderlichen räumlichen Zusammenhangs nicht optisch wahrnehmbare Umstände maßgeblich sind (Urt. vom 18.6.2015, Az. 4 C 4/14, JURIS Rn. 24 und Urt. v. 17.12.2015, Az. 4 C 7/14, JURIS Rn. 16). Vielmehr sind nach dem Sinn und Zweck der Kumulationsregelung Vorhaben zu erfassen, deren Umweltauswirkungen sich überlagern. Dementsprechend ist nach Satz 2 Nummer 2 erste Voraussetzung des „engen Zusammenhangs", ein sich überschneidender Einwirkungsbereich. Damit wird auf ein Kriterium abgestellt, das auch nach der bisherigen Anlage 2 Nummer 2 – im Rahmen der Vorprüfung – für die Beurteilung der UVP-Pflicht von Bedeutung war. Da nach der Begriffsbestimmung in § 2

Absatz 11 der Einwirkungsbereich auf das geographische Gebiet beschränkt ist, in dem Umweltauswirkungen auftreten, die für die Zulassung relevant sind, haben die fachrechtlichen Bestimmungen auch für die Reichweite der Kumulation maßgebliche Bedeutung. So wird zB die Reichweite der Einwirkungen des Vorhabens über den Luftpfad durch das im Immissionsschutzrecht heranzuziehende Beurteilungsgebiet begrenzt. Dabei gelten für nach Fachrecht selbständige Anlagen auch jeweils eigene Beurteilungsgebiete.

Weitere Voraussetzung eines engen Zusammenhangs ist nach Satz 2 Nummer 2, dass die Vorhaben „funktional und wirtschaftlich aufeinander bezogen" sind. Dieses Merkmal knüpft an den Hinweis im „Irland-Urteil" des EuGH an, wonach eine Umgehung der UVP-Pflicht durch Aufsplitterung von Vorhaben vermieden werden muss. Eine solche Aufsplitterung setzt voraus, dass sich ein Ensemble mehrerer benachbarter kleinerer Vorhaben bei wertender Betrachtung als Einheit darstellt und damit für die Frage der Notwendigkeit einer UVP einem Einzelvorhaben derselben Größe oder Leistung gleichsteht. Die Vergleichbarkeit mit einem entsprechend großen UVP-pflichtigen Vorhaben derselben Art ist nur dann gegeben, wenn die Vorhaben nicht beziehungslos und gleichsam zufällig nebeneinander verwirklicht werden, sondern funktional und wirtschaftlich aufeinander bezogen sind. Dieser Zusammenhang kann zB in einem gemeinsamen betrieblichen oder wirtschaftlichen Zweck liegen und etwa darin zum Ausdruck kommen, dass der oder die Vorhabenträger ihr Vorgehen durch ineinandergreifende Betriebsabläufe oder in sonstiger Weise planvoll und koordiniert durchführen (so auch BVerwG, Urt. v. 17.12.2015, 4 C 7/14, Rn. 18).

Satz 3 regelt eine spezielle Voraussetzung des engen Zusammenhangs bei technischen und sonstigen Anlagen. Insofern wird die Unterscheidung zwischen derartigen Anlagen und sonstigen in Natur und Landschaft eingreifenden Maßnahmen nach dem bisherigen § 3b Absatz 2 Satz 2 fortgeführt. Bei technischen und sonstigen Anlagen liegt ein enger Zusammenhang vor, wenn die Vorhaben durch gemeinsame bauliche oder betriebliche Einrichtungen verbunden sind. Als gemeinsame betriebliche oder bauliche Einrichtungen sind beispielsweise technische oder bauliche Anlagen, Grundstücke oder ein gemeinsamer Maschinen- oder Gerätepark zu verstehen, die nicht nur einem der beteiligten Vorhaben dienen, sondern zur Durchführung aller beteiligten Vorhaben eingesetzt werden. Gemeinsame betriebliche Einrichtungen liegen zB vor, wenn zwei Anlagen zur Metalloberflächenbehandlung nach Nummer 3.8 der Anlage 1 zum UVPG im selben Industriepark liegen und Stoffe zur Oberflächenbehandlung aus einer gemeinsamen Produktion beziehen, mit der sie über Produktleitungen verbunden sind. Gleiches gilt, wenn mehrere Anlagen zur Intensivtierhaltung von Hennen nach Nummer 7.1.2 der Anlage 1 zur Lagerung des Futters dasselbe Silo nutzen. Öffentliche Infrastruktureinrichtungen wie das öffentliche Kanalnetz sind dagegen keine gemeinsamen Einrichtungen.

Zu Absatz 5: Absatz 5 übernimmt inhaltlich die Regelung des bisherigen § 3b Absatz 3 Satz 5, erweitert jedoch den Geltungsbereich dieser Ausnahmevorschrift auf die in Nummer 19.1 der Anlage 1 aufgeführten Vorhaben. Damit soll den Besonderheiten des derzeit aufgrund der Energiewende verstärkt vorangetriebenen Stromleitungsausbaus Rechnung getragen werden. Die in Nummer 19.11 der Anlage 1 aufgeführten Erdkabel wurden nicht aufgenommen. Für diese Vorhaben gibt es keine Größen- und Leistungswerte oder Prüfwerte, sodass eine Kumulation im Sinne des Absatzes 4 ausgeschlossen ist. Generell kann angenommen werden, dass ein enger zeitlicher Zusammenhang dann besteht, wenn die Antragstellung für das hinzutretende kumulierende Vorhaben noch innerhalb der Frist erfolgt, nach deren Ablauf ein Planfeststellungsbeschluss außer Kraft treten würde, wenn nicht mit der Ausführung des Plans begonnen worden wäre (siehe z. B. § 75 Absatz 4 VwVfG, § 17c Nummer 1 FStrG).

Zu Absatz 6: Absatz 6 entspricht dem bisherigen § 3b Absatz 3 Satz 3."

(ausführliche Kommentierung folgt)

§ 11 UVP-Pflicht bei hinzutretenden kumulierenden Vorhaben, bei denen das Zulassungsverfahren für das frühere Vorhaben abgeschlossen ist

(1) Hinzutretende kumulierende Vorhaben liegen vor, wenn zu einem beantragten oder bestehenden Vorhaben (früheren Vorhaben) nachträglich ein kumulierendes Vorhaben hinzutritt.

(2) Wenn für das frühere Vorhaben eine Zulassungsentscheidung getroffen worden ist, so besteht für den Fall, dass für das frühere Vorhaben bereits eine Umweltverträglichkeitsprüfung durchgeführt worden ist, für das hinzutretende kumulierende Vorhaben die UVP-Pflicht, wenn

1. das hinzutretende Vorhaben allein die Größen- oder Leistungswerte für eine UVP-Pflicht gemäß § 6 erreicht oder überschreitet oder

2. eine allgemeine Vorprüfung ergibt, dass durch sein Hinzutreten zusätzliche erhebliche nachteilige oder andere erhebliche nachteilige Umweltauswirkungen hervorgerufen werden können.

Für die allgemeine Vorprüfung gilt § 7 Absatz 1 und 3 bis 7 entsprechend.

(3) Wenn für das frühere Vorhaben eine Zulassungsentscheidung getroffen worden ist, so ist für den Fall, dass für das frühere Vorhaben keine Umweltverträglichkeitsprüfung durchgeführt worden ist, für das hinzutretende kumulierende Vorhaben

1. die Umweltverträglichkeitsprüfung durchzuführen, wenn die kumulierenden Vorhaben zusammen die maßgeblichen Größen- oder Leistungswerte nach § 6 erreichen oder überschreiten oder

2. die allgemeine Vorprüfung durchzuführen, wenn die kumulierenden Vorhaben zusammen die Prüfwerte für die allgemeine Vorprüfung erstmals oder erneut erreichen oder überschreiten oder

3. die standortbezogene Vorprüfung durchzuführen, wenn die kumulierenden Vorhaben zusammen die Prüfwerte für die standortbezogene Vorprüfung erstmals oder erneut erreichen oder überschreiten.

Für die Vorprüfung gilt § 7 entsprechend.

(4) Erreichen oder überschreiten in den Fällen des Absatzes 3 die kumulierenden Vorhaben zwar zusammen die maßgeblichen Größen- oder Leistungswerte nach § 6, werden jedoch für das hinzutretende kumulierende Vorhaben weder der Prüfwert für die standortbezogene Vorprüfung noch der Prüfwert für die allgemeine Vorprüfung erreicht oder überschritten, so besteht für das hinzutretende kumulierende Vorhaben die UVP-Pflicht nur, wenn die allgemeine Vorprüfung ergibt, dass durch sein Hinzutreten zusätzliche erhebliche nachteilige oder andere erhebliche nachteilige Umweltauswirkungen eintreten können. Für die allgemeine Vorprüfung gilt § 7 Absatz 1 und 3 bis 7 entsprechend.

(5) In der Vorprüfung für das hinzutretende kumulierende Vorhaben ist das frühere Vorhaben als Vorbelastung zu berücksichtigen.

(6) Der in den jeweiligen Anwendungsbereich der Richtlinien 85/337/EWG und 97/11/EG fallende, aber vor Ablauf der jeweiligen Umsetzungsfristen erreichte Bestand bleibt hinsichtlich des Erreichens oder Überschreitens der Größen- oder Leistungswerte und der Prüfwerte unberücksichtigt.

Hinweise auf die Gesetzesmaterialien (ausführliche Kommentierung folgt)

1 In der Begründung der Bundesregierung zu § 11 (BT-Drs. 18/11499, S. 84f.) heißt es:

„Die §§ 11 und 12 regeln die sog. „nachträglichen Kumulation". Dabei wird zwischen Fällen unterschieden, in denen das Zulassungsverfahren für das frühere Vorhaben bereits abgeschlossen ist (§ 11) und den Fällen, in denen sich das frühere Vorhaben noch im Zulassungsverfahren befindet (§ 12).

§ 11 Absatz 1 stellt klar, dass eine Kumulation auch dann vorliegt, wenn ein Vorhaben zu einem bereits früher beantragten oder bereits bestehenden Vorhaben hinzutritt. Dies gilt insbesondere auch, wenn das frühere Vorhaben bereits genehmigt oder sogar realisiert ist. Auf das Merkmal der „Gleichzeitigkeit", das den Tatbestand der Kumulation nach dem bisherigen § 3b Absatz 2 Satz 1 einschränken sollte, soll es zukünftig nicht mehr ankommen. Die Bedeutung und Reichweite dieses Merkmals stieß in Rechtsprechung und Literatur auf erhebliche Verständnisschwierigkeiten. Die neue Regelungen schaffen Klarheit darüber, dass auch die Fälle der sog. „nachträgliche Kumulation" in den Anwendungsbereich der Vorschrift einbezogen sind. Damit wird sowohl dem „Irland-Urteil" des EuGH als auch der Rechtsprechung des Bundesverwaltungsgerichts Rechnung getragen. Wie bereits in der Begründung zu § 10 angemerkt, vertritt das Bundesverwaltungsgericht die Auffassung, dass eine nachträgliche Kumulation in Deutschland bereits mittels Analogie nach geltendem Recht besteht (Urt. v. 18.6.2015, 4 C 4/14). Zugleich wird mit den Bestimmungen der §§ 11 und 12 den Besonderheiten der nachträglichen Kumulation Rechnung getragen. Diese Vorschriften schränken die UVP-Pflicht gegenüber der generellen Regelung des § 10 Absatz 1 bis 3 in Fällen der nachträglichen Kumulation ein. Ziel ist es dabei, angesichts der Komplexität solcher Kumulationssachverhalte verfahrenseffektive UVP-Lösungen vorzusehen, die eine umfassende Umweltprüfung ermöglichen, gleichzeitig aber auch den Belangen der beteiligten Vorhabenträger angemessen Rechnung tragen.

Zu Absatz 1: Absatz 1 enthält eine Legaldefinition zum Begriff der hinzutretenden kumulierenden Vorhaben, die sowohl für § 11 als auch für § 12 gilt.

Zu Absatz 2: Absatz 2 regelt die Fälle, in denen das frühere Vorhaben bereits einer UVP unterzogen worden ist. Da Sachverhalte, in denen zu einem UVP-pflichtigen Vorhaben ein weiteres kumulierendes Vorhaben hinzutritt, mit der Änderung eines UVP-pflichtigen Vorhabens vergleichbar sind, bestimmt Absatz 1 für solche Sachverhalte die UVP-Pflicht des hinzutretenden Vorhabens nach dem Vorbild des § 9 Absatz 1. Unter dem Gesichtspunkt der UVP-Pflicht macht es keinen Unterschied, ob ein UVP-pflichtiges Vorhaben erweitert oder ob im engen räumlichen Zusammenhang mit ihm ein gleichartiges anderes Vorhaben durchgeführt wird. Denn nach dem Grundgedanken der Kumulation sind solche zusammenhängenden Vorhaben als Bewertungseinheit zu betrachten. Dementsprechend besteht in solchen Fällen für das hinzutretende Vorhaben nach Nummer 1 eine UVP-Pflicht, wenn das hinzutretende Vorhaben allein die Größen- und Leistungswerte für eine UVP-Pflicht gemäß § 6 erreicht oder überschreitet. Bleibt das hinzutretende Vorhaben unterhalb dieser Größen- und Leistungswerte, ist nach Nummer 2 eine allgemeine Vorprüfung durchzuführen. Für das frühere Vorhaben, das bereits zugelassen ist, besteht Bestandsschutz; eine Verpflichtung des Trägers des früheren Vorhabens zur Durchführung einer nachträglichen UVP kommt deshalb nicht mehr in Betracht. Für die Vorprüfung nach Satz 1 Nummer 2 gilt § 7 entsprechend.

Zu Absatz 3: Absatz 2 regelt die Fälle, in denen für das frühere Vorhaben keine Umweltverträglichkeitsprüfung durchgeführt wurde. Hier besteht eine Vergleichbarkeit mit der in § 9 Absatz 2 geregelten Fallgruppe. Für das hinzutretende kumulierende Vorhaben ist nach Satz 1 Nummer 1 eine Umweltverträglichkeitsprüfung durchzuführen, wenn die kumulierenden Vorhaben zusammen die maßgeblichen Größen- oder Leistungswerte nach § 6 erreichen oder überschreiten. Erreichen sie zusammen lediglich die Prüfwerte für eine allgemeine oderstandortbezogene Vorprüfung, ist nach Satz 1 Nummer 2 und 3 in Verbindung mit Satz 2 durch eine Vorprüfung entsprechend § 7 festzustellen, ob die UVP-Pflicht besteht. Für das frühere Vorhaben, das bereits zugelassen ist, besteht Bestandsschutz; eine nachträgliche UVP kommt dann nicht mehr in Betracht.

Zu Absatz 4: Die in Absatz 4 geregelte Fallgruppe betrifft hinzutretende kumulierende Kleinvorhaben mit potentiellem Bagatellcharakter. Erfasst werden Vorhaben, die unterhalb der Prüfwerte für eine standortbezogene Vorprüfung oder, wenn für das Vorhaben eine solche nicht vorgesehen ist, unterhalb der Prüfwerte für eine allgemeine Vorprüfung liegen. Auch für diese Konstellationen ist die Regelung der UVP-Pflicht des hinzutretenden Vorhabens an den § 9 angelehnt. Bei solchen Kleinvorhaben soll abweichend von Absatz 2 Nummer 1 und Absatz 3 Nummer 1 eine unbedingte UVP-Pflicht auch dann nicht bestehen, wenn das Kleinvorhaben zusammen mit dem früheren Vorhaben die maßgeblichen Größen- oder Leistungswerte überschreitet. Stattdessen bedarf es in diesen Fällen immer einer allgemeinen Vorprüfung entsprechend § 7 Absatz 1. Eine UVP ist danach nur durchzuführen, wenn die Vorprüfung ergibt, dass durch das Hinzutreten des Kleinvorhabens erhebliche zusätzliche oder andere nachteilige Umweltauswirkungen hervorgerufen werden können. Dies wird nur in Ausnahmefällen anzunehmen sein.

Zu Absatz 5: Absatz 5 stellt klar, dass in der Vorprüfung für das hinzutretende Vorhaben die Umweltauswirkungen des früheren kumulierenden Vorhabens als Vorbelastung zu berücksichtigen sind. Damit wird einerseits sichergestellt, dass die Umweltauswirkungen des früheren Vorhabens in der Vorprüfung und gegebenenfalls in der UVP für das hinzutretende Vorhaben nicht unberücksichtigt bleiben. Andererseits wird aber auch klargestellt, dass das frühere Vorhaben als solches nicht Gegenstand der Vorprüfung bzw. der UVP für das hinzutretende Vorhaben ist.

Zu Absatz 6: Absatz 6 entspricht dem bisherigen § 3b Absatz 3 Satz 3."

(ausführliche Kommentierung folgt)

§ 12 UVP-Pflicht bei hinzutretenden kumulierenden Vorhaben, bei denen das frühere Vorhaben noch im Zulassungsverfahren ist

(1) **Wenn für das frühere Vorhaben zum Zeitpunkt der Antragstellung für das hinzutretende kumulierende Vorhaben noch keine Zulassungsentscheidung getroffen worden ist, so besteht für den Fall, dass für das frühere Vorhaben allein die UVP-Pflicht besteht, für das hinzutretende kumulierende Vorhaben die UVP-Pflicht, wenn**

1. **das hinzutretende Vorhaben allein die Größen- und Leistungswerte für die UVP-Pflicht gemäß § 6 erreicht oder überschreitet oder**
2. **die allgemeine Vorprüfung ergibt, dass durch das hinzutretende Vorhaben zusätzliche erhebliche nachteilige oder andere erhebliche Umweltauswirkungen hervorgerufen werden können.**

Für die allgemeine Vorprüfung gilt § 7 Absatz 1 und 3 bis 7 entsprechend.

(2) **Wenn für das frühere Vorhaben zum Zeitpunkt der Antragstellung für das hinzutretende kumulierende Vorhaben noch keine Zulassungsentscheidung getroffen worden ist, so ist für den Fall, dass für das frühere Vorhaben allein keine UVP-Pflicht besteht und die Antragsunterlagen für dieses Zulassungsverfahren bereits vollständig eingereicht sind, für das hinzutretende kumulierende Vorhaben**

1. **die Umweltverträglichkeitsprüfung durchzuführen, wenn die kumulierenden Vorhaben zusammen die maßgeblichen Größen- oder Leistungswerte nach § 6 erreichen oder überschreiten,**
2. **die allgemeine Vorprüfung durchzuführen, wenn die kumulierenden Vorhaben zusammen die Prüfwerte für die allgemeine Vorprüfung erstmals oder erneut erreichen oder überschreiten, oder**
3. **die standortbezogene Vorprüfung durchzuführen, wenn die kumulierenden Vorhaben zusammen die Prüfwerte für die standortbezogene Vorprüfung erstmals oder erneut erreichen oder überschreiten.**

Für die Vorprüfung gilt § 7 entsprechend. 3Für das frühere Vorhaben besteht keine UVP-Pflicht und keine Pflicht zur Durchführung einer Vorprüfung.

(3) **Wenn für das frühere Vorhaben zum Zeitpunkt der Antragstellung für das hinzutretende kumulierende Vorhaben noch keine Zulassungsentscheidung getroffen worden ist, so ist für den Fall, dass für das frühere Vorhaben allein keine UVP-Pflicht besteht und die Antragsunterlagen für dieses Zulassungsverfahren noch nicht vollständig eingereicht sind, für die kumulierenden Vorhaben jeweils**

1. **eine Umweltverträglichkeitsprüfung durchzuführen, wenn die kumulierenden Vorhaben zusammen die maßgeblichen Größen- oder Leistungswerte nach § 6 erreichen oder überschreiten,**
2. **eine allgemeine Vorprüfung durchzuführen, wenn die kumulierenden Vorhaben zusammen die Prüfwerte für eine allgemeine Vorprüfung erstmals oder erneut erreichen oder überschreiten, oder**
3. **eine standortbezogene Vorprüfung durchzuführen, wenn die kumulierenden Vorhaben zusammen die Prüfwerte für eine standortbezogene Vorprüfung erstmals oder erneut erreichen oder überschreiten.**

Für die Vorprüfung gilt § 7 entsprechend. 3Bei einem Vorhaben, das einer Betriebsplanpflicht nach § 51 des Bundesberggesetzes unterliegt, besteht für das frühere Vorhaben keine Verpflichtung zur Durchführung einer Umweltverträglichkeitsprüfung oder einer Vorprüfung nach den Sätzen 1 und 2, wenn für das frühere Vorhaben zum Zeitpunkt der Antragstellung für das hinzutretende kumulierende Vorhaben ein zugelassener Betriebsplan besteht.

(4) **Erreichen oder überschreiten in den Fällen des Absatzes 2 oder Absatzes 3 die kumulierenden Vorhaben zwar zusammen die maßgeblichen Größen- oder Leistungswerte nach § 6, werden jedoch für das hinzutretende kumulierende Vorhaben weder der Prüfwert für die standortbezogene Vorprüfung noch der Prüfwert für die allgemeine Vorprüfung erreicht oder überschritten, so besteht für das hinzutretende kumulierende Vorhaben die UVP-Pflicht nur, wenn die allgemeine Vorprüfung ergibt, dass durch sein Hinzutreten zusätzliche erhebliche nachteilige oder andere erhebliche nachteilige Umweltauswirkungen hervorgerufen werden können. Für die allgemeine Vorprüfung gilt § 7 Absatz 1 und 3 bis 7 entsprechend. Im Fall des Absatzes 3 sind die Sätze 1 und 2 für das frühere Vorhaben entsprechend anzuwenden.**

(5) **Das frühere Vorhaben und das hinzutretende kumulierende Vorhaben sind in der Vorprüfung für das jeweils andere Vorhaben als Vorbelastung zu berücksichtigen.**

(6) **Der in den jeweiligen Anwendungsbereich der Richtlinien 85/337/EWG und 97/11/EG fallende, aber vor Ablauf der jeweiligen Umsetzungsfristen erreichte Bestand bleibt hinsichtlich des Erreichens oder Überschreitens der Größen- oder Leistungswerte und der Prüfwerte unberücksichtigt.**

Hinweise auf die Gesetzesmaterialien (ausführliche Kommentierung folgt)

Übersicht

I. Begründung der Bundesregierung (BT-Drs. 18/11499, S. 85 f.)

1 „Die Vorschrift enthält spezielle Regelungen zur nachträglichen Kumulation in Fällen, in denen das Zulassungsverfahren für das frühere Vorhaben noch nicht abgeschlossen ist.

Zu Absatz 1: Absatz 1 regelt Fälle, in denen das hinzutretende Vorhaben mit einem früheren Vorhaben zusammentrifft, für das – unabhängig von der Kumulation (zB weil es die Voraussetzungen nach § 6 erfüllt) – eine UVP-Pflicht besteht. Für das hinzutretende Vorhaben ist ein solcher Sachverhalt mit dem in § 11 Absatz 2 geregelten Fall vergleichbar; daher bestimmt sich die UVP-Pflicht für das hinzutretende Vorhaben hier nach den gleichen Grundsätzen.

Zu Absatz 2: Absatz 2 regelt Fälle, in denen das hinzutretende Vorhaben mit einem früheren Vorhaben zusammentrifft, für das alleine, dh unabhängig von der Kumulation, keine UVP-Pflicht besteht und für das die Antragsunterlagen bereits vollständig eingereicht sind. Für das hinzutretende Vorhaben ist ein solcher Sachverhalt mit der in § 11 Absatz 3 geregelten Fallgruppe vergleichbar; daher bestimmt sich die UVP-Pflicht für das hinzutretende Vorhaben hier nach den gleichen Grundsätzen. Für das frühere Vorhaben besteht in diesen Fällen nach Satz 2 dagegen keine UVP-Pflicht und keine Pflicht zur Durchführung einer Vorprüfung. Der Grund liegt darin, dass der Träger des früheren Vorhabens in diesem fortgeschrittenen Verfahrensstadium davor geschützt werden muss, durch später hinzutretende kumulierende Vorhaben nachträglich noch mit einer UVP-Pflicht überzogen zu werden. Liegen die Antragsunterlagen für das frühere Vorhaben der Genehmigungsbehörde noch nicht vollständig vor, gilt Absatz 3.

Zu Absatz 3: Die in Absatz 3 geregelte Fallgruppe unterscheidet sich von derjenigen des Absatzes 2 dadurch, dass die Antragsunterlagen für das frühere Vorhaben noch nicht vollständig eingereicht sind. Der Vorhabenträger des früheren Vorhabens ist in diesem Fall nicht davor geschützt, eine Umweltverträglichkeitsprüfung noch durchführen zu müssen. Solche Konstellationen werden in der Praxis schon nach geltendem Recht als Fälle der „gleichzeitigen Kumulation" im Sinne des § 3b Absatz 2 behandelt. Auch künftig soll hier gelten, dass die UVP-Pflicht bzw. die Pflicht zur Durchführung einer Vorprüfung sowohl für das frühere wie auch für das hinzutretende kumulierende Vorhaben besteht. Für die Vorprüfung nach Satz 1 Nummer 2 oder Nummer 3 gilt § 7 entsprechend. Satz 3 enthält eine Ausnahme hiervon für bergrechtliche Vorhaben. Nach dieser Regelung tritt eine Ausnahme von der UVP-Pflicht bei bergbaulichen Vorhaben auch dann ein, wenn zum Zeitpunkt des Hinzutretens eines kumulierenden Vorhabens ein zugelassener Betriebsplan besteht. Damit wird der für diesen Bereich bestehenden Besonderheit Rechnung getragen, dass Betriebspläne für bergbauliche Vorhaben regelhaft alle zwei Jahre neu zugelassen werden müssen (siehe § 52 Absatz 1 Bundesberggesetz). Solchen Vorhaben soll ein mit der Regelung des Absatz 2 Satz 3 vergleichbarer Vertrauensschutz zukommen.

Zu Absatz 4: Absatz 4 Satz 1 und 2 enthält eine mit § 11 Absatz 4 vergleichbare Beschränkung der unbedingten UVP-Pflicht bei hinzutretenden kumulierenden Kleinvorhaben mit potentiellem Bagatellcharakter. Eine entsprechende Beschränkung soll gemäß Satz 3 auch einem früheren Kleinvorhaben in den Fällen des Absatz 3 Nummer 1 zu Gute kommen.

Zu Absatz 5: Absatz 5 stellt klar, dass in der Vorprüfung für das hinzutretende Vorhaben die Umweltauswirkungen des früheren kumulierenden Vorhabens als Vorbelastung zu berücksichtigen sind. Damit wird einerseits sichergestellt, dass die Umweltauswirkungen des früheren Vorhabens in der Vorprüfung für das hinzutretende Vorhaben nicht unberücksichtigt bleiben. Andererseits wird aber auch klargestellt, dass das frühere Vorhaben als solches nicht Gegenstand der Vorprüfung bzw. der UVP für das hinzutretende Vorhaben ist. In den Fällen des Absatzes 3 Nummer 2 und 3 sind auch die Umweltauswirkungen des hinzutretenden kumulierenden Vorhabens in der Vorprüfung für das frühere Vorhaben als Vorbelastung zu berücksichtigen.

Zu Absatz 6: Absatz 6 entspricht dem bisherigen § 3b Absatz 3 Satz 3."

II. Stellungnahme des Bundesrates (BR-Drs. 164/17 (B), S. 7)

Der **Bundesrat** regte in seiner **Stellungnahme** an, die Berücksichtigung der Vorbe- 2
lastungen des früheren und des hinzutretenden kumulierenden Vorhabens zusätzlich auch auf die Feststellung der UVP-Pflicht zu erstrecken, sofern nicht nach Absatz 3 für die kumulierenden Vorhaben eine gemeinsame UVP-Pflicht gilt **(BR-Drs. 164/17, S. 7).** Dieser Vorschlag wurde folgendermaßen begründet:

„Die Berücksichtigungspflichten des § 12 Absatz 5 UVPG-E müssen sich neben der Vorprüfung (A- und S-Vorhaben nach § 7 UVPG-E) auch auf jegliche Form der Feststellung einer UVP-Pflicht richten. Dazu gehört die unbedingte UVP-Pflicht bei Neuvorhaben (§ 6 UVPG-E). Daher ist anstelle des Begriffs der „Vorprüfung" der Oberbegriff der „Feststellung der UVP-Pflicht" zu wählen. Zum anderen ist die Aussage von Absatz 5 zu ergänzen wegen Kumulationssituationen in laufenden Zulassungsverfahren, für die nach dem jetzt etablierten System beide Vorhabenträger gemeinsamen UVP-Pflichten unterliegen (zB § 11 Absatz 3 Nummer 1 UVPG-E). In dieser Fallkonstellation kann nicht von einer Vorbelastung – wie bei Änderungsvorhaben – ausgegangen werden. Vielmehr bedarf es in diesen Fällen eines Verweises auf die gemeinsame Verpflichtung zur Umweltverträglichkeitsprüfung (so der Vorschlag zum zweiten Halbsatz)."

III. Gegenäußerung der Bundesregierung (BT-Drs. 18/11948, S. 21 f.)

3 Die **Bundesregierung** lehnte den Vorschlag in ihrer **Gegenäußerung** aus den nachfolgenden Gründen ab **(BT-Drs. 18/11948, S. 21 f.)**:

„Die Bundesregierung lehnt den Vorschlag ab. § 12 Absatz 5 UVPG in der Fassung des Regierungsentwurfs bezieht sich nur auf die Vorprüfung. In den Fällen des § 12 Absatz 1 Satz 1 Nummer 1, Absatz 2 Satz 1 Nummer 1 und Absatz 3 Satz 1 Nummer 1 geht es dagegen um Fälle der nachträglichen Kumulation, in denen die UVP-Pflicht nicht vom Ergebnis einer Vorprüfung abhängig ist. Vielmehr werden allein die Größen- und Leistungswerte der kumulierenden Vorhaben addiert. Auf die Umweltauswirkungen oder mögliche Vorbelastungen kommt es dabei nicht an.

Darüber hinaus geht der Vorschlag ausweislich seiner Begründung davon aus, dass nach § 12 Absatz 3 eine gemeinsame UVP-Pflicht für mehrere kumulierende Vorhaben bestehen könnte. Das ist jedoch nicht der Fall. Nach dem Wortlaut der Vorschrift besteht in den Fällen des § 12 Absatz 3 für die kumulierenden Vorhaben jeweils eine UVP-Pflicht (Nummer 1) oder es ist jeweils eine Vorprüfung durchzuführen (Nummern 1 und 2). In der Vorprüfung ist das jeweils andere kumulierende Vorhaben als Vorbelastung zu berücksichtigen.

§ 12 UVPG regelt im Übrigen nicht die Durchführung der Umweltverträglichkeitsprüfung, sondern die UVP-Pflicht bei hinzutretenden kumulierenden Vorhaben, bei denen sich das frühere Vorhaben noch im Zulassungsverfahren befindet. Für die Durchführung der Umweltverträglichkeitsprüfung sind auch in den Fällen, in denen eine UVP-Pflicht nach § 12 besteht, die Vorschriften des Teils 2 Abschnitt 2 maßgeblich. Bestehende Vorbelastungen, sowohl aus kumulierenden wie auch aus anderen Vorhaben, sind bei der Durchführung der Umweltverträglichkeitsprüfung nach Maßgabe des Fachrechts zu berücksichtigen. § 16 Absatz 8 trifft eine ausdrückliche Regelung für den Fall, dass kumulierende Vorhaben Gegenstand paralleler oder verbundener Zulassungsverfahren sind."

IV. Beschlussempfehlung und Bericht des Umweltausschusses (BT-Drs. 18/12994, S. 2)

4 Die **Beschlussempfehlung des Umweltausschusses** (BT-Drs. 18/12994) sieht keine Änderung des § 12 vor.

(ausführliche Kommentierung folgt)

§ 13 Ausnahme von der UVP-Pflicht bei kumulierenden Vorhaben

Für die in Anlage 1 Nummer 18.5, 18.7 und 18.8 aufgeführten Industriezonen und Städtebauprojekte gelten die §§ 10 bis 12 nicht.

Hinweise auf die Gesetzesmaterialien (ausführliche Kommentierung folgt)

Im **Regierungsentwurf** führt die **Bundesregierung** zu § 13 (BT-Drs. 18/11499, **1**
S. 86) aus:

„Die Vorschrift nimmt Industriezonen und Städtebauprojekte nach Nummer 18.5, 18.7 und 18.8 der Anlage 1 vom Anwendungsbereich der Kumulation aus. Damit wird die bisherige Regelung des § 3b Absatz 3 Satz 4 beibehalten, die den Besonderheiten derartiger Vorhaben Rechnung trägt. Für Änderungen dieser Vorhaben gilt § 9."

(ausführliche Kommentierung folgt)

§ 14 Entwicklungs- und Erprobungsvorhaben

(1) Sofern ein in Anlage 1 Spalte 1 mit einem „X" gekennzeichnetes Vorhaben ein Entwicklungs- und Erprobungsvorhaben ist und nicht länger als zwei Jahre durchgeführt wird, besteht für dieses Vorhaben eine UVP-Pflicht abweichend von § 6 nur, wenn sie durch die allgemeine Vorprüfung festgestellt wird. Für die Vorprüfung gilt § 7 Absatz 1 und 3 bis 7 entsprechend. Bei der allgemeinen Vorprüfung ist die Durchführungsdauer besonders zu berücksichtigen.

(2) Ein Entwicklungs- und Erprobungsvorhaben ist ein Vorhaben, das ausschließlich oder überwiegend der Entwicklung und Erprobung neuer Verfahren oder Erzeugnisse dient.

Hinweise auf die Gesetzesmaterialien (ausführliche Kommentierung folgt)

Der § 14 wird von der **Bundesregierung** wie folgt begründet (BT-Drs. 18/11499, **1** S. 86):

„Die Vorschrift entspricht inhaltlich weitgehend dem bisherigen § 3f Absatz 1 und setzt Anhang II Nummer 13 Buchstabe b der UVP-Richtlinie um (vgl. Gesetzesbegründung der Bundesregierung, BR-Drucksache 674/00 S. 92). Die sprachlichen und strukturellen Änderungen gegenüber dem bisherigen § 3f dienen der besseren Verständlichkeit. Der bisherige Absatz 2 kann entfallen, weil die Regelung keine Abweichung gegenüber § 7 enthält."

(ausführliche Kommentierung folgt)

§ 15 Unterrichtung über den Untersuchungsrahmen

(1) **Auf Antrag des Vorhabenträgers oder wenn die zuständige Behörde es für zweckmäßig hält, unterrichtet und berät die zuständige Behörde den Vorhabenträger entsprechend dem Planungsstand des Vorhabens frühzeitig über Inhalt, Umfang und Detailtiefe der Angaben, die der Vorhabenträger voraussichtlich in den UVP-Bericht aufnehmen muss (Untersuchungsrahmen). Die Unterrichtung und Beratung kann sich auch auf weitere Gesichtspunkte des Verfahrens, insbesondere auf dessen zeitlichen Ablauf, auf die zu beteiligenden Behörden oder auf die Einholung von Sachverständigengutachten erstrecken. Verfügen die zuständige Behörde oder die zu beteiligenden Behörden über Informationen, die für die Erarbeitung des UVP-Berichts zweckdienlich sind, so stellen sie diese Informationen dem Vorhabenträger zur Verfügung.**

(2) **Der Vorhabenträger hat der zuständigen Behörde geeignete Unterlagen zu den Merkmalen des Vorhabens, einschließlich seiner Größe oder Leistung, und des Standorts sowie zu den möglichen Umweltauswirkungen vorzulegen.**

(3) **Vor der Unterrichtung über den Untersuchungsrahmen kann die zuständige Behörde dem Vorhabenträger sowie den nach § 17 zu beteiligenden Behörden Gelegenheit zu einer Besprechung geben. Die Besprechung soll sich auf den Gegenstand, den Umfang und die Methoden der Umweltverträglichkeitsprüfung erstrecken. Zur Besprechung kann die zuständige Behörde hinzuziehen:**

1. **Sachverständige,**
2. **nach § 55 zu beteiligende Behörden,**
3. **nach § 3 des Umwelt-Rechtsbehelfsgesetzes anerkannte Umweltvereinigungen sowie**
4. **sonstige Dritte.**

Das Ergebnis der Besprechung wird von der zuständigen Behörde dokumentiert.

(4) **Ist das Vorhaben Bestandteil eines mehrstufigen Planungs- und Zulassungsprozesses und ist dem Verfahren nach § 4 ein anderes Planungs- oder Zulassungsverfahren vorausgegangen, als dessen Bestandteil eine Umweltprüfung durchgeführt wurde, soll sich die Umweltverträglichkeitsprüfung auf zusätzliche erhebliche oder andere erhebliche Umweltauswirkungen sowie auf erforderliche Aktualisierungen und Vertiefungen beschränken.**

(5) **Die zuständige Behörde berät den Vorhabenträger auch nach der Unterrichtung über den Untersuchungsrahmen, soweit dies für eine zügige und sachgerechte Durchführung des Verfahrens zweckmäßig ist.**

Schrifttum: *Balla/Borkenhagen/Günnewig,* Der UVP-Bericht nach dem Gesetz über die Umweltverträglichkeitsprüfung, ZUR 2019, 323; *Beckmann,* Die „Modernisierung" des Rechts der Umweltverträglichkeitsprüfung – ein gelungener Versuch zur Erhöhung der Vollzugstauglichkeit des UVPG?, in: Schlacke/Beaucamp/Schubert (Hrsg.), Festschrift für Wilfried Erbguth, Berlin 2019, S. 447; *Beckmann,* Umweltverträglichkeitsprüfung in der praktischen Anwendung, ZUR 2014, 541; *Erbguth,* Zur Fortentwicklung der Öffentlichkeitsbeteiligung im räumlichen Planungs- und Zulassungsrecht, UPR 2018, 121; *Henke,* Vorprüfung und Feststellung der UVP-Pflicht nach dem UVPG 2017, I+E 2018, 154; *Leidinger/Stickel,* Neuerungen im Recht der *Umweltverträglichkeitsprüfung* – Eine Bestandsaufnahme nach der UVPG-Novelle 2017, UPR 2019, 327; *Lieber,* Die Umweltverträglichkeitsprüfung nach dem neuen UVPG im Planfeststellungsverfahren, UPR 2018, 441; *Nisipeanu,* Das Scoping-Verfahren nach § 5 UVPG – dargestellt an (ab-)wasserwirtschaftlichen Genehmigungsverfahren, NVwZ 1993, 319; *Sangenstedt,* Die Reform der UVP-Richtlinie 2014: Herausforderungen für das deutsche Recht, ZUR 2014, 526; *Schenk,* Die Umweltverträglichkeitsprüfung nach Inkrafttreten des Modernisierungsgesetzes vom 20. Juli 2017, EuRUP 2018, 174; *Schink,* Entwicklungen und Stand der UVP, NuR 2018, 21; *Schink,* Umweltverträglichkeitsprüfung – Verträglichkeitsprüfung – Naturschutzrechtliche Eingriffsregelung – Umweltprüfung, NuR 2003, 647; *Seibert,* Die gerichtliche Kontrolle von Verfahrensvorschriften nach § 4 UmwRG, NVwZ 2019, 337.

Übersicht

A. Einführung

1 § 15 trifft Regelungen zur Unterrichtung des Vorhabenträgers über Inhalt, Umfang und Detailtiefe der Angaben, die der Vorhabenträger voraussichtlich in den UVP-Bericht aufnehmen muss, durch die zuständige Behörde und formalisiert damit ein bei genehmigungspflichtigen Vorhaben auch vor der gesetzlichen Regelung durch die Vorgängerbestimmung des § 5 UVPG 1990 bereits weithin übliches Abstimmungsverhalten zwischen dem Vorhabenträger und der Genehmigungsbehörde über die beizubringenden Unterlagen. Verwaltungsverfahren werden entweder von Amts wegen oder auf Antrag eingeleitet; Genehmigungsverfahren beginnen zumeist mit der Einreichung eines Genehmigungsantrags. Das Unterrichtungsverfahren nach § 15 findet regelmäßig aber bereits vor der Einreichung eines Genehmigungsantrags und damit im Sinne des umweltrechtlichen **Kooperationsprinzips** sehr frühzeitig mit dem Ziel einer Erleichterung des sich anschließenden Genehmigungsverfahrens einschließlich der Umweltverträglichkeitsprüfung statt. Nach § 5 Abs. 1 stellt die zuständige Behörde auf der Grundlage geeigneter Angaben des Vorhabenträgers sowie eigener Informationen unverzüglich fest, dass nach den

§§ 6 bis 14 für das Vorhaben eine Pflicht zur Durchführung einer Umweltverträglichkeitsprüfung (UVP-Pflicht) besteht oder nicht. Diese Feststellung trifft die Behörde auf Antrag des Vorhabenträgers oder bei einem Antrag nach § 15 oder von Amts wegen nach Beginn des Verfahrens, das der Zulassungsentscheidung dient. Der Gesetzgeber geht somit davon aus, dass das Genehmigungsverfahren bereits mit dem Antrag des Vorhabenträgers auf Feststellung der UVP-Pflicht oder auf Unterrichtung über den Untersuchungsrahmen und nicht erst mit Einreichung des eigentlichen Genehmigungsantrags beginnt. In manchen Fällen wird der Einleitung des Unterrichtungsverfahrens einschließlich der Feststellung der UVP-Pflicht noch ein Vorgespräch mit der zuständigen Behörde vorangehen, um zu klären, mit welchen Unterlagen das Unterrichtungsverfahren mit Blick auf die Feststellung der UVP-Pflicht und mit Blick auf die Abstimmung des Untersuchungsrahmens eingeleitet werden kann.

Eine wesentliche Funktion des Unterrichtungsverfahrens nach § 15 liegt in der Vermeidung eines unnötigen Untersuchungsaufwands durch die frühzeitige Orientierung des UVP-Berichts auf die maßgeblichen materiell-rechtlichen Entscheidungsmaßstäbe. 2

Das Unterrichtungsverfahren wird als „Scoping“ bezeichnet und ist systematisch von dem sog. „Screening“ abzugrenzen, der in den §§ 5–14 geregelten Prüfung, ob eine UVP-Pflicht im Einzelfall besteht. Das Screening muss dem Scoping vorangehen, weil die Verpflichtung zur Vorlage eines UVP-Berichts eine UVP-Pflicht voraussetzt. Das Unterrichtungsverfahren nach § 15 gliedert sich in drei Abschnitte: Es wird durch einen Antrag des Vorhabenträgers oder durch die zuständige Behörde, wenn sie dies für zweckmäßig hält, eingeleitet. Danach kann die zuständige Behörde dem Vorhabenträger sowie den nach § 17 zu beteiligenden Behörden Gelegenheit zu einer Besprechung geben. Im Anschluss daran unterrichtet die zuständige Behörde den Vorhabenträger über Inhalt, Umfang und Detailtiefe der Angaben, die der Vorhabenträger voraussichtlich in den UVP-Bericht aufnehmen muss. 3

Die Unterrichtung und Beratung können sich auch auf weitere Gesichtspunkte des Verfahrens, insbesondere auf dessen zeitlichen Ablauf, auf die zu beteiligenden Behörden oder auf die Einholung von Sachverständigengutachten erstrecken. Verfügen die zuständige Behörde oder die nach § 17 zu beteiligenden Behörden über Informationen, die für die Erarbeitung des UVP-Berichts zweckdienlich sind, stellen sie diese Informationen dem Vorhabenträger zur Verfügung. Die zuständige Behörde berät den Vorhabenträger nach § 15 Abs. 5 auch nach der Unterrichtung weiter über den Prüfungsrahmen, soweit dies für eine zügige und sachgerechte Prüfung des Verfahrens zweckmäßig ist. 4

Das Scoping dient der Unterstützung des Vorhabenträgers bei der Vorbereitung seines UVP-Berichts. Es handelt sich um einen Verfahrensschritt zu Beginn des Genehmigungsverfahrens; es findet regelmäßig zeitlich sogar vor dem Beginn des eigentlichen Zulassungsverfahrens statt, das mit der Einreichung des Genehmigungsantrags beginnt. Gerade bei komplexeren, längerdauernden Vorhaben kann es angezeigt sein, das Unterrichtungsverfahren zu einem späteren Zeitpunkt des Verfahrens zu ergänzen oder zu wiederholen, wenn sich aufgrund neuerer Erkenntnisse aus dem Verfahren abzeichnet, dass der bislang vorgelegte UVP-Bericht unzureichend ist. Deshalb berät die zuständige Behörde den Vorhabenträger nach § 15 Abs. 5 auch nach der Unterrichtung über den Untersuchungsrahmen, soweit dies für eine zügige und sachgerechte Durchführung des Verfahrens zweckmäßig ist. Eine solche **kontinuierliche Beratungspflicht** ergibt sich auch schon aus § 25 Abs. 1 VwVfG. Das Unterrichtungsverfahren darf den Inhalt der nachfolgenden Verfahrensschritte nicht vorwegnehmen. Die zuständige Behörde trifft eine **Beratungs- und Informationspflicht;** es handelt sich insoweit um eine spezialgesetzliche Regelung zu § 25 VwVfG. § 15 konkretisiert das umweltrechtliche **Kooperationsprinzip.** Mit der Verpflichtung des Vorhabenträgers zur Vorlage des UVP-Berichts 5 wird der im Verwaltungsverfahren geltende **Amtsermittlungsgrundsatz** gemäß § 24 VwVfG eingeschränkt (*Kollmer* NVwZ 1994, 1057). Der Vorhabenträger hat, wenn er für das von ihm geplante Vorhaben eine Zulassung erreichen will, die Verpflichtung, das Genehmigungsverfahren von Anfang an mitzugestalten (*Nisipeanu* NVwZ 1993, 319). Allerdings bleibt die zuständige Behörde für die Ermittlung des für die Entscheidung über den Genehmigungsantrag aufzuklärenden Sachverhalts verantwortlich. Die vom Vorhabenträger dazu vorzulegenden Unterlagen sind für diese Sachverhaltsaufklärung eine wesentliche, beileibe jedoch nicht die einzige Quelle. Vielmehr ergeben sich zumeist wesentliche weitere Informationen insbesondere aus der Behörden- und Öffentlichkeitsbeteiligung, aus öffentlich zugänglichen Quellen oder amtlichen Mitteilungen.

B. Entstehungsgeschichte

6 Art. 5 Abs. 3 der UVP-Richtlinie 1985 sah lediglich vor, dass die Mitgliedstaaten, falls sie dies für erforderlich halten, dafür sorgen können, dass die Behörden, die über zweckdienliche Informationen verfügen, diese Informationen dem Projektträger zur Verfügung stellen können. § 5 UVPG 1990, die Vorgängerbestimmung des § 15, ging im Wesentlichen nicht auf die UVP-Richtlinie 1985, sondern auf den damaligen Regierungsentwurf zurück (BT-Drs. 11/3990, S. 23). Der Hinweis auf die Möglichkeit der Beiziehung anderer Behörden, Sachverständiger und Dritter beruhte auf einer Empfehlung des federführenden BT-Ausschusses. Erst Art. 5 Abs. 2 der UVP-Änderungsrichtlinie sah das im UVPG bereits enthaltene Unterrichtungsverfahren vor und bestimmte, dass die zuständige Behörde eine Stellungnahme dazu abgeben sollte, welche Angaben vom Projektträger vorzulegen seien, sofern der Projektträger vor Einreichung eines Genehmigungsantrags darum ersuche. Art. 5 Abs. 2 der UVP-Änderungsrichtlinie bestimmte weiter, dass die zuständige Behörde vor Abgabe ihrer Stellungnahme den Projektträger sowie die in § 6 Abs. 1 genannten Behörden anzuhören habe. Die Mitgliedstaaten könnten ferner von den zuständigen Behörden die Abgabe einer solchen Stellungnahme verlangen, unabhängig davon, ob der Projektträger dies beantragt habe. Bei der Neufassung des UVPG durch das Artikelgesetz 2001 bedurfte es keiner wesentlichen Änderung des damaligen § 5, weil dessen Inhalt dem Art. 5 Abs. 2 der UVP-Änderungsrichtlinie bereits im Wesentlichen entsprach. § 5 UVPG aF wurde abgesehen von kleineren, nicht inhaltlichen Änderungen des Wortlauts und des Satzgefüges lediglich insoweit geändert, als dass auch die zuständige Behörde die Einleitung des Unterrichtungsverfahrens bestimmen konnte, sofern sie dies nach Beginn des Verfahrens für erforderlich hielt. Außerdem wurde geregelt, dass nicht nur die zuständige Genehmigungsbehörde, sondern auch die zu beteiligenden Behörden verpflichtet sind, dem Vorhabenträger Informationen, die für die Beibringung der Unterlagen zweckdienlich sind, zur Verfügung zu stellen. Durch das Gesetz zur Einführung einer strategischen Umweltprüfung und zur Umsetzung der Richtlinie 2001/42/EG wurde in § 5 Satz 1 UVPG 1990 ein Halbsatz 2 mit einer Pflicht zur Beachtung der § 14f Abs. 3 UVPG aF aufgenommen. Der gescheiterte Entwurf des Umweltgesetzbuchs sah vor, die Vorschrift über die Festlegung des Untersuchungsrahmens für UVP-pflichtige Vorhaben mit einer allgemeineren Regelung zur Antragsberatung des Vorhabenträgers durch die Genehmigungsbehörde zusammenzufassen (§ 84 UGBE I).

7 Mit den Änderungen in § 15 Abs. 1 und 2 im Vergleich zu der Vorgängerbestimmung sollte die bisherige Regelung an die Anforderungen des Art. 5 Abs. 2 Satz 1 der geänderten UVP-Richtlinie angepasst werden (vgl. Gesetzesbegründung, BT-Drs. 18/11499, S. 87). § 15 enthält insbesondere konkretere Vorgaben über die vorzulegenden Unterlagen, auf deren Grundlage die Behörde den Vorhabenträger über Inhalt, Umfang und De-

taltiefe der voraussichtlich in den UVP-Bericht aufzunehmenden Angaben beraten und unterrichten soll. Die Absätze 1 und 3 übernehmen Teile des Inhalts des bisherigen § 5 Abs. 1. Absatz 1 enthält ausweislich der Gesetzesbegründung eine Vereinfachung gegenüber dem bisherigen § 5 Abs. 1 Satz 3. Neben Gegenstand, Umfang und Methoden der Umweltverträglichkeitsprüfung gebe es keine „sonstigen für die Durchführung der Umweltverträglichkeitsprüfung erheblichen Fragen", auf die sich die Unterrichtung und Beratung erstrecken könnte (Gesetzesbegründung BT-Drs. 18/11499, S. 87). Daher würden diese im bisherigen § 5 Absatz 1 Satz 3 UVPG noch enthaltenen Begriffe in Absatz 1 nicht mehr übernommen. Nach § 15 Abs. 1 Satz 2 könne sich die Beratung und Unterrichtung auch auf weitere Gesichtspunkte des Verfahrens erstrecken. Damit werde die allgemeine Beratungspflicht der Behörde konkretisiert. Ziel sei es, den Vorhabenträger im Interesse einer zügigen und effizienten Verfahrensgestaltung bei der Erstellung des UVP-Berichts zu unterstützen und damit dazu beizutragen, dass späterer Nachbesserungsbedarf nach § 16 Abs. 7 Satz 2 möglichst vermieden werden könne. Nach dieser Vorschrift hat die zuständige Behörde Nachbesserungen innerhalb einer angemessenen Frist zu verlangen, soweit der Bericht den Anforderungen nach § 16 Abs. 1 bis 6 nicht entspricht. Dies könne zB auch dadurch geschehen, dass für bestimmte Prüfaspekte behördliche Ansprechpartner benannt würden, an die sich der Vorhabenträger zur Klärung von Einzelfragen wenden könne. Ferner könne sich die behördliche Beratung auch auf die Einholung von Sachverständigengutachten erstrecken. Der Vorhabenträger sei jedoch nicht verpflichtet, einen externen Sachverständigen zu beauftragen, sofern er über eigenes Personal mit der erforderlichen Sachkunde verfüge (Gesetzesbegründung BT-Drs. 18/11499, S. 87 unter Verweis auf Artikel 5 Abs. 3 Buchstabe a der geänderten UVP-Richtlinie). § 15 Abs. 1 Satz 3 entspreche weitgehend dem bisherigen § 5 Absatz 1 Satz 5. Während jedoch bisher die Informationspflicht der Behörden als „Soll-Vorschrift" ausgestaltet gewesen sei, werde nunmehr klargestellt, dass den Behörden bei Erfüllung dieser Pflicht kein Ermessen zustehe. Auf diese Weise werde verhindert, dass die Vorhabenträger unnötiger Weise eigene Ermittlungen anstellen müssten, um sich bei den Behörden bereits vorhandene Informationen zu beschaffen. Die Pflicht der Behörde zur Weitergabe von Informationen an den Vorhabenträger habe hohe Bedeutung insbesondere in den Fällen der **Kumulation** nach den §§ 10 bis 12. Damit der Vorhabenträger eines kumulierenden Vorhabens die Umweltauswirkungen eines anderen kumulierenden Vorhabens in seinem UVP-Bericht berücksichtigen könne, müsse die Behörde die entsprechenden Informationen zur Verfügung stellen, soweit sie bei ihr vorlägen. Die vom Vorhabenträger zur Vorbereitung der Unterrichtung vorzulegenden Unterlagen müssten nach § 15 Abs. 2 Angaben zu den Merkmalen des Vorhabens, einschließlich seiner Größe oder Leistung, und des Standorts enthalten (Gesetzesbegründung BT-Drs. 18/11499, S. 87).

C. Anwendungsbereich

§ 15 ist grundsätzlich bei allen Zulassungsverfahren anzuwenden, deren Gegenstand ein UVP-pflichtiges Vorhaben ist. Allerdings wird der Anwendungsbereich der Vorschrift durch Ausnahmetatbestände eingeschränkt; es gibt aber auch Regelungen, die durch einen Verweis auf § 15 dessen Anwendungsbereich erweitern (*Kment* in: Hoppe/Beckmann/Kment Rn. 6). § 15 ist lex specials zu § 25 Abs. 2 S. 1 VwVfG (*Reidt/Augustin* in: Schink/Reidt/Mitschang Rn. 1; *Kallerhoff/Fellenberg* in Stelkens/Bonk/Sachs VwVfG § 25 Rn. 53). **8**

I. Nichtanwendbarkeit des § 15

9 § 15 findet keine Anwendung bei der Aufstellung von **Bauleitplänen.** Werden Bebauungspläne im Sinne des § 2 Abs. 6 Nr. 3, insbesondere bei Vorhaben nach Anlage 1 Nummer 18.1 bis 18.9, aufgestellt, geändert oder ergänzt, so wird die Umweltverträglichkeitsprüfung einschließlich der Vorprüfung gem. § 50 Abs. 1 S. 1 nach den §§ 1 und 2 Abs. 1 und 2 sowie nach den §§ 3 bis 13 im Aufstellungsverfahren als Umweltprüfung sowie die Überwachung nach den Vorschriften des Baugesetzbuchs durchgeführt. Im **Flurbereinigungsverfahren** ist § 15 hingegen anwendbar, seitdem eine anderslautende Vorschrift des § 19 S. 2 UVPG aF schon mit dem Artikelgesetz 2001 gestrichen worden ist. § 19 UVPG aF zum Flurbereinigungsverfahren wurde durch das Gesetz zur Modernisierung des Rechts der Umweltverträglichkeitsprüfung vom 20.7.2017 ersatzlos aufgehoben. Für **bergbauliche Vorhaben** ist § 15 bei der Zulassung eines obligatorischen Rahmenbetriebsplans einschließlich Umweltverträglichkeitsprüfung nach einer Änderung der §§ 52 Abs. 2a, 57 Abs. 1a BBergG durch das Gesetz zur Modernisierung des Rechts der Umweltverträglichkeitsprüfung anwendbar (siehe dazu § 57a Abs. 1 S. 3 BBergG; *Beckmann* in Frenz BBergG § 57a Rn. 26).

10 Für das **Raumordnungsverfahren** bei Vorhaben, für die nach dem UVPG eine UVP-Pflicht besteht, wird die Umweltverträglichkeitsprüfung gem. § 49 Abs. 1 nach dem Planungsstand des jeweiligen Vorhabens, einschließlich der Standortalternativen nach § 15 Abs. 1 Satz 3 ROG durchgeführt, soweit durch Landesrecht nicht etwas anderes bestimmt ist. § 49 Abs. 1 enthält eine Pflicht zur Durchführung der Umweltverträglichkeitsprüfung im Raumordnungsverfahren, regelt jedoch nicht das Verfahren dazu. In § 15 ROG hat der Gesetzgeber zwar für das Raumordnungsverfahren Verfahrensanforderungen geregelt, Vorgaben zur Abstimmung des Untersuchungsrahmens der Umweltverträglichkeitsprüfung enthält § 15 ROG allerdings nicht. Die Länder können hinsichtlich des Verfahrens aufgrund von Art. 74 Abs. 1 Nr. 31 GG iVm Art. 72 S. 3 S. 1 GG Abweichungen regeln. Nach § 1 Abs. 4 S. 1 findet das UVPG und damit auch § 15 allerdings Anwendung, soweit Rechtsvorschriften des Bundes oder der Länder die Umweltverträglichkeitsprüfung nicht näher bestimmen oder die wesentlichen Anforderungen des UVPG nicht beachten. Dementsprechend gilt § 15 auch im Raumordnungsverfahren, soweit nicht die Länder Abweichendes unionsrechtskonform regeln (siehe dazu *Wagner* in Hoppe/Beckmann/Kment § 49 Rn. 75 f.).

11 § 15 findet keine Anwendung, wenn die zuständige Behörde der Körperschaft angehört, die Trägerin des Vorhabens ist, oder wenn eine Behörde das Vorhaben plant und dabei die Bestimmungen des Untersuchungsrahmens für die Umweltverträglichkeitsprüfung selbst vornimmt (siehe dazu die Begründung zu § 5 UVPG aF BT-Drs. 11/3919, S. 23; *Kment* in Hoppe/Beckmann/Kment Rn. 6). Dies gilt zB bei der **Linienbestimmung** von Bundesfernstraßen nach § 16 FStrG und von Bundeswasserstraßen nach § 13 WaStrG.

II. Speziellere Vorschriften

12 Sofern speziellere Normen die Durchführung eines Unterrichtungsverfahrens vorsehen, ist die Anwendung von § 15 nach § 1 Abs. 4 S. 1 ausgeschlossen. In diesem Sinne vorrangige Regelungen enthalten § 2a Abs. 1 der 9. BImSchV für **immissionsschutzrechtlich genehmigungsbedürftige Anlagen** und § 1b Abs. 1 AtVfV für **atomrechtliche Genehmigungsverfahren.** Nach § 20 Abs. 3 S. 1 NABEG legt die Planfeststellungsbehörde auf Grund der Ergebnisse einer Antragskonferenz, die für den

Ausbau von Elektrizitätsnetzen den Scoping-Termin ersetzt, einen Untersuchungsrahmen für die Planfeststellung fest und bestimmt den erforderlichen Inhalt der nach § 21 NABEG einzureichenden Unterlagen.

D. Zuständige Behörde

Zuständig für die Unterrichtung ist die Behörde, die auch für das Zulassungsverfahren einschließlich der Umweltverträglichkeitsprüfung zuständig ist. Sofern es sich um parallele Zulassungsverfahren handelt, ist nach § 31 Abs. 2 S. 1 Nr. 2 die nach § 31 Abs. 1 zu bestimmende **federführende Behörde** auch für die Unterrichtung über den Untersuchungsrahmen zuständig. Die federführende Behörde unterrichtet über den Untersuchungsrahmen im Zusammenwirken zumindest mit denjenigen Zulassungsbehörden und mit derjenigen für Naturschutz und Landschaftspflege zuständigen Behörde, deren Aufgabenbereich durch das Vorhaben berührt wird. Ein Zusammenwirken im Sinne von § 31 Abs. 1 S. 3 setzt nicht zwingend eine gemeinsame Besprechung zur Abstimmung über die Unterrichtung des Vorhabenträgers voraus. 13

Die zuständige Behörde kann nach § 15 Abs. 3 S. 1 den nach § 17 zu beteiligenden Behörden Gelegenheit zu einer Besprechung gegeben. Zwingend ist dies nicht. Lehnt der Vorhabenträger die Beteiligung einzelner Behörden an der Erörterung im Rahmen einer Besprechung ab, ist die Behörde nicht verpflichtet, den Erörterungstermin ohne diese Behörde stattfinden zu lassen (aA *Kment* in: Hoppe/Beckmann/Kment Rn. 11). Ihr steht insoweit das Verfahrensermessen zu. Es bleibt dem Vorhabenträger allerdings unbenommen, seine Teilnahme an einer solchen Besprechung abzusagen. 14

E. Einleitung des Unterrichtungsverfahrens

Das Unterrichtungsverfahren wird nach § 15 Abs. 1 S. 1 entweder auf Antrag des Vorhabenträgers oder aber von Amts wegen durch die zuständige Behörde eingeleitet, wenn diese dies für zweckmäßig hält. 15

I. Antrag des Vorhabenträgers

Das Unterrichtungsverfahren wird dadurch eingeleitet, dass der Vorhabenträger bei der zuständigen Behörde zu Beginn des Verfahrens beantragt, ihn frühzeitig über Inhalt, Umfang und Detailtiefe der Angaben, die der Vorhabenträger voraussichtlich in den UVP-Bericht aufnehmen muss (Untersuchungsrahmen) zu unterrichten. Anlässlich eines solchen Antrags des Vorhabenträgers prüft die zuständige Behörde nach § 5 Abs. 1 Nr. 2 zugleich das Bestehen einer UVP-Pflicht. Eine bestimmte **Form** schreibt der Gesetzgeber für diesen Antrag nicht vor. Er kann deshalb schriftlich oder mündlich bzw. fernmündlich bei der Behörde gestellt werden. Da der Vorhabenträger für die antragsgemäße Unterrichtung geeignete Unterlagen beilegen muss, bietet sich praktisch wohl nur die Schriftform an. § 15 stellt es dem Vorhabenträger frei, um die Durchführung eines Unterrichtungsverfahren zu ersuchen oder darauf zu verzichten. 16

Das Unterrichtungsverfahren dient in erster Linie den Interessen des Vorhabenträgers. Hat der Vorhabenträger keine Zweifel hinsichtlich der voraussichtlich beizubringenden Unterlagen und erwartet er von einer Durchführung des Unterrichtungsverfahrens keinen dahingehenden Erkenntnisgewinn, dann kann er von einem entsprechenden Antrag 17 absehen (zu dem Risiko eines solchen Verzichts für den Vorhabenträger siehe VG Frankfurt, Urt. v. 26.5.08 – 5 K 2151/04 –, juris). Die Durchführung eines Scoping-Verfahrens ist keine Voraussetzung für die weitere Durchführung des Genehmigungsverfahrens oder für die Erteilung der Genehmigung.

18 Die Einleitung des Unterrichtungsverfahren durch den Vorhabenträger setzt voraus, dass dieser die zuständige Behörde vor der Antragstellung oder der Planeinreichung über das beabsichtigte Vorhaben unterrichtet. Der Mitteilung des Vorhabenträgers an die zuständige Behörde sind nach § 15 Abs. 2 Unterlagen, ggf. auch eine Ausfertigung für die zu beteiligenden Behörden, beizufügen, die es der zuständigen Behörde und den zu beteiligenden Behörden ermöglicht, den Untersuchungsrahmen mit dem Träger des Vorhabens zu erörtern. Ohne Vorlage geeigneter Unterlagen kann die zuständige Behörde von einer Besprechung und auch von der Unterrichtung über voraussichtlich beizubringende Unterlagen absehen. Die Behörde muss sich nicht in die Funktion eines „Planungsbüros" drängen lassen (BT-Drs. 11/3919, S. 23).

19 Die vom Vorhabenträger vorzulegenden Unterlagen müssen selbstverständlich nicht so detailliert wie im anschließenden Zulassungsverfahren sein. Das Unterrichtungsverfahren dient gerade der Abstimmung des Untersuchungsrahmens für den UVP-Bericht. Die Angaben nach § 15 Abs. 2 für die Unterrichtung sind deshalb nicht mit dem UVP-Bericht nach § 16 zu verwechseln. Es ist ausreichend, wenn die Angaben in groben Zügen summarisch und unter Beschränkung auf wesentliche Probleme auf das Vorhaben und die Umweltauswirkungen eingehen. Es ist insbesondere nicht erforderlich, bereits vor der Unterrichtung über voraussichtlich beizubringende Unterlagen bereits eine geschlossene **Umweltverträglichkeitsuntersuchung** vorzulegen. Die Angaben des Vorhabenträgers müssen jedoch für eine Bestimmung der im Verfahren beizubringenden Unterlagen ausreichen. Das kann auch von der Art der begehrten Zulassungsentscheidung (Vollgenehmigung, Vorbescheid oder Teilgenehmigung) abhängen, weil davon der Prüfungsumfang im Rahmen der Umweltverträglichkeitsprüfung abhängt (vgl. § 29).

20 Die zuständige Behörde prüft, ob sich die eingereichten Unterlagen für die Besprechung des Untersuchungsrahmens eignen oder ob ggf. geeignete Unterlagen nachgefordert werden müssen. Sie kann bei der Überprüfung andere Behörden hinzuziehen. Aus dem Wortlaut des § 15 Abs. 2 („geeignete Unterlagen") und der Systematik der Norm ergibt sich, dass sich aus den Unterlagen Informationen zu den Merkmalen des Vorhabens, einschließlich seiner Größe oder Leistung, und des Standorts sowie zu den möglichen Umweltauswirkungen ergeben müssen. Wann der Vorhabenträger die zuständige Behörde über das von ihm beabsichtigte Vorhaben unterrichten soll, regelt § 15 nicht. Der Vorhabenträger kann den Zeitpunkt somit frei bestimmen. Je früher der Vorhabenträger die zuständige Behörde unterrichtet, desto eher kann er eine Unterrichtung über die voraussichtlich beizubringenden Unterlagen erwarten.

II. Einleitung durch die zuständige Behörde

21 Das Unterrichtungsverfahren kann auch durch die zuständige Behörde eingeleitet werden, sofern sie ein solches Unterrichtungsverfahren für erforderlich hält. Die Einleitung des Unterrichtungserfahrens vor Einreichung eines Genehmigungsantrags ist grundsätzlich auch möglich, wenn und soweit der Vorhabenträger die zuständige Behörde über das von ihm beabsichtigte Vorhaben vor Antragstellung unterrichtet. Die Behörde kann das Unterrichtungsverfahren aber insbesondere dann einleiten, wenn der Vorhabenträger unter Verzicht auf ein Unterrichtungsersuchen sofort einen Antrag auf Zulassung des Vorhabens stellt und die von ihm eingereichten Unterlagen nach Auffassung der Behörde nicht geeignet sind, über diesen Antrag zu entscheiden (BT-Drs. 14/4599, S. 98). Sind die Antragsunterlagen unvollständig oder für eine Entscheidung über den Antrag unzureichend, kann das Genehmigungsverfahren nicht fortgesetzt werden. Die zuständige Behörde kann den Vorhabenträger zur Ergänzung der Unterlagen auffordern (vgl. zB § 10 Abs. 1 S. 3 BImSchG für immissionsschutzrechtlich genehmigungsbedürftige Anlagen). Weigert sich der Antragsteller trotz entsprechender Aufforderung, die Antragsunterlagen innerhalb einer ihm gesetzten Frist zu ergänzen, soll sein Antrag abgelehnt werden (so § 20 Abs. 2 S. 2 der 9. BImSchV für immissionsschutzrechtlich genehmigungsbedürftige Anlagen). Zur Vermeidung unnötiger Streitigkeiten zwischen dem Vorhabenträger und der Genehmigungsbehörde kann in solchen Fällen die Einleitung eines Unterrichtungsverfahrens durch die Behörde sinnvoll sein. Selbstverständlich ist der Vorhabenträger nicht verpflichtet, an einem von der Behörde eingeleiteten Unterrichtungsverfahren durch die Vorlage von Unterlagen oder seine Teilnahme an einer Besprechung mitzuwirken. Bei einer solchen Weigerung hätte die Behörde zu entscheiden, ob sie den gestellten Antrag ablehnt oder das Genehmigungsverfahren fortsetzt, was allerdings nur dann möglich ist, wenn sie sich hinsichtlich der von ihr gerügten Unvollständigkeit der Antragsunterlagen eines Anderen besinnt.

F. Vorlage geeigneter Unterlagen (Abs. 2)

Der Vorhabenträger hat der zuständigen Behörde nach § 15 Abs. 2 geeignete Unterla- 22
gen zu den Merkmalen des Vorhabens, einschließlich seiner Größe oder Leistung, und des Standorts sowie zu den möglichen Umweltauswirkungen vorzulegen. Diese Aufzählung zu den Merkmalen des Vorhabens ist beispielhaft. Die vorgelegten Unterlagen müssen für die zuständige Behörde ausreichend sein, um mögliche Umweltauswirkungen des Vorhabens einschätzen und den insoweit erforderlichen Untersuchungsrahmen festlegen zu können. Sie müssen selbstverständlich nicht geeignet sein, die Genehmigungsfähigkeit zu prüfen. Diese Prüfung steht auf der Grundlage vollständig eingereichter Antragsunterlagen erst am Ende des Verfahrens an.

G. Besprechungstermin (Abs. 3)

I. Zweck und Bedeutung im Verfahren

Der Besprechungstermin dient der frühzeitigen Klärung des Untersuchungsrahmens 23
der Umweltverträglichkeitsprüfung und der Verfahrensbeschleunigung. In der Besprechung sollen dagegen keine Einwendungen Dritter gegen das Vorhaben behandelt werden (*Beckmann,* NVwZ 1991, 427, 429). Die Besprechung im Rahmen des Unterrichtungsverfahrens darf den Erörterungstermin im Rahmen der späteren Einbeziehung der Öffentlichkeit im förmlichen Zulassungsverfahren nicht vorwegnehmen. Der Vorhabenträger hat keinen Anspruch auf die Besprechung; die zuständige Behörde kann nach § 15 Abs. 3 S. 1 Gelegenheit zur Besprechung geben, sie muss es aber nicht zwingend. Allerdings muss auch der Vorhabenträger nicht an einer solchen Besprechung teilnehmen. Unter Umständen kann es sinnvoll sein, den Besprechungstermin zur Abstimmung des Untersuchungsrahmens für eine frühe Öffentlichkeitsbeteiligung nach § 25 Abs. 3 VwVfG zu nutzen (*Reidt/Augustin* in Schink/Reidt/Mitschang Rn. 1).

II. Form und Gestaltung des Besprechungstermins

24 Die Besprechung kann formlos mit dem Vorhabenträger stattfinden. Die konkrete Ausgestaltung des Besprechungstermins liegt im pflichtgemäßen Ermessen der zuständigen Behörde, welche die Besprechung leitet. Aus dem Begriff „Besprechung" ergibt sich, dass alle Beteiligten befugt sind, sich zu äußern, so dass es sich um einen Austausch von Informationen und nicht um einen „Verkündungstermin" handelt (*Gassner* § 5 Rn. 15). Sie kann bei komplexeren Vorhaben auch an verschiedenen Terminen zu verschiedenen Sachthemen stattfinden (*Nisipeanu* NVwZ 1993, 319 (323)).

III. Besprechungsteilnehmer (Abs. 3 Satz 1, 3)

25 Zur Besprechung kann die zuständige Behörde neben den Vertretern des Vorhabenträgers und der nach § 17 zu beteiligenden Behörden auch Sachverständige, nach § 55 zu beteiligende Behörden, nach § 3 UmwRG anerkannte Umweltvereinigungen sowie sonstige Dritte hinzuziehen. Die Hinzuziehung der zuletzt genannten Teilnehmer steht im Ermessen der zuständigen Behörde. Dritter kann grundsätzlich jede natürliche und juristische Person sein. Bei den sonstigen Dritten kann es sich zB um Verbände, Gemeinden sowie Nachbarn handeln. Zur Ermittlung von ggf. hinzuziehenden Dritten kann eine Information durch die zuständige Behörde über das geplante Vorhaben zweckmäßig sein. Vor einer solchen Mitteilung an Dritte hat die zuständige Behörde den Träger des Vorhabens anzuhören. Bei der Hinzuziehung von Dritten ist das mögliche Interesse des Vorhabenträgers, seine Planung bis zur Einbeziehung der Öffentlichkeit vertraulich zu behandeln, gegen die Belange einer frühzeitigen Klärung des Untersuchungsrahmens abzuwägen. Dabei sind § 30 VwVfG oder die entsprechenden landesrechtlichen Regelungen anzuwenden. Die mögliche Beteiligung Dritter am Scoping-Termin dient nicht deren Schutz, sondern hat allein die Funktion, die Behörde bei der sachgerechten Bestimmung des voraussichtlichen Inhalts und Umfangs der Umweltverträglichkeitsprüfung zu unterstützen (BVerwG, Urt. v. 24.11.2010 – 9 A 13/09, NVwZ 2011, 680, 682; Urt. v. 9.11.06 – 4 A 2001/06 –, NVwZ 2007, 445). Der Zweck liegt alleine darin, den Behörden entscheidungsrelevante Informationen für deren Unterrichtung des Vorhabenträgers zu verschaffen. Durch eine frühzeitige Beteiligung Dritter oder Sachverständiger kann möglicherweise im Einzelfall vermieden werden, dass aufgrund neuer Tatsachen im Beteiligungsverfahren weitere Untersuchungen von Umweltauswirkungen des Vorhabens erforderlich werden. Auf Wunsch des Vorhabenträgers kann zu geheimhaltungsbedürftigen Tatsachen eine gesonderte Erörterung stattfinden (*Beckmann* NVwZ 1991, 427 (429)).

IV. Besprechungsinhalte (Abs. 3 Satz 2, 3)

26 Besprochen werden kann in der Besprechung grundsätzlich alles, was zum Gegenstand der Unterrichtung durch die zuständige Behörde zählt. Dazu gehören nach § 15 Abs. 1 S. 1 Inhalt, Umfang und Detailtiefe der Angaben, die der Vorhabenträger voraussichtlich in den UVP-Bericht aufnehmen muss, dh der Untersuchungsrahmen. Die Unterrichtung und Beratung und damit auch die Besprechung können sich nach § 15 Abs. 1 S. 2 aber auch auf weitere Gesichtspunkte des Verfahrens, insbesondere auf dessen zeitlichen Ablauf, auf die zu beteiligenden Behörden oder auf die Einholung von Sachverständigengutachten erstrecken.

Inhalt und Umfang des vom Vorhabenträger vorzulegenden UVP-Berichts bestimmen sich nach § 16. Nach § 16 Abs. 1 muss der UVP-Bericht bestimmte Mindestangaben enthalten. Gem. § 16 Abs. 3 muss der UVP-Bericht auch die in Anlage 4 genannten weiteren Angaben enthalten, soweit diese Angaben für das Vorhaben von Bedeutung sind. Inhalt und Umfang des UVP-Berichts bestimmen sich im Übrigen gem. § 16 Abs. 4 S. 1 nach den Rechtsvorschriften, die für die Zulassungsentscheidung maßgebend sind. § 16 Abs. 4 S. 2 stellt klar, dass der Vorhabenträger bei einer Unterrichtung nach § 15 den UVP-Bericht zusätzlich auf den Untersuchungsrahmen stützt, über den er unterrichtet worden ist. Allerdings hilft es dem Vorhabenträger weder im nachfolgenden Genehmigungsverfahren noch in einem gerichtlichen Verfahren, auf den Vorwurf eines unzureichenden UVP-Berichts mit einem Verweis auf die Unterrichtung zu reagieren. Ist der UVP-Bericht mangelhaft und ergeben sich daraus Verfahrensfehler, sind diese nicht deshalb unbeachtlich, weil die Behörde den Vorhabenträger unzureichend oder falsch unterrichtet hat. 27

1. Gegenstand der Umweltverträglichkeitsprüfung. Gegenstand der Umweltverträglichkeitsprüfung ist das geplante Vorhaben. Es ist zu untersuchen, welche möglichen Auswirkungen auf die Umwelt von dem Vorhaben ausgehen können und welche Schutzgüter im Sinne des § 2 Abs. 1 von ihm betroffen werden können. Darauf bezieht sich die Unterrichtung nach § 15 und insbesondere die Erörterung des Besprechungstermins im Rahmen des Unterrichtungsverfahrens nach § 15 Abs. 3 S. 1. Sonstige Belange, die keinen Bezug zur Umwelt aufweisen, wie zB die Frage, ob das Vorhaben genehmigungsfähig oder aus wirtschaftlichen, politischen, sozialen, ethischen oder sonstigen außerökologischen Gründen sinnvoll oder gerechtfertigt sein könnte, zählen nicht zum Gegenstand der Umweltverträglichkeitsprüfung (*Beckmann* NVwZ 1991, 427 (429)) und sind damit auch nicht bezogen auf die beizubringenden Unterlagen zu erörtern. Die Umweltauswirkungen in der Errichtungsphase des Vorhabens sowie die Auswirkungen der Stilllegung eines Betriebes sind neben dem Betrieb einer Anlage mit einzubeziehen, wenn der fachgesetzliche Vorhabenbegriff diese Phasen erfasst. Da die Bewertungsmaßstäbe der Umweltverträglichkeitsprüfung dem Anlagenzulassungsrecht zu entnehmen sind, müssen diese fachgesetzlichen Anforderungen bereits im Scoping-Verfahren bei der Unterrichtung über die beizubringenden Unterlagen berücksichtigt werden. 28

2. Umfang der Umweltverträglichkeitsprüfung. Die Qualität sowie der Kosten- und Zeitaufwand der Umweltverträglichkeitsprüfung richten sich nach deren Umfang. Zwischen den Beteiligten wird ua die räumliche Ausdehnung des Untersuchungsgebiets, der zeitliche Rahmen, der Detaillierungsgrad sowie die Eindringtiefe einzelner Untersuchungen, die Häufigkeit bestimmter Betrachtungen oder Probenentnahmen zu klären sein (*Schink,* NuR 2003, 647, 650). Erfasst werden ferner Abschichtungswirkungen im Sinne von § 29, die sich bei mehrstufigen Planungs- und Zulassungsprozessen ergeben können. Der Umfang der Umweltverträglichkeitsprüfung richtet sich zudem nach den Voraussetzungen, die das jeweilige Fachgesetz für die Erteilung der Vorhabengenehmigung bestimmt. 29

3. Methoden der Umweltverträglichkeitsprüfung. Erörtert werden sollen auch Methoden der Umweltverträglichkeitsprüfung. Dabei handelt es sich um technische oder naturwissenschaftliche Verfahren zur Ermittlung, Bewertung und Beschreibung der Umweltauswirkungen des Vorhabens, um Mess-, Erhebungs- und Prognoseverfahren, die den bestehenden Zustand der Umwelt beschreiben sowie die Umweltauswirkungen des Vorhabens beschreiben und bewerten. Diese Verfahren dienen insbesondere dazu, außer- 30 rechtliche Bewertungsmaßstäbe für die Auslegung unbestimmter Rechtsbegriffe der gesetzlichen Zulassungsvoraussetzungen oder für die Ausfüllung von Beurteilungs- und Ermessensspielräumen bei der Vorhabenzulassung zu nutzen. Ergebnisse der Umweltverträglichkeitsuntersuchung sind nur dann relevant, wenn sie auch für die Zulassung des Vorhabens entscheidungserheblich sind.

31 **4. Sonstige erhebliche Fragen.** Die Teilnehmer der Besprechung können ferner auch sonstige, für die Umweltverträglichkeitsprüfung erhebliche Fragen erörtern. Dazu zählt zum Beispiel die Auswahl von Sachverständigen, der weitere Ablauf des Verfahrens, der Umfang eigener Ermittlungen der Behörde, der Zugang zu entscheidungsrelevanten Daten.

IV. Dokumentation (Abs. 3 S. 4)

32 Das Ergebnis der Besprechung wird nach § 15 Abs. 3 S. 4 von der zuständigen Behörde dokumentiert. Die Dokumentation kann bei Rechtsstreitigkeiten über Amtspflichtverletzungen wegen einer fehlerhaften Unterrichtung behilflich sein. Zu dokumentieren ist nicht nur die Unterrichtung der zuständigen Behörde über den Untersuchungsrahmen; vielmehr sind auch die zur Sprache gekommenen Einschätzungen der Besprechungsteilnehmer, seien es der Vorhabenträger, Vertreter beteiligter Behörden oder Dritte zu dokumentieren. Ein Wortprotokoll ist allerdings nicht erforderlich. Private können unter den Voraussetzungen des § 3 Abs. 1 UIG Einsicht in die Dokumentation der Besprechung verlangen (so auch *Reidt/Augustin* in Schink/Reidt/Mitschang Rn. 34).

H. Unterrichtung

I. Rechtsnatur und Bindungswirkung

33 Die Unterrichtung des Vorhabenträgers über die voraussichtlich beizubringenden Unterlagen ist kein Verwaltungsakt und auch keine sonstige rechtsverbindliche Willenserklärung. Es handelt sich um einen **Realakt** (BT-Drs. 11/3919, S. 23), der iSd § 44a VwGO nicht selbständig anfechtbar ist. Die zuständige Behörde muss den Vorhabenträger darauf hinweisen, dass die Unterrichtung keine rechtliche Bindungswirkung entfaltet. Die Unterrichtung ist letztlich lediglich eine Beratung des Vorhabenträgers im Sinne von § 25 VwVfG. Der Vorhabenträger kann nicht darauf vertrauen, dass er im Laufe des Verfahrens keine weiteren Unterlagen mehr vorlegen muss. Sofern nach Abschluss des Unterrichtungsverfahrens weitere Informationsdefizite festgestellt werden, kann die Behörde weitere Unterlagen nachfordern, denn die Unterrichtung nach § 15 beruht auf dem „Planungsstand" des Vorhabens im Zeitpunkt der Unterrichtung. § 16 Abs. 7 S. 2 sieht ausdrücklich vor, dass die zuständige Behörde Nachbesserungen innerhalb einer angemessenen Frist zu verlangen hat, soweit der Bericht den Anforderungen nicht entspricht. Für den Fall, dass die Behörde Unterlagen verlangt, die im Genehmigungsverfahren nicht benötigt werden, kann sich die Frage nach einer **Amtspflichtverletzung** und nach einem **Schadensersatzanspruch** des Vorhabenträgers aus Amtshaftung wegen fehlerhafter Auskunft stellen (*Beckmann* NVwZ 1991, 437 (429); *Mayen* NVwZ 1996, 319 (321)).

34 Die Unterrichtung über voraussichtlich beizubringende Unterlagen verpflichtet den Vorhabenträger nicht, diese Unterlagen auch vorzulegen. Bringt er die gewünschten Unterlagen nicht bei, riskiert er allerdings eine Ablehnung seines Genehmigungsantrags.

II. Form und Frist der Unterrichtung

§ 15 schreibt keine besondere Form für die Unterrichtung vor. Nach § 10 S. 2 VwVfG sind Verwaltungsverfahren einfach, zweckmäßig und zügig zu führen. Das dürfte auch für die Unterrichtung gelten, auch wenn es sich dabei nicht um ein Verwaltungsverfahren im Sinne von § 9 VwVfG handelt. Nach Nr. 0.4.7 UVPVwV soll die zuständige Behörde den Vorhabenträger **schriftlich** unterrichten. Eine Frist ist für die Unterrichtung nicht vorgesehen. Der Vorhabenträger ist nach § 15 Abs. 1 Satz 1 UVPG frühzeitig zu unterrichten, so dass auch die Besprechung möglichst zeitnah geführt werden sollte. 35

Auf Verlangen des Vorhabenträgers kann die zuständige Behörde diesem einen Entwurf des Unterrichtungsschreibens vorab zur Stellungnahme zuleiten. Das ist allerdings nicht zwingend, da die Unterrichtung ohnehin keine rechtliche Bindungswirkung hat. Der Vorhabenträger ist nicht verpflichtet, der Empfehlung der Behörde hinsichtlich der beizubringenden Unterlagen zu folgen. Die Behörde bleibt berechtigt, Unterlagen nachzufordern. Den hinzugezogenen Behörden, Sachverständigen und Dritten kann auf deren Wunsch das endgültige Unterrichtungsschreiben übersendet werden (Nr. 0.4.7 UVPVwV). 36

III. Inhalt der Unterrichtung

Die zuständige Behörde soll unter Berücksichtigung der Ergebnisse der Besprechung mit dem Vorhabenträger über den Untersuchungsrahmen der UVP unterrichten. Ferner soll für die Durchführung der Umweltverträglichkeitsprüfung der voraussichtlich erforderliche Zeitrahmen genannt werden. Fachrechtlich vorgegebene Verfahrensfristen sind dabei zu beachten. Die Unterrichtung soll deutlich machen, dass der Verfahrensschritt nach § 15 (zunächst) abgeschlossen ist, so dass der Vorhabenträger mit der Erstellung des UVP-Berichts beginnen kann. Die zuständige Behörde muss darlegen, welche Anforderungen die Unterlagen des Vorhabenträgers für das konkrete Verfahren zu erfüllen haben. Eine Wiederholung des Wortlauts von § 16 Abs. 1 und des Wortlauts der Anlage 4 des UVPG ist daher nicht ausreichend. Ferner sind die in der Besprechung erzielten Ergebnisse zum Gegenstand und Umfang und den Methoden der Umweltverträglichkeitsprüfung sowie zu den sonstigen erheblichen Fragen darzulegen. Der Vorhabenträger soll auch über sonstige für die Durchführung der Umweltverträglichkeitsprüfung vorzulegende Unterlagen und vorzunehmende Handlungen informiert werden. Nach Nr. 04.7 UVPVwV muss die zuständige Behörde den Träger des Vorhabens darauf hinweisen, dass die Unterrichtung keine rechtliche Bindungswirkung entfaltet. Der Vorhabenträger muss damit rechnen, dass es im weiteren Verlauf des Verfahrens zu Nachforderungen der Behörden hinsichtlich noch vorzulegender Unterlagen kommen kann. 37

Die Unterrichtung hat sich gemäß § 15 Abs. 1 S. 1 an dem **Planungsstand** des Vorhabens zu orientieren. Der Planungsstand lässt sich den Projektplanungen des Vorhabenträgers unter Beachtung des angestrebten Zulassungsverfahrens entnehmen. Gem. § 29 Abs. 1 S. 2 ist bei **Teilzulassungen** dem jeweiligen Umfang der Umweltverträglichkeitsprüfung bei der Unterrichtung über den Untersuchungsrahmen und beim UVP-Bericht Rechnung zu tragen. Sofern eine vorzeitige Zulassungsentscheidung, ein Vorbescheid oder eine Teilzulassung begehrt wird, haben sich die erforderlichen Angaben nur auf die damit verbundenen Auswirkungen zu erstrecken. 38

IV. Fortsetzung der Unterrichtung (Abs. 5)

Die zuständige Behörde berät nach § 15 Abs. 5 den Vorhabenträger auch nach der Unterrichtung über den Untersuchungsrahmen, soweit dies für eine zügige und sachgerechte Durchführung des Verfahrens zweckmäßig ist. Auch diese Verpflichtung besteht 39 grundsätzlich schon nach den §§ 25 Abs. 2, 10 S. 2 VwVfG. Sie richtet insoweit lediglich die Aufmerksamkeit der Beteiligten auf die Notwendigkeit, im Lauf des Genehmigungsverfahrens die Unterrichtung über den Untersuchungsrahmen auf der Grundlage neuerer Erkenntnisse kritisch zu hinterfrage, um sie ggfls. korrigieren oder ergänzen zu können. Da Gerichte im Falle eines Rechtsstreits um die Genehmigung nicht an die Unterrichtung über den Untersuchungsrahmen gebunden sind, sondern eigenverantwortlich prüfen, ob die Umweltauswirkungen des Vorhabens hinreichend geprüft worden sind, um das Vorliegen der Genehmigungsvoraussetzungen feststellen bzw. eine ordnungsgemäße Abwägung durchführen zu können, ist eine kontinuierliche Überprüfung und ggfls. Unterrichtung über den Untersuchungsrahmen notwendig, um eine rechtmäßige Zulassung zu ermöglichen und entsprechende Rechtsrisiken einer gerichtlichen Überprüfung zu verringern (*Peters/Balla/Hesselbarth* Rn. 3; *Sangenstedt* ZUR 2014, 526 (531)). Nicht zuletzt führen Nachbesserungen des UVP-Berichts nach § 16 Abs. 7 S. 2 zu der Frage, ob und inwieweit eine erneute Auslegung nachgereichter Unterlagen erforderlich ist. Informationen, die der zuständigen Behörde nach Beginn der Öffentlichkeitsbeteiligung vorgelegt werden, können zur Änderung der nach § 19 Abs. 2 auszulegenden Unterlagen führen, ohne das Vorhaben selbst zu ändern. Eine Ergänzung von Unterlagen kann unter bestimmten Voraussetzungen jedoch als Änderung des Vorhabens eingeordnet werden. Eine erneute Öffentlichkeitsbeteiligung ist durchzuführen, wenn aufgrund solcher Änderungen zusätzliche oder andere Umweltauswirkungen zu besorgen sind (siehe dazu BVerwG, Urt. v. 10.11.2016 – 9 A 8.15, juris Rn. 25; *Hagmann* § 19 Rn. 38 ff.).

I. Informationspflichten der Behörden

40 Verfügen die zuständige Behörde oder die zu beteiligenden Behörden über Informationen, die für die Erarbeitung des UVP-Berichts zweckdienlich sind, so stellen sie gem. § 15 Abs. 1 S. 3 diese Informationen dem Vorhabenträger zur Verfügung. Ein solcher Anspruch besteht nach § 15 Abs. 1 S. 3 unmittelbar nur, wenn auch ein Scoping-Verfahren durchgeführt wird. Außerhalb eines solchen Verfahrens stehen dem Vorhabenträger aber Informationsansprüche auch nach anderen Vorschriften, etwa gem. § 4 UIG oder § 29 VwVfG zu (VG Aachen, Urt. v. 11.5.04 – 7 K 689/09 – juris). Unabhängig davon gehört es zur allgemeinen Beratungspflicht der Genehmigungsbehörde nach § 25 Abs. 2 VwVfG, den Vorhabenträger darüber aufzuklären, welche Informationen bei ihr bereits vorliegen, welche insoweit nur ergänzenden Unterlagen sie von dem Vorhabenträger benötigt. Das dient im Übrigen der nach § 10 S. 2 VwVfG gebotenen einfachen, zweckmäßigen und zügigen Verfahrensführung. Zu den möglicherweise bei der Behörde bereits vorhandenen Informationen zählen unter anderem Angaben über den Ist-Zustand der vor dem geplanten Vorhaben betroffenen Umwelt, zum Beispiel aufgrund von Gutachten, Emissions-, Lärm-, Altlastenkatastern, Biotopkartierungen, Luftaufnahmen sowie die durch das Vorhaben zu erwartenden Auswirkungen auf die Umwelt, zum Beispiel aufgrund von früher schon durchgeführten Umweltverträglichkeitsprüfungen und Möglichkeiten zur Nutzung von Informationssystemen und -sammlungen gehören. Die Behörden können im Rahmen des Amtsermittlungsgrundsatzes auch zu einer entsprechenden Recherche verpflichtet sein. Dies gilt insbesondere dann, wenn der Vorhabenträger keine vergleichbaren Einsichtsmöglichkeiten hat. Ihre Pflicht bezieht sich demnach nicht nur auf Informationen, die ihr bereits selber zur Verfügung stehen. Stellt die Behörde die bei ihr vorhandenen Unterlagen dem Vorhabenträger nicht zur Verfügung, kann dies eine **Amtspflichtverletzung** sein, die zu einem Amtshaftungsanspruch führt (*Beckmann* NVwZ 1991, 427 (429)).

§ 16 UVP-Bericht

(1) Der Vorhabenträger hat der zuständigen Behörde einen Bericht zu den voraussichtlichen Umweltauswirkungen des Vorhabens (UVP-Bericht) vorzulegen, der zumindest folgende Angaben enthält:

1. eine Beschreibung des Vorhabens mit Angaben zum Standort, zur Art, zum Umfang und zur Ausgestaltung, zur Größe und zu anderen wesentlichen Merkmalen des Vorhabens,

2. eine Beschreibung der Umwelt und ihrer Bestandteile im Einwirkungsbereich des Vorhabens,

3. eine Beschreibung der Merkmale des Vorhabens und des Standorts, mit denen das Auftreten erheblicher nachteiliger Umweltauswirkungen des Vorhabens ausgeschlossen, vermindert oder ausgeglichen werden soll,

4. eine Beschreibung der geplanten Maßnahmen, mit denen das Auftreten erheblicher nachteiliger Umweltauswirkungen des Vorhabens ausgeschlossen, vermindert oder ausgeglichen werden soll, sowie eine Beschreibung geplanter Ersatzmaßnahmen,

5. eine Beschreibung der zu erwartenden erheblichen Umweltauswirkungen des Vorhabens,

6. eine Beschreibung der vernünftigen Alternativen, die für das Vorhaben und seine spezifischen Merkmale relevant und vom Vorhabenträger geprüft worden sind, und die Angabe der wesentlichen Gründe für die getroffene Wahl unter Berücksichtigung der jeweiligen Umweltauswirkungen sowie

7. eine allgemein verständliche, nichttechnische Zusammenfassung des UVP-Berichts.

Bei einem Vorhaben nach § 1 Absatz 1, das einzeln oder im Zusammenwirken mit anderen Vorhaben, Projekten oder Plänen geeignet ist, ein Natura 2000-Gebiet erheblich zu beeinträchtigen, muss der UVP-Bericht Angaben zu den Auswirkungen des Vorhabens auf die Erhaltungsziele dieses Gebiets enthalten.

(2) Der UVP-Bericht ist zu einem solchen Zeitpunkt vorzulegen, dass er mit den übrigen Unterlagen ausgelegt werden kann.

(3) Der UVP-Bericht muss auch die in Anlage 4 genannten weiteren Angaben enthalten, soweit diese Angaben für das Vorhaben von Bedeutung sind.

(4) Inhalt und Umfang des UVP-Berichts bestimmen sich nach den Rechtsvorschriften, die für die Zulassungsentscheidung maßgebend sind. In den Fällen des § 15 stützt der Vorhabenträger den UVP-Bericht zusätzlich auf den Untersuchungsrahmen.

(5) Der UVP-Bericht muss den gegenwärtigen Wissensstand und gegenwärtige Prüfmethoden berücksichtigen. Er muss die Angaben enthalten, die der Vorhabenträger mit zumutbarem Aufwand ermitteln kann. Die Angaben müssen ausreichend sein, um

1. der zuständigen Behörde eine begründete Bewertung der Umweltauswirkungen des Vorhabens nach § 25 Absatz 1 zu ermöglichen und

2. Dritten die Beurteilung zu ermöglichen, ob und in welchem Umfang sie von den Umweltauswirkungen des Vorhabens betroffen sein können.

(6) Zur Vermeidung von Mehrfachprüfungen hat der Vorhabenträger die vorhandenen Ergebnisse anderer rechtlich vorgeschriebener Prüfungen in den UVP-Bericht einzubeziehen.

(7) **Der Vorhabenträger muss durch geeignete Maßnahmen sicherstellen, dass der UVP-Bericht den Anforderungen nach den Absätzen 1 bis 6 entspricht. Die zuständige Behörde hat Nachbesserungen innerhalb einer angemessenen Frist zu verlangen, soweit der Bericht den Anforderungen nicht entspricht.**

(8) **Sind kumulierende Vorhaben, für die jeweils eine Umweltverträglichkeitsprüfung durchzuführen ist, Gegenstand paralleler oder verbundener Zulassungsverfahren, so können die Vorhabenträger einen gemeinsamen UVP-Bericht vorlegen. Legen sie getrennte UVP-Berichte vor, so sind darin auch jeweils die Umweltauswirkungen der anderen kumulierenden Vorhaben als Vorbelastung zu berücksichtigen.**

(9) **Der Vorhabenträger hat den UVP-Bericht auch elektronisch vorzulegen.**

Literatur: *Balla/Borkenhagen/Günnewig,* Der UVP-Bericht nach dem Gesetz über die Umweltverträglichkeitsprüfung, ZUR 2019, 323.

Hinweise auf die Gesetzesmaterialien (ausführliche Kommentierung folgt)

Übersicht

I. Begründung der Bundesregierung (BT-Drs. 18/11499, S. 88 f.)

1 „Die Vorschrift dient der Umsetzung von Artikel 5 der geänderten UVP-Richtlinie. Damit wird ein für die Durchführung der UVP zentraler Verfahrensschritt – die Verpflichtung des Vorhabenträgers zur Vorlage qualifizierter Unterlagen über die Umweltauswirkungen des Vorhabens – umfassend neu geregelt. Wie schon nach den bisherigen Bestimmungen sind die Angaben des Vorhabenträgers Grundlage für die nachfolgenden Verfahrensschritte, insbesondere die Beteiligung anderer Behörden (§ 17) und der Öffentlichkeit sowie die zusammenfassende Darstellung (§ 24) und begründete Bewertung (§ 25 Absatz 1) der Umweltauswirkungen durch die zuständige Behörde. Die Anforderungen an die beizubringenden Angaben werden mit der neu gefassten Vorschrift neu gegliedert und klarer gefasst. Neu ist der Begriff des UVP-Berichts. Die vom Vorhabenträger vorzulegenden Angaben über die Umweltauswirkungen des Vorhabens sind der zuständigen Behörde demnach vorzugsweise in einem Dokument zu übermitteln, das als UVP-Bericht bezeichnet wird. Das schließt es zwar nicht aus, dass der UVP-Bericht Bestandteil eines umfassenderen Dokumentes ist, zB eines Erläuterungsberichts in einem Planfeststellungsverfahren, jedoch muss in diesem Fall der Teil des Dokuments, der den UVP-Bericht darstellt, klar als solcher gekennzeichnet sein und die Anforderungen des § 16 erfüllen.

Absatz 1 Satz 1 enthält in Anlehnung an den bisherigen § 6 Absatz 3 Satz 1 und 2 eine Aufzählung der Gesichtspunkte, zu denen der UVP-Bericht stets Angaben enthalten muss (Mindestanforderungen an den UVP-Bericht). Die Regelung dient der Umsetzung von Artikel 5 Absatz 1 Satz 2 Buchstabe a bis f der geänderten UVP-Richtlinie. Die

Mindestinhalte des UVP-Berichts werden in dieser Vorschrift in eher allgemeiner Form umschrieben. Zur Konkretisierung und Spezifizierung der in Nummer 1 bis 7 genannten Aspekte ist, jeweils angepasst an Art, Lage und Zuschnitt des geplanten Vorhabens, den Vorgaben der Absätze 3 und 4 Rechnung zu tragen. Um eine dem Vorhabentyp, seinen spezifischen Merkmalen und dem jeweiligen Standort angemessene Bestimmung der Anforderungen an den UVP-Bericht vorzunehmen, wird es sich regelmäßig empfehlen, dass die Behörde den Vorhabenträger über den Untersuchungsrahmen gemäß § 15 Absatz 1 berät und unterrichtet.

Gemäß Absatz 1 Satz 1 Nummer 1 muss der UVP-Bericht eine Beschreibung des Vorhabens enthalten. Neben Angaben zum Standort, zur Art sowie zur technischen Ausgestaltung soll die Beschreibung auch sonstige wesentliche Merkmale des Vorhabens enthalten, die für die Ermittlung seiner möglichen Umweltauswirkungen von Bedeutung sein können. Häufig wird das Vorhaben auch in anderen, für die behördliche Zulassung einzureichenden Unterlagen beschrieben, zum Beispiel in einem Erläuterungsbericht, der in Planfeststellungsverfahren eingereicht wird. In solchen Fällen bietet es sich an, in den UVP-Bericht nur eine relativ kurze Beschreibung des Vorhabens zu übernehmen und im Hinblick auf die Einzelheiten auf eine detailliertere Antragsunterlage zu verweisen, die dann nach § 19 Absatz 2 Nummer 2 und § 20 Absatz 1 Satz 1 ebenfalls auszulegen und über das Internet-Portal zugänglich zu machen ist.

Absatz 1 Satz 1 Nummer 2 (Beschreibung der Umwelt und ihrer Bestandteile) ist an den bisherigen § 6 Absatz 3 Nummer 4 angelehnt.

Nach Absatz 1 Satz 1 Nummer 3 ist eine Beschreibung der Merkmale des Vorhabens und des Standortes vorzulegen, mit denen das Auftreten erheblicher nachteiliger Umweltauswirkungen ausgeschlossen, vermindert oder ausgeglichen werden soll. Die Bezeichnung „ausgeschlossen" umfasst begrifflich sowohl das „Vermeiden" als auch das „Verhindern" erheblicher nachteiliger Umweltauswirkungen im Sinne von Artikel 5 Absatz 1 Buchstabe c der geänderten UVP-Richtlinie.

Nach Absatz 1 Satz 1 Nummer 4 ist eine Beschreibung der Maßnahmen vorzulegen, mit denen das Auftreten erheblicher nachteiliger Umweltauswirkungen ausgeschlossen, vermindert, oder ausgeglichen werden soll sowie eine Beschreibung der geplanten Ersatzmaßnahmen. Wie bei der Nummer 3 umfasst die Bezeichnung „ausgeschlossen" begrifflich sowohl das „Vermeiden" als auch das „Verhindern" erheblicher nachteiliger Umweltauswirkungen im Sinne von Artikel 5 Absatz 1 Buchstabe c der geänderten UVP-Richtlinie. Als Ausgleichs- und Ersatzmaßnahmen im Sinne der Nummer 4 kommen insbesondere solche nach dem § 15 Absatz 2 BNatSchG in Betracht, soweit die dort genannten Voraussetzungen erfüllt sind.

Absatz 1 Satz 1 Nummer 5 dient der Umsetzung von Artikel 5 Absatz 1 Buchstabe b der geänderten UVP-Richtlinie, wonach eine Beschreibung der „möglichen" erheblichen Auswirkungen des Projekts auf die Umwelt gefordert ist (ebenso bereits Anhang IV Nummer 4 der Richtlinie 2011/92/EU). Zu beschreiben sind die Umweltauswirkungen, die das Vorhaben unter Berücksichtigung der Merkmale nach Nummer 3 und der Maßnahmen nach Nummer 4 hat. Die Richtlinie differenziert an dieser Stelle nicht zwischen positiven und negativen Umweltauswirkungen. Häufig werden die Unterlagen zu den zu erwartenden Umweltauswirkungen des Vorhabens umfangreich sein und gegebenenfalls auch Fachgutachten umfassen. In solchen Fällen bietet es sich an, in den UVP-Bericht nur die wichtigsten Inhalte des Fachgutachtens zu übernehmen und im Hinblick auf die Einzelheiten auf das betreffende Fachgutachten zu verweisen, das nach § 19 Absatz 2 Nummer 2 und § 20 Absatz 1 Satz 1 ebenfalls auszulegen und über das Internet-Portal zugänglich zu machen ist.

Die neue Regelung in Absatz 1 Satz 1 Nummer 6 ist angelehnt an den bisherigen § 6 Absatz 3 Nummer 5 UVPG. Weiterhin sind nur Angaben zu den Alternativen vorzulegen, die der Vorhabenträger geprüft hat. Ob und gegebenenfalls welche Alternativen der Vorhabenträger prüfen muss, ergibt sich wie bisher aus den einschlägigen genehmigungsrechtlichen Bestimmungen. Daraus und aus dem hierfür gegebenenfalls einzusetzenden naturwissenschaftlichen und – soweit erforderlich – ingenieurtechnischen Sachverstand sowie dem Grundsatz der Verhältnismäßigkeit ergeben sich auch die Maßstäbe, nach denen zu beurteilen ist, ob eine Alternative „vernünftig" ist. Nach Anlage 4 Nummer 2 sind nur die Alternativen zur prüfen, die für das Vorhaben und seine Merkmale relevant sind. Demnach muss der Vorhabenträger für die Prüfung von Alternativen keinen unangemessen hohen Aufwand leisten. Der Vorhabenträger hat eine Beschreibung der von ihm geprüften vernünftigen Alternativen vorzulegen und dabei die wesentlichen Gründe für die getroffene Wahl anzugeben. Bei der Erläuterung, weshalb dem gewählten Vorhaben der Vorzug vor den betrachteten Alternativen gegeben wird, ist auf die jeweiligen Umweltauswirkungen einzugehen. Erforderlich ist somit eine vergleichende Darstellung der Umweltauswirkungen, die bei dem gewählten Vorhaben und den geprüften Alternativen auftreten können. (vgl. auch Anhang IV Nummer 2 der geänderten UVP-Richtlinie). Weitergehende Anforderungen nach anderen Rechtsvorschriften, wie zB § 34 Absatz 3 Nummer 2 BNatSchG bleiben unberührt.

Absatz 1 Satz 1 Nummer 7 entspricht dem bisherigen § 6 Absatz 3 Satz 2. Die nichttechnische Zusammenfassung muss sich sowohl auf die in Absatz 1 Satz 1 Nummer 1 bis 5 auch die nach Absatz 3 erforderlichen Inhalte erstrecken.

Absatz 1 Satz 2 stellt klar, dass bei Vorhaben, die einer Prüfung nach § 34 BNatSchG bedürfen, die Beschreibung nach Satz 1 Nummer 5 sich auch auf die Auswirkungen des Vorhabens auf die Erhaltungsziele des FFH- oder Vogelschutzgebietes erstreckt. Abweichend vom bisherigen § 6 Absatz 1 soll künftig nicht mehr bestimmt werden, dass die notwendigen Angaben bereits zu Beginn des Verfahrens beizubringen sind. Das Verfahren beginnt mit der Stellung des Genehmigungsantrags, der seinerseits nicht voraussetzt, dass bereits sämtliche UVP-Unterlagen beigefügt sind. Vielmehr sieht § 15 ausdrücklich die Möglichkeit vor, dass erst nach Eröffnung des Zulassungsverfahrens ein Scoping durchgeführt wird, in dem die Behörde den Vorhabenträger über Inhalt, Umfang und Detailtiefe der Angaben unterrichtet, die in den UVP-Bericht aufzunehmen sind. Zwischen der Stellung des Zulassungsantrags, mit der das Verfahren eröffnet wird, und der Vorlage des UVP-Berichts kann daher ein beträchtlicher Zeitraum liegen. Diesen Konstellationen wird die bisherige Vorschrift nicht gerecht.

Deshalb soll im Hinblick auf den Zeitpunkt der Vorlage künftig in Absatz 2 lediglich bestimmt werden, dass der UVP-Bericht so rechtzeitig vorzulegen ist, dass er zusammen mit den übrigen Unterlagen ausgelegt werden kann.

Nach Absatz 3 muss der UVP-Bericht auch die in der Anlage 4 genannten Angaben enthalten. Bei diesen Gesichtspunkten handelt es sich überwiegend um Konkretisierungen der nach Absatz 1 Satz 1 erforderlichen Angaben, zum Teil aber auch um ergänzende Angaben. Soweit die in Anlage 4 aufgeführten Aspekte über die in Absatz 1 Satz 1 genannten Mindestanforderungen hinausgehen, brauchen sie im UVP-Bericht nur behandelt zu werden, wenn sie für das konkrete Vorhaben von Bedeutung sein können (ebenso der Einleitungssatz in Anlage 4).

Ob und gegebenenfalls inwiefern die Angaben nach Anlage 4 für das Vorhaben relevant sind und mit welchem Umfang und Detaillierungsgrad hierzu Angaben zu machen sind, bestimmt sich nach der Art, dem Zuschnitt und der technischen Ausgestaltung des Vorhabens, den örtlichen Gegebenheiten und sonstigen Umständen des Einzelfalls sowie nach den in Absatz 4 und 5 genannten Maßstäben. Nach Satz 2, der Artikel 5 Absatz 1 Unterabsatz 2 der geänderten Richtlinie umsetzt, ist es in den Fällen des § 15 der Untersuchungsrahmen, der die fachrechtlichen Vorgaben für den konkreten Fall ausfüllt und konkretisiert. Absatz 4 Satz 1 verweist im Übrigen generell auf die Rechtsvorschriften, die für die Zulassungsentscheidung maßgebend sind, und entspricht damit dem bisherigen § 6 Absatz 2 Satz 1. Dementsprechend muss der UVP-Bericht zB Angaben über den Energieverbrauch (vgl. Anlage 4 Nummer 1 Buchstabe c oder die Treibhausgasemissionen des Vorhabens (vgl. Anlage 4 Nummer 4 Buchstabe b, Tabelle, sowie Buchstabe c Doppelbuchstabe gg) nur enthalten, wenn dies für die Zulassungsvoraussetzungen von Bedeutung ist.

Absatz 5 bestimmt weitere Maßstäbe, nach denen sich der Untersuchungs- und Darstellungsaufwand bei der Erarbeitung des UVP-Berichts richtet. Zentrale Orientierungspunkte sind hier zum einen der gegenwärtige Wissensstand und aktuelle Prüfmethoden sowie Aspekte der Zumutbarkeit, zum anderen das Ziel, der zuständigen Behörde eine begründete Bewertung der Umweltauswirkungen und der Öffentlichkeit eine zutreffende Einschätzung ihrer Betroffenheit zu ermöglichen. Anforderungen nach anderen Rechtsvorschriften, wie zB § 34 Absatz 1 und 2 des Bundesnaturschutzgesetzes, bleiben unberührt. Mit Absatz 4 Nummer 2 sowie Absatz 5 Satz 1 und Satz 2 Nummer 1 wird Artikel 5 Absatz 1 Satz 2 der geänderten UVP-Richtlinie umgesetzt. Die Formulierung des Satzes 1 ist an den § 39 Absatz 2 Satz 2 (bisheriger § 14f Absatz 2 Satz 2) angelehnt. Satz 2 Nummer 2 entspricht dem bisherigen § 6 Absatz 3 Satz 3.

Absatz 6 (Vermeidung von Mehrfachprüfungen) setzt Artikel 5 Absatz 1 Satz 3 der geänderten UVP-Richtlinie um und dient der Entlastung des Vorhabenträgers von überflüssigem Untersuchungsaufwand.

Absatz 7 setzt Artikel 5 Absatz 3 der geänderten UVP-Richtlinie um. Der Vorhabenträger muss gemäß Satz 1 durch geeignete Maßnahmen sicherstellen, dass der UVP-Bericht den gesetzlichen Anforderungen entspricht. Soweit er nicht selbst über Personal mit der erforderlichen Fachkompetenz verfügt, müssen qualifizierte externe Kräfte mit der Erarbeitung der Unterlagen beauftragt werden. Die Vollständigkeit und ausreichende Qualität des UVP-Berichts wird gemäß Satz 2 von der zuständigen Behörde überprüft. Die Behörde hat sicherzustellen, dass ihr Personal über die hierfür erforderliche Fachkompetenz verfügt. Gemäß Satz 2 hat die Behörde Nachbesserungen verlangen, soweit der Bericht den Anforderungen nicht entspricht. Die Aufnahme einer dem bisherigen § 6 Absatz 5 entsprechenden Vorschrift ist entbehrlich. Die Absätze 1 bis 5 sind auch ohne ausdrückliche Regelung in den Fällen anwendbar, in denen die zuständige Behörde für eine öffentlich-rechtliche Körperschaft tätig wird, die Vorhabenträger ist. Möglichen Interessenkonflikten wird dabei durch die Anforderungen des neuen § 72 entgegengewirkt.

Absatz 8 regelt Besonderheiten des UVP-Berichts in den Fällen, in denen kumulierende Vorhaben nach § 10 Absatz 2 jeweils einer UVP zu unterziehen sind. In diesem Fall haben die Vorhabenträger die Wahl, ob sie einen gemeinsamen oder getrennte UVP-Berichte erstellen wollen. Entscheiden sie sich für getrennte UVP-Berichte, sind darin jeweils auch die Umweltauswirkungen des anderen kumulierenden Vorhabens zu berücksichtigen.

Nach Absatz 9 hat der Vorhabenträger den UVP-Bericht auch elektronisch vorzulegen. Damit wird die Zugänglichmachung über das einschlägige Zentralportal nach § 20 erleichtert."

II. Stellungnahme des Bundesrates (BR-Drs. 164/17 (B), S. 8)

Die ursprüngliche Fassung des Absatzes 7 Satz 2 enthielt eine Soll-Vorschrift und da- **2**
mit keine Verpflichtung der Behörde, vom Vorhabenträger Nachbesserung zu verlangen, wenn der UVP-Bericht den Anforderungen nicht entspricht (BT-Drs. 18/11499, S. 20). Die **Stellungnahme** des **Bundesrates** sprach sich dafür aus, dem Vorhabenträger zu-

sätzlich für den Fall der Aufforderung zur Nachbesserung eine Pflicht aufzuerlegen, diese innerhalb einer ihm gesetzten angemessenen Frist vorzunehmen (BR-Drs. 164/17, S. 8). Der Vorschlag wurde wie folgt begründet:

„Nach der bisherigen Fassung von § 16 Absatz 7 Satz 2 UVPG-E ist es durch die Formulierung „soll" in das Ermessen der Behörde gestellt, ob sie Nachbesserungen des UVP-Berichts verlangt oder nicht. Die Ausgestaltung des § 16 Absatz 7 UVPG-E als bloße Sollvorschrift ist aber aus Gründen der Rechtssicherheit nicht ausreichend. Mit dem vorliegenden Änderungsvorschlag wird für den Fall, dass der UVP-Bericht den Anforderungen nicht entspricht, sichergestellt, dass der Vorhabenträger auf die entsprechende Aufforderung der Zulassungsbehörde hin die erforderlichen Ergänzungen auch tatsächlich umsetzt. Der vorgeschlagene Wortlaut des neuen Satzes 2 ist im Übrigen angelehnt an andere umweltrechtliche Verfahrensvorschriften, welche ebenfalls die Nachbesserung bzw. Ergänzung von Unterlagen zum Gegenstand haben (siehe beispielsweise § 15 Absatz 2 Satz 2 der Atomrechtlichen Verfahrensverordnung (AtVfV))."

III. Gegenäußerung der Bundesregierung (BT-Drs. 18/11948, S. 22)

3 Der Sache nach stimmte die **Bundesregierung** dem Vorschlag des **Bundesrats** zu, wobei sie eine Änderung dahingehend vorsah, bereits die Aufforderung zur Nachbesserung selbst verpflichtend für die Behörde auszugestalten (BT-Drs. 18/11948, S. 22). In der **Gegenäußerung** heißt es hierzu:

„Die Bundesregierung stimmt dem Vorschlag in sprachlich leicht modifizierter Fassung zu. Der Satz lautet dann wie folgt: „Die zuständige Behörde hat Nachbesserungen innerhalb einer angemessenen Frist zu verlangen, soweit der Bericht den Anforderungen nicht entspricht."

IV. Beschlussempfehlung und Bericht des Umweltausschusses (BT-Drs. 18/12994, S. 3)

4 Der **Umweltausschuss** schloss sich in seiner Beschlussempfehlung dem Vorschlag der Bundesregierung an (BT-Drs. 18/12994, S. 3).

Zudem empfahl er folgende Neufassung des Absatz 4 (BT-Drs. 18/12994, S. 3):

„Inhalt und Umfang des UVP-Berichts bestimmen sich nach den Rechtsvorschriften, die für die Zulassungsentscheidung maßgebend sind. In den Fällen des § 15 stützt der Vorhabenträger den UVP-Bericht zusätzlich auf den Untersuchungsrahmen."

Im Entwurf der **Bundesregierung** war ein anderer Wortlaut des Absatz 4 vorgesehen (BT-Drs. 18/11499, S. 20). Danach bestimmte sich Inhalt und Umfang des UVP-Berichts gemäß Nummer 1 in den Fällen des § 15 nach dem Untersuchungsrahmen (jetziger Satz 2) und gemäß Nummer 2 nach den Rechtsvorschriften, die für die Zulassungsentscheidung maßgeblich sind (jetziger Satz 1).

Zur Begründung führte der **Umweltausschuss** an (BT-Drs. 18/12994, S. 17):
„Die Änderung des § 16 Absatz 4 trägt der unterschiedlichen Bedeutung der fachrechtlichen Vorschriften und des Inhalts der Unterrichtung über den Untersuchungsrahmen für den Inhalt des UVP-Berichts Rechnung. Satz 1 macht deutlich, dass sich Inhalt und Umfang des UVP-Berichts in erster Linie nach den Rechtsvorschriften bestimmen, die für die Zulassungsentscheidung maßgebend sind. Mit Satz 2 wird eine Formulierung aus Artikel 5 Absatz 1 der geänderten UVP-Richtlinie übernommen."

(ausführliche Kommentierung folgt)

§ 17 Beteiligung anderer Behörden

(1) Die zuständige Behörde unterrichtet die Behörden, deren umweltbezogener Aufgabenbereich durch das Vorhaben berührt wird, einschließlich der von dem Vorhaben betroffenen Gemeinden und Landkreise sowie der sonstigen im Landesrecht vorgesehenen Gebietskörperschaften, über das Vorhaben und übermittelt ihnen den UVP-Bericht.

(2) Die zuständige Behörde holt die Stellungnahmen der unterrichteten Behörden ein. Für die Stellungnahmen gilt § 73 Absatz 3a des Verwaltungsverfahrensgesetzes entsprechend.

Hinweise auf die Gesetzesmaterialien (ausführliche Kommentierung folgt)

Im **Regierungsentwurf** führt die **Bundesregierung** zu § 13 (BT-Drs. 18/11499, S. 90) aus: **1**

„Die Vorschrift entspricht, abgesehen von kleineren Änderungen zur Verbesserung der Verständlichkeit, dem bisherigen § 7 (vgl. insoweit: Begründung der Bundesregierung im Entwurf eines Gesetzes zur Umsetzung der Richtlinie des Rates vom 27. Juni 1985 über die Umweltverträglichkeitsprüfung bei bestimmten öffentlichen und privaten Projekten (85/337/EWG), BT-Drs. 11/3919, S. 24). Die Aufteilung auf zwei Absätze dient der besseren Übersicht. Zur Anpassung an die neue Fassung des Artikels 6 Absatz 1 der geänderten UVP-Richtlinie wird in Absatz 1 ausdrücklich geregelt, dass zu den Behörden, deren umweltbezogener Aufgabenbereich durch das Vorhaben berührt wird, auch die von dem Vorhaben betroffenen Gemeinden und Landkreise sowie sonstigen im Landesrecht vorgesehenen Gebietskörperschaften (z. B. in Rheinland-Pfalz der Bezirksverband Pfalz) gehören."

(ausführliche Kommentierung folgt)

§ 18 Beteiligung der Öffentlichkeit

(1) **Die zuständige Behörde beteiligt die Öffentlichkeit zu den Umweltauswirkungen des Vorhabens. Der betroffenen Öffentlichkeit wird im Rahmen der Beteiligung Gelegenheit zur Äußerung gegeben. Dabei sollen nach dem Umwelt-Rechtsbehelfsgesetz anerkannte Vereinigungen die zuständige Behörde in einer dem Umweltschutz dienenden Weise unterstützen. Das Beteiligungsverfahren muss den Anforderungen des § 73 Absatz 3 Satz 1 und Absatz 5 bis 7 des Verwaltungsverfahrensgesetzes entsprechen.**

(2) **In einem vorgelagerten Verfahren oder in einem Planfeststellungsverfahren über einen Wege- und Gewässerplan mit landschaftspflegerischem Begleitplan nach § 41 des Flurbereinigungsgesetzes kann die zuständige Behörde abweichend von Absatz 1 und abweichend von § 73 Absatz 6 des Verwaltungsverfahrensgesetzes auf die Durchführung eines Erörterungstermins verzichten. Auf eine Benachrichtigung nach § 73 Absatz 5 Satz 3 des Verwaltungsverfahrensgesetzes kann in einem vorgelagerten Verfahren verzichtet werden.**

Literatur: *Antweiler,* Planungsbeschleunigung für Verkehrsinfrastruktur – Rückabwicklung der Lehren aus „Stuttgart 21", NVwZ 2019, 29; *Peters,* Verkehrswegerechtliche und immissionsschutzrechtliche Zulassungsverfahren mit UVP ohne Erörterungstermin?, NuR 2018, 457.

Hinweise auf die Gesetzesmaterialien (ausführliche Kommentierung folgt)

Übersicht

I. Begründung der Bundesregierung (BT-Drs. 18/11499, S. 91 f.):

„Die §§ 18 bis 22 enthalten die Bestimmungen über die Beteiligung und Unterrichtung der Öffentlichkeit, die im bisherigen § 9 enthalten sind, ergänzt um Regelungen zur Umsetzung der Anforderungen der UVP-Änderungsrichtlinie. Abweichend vom bisherigen § 9 Absatz 2 wird jedoch die Unterrichtung der Öffentlichkeit über die Zulassungsentscheidung nicht mehr im Rahmen der §§ 18 bis 22, sondern eigenständig in dem neuen § 27 geregelt. Dies entspricht dem Aufbau der UVP-Richtlinie, die ebenfalls zwischen der in Artikel 6 Absatz 2 bis 7 geregelten Öffentlichkeitsbeteiligung und der in Artikel 9 geregelten Bekanntmachung und Zugänglichmachung der Zulassungsentscheidung unterscheidet. Bei der Ausgestaltung der Öffentlichkeitsbeteiligung sieht die UVP-Änderungsrichtlinie einige grundlegende Neuerungen vor. Sie betreffen die verstärkte Nutzung elektronischer Medien und die Einführung von zentralen Internetportalen. § 18 enthält allgemeine Regelungen zur Beteiligung der Öffentlichkeit an der UVP sowie eine Sonderregelung für das vorgelagerte Verfahren. 1

Absatz 1 entspricht dem bisherigen § 9 Absatz 1 Satz 1 bis 4 (vgl. Begründung der Bundesregierung im Entwurf eines Gesetzes zur Umsetzung der Richtlinie des Rates vom 27. Juni 1985 über die Umweltverträglichkeitsprüfung bei bestimmten öffentlichen und privaten Projekten (85/337/EWG), BT-Drs. 11/3919, S. 25; sowie Begründung der Bundesregierung im Entwurf eines Gesetzes zur Anpassung des Umwelt-Rechtsbehelfsgesetzes und anderer Vorschriften an europa- und völkerrechtliche Vorgaben, BR-Drucksache 422/16, S. 41 f.). Der § 9 Absatz 1 Satz 5 in der Fassung des Gesetzes zur Anpassung des Umwelt-Rechtsbehelfsgesetzes und anderer Vorschriften an europa- und völkerrechtliche Vorgaben wird durch den neuen § 22 ersetzt.

Die bisher nach § 9 Absatz 3 Nummer 2 vorgesehene Sonderregelung für die Zugänglichmachung der Unterlagen im vorgelagerten Verfahren ist mit den Bestimmungen der UVP-Änderungsrichtlinie über die elektronische Zugänglichkeit nicht mehr vereinbar. Weiterhin europarechtlich zulässig ist es jedoch, bei vorgelagerten Verfahren auf die Durchführung eines Erörterungstermins zu verzichten. Dem entspricht die Regelung in Absatz 2."

II. Stellungnahme des Bundesrates (BR-Drs. 164/17 (B), S. 8 f.)

2 Der **Bundesrat** regte in seiner **Stellungnahme** an, folgenden Satz 5 in Absatz 1 einzufügen (BR-Drs. 164/17, S. 8 f.):

„Auf den Erörterungstermin gemäß § 73 Absatz 6 des Verwaltungsverfahrensgesetzes kann in Planfeststellungsverfahren nach Maßgabe der Fachgesetze verzichtet werden."

Der Vorschlag wurde folgendermaßen begründet:

„Nach § 18 Absatz 1 Satz 4 UVPG muss das Beteiligungsverfahren den Anforderungen des § 73 Absatz 3 Satz 1 und Absatz 5 bis 7 des Verwaltungsverfahrensgesetzes entsprechen. Nach § 73 Absatz 6 Verwaltungsverfahrensgesetz hat die Anhörungsbehörde nach Ablauf der Einwendungsfrist die Einwendungen und Stellungnahmen mit dem Träger des Vorhabens, den Behörden und den Betroffenen und Personen, die Einwendungen erhoben haben, zu erörtern. Der Erörterungstermin ist vorher bekannt zu machen. Die Fachgesetze im Bereich Verkehr eröffnen jedoch die Möglichkeit, auf den Erörterungstermin zu verzichten (§§ 17a Nummer 1 FStrG, 19a Nummer 1 AEG, 10 Nummer 2 LuftVG, 39 Absatz 4). Da die UVP-Richtlinie keinen Erörterungstermin vorschreibt, ist dies europarechtlich zulässig. Der § 18 UVPG sollte klarstellend regeln, dass auf einen Erörterungstermin nach Maßgabe der Fachgesetze verzichtet werden kann, da diese als spezielle Regelungen dem allgemeinen Verwaltungsverfahrensgesetz vorgehen. Die Möglichkeit, in diesen Fällen auf einen Erörterungstermin zu verzichten, ist nicht bereits in § 18 Absatz 2 UVPG geregelt, der eine derartige Sonderregelung nur für vorgelagerte Verfahren trifft. Dies betrifft die Linienbestimmung und das Raumordnungsverfahren (§ 2 Nummer 4, §§ 47 bis 49 UVPG)."

3 Zudem solle nach Ansicht des **Bundesrats** dem § 18 Absatz 2 folgender Satz vorangestellt werden (BR-Drs. 164/17, S. 10 f.):

„In einem vorgelagerten Verfahren wird die Öffentlichkeit abweichend von Absatz 1 Satz 4 dadurch beteiligt, dass

1. das Vorhaben mit den Angaben nach § 19 öffentlich bekannt gemacht wird,
2. die nach § 19 Absatz 2 erforderlichen Unterlagen während eines angemessenen Zeitraums eingesehen werden können,
3. der betroffenen Öffentlichkeit Gelegenheit zur Äußerung gegeben wird,
4. die Öffentlichkeit über die Entscheidung unterrichtet und der Inhalt der Entscheidung mit der Begründung und einer Information über Rechtsbehelfe der Öffentlichkeit zugänglich gemacht wird."

Dabei argumentiert der **Bundesrat** wie folgt (BR-Drs. 164/17, S. 11 ff.): „Die Ergänzung folgt in ihrer Formulierung der bisherigen Rechtslage (§ 9 Absatz 3 UVPG). Durch das Anknüpfen an die bisherige Struktur der verfahrensvereinfachenden Regelungen für vorgelagerte Verfahren wird die Rechtsanwendung in der Praxis erleichtert. Laut § 2 Absatz 6 Nummer 2 UVPG werden als „Zulassungs-"Entscheidungen im Sinne des UVPG – anders als bisher – auch „andere Entscheidungen in vorgelagerten Verfahren nach den §§ 47 und 49" angesehen, worunter neben Linienbestimmungsverfahren die in § 49 UVPG angesprochenen Raumordnungsverfahren (ROV) fallen. Sie werden durch den Gesetzentwurf nunmehr verfahrensrechtlich genauso behandelt wie Zulassungsverfahren. Bisherige Verfahrensvereinfachungen bei vorgelagerten Verfahren entfallen größtenteils. Dies führt zu nicht gerechtfertigtem Mehraufwand und einer Verlängerung der Verfahrensdauer. Das Wesen eines ROV unterscheidet sich grundlegend von dem eines endgültigen Zulassungsverfahrens. Beim ROV handelt es sich um ein Verfahren eigener Art, das durch das Raumordnungsgesetz (ROG) in Verbindung mit den Raumordnungs- und Landesplanungsgesetzen der Länder geregelt wird und dessen Ergebnis laut ROG gerade nicht den Charakter einer (Teil-) Zulassungsentscheidung hat. Anders als Zulassungsverfahren, in denen rechtsverbindlich mit Außenwirkung über die Verwirklichung eines Vorhabens entschieden wird, endet das ROV mit einer landesplanerischen Feststellung, die lediglich gutachterlichen Charakter und keine Verwaltungsaktqualität hat. Das Ergebnis eines ROV ist als „sonstiges Erfordernis der Raumordnung" im Sinne von § 3 Absatz 1 Nummer 4 ROG von anderen Behörden bei bestimmten Zulassungsverfahren lediglich nach Maßgabe des § 4 ROG mit zu berücksichtigen; insofern hat das Ergebnis eines ROV nur einen gewissen rahmensetzenden Charakter. Darüber hinaus zeigt das ROV auf, inwieweit Ziele der Raumordnung einem Vorhaben entgegenstehen. Letztlich hat aber das ROV-Ergebnis weder Bindungswirkung für die Zulassungsbehörde, noch rechtsverbindliche Außenwirkung, insbesondere ist es kein vorweg genommener Teil eines Zulassungsverfahrens im Sinne des § 29 UVPG, der dem Vorhabenträger das Recht zur Umsetzung seines Vorhabens einräumt. Vielmehr handelt es sich nur um eine auf einer Behörden- und Öffentlichkeitsbeteiligung basierende landesplanerische Bewertung zur Raum- (und Umwelt-)verträglichkeit eines Vorhabens in einer sehr frühen Planungsphase. Folgerichtig sieht die geltende Rechtslage für ROV besondere Regelungen für die Beteiligung der Öffentlichkeit vor (§ 9 Absatz 3 UVPG), die gerade nicht dem Standard im Planfeststellungsverfahren entsprechen müssen, in welchem über die Errichtung und den Betrieb eines Vorhabens auf ganz konkreten Flächen abschließend entschieden wird und alle öffentlich-rechtlichen Beziehungen abschließend geregelt werden. So ist es im ROV bisher möglich, Form und Ort der Bekanntmachung und Auslegung (unter Wahrung der notwendigen Bekanntmachungsinhalte) einfacher zu gestalten und auf eine umfassende Ermittlung und Benachrichtigung nicht Ortsansässiger zu verzichten. Um auch weiterhin die zügige Durchführung von ROV innerhalb der bundesgesetzlich vorgegebenen, engen Frist gewährleisten zu können, ist es erforderlich, diese Sonderregelungen beizubehalten. § 18 Absatz 2 UVPG reicht hierzu nicht aus; die Ausnahmeregelung muss weiter gefasst werden. Europarechtliche Vorgaben stehen dem nicht entgegen. Zwingend gefordert wird die UVP europarechtlich nur im Zusammenhang mit der Genehmigung von Projekten, wonach laut Artikel 1 Absatz 2 Buchstabe c UVP-Richtlinie die Entscheidung der zuständigen Behörde oder der zuständigen Behörden verstanden wird, auf deren Grundlage der Projektträger das Recht zur Durchführung des Projekts erhält (vergleiche Artikel 2 UVP-Richtlinie). Da es sich beim ROV nicht um ein Genehmigungs- oder Entscheidungsverfahren im Sinne der UVP-Richtlinie handelt, konnten und können Verfahrensschritte für eine Einbeziehung in das System der Umweltverträglichkeitsprüfung allein nach nationalen Gesichtspunkten normiert werden.

Insofern ist es zulässig, den Besonderheiten vorgelagerter Verfahren wie dem ROV durch Beibehaltung der bisherigen Verfahrenserleichterungen Rechnung zu tragen. Hierauf ist die oben angeführte Ergänzung ausgerichtet. Durch die bisher vorgesehene Regelung in § 18 UVPG würde das ROV insbesondere zeitlich aufwändiger als bisher. An die Öffentlichkeitsbeteiligung in vorgelagerten Verfahren hat der bisherige § 9 Absatz 3 UVPG im Wesentlichen nur Anforderungen gestellt, die auch die raumordnungsrechtlichen Verfahrensvorschriften – in Niedersachsen die Vorschriften des ROG in Verbindung mit dem Niedersächsischen Raumordnungsgesetz (NROG) – sicherstellen. Jetzt wird durch den § 18 Absatz 1 und 2 UVPG jedoch mit Ausnahme einer Erörterung auch in vorgelagerten Verfahren eine Öffentlichkeitsbeteiligung nach dem Standard des Planfeststellungsverfahrens vorgesehen. Dies lässt völlig außer Acht, dass der in vorgelagerten Verfahren betrachtete Planungsraum aufgrund des frühzeitigen Planungsstadiums, in dem noch keine ausgereifte und räumlich konkretisierte Ausführungsplanung vorliegt, erheblich größer ist als der in konkreten Zulassungsverfahren. Raumordnungsverfahren betreffen häufig großräumige Vorhaben, wie zum Beispiel Vorhaben der linienhaften Infrastruktur (Korridore für Verkehrswege oder Leitungen). Geprüft wird dabei nicht nur eine Vorzugsvariante, sondern in aller Regel auch mehrere räumliche Alternativen. Naturgemäß ist der Kreis der potenziell Betroffenen hierdurch sehr groß; er wird aber im ROV in angemessener Form erreicht. Anders als in Zulassungsverfahren erfolgt auf Ebene der Raumordnung keine flurstücks- beziehungsweise parzellenscharfe Betrachtung, sondern die Bearbeitung vollzieht sich regelmäßig auf einer gröberen Maßstabsebene. Konkrete persönliche Betroffenheiten, die sich erst anhand von Flurstücksbetroffenheiten ergeben, sind demzufolge noch nicht vollumfänglich erkennbar. Mit zusätzlichem Ermittlungs- und Unterrichtungsaufwand wäre zudem ein Raumordnungsverfahren in der gesetzlich vorgegebenen Sechs-Monats-Frist (§ 15 Absatz 4 ROG) nicht abschließbar. Aufgrund dessen ist daher weder die zwingende Vorgabe einer papiergebundenen Bekanntmachung und Auslegung in jeder Gemeinde (§ 73 Absatz 2 und 3 VwVfG), noch die Ermittlung und Benachrichtigung sämtlicher nicht ortsansässiger Betroffener (§ 73 Absatz 5 VwVfG) sachgerecht und praktikabel. Entsprechend der bisher zulässigen Rechtslage sollte es daher möglich bleiben, in den das ROG ergänzenden landesgesetzlichen Vorschriften die Bekanntmachung als Basis der Öffentlichkeitsbeteiligung eigenständig zu regeln. So kann zum Beispiel eine Bekanntmachung im Bekanntmachungsorgan der zuständigen Landesplanungsbehörde zuzüglich elektronischer Bekanntmachung im Internet (sowie vorhabensabhängig in geeigneten Printmedien) genügen und weder eine Ermittlung der nicht ortsansässigen Bevölkerung sowie die Bekanntmachung und Auslegung in allen möglicherweise betroffenen Gemeinden erforderlich gemacht werden. Eine Verkürzung der Rechte der Öffentlichkeit ist damit nicht verbunden, zumal die letztlich von der konkreten Ausführungsplanung Betroffenen auch im Rahmen der Öffentlichkeitsbeteiligung im Zulassungsverfahren eingebunden sind."

4 Bezüglich § 18 Absatz 2 schlug der **Bundesrat** weiterhin vor, nach dem Wort „Verfahren" die Wörter „oder in einem Plangenehmigungsverfahren" einzufügen (BR-Drs. 164/17, S. 13f.).

„In Plangenehmigungsverfahren ist nach den Fachplanungsgesetzen die Durchführung eines Erörterungstermins nicht erforderlich. Die Vorgaben der Richtlinie 2014/52/EU zur Änderung der Richtlinie 2011/92/EU fordern ebenfalls keinen Erörterungstermin (vgl. Artikel 6 Absatz 2 bis 7 RL 2011/92/EU). Es steht dem Vereinfachungs- und Beschleunigungsgrundsatz entgegen, eine nach dem übergeordneten Recht nicht erforderliche Erörterung anzuordnen. Mit diesem Änderungsvorschlag steht es im Ermessen der zuständigen Behörde, im Rahmen der nach wie vor erforderlichen Öffentlichkeitsbeteiligung den Erörterungstermin auch im Plangenehmigungsverfahren entfallen zu lassen."

Hinzu kommt eine Anregung des **Bundesrats** einen neuen § 51a einzufügen (BR-Drs. 164/17, S. 20f.), welcher in der **Gegenäußerung** der **Bundesregierung** und **Beschlussempfehlung** des **Umweltausschusses** inhaltliche Berücksichtigung in § 18 Absatz 2 gefunden hat. Folgende Fassung des § 51a war vorgesehen: 5

„§ 51a Flurbereinigungsverfahren

(1) Im Planfeststellungsverfahren über einen Wege- und Gewässerplan mit landschaftspflegerischem Begleitplan nach § 41 des Flurbereinigungsgesetzes ist die Öffentlichkeit entsprechend den Bestimmungen des § 18 Absatz 2 einzubeziehen.

(2) Abweichend von § 18 Absatz 1 Satz 4 und § 19 Absatz 1 wird in Verfahren nach Absatz 1 die Öffentlichkeit dadurch unterrichtet, dass das Vorhaben mit den in § 19 Absatz 1 genannten Informationen öffentlich bekannt gemacht wird. Die Geltung von § 19 Absatz 2 und 3 bleibt unberührt.

(3) Für die öffentliche Bekanntmachung nach Absatz 2 Satz 1 und die Zugänglichmachung der nach § 19 Absatz 2 auszulegenden Unterlagen gilt § 27a des Verwaltungsverfahrensgesetzes, mit der Maßgabe, dass die Veröffentlichung im Internet verpflichtend zu erfolgen hat. Abweichend von § 20 Absatz 1 und 2 kann außerdem eine Veröffentlichung über das zentrale Internetportal erfolgen."

Zur Begründung führte der **Bundesrat** an:

„Durch Einfügung des § 51a werden die Eingriffe in das fachspezifische Verfahren nach dem Flurbereinigungsgesetz, die mit einer Änderung des Gesetzes über die Umweltverträglichkeitsprüfung (UVPG) notwendig verbunden sind, minimiert. Die Vorschrift entspricht in ihren Auswirkungen im Wesentlichen dem bisherigen § 19 UVPG. Gemäß 7 Absatz 1 des vorliegenden Gesetzentwurfs iVm Nummer 16.1 der Anlage 1 zum UVPG unterliegt – in Umsetzung der Richtlinie 2011/92/EU vom 13.12.2011 (UVP-RL) i. d. F. der Richtlinie 2014/52/EU vom 16. April 2014 (UVP-ÄnderungsRL) – der Bau der gemeinschaftlichen und öffentlichen Anlagen im Sinne des Flurbereinigungsgesetzes grundsätzlich einer UVP-Pflicht; damit wirkt sich der vorliegende Gesetzentwurf zwingend auf das Verfahren nach dem Flurbereinigungsgesetz aus. Auch wenn die Gesetzgebungskompetenz des Bundes für das Recht der Flurbereinigung mit der Föderalismusreform entfallen ist (Artikel 74 Absatz 1 Nummer 17 GG), gelten die bestehenden bundesrechtlichen Regelungen für das Flurbereinigungsrecht nach Artikel 125a Absatz 1 GG als Bundesrecht fort. Damit bleibt der Bundesgesetzgeber auch für die Änderung einzelner Vorschriften zuständig, eine grundlegende Neukonzeption ist ihm jedoch verwehrt (BVerfG, Urteil v. 9.6.2004 – 1 BvR 636/02 –). Gerade vor dem Hintergrund dieser beschränkten Gesetzgebungskompetenz ist es geboten, neue gesetzgeberische Eingriffe in das differenzierte, fachspezifische Verfahrensrecht des Flurbereinigungsgesetzes auf das unvermeidbare Maß zu beschränken (so bereits die amtl. Begründung zum UVPG 1990, BRDrucksache 335/88, S. 45).

Zu Absatz 1: Der Verzicht auf einen Erörterungstermin war bisher in § 19 UVPG iVm § 9 Absatz 3 UVPG geregelt. Er hat sich in der Praxis bewährt, vermeidet Brüche im spezifisch flurbereinigungsrechtlichen Planfeststellungsverfahren (§ 41 FlurbG) und gewährleistet erfahrungsgemäß eine hinreichende Beteiligung der Öffentlichkeit. Absatz 1 ist auf alle Verfahren nach § 41 FlurbG anzuwenden, insbesondere auch Plangenehmigungsverfahren.

Zu Absatz 2: Die Regelung entspricht im Wesentlichen dem bisherigen § 19 UVPG iVm § 9 Absatz 3 Nummer 1, 2 UVPG. Die Unterrichtung der Öffentlichkeit im Zuge der UVP erfolgt in Form der öffentlichen Bekanntmachung, die für das flurbereinigungsrechtliche Verfahren eine besondere Regelung (§ 110 FlurbG) erfahren hat. Damit ist die Information der betroffenen Öffentlichkeit in idealer Weise gewährleistet. Den Informationen nach § 19 Absatz 1 ist eine kurze Beschreibung des Vorhabens beizufügen.

Zu Absatz 3: Die Bekanntmachung der einschlägigen Dokumente im Internet nach § 27a VwVfG gewährleistet den durch Artikel 6 Absatz 5 UVP-RL i. d. F. der UVPÄnderungs-RL geforderten einfachen elektronischen Zugang für die Öffentlichkeit. Sie entspricht der spezifischen Form der öffentlichen Bekanntmachung, wie sie sich aus dem FlurbG in Verbindung mit dem Verwaltungsverfahrensrecht der Länder ergibt. Eine zusätzliche verpflichtende Bekanntmachung auf einer zentralen Internetplattform erübrigt sich daher."

III. Gegenäußerung der Bundesregierung (BT-Drs. 18/11948, S. 22 f.)

6 Die **Bundesregierung** lehnte den ersten Vorschlag des Bundesrats in ihrer **Gegenäußerung** mit folgenden Erwägungen ab (BT-Drs. 18/11948, S. 22):
„Die Durchführung eines Erörterungstermins ist bei UVP-pflichtigen Vorhaben seit Inkrafttreten des UVPG regelmäßiger Bestandteil der Öffentlichkeitsbeteiligung. Dies sollte grundsätzlich auch in Zukunft gelten."

7 Dem zweiten Anliegen des Bundesrats stimmt die **Bundesregierung** teilweise zu (BTDrs. 18/11948, S. 22 f.), wobei sie zur Begründung anführt:

„Die Bundesregierung stimmt dem Anliegen des Bundesrates teilweise zu, soweit es zum Ziel hat, dass die Unterlagen nach § 19 Absatz 2 nicht in allen betroffenen Gemeinden ausgelegt werden müssen. Diesem Anliegen möchte die Bundesregierung in modifizierter Form Rechnung tragen. Dazu schlägt die Bundesregierung folgende Änderung vor: In Artikel 1 Nummer 3 wird dem § 19 Absatz 2 folgender Satz angefügt: „In Verfahren nach § 18 Absatz 2 und in Verfahren nach § 1 der Atomrechtlichen Verfahrensverordnung können die Unterlagen abweichend von § 18 Absatz 1 Satz 4 bei der Genehmigungsbehörde oder bei einer geeigneten Stelle in der Nähe des Standorts des Vorhabens ausgelegt werden."

Diese Formulierung trägt dem Umstand Rechnung, dass die Auslegung von Unterlagen auch in atomrechtlichen Verfahren nicht zwingend in allen Gemeinden erfolgt, in denen sich das Vorhaben voraussichtlich auswirkt. Ferner stimmt die Bundesregierung dem Anliegen des Bundesrates zu, dass bei vorgelagerten Verfahren auf die Ermittlung nicht ortsansässiger Betroffener und Benachrichtigung nach § 73 Absatz 5 Satz 3 VwVfG verzichtet werden kann. Dazu wird die folgende Änderung vorgeschlagen:

„In Artikel 1 Nummer 3 wird dem § 18 Absatz 2 folgender Satz angefügt: „Auf eine Benachrichtigung nach § 73 Absatz 5 Satz 3 des Verwaltungsverfahrensgesetzes kann in einem vorgelagerten Verfahren verzichtet werden."

Den Vorschlag des Bundesrats im Übrigen lehnt die Bundesregierung ab.

Der Vorschlag würde dazu führen, dass in vorgelagerten Verfahren eine Zugänglichmachung der UVP-Unterlagen nach § 19 Absatz 2 im UVP-Portal entbehrlich wäre, die das jeweilige Verfahren beendende Entscheidung ebenfalls nicht in das UVP-Portal eingestellt werden müsste. Die Zugänglichmachung der UVP-Unterlagen im UVP-Portal ist nach der geänderten UVP-Richtlinie zwingend erforderlich. Auch für die Zugänglichmachung der Entscheidung sollte die Nutzung des UVP-Portals in digitalen Zeiten selbstverständlich sein. Eine unterschiedliche Behandlung von Zulassungsbescheiden, für die der Regierungsentwurf nach § 27 Satz 2 UVPG die Einstellung in das UVP-Portal vorsieht, und Entscheidungen in vorgelagerten Verfahren ist sachlich nicht gerechtfertigt."

8 Dem Vorschlag des Bundesrats, einen neuen § 51a einzufügen schließt sich die **Bundesregierung** inhaltlich zwar an, spricht sich jedoch dafür aus, diesen in Form einer Neufassung des § 18 Absatz 2 zu berücksichtigen **(BT-Drs. 18/11499, S. 25)**:

„Die Bundesregierung trägt dem Änderungsvorschlag des Bundesrates in modifizierter Form Rechnung und stimmt dem Änderungsvorschlag in dieser geänderten Fassung zu. Dazu wird folgende Anpassung vorgeschlagen: ‚Zu Artikel 1 Nummer 3 (§ 18 UVPG) In Artikel 1 Nummer 3 ist § 18 Absatz 2 Satz 1 wie folgt zu fassen: „(2) In einem vorgelagerten Verfahren oder in einem Planfeststellungsverfahren über einen Wege- und Gewässerplan mit landschaftspflegerischem Begleitplan nach § 41 des Flurbereinigungsgesetzes kann die zuständige Behörde abweichend von Absatz 1 und abweichend von § 73 Absatz 6 des Verwaltungsverfahrensgesetzes auf die Durchführung eines Erörterungstermins verzichten." ' Durch die Aufnahme von Flurbereinigungsverfahren in die Sonderregelung des § 18 Absatz 2 UVPG wird das mit dem Änderungsvorschlag Gewollte (Ermessen hinsichtlich des Erörterungstermins) inhaltlich gleichwertig erreicht. Die von der Bundesregierung vorgeschlagene Anpassung des § 18 Absatz 2 UVPG passt sich besser in die Systematik des neuen UVPG ein und ist daher vorzugswürdig. Im Übrigen wird auf die obige Stellungnahme zu dem Vorschlag Nummer 13 des Bundesrats Bezug genommen."

IV. Beschlussempfehlung und Bericht des Umweltausschusses (BT-Drs. 18/12994, S. 3)

Der **Umweltausschuss** schloss sich in seiner **Beschlussempfehlung** den Vorschlägen 9
der **Gegenäußerung** der **Bundesregierung** an (BT-Drs. 18/12994, S. 3). Die Neufassung des § 18 Absatz 2 in der von der **Bundesregierung** vorgeschlagenen modifizierten Form wurde folgendermaßen begründet (BT-Drs. 18/12994, S. 17):

„Soweit der Vorschlag des Bundesrats darauf gerichtet ist, dass in der Umweltverträglichkeitsprüfung im Flurbereinigungsverfahren auf die Durchführung eines Erörterungstermins verzichtet werden kann, wird das vom Bundesrat Gewollte (Ermessen hinsichtlich des Erörterungstermins) inhaltlich gleichwertig erreicht. Die empfohlene Anpassung des § 18 Absatz 2 UVPG fügt sich besser in die Systematik des neuen UVPG ein und ist daher vorzugswürdig. Der neue § 18 Absatz 2 Satz 2 UVPG greift einen weiteren Vorschlag des Bundesrates (Nummer 13 der BRDrucksache 164/17 – Beschluss) auf und trägt ihm in modifizierter Form Rechnung, wie von der Bundesregierung in ihrer Gegenäußerung vorgeschlagen."

(ausführliche Kommentierung folgt)

§ 19 Unterrichtung der Öffentlichkeit

(1) Bei der Bekanntmachung zu Beginn des Beteiligungsverfahrens unterrichtet die zuständige Behörde die Öffentlichkeit

1. über den Antrag auf Zulassungsentscheidung oder über eine sonstige Handlung des Vorhabenträgers zur Einleitung eines Verfahrens, in dem die Umweltverträglichkeit geprüft wird,

2. über die Feststellung der UVP-Pflicht des Vorhabens nach § 5 sowie, falls erforderlich, über die Durchführung einer grenzüberschreitenden Beteiligung nach den §§ 54 bis 56,

3. über die für das Verfahren und für die Zulassungsentscheidung jeweils zuständigen Behörden, bei denen weitere relevante Informationen erhältlich sind und bei denen Äußerungen oder Fragen eingereicht werden können, sowie über die festgelegten Fristen zur Übermittlung dieser Äußerungen oder Fragen,

4. über die Art einer möglichen Zulassungsentscheidung,

5. darüber, dass ein UVP-Bericht vorgelegt wurde,

6. über die Bezeichnung der das Vorhaben betreffenden entscheidungserheblichen Berichte und Empfehlungen, die der zuständigen Behörde zum Zeitpunkt des Beginns des Beteiligungsverfahrens vorliegen,

7. darüber, wo und in welchem Zeitraum die Unterlagen nach den Nummern 5 und 6 zur Einsicht ausgelegt werden sowie

8. über weitere Einzelheiten des Verfahrens der Beteiligung der Öffentlichkeit.

(2) Im Rahmen des Beteiligungsverfahrens legt die zuständige Behörde zumindest folgende Unterlagen zur Einsicht für die Öffentlichkeit aus:

1. den UVP-Bericht,

2. die das Vorhaben betreffenden entscheidungserheblichen Berichte und Empfehlungen, die der zuständigen Behörde zum Zeitpunkt des Beginns des Beteiligungsverfahrens vorgelegen haben.

In Verfahren nach § 18 Absatz 2 und § 1 der Atomrechtlichen Verfahrensverordnung können die Unterlagen abweichend von § 18 Absatz 1 Satz 4 bei der Genehmigungsbehörde oder bei einer geeigneten Stelle in der Nähe des Standorts des Vorhabens ausgelegt werden.

(3) Weitere Informationen, die für die Zulassungsentscheidung von Bedeutung sein können und die der zuständigen Behörde erst nach Beginn des Beteiligungsverfahrens vorliegen, sind der Öffentlichkeit nach den Bestimmungen des Bundes und der Länder über den Zugang zu Umweltinformationen zugänglich zu machen.

Hinweise auf die Gesetzesmaterialien (ausführliche Kommentierung folgt)

Übersicht

I. Begründung der Bundesregierung (BT Drs. 18/11499, S. 91)

1 In der Gesetzesbegründung des Regierungsentwurfes (BT-Drs. 18/11499, S. 91) heißt es zu § 19 UVPG:

„Absatz 1 regelt den Inhalt der Bekanntmachung und entspricht damit dem bisherigen § 9 Absatz 1a. Hierzu wird auf die Begründung der Bundesregierung im Entwurf eines Gesetzes über die Öffentlichkeitsbeteiligung in Umweltangelegenheiten nach der Richtlinie 2003/35/EG, BT-Drs. 16/2494, S. 22f. Bezug genommen. Neu eingefügt wird die Nummer 6, nach der in der Bekanntmachung auch mitzuteilen ist, welche weiteren für das Vorhaben entscheidungserheblichen Berichte und Empfehlungen betreffend das Vorhaben der Genehmigungsbehörde vorliegen. Damit wird der Regelung in Absatz 2 Nummer 2 sowie den Anforderungen gemäß Artikel 6 Absatz 2 Buchstabe d Nummer vi des Übereinkommens vom 25. Juni 1998 über den Zugang zu Informationen, die Öffentlichkeitsbeteiligung an Entscheidungsverfahren und den Zugang zu Gerichten in Umweltangelegenheiten (Aarhus-Übereinkommen), (BGBl. II 2006, S. 1251) Rechnung getragen. Nach Nummer 7 ist in der Bekanntmachung anzugeben, wo und in welchem Zeitraum die Unterlagen nach Nummer 5 und 6 zur Einsicht ausgelegt werden. Für die Auslegung weiterer Unterlagen gelten die fachrechtlichen Bestimmungen.

Absatz 2 entspricht dem bisherigen § 9 Absatz 1b (vgl. hierzu die o.g. Begründung der Bundesregierung im Entwurf eines Gesetzes zur Umsetzung der Richtlinie des Rates vom 27. Juni 1985 über die Umweltverträglichkeitsprüfung bei bestimmten öffentlichen und privaten Projekten (85/337/EWG), BT-Drs. 11/3919, S. 25).“

II. Beschlussempfehlung und Bericht des Umweltausschusses (BT-Drs. 18/12994, S. 3)

2 § 19 Absatz 2 Satz 2 war im Regierungsentwurf noch nicht vorgesehen, sondern wurde erstmals in der Beschlussempfehlung des Umweltausschusses formuliert. Die Begründung für diese Ergänzung im Bericht des Umweltausschusses lautet (BT-Drs. 18/12994, S. 3):

„Die Änderung greift den Vorschlag des Bundesrates nach Nummer 13 der BR-Drucksache 164/17 – Beschluss auf, soweit dieser darauf gerichtet ist, dass in vorgelagerten Verfahren die Unterlagen nach § 19 Absatz 1 Nummer 1 und 2 nicht in jeder Gemeinde ausgelegt zu werden brauchen, und trägt ihm in modifizierter Form Rechnung, wie von der Bundesregierung in ihrer Gegenäußerung vorgeschlagen. Die Regelung wird aus Klarstellungsgründen auch auf Verfahren nach der Atomrechtlichen Verfahrensverordnung (AtVfV) erstreckt und entspricht insoweit der bestehenden Rechtslage nach § 6 Absatz 1 AtVfV.“

(ausführliche Kommentierung folgt)

§ 20 Zentrale Internetportale; Verordnungsermächtigung

(1) Für die Zugänglichmachung des Inhalts der Bekanntmachung nach § 19 Absatz 1 und der nach § 19 Absatz 2 auszulegenden Unterlagen im Internet richten Bund und Länder zentrale Internetportale ein. Die Zugänglichmachung erfolgt im zentralen Internetportal des Bundes, wenn die Zulassungsbehörde eine Bundesbehörde ist. Für den Aufbau und Betrieb des zentralen Internetportals des Bundes ist das Umweltbundesamt zuständig.

(2) Die zuständige Behörde macht den Inhalt der Bekanntmachung nach § 19 Absatz 1 und die in § 19 Absatz 2 Satz 1 Nummer 1 und 2 genannten Unterlagen über das einschlägige zentrale Internetportal zugänglich. Maßgeblich ist der Inhalt der ausgelegten Unterlagen.

(3) Der Inhalt der zentralen Internetportale kann auch für die Zwecke der Berichterstattung nach § 73 verwendet werden.

(4) Die Bundesregierung wird ermächtigt, durch Rechtsverordnung mit Zustimmung des Bundesrates Folgendes zu regeln:

1. die Art und Weise der Zugänglichmachung nach den Absätzen 1 und 2 sowie

2. die Dauer der Speicherung der Unterlagen.

(5) Alle in das zentrale Internetportal einzustellenden Unterlagen sind elektronisch vorzulegen.

(Kommentierung folgt)

Hinweise auf die Gesetzesmaterialien
(ausführliche Kommentierung folgt)

Übersicht

I. Begründung der Bundesregierung (BT-Drs. 18/11499, S. 59, 91)

1 Zur allgemeinen Ziel- und Zweckrichtung des § 20 finden sich in der Gesetzesbegründung (BT-Drs. 18/11499, S. 59) folgende Angaben:

„Nach § 20 sind die Bekanntmachung des Vorhabens sowie der UVP-Bericht und die zum Zeitpunkt des Beginns der Öffentlichkeitsbeteiligung entscheidungserheblichen Berichte und Empfehlungen, die der zuständigen Behörde zum Zeitpunkt des Beginns des Beteiligungsverfahrens vorgelegen haben, im Internet zu veröffentlichen. Zu diesem Zweck richten Bund und Länder zentrale Internetportale ein. Die Möglichkeit der Bürger, sich über das Vorhaben und seine Umweltauswirkungen zu informieren, wird damit erheblich erleichtert. Zusammen mit der neuen Regelung des § 27 tragen diese Anforderungen erheblich zu einer verbesserten Transparenz der UVP und des Zulassungsverfahrens insgesamt bei."

2 Im Einzelnen heißt es im Regierungsentwurf (BT-Drs. 18/11499, S. 91) zu der Norm:

„Nach Absatz 1 Satz 1 richten Bund und Länder zentrale Internetportale ein, auf denen die Bekanntmachung und die nach § 19 Absatz 2 auszulegenden Unterlagen zugänglich zu machen sind. Über die nach Absatz 1 Satz 1 einzurichtenden zentralen Internetportale der Länder sollen auch die künftig nach dem Baugesetzbuch in das Internet einzustellenden Informationen und Unterlagen zugänglich gemacht werden. Das Baugesetzbuch wird in einem parallelen Rechtsetzungsverfahren geändert. Nach Satz 2 erfolgt die Zugänglichmachung bei Vorhaben, die von einer Behörde des Bundes zugelassen werden, im Zentralportal des Bundes. Ist eine Behörde eines Landes zuständig, erfolgt dementsprechend die Zugänglichmachung im Zentralportal des Landes. Für den Aufbau und Betrieb des zentralen Internetportals des Bundes ist nach Satz 3 das Umweltbundesamt zuständig. Das Umweltbundesamt ist aufgrund seiner Fachkunde im Bereich der Umweltverträglichkeitsprüfung für die Wahrnehmung dieser Aufgabe besonders qualifiziert. Zu berücksichtigen ist dabei auch, dass die in dem UVP-Portal enthaltenen Informationen nach Absatz 3 zugleich zur Vorbereitung der Berichterstattung nach § 73 genutzt werden können (siehe auch die Begründung zu § 73). Die in Satz 3 geregelte Aufgabe ist von der Aufgabe der zuständigen Behörde nach den §§ 18 und 19 zu unterscheiden. Durch seine Zuständigkeit für den Aufbau und Betrieb des zentralen Internetportals werden dem Umweltbundesamt nicht zugleich die Aufgaben einer Anhörungsbehörde nach § 73 Absatz 4 VwVfG oder entsprechenden fachrechtlichen Vorschriften zugewiesen; Einwendungen sind daher nicht bei ihm zu erheben, sondern bei der jeweils zuständigen Zulassungs- oder Anhörungsbehörde.

Absatz 4 ermächtigt die Bundesregierung zum Erlass einer Rechtsverordnung, mit der Näheres über die Zugänglichmachung in den Internetportalen des Bundes und der Länder geregelt werden kann. Hierzu gehört die Art und Weise der Zugänglichmachung und die Dauer der Speicherung."

II. Stellungnahme des Bunderates (BR-Drs. 164/17, S. 16 (Nr. 17))

3 Absatz 5 wurde auf Vorschlag des Bundesrates eingefügt (vgl. BT-Drs. 18/12994, S. 18). Dieser begründet diese Änderung in seiner Stellungnahme (BR-Drs. 164/17, S. 16 (Nr. 17)) wie folgt:

„Der Gesetzentwurf sieht bislang nur vor, dass der Umweltbericht elektronisch vorzulegen ist (§ 16 Absatz 9 UVPG-E).

Nach dem Willen des Gesetzgebers sollen jedoch in das Zentrale Internetportal auch Berichte und Empfehlungen, die der zuständigen Behörde zum Zeitpunkt des Beginns des Beteiligungsverfahrens vorliegen, eingestellt werden (§ 20 Absatz 1 iVm § 19 Absatz 2 Nummer 2 UVPG-E). Daher ist es erforderlich, auch für eine entsprechende elektronische Vorlage dieser Unterlagen zu sorgen."

III. Gegenäußerung der Bundesregierung (BT-Drs. 18/11948, S. 24)

4 Die Bundesregierung stimmte dem Vorschlag des Bundesrats zu.

IV. Beschlussempfehlung und Bericht des Umweltausschusses (BT-Drs. 18/12994, S. 18)

5 Absatz 2 wurde, um Missverständnissen vorzubeugen, nicht in den Formulierungen nach dem Regierungsentwurf übernommen, (welcher noch einen Verweis auf § 27a

VwVfG enthielt, vgl. BT- Drs. 18/11499, S. 22 und 91 f.). Dazu heißt es im Ausschussbericht (BT-Drs. 18/12994, S. 18):

„Satz 1 greift ein Anliegen des Bundesrates (Nummer 15 der BR-Drucksache 164/17 – Beschluss) auf und trägt ihm durch eine Änderung von § 20 Absatz 2 Rechnung, wie von der Bundesregierung in ihrer Gegenäußerung vorgeschlagen. Durch die Streichung des Verweises auf § 27a VwVfG werden mögliche Missverständnisse über den Umfang der in den zentralen UVP-Portalen zu veröffentlichenden Unterlagen vermieden. Die Anwendung von § 27a VwVfG sowie der entsprechenden landesrechtlichen Vorschriften ist ausgeschlossen, soweit die Beteiligung der Öffentlichkeit abschließend im Fachrecht geregelt ist. Für das immissionsschutzrechtliche Genehmigungsverfahren enthält die auf dem Bundes-Immissionsschutzgesetz basierende 9. BImSchV eine abschließende Regelung zur Veröffentlichung von Antragsunterlagen im Internet (vgl. Ramsauer, in: Kopp/Ramsauer, VwVfG, 17. Aufl. 2016, § 27a Rn. 2). Dementsprechend ist auch die im Entwurf einer ersten Verordnung zur Änderung der Verordnung über das Genehmigungsverfahren – 9. BImSchV – vorgesehene Regelung zur Zugänglichmachung von UVP-Unterlagen im zentralen Internetportal abschließend, vgl. BR-Drucksache 268/17, Artikel 1 Nummer 9 Buchstabe a) (§ 8 Absatz 1 Satz 3 9. BImSchV) iVm Nummer 11 Buchstabe b) Doppelbuchstabe bb) (§ 10 Absatz 1 Satz 7 und 8 9. BImSchV). Danach ist nur die Veröffentlichung des Inhalts der Bekanntmachung, des UVP-Berichts und der entscheidungserheblichen Berichte und Empfehlungen im Internetportal erforderlich. Auch nach § 73 BImSchG kann von den abschließenden Regelungen der 9. BImSchV über die Veröffentlichung von Antragsunterlagen im Internet nicht abgewichen werden.

Die ausdrückliche Erwähnung des Inhalts der Bekanntmachung nach § 19 Absatz 1 UVPG und der in § 19 Absatz 2 Nummer 1 und 2 UVPG genannten Unterlagen entspricht dem mit der bisherigen Formulierung Gemeinten (vgl. Begründung BT-Drucksache 18/11499 zu § 20 Absatz 2). Satz 2 ist eine dem § 27a Absatz 1 Satz 3 VwVfG entsprechende Regelung, die nach der oben genannten Streichung des Verweises erforderlich ist."

(ausführliche Kommentierung folgt)

§ 21 Äußerungen und Einwendungen der Öffentlichkeit

(1) **Die betroffene Öffentlichkeit kann sich im Rahmen der Beteiligung schriftlich oder zur Niederschrift bei der zuständigen Behörde äußern.**

(2) **Die Äußerungsfrist endet einen Monat nach Ablauf der Frist für die Auslegung der Unterlagen.**

(3) **Bei Vorhaben, für die Unterlagen in erheblichem Umfang eingereicht worden sind, kann die zuständige Behörde eine längere Äußerungsfrist festlegen. Die Äußerungsfrist darf die nach § 73 Absatz 3a Satz 1 des Verwaltungsverfahrensgesetzes zu setzende Frist nicht überschreiten.**

(4) **Mit Ablauf der Äußerungsfrist sind für das Verfahren über die Zulässigkeit des Vorhabens alle Äußerungen, die nicht auf besonderen privatrechtlichen Titeln beruhen, ausgeschlossen. Hierauf weist die zuständige Behörde in der Bekanntmachung der Auslegung oder bei der Bekanntgabe der Äußerungsfrist hin.**

(5) **Die Äußerungsfrist gilt auch für solche Einwendungen, die sich nicht auf die Umweltauswirkungen des Vorhabens beziehen.**

Hinweise auf die Gesetzesmaterialien (ausführliche Kommentierung folgt)

Begründung der Bundesregierung (BT-Drs. 18/11499, S. 92)

Zu § 21 heißt es in der Gesetzesbegründung (BT-Drs. 18/11499, S. 92): **1**

„Die Vorschrift (Absatze 1 bis 5) entspricht dem § 9 Absatz 1c bis 1e in der Fassung des Gesetzes zur Anpassung des Umwelt-Rechtsbehelfsgesetzes und anderer Vorschriften an europa- und völkerrechtliche Vorgaben (vgl. die Begründung der Bundesregierung zum Entwurf des vorgenannten Gesetzes BT-Drs. 18/9526, S. 47 f.).

Unter „sonstigen Einwendungen" im Sinne des bisherigen § 9 Absatz 1e sind solche Einwendungen zu verstehen, die sich nicht auf die Umweltauswirkungen des Vorhabens beziehen. Dies wird mit der Formulierung in Absatz 5 klar gestellt."

(ausführliche Kommentierung folgt)

§ 22 Erneute Beteiligung der Öffentlichkeit bei Änderungen im Laufe des Verfahrens

(1) Ändert der Vorhabenträger im Laufe des Verfahrens die Unterlagen, die nach § 19 Absatz 2 auszulegen sind, so ist eine erneute Beteiligung der Öffentlichkeit erforderlich. Sie ist jedoch auf die Änderungen zu beschränken. Hierauf weist die zuständige Behörde in der Bekanntmachung hin.

(2) Die zuständige Behörde soll von einer erneuten Beteiligung der Öffentlichkeit absehen, wenn zusätzliche erhebliche oder andere erhebliche Umweltauswirkungen nicht zu besorgen sind. Dies ist insbesondere dann der Fall, wenn solche Umweltauswirkungen durch die vom Vorhabenträger vorgesehenen Vorkehrungen ausgeschlossen werden.

Hinweise auf die Gesetzesmaterialien (ausführliche Kommentierung folgt)

Übersicht

I. Begründung der Bundesregierung (BT-Drs. 18/11499, S. 92):

Im Entwurf der Bundesregierung (BT-Drs. 18/11499, S. 92) wird zu § 22 ausgeführt: 1
„Die Vorschrift regelt, unter welchen Voraussetzungen es einer erneuten Öffentlichkeitsbeteiligung bei Änderungen der Antragsunterlagen bedarf.

Nach Absatz 1 Satz 1 ist im Falle der Änderung von Unterlagen, die nach § 19 Absatz 2 auszulegen sind, die Öffentlichkeit grundsätzlich erneut zu beteiligen. Eine Änderung des Vorhabens ist keine Voraussetzung für die Pflicht zur erneuten Öffentlichkeitsbeteiligung. Ausreichend ist vielmehr, dass die zuvor ausgelegten Unterlagen einen wesentlichen Fehler oder erhebliche Lücken bei Darstellung der Umweltauswirkungen aufweisen und daher in einem wesentlichen Teil ergänzt oder korrigiert werden müssen. Dies ist zB der Fall, wenn eine nach Gegenstand, Systematik und Ermittlungstiefe neue oder über die bisherigen Untersuchungen wesentlich hinausgehende Prüfung der Umweltbetroffenheiten stattfindet, die ihren Niederschlag in einer neuen entscheidungserheblichen Unterlage über die Umweltauswirkungen des Vorhabens findet (BVerwG, Urt. v. 28.4.2016, 9 A 9/15, Juris, Leitsatz 1 und Rn. 32 ff.). Nach Absatz 1 Satz 2 beschränkt sich der Gegenstand der erneuten Öffentlichkeitsbeteiligung auf die vorgesehenen Änderungen. Für die von der Änderung nicht berührten Teile des Vorhabens eröffnet die Vorschrift daher keine erneute Möglichkeit zur Erhebung von Einwendungen.

Nach Absatz 2 kann von einer weiteren Öffentlichkeitsbeteiligung abgesehen werden, wenn aufgrund der Änderung keine zusätzlichen oder anderen erheblichen Umweltauswirkungen zu besorgen sind. Die Regelung entspricht dem bisherigen § 9 Absatz 1 Satz 4 UVPG und § 8 Absatz 2 Satz 3 der 9. BImSchV. Fachrechtliche Regelungen, wonach eine erneute Öffentlichkeitsbeteiligung auch dann erforderlich ist, wenn durch die Änderung nachteilige Auswirkungen auf Dritte zu erwarten sind (vgl. zB § 8 Absatz 2 Satz 1 der 9. BImSchV), bleiben unberührt. Nach Absatz 2 Satz 2 ist eine weitere Öffentlichkeitsbeteiligung insbesondere dann nicht zwingend geboten, wenn der Vorhabenträger Vorkehrungen getroffen oder vorgesehen hat, durch die zusätzliche oder andere erhebliche Umweltauswirkungen ausgeschlossen werden."

II. Beschlussempfehlung und Bericht des Umweltausschusses (BT-Drs. 18/12994, S. 18)

2 Absatz 2 wurde im Laufe des Gesetzgebungsverfahrens zu einer „Soll-Vorschrift" geändert (vgl. BT-Drs. 18/12994), zur Umgestaltung heißt es im Ausschussbericht (BT-Drs. 18/12994, S. 18):

„Die Änderung bringt durch die Ausgestaltung des § 22 Absatz 2 Satz 1 als „Soll-Bestimmung" zum Ausdruck, dass von einer erneuten Beteiligung der Öffentlichkeit regelmäßig abgesehen werden kann, wenn zusätzliche oder andere erhebliche Umweltauswirkungen nicht zu besorgen sind."

(ausführliche Kommentierung folgt)

§ 23 Geheimhaltung und Datenschutz sowie Schutz der Rechte am geistigen Eigentum

(1) **Die Rechtsvorschriften über Geheimhaltung und Datenschutz sowie über die Rechte am geistigen Eigentum bleiben unberührt. Insbesondere sind Urkunden, Akten und elektronische Dokumente geheim zu halten, wenn das Bekanntwerden ihres Inhalts dem Wohl des Bundes oder eines Landes Nachteile bereiten würde oder wenn die Vorgänge nach einem Gesetz oder ihrem Wesen nach geheim gehalten werden müssen.**

(2) **Soweit die nach § 19 Absatz 2 zur Einsicht für die Öffentlichkeit auszulegenden Unterlagen Informationen der in Absatz 1 genannten Art enthalten, kennzeichnet der Vorhabenträger diese Informationen und legt zusätzlich eine Darstellung vor, die den Inhalt der Unterlagen ohne Preisgabe des Geheimnisses beschreibt. Die Inhaltsdarstellung muss so ausführlich sein, dass Dritten die Beurteilung ermöglicht wird, ob und in welchem Umfang sie von den Umweltauswirkungen des Vorhabens betroffen sein können.**

(3) **Geheimhaltungsbedürftige Unterlagen sind bei der Auslegung durch die Inhaltsdarstellung zu ersetzen.**

Hinweise auf die Gesetzesmaterialien (ausführliche Kommentierung folgt)

Übersicht

I. Begründung der Bundesregierung (BT-Drs. 18/11499, S. 92)

Zu § 23 heißt es in der Gesetzesbegründung der Bundesregierung (BT-Drs. 18/11499, S. 92): 1

„Die Vorschrift dient der Umsetzung von Artikel 10 der geänderten UVP-Richtlinie. Auf die Begründung der Bundesregierung im Entwurf eines Gesetzes zur Umsetzung der Richtlinie des Rates vom 27. Juni 1985 über die Umweltverträglichkeitsprüfung bei bestimmten öffentlichen und privaten Projekten (85/337/EWG), BT-Drs. 11/3919, S. 26 wird Bezug genommen.

Mit dem neuen Absatz 1 Satz 2 wird klargestellt, dass insbesondere Urkunden, Akten und elektronische Dokumente geheim zu halten sind, für die § 99 Absatz 1 Satz 2 der Verwaltungsgerichtsordnung eine Geheimhaltung im gerichtlichen Verfahren ermöglicht.

Neu sind die Regelungen in den Absätzen 2 und 3. Sie dienen einerseits dem Schutz von Geschäfts- und Betriebsgeheimnissen sowie sonstiger geheimhaltungsbedürftiger Informationen nach Absatz 1, stellen aber zugleich sicher, dass dem Informationsinteresse der Öffentlichkeit im Rahmen der Öffentlichkeitsbeteiligung im gebotenen Umfang Rechnung getragen wird. Die Regelungen orientieren sich am bisherigen § 3 Absatz 3 Satz 2 und 3 der Atomrechtlichen Verfahrensverordnung. Zum Schutz von geheimhaltungsbedürftigen Angaben im Zulassungsbescheid wird auf § 27 Satz 3 Bezug genommen."

II. Stellungnahme des Bundesrates (BR-Drs. 164/17, S. 17 (Nr. 18))

2 Der Bundesrat unterbreitet in seiner Stellungnahme (BR-Drs. 164/17, S. 17 (Nr. 18)) folgenden Änderungsvorschlag zur Änderung der Überschrift sowie zu Abs. 1 Satz 1:

„a) In der Überschrift sind die Wörter „des Urheberrechts" durch die Wörter „der Rechte am geistigen Eigentum" zu ersetzen.

b) In Absatz 1 Satz 1 sind die Wörter „das Urheberrecht" durch die Wörter „die Rechte am geistigen Eigentum" zu ersetzen.

Begründung:

Die neuen Vorschriften zu Geheimhaltung und Datenschutz regeln in ihrem jeweiligen Absatz 1, dass die Rechtsvorschriften über Geheimhaltung und Datenschutz sowie das Urheberrecht unberührt bleiben. Es ist nicht ersichtlich, warum der Entwurf allein auf das Urheberrecht abstellt und nicht auch sonstige Rechte am geistigen Eigentum berücksichtigt; zB das Leistungsschutzrecht des Lichtbildners an Fotografien kann bei den betreffenden Genehmigungsunterlagen ebenso relevant werden wie das Urheberrecht. Es ist daher zweckmäßig, in der Überschrift sowie im Satz 1 des § 23 Absatz 1 UVPG anstelle des Begriffs des Urheberrechts den weitergehenden Begriff der Rechte am geistigen Eigentum zu verwenden. Diese Formulierung findet sich etwa auch im § 9 Absatz 1 Nummer 2 des Umweltinformationsgesetzes (UIG) des Bundes."

III. Gegenäußerung der Bundesregierung (BT-Drs. 18/11948, S. 24)

Die Bundesregierung hat dem Vorschlag des Bundesrates in ihrer Gegenäußerung zugestimmt (BT Drs. 18/12948, S. 24).

IV. Beschlussempfehlung (BT-Drs. 18/12994, S. 18)

Auch die Beschlussempfehlung des Umweltausschusses hat die Änderungswünsche des Bundesrates berücksichtigt.

(ausführliche Kommentierung folgt)

§ 24 Zusammenfassende Darstellung

(1) **Die zuständige Behörde erarbeitet eine zusammenfassende Darstellung**

1. der Umweltauswirkungen des Vorhabens,

2. der Merkmale des Vorhabens und des Standorts, mit denen erhebliche nachteilige Umweltauswirkungen ausgeschlossen, vermindert oder ausgeglichen werden sollen, und

3. der Maßnahmen, mit denen erhebliche nachteilige Umweltauswirkungen ausgeschlossen, vermindert oder ausgeglichen werden sollen, sowie

4. der Ersatzmaßnahmen bei Eingriffen in Natur und Landschaft.

Die Erarbeitung erfolgt auf der Grundlage des UVP-Berichts, der behördlichen Stellungnahmen nach § 17 Absatz 2 und § 55 Absatz 4 sowie der Äußerungen der betroffenen Öffentlichkeit nach den §§ 21 und 56. Die Ergebnisse eigener Ermittlungen sind einzubeziehen.

(2) **Die zusammenfassende Darstellung soll möglichst innerhalb eines Monats nach dem Abschluss der Erörterung im Beteiligungsverfahren erarbeitet werden.**

Hinweise auf die Gesetzesmaterialien (ausführliche Kommentierung folgt)

Übersicht

I. Begründung der Bundesregierung (BT-Drs. 18/11499, S. 93)

Dem Regierungsentwurf (BT-Drs. 18/11499, S. 93) ist zu § 24 folgendes zu entnehmen: 1

„Die Vorschrift übernimmt einen Teil der Bestimmungen des bisherigen § 11. Hierzu wird auf die Begründung der Bundesregierung im Entwurf eines Gesetzes zur Umsetzung der Richtlinie des Rates vom 27. Juni 1985 über die Umweltverträglichkeitsprüfung bei bestimmten öffentlichen und privaten Projekten (85/337/EWG), BT-Drs. 11/3919, S. 26f. Bezug genommen. Die Änderungen gegenüber der bestehenden Rechtslage dienen der Umsetzung der UVP-Änderungsrichtlinie.

So wird in Absatz 1 gemäß Artikel 5 Absatz 1 Satz 1 der geänderten UVP-Richtlinie der neue Begriff „UVP- Bericht" an Stelle von „Unterlagen" nach § 16 verwendet. Die geänderte Formulierung in Absatz 1 Satz 1 und 2 berücksichtigt ferner, dass die zusammenfassende Darstellung weitere Verfahrensschritte der UVP vorbereitet, für die nach der UVP-Änderungsrichtlinie neue Anforderungen gelten. Vorbereitet wird zB die begründete Schlussfolgerung nach Artikel 1 Absatz 2 Buchstabe g Ziffer iv der geänderten UVP-Richtlinie sowie der Inhalt der Entscheidung nach Artikel 8a Absatz 1 Buchstabe a und Absatz 4 sowie die Veröffentlichung von Informationen nach Artikel 9 Absatz 1

Buchstabe b der geänderten UVP-Richtlinie. Nach Artikel 8a Absatz 1 Buchstabe b der geänderten UVP-Richtlinie sind in die Entscheidung über die Zulässigkeit des Vorhabens unter anderem die Aspekte des Projekts aufzunehmen, mit denen erhebliche nachteilige Auswirkungen auf die Umwelt vermieden, verhindert oder verringert und soweit möglich ausgeglichen werden sollen. Daher sind die entsprechenden Merkmale in die zusammenfassende Darstellung aufzunehmen. Ebenso wie bei § 16 Absatz 1 Satz 1 Nummer 3 und 4 UVPG umfasst die Bezeichnung „ausgeschlossen" sowohl das „Vermeiden" als auch das „Verhindern" erheblicher nachteiliger Umweltauswirkungen im Sinne der UVP-Änderungsrichtlinie. Zusätzlich sind in die zusammenfassende Darstellung nach Satz 1 Nummer 3 auch die etwaigen Maßnahmen aufzunehmen, mit denen erhebliche nachteilige Umweltauswirkungen ausgeschlossen, vermindert oder ausgeglichen werden sollen sowie die etwaigen Ersatzmaßnahmen Eingriffen in Natur und Landschaft."

2 Absatz 2 war im Regierungsentwurf noch als Absatz 3 vorgesehen. Hierzu hieß es in der Gesetzesbegründung:

„Absatz 3 entspricht dem bisherigen § 11 Satz 3. Die Sätze 4 und 5 des bisherigen § 11 werden ersetzt durch die neuen Anforderungen nach § 26 Absatz 1 Nummer 3 Buchstabe b und d."

Hinweis: Ursprünglich war folgender Absatz 2 vorgesehen (der jedoch auf Grund eines Vorschlags des Bundesrates (Gründe: BR-Drs. 164/17, S. 17 (Nummer 19)) **gestrichen** wurde, (vgl. BT-Drs. 18/12994, S. 4 und 18.):

(2) In der zusammenfassenden Darstellung ist jeweils anzugeben, ob die Information aus dem UVP-Bericht, einer behördlichen Stellungnahme oder aus Äußerungen der Öffentlichkeit stammt.

Zu dieser gestrichenen Vorschrift hieß es in der Gesetzesbegründung (BT-Drs. 18/11499, S. 23):

„Nach Artikel 9 Absatz 1 Buchstabe b der geänderten UVP-Richtlinie hat die zuständige Behörde sicherzustellen, dass der Öffentlichkeit unter anderem eine Zusammenfassung der Ergebnisse der Anhörungen, sowie der mit dem UVP-Bericht, der Durchführung der Behördenbeteiligung nach Artikel 8 und gegebenenfalls der grenzüberschreitenden Behörden- und Öffentlichkeitsbeteiligung erhaltenen Informationen zugänglich gemacht wird. Diese Anforderung wird im UVPG dadurch umgesetzt, dass die zusammenfassende Darstellung nach dem neuen § 26 Absatz 1 Nummer 3 Buchstabe b in die Begründung des Bescheids über die Zulässigkeit des Vorhabens aufgenommen wird, der nach § 27 Satz 1 zur Einsicht auszulegen ist. Zur Vorbereitung dieses Schritts ist in der zusammen- fassenden Darstellung gemäß **Absatz 2** jeweils auch anzugeben, ob die Informationen jeweils aus dem UVP-Bericht, einer behördlichen Stellungnahme oder aus Äußerungen der Öffentlichkeit stammen. Eine Individualisierung ist insbesondere bei Äußerungen der Öffentlichkeit nicht erforderlich."

II. Stellungnahme des Bundesrates (BR-Drs. 164/17, S. 18 (Nr. 20))

3 Der Bundesrat schlug in seiner Stellungnahme (BR-Drs. 164/17, S. 18 (Nr. 20)) dem § 24 Absatz 3 (in der Endfassung Abs. 2) folgenden Satz anzufügen:

„Sie kann in der Begründung der Entscheidung über die Zulässigkeit des Vorhabens erfolgen."

Begründung:

§ 24 Absatz 3 UVPG-E sieht eine Frist für die Erarbeitung der zusammenfassenden Darstellung von möglichst einem Monat nach Abschluss der Erörterung im Beteiligungsverfahren vor. Dies war zwar auch bisher schon in § 11 Satz 3 UVPG so geregelt. Allerdings konnte man aus § 11 Satz 4 UVPG folgern, dass die Frist in den Fällen nicht relevant ist, in denen die zusammenfassende Darstellung in der Entscheidung über das Vorhaben erfolgt. In § 26 Absatz 1 Nummer 3 Buchstabe b UVPG-E des vorliegenden Gesetzentwurfs zur Modernisierung des Rechts der Umweltverträglichkeitsprüfung ist nun allgemein geregelt, dass die zusammenfassende Darstellung gemäß § 24 UVPG-E Inhalt der Begründung zu sein hat. Es wird also Bezug auf ein vorhandenes Dokument genommen. Ein solches Verständnis würde in den Fällen, in denen – wie im Freistaat Bayern – Anhörungs- und Planfeststellungsbehörde zusammengefasst sind, dazu führen, dass die zusammenfassende Darstellung gesondert und vorab in kurzer Frist nach Abschluss des Erörterungstermins erstellt werden müsste. Da es sich um einen internen Arbeitsschritt handelt, ist nicht erkennbar, welchen Vorteil das haben könnte.

Daher sollte § 24 Absatz 3 UVPG-E zur Klarstellung um den bisherigen § 11 Satz 4 UVPG ergänzt werden."

III. Gegenäußerung der Bundesregierung (BT-Drs. 18/11948, S. 24)

Die Bundesregierung stimmte in ihrer Gegenäußerung dem Vorschlag des Bundesrates **4**
zu § 24 Abs. 2 zu und äußerte sich zum übrigen Anliegen des Bundesrates wie folgt:

„Die Bundesregierung möchte dem Anliegen des Bundesrats in modifizierter Form Rechnung tragen und schlägt vor, in Artikel 3 Nummer 3 § 24 Absatz 3 UVPG wie folgt zu fassen:

(3) Die zusammenfassende Darstellung soll möglichst innerhalb eines Monats nach dem Abschluss der Erörterung im Beteiligungsverfahren erarbeitet werden."

Mit Änderung wird § 24 Absatz 3 zu einer Soll-Bestimmung. Die Einhaltung der Frist ist insbesondere dann für die zügige Durchführung des Zulassungsverfahrens erforderlich, wenn Anhörungsbehörde und Planfeststellungsbehörde unterschiedliche Behörden sind. Gleichzeitig wird bei Identität von Anhörungs- und Planfeststellungsbehörde ermöglicht, im Genehmigungsverfahren die zusammenfassende Darstellung mit der begründeten Bewertung der Auswirkungen in der Zulassungsentscheidung vorzunehmen."

IV. Beschlussempfehlung und Bericht des Umweltausschusses (BT-Drs. 18/12994, S. 18)

Die Beschlussempfehlung nahm den Vorschlag des Bundesrates auf und führte dazu im **5**
Bericht aus (BT-Drs. 18/12994, S. 18):

„Die Änderung greift einen Vorschlag des Bundesrates auf (Nummer 20 der BR-Drucksache 164/17 – Beschluss). Die Bundesregierung hat in ihrer Gegenäußerung vorgeschlagen, dem Anliegen durch eine Änderung des § 24 Absatz 3 Rechnung zu tragen. Damit wird die Regelung zu einer Soll-Bestimmung. Die Einhaltung der Frist nach Absatz 3 ist insbesondere dann für die zügige Durchführung des Zulassungsverfahrens erforderlich, wenn Anhörungsbehörde und Planfeststellungsbehörde unterschiedliche Behörden sind. Gleichzeitig wird bei Identität von Anhörungs- und Planfeststellungsbehörde ermöglicht, im Genehmigungsverfahren die zusammenfassende Darstellung mit der begründeten Bewertung der Auswirkungen in der Zulassungsentscheidung vorzunehmen."

(ausführliche Kommentierung folgt)

§ 25 Begründete Bewertung der Umweltauswirkungen und Berücksichtigung des Ergebnisses bei der Entscheidung

(1) **Auf der Grundlage der zusammenfassenden Darstellung bewertet die zuständige Behörde die Umweltauswirkungen des Vorhabens im Hinblick auf eine wirksame Umweltvorsorge im Sinne des § 3 nach Maßgabe der geltenden Gesetze. Die Bewertung ist zu begründen.**

(2) **Bei der Entscheidung über die Zulässigkeit des Vorhabens berücksichtigt die zuständige Behörde die begründete Bewertung nach dem in Absatz 1 bestimmten Maßstab.**

(3) **Bei der Entscheidung über die Zulassung des Vorhabens müssen die zusammenfassende Darstellung und die begründete Bewertung nach Einschätzung der zuständigen Behörde hinreichend aktuell sein.**

Hinweise auf die Gesetzesmaterialien (ausführliche Kommentierung folgt)

Begründung der Bundesregierung (BT-Drs. 18/11499, S. 93 f.)

Nach der Gesetzesbegründung (BT-Drs. 18/11499, S. 93 f.) beruht § 25 im Wesentlichen auf § 12 UVPG aF: 1

„Die Vorschrift übernimmt weitgehend die Bestimmungen des bisherigen § 12. Insoweit wird auf die Begründung der Bundesregierung im Entwurf eines Gesetzes zur Umsetzung der Richtlinie des Rates vom 27. Juni 1985 über die Umweltverträglichkeitsprüfung bei bestimmten öffentlichen und privaten Projekten (85/337/EWG), BT-Drs. 11/3919, S. 27 f. Bezug genommen."

Weiter heißt es in der Gesetzesbegründung des Regierungsentwurfes zum Einfluss der UVP-Richtlinie auf § 25: 2

„Die Bewertung der Umweltauswirkungen des Vorhabens ist schon nach den derzeit geltenden Bestimmungen ein wesentliches Element der UVP. Die UVP-Änderungsrichtlinie bezeichnet den mit diesem Begriff umschriebenen Vorgang als „begründete Schlussfolgerung". Nach der Begriffsdefinition des Artikel 1 Absatz 2 Buchstabe g der geänderten UVP-Richtlinie handelt es sich um einen eigenständigen Verfahrensschritt der Umweltverträglichkeitsprüfung. Zugleich wird in Artikel 1 Absatz 2 Buchstabe g Ziffer iv der geänderten UVP-Richtlinie klargestellt, dass bei der begründeten Schlussfolgerung die Ergebnisse der im Rahmen von früheren Verfahrensschritten durchgeführten Prüfungen zu berücksichtigen sind und dass die Behörde gegebenenfalls ergänzende eigene Prüfungen vorzunehmen hat. Da die Wesensmerkmale der Bewertung der Umweltauswirkungen im nationalen Recht nicht neu sind, soll der bisherige Begriff beibehalten werden. Zugleich soll den mit der UVP-Änderungsrichtlinie verbundenen Konkretisierungen Rechnung getragen werden."

Konkret ergibt sich damit nach der Begründung Folgendes für den neuen § 25: 3

„Die Eigenständigkeit dieses Verfahrensschrittes wird nunmehr dadurch betont, dass die Bewertung anders als im geltenden Recht nicht mehr in ein und demselben Satz zusammen mit der Berücksichtigung der Bewertung bei der Zulassungsentscheidung geregelt wird, sondern in einem eigenen Absatz 1. Die Bewertung hat nach Satz 1, wie schon nach geltendem Recht, im Hinblick auf eine wirksame Umweltvorsorge nach Maßgabe der geltenden Gesetze zu erfolgen. Satz 2 stellt zur Umsetzung der Anforderungen nach Artikel 1 Absatz 2 Buchstabe g Ziffer iv, Artikel 5 Absatz 1 Satz 2, Absatz 3 Buchstabe c und Artikel 8a Absatz 1 Buchstabe a der geänderten UVP- Richtlinie klar, dass die Bewertung zu begründen ist.

Nach Absatz 2 ist die begründete Bewertung bei der Entscheidung über die Zulässigkeit des Vorhabens zu berücksichtigen. Artikel 8 der geänderten UVP-Richtlinie verwendet in diesem Zusammenhang die Formulierung „gebührend zu berücksichtigen". Eine inhaltliche Änderung ist damit für das deutsche Recht nicht verbunden, da nach hiesigem Rechtsverständnis mit dem Begriff berücksichtigen schon immer verbunden war, dass die Behörde das Ergebnis der UVP nicht lediglich zur Kenntnis zu nehmen, sondern sich bei der Entscheidungsfindung mit ihm substantiell auseinander zu setzen hat (vgl. Begründung der Bundesregierung im Entwurf eines Gesetzes zur Umsetzung der Richtlinie des Rates vom 27. Juni 1985 über die Umweltverträglichkeitsprüfung bei bestimmten öffentlichen und privaten Projekten (85/337/EWG), BT-Drs. 11/3919, S. 27). Zudem stellt die Regelung klar, dass die Berücksichtigung ebenso wie die Bewertung im Hinblick auf eine wirksame Umweltvorsorge nach Maßgabe der geltenden Gesetze erfolgt. Von Bedeutung sind dabei die fachrechtlichen Zulassungsvoraussetzungen, die – zum Teil auch nur in allgemeiner Form – Vorgaben zum Schutz der in § 2 Absatz 1 genannten Schutzgüter enthalten. Das UVPG enthält keine eigenständigen, von den fachrechtlichen Zulassungsvoraussetzungen unabhängigen materiellrechtlichen Vorgaben für die Entscheidung über die Zulassung des Vorhabens. Fachrechtliche Versagungsgründe werden durch das Wort „berücksichtigen" keineswegs relativiert bzw. zu Abwägungsgesichtspunkten reduziert. Ergibt zB die Bewertung der Umweltauswirkungen nach Absatz 1, dass das Vorhaben zu erheblichen Beeinträchtigungen eines FFH-Gebietes in seinen für die Erhaltungsziele oder den Schutzzweck maßgeblichen Bestandteilen führen kann, ist es nach § 34 Absatz 2 des Bundesnaturschutzgesetzes unzulässig; die „Berücksichtigung" dieses Ergebnisses bedeutet, dass die beantragte Zulassung abgelehnt werden muss, soweit nicht zuvor eine Ausnahmegenehmigung nach § 34 Absatz 3 des Bundesnaturschutzgesetzes erteilt wurde.

Absatz 3 dient der Umsetzung von Artikel 8a Absatz 6 Satz 1 der geänderten UVP-Richtlinie. Danach darf das Vorhaben nur zugelassen werden, wenn die zusammenfassende Darstellung und die begründete Bewertung nach Einschätzung der zuständigen Behörde noch hinreichend aktuell sind. Die zusammenfassende Darstellung und begründete Bewertung sind dann nicht mehr hinreichend aktuell, wenn sich die tatsächlichen oder rechtlichen Umstände zwischenzeitlich so verändert haben, dass diese Unterlagen für die Zulassungsentscheidung keine trag- fähige Entscheidungsgrundlage bieten. Für die in Artikel 8a Absatz 6 Satz 2 der geänderten UVP-Richtlinie vorgesehene Möglichkeit, für die Gültigkeit der begründeten Schlussfolgerung eine feste Frist festzulegen, wird für das deutsche Recht kein Bedarf gesehen. Die Aktualität der begründeten Bewertung ist hier regelmäßig schon dadurch gewährleistet, dass die UVP nach § 4 unselbständiger Teil des Zulassungsverfahrens ist. Auch soweit in der UVP Kredit von früheren Umweltprüfungen genommen wird, wäre eine starre Gültigkeitsfrist wegen der Unterschiedlichkeit der Vorhaben und der Gegebenheiten im Einzelfall nicht sachgerecht."

(ausführliche Kommentierung folgt)

§ 26 Inhalt des Bescheids über die Zulassung oder Ablehnung des Vorhabens

(1) Der Bescheid zur Zulassung des Vorhabens muss zumindest die folgenden Angaben enthalten:

1. die umweltbezogenen Nebenbestimmungen, sofern sie mit der Zulassungsentscheidung verbunden sind,

2. eine Beschreibung der vorgesehenen Überwachungsmaßnahmen nach § 28 oder nach entsprechenden bundes- oder landesrechtlichen Vorschriften sowie

3. eine Begründung, aus der die wesentlichen tatsächlichen und rechtlichen Gründe hervorgehen, die die Behörde zu ihrer Entscheidung bewogen haben; hierzu gehören

a) Angaben über das Verfahren zur Beteiligung der Öffentlichkeit,

b) die zusammenfassende Darstellung gemäß § 24,

c) die begründete Bewertung gemäß § 25 Absatz 1 und

d) eine Erläuterung, wie die begründete Bewertung, insbesondere die Angaben des UVP-Berichts, die behördlichen Stellungnahmen nach § 17 Absatz 2 und § 55 Absatz 4 sowie die Äußerungen der Öffentlichkeit nach den §§ 21 und 56, in der Zulassungsentscheidung berücksichtigt wurden oder wie ihnen anderweitig Rechnung getragen wurde.

(2) Wird das Vorhaben nicht zugelassen, müssen im Bescheid die dafür wesentlichen Gründe erläutert werden.

(3) Im Übrigen richtet sich der Inhalt des Bescheids nach den einschlägigen fachrechtlichen Vorschriften.

Hinweise auf die Gesetzesmaterialien (ausführliche Kommentierung folgt)

Übersicht

I. Begründung der Bundesregierung (BT-Drs. 18/11499, S. 94 ff.)

Die Gesetzesbegründung der Bundesregierung (BT-Drs. 18/11499, S. 94 ff.) zu § 26 beschreibt zunächst den Einfluss der neuen UVP-Richtlinie: 1

„Die Vorschrift dient der Umsetzung von Artikel 8a der geänderten UVP-Richtlinie. Diese Bestimmung enthält als grundlegend neuen Aspekt Regelungen über den Inhalt der Zulassungsentscheidung und konkretisiert damit die schon bisher bestehende Pflicht zur Berücksichtigung der Ergebnisse der UVP nach Artikel 8 der Richtlinie 2011/92/EU. Während frühere Fassungen der UVP-Richtlinie die Ausgestaltung der Zulassungsentscheidung den Mitgliedstaaten überließen, hat der Richtliniengeber hierzu nunmehr einige Vorgaben gemacht. So wird beispielsweise in Artikel 8a Absatz 1 Buchstabe a der geänderten UVP-Richtlinie festgelegt, dass die begründete Schlussfolgerung in die Entscheidung über die Erteilung der Zulassung aufzunehmen ist. Eine entsprechende Integration von Elementen der UVP in die Zulassungsentscheidung ist im deutschen Recht nicht strukturell neu. Zum Beispiel kann schon nach dem bisherigen § 11 Satz 4 die zusammenfassende Darstellung in der Begründung über die Zulässigkeit des Vorhabens erfolgen. Der bisherige § 21 Absatz 1 Nummer 5 der 9. BImSchV sieht vor, dass die zusammenfassende Darstellung und die Bewertung in die Begründung des Genehmigungsbescheides aufzunehmen sind."

2 Weiter heißt es:

„Absatz 1 legt eine Reihe von Mindestangaben fest, die der Bescheid enthalten muss. Dabei handelt es sich um formale Anforderungen an den Bescheid und nicht um materielle Zulassungsvoraussetzungen.

Nach Nummer 1 sind die umweltbezogenen Nebenbestimmungen, die mit der Zulassungsentscheidung verbunden sind, aufzunehmen. Diese Vorschrift dient der Umsetzung von Artikel 8a Absatz 1 Buchstabe b der geänderten UVP-Richtlinie. Zum Begriff der Nebenbestimmungen wird auf § 36 VwVfG Bezug genommen.

Nach Nummer 2 sind die vorgesehenen Überwachungsmaßnahmen nach § 28 oder entsprechenden bundes- oder landesrechtlichen Vorschriften zu beschreiben. Auch diese Regelung dient der Umsetzung von Artikel 8a Absatz 1 Buchstabe b der geänderten UVP-Richtlinie. Soweit ausdrückliche Bestimmungen zur Überwachung bestehen – wie zB im Immissionsschutzrecht – kann hierauf Bezug genommen werden (vgl. Artikel 8a Absatz 4 Unterabsatz 3 der geänderten UVP-Richtlinie). Die Art der zu überwachenden Parameter und die Dauer der Überwachung sollen der Art, dem Standort und dem Umfang des Vorhabens sowie dem Ausmaß seiner Umweltauswirkungen angemessen sein.

Eine Begründung der Entscheidung, wie sie in Nummer 3 vorgeschrieben ist, ist schon nach bisher geltendem Recht erforderlich (vgl. zB § 39 Absatz 1 VwVfG). Nach den Buchstaben a bis d müssen auch Angaben über die Durchführung einzelner Verfahrensschritte der UVP und deren Ergebnis in der Begründung dargestellt wer- den. Dazu gehören Angaben über das Verfahren zur Beteiligung der Öffentlichkeit, die zusammenfassende Darstellung, die begründete Bewertung und die Erläuterung, wie die begründete Bewertung in der Zulassungsentscheidung berücksichtigt wurde oder wie ihnen auf andere Weise Rechnung getragen wurde.

Zu Buchstabe a: Die Anforderung, wonach der Zulassungsbescheid auch Angaben über die Durchführung der Öffentlichkeitsbeteiligung enthalten muss, entspricht, auch soweit das Fachrecht hierzu keine ausdrückliche Regelung enthält (vgl. aber zB § 21 Absatz 1 Nummer 6 der 9. BImSchV sowie § 16 Absatz 1 Satz 1 Nummer 5 in Verbindung mit § 4 AtVfV), der Behördenpraxis in Deutschland. Die Bestimmung soll zugleich sicherstellen, dass mit der Bekanntmachung und Veröffentlichung des Genehmigungsbescheids nach § 27 zugleich die Anforderungen Artikel 9 Absatz 1 Buchstabe b der geänderten UVP-Richtlinie erfüllt werden.

Zu Buchstabe b: Schon nach dem bisherigen § 11 Satz 4 kann die zusammenfassende Darstellung in der Begründung erfolgen. Nach dem bisherigen § 21 Absatz 1 Nummer 5 iVm § 20 Absatz 1a der 9. BImSchV ist die zusammenfassende Darstellung bei UVP-pflichtigen Anlagen sogar zwingend in die Genehmigungsentscheidung aufzunehmen. Mit der nunmehr für alle Vorhaben angeordneten Verpflichtung zur Aufnahme der zusammen- fassenden Darstellung gemäß Absatz 1 Nummer 3 Buchstabe b soll zugleich sichergestellt werden, dass der Zulassungsbescheid eine Beschreibung der Merkmale des Vorhabens und des Standorts und der Maßnahmen enthält, mit denen erhebliche nachteilige Umweltauswirkungen ausgeschlossen, vermindert, ausgeglichen oder ersetzt werden sollen. Damit dient die Bestimmung der Umsetzung von Artikel 8a Absatz 1 Buchstabe b der geänderten UVP-Richtlinie.

Zu Buchstabe c: Der Genehmigungsbescheid für UVP-pflichtige immissionsschutzrechtlich genehmigungsbedürftige Anlagen muss schon bisher nach § 21 Absatz 1 Nummer 5 iVm § 20 Absatz 1b der 9. BImSchV die Bewertung der Auswirkungen des Vorhabens auf die Schutzgüter enthalten. Mit der nunmehr für alle Vorhaben angeordneten Verpflichtung zur Aufnahme der begründeten Bewertung gemäß Absatz 2 Nummer 3 Buchstabe c) wird zugleich die Anforderung nach Artikel 8a Absatz 1 Buchst. a der geänderten UVP-Richtlinie umgesetzt.

Zu Buchstabe d: Der Bescheid muss darüber hinaus eine Erläuterung enthalten, wie die begründete Bewertung in der Zulassungsentscheidung berücksichtigt wurde. Dabei ist insbesondere auf die Angaben des UVP-Berichts, die behördlichen Stellungnahmen und die Äußerungen der Öffentlichkeit einzugehen. Neben einer Berücksichtigung in der Zulassungsentscheidung kommt auch ein „anderweitiges Rechnung tragen" in Betracht. Dies können zB Maßnahmen sein, die im Rahmen grenzüberschreitender Konsultationen mit einem Nachbarstaat oder im Rahmen eines Mediationsverfahrens vereinbart werden. Soweit diese Maßnahmen nicht Gegenstand des Genehmigungsverfahrens sind, ist auf diesen Umstand in der Begründung hinzuweisen.

Die vorgenannten Angaben sind nach Artikel 9 Absatz 1 Buchstabe b Satz 2 der geänderten UVP-Richtlinie der Öffentlichkeit zugänglich zu machen. Da diese Angaben nach **Absatz 2** notwendiger Bestandteil des Genehmigungsbescheides sind, ist sichergestellt, dass mit der Auslegung bzw. Veröffentlichung des Genehmigungsbescheides nach § 27 zugleich die Anforderungen nach Artikel 9 Absatz 1 Buchstabe b der geänderten UVP-Richtlinie erfüllt werden.

Speziell zu Abs. 3 führte der Regierungsentwurf aus: **3**

Absatz 3 stellt klar, dass sich der Inhalt des Bescheids über die Zulässigkeit oder Ablehnung des Vorhabens im Übrigen weiterhin nach den fachrechtlichen Vorschriften richtet. Damit wird insbesondere klargestellt, dass sich die materiellen Maßstäbe für die Entscheidung über die Zulässigkeit des Vorhabens aus den jeweils einschlägigen fachrechtlichen Bestimmungen und nicht aus dem UVPG ergeben."

II. Stellungnahme des Bundesrates (BR-Drs. 164/17, S. 18f. (Nr. 21))

Die Stellungnahme des Bundesrates (BR-Drs. 164/17, S. 18f. (Nr. 21)) enthält einen **4**
Änderungsvorschlag zu § 26 Abs. 1 Nummer 1:

„Die im Gesetzentwurf enthaltene Formulierung von § 26 Absatz 1 Nummer 1 erscheint problematisch und geht über das europäische Recht hinaus. Fraglich ist hier die strikte Formulierung, wonach die Zulassungsentscheidung umweltbezogene Nebenbestimmungen enthalten muss. Dabei wird die – zumindest theoretisch bestehende – Möglichkeit, dass eine Zulassungsentscheidung keine solchen Nebenbestimmungen enthält, außer Acht gelassen. Zwar werden in der Praxis nahezu alle Genehmigungsbescheide solche Nebenbestimmungen enthalten. Vor dem Hintergrund jedoch, dass § 12 Absatz 1 BImSchG nur solche Nebenbestimmungen zulässt, die zur Sicherstellung der in § 6 BImSchG genannten Genehmigungsvoraussetzungen erforderlich sind, ist auch eine restriktivere Handhabung bei der Beifügung von Nebenbestimmungen denkbar. Dies gilt insbesondere dann, wenn der Anlagenbetreiber die erforderlichen umweltrechtlichen Bestimmungen umfänglich von sich aus berücksichtigt hat.

Die Formulierung geht auch über das Unionsrecht hinaus. In Artikel 1 Nummer 9 Buchstabe b der Richtlinie 2014/52/EU ist von etwaigen Umweltauflagen die Rede. D.h., dort wird die Möglichkeit offenbar gesehen, dass eine Zulassungsentscheidung ohne eine solche Nebenbestimmung ergeht. Die Ergänzung „etwaigen" sollte daher übernommen werden."

III. Gegenäußerung der Bundesregierung (BT-Drs. 18/11948, S. 24)

5 Diesem Vorschlag des Bundesrates stimmte die Bundesregierung in ihrer Gegenäußerung in modifizierter Form zu (BT Drs. 18/11948, S. 24 (Zu Nummer 21)):

„Die Bundesregierung stimmt dem Anliegen des Bundesrats in modifizierter Fassung zu. Die Nummer lautet dann wie folgt:

„1. die umweltbezogenen Nebenbestimmungen, sofern sie mit der Zulassungsentscheidung verbunden sind,“

III. Beschlussempfehlung und Bericht des Umweltausschusses (BT-Drs. 18/12994, S. 4, 19)

6 Infolge des Änderungsvorschlags wurde § 26 Abs. 1 Nummer 1 wie folgt geändert (BT-Drs. 18/12994, S. 4, 19):

„§ 26 Absatz 1 Nummer 1 wird wie folgt gefasst:

„1. die umweltbezogenen Nebenbestimmungen, sofern sie mit der Zulassungsentscheidung verbunden sind,“.“

(ausführliche Kommentierung folgt)

§ 27 Bekanntmachung der Entscheidung und Auslegung des Bescheids

Die zuständige Behörde hat in entsprechender Anwendung des § 74 Absatz 5 Satz 2 des Verwaltungsverfahrensgesetzes die Entscheidung zur Zulassung oder Ablehnung des Vorhabens öffentlich bekannt zu machen sowie in entsprechender Anwendung des § 74 Absatz 4 Satz 2 des Verwaltungsverfahrensgesetzes den Bescheid zur Einsicht auszulegen. § 20 gilt hierfür entsprechend. Soweit der Bescheid geheimhaltungsbedürftige Angaben im Sinne von § 23 Absatz 2 enthält, sind die entsprechenden Stellen unkenntlich zu machen.

Hinweise auf die Gesetzesmaterialien (ausführliche Kommentierung folgt)

Begründung der Bundesregierung (BT-Drs. 18/11499, S. 96)

Erläuternd heißt es in der Begründung der Bundesregierung (BT-Drs. 18/11499, S. 96) zu § 27: 1

„Die Vorschrift regelt die Bekanntmachung der Entscheidung zur Zulassung oder Ablehnung des Vorhabens und dient damit der Umsetzung von Artikel 9 Absatz 1 der geänderten UVP-Richtlinie. Formal ist die Bekanntmachung zwar ein eigenständiger Verfahrensschritt. Jedoch besteht ein inhaltlicher Zusammenhang zur Öffentlichkeitsbeteiligung und der Zugänglichmachung des Bescheids: der Öffentlichkeit soll die Möglichkeit eröffnet werden nachzuverfolgen, zu welchen Erkenntnissen die UVP geführt hat und wie diese Erkenntnisse bei der Genehmigungsentscheidung berücksichtigt worden sind. Insbesondere soll die Öffentlichkeit erkennen können, wie mit ihren Äußerungen umgegangen wurde. Hierdurch wird die mit der Bekanntmachung des Vorhabens und der Veröffentlichung von Unterlagen nach § 19 Absatz 2 und § 20 geschaffene Transparenz der Umweltverträglichkeitsprüfung fortgeführt und komplettiert. Darüber hinaus hat die in § 27 geregelte Bekanntmachung auch Bedeutung im Hinblick auf den Rechtsschutz gegen die Zulassungsentscheidung.

Satz 1 entspricht dem bisherigen § 9 Absatz 2. Insoweit wird auf die Begründung der Bundesregierung im Entwurf für ein Gesetz zur Umsetzung der UVP-Änderungsrichtlinie, der IVU-Richtlinie und weiterer EG-Richtlinien zum Umweltschutz, BR-Drucksache 674/00, S. 93 f. Bezug genommen.

Satz 2 ordnet eine entsprechende Anwendung von § 20 an. Danach sind auch die Bekanntmachung der Zulassungsentscheidung sowie der Bescheid auf dem einschlägigen zentralen Internetportal zu veröffentlichen. Auf diese Weise werden zugleich Anforderungen nach Artikel 7 Absatz 1, Absatz 2 Buchstabe f und g der Richtlinie 2003/4/EG des Europäischen Parlaments und des Rates vom 28. Januar 2003 über den Zugang der Öffentlichkeit zu Umweltinformationen und zur Aufhebung der Richtlinie 90/313/EWG des Rates umgesetzt. Mit Satz 3 wird gewährleistet, dass der Schutz von Geschäfts- und Betriebsgeheimnissen nicht nur für die Unterlagen gilt, die Gegenstand der Öffentlichkeitsbeteiligung sind, sondern auch für den Zulassungsbescheid. Damit wird eine Regelung, die schon nach dem bisherigen § 10 Absatz 8a Satz 2 BImSchG für immissionsschutzrechtliche Genehmigungsbescheide gilt, auch auf andere Rechtsbereiche im Anwendungsbereich des UVPG übertragen."

(ausführliche Kommentierung folgt)

§ 28 Überwachung

(1) Soweit bundes- oder landesrechtliche Regelungen keine Überwachungsmaßnahmen vorsehen, ergreift die zuständige Behörde die geeigneten Überwachungsmaßnahmen, um die Einhaltung der umweltbezogenen Bestimmungen des Zulassungsbescheids nach § 26 zu überprüfen. Dies gilt insbesondere für

1. die im Zulassungsbescheid festgelegten Merkmale des Vorhabens und des Standorts sowie

2. die Maßnahmen, mit denen erhebliche nachteilige Umweltauswirkungen ausgeschlossen, vermindert oder ausgeglichen werden sollen, und die Ersatzmaßnahmen bei Eingriffen in Natur und Landschaft.

Die zuständige Behörde kann dem Vorhabenträger Überwachungsmaßnahmen nach den Sätzen 1 und 2 aufgeben.

(2) Soweit bundes- oder landesrechtliche Regelungen keine entsprechenden Überwachungsmaßnahmen vorsehen, ergreift die zuständige Behörde geeignete Maßnahmen zur Überwachung erheblicher nachteiliger Umweltauswirkungen, wenn die Auswirkungen des Vorhabens schwer vorhersehbar oder die Wirksamkeit von Maßnahmen, mit denen erhebliche Umweltauswirkungen ausgeschlossen, vermindert oder ausgeglichen werden sollen, oder die Wirksamkeit von Ersatzmaßnahmen unsicher sind. Die zuständige Behörde kann dem Vorhabenträger Überwachungsmaßnahmen nach Satz 1 aufgeben.

Hinweise auf die Gesetzesmaterialien (ausführliche Kommentierung folgt)

Übersicht

I. Begründung der Bundesregierung (BT-Drs. 18/11499, S. 96)

§ 28 Abs. 1 erfährt im Regierungsentwurf (BT-Drs. 18/11499, S. 96) folgende Begründung: 1

„Die Vorschrift setzt Artikel 8a Absatz 4 der geänderten UVP-Richtlinie um. Soweit nicht bereits durch andere bundes- oder landesrechtlichen Vorschriften vorgesehen, ergreift die zuständige Behörde nach Absatz 1 Satz 1 geeignete Überwachungsmaßnahmen, um die Einhaltung der Bestimmungen des Zulassungsbescheids nach § 26 zu überprüfen. Art und Maß der Überwachungsmaßnahmen ergeben sich in der Regel nicht aus dem UVPG, sondern aus den fachrechtlichen Bestimmungen des Bundes und der Länder. Der nach Satz 1 bestehende Vorrang anderen Bundes- und Landesrechts gilt sowohl im Hinblick auf Vorschriften zur behördlichen Überwachung als auch für die Eigenüberwachung. Beispiele vorrangiger Überwachungsvorschriften sind die §§ 27 bis 29a, 31, 52, 52a, 58a und 53 BImSchG, § 61 WHG, § 43 KrWG, §§ 9, 14, 15 Industriekläranlagen-Zulassungs- und Überwachungsverordnung sowie § 3 Absatz 2, § 17 Absatz 7 und 8 BNatSchG. Doppelgleisigkeiten bei der Überwachung sollen vermieden werden (vgl.

Artikel 8a Absatz 4 Unterabsatz 3 der geänderten UVP-Richtlinie). Zu überwachen ist nach Satz 2 insbesondere die Wirksamkeit bestimmter Eigenschaften des Vorhabens und des Standorts sowie von Maßnahmen, mit denen erhebliche nachteilige Umweltauswirkungen ausgeschlossen, vermindert, ausgeglichen oder ersetzt werden sollen. Merkmale und Maßnahmen, mit denen Umweltauswirkungen ausgeschlossen werden, schließen dabei sowohl die Vermeidung als auch die Verhinderung von Umweltauswirkungen im Sinne der UVP-Änderungsrichtlinie ein.

Absatz 2 trifft eine spezielle Regelung für die Vorhaben, die nach dem Ergebnis der begründeten Bewertung nach § 25 Absatz 1 erhebliche nachteilige Umweltauswirkungen haben können und bei denen gleichwohl die Zulassung erteilt wird. In den Fällen, in denen die Auswirkungen des Vorhabens schwer prognostizierbar sind oder die Wirksamkeit von Maßnahmen im Sinne des Absatz 1 Satz 2 unsicher ist, müssen diese erheblichen nachteiligen Umweltauswirkungen in geeigneter Weise überwacht werden (vgl. Artikel 8a Absatz 4 Unterabsatz 1 letzter Halbsatz der geänderten UVP-Richtlinie sowie Erwägungsgrund 35 der UVP-Änderungsrichtlinie). Nach Satz 2 können einzelne Überwachungsmaßnahmen, soweit angemessen, auch dem Vorhabenträger übertragen werden."

II. Stellungnahme des Bundesrates (BR-Drs. 164/17, S. 19 (Nr. 22)):

2 Absatz 1 Satz 3 wurde erst nachträglich auf Vorschlag des Bundesrates angefügt. Der Bundesrat gab hierzu folgende Begründung (BR-Drs. 164/17, S. 19 (Nr. 22)):

„Die vorgeschlagene Ergänzung in § 28 Absatz 1 UVPG dient der rechtssystematischen Anpassung an § 28 Absatz 2 UVPG, dessen Satz 2 bereits eine entsprechende Regelung im Hinblick auf die dort erfassten Überwachungsmaßnahmen beinhaltet. Es ist kein Grund ersichtlich, der einer Übertragung der Überwachungsmaßnahmen nach § 28 Absatz 1 Satz 1 und 2 UVPG auf den Vorhabenträger entgegensteht. Wie die Begründung richtigerweise ausführt, ergeben sich Art und Maß der Überwachungsmaßnahmen in der Regel ohnehin nicht aus dem UVPG, sondern aus den fachrechtlichen Bestimmungen des Bundes und der Länder, wobei der nach Satz 1 bestehende Vorrang anderen Bundes- und Landesrechts sowohl im Hinblick auf Vorschriften zur behördlichen Überwachung als auch für die Eigenüberwachung gilt. Um allerdings im Hinblick auf die Eigenüberwachung für den Fall keine Regelungslücke entstehen zu lassen, in dem die fachrechtlichen bestehenden Bestimmungen keine solche Regelung vorsehen, ist § 28 Absatz 1 UVPG um den Satz 3 zu ergänzen."

III. Gegenäußerung und Beschlussempfehlung

3 Die Bundesregierung hat dem Vorschlag des Bundesrates zu Abs. 1 Satz 3 in ihrer Gegenäußerung zugestimmt hat (BT-Drs. 18/11948 S. 24) und auch die Beschlussempfehlung des Umweltausschusses (BT-Drs. 18/12994, S. 19) hat den Änderungsvorschlag übernommen.

(ausführliche Kommentierung folgt)

§ 29 Umweltverträglichkeitsprüfung bei Teilzulassungen

(1) **In Verfahren zur Vorbereitung eines Vorbescheids und zur Erteilung einer ersten Teilgenehmigung oder einer sonstigen ersten Teilzulassung hat sich die Umweltverträglichkeitsprüfung vorläufig auf die nach dem jeweiligen Planungsstand erkennbaren Umweltauswirkungen des Gesamtvorhabens zu erstrecken und abschließend auf die Umweltauswirkungen, die Gegenstand der Teilzulassung sind. Dem jeweiligen Umfang der Umweltverträglichkeitsprüfung ist bei der Unterrichtung über den Untersuchungsrahmen und beim UVP-Bericht Rechnung zu tragen.**

(2) **Bei weiteren Teilzulassungen soll die Umweltverträglichkeitsprüfung auf zusätzliche erhebliche oder andere erhebliche Umweltauswirkungen des Vorhabens beschränkt werden. Absatz 1 gilt entsprechend.**

Literatur: *Beckmann,* Umweltverträglichkeitsprüfung in der praktischen Anwendung, ZUR 2014, 541 – 548; *Büddenbender/ Heintschel von Heinegg/Rosin,* Energierecht I, Recht der Energieanlagen 1999; *Ehlers/Pünder,* Allgemeines Verwaltungsrecht, 15. Auflage 2016; *Frenz,* Atomrecht, 1. Auflage 2019; *Hund,* Die Einbeziehung der Öffentlichkeit im Rahmen der Umweltverträglichkeitsprüfung, 1994; *Kment,* Verwirklichung von Infrastrukturprojekten in Abschnitten im Lichte der Rechtsprechung des Bundesverwaltungsgerichts, AöR 142 (2017), 247–275; *Külpmann,* Teilung und Zusammenfassung von planfeststellungsbedürftigen Projekten, DVBl 2018, 974–980; *Fehling/Kastner/Störmer,* Verwaltungsrecht, Handkommentar, 4. Auflage 2016; *Gassner,* Gesetz über die Umweltverträglichkeitsprüfung, Kommentar, 1. Auflage 2006; *Giesberts/Reinhardt,* BeckOK UmweltR, 54. Edition, Stand: 1.4.2020; *Große-Suchsdorf,* Niedersächsische Bauordnung, Kommentar, 10. Auflage 2020; *Hoppe/Beckmann/Kment,* Gesetz über die Umweltverträglichkeitsprüfung/Umweltrechtsbehelfsgesetz, Kommentar 5. Auflage 2018; *Jarass,* BImSchG, Kommentar, 12. Auflage 2017; *Mann/Sennekamp/Uechtritz,* Verwaltungsverfahrensgesetz, 2. Auflage 2019; *Maurer/Waldhoff,* Allgemeines Verwaltungsrecht, 19. Auflage 2017; *Peters/Balla/Hesselbarth,* Gesetz über die Umweltverträglichkeitsprüfung, Handkommentar, 4. Auflage 2018; *Schink/Reidt/Mitschang,* Umweltverträglichkeitsprüfungsgesetz/Umwelt-Rechtsbehelfsgesetz, Kommentar, 2018; *Seibert,* Verbandsklagen im Umweltrecht, NVwZ 2013, 1040–1049; *Sieder/Zeitler/Dahme/Knopp,* WHG AbwAG, Stand: 53. EL August 2019; *Storm/Bunge,* Handbuch der Umweltverträglichkeitsprüfung, Loseblatt, Stand Mai 2020; *Weber/Hellmann,* NJW 1990, Das Gesetz über die Umweltverträglichkeitsprüfung (UVP-Gesetz), 1625–1633.

Übersicht

I. Allgemeines

1 **1. Bedeutung der Vorschrift und Überblick.** Der deutsche Gesetzgeber hat die Umweltverträglichkeitsprüfung nicht als eigenständiges Verfahren, sondern als Teil des jeweiligen Zulassungsverfahrens ausgestaltet (→ § 4, sogenanntes Huckepack-Verfahren). In der Praxis sind der Umsetzung der nach den §§ 6 ff. auf ihre Umweltauswirkungen hin zu prüfenden Vorhaben jedoch regelmäßig **mehrere behördliche Entscheidungen** vorgeschaltet. Zwangsläufig erfordert eine solche Aufspaltung auch die Zuordnung der Pflichten nach den §§ 15 ff. zu den jeweiligen Verwaltungsverfahren und ggf. deren Modifikation.

2 § 29 hat in diesem Zusammenhang die Aufgabe, den **Umfang der Umweltverträglichkeitsprüfungen** im Rahmen von Teilzulassungsverfahren zu regeln. Gemeint sind damit Verfahren, die bereits vor Zulassung des Gesamtvorhabens mit Gestattungswirkung gewisse Abschnitte oder Stufen eines Vorhabens erlauben oder zumindest mit feststellender Wirkung bestimmte Genehmigungsvoraussetzungen für ein Vorhaben vorab verbindlich klären (*Bunge* in Storm/Bunge HdUVP § 13 UVPG aF Rn. 2). Als entsprechende Teilzulassungsverfahren nennt § 29 Abs. 1 S. 1 beispielhaft Verfahren zur Vorbereitung eines Vorbescheids und zur Erteilung einer Teilgenehmigung. § 29 baut hierbei auf § 2 Abs. 6 Nr. 1 auf, der festhält, dass sich die Pflicht zur Durchführung einer Umweltverträglichkeitsprüfung iSd § 6 ff. auch auf Zulassungsentscheidungen in Form „des Vorbescheids, der Teilgenehmigung und anderer Teilzulassungen, mit Ausnahme von Anzeigeverfahren," erstreckt (BT-Drs. 18/11499, 97).

3 Strukturell ist zwischen der in Abs. 1 angesprochenen **ersten Teilzulassung** – bei der die Umweltauswirkungen für den Gegenstand der ersten Teilzulassung abschließend und für das Gesamtvorhaben vorläufig zu beurteilen sind – und **weiteren Teilzulassungen** nach Abs. 2 – bei denen sich die Umweltverträglichkeitsprüfung auf zusätzliche erhebliche oder andere erhebliche Umweltauswirkungen des Vorhabens beschränkt – zu unterscheiden (BT-Drs. 18/11499, 97). § 29 Abs. 2 S. 1 dient, wie bereits die Vorläuferregelung (→ auch Rn. 5), „der Vermeidung von Doppelprüfungen" (s. schon BT-Drs. 11/5532, 38). Gleichzeitig verbleibt der Behörde durch die Ausgestaltung als Soll-Regelung die Möglichkeit, auf besonders gelagerte Fälle angemessen zu reagieren (BT-Drs. 11/5532, 38, s. zur Entwicklungsgeschichte auch *Schieferdecker* in Hoppe/Beckmann/Kment, Kommentar § 29 Rn. 11 f.; *Gassner* Kommentar § 13 UVPG aF Rn. 1; → auch Rn. 50).

4 Vereinfacht und verkürzt verlangt § 29, die von dem Vorhaben ausgehenden Umweltbeeinträchtigungen auch im Rahmen von Teilzulassungen möglichst frühzeitig zu ermitteln. Die Vorschrift ist damit Ausdruck des sogenannten **Grundsatzes der Frühzeitigkeit** (BT-Drs. 11/3919, 28). Zudem finden die unionsrechtlichen Vorgaben für nach Art. 4 der Richtlinie 2011/92/EU auf ihre Umweltauswirkungen hin zu prüfenden Vorhaben (→ §§ 6 ff.) auch bei Teilzulassungen Anwendung, weil derartige gestufte Zulassungsentscheidungen Bindungswirkung entfalten, die einer Vertagung der Prüfung auf eine spätere Gesamtprüfung bei der finalen Zulassung des Vorhabens entgegensteht (s. schon zur Vorläuferregelung BT-Drs. 11/3919, 28; *Bunge* in Storm/Bunge HdUVP § 13 UVPG aF Rn. 5). § 29 schafft daher die nötige Klarheit, ob und wie die Umweltverträglichkeitsprüfung bei gestuften Zulassungsverfahren durchzuführen ist (*Schieferdecker* in Hoppe/Beckmann/Kment, Kommentar § 29 Rn. 3). Die in § 29 vorgesehenen abgeschichteten Prüfungen haben zudem den Vorteil, dass der Vorhabenträger nicht erst im Rahmen der abschließenden Genehmigung des Vorhabens erstmals mit den Umweltauswirkungen seines Vorhabens konfrontiert wird und seine Entscheidungen rechtzeitig an den entsprechenden Erkenntnissen ausrichten kann.

2. Rechtsentwicklung. § 29 wurde – wie der gesamte Teil 2 des UVPG aktueller Fassung – durch Art. 1 des Gesetzes zur Modernisierung des Rechts der Umweltverträglichkeitsprüfung vom 20.7.2017 (BGBl. I 2808) geschaffen. Er trat gem. Art. 4 des Gesetzes vom 20.7.2017 am 29.7.2017 in Kraft (die Vorgängerfassung des UVPG wird im Rahmen dieser Kommentierung als UVPG aF bezeichnet). Die Regelung in § 29 geht auf **§ 13 UVPG aF** zurück, der – von kleineren redaktionellen Änderungen abgesehen – weitgehend als § 29 in die aktuelle Gesetzesfassung übernommen wurde. **5**

§ 29 enthält jedoch keine dem bisherigen § 13 Abs. 1 S. 1 UVPG aF. entsprechende Regelung. Dies erklärt sich mit Blick auf die Begriffsdefinition in § 2 Abs. 3 Nr. 1 UVPG aF, die sich zu Teilzulassungen nicht ausdrücklich verhielt. In § 13 Abs. 1 S. 1 UVPG aF wurde daher klargestellt, dass auch Teilzulassungen erst nach Durchführung einer Umweltverträglichkeitsprüfung erteilt werden dürfen (BT-Drs. 11/3919, 28; *Bunge* in: Storm/Bunge HdUVP § 13 UVPG aF Rn. 5). Da sich die Pflicht zur Durchführung einer vorgeschalteten Umweltverträglichkeitsprüfung im Fall von Teilzulassungen infolge der neu gefassten **Definition in § 2 Abs. 6 Nr. 1** nunmehr bereits eindeutig aus den §§ 6ff. ergibt, war eine § 13 Abs. 1 S. 1 UVPG aF entsprechende Regelung bei der Schaffung von § 29 entbehrlich geworden (BT-Drs. 18/11499, 97). **6**

Im Rahmen der Entstehung des § 13 UVPG aF war zunächst vorgesehen, eine Beschränkung der Umweltverträglichkeitsprüfung nach § 13 Abs. 2 UVPG aF bei weiteren Teilzulassungen in das Ermessen der Behörde zu stellen (BT-Drs. 11/3919, 28). Erst im Laufe des Gesetzgebungsverfahrens wurde die Vorschrift schließlich als **Soll-Vorschrift** ausgestaltet (vgl. BT-Drs. 11/5532, 11). Eine Verschärfung, die in § 29 Abs. 2 S. 1 übernommen wurde. **7**

3. Abgrenzung zu anderen Vorschriften. Über die in § 29 angesprochenen Teilzulassungen hinaus werden vor Umsetzung von nach den §§ 6ff. auf ihre Umweltauswirkungen hin zu prüfenden Vorhaben regelmäßig auch andere oder weitere behördliche Entscheidungen getroffen, so dass der Anwendungsbereich des § 29 von anderen Vorschriften abzugrenzen ist. **8**

Von der in § 29 angesprochenen Situation der Durchführung gestufter Zulassungsentscheidungen ist der Fall zu unterscheiden, dass ein Vorhaben der Zulassung durch mehrere Behörden bedarf. Derartige **parallele Zulassungsverfahren** regelt die Sonderregelung in § 31 (vgl. schon zur Vorläuferregelung in § 13 UVPG aF insoweit *Bunge* in Storm/Bunge HdUVP § 13 UVPG aF Rn. 2). **9**

§ 29 gilt zudem nicht für solche Verfahren, die dem eigentlichen Zulassungsverfahren vorgelagert sind (allgemein *Hund* Die Einbeziehung der Öffentlichkeit im Rahmen der Umweltverträglichkeitsprüfung S. 116). Dies trifft vor allem auf die **Planungsebene** zu. Der Gesetzgeber hat daher in den §§ 33ff. sowie den §§ 48, 50 und 52f. eigene Regeln zur Durchführung einer sogenannten Strategischen Umweltprüfung bei umweltbedeutsamen Planungsverfahren geschaffen, die auch die Verknüpfung zwischen Planungs- und Zulassungsebene leisten. Die Strategische Umweltprüfung „ist unselbständiger Teil behördlicher Verfahren zur Aufstellung oder Änderung von Plänen und Programmen" (→ § 33), in dessen Rahmen „die voraussichtlichen erheblichen Umweltauswirkungen der Durchführung des Plans oder Programms sowie vernünftiger Alternativen ermittelt, beschrieben und bewertet" werden (vgl. § 41 Abs. 1 S. 2). Die Strategische Umweltprüfung setzt im Gegensatz zu § 29 also nicht (erst) bei der eigentlichen Zulassung umwelterheblicher Vorhaben an, sondern bereits auf einer vorgelagerten Planungsebene. Vergleichbar der Regelungsintention des § 29 Abs. 2 stellt sich dennoch auch in Bezug auf derartige vorgeschaltete Verfahren die Frage, ob die Vorbefassung im Rahmen des Planungsverfahrens zu einer Begrenzung des Prüfungsumfangs der Umweltverträglichkeitsprüfung in einem **10** späteren Zulassungsverfahren führt. Auf die hierzu in den § 49 Abs. 2; § 50 Abs. 3 und § 47 Abs. 3 verorteten Regelungen und deren Kommentierung wird verwiesen.

11 Für **bergrechtliche Verfahren** gilt § 29 gem. § 51 S. 2 nur, soweit das BBergG dies anordnet. Der Anschein, dass § 57b Abs. 2 BBergG eine solche Regelung enthält, bestätigt sich mit Blick auf die Detailregelungen in § 57b Abs. 2 Nr. 1–3 BBergG zum Prüfungsumfang und der verfahrensrechtlichen Handhabung der Umweltverträglichkeitsprüfung bei Vorbescheiden und Teilgenehmigungen nicht. Die Detailregelungen in § 57b Abs. 2 BBergG verdrängen als speziellere Regelungen insgesamt § 29 (*Peters/Balla/Hesselbarth,* Handkommentar, § 29 Rn. 2).

12 Sonderregelungen enthalten außerdem die **§§ 22, 23 der 9. BImSchV,** die gem. § 1 Abs. 2 Nr. 1 lit. c) und Nr. 2 auch das Verfahren zur Erteilung von Teilgenehmigungen und Vorbescheiden regelt (*Peters/Balla/Hesselbarth,* Handkommentar, § 29 Rn. 2 und 8; zur Vorläuferregelung schon *Bunge* in Storm/Bunge HdUVP § 13 UVPG aF Rn. 11). § 22 Abs. 3 der 9. BImSchV wiederholt hinsichtlich Verfahren auf Erteilung einer Teilgenehmigung den Prüfungsstandard des § 29 und arbeitet ihn in die immissionsschutzrechtlichen Verfahrensschritte ein. § 22 Abs. 3 der 9. BImSchV gilt gem. § 23 Abs. 4 der 9. BImSchV für das Vorbescheidsverfahren entsprechend. Für das Verfahren auf Erteilung eines Vorbescheids sind in Bezug auf die Umweltverträglichkeitsprüfung zudem § 23 Abs. 2 S. 1 Nr. 5 und S. 2 der 9. BImSchV zu beachten.

13 Besondere Regelungen finden sich auch in **§ 7a AtG und § 18 Abs. 3 sowie § 19 Abs. 5 AtVfV,** die mit den Vorschriften in den §§ 22, 23 der 9. BImSchV vergleichbar sind (hierzu *Peters/Balla/Hesselbarth* Handkommentar § 29 Rn. 9; zur Vorläuferregelung schon *Bunge* in Storm/Bunge HdUVP § 13 UVPG aF Rn. 11; näher auch *Leidinger* in Frenz Atomrecht § 7 AtG 65 f.). Zu Einzelheiten sei auf die Ausführungen zu den Parallelvorschriften in den §§ 22, 23 der 9. BImSchV verwiesen (→ Rn. 12).

14 Insgesamt fordern auch die vorgenannten Vorschriften der 9. BImSchV und der AtVfV vor der Erteilung einer ersten Teilzulassung eine abschließende Prüfung der Umweltauswirkungen in Bezug auf den Gegenstand der Teilgenehmigung bzw. des Vorbescheids und eine vorläufige Prüfung der Genehmigungsvoraussetzungen der gesamten Anlage ein. Für anschließende weitere Teilzulassungsverfahren sehen die vorgenannten Vorschriften der 9. BImSchV und der AtVfV eine Pflicht zur Prüfung zusätzlicher und anderer erheblicher Umweltauswirkungen vor (vgl. näher → 9. BImSchV § 22 Rn. 5 ff.; *Leidinger* in Frenz Atomrecht § 7 AtG 65 f.), so dass der in § 29 umgesetzte **unionsrechtliche Standard** (→ Rn. 16 ff.) insgesamt auch durch die Vorschriften der 9. BImSchV und der AtVfV **gewahrt** ist.

15 Die Dopplung der Regelungen in der AtVfV bzw. der 9. BImSchV einerseits und § 29 andererseits überzeugt nicht. Ausweislich der übertragbaren Ausführungen der Gesetzesbegründung zur Vorläuferregelung in § 13 UVPG aF ist § 29 gerade dazu gedacht, die Umweltverträglichkeitsprüfung im Rahmen von Vorbescheids- und Teilgenehmigungsverfahren nach § 7a AtG sowie den § 18 und § 19 AtVfV und den §§ 8 und 9 BImSchG sowie den §§ 22, 23 der 9. BImSchV unionsrechtskonform auszugestalten (s. schon BT-Drs. 11/3919, 28 zur Vorläuferregelung in § 13 UVPG aF). Vor diesem Hintergrund können die Sonderregelungen daher auch nicht so verstanden werden, dass die betroffenen Vorhaben vom Anwendungsbereich des § 29 ausgenommen sind. Vielmehr **ergänzen** die Vorschriften der 9. BImSchV und der AtVfV insoweit die **Regelungen in § 29** nur (vgl. allgemein zum Verhältnis zwischen der 9. BImSchV und den Vorgaben des BImSchG → 9. BImSchV § 1 Rn. 3).

16 **4. EU-Recht.** § 29 dient, wie schon die Vorläuferregelung in § 13 UVPG aF, der Umsetzung der sogenannten UVP-Richtlinie, die im Jahr 2011 als Richtlinie

2011/92/EU neu gefasst und durch die Richtlinie 2014/52/EU nochmals erheblich geändert wurde. Da die Richtlinie 2011/92/EU den Mitgliedsstaaten in Art. 2 Abs. 2 die Wahl überlassen hat, ob diese zum Huckepack-Verfahren oder für ein gesondertes Verwaltungsverfahren votieren, enthält sie auch keine besonderen Regelungen zur Prüfung der Umweltbelange bei Teilzulassungen. Vielmehr kennt das Unionsrecht Teilzulassungen und namentlich Vorbescheide und Teilgenehmigungen als **Spezifika des deutschen Verwaltungsverwaltungsrechts** nicht. Die Richtlinienvorgaben sind stattdessen von einheitlichen Zulassungsverfahren aus gedacht (*Seibert* NVwZ 2013, 1040 (1043)).

Erforderlich ist daher eine Auslegung der unionsrechtlichen Vorgaben, ob und wie eine mögliche Beeinträchtigung entsprechender Umweltbelange bei Teilzulassungen zu prüfen ist. Anhaltspunkte enthält Erwägungsgrund 2 der Richtlinie 2011/92/EU, der an die in Art. 191 AEUV verbrieften Vorsorge- und Vorbeugegrundsätze anknüpft und das Ziel formuliert, dass „bei allen technischen Planungs- und Entscheidungsprozessen (…) die Auswirkungen auf die Umwelt so früh wie möglich berücksichtigt werden" sollen. Der in Art. 2 Abs. 1 der Richtlinie 2011/92/EU angelegten Pflicht, gewisse Vorhaben vor Erteilung der Genehmigung einer Umweltverträglichkeitsprüfung zu unterziehen, ist daher nicht erst im Rahmen einer abschließenden Entscheidung über das jeweilige Gesamtvorhaben nachzukommen. Vielmehr ist **so früh wie möglich** zu prüfen, welche Folgen für die in Art. 3 der Richtlinie 2011/92/EU genannten Faktoren hervorgerufen werden (sogenannter Grundsatz der Frühzeitigkeit, BT-Drs. 11/3919, 28; vgl. auch schon *EuGH,* NVwZ 2004, 593, 596 – Rn. 51 ff. zu Erwägungsgrund 1 der Vorgängerrichtlinie 85/337/EWG). **17**

Art. 1 Abs. 2 lit. c) der Richtlinie 2011/92/EU definiert den Begriff Genehmigung als „Entscheidung der zuständigen Behörde oder der zuständigen Behörden, aufgrund deren der Projektträger das Recht zur Durchführung des Projekts erhält". Der EuGH hat diesen **„weiten Genehmigungsbegriff"** der Richtlinie 2011/92/EU (*von Landwüst* in Schink/Reidt/Mitschang, Umweltverträglichkeitsprüfungsgesetz/Umwelt-Rechtsbehelfsgesetz § 29 Rn. 4) hinsichtlich Teilzulassungen dahingehend präzisiert, dass ein Projekt im Sinne des Art. 1 Abs. 2 lit. a) der Richtlinie 2011/92/EU auch dann in seiner „Gesamtheit" vor Erteilung der Genehmigung auf seine Umweltverträglichkeit hin zu prüfen sei, wenn sich die Genehmigung auf mehrere Teilentscheidungen verteilt (*EuGH,* NVwZ 2004, 593, 596 Rn. 47). Der EuGH ist sich hierbei des logischen Problems, dass eine Umweltverträglichkeitsprüfung vor Erteilung der Gesamtgenehmigung bei Teilzulassungen an sich chronologisch nicht möglich ist, durchaus bewusst. Er hat diese Schwierigkeit daher dahingehend gelöst, dass bei mehrstufigen Genehmigungsverfahren zwischen der sogenannten **Grundsatzentscheidung** und der hierauf aufbauenden **Durchführungsentscheidung** zu unterscheiden sei (*EuGH,* NVwZ 2004, 593, 596 Rn. 52; s. auch den Wortlaut von Art. 1 Abs. 2 lit. c) der Richtlinie 2011/92/EU, der von der „Durchführung" des Projekts spricht). **18**

In späteren Entscheidungen hat der Gerichtshof Vorbescheide als Grundsatzentscheidungen eingeordnet, wenn nach dem jeweiligen nationalen Recht mit der Realisierung des Projekts erst nach Klärung weiterer, einer Folgeentscheidung vorbehaltenen, Fragen begonnen werden darf. Dies folge daraus, dass es vor dieser Durchführungsentscheidung an einer vollständigen Genehmigung für das Projekt fehle (*EuGH,* NVwZ 2006, 803, 805 – Rn. 101; s. a. EuGH NVwZ 2006, 806, 807 – Rn. 45). Diese Systematik ist auf mehrstufige Genehmigungsverfahren nach deutschem Recht übertragbar (*Schieferdecker* in Hoppe/Beckmann/Kment, Kommentar § 29 Rn. 9). Die in § 29 angesprochenen **Vorbescheide und Teilgenehmigungen** sind daher als Grundsatzentscheidungen in diesem Sinne einzuordnen (*Schieferdecker* in Hoppe/Beckmann/Kment, Kommentar § 29 Rn. 9). **19**

20 Nach den Vorstellungen des EuGH sind bereits im Rahmen der Erteilung der Grundsatzentscheidung „die Auswirkungen, die das Projekt möglicherweise auf die Umwelt hat, im Verfahren zum Erlass der Grundsatzentscheidung zu ermitteln und zu prüfen. Nur dann, wenn diese Auswirkungen erst im Verfahren zum Erlass der Durchführungsentscheidung ermittelt werden können, ist die Prüfung in diesem Verfahren durchzuführen“ (so grundlegend *EuGH,* Urt. v. 7.1.2004 – C-201/02, 593, 596 – Rn. 52; bestätigt durch *EuGH,* NVwZ 2006, 806, 804 – Rn. 104; NVwZ 2006, 806, 807 – Rn. 47). In diesem Zusammenhang hat der EuGH betont, dass der Mitgliedstaat auch nach Erlass der Grundsatzentscheidung bei Erteilung der Durchführungsgenehmigung zu einer **„umfassenden“ Prüfung der Umweltbelange** verpflichtet bleibt. Die Prüfung erstreckt sich auf alle Gesichtspunkte, „die noch nicht geprüft worden sind bzw. die eine erneute Prüfung erfordern“ (EuGH, NVwZ 2006, 806, 807 – Rn. 48).

21 Die durch den EuGH gefundene Struktur findet sich in § 29 wieder (*Schieferdecker* in Hoppe/Beckmann/Kment, Kommentar § 29 Rn. 10). Abs. 1 betrifft die Grundsatzentscheidung und verpflichtet in **Übereinstimmung mit den Anforderungen des EuG**H in diesem Stadium erkennbare Auswirkungen zu ermitteln und zu prüfen. Der Umfang der Prüfung der Umweltbelange im Rahmen der abschließenden Durchführungsentscheidung wurde in Abs. 2 ausgestaltet. Auch das in § 29 Abs. 2 vorgegebene Niveau stimmt mit den Vorgaben des EuGH überein. Insbesondere besteht eine Pflicht zur Prüfung zusätzlicher und anderer erheblicher Umweltauswirkungen, so dass sich die Untersuchung auch auf erneut zu prüfende Auswirkungen und noch nicht geprüfte Gesichtspunkte erstreckt (näher → Rn. 51 f.). Festzuhalten ist aber auch, dass die in Abs. 2 betonte **„Beschränkung“ des Prüfungsumfangs** mit Blick auf die strengen Vorgaben des EuGH **kein selbstständiger Gesichtspunkt** ist. In tatsächlicher Hinsicht bleibt es also in Zweifelsfällen bei der Pflicht zu einer umfassenden Prüfung. Doppelte Prüfungen sind dagegen auch nach den unionsrechtlichen Vorgaben entbehrlich.

II. Anwendungsbereich der Vorschrift

22 § 29 betrifft Teilzulassungen, bei denen gem. den §§ 5 ff. die Pflicht zur Durchführung einer Umweltverträglichkeitsprüfung besteht. Teilzulassungen sind gestufte Zulassungsverfahren (→ Rn. 27 ff.). Offenkundig nicht vom Anwendungsbereich des § 29 umfasst sind dagegen **Vollgenehmigungen,** bei denen sich die Verfahrensschritte einer Umweltverträglichkeitsprüfung uneingeschränkt nach den allgemeinen Vorgaben der §§ 15 ff. richten.

23 **Planfeststellungsverfahren** sind auf eine einheitliche Entscheidung über das Vorhaben gerichtet. Andernfalls kann das sogenannte Gebot der umfassenden Konfliktbewältigung nicht erreicht werden (*Lieber* in Mann/Sennekamp/Uechtritz Verwaltungsverfahrensgesetz Kommentar § 74 Rn. 273). Wegen dieser einheitlichen und konzentrierten Natur ist für Teilzulassungen und damit auch die Anwendung von § 29 im Rahmen von Planfeststellungsverfahren in der Regel kein Raum (*Schieferdecker* in Hoppe/Beckmann/Kment, Kommentar § 29 Rn. 15; zur Vorgängervorschrift schon *Bunge* in Storm/Bunge HdUVP § 13 UVPG aF Rn. 53).

24 Dies gilt letztlich auch dann, wenn sich die Planfeststellung als Vollzulassung nur auf einen räumlichen **Teilabschnitt** bezieht, ohne dass hiermit zugleich eine verbindliche Vorentscheidung für Folgeabschnitte getroffen wird (*Schieferdecker* in Hoppe/Beckmann/Kment Kommentar § 29 Rn. 15; *Külpmann* DVBl. 2018, 974 (979); Kment, AöR 142 (2017), 247 (271); aA zur Vorläuferregelung in § 13 UVPG aF *Gassner* Kommentar § 13 UVPG aF Rn. 11 f.; unklar *Peters/Balla/Hesselbarth* Handkommentar § 29

Rn. 4). Geläufig ist die Annahme von Vollgenehmigungen für einzelne Trassenabschnitte von Energieleitungen (BVerwG NVwZ 2017, 708, 711 – Rn. 26; NVwZ 2018, 264, 266 – Rn. 31) und Fernstraßen (BVerwG NVwZ 2014, 1008, 1010 – Rn. 18; NVwZ 2016, 1710, 1716 – Rn. 43; *Kment* AöR 142 (2017), 247 (251ff.)).

Zwar fordert das BVerwG auch für solche abschnittsbezogene Vorhabenvollzulassungen „eine **Vorausschau auf die Folgeabschnitte,** die nach Art eines vorläufig positiven Gesamturteils im Hinblick auf die Umweltauswirkungen eine Verknüpfung der Abschnitte gewährleistet. Die Prognose muss ergeben, dass dem Vorhaben auch im weiteren Verlauf keine von vornherein unüberwindbaren Hindernisse entgegenstehen" (für Fernstraßen BVerwG NVwZ 2016, 1710, 1716 – Rn. 43; *Kment,* AöR 142 (2017), 247 (272f.); zu weiterführenden Fragen EuGH NVwZ-RR 2017, 204 (204ff.); zu Energieleitungen im Ergebnis ebenso BVerwG NVwZ 2017, 708, 711 – Rn. 26). Die Durchführung einer Umweltverträglichkeitsprüfung ist indes nicht gefordert (Kment, AöR 142 (2017), 247 (271)). Umgekehrt darf daher auch die Pflicht zur Durchführung einer Umweltverträglichkeitsprüfung nicht dadurch umgangen werden, dass ein Vorhaben in verschiedene vermeintlich selbstständige Abschnitte aufgespalten wird, um eine Prüfung der Gesamtauswirkungen des Vorhabens zu umgehen (*Külpmann* DVBl. 2018, 974 (979)). 25

Der Anwendungsbereich des § 29 ist jedoch bei solchen Planfeststellungsverfahren eröffnet, für die der Gesetzgeber Teilzulassungen ausnahmsweise ermöglicht hat. Eine derartige **Sonderregelung** wird insbesondere in § 69 Abs. 1 WHG gesehen, der eine Zulassung selbständiger Abschnitte oder Stufen ermöglicht (*Schieferdecker* in Hoppe/Beckmann/Kment, Kommentar § 29 Rn. 15). Abschnitte im diesem Sinne liegen bei einem räumlich aufgespaltenen Gesamtvorhaben vor, während mit Stufen eine zeitliche Abfolge von Einzelschritten eines Vorhabens gemeint ist (→ WHG § 69 Rn. 5). Nach § 69 Abs. 1 aE setzt eine entsprechende Teilzulassung zudem voraus, dass die erheblichen Auswirkungen des Gesamtvorhabens dem Vorhaben voraussichtlich nicht entgegenstehen (→ WHG § 69 Rn. 26), so dass die im Rahmen der Anwendung des § 29 gewonnenen Prognoseergebnisse fruchtbar gemacht werden können. Zu beachten ist, dass voneinander unabhängige Vorhaben nicht unter § 69 Abs. 1 WHG fallen (ausführlich zu den Grenzen des Bestimmungsrechts der Behörde in Bezug auf die Aufspaltung von Vorhaben BVerwG ZUR 2016, 665 (666) – Rn. 34) und daher auch nicht zur Anwendung des § 29 führen (*Schieferdecker* in Hoppe/Beckmann/Kment, Kommentar § 29 Rn. 15). 26

III. Die Umweltverträglichkeitsprüfung bei Vorbescheiden und Teilzulassungen nach Abs. 1

Die in § 29 genannten Teilzulassungen grenzen sich von Vollgenehmigungen dadurch ab, dass sie **keine finale Entscheidung** über das Gesamtvorhaben treffen, sondern nur verbindliche Aussagen zu einzelnen zulassungsrelevanten Gesichtspunkten beinhalten oder die Zulassungsentscheidung auf mehrere Teilentscheidungen aufspalten (*Schieferdecker* in Hoppe/Beckmann/Kment, Kommentar § 29 Rn. 14; allgemein *Hund* Die Einbeziehung der Öffentlichkeit im Rahmen der Umweltverträglichkeitsprüfung S. 115; *Külpmann* DVBl. 2018, 974 (975); zur Vorläuferregelung in § 13 UVPG aF schon *Bunge* in Storm/Bunge HdUVP § 13 UVPG aF Rn. 2; *Gassner* Kommentar § 13 UVPG aF Rn. 6). 27

Die Vorwegnahme einzelner Gesichtspunkte oder Teile des Vorhabens kommt auch dann in Betracht, wenn das jeweilige Anlagenzulassungsrecht keine ausdrücklichen Regelungen zu Teilzulassungen enthält. Ob die Zulassungsbehörde entsprechende Teilzulassungen für zweckmäßig erachtet, liegt in ihrem **Verfahrensermessen** gem. § 10 VwVfG (BVerwG DVBl. 2006, 842 (844); *Maurer/Waldhoff* Allgemeines Verwaltungsrecht, § 9 Rn. 64; *Pünder* in Ehlers/Pünder Allgemeines Verwaltungsrecht § 14, Rn. 62; *Schieferdecker* in Hoppe/Beckmann/Kment, Kommentar § 29 Rn. 25; *Schwarz* in Fehling/Kastner/ 28

Störmer Verwaltungsrecht Handkommentar § 9 VwVfG Rn. 50; anders *Sennekamp* in Mann/Sennekamp/Uechtritz, Verwaltungsverfahrensgesetz Kommentar § 9 Rn. 43, der die Grundlage auch in diesem Fall dem jeweiligen Fachrecht entnehmen will).

29 Die Behörde kann daher **auch ohne ausdrückliche gesetzliche Regelung** zu einem gestuften Verfahren übergehen, wenn entsprechende Gründe eine dahingehende Ermessensausübung tragen. Dies ist insbesondere bei besonders umfangreichen Verfahren oder neuartigen Vorhaben in Betracht zu ziehen (*Pünder* in Ehlers/Pünder Allgemeines Verwaltungsrecht § 14, Rn. 62). Zweckmäßig wird eine Teilzulassung regelmäßig nur dann sein, wenn die Vorhabenplanung bereits derart fortgeschritten ist, dass die Behörde eine vorläufige positive Einschätzung hinsichtlich des Gesamtvorhabens treffen kann (*Hund* Die Einbeziehung der Öffentlichkeit im Rahmen der Umweltverträglichkeitsprüfung S. 116). Sieht das Fachrecht dagegen einen Anspruch auf eine Teilzulassung vor oder ist die entsprechende Vorschrift zumindest als Soll-Vorschrift ausgestaltet, setzt eine Teilzulassung in der Regel schon nach dem jeweiligen Fachgesetz ausdrücklich eine positive Prognose in Bezug auf die Genehmigungsfähigkeit des Gesamtvorhabens voraus (vgl. etwa § 8 Abs. 1 Nr. 3 BImSchG).

30 Unausgesprochen setzt § 29 die Pflicht zur Durchführung einer Umweltverträglichkeitsprüfung für das Gesamtvorhaben nach den §§ 5 ff. voraus. Der eigentlichen Anwendung von § 29 Abs. 1 kann daher auch die Durchführung einer Vorprüfung nach Maßgabe des § 7 vorgeschaltet sein.

31 **1. Vorbereitung eines Vorbescheids.** Tatbestandlich knüpft § 29 Abs. 1 S. 1 in seiner ersten Variante an die Vorbereitung eines **Vorbescheids** an. Die Erteilung eines Vorbescheids ist dem Ergehen einer Vollgenehmigung – sei es in Gestalt einer finalen Genehmigung oder einer Teilgenehmigung – als selbstständiges Verwaltungsverfahren vorgelagert. Ein Vorbescheid hat allein feststellenden Charakter (→ BImSchG § 9 Rn. 1; *Schieferdecker* in Hoppe/Beckmann/Kment, Kommentar § 29 Rn. 29; *von Landwüst* in Schink/Reidt/Mitschang, Umweltverträglichkeitsprüfungsgesetz/Umwelt-Rechtsbehelfsgesetz § 29 Rn. 3) und dient der vorgezogenen verbindlichen Klärung bestimmter genehmigungsrelevanter Fragestellungen (*Pünder* in Ehlers/Pünder Allgemeines Verwaltungsrecht, § 14, Rn. 62). Mit dieser Möglichkeit wird, insbesondere bei Großvorhaben oder innovativen Anlagen, den Interessen des Vorhabensträgers Rechnung getragen und das Risiko vergeblicher Aufwendungen deutlich reduziert (s. die Begründung zum Entwurf der heute in § 9 BImSchG enthaltenden Regelung BT-Drs. 7/179, 33; → BImSchG § 9 Rn. 2). Eine Gestattungswirkung kommt Vorbescheiden nicht zu. Sie berechtigen daher nicht zur Ausführung des Vorhabens (→ BImSchG § 9 Rn. 3).

32 **2. Verfahren zur Erteilung einer ersten Teilgenehmigung.** § 29 Abs. 1 S. 1 bezieht sich mit seiner zweiten Variante auf Verfahren zur Erteilung einer ersten Teilgenehmigung. Im Gegensatz zu Vorbescheiden berechtigen Teilgenehmigungen in gewissem Umfang zur Durchführung des Vorhabens. Der Unterschied zu normalen Vollzulassungen liegt darin, dass die **Gestattungswirkung** auf einen Teil des Gesamtvorhabens begrenzt ist (*Jarass* BImSchG § 8 BImSchG Rn. 2; *von Landwüst* in Schink/Reidt/Mitschang, Umweltverträglichkeitsprüfungsgesetz/Umwelt-Rechtsbehelfsgesetz § 29 Rn. 3; *Maurer/Waldhoff* Allgemeines Verwaltungsrecht § 9 Rn. 65; *Schieferdecker* in Hoppe/Beckmann/Kment Kommentar § 29 Rn. 33; *Pünder* in Ehlers/Pünder Allgemeines Verwaltungsrecht § 14 Rn. 62). In Betracht kommt eine räumliche oder zeitliche Beschränkung auf bestimmte Abschnitte bzw. Stufen des Projekts (*Jarass* BImSchG § 8 BImSchG Rn. 1). Besonders praxisrelevant sind Teilgenehmigungen nach § 8 BImSchG.

Einige Fachgesetze enthalten Sondervorschriften zu den **Voraussetzungen** für die Erteilung einer Teilgenehmigung (s. etwa § 8 Abs. 1 BImSchG, § 70 Abs. 3 S. 1 NBauO). Im Übrigen sind die jeweiligen Verfahrensvorschriften zum Zulassungsverfahren auch auf Teilgenehmigungsverfahren normal anzuwenden (s. beispielhaft *Jarass* BImSchG § 8 BImSchG Rn. 2 zu § 8 BImSchG). **33**

3. Sonstige erste Teilzulassungsverfahren. § 29 Abs. 1 S. 1 bezieht sich in seiner dritten Variante auf sonstige erste Teilzulassungsverfahren. Durch diese Erweiterung soll gewährleistet werden, dass über Vorbescheide und erste Teilgenehmigungen hinaus auch alle weiteren Grundsatzentscheidungen im Sinne der Rspr. des EuGH (→ Rn. 18) in dem unionsrechtlich geforderten Umfang (→ Rn. 20) auf ihre Umweltauswirkungen hin untersucht werden (*Schieferdecker* in Hoppe/Beckmann/Kment, Kommentar § 29 Rn. 35; *von Landwüst* in Schink/Reidt/Mitschang, Umweltverträglichkeitsprüfungsgesetz/Umwelt-Rechtsbehelfsgesetz § 29 Rn. 4). Es handelt sich folglich um einen **Auffangtatbestand.** Als sonstige erste Teilzulassungen sind daher alle nicht bereits von den ersten beiden Varianten des Abs. 1 S. 1 erfassten Teilentscheidungen zu verstehen, die der eigentlichen Durchführungsentscheidung vorgelagert sind (*Schieferdecker* in Hoppe/Beckmann/Kment, Kommentar § 29 Rn. 35; *von Landwüst* in Schink/Reidt/Mitschang, Umweltverträglichkeitsprüfungsgesetz/Umwelt-Rechtsbehelfsgesetz § 29 Rn. 4). **34**

Die Beschreibung von Praxisfällen ist in Rechtsprechung und Literatur dürftig geblieben. Eine Anwendung der Auffangregelung kommt letztlich insbesondere bei im Fachrecht nicht ausdrücklich geregelten gestuften Zulassungsentscheidungen in Betracht (→ Rn. 28 f.). **35**

Keine sonstigen ersten Teilzulassungen stellen **Änderungsgenehmigungen** – insbesondere nach § 16 BImSchG – dar. Durch derartige Änderungsgenehmigungen erfolgt die Zulassung des (geänderten) Vorhabens und nicht die Abstufung des Zulassungsverfahrens (*Schieferdecker* in Hoppe/Beckmann/Kment Kommentar § 29 Rn. 16). Gar keine Zulassungen sind **nachträgliche Anordnungen,** etwa nach § 17 BImSchG, so dass eine Subsumtion unter den Auffangtatbestand ebenfalls ausscheidet (*Schieferdecker* in Hoppe/Beckmann/Kment Kommentar § 29 Rn. 16). Keine Zulassungsentscheidungen stellen nach § 2 Abs. 6 Nr. 1 zudem **Anzeigeverfahren** dar, so dass es sich hierbei auch nicht um sonstige Teilzulassungen iSd des § 29 Abs. 1 S. 1 Var. 3 handeln kann. Auch eine Verlängerungsentscheidung gemäß § 18 Abs. 3 BImSchG ist keine (Teil-)zulassungsentscheidung iSd § 29 Abs. 1 S. 1 Var. 3 (vgl. BVerwG ZUR 2020, 296 (296 f.)). **36**

Wie mit **atypischen Teilzulassungen** umzugehen ist, die zwar keine Bindungswirkung entfalten, aber bereits zur Durchführung eines ersten Vorhabenabschnitts oder einer ersten Stufe berechtigen, kann aufgrund der kasuistisch geprägten Rechtsprechung des EuGH noch nicht als abschließend geklärt angesehen werden (→ die Nachweise unter Rn. 20). Im Ausgangspunkt beizutreten ist jedoch der Ansicht, dass derartige Entscheidungen unter den Genehmigungsbegriff des Art. 1 Abs. 2 lit c) der Richtlinie 2011/92/EU subsumiert werden können, da „der Projektträger das Recht zur Durchführung des Projekts erhält" (insoweit zutreffend *Schieferdecker* in Hoppe/Beckmann/Kment, Kommentar § 29 Rn. 35). **37**

Nicht zu folgen ist aber der Auffassung, dass daher auch die **Zulassung des vorzeitigen Beginns** als sonstige Teilzulassung iSd § 29 Abs. 1 S. 1 anzusehen ist (so aber *Schieferdecker* in Hoppe/Beckmann/Kment, Kommentar § 29 Rn. 36). Dies gilt jedenfalls mit Blick auf die in § 17 WHG und § 8a BImSchG geregelten Fälle. Zwar wird man angesichts der (temporären) Gestattungswirkung einer entsprechenden vorläufigen Entscheidung (vgl. zu § 8a BImSchG *Jarass* BImSchG § 8a BImSchG Rn. 18; *Enders* in BeckOK **38**

UmweltR BImSchG § 8a Rn. 22) nicht dahin argumentieren können, dass die Zulassung des vorzeitigen Beginns kein Recht zur Durchführung des Projekts verleihe (so aber *von Landwüst* in Schink/Reidt/Mitschang, Umweltverträglichkeitsprüfungsgesetz/Umwelt-Rechtsbehelfsgesetz § 29 Rn. 4; insoweit zutreffend eine Zulassungsentscheidung iSd des weiten Genehmigungsbegriffs des Art. 1 Abs. 2 lit. c) der Richtlinie 2011/92/EU bejahend OVG Koblenz NVwZ-RR 2016, 576 (576) – Rn. 5). Mit Blick auf den weiten Genehmigungsbegriffs des Art. 1 Abs. 2 lit. c) der Richtlinie 2011/92/EU und den Willen des Gesetzgebers zu einer unionsrechtskonformen Umsetzung der Richtlinienvorgaben erscheint es auch zweifelhaft, ob man argumentieren kann, dass die Behörde an eine Entscheidung zum vorzeitigen Beginn in einem späteren Zulassungsverfahren nicht gebunden sei, so dass das Erlauben eines vorzeitigen Beginns begrifflich nicht richtig unter Begriff der sonstigen Teil*zulassung* gefasst werden könne (so zur Vorläuferregelung *Bunge* in Storm/Bunge HdUVP § 13 UVPG aF Rn. 59).

39 Der Punkt ist vielmehr, dass die nach der Rechtsprechung des EuGH erforderliche vorläufige Prüfung der erkennbaren Umweltauswirkungen des Gesamtvorhabens sowie die abschließende Untersuchung der Umweltauswirkungen durch die Zulassung des vorzeitigen Beginns bereits dadurch gewährleistet ist, dass die Zulassung eines vorzeitigen Beginns voraussetzt, dass mit der späteren Zulassung der Gewässerbenutzung bzw. der Anlage zu rechnen sein muss (s. § 17 Abs. 1 Nr. 1 WHG und § 8a Abs. 1 Nr. 1 BImSchG). Eine solche positive Prognose kann nämlich nur dann getroffen werden, wenn die Umweltverträglichkeitsprüfung derart **weit fortgeschritten** ist, dass nicht nur das Gesamtvorhaben vorläufig, sondern auch die vorzeitig zugelassenen Maßnahmen abschließend beurteilt werden können (→ § 8a BImSchG Rn. 56; *Jarass* BImSchG § 8a BImSchG Rn. 12; *von Landwüst* in Schink/Reidt/Mitschang, Umweltverträglichkeitsprüfungsgesetz/Umwelt-Rechtsbehelfsgesetz § 29 UVPG Rn. 4). Eine **Umweltverträglichkeitsprüfung** nach § 29 ist daher im Rahmen des Verfahrens zur Zulassung des vorzeigen Beginns **entbehrlich** (wie hier: *Guckelberger* in BeckOK UmweltR WHG § 17 Rn. 4; *Jarass* BImSchG § 8a BImSchG Rn. 12; *von Landwüst* in Schink/Reidt/Mitschang Umweltverträglichkeitsprüfungsgesetz/Umwelt-Rechtsbehelfsgesetz § 29 UVPG Rn. 4; → § 8a BImSchG Rn. 56; aA *Knopp* in Sieder/Zeitler/Dahme/Knopp WHG AbwAG § 17 Rn. 32; *Schieferdecker* in Hoppe/Beckmann/Kment, Kommentar § 29 Rn. 36). Eine gesetzliche Klarstellung wäre gleichwohl zu begrüßen.

40 **4. Umfang der Umweltverträglichkeitsprüfung bei ersten Teilzulassungen.** Als Rechtsfolge ordnet § 29 Abs. 1 S. 1 für die tatbestandlich erfassten ersten Teilzulassungen an, dass sich die Umweltverträglichkeitsprüfung **vorläufig** auf die nach dem jeweiligen Planungsstand erkennbaren Umweltauswirkungen des Gesamtvorhabens zu erstrecken habe und **abschließend** auf die Umweltauswirkungen, die Gegenstand der Teilzulassung sind. Für sich genommen werfen diese Vorgaben keine besonderen Fragen auf, so dass kurz und gut davon gesprochen werden kann, dass eine Umweltverträglichkeitsprüfung durchzuführen ist, bei der in Bezug auf den Verfahrensgegenstand der Teilgenehmigung die Umweltauswirkungen abschließend zu prüfen sind, während sich die Prüfung im Übrigen auf die bis dato erkennbaren Umweltauswirkungen des Gesamtvorhabens beschränkt (*von Landwüst* in Schink/Reidt/Mitschang, Umweltverträglichkeitsprüfungsgesetz/Umwelt-Rechtsbehelfsgesetz § 29 Rn. 6; *Peters/Balla/Hesselbarth* Handkommentar § 29 Rn. 5f.; *Schieferdecker* in Hoppe/Beckmann/Kment, Kommentar § 29 Rn. 37ff.).

41 Die damit vorgegebene strukturelle Abgrenzung zwischen abschließendem und vorläufigem Prüfungsteil wird sich bei Teilgenehmigungen gut **umsetzen** lassen, da diese ohnehin eine abschnitts- oder stufenbezogene Vollzulassung beinhalten und etwa im Fall des § 8 Abs. 1 Nr. 3 BImSchG darüber hinaus auch eine vorläufige Gesamtbeurteilung einfordern.

Die in § 29 Abs. 1 S. 1 getroffene Unterscheidung, zwischen einem abschließenden und einem vorläufigen Prüfungsteil, ist auch bei Vorbescheidsverfahren ohne weiteres anwendbar: Abschließend zu prüfen sind die Umweltauswirkungen der zur Entscheidung gestellten Genehmigungsvoraussetzung, während es hinsichtlich des Gesamtvorhabens bei einer vorläufigen Prüfung zu bleiben hat. Das jeweilige Gewicht des abschließenden und vorläufigen Prüfungsteils hängt von der Art des Vorbescheids ab. In der Praxis werden hierzu der Vorbescheid über einzelne Genehmigungsvoraussetzungen, der Standortvorbescheid und der sogenannte Konzeptvorbescheid unterschieden, ohne dass hiermit eine trennscharfe und auf unterschiedliche Rechtsfolgen gerichtete Kategorisierung verbunden wird (s. *Jarass* BImSchG § 9 BImSchG Rn. 5; *Maurer/Waldhoff* Allgemeines Verwaltungsrecht § 9 Rn. 64). **42**

Der **Vorbescheid über einzelne Genehmigungsvoraussetzungen** dient der verbindlichen Klärung mindestens einer Genehmigungsfrage, deren eigenständige und abschließende Beantwortung die Sach- und Rechtslage erlaubt (*Enders* in BeckOK UmweltR BImSchG § 9 Rn. 6; *Pünder* in Ehlers/Pünder Allgemeines Verwaltungsrecht, § 14 Rn. 62). Gegenstand eines Vorbescheids über einzelne Genehmigungsvoraussetzungen können also sämtliche Zulassungsvoraussetzungen sein, die auf diesem Wege aus dem Vollgenehmigungsverfahren herausgelöst und im Vorbescheid vorab verbindlich beschieden werden. Beim **Standortvorbescheid** geht es darum, ob das konkrete Vorhaben an dem vorgesehenen Standort genehmigt werden kann (*Schieferdecker* in Hoppe/Beckmann/Kment Kommentar § 29 Rn. 31; *Jarass* BImSchG § 9 BImSchG Rn. 6). Bei Lichte betrachtet betrifft also auch der Standortvorbescheid die Prüfung einzelner (jedoch nur standortbezogener) Genehmigungsvoraussetzungen. Typischerweise entstammen die zur Entscheidung gestellten Fragen dem Bauplanungsrecht oder dem Raumordnungsrecht (*Enders* in BeckOK UmweltR BImSchG § 9 Rn. 8; *Gassner* Kommentar § 13 UVPG aF Rn. 7). **43**

Am weitestgehenden ist der sogenannte **Konzeptvorbescheid,** der „eine endgültige Billigung der als konzeptrelevant angesehenen Anlageteile und -systeme" (BVerwG, NVwZ 1986, 208 (209)) beinhaltet. Der Unterschied zwischen Konzeptvorbescheid und Vollgenehmigung besteht damit nur noch in der Ausklammerung unproblematischer und untergeordneter Fragen. Infolge des bereits sehr umfangreichen Prüfungs- und Entscheidungsumfangs kommt ein Konzeptvorbescheid erst in einem sehr fortgeschrittenen Vorhabenstadium in Betracht (*Schieferdecker* in Hoppe/Beckmann/Kment, Kommentar § 29 Rn. 32; *Jarass* BImSchG § 9 BImSchG Rn. 6; *Enders* in BeckOK UmweltR BImSchG § 9 Rn. 7). **44**

Soweit nicht ohnehin ein sehr weitgehender Verfahrensgegenstand – etwa in Form eines Konzeptvorbescheids – vorliegt und die Umweltverträglichkeitsprüfung daher nahezu vollständig zu erfolgen hat, bietet es sich uU an, sich zunächst einen Gesamtüberblick über mögliche Umweltauswirkungen des Gesamtvorhabens zu verschaffen, um die richtige Zuordnung zu erleichtern (näher *Schieferdecker* in Hoppe/Beckmann/Kment, Kommentar § 29 Rn. 44 ff.). Umgekehrt kann es sein, dass die zum Verfahrensgegenstand gemachte Genehmigungsfrage erkennbar keine oder nur wenige Umweltauswirkungen nach sich zieht, so dass sich der abschließende Prüfungsteil deutlich verkürzt (*Bunge* in Storm/Bunge HdUVP § 13 UVPG aF Rn. 27 ff.). **45**

§ 29 Abs. 1 S. 1 bezeichnet die Prüfung der Umweltauswirkungen im Rahmen einer ersten Teilzulassung als Umweltverträglichkeitsprüfung iSd § 2 Nr. 10. Die erforderlichen **verfahrensrechtlichen Konsequenzen aus dem veränderten Prüfungsumfang** zieht § 29 Abs. 1 S. 2. Die Regelung verlangt, dass dem jeweiligen Umfang der Um- **46** weltverträglichkeitsprüfung bei der Unterrichtung über den Untersuchungsrahmen nach § 15 und beim UVP-Bericht gem. § 16 Rechnung zu tragen ist. Die Erleichterungen aufgrund des modifizierten Prüfungsumfangs sind jedoch nicht mit einer kursorischen Prüfung oder gar nur einer Evidenzkontrolle zu verwechseln (zur Vorläuferregelung in § 13 UVPG aF *Gassner* Kommentar § 13 UVPG aF Rn. 14). Vielmehr hat die Zulassungsbehörde auch im Rahmen der (nur) vorläufigen Prüfung des Gesamtvorhabens eine echte inhaltliche Prüfung vorzunehmen, wozu ihr die erforderlichen Unterlagen durch den Vorhabenträger vorzulegen sind. In Bezug auf den Gegenstand der Teilzulassung sind die §§ 15 f. ohnehin uneingeschränkt anzuwenden, weil der Umfang der Umweltverträglichkeitsprüfung insofern unverändert ist (s. schon zur Vorläuferregelung in § 13 UVPG aF *Gassner* Kommentar § 13 UVPG aF Rn. 16).

47 Im Umkehrschluss aus § 29 Abs. 1 S. 2 ergibt sich, dass im Rahmen einer Umweltverträglichkeitsprüfung nach § 29 Abs. 1 S. 1 die sonstigen verfahrensrechtlichen Vorschriften der §§ 17 ff. – insbesondere zur **Behörden- und Öffentlichkeitsbeteiligung** – beachtlich sind (*von Landwüst* in Schink/Reidt/Mitschang Umweltverträglichkeitsprüfungsgesetz/Umwelt-Rechtsbehelfsgesetz § 29 Rn. 7; *Schieferdecker* in Hoppe/Beckmann/Kment, Kommentar § 29 Rn. 58). Dies gilt selbstredend aber nur in dem von § 29 Abs. 1 S. 1 vorgegebenen Umfang, so dass noch nicht erkennbare Umstände des Gesamtvorhabens bei der Behörden- und Öffentlichkeitsbeteiligung keine Berücksichtigung finden können (*Schieferdecker* in Hoppe/Beckmann/Kment, Kommentar § 29 Rn. 59).

III. Die Umweltverträglichkeitsprüfung bei weiteren Teilzulassungen (Abs. 2)

48 § 29 Abs. 2 klärt den Umfang der Umweltverträglichkeitsprüfung bei weiteren Teilzulassungen. Die Regelung erfasst alle einer ersten Teilzulassung nach Abs. 1 **nachgelagerten Zulassungen.** Hierunter fallen daher neben einer abschließenden Vollgenehmigung auch weitere Teilzulassungen, wie beispielsweise eine nach einem Vorbescheid ergehende Teilgenehmigung (*von Landwüst* in Schink/Reidt/Mitschang, Umweltverträglichkeitsprüfungsgesetz/Umwelt-Rechtsbehelfsgesetz § 29 Rn. 8; *Schieferdecker* in Hoppe/Beckmann/Kment Kommentar § 29 Rn. 59; zu letztgenannter Konstellation OVG Lüneburg NVwZ-RR 2012, 836 (840)).

49 § 29 Abs. 2 S. 1 unterscheidet nicht zwischen den nach Abs. 1 S. 1 abschließend und vorläufig geprüften Auswirkungen, sondern verpflichtet, rundherum alle erheblichen Umweltauswirkungen zu beachten (*Peters/Balla/Hesselbarth* Handkommentar, § 29 Rn. 7). Der Forderung des EuGH nach einer **„umfassenden" Prüfung** aller Umweltbelange, „die noch nicht geprüft worden sind bzw. die eine erneute Prüfung erfordern" (EuGH, NVwZ 2006, 806, 807 – Rn. 48; → Rn. 20), wird damit genüge getan. Wohlverstanden: Eine erste Teilzulassung wird durch nachträgliche, im Rahmen eines Verfahrens zur Erteilung einer weiteren Teilzulassung gewonnene, Erkenntnisse nicht rechtswidrig. Betroffen von etwaigen neuen wissenschaftlichen oder technischen Feststellungen ist allein die Zulassung des noch ausstehenden Teils des Gesamtvorhabens (*von Landwüst* in Schink/Reidt/Mitschang, Umweltverträglichkeitsprüfungsgesetz/Umwelt-Rechtsbehelfsgesetz § 29 Rn. 8; *Schieferdecker* in Hoppe/Beckmann/Kment, Kommentar § 29 Rn. 63).

50 In **Ausnahmefällen** ermöglicht die als Soll-Vorschrift ausgestaltete Regelung die Wiederholung oder Ergänzung des abgeschlossenen Prüfungsteils (allgemein schon zur Vorläuferregelung BT-Drs. 11/5532, 38). In Betracht kommt dies insbesondere bei gravierenden Mängeln der im ersten Teilzulassungsverfahren durchgeführten Umweltverträglichkeitsprüfung, da eine auf erkennbar falschen Erkenntnissen aufbauende Prüfung des verbleibenden Projektteils ansonsten kaum zu sachgerechten Bewertungen führen kann (*von Landwüst* in Schink/Reidt/Mitschang, Umweltverträglichkeitsprüfungsgesetz/Umwelt-Rechtsbehelfsgesetz § 29 Rn. 8; ebenso *Schieferdecker* in Hoppe/Beckmann/Kment, Kommentar § 29 Rn. 63, der zu Recht darauf hinweist, dass eine erneute Prüfung dann auch unionsrechtlich geboten ist). Genannt wird in diesem Zusammenhang auch der Fall, dass das Anlagenkonzept geändert wurde, was eine erneute Prüfung erforderlich machen kann (*Heintschel von Heinegg/Rosin* in Büddenbender/Heintschel von Heinegg/Rosin, Energierecht I, Rn. 463). In derartigen Konstellationen wird allerdings zugleich darauf zu achten sein, inwieweit ein vorangegangener Vorbescheid überhaupt noch eine taugliche Grundlage für die finale Zulassungsentscheidung bilden kann, so dass sich eine Anwendung des § 29 womöglich ohnehin erübrigt. Festzuhalten ist jedenfalls, dass die Abstufung der Zulassungsverfahren für uvp-pflichtige Vorhaben in Gestalt von Teilzulassungen für den Vorhabenträger mit Risiken verbunden ist und die angestrebte Investitionssicherheit in Einzelfällen verfehlt werden kann, da sich die Umweltverträglichkeitsprüfung in atypischen Fällen auch auf den eigentlich abgeschlossenen Prüfungsteil erstrecken darf (allgemein *Beckmann,* ZUR 2014, 541 (545); kritisch *Weber/Hellmann,* NJW 1990, 1625 (1632), nach denen schon die Vorläuferregelung in § 13 Abs. 2 S. 1 UVPG aF als zwingende Regelung auszugestalten gewesen wäre).

In verfahrensrechtlicher Hinsicht ist außerdem zu beachten, dass Abs. 2 S. 1 regelt, dass **51** die Umweltverträglichkeitsprüfung bei weiteren Teilzulassungen auf zusätzliche erhebliche oder andere erhebliche Umweltauswirkungen des Vorhabens beschränkt bleiben soll. Das OVG Lüneburg hat in diesem Zusammenhang auf den Punkt gebracht, dass in der Regel kein Erfordernis zur Durchführung einer **erneuten Umweltverträglichkeitsprüfung** nach § 29 Abs. 2 S. 1 bestehe, wenn im Rahmen der ersten Teilzulassung die erforderliche Umweltverträglichkeitsprüfung durchgeführt worden ist. Andernfalls werde die bezweckte Vermeidung von Doppelprüfungen verfehlt (OVG Lüneburg NVwZ-RR 2012, 836 (840)). Zu beachten ist hierbei allerdings, dass nach der Rechtsprechung des EuGH umgekehrt eine „Umweltverträglichkeitsprüfung durchgeführt werden muss, wenn sich bei einem mehrstufigen Genehmigungsverfahren während der zweiten Stufe herausstellt, dass das Projekt ua aufgrund seiner Art, seiner Größe oder seines Standortes erhebliche Auswirkungen auf die Umwelt haben kann" (EuGH NVwZ 2006, 806, 807 – Rn. 47).

Kurzum: Im Rahmen weiterer Teilzulassungen sind nur erhebliche Umweltauswir- **52** kungen zum Gegenstand einer Umweltverträglichkeitsprüfung zu machen, die bislang noch nicht abschließend geprüft wurden. Erfasst werden hierbei vor allem im Rahmen der ersten Teilzulassung zunächst nur vorläufig bewertete Umweltauswirkungen. Gegenüber solchen **„zusätzlichen Umweltauswirkungen"** nach § 29 Abs. 1 S. 1 (*von Landwüst* in Schink/Reidt/Mitschang, Umweltverträglichkeitsprüfungsgesetz/Umwelt-Rechtsbehelfsgesetz § 29 Rn. 8; vgl. auch BVerwG, NVwZ 2017, 1294 (1297) – Rn. 25f. zu der vergleichbaren Begriffsverwendung in § 9 Abs. 1 S. 4 UVPG aF (s. heute § 22 Abs. 2 S. 1) sind **„andere Umweltauswirkungen"** solche, die im Rahmen der weiteren Teilzulassung erstmalig hinzutreten (*von Landwüst* in Schink/Reidt/Mitschang, Umweltverträglichkeitsprüfungsgesetz/Umwelt-Rechtsbehelfsgesetz § 29 Rn. 8).

Die in den §§ 15ff. genannten Verfahrensschritte sind – anders als der auch in § 29 **53** Abs. 2 S. 1 auf eine Umweltverträglichkeitsprüfung abhebende Wortlaut nahelegt – also nur dann abzuarbeiten, wenn es hierzu einen sachlichen Grund gibt. In praktischer Hinsicht erscheint es indes gleichwohl, insbesondere in **Zweifelsfällen,** ratsam, durch eine womöglich überobligatorische Abarbeitung des Programms der §§ 15ff. Angriffspunkte gegen eine Zulassungsentscheidung zu vermeiden.

54 Nach Abs. 2 S. 2 gilt Abs. 1 entsprechend. Dies bezieht sich vor allem auf den Fall, dass statt einer (finalen) Genehmigung des Gesamtvorhabens eine **weitere Teilzulassung** erfolgt und daher die (verbleibenden) Auswirkungen des Gesamtvorhabens erneut nur vorläufig geprüft werden (*Schieferdecker* in Hoppe/Beckmann/Kment, Kommentar § 29 Rn. 64; zur Vorläuferregelung schon *Bunge* in Storm/Bunge HdUVP § 13 UVPG aF Rn. 47).

55 Zudem gelten gem. § 29 Abs. 2 S. 2 die **verfahrensrechtlichen Erleichterungen,** insbesondere zur **Behördenbeteiligung,** nach Abs. 1 S. 2 auch für Entscheidungen gem. § 29 Abs. 2 S. 1 (*Schieferdecker* in Hoppe/Beckmann/Kment, Kommentar § 29 Rn. 65; zur Vorläuferregelung schon *Bunge* in Storm/Bunge HdUVP § 13 UVPG aF Rn. 47). In Bezug auf die Öffentlichkeitsbeteiligung ist die Spezialvorschrift in § 30 zu beachten.

IV. Landesrecht

56 Besonders praxisrelevant sind Vorbescheide und Teilgenehmigungen auch im Bereich des Bauordnungsrechts. Begrifflich sind in Anlehnung an die einschlägigen Landesbauordnungen die Bezeichnung als **Bauvorbescheid** (vgl. § 73 NBauO; § 77 BauO NRW) und **Teilbaugenehmigung** (vgl. § 70 Abs. 3 NBauO; § 76 BauO NRW) geläufig. Obwohl eine Umweltverträglichkeitsprüfung nach den §§ 4 ff. meist bei planfeststellungsbedürftigen oder immissionsschutzrechtlich genehmigungsbedürftigen Vorhaben durchzuführen ist, deren Zulassung eine Baugenehmigung infolge der Konzentrationswirkung einschließt (vgl. § 75 Abs. 1 VwVfG, § 13 BImSchG), können auch allein baurechtlich zu genehmigende Vorhaben einer UVP-Pflicht unterworfen sein (näher *Burzynska/Mann* in Große-Suchsdorf NBauO § 70 Rn. 44 f.). Dies gilt namentlich für die in Anlage 1 Nr. 18 genannten Bauvorhaben. Für die Erteilung eines Bauvorbescheids oder einer Teilbaugenehmigung für entsprechende Vorhaben sind daher die Maßgaben des § 29 zu beachten.

57 Die Länder haben aus kompetenzrechtlichen Gründen außerdem an das UVPG angelehnte Landesgesetze erlassen, nach denen weitere Sachverhalte einer Umweltverträglichkeitsprüfung zu unterziehen sind (mit Beispielen zum niedersächsischen Recht *Burzynska/Mann* in Große-Suchsdorf NBauO § 70 Rn. 44 f.). Die **Anwendbarkeit von § 29** ergibt sich – eine entsprechende landesgesetzliche Pflicht zur Durchführung einer Umweltverträglichkeitsprüfung vorausgesetzt – in diesen Fällen aus einem **Verweis** in dem jeweiligen Landesgesetz (s. Art. 78a Abs. 1 S. 1 BayVwVfG; § 1 BremUVPG; § 7 Abs. 3 BWUVwG; § 1 Abs. 1 S. 1 HmbUVPG; § 13 Abs. 1 S. 1 LUVPG M-V; § 4 Abs. 1 S. 1 LUVPG SH; § 2 Abs. 2 NUVPG; § 4 Abs. 1 S. 1 RhPfLUV PG; § 3 Abs. 3 S. 1 SächsUVPG; § 3 Abs. 1 S. 1 ThürUVPG; § 3 Abs. 2 UVPG Bln; § 2 UVPG LSA; § 1 Abs. 1 UVPG NRW). Einen Sonderweg geht das Land Hessen, das anstelle eigenständiger oder zumindest zusammenhängender Regelungen entsprechende Vorschriften auf die einschlägigen Fachgesetze verteilt hat (s. zB die Regelung in § 33 Abs. 3 S. 1 HessStrWG, der jedoch für den hiesigen Fragenkreis wegen des durchzuführenden Planfeststellungsverfahrens schlussendlich kaum Relevanz haben wird (→ Rn. 24 f.)).

V. Rechtsschutz

58 Eine nach § 29 Abs. 1 oder 2 durchzuführende Umweltverträglichkeitsprüfung ist als behördliche Verfahrenshandlung im Sinne des § 44a VwGO nicht isoliert anfechtbar (*Bunge* in Storm/Bunge HdUVP § 13 UVPG aF Rn. 60). Die Handhabung des § 29

unterliegt der verwaltungsgerichtlichen Kontrolle im Rahmen des Rechtsschutzes gegen den entsprechenden Verwaltungsakt. Unabhängig davon, ob der Vorhabenträger, ein Dritter oder eine nach § 2 UmwRG verbandsklageberechtigte Vereinigung Rechtsschutz begehrt, gelten die **allgemeinen Grundsätze** zum Rechtsschutz gegen die jeweilige Teilzulassung bzw. deren Ablehnung (zum Rechtsschutz im Zusammenhang mit den §§ 8 und 9 BImSchG allgemein → BImSchG § 8 Rn. 138; → BImSchG § 9 Rn. 91 ff.; ausführlich zur Vorläuferregelung in § 13 UVPG aF auch bereits *Bunge* in Storm/Bunge HdUVP § 13 UVPG aF Rn. 61 ff.).

§ 30 Erneute Öffentlichkeitsbeteiligung bei Teilzulassungen

(1) Ist für ein Vorhaben bereits eine Teilzulassung nach § 29 erteilt worden, so ist im Verfahren zur Erteilung der Zulassung oder weiterer Teilzulassungen eine erneute Beteiligung der Öffentlichkeit erforderlich. Sie ist jedoch auf den Gegenstand der weiteren Teilzulassung zu beschränken. Hierauf weist die zuständige Behörde in der Bekanntmachung hin.

(2) Die zuständige Behörde kann von einer erneuten Beteiligung der Öffentlichkeit absehen, soweit zusätzliche erhebliche oder andere erhebliche Umweltauswirkungen nicht zu besorgen sind. Dies ist insbesondere dann der Fall, wenn solche Umweltauswirkungen durch die vom Vorhabenträger vorgesehenen Vorkehrungen ausgeschlossen werden.

Begründung der Bundesregierung (BT-Drs. 18/11499, S. 97)

In der Gesetzesbegründung der Bundesregierung (BT-Drs. 18/11499, S. 97) wird § 30 **1**
wie folgt umrissen:

„Die Vorschrift regelt die erneute Öffentlichkeitsbeteiligung in den Fällen, in denen bereits ein Vorbescheid oder eine Teilzulassung nach § 29 vorausgegangen ist. Entsprechend der Regelung in § 22 kommt auch hier eine Öffentlichkeitsbeteiligung nur bei Auswirkungen in Betracht, die noch nicht Gegenstand der Öffentlichkeitsbeteiligung im vorherigen Genehmigungsverfahren waren. Im Übrigen steht es im Ermessen der Genehmigungsbehörde, ob sie von einer erneuten Öffentlichkeitsbeteiligung absieht oder nicht.

Dementsprechend bestimmt Absatz 2 Satz 1, dass eine weitere Öffentlichkeitsbeteiligung im gestuften Verfahren nur erforderlich ist, wenn zusätzliche oder andere erhebliche Umweltauswirkungen zu besorgen sind. Satz 2 ermöglicht der Genehmigungsbehörde, von Erleichterungen Gebrauch zu machen, die mit denen des § 22 Absatz 1 Satz 2 und Absatz 2 vergleichbar sind."

(ausführliche Kommentierung folgt)

§ 31 Zulassung eines Vorhabens durch mehrere Behörden; federführende Behörde

(1) Bedarf ein Vorhaben der Zulassung durch mehrere Landesbehörden, so bestimmen die Länder eine federführende Behörde.

(2) Die federführende Behörde ist zumindest für folgende Aufgaben zuständig:
1. die Feststellung der UVP-Pflicht (§ 5),
2. die Unterrichtung über den Untersuchungsrahmen (§ 15),
3. die Erarbeitung der zusammenfassenden Darstellung (§ 24),
4. die Benachrichtigung eines anderen Staates (§ 54),
5. die grenzüberschreitende Behördenbeteiligung (§ 55 Absatz 1 bis 4 und 6) und
6. die grenzüberschreitende Öffentlichkeitsbeteiligung (§ 56).

Die Länder können der federführenden Behörde weitere verfahrensrechtliche Zuständigkeiten übertragen. Die federführende Behörde nimmt ihre Aufgaben im Zusammenwirken zumindest mit denjenigen Zulassungsbehörden und mit derjenigen für Naturschutz und Landschaftspflege zuständigen Behörde wahr, deren Aufgabenbereich durch das Vorhaben berührt wird. Sie erfüllt diese Aufgaben nach den Verfahrensvorschriften, die für die Umweltverträglichkeitsprüfung in dem von ihr durchzuführenden Zulassungsverfahren gelten.

(3) Bedarf ein Vorhaben einer Genehmigung nach dem Atomgesetz sowie einer Zulassung durch eine oder mehrere weitere Behörden und ist eine der zuständigen Behörden eine Bundesbehörde, so ist die atomrechtliche Genehmigungsbehörde federführende Behörde. Sie ist neben den in Absatz 2 Satz 1 genannten Aufgaben auch für die Beteiligung der Öffentlichkeit (§§ 18 und 19) zuständig.

(4) Wird über die Zulässigkeit eines Vorhabens im Rahmen mehrerer Verfahren entschieden, so wird eine gemeinsame zusammenfassende Darstellung nach § 24 für das gesamte Vorhaben erstellt. Auf der Grundlage der zusammenfassenden Darstellung nehmen die Zulassungsbehörden eine Gesamtbewertung der Umweltauswirkungen des Vorhabens vor und berücksichtigen nach § 25 Absatz 2 die Gesamtbewertung bei den Zulassungsentscheidungen. Die federführende Behörde stellt das Zusammenwirken der Zulassungsbehörden sicher.

Hinweise auf die Gesetzesmaterialien (ausführliche Kommentierung folgt)

Übersicht

I. Begründung der Bundesregierung (BT-Drs. 18/11499, S. 97)

§ 31 enthält größtenteils alte, teilweise aber auch neue Regelungsinhalte, wie sich aus 1
Entwurf der Bundesregierung (BT-Drs. 18/11499, S. 97) ergibt:

„Die Vorschrift entspricht weitgehend dem bisherigen § 14. Insoweit wird auf die Begründung der Bundesregierung im Entwurf eines Gesetzes zur Umsetzung der Richtlinie des Rates vom 27. Juni 1985 über die Umweltverträglichkeitsprüfung bei bestimmten öffentlichen und privaten Projekten (85/337/EWG), BT-Drs. 11/3919 S. 28 f. sowie im Entwurf für ein Gesetz zur Umsetzung der UVP-Änderungsrichtlinie, der IVU-Richtlinie und weiterer EG-Richtlinien zum Umweltschutz, BR-Drucksache 674/00, S. 95 Bezug genommen.

Neu ist, dass die Befugnis der Länder, der federführenden Behörde nach Absatz 2 Satz 2 weitere Zuständigkeiten zu übertragen, nicht auf die Aufgaben im Zusammenhang mit der Erstellung von UVP-Unterlagen (bisheriger § 6), der Beteiligung anderer Behörden (bisheriger § 7) und der Beteiligung der Öffentlichkeit (bisheriger § 9) begrenzt ist. Vielmehr sollen künftig auch andere Aufgaben wie zB die Erstellung der begründeten Bewertung nach § 25 Absatz 1 der federführenden Behörde übertragen werden können.

Der Regelungsgehalt des Absatzes 4 entspricht dem bisherigen § 2 Absatz 1 Satz 4. Die Vorschrift stellt klar, dass der medienübergreifende und integrative Charakter der UVP auch dann gilt, wenn über die Zulässigkeit eines Vorhabens in mehreren Verfahren entschieden wird. Auf der Grundlage der gemeinsamen zusammenfassenden Darstellung nach Absatz 2 Satz 1 Nummer 3 nehmen die verschiedenen Zulassungsbehörden gemäß Absatz 4 Satz 2 eine Gesamtbewertung der Umweltauswirkungen vor und berücksichtigen sie gemäß § 25 Absatz 2 bei der Zulassungsentscheidung."

II. Stellungnahme des Bundesrates (BR-Drs. 164/17, S. 20 (Nr. 23))

2 Der Bundesrat machte in seiner Stellungnahme (BR-Drs. 164/17, S. 20 (Nr. 23) einen Änderungsvorschlag zu § 31 Absatz 2 (übernommen als Absatz 2 Satz 4, vgl. BT Drs. 18/12994, S. 4):

„(…) ist dem § 31 Absatz 2 folgender Satz anzufügen:

Die federführende Behörde erfüllt diese Aufgaben nach den Verfahrensvorschriften, die für das von ihr durchzuführende Zulassungsverfahren gelten.

Begründung:

Bei den parallel durchzuführenden Verwaltungsverfahren kommen ggf. auf Grund speziellen Fachrechts unterschiedliche Vorschriften bei der Durchführung einzelner Aufgaben im Rahmen der Umweltverträglichkeitsprüfung als unselbständiger Teil der Verwaltungsverfahren zur Anwendung.

Die Ergänzung dient der Vermeidung von Rechtsunsicherheiten und Vollzugsproblemen bei voneinander abweichenden Vorschriften. Die Erfüllung der UVP-Aufgaben, die der federführenden Behörde nach § 31 Absatz 2 Satz 1 UVPG sowie auf Grund landesrechtlicher Übertragung gemäß § 31 Absatz 2 Satz 2 UVPG (zB Öffentlichkeitsbeteiligung) obliegen, soll sich einheitlich nach den von der federführenden Behörde für diese Aufgaben in ihrem Zulassungsverfahren anzuwendenden Verfahrensvorschriften, mit denen die Anforderungen der Umweltverträglichkeitsprüfung erfüllt werden, richten."

III. Gegenäußerung der Bundesregierung (BT-Drs. 18/11948, S. 24)

3 Die Bundesregierung schloss sich dem Vorschlag des Bundesrates im Grundsatz an, modifizierte ihn allerdings wie folgt (BT-Drs. 18/11948, S. 24):

„Die Bundesregierung trägt dem Änderungsvorschlag des Bundesrates in modifizierter Form Rechnung und stimmt dem Änderungsvorschlag in dieser geänderten Fassung zu. Dazu wird folgende Anpassung vorgeschlagen:

Zu Artikel 1 Nummer 3 (§ 31 Absatz 2 Satz 4 – neu – UVPG)

In Artikel 1 Nummer 3 ist dem § 31 Absatz 2 folgender Satz anzufügen:

„Sie erfüllt diese Aufgaben nach den Verfahrensvorschriften, die für die Umweltverträglichkeitsprüfung in dem von ihr durchzuführenden Zulassungsverfahren gelten."

Es handelt sich um eine lediglich redaktionelle Änderung zur Verdeutlichung des Regelungsanliegens."

IV. Beschlussempfehlung und Bericht des Umweltausschusses (BT-Drs. 18/12994, S. 19)

Zur Anfügung des Absatz 2 Satz 4 auf Vorschlag des Bundesrates heißt es im Aus- **4**
schussbericht (BT-Drs. 18/12994, S. 19):

„Die Änderung greift einen Vorschlag des Bundesrates (Nummer 23 der BR-Drucksache 164/17 – Beschluss) auf, dem die Bundesregierung in ihrer Gegenäußerung in modifizierter Form zugestimmt hat. Die vorgeschlagene Formulierung präzisiert die vom Bundesrat vorgeschlagene Regelung."

(ausführliche Kommentierung folgt)

§ 32 Verbundene Prüfverfahren

Für ein Vorhaben, das einzeln oder im Zusammenwirken mit anderen Vorhaben, Projekten oder Plänen geeignet ist, ein Natura 2000-Gebiet erheblich zu beeinträchtigen, wird die Verträglichkeitsprüfung nach § 34 Absatz 1 des Bundesnaturschutzgesetzes im Verfahren zur Zulassungsentscheidung des Vorhabens vorgenommen. Die Umweltverträglichkeitsprüfung kann mit der Prüfung nach Satz 1 und mit anderen Prüfungen zur Ermittlung oder Bewertung von Umweltauswirkungen verbunden werden.

Hinweise auf die Gesetzesmaterialien (ausführliche Kommentierung folgt)

Begründung der Bundesregierung (BT-Drs. 18/11499, S. 98)

Die Gesetzesbegründung der Bundesregierung (BT-Drs. 18/11499, S. 98) enthält zu **1**
§ 32 folgenden Hinweis:

„Die Vorschrift dient der Umsetzung von Artikel 2 Absatz 3 Satz 1 Unterabsatz 1 der geänderten UVP-Richtlinie. Wie sich aus Erwägungsgrund 37 dieser Richtlinie ergibt, bezweckt die Vorschrift eine Steigerung der Wirksamkeit der Prüfung, die Verringerung des Verwaltungsaufwands und eine Steigerung der wirtschaftlichen Effizienz. Bei Vorhaben, die einzeln oder im Zusammenwirken mit anderen Vorhaben, Projekten oder Plänen (zB Bebauungsplänen) geeignet sind, ein Natura 2000-Gebiet zu beeinträchtigen, muss die Prüfung nach § 34 des Bundesnaturschutzgesetzes in dem Zulassungsverfahren, dessen Bestandteil die Umweltverträglichkeitsprüfung ist, vorgenommen werden. Die materiellrechtliche Eigenständigkeit von § 34 des Bundesnaturschutzgesetzes bleibt hiervon unberührt (siehe oben, Begründung zu § 25 Absatz 2). Zur Vermeidung von Doppelprüfungen sowie sonstigem unnötigem Doppelaufwand kann die Umweltverträglichkeitsprüfung mit der Prüfung nach Satz 1 verbunden werden. Als andere Prüfung zur Ermittlung und Bewertung von Umweltauswirkungen im Sinne von Satz 2 kommt zB die Prüfung nach § 31 WHG in Betracht."

(ausführliche Kommentierung folgt)

Teil 3. Strategische Umweltprüfung

Abschnitt 1. Voraussetzungen für eine Strategische Umweltprüfung

§ 33 Strategische Umweltprüfung

Die Strategische Umweltprüfung (SUP) ist unselbständiger Teil behördlicher Verfahren zur Aufstellung oder Änderung von Plänen und Programmen.

**Hinweise auf die Gesetzesmaterialien
(ausführliche Kommentierung folgt)**

Begründung der Bundesregierung (BT-Drs. 18/11499, S. 98 f.)

Eine kurze Erläuterung der Regelung des neu eingefügten § 33 findet sich in der Gesetzesbegründung (BT-Drs. 18/11499, S. 98 f.): **1**

„Die Vorschrift trifft für die Strategische Umweltprüfung eine Regelung, die mit dem für die UVP geltenden § 4 vergleichbar ist. Die Vorschrift bestimmt, dass die Strategische Umweltprüfung unselbständiger Teil behördlicher Planungs- und Programmaufstellungsverfahren ist. Zur Anwendung kommt dieses Prüfverfahren bei Plänen und Programmen, für die nach Teil 3 Abschnitt 1 eine SUP-Pflicht besteht."

(ausführliche Kommentierung folgt)

§ 34 Feststellung der SUP-Pflicht

(1) Die zuständige Behörde stellt frühzeitig fest, ob nach den §§ 35 bis 37 eine Verpflichtung zur Durchführung einer Strategischen Umweltprüfung (SUP-Pflicht) besteht.

(2) Die Feststellung der SUP-Pflicht ist, sofern eine Vorprüfung des Einzelfalls nach § 35 Absatz 2 oder § 37 vorgenommen worden ist, der Öffentlichkeit nach den Bestimmungen des Bundes und der Länder über den Zugang zu Umweltinformationen zugänglich zu machen; soll eine Strategische Umweltprüfung unterbleiben, ist dies einschließlich der dafür wesentlichen Gründe bekannt zu geben. Die Feststellung ist nicht selbständig anfechtbar.

Hinweise auf die Gesetzesmaterialien (ausführliche Kommentierung folgt)

Begründung der Bundesregierung (BT-Drs. 18/11499, S. 98)

§ 34 entspricht § 14a UVPG a. F. Der Gesetzentwurf (BT-Drs. 18/11499, S. 26 **1**
(Nr. 6)) vermerkt dazu:
„§ 14a wird § 34 und wie folgt geändert:

a) In Absatz 1 wird die Angabe „§§ 14b bis 14d“ durch die Angabe „§§ 35 bis 37“ ersetzt und wird nach den Wörtern „Strategischen Umweltprüfung“ die Angabe „(SUP-Pflicht)“ eingefügt.
b) In Absatz 2 werden die Wörter „nach Absatz 1“ durch die Wörter „der SUP-Pflicht“ und die Wörter „§ 14b Abs. 2 oder § 14d“ durch die Wörter „§ 35 Absatz 2 oder § 37“ ersetzt.“

In der Begründung (BT-Drs. 18/11499, S. 98) heißt es hierzu nur:
„Anpassung an die neue Nummerierung.“

(ausführliche Kommentierung folgt)

§ 35 SUP-Pflicht in bestimmten Plan- oder Programmbereichen und im Einzelfall

(1) Eine Strategische Umweltprüfung ist durchzuführen bei Plänen und Programmen, die

1. in der Anlage 5 Nummer 1 aufgeführt sind oder

2. in der Anlage 5 Nummer 2 aufgeführt sind und für Entscheidungen über die Zulässigkeit von in der Anlage 1 aufgeführten Vorhaben oder von Vorhaben, die nach Landesrecht einer Umweltverträglichkeitsprüfung oder Vorprüfung des Einzelfalls bedürfen, einen Rahmen setzen.

(2) Bei nicht unter Absatz 1 fallenden Plänen und Programmen ist eine Strategische Umweltprüfung nur dann durchzuführen, wenn sie für die Entscheidung über die Zulässigkeit von in der Anlage 1 aufgeführten oder anderen Vorhaben einen Rahmen setzen und nach einer Vorprüfung im Einzelfall im Sinne von Absatz 4 voraussichtlich erhebliche Umweltauswirkungen haben. § 34 Absatz 4 und § 35 Absatz 6 des Baugesetzbuchs bleiben unberührt.

(3) Pläne und Programme setzen einen Rahmen für die Entscheidung über die Zulässigkeit von Vorhaben, wenn sie Festlegungen mit Bedeutung für spätere Zulassungsentscheidungen, insbesondere zum Bedarf, zur Größe, zum Standort, zur Beschaffenheit, zu Betriebsbedingungen von Vorhaben oder zur Inanspruchnahme von Ressourcen, enthalten.

(4) Hängt die Durchführung einer Strategischen Umweltprüfung von einer Vorprüfung des Einzelfalls ab, hat die zuständige Behörde aufgrund einer überschlägigen Prüfung unter Berücksichtigung der in Anlage 6 aufgeführten Kriterien einzuschätzen, ob der Plan oder das Programm voraussichtlich erhebliche Umweltauswirkungen hat, die im weiteren Aufstellungsverfahren nach § 43 Absatz 2 zu berücksichtigen wären. Bei der Vorprüfung nach Satz 1 ist zu berücksichtigen, inwieweit Umweltauswirkungen durch Vermeidungs- und Verminderungsmaßnahmen offensichtlich ausgeschlossen werden. Die in § 41 genannten Behörden sind bei der Vorprüfung nach Satz 1 zu beteiligen. Die Durchführung und das Ergebnis der Vorprüfung sind zu dokumentieren.

Hinweise auf die Gesetzesmaterialien (ausführliche Kommentierung folgt)

Übersicht

Begründung der Bundesregierung (BT-Drs. 18/11499, S. 98)

§ 35 entspricht § 14b UVPG aF. Der Gesetzentwurf vermerkt hierzu (BT-Drs. 18/11499, S. 26 (Nr. 7)): 1

„§ 14b wird § 35 und wie folgt geändert:

a) In Absatz 1 Nummer 1 und 2 wird jeweils die Angabe „Anlage 3“ durch die Angabe „Anlage 5“ ersetzt.

b) Absatz 4 wird wie folgt geändert:

 aa) In Satz 1 wird die Angabe „Anlage 4“ durch die Angabe „Anlage 6“ und wird die Angabe „§ 14k“ durch die Angabe „§ 43“ ersetzt.

 bb) In Satz 3 wird die Angabe „§ 14h“ durch die Angabe „§ 41“ ersetzt.“

In der Begründung (BT-Drs. 18/11499, S. 98) heißt es hierzu lapidar: „Anpassung an die neue Nummerierung."

(ausführliche Kommentierung folgt)

§ 36 SUP-Pflicht aufgrund einer Verträglichkeitsprüfung

Eine Strategische Umweltprüfung ist durchzuführen bei Plänen und Programmen, die einer Verträglichkeitsprüfung nach § 36 Satz 1 Nummer 2 des Bundesnaturschutzgesetzes unterliegen.

Hinweise auf die Gesetzesmaterialien (ausführliche Kommentierung folgt)

Begründung der Bundesregierung (BT-Drs. 18/11499, S. 98)

§ 36 entspricht § 14c UVPG a. F. Dementsprechend stellt der Gesetzentwurf (BT-Drs. 18/11499, S. 26 (Nr. 8)) nur fest: **1**

„§ 14c wird § 36."

Auch in der Begründung (BT-Drs. 18/11499, S. 98) heißt es nur:

„Anpassung an die neue Nummerierung."

(ausführliche Kommentierung folgt)

§ 37 Ausnahmen von der SUP-Pflicht

Werden Pläne und Programme nach § 35 Absatz 1 und § 36 nur geringfügig geändert oder legen sie die Nutzung kleiner Gebiete auf lokaler Ebene fest, so ist eine Strategische Umweltprüfung nur dann durchzuführen, wenn eine Vorprüfung des Einzelfalls im Sinne von § 35 Absatz 4 ergibt, dass der Plan oder das Programm voraussichtlich erhebliche Umweltauswirkungen hat. Die §§ 13 und 13a des Baugesetzbuchs sowie § 8 Absatz 2 des Raumordnungsgesetzes bleiben unberührt.

Hinweise auf die Gesetzesmaterialien (ausführliche Kommentierung folgt)

Begründung der Bundesregierung (BT-Drs. 18/11499, S. 98)

§ 37 entspricht § 14a UVPG aF Der Gesetzentwurf ordnet daher auch nur eine Ände- **1**
rung der Verweisungen an (BT-Drs. 18/11499, S. 27 (Nr. 9):

„§ 14d wird § 37 und in Satz 1 wird die Angabe „§ 14b Abs. 1 und § 14c" durch die Wörter „§ 35 Absatz 1 und § 36" und die Angabe „§14b Abs. 4" durch die Angabe „§ 35 Absatz 4" ersetzt."

In der zugehörigen Begründung (BT-Drs. 18/11499, S. 98) heißt es dementsprechend auch nur:

„Anpassung an die neue Nummerierung."

(ausführliche Kommentierung folgt)

Abschnitt 2. Verfahrensschritte der Strategischen Umweltprüfung

§ 38 Vorrang anderer Rechtsvorschriften bei der SUP

Unbeschadet des § 52 finden die Vorschriften dieses Abschnitts Anwendung, soweit Rechtsvorschriften des Bundes und der Länder die Strategische Umweltprüfung nicht näher bestimmen oder in ihren Anforderungen diesem Gesetz nicht entsprechen. Rechtsvorschriften mit weitergehenden Anforderungen bleiben unberührt.

Hinweise auf die Gesetzesmaterialien
(ausführliche Kommentierung folgt)

Begründung der Bundesregierung (BT-Drs. 18/11499, S. 27):

Der § 38 entspricht dem früheren § 14e. In § 38 Satz 1 wurde die Angabe „§ 19a" durch die Angabe „§ 52" ersetzt. (BT-Drs., 18/11499 S. 27). Die zugehörige **Begründung** enthält nur den knappen Hinweis „Anpassung an die neue Nummerierung" (BT-Drs., 18/11499 S. 98). 1

(Kommentierung folgt)

§ 39 Festlegung des Untersuchungsrahmens

(1) Die für die Strategische Umweltprüfung zuständige Behörde legt den Untersuchungsrahmen der Strategischen Umweltprüfung einschließlich des Umfangs und Detaillierungsgrads der in den Umweltbericht nach § 40 aufzunehmenden Angaben fest.

(2) Der Untersuchungsrahmen einschließlich des Umfangs und Detaillierungsgrads der in den Umweltbericht aufzunehmenden Angaben bestimmen sich unter Berücksichtigung von § 33 in Verbindung mit § 2 Absatz 1 nach den Rechtsvorschriften, die für die Entscheidung über die Ausarbeitung, Annahme oder Änderung des Plans oder Programms maßgebend sind. Der Umweltbericht enthält die Angaben, die mit zumutbarem Aufwand ermittelt werden können, und berücksichtigt dabei den gegenwärtigen Wissensstand und der Behörde bekannte Äußerungen der Öffentlichkeit, allgemein anerkannte Prüfungsmethoden, Inhalt und Detaillierungsgrad des Plans oder Programms sowie dessen Stellung im Entscheidungsprozess.

(3) Sind Pläne und Programme Bestandteil eines mehrstufigen Planungs- und Zulassungsprozesses, soll zur Vermeidung von Mehrfachprüfungen bei der Festlegung des Untersuchungsrahmens bestimmt werden, auf welcher der Stufen dieses Prozesses bestimmte Umweltauswirkungen schwerpunktmäßig geprüft werden sollen. Dabei sind Art und Umfang der Umweltauswirkungen, fachliche Erfordernisse sowie Inhalt und Entscheidungsgegenstand des Plans oder Programms zu berücksichtigen. Bei nachfolgenden Plänen und Programmen sowie bei der nachfolgenden Zulassung von Vorhaben, für die der Plan oder das Programm einen Rahmen setzt, soll sich die Umweltprüfung auf zusätzliche oder andere erhebliche Umweltauswirkungen sowie auf erforderliche Aktualisierungen und Vertiefungen beschränken.

(4) Die Behörden, deren umwelt- und gesundheitsbezogener Aufgabenbereich durch den Plan oder das Programm berührt wird, werden bei der Festlegung des Untersuchungsrahmens der Strategischen Umweltprüfung sowie des Umfangs und Detaillierungsgrads der in den Umweltbericht aufzunehmenden Angaben beteiligt. Die zuständige Behörde gibt auf der Grundlage geeigneter Informationen den zu beteiligenden Behörden Gelegenheit zu einer Besprechung oder zur Stellungnahme über die nach Absatz 1 zu treffenden Festlegungen. Sachverständige, betroffene Gemeinden, nach § 60 Absatz 1 zu beteiligende Behörden, nach § 3 des Umwelt-Rechtsbehelfsgesetzes anerkannte Umweltvereinigungen sowie sonstige Dritte können hinzugezogen werden. Verfügen die zu beteiligenden Behörden über Informationen, die für den Umweltbericht zweckdienlich sind, übermitteln sie diese der zuständigen Behörde.

Hinweise auf die Gesetzesmaterialien (ausführliche Kommentierung folgt)

Begründung der Bundesregierung (BT-Drs. 18/11499, S. 27):

§ 39 übernimmt den früheren § 14 f, der wie folgt geändert wird: In Absatz 1 wird die Angabe „§ 14g“ durch die Angabe „§ 40“ ersetzt. In Absatz 2 Satz 1 wird die Angabe „§ 2 Abs. 4“ durch die Angabe „§ 33“ ersetzt. In Absatz 4 Satz 3 wird die Angabe „§ 14j“ durch die Angabe „§ 60“ ersetzt. (BT- Drs., 18/11499 S. 27). Die zugehörige Begründung enthält nur den knappen Hinweis „Anpassung an die neue Nummerierung“ (BT-Drs., 18/11499 S. 98). 1

(Kommentierung folgt)

[illegible]

§ 40 Umweltbericht

(1) Die zuständige Behörde erstellt frühzeitig einen Umweltbericht. Dabei werden die voraussichtlichen erheblichen Umweltauswirkungen der Durchführung des Plans oder Programms sowie vernünftiger Alternativen ermittelt, beschrieben und bewertet.

(2) Der Umweltbericht nach Absatz 1 muss nach Maßgabe des § 39 folgende Angaben enthalten:

1. Kurzdarstellung des Inhalts und der wichtigsten Ziele des Plans oder Programms sowie der Beziehung zu anderen relevanten Plänen und Programmen,

2. Darstellung der für den Plan oder das Programm geltenden Ziele des Umweltschutzes sowie der Art, wie diese Ziele und sonstige Umwelterwägungen bei der Ausarbeitung des Plans oder des Programms berücksichtigt wurden,

3. Darstellung der Merkmale der Umwelt, des derzeitigen Umweltzustands sowie dessen voraussichtliche Entwicklung bei Nichtdurchführung des Plans oder des Programms,

4. Angabe der derzeitigen für den Plan oder das Programm bedeutsamen Umweltprobleme, insbesondere der Probleme, die sich auf ökologisch empfindliche Gebiete nach Nummer 2.6 der Anlage 6 beziehen,

5. Beschreibung der voraussichtlichen erheblichen Auswirkungen auf die Umwelt nach § 3 in Verbindung mit § 2 Absatz 1 und 2,

6. Darstellung der Maßnahmen, die geplant sind, um erhebliche nachteilige Umweltauswirkungen aufgrund der Durchführung des Plans oder des Programms zu verhindern, zu verringern und so weit wie möglich auszugleichen,

7. Hinweise auf Schwierigkeiten, die bei der Zusammenstellung der Angaben aufgetreten sind, zum Beispiel technische Lücken oder fehlende Kenntnisse,

8. Kurzdarstellung der Gründe für die Wahl der geprüften Alternativen sowie eine Beschreibung, wie die Umweltprüfung durchgeführt wurde,

9. Darstellung der geplanten Überwachungsmaßnahmen gemäß § 45.

Die Angaben nach Satz 1 sollen entsprechend der Art des Plans oder Programms Dritten die Beurteilung ermöglichen, ob und in welchem Umfang sie von den Umweltauswirkungen des Plans oder Programms betroffen werden können. Eine allgemein verständliche, nichttechnische Zusammenfassung der Angaben nach diesem Absatz ist dem Umweltbericht beizufügen.

(3) Die zuständige Behörde bewertet vorläufig im Umweltbericht die Umweltauswirkungen des Plans oder Programms im Hinblick auf eine wirksame Umweltvorsorge im Sinne *der*[1] § 3 in Verbindung mit § 2 Absatz 1 und 2 nach Maßgabe der geltenden Gesetze.

(4) Angaben, die der zuständigen Behörde aus anderen Verfahren oder Tätigkeiten vorliegen, können in den Umweltbericht aufgenommen werden, wenn sie für den vorgesehenen Zweck geeignet und hinreichend aktuell sind.

Hinweise auf die Gesetzesmaterialien
(ausführliche Kommentierung folgt)

---

[1] [Redaktionelle Anm.] Richtig wohl: „des".

Begründung der Bundesregierung (BT-Drs. 18/11499, S. 27):

1 § 40 übernimmt den früheren § 14g, der wie folgt geändert wird: Absatz 2 Satz 1 wird wie folgt geändert: Im einleitenden Satzteil wird die Angabe „§ 14f" durch die Angabe „§ 39" ersetzt. In Nummer 4 wird die Angabe „Anlage 4" durch die Angabe „Anlage 6" ersetzt. In Nummer 5 werden die Wörter „§ 2 Abs. 4 Satz 2 in Verbindung mit § 2 Abs. 1 Satz 2" durch die Wörter „§ 3 in Verbindung mit § 2 Absatz 1 und 2" ersetzt. In Nummer 9 wird die Angabe „§ 14m" durch die Angabe „§ 45" ersetzt. In Absatz 3 werden die Wörter „§§ 1 und 2 Abs. 4 Satz 2 in Verbindung mit § 2 Abs. 1 Satz 2" durch die Wörter „§ 3 in Verbindung mit § 2 Absatz 1 und 2" ersetzt. (BT- Drs., 18/11499 S. 27). Die zugehörige Begründung enthält nur den knappen Hinweis „Anpassung an die neue Nummerierung" (BT-Drs., 18/11499 S. 99).

(Kommentierung folgt)

§ 41 Beteiligung anderer Behörden

Die zuständige Behörde übermittelt den Behörden, deren umwelt- und gesundheitsbezogener Aufgabenbereich durch den Plan oder das Programm berührt wird, den Entwurf des Plans oder Programms sowie den Umweltbericht und holt die Stellungnahmen dieser Behörden ein. Die zuständige Behörde setzt für die Abgabe der Stellungnahmen eine angemessene Frist von mindestens einem Monat.

Hinweise auf die Gesetzesmaterialien (ausführliche Kommentierung folgt)

Begründung der Bundesregierung (BT Drs. 18/11499, S. 27, 99)

Durch die UVPG-Novelle 2017 wurde der ehemalige § 14h zu § 41 UVPG (BT Drs. 18/11499, S. 27). Da auch keinerlei Verweisungen zu ändern waren, vermerkt die Begründung des Regierungsentwurfs hierzu lapidar: **1**

„Anpassung an die neue Nummerierung" (BT Drs. 18/11499, S. 99).

(Kommentierung folgt)

§ 42 Beteiligung der Öffentlichkeit

(1) Für die Öffentlichkeitsbeteiligung gelten § 18 Absatz 1 sowie die §§ 19 und 22 entsprechend, soweit nachfolgend nichts anderes bestimmt wird.

(2) Der Entwurf des Plans oder Programms, der Umweltbericht sowie weitere Unterlagen, deren Einbeziehung die zuständige Behörde für zweckmäßig hält, werden frühzeitig für eine angemessene Dauer von mindestens einem Monat öffentlich ausgelegt. Auslegungsorte sind unter Berücksichtigung von Art und Inhalt des Plans oder Programms von der zuständigen Behörde so festzulegen, dass eine wirksame Beteiligung der betroffenen Öffentlichkeit gewährleistet ist.

(3) Die betroffene Öffentlichkeit kann sich zu dem Entwurf des Plans oder Programms und zu dem Umweltbericht äußern. Die zuständige Behörde bestimmt für die Äußerung eine angemessene Frist von mindestens einem Monat nach Ende der Auslegungsfrist. Mit Ablauf der Äußerungsfrist sind alle Äußerungen ausgeschlossen, die nicht auf besonderen privatrechtlichen Titeln beruhen. Hierauf ist in der Bekanntmachung der Auslegung oder bei der Bekanntgabe der Äußerungsfrist hinzuweisen. Ein Erörterungstermin ist durchzuführen, soweit Rechtsvorschriften des Bundes dies für bestimmte Pläne und Programme vorsehen.

Rechtsprechung: zu Vorhaben nach Anlage 1 (Absatz 1 Nummer 1): VG Münster (2. Kammer), Urt. v. 12.4.2018 – 2 K 2307/16 (NuR 2018, 644; BeckRS 2018, 8220)

Hinweise auf die Gesetzesmaterialien (ausführliche Kommentierung folgt)

Begründung der Bundesregierung (BT-Drs. 18/11499, S. 27):

§ 42 übernimmt den früheren § 14i, der wie folgt geändert wird: In Absatz 1 werden **1** die Wörter „gilt § 9 Abs. 1 bis 1b" durch die Wörter „gelten § 18 Absatz 1 sowie die §§ 19 und 22" ersetzt. In Absatz 3 Satz 2 werden nach dem Wort „Monat" die Wörter „nach Ende der Auslegungsfrist" eingefügt (BT-Drs. 18/11499 S. 27).

In der Begründung der Bundesregierung (BT-Drs. 18/11499 S. 99) heißt es dazu:

„Es handelt sich eine Anpassung an die neue Nummerierung sowie um eine Folgeänderung zu § 22, der dem bisherigen § 9 Absatz 1 Satz 4 entspricht.

In Absatz 3 werden die Wörter „nach Ende der Auslegungsfrist" ergänzt. Damit wird klargestellt, dass die Beteiligungsfrist nach Absatz 3nicht identisch ist mit der Auslegungsfrist nach Absatz 2 (vgl. Gärditz, in Landmann/Rohmer, UmweltR Bd. 1, § 14i UVPG Rn. 18)."

(Kommentierung folgt)

§ 43 Abschließende Bewertung und Berücksichtigung

(1) Nach Abschluss der Behörden- und Öffentlichkeitsbeteiligung überprüft die zuständige Behörde die Darstellungen und Bewertungen des Umweltberichts unter Berücksichtigung der ihr nach den §§ 41, 42, 60 Absatz 1 und § 61 Absatz 1 übermittelten Stellungnahmen und Äußerungen. Bei der Überprüfung gelten die in § 40 Absatz 3 bestimmten Maßstäbe.

(2) Das Ergebnis der Überprüfung nach Absatz 1 ist im Verfahren zur Aufstellung oder Änderung des Plans oder Programms zu berücksichtigen.

Hinweise auf die Gesetzesmaterialien (ausführliche Kommentierung folgt)

Begründung der Bundesregierung (BT-Drs. 18/11499, S. 27):

§ 43 übernimmt den früheren § 14k, der wie folgt geändert wird: In Absatz 1 wird in Satz 1 die Angabe „§§ 14h bis 14j" durch die Wörter „§§ 41, 42, 60 Absatz 1 und 61 Absatz 1" ersetzt. In Satz 2 wird die Angabe „§ 14g Abs. 3" durch die Angabe „§ 40 Absatz 3" ersetzt (BT-Drs., 18/11499 S. 27). Die zugehörige Begründung enthält nur den knappen Hinweis „Anpassung an die neue Nummerierung" (BT-Drs., 18/11499 S. 99). **1**

(Kommentierung folgt)

§ 44 Bekanntgabe der Entscheidung über die Annahme oder Ablehnung des Plans oder Programms

(1) Die Annahme eines Plans oder Programms ist öffentlich bekannt zu machen. Die Ablehnung eines Plans oder Programms kann öffentlich bekannt gemacht werden.

(2) Bei Annahme des Plans oder Programms sind folgende Informationen zur Einsicht auszulegen:

1. der angenommene Plan oder das angenommene Programm,

2. eine zusammenfassende Erklärung, wie Umwelterwägungen in den Plan oder das Programm einbezogen wurden, wie der Umweltbericht nach § 40 sowie die Stellungnahmen und Äußerungen nach den §§ 41, 42, 60 Absatz 1 und § 61 Absatz 1 berücksichtigt wurden und aus welchen Gründen der angenommene Plan oder das angenommene Programm nach Abwägung mit den geprüften Alternativen gewählt wurde,

3. eine Aufstellung der Überwachungsmaßnahmen nach § 45 sowie

4. eine Rechtsbehelfsbelehrung, soweit über die Annahme des Plans oder Programms nicht durch Gesetz entschieden wird.

Hinweise auf die Gesetzesmaterialien (ausführliche Kommentierung folgt)

Begründung der Bundesregierung (BT-Drs. 18/11499, S. 27):

1 § 44 übernimmt den früheren § 14l, der wie folgt geändert wird: In der Überschrift werden nach dem Wort „Annahme“ die Wörter „oder Ablehnung“ eingefügt. Absatz 2 wird wie folgt geändert: In Nummer 2 wird die Angabe „§ 14g“ durch die Angabe „§ 40“ und die Angabe „§§ 14h bis 14j“ durch die Wörter „§§ 41, 42, 60 Absatz 1 und § 61 Absatz 1“ ersetzt. In Nummer 3 wird die Angabe „§ 14m“ durch die Angabe „§ 45“ ersetzt (BT-Drs., 18/11499 S. 27).

In der Gesetzesbegründung (BT-Drs., 18/11499 S. 100) heißt es dazu:

„Anpassung an die neue Nummerierung. Die Ergänzung der Überschrift dient der Klarstellung, da die Vorschrift auch eine Regelung zur Bekanntmachung im Falle der Ablehnung des Plans oder Programms trifft.

(Kommentierung folgt)

§ 45 Überwachung

(1) Die erheblichen Umweltauswirkungen, die sich aus der Durchführung des Plans oder Programms ergeben, sind zu überwachen, um insbesondere frühzeitig unvorhergesehene nachteilige Auswirkungen zu ermitteln und geeignete Abhilfemaßnahmen ergreifen zu können. Die erforderlichen Überwachungsmaßnahmen sind mit der Annahme des Plans oder Programms auf der Grundlage der Angaben im Umweltbericht festzulegen.

(2) Soweit Rechtsvorschriften des Bundes oder der Länder keine abweichende Zuständigkeit regeln, obliegt die Überwachung der für die Strategische Umweltprüfung zuständigen Behörde.

(3) Andere Behörden haben der nach Absatz 2 zuständigen Behörde auf Verlangen alle Umweltinformationen zur Verfügung zu stellen, die zur Wahrnehmung der Aufgaben nach Absatz 1 erforderlich sind.

(4) Die Ergebnisse der Überwachung sind der Öffentlichkeit nach den Vorschriften des Bundes und der Länder über den Zugang zu Umweltinformationen sowie den in § 41 genannten Behörden zugänglich zu machen und bei einer erneuten Aufstellung oder einer Änderung des Plans oder Programms zu berücksichtigen.

(5) Zur Erfüllung der Anforderungen nach Absatz 1 können bestehende Überwachungsmechanismen, Daten- und Informationsquellen genutzt werden. § 40 Absatz 4 gilt entsprechend.

Hinweise auf die Gesetzesmaterialien (ausführliche Kommentierung folgt)

Begründung der Bundesregierung (BT-Drs. 18/11499, S. 27):

§ 45 übernimmt den früheren § 14m, der wie folgt geändert wird: In Absatz 4 wird die Angabe „§ 14h“ durch die Angabe „§ 41“ ersetzt. In Absatz 5 Satz 2 wird die Angabe „§ 14g Abs. 4“ durch die Angabe „§ 40 Absatz 4“ ersetzt (BT-Drs., 18/11499 S. 27). Die zugehörige Begründung enthält nur den knappen Hinweis „Anpassung an die neue Nummerierung“ (BT-Drs., 18/11499 S. 100). **1**

(Kommentierung folgt)

§ 46 Verbundene Prüfverfahren

Für einen Plan nach § 35 oder § 36, der einzeln oder im Zusammenwirken mit anderen Vorhaben, Projekten oder Plänen geeignet ist, ein Natura 2000-Gebiet erheblich zu beeinträchtigen, ist die Verträglichkeitsprüfung nach § 34 Absatz 1 des Bundesnaturschutzgesetzes im Verfahren zur Aufstellung oder Änderung des Plans vorzunehmen. Die Strategische Umweltprüfung kann mit der Prüfung nach Satz 1 und mit anderen Prüfungen zur Ermittlung oder Bewertung von Umweltauswirkungen verbunden werden.

Hinweise auf die Gesetzesmaterialien (ausführliche Kommentierung folgt)

Begründung der Bundesregierung (BT-Drs. 18/11499, S. 100):

„Neben der Anpassung an die neue Nummerierung wird § 46 um einen neuen Satz 1 **1** ergänzt. Ähnlich wie bei der Parallelregelung in § 32 bezweckt die Vorschrift eine Stärkung der Wirksamkeit und Effizienz der Umweltprüfung sowie eine Verringerung des damit verbundenen Verwaltungsaufwands (vgl. Erwägungsgrund 37 der Richtlinie 2014/52/EU). Die Vorschrift stellt klar, dass bei Plänen, die einzeln oder im Zusammenwirken mit anderen Vorhaben, Projekten oder Plänen (zB Bebauungsplänen) geeignet sind, ein Natura 2000-Gebiet zu beeinträchtigen, die Prüfung nach § 34 des Bundesnaturschutzgesetzes im Verfahren zur Annahme oder Ablehnung des Plans vorgenommen wird. Die materiell-rechtliche Eigenständigkeit des § 34 des Bundesnaturschutzgesetzes bleibt hiervon unberührt."

(ausführliche Kommentierung folgt)

§ 47 Linienbestimmung und Genehmigung von Flugplätzen

(1) **Für die Linienbestimmung nach § 16 Absatz 1 des Bundesfernstraßengesetzes und für die Linienbestimmung nach § 13 Absatz 1 des Bundeswasserstraßengesetzes sowie im Verfahren zur Genehmigung von Flugplätzen nach § 6 Absatz 1 des Luftverkehrsgesetzes wird bei Vorhaben die Umweltverträglichkeit nach dem jeweiligen Planungsstand des Vorhabens geprüft. In die Prüfung der Umweltverträglichkeit sind bei der Linienbestimmung alle ernsthaft in Betracht kommenden Trassenvarianten einzubeziehen.**

(2) **Absatz 1 gilt nicht, wenn in einem Raumordnungsverfahren bereits die Umweltverträglichkeit geprüft wurde und wenn dabei im Falle einer Linienbestimmung alle ernsthaft in Betracht kommenden Trassenvarianten einbezogen wurden.**

(3) **Im nachfolgenden Zulassungsverfahren kann die Prüfung der Umweltverträglichkeit auf zusätzliche erhebliche oder andere erhebliche Umweltauswirkungen des Vorhabens beschränkt werden.**

(4) **Die Linienbestimmung nach § 16 Absatz 1 des Bundesfernstraßengesetzes und die Linienbestimmung nach § 13 Absatz 1 des Bundeswasserstraßengesetzes kann nur im Rahmen des Rechtsbehelfsverfahrens gegen die nachfolgende Zulassungsentscheidung überprüft werden.**

Schrifttum: *Erbguth, Winfried/Schlacke, Sabine:* Umweltrecht, 3. Aufl. 2010; *Hoppe, Werner/Beckmann, Martin/Kment, Martin:* UVPG/UmwRG-Kommentar, 5. Aufl. 2018; *Kloepfer, Michael:* Umweltschutzrecht, 2. Aufl. 2011; *Kodal, Kurt:* Straßenrecht, 7. Aufl. 2010; *Mann, Thomas:* Großvorhaben als Herausforderung für den demokratischen Rechtsstaat, VVDStRL 72 (2013), 544 ff.; *Peters, Heinz-Joachim/Balla, Stefan/Hesselbarth, Thorsten:* UVPG-Kommentar, 4. Aufl. 2019; *Proelß, Alexander:* Internationales Umweltrecht, 2017; *Schink, Alexander/Reidt, Olaf/Mitschang, Stephan:* UVPG/UmwRG-Kommentar, 2018; *Schladebach, Marcus:* Der Einfluss des europäischen Umweltrechts auf die kommunale Bauleitplanung, 2000; *ders.*, Die fehlerhafte UVP im Planfeststellungsrecht und im Bauplanungsrecht, ZfBR 2000, 94 ff.; *ders.*, Lärmschutz im Recht der Flughafengenehmigung, EurUP 2016, 102 ff.; *ders.*, Luftrecht, 2. Aufl. 2018; *ders./Salih, Chehab:* Internationales Flughafenplanungsrecht, ZLW 2020, 52 ff.; *Thiele, Alexander:* Verlustdemokratie, 2. Aufl. 2018; *Wagner, Jörg:* Verfahrensbeschleunigung durch das Verkehrswegeplanungsbeschleunigungsgesetz, NVwZ 1992, 232 ff.

Übersicht

A. Grundlagen

1 Die seit vielen Jahren eingeführte Prüfung der Umweltverträglichkeit von Einzelvorhaben und raumbezogenen Planungen erfasst auch die Planung von bestimmten Bundesinfrastrukturen. Um schädliche Umweltauswirkungen bei zeitlich gestreckten Großvorhaben bereits früh ermitteln und planungsändernd berücksichtigen zu können, verpflichtet der Gesetzgeber zur Prüfung von Umweltbelastungen schon zum frühestmöglichen Zeitpunkt einer solchen Planung: Der Festlegung der Linienführung bzw. des Standorts eines Flugplatzes. Ist über den Trassenverlauf entschieden und beginnen gar die Bauarbeiten, ist eine Reaktion auf sodann auftretende Umweltauswirkungen zwar nicht ausgeschlossen, aber nur noch begrenzt möglich. Schon auf den ersten Blick deutet sich bei der UVP von raumbezogenen Planungen eine multipolare Ambivalenz an: Ist die zentrale frühe Entscheidung über die Linienbestimmung nur abgeschwächt prognostisch auf mögliche Umweltauswirkungen überprüfbar, sind im späteren Zulassungsverfahren des Projekts mit seinen deutlicher sichtbaren Umweltbelastungen nur noch zusätzliche Umweltauswirkungen prüfungsrelevant. Ob diese Fragmentierung der UVP ihrer unionsrechtlich determinierten Intention gerecht wird, kann durchaus unterschiedlich bewertet werden.

I. Regelungsaussage

2 § 47 regelt die Durchführung der UVP für drei Fälle raumbeanspruchender Verkehrsplanung: die Linienbestimmung der Bundesfernstraßen nach § 16 Abs. 1 FStrG, die Linienbestimmung der Bundeswasserstraßen nach § 13 Abs. 1 WaStrG und im Verfahren zur Genehmigung von Flugplätzen nach § 6 Abs. 1 LuftVG. In diesen drei Verfahren soll die UVP nach dem jeweiligen Planungsstand, dh vorgezogen, durchgeführt werden. Dabei ist die Prüfung den bereits vorliegenden Planungsvorstellungen anzupassen, wobei Doppelprüfungen jedoch vermieden werden sollen.

3 Zu betonen ist, dass § 47 die UVP für diese drei Fälle nicht selbst anordnet, sondern deren UVP-Pflichtigkeit voraussetzt (*Reidt/Eckart* in Schink/Reidt/Mitschang Rn. 3; *Peters/Balla/Hesselbarth* Rn. 5). Die Pflicht zur UVP ergibt sich vielmehr aus den §§ 4 ff. und der Anlage zum UVPG, die in Nr. 14.6 den Bau von Bundesfernstraßen und Bundeswasser-straßen für UVP-pflichtig erklärt. Für den Bau eines Flugplatzes ist die UVP-Pflicht in Nr. 14.12 bestimmt. § 47 ist daher als Durchführungsvorschrift zu verstehen, deren zentrale Aussage (lediglich) in der zeitlichen Vorverlagerung der UVP nach Maßgabe des jeweiligen Planungsstands besteht.

Mit der weiteren Aussage, dass in die Prüfung der UVP bei der Linienbestimmung alle ernsthaft in Betracht kommenden Trassenvarianten einzubeziehen sind, wird Selbstverständliches wiederholt. Besteht die planerische Aufgabe darin, eine konkrete, möglichst umweltschonende Verkehrstrasse festzulegen, dann gehört die Erwägung und Bewertung von Alternativen der Streckenführung zu den originären Inhalten einer professionellen UVP. Auch die Hervorhebung, nur „ernsthaft" in Betracht kommende Varianten seien zu berücksichtigen, muss den Planungsrechtler verwundern. Denn Phantasieplanungen sind ohnehin nicht Gegenstand eines verantwortungsbewussten Planungsverfahrens. Die Rolle von Satz 2 liegt somit nur in einer Verdeutlichung gegenüber den Planungsbehörden, dass jene auch Trassenalternativen zu erwägen haben. Die Funktion des Satzes 2 beschränkt sich auf eine Instruktion der Behörden und unterstreicht den Charakter des § 47 als „Durchführungsanleitung". 4

Absatz 2 sieht einen Vorrang des übergeordneten Raumordnungsverfahrens vor. Die nach Absatz 1 vorgezogen durchzuführende UVP entfällt, wenn die von Absatz 1 erfassten Vorgaben bereits im Raumordnungsverfahren geprüft worden sind. Auch diese Ausnahmeregelung lässt sich auf den ersten Blick mit der Vermeidung von Doppelprüfungen gut begründen. Auf der anderen Seite ist anzumerken, dass der Planungsansatz des Raumordnungsrechts grobmaschiger als der des UVPG ist und die vorhabenbezogen ausgerichtete UVP darunter leiden könnte, wenn die Linienbestimmung nicht konkret, sondern nur nach allgemeinen raumordnungsrechtlichen Zielvorgaben diskutiert wird. Aufgrund dieser unterschiedlichen Maßstäbe erscheinen Umweltschutzverluste nicht ausgeschlossen, was die UVP als solche partiell entwerten könnte. 5

Eine weitere Regelung mit diesem die UVP relativierenden Potenzial bildet Absatz 3. Im nachfolgenden Zulassungsverfahren kann die dort vorzunehmende UVP auf die im vorgelagerten Verfahren noch nicht geprüften, zusätzlichen erheblichen oder anderen erheblichen Umweltauswirkungen des Vorhabens beschränkt werden. Auch hier erscheint der Hinweis auf die Vermeidung von Doppelprüfungen mehr als vorschnell. Planungs- und Erkenntnisfortschritte beim konkreten Vorhaben lassen ein einfaches nachholendes Abarbeiten bislang nicht geprüfter und unter anderen Vorzeichen erhobener Umweltaspekte kaum zu. Vor diesem Hintergrund ist es sachgerecht, dass diese Beschränkungsoption ins Ermessen der Planungsbehörde gestellt wurde. 6

Absatz 4 schließt Rechtsbehelfe gegen die in den vorgelagerten Verfahren vom Bund getroffenen Vorfestlegungen von Trassen in Form der Linienbestimmung aus. Erst gegen die nachfolgenden Zulassungsentscheidungen, dh die Planfeststellungsbeschlüsse, sind Rechtsbehelfe möglich. Die als Verwaltungsakte erlassenen Planfeststellungsbeschlüsse sind sodann vor den Verwaltungsgerichten anzugreifen, wobei frühere erstinstanzliche Zuweisungen zum Bundesverwaltungsgericht durch das Verkehrswegeplanungsbeschleunigungsgesetz (BGBl. 1991 I S. 2174, BGBl. 2015 I S. 1474; dazu *Wagner* NVwZ 1992, 232 ff.) nur bis Ende 2006 galten. 7

II. Regelungszweck

Der Zweck der durch § 47 bestimmten Vorverlagerung von Teilen der UVP liegt in dem sowohl unionsrechtlich als auch völkerrechtlich verfolgten Anliegen, negative Umweltauswirkungen von Großprojekten frühzeitig zu identifizieren und auszuschließen. Im Unionsrecht folgt der Zweck der frühzeitigen Ermittlung von Umweltauswirkungen aus der für das europäische Umweltrecht epochalen UVP-Richtlinie von 1985 (RL 85/337/EWG vom 27.6.1985, ABl. L 175, S. 40; zul. geänd. durch RL 2014/52/EU vom 16.4.2014, ABl. EU L 124, S. 1) sowie der diese erweiternden SUP- 8

Richtlinie von 2001 (RL 2001/42/EG vom 27.6.2001, ABl. L 197, S. 30), die eine „Umweltprüfung“ auch für Pläne und Programme anordnete. Selten erwähnt, aber sowohl hierarchisch als auch zeitlich vorausgehend ist das aus dem Umweltvölkerrecht stammende Präventionsprinzip (*Proelß* in Proelß, Internationales Umweltrecht, 2017, 3. Abschn. Rn. 8 ff.), das ebenfalls auf ein möglichst frühzeitiges Erkennen und Vermeiden von Umweltbeeinträchtigungen abzielt. Dieses völkerrechtlich fundierte Prinzip ist deutlich älter als die vergleichsweise späten Regelungsaktivitäten der EU in der zweiten Hälfte der 1980er Jahre. Dieser Frühzeitigkeitsaspekt trifft auf die Linien- bzw. Standortbestimmung exakt zu: Beide können einschneidende und dauerhaft prägende Wirkungen für die Umgebung haben, weshalb ihre umweltbeeinträchtigenden Potenziale schon früh, und zwar bei der Bestimmung der Verkehrstrassen oder der Flughafenstandorte zu prüfen sind. Dies dient gleichzeitig dazu, unverträgliche Trassen und Standorte auszuschließen.

9 Gelegentlich ist vertreten worden, dass die Norm durch die intendierte Vermeidung von Doppelprüfungen auch der Beschleunigung von Planungsverfahren dienen soll. Unzweifelhaft hat die Beschränkung der UVP im nachgelagerten Zulassungsverfahren auf neue Aspekte faktisch eine verfahrensverkürzende Wirkung. Ob jedoch ein Beschleunigungseffekt für großräumige Planungsverfahren tatsächlich sachgerecht ist, erscheint zweifelhaft. Denn Beschleunigung geht mit der Verkürzung von Partizipationsmöglichkeiten einher, eine verfahrensrechtliche Konsequenz, die vom unionsrechtlichen und völkerrechtlichen Umweltrecht keinesfalls intendiert war. Im Gegenteil: Das supranationale Umweltrecht der 1990er Jahre war geprägt vom deutlichen Ausbau der Öffentlichkeitsbeteiligung im Umweltschutz, wofür stellvertretend die Aarhus-Konvention von 1998 (BGBl. 2006 II S. 1251) steht. Zur Anpassung des unionsrechtlichen Umweltrechts an diese Konvention hat die EU die Umweltinformationsrichtlinie (RL 2003/4/EG vom 28.1.2003, ABl. EU L 41, S. 26), die Öffentlichkeitsbeteiligungsrichtlinie (RL 2003/35/EG vom 26.5.2003, ABl. EU L 156, S. 17), die – hier besonders relevante – SUP-Richtlinie (s. oben) und die Aarhus-Verordnung (VO 1367/2006 vom 6.9.2006, ABl. EU 264, S. 13) erlassen. Hiermit ist gerade keine Beschleunigung beabsichtigt, sondern die wichtige stärkere Einbindung der Öffentlichkeit in die Planungen, ein seit Jahren zu Recht vieldiskutierter Baustein demokratieermöglichender Politik (*Mann* VVDStRL 72 (2013), 544 ff.; *Thiele,* Verlustdemokratie, 2018, passim).

III. Regelungsgeschichte

10 § 47 stellt eine stufenweise Umsetzung zweier umweltplanungsrechtlicher EU-Richtlinien dar: der UVP-Richtlinie von 1985 und der SUP-Richtlinie von 2001. Beiden Sekundärrechtsakten liegt der programmatische Grundsatz des „Gebots der Frühzeitigkeit“ zugrunde, der für die Umsetzung ins nationale Recht und insbesondere in § 47 erhebliche Bedeutung besitzt.

11 **1. Unionsrechtlicher Hintergrund. a) UVP-Richtlinie.** Mit der UVP-Richtlinie wurde für bestimmte in der Anlage zur Richtlinie aufgezählte Projekte eine Umweltverträglichkeitsprüfung angeordnet. Nachdem die Umweltpolitik Mitte der 1980er Jahre für die damalige EWG zu einem Gemeinschaftsziel geworden war, das durch die Atomkatastrophe von Tschernobyl im April 1986 kurz darauf eine dramatische zusätzliche Rechtfertigung erhielt, wurde mit dieser Richtlinie ein umweltrechtliches Rechtsinstrument geschaffen, das mit dem Gebot der Frühzeitigkeit und dem Ansatz, die UVP

umweltmedienübergreifend auszugestalten, für die damalige Zeit hochmodern konzipiert war. Zutreffend sollten durch die frühzeitige Prüfung der Umweltverträglichkeit vor der Genehmigung eines Projekts Umweltbelastungen von vornherein vermieden werden, statt sie erst nachträglich in ihren Auswirkungen zu bekämpfen (Erwägungsgrund 1 UVP-RL).

Unterschiedlich wurde beurteilt, ob aus dem Frühzeitigkeitsgebot auch eine Rechtspflicht folgte, bei gestreckten Verfahren die UVP bereits auf die Planungsphase oder erst auf die spätere Zulassungsentscheidung zu beziehen (*Wagner* in Hoppe/Beckmann/Kment Rn. 7). Dafür konnte angeführt werden, dass dem Gebot der Frühzeitigkeit nur entsprochen werden kann, wenn schon die rahmensetzenden Planungsvorstellungen zum Gegenstand einer UVP gemacht werden. Denn es werden Fakten geschaffen, deren umweltverändernden Auswirkungen zu einem späteren Zeitpunkt allenfalls begrenzt, dann aber nicht mehr grundlegend ausgeschlossen werden können. Gegen eine UVP in vorgelagerten Verfahren sprach, dass die Frühzeitigkeit lediglich als Gebot, nicht aber als Rechtspflicht geregelt war und die UVP dann „nur" das Zulassungsverfahren betraf. Generell wurde der UVP-Richtlinie in diesem Punkt nur eine Empfehlung entnommen (*Wagner* in Hoppe/Beckmann/Kment Rn. 7). Vorgelagerte Verfahren wurden damit nicht auf ihre Umweltverträglichkeit untersucht. 12

Die Änderungsrichtlinie zur UVP-Richtlinie aus dem Jahr 2014 (RL 2014/52/EU vom 16.4.2014, ABl. EU L 124, S. 1; dazu *Wagner* in Hoppe/Beckmann/Kment Rn. 9) hat zwar punktuelle Modernisierungen dieses wichtigen umweltrechtlichen Verfahrens vorgenommen. So sollen bei der Öffentlichkeitsbeteiligung die Möglichkeiten des Internets stärker genutzt, die Verzahnung mit Umweltprüfungen aus anderen Richtlinien verbessert und ein neuer UVP-Bericht (Selbstverständlich musste die UVP auch bisher schon dokumentiert werden.) vorgelegt werden. Eine Klarstellung des konkreten Zeitpunkts der UVP bei gestreckten Planungsverfahren erfolgte jedoch nicht. 13

b) SUP-Richtlinie. Die SUP-Richtlinie von 2001 erweiterte den Kreis der auf Umweltverträglichkeit zu prüfenden Vorhaben von Projekten auf „Pläne und Programme", die einen Rahmen für UVP-pflichtige Zulassungsentscheidungen setzen. Die frühzeitige UVP, die seither „Umweltprüfung" genannt wurde, erstarkte somit zum verbindlichen Unionsrecht und entschied daher die Diskussion um den Zeitpunkt der UVP im gestreckten Verfahren im erstgenannten Sinne. 14

Die Vorverlagerung des Prüfungszeitpunkts hat in dem Ausdruck des Prüfungsverfahrens als „Strategischer Umweltprüfung" einen manifesten Ausdruck gefunden. Ob jeder kleinen lokalen Planungsbehörde der Unterschied zwischen der projektbezogenen UVP und der planbezogenen strategischen Umweltprüfung in allen seinen Details unionsrechtskonform geläufig ist, soll an dieser Stelle nicht weiter hinterfragt werden. Jedenfalls verdeutlicht die Bezeichnung dieser Prüfung als „strategisch", dass eine vorausschauende und damit im Sinne der UVP-Richtlinie „frühzeitige" Untersuchung potenzieller Umweltauswirkungen nunmehr als unionsrechtlich verbindlich betrachtet wird. 15

2. Umsetzung in nationales Recht. Dem aus Art. 288 Abs. 3 AEUV, Art. 4 Abs. 3 EUV resultierenden Auftrag der EU-Mitgliedstaaten zur Umsetzung der UVP-Richtlinie in nationales Recht kam Deutschland mit dem UVG-Gesetz (UVPG) von 1990 nach (UVPG vom 12.2.1990, BGBl. 1990 I S. 205). Nach längeren Diskussionen zwischen den Bundesorganen legte die Bundesregierung Anfang 1989 einen Gesetzentwurf vor, der den heutigen § 47 noch als § 15 führte (BT-Drs. 11/3919 vom 26.1.1989, S. 29). Interessanterweise war die Bundesregierung über die Pflichten der UVP-RL hinausgegangen, welche die UVP-Pflichtigkeit vorgelagerter Verfahren nur als Empfehlung vor- 16 sah, und bezog jene tatsächlich schon von Anfang an in die UVP-Pflicht mit ein. Gleichzeitig wurde in diese Norm die verfahrensspezifische Öffentlichkeitsbeteiligung aufgenommen, damals wie heute ein rechtsstaatlich wichtiges Element demokratischer Mitbestimmung. Zur Abstimmung mit dem 1989 eingeführten Raumordnungsverfahren der Länder erhielt § 15 Abs. 1 einen Satz 2, der das Erfordernis einer UVP dann für entbehrlich erklärte, wenn die Umweltauswirkungen einer Planung bereits auf der Ebene der Raumordnung geprüft worden sind. Dieser Vorrang der Raumordnungs-UVP findet sich heute in § 47 Abs. 2.

17 Die UVP-Änderungsrichtlinie von 2014 wurde durch das Gesetz zur Modernisierung des Rechts der Umweltverträglichkeitsprüfung im Jahr 2017 in nationales Recht umgesetzt (BGBl. 2017 I S. 2808). Dieses Umsetzungsgesetz führte zu einer Umstrukturierung des ursprünglichen UVPG von 1990, wobei § 15 zu § 47 wurde und die noch in § 15 bestimmte Sonderregelung zur Öffentlichkeitsbeteiligung in den vorderen Teil des UVPG in § 18 verlagert wurde.

18 Im vergangenen Jahrzehnt war das Umweltplanungsrecht insbesondere durch zwei Strömungen gekennzeichnet. Zum einen wurde planungsrechtlich versucht, Großverfahren zu beschleunigen, um die Infrastruktur Deutschlands zu modernisieren. Zum anderen, oftmals konträr zu den Zielen der Beschleunigungsgesetzgebung, sollte die Partizipation der Öffentlichkeit an Großprojekten verbessert werden (*Mann,* VVDStRL 72 (2013), 544 ff.; *Thiele,* Verlustdemokratie, 2018). Wie oben erwähnt, waren für diese Tendenz die völkerrechtlichen Impulse der Aarhus-Konvention ursächlich. Obwohl es mehr als naheliegt, dass diese moderneren planungsrechtlichen Tendenzen auch die vorgelagerte UVP bei der Linienbestimmung von Verkehrstrassen nach § 15 (bis 2017) bzw. § 47 (ab 2017) erfasst, blieb die Norm hiervon unberührt. Auf den zweiten Blick erscheint dies jedoch konsequent: Die vom unionsrechtlichen Sekundärrecht vorgegebenen Prüfungsmaßstäbe können nicht vom innerstaatlichen Planungsrecht verändert werden.

B. Anwendungsbereich

19 § 47 ist auf die Verfahren der Linienbestimmung gem. § 16 Abs. 1 FStrG und § 13 Abs. 1 WaStrG sowie auf die Genehmigung von Flugplätzen gem. § 6 Abs. 1 LuftVG anwendbar.

I. Linienbestimmungen

20 Die Linienbestimmung für Bundesfernstraßen (§ 16 Abs. 1 FStrG) und für Bundeswasserstraßen (§ 13 Abs. 1 WaStrG) ist der jeweils folgenden Planfeststellung dieser Verkehrstrassen (§§ 17 ff. FStrG bzw. § 14 WaStrG) vorgelagert. Wegen der schon zu diesem frühen Zeitpunkt absehbaren Umweltauswirkungen einer raumverändernden Planung ist es vollkommen zutreffend, Teile der UVP schon in diese frühe Phase vorzuziehen. Die Streckung des Planungsverfahrens ermöglicht es, die Bewertung einzelner Umweltbelange abzuschichten und dadurch die erst im nachfolgenden Planfeststellungsbeschluss erforderliche planerische Konfliktbewältigung vorzubereiten und gegebenenfalls zu entlasten.

21 Wenn gelegentlich hervorgehoben wird, die Entscheidung im vorgelagerten Verfahren beschränke sich gezwungenermaßen auf raumbedeutsame, großräumige Zusammenhänge, erscheint das zu eng (*Reidt/Eckart* in Schink/Reidt/Mitschang Rn. 6). Denn ob beispielsweise eine Straße einen Fluss durch Brücken oder durch Tunnel queren soll, ist eine Frage der Linienbestimmung, die nicht nur großräumige Relevanz besitzt, sondern sich bereits in diesem frühen Planungsstadium konkret auf ein Gebiet – nämlich die Flussquerung – bezieht (BVerwG, NVwZ 2016, 1710 – Elbquerung BAB A 20). Zwar wird die Linienbestimmung generell als Linienführung verstanden, welche die Verkehrstrasse (nur) in ihrem grundsätzlichen Verlauf zwischen den vorgesehenen Anfangs- und Endpunkten und in ihrer ungefähren Lage zu berührten und benachbarten Ortschaften und Grundstücken festlegt (BVerwGE 60, 342 (344) = NJW 1981, 2592 (2593)). Jedoch verdeutlicht schon diese Beschreibung das durchaus erhebliche umweltbezogene Konfliktpotenzial der Linienbestimmung. Es handelt sich nicht um Orts- oder Landesstraßen, sondern um Bundesfernstraßen, deren Auswirkungen die „benachbarten Ortschaften und Grundstücke" künftig erheblich stören werden.

Trotz dieser faktischen umweltbezogenen Vorwirkungen der Linienbestimmung für die nachfolgende Planfeststellung ist auf die vom BVerwG beschriebene, sehr begrenzte Rechtsnatur der Linienbestimmung hinzuweisen (BVerwGE 148, 373 Rn. 31). Sie ist weder eine formelle noch eine materielle Voraussetzung der Rechtmäßigkeit der Planfeststellung. Sie ist nicht auf unmittelbare Rechtswirkungen nach außen gerichtet, sondern hat innerhalb des Planungsverlaufs den Charakter einer vorbereitenden Grundentscheidung mit allein verwaltungsinterner Bedeutung. Rechtliche Verbindlichkeit erlangt sie erst dadurch, dass sie in den Festsetzungen des Planfeststellungsbeschlusses ihren Niederschlag findet. Da die Linienbestimmung nicht Teil eines gestuften Verfahrens mit einer der Bestandskraft fähigen Vorabentscheidung ist, sondern lediglich verwaltungsinterne Bedeutung entfaltet, können Fehler auf dieser vorgelagerten Ebene regelmäßig im nachfolgenden Verfahren, in dem „alle Optionen noch offen sind" und „eine im Hinblick auf den Ausgang des Entscheidungsverfahrens effektive Öffentlichkeitsbeteiligung" noch möglich ist, geheilt werden (EuGH, NVwZ 2013, 347 Rn. 85 ff.). 22

Mit Blick auf eine vorgezogene UVP macht das BVerwG jedoch eine bedeutsame Ausnahme (BVerwGE 148, 373 Rn. 31). Eine Heilung sei nicht mehr möglich, soweit die Prüfung der Umweltverträglichkeit im nachfolgenden Verfahren ausdrücklich auf zusätzliche oder andere erhebliche Umweltauswirkungen des Vorhabens beschränkt wurde. Denn in diesem Fall setze sich ein Fehler, der im abgeschichteten Teil der auf die Linienbestimmung bezogenen UVP aufgetreten ist, bis zum Erlass des Planfeststellungsbeschlusses fort. 23

II. Flugplatzgenehmigung

Die Flugplatzgenehmigung ist auch in ein mehrstufiges Verfahren integriert, das indes gegenüber der Linienbestimmung viel stärker formalisiert ist. Eine Vergleichbarkeit beider Tatbestände ist nur bedingt möglich. Gemäß § 6 Abs. 1 LuftVG dürfen Flugplätze, wozu Flughäfen, Landeplätze und Segelfluggelände gehören (*Schladebach,* Luftrecht, § 6 Rn. 25 ff.), nur mit einer Genehmigung angelegt oder betrieben werden. Diesem separaten Genehmigungsakt folgt regelmäßig, aber nicht zwingend ein Planfeststellungsverfahren nach (§§ 8 ff. LuftVG). Insbesondere gilt das Erfordernis eines Planfeststellungsverfahrens nur für Flughäfen. Das Verhältnis zwischen der Genehmigung nach § 6 Abs. 1 LuftVG und des Planfeststellungsbeschlusses nach §§ 8 ff. LuftVG ist viel besprochen worden und hat mittlerweile auch zu einer gesetzlichen Klarstellung geführt: Danach ist die Genehmigung nach § 6 nicht Voraussetzung für ein Planfeststellungsverfahren oder ein Plangenehmigungsverfahren. In der Praxis wird die Genehmigung nach § 6 Abs. 1 LuftVG häufig auch erst nach dem (wichtigeren) Planfeststellungsbeschluss erlassen und soll sogar an diesen angepasst werden, § 6 Abs. 4 S. 1 LuftVG. 24

25 Ob diese gesetzlich normierte Mehrstufigkeit von Genehmigung und Planfeststellungsverfahren, die durch ein Vorverlagern, eine Parallelität, ein Überholen und eine nachträgliche Anpassung geprägt ist, noch sachgerecht erscheint, kann mit guten Gründen bezweifelt werden (*Schladebach* EurUP 2016, 102 (104)). Für die hier allein in Rede stehende Rechtfertigung der Vorziehung der UVP in das Genehmigungsverfahren spielt dessen Verhältnis zum nachträglichen Planfeststellungsbeschluss allerdings keine herausgehobene und besonders zu untersuchende Rolle. Diese im Luftrecht als „Doppelspurigkeit" des Genehmigungsverfahrens bezeichnete Trennung erbringt vorliegend lediglich den Beweis, dass diese planungsrechtliche Konstellation begründbaren Anlass für eine vorgezogene UVP bietet und daher in § 47 dogmatisch grundsätzlich richtig verortet ist. Da sich das Erfordernis der Planfeststellung, also der zweiten Stufe, jedoch nur auf Flughäfen erstreckt (§ 8 Abs. 1 S. 1 LuftVG), existiert die § 47 zugrundeliegende Konzeption einer Mehrstufigkeit nicht für alle Genehmigungstatbestände des § 6 Abs. 1 LuftVG, sondern nur für Flughäfen, die im internationalen Recht und mit § 38 LuftVZO im nationalen Recht keine einheitliche Definition erfahren haben (*Schladebach/Salih* ZLW 2020, 52 ff.; *Schladebach,* Luftrecht, § 6 Rn. 25). Sinn und Zweck des § 47 sprechen daher dafür, die Norm entsprechend teleologisch auf Flughäfen zu reduzieren.

III. Nichterfasste Planungen

26 Der zutreffende Ansatz des § 47 UVPG, bei mehrstufigen Planungen Teile der für das Zulassungsverfahren erforderlichen UVP bereits auf den Anfang der Planung vorzuziehen, sollte es in der Planungsrechtswissenschaft nahelegen, den Umfang der erfassten Planungsverfahren zumindest zu hinterfragen. Unkritisch werden die geregelten Verfahren kurz kommentiert, ohne zu problematisieren, dass der dargestellte Dualismus aus vorgelagertem Verfahren und nachgelagertem Planfeststellungsverfahren auch für weitere Verfahren des Fachplanungsrecht charakteristisch ist. So finden sich entsprechende Regelungen auch in § 18 AEG für Eisenbahnstrecken, in § 28 PBefG für Straßenbahnen, in § 43 EnWG für Energieleitungen und in § 18 NABEG ebenfalls für Energieleitungen. Der Genehmigung und Planfeststellung von Flughäfen jedenfalls zulassungsrechtlich nicht unähnlich ist die Planfeststellung für Entsorgungsanlagen und Deponien nach § 35 KrWG.

27 Die Nichtberücksichtigung dieser Verfahren in § 47 erscheint zweifelhaft, denn sie sind nach dem UVPG-Anhang UVP-pflichtig. Sie alle benötigen Trassen bzw. Standorte, die wegen ihres Raumbedarfs zu erheblichen Umweltveränderungen führen können. Deshalb stehen sie in ihrer potenziellen Umweltrelevanz den in § 47 genannten Verfahren in nichts nach. Nimmt man den planungsrechtlichen Umweltschutz daher ernst, so dürfte eine Ergänzung des § 47 jedenfalls zu diskutieren sein.

C. Vorrang des Raumordnungsverfahrens

28 Absatz 2 sieht einen Vorrang des Raumordnungsverfahrens gegenüber einer vorgezogenen UVP nach § 47 vor. So gilt Absatz 1 nicht, wenn in einem Raumordnungsverfahren bereits die Umweltverträglichkeitsprüfung geprüft wurde und wenn dabei im Falle einer Linienbestimmung alle ernsthaft in Betracht kommenden Trassenvarianten einbezogen wurden. Der Regelung liegt die richtige Überlegung zugrunde, dass eine eventuelle Umweltprüfung nach § 8 ROG weitgehend identisch mit einer vorgezogenen UVP bei der Linienbestimmung der Verkehrstrassen ist und es sich daher um eine doppelte

Prüfung handeln würde, wenn zusätzlich noch nach § 47 geprüft würde. Eine solche etwaige Doppelung will Absatz 2 vermeiden. Dies strafft das Planungsverfahren und ist daher vernünftig.

Konsequenterweise hätte diese Grundidee des Absatzes 2 zu einer generellen Streichung eines Linienbestimmungsverfahrens bzw. eines luftverkehrsrechtlichen Genehmigungsverfahrens bei vorheriger Durchführung eines Raumordnungsverfahrens mit UVP führen müssen. Dazu konnte sich jedoch der Bundesgesetzgeber trotz Aufforderung durch die Länder (BR-Drs. 294/91 vom 14.5.1991, Art. 1 Nr. 1a u. S. 30; BT-Drs. 12/4328 vom 11.2.1993, S. 34) nicht durchringen. Ihm war es wichtig, den Einfluss des Bundes auf den Verlauf von neuen Verkehrswegen gerade auch im Hinblick auf die Trassenführung bei länderübergreifenden Vorhaben nicht gänzlich preiszugeben (*Wagner* in Hoppe/Beckmann/Kment Rn. 14). Ein Raumordnungsverfahren mit UVP schließt somit nicht das Linienbestimmungsverfahren generell aus, sondern positioniert lediglich die UVP in den frühesten Planungsschritt. Die Planungsschritte als solche bleiben jedoch erhalten. 29

Relevanz hat die festgelegte Vorrangregelung jedoch nur dann, wenn tatsächlich eine Kollisionslage zwischen ROG und § 47 vorliegt. Das ist nur dann der Fall, wenn es in einem Raumordnungsverfahren speziell um eine Linienbestimmung geht und in Bezug auf diese alle ernsthaft in Betracht kommenden Trassenvarianten einbezogen wurden. Soweit andere Festlegungen in Rede stehen, liegt keine Kollision vor und der Vorrang nach Absatz 2 greift nicht ein. Wenig gelungen ist die Anforderung, dass nur die „ernsthaft" erörterten Trassenvarianten die Vorrangwirkung des ROG auslösen. Dies suggeriert, dass das Planungsverfahren offensichtlich nicht immer die zu erwartende Seriosität aufweist. Ein echter Mehrwert dürfte mit diesem Begriff nicht verbunden sein. Denn es darf angenommen werden, dass auch ohne das Erfordernis der „Ernsthaftigkeit" von verantwortungsvollen Planern nur solche Trassenvarianten erwogen werden, die einigermaßen realistisch erscheinen. Großräumige Planung ist eine professionelle Tätigkeit, keine Albernheit. Das Merkmal „ernsthaft" ist unpassend und somit überflüssig. 30

D. UVP nach dem Planungsstand

I. Prüfungsumfang

In den vorgelagerten Verfahren des § 47 UVPG erfolgt die UVP nach dem jeweiligen Planungsstand des Vorhabens. Das kann nicht unorganisiert erfolgen, sondern muss sich daran orientieren, welche konkreten Teile der UVP vorverlagert werden sollen. Dabei muss darauf geachtet werden, dass nur das vorgezogen geprüft werden kann, was auch vorgezogen entschieden werden kann. Im vorgelagerten Verfahren lediglich angeprüfte Punkte, die dann ohne Entscheidung ins nachgelagerte Planfeststellungsverfahren eingehen, widersprechen der Idee der Abschichtung der UVP. Prüfungs- und Entscheidungsumfang müssten kongruent sein (zutreffend *Reidt/Eckart* in Schink/Reidt/Mitschang Rn. 9). So darf die Prüfung der Umweltauswirkungen nach Umfang und Detaillierungsgrad nicht über das hinausgehen, worüber im vorgelagerten Verfahren überhaupt entschieden werden kann. 31

Zudem kann die Prüfung der Umweltauswirkungen im vorgelagerten Verfahren noch nicht zu einer kleinteiligen Trassenfestlegung führen. Vielmehr ist allenfalls eine gröbere Betrachtung möglich, die sich auf die großräumigen Zusammenhänge des Vorhabens bezieht. Dass dabei auch „alle ernsthaft in Betracht kommenden Trassenvarianten" ein- 32 zubeziehen sind (§ 47 Abs. 1 S. 2), ist eine planungsrechtliche Selbstverständlichkeit, die keiner besonderen Hervorhebung bedurfte, schon gar nicht in der doppelten Form des § 47 Abs. 2. Darüber hinaus ist erneut zu konstatieren, dass verantwortungsbewusste Planung selbstredend ernsthaft zu erfolgen hat und keinen Raum für Planungsphantasien oder gar Albernheiten lässt. Der Gesetzgeber hat durch die Verwendung dieses Worts vollkommen unnötige Zweifel an der professionellen Prüfung von Trassenvarianten geweckt.

33 Die Feintrassierung, also die parzellenscharfe Festlegung des Trassenverlaufs, wird erst im nachfolgenden Verfahren vorgenommen. Sind einzelne abgeschlossene UVP-Verfahrensschritte im vorgelagerten Verfahren erledigt worden, so finden weitere Teilprüfungen noch nicht betrachteter Umweltauswirkungen in der dort notwendigen UVP statt. Es spricht einiges dafür, dass die Vortrassierung im vorgelagerten Verfahren und die Feintrassierung im nachfolgenden Zulassungsverfahren kaum deutlich auseinanderfallen werden. In einem derart dicht besiedelten Land wie Deutschland dürften die einzelnen Möglichkeiten für eine umweltschonende Trassenführung durchaus überschaubar sein.

II. UVP-Verfahrensteile

34 Da § 47 bis auf die Verpflichtung zur ernsthaften Prüfung von Trassenvarianten keinerlei besondere Verfahrensvorschriften enthält, ist für die Frage, welche UVP-Verfahrensschritte vorgezogen werden können, der normale UVP-Bestand der §§ 15 ff. maßgebend. Hier sind die einzelnen UVP-Bestandteile aufgezählt. Es hängt von der Planungssituation und den Planungsakteuren ab zu entscheiden, ob und welche dieser Schritte vorgezogen werden sollen.

35 **1. Behördliche Zuständigkeit.** Zuständig für die Durchführung des Linienbestimmungsverfahrens und damit grundsätzlich auch für die vorgezogene UVP ist das Bundesministerium für Verkehr und digitale Infrastruktur (BMVI). Im Fall der Fernstraßenplanung handelt es im Benehmen mit der Landesplanungsbehörde (§ 16 Abs. 1 S. 1 FStrG) und bei der Wasserstraßenplanung im Einvernehmen mit der zuständigen Landesbehörde (§ 13 Abs. 1 S. 1 WaStrG), in der Regel der Wasserwirtschaftsbehörde, welche aber ihrerseits die Landesplanungsbehörde zu beteiligen hat. In der Praxis wird das BMVI bei der Fernstraßenplanung allerdings der im Wege der Auftragsverwaltung (Art. 85 Abs. 1 GG) tätig werdenden Landesstraßenbaubehörde die Planung und später auch die konkrete Durchführung des Baus überlassen und sich nur die abschließende Entscheidung über die Linie vorbehalten (*Leue* in Kodal, Straßenrecht, Kap. 13.3).

36 Die Genehmigung für einen Flughafen nach § 6 LuftVG ist demgegenüber unmittelbar durch die jeweils zuständige Luftfahrtbehörde des Landes zu erteilen. Dies ergibt sich aus §§ 39 Abs. 1, 50, 55 LuftVZO. Jedoch ist hier erneut darauf hinzuweisen, dass Sinn und Zweck des § 47 auf eine Mehrstufigkeit des Verfahrens ausgerichtet sind, die es nur bei der Genehmigung von Flughäfen, nicht aber bei anderen Landeplätzen gibt. So dürfte es insoweit auch hier nur auf die Zuständigkeit in Bezug auf Flughäfen ankommen. Obwohl dies in jedem Fall die Landesluftfahrtbehörde des Landes, in Berlin-Brandenburg die Gemeinsame Obere Luftfahrtbehörde Berlin-Brandenburg (LuBB), ist, wird eine vorgezogene UVP bei Landeplätzen und bei Segelfluggeländen und damit auch eine hierauf bezogene Zuständigkeit der Landesluftfahrtbehörde abzulehnen sein.

37 **2. Öffentlichkeitsbeteiligung.** Wird die gesamte UVP oder aber bestimmte Teile in das Linienbestimmungsverfahren bzw. das luftverkehrsrechtliche Genehmigungsverfahren

vorgezogen, so gelten hierfür die §§ 15 ff. UVPG. Lediglich für die Öffentlichkeitsbeteiligung, auf deren wichtige Rolle für eine demokratische Teilhabe der Bevölkerung bereits hingewiesen worden ist, findet sich in § 18 Abs. 2 eine abweichende Regelung zur generellen Pflicht einer Öffentlichkeitsbeteiligung nach § 18 Abs. 1. So kann in einem vorgelagerten Verfahren die zuständige Behörde abweichend von Abs. 1 und abweichend von § 73 Abs. 6 VwVfG auf die Durchführung eines Erörterungstermins verzichten. Außerdem kann auf eine Benachrichtigung nicht ortsansässiger Betroffener, deren Person und Aufenthalt bekannt oder innerhalb angemessener Frist ermittelbar sind, in einem vorgelagerten Verfahren verzichtet werden. Die Entbindung von einer förmlichen Erörterung ergibt sich für das luftverkehrsrechtliche Genehmigungsverfahren ebenfalls aus § 6 Abs. 7 LuftVG.

Das sind nur geringe Vereinfachungen, denen jedoch die Überlegung zugrunde liegt, **38**
dass gerade an einen Erörterungstermin hohe formale Anforderungen zu stellen sind, die mit Blick auf das nachfolgende Zulassungsverfahren nicht gedoppelt werden sollen. Ansonsten kann die Vorverlagerung der UVP oder bestimmter Teile nicht zu einem qualitativ abgesenkten Maßstab führen. Es würde den Zielen des UVP-Rechts zuwiderlaufen, wenn eine vorgezogene UVP eine minderwertige UVP bedeuten würde.

III. Rechtliche Wirkung der beschränkten UVP

Ist die UVP als solche oder bestimmte Teile im vorgezogenen Verfahren abgeschlossen, **39**
so fragt sich, welche rechtliche Wirkung ihr für die Entscheidung über die Linienbestimmung bzw. über die Genehmigung des Flughafens zukommt. Es ist auffällig, dass die Verpflichtung zur UVP und deren Durchführung im umweltrechtlichen Schrifttum in überbordender Breite behandelt werden, aber kaum auf deren Ergebnis und die daran geknüpfte Rechtsfolge geschaut wird, wie eine negativ ausgegangene UVP die behördlich zu treffende Entscheidung konkret beeinflusst. Diese kontinuierlich ausgesparte, aber wichtigste Rechtsfrage des UVP-Rechts hat eine innerstaatliche und eine unionsrechtliche Dimension.

1. Wirkung nach deutschem Recht. Verfahrensaufwand und rechtliche Wirkung **40**
der UVP stehen in einem indirekt proportionalen Verhältnis zueinander. Nachdem hochdetaillierte Verfahrensschritte unter großem behördlichen Aufwand absolviert worden sind, regelt § 25 Abs. 2 die ernüchternde rechtliche Wirkung wie folgt: „Bei der Entscheidung über die Zulässigkeit des Vorhabens berücksichtigt die zuständige Behörde die begründete Bewertung nach dem in Abs. 1 bestimmten Maßstab." Eine Berücksichtigungspflicht hat keine Bindungswirkung, sondern stellt auf der untersten möglichen Relevanzebene eine absolute Selbstverständlichkeit fest. In welcher Weise die Berücksichtigung zu erfolgen hat, wird nicht festgelegt. Warum man diese Vorschrift überhaupt in den früheren § 12, nun in den § 25 aufgenommen hat, kann mit guten Gründen hinterfragt werden. Dass man offensichtlich einen Anlass gesehen hat, selbst auf diese Berücksichtigungspflicht hinzuweisen, lässt im Umkehrschluss erahnen, welches rechtliche Schicksal die aufwändig erarbeitete UVP ereilen würde, wenn auf § 25 Abs. 2 verzichtet worden wäre. Die Kategorisierung der UVP-Wirkung als Umweltrechtssymbolik darf insoweit noch als freundlichste Deutung gelten.

Jedoch wird diese zweifelhafte Regelung des § 25 Abs. 2 durch das von § 47 Abs. 1 **41**
S. 1 in Bezug genommene Fachplanungsrecht verdrängt. Maßgebend für den Stellenwert der UVP innerhalb der Linienbestimmung bzw. Genehmigung sind danach allein die § 16 FStrG, § 13 WaStrG und § 6 LuftVG. Insoweit besteht zunächst Aussicht, dass dem

UVP-Ergebnis zumindest dort eine sachlich angemessene, dh verbindliche Wirkung zuerkannt worden ist. Jedoch zeigt der Wortlaut dieser Vorschriften, dass diese naheliegende Erwartung unbegründet ist.

42 So sind nach § 16 Abs. 2 S. 1 FStrG bei der Bestimmung der Linienführung die von dem Vorhaben berührten öffentlichen Belange einschließlich der Umweltverträglichkeit und des Ergebnisses des Raumordnungsverfahrens im Rahmen der Abwägung zu berücksichtigen. Gemäß § 13 Abs. 1 S. 2 WaStrG sind bei der Bestimmung der Linienführung die von dem Vorhaben berührten öffentlichen Belange einschließlich der Umweltverträglichkeit im Rahmen der Abwägung zu berücksichtigen. Vergleichbares findet sich in § 6 Abs. 2 S. 1 LuftVG. Vor Erteilung der Genehmigung ist besonders zu prüfen, ob die geplante Maßnahme den Erfordernissen der Raumordnung entspricht und ob die Erfordernisse des Naturschutzes und der Landschaftspflege sowie des Städtebaus und der Schutz vor Fluglärm angemessen berücksichtigt sind. Allgemein bekannt ist, dass bei Planungsverfahren sowohl in der kommunalen Planung als auch in der großräumigen Fachplanung der Ausgleich der betroffenen Belange im Wege der Abwägung erfolgt, innerhalb derer grundsätzlich keinem Belang ein Vorrang zukommt. Auch die Linienbestimmungen für Bundesfernstraßen und für Bundeswasserstraßen nutzen daher folgerichtig die Abwägung als Entscheidungsverfahren.

43 Gehen in die Abwägung jedoch alle Planungsbelange und somit auch das Ergebnis einer UVP gleichberechtigt ein, so bedeutet das, dass jedenfalls ein negatives UVP-Ergebnis in der Abwägung durch andere Planungsbelange überwogen, also weggewogen werden kann. Ein irgendwie begründeter Vorrang der UVP ergibt sich aus den relevanten Vorschriften nicht. Das schwache bis nichtexistente Gewicht nach allgemeinem UVP-Recht in § 25 Abs. 2 wiederholt sich im Fachplanungsrecht, welches das mühsam und aufwändig ermittelte UVP-Ergebnis der durch die Grundsätze gerechter Abwägung allenfalls minimal strukturierten Abwägung überantwortet. Eine Bedeutungserhaltung der UVP in der Abwägung ist damit zwar nicht ausgeschlossen, jedoch höchst unsicher. Das führt zu der nur selten zugestandenen, aber zutreffenden Einschätzung, dass das deutsche Fachplanungsrecht keine rechtlichen Sicherungen aufweist, um der UVP eine bedeutungserhaltende und damit verbindliche Wirkung einzuräumen.

44 **2. Wirkung nach unionalem Recht.** Darüber hinaus muss gefragt werden, ob nicht die unionsrechtlichen Ursprünge der UVP eine bedeutungserhaltende Integration des UVP-Ergebnisses in die Abwägung gebieten. Dies ist für die kommunale Bauleitplanung grundlegend ausgearbeitet worden (*Schladebach,* Der Einfluss des europäischen Umweltrechts auf die kommunale Bauleitplanung, 2000, passim; *ders.,* ZfBR 2000, 94 ff.) und auf die nicht wesentlich anders gelagerte fachplanerische Abwägung zu übertragen. Mit gewichtigen Gründen könnte angenommen werden, dass die umweltrechtlichen Prüfungen des europäischen Umweltrechts (UVP, FFH, SUP) ihre unionsrechtlich konzipierten Inhalte nur dann geltungserhaltend in das nationale Planungsrecht übertragen können, wenn diese Prüfungen in den nationalen Entscheidungsverfahren, wie hier der Abwägung, einen Vorrang erhalten. Andernfalls, wenn also umweltunverträgliche Prüfungsergebnisse einfach weggewogen werden können, könnte das europäische Umweltrecht seiner intendierten und supranational bestimmten Wirkungen beraubt werden. Ohne größeres unionsrechtliches Problembewusstsein wird allerdings häufig angenommen, dass Planfeststellungsverfahren und sonstige Pläne und Programme schon wegen ihres planenden Charakters strukturell in vorbildlicher Weise geeignet seien, dem übermedialen Ansatz der UVP Rechnung zu tragen (*Kloepfer,* Umweltschutzrecht, § 4 Rn. 32; *Erbguth/Schlacke,* Umweltrecht, § 5 Rn. 71).

Unabhängig davon, dass das deutsche Planungsrecht den europäischen Einflüssen eher reserviert gegenübersteht, können Bindungswirkungen im innerstaatlichen Recht freilich nur so weit reichen, wie sie das Unionsrecht auch selbst vorsieht. Ging das UVP-Richtlinienrecht lange davon aus, dass die UVP-Ergebnisse „in den Genehmigungsverfahren zu berücksichtigen sind" (Art. 8 RL 2011/92/EU), sieht die aktuellste Fassung der UVP-Richtlinie (Art. 8 RL 2014/52/EU) nunmehr vor, dass die UVP-Ergebnisse „gebührend zu berücksichtigen" seien. Damit hat zwar der EU-Gesetzgeber (endlich) erkannt, dass die bloße Berücksichtigungspflicht eine vollkommen unzureichende Vorgabe darstellte, die dem Umweltrecht als offensichtlicher Dispositionsmasse über 30 Jahre lang mehr schadete als nützte. Eine umweltrechtliche Prüfung 1985 einzuführen und dann lediglich mit einer rechtlich unverbindlichen Berücksichtigungspflicht auszustatten, erschien schon früher inkonsequent und würdigte den Umweltschutz als wichtiges Unionsziel gegenüber konkurrierenden Belangen wie der Wirtschaft, dem Verkehr oder der Landwirtschaft letztlich sogar herab. An dieser Halbherzigkeit des UVP-Rechts ändert auch die neue Regelung, dass das negative UVP-Ergebnis nunmehr „gebührend" zu berücksichtigen ist, nichts. Nähme man eine „vorrangige" Berücksichtigung an, würde es sich um echten Umweltschutz, nicht nur um Umweltrhetorik handeln. Für die Abwägung im Linienbestimmungsverfahren des Fachplanungsrechts ergibt sich daraus keine Änderung: Eine negative UVP kann weggewogen werden, was Sinn und Zweck, Aufwand und Organisation und damit erhebliche Kapazitäten dieses wichtigen unionsrechtlichen Prüfungsverfahren am Ende leerlaufen lässt. 45

E. Reduzierung der UVP im nachfolgenden Zulassungsverfahren

Im nachfolgenden Zulassungsverfahren, also zumeist der förmlichen Planfeststellungsverfahren, kann die Prüfung der Umweltverträglichkeit auf zusätzliche erhebliche oder andere erhebliche Umweltauswirkungen des Vorhabens beschränkt werden. Ebenso wie Absatz 2 zielt Absatz 3 auf eine Vermeidung von doppelten Prüfungen. Bereits erfolgte Prüfungen müssen also nicht wiederholt werden, sofern sie zutreffend und – angesichts der möglichen Länge der Planungsverfahren – noch aktuell sind (*Reidt/Eckart* in Schink/Reidt/Mitschang Rn. 12). 46

Ist etwa ein Vorhabenstandort oder eine Linien- oder Trassenführung für geeignet befunden worden, so kann die Zulassungsbehörde (Planfeststellungsbehörde) von einer erneuten Prüfung absehen. Dass für solche Standortentscheidungen vielfach nicht nur juristische, sondern vor allem politische Erwägungen prägend sind, hat etwa die nicht unumstrittene Entscheidung für den Standort Schönefeld als neuem Berlin-Brandenburger Flughafen gezeigt (*Schladebach,* EurUP 2016, 102 (111)). Hier bestand mit dem Standort Sperenberg eine deutlich fluglärmärmere Alternative, die aus politischen Gründen nur sehr eingeschränkt geprüft wurde. 47

Wurde im vorgelagerten Verfahren bereits eine zusammenfassende Darstellung der raumbedeutsamen Umweltauswirkungen erstellt, kann die Zulassungsbehörde diese Darstellung übernehmen. Gibt es Anlass, so ist diese Betrachtung um die bisher noch nicht untersuchten bzw. zu aktualisierenden anderen erheblichen Umweltauswirkungen zu ergänzen. Hervorzuheben ist allerdings, dass die häufig zu beobachtende Länge von infrastrukturellen Großvorhaben durchaus Grund bieten könnte, den ursprünglichen Befund jedenfalls auf Aktualität zu überprüfen, um sodann mit einem realistischen Stand der Umweltauswirkungen in das Planfeststellungsverfahren zu gehen. Veraltete oder verkürzte Erkenntnisse zur Umweltverträglichkeit des Vorhabens würden die rechtliche Bedeutung der UVP erneut relativieren. 48

49 Die Vorschrift sieht ein Ermessen für die Zulassungsbehörde vor. Dies ist zu begrüßen, fördert sie doch dadurch die Flexibilität der Behörde. Sie muss von der Abschichtungsmöglichkeit keinen Gebrauch machen und kann trotz vorausgegangener UVP-Teile dann im Planfeststellungsverfahren eine vollständige UVP durchführen. Welche Variante von der Behörde gewählt wird, wird auch von ihrem Problembewusstsein sowie von eventueller Beratung abhängen. Absatz 3 kann als praxisgerechte und handlungsoptionserhaltende Regelung bewertet werden.

F. Rechtsschutzbegrenzung

I. Linienbestimmungen

50 Nach Absatz 4 können Linienbestimmungen nach § 16 Abs. 1 FStrG und § 13 Abs. 1 WaStrG nur im Rahmen des Rechtsbehelfsverfahrens gegen die nachfolgende Zulassungsentscheidung, dh regelmäßig den Planfeststellungsbeschluss, überprüft werden. Diese Regelung reflektiert die ständige Rechtsprechung des BVerwG, wonach die Linienbestimmungen keine Verwaltungsakte, sondern nur behördeninterne Maßnahmen sind (BVerwGE 148, 373 Rn. 31). Sie gehen in den nachfolgenden Planfeststellungsbeschluss als abschließender Zulassungsentscheidung ein und werden zusammen mit ihr inzident verwaltungsgerichtlich überprüft (BVerwGE 60, 342 (343 f.); BVerwGE 148, 373 Rn. 31; *Peters/Balla/Hesselbarth* Rn. 11).

51 Prägnant hat das BVerwG hierzu festgestellt, dass die Linienbestimmung weder eine formelle noch eine materielle Voraussetzung der Rechtmäßigkeit der Planfeststellung ist (BVerwGE 148, 373 Rn. 31). Sie ist nicht auf unmittelbare Rechtswirkungen nach außen gerichtet, sondern hat innerhalb des Planungsverlaufs den Charakter einer vorbereitenden Grundentscheidung mit allein verwaltungsinterner Bedeutung. Rechtliche Verbindlichkeit erlangt sie erst dadurch, dass sie in den Festsetzungen des Planfeststellungsbeschlusses ihren Niederschlag findet. Dieser kann als besonderer Verwaltungsakt sodann angefochten und dadurch einer verwaltungsgerichtlichen Überprüfung unterzogen werden (*Wagner* in: Hoppe/Beckmann/Kment Rn. 43).

II. Flugplätze

52 Im Hinblick auf die Genehmigung von Flugplätzen ist erneut an die gegenüber den Linienbestimmungen leichte rechtliche Nuancierung zu erinnern. Da nicht bei allen genehmigten Flugplätzen auch ein nachgelagerter Planfeststellungsbeschluss folgt, kann Absatz 4 nicht angewendet werden. Wie der Wortlaut zeigt, werden Flugplätze nicht genannt. Das bedeutet jedoch nicht, dass keinerlei Rechtsschutzmöglichkeiten zur Verfügung stehen. Hier wird man zu differenzieren haben: Ein entsprechender Rechtsschutz gegen die in der Genehmigung nach § 6 Abs. 1 LuftVG „berücksichtigten" Umweltauswirkungen ist lediglich bei Flughäfen möglich, denn hier folgt der Genehmigung auch ein Planfeststellungsbeschluss nach §§ 8 ff. LuftVG. In diesem Fall müsste der Kläger also den Planfeststellungsbeschluss mittels einer Anfechtungsklage gem. § 42 Abs. 1 Alt. 1 VwGO angreifen. Ein separates Vorgehen gegen die vorgelagerte Genehmigung ist nicht möglich. Das mag rechtsstaatlich verwundern, denn anders als die Linienbestimmung ist die Genehmigung nach § 6 Abs. 1 LuftVG ein eigenständiger Verwaltungsakt, der verwaltungsgerichtlicher Überprüfung zugänglich sein müsste. Folgt man indes dem Rechtsgedanken des § 47 Abs. 4, dass in zweistufig konzipierten Zulassungsverfahren

grundsätzlich nur die nachgelagerte Zulassungsentscheidung angegriffen werden können soll, so dürfte diese Rechtsschutzlücke akzeptabel sein.

Für Flugplätze, die keinem nachgelagerten Planfeststellungsbeschluss unterliegen, wird 53
die Genehmigung allein aufgrund von § 6 Abs. 1 LuftVG erteilt (isolierte Genehmigung). Hier ist Verwaltungsrechtsschutz nach den allgemeinen Grundsätzen möglich (*Reidt/Eckart* in Schink/Reidt/Mitschang Rn. 15). Jedoch ist erneut zu bezweifeln (siehe oben), ob solche normfremden einstufigen Zulassungsverfahren überhaupt nach den Regeln des § 47 zu behandeln sind. Ein Aufteilen von UVP-Teilen ist bei ihnen nicht möglich, so dass sie nach Sinn und Zweck des § 47, der eine Vorziehbarkeit der UVP in vorgelagerte Verfahren gerade verlangt, ohnehin nicht vom Anwendungsbereich erfasst sein dürften.

§ 48 Raumordnungspläne

Besteht für die Aufstellung eines Raumordnungsplans nach diesem Gesetz die SUP-Pflicht, so wird die Strategische Umweltprüfung einschließlich der Überwachung nach dem Raumordnungsgesetz durchgeführt. Auf einen Raumordnungsplan nach Anlage 5 Nummer 1.5 oder 1.6, der Flächen für die Windenergienutzung oder für den Abbau von Rohstoffen ausweist, ist § 1 Absatz 1 Satz 1 Nummer 4 des Umwelt-Rechtsbehelfsgesetzes nicht anzuwenden.

Literatur: *Erbguth,* Rechtsschutz gegen Raumordnungspläne – unter besonderer Berücksichtigung des § 48 UVPG, DVBl 2018, 897

Hinweise auf die Gesetzesmaterialien (ausführliche Kommentierung folgt)

Begründung der Bundesregierung (BT-Drs. 18/11499, S. 101 f.):

„Die Vorschrift regelt den Vorrang von § 8 des Raumordnungsgesetzes vor den Regelungen des UVPG über die Strategische Umweltprüfung. In § 8 des Raumordnungsgesetzes wird die durchzuführende Prüfung zwar mit dem allgemeineren Begriff „Umweltprüfung" bezeichnet, in der Sache handelt es sich jedoch um eine Strategische Umweltprüfung im Sinne des § 33. § 48 entspricht dem bisherigen § 16 Absatz 4, der mit Artikel 7 Nummer 4 des Gesetzes zur Neufassung des Raumordnungsgesetzes und zur Änderung anderer Vorschriften vom 22. Dezember 2008, BGBl. S. 2986 eingeführt wurde. Insoweit wird auf die Begründung der Bundesregierung im Entwurf dieses Gesetzes, BT-Drs. 16/10292, S. 31 Bezug genommen." **1**

(ausführliche Kommentierung folgt)

§ 49 Raumordnungsverfahren

(1) **Für das Raumordnungsverfahren bei Vorhaben, für die nach diesem Gesetz die UVP-Pflicht besteht, wird die Umweltverträglichkeitsprüfung nach dem Planungsstand des jeweiligen Vorhabens, einschließlich der Standortalternativen nach § 15 Absatz 1 Satz 3 des Raumordnungsgesetzes, durchgeführt, soweit durch Landesrecht nicht etwas anderes bestimmt ist.**

(2) **Im nachfolgenden Zulassungsverfahren kann die Prüfung der Umweltverträglichkeit auf zusätzliche erhebliche oder andere erhebliche Umweltauswirkungen des Vorhabens beschränkt werden.**

(3) **Das Ergebnis des Raumordnungsverfahrens nach § 15 des Raumordnungsgesetzes kann nur im Rahmen des Rechtsbehelfsverfahrens gegen die nachfolgende Zulassungsentscheidung überprüft werden.**

Hinweise auf die Gesetzesmaterialien (ausführliche Kommentierung folgt)

Begründung der Bundesregierung (BT-Drs. 18/11499, S. 101):

„Die Vorschrift regelt das Zusammenspiel von Raumordnungsverfahren und UVP. Sie entspricht dem bisherigen § 16 Absatz 1 bis 3.“ **1**

(ausführliche Kommentierung folgt)

§ 50 Bauleitpläne

(1) **Werden Bebauungspläne im Sinne des § 2 Absatz 6 Nummer 3, insbesondere bei Vorhaben nach Anlage 1 Nummer 18.1 bis 18.9, aufgestellt, geändert oder ergänzt, so wird die Umweltverträglichkeitsprüfung einschließlich der Vorprüfung nach den §§ 1 und 2 Absatz 1 und 2 sowie nach den §§ 3 bis 13 im Aufstellungsverfahren als Umweltprüfung sowie die Überwachung nach den Vorschriften des Baugesetzbuchs durchgeführt. Eine nach diesem Gesetz vorgeschriebene Vorprüfung entfällt, wenn für den aufzustellenden Bebauungsplan eine Umweltprüfung nach den Vorschriften des Baugesetzbuchs durchgeführt wird.**

(2) **Besteht für die Aufstellung, Änderung oder Ergänzung eines Bauleitplans nach diesem Gesetz eine Verpflichtung zur Durchführung einer Strategischen Umweltprüfung, wird hierfür unbeschadet der §§ 13, 13a und 13b des Baugesetzbuchs eine Umweltprüfung einschließlich der Überwachung nach den Vorschriften des Baugesetzbuchs durchgeführt.**

(3) **Wird die Umweltverträglichkeitsprüfung in einem Aufstellungsverfahren für einen Bebauungsplan und in einem nachfolgenden Zulassungsverfahren durchgeführt, soll die Umweltverträglichkeitsprüfung im nachfolgenden Zulassungsverfahren auf zusätzliche oder andere erhebliche Umweltauswirkungen des Vorhabens beschränkt werden.**

Rechtsprechung: zur Bedeutung als materiell-rechtliche Verweisungsnorm: OVG Lüneburg, Beschl. v. 21.2.2020 – 1 MN 147/19 (NJOZ 2020, 694; BeckRS 2020, 2212).

Hinweise auf die Gesetzesmaterialien (ausführliche Kommentierung folgt)

Übersicht

I. Begründung der Bundesregierung (BT-Drs. 18/11499, S. 101 f.):

„Die Vorschrift entspricht weitgehend dem bisherigen § 17 UVPG. Die Änderung der Überschrift erfolgt zur Anpassung an die übrigen Überschriften des Teils 4. **1**

Absatz 1 belässt es bei dem bereits im geltenden § 17 Absatz 1 vorgesehenen Grundsatz, dass die Umweltverträglichkeitsprüfung einschließlich der Vorprüfung bei der Aufstellung, Änderung oder Ergänzung UVP-pflichtiger Bebauungspläne als Umweltprüfung nach den Vorschriften des Baugesetzbuchs durchgeführt wird, die insoweit Vorrang vor den Vorschriften des UVPG haben. Klarstellend wird darauf hingewiesen, dass sich auch die Überwachung in diesen Fällen nach den Vorschriften des BauGB richtet.

Der bisherige Wortlaut des § 17 Absatz 1 Satz 2 wird vereinfacht. Der im Gesetz zur Anpassung des Baugesetzbuchs an EU-Richtlinien (Europarechtsanpassungsgesetz Bau – EAG Bau) vom 24. Juni 2004 (BGBl. I S. 1359) getroffenen Grundsatzentscheidung des Gesetzgebers, für die im Regelverfahren aufgestellten Bebauungspläne eine einheitliche Umweltprüfung vorzuschreiben, lag die Bewertung zugrunde, dass die Vorschriften des

BauGB über die Umweltprüfung den Anforderungen sowohl der UVP-Richtlinie als auch der SUP-Richtlinie gerecht werden (vgl. Begründung der Bundesregierung im Entwurf des EAG Bau, BT-Drs. 15/2250, S. 29f.). Die bisherige Formulierung könnte dagegen zu der unzutreffenden Annahme führen, dass im Aufstellungsverfahren jeweils konkret geprüft werden müsse, ob die Durchführung der Umweltprüfung nach den Vorschriften des BauGB auch den Anforderungen des UVPG entspricht.

Die Änderung des Absatzes 2 trägt den Ausnahmen von der Verpflichtung zur Durchführung einer Strategischen Umweltprüfung im Baugesetzbuch (einschließlich der dort vorgesehenen Vorprüfung nach § 13a Absatz 1 Satz 2 Nummer 2 BauGB) Rechnung."

II. Beschlussempfehlung und Bericht des Umweltausschusses (BT-Drs. 18/12994, S. 19)

2 Nachdem der Bundesrat keine Änderungsvorschläge zu § 50 unterbreitet hatte, wurde auf Änderungsvorschlag des Umweltausschusses § 13b des BauGB in § 50 II UVPG aufgenommen und wie folgt begründet:

„Die Änderung berücksichtigt die Aufnahme von § 13b in das Baugesetzbuch durch das am 9. März 2017 vom Deutschen Bundestag beschlossene Gesetz zur Umsetzung der Richtlinie 2014/52/EU im Städtebaurecht und zur Stärkung des neuen Zusammenlebens in der Stadt (BR-Drucksache 208/17)."

(ausführliche Kommentierung folgt)

§ 51 Bergrechtliche Verfahren

Bei bergbaulichen Vorhaben, die in der Anlage 1 aufgeführt sind und dem Bergrecht unterliegen, werden die Umweltverträglichkeitsprüfung und die Überwachung des Vorhabens nach den Vorschriften des Bundesberggesetzes durchgeführt. Teil 2 Abschnitt 2 und 3 in Verbindung mit Anlage 4 findet nur Anwendung, soweit das Bundesberggesetz dies anordnet.

Hinweise auf die Gesetzesmaterialien (ausführliche Kommentierung folgt)

Begründung der Bundesregierung (BT-Drs. 18/11499, S. 101 f.):

„Die Vorschrift ersetzt den bisherigen § 18. § 51 Satz 1 entspricht dem bisherigen § 18 **1**
Satz 1, wobei aufgrund der neuen Regelung zur Überwachung im UVPG auch diese ausdrücklich genannt wird. Im Hinblick auf die Feststellung und Voraussetzungen der UVP-Pflicht bleiben die Vorschriften des Teils 2 Abschnitt 1 des UVPG in Verbindung mit den Regelungen der Verordnung über die Umweltverträglichkeitsprüfung bergbaulicher Vorhaben (UVP-V Bergbau) maßgeblich. Im Hinblick auf die Durchführung der UVP wird in Satz 2 die Anwendung der Vorschriften über die Verfahrensschritte des UVPG im Bergrecht anders als bisher nicht mehr generell ausgeschlossen. Vielmehr sollen künftig insbesondere die Regelungen zur grenzüberschreitenden UVP, die nun umfassend in Teil 5 des UVPG geregelt sind, unmittelbar gelten. Auch die weiteren verfahrensrechtlichen Vorschriften, die in Teil 2 Abschnitt 2 und 3 in Verbindung mit Anlage 4 des UVPG enthalten sind, sollen künftig bei bergrechtlichen Verfahren gelten, soweit das Bundesberggesetz dies anordnet. Dies betrifft insbesondere die §§ 15 bis 27 sowie § 31 UVPG, deren Geltung künftig in § 57a Absatz 1 BBergG angeordnet und durch einzelne Regelungen im Bundesberggesetz ergänzt wird."

(ausführliche Kommentierung folgt)

§ 52 Landschaftsplanungen

Bei Landschaftsplanungen richten sich die Erforderlichkeit und die Durchführung einer Strategischen Umweltprüfung nach Landesrecht.

Hinweise auf die Gesetzesmaterialien (ausführliche Kommentierung folgt)

Begründung der Bundesregierung (BT-Drs. 18/11499, S. 102):

§ 52 entspricht dem früheren § 19a, lediglich die Paragraphenüberschrift wurde geändert (BT-Drs. 18/12994, S. 30). Dementsprechend vermerkt die Gesetzesbegründung (BT-Drs. 18/12994, S. 102) auch nur knapp: **1**

„Anpassung an die neue Nummerierung; die Änderung der Überschrift erfolgt zur Anpassung an die übrigen Überschriften des Teils 4."

(Kommentierung folgt)

§ 53 Verkehrswegeplanungen auf Bundesebene

(1) Bei Bedarfsplänen nach Nummer 1.1 der Anlage 5 ist eine Strategische Umweltprüfung nur für solche erheblichen Umweltauswirkungen erforderlich, die nicht bereits Gegenstand einer Strategischen Umweltprüfung im Verfahren zur Aufstellung oder Änderung von anderen Plänen und Programmen nach Nummer 1.1 der Anlage 5 waren.

(2) Bei der Verkehrswegeplanung auf Bundesebene nach Nummer 1.1 der Anlage 5 werden bei der Erstellung des Umweltberichts in Betracht kommende vernünftige Alternativen, die die Ziele und den geographischen Anwendungsbereich des Plans oder Programms berücksichtigen, insbesondere alternative Verkehrsnetze und alternative Verkehrsträger ermittelt, beschrieben und bewertet. Auf die Verkehrswegeplanung auf Bundesebene ist § 1 Absatz 1 Satz 1 Nummer 4 des Umwelt-Rechtsbehelfsgesetzes nicht anzuwenden.

(3) Das Bundesministerium für Verkehr und digitale Infrastruktur wird ermächtigt, im Einvernehmen mit dem Bundesministerium für Umwelt, Naturschutz, Bau und Reaktorsicherheit durch Rechtsverordnung ohne Zustimmung des Bundesrates für das Verfahren der Durchführung der Strategischen Umweltprüfung bei Plänen und Programmen nach Nummer 1.1 der Anlage 5 besondere Bestimmungen zur praktikablen und effizienten Durchführung zu erlassen über

1. **die Einzelheiten des Verfahrens zur Festlegung des Untersuchungsrahmens nach § 39 im Hinblick auf Besonderheiten der Verkehrswegeplanung,**
2. **das Verfahren der Erarbeitung und über Inhalt und Ausgestaltung des Umweltberichts nach § 40 im Hinblick auf Besonderheiten der Verkehrswegeplanung,**
3. **die Einzelheiten der Beteiligung von Behörden und der Öffentlichkeit nach den §§ 41, 42, 60 und 61, unter Berücksichtigung der Verwendungsmöglichkeiten von elektronischen Kommunikationsmitteln,**
4. **die Form der Bekanntgabe der Entscheidung nach § 44, unter Berücksichtigung der Verwendungsmöglichkeiten von elektronischen Kommunikationsmitteln,**
5. **die Form, den Zeitpunkt und die Berücksichtigung von Ergebnissen der Überwachung nach § 45.**

(4) Das Bundesministerium für Verkehr und digitale Infrastruktur wird ferner ermächtigt, im Einvernehmen mit dem Bundesministerium für Umwelt, Naturschutz, Bau und Reaktorsicherheit durch Rechtsverordnung mit Zustimmung des Bundesrates zu bestimmen, dass die Länder zur Anmeldung von Verkehrsprojekten für Pläne und Programme nach Nummer 1.1 der Anlage 5 bestimmte vorbereitende Prüfungen vorzunehmen und deren Ergebnisse oder sonstigen Angaben beizubringen haben, die für die Durchführung der Strategischen Umweltprüfung notwendig sind.

Hinweise auf die Gesetzesmaterialien (ausführliche Kommentierung folgt)

Begründung der Bundesregierung (BT-Drs. 18/11499, S. 102):

§ 53 entspricht dem früheren § 19b, lediglich die Paragraphenüberschrift wurde geändert (BT-Drs. 18/12994, S. 30). Dementsprechend vermerkt die Gesetzesbegründung (BT-Drs. 18/12994, S. 102) auch nur knapp: 1

„Anpassung an die neue Nummerierung; die Änderung der Überschrift erfolgt zur Anpassung an die übrigen Überschriften des Teils 4."

(ausführliche Kommentierung folgt)

Teil 5. Grenzüberschreitende Umweltprüfungen

Abschnitt 1. Grenzüberschreitende Umweltverträglichkeitsprüfung

§ 54 Benachrichtigung eines anderen Staates

(1) **Wenn ein Vorhaben, für das eine UVP-Pflicht besteht, erhebliche grenzüberschreitende Umweltauswirkungen haben kann, benachrichtigt die zuständige deutsche Behörde frühzeitig die von dem anderen Staat benannte Behörde durch Übersendung geeigneter Unterlagen über das Vorhaben. Wenn der andere Staat keine Behörde benannt hat, so wird die oberste für Umweltangelegenheiten zuständige Behörde des anderen Staates benachrichtigt.**

(2) **Absatz 1 gilt entsprechend, wenn ein anderer Staat um Benachrichtigung ersucht.**

(3) **Die Benachrichtigung und die geeigneten Unterlagen sind in deutscher Sprache und in einer Amtssprache des anderen Staates zu übermitteln.**

(4) **Die zuständige deutsche Behörde bittet die von dem anderen Staat benannte Behörde um Mitteilung innerhalb einer angemessenen Frist, ob eine Beteiligung erwünscht wird.**

(5) **Teilt der andere Staat mit, dass eine Beteiligung gewünscht wird, so findet eine grenzüberschreitende Behörden- und Öffentlichkeitsbeteiligung nach Maßgabe der §§ 55 bis 57 statt.**

(6) **Wenn ein Vorhaben, für das die UVP-Pflicht besteht, grenzüberschreitende Umweltauswirkungen haben kann und der andere Staat eine Beteiligung nicht wünscht, kann sich die betroffene Öffentlichkeit des anderen Staates am inländischen Beteiligungsverfahren nach Maßgabe der §§ 18 bis 22 beteiligen.**

Literatur: *Grandjot,* Grenzüberschreitende Umweltprüfungen – Änderungen durch das Gesetz zur Modernisierung des Rechts der Umweltverträglichkeitsprüfung, DVBl 2018, 161.

Hinweise auf die Gesetzesmaterialien (ausführliche Kommentierung folgt)

Übersicht

I. Begründung der Bundesregierung zu Teil 5 (BT-Drs. 18/11499, S. 61, 102)

Zur Bündelung der Regelungen über grenzüberschreitende Umweltprüfungen in einem eigenen Teil des Gesetzes vermerkt die Gesetzesbegründung: 1

„Die Regelungen über grenzüberschreitende Umweltprüfungen, die bisher in den Teilen 2 und 3 verstreut waren, werden nunmehr im neuen Teil 5 zusammengefasst. Unterschieden wird zwischen der grenzüberschreitenden UVP (Abschnitt 1), der grenzüberschreitenden SUP (Abschnitt 2) und Gemeinsamen Vorschriften (Abschnitt 3). Die

Vorschriften sind an die bisherigen §§ 8, 9a, 9b und 14j angelehnt. Die Abschnitte 1 und 2 beinhalten neben redaktionellen und klarstellenden Änderungen gegenüber dem bisherigen Recht auch neue Regelung zur Übersetzung von Unterlagen. Damit wird einem Bedürfnis der Praxis entsprochen." (BT-Drs., 18/11499, S. 61).

„Die Bestimmungen über die grenzüberschreitenden Umweltprüfungen werden in einem neuen Teil 5 zusammengefasst, der die drei Abschnitte „Grenzüberschreitende Umweltverträglichkeitsprüfung", „Grenzüberschreitende Strategische Umweltprüfung" und „Gemeinsame Vorschriften" umfasst. Die aus den bisherigen Teilen 2 und 3 übernommenen Vorschriften wurden im Lichte zwischenzeitlicher Vollzugserfahrungen überarbeitet und aktualisiert. Zusätzlich werden in den Vorschriften neue Regelungen über die Übersetzung von Unterlagen aufgenommen. Insgesamt wird mit der neuen Regelungsstruktur und den inhaltlichen Änderungen ein doppelter Zweck verfolgt: zum einen soll der wachsenden Bedeutung grenzüberschreitender Umweltprüfverfahren Rechnung getragen werden; zum anderen sollen Transparenz und Verständlichkeit der Vorschriften für den Rechtsanwender verbessert werden (BT-Drs., 18/11499, S. 102).

2 Speziell zu Abschnitt 1 im 5. Teil des UVPG wird ausgeführt:

„Abschnitt 1 enthält Regelungen über die grenzüberschreitende Umweltverträglichkeitsprüfung. Mit den Vorschriften dieses Abschnittes werden Anforderungen nach Artikel 7 des Übereinkommens vom 25. Februar 1991 über die Umweltverträglichkeitsprüfung im grenzüberschreitenden Rahmen (Espoo-Konvention, BGBl. 2002 Teil II, S. 1406), sowie Artikel 7 der UVP-Richtlinie umgesetzt." (BT-Drucks., 18/11499, S. 102).

II. Begründung der Bundesregierung zu § 54 (BT- Drucks. 18/11499, S. 102 f.)

3 „Absatz 1, 2 und 4 sind an den bisherigen § 8 Absatz 1 Satz 1 und 2 angelehnt. Die Benachrichtigung eines anderen Staates dient der Klärung, ob eine grenzüberschreitende Umweltverträglichkeitsprüfung durchgeführt werden muss. Die Absätze enthalten lediglich redaktionelle Änderungen sowie eine neue Struktur in mehreren Absätzen, die der besseren Lesbarkeit der Regelung dienen. Nach Absatz 1 ist, wenn ein Vorhaben grenzüberschreitende Umweltauswirkungen haben kann, der Staat, der von den möglichen Auswirkungen betroffen ist, frühzeitig zu benachrichtigen. Der Benachrichtigung sind geeignete Unterlagen über das Vorhaben beizufügen. Dazu gehören insbesondere eine Beschreibung des Vorhabens, die verfügbaren Angaben über dessen mögliche grenzüberschreitenden Umweltauswirkungen sowie Angaben über die Art der möglichen Entscheidung. Eine dementsprechende Benachrichtigung muss nach Absatz 2 auch dann erfolgen, wenn ein anderer Staat darum ersucht.

Absatz 3 enthält eine neue Regelung zur Übersetzung der Benachrichtigung sowie der geeigneten Unterlagen nach Absatz 1. Bei diesen Unterlagen handelt es sich um Unterlagen, die die Behörden und Öffentlichkeit des betroffenen Staats benötigen, um zu erkennen, ob und in welcher Weise sie von möglichen erheblichen Umweltauswirkungen des Projekts betroffen sein kann. Damit wird den Vorgaben der UVP-Richtlinie und der Espoo-Konvention genüge getan, die die Ursprungspartei im Rahmen eines grenzüberschreitenden Verfahrens verpflichten sicherzustellen, dass sich die Behörde und Öffentlichkeit des betroffenen Staats in gleicher Weise am Verfahren beteiligen kann wie Behörden und Öffentlichkeit des Ursprungsstaats (vgl. Begründung zu § 55 Absatz 2). Aus dem Grundsatz der Gleichwertigkeit der Beteiligung der Öffentlichkeit in Verbindung mit dem umweltrechtlichen Verursacherprinzip folgt, dass die Benachrichtigung des anderen Staates und die begleitenden Unterlagen in einer Amtssprache des anderen Staates zu übermitteln sind. Da alle Nachbarstaaten Deutschlands Vertragspartei der Espoo-Konvention und fast alle auch Mitglied der Europäischen Union sind, steht die entsprechende Verpflichtung im Gegenseitigkeitsverhältnis.

Absatz 5 und 6 enthalten neue Regelungen, die vor allem klarstellenden Charakter haben und die Struktur des grenzüberschreitenden Umweltprüfverfahrens verdeutlichen. Nach Absatz 5 besteht die Notwendigkeit einer grenzüberschreitenden Umweltprüfung nur dann, wenn der betroffene Staat mitteilt, dass eine Beteiligung gewünscht wird. Die in diesem Falle erforderliche grenzüberschreitende Behörden- und Öffentlichkeitsbeteiligung hat nach Maßgabe der §§ 55 bis 57 zu erfolgen, im Übrigen gelten die allgemeinen Vorschriften über das Verfahren der UVP, so zB auch die Regelungen über Geheimhaltung und Datenschutz (§§ 23 und 27 Satz 3). Teilt der betroffene Staat mit, dass eine Beteiligung nicht gewünscht wird, oder äußert er sich nicht, findet kein grenzüberschreitendes Beteiligungsverfahren nach Teil 5 statt. Absatz 6 stellt klar, dass in diesem Fall die Mitglieder der betroffenen Öffentlichkeit des betroffenen Staates die Möglichkeit haben, sich im Rahmen des Beteiligungsverfahrens nach §§ 18 bis 22 zu den Umweltauswirkungen des Vorhabens zu äußern. 4

Die Notwendigkeit zur Berücksichtigung der Stellungnahmen und Einwendungen, die im Rahmen einer grenzüberschreitenden Umweltverträglichkeitsprüfung von Behörden oder Mitgliedern der Öffentlichkeit eines beteiligten betroffenen Staates abgegeben werden, bei der Zulassungsentscheidung, ist in § 25 Absatz 2 iVm § 24 sowie § 26 Absatz 1 Nummer 3 Buchstabe d geregelt."

(ausführliche Kommentierung folgt)

§ 55 **Grenzüberschreitende Behördenbeteiligung bei inländischen Vorhaben**

(1) **Die zuständige deutsche Behörde übermittelt der benannten Behörde des anderen Staates sowie weiteren von dieser angegebenen Behörden, soweit die Angaben nicht in der Benachrichtigung enthalten waren,**

1. den Inhalt der Bekanntmachung nach § 19 Absatz 1 und

2. die Unterlagen, die nach § 19 Absatz 2 zur Einsicht für die Öffentlichkeit auszulegen sind.

(2) **Folgende Unterlagen sind in deutscher Sprache und in einer Amtssprache des anderen Staates zu übermitteln:**

1. der Inhalt der Bekanntmachung nach § 19 Absatz 1,

2. die nichttechnische Zusammenfassung des UVP-Berichts sowie

3. die Teile des UVP-Berichts, die es den beteiligten Behörden und der Öffentlichkeit des anderen Staates ermöglichen, die voraussichtlichen erheblichen nachteiligen grenzüberschreitenden Umweltauswirkungen des Vorhabens einzuschätzen und dazu Stellung zu nehmen oder sich zu äußern.

Die zuständige Behörde kann verlangen, dass ihr der Vorhabenträger eine Übersetzung dieser Angaben in die entsprechende Amtssprache zur Verfügung stellt.

(3) **Die zuständige deutsche Behörde unterrichtet die benannte Behörde des anderen Staates sowie weitere von dieser angegebene Behörden über den geplanten zeitlichen Ablauf des Genehmigungsverfahrens.**

(4) **Die zuständige deutsche Behörde gibt der benannten Behörde des anderen Staates sowie weiteren von dieser angegebenen Behörden mindestens im gleichen Umfang wie den nach § 17 zu beteiligenden Behörden Gelegenheit zur Stellungnahme. Für die Stellungnahmen gilt § 73 Absatz 3a des Verwaltungsverfahrensgesetzes entsprechend.**

(5) **Soweit erforderlich oder soweit der andere Staat darum ersucht, führen die zuständigen obersten Bundes- und Landesbehörden innerhalb eines vereinbarten, angemessenen Zeitrahmens mit dem anderen Staat Konsultationen durch, insbesondere über die grenzüberschreitenden Umweltauswirkungen des Vorhabens und über die Maßnahmen zu deren Vermeidung oder Verminderung. Die Konsultationen können von einem geeigneten Gremium durchgeführt werden, das aus Vertretern der zuständigen obersten Bundes- und Länderbehörden und aus Vertretern des anderen Staates besteht.**

(6) **Die zuständige deutsche Behörde übermittelt den beteiligten Behörden des anderen Staates in einer Amtssprache des anderen Staates sonstige für das Verfahren der grenzüberschreitenden Umweltverträglichkeitsprüfung wesentliche Unterlagen, insbesondere Einladungen zum Erörterungstermin und zu Konsultationen.**

(7) **Die beteiligten Behörden des anderen Staates können ihre Mitteilungen und Stellungnahmen in einer ihrer Amtssprachen übermitteln.**

Hinweise auf die Gesetzesmaterialien (ausführliche Kommentierung folgt)

Begründung der Bundesregierung (BT-Drs. 18/11499, S. 103 f.)

„Die Vorschrift ist in den Absätzen 1 bis 4 an den bisherigen § 8 Absatz 1 Satz 3 und 4 **1**
angelehnt und enthält in Absatz 2 eine neue Regelung zu den zu übersetzenden Unterlagen. Die Pflicht zur Übersetzung resultiert aus den Regelungen der UVP-Richtlinie sowie der Espoo-Konvention, die die Ursprungspartei im Rahmen eines grenzüber-

schreitenden Verfahrens verpflichten, die Gleichwertigkeit der Öffentlichkeitsbeteiligung in Ursprungsstaat und betroffenem Staat sicherzustellen. Dazu hat das Implementation Committee der Espoo-Konvention in seiner Sitzung vom 23. bis 25. Februar 2010 (ECE/MP.EIA/IC/2010/2) entschieden, dass mindestens die nichttechnische Zusammenfassung sowie die Teile der UVP-Dokumentation, die der Öffentlichkeit der betroffenen Vertragspartei eine gleichwertige Beteiligung im Vergleich zur Öffentlichkeit des Ursprungsstaats ermöglichen, zu übersetzen sind (Rn. 35). Diese Entscheidung wurden von der Espoo-Vertragsstaatenkonferenz im Juni 2011 (ECE/MP.EIA/15, Decision V/2, Rn. 6 (c) und (f)) bestätigt.

Die Bestimmung regelt, welche Angaben und Unterlagen der benannten Behörde des anderen Staats und gegebenenfalls weiteren von ihm benannten Behörden bei der Durchführung einer grenzüberschreitenden Umweltverträglichkeitsprüfung zu übermitteln sind. Dabei geht es um drei Arten von Informationen. Zuzuleiten sind zum einen der Inhalt der Bekanntmachung, zum zweiten der UVP-Bericht und sonstige entscheidungserhebliche Berichte und Empfehlungen nach § 19 Absatz 1 Satz 1 (Absatz 1). Nach Absatz 3 ist der andere Staat über den zeitlichen Ablauf des Genehmigungsverfahrens zu unterrichten. Nach Absatz 4 ist seinen Behörden durch die zuständige deutsche Behörde eine Frist zur Abgabe von Stellungnahmen zu setzen, wobei die Frist zumindest derjenigen Frist entsprechen muss, die den deutschen beteiligten Behörden gesetzt worden ist. Auf diese Weise werden auch Anforderungen nach Artikel 6 Absatz 6 der geänderten UVP-Richtlinie umgesetzt. Dem erhöhten Aufwand bei den Verwaltungsabläufen im grenzüberschreitenden Verfahren kann dadurch Rechnung getragen werden, dass eine etwas längere Frist gewählt wird als bei inländischen Behörden. Wegen des Verweises auf § 73 Absatz 3a VwVfG darf die zu setzende Frist drei Monate nicht überschreiten. Bei ihrer Bemessung sind ua die Art des geplanten Vorhabens sowie Art und Umfang der voraussichtlichen erheblichen nachteiligen grenzüberschreitenden Umweltauswirkungen, andererseits aber auch die Notwendigkeit einer zügigen und effektiven Durchführung des Verfahrens zu berücksichtigen.

2 Absatz 5 Satz 1 entspricht dem bisherigen § 8 Absatz 2 UVPG. Bei den Konsultationen handelt es sich um einen Verfahrensschritt, dem auch Bedeutung für die auswärtigen Beziehungen Deutschlands im Sinne von Artikel 32 des Grundgesetzes zukommen kann. Wenn dies der Fall ist, kann die zuständige oberste Bundesbehörde gemäß Artikel 32 Absatz 1 GG die Federführung für die Konsultationen jederzeit auch dann an sich ziehen, wenn es sich um ein Verfahren in der Zuständigkeit eines Landes handelt (vgl. Nettesheim, in: Maunz/Dürig, Art. 32 Rn. 59). Der neue Satz 2 dient der Umsetzung von Artikel 7 Absatz 4 Unterabsatz 2 der geänderten UVP-Richtlinie. Danach können Konsultationen auch im Rahmen eines bereits bestehenden gemeinsamen Gremiums durchgeführt werden, das für diese Aufgabe geeignet ist. Nicht erforderlich ist, dass dieses Gremium speziell für grenzüberschreitende Umweltprüfungen eingerichtet worden ist. Auch Gremien, deren Einrichtung vorwiegend anderen Zwecken dient, können bei grenzüberschreitenden Umweltprüfungen mit der Durchführung von Konsultationen betraut werden, wenn sie die in der Vorschrift genannten Voraussetzungen erfüllen. In Betracht kommen hierfür beispielsweise gemeinsame Kommissionen im Bereich der nuklearen Zusammenarbeit oder zur Zusammenarbeit bei Grenzgewässern. Die jeweils betroffenen Staaten können, wie Absatz 7 klarstellt, ihre Mitteilungen in einer ihrer Amtssprachen übermitteln. Dies dient der Gewährleistung einer effektiven grenzüberschreitenden Behördenbeteiligung und entspricht dem Grundsatz der Gleichwertigkeit. Eine Pflicht des anderen Staates, seine Stellungnahme in deutscher Sprache zu übermitteln, besteht nach den einschlägigen Bestimmungen der Espoo-Konvention und der UVP-Richtlinie (siehe oben) nicht."

(ausführliche Kommentierung folgt)

§ 56 Grenzüberschreitende Öffentlichkeitsbeteiligung bei inländischen Vorhaben

(1) Bei der grenzüberschreitenden Öffentlichkeitsbeteiligung kann sich die Öffentlichkeit des anderen Staates am Verfahren nach den §§ 18 bis 22 beteiligen.

(2) Die zuständige deutsche Behörde wirkt darauf hin, dass

1. das Vorhaben in dem anderen Staat auf geeignete Weise bekannt gemacht wird und

2. dabei angegeben wird,
   a) wo, in welcher Form und in welchem Zeitraum die Unterlagen nach § 19 Absatz 2 der Öffentlichkeit des anderen Staates zugänglich gemacht werden,
   b) welcher deutschen Behörde in welcher Form und innerhalb welcher Frist die betroffene Öffentlichkeit des anderen Staates Äußerungen übermitteln kann sowie
   c) dass im Verfahren zur Beteiligung der Öffentlichkeit mit Ablauf der festgelegten Frist alle Äußerungen für das Verfahren über die Zulässigkeit des Vorhabens ausgeschlossen sind, die nicht auf besonderen privatrechtlichen Titeln beruhen.

(3) Die zuständige deutsche Behörde kann der betroffenen Öffentlichkeit des anderen Staates die elektronische Übermittlung von Äußerungen auch abweichend von den Voraussetzungen des § 3a Absatz 2 des Verwaltungsverfahrensgesetzes gestatten, sofern im Verhältnis zum anderen Staat für die elektronische Übermittlung die Voraussetzungen der Grundsätze von Gegenseitigkeit und Gleichwertigkeit erfüllt sind.

(4) Die Öffentlichkeit des anderen Staates kann ihre Äußerungen in einer ihrer Amtssprachen übermitteln.

Hinweise auf die Gesetzesmaterialien (ausführliche Kommentierung folgt)

Begründung der Bundesregierung (BT-Drs. 18/11499, S. 104):

„Die Vorschrift entspricht in den Absätzen 1 bis 3 dem bisherigen § 9a Absatz 1 UVPG. Sie enthält lediglich eine neue Gliederung sowie einige redaktionelle Anpassungen und Präzisierungen. Insbesondere die Verpflichtung der zuständigen deutschen Behörde, auf eine umfassende öffentliche Bekanntmachung des Vorhabens im anderen Staat hinzuwirken, wird in Absatz 2 Nummer 2 deutlicher als bisher geregelt. Die Verpflichtung der zuständigen deutschen Behörde, bei dem anderen Staat darauf hinzuwirken, dass die Zulassungsentscheidung auch dort bekannt gemacht und der Bescheid nach § 26 der betroffenen Öffentlichkeit des anderen Staates zugänglich gemacht wird, soll künftig aus systematischen Gründen in den neuen § 57 verschoben werden. Mit dieser Umstellung soll erreicht werden, dass Aufbau und Struktur des Teils 5 den Ablauf der grenzüberschreitenden Verfahren widerspiegeln und dem Rechtsanwender hierdurch eine leichtere Orientierung ermöglicht wird. 1

Absatz 4 enthält eine klarstellende Regelung, nach der die betroffene Öffentlichkeit des anderen Staates ihre Äußerungen in ihrer eigenen Sprache übermitteln kann. Damit soll in Einklang mit der Espoo-Konvention sichergestellt werden, dass die Beteiligungsmöglichkeiten nicht durch Sprachbarrieren eingeschränkt werden."

(ausführliche Kommentierung folgt)

§ 57 Übermittlung des Bescheids

(1) **Die zuständige deutsche Behörde übermittelt der benannten Behörde des anderen Staates sowie denjenigen Behörden des anderen Staates, die Stellungnahmen abgegeben haben, in deutscher Sprache den Zulassungsbescheid. Zusätzlich übermittelt sie in einer Amtssprache des anderen Staates**

1. die Teile des Bescheids, die es den beteiligten Behörden und der Öffentlichkeit des anderen Staates ermöglichen, zu erkennen,

a) auf welche Art und Weise die voraussichtlichen erheblichen nachteiligen grenzüberschreitenden Umweltauswirkungen des Vorhabens sowie Gesichtspunkte oder Maßnahmen zum Ausschluss, zur Verminderung oder zum Ausgleich solcher Auswirkungen bei der Zulassungsentscheidung berücksichtigt worden sind und

b) auf welche Art und Weise die Stellungnahmen der Behörden und die Äußerungen der betroffenen Öffentlichkeit des anderen Staates sowie die Ergebnisse der Konsultationen nach § 55 Absatz 5 bei der Zulassungsentscheidung berücksichtigt worden sind sowie

2. die Rechtsbehelfsbelehrung.

(2) **Die zuständige deutsche Behörde wirkt darauf hin, dass der betroffenen Öffentlichkeit des anderen Staates**

1. die Zulassungsentscheidung auf geeignete Weise bekannt gemacht wird und

2. der Bescheid einschließlich der übersetzten Teile zugänglich gemacht wird.

Hinweise auf die Gesetzesmaterialien (ausführliche Kommentierung folgt)

Begründung der Bundesregierung (BT-Drs. 18/11499, S. 104):

„Die Vorschrift ist an den bisherigen § 8 Absatz 3 sowie an § 9a Absatz 1 Satz 2 Nummer 4 angelehnt. Mit ihr sollen die bestehenden Regelungen zur Übermittlung des Zulassungs- oder Ablehnungsbescheids an den anderen Staat und zur Zugänglichkeit des Bescheids für die dortige Öffentlichkeit in einer Vorschrift zusammengefasst werden. Die deutsche Behörde hat den Bescheid nach § 26 (einschließlich aller übersetzten Teile; vgl. insoweit Absatz 1 Satz 2) an die vom anderen Staat benannte Behörde sowie an diejenigen Behörden des anderen Staates zu übermitteln, die Stellungnahmen abgegeben haben. Dies wird nunmehr ausdrücklich im Gesetz klargestellt. Die Übersetzungspflicht resultiert aus der UVP-Richtlinie und der Espoo-Konvention. Aus dem Grundsatz der Gleichwertigkeit der Öffentlichkeitsbeteiligung in Verbindung mit dem umweltrechtlichen Verursacherprinzip folgt, dass die in Absatz 1 Satz 2 genannten Teile des Bescheids in einer Amtssprache des anderen Staates übermittelt werden (vgl. die entsprechenden Ausführungen in der Begründung zu § 54 Absatz 3 und § 55 Absatz 2). Zugleich hat sie nach Absatz 2 darauf hinzuwirken, dass die Entscheidung in dem anderen Staat öffentlich bekannt gemacht und der Bescheid (inklusive aller übersetzter Teile) der betroffenen Öffentlichkeit des anderen Staates zugänglich gemacht wird. Die Regelungen werden im Übrigen lediglich redaktionell angepasst. So ist etwa die ausdrückliche Nennung der Begründung sowie der Rechtsbehelfsbelehrung durch den Verweis auf § 26 zukünftig entbehrlich.“ 1

(ausführliche Kommentierung folgt)

§ 58 Grenzüberschreitende Behördenbeteiligung bei ausländischen Vorhaben

(1) **Erhält die zuständige Behörde die Benachrichtigung eines anderen Staates über ein geplantes Vorhaben, für das in dem anderen Staat eine Pflicht zur Durchführung einer Umweltverträglichkeitsprüfung besteht und das erhebliche Umweltauswirkungen in Deutschland haben kann, so ersucht die zuständige deutsche Behörde, soweit entsprechende Angaben der Benachrichtigung nicht bereits beigefügt sind, die zuständige Behörde des anderen Staates um Unterlagen über das Vorhaben, insbesondere um eine Beschreibung des Vorhabens und um Angaben über dessen Umweltauswirkungen in Deutschland. Die zuständige deutsche Behörde soll die zuständige Behörde des anderen Staates ersuchen, ihr in deutscher Sprache die Angaben des § 55 Absatz 2 zu übermitteln.**

(2) **Auf der Grundlage der erhaltenen Angaben teilt die zuständige Behörde der zuständigen Behörde des anderen Staates mit, ob sie eine Beteiligung am Zulassungsverfahren für erforderlich hält. Benötigt sie hierfür weitere Angaben, so ersucht sie die zuständige Behörde des anderen Staates um weitere Angaben im Sinne des § 16 Absatz 1 und 3 in deutscher Sprache.**

(3) **Die zuständige Behörde unterrichtet die Behörden, die bei einem inländischen Vorhaben nach § 17 zu beteiligen wären, über das Vorhaben und übermittelt ihnen die Unterlagen und Angaben, die ihr vorliegen. Sofern sie nicht die Abgabe einer einheitlichen Stellungnahme für angezeigt hält, weist sie die beteiligten Behörden darauf hin, welcher Behörde des anderen Staates eine Stellungnahme zugeleitet werden kann und welche Frist es für die Stellungnahme gibt.**

(4) **Erhält die zuständige Behörde auf andere Weise Kenntnis von einem geplanten ausländischen Vorhaben, das erhebliche Umweltauswirkungen in Deutschland haben kann, gelten die Absätze 1 bis 3 entsprechend.**

(5) **Zuständig ist die Behörde, die für ein gleichartiges Vorhaben in Deutschland zuständig wäre. Sind mehrere Behörden zuständig, so verständigen sie sich unverzüglich auf eine federführende Behörde. Die federführende Behörde nimmt in diesem Fall zumindest die in den Absätzen 1 und 2 genannten Aufgaben der zuständigen deutschen Behörde wahr. Die anderen zuständigen Behörden können der federführenden Behörde im Einvernehmen mit der federführenden Behörde weitere Aufgaben übertragen.**

(6) **Für Konsultationen mit dem anderen Staat gilt § 55 Absatz 5 entsprechend.**

Literatur: *Grandjot,* Grenzüberschreitende Umweltprüfungen – Änderungen durch das Gesetz zur Modernisierung des Rechts der Umweltverträglichkeitsprüfung, DVBl 2018, 161.

Hinweise auf die Gesetzesmaterialien (ausführliche Kommentierung folgt)

Begründung der Bundesregierung (BT-Drs. 18/11499, S. 106):

„Die Vorschrift regelt die Aufgaben deutscher Behörden im Falle einer grenzüberschreitenden Umweltverträglichkeitsprüfung bei einem im Ausland geplanten Vorhaben und ist an den bisherigen § 9b angelehnt. **1**

Die Vorschrift unterscheidet nunmehr zwei Fallgestaltungen der Einleitung einer grenzüberschreitenden Umweltverträglichkeitsprüfung bei ausländischen Vorhaben. Absatz 1 geht von der Benachrichtigung der zuständigen Behörde durch einen anderen Staat aus. Absatz 4 regelt die Fälle, in denen die zuständige Behörde auf andere Weise von einem im Ausland geplanten Vorhaben erfährt, das Umweltauswirkungen in Deutschland haben kann.

Die Benachrichtigung nach Absatz 1 Satz 1 ist das Pendant zu der Benachrichtigung eines anderen Staates durch die zuständige deutsche Behörde nach § 54. Nach Artikel 7 Absatz 1 der UVP-Richtlinie hat der andere Staat eine Beschreibung des Vorhabens sowie andere Angaben über dessen möglichen grenzüberschreitenden Auswirkungen zu übermitteln. Sind die entsprechenden Angaben der Benachrichtigung nicht beigefügt oder sind sie nicht ausreichend, um über die Erforderlichkeit einer Beteiligung zu entscheiden, hat die zuständige deutsche Behörde nach Satz 1 die zuständige Behörde des anderen Staates um die erforderlichen Angaben zu ersuchen. Ist der zuständigen Behörde des anderen Staates die zuständige deutsche Behörde nicht bekannt, kann sie die Benachrichtigung im Sinne von Absatz 1 Satz 1 auch an die Espoo-Kontaktstelle übermitteln. In diesem Fall veranlasst die Espoo-Kontaktstelle die Weiterleitung an die zuständige deutsche Behörde.

Nach Absatz 1 Satz 2 soll die zuständige deutsche Behörde die zuständige Behörde des anderen Staates um eine Übersetzung ersuchen, sofern sie eine solche nicht bereits mit der Benachrichtigung nach Satz 1 erhalten hat.

Auf Grundlage der entsprechenden Angaben teilt die zuständige deutsche Behörde der zuständigen Behörde des anderen Staates nach Absatz 2 Satz 1 mit, ob sie eine Beteiligung am Zulassungsverfahren für erforderlich hält. Sind die von dem anderen Staat vorgelegten Unterlagen für die Mitteilung nach Absatz 1, für die Beteiligung der weiteren, nach § 17 zu beteiligenden deutschen Behörden oder für die Beteiligung der deutschen Öffentlichkeit nicht ausreichend, ersucht die zuständige Behörde nach Absatz 2 Satz 2 um die erforderlichen zusätzlichen Angaben in deutscher Sprache. Diese Bitte soll sich nur auf die Angaben erstrecken, die im Hinblick auf die grenzüberschreitenden Auswirkungen des Vorhabens von Bedeutung sind.

Nach Absatz 3 beteiligt die zuständige Behörde die anderen Behörden, deren umweltbezogener Aufgabenbereich durch das Vorhaben berührt wird. Dazu übermittelt sie ihnen die Unterlagen und Angaben, die ihr vorliegen und informiert sie darüber, welcher Behörde sie innerhalb welcher Frist eine Stellungnahme zukommen lassen können.

Absatz 4 stellt klar, dass die zuständige Behörde die in den Absätzen 1 bis 3 genannten Aufgaben auch in den Fällen wahrnehmen muss, in denen sie nicht durch die Benachrichtigung eines anderen Staates von einem Vorhaben erfährt, sondern auf andere Weise.

Nach Absatz 5 Satz 1 ist für eine grenzüberschreitende Behörden- und Öffentlichkeitsbeteiligung, wie schon bisher, diejenige deutsche Behörde zuständig, die für ein gleichartiges Vorhaben in Deutschland zuständig wäre. Sätze 2 und 3 enthalten neue Vorschriften, die in Verfahren, in denen nach Satz 1 Behörden mehrerer Länder zuständig sein können, für Klarheit im Außenverhältnis zum anderen Staat sorgen sollen. Sie betreffen ausländische Vorhaben, die Auswirkungen auf mehrere Bundesländer haben können und bei denen nach der Grundsatzregelung in Satz 1 mehrere Landesbehörden zuständig sind (zB Errichtung oder Änderung eines Kernkraftwerks). Nach Satz 2 müssen sich die zuständigen deutschen Behörden in diesen Fällen künftig unverzüglich auf eine federführende Behörde verständigen. Diese federführende Behörde tritt dann im Außenverhältnis zum anderen Staat als alleiniger Ansprechpartner (neben der nationalen Espoo-Kontaktstelle) auf. Damit sollen die Konsequenzen aus der bisherigen Regelung gezogen werden, die sich in der Praxis nicht bewährt hat. In der Vergangenheit ist es zum Teil vorgekommen, dass in grenzüberschreitenden Verfahren für ausländische Vorhaben mehrere auf deutscher Seite zuständige Behörden unabgestimmt mit unterschiedlichen Forderungen und Wünschen zur Ausgestaltung des Verfahrens an die Behörden des Ursprungsstaats herangetreten sind. Ein solches Vorgehen kann auf Seiten des Ursprungsstaats erfahrungsgemäß zu Verwirrung und Irritation führen und erschwert einen effektiven Ablauf des Verfahrens. Vor diesem Hintergrund bestimmt Satz 3, dass verschiedene Aufgaben, die der zuständigen deutschen Behörde im Rahmen des grenzüberschreitenden Verfahrens obliegen und die eine Kommunikation mit dem anderen Staat voraussetzen, in Fällen, in denen Behörden mehrerer Länder zuständig sind, von der federführenden Behörde wahrzunehmen sind. Dazu gehört sowohl die Anforderung notwendiger Unterlagen als auch die Abgabe der Erklärung, ob sich Deutschland an dem grenzüberschreitenden Verfahren beteiligen möchte. Auch die Anforderung von Übersetzungen sowie Nachfragen zu übermittelten Übersetzungen sollen künftig ausschließlich über die federführende Behörde erfolgen. Mit dieser Regelung wird sichergestellt, dass bei der Einleitung eines grenzüberschreitenden Verfahrens im Außenverhältnis zu dem anderen Staat nur *eine* deutsche Behörde aktiv wird und Deutschland einheitlich auftritt. Gemäß Satz 4 können die anderen zuständigen Behörden der federführenden Behörde mit deren Einvernehmen auch weitere Aufgaben, insbesondere solche nach den Absätzen 3 und 4, übertragen.

Geschieht dies nicht, sind die Aufgaben nach Absatz 3 und 4 nicht von der federführenden Behörde, sondern von der jeweils zuständigen Behörde nach Absatz 5 Satz 1 zu erfüllen. Im Wesentlichen handelt es sich dabei um die Bekanntmachung des ausländischen Vorhabens und die Eröffnung der Möglichkeit zur Einsicht der Unterlagen durch die Öffentlichkeit. Diese Aufgaben sind ausschließlich im Inland durchzuführen und erfordern kein einheitliches Auftreten im Außenverhältnis. Sind nach Absatz 2 Satz 1 Behörden mehrerer Länder zuständig, haben sie jeweils selbstständig in ihrem Land für die Durchführung der Öffentlichkeitsbeteiligung zu sorgen.

Zuständige Behörde im Sinne von Absatz 5 Satz 1 kann auch eine Bundesbehörde sein. In diesem Fall findet Absatz 5 Satz 2 bis 4 keine Anwendung. Gegebenenfalls kommt eine Anwendung von § 31 Absatz 3 in Betracht.

Nach Absatz 6 gilt im Hinblick auf die Durchführung von Konsultationen § 55 Absatz 5 entsprechend."

(ausführliche Kommentierung folgt)

§ 59 Grenzüberschreitende Öffentlichkeitsbeteiligung bei ausländischen Vorhaben

(1) **Auf der Grundlage der von dem anderen Staat zu diesem Zweck übermittelten Unterlagen macht die zuständige deutsche Behörde das Vorhaben in geeigneter Weise in den voraussichtlich betroffenen Gebieten der Öffentlichkeit bekannt.**

(2) **In der Bekanntmachung weist die zuständige deutsche Behörde darauf hin, welcher Behörde des anderen Staates eine Stellungnahme zugeleitet werden kann und welche Frist es für die Stellungnahme gibt.**

(3) **Die zuständige Behörde macht die Unterlagen öffentlich zugänglich.**

(4) **Die Bekanntmachung und die nach Absatz 3 öffentlich zugänglich zu machenden Unterlagen sind zumindest über das zentrale Internetportal zugänglich zu machen.**

(5) **Die Vorschriften über die öffentliche Bekanntmachung der Entscheidung und die Auslegung des Bescheids nach § 27 gelten entsprechend, soweit Rechtsvorschriften des Bundes oder der Länder für die Form der Bekanntmachung und Zugänglichmachung des Bescheids nicht etwas Abweichendes regeln.**

Hinweise auf die Gesetzesmaterialien (ausführliche Kommentierung folgt)

Begründung der Bundesregierung (BT-Drs. 18/11499, S. 106):

„Absatz 1 ist an den bisherigen § 9b Absatz 2 angelehnt. Das der zuständigen Behörde schon bisher zustehende Ermessen bei der Form der Bekanntmachung und Auslegung von Unterlagen ausländischer Vorhaben bleibt weitgehend erhalten. Die Form soll jedoch unter Berücksichtigung der Art des Vorhabens und der im anderen Staat (Ursprungsstaat) geltenden Anforderungen geeignet und angemessen sein. Das Vorhaben soll auf der Grundlage der von dem anderen Staat zu diesem Zweck übermittelten Unterlagen bekannt gemacht werden. Die Einschränkung „soweit eine Öffentlichkeitsbeteiligung nach den Vorschriften des übermittelnden Staates erfolgt oder nach diesem Gesetz durchzuführen wäre“ ist missverständlich und soll gestrichen werden. Mit den Worten „zu diesem Zweck“ wird der Zusammenhang mit der Öffentlichkeitsbeteiligung im Ursprungsstaat klargestellt. 1

Die Regelungen in den Absätzen 2 und 3 entsprechend inhaltlich weitgehend dem bisherigen § 9b Absatz 2 Satz 2. Nach Absatz 3 hat die Behörde die Pflicht, der Öffentlichkeit innerhalb angemessener Frist Gelegenheit zu geben, die Unterlagen einzusehen. Die zugänglich zu machenden Unterlagen müssen zumindest den UVP-Bericht und die übersetzten Unterlagen im Sinne von § 58 Absatz 1 Satz 2 und § 55 Absatz 2 umfassen.

Nach Absatz 4 ist jedenfalls erforderlich, dass die Bekanntmachung sowie die nach Absatz 3 zugänglich zu machenden Unterlagen über das zentrale Internetportal (vgl. § 20) zugänglich gemacht werden. Damit setzt Absatz 4 die Anforderungen nach Artikel 7 Absatz 5 in Verbindung mit Artikel 6 Absatz 5 der geänderten UVP-Richtlinie im Hinblick auf die Durchführung der Öffentlichkeitsbeteiligung um. Die Dauer der Auslegung von Unterlagen und der Veröffentlichung im Internet muss sich an den im Ursprungsstaat geltenden Fristen orientieren. Soweit es sich dabei um einen EU-Mitgliedstaat handelt, muss die Auslegungsfrist mindestens 30 Tage betragen (vgl. Artikel 6 Absatz 7 der geänderten UVP-Richtlinie).

Absatz 5 entspricht weitgehend dem bisherigen § 9b Absatz 3. Mit der Bezugnahme auf § 27 wird ferner klargestellt, dass für die Bekanntmachung der Zulassungsentscheidung sowie die Auslegung und Zugänglichmachung des Bescheids die gleichen Anforderungen gelten wie bei inländischen Vorhaben, soweit nicht Rechtsvorschriften des Bundes oder der Länder hierfür etwas Abweichendes regeln. Im Hinblick auf die weitergehenden Anforderungen des Völkerrechts (vgl. die im bisherigen § 9b Absatz 3 enthaltene Bezugnahme auf den bisherigen § 9a Absatz 3) gilt § 64.“

(ausführliche Kommentierung folgt)

Abschnitt 2. Grenzüberschreitende Strategische Umweltprüfung

§ 60 Grenzüberschreitende Behördenbeteiligung bei inländischen Plänen und Programmen

(1) Für die grenzüberschreitende Behördenbeteiligung bei Strategischen Umweltprüfungen gelten die Vorschriften über die Benachrichtigung eines anderen Staates nach § 54 und für die grenzüberschreitende Behördenbeteiligung nach § 55 entsprechend. Bei der Benachrichtigung der zuständigen Behörde eines anderen Staates ist ein Exemplar des Plan- oder Programmentwurfs und des Umweltberichts zu übermitteln.

(2) Die zuständige deutsche Behörde übermittelt den beteiligten Behörden des anderen Staates die Benachrichtigung in einer Amtssprache des anderen Staates. Bei der Durchführung der grenzüberschreitenden Behördenbeteiligung übermittelt sie zumindest folgende Unterlagen in der Amtssprache des anderen Staates:

1. den Inhalt der Bekanntmachung nach § 42 in Verbindung mit § 19 Absatz 1,

2. die nichttechnische Zusammenfassung des Umweltberichts sowie

3. die Teile des Plan- oder Programmentwurfs und des Umweltberichts, die es den beteiligten Behörden und der Öffentlichkeit des anderen Staates ermöglichen, die voraussichtlichen erheblichen nachteiligen grenzüberschreitenden Umweltauswirkungen des Vorhabens einzuschätzen und dazu Stellung zu nehmen oder sich zu äußern.

(3) Die zuständige deutsche Behörde setzt eine angemessene Frist, innerhalb derer die zuständige Behörde des anderen Staates Gelegenheit zur Stellungnahme hat.

Hinweise auf die Gesetzesmaterialien
(ausführliche Kommentierung folgt)

Begründung der Bundesregierung (BT-Drs. 18/11499, S. 106):

„Die Vorschrift entspricht in Absatz 1 und 3 dem bisherigen § 14j Absatz 1. Der Regelungsgehalt wurde ohne inhaltliche Änderung übernommen; die Vorschrift wurde allerdings neu gegliedert und teilweise sprachlich ergänzt, um die Anwendung zu erleichtern. In Absatz 2 enthält die Regelung eine Übersetzungspflicht. Diese folgt aus den Verpflichtungen des Protokolls vom 21.5.2003 über die Strategische Umweltprüfung zum Übereinkommen über die Umweltverträglichkeitsprüfung im grenzüberschreitenden Rahmen (SEA-Protokoll, BGBl. 2006 Teil II, S. 497) wonach diejenigen Unterlagen zu übersetzen, die es der Öffentlichkeit und den Behörden des betroffenen Staats ermöglichen zu erkennen, ob und in welcher Weise sie von möglichen erheblichen Umweltauswirkungen des Plans oder Programms betroffen sein können.“ **1**

(ausführliche Kommentierung folgt)

§ 61 Grenzüberschreitende Öffentlichkeitsbeteiligung bei inländischen Plänen und Programmen

(1) Für die grenzüberschreitende Öffentlichkeitsbeteiligung bei Strategischen Umweltprüfungen gilt § 56 entsprechend. Die in dem anderen Staat betroffene Öffentlichkeit kann sich am Verfahren nach § 42 beteiligen.

(2) Die zuständige deutsche Behörde übermittelt bei der Annahme des Plans oder Programms dem beteiligten anderen Staat die in § 44 Absatz 2 genannten Informationen. Dabei übermittelt sie folgende Informationen auch in einer Amtssprache des anderen Staates:

1. die Entscheidung zur Annahme des Programms,

2. die Teile der zusammenfassenden Erklärung, die es den beteiligten Behörden und der Öffentlichkeit des anderen Staates ermöglichen zu erkennen, auf welche Art und Weise

a) der Plan oder das Programm die im Umweltbericht dargestellten voraussichtlichen erheblichen nachteiligen grenzüberschreitenden Umweltauswirkungen sowie Maßnahmen zum Ausschluss, zur Verringerung oder zum Ausgleich dieser Auswirkungen berücksichtigt,

b) die Stellungnahmen der Behörden und die Äußerungen der betroffenen Öffentlichkeit des anderen Staates sowie die Ergebnisse der Konsultationen nach § 60 Absatz 1 in Verbindung mit § 55 Absatz 5 berücksichtigt,

3. eine Rechtsbehelfsbelehrung, soweit über die Annahme des Plans oder Programms nicht durch Gesetz entschieden wird, und

4. sonstige Unterlagen, die für das Verfahren der grenzüberschreitenden Strategischen Umweltprüfung wesentlich sind.

Hinweise auf die Gesetzesmaterialien (ausführliche Kommentierung folgt)

Begründung der Bundesregierung (BT-Drs. 18/11499, S. 107):

„Die Vorschrift entspricht dem bisherigen § 14j Absatz 2, ergänzt um eine Klarstellung **1**
in Absatz 2 Satz 2, welche Unterlagen in einer Amtssprache des betroffenen Staates zu übermitteln sind. Im Übrigen wurde der Regelungsgehalt ohne inhaltliche Änderung übernommen; die Vorschrift wurde allerdings neu gegliedert und teilweise sprachlich ergänzt, um die Anwendung zu erleichtern."

(ausführliche Kommentierung folgt)

§ 62 Grenzüberschreitende Behördenbeteiligung bei ausländischen Plänen und Programmen

Für die Beteiligung der deutschen Behörden bei Plänen und Programmen eines anderen Staates gelten die Vorschriften für die grenzüberschreitende Behördenbeteiligung bei ausländischen Vorhaben nach § 58 und für die Konsultation mit dem anderen Staat nach § 55 Absatz 5 entsprechend.

Hinweise auf die Gesetzesmaterialien (ausführliche Kommentierung folgt)

Begründung der Bundesregierung (BT-Drs. 18/11499, S. 107):

„§ 62 und § 63 sind angelehnt an den bisherigen § 14j Absatz 3. Die Aufteilung des bisherigen § 14j auf zwei eigenständige Vorschriften dient der erleichterten Anwendung. § 62 regelt zukünftig allein den Fall der grenzüberschreitenden Behördenbeteiligung bei Plänen und Programmen eines anderen Staates. Aus Gründen einer erleichterten Anwendung wird im Hinblick auf die Durchführung von grenzüberschreitenden Konsultationen unmittelbar § 55 Absatz 5 in Bezug genommen.“ **1**

(ausführliche Kommentierung folgt)

§ 63 Grenzüberschreitende Öffentlichkeitsbeteiligung bei ausländischen Plänen und Programmen

(1) **Für die Beteiligung der deutschen Öffentlichkeit bei Plänen und Programmen eines anderen Staates gilt § 59 Absatz 1 bis 3 und 5 entsprechend.**

(2) **Für die Bekanntgabe der Entscheidung über die Annahme oder Ablehnung des Plans oder Programms und für die Auslegung von Unterlagen im Falle der Annahme gilt § 44 entsprechend.**

**Hinweise auf die Gesetzesmaterialien
(ausführliche Kommentierung folgt)**

Begründung der Bundesregierung (BT-Drs. 18/11499, S. 107):

„§ 63 regelt den Fall der grenzüberschreitenden Öffentlichkeitsbeteiligung bei ausländischen Plänen und Programmen und ist an den bisherigen § 14j Absatz 3 angelehnt. Nach Absatz 2 soll sich die Bekanntgabe der Entscheidung über die Annahme des ausländischen Plans oder Programms zur Vereinheitlichung und Vereinfachung des Vorgehens künftig nach denselben Vorschriften richten, die auch für die Bekanntgabe und Auslegung inländischer Pläne und Programme gelten. § 59 Absatz 4 (Bekanntmachung über das zentrale Internetportal) soll bei der grenzüberschreitenden SUP für Pläne und Programme nicht entsprechend anwendbar sein. Damit soll eine 1:1-Umsetzung der europarechtlichen Anforderungen sichergestellt werden. Die bisherige Flexibilität der Behörde bei der Bekanntmachung und Auslegung des Plans oder Programms soll beibehalten werden.“ **1**

(ausführliche Kommentierung folgt)

Abschnitt 3. Gemeinsame Vorschriften

§ 64 Völkerrechtliche Verpflichtungen

Weitergehende Regelungen zur Umsetzung völkerrechtlicher Verpflichtungen von Bund und Ländern bleiben unberührt.

Hinweise auf die Gesetzesmaterialien
(ausführliche Kommentierung folgt)

Begründung der Bundesregierung (BT-Drs. 18/11499, S. 107):

„Der neue § 64 entspricht den bisherigen § 8 Absatz 4 sowie § 9a Absatz 3 und fasst **1** diese Regelungen an zentraler Stelle für alle grenzüberschreitenden Umweltprüfungen zusammen. Inhaltliche Änderungen wurden dabei nicht vorgenommen. Ein Beispiel für eine weitergehende Regelung zur Umsetzung völkerrechtlicher Verpflichtungen ist die Vereinbarung vom 11. April 2006 zwischen der Regierung der Bundesrepublik Deutschland und der Regierung der Republik Polen über die Durchführung des Übereinkommens vom 25. Februar 1991 über die Umweltverträglichkeitsprüfung im grenzüberschreitenden Rahmen (BGBl. II 2007, S. 595)."

(ausführliche Kommentierung folgt)

Teil 6. Vorschriften für bestimmte Leitungsanlagen (Anlage 1 Nummer 19)

§ 65 Planfeststellung; Plangenehmigung

(1) **Vorhaben, die in der Anlage 1 unter den Nummern 19.3 bis 19.9 aufgeführt sind, sowie die Änderung solcher Vorhaben bedürfen der Planfeststellung durch die zuständige Behörde, sofern dafür nach den §§ 6 bis 14 eine Verpflichtung zur Durchführung einer Umweltverträglichkeitsprüfung besteht.**

(2) **Sofern keine Verpflichtung zur Durchführung einer Umweltverträglichkeitsprüfung besteht, bedarf das Vorhaben der Plangenehmigung. Die Plangenehmigung entfällt in Fällen von unwesentlicher Bedeutung. Diese liegen vor, wenn die Prüfwerte nach § 7 Absatz 1 und 2 für Größe und Leistung, die die Vorprüfung eröffnen, nicht erreicht werden oder die Voraussetzungen des § 74 Absatz 7 Satz 2 des Verwaltungsverfahrensgesetzes erfüllt sind; die §§ 10 bis 12 gelten entsprechend. Die Sätze 2 und 3 gelten nicht für Errichtung, Betrieb und Änderung von Rohrleitungsanlagen zum Befördern wassergefährdender Stoffe sowie für die Änderung ihres Betriebs, ausgenommen Änderungen von unwesentlicher Bedeutung.**

Hinweise auf die Gesetzesmaterialien (ausführliche Kommentierung folgt)

Begründung der Bundesregierung (BT-Drs. 18/11499, S. 107):

„Anpassung an die neue Nummerierung." 1

Zu § 65 Absatz 1: „Anpassung an die neue Nummerierung."
Zu § 65 Absatz 2 Satz 3: „Anpassung an die neue Nummerierung."

(ausführliche Kommentierung folgt)

§ 66 Entscheidung; Nebenbestimmungen; Verordnungsermächtigung

(1) **Der Planfeststellungsbeschluss darf nur ergehen, wenn**

1. sichergestellt ist, dass das Wohl der Allgemeinheit nicht beeinträchtigt wird, insbesondere
   a) Gefahren für die Schutzgüter nicht hervorgerufen werden können und
   b) Vorsorge gegen die Beeinträchtigung der Schutzgüter, insbesondere durch bauliche, betriebliche oder organisatorische Maßnahmen entsprechend dem Stand der Technik getroffen wird,

2. umweltrechtliche Vorschriften und andere öffentlich-rechtliche Vorschriften dem Vorhaben nicht entgegenstehen,

3. Ziele der Raumordnung beachtet und Grundsätze und sonstige Erfordernisse der Raumordnung berücksichtigt sind,

4. Belange des Arbeitsschutzes gewahrt sind.

Bei Vorhaben im Sinne der Nummer 19.3 der Anlage 1 darf der Planfeststellungsbeschluss darüber hinaus nur erteilt werden, wenn eine nachteilige Veränderung der Wasserbeschaffenheit nicht zu besorgen ist.

(2) **Der Planfeststellungsbeschluss kann mit Bedingungen versehen, mit Auflagen verbunden und befristet werden, soweit dies zur Wahrung des Wohls der Allgemeinheit oder zur Erfüllung von öffentlich-rechtlichen Vorschriften, die dem Vorhaben entgegenstehen können, erforderlich ist. Die Aufnahme, Änderung oder Ergänzung von Auflagen über Anforderungen an das Vorhaben ist auch nach dem Ergehen des Planfeststellungsbeschlusses zulässig.**

(3) **Die Absätze 1 und 2 gelten für die Plangenehmigung entsprechend.**

(4) **Der Planfeststellungsbeschluss muss zumindest die folgenden Angaben enthalten:**

1. die umweltbezogenen Nebenbestimmungen, die mit der Zulassungsentscheidung verbunden sind,

2. eine Beschreibung der vorgesehenen Überwachungsmaßnahmen,

3. eine Begründung, aus der die wesentlichen tatsächlichen und rechtlichen Gründe hervorgehen, die die Behörde zu ihrer Entscheidung bewogen haben; hierzu gehören
   a) Angaben über das Verfahren zur Beteiligung der Öffentlichkeit,
   b) die zusammenfassende Darstellung gemäß § 24,
   c) die begründete Bewertung gemäß § 25 Absatz 1 sowie
   d) eine Erläuterung, wie die begründete Bewertung, insbesondere die Angaben des UVP-Berichts, die behördlichen Stellungnahmen nach § 17 Absatz 2 und § 55 Absatz 4 sowie die Äußerungen der Öffentlichkeit nach den §§ 21 und 56, in der Zulassungsentscheidung berücksichtigt wurden oder wie ihnen anderweitig Rechnung getragen wurde.

(5) **Wird das Vorhaben nicht zugelassen, müssen im Bescheid die dafür wesentlichen Gründe erläutert werden.**

(6) **Die Bundesregierung wird ermächtigt, nach Anhörung der beteiligten Kreise durch Rechtsverordnung mit Zustimmung des Bundesrates Vorschriften zur Erfüllung der Voraussetzungen des Absatzes 1 Satz 1 Nummer 1 zu erlassen über**

1. die dem Stand der Technik entsprechenden baulichen, betrieblichen oder organisatorischen Maßnahmen zur Vorsorge gegen die Beeinträchtigung der Schutzgüter,

2. die Pflichten von Vorhabenträgern und Dritten,

a) Behörden und die Öffentlichkeit zu informieren,
b) Behörden Unterlagen vorzulegen,
c) Behörden technische Ermittlungen und Prüfungen zu ermöglichen sowie ihnen dafür Arbeitskräfte und technische Hilfsmittel zur Verfügung zu stellen,

2a. die behördlichen Befugnisse,
a) technische Ermittlungen und Prüfungen vorzunehmen,
b) während der Betriebszeit Betriebsräume sowie unmittelbar zugehörige befriedete Betriebsgrundstücke zu betreten,
c) bei Erforderlichkeit zur Verhütung dringender Gefahren für die öffentliche Sicherheit oder Ordnung Wohnräume und außerhalb der Betriebszeit Betriebsräume sowie unmittelbar zugehörige befriedete Betriebsgrundstücke zu betreten,
d) jederzeit Anlagen zu betreten sowie Grundstücke, die nicht unmittelbar zugehörige befriedete Betriebsgrundstücke nach den Buchstaben b und c sind,

3. die Überprüfung von Vorhaben durch Sachverständige, Sachverständigenorganisationen und zugelassene Überwachungsstellen sowie über die Anforderungen, die diese Sachverständigen, Sachverständigenorganisationen und zugelassene Überwachungsstellen erfüllen müssen, sowie über das Verfahren ihrer Anerkennung,
4. die Anpassung bestehender Vorhaben an die Anforderungen der geltenden Vorschriften,
5. die Anzeige von Änderungen, die nach § 65 weder einer Planfeststellung noch einer Plangenehmigung bedürfen, an die zuständige Behörde,
6. die Befugnis für behördliche Anordnungen im Einzelfall.

In der Rechtsverordnung können Vorschriften über die Einsetzung technischer Kommissionen getroffen werden. Die Kommissionen sollen die Bundesregierung oder das Bundesministerium für Umwelt, Naturschutz, Bau und Reaktorsicherheit in technischen Fragen beraten. Sie schlagen dem Stand der Technik entsprechende Regeln (technische Regeln) unter Berücksichtigung der für andere Schutzziele vorhandenen Regeln und, soweit dessen Zuständigkeiten berührt sind, in Abstimmung mit der Kommission für Anlagensicherheit nach § 51a Absatz 1 des Bundes-Immissionsschutzgesetzes vor. In die Kommissionen sind Vertreter der beteiligten Bundesbehörden und Landesbehörden, der Sachverständigen, Sachverständigenorganisationen und zugelassenen Überwachungsstellen, der Wissenschaft sowie der Hersteller und Betreiber von Leitungsanlagen zu berufen. Technische Regeln können vom Bundesministerium für Umwelt, Naturschutz, Bau und Reaktorsicherheit im Bundesanzeiger veröffentlicht werden. In der Rechtsverordnung können auch die Stoffe, die geeignet sind, die Wasserbeschaffenheit nachteilig zu verändern (wassergefährdende Stoffe im Sinne von Nummer 19.3 der Anlage 1), bestimmt werden. Das Grundrecht der Unverletzlichkeit der Wohnung (Artikel 13 des Grundgesetzes) wird durch Satz 1 Nummer 2a Buchstabe c eingeschränkt.

(7) Die Bundesregierung wird ermächtigt, für Rohrleitungsanlagen, die keiner Planfeststellung oder Plangenehmigung bedürfen, nach Anhörung der beteiligten Kreise im Sinne von § 23 Absatz 2 des Wasserhaushaltsgesetzes durch Rechtsverordnung mit Zustimmung des Bundesrates

1. eine Anzeigepflicht vorzuschreiben,
2. Regelungen entsprechend Absatz 6 Satz 1 Nummer 1 bis 4, 6 oder entsprechend Absatz 6 Satz 2 und 7 zu erlassen.

(8) Für Anlagen, die militärischen Zwecken dienen, obliegen dem Bundesministerium der Verteidigung und den von ihm benannten Stellen die Aufgaben des Vollzugs und der Überwachung.

Hinweise auf die Gesetzesmaterialien (ausführliche Kommentierung folgt)

Begründung der Bundesregierung (BT-Drs. 18/11499, S. 107 ff.):

„Anpassung an die neue Nummerierung." 1

Zur Überschrift: „Die Änderung der Überschrift des § 66 (bisher § 21) macht deutlich, dass die Vorschrift in den Absätzen 4 bis 6 Verordnungsermächtigungen enthält."

Zu § 66 Absatz 1 Satz 1 Nummer 1 Buchstabe a: „Es handelt sich um eine Folgeänderung zur Begriffsbestimmung in § 2 Absatz 1."

Zu den Absätzen 4 und 5: „Die neu eingefügten Absätze 4 und 5 dienen der Umsetzung von Artikel 8a der geänderten UVP-Richtlinie im Hinblick auf Vorhaben, die in der Anlage 1 unter den Nummern 19.3 bis 19.9 aufgeführt sind.

Absatz 4 enthält Regelungen über den Inhalt des Planfeststellungsbeschlusses und konkretisiert damit die schon bisher bestehende Pflicht zur Berücksichtigung der Ergebnisse der UVP nach Artikel 8 der Richtlinie 2011/92/EU. Während frühere Fassungen der UVP-Richtlinie die Ausgestaltung der Zulassungsentscheidung den Mitgliedstaaten überließen, hat der Richtliniengeber hierzu nunmehr einige Vorgaben gemacht. So wird beispielsweise in Artikel 8a Absatz 1 Buchstabe a der geänderten UVP-Richtlinie festgelegt, dass die begründete Schlussfolgerung in die Entscheidung über die Erteilung der Zulassung aufzunehmen ist. Eine entsprechende Integration von Elementen der UVP in den Planfeststellungsbeschluss ist im deutschen Recht nicht strukturell neu. Zum Beispiel kann schon nach dem bisherigen § 11 Satz 4 die zusammenfassende Darstellung in der Begründung über die Zulässigkeit des Vorhabens erfolgen.

Absatz 4 legt eine Reihe von Mindestangaben fest, die der Planfeststellungsbeschluss enthalten muss. Dabei handelt es sich um formale Anforderungen an den Bescheid und nicht um materielle Zulassungsvoraussetzungen. Nach Nummer 1 sind die umweltbezogenen Nebenbestimmungen, die mit der Zulassungsentscheidung verbunden sind, aufzunehmen. Diese Vorschrift dient der Umsetzung von Artikel 8a Absatz 1 Buchstabe b der geänderten UVP-Richtlinie. Zum Begriff der Nebenbestimmungen wird auf § 36 VwVfG Bezug genommen.

Nach Nummer 2 sind die vorgesehenen Überwachungsmaßnahmen zu beschreiben. Auch diese Regelung dient der Umsetzung von Artikel 8a Absatz 1 Buchstabe b der geänderten UVP-Richtlinie.

Eine Begründung der Entscheidung, wie sie in Nummer 3 vorgeschrieben ist, ist schon nach bisher geltendem Recht erforderlich (vgl. zB § 39 Absatz 1 VwVfG). Nach den Buchstaben a bis d müssen auch Angaben über die Durchführung einzelner Verfahrensschritte der UVP und deren Ergebnis in der Begründung dargestellt werden. Dazu gehören Angaben über das Verfahren zur Beteiligung der Öffentlichkeit, die zusammenfassende Darstellung, die begründete Bewertung und die Erläuterung, wie die begründete Bewertung in der Zulassungsentscheidung berücksichtigt wurde oder wie ihnen auf andere Weise Rechnung getragen wurde.

Zu Nummer 3 Buchstabe a: Die Anforderung, wonach der Planfeststellungsbeschluss auch Angaben über die Durchführung der Öffentlichkeitsbeteiligung enthalten muss, entspricht der Behördenpraxis in Deutschland. Die Bestimmung soll zugleich sicherstellen, dass mit der Bekanntmachung und Veröffentlichung des Genehmigungsbescheids nach § 27 zugleich die Anforderungen Artikel 9 Absatz 1 Buchstabe b der geänderten UVP-Richtlinie erfüllt werden.

Zu Nummer 3 Buchstabe b: Schon nach dem bisherigen § 11 Satz 4 kann die zusammenfassende Darstellung in der Begründung erfolgen. Mit der Verpflichtung zur Aufnahme der zusammenfassenden Darstellung gemäß Absatz 4 Nummer 3 Buchstabe b soll zugleich sichergestellt werden, dass der Zulassungsbescheid eine Beschreibung der Merkmale des Vorhabens und des Standorts und der Maßnahmen enthält, mit denen erhebliche nachteilige Umweltauswirkungen ausgeschlossen, vermindert, ausgeglichen oder in Form von Ersatzmaßnahmen kompensiert werden sollen. Damit dient die Bestimmung der Umsetzung von Artikel 8a Absatz 1 Buchstabe b der geänderten UVP-Richtlinie.

Zu Nummer 3 Buchstabe c: Mit der Verpflichtung zur Aufnahme der begründeten Bewertung gemäß Absatz 4 Nummer 3 Buchstabe c wird die Anforderung nach Artikel 8a Absatz 1 Buchst. a der geänderten UVP-Richtlinie umgesetzt.

Zu Nummer 3 Buchstabe d: Der Bescheid muss darüber hinaus eine Erläuterung enthalten, wie die begründete Bewertung in der Zulassungsentscheidung berücksichtigt wurde. Dabei ist insbesondere auf die Angaben des UVP-Berichts, die behördlichen Stellungnahmen und die Äußerungen der Öffentlichkeit einzugehen. Neben einer Berücksichtigung in der Zulassungsentscheidung kommt auch ein „anderweitiges Rechnung tragen" in Betracht. Dies können zB Maßnahmen sein, die im Rahmen grenzüberschreitender Konsultationen mit einem Nachbarstaat oder im Rahmen eines Mediationsverfahrens vereinbart werden. Soweit diese Maßnahmen nicht Gegenstand des Genehmigungsverfahrens sind, ist auf diesen Umstand in der Begründung hinzuweisen.

Die vorgenannten Angaben sind nach Artikel 9 Absatz 1 Buchstabe b Satz 2 der geänderten UVP-Richtlinie der Öffentlichkeit zugänglich zu machen. Da diese Angaben nach Absatz 4 notwendiger Bestandteil des Planfeststellungsbeschlusses sind, ist sichergestellt, dass mit der Auslegung bzw. Veröffentlichung des Genehmigungsbescheides nach § 27 zugleich die Anforderungen nach Artikel 9 Absatz 1 Buchstabe b der geänderten UVP-Richtlinie erfüllt werden.

Absatz 5 dient der Umsetzung von Artikel 8a Absatz 2 der geänderten UVP-Richtlinie bei Rohrleitungsanlagen, die in Anlage 1 Nummern 19.3 bis 19.9 aufgeführt sind."

Zu Absatz 6 Satz 1 Nummer 5: „Anpassung an die neue Nummerierung."

Zu Absatz 7 Nummer 2: „Anpassung an die neue Nummerierung."

(ausführliche Kommentierung folgt)

§ 67 Verfahren; Verordnungsermächtigung

Für die Durchführung des Planfeststellungsverfahrens und des Plangenehmigungsverfahrens gelten die §§ 72 bis 78 des Verwaltungsverfahrensgesetzes. Die Bundesregierung wird ermächtigt, durch Rechtsverordnung mit Zustimmung des Bundesrates weitere Einzelheiten des Planfeststellungsverfahrens, insbesondere zu Art und Umfang der Antragsunterlagen, zu regeln.

Hinweise auf die Gesetzesmaterialien
(ausführliche Kommentierung folgt)

Begründung der Bundesregierung (BT-Drs. 18/11499, S. 109):

„Anpassung an die neue Nummerierung; die Änderung der Überschrift des § 66 (bisher § 22) macht deutlich, dass die Vorschrift in Satz 2 eine Verordnungsermächtigung enthält.“ **1**

(ausführliche Kommentierung folgt)

§ 68 Überwachung

(1) **Die zuständige Behörde hat durch geeignete Maßnahmen zu überwachen, dass Vorhaben, die in Anlage 1 unter den Nummern 19.3 bis 19.9 aufgeführt sind, im Einklang mit den umweltbezogenen Bestimmungen des Zulassungsbescheids nach § 65 durchgeführt werden. Bei UVP-pflichtigen Vorhaben gilt dies insbesondere für die im Planfeststellungsbescheid festgelegten Merkmale des Vorhabens und des Standorts, für die Maßnahmen, mit denen erhebliche nachteilige Umweltauswirkungen ausgeschlossen, vermindert oder ausgeglichen werden sollen, sowie für die Ersatzmaßnahmen bei Eingriffen in Natur und Landschaft.**

(2) **Die Überwachung nach Absatz 1 kann dem Vorhabenträger aufgegeben werden, soweit dies nach landesrechtlichen Vorschriften vorgesehen ist.**

Hinweise auf die Gesetzesmaterialien (ausführliche Kommentierung folgt)

Übersicht

I. Begründung der Bundesregierung (BT-Drs. 18/11499, S. 109):

„Die Vorschrift setzt Artikel 8a Absatz 4 der geänderten UVP-Richtlinie im Hinblick 1
auf vorhaben um, die in Anlage 1 Nummern 19.3 bis 19.9 aufgeführt sind. Absatz 1 Satz 1 stellt klar, dass durch geeignete Überwachungsmaßnahmen sicherzustellen ist, dass das Vorhaben im Einklang mit den Bestimmungen des Zulassungsbescheids nach § 65 durchgeführt wird. Die Vorschrift gilt sowohl für Planfeststellungsbeschlüsse als auch für Plangenehmigungen. Bei UVP-pflichtigen Vorhaben ist nach Satz 2 insbesondere die Wirksamkeit bestimmter Merkmale des Vorhabens und des Standorts sowie von Maßnahmen, mit denen erhebliche nachteilige Umweltauswirkungen ausgeschlossen, vermindert, ausgeglichen oder ersetzt werden sollen, zu überwachen. Merkmale und Maßnahmen, mit denen Umweltauswirkungen ausgeschlossen werden, schließen dabei sowohl die Vermeidung als auch die Verhinderung von Umweltauswirkungen im Sinne der UVP-Änderungsrichtlinie ein. Aufgrund des in § 66 Absatz 1 Nummer 1 Buchstabe b (bisheriger § 21 Absatz 1 Nummer 1 Buchstabe b) geregelten Vorsorgegrundsatzes dürfen erhebliche nachteilige Umweltauswirkungen beim Betrieb der Rohrleitungsanlagen nicht auftreten. Erhebliche nachteilige Umweltauswirkungen, die entgegen den Anforderungen des Planfeststellungsbeschlusses sowie eventuell während der Errichtungsphase eintreten (vgl. Artikel 8a Absatz 4 letzter Halbsatz der geänderten UVP-Richtlinie sowie Erwägungsgrund 35 der UVP-Änderungsrichtlinie 2014/52/EU), werden nach Absatz 1 sowie nach den Bestimmungen der Rohrfernleitungsverordnung und den nach § 9 Rohrfernleitungsverordnung erlassenen Technischen Regeln für Rohrfernleitungsanlagen überwacht.

Absatz 2 stellt klar, dass die Überwachung nach Absatz 1 nach landesrechtlichen Vorschriften dem Vorhabenträger aufgegeben werden kann. Die Geltung von Bestimmungen zur Überwachung nach der Rohrfernleitungsverordnung und den Technischen Regeln für Rohrfernleitungsanlagen, die eine Eigenüberwachung vorsehen, bleibt hiervon unberührt."

II. Stellungnahme des Bundesrates (BR-Drs. 164/17 (B), S. 22)

2 Der Bundesrat schlug in seiner Stellungnahme vom 31.3.2017 (BR-Drs. 164/17, S. 22) hierzu Änderungen vor, die er wie folgt begründete:

„In Artikel 1 Nummer 33 ist § 68 wie folgt zu ändern:

a) Absatz 1 Satz 1 ist wie folgt zu fassen: „Soweit bundes- oder landesrechtliche Regelungen keine Überwachungsmaßnahmen vorsehen, ergreift die zuständige Behörde die geeigneten Überwachungsmaßnahmen, um sicherzustellen, dass Vorhaben, die in der Anlage 1 unter Nummern 19.3 bis 19.9 aufgeführt sind, im Einklang mit den umweltbezogenen Bestimmungen des Zulassungsbescheides nach § 65 durchgeführt werden."

b) In Absatz 2 sind die Wörter „soweit dies nach landesrechtlichen Vorschriften vorgesehen ist" zu streichen.

Begründung: Durch die Neufassung des Satzes 1 und des Absatzes 2 erfolgt eine Anpassung an die Regelungssystematik der Überwachungsvorschrift des § 28 UVPG. Auch im Hinblick auf die Vorhaben nach Anlage 1 Nummern 19.3 bis 19.9 gibt es Regelungen zu Überwachungsmaßnahmen (vgl. insbesondere §§ 3, 4 und die Anordnungsbefugnis der Behörde nach § 4 Absatz 5 Rohrfernleitungsverordnung und die Technischen Regeln für Rohrfernleitungsanlagen) sowie die Möglichkeit der Anordnung von Eigenüberwachungsmaßnahmen.

Es ist kein Grund erkennbar, in § 68 Absatz 1 UVPG für die Überwachung von Rohrleitungsanlagen von der Regelungssystematik in § 28 UVPG für die Überwachung von zulassungspflichtigen UVP-Vorhaben abzuweichen. Aus der Begründung ergeben sich hierzu auch keine Hinweise, weswegen es geboten ist, § 68 Absatz 1 UVPG ebenfalls entsprechend anzupassen.

Zudem ist die Regelung in § 68 Absatz 2 UVPG zu ändern. Im Gesetzentwurf ist vorgesehen, dass die Überwachung nach Absatz 1 dem Vorhabenträger nur aufgegeben werden kann, wenn dies nach landesrechtlichen Vorschriften vorgesehen ist. Dies ist insbesondere deswegen zu ändern, als für die Länder im Bundesrecht keine Ermächtigungsgrundlage erkennbar ist, auf deren Grundlage diese die Eigenüberwachungsmaßnahmen für die Rohrleitungsanlagen zB in einer Verordnung regeln dürften. Für Regelungen zu Rohrfernleitungen ist vielmehr die Bundesregierung gemäß § 66 Absatz 6 UVPG (bisher § 21 Absatz 4 UVPG) durch Erlass einer Verordnung mit Zustimmung des Bundesrates ermächtigt, weswegen nicht ersichtlich ist, inwieweit daher überhaupt noch Raum für landesrechtliche Regelungen bleibt.

Wenn die Regelung zur Umsetzung des Gemeinschaftsrechts erforderlich ist, ist der Bund angesichts seiner Rahmengesetzgebungskompetenz aufgefordert, eine vollzugsfähige Regelung zu treffen, die den Vollzug des Gemeinschaftsrechts ab dem Ablauf der Umsetzungsfrist erlaubt."

III. Gegenäußerung der Bundesregierung (BT-Drs. 18/11499, S. 25)

3 In ihrer **Gegenäußerung** lehnte die **Bundesregierung** die Vorschläge des Bundesrates zur Änderung des Gesetzentwurfs ab **(BT-Drs. 18/11948, S. 25).** Sie begründete ihre Entscheidung mit folgenden Erwägungen:

„Die Bundesregierung lehnt den Vorschlag ab. Durch eine Anpassung an die Regelungssystematik des § 28 UVPG würde die Vorschrift unnötig kompliziert. § 28 ist eine übergreifende Regelung, die für ganz unterschiedliche Vorhaben gilt. Für einen Teil dieser Vorhaben gibt es spezielle Überwachungsvorschriften im Fachrecht. Deshalb ist es sinnvoll, dass § 28 gegenüber diesen fachrechtlichen Überwachungsvorschriften subsidiär ist. Im Anwendungsbereich des § 68 ist eine Subsidiaritätsklausel dagegen nicht erforderlich. Denn die Rohrfernleitungsverordnung enthält selbst keine Bestimmungen zur Überwachung der Vorgaben des Zulassungsbescheids. Die gegebenenfalls zusätzliche Anwendung weiterer fachrechtlicher Überwachungsvorschriften, die sich unter anderem auch in der Rohrfernleitungsverordnung finden, wird von § 68 nicht verdrängt."

(ausführliche Kommentierung folgt)

§ 69 Bußgeldvorschriften

(1) Ordnungswidrig handelt, wer vorsätzlich oder fahrlässig

1. ohne Planfeststellungsbeschluss nach § 65 Absatz 1 oder ohne Plangenehmigung nach § 65 Absatz 2 Satz 1 ein Vorhaben durchführt,

2. einer vollziehbaren Auflage nach § 66 Absatz 2 zuwiderhandelt oder

3. einer Rechtsverordnung nach

a) § 66 Absatz 6 Satz 1 Nummer 1, 3, 4 oder 6, jeweils auch in Verbindung mit Absatz 7 Nummer 2, oder

b) § 66 Absatz 6 Satz 1 Nummer 2, auch in Verbindung mit Absatz 7 Nummer 2, oder § 66 Absatz 6 Satz 1 Nummer 5 oder Absatz 7 Nummer 1

oder einer vollziehbaren Anordnung aufgrund einer solchen Rechtsverordnung zuwiderhandelt, soweit die Rechtsverordnung für einen bestimmten Tatbestand auf diese Bußgeldvorschrift verweist.

(2) Die Ordnungswidrigkeit kann in den Fällen des Absatzes 1 Nummer 3 Buchstabe b mit einer Geldbuße bis zu zwanzigtausend Euro, in den übrigen Fällen mit einer Geldbuße bis zu fünfzigtausend Euro geahndet werden.

Hinweise auf die Gesetzesmaterialien (ausführliche Kommentierung folgt)

Begründung der Bundesregierung (BT-Drs. 18/11499, S. 109):

„Die Vorschrift entspricht dem bisherigen § 23 und enthält lediglich Anpassungen an die geänderte Nummerierung.“ **1**

(ausführliche Kommentierung folgt)

Teil 7. Schlussvorschriften

§ 70 Ermächtigung zum Erlass von Verwaltungsvorschriften

Die Bundesregierung kann mit Zustimmung des Bundesrates allgemeine Verwaltungsvorschriften erlassen, insbesondere über

1. Kriterien und Verfahren, die zu dem in § 3 Satz 2 und § 25 Absatz 1 genannten Zweck bei der Ermittlung, Beschreibung und Bewertung von Umweltauswirkungen zugrunde zu legen sind,

2. Grundsätze für den Untersuchungsrahmen nach § 15,

3. Grundsätze für die zusammenfassende Darstellung nach § 24 und für die begründete Bewertung nach § 25 Absatz 1,

4. Grundsätze und Verfahren zur Vorprüfung nach § 7 sowie über die in Anlage 3 aufgeführten Kriterien,

5. Grundsätze für die Erstellung des Umweltberichts nach § 40,

6. Grundsätze für die Überwachung nach den §§ 28, 45 und 68.

Hinweise auf die Gesetzesmaterialien (ausführliche Kommentierung folgt)

Übersicht

I. Begründung der Bundesregierung (BT-Drs. 18/11499, S. 110):

„Die Vorschrift entspricht weitgehend dem bisherigen § 24. Auf die Begründung der 1
Bundesregierung zu § 20 im Entwurf eines Gesetzes zur Umsetzung der Richtlinie des Rates vom 27. Juni 1985 über die Umweltverträglichkeitsprüfung bei bestimmten öffentlichen und privaten Projekten (85/337/EWG), BT-Drs. 11/3919, S. 31 sowie zu § 24 im Entwurf für ein Gesetz zur Umsetzung der UVP-Änderungsrichtlinie, der IVU-Richtlinie und weiterer EG-Richtlinien zum Umweltschutz, BR-Drucksache 674/00, und die Begründung der Fraktionen SPD und BÜNDNIS 90/DIE GRÜNEN im Entwurf eines Gesetzes zur Einführung einer Strategischen Umweltprüfung und zur Umsetzung der Richtlinie 2001/42/EG, BT-Drs. 15/3441 S. 40 wird Bezug genommen. Mit Ergänzung des Wortes „insbesondere" im Einleitungssatz wird klargestellt, dass die Aufzählung in den Nummern 1 bis 6 nicht abschließend ist. Die weitergehende Ermächtigungsnorm des Artikels 84 Absatz 2 Grundgesetz bleibt unberührt. Das Wort „erlassen" wird aus sprachlichen Gründen vom Ende des Satzes in den einleitenden Satzteil vorgezogen. Die Formulierung der Nummer 2 ist eine Folgeänderung zur Änderung der Überschrift des § 15. Die Änderung der Formulierung in Nummer 3 ist eine Folgeänderung zu den §§ 24 und 25. Die Änderung der Nummer 4 ist eine Folgeänderung zu § 7.

Die Änderung in Nummer 6 trägt der neuen Regelung in § 28 Rechnung. Demnach kann die Bundesregierung mit Zustimmung des Bundesrates zukünftig in UVP-Verwaltungsvorschriften auch Grundsätze für die Überwachung nach den §§ 28 und 45 regeln."

II. Stellungnahme des Bundesrates (BR-Drs. 164/17 (B), S. 23)

2 Der **Bundesrat** machte in seiner Stellungnahme vom 31.03.2017 (BR- Drs. 164/17, S. 23) zu § 70 Nummer 6 folgenden Änderungsvorschlag:

„In Artikel 1 Nummer 35 ist in § 70 Nummer 6 die Angabe „§§ 28 und 45" durch die Angabe „§§ 28, 45 und 68" zu ersetzen.

Begründung: Die Überwachung nach § 68 soll von der Ermächtigung mitumfasst sein."

III. Gegenäußerung der Bundesregierung (BT-Drs. 18/11499, S. 25)

3 In ihrer **Gegenäußerung** stimmte die **Bundesregierung** den Vorschlägen des Bundesrates zur Änderung des Gesetzentwurfs zu **(BT-Drs. 18/11948, S. 25).**

IV. Beschlussempfehlung und Bericht des Umweltausschusses (BT-Drs. 18/12994, S. 4, 19)

4 Die **Beschlussempfehlung des Umweltausschusses** (BT-Drs. 18/12994, S. 4, 19) sah anknüpfend an den Änderungsvorschlag des Bundesrates vor, § 70 wie folgt zu ändern:

„In § 70 Nummer 6 wird die Angabe „§§ 28 und 45" durch die Angabe „§§ 28, 45 und 68" ersetzt.

Begründung: Die Änderung übernimmt einen Vorschlag des Bundesrates (Nummer 26 der BR-Drucksache 164/17 – Beschluss), dem die Bundesregierung in ihrer Gegenäußerung zugestimmt hat."

(ausführliche Kommentierung folgt)

§ 71 Bestimmungen zum Verwaltungsverfahren

Von den Regelungen des Verwaltungsverfahrens, die in diesem Gesetz und aufgrund dieses Gesetzes getroffen werden, kann durch Landesrecht nur in dem Umfang abgewichen werden, der in § 1 Absatz 4 und § 38 bestimmt ist.

Hinweise auf die Gesetzesmaterialien (ausführliche Kommentierung folgt)

Begründung der Bundesregierung (BT-Drs. 18/11499, S. 110):

„Die Vorschrift entspricht inhaltlich dem bisherigen § 24a; die Änderungen dienen lediglich der leichteren Verständlichkeit. Zur näheren Begründung des besonderen Bedürfnisses nach bundeseinheitlicher Regelung des Verwaltungsverfahrens ohne Abweichungsmöglichkeit (Artikel 84 Absatz 1 Satz 5 des Grundgesetzes) wird auf die BT-Drs. 16/3311, S. 14f. Bezug genommen.“ 1

(ausführliche Kommentierung folgt)

§ 72 Vermeidung von Interessenkonflikten

Ist die zuständige Behörde bei der Umweltverträglichkeitsprüfung zugleich Vorhabenträger, so ist die Unabhängigkeit des Behördenhandelns bei der Wahrnehmung der Aufgaben nach diesem Gesetz durch geeignete organisatorische Maßnahmen sicherzustellen, insbesondere durch eine angemessene funktionale Trennung.

Hinweise auf die Gesetzesmaterialien (ausführliche Kommentierung folgt)

Begründung der Bundesregierung (BT-Drs. 18/11499, S. 110):

„Die Vorschrift setzt Artikel 9a der geänderten UVP-Richtlinie um. Sie dient der Vermeidung von Interessenkonflikten in Fällen, in denen die für die UVP zuständige Behörde zugleich Trägerin des zu prüfenden Vorhabens ist. Hierzu ist durch geeignete organisatorische Maßnahmen, insbesondere eine angemessene funktionale Trennung, sicherzustellen, dass die Behörde die ihr nach diesem Gesetz zugewiesenen Aufgaben in einer objektiven, dem Gemeinwohl dienenden Weise wahrnimmt. Das Prinzip der Funktionstrennung bedeutet, dass innerhalb der zuständigen Behörde jeweils unterschiedliche, unabhängig voneinander operierende Organisationseinheiten für die Erarbeitung des UVP-Berichts und für die Durchführung der weiteren Verfahrensschritte verantwortlich sein sollen. Damit trägt die Regelung nicht nur den Anforderungen der UVP-Richtlinie, sondern auch dem rechtsstaatlichen Gebot fairer Verfahrensgestaltung Rechnung (vgl. BVerwG, Urt. v. 24.11.2011, Az. 9 A 23.10, JURIS Rn. 20ff.; Urt. v. 18.3.2009, Az. 9 A 39.07, JURIS Rn. 24).“ **1**

(ausführliche Kommentierung folgt)

§ 73 Berichterstattung an die Europäische Kommission

(1) Zur Vorbereitung der Berichterstattung an die Europäische Kommission teilen die zuständigen Behörden des Bundes und der Länder dem für Umweltschutz zuständigen Bundesministerium erstmals am 31. März 2023 und sodann alle sechs Jahre für ihren Zuständigkeitsbereich folgende Angaben mit:

1. die Anzahl der Vorhaben, für die im Betrachtungszeitraum eine Umweltverträglichkeitsprüfung durchgeführt worden ist, getrennt nach den in Anlage 1 genannten Vorhabenarten sowie

2. die Anzahl der Vorhaben nach Anlage 1 Spalte 2, für die im Betrachtungszeitraum eine Vorprüfung nach § 7 Absatz 1 oder 2 durchgeführt worden ist.

(2) Sofern entsprechende Angaben verfügbar sind, sind ebenfalls mitzuteilen:

1. die durchschnittliche Verfahrensdauer der im Betrachtungszeitraum durchgeführten Umweltverträglichkeitsprüfungen,

2. eine Abschätzung der durchschnittlichen unmittelbaren Kosten

a) aller im Betrachtungszeitraum durchgeführten Umweltverträglichkeitsprüfungen sowie

b) der Umweltverträglichkeitsprüfungen, die im Betrachtungszeitraum für Vorhaben kleiner und mittlerer Unternehmen durchgeführt worden sind.

Hinweise auf die Gesetzesmaterialien (ausführliche Kommentierung folgt)

Begründung der Bundesregierung (BT-Drs. 18/11499, S. 110):

„Die Vorschrift dient der Vorbereitung von Berichten der Bundesregierung an die Europäische Kommission gemäß Artikel 12 Absatz 2 der geänderten UVP-Richtlinie. Bei der Zusammenstellung der Informationen nach Absatz 1 Nummer 1 und Absatz 2 Nummer 1 können sich Bund und Länder zu Nutze machen, dass entsprechende Informationen bei der Stelle, die das jeweilige zentrale Internetportal nach § 20 betreibt, vorhanden bzw. – im Falle von Absatz 2 Nummer 1 – leicht festzustellen sind. Die Zahl der Vorhaben nach Absatz 1 Nummer 2 muss hingegen auf anderem Wege ermittelt werden. Für die Feststellung der unmittelbaren Kosten einer Umweltverträglichkeitsprüfung nach Absatz 2 Nummer 2 kommt hinzu, dass diese Kosten nur schwer von dem Aufwand für das übrige Verfahren abzugrenzen sind, in das die UVP integriert ist. Zudem fällt ein großer Teil dieser Kosten bei privaten Vorhabenträgern an, die grundsätzlich nicht verpflichtet sind, hierüber Auskunft zu geben. Daher können diesbezügliche Angaben nur in Form einer Abschätzung erfolgen, soweit entsprechende Erkenntnisse verfügbar sind. Nach Absatz 2 sind nur die zur Verfügung stehenden Angaben zu übermitteln. Aufwändige Maßnahmen zur Ermittlung und Beschaffung nicht vorhandener Informationen brauchen nicht ergriffen zu werden, Die Mitteilungspflicht der zuständigen Behörden nach Absatz 1 und 2 umfasst auch Informationen zur Durchführung von Umweltverträglichkeitsprüfungen im Rahmen immissionsschutzrechtlicher Verfahren.“ 1

(ausführliche Kommentierung folgt)

§ 74 Übergangsvorschrift

(1) **Für Vorhaben, für die das Verfahren zur Feststellung der UVP-Pflicht im Einzelfall nach § 3c oder nach § 3e Absatz 1 Nummer 2 in der Fassung dieses Gesetzes, die vor dem 16. Mai 2017 galt, vor dem 16. Mai 2017 eingeleitet wurde, sind die Vorschriften des Teils 2 Abschnitt 1 über die Vorprüfung des Einzelfalls in der bis dahin geltenden Fassung weiter anzuwenden.**

(2) **Verfahren nach § 4 sind nach der Fassung dieses Gesetzes, die vor dem 16. Mai 2017 galt, zu Ende zu führen, wenn vor diesem Zeitpunkt**

1. das Verfahren zur Unterrichtung über voraussichtlich beizubringende Unterlagen in der bis dahin geltenden Fassung des § 5 Absatz 1 eingeleitet wurde oder

2. die Unterlagen nach § 6 in der bis dahin geltenden Fassung dieses Gesetzes vorgelegt wurden.

(3) **Verfahren nach § 33 sind nach der Fassung dieses Gesetzes, die vor dem 16. Mai 2017 galt, zu Ende zu führen, wenn vor diesem Zeitpunkt der Untersuchungsrahmen nach § 14f Absatz 1 in der bis dahin geltenden Fassung dieses Gesetzes festgelegt wurde.**

(4) **Besteht nach den Absätzen 1 und 2 eine Verpflichtung zur Durchführung einer Umweltverträglichkeitsprüfung und ist diese gemäß § 50 im Bebauungsplanverfahren nach den Vorschriften des Baugesetzbuchs durchzuführen, gilt insoweit § 244 des Baugesetzbuchs.**

(5) *(weggefallen)*

(6) **Verfahren zur Errichtung und zum Betrieb sowie zur Änderung von Rohrleitungsanlagen nach Nummer 19.3 der Anlage 1, die vor dem 25. Juni 2002 eingeleitet worden sind, sind nach den Bestimmungen des Gesetzes zur Umsetzung der UVP-Änderungsrichtlinie, der IVU-Richtlinie und weiterer EG-Richtlinien zum Umweltschutz vom 27. Juli 2001 (BGBl. I S. 1950) zu Ende zu führen.**

(6a) **Eine Genehmigung für eine Rohrleitungsanlage zum Befördern wassergefährdender Stoffe, die nach § 19a Absatz 1 Satz 1 des Wasserhaushaltsgesetzes in der am 28. Februar 2010 geltenden Fassung erteilt worden ist, gilt, soweit eine Umweltverträglichkeitsprüfung durchgeführt worden ist, als Planfeststellung nach § 65 Absatz 1, in den übrigen Fällen als Plangenehmigung nach § 65 Absatz 2 fort. Eine Rohrleitungsanlage zum Befördern wassergefährdender Stoffe, die nach § 19e Absatz 2 Satz 1 und 2 des Wasserhaushaltsgesetzes in der am 28. Februar 2010 geltenden Fassung angezeigt worden ist oder keiner Anzeige bedurfte, bedarf keiner Planfeststellung oder Plangenehmigung; § 66 Absatz 2 und 6 gilt entsprechend.**

(7) *(weggefallen)*

(8) **Die Vorschriften des Teils 3 gelten für Pläne und Programme, deren erster förmlicher Vorbereitungsakt nach dem 29. Juni 2005 erfolgt. Verfahren zur Aufstellung oder Änderung von Plänen und Programmen, deren erster förmlicher Vorbereitungsakt nach dem 20. Juli 2004 erfolgt ist, sind nach den Vorschriften dieses Gesetzes zu Ende zu führen.**

(9) **Pläne und Programme, deren erster förmlicher Vorbereitungsakt vor dem 21. Juli 2004 erfolgt ist und die später als am 20. Juli 2006 angenommen oder in ein Gesetzgebungsverfahren eingebracht werden, unterliegen den Vorschriften des Teils 3. § 48 dieses Gesetzes sowie § 27 Absatz 1 und 3 des Raumordnungsgesetzes bleiben unberührt.**

(10) **Verfahren, für die nach § 49 Absatz 1 eine Umweltverträglichkeitsprüfung durchzuführen ist und die vor dem 1. März 2010 begonnen worden sind, sind nach**

diesem Gesetz in der ab dem 1. März 2010 geltenden Fassung zu Ende zu führen. Hat eine Öffentlichkeitsbeteiligung bereits stattgefunden, ist von einer erneuten Beteiligung der Öffentlichkeit nach § 9 in der vor dem 29. Juli 2017 geltenden Fassung abzusehen, soweit keine zusätzlichen oder anderen erheblichen Umweltauswirkungen zu erwarten sind. Hat eine Behördenbeteiligung bereits stattgefunden, bedarf es einer erneuten Beteiligung nach den §§ 7 und 8 in der vor dem 29. Juli 2017 geltenden Fassung nur, wenn neue Unterlagen zu erheblichen Umweltauswirkungen des Vorhabens vorliegen.

(11) **Verfahren nach § 4, die der Entscheidung über die Zulässigkeit von Vorhaben dienen und die vor dem 25. Juni 2005 begonnen worden sind, sind nach den Vorschriften dieses Gesetzes in der ab dem 15. Dezember 2006 geltenden Fassung zu Ende zu führen. Satz 1 findet keine Anwendung auf Verfahren, bei denen das Vorhaben vor dem 25. Juni 2005 bereits öffentlich gemacht worden ist.**

(12) **Für Verfahren nach § 4, die der Entscheidung über die Zulässigkeit von Vorhaben nach Nummer 13.2.2 der Anlage 1 dienen, findet dieses Gesetz nur Anwendung, wenn das Verfahren nach dem 1. März 2010 eingeleitet worden ist. Verfahren nach § 4, die der Entscheidung über die Zulässigkeit von Vorhaben nach den Nummern 3.15, 13.1 bis 13.2.1.3, 13.3 bis 13.18 und 17 der Anlage 1 dienen und die vor dem 1. März 2010 eingeleitet worden sind, sind nach der bis zu diesem Tag geltenden Fassung des Gesetzes zu Ende zu führen.**

(13) **Für Verfahren nach § 4, die der Entscheidung über die Zulässigkeit von Vorhaben nach Nummer 17.3 der Anlage 1 dienen, ist dieses Gesetz nur anzuwenden, wenn das Verfahren nach dem 1. August 2013 eingeleitet worden ist.**

Rechtsprechung: OVG Lüneburg (12. Senat), Beschl. v. 11.3.2018 – 12 ME 105/18 (juris); Hamburgisches Oberverwaltungsgericht (1. Senat), Beschl. v. 15.3.2020 – 1 Es 1/18.P (juris).

Hinweise auf die Gesetzesmaterialien (ausführliche Kommentierung folgt)

Übersicht

I. Begründung der Bundesregierung (BT-Drs. 18/11499, S. 110 f.):

1 „Der bisherige § 25 wird an die geänderte Nummerierung angepasst."

Zu den Absätzen 1 bis 3: „Die Absätze 1 bis 3 des bisherigen § 25 werden ersetzt, da die bisherigen Formulierungen mit den Bestimmungen des Artikels 3 der UVP-Änderungsrichtlinie nicht vereinbar sind. Mit den neuen Absätzen 1 und 2 werden die Anforderungen des Artikels 3 der UVP-Änderungsrichtlinie umgesetzt.

Absatz 1 bestimmt, dass für Vorprüfungen, die bereits vor Inkrafttreten dieses Gesetzes eingeleitet wurden, die bisherigen Vorschriften über die Vorprüfung des Einzelfalls fortgelten. Konkret bedeutet dies, dass die bereits vor dem genannten Zeitpunkt eingeleiteten oder durchgeführten Verfahrensschritte der Vorprüfung nicht unter Zugrundelegung des neuen Rechts wiederholt zu werden brauchen. Für die noch nicht durchgeführten Verfahrensschritte der Vorprüfung gelten dann ebenfalls noch die bisherigen Vorschriften. Führt eine nach Absatz 1, dh nach bisherigem Recht, durchgeführte Vorprüfung zu dem Ergebnis, dass eine UVP-Pflicht besteht, ist die nachfolgende Umweltverträglichkeitsprüfung vorbehaltlich des Absatzes 2 nach den Vorschriften dieses Gesetzes, das heißt nach neuem Recht, durchzuführen. Die Anwendung der bisherigen Vorschriften endet in diesen Fällen also mit Abschluss der Vorprüfung.

Absatz 2 regelt die Fälle, in denen vor Inkrafttreten dieses Gesetzes bereits bestimmte Verfahrensschritte der Umweltverträglichkeitsprüfung eingeleitet oder durchgeführt wurden. In diesen Fällen ist die Umweltverträglichkeitsprüfung nach den bisher geltenden Verfahrensbestimmungen zu Ende zu führen. Auch die bereits zuvor durchgeführten Schritte brauchen nicht unter Zugrundelegung der neuen Vorschriften wiederholt zu werden.

Voraussetzung dafür ist nach Nummer 1, dass nach § 5 der bisherigen Fassung dieses Gesetzes bereits ein Verfahren zur Unterrichtung über voraussichtlich beizubringende Unterlagen eingeleitet worden ist. Nach Nummer 2 sollen die bisherigen Vorschriften für die weitere Durchführung der Umweltverträglichkeitsprüfung auch dann gelten, wenn der Vorhabenträger bereits vor Inkrafttreten dieses Gesetzes die vollständigen Unterlagen nach § 6 der bisherigen Fassung dieses Gesetzes vorgelegt hat.

Absatz 3 trägt dem Umstand Rechnung, dass sich ein Teil der Änderungen in den Vorschriften zur UVP auch auf die SUP auswirkt und dass in § 42 Absatz 3 nunmehr klargestellt wird, dass die Frist zur Stellungnahme von mindestens einem Monat erst nach Ende der Auslegungsfrist beginnt. Daher sieht die Vorschrift eine Übergangsfrist für die SUP vor, die an die Regelung des Absatz 2 Nummer 1 angelehnt ist."

Zu Absatz 4: „Anpassung an die neue Nummerierung."

Zu Absatz 6a: „Anpassung an die neue Nummerierung."

Zu Absatz 9 Satz 2: „Anpassung an die neue Nummerierung."

Zu Absatz 10:

Zu Satz 1: „Anpassung an die neue Nummerierung."

Zu Satz 2: „Die Änderung in Absatz 10 Satz 2 stellt klar, dass sich die Bezugnahme auf § 9 auf die vor Inkrafttreten dieses Gesetzes geltende Paragraphenbezeichnung bezieht."

Zu Satz 3: „Die Änderung in Absatz 10 Satz 3 stellt klar, dass sich die Bezugnahme auf die §§ 7 und 8 auf die vor Inkrafttreten dieses Gesetzes geltende Paragraphenbezeichnung bezieht."

Zu Absatz 11 Satz 1: „Anpassung an die neue Nummerierung."

Zu Absatz 12 Satz 1 und 2: „Anpassung an die neue Nummerierung."

II. Stellungnahme des Bundesrates (BR-Drs. 164/17 (B), S. 24)

Der **Bundesrat** richtete seine Aufmerksamkeit in seiner Stellungnahme vom 31.3.2017 (BR- Drs. 164/17, S. 1) auf die Regelung in Abs. 1 und machte hierzu einen eigenen Regelungsvorschlag, den er wie folgt begründete: 2

„In § 74 Absatz 1 UVPG wird mit § 3c und § 3e Absatz 1 Nummer 2 zwar auf zwei Normen im UVPG in der Fassung der Bekanntmachung vom 24. Februar 2010 (BGBl. I S. 94), das durch Artikel 2 des Gesetzes vom 30. November 2016 (BGBl. I S. 2749) geändert worden ist, abgestellt. Dieser Bezug wird im bisherigen Wortlaut allerdings nicht deutlich, weswegen die Formulierung in § 74 Absatz 1 UVPG zur Vermeidung von Rechtsunklarheiten entsprechend anzupassen ist. Hierbei ist auf die Formulierungen zurückzugreifen, wie sie sich bereits aus den Absätzen 2 und 3 des § 74 UVPG ergeben."

III. Gegenäußerung der Bundesregierung (BT-Drs. 18/11499, S. 25)

3 In ihrer **Gegenäußerung** stimmte die **Bundesregierung** den Vorschlägen des Bundesrates zur Änderung des Gesetzentwurfs zu **(BT-Drs. 18/11948, S. 25).**

IV. Beschlussempfehlung und Bericht des Umweltausschusses (BT-Drs. 18/12994, S. 4, 19)

4 Anknüpfend an die Bundesratswünsche haben die Ausschussberatungen einen Änderungsvorschlag zu § 74 erarbeitet. Die **Beschlussempfehlung des Umweltausschusses** (BT-Drs. 18/12994, S. 4) sieht hierzu vor, § 74 Abs. 1 wie folgt zu ändern:

„(1) Für Vorhaben, für die das Verfahren zur Feststellung der UVP Pflicht im Einzelfall nach § 3c oder nach § 3e Absatz 1 Nummer 2 in der Fassung dieses Gesetzes, die vor dem 16. Mai 2017 galt, vor dem 16. Mai 2017 eingeleitet wurde, sind die Vorschriften des Teils 2 Abschnitt 1 über die Vorprüfung des Einzelfalls in der bis dahin geltenden Fassung weiter anzuwenden."

Begründung: „Die Änderung übernimmt einen Vorschlag des Bundesrates (Nummer 27 der BR-Drucksache 164/17 – Beschluss), dem die Bundesregierung in ihrer Gegenäußerung zugestimmt hat."

(ausführliche Kommentierung folgt)

Anlage 1[1]

Liste „UVP-pflichtige Vorhaben"

Nachstehende Vorhaben fallen nach § 1 Absatz 1 Nummer 1 in den Anwendungsbereich dieses Gesetzes. Soweit nachstehend eine allgemeine Vorprüfung oder eine standortbezogene Vorprüfung des Einzelfalls vorgesehen ist, nimmt dies Bezug auf die Regelungen des § 7 Absatz 1 und 2.

Legende:

Nummer	=	Nummer des Vorhabens
Vorhaben	=	Art des Vorhabens mit ggf. Größen- oder Leistungswerten nach § 6 Satz 2 sowie Prüfwerten für Größe oder Leistung nach § 7 Absatz 5 Satz 3
X in Spalte 1	=	Vorhaben ist UVP-pflichtig
A in Spalte 2	=	allgemeine Vorprüfung des Einzelfalls: siehe § 7 Absatz 1 Satz 1
S in Spalte 2	=	standortbezogene Vorprüfung des Einzelfalls: siehe § 7 Absatz 2

Nummer	Vorhaben	Sp. 1	Sp. 2
1.	**Wärmeerzeugung, Bergbau und Energie:**		
1.1	Errichtung und Betrieb einer Anlage zur Erzeugung von Strom, Dampf, Warmwasser, Prozesswärme oder erhitztem Abgas durch den Einsatz von Brennstoffen in einer Verbrennungseinrichtung (wie Kraftwerk, Heizkraftwerk, Heizwerk, Gasturbine, Verbrennungsmotoranlage, sonstige Feuerungsanlage), einschließlich des jeweils zugehörigen Dampfkessels, mit einer Feuerungswärmeleistung von		
1.1.1	mehr als 200 MW,	**X**	
1.1.2	50 MW bis 200 MW;		**A**
1.2	Errichtung und Betrieb einer Anlage zur Erzeugung von Strom, Dampf, Warmwasser, Prozesswärme oder erhitztem Abgas in einer Verbrennungseinrichtung (wie Kraftwerk, Heizkraftwerk, Heizwerk, Gasturbinenanlage, Verbrennungsmotoranlage, sonstige Feuerungsanlage), einschließlich des jeweils zugehörigen Dampfkessels, ausgenommen Verbrennungsmotoranlagen für Bohranlagen und Notstromaggregate, durch den Einsatz von		
1.2.1	Kohle, Koks einschließlich Petrolkoks, Kohlebriketts, Torfbriketts, Brenntorf, naturbelassenem Holz, emulgiertem Naturbitumen, Heizölen, ausgenommen Heizöl EL, mit einer Feuerungswärmeleistung von 1 MW bis weniger als 50 MW,		**S**
1.2.2	gasförmigen Brennstoffen (insbesondere Koksofengas, Grubengas, Stahlgas, Raffineriegas, Synthesegas, Erdölgas aus der Tertiärförderung von Erdöl, Klärgas, Biogas), ausgenommen naturbelassenem Erdgas, Flüssiggas, Gasen der öffentlichen Gasversorgung oder Wasserstoff, mit einer Feuerungswärmeleistung von		
1.2.2.1	10 MW bis weniger als 50 MW,		**S**

[1] Anl. 1 geänd. mWv 18.8.2010 durch G v. 11.8.2010 (BGBl. I S. 1163); geänd. mWv 21.5.2011 durch VO v. 18.5.2011 (BGBl. I S. 892); geänd. mWv 1.6.2012 durch G v. 24.2.2012 (BGBl. I S. 212); geänd. mWv 24.8.2012 durch G v. 17.8.2012 (BGBl. I S. 1726); geänd. mWv 1.8.2013 durch G v. 21.1.2013 (BGBl. I S. 95); geänd. mWv 2.5.2013 durch G v. 8.4.2013 (BGBl. I S. 734); geänd. mWv 31.12.2015 (BGBl. I S. 2490).

Nummer	Vorhaben	Sp. 1	Sp. 2
1.2.2.2	1 MW bis weniger als 10 MW, bei Verbrennungsmotoranlagen oder Gasturbinenanlagen,		S
1.2.3	Heizöl EL, Dieselkraftstoff, Methanol, Ethanol, naturbelassenen Pflanzenölen oder Pflanzenölmethylestern, naturbelassenem Erdgas, Flüssiggas, Gasen der öffentlichen Gasversorgung oder Wasserstoff mit einer Feuerungswärmeleistung von		
1.2.3.1	20 MW bis weniger als 50 MW,		S
1.2.3.2	1 MW bis weniger als 20 MW, bei Verbrennungsmotoranlagen oder Gasturbinenanlagen,		S
1.2.4	anderen als in Nummer 1.2.1 oder 1.2.3 genannten festen oder flüssigen Brennstoffen mit einer Feuerungswärmeleistung von		
1.2.4.1	1 MW bis weniger als 50 MW,		A
1.2.4.2	100 KW bis weniger als 1 MW;		S
1.3	(weggefallen)		
1.4	Errichtung und Betrieb einer Verbrennungsmotoranlage oder Gasturbinenanlage zum Antrieb von Arbeitsmaschinen für den Einsatz von		
1.4.1	Heizöl EL, Dieselkraftstoff, Methanol, Ethanol, naturbelassenen Pflanzenölen, Pflanzenölmethylestern Koksofengas, Grubengas, Stahlgas, Raffineriegas, Synthesegas, Erdölgas aus der Tertiärförderung von Erdöl, Klärgas, Biogas, naturbelassenem Erdgas, Flüssiggas, Gasen der öffentlichen Gasversorgung oder Wasserstoff mit einer Feuerungswärmeleistung von		
1.4.1.1	mehr als 200 MW,	X	
1.4.1.2	50 MW bis 200 MW,		A
1.4.1.3	1 MW bis weniger als 50 MW, ausgenommen Verbrennungsmotoranlagen für Bohranlagen,		S
1.4.2	anderen als in Nummer 1.4.1 genannten Brennstoffen mit einer Feuerungswärmeleistung von		
1.4.2.1	mehr als 200 MW,	X	
1.4.2.2	50 MW bis 200 MW		A
1.4.2.3	1 MW bis weniger als 50 MW;		S
1.5	(weggefallen)		
1.6	Errichtung und Betrieb einer Windfarm mit Anlagen in einer Gesamthöhe von jeweils mehr als 50 Metern mit		
1.6.1	20 oder mehr Windkraftanlagen,	X	
1.6.2	6 bis weniger als 20 Windkraftanlagen,		A
1.6.3	3 bis weniger als 6 Windkraftanlagen;		S
1.7	Errichtung und Betrieb einer Anlage zum Brikettieren von Braun- oder Steinkohle;	X	
1.8	Errichtung und Betrieb einer Anlage zur Trockendestillation von Steinkohle oder Braunkohle (z. B. Kokerei, Gaswerk, Schwelerei) mit einem Durchsatz von		
1.8.1	500 t oder mehr je Tag,	X	
1.8.2	weniger als 500 t je Tag, ausgenommen Holzkohlenmeiler;		A

Nummer	Vorhaben	Sp. 1	Sp. 2
1.9	Errichtung und Betrieb einer Anlage zur Vergasung oder Verflüssigung von Kohle oder bituminösem Schiefer mit einem Durchsatz von		
1.9.1	500 t oder mehr je Tag,	**X**	
1.9.2	weniger als 500 t je Tag;		**A**
1.10	Errichtung und Betrieb einer Anlage zur Abscheidung von Kohlendioxid zur dauerhaften Speicherung		
1.10.1	aus einer Anlage, die nach Spalte 1 UVP-pflichtig ist,	**X**	
1.10.2	mit einer Abscheidungsleistung von 1,5 Mio. t oder mehr pro Jahr, soweit sie nicht unter Nummer 1.10.1 fällt,	**X**	
1.10.3	mit einer Abscheidungsleistung von weniger als 1,5 Mio. t pro Jahr;		**A**
1.11	Errichtung und Betrieb einer Anlage zur		
1.11.1	Erzeugung von Biogas, soweit nicht durch Nummer 8.4 erfasst, mit einer Produktionskapazität von		
1.11.1.1	2 Mio. Normkubikmetern oder mehr Rohgas je Jahr,		**A**
1.11.1.2	1,2 Mio. bis weniger als 2 Mio. Normkubikmetern Rohgas je Jahr,		**S**
1.11.2	Aufbereitung von Biogas mit einer Verarbeitungskapazität von		
1.11.2.1	2 Mio. Normkubikmetern oder mehr Rohgas je Jahr,		**A**
1.11.2.2	1,2 Mio. bis weniger als 2 Mio. Normkubikmetern Rohgas je Jahr;		**S**
2.	**Steine und Erden, Glas, Keramik, Baustoffe:**		
2.1	Errichtung und Betrieb eines Steinbruchs mit einer Abbaufläche von		
2.1.1	25 ha oder mehr,	**X**	
2.1.2	10 ha bis weniger als 25 ha,		**A**
2.1.3	weniger als 10 ha, soweit Sprengstoffe verwendet werden;		**S**
2.2	Errichtung und Betrieb einer Anlage zur Herstellung von Zementklinkern oder Zementen mit einer Produktionskapazität von		
2.2.1	1000 t oder mehr je Tag,	**X**	
2.2.2	weniger als 1000 t je Tag;		**A**
2.3	Errichtung und Betrieb einer Anlage zur Gewinnung von Asbest;	**X**	
2.4	Errichtung und Betrieb einer Anlage zur Bearbeitung oder Verarbeitung von Asbest oder Asbesterzeugnissen mit		
2.4.1	einer Jahresproduktion von		
2.4.1.1	20 000 t oder mehr Fertigerzeugnissen bei Asbestzementerzeugnissen,	**X**	
2.4.1.2	50 t oder mehr Fertigerzeugnissen bei Reibungsbelägen,	**X**	
2.4.2	einem Einsatz von 200 t oder mehr Asbest bei anderen Verwendungszwecken,	**X**	
2.4.3	einer geringeren Jahresproduktion oder einem geringeren Einsatz als in den vorstehenden Nummern angegeben;		**A**
2.5	Errichtung und Betrieb einer Anlage zur Herstellung von Glas, auch soweit es aus Altglas hergestellt wird, einschließlich Anlagen zur Herstellung von Glasfasern mit einer Schmelzkapazität von		

Nummer	Vorhaben	Sp. 1	Sp. 2
2.5.1	200 000 t oder mehr je Jahr oder bei Flachglasanlagen, die nach dem Floatglasverfahren betrieben werden, 100 000 t oder mehr je Jahr,	X	
2.5.2	20 t je Tag bis weniger als in der vorstehenden Nummer angegeben,		A
2.5.3	100 kg bis weniger als 20t je Tag, ausgenommen Anlagen zur Herstellung von Glasfasern, die für medizinische oder fernmeldetechnische Zwecke bestimmt sind;		S
2.6	Errichtung und Betrieb einer Anlage zum Brennen keramischer Erzeugnisse (einschließlich Anlagen zum Blähen von Ton) mit einer Produktionskapazität von		
2.6.1	75 t oder mehr je Tag,		A
2.6.2	weniger als 75 t je Tag, soweit der Rauminhalt der Brennanlage 4 m^3 oder mehr beträgt oder die Besatzdichte mehr als 100 kg je Kubikmeter Rauminhalt der Brennanlage beträgt, ausgenommen elektrisch beheizte Brennöfen, die diskontinuierlich und ohne Abluftführung betrieben werden;		S
2.7	Errichtung und Betrieb einer Anlage zum Schmelzen mineralischer Stoffe, einschließlich Anlagen zur Herstellung von Mineralfasern;		A
3.	**Stahl, Eisen und sonstige Metalle einschließlich Verarbeitung:**		
3.1	Errichtung und Betrieb einer Anlage zum Rösten (Erhitzen unter Luftzufuhr zur Überführung in Oxide) oder Sintern (Stückigmachen von feinkörnigen Stoffen durch Erhitzen) von Erzen;	X	
3.2	Errichtung und Betrieb eines integrierten Hüttenwerkes (Anlage zur Herstellung oder zum Erschmelzen von Roheisen und zur Weiterverarbeitung zu Rohstahl, bei der sich Gewinnungs- und Weiterverarbeitungseinheiten nebeneinander befinden und in funktioneller Hinsicht miteinander verbunden sind);	X	
3.3	Errichtung und Betrieb einer Anlage zur Herstellung oder zum Erschmelzen von Roheisen oder Stahl einschließlich Stranggießen, auch soweit Konzentrate oder sekundäre Rohstoffe eingesetzt werden, mit einer Schmelzkapazität von		
3.3.1	2,5 t Roheisen oder Stahl je Stunde oder mehr,		A
3.3.2	weniger als 2,5 t Stahl je Stunde;		S
3.4	Errichtung und Betrieb einer Anlage zur Herstellung von Nichteisenrohmetallen aus Erzen, Konzentraten oder sekundären Rohstoffen durch metallurgische, chemische oder elektrolytische Verfahren;	X	
3.5	Errichtung und Betrieb einer Anlage zum Schmelzen, zum Legieren oder zur Raffination von Nichteisenmetallen mit einer Schmelzkapazität von		
3.5.1	100 000 t oder mehr je Jahr,	X	
3.5.2	4 t oder mehr je Tag bei Blei und Cadmium oder von 20 t oder mehr je Tag bei sonstigen Nichteisenmetallen, jeweils bis weniger als 100 000 t je Jahr,		A
3.5.3	0,5 t bis weniger als 4 t je Tag bei Blei und Cadmium oder von 2 t bis weniger als 20 t je Tag bei sonstigen Nichteisenmetallen, ausgenommen – Vakuum-Schmelzanlagen, – Schmelzanlagen für Gusslegierungen aus Zinn und Wismut oder aus Feinzink und Aluminium in Verbindung mit Kupfer oder Magnesium,		S

Nummer	Vorhaben	Sp. 1	Sp. 2
	– Schmelzanlagen, die Bestandteil von Druck- oder Kokillengießmaschinen sind oder die ausschließlich im Zusammenhang mit einzelnen Druck- oder Kokillengießmaschinen gießfertige Nichteisenmetalle oder gießfertige Legierungen niederschmelzen, – Schmelzanlagen für Edelmetalle oder für Legierungen, die nur aus Edelmetallen oder aus Edelmetallen und Kupfer bestehen, – Schwalllötbäder und – Heißluftverzinnungsanlagen;		
3.6	Errichtung und Betrieb einer Anlage zur Umformung von Stahl durch Warmwalzen;		**A**
3.7	Errichtung und Betrieb einer Eisen-, Temper- oder Stahlgießerei mit einer Verarbeitungskapazität an Flüssigmetall von		
3.7.1	200 000 t oder mehr je Jahr,	**X**	
3.7.2	20 t oder mehr je Tag,		**A**
3.7.3	2 t bis weniger als 20 t je Tag;		**S**
3.8	Errichtung und Betrieb einer Anlage zum Aufbringen von metallischen Schutzschichten auf Metalloberflächen mit Hilfe von schmelzflüssigen Bädern mit einer Verarbeitungskapazität von		
3.8.1	100 000 t Rohgut oder mehr je Jahr,	**X**	
3.8.2	2 t Rohgut je Stunde bis weniger als 100 000 t Rohgut je Jahr,		**A**
3.8.3	500 kg bis weniger als 2 t Rohgut je Stunde, ausgenommen Anlagen zum kontinuierlichen Verzinken nach dem Sendzimirverfahren;		**S**
3.9	Errichtung und Betrieb einer Anlage zur Oberflächenbehandlung von Metallen durch ein elektrolytisches oder chemisches Verfahren mit einem Volumen der Wirkbäder von		
3.9.1	30 m^3 oder mehr,		**A**
3.9.2	1 m^3 bis weniger als 30 m^3 bei Anlagen durch Beizen oder Brennen unter Verwendung von Fluss- oder Salpetersäure;		**S**
3.10	Errichtung und Betrieb einer Anlage, die aus einem oder mehreren maschinell angetriebenen Hämmern oder Fallwerken besteht, wenn die Schlagenergie eines Hammers oder Fallwerkes		
3.10.1	20 Kilojoule oder mehr beträgt,		**A**
3.10.2	1 Kilojoule bis weniger als 20 Kilojoule beträgt;		**S**
3.11	Errichtung und Betrieb einer Anlage zur Sprengverformung oder zum Plattieren mit Sprengstoffen bei einem Einsatz von 10 kg Sprengstoff oder mehr je Schuss;		**A**
3.12	Errichtung und Betrieb einer Schiffswerft		
3.12.1	zum Bau von Seeschiffen mit einer Größe von 100 000 Bruttoregistertonnen,	**X**	
3.12.2	zur Herstellung oder Reparatur von Schiffskörpern oder Schiffssektionen aus Metall mit einer Länge von 20m oder mehr, soweit nicht ein Fall der vorstehenden Nummer vorliegt;		**A**
3.13	Errichtung und Betrieb einer Anlage zum Bau von Schienenfahrzeugen mit einer Produktionskapazität von 600 oder mehr Schienenfahrzeugeinheiten je Jahr (1 Schienenfahrzeugeinheit entspricht 0,5 Lokomotive, 1 Straßenbahn, 1 Wagen eines Triebzuges, 1 Triebkopf, 1 Personenwagen oder 3 Güterwagen);		**A**

Nummer	Vorhaben	Sp. 1	Sp. 2
3.14	Errichtung und Betrieb einer Anlage für den Bau und die Montage von Kraftfahrzeugen oder einer Anlage für den Bau von Kraftfahrzeugmotoren mit einer Kapazität von jeweils 100 000 Stück oder mehr je Jahr;		**A**
3.15	Errichtung und Betrieb einer Anlage für den Bau und die Instandsetzung von Luftfahrzeugen, soweit je Jahr mehr als 50 Luftfahrzeuge hergestellt oder repariert werden können, ausgenommen Wartungsarbeiten;		**A**
4.	**Chemische Erzeugnisse, Arzneimittel, Mineralölraffination und Weiterverarbeitung:**		
4.1	Errichtung und Betrieb einer integrierten chemischen Anlage (Verbund zur Herstellung von Stoffen oder Stoffgruppen durch chemische Umwandlung im industriellen Umfang, bei dem sich mehrere Einheiten nebeneinander befinden und in funktioneller Hinsicht miteinander verbunden sind und – zur Herstellung von organischen Grundchemikalien, – zur Herstellung von anorganischen Grundchemikalien, – zur Herstellung von phosphor-, stickstoff- oder kaliumhaltigen Düngemitteln (Einnährstoff oder Mehrnährstoff), – zur Herstellung von Ausgangsstoffen für Pflanzenschutzmittel und von Bioziden, – zur Herstellung von Grundarzneimitteln unter Verwendung eines chemischen oder biologischen Verfahrens oder – zur Herstellung von Explosivstoffen dienen), ausgenommen Anlagen zur Erzeugung oder Spaltung von Kernbrennstoffen oder zur Aufarbeitung bestrahlter Kernbrennstoffe nach Nummer 11.1;	**X**	
4.2	Errichtung und Betrieb einer Anlage zur Herstellung von Stoffen oder Stoffgruppen durch chemische Umwandlung im industriellen Umfang, ausgenommen integrierte chemische Anlagen nach Nummer 4.1, Anlagen nach Nummer 10.1 und Anlagen zur Erzeugung oder Spaltung von Kernbrennstoffen oder zur Aufarbeitung bestrahlter Kernbrennstoffe nach Nummer 11.1;		**A**
4.3	Errichtung und Betrieb einer Anlage zur Destillation oder Raffination oder sonstigen Weiterverarbeitung von Erdöl in Mineralölraffinerien;	**X**	
4.4	Errichtung und Betrieb einer Anlage zur Herstellung von Anstrich- oder Beschichtungsstoffen (Lasuren, Firnisse, Lacke, Dispersionsfarben) oder Druckfarben unter Einsatz von 25 t flüchtiger organischer Verbindungen oder mehr je Tag, die bei einer Temperatur von 293,15 Kelvin einen Dampfdruck von mindestens 0,01 Kilopascal haben;		**A**
5.	**Oberflächenbehandlung von Kunststoffen:**		
5.1	Errichtung und Betrieb einer Anlage zur Oberflächenbehandlung von Kunststoffen durch ein elektrolytisches oder chemisches Verfahren mit einem Volumen der Wirkbäder von 30 m^3 oder mehr;		**A**
6.	**Holz, Zellstoff:**		
6.1	Errichtung und Betrieb einer Anlage zur Gewinnung von Zellstoff aus Holz, Stroh oder ähnlichen Faserstoffen;	**X**	
6.2	Errichtung und Betrieb einer Anlage zur Herstellung von Papier oder Pappe mit einer Produktionskapazität von		

Nummer	Vorhaben	Sp. 1	Sp. 2
6.2.1	200 t oder mehr je Tag,	X	
6.2.2	20 t bis weniger als 200 t je Tag;		A
7.	**Nahrungs-, Genuss- und Futtermittel, landwirtschaftliche Erzeugnisse:**		
7.1	Errichtung und Betrieb einer Anlage zur Intensivhaltung von Hennen mit		
7.1.1	60 000 oder mehr Plätzen,	X	
7.1.2	40 000 bis weniger als 60 000 Plätzen,		A
7.1.3	15 000 bis weniger als 40 000 Plätzen;		S
7.2	Errichtung und Betrieb einer Anlage zur Intensivhaltung oder -aufzucht von Junghennen mit		
7.2.1	85 000 oder mehr Plätzen,	X	
7.2.2	40 000 bis weniger als 85 000 Plätzen,		A
7.2.3	30 000 bis weniger als 40 000 Plätzen;		S
7.3	Errichtung und Betrieb einer Anlage zur Intensivhaltung oder -aufzucht von Mastgeflügel mit		
7.3.1	85 000 oder mehr Plätzen,	X	
7.3.2	40 000 bis weniger als 85 000 Plätzen,		A
7.3.3	30 000 bis weniger als 40 000 Plätzen;		S
7.4	Errichtung und Betrieb einer Anlage zur Intensivhaltung oder -aufzucht von Truthühnern mit		
7.4.1	60 000 oder mehr Plätzen,	X	
7.4.2	40 000 bis weniger als 60 000 Plätzen,		A
7.4.3	15 000 bis weniger als 40 000 Plätzen;		S
7.5	Errichtung und Betrieb einer Anlage zur Intensivhaltung oder -aufzucht von Rindern mit		
7.5.1	800 oder mehr Plätzen,		A
7.5.2	600 bis weniger als 800 Plätzen;		S
7.6	Errichtung und Betrieb einer Anlage zur Intensivhaltung oder -aufzucht von Kälbern mit		
7.6.1	1000 oder mehr Plätzen,		A
7.6.2	500 bis weniger als 1000 Plätzen;		S
7.7	Errichtung und Betrieb einer Anlage zur Intensivhaltung oder -aufzucht von Mastschweinen (Schweine von 30 kg Lebendgewicht oder mehr) mit		
7.7.1	3000 oder mehr Plätzen,	X	
7.7.2	2000 bis weniger als 3000 Plätzen;		A
7.7.3	1500 bis weniger als 2000 Plätzen;		S
7.8	Errichtung und Betrieb einer Anlage zur Intensivhaltung oder -aufzucht von Sauen einschließlich dazugehörender Ferkel (Ferkel bis weniger als 30 kg Lebendgewicht) mit		
7.8.1	900 oder mehr Plätzen,	X	

Nummer	Vorhaben	Sp. 1	Sp. 2
7.8.2	750 bis weniger als 900 Plätzen;		**A**
7.8.3	560 bis weniger als 750 Plätzen;		**S**
7.9	Errichtung und Betrieb einer Anlage zur getrennten Intensivaufzucht von Ferkeln (Ferkel von 10 bis weniger als 30 kg Lebendgewicht) mit		
7.9.1	9000 oder mehr Plätzen,	**X**	
7.9.2	6000 bis weniger als 9000 Plätzen;		**A**
7.9.3	4500 bis weniger als 6000 Plätzen;		**S**
7.10	Errichtung und Betrieb einer Anlage zur Intensivhaltung oder -aufzucht von Pelztieren mit		
7.10.1	1000 oder mehr Plätzen,		**A**
7.10.2	750 bis weniger als 1000 Plätzen;		**S**
7.11	Errichtung und Betrieb einer Anlage zur Intensivhaltung oder -aufzucht von Tieren in gemischten Beständen, wenn		
7.11.1	die jeweils unter den Nummern 7.1.1, 7.2.1, 7.3.1, 7.4.1, 7.7.1, 7.8.1, 7.9.1 und 7.10.1 genannten Platzzahlen nicht erreicht werden, die Summe der Vom-Hundert-Anteile, bis zu denen die Platzzahlen ausgeschöpft werden, aber den Wert 100 erreicht oder überschreitet,	**X**	
7.11.2	die jeweils unter den Nummern 7.1.2, 7.2.2, 7.3.2, 7.4.2, 7.5.1, 7.6.1, 7.7.2, 7.8.2, 7.9.2 und 7.10.1 genannten Platzzahlen nicht erreicht werden, die Summe der Vom-Hundert-Anteile, bis zu denen die Platzzahlen ausgeschöpft werden, aber den Wert 100 erreicht oder überschreitet,		**A**
7.11.3	die jeweils unter den Nummern 7.1.3, 7.2.3, 7.3.3, 7.4.3, 7.5.2, 7.6.2, 7.7.3 und 7.8.3, 7.9.3, 7.10.2 genannten Platzzahlen nicht erreicht werden, die Summe der Vom-Hundert-Anteile, bis zu denen die Platzzahlen ausgeschöpft werden, aber den Wert 100 erreicht oder überschreitet;		**S**
7.12	(weggefallen)		
7.13	Errichtung und Betrieb einer Anlage zum Schlachten von Tieren mit einer Kapazität von		
7.13.1	50 t Lebendgewicht oder mehr je Tag,		**A**
7.13.2	0,5 t bis weniger als 50 t Lebendgewicht je Tag bei Geflügel oder 4 t bis weniger als 50 t Lebendgewicht je Tag bei sonstigen Tieren;		**S**
7.14	Errichtung und Betrieb einer Anlage zur Erzeugung von Speisefetten aus tierischen Rohstoffen, ausgenommen Milch, mit einer Produktionskapazität von		
7.14.1	75 t Fertigerzeugnissen oder mehr je Tag,		**A**
7.14.2	weniger als 75 t Fertigerzeugnissen je Tag, ausgenommen Anlagen zur Erzeugung von Speisefetten aus selbstgewonnenen tierischen Fetten in Fleischereien mit einer Kapazität von bis zu 200 kg Speisefett je Woche;		**S**
7.15	Errichtung und Betrieb einer Anlage zum Schmelzen von tierischen Fetten mit einer Produktionskapazität von		
7.15.1	75 t Fertigerzeugnissen oder mehr je Tag,		**A**

Nummer	Vorhaben	Sp. 1	Sp. 2
7.15.2	weniger als 75 t Fertigerzeugnissen je Tag, ausgenommen Anlagen zur Verarbeitung von selbstgewonnenen tierischen Fetten zu Speisefetten in Fleischereien mit einer Kapazität von bis zu 200 kg Speisefett je Woche;		**S**
7.16	Errichtung und Betrieb einer Anlage zur Herstellung von Fleischkonserven mit einer Produktionskapazität von		
7.16.1	75 t Konserven oder mehr je Tag,		**A**
7.16.2	1 t bis weniger als 75 t Konserven je Tag;		**S**
7.17	Errichtung und Betrieb einer Anlage zur Herstellung von Gemüsekonserven mit einer Produktionskapazität von		
7.17.1	600 t Konserven oder mehr je Tag, wenn die Anlage an nicht mehr als 90 aufeinanderfolgenden Tagen im Jahr in Betrieb ist,		**A**
7.17.2	300 t Konserven oder mehr je Tag, wenn die Anlage an mehr als 90 aufeinanderfolgenden Tagen im Jahr in Betrieb ist,		**A**
7.17.3	10 t bis weniger als den in den Nummern 7.17.1 oder 7.17.2 angegebenen Kapazitäten für Tonnen Konserven je Tag und unter den dort genannten Voraussetzungen im Übrigen, ausgenommen Anlagen zum Sterilisieren oder Pasteurisieren dieser Nahrungsmittel in geschlossenen Behältnissen;		**S**
7.18	Errichtung und Betrieb einer Anlage zur Herstellung von Futtermittelerzeugnissen aus tierischen Rohstoffen, soweit in einer solchen Anlage eine fabrikmäßige Herstellung von Tierfutter durch Erwärmen der Bestandteile tierischer Herkunft erfolgt,		**A**
7.19	Errichtung und Betrieb einer Anlage zur Beseitigung oder Verwertung von Tierkörpern oder tierischen Abfällen mit einer Verarbeitungskapazität von		
7.19.1	10 t oder mehr je Tag,		**A**
7.19.2	weniger als 10 t je Tag;		**S**
7.20	Errichtung und Betrieb einer Anlage zum Gerben einschließlich Nachgerben von Tierhäuten oder Tierfellen mit einer Verarbeitungskapazität von		
7.20.1	12 t Fertigerzeugnissen oder mehr je Tag,		**A**
7.20.2	weniger als 12 t Fertigerzeugnissen je Tag, ausgenommen Anlagen, in denen weniger Tierhäute oder Tierfelle behandelt werden als beim Schlachten von weniger als 4 t sonstigen Tieren nach Nummer 7.13.2 anfallen;		**S**
7.21	Errichtung und Betrieb einer Anlage zur Herstellung von Fischmehl oder Fischöl;	**X**	
7.22	Errichtung und Betrieb einer Anlage zur Herstellung von Braumalz (Mälzerei) mit einer Produktionskapazität von		
7.22.1	600 t Darrmalz oder mehr je Tag, wenn die Anlage an nicht mehr als 90 aufeinanderfolgenden Tagen im Jahr in Betrieb ist,		**A**
7.22.2	300 t Darrmalz oder mehr je Tag, wenn die Anlage an mehr als 90 aufeinanderfolgenden Tagen im Jahr in Betrieb ist,		**A**
7.22.3	weniger als den in den Nummern 7.22.1 oder 7.22.2 angegebenen Kapazitäten für Tonnen Darrmalz je Tag und unter den dort genannten Voraussetzungen im Übrigen;		**S**

Nummer	Vorhaben	Sp. 1	Sp. 2
7.23	Errichtung und Betrieb einer Anlage zur Herstellung von Stärkemehlen mit einer Produktionskapazität von		
7.23.1	600 t Stärkemehlen oder mehr je Tag, wenn die Anlage an nicht mehr als 90 aufeinanderfolgenden Tagen im Jahr in Betrieb ist,		**A**
7.23.2	300 t Stärkemehlen oder mehr je Tag, wenn die Anlage an mehr als 90 aufeinanderfolgenden Tagen im Jahr in Betrieb ist,		**A**
7.23.3	1 t bis weniger als den in den Nummern 7.23.1 oder 7.23.2 angegebenen Kapazitäten für Tonnen Stärkemehle je Tag und unter den dort genannten Voraussetzungen im Übrigen;		**S**
7.24	Errichtung und Betrieb einer Anlage zur Herstellung oder Raffination von Ölen oder Fetten aus pflanzlichen Rohstoffen mit einer Produktionskapazität von		
7.24.1	600 t Fertigerzeugnissen oder mehr je Tag, wenn die Anlage an nicht mehr als 90 aufeinanderfolgenden Tagen im Jahr in Betrieb ist,		**A**
7.24.2	300 t Fertigerzeugnissen oder mehr je Tag, wenn die Anlage an mehr als 90 aufeinanderfolgenden Tagen im Jahr in Betrieb ist,		**A**
7.24.3	weniger als den in den Nummern 7.24.1 oder 7.24.2 angegebenen Kapazitäten für Tonnen Fertigerzeugnisse je Tag mit Hilfe von Extraktionsmitteln und unter den dort genannten Voraussetzungen im Übrigen, soweit die Menge des eingesetzten Extraktionsmittels 1 t oder mehr je Tag beträgt;		**S**
7.25	Errichtung und Betrieb einer Anlage zur Herstellung oder Raffination von Zucker unter Verwendung von Zuckerrüben oder Rohzucker;		**A**
7.26	Errichtung und Betrieb einer Brauerei mit einer Produktionskapazität von		
7.26.1	6000 hl Bier oder mehr je Tag, wenn die Brauerei an nicht mehr als 90 aufeinanderfolgenden Tagen im Jahr in Betrieb ist,		**A**
7.26.2	3000 hl Bier oder mehr je Tag, wenn die Brauerei an mehr als 90 aufeinanderfolgenden Tagen im Jahr in Betrieb ist,		**A**
7.26.3	200 hl bis weniger als den in den Nummern 7.26.1 oder 7.26.2 angegebenen Kapazitäten für Hektoliter Bier je Tag und unter den dort genannten Voraussetzungen im Übrigen;		**S**
7.27	Errichtung und Betrieb einer Anlage zur Herstellung von Süßwaren oder Sirup aus tierischen Rohstoffen, ausgenommen Milch, mit einer Produktionskapazität von		
7.27.1	75 t Süßwaren oder Sirup oder mehr je Tag,		**A**
7.27.2	50 kg bis weniger als 75t Süßwaren oder Sirup je Tag bei Herstellung von Lakritz;		**S**
7.28	Errichtung und Betrieb einer Anlage zur Herstellung von Süßwaren oder Sirup aus pflanzlichen Rohstoffen mit einer Produktionskapazität von		
7.28.1	600 t oder mehr Süßwaren oder Sirup je Tag, wenn die Anlage an nicht mehr als 90 aufeinanderfolgenden Tagen im Jahr in Betrieb ist,		**A**
7.28.2	300 t oder mehr Süßwaren oder Sirup je Tag, wenn die Anlage an mehr als 90 aufeinanderfolgenden Tagen im Jahr in Betrieb ist,		**A**

Nummer	Vorhaben	Sp. 1	Sp. 2
7.28.3	50 kg bis weniger als den in den Nummern 7.28.1 oder 7.28.2 angegebenen Kapazitäten für Tonnen Süßwaren je Tag und unter den dort genannten Voraussetzungen im Übrigen bei Herstellung von Kakaomasse aus Rohkakao oder bei thermischer Veredelung von Kakao- oder Schokoladenmasse;		S
7.29	Errichtung und Betrieb einer Anlage zur Behandlung oder Verarbeitung von Milch, Milcherzeugnissen oder Milchbestandteilen mit einer Produktionskapazität als Jahresdurchschnittswert von		
7.29.1	200 t Milch oder mehr je Tag,		A
7.29.2	5 t bis weniger als 200 t Milch, Milcherzeugnissen oder Milchbestandteilen je Tag bei Sprühtrocknern;		S
8.	**Verwertung und Beseitigung von Abfällen und sonstigen Stoffen:**		
8.1	Errichtung und Betrieb einer Anlage zur Beseitigung oder Verwertung fester, flüssiger oder in Behältern gefasster gasförmiger Abfälle, Deponiegas oder anderer gasförmiger Stoffe mit brennbaren Bestandteilen durch		
8.1.1	thermische Verfahren, insbesondere Entgasung, Plasmaverfahren, Pyrolyse, Vergasung, Verbrennung oder eine Kombination dieser Verfahren		
8.1.1.1	bei gefährlichen Abfällen,	X	
8.1.1.2	bei nicht gefährlichen Abfällen mit einer Durchsatzkapazität von 3 t Abfällen oder mehr je Stunde,	X	
8.1.1.3	bei nicht gefährlichen Abfällen mit einer Durchsatzkapazität von weniger als 3 t Abfällen je Stunde,		A
8.1.2	Verbrennen von Altöl oder Deponiegas in einer Verbrennungsmotoranlage mit einer Feuerungswärmeleistung von		
8.1.2.1	50 MW oder mehr,		A
8.1.2.2	1 MW bis weniger als 50 MW,		A
8.1.2.3	weniger als 1 MW,		S
8.1.3	Abfackeln von Deponiegas oder anderen gasförmigen Stoffen, ausgenommen über Notfackeln, die für den nicht bestimmungsgemäßen Betrieb erforderlich sind;		S
8.2	Errichtung und Betrieb einer Anlage zur Erzeugung von Strom, Dampf, Warmwasser, Prozesswärme oder erhitztem Abgas in einer Verbrennungseinrichtung (wie Kraftwerk, Heizkraftwerk, Heizwerk, sonstige Feuerungsanlage), einschließlich zugehöriger Dampfkessel, durch den Einsatz von – gestrichenem, lackiertem oder beschichtetem Holz oder – Sperrholz, Spanplatten, Faserplatten oder sonst verleimtem Holz sowie daraus anfallenden Resten, soweit keine Holzschutzmittel aufgetragen oder infolge einer Behandlung enthalten sind oder Beschichtungen keine halogenorganischen Verbindungen oder Schwermetalle enthalten, mit einer Feuerungswärmeleistung von		
8.2.1	50 MW oder mehr,	X	
8.2.2	1 MW bis weniger als 50 MW;		S

Nummer	Vorhaben	Sp. 1	Sp. 2
8.3	Errichtung und Betrieb einer Anlage zur biologischen Behandlung von gefährlichen Abfällen mit einer Durchsatzkapazität an Einsatzstoffen von		
8.3.1	10 t oder mehr je Tag,	X	
8.3.2	1 t bis weniger als 10 t je Tag;		S
8.4	Errichtung und Betrieb einer Anlage zur biologischen Behandlung von		
8.4.1	nicht gefährlichen Abfällen, soweit nicht durch Nummer 8.4.2 erfasst, mit einer Durchsatzkapazität an Einsatzstoffen von		
8.4.1.1	50 t oder mehr je Tag,		A
8.4.1.2	10 t bis weniger als 50 t je Tag,		S
8.4.2	Gülle, soweit die Behandlung ausschließlich durch anaerobe Vergärung (Biogaserzeugung) erfolgt, mit einer Durchsatzkapazität von		
8.4.2.1	50 t oder mehr je Tag,		A
8.4.2.2	weniger als 50 t je Tag, soweit die Produktionskapazität von Rohgas 1,2 Mio. Normkubikmeter je Jahr oder mehr beträgt;		S
8.5	Errichtung und Betrieb einer Anlage zur chemischen Behandlung, insbesondere zur chemischen Emulsionsspaltung, Fällung, Flockung, Neutralisation oder Oxidation, von gefährlichen Abfällen;	X	
8.6	Errichtung und Betrieb einer Anlage zur chemischen Behandlung, insbesondere zur chemischen Emulsionsspaltung, Fällung, Flockung, Neutralisation oder Oxidation, von nicht gefährlichen Abfällen mit einer Durchsatzkapazität an Einsatzstoffen von		
8.6.1	100 t oder mehr je Tag,	X	
8.6.2	50 t bis weniger als 100 t je Tag,		A
8.6.3	10 t bis weniger als 50 t je Tag;		S
8.7	Errichtung und Betrieb einer Anlage zur zeitweiligen Lagerung von Abfällen, ausgenommen die zeitweilige Lagerung bis zum Einsammeln auf dem Gelände der Entstehung der Abfälle, bei		
8.7.1	Eisen- oder Nichteisenschrotten, einschließlich Autowracks, mit einer Gesamtlagerkapazität von		
8.7.1.1	1500 t oder mehr,		A
8.7.1.2	100 t bis weniger als 1500 t,		S
8.7.2	gefährlichen Schlämmen mit einer Gesamtlagerkapazität von		
8.7.2.1	50 t oder mehr,		A
8.7.2.2	30 t bis weniger als 50 t;		S
8.8	(weggefallen)		
8.9	Errichtung und Betrieb einer Anlage zur Lagerung von Abfällen über einen Zeitraum von jeweils mehr als einem Jahr, bei		
8.9.1	gefährlichen Abfällen mit		
8.9.1.1	einer Aufnahmekapazität von 10 t je Tag oder mehr oder einer Gesamtlagerkapazität von 150 t oder mehr,	X	
8.9.1.2	geringeren Kapazitäten als in Nummer 8.9.1.1 angegeben,		A

Nummer	Vorhaben	Sp. 1	Sp. 2
8.9.2	nicht gefährlichen Abfällen mit		
8.9.2.1	einer Aufnahmekapazität von 10 t je Tag oder mehr oder einer Gesamtlagerkapazität von 150 t oder mehr,		A
8.9.2.2	geringeren Kapazitäten als in Nummer 8.9.2.1 angegeben;		S
9.	**Lagerung von Stoffen und Gemischen:**		
9.1	Errichtung und Betrieb einer Anlage, die der Lagerung von Stoffen oder Gemischen, die bei einer Temperatur von 293,15 Kelvin einen absoluten Dampfdruck von mindestens 101,3 Kilopascal und einen Explosionsbereich mit Luft haben (brennbare Gase), in Behältern oder von Erzeugnissen, die diese Stoffe oder Gemische z. B. als Treibmittel oder Brenngas enthalten, dient, ausgenommen Erdgasröhrenspeicher und Anlagen, die von Nummer 9.3 erfasst werden,		
9.1.1	soweit es sich nicht ausschließlich um Einzelbehältnisse mit einem Volumen von jeweils nicht mehr als 1000 cm^3 handelt, mit einem Fassungsvermögen von		
9.1.1.1	200 000 t oder mehr,	X	
9.1.1.2	30 t bis weniger als 200 000 t,		A
9.1.1.3	3 t bis weniger als 30 t,		S
9.1.2	soweit es sich ausschließlich um Einzelbehältnisse mit einem Volumen von jeweils nicht mehr als 1000 cm^3 handelt, mit einem Fassungsvermögen von		
9.1.2.1	200 000 t oder mehr,	X	
9.1.2.2	30 t bis weniger als 200 000 t;		S
9.2	Errichtung und Betrieb einer Anlage, die der Lagerung von Flüssigkeiten dient, ausgenommen Anlagen, die von Nummer 9.3 erfasst werden, soweit		
9.2.1	die Flüssigkeiten einen Flammpunkt von 373,15 Kelvin oder weniger haben, mit einem Fassungsvermögen von		
9.2.1.1	200 000 t oder mehr,	X	
9.2.1.2	50 000 t bis weniger als 200 000 t,		A
9.2.1.3	10 000 t bis weniger als 50 000 t,		S
9.2.2	die Flüssigkeiten einen Flammpunkt unter 294,15 Kelvin haben und deren Siedepunkt bei Normaldruck (101,3 Kilopascal) über 293,15 Kelvin liegt, mit einem Fassungsvermögen von 5000 t bis weniger als 10 000 t;		S
9.3	Errichtung und Betrieb einer Anlage, die der Lagerung von im Anhang 2 (Stoffliste zu Nummer 9.3 Anhang 1) der Verordnung über genehmigungsbedürftige Anlagen in der jeweils geltenden Fassung genannten Stoffen dient, mit einer Lagerkapazität von		
9.3.1	200 000 t oder mehr,	X	
9.3.2	den in Spalte 4 des Anhangs 2 (Stoffliste zu Nummer 9.3 Anhang 1) der Verordnung über genehmigungsbedürftige Anlagen in der jeweils geltenden Fassung ausgewiesenen Mengen bis weniger als 200 000 t,		A
9.3.3	den in Spalte 3 bis weniger als den in Spalte 4 des Anhangs 2 (Stoffliste zu Nummer 9.3 Anhang 1) der Verordnung über genehmigungsbedürftige Anlagen in der jeweils geltenden Fassung ausgewiesenen Mengen;		S

Nummer	Vorhaben	Sp. 1	Sp. 2
9.4	Errichtung und Betrieb einer Anlage, die der Lagerung von Erdöl, petrochemischen oder chemischen Stoffen oder Erzeugnissen dient, ausgenommen Anlagen, die von den Nummern 9.1, 9.2 oder 9.3 erfasst werden, mit einem Fassungsvermögen von		
9.4.1	200 000 t oder mehr,	**X**	
9.4.2	25 000 t bis weniger als 200 000 t;		**A**
10.	**Sonstige Industrieanlagen:**		
10.1	Errichtung und Betrieb einer Anlage zur Herstellung, Bearbeitung oder Verarbeitung von explosionsgefährlichen Stoffen im Sinne des Sprengstoffgesetzes, die zur Verwendung als Sprengstoffe, Zündstoffe, Treibstoffe, pyrotechnische Sätze oder zur Herstellung dieser Stoffe bestimmt sind; hierzu gehört auch eine Anlage zum Laden, Entladen oder Delaborieren von Munition oder sonstigen Sprengkörpern, ausgenommen Anlagen im handwerklichen Umfang oder zur Herstellung von Zündhölzern sowie ortsbewegliche Mischladegeräte;	**X**	
10.2	Errichtung und Betrieb einer Anlage zur Wiedergewinnung oder Vernichtung von explosionsgefährlichen Stoffen im Sinne des Sprengstoffgesetzes;	**X**	
10.3	Errichtung und Betrieb einer Anlage zum Vulkanisieren von Natur- oder Synthesekautschuk unter Verwendung von Schwefel oder Schwefelverbindungen mit einem Einsatz von		
10.3.1	25 t Kautschuk oder mehr je Stunde,		**A**
10.3.2	weniger als 25 t Kautschuk je Stunde, ausgenommen Anlagen, in denen weniger als 50 kg Kautschuk je Stunde verarbeitet wird oder ausschließlich vorvulkanisierter Kautschuk eingesetzt wird;		**S**
10.4	Errichtung und Betrieb einer Anlage zur Vorbehandlung (Waschen, Bleichen, Mercerisieren) oder zum Färben von Fasern oder Textilien mit		
10.4.1	einer Verarbeitungskapazität von 10 t Fasern oder Textilien oder mehr je Tag,		**A**
10.4.2	einer Färbekapazität von 2 t bis weniger als 10 t Fasern oder Textilien je Tag bei Anlagen zum Färben von Fasern oder Textilien unter Verwendung von Färbebeschleunigern einschließlich Spannrahmenanlagen, ausgenommen Anlagen, die unter erhöhtem Druck betrieben werden,		**S**
10.4.3	einer Bleichkapazität von weniger als 10 t Fasern oder Textilien je Tag bei Anlagen zum Bleichen von Fasern oder Textilien unter Verwendung von Chlor oder Chlorverbindungen;		**S**
10.5	Errichtung und Betrieb eines Prüfstandes für oder mit Verbrennungsmotoren, ausgenommen – Rollenprüfstände, die in geschlossenen Räumen betrieben werden, und – Anlagen, in denen mit Katalysator oder Dieselrußfilter ausgerüstete Serienmotoren geprüft werden, mit einer Feuerungswärmeleistung von insgesamt		
10.5.1	10 MW oder mehr,		**A**
10.5.2	300 KW bis weniger als 10 MW;		**S**
10.6	Errichtung und Betrieb eines Prüfstandes für oder mit Gasturbinen oder Triebwerken mit einer Feuerungswärmeleistung von insgesamt		

Nummer	Vorhaben	Sp. 1	Sp. 2
10.6.1	mehr als 200 MW,	X	
10.6.2	100 MW bis 200 MW,		A
10.6.3	weniger als 100 MW;		S
10.7	Errichtung und Betrieb einer ständigen Renn- oder Teststrecke für Kraftfahrzeuge;		A
11.	**Kernenergie:**		
11.1	Errichtung und Betrieb einer ortsfesten Anlage zur Erzeugung oder zur Bearbeitung oder Verarbeitung oder zur Spaltung von Kernbrennstoffen oder zur Aufarbeitung bestrahlter Kernbrennstoffe sowie bei ortsfesten Anlagen zur Spaltung von Kernbrennstoffen die insgesamt geplanten Maßnahmen zur Stilllegung, zum sicheren Einschluss oder zum Abbau der Anlage oder von Anlagenteilen; ausgenommen sind ortsfeste Anlagen zur Spaltung von Kernbrennstoffen, deren Höchstleistung 1 KW thermische Dauerleistung nicht überschreitet; einzelne Maßnahmen zur Stilllegung, zum sicheren Einschluss oder zum Abbau der in Halbsatz 1 bezeichneten Anlagen oder von Anlagenteilen gelten als Änderung im Sinne von § 3e Absatz 1 Nummer 2;	X	
11.2	Errichtung und Betrieb einer Anlage zur Sicherstellung oder zur Endlagerung radioaktiver Abfälle;	X	
11.3	außerhalb der in den Nummern 11.1 und 11.2 bezeichneten Anlagen Errichtung und Betrieb einer Anlage oder Einrichtung zur Bearbeitung oder Verarbeitung bestrahlter Kernbrennstoffe oder hoch radioaktiver Abfälle oder zu dem ausschließlichen Zweck der für mehr als zehn Jahre geplanten Lagerung bestrahlter Kernbrennstoffe oder radioaktiver Abfälle an einem anderen Ort als dem Ort, an dem diese Stoffe angefallen sind;	X	
11.4	außerhalb der in den Nummern 11.1 und 11.2 bezeichneten Anlagen, soweit nicht Nummer 11.3 Anwendung findet, Errichtung und Betrieb einer Anlage oder Einrichtung zur Lagerung, Bearbeitung oder Verarbeitung radioaktiver Abfälle, deren Aktivitäten die Werte erreichen oder überschreiten, bei deren Unterschreiten es für den beantragten Umgang nach einer aufgrund des Strahlenschutzgesetzes erlassenen Rechtsverordnung keiner Vorbereitung der Schadensbekämpfung bei Abweichungen vom bestimmungsgemäßen Betrieb bedarf;		A
12.	**Abfalldeponien:**		
12.1	Errichtung und Betrieb einer Deponie zur Ablagerung von gefährlichen Abfällen im Sinne des Kreislaufwirtschaftsgesetzes;	X	
12.2	Errichtung und Betrieb einer Deponie zur Ablagerung von nicht gefährlichen Abfällen im Sinne des Kreislaufwirtschaftsgesetzes, mit Ausnahme der Deponien für Inertabfälle nach Nummer 12.3, mit einer Aufnahmekapazität von		
12.2.1	10 t oder mehr je Tag oder mit einer Gesamtkapazität von 25 000 t oder mehr,	X	
12.2.2	weniger als 10 t je Tag oder mit einer Gesamtkapazität von weniger als 25 000 t;		S
12.3	Errichtung und Betrieb einer Deponie zur Ablagerung von Inertabfällen im Sinne des Kreislaufwirtschaftsgesetzes;		A

Nummer	Vorhaben	Sp. 1	Sp. 2
13.	**Wasserwirtschaftliche Vorhaben mit Benutzung oder Ausbau eines Gewässers:**		
13.1	Errichtung und Betrieb einer Abwasserbehandlungsanlage, die ausgelegt ist für		
13.1.1	organisch belastetes Abwasser von 9000 kg/d oder mehr biochemischen Sauerstoffbedarfs in fünf Tagen (roh) oder anorganisch belastetes Abwasser von 4500 m^3 oder mehr Abwasser in zwei Stunden (ausgenommen Kühlwasser),	**X**	
13.1.2	organisch belastetes Abwasser von 600 kg/d bis weniger als 9000 kg/d biochemischen Sauerstoffbedarfs in fünf Tagen (roh) oder anorganisch belastetes Abwasser von 900 m^3 bis weniger als 4500 m^3 Abwasser in zwei Stunden (ausgenommen Kühlwasser),		**A**
13.1.3	organisch belastetes Abwasser von 120 kg/d bis weniger als 600 kg/d biochemischen Sauerstoffbedarfs in fünf Tagen (roh) oder anorganisch belastetes Abwasser von 10 m^3 bis weniger als 900 m^3 Abwasser in zwei Stunden (ausgenommen Kühlwasser);		**S**
13.2	Errichtung und Betrieb einer Anlage zur intensiven Fischzucht		
13.2.1	in oberirdischen Gewässern oder Küstengewässern oder verbunden mit dem Einbringen oder Einleiten von Stoffen in oberirdische Gewässer oder Küstengewässer mit einem Fischertrag je Jahr von		
13.2.1.1	1000 t oder mehr, wenn dies durch Landesrecht vorgeschrieben ist,	**X**	
13.2.1.2	100 t oder mehr, soweit nicht von Nummer 13.2.1.1 erfasst,		**A**
13.2.1.3	50 t bis weniger als 100 t;		**S**
13.2.2	in der ausschließlichen Wirtschaftszone Deutschlands mit einem Fischertrag je Jahr von		
13.2.2.1	mehr als 2500 t,	**X**	
13.2.2.2	500 t bis 2500 t,		**A**
13.2.2.3	250 t bis weniger als 500 t;		**S**
13.3	Entnehmen, Zutagefördern oder Zutageleiten von Grundwasser oder Einleiten von Oberflächenwasser zum Zwecke der Grundwasseranreicherung, jeweils mit einem jährlichen Volumen an Wasser von		
13.3.1	10 Mio. m^3 oder mehr,	**X**	
13.3.2	100 000 m^3 bis weniger als 10 Mio. m^3,		**A**
13.3.3	5000 m^3 bis weniger als 100 000 m^3, wenn durch die Gewässerbenutzung erhebliche nachteilige Auswirkungen auf grundwasserabhängige Ökosysteme zu erwarten sind;		**S**
13.4	Tiefbohrung zum Zweck der Wasserversorgung;		**A**
13.5	Wasserwirtschaftliches Projekt in der Landwirtschaft (sofern nicht von Nummer 13.3 oder Nummer 13.18 erfasst), einschließlich Bodenbewässerung oder Bodenentwässerung, mit einem jährlichen Volumen an Wasser von		
13.5.1	100 000 m^3 oder mehr,		**A**
13.5.2	5000 m^3 bis weniger als 100 000 m^3, wenn durch die Gewässerbenutzung erhebliche nachteilige Auswirkungen auf grundwasserabhängige Ökosysteme zu erwarten sind;		**S**

Nummer	Vorhaben	Sp. 1	Sp. 2
13.6	Bau eines Stauwerkes oder einer sonstigen Anlage zur Zurückhaltung oder dauerhaften Speicherung von Wasser, wobei		
13.6.1	10 Mio. m^3 oder mehr Wasser zurückgehalten oder gespeichert werden,	**X**	
13.6.2	weniger als 10 Mio. m^3 Wasser zurückgehalten oder gespeichert werden;		**A**
13.7	Umleitung von Wasser von einem Flusseinzugsgebiet in ein anderes, ausgenommen Transport von Trinkwasser in Rohrleitungen, mit einem Volumen von		
13.7.1	– 100 Mio. oder mehr m^3 Wasser pro Jahr, wenn durch die Umleitung Wassermangel verhindert werden soll, oder – 5% oder mehr des Durchflusses, wenn der langjährige durchschnittliche Wasserdurchfluss des Flusseinzugsgebietes, dem Wasser entnommen wird, 2000 Mio. m^3 übersteigt,	**X**	
13.7.2	weniger als den in Nummer 13.7.1 angegebenen Werten;		**A**
13.8	Flusskanalisierungs- und Stromkorrekturarbeiten;		**A**
13.9	Bau eines Hafens für die Binnenschifffahrt, wenn der Hafen für Schiffe mit		
13.9.1	mehr als 350 t zugänglich ist,	**X**	
13.9.2	1350 t oder weniger zugänglich ist;		**A**
13.10	Bau eines Binnen- oder Seehandelshafens für die Seeschifffahrt;	**X**	
13.11	Bau eines mit einem Binnen- oder Seehafen für die Seeschifffahrt verbundenen Landungssteges zum Laden und Löschen von Schiffen (ausgenommen Fährschiffe), der		
13.11.1	Schiffe mit mehr als 1350 t aufnehmen kann,	**X**	
13.11.2	Schiffe mit 1350 t oder weniger aufnehmen kann;		**A**
13.12	Bau eines sonstigen Hafens, einschließlich Fischereihafens oder Jachthafens, oder einer infrastrukturellen Hafenanlage;		**A**
13.13	Bau eines Deiches oder Dammes, der den Hochwasserabfluss beeinflusst (sofern nicht von Nummer 13.16 erfasst);		**A**
13.14	Errichtung und Betrieb einer Wasserkraftanlage;		**A**
13.15	Baggerung in Flüssen oder Seen zur Gewinnung von Mineralien;		**A**
13.16	Bauten des Küstenschutzes zur Bekämpfung der Erosion und meerestechnische Arbeiten, die geeignet sind, Veränderungen der Küste mit sich zu bringen (zum Beispiel Bau von Deichen, Molen, Hafendämmen und sonstigen Küstenschutzbauten), mit Ausnahme der Unterhaltung und Wiederherstellung solcher Bauten, soweit nicht durch Landesrecht etwas anderes als in dieser Nummer bestimmt ist;		**A**
13.17	Landgewinnung am Meer, soweit nicht durch Landesrecht etwas anderes bestimmt ist;		**A**
13.18	sonstige der Art nach nicht von den Nummern 13.1 bis 13.17 erfasste Ausbaumaßnahmen im Sinne des Wasserhaushaltsgesetzes		
13.18.1	soweit die Ausbaumaßnahmen nicht von Nummer 13.18.2 erfasst sind,		**A**

Nummer	Vorhaben	Sp. 1	Sp. 2
13.18.2[1]	naturnaher Ausbau von Bächen, Gräben, Rückhaltebecken und Teichen, kleinräumige naturnahe Umgestaltungen, wie die Beseitigung von Bach- und Grabenverrohrungen, Verlegung von Straßenseitengräben in der bebauten Ortslage und ihre kleinräumige Verrohrung, Umsetzung von Kiesbänken in Gewässern;		S
14.	**Verkehrsvorhaben:**		
14.1	Bau einer Bundeswasserstraße durch		
14.1.1	Vorhaben im Sinne der Nummern 13.6.1 und 13.7.1	X	
14.1.2	Vorhaben im Sinne der Nummern 13.6.2, 13.7.2, 13.8, 13.12 und 13.13 (unabhängig von einer Beeinflussung des Hochwasserabflusses);		A
14.2	Bau einer Bundeswasserstraße, die für Schiffe mit		
14.2.1	mehr als 1350 t zugänglich ist,	X	
14.2.2	1350 t oder weniger zugänglich ist;		A
14.3	Bau einer Bundesautobahn oder einer sonstigen Bundesstraße, wenn diese eine Schnellstraße im Sinne der Begriffsbestimmung des Europäischen Übereinkommens über die Hauptstraßen des internationalen Verkehrs vom 15. November 1975 ist;	X	
14.4	Bau einer neuen vier- oder mehrstreifigen Bundesstraße, wenn diese neue Straße eine durchgehende Länge von 5 km oder mehr aufweist;	X	
14.5	Bau einer vier- oder mehrstreifigen Bundesstraße durch Verlegung und/oder Ausbau einer bestehenden Bundesstraße, wenn dieser geänderte Bundesstraßenabschnitt eine durchgehende Länge von 10 km oder mehr aufweist;	X	
14.6	Bau einer sonstigen Bundesstraße;		A
14.7	Bau eines Schienenweges von Eisenbahnen mit den dazugehörenden Betriebsanlagen einschließlich Bahnstromfernleitungen;	X	
14.8	Bau einer sonstigen Betriebsanlage von Eisenbahnen, insbesondere einer intermodalen Umschlagsanlage oder eines Terminals für Eisenbahnen, soweit der Bau nicht Teil des Baues eines Schienenweges nach Nummer 14.7 ist;		A
14.9	Bau einer Magnetschwebebahnstrecke mit den dazugehörenden Betriebsanlagen;	X	
14.10	Bau einer anderen Bahnstrecke für den öffentlichen spurgeführten Verkehr mit den dazugehörenden Betriebsanlagen;		A
14.11	Bau einer Bahnstrecke für Straßenbahnen, Stadtschnellbahnen in Hochlage, Untergrundbahnen oder Hängebahnen im Sinne des Personenbeförderungsgesetzes, jeweils mit den dazugehörenden Betriebsanlagen;		A
14.12	Bau eines Flugplatzes im Sinne der Begriffsbestimmungen des Abkommens von Chicago von 1944 zur Errichtung der Internationalen Zivilluftfahrt-Organisation (Anhang 14) mit einer Start- und Landebahngrundlänge von		
14.12.1	1500 m oder mehr,	X	
14.12.2	weniger als 1500 m;		A

[1] Abweichendes Landesrecht in Niedersachsen siehe Hinweis in BGBl. 2010 I S. 970.

Nummer	Vorhaben	Sp. 1	Sp. 2
15.	**Bergbau und dauerhafte Speicherung von Kohlendioxid:**		
15.1	bergbauliche Vorhaben, einschließlich der zu ihrer Durchführung erforderlichen betriebsplanpflichtigen Maßnahmen dieser Anlage, nur nach Maßgabe der aufgrund des § 57c Nummer 1 des Bundesberggesetzes erlassenen Rechtsverordnung,		
15.2	Errichtung, Betrieb und Stilllegung von Kohlendioxidspeichern;	X	
16.	**Flurbereinigung:**		
16.1	Bau der gemeinschaftlichen und öffentlichen Anlagen im Sinne des Flurbereinigungsgesetzes;		A
17.	**Forstliche und landwirtschaftliche Vorhaben:**		
17.1	Erstaufforstung im Sinne des Bundeswaldgesetzes mit		
17.1.1	50 ha oder mehr Wald,	X	
17.1.2[1]	20 ha bis weniger als 50 ha Wald,		A
17.1.3[1]	2 ha bis weniger als 20 ha Wald;		S
17.2	Rodung von Wald im Sinne des Bundeswaldgesetzes zum Zwecke der Umwandlung in eine andere Nutzungsart mit		
17.2.1	10 ha oder mehr Wald,	X	
17.2.2	5 ha bis weniger als 10 ha Wald,		A
17.2.3[1]	1 ha bis weniger als 5 ha Wald;		S
17.3	Projekte zur Verwendung von Ödland oder naturnahen Flächen zu intensiver Landwirtschaftsnutzung mit		
17.3.1	20 ha oder mehr,	X	
17.3.2	10 ha bis weniger als 20 ha,		A
17.3.3	1 ha bis weniger als 10 ha;		S
18.	**Bauvorhaben:**		
18.1	Bau eines Feriendorfes, eines Hotelkomplexes oder einer sonstigen großen Einrichtung für die Ferien- und Fremdenbeherbergung, für den im bisherigen Außenbereich im Sinne des § 35 des Baugesetzbuchs ein Bebauungsplan aufgestellt wird, mit		
18.1.1	einer Bettenzahl von jeweils insgesamt 300 oder mehr oder mit einer Gästezimmerzahl von jeweils insgesamt 200 oder mehr,	X	
18.1.2	einer Bettenzahl von jeweils insgesamt 100 bis weniger als 300 oder mit einer Gästezimmerzahl von jeweils insgesamt 80 bis weniger als 200;		A
18.2	Bau eines ganzjährig betriebenen Campingplatzes, für den im bisherigen Außenbereich im Sinne des § 35 des Baugesetzbuchs ein Bebauungsplan aufgestellt wird, mit einer Stellplatzzahl von		
18.2.1	200 oder mehr,	X	
18.2.2	50 bis weniger als 200;		A
18.3	Bau eines Freizeitparks, für den im bisherigen Außenbereich im Sinne des § 35 des Baugesetzbuchs ein Bebauungsplan aufgestellt wird, mit einer Größe des Plangebiets von		
18.3.1	10 ha oder mehr,	X	

[1] Abweichendes Landesrecht in Schleswig-Holstein siehe Hinweis in BGBl. 2011 I S. 244.

Nummer	Vorhaben	Sp. 1	Sp. 2
18.3.2	4 ha bis weniger als 10 ha;		**A**
18.4	Bau eines Parkplatzes, für den im bisherigen Außenbereich im Sinne des § 35 des Baugesetzbuchs ein Bebauungsplan aufgestellt wird, mit einer Größe von		
18.4.1	1 ha oder mehr,	**X**	
18.4.2	0,5 ha bis weniger als 1 ha;		**A**
18.5	Bau einer Industriezone für Industrieanlagen, für den im bisherigen Außenbereich im Sinne des § 35 des Baugesetzbuchs ein Bebauungsplan aufgestellt wird, mit einer zulässigen Grundfläche im Sinne des § 19 Absatz 2 der Baunutzungsverordnung oder einer festgesetzten Größe der Grundfläche von insgesamt		
18.5.1	100 000 m^2 oder mehr,	**X**	
18.5.2	20 000 m^2 bis weniger als 100 000 m^2;		**A**
18.6	Bau eines Einkaufszentrums, eines großflächigen Einzelhandelsbetriebes oder eines sonstigen großflächigen Handelsbetriebes im Sinne des § 11 Absatz 3 Satz 1 der Baunutzungsverordnung, für den im bisherigen Außenbereich im Sinne des § 35 des Baugesetzbuchs ein Bebauungsplan aufgestellt wird, mit einer zulässigen Geschossfläche von		
18.6.1	5000 m^2 oder mehr,	**X**	
18.6.2	1200 m^2 bis weniger als 5000 m^2;		**A**
18.7	Bau eines Städtebauprojektes für sonstige bauliche Anlagen, für den im bisherigen Außenbereich im Sinne des § 35 des Baugesetzbuchs ein Bebauungsplan aufgestellt wird, mit einer zulässigen Grundfläche im Sinne des § 19 Absatz 2 der Baunutzungsverordnung oder einer festgesetzten Größe der Grundfläche von insgesamt		
18.7.1	100 000 m^2 oder mehr,	**X**	
18.7.2	20 000 m^2 bis weniger als 100 000 m^2;		**A**
18.8	Bau eines Vorhabens der in den Nummern 18.1 bis 18.7 genannten Art, soweit der jeweilige Prüfwert für die Vorprüfung erreicht oder überschritten wird und für den in sonstigen Gebieten ein Bebauungsplan aufgestellt, geändert oder ergänzt wird;		**A**
18.9	Vorhaben, für das nach Landesrecht zur Umsetzung der Richtlinie 85/337/EWG des Rates über die Umweltverträglichkeitsprüfung bei bestimmten öffentlichen und privaten Projekten (ABl. EG Nummer L 175 S. 40) in der durch die Änderungsrichtlinie 97/11/EG des Rates (ABl. EG Nummer L 73 S. 5) geänderten Fassung eine Umweltverträglichkeitsprüfung vorgesehen ist, sofern dessen Zulässigkeit durch einen Bebauungsplan begründet wird oder ein Bebauungsplan einen Planfeststellungsbeschluss ersetzt;		
19.	**Leitungsanlagen und andere Anlagen:**		
19.1	Errichtung und Betrieb einer Hochspannungsfreileitung im Sinne des Energiewirtschaftsgesetzes mit		
19.1.1	einer Länge von mehr als 15 km und mit einer Nennspannung von 220 kV oder mehr,	**X**	
19.1.2	einer Länge von mehr als 15 km und mit einer Nennspannung von 110 kV bis zu 220 kV,		**A**
19.1.3	einer Länge von 5 km bis 15 km und mit einer Nennspannung von 110 kV oder mehr,		**A**

Nummer	Vorhaben	Sp. 1	Sp. 2
19.1.4	einer Länge von weniger als 5 km und einer Nennspannung von 110 kV oder mehr;		**S**
19.2	Errichtung und Betrieb einer Gasversorgungsleitung im Sinne des Energiewirtschaftsgesetzes, ausgenommen Anlagen, die den Bereich eines Werksgeländes nicht überschreiten, mit		
19.2.1	einer Länge von mehr als 40 km und einem Durchmesser von mehr als 800 mm,	**X**	
19.2.2	einer Länge von mehr als 40 km und einem Durchmesser von 300mm bis zu 800 mm,		**A**
19.2.3	einer Länge von 5 km bis 40 km und einem Durchmesser von mehr als 300 mm,		**A**
19.2.4	einer Länge von weniger als 5 km und einem Durchmesser von mehr als 300 mm;		**S**
19.3	Errichtung und Betrieb einer Rohrleitungsanlage zum Befördern wassergefährdender Stoffe im Sinne von § 21 Absatz 4 Satz 7 dieses Gesetzes, ausgenommen Rohrleitungsanlagen, die – den Bereich eines Werksgeländes nicht überschreiten, – Zubehör einer Anlage zum Umgang mit solchen Stoffen sind oder – Anlagen verbinden, die in engem räumlichen und betrieblichen Zusammenhang miteinander stehen und kurzräumig durch landgebundene öffentliche Verkehrswege getrennt sind, mit		
19.3.1	einer Länge von mehr als 40 km,	**X**	
19.3.2	einer Länge von 2 km bis 40 km und einem Durchmesser der Rohrleitung von mehr als 150 mm,		**A**
19.3.3	einer Länge von weniger als 2 km und einem Durchmesser der Rohrleitung von mehr als 150 mm;		**S**
19.4	Errichtung und Betrieb einer Rohrleitungsanlage, soweit sie nicht unter Nummer 19.3 fällt, zum Befördern von verflüssigten Gasen, ausgenommen Anlagen, die den Bereich eines Werksgeländes nicht überschreiten, mit		
19.4.1	einer Länge von mehr als 40 km und einem Durchmesser der Rohrleitung von mehr als 800 mm,	**X**	
19.4.2	einer Länge von mehr als 40 km und einem Durchmesser der Rohrleitung von 150 mm bis zu 800 mm,		**A**
19.4.3	einer Länge von 2 km bis 40 km und einem Durchmesser der Rohrleitung von mehr als 150 mm,		**A**
19.4.4	einer Länge von weniger als 2 km und einem Durchmesser der Rohrleitung von mehr als 150 mm;		**S**
19.5	Errichtung und Betrieb einer Rohrleitungsanlage, soweit sie nicht unter Nummer 19.3 oder als Energieanlage im Sinne des Energiewirtschaftsgesetzes unter Nummer 19.2 fällt, zum Befördern von nichtverflüssigten Gasen, ausgenommen Anlagen, die den Bereich eines Werksgeländes nicht überschreiten, mit		
19.5.1	einer Länge von mehr als 40 km und einem Durchmesser der Rohrleitung von mehr als 800 mm,	**X**	
19.5.2	einer Länge von mehr als 40 km und einem Durchmesser der Rohrleitung von 300 mm bis zu 800 mm,		**A**

Nummer	Vorhaben	Sp. 1	Sp. 2
19.5.3	einer Länge von 5 km bis 40 km und einem Durchmesser der Rohrleitung von mehr als 300 mm,		**A**
19.5.4	einer Länge von weniger als 5 km und einem Durchmesser der Rohrleitung von mehr als 300 mm;		**S**
19.6	Errichtung und Betrieb einer Rohrleitungsanlage zum Befördern von Stoffen im Sinne von § 3a des Chemikaliengesetzes, soweit sie nicht unter eine der Nummern 19.2 bis 19.5 fällt und ausgenommen Abwasserleitungen sowie Anlagen, die den Bereich eines Werksgeländes nicht überschreiten oder Zubehör einer Anlage zum Lagern solcher Stoffe sind, mit		
19.6.1	einer Länge von mehr als 40 km und einem Durchmesser der Rohrleitung von mehr als 800 mm,	**X**	
19.6.2	einer Länge von mehr als 40 km und einem Durchmesser der Rohrleitung von 300 mm bis 800 mm,		**A**
19.6.3	einer Länge von 5 km bis 40 km und einem Durchmesser der Rohrleitung von mehr als 300 mm,		**A**
19.6.4	einer Länge von weniger als 5 km und einem Durchmesser der Rohrleitung von mehr als 300 mm;		**S**
19.7	Errichtung und Betrieb einer Rohrleitungsanlage zum Befördern von Dampf oder Warmwasser aus einer Anlage nach den Nummern 1 bis 10, die den Bereich des Werksgeländes überschreitet (Dampf- oder Warmwasserpipeline), mit		
19.7.1	einer Länge von 5 km oder mehr außerhalb des Werksgeländes,		**A**
19.7.2	einer Länge von weniger als 5 km im Außenbereich;		**S**
19.8	Errichtung und Betrieb einer Rohrleitungsanlage, soweit sie nicht unter Nummer 19.6 fällt, zum Befördern von Wasser, die das Gebiet einer Gemeinde überschreitet (Wasserfernleitung), mit		
19.8.1	einer Länge von 10 km oder mehr,		**A**
19.8.2	einer Länge von 2 km bis weniger als 10 km;		**S**
19.9	Errichtung und Betrieb eines künstlichen Wasserspeichers mit		
19.9.1	10 Mio. m^3 oder mehr Wasser,	**X**	
19.9.2	2 Mio. m^3 bis weniger als 10 Mio. m^3 Wasser,		**A**
19.9.3	5000 m^3 bis weniger als 2 Mio. m^3 Wasser;		**S**
19.10	Errichtung und Betrieb einer Kohlendioxidleitung im Sinne des Kohlendioxid-Speicherungsgesetzes, ausgenommen Anlagen, die den Bereich eines Werksgeländes nicht überschreiten, mit		
19.10.1	einer Länge von mehr als 40 km und einem Durchmesser der Rohrleitung von mehr als 800 mm,	**X**	
19.10.2	einer Länge von mehr als 40 km und einem Durchmesser der Rohrleitung von 150 mm bis zu 800 mm,		**A**
19.10.3	einer Länge von 2 km bis 40 km und einem Durchmesser der Rohrleitung von mehr als 150 mm,		**A**
19.10.4	einer Länge von weniger als 2 km und einem Durchmesser der Rohrleitung von mehr als 150 mm.		**S**
19.11	Errichtung und Betrieb eines Erdkabels nach § 2 Absatz 5 des Bundesbedarfsplangesetzes	**X**	

Nummer	Vorhaben	Sp. 1	Sp. 2
19.12	Errichtung und Betrieb einer Anbindungsleitung von LNG-Anlagen an das Fernleitungsnetz im Sinne des Energiewirtschaftsgesetzes, ausgenommen Leitungsanlagen, die den Bereich eines Werksgeländes nicht überschreiten, mit		
19.12.1	einer Länge von mehr als 40 km und einem Durchmesser von mehr als 800 mm,	**X**	
19.12.2	einer Länge von mehr als 40 km und einem Durchmesser von 300 mm bis zu 800 mm,		**A**
19.12.3	einer Länge von 5 km bis 40 km und einem Durchmesser von mehr als 300 mm,		**A**
19.12.4	einer Länge von weniger als 5 km und einem Durchmesser von mehr als 300 mm.		**S**

Rechtsprechung: OVG Münster, Beschluss vom 11.4.2018 – 8 B 1463/17 (NVwZ-RR 2018, 642); VG Ansbach (17. Kammer), Beschluss vom 22.5.2020 – AN 17 S 19.02158 (juris); OVG Schleswig (5. Senat), Urteil vom 28.11.2019 – 5 LB 3/19 (juris).

Hinweise auf die Gesetzesmaterialien
(ausführliche Kommentierung folgt)

Begründung der Bundesregierung (BT-Drs. 18/11499, S. 73 f.):

Zum Einleitungssatz: „Anpassung an die neue Nummerierung." **1**
Zur Legende: „Anpassung an die neue Nummerierung."

Anlage 2

Angaben des Vorhabenträgers zur Vorbereitung der Vorprüfung

1. Nachstehende Angaben sind nach § 7 Absatz 4 vom Vorhabenträger zu übermitteln, wenn nach § 7 Absatz 1 und 2, auch in Verbindung mit den §§ 8 bis 14, eine Vorprüfung durchzuführen ist.
   a) Eine Beschreibung des Vorhabens, insbesondere
      aa) der physischen Merkmale des gesamten Vorhabens und, soweit relevant, der Abrissarbeiten,
      bb) des Standorts des Vorhabens und der ökologischen Empfindlichkeit der Gebiete, die durch das Vorhaben beeinträchtigt werden können.
   b) Eine Beschreibung der Schutzgüter, die von dem Vorhaben erheblich beeinträchtigt werden können.
   c) Eine Beschreibung der möglichen erheblichen Auswirkungen des Vorhabens auf die betroffenen Schutzgüter infolge
      aa) der erwarteten Rückstände und Emissionen sowie gegebenenfalls der Abfallerzeugung,
      bb) der Nutzung der natürlichen Ressourcen, insbesondere Fläche, Boden, Wasser, Tiere, Pflanzen und biologische Vielfalt.
2. Bei der Zusammenstellung der Angaben für die Vorprüfung ist den Kriterien nach Anlage 3, die für das Vorhaben von Bedeutung sind, Rechnung zu tragen. Soweit der Vorhabenträger über Ergebnisse vorgelagerter Umweltprüfungen oder anderer rechtlich vorgeschriebener Untersuchungen zu den Umweltauswirkungen des Vorhabens verfügt, sind diese ebenfalls einzubeziehen.
3. Zusätzlich zu den Angaben nach Nummer 1 Buchstabe a kann der Vorhabenträger auch eine Beschreibung aller Merkmale des Vorhabens und des Standorts und aller Vorkehrungen vorlegen, mit denen erhebliche nachteilige Umweltauswirkungen ausgeschlossen werden sollen.
4. Wird eine standortbezogene Vorprüfung durchgeführt, können sich die Angaben des Vorhabenträgers in der ersten Stufe auf solche Angaben beschränken, die sich auf das Vorliegen besonderer örtlicher Gegebenheiten gemäß den in Anlage 3 Nummer 2.3 aufgeführten Schutzkriterien beziehen.

Hinweise auf die Gesetzesmaterialien

(ausführliche Kommentierung folgt)

Begründung der Bundesregierung (BT-Drs. 18/11499, S. 112 f.):

„Die Anlage 2 legt fest, welche Angaben der Vorhabenträger zur Vorbereitung der Vorprüfung nach § 7 Absatz 1 und 2, auch in Verbindung mit § 8 bis § 13, vorzulegen hat. Damit werden die Anforderungen nach Artikel 4 Absatz 4 in Verbindung mit Anhang II.A der geänderten UVP-Richtlinie umgesetzt. **1**

Die nach Nummer 1 Buchstabe a bis c zu übermittelnden Angaben sollen ausreichend sein, um der zuständigen Behörde bei der Vorprüfung nach § 7 eine begründete Einschätzung zu ermöglichen, ob das Vorhaben erhebliche nachteilige Umweltauswirkungen haben kann. Da die Vorprüfentscheidung anhand der in Anlage 3 aufgeführten Kriterien zu treffen ist, muss bei der Zusammenstellung der Angaben auch diesen Kriterien Rechnung getragen werden, soweit sie für das Vorhaben von Bedeutung sind. Zur Vereinfachung des Verfahrens kann der Vorhabenträger aber auch auf Ergebnisse vorgelagerter Umweltprüfungen oder ähnlicher Untersuchungen verweisen (§ 7 Absatz 5 Satz 2).

Nach Buchstabe a Doppelbuchstabe aa ist eine Beschreibung der physischen Merkmale des gesamten Vorhabens vorzulegen. Dazu gehört auch eine Beschreibung vorgesehener Abrissarbeiten, soweit diese Prüfungsgegenstand der Zulassungsentscheidung sind. Bei der Beschreibung des Vorhabens ist den Kriterien nach Nummer 1.1 bis 1.7 der Anlage 3 Rechnung zu tragen. Nach Buchstabe a Doppelbuchstabe bb ist mit der Beschreibung des Vorhabens auch eine Beschreibung des Vorhabenstandorts und der ökologischen Empfindlichkeit der Gebiete vorzulegen, die durch das Vorhaben beeinträchtigt werden können. Dabei sind Kriterien der Anlage 3 Nummer 2 zu berücksichtigen.

Nach Buchstabe b sind die Schutzgüter zu beschreiben, die von dem Vorhaben erheblich beeinträchtigt werden können. Der Begriff der Schutzgüter wird in § 2 Absatz 1 konkretisiert.

Nach Buchstabe c sind ferner die möglichen erheblichen Auswirkungen des Vorhabens auf die Schutzgüter zu beschreiben. Dabei hat der Vorhabenträger nach Doppelbuchstabe aa insbesondere auf die zu erwartenden Rückstände und Emissionen sowie gegebenenfalls auf die Abfälle, die bei der Durchführung des Vorhabens erzeugt werden, einzugehen. Nach Doppelbuchstabe bb sind ferner Darlegungen zur Nutzung natürlicher Ressourcen erforderlich. Bei der Beschreibung der Auswirkungen auf die Schutzgüter nach Buchstabe b und c ist den Kriterien nach Anlage 3 Nummer 3 Rechnung zu tragen. Dabei werden häufig auch überschlägige Angaben des Vorhabenträgers zum räumlichen Bereich der Auswirkungen seines Vorhabens erforderlich sein. Denn diese Angaben sind in der Regel notwendig, um abschätzen zu können, welche Schutzgüter konkret betroffen sind. Kenntnisse über den räumlichen Wirkbereich werden darüber hinaus häufig erforderlich sein, um das mögliche Zusammenwirken mit den Auswirkungen anderer Vorhaben und Tätigkeiten (Anlage 3 Nummer 1.2, Nummer 2 Einleitungssatz sowie Nummer 3.6) beurteilen oder um eine etwaige Kumulation erkennen zu können (vgl. § 10 Absatz 2 und § 12).

Mit Nummer 3 werden die Anforderungen des Artikels 4 Absatz 4 Satz 4 der geänderten UVP-Richtlinie umgesetzt. Danach kann der Projektträger zusätzliche Angaben zu solchen Merkmalen des Vorhabens und des Standorts sowie zu solchen Maßnahmen machen, mit denen erhebliche nachteilige Umweltauswirkungen vermieden oder verhindert werden sollen. Die Merkmale „vermieden" und „verhindert" werden in Nummer 3 durch den übergreifenden Begriff „ausgeschlossen" zusammengefasst. Anders als in Artikel 4 Absatz 4 Satz 4 der geänderten UVP-Richtlinie wird statt des Begriffes „Maßnahmen" der Begriff „Vorkehrungen" gewählt, um eine Verwechslung mit solchen Maßnahmen zu vermeiden, mit denen die durch das Vorhaben hervorgerufenen erheblichen nachteiligen Umweltauswirkungen lediglich ausgeglichen werden. Derartige Maßnahmen sind für die Vorprüfung ohne Belang (vgl. § 7 Absatz 5 Satz 1). Anders als bei den Angaben nach Nummer 1 ist es dem Vorhabenträger freigestellt, ob er auch Angaben nach Nummer 3 vorlegt. Soweit er hierzu jedoch Angaben macht, sind diese bei der Einschätzung der Behörde nach § 7 Absatz 1, 2 und 5 zu berücksichtigen.

Die Nummer 4 enthält eine Vereinfachung für die Fälle der standortbezogenen Vorprüfung. Danach kann sich der Vorhabenträger in diesen Fällen zunächst auf Angaben beschränken, die sich auf das Vorliegen besonderer örtlicher Gegebenheiten gemäß den in Anlage 3 Nummer 2.3 aufgeführten Schutzkriterien beziehen. Eine solche Vorgehensweise bedeutet vor allem in den Fällen eine deutliche Vereinfachung, in denen solche besonderen örtlichen Gegebenheiten eindeutig nicht bestehen. Ergibt nämlich die Prüfung, dass keine besonderen örtlichen Gegebenheiten vorliegen, ist die Vorprüfung beendet; der Vorhabenträger braucht in diesem Fall hierzu keine weiteren Angaben vorlegen."

(ausführliche Kommentierung folgt)

Anlage 3

Kriterien für die Vorprüfung im Rahmen einer Umweltverträglichkeitsprüfung

Nachstehende Kriterien sind anzuwenden, soweit in § 7 Absatz 1 und 2, auch in Verbindung mit den §§ 8 bis 14, auf Anlage 3 Bezug genommen wird.

1. Merkmale der Vorhaben

Die Merkmale eines Vorhabens sind insbesondere hinsichtlich folgender Kriterien zu beurteilen:

1.1 Größe und Ausgestaltung des gesamten Vorhabens und, soweit relevant, der Abrissarbeiten,

1.2 Zusammenwirken mit anderen bestehenden oder zugelassenen Vorhaben und Tätigkeiten,

1.3 Nutzung natürlicher Ressourcen, insbesondere Fläche, Boden, Wasser, Tiere, Pflanzen und biologische Vielfalt,

1.4 Erzeugung von Abfällen im Sinne von § 3 Absatz 1 und 8 des Kreislaufwirtschaftsgesetzes,

1.5 Umweltverschmutzung und Belästigungen,

1.6 Risiken von Störfällen, Unfällen und Katastrophen, die für das Vorhaben von Bedeutung sind, einschließlich der Störfälle, Unfälle und Katastrophen, die wissenschaftlichen Erkenntnissen zufolge durch den Klimawandel bedingt sind, insbesondere mit Blick auf:

1.6.1 verwendete Stoffe und Technologien,

1.6.2 die Anfälligkeit des Vorhabens für Störfälle im Sinne des § 2 Nummer 7 der Störfall-Verordnung, insbesondere aufgrund seiner Verwirklichung innerhalb des angemessenen Sicherheitsabstandes zu Betriebsbereichen im Sinne des § 3 Absatz 5a des Bundes-Immissionsschutzgesetzes,

1.7 Risiken für die menschliche Gesundheit, z. B. durch Verunreinigung von Wasser oder Luft.

2. Standort der Vorhaben

Die ökologische Empfindlichkeit eines Gebiets, das durch ein Vorhaben möglicherweise beeinträchtigt wird, ist insbesondere hinsichtlich folgender Nutzungs- und Schutzkriterien unter Berücksichtigung des Zusammenwirkens mit anderen Vorhaben in ihrem gemeinsamen Einwirkungsbereich zu beurteilen:

2.1 bestehende Nutzung des Gebietes, insbesondere als Fläche für Siedlung und Erholung, für land-, forst- und fischereiwirtschaftliche Nutzungen, für sonstige wirtschaftliche und öffentliche Nutzungen, Verkehr, Ver- und Entsorgung (Nutzungskriterien),

2.2 Reichtum, Verfügbarkeit, Qualität und Regenerationsfähigkeit der natürlichen Ressourcen, insbesondere Fläche, Boden, Landschaft, Wasser, Tiere, Pflanzen, biologische Vielfalt, des Gebiets und seines Untergrunds (Qualitätskriterien),

2.3 Belastbarkeit der Schutzgüter unter besonderer Berücksichtigung folgender Gebiete und von Art und Umfang des ihnen jeweils zugewiesenen Schutzes (Schutzkriterien):

2.3.1 Natura 2000-Gebiete nach § 7 Absatz 1 Nummer 8 des Bundesnaturschutzgesetzes,

2.3.2 Naturschutzgebiete nach § 23 des Bundesnaturschutzgesetzes, soweit nicht bereits von Nummer 2.3.1 erfasst,

2.3.3 Nationalparke und Nationale Naturmonumente nach § 24 des Bundesnaturschutzgesetzes, soweit nicht bereits von Nummer 2.3.1 erfasst,

2.3.4 Biosphärenreservate und Landschaftsschutzgebiete gemäß den §§ 25 und 26 des Bundesnaturschutzgesetzes,

2.3.5 Naturdenkmäler nach § 28 des Bundesnaturschutzgesetzes,

2.3.6 geschützte Landschaftsbestandteile, einschließlich Alleen, nach § 29 des Bundesnaturschutzgesetzes,

2.3.7 gesetzlich geschützte Biotope nach § 30 des Bundesnaturschutzgesetzes,

2.3.8 Wasserschutzgebiete nach § 51 des Wasserhaushaltsgesetzes, Heilquellenschutzgebiete nach § 53 Absatz 4 des Wasserhaushaltsgesetzes, Risikogebiete nach § 73 Absatz 1 des Wasserhaushaltsgesetzes sowie Überschwemmungsgebiete nach § 76 des Wasserhaushaltsgesetzes,

2.3.9 Gebiete, in denen die in Vorschriften der Europäischen Union festgelegten Umweltqualitätsnormen bereits überschritten sind,

2.3.10 Gebiete mit hoher Bevölkerungsdichte, insbesondere Zentrale Orte im Sinne des § 2 Absatz 2 Nummer 2 des Raumordnungsgesetzes,

2.3.11 in amtlichen Listen oder Karten verzeichnete Denkmäler, Denkmalensembles, Bodendenkmäler oder Gebiete, die von der durch die Länder bestimmten Denkmalschutzbehörde als archäologisch bedeutende Landschaften eingestuft worden sind.

3. Art und Merkmale der möglichen Auswirkungen

Die möglichen erheblichen Auswirkungen eines Vorhabens auf die Schutzgüter sind anhand der unter den Nummern 1 und 2 aufgeführten Kriterien zu beurteilen; dabei ist insbesondere folgenden Gesichtspunkten Rechnung zu tragen:

3.1 der Art und dem Ausmaß der Auswirkungen, insbesondere, welches geographische Gebiet betroffen ist und wie viele Personen von den Auswirkungen voraussichtlich betroffen sind,

3.2 dem etwaigen grenzüberschreitenden Charakter der Auswirkungen,

3.3 der Schwere und der Komplexität der Auswirkungen,

3.4 der Wahrscheinlichkeit von Auswirkungen,

3.5 dem voraussichtlichen Zeitpunkt des Eintretens sowie der Dauer, Häufigkeit und Umkehrbarkeit der Auswirkungen,

3.6 dem Zusammenwirken der Auswirkungen mit den Auswirkungen anderer bestehender oder zugelassener Vorhaben,

3.7 der Möglichkeit, die Auswirkungen wirksam zu vermindern.

Hinweise auf die Gesetzesmaterialien

(ausführliche Kommentierung folgt)

Begründung der Bundesregierung (BT-Drs. 18/11499, S. 113 f.):

1 „Der Katalog der Kriterien, die nach Anlage 3 im Rahmen der Vorprüfung zur Anwendung kommen, wird gegenüber der bisherigen Fassung des Gesetzes konkreter gefasst und erweitert. Damit werden die Anforderungen des Anhangs III der geänderten UVP-Richtlinie umgesetzt."
Zur Überschrift: „Die Streichung der Wörter „des Einzelfalls" ist eine Folgeänderung zu § 7."
Zum Einleitungssatz: „Bei der Änderung des Einleitungssatzes handelt es sich um Folgeänderungen zu den Änderungen in Teil 1 Abschnitt 1."

Zu Nummer 1: „In Nummer 1.1 wird klargestellt, dass neben der Größe auch die sonstige Ausgestaltung des Vorhabens ein Kriterium für die Vorprüfung ist. In den Nummern 1.3 bis 1.7 werden einige Gesichtspunkte genannt, die im Hinblick auf die Ausgestaltung eines Vorhabens bedeutsam für die Annahme sein können, dass das Vorhaben erhebliche nachteilige Umweltauswirkungen haben kann.

Nach Nummer 1.2 ist zu berücksichtigen, ob und inwieweit ein Vorhaben mit anderen Vorhaben oder Tätigkeiten zusammenwirkt, so dass sich bei den Auswirkungen auf die Schutzgüter verstärkende Effekte ergeben können.

Nach Nummer 1.3 ist zu berücksichtigen, inwieweit die Durchführung des Vorhabens mit einer Nutzung natürlicher Ressourcen verbunden ist. Beispiele hierfür sind eine extensive Flächeninanspruchnahme oder ein hoher Wasserbrauch. Auch die Menge der erzeugten Abfälle im Sinne des Kreislaufwirtschaftsgesetzes kann nach Nummer 1.4 indizieren, dass erhebliche nachteilige Umweltauswirkungen zu erwarten sind. Die Nummer 1.5 entspricht der bisherigen Nummer 1.4.

Die Nummer 1.6 ersetzt und ergänzt die bisherige Nummer 1.5. Schon nach der bisherigen Regelung ist bei der Vorprüfung das mit dem Vorhaben verbundene Unfallrisiko zu berücksichtigen. Die neue Regelung verdeutlicht, dass nicht nur technisch oder stofflich bedingte Unfallszenarien, sondern auch Katastrophen aufgrund natürlicher Ursachen, z. B. durch Erscheinungsformen des Klimawandels zu betrachten sind, etwa aufgrund eines verstärkten klimabedingten Hochwasserrisikos am Standort. Dies gilt allerdings nur, soweit solche Annahmen dem wissenschaftlichen Erkenntnisstand entsprechen. Überdies sind bei der Vorprüfung nur Unfall- oder Katastrophenrisiken in den Blick zu nehmen, die für die Entscheidung über die Zulässigkeit des Vorhabens von Bedeutung sind. Maßgebend hierfür sind die Anforderungen des Fach- und Zulassungsrechts. Ist die vom

Vorhabenträger zu treffende Unfall- und Katastrophenvorsorge im Fachrecht gesetzlich bestimmt (gebundene Entscheidung), ist entscheidend, ob schon zum Zeitpunkt der Vorprüfung erkennbar ist, dass die gesetzlichen Anforderungen eingehalten werden.

Nach Nummer 1.7 sind die durch das Vorhaben hervorgerufenen Risiken für die menschliche Gesundheit zu berücksichtigen."

Zu Nummer 2:

„Enthält Änderungen der Nummer 2.

Zum Einleitungssatz: „Im Einleitungssatz der Nummer 2 wird der Begriff „Kumulierung" ersetzt durch „Zusammenwirken". Damit wird der Unterschied zu dem in den §§ 10 bis 13 verwendeten Begriff der „Kumulation" verdeutlicht. Während es bei Nummer 2 um die Bestimmung der Effekte geht, die sich aus dem Zusammenwirken der Umweltauswirkungen mehrerer Vorhaben in ihrem gemeinsamen Einwirkungsbereich ergeben können, werden mit der Bezeichnung „Kumulation" in den §§ 10 bis 13 Konstellationen erfasst, in denen mehrere Vorhaben derselben Art, die in einem engen räumlichen und funktionalen Zusammenhang durchgeführt werden, für die Bestimmung der UVP-Pflicht als Einheit betrachtet werden.

Zu Nummer 2.2: Mit den Änderungen in Nummer 2.2 wird Anhang III Nummer 2 Buchstabe b der geänderten UVP-Richtlinie umgesetzt. Das Kriterium findet sich schon in der bisherigen Fassung des Gesetzes, es wird nunmehr jedoch punktuell ergänzt (Aufnahme weiterer Schutzgüter, ausdrückliche Einbeziehung des Untergrundes)."

Zu Nummer 3:

„Die Änderung in der Überschrift der Nummer 3 sowie in Nummer 3.1 dient der Anpassung an die gleichlautende Bestimmung in Nummer 3 des Anhangs III der geänderten UVP-Richtlinie.

Mit der Änderung im ersten Halbsatz des Einleitungssatzes vor Nummer 3.1 wird klargestellt, dass nicht sämtliche Auswirkungen eines Vorhabens auf rechtlich geschützte Belange zu beurteilen sind, sondern lediglich die Auswirkungen auf die in § 2 Absatz 1 genannten Schutzgüter. Die Änderungen am Ende des Einleitungssatzes haben lediglich redaktionellen Charakter. Nummer 3.3 und 3.4 bleiben unverändert. Die Änderungen in Nummer 3.1 dienen der Umsetzung von Anhang III Nummer 3 Buchstabe a und b der geänderten UVP-Richtlinie.

Die Änderung in Nummer 3.5 erfolgt zur Umsetzung von Anhang III Nummer 3 Buchstabe f der geänderten UVP-Richtlinie.

Mit der Ergänzung der Nummern 3.6 und 3.7 werden die Buchstaben g und h des Anhangs III Nummer 3 der geänderten UVP-Richtlinie umgesetzt."

(ausführliche Kommentierung folgt)

Anlage 4

Angaben des UVP-Berichts für die Umweltverträglichkeitsprüfung

Soweit die nachfolgenden Aspekte über die in § 16 Absatz 1 Satz 1 genannten Mindestanforderungen hinausgehen und sie für das Vorhaben von Bedeutung sind, muss nach § 16 Absatz 3 der UVP-Bericht hierzu Angaben enthalten.

1. Eine Beschreibung des Vorhabens, insbesondere
   a) eine Beschreibung des Standorts,
   b) eine Beschreibung der physischen Merkmale des gesamten Vorhabens, einschließlich der erforderlichen Abrissarbeiten, soweit relevant, sowie des Flächenbedarfs während der Bau- und der Betriebsphase,
   c) eine Beschreibung der wichtigsten Merkmale der Betriebsphase des Vorhabens (insbesondere von Produktionsprozessen), z. B.
      aa) Energiebedarf und Energieverbrauch,
      bb) Art und Menge der verwendeten Rohstoffe und
      cc) Art und Menge der natürlichen Ressourcen (insbesondere Fläche, Boden, Wasser, Tiere, Pflanzen und biologische Vielfalt),
   d) eine Abschätzung, aufgeschlüsselt nach Art und Quantität,
      aa) der erwarteten Rückstände und Emissionen (z. B. Verunreinigung des Wassers, der Luft, des Bodens und Untergrunds, Lärm, Erschütterungen, Licht, Wärme, Strahlung) sowie
      bb) des während der Bau- und Betriebsphase erzeugten Abfalls.
2. Eine Beschreibung der vom Vorhabenträger geprüften vernünftigen Alternativen (z. B. in Bezug auf Ausgestaltung, Technologie, Standort, Größe und Umfang des Vorhabens), die für das Vorhaben und seine spezifischen Merkmale relevant sind, und Angabe der wesentlichen Gründe für die getroffene Wahl unter Berücksichtigung der jeweiligen Umweltauswirkungen.
3. Eine Beschreibung des aktuellen Zustands der Umwelt und ihrer Bestandteile im Einwirkungsbereich des Vorhabens und eine Übersicht über die voraussichtliche Entwicklung der Umwelt bei Nichtdurchführung des Vorhabens, soweit diese Entwicklung gegenüber dem aktuellen Zustand mit zumutbarem Aufwand auf der Grundlage der verfügbaren Umweltinformationen und wissenschaftlichen Erkenntnisse abgeschätzt werden kann.
4. Eine Beschreibung der möglichen erheblichen Umweltauswirkungen des Vorhabens;
   Die Darstellung der Umweltauswirkungen soll den Umweltschutzzielen Rechnung tragen, die nach den Rechtsvorschriften, einschließlich verbindlicher planerischer Vorgaben, maßgebend sind für die Zulassungsentscheidung. Die Darstellung soll sich auf die Art der Umweltauswirkungen nach Buchstabe a erstrecken. Anzugeben sind jeweils die Art, in der Schutzgüter betroffen sind nach Buchstabe b, und die Ursachen der Auswirkungen nach Buchstabe c.
   a) Art der Umweltauswirkungen
      Die Beschreibung der zu erwartenden erheblichen Umweltauswirkungen soll sich auf die direkten und die etwaigen indirekten, sekundären, kumulativen, grenzüberschreitenden, kurzfristigen, mittelfristigen und langfristigen, ständigen und vorübergehenden, positiven und negativen Auswirkungen des Vorhaben erstrecken.
   b) Art, in der Schutzgüter betroffen sind
      Bei der Angabe, in welcher Hinsicht die Schutzgüter von den Auswirkungen des Vorhabens betroffen sein können, sind in Bezug auf die nachfolgenden Schutzgüter insbesondere folgende Auswirkungen zu berücksichtigen:

Schutzgut (Auswahl)	**mögliche Art der Betroffenheit**
Menschen, insbesondere die menschliche Gesundheit	Auswirkungen sowohl auf einzelne Menschen als auch auf die Bevölkerung
Tiere, Pflanzen, biologische Vielfalt	Auswirkungen auf Flora und Fauna
Fläche	Flächenverbrauch
Boden	Veränderung der organischen Substanz, Bodenerosion, Bodenverdichtung, Bodenversiegelung

Schutzgut (Auswahl)	mögliche Art der Betroffenheit
Wasser	hydromorphologische Veränderungen, Veränderungen von Quantität oder Qualität des Wassers
Klima	Veränderungen des Klimas, z. B. durch Treibhausgasemissionen, Veränderung des Kleinklimas am Standort
kulturelles Erbe	Auswirkungen auf historisch, architektonisch oder archäologisch bedeutende Stätten und Bauwerke und auf Kulturlandschaften

c) Mögliche Ursachen der Umweltauswirkungen
Bei der Beschreibung der Umstände, die zu erheblichen Umweltauswirkungen des Vorhabens führen können, sind insbesondere folgende Gesichtspunkte zu berücksichtigen:
aa) die Durchführung baulicher Maßnahmen, einschließlich der Abrissarbeiten, soweit relevant, sowie die physische Anwesenheit der errichteten Anlagen oder Bauwerke,
bb) verwendete Techniken und eingesetzte Stoffe,
cc) die Nutzung natürlicher Ressourcen, insbesondere Fläche, Boden, Wasser, Tiere, Pflanzen und biologische Vielfalt, und, soweit möglich, jeweils auch auf die nachhaltige Verfügbarkeit der betroffenen Ressource einzugehen,
dd) Emissionen und Belästigungen sowie Verwertung oder Beseitigung von Abfällen,
ee) Risiken für die menschliche Gesundheit, für Natur und Landschaft sowie für das kulturelle Erbe, zum Beispiel durch schwere Unfälle oder Katastrophen,
ff) das Zusammenwirken mit den Auswirkungen anderer bestehender oder zugelassener Vorhaben oder Tätigkeiten; dabei ist auch auf Umweltprobleme einzugehen, die sich daraus ergeben, dass ökologisch empfindliche Gebiete nach Anlage 3 Nummer 2.3 betroffen sind oder die sich aus einer Nutzung natürlicher Ressourcen ergeben,
gg) Auswirkungen des Vorhabens auf das Klima, zum Beispiel durch Art und Ausmaß der mit dem Vorhaben verbundenen Treibhausgasemissionen,
hh) die Anfälligkeit des Vorhabens gegenüber den Folgen des Klimawandels (zum Beispiel durch erhöhte Hochwassergefahr am Standort),
ii) die Anfälligkeit des Vorhabens für die Risiken von schweren Unfällen oder Katastrophen, soweit solche Risiken nach der Art, den Merkmalen und dem Standort des Vorhabens von Bedeutung sind.

5. Die Beschreibung der grenzüberschreitenden Auswirkungen des Vorhabens soll in einem gesonderten Abschnitt erfolgen.
6. Eine Beschreibung und Erläuterung der Merkmale des Vorhabens und seines Standorts, mit denen das Auftreten erheblicher nachteiliger Umweltauswirkungen ausgeschlossen, vermindert, ausgeglichen werden soll.
7. Eine Beschreibung und Erläuterung der geplanten Maßnahmen, mit denen das Auftreten erheblicher nachteiliger Umweltauswirkungen ausgeschlossen, vermindert oder ausgeglichen werden soll, sowie geplanter Ersatzmaßnahmen und etwaiger Überwachungsmaßnahmen des Vorhabenträgers.
8. Soweit Auswirkungen aufgrund der Anfälligkeit des Vorhabens für die Risiken von schweren Unfällen oder Katastrophen zu erwarten sind, soll die Beschreibung, soweit möglich, auch auf vorgesehene Vorsorge- und Notfallmaßnahmen eingehen.
9. Die Beschreibung der Auswirkungen auf Natura 2000-Gebiete soll in einem gesonderten Abschnitt erfolgen.
10. Die Beschreibung der Auswirkungen auf besonders geschützte Arten soll in einem gesonderten Abschnitt erfolgen.
11. Eine Beschreibung der Methoden oder Nachweise, die zur Ermittlung der erheblichen Umweltauswirkungen genutzt wurden, einschließlich näherer Hinweise auf Schwierigkeiten und Unsicherheiten, die bei der Zusammenstellung der Angaben aufgetreten sind, zum Beispiel technische Lücken oder fehlende Kenntnisse.
12. Eine Referenzliste der Quellen, die für die im UVP-Bericht enthaltenen Angaben herangezogen wurden.

Hinweise auf die Gesetzesmaterialien

(ausführliche Kommentierung folgt)

Übersicht

I. Begründung der Bundesregierung (BT-Drs. 18/11499, S. 114 ff.):

1 „Die neue Anlage 4 enthält Anforderungen an den Inhalt des UVP-Berichts. Sie setzt Anhang IV der geänderten UVP-Richtlinie um. Damit werden die Anforderungen des § 16 Absatz 1 zum Teil konkretisiert. An wenigen Stellen geht Anlage 4 inhaltlich auch über die Anforderungen des § 16 Absatz 1 hinaus. Während die in § 16 Absatz 1 aufgezählten Gesichtspunkte immer behandelt werden müssen, muss der UVP-Bericht die Konkretisierungen und darüber hinausgehenden Angaben nach Anlage 4 nur enthalten, soweit sie für das konkrete Vorhaben von Bedeutung sein können.

Anlage 4 beinhaltet keine Gliederungsvorgabe für den UVP-Bericht. Die Reihenfolge, in der die in der Anlage genannten Gesichtspunkte im UVP-Bericht behandelt werden, bleibt dem Vorhabenträger überlassen. Maßgebend für die Darstellung sind Transparenz und Zweckmäßigkeit. Je nach Art, Zuschnitt und technischer Ausgestaltung des Vorhabens kann es z. B. sinnvoll sein, den aktuellen Umweltzustand nach Nummer 3 jeweils schutzgutbezogen im Zusammenhang mit der Beschreibung der möglichen erheblichen Umweltauswirkungen des Vorhabens nach Nummer 4 vorzunehmen.

Nummer 1 Buchstabe a bis d dient der Konkretisierung der Anforderungen nach § 16 Absatz 1 Satz 1 Nummer 1 und entspricht Anhang IV Nummer 1 Buchstabe a bis d der geänderten UVP-Richtlinie.

Nummer 2 setzt Anhang IV Nummer 2 der geänderten UVP-Richtlinie um und trägt zugleich den Anforderungen von Artikel 5 Absatz 1 Buchstabe d der geänderten UVP-Richtlinie Rechnung. Wie sich aus Anhang IV Nummer 2 der geänderten UVP-Richtlinie und § 16 Absatz 1 Satz 1 Nummer 6 ergibt, muss die Darlegung der Gründe für die getroffene Wahl auch einen Vergleich der jeweiligen Umweltauswirkungen der betrachteten Vorhaben enthalten. Dies entspricht der bisherigen Regelung des § 6 Absatz 3 Satz 1 Nummer 5.

Nummer 3 konkretisiert die Anforderungen nach § 16 Absatz 1 Satz 1 Nummer 2 und setzt Anhang IV Nummer 3 der geänderten UVP-Richtlinie um. Die Beschreibung des aktuellen Umweltzustands im Einwirkungsbereich des Vorhabens ist in jedem Fall erforderlich, da sie die Grundlage für die Prognose bildet, welche Auswirkungen das Vorhaben auf den bestehenden Zustand der Umwelt haben kann (vgl. § 16 Absatz 1 Satz 1 Nummer 5, Anlage 4 Nummer 4). Dazu ist auch eine Übersicht über die voraussichtliche Entwicklung bei Nichtdurchführung des Vorhabens vorzulegen. Eine solche Prognose kann verdeutlichen, ob und inwieweit zu erwartende Veränderungen des aktuellen Umweltzustandes dem Vorhaben zuzurechnen sind oder auf anderen, insbesondere natürlichen Prozessen beruhen. Sie ist jedoch nur erforderlich, soweit die Entwicklung des Zustands der Umwelt bei Nichtdurchführung des Vorhabens mit zumutbarem Aufwand auf Grundlage der verfügbaren Umweltinformationen und wissenschaftlicher Erkenntnisse abgeschätzt werden kann. Im Übrigen sind entsprechende Angaben nach § 16 Absatz 3 nur dann in den UVP-Bericht aufzunehmen, wenn sie für das Vorhaben von Bedeutung sein können. Daran fehlt es, wenn unzweifelhaft ist, dass die ermittelten Umweltauswirkungen durch das Vorhaben ausgelöst werden und nicht auf natürlichen oder anderen Entwicklungen beruhen. Eine wichtige Quelle für die nach Nummer 3 vorzulegenden Informationen können Landschaftspläne nach § 11 des Bundesnaturschutzgesetzes sein.

Nach Nummer 4 sind die möglichen erheblichen Umweltauswirkungen des Vorhabens darzustellen. Der Vorhabenträger muss dabei den Umweltschutzzielen Rechnung tragen, die für die Entscheidung über die Zulässigkeit des Vorhabens maßgebend sind. Hierzu sind die für die Entscheidung relevanten fachrechtlichen Vorschriften und planerischen Vorgaben (z. B. Ziele der Raumordnung) heranzuziehen. Die im Einzelfall herangezogenen Umweltschutzziele sind dabei zu benennen. Darzulegen ist jeweils, welche Schutzgüter in welcher Hinsicht (Buchstabe b) betroffen sind und auf welche Ursachen (Buchstabe c) die Umweltauswirkungen zurückzuführen sind.

Nummer 4 Buchstabe a setzt Anhang IV Nummer 5 Satz 2 der geänderten UVP-Richtlinie um. Die Vorschrift spezifiziert mögliche Arten von Umweltauswirkungen des Vorhabens, die im UVP-

Bericht beschrieben werden sollen. Bei dieser Spezifikation möglicher Wirkungszusammenhänge zwischen dem Vorhaben und möglichen Veränderungen bei den Schutzgütern wählt die UVP-Richtlinie einen weiten Ansatz, der sich dementsprechend auch im UVPG wiederspiegeln muss.

In Nummer 4 Buchstabe b sind in einer Tabelle mögliche Arten der Betroffenheit von Schutzgütern aufgeführt. Wie sich aus der Verwendung des Wortes „insbesondere" im Einleitungssatz ergibt, ist diese Tabelle nicht abschließend; aufgenommen wurden im Sinne einer 1:1-Umsetzung nur die Gesichtspunkte, für die auch der europäische Richtliniengeber in Anhang IV Nummer 4 der geänderten UVP-Richtlinie Erläuterungsbedarf gesehen hat. Andere Arten der Betroffenheit von in der Tabelle aufgeführten Schutzgütern sowie die Betroffenheit von in der Tabelle nicht genannten Schutzgütern (Luft, Landschaft, sonstige Sachgüter, Wechselwirkungen) sind dementsprechend, soweit relevant, im UVP-Bericht ebenfalls darzustellen.

In Nummer 4 Buchstabe c Doppelbuchstaben aa bis ii sind mögliche Ursachen für Umweltauswirkungen aufgeführt. Mit dieser Bestimmung wird Anhang IV Nummer 5 Satz 1 der geänderten UVP-Richtlinie umgesetzt.

Nach Nummer 5 soll die Beschreibung der grenzüberschreitenden Umweltauswirkungen in einem gesonderten Abschnitt erfolgen. Dies soll es in den Fällen der §§ 55 und 56 den beteiligten Behörden und der betroffenen Öffentlichkeit des anderen Staates erleichtern, die voraussichtlichen erheblichen nachteiligen grenzüberschreitenden Umweltauswirkungen des Vorhabens einzuschätzen und dazu Stellung zu nehmen oder sich zu äußern. Ferner wird auf diese Weise die Erfüllung der Anforderungen nach § 55 Absatz 2 Nummer 3 erleichtert.

Die Nummern 6 und 7 knüpfen an § 16 Absatz 1 Satz 1 Nummer 3 und 4 an und setzen zugleich Anhang IV Nummer 7 der geänderten UVP-Richtlinie um. Neben einer Beschreibung ist in den UVP-Bericht, soweit relevant, nach Nummer 6 auch eine Erläuterung der Merkmale des Vorhabens oder des Standorts aufzunehmen, mit denen erhebliche nachteilige Umweltauswirkungen ausgeschlossen, vermindert oder ausgeglichen werden sollen. Nach Nummer 7 müssen ferner geplante Maßnahmen beschrieben und erläutert werden, mit denen das Auftreten erheblicher nachteiliger Umweltauswirkungen ausgeschlossen, vermindert oder ausgeglichen werden soll. Gleiches gilt für geplante Ersatzmaßnahmen und etwaige Überwachungsmaßnahmen. Zu den Überwachungsmaßnahmen gehören auch Maßnahmen zur Eigenüberwachung durch den Vorhabenträger. Etwaige Überwachungsmaßnahmen im Sinne von Nummer 7 können sowohl Maßnahmen zur Sicherstellung der genehmigungskonformen Umsetzung nach § 28 Absatz 1 als auch Maßnahmen zur Überwachung von Umweltauswirkungen nach § 28 Absatz 2 sein. Auch Hinweise auf eventuell bereits bestehende Überwachungsmechanismen kommen in Betracht.

Nummer 8 knüpft an § 2 Absatz 2 sowie Nummer 4 Buchstabe c Doppelbuchstabe ee und ii an und setzt Anhang IV Nummer 8 Satz 3 der geänderten UVP-Richtlinie um. Soweit relevant und soweit möglich soll die Beschreibung auch auf vorgesehene Vorsorge- und Notfallmaßnahmen eingehen. Anhang IV Nummer 8 Satz 1 und 2 der geänderten UVP-Richtlinie wird durch § 16 Absatz 1 Satz 1 Nummer 4 und 5 in Verbindung mit § 2 Absatz 2 und § 16 Absatz 6 umgesetzt.

Nummer 9 knüpft an die Regelung in § 16 Absatz 1 Satz 2 an. Die Vorschrift erleichtert in den Fällen des § 32 die Prüfung nach § 34 des Bundesnaturschutzgesetzes. Mit der Beschreibung dieser Auswirkungen in einem gesonderten Abschnitt kann es in einfach gelagerten Fällen entbehrlich sein, dass der Vorhabenträger zusätzlich gesonderte Unterlagen für die Prüfung nach § 34 Bundesnaturschutzgesetz einreicht. Auf diese Weise wird die Doppelung identischer Angaben vermieden. Diesem Zweck dient auch die Nummer 10 im Hinblick auf Angaben zu den Auswirkungen auf besonders geschützte Arten nach § 44 BNatSchG.

Um die Nachvollziehbarkeit der Angaben des UVP-Berichts zu gewährleisten, muss gemäß Nummer 11 auch eine Beschreibung der Methoden oder Nachweise enthalten sein, die zur Ermittlung erheblicher Umweltauswirkungen genutzt wurden. Dies schließt auch Hinweise auf Schwierigkeiten und Unsicherheiten ein, die bei der Zusammenstellung der Angaben aufgetreten sind (vgl. Absatz 4 Nummer 3 des bisherigen § 6 UVPG). Diese Regelung setzt Anhang IV Nummer 6 der geänderten UVP-Richtlinie um.

Auch Nummer 12 dient der Transparenz des UVP-Berichts. Die Vorschrift setzt Anhang IV Nummer 10 der geänderten UVP-Richtlinie um."

II. Stellungnahme des Bundesrates (BR-Drs. 164/17 (B), S. 24 f.)

Der **Bundesrat** richtete seine Aufmerksamkeit in seiner Stellungnahme vom 31.3.2017 (BR- 2
Drs. 164/17, S. 24f.) auf die Regelungen in den Nummern 3 und 4 und machte hierzu einen folgenden Änderungsvorschlag, den er wie folgt begründete:

Zu Anlage 4 Nummer 3 UVPG:

„In Artikel 1 Nummer 40 sind in Anlage 4 Nummer 3 nach den Wörtern „soweit diese Entwicklung" die Wörter „nicht rechtlich ausgeschlossen ist und sie" einzufügen.

Begründung: Gemäß Nummer 3 der Anlage 4 zum UVPG-E ist in der dort genannten Beschreibung in der Regel auch eine Übersicht über die voraussichtliche Entwicklung der Umwelt bei Nichtdurchführung des Vorhabens zu geben. Dies kann gemäß § 16 Absatz 3 UVPG-E erforderlich sein. Der bereits beschlossene, aber noch nicht verkündete § 7 Absatz 3 Satz 4 AtG sieht jedoch einen unverzüglichen Abbau von Atomanlagen nach Ende des Leistungsbetriebs vor. Ein sicherer Einschluss ist nur ausnahmsweise und auch nur für Anlagenteile möglich. Andere Alternativen kommen nicht in Betracht. Die voraussichtliche Entwicklung der Umwelt bei Nichtdurchführung des Vorhabens führt in derartigen Fällen daher nur zu einem rein hypothetischen Vergleich. Dies stellt seinen Nutzen infrage. Daher ist in Anlage 4 Nummer 3 zum UVPG eine Ausnahme von der Notwendigkeit, eine Übersicht über die voraussichtliche Entwicklung der Umwelt bei Nichtdurchführung des Vorhabens zu erstellen, für den Fall vorzusehen, dass diese Entwicklung rechtlich ausgeschlossen ist."

Zu Anlage 4 Nummer 4 Buchstabe b Tabelle Zeile „Klima" Spalte „mögliche Art der Betroffenheit"

„In Artikel 1 Nummer 40 sind in Anlage 4 Nummer 4 Buchstabe b in der Tabelle Zeile „Klima" in der Spalte „mögliche Art der Betroffenheit" die Wörter „Auswirkungen auf das Kleinklima am Standort; Beiträge des Vorhabens zum Klimawandel z. B. durch Treibhausgasemissionen" durch die Wörter „Auswirkungen des Vorhabens auf das Klima (z. B. Art und Ausmaß der Treibhausemissionen) und Anfälligkeit des Vorhabens in Bezug auf den Klimawandel" zu ersetzen.

Begründung: Nach dem Gesetzentwurf sollen unter dem Schutzgut Klima unter anderem die Auswirkungen des Vorhabens auf das Kleinklima am Standort geprüft werden. Das Kleinklima ist jedoch bereits von den Schutzgütern „menschliche Gesundheit" und „biologische Vielfalt" erfasst. Berücksichtigt werden sollen jedoch auch die „Auswirkungen des Vorhabens auf das Klima". Mit dieser Formulierung wird zudem der Wortlaut der UVP-Änderungsrichtlinie zum Zwecke einer 1 : 1-Umsetzung übernommen."

III. Gegenäußerung der Bundesregierung (BT-Drs. 18/11499, S. 25 f.)

3 In ihrer **Gegenäußerung** lehnte die **Bundesregierung** die Vorschläge des Bundesrates zur Änderung des Gesetzentwurfs ab **(BT-Drs. 18/11948, S. 25 f.).** Sie begründete ihre Entscheidung mit folgenden Erwägungen:

Zu Anlage 4 Nummer 3: „Die Bundesregierung lehnt den Vorschlag ab.

Der Änderungsvorschlag ist nicht erforderlich, um das gewünschte Regelungsziel zu erreichen. Bereits nach § 16 Absatz 3 UVPG in der Fassung des Regierungsentwurfes muss der UVP-Bericht nur diejenigen weiteren Angaben der Anlage 4 enthalten, die für das Vorhaben von Bedeutung sind. Im Hinblick auf den Sonderfall des § 7 Absatz 3 Satz 4 AtG ist § 16 Absatz 3 UVPG dahingehend zu verstehen, dass eine entsprechende Angabe zu Anlage 4 Nummer 3 entbehrlich ist. Einer gesonderten generellen Ausnahmeregelung in Anlage 4 Nummer 3 bedarf es für diesen Einzelfall daher nicht."

Zu Anlage 4 Nummer 4 Buchstabe b Tabelle Zeile „Klima" Spalte „mögliche Art der Betroffenheit": „Die Bundesregierung lehnt den Vorschlag ab.

Der Änderungsvorschlag zielt darauf ab, die Erläuterungen der Anlage 4 zu den Aspekten Klima/Klimawandel systematisch und inhaltlich neu zu fassen. Die vorgeschlagenen Änderungen fügen sich jedoch nicht in die Struktur der Anlage 4 Nummer 4 UVPG ein. Der Änderungsvorschlag übernimmt zwar den Wortlaut der Richtlinie, stellt die Begriffe jedoch in einen sinnwidrigen Zusammenhang. So soll bspw. der Prüfgesichtspunkt „Anfälligkeit des Vorhabens in Bezug auf den Klimawandel" zusätzlich in die Kategorie „Art der Betroffenheit der Schutzgüter" (Anlage 4 Nr. 4 Buchst. b eingeordnet werden, wo er systematisch nicht hingehört. Dies könnte bei der Auslegung und Anwendung der Vorschriften zu erheblicher Verwirrung führen. Gerade bei einer so komplexen Materie wie den Auswirkungen des UVP-pflichtigen Vorhabens auf das Klima und den Umweltauswirkungen, die aus der Anfälligkeit des Vorhabens gegenüber den Folgen des Klimawandels resultieren, sind systematische Klarheit und inhaltliche Präzision wesentlich. Das ist bei dem Änderungsvorschlag nicht der Fall."

IV. Beschlussempfehlung und Bericht des Umweltausschusses (BT-Drs. 18/12994, S. 4f., 19f.)

Anknüpfend an diese Kontroverse haben die Ausschussberatungen Änderungsvorschläge zu Anlage 4 erarbeitet. Die **Beschlussempfehlung des Umweltausschusses** (BT-Drs. 18/12994, S. 4f., 19 f.) greift dies auf und schlägt vor, die Anlage wie folgt zu ändern: 4

– „In Buchstabe b wird die Tabelle wie folgt geändert:
In der rechten Spalte werden die Wörter „Auswirkungen auf das Kleinklima am Standort; Beiträge des Vorhabens zum Klimawandel z.B. durch Treibhausgasemissionen" durch die Wörter „Veränderungen des Klimas z.B. durch Treibhausgasemissionen, Veränderung des Kleinklimas am Standort" ersetzt.
In der linken Spalte wird das Wort „Kulturgüter" durch die Wörter „kulturelles Erbe" ersetzt."
– „Buchstabe c wird wie folgt geändert:
In Doppelbuchstabe cc werden die Wörter „die Verfügbarkeit der betroffenen Ressource und die Nachhaltigkeit der geplanten Nutzung" durch die Wörter „die nachhaltige Verfügbarkeit der betroffenen Ressource" ersetzt.
In Doppelbuchstabe ee wird das Wort „Kulturgüter" durch die Wörter „das kulturelle Erbe" ersetzt.
Doppelbuchstabe gg wird wie folgt gefasst: „gg) Auswirkungen des Vorhabens auf das Klima, zum Beispiel durch Art und Ausmaß der mit dem Vorhaben verbundenen Treibhausgasemissionen,".
In Doppelbuchstabe hh werden die Wörter „oder eine verstärkte Anfälligkeit von Schutzgütern infolge des Klimawandels" gestrichen."
In der **Ausschussbegründung** (BT-Drs. 18/12994, S. 19f.) heißt es dazu,
Zur Änderung von Anlage 4 Nummer 4 Buchstabe b Tabelle:

„Zur Änderung in der rechten Spalte: Mit der Änderung wird der Wortlaut an die Formulierung des Anhangs IV Nummer 4 der geänderten UVP-Richtlinie angepasst. Die Regelung beschränkt sich auf die Beschreibung der möglicherweise erheblich beeinträchtigten Faktoren. Eine Berechnung der Auswirkungen eines einzelnen Projekts auf das Klima ist an dieser Stelle nicht gefordert und – siehe die Begründung unten zur Änderung von Buchstabe b Doppelbuchstabe gg ohnehin nicht möglich.

Zur Änderung in der linken Spalte: Es handelt sich um eine Folgeänderung zur Anpassung von § 2 Absatz 1 Nummer 4 UVPG (siehe oben, Empfehlung Buchstabe b zur Änderung von Nummer 2)."

Zur Änderung von Anlage 4 Nummer 4 Buchstabe c UVPG: 5

„Zur Änderung von Doppelbuchstabe cc: Mit der Änderung wird eine Formulierung aus Anhang V Nummer 5 Buchstabe b der geänderten UVP-Richtlinie übernommen.

Zur Änderung von Doppelbuchstabe ee: Es handelt sich um eine Folgeänderung zur Anpassung von § 2 Absatz 1 Nummer 4 UVPG (siehe oben, Empfehlung Buchstabe b zur Änderung von Nummer 2).

Zur Änderung von Doppelbuchstabe gg und hh: Mit den Änderungen in den Doppelbuchstaben gg und hh werden Formulierungen aus Anhang IV Nummer 5 Buchstabe f der geänderten UVP-Richtlinie übernommen. Im Hinblick auf die Ausgestaltung von Doppelbuchstabe gg ist in Bezug auf das Schutzgut Klima eine Berechnung der Auswirkungen eines einzelnen Projekts auf das Globalklima weder möglich noch europarechtlich erforderlich. Einem einzelnen Projekt / Treibhausgasemittenten können spezifische Auswirkungen beim Klimawandel nicht zugerechnet werden. Sofern für die Zulassungsentscheidung relevant, sind im UVP-Bericht aber Art und Ausmaß der Treibhausgasemissionen zu nennen."

(ausführliche Kommentierung folgt)

Anlage 5

Liste „SUP-pflichtiger Pläne und Programme"

Nachstehende Pläne und Programme fallen nach § 2 Absatz 7 in den Anwendungsbereich dieses Gesetzes.

Legende:

Nr. = Nummer des Plans oder Programms
Plan oder Programm = Art des Plans oder Programms

Nr.	Plan oder Programm
1.	**Obligatorische Strategische Umweltprüfung nach § 35 Absatz 1 Nummer 1**
1.1	Verkehrswegeplanungen auf Bundesebene einschließlich Bedarfspläne nach einem Verkehrswegeausbaugesetz des Bundes
1.2	Ausbaupläne nach § 12 Absatz 1 des Luftverkehrsgesetzes, wenn diese bei ihrer Aufstellung oder Änderung über den Umfang der Entscheidungen nach § 8 Absatz 1 und 2 des Luftverkehrsgesetzes wesentlich hinausreichen
1.3	Risikomanagementpläne nach § 75 des Wasserhaushaltsgesetzes und die Aktualisierung der vergleichbaren Pläne nach § 75 Absatz 6 des Wasserhaushaltsgesetzes.
1.4	Maßnahmenprogramme nach § 82 des Wasserhaushaltsgesetzes
1.5	Raumordnungsplanungen nach § 13 des Raumordnungsgesetzes
1.6	Raumordnungsplanungen des Bundes nach § 17 Absatz 1 und 2 des Raumordnungsgesetzes
1.7	[aufgehoben]
1.8	Bauleitplanungen nach den §§ 6 und 10 des Baugesetzbuchs
1.9	Maßnahmenprogramme nach § 45h des Wasserhaushaltsgesetzes
1.10	Bundesbedarfspläne nach § 12e des Energiewirtschaftsgesetzes
1.11	Bundesfachplanungen nach den §§ 4 und 5 des Netzausbaubeschleunigungsgesetzes Übertragungsnetz
1.12	Nationale Aktionsprogramme nach Artikel 5 Absatz 1 der Richtlinie 91/676/EWG des Rates vom 12. Dezember 1991 zum Schutz der Gewässer vor Verunreinigung durch Nitrat aus landwirtschaftlichen Quellen (ABl. L 375 vom 31.12.1991, S. 1), die zuletzt durch die Verordnung (EG) Nr. 1137/2008 (ABl. L 311 vom 21.11.2008, S. 1) geändert worden ist
1.13	Das Nationale Entsorgungsprogramm nach § 2c des Atomgesetzes
1.14	Bundesfachpläne Offshore nach § 17a des Energiewirtschaftsgesetzes
1.15	Festlegung der Standortregionen für die übertägige Erkundung nach § 15 Absatz 3 des Standortauswahlgesetzes
1.16	Festlegung der Standorte für die untertägige Erkundung nach § 17 Absatz 2 des Standortauswahlgesetzes
1.17	Flächenentwicklungspläne nach § 5 des Windenergie-auf-See-Gesetzes
1.18	Feststellungen der Eignung einer Fläche und der installierbaren Leistung auf der Fläche nach § 12 Absatz 5 des Windenergie-auf-See-Gesetzes

Nr.	Plan oder Programm
2.	**Strategische Umweltprüfung bei Rahmensetzung nach § 35 Absatz 1 Nummer 2**
2.1	Lärmaktionspläne nach § 47d des Bundes-Immissionsschutzgesetzes
2.2	Luftreinhaltepläne nach § 47 Absatz 1 des Bundes-Immissionsschutzgesetzes
2.3	Abfallwirtschaftskonzepte nach § 21 des Kreislaufwirtschaftsgesetzes
2.4	Fortschreibung der Abfallwirtschaftskonzepte nach § 16 Absatz 3 Satz 4, 2. Alternative des Kreislaufwirtschafts- und Abfallgesetzes vom 27. September 1994 (BGBl. I S. 2705), das zuletzt durch Artikel 5 des Gesetzes vom 6. Oktober 2011 (BGBl. I S. 1986) geändert worden ist,
2.5	Abfallwirtschaftspläne nach § 30 des Kreislaufwirtschaftsgesetzes, einschließlich von besonderen Kapiteln oder gesonderten Teilplänen über die Entsorgung von gefährlichen Abfällen, Altbatterien und Akkumulatoren oder Verpackungen und Verpackungsabfällen
2.6	Abfallvermeidungsprogramme nach § 33 des Kreislaufwirtschaftsgesetzes
2.7	Operationelle Programme aus dem Europäischen Fonds für Regionale Entwicklung, dem Europäischen Sozialfonds, dem Kohäsionsfonds und dem Europäischen Meeres- und Fischereifonds sowie Entwicklungsprogramme für den ländlichen Raum aus dem Europäischen Landwirtschaftsfonds für die Entwicklung des ländlichen Raumes
2.8	Besondere Notfallpläne des Bundes oder der Länder nach § 99 Absatz 2 Nummer 9 oder § 100, jeweils auch in Verbindung mit § 103 Absatz 1 des Strahlenschutzgesetzes, für die Entsorgung von Abfällen bei möglichen Notfällen
2.9	Pläne des Bundes oder der Länder nach § 118 Absatz 2 oder 5, jeweils auch in Verbindung mit § 103 Absatz 1 des Strahlenschutzgesetzes, für die Entsorgung von Abfällen
2.10	Bestimmung von Maßnahmen durch Rechtsverordnung nach § 123 Satz 2 des Strahlenschutzgesetzes
2.11	Radonmaßnahmenplan nach § 122 Absatz 1 des Strahlenschutzgesetzes
2.12	Aktionspläne nach § 40d des Bundesnaturschutzgesetzes
2.13	Klimaschutzprogramme nach § 9 des Bundes-Klimaschutzgesetzes

Anlage 6

Kriterien für die Vorprüfung des Einzelfalls im Rahmen einer Strategischen Umweltprüfung

Nachstehende Kriterien sind anzuwenden, soweit auf Anlage 6 Bezug genommen wird.

1. Merkmale des Plans oder Programms, insbesondere in Bezug auf

1.1 das Ausmaß, in dem der Plan oder das Programm einen Rahmen setzen;

1.2 das Ausmaß, in dem der Plan oder das Programm andere Pläne und Programme beeinflusst;

1.3 die Bedeutung des Plans oder Programms für die Einbeziehung umweltbezogener, einschließlich gesundheitsbezogener Erwägungen, insbesondere im Hinblick auf die Förderung der nachhaltigen Entwicklung;

1.4 die für den Plan oder das Programm relevanten umweltbezogenen, einschließlich gesundheitsbezogener Probleme;

1.5 die Bedeutung des Plans oder Programms für die Durchführung nationaler und europäischer Umweltvorschriften.

2. Merkmale der möglichen Auswirkungen und der voraussichtlich betroffenen Gebiete, insbesondere in Bezug auf

2.1 die Wahrscheinlichkeit, Dauer, Häufigkeit und Umkehrbarkeit der Auswirkungen;

2.2 den kumulativen und grenzüberschreitenden Charakter der Auswirkungen;

2.3 die Risiken für die Umwelt, einschließlich der menschlichen Gesundheit (zum Beispiel bei Unfällen);

2.4 den Umfang und die räumliche Ausdehnung der Auswirkungen;

2.5 die Bedeutung und die Sensibilität des voraussichtlich betroffenen Gebiets aufgrund der besonderen natürlichen Merkmale, des kulturellen Erbes, der Intensität der Bodennutzung des Gebiets jeweils unter Berücksichtigung der Überschreitung von Umweltqualitätsnormen und Grenzwerten;

2.6 Gebiete nach Nummer 2.3 der Anlage 3.

2. Umwelthaftungsgesetz (UmweltHG)

Vom 10. Dezember 1990

(BGBl. I S. 2634, zuletzt geändert durch Art. 6 G vom 17.7.2017 (BGBl. I S. 2421)

Schrifttum: *Adams,* Zur Aufgabe des Haftungsrechts im Umweltschutz, ZZP 1986, 129; *Ahrens,* Außervertragliche Haftung wegen der Emission genehmigter Treibhausgase;, VersR 2019, 645; *Assmann,* Multikausale Schäden im deutschen Haftungsrecht, in: Fenyves/Weyers, Multikausale Schäden im modernen Haftungsrecht, 1988, S. 99; *ders.,* Rechtsfragen des Kausalitätsnachweises bei Umweltschäden, in: Nicklisch, Prävention im Umweltrecht, 1988, S. 155; Ausschussbericht, Deutscher Bundestag, 11. Wahlperiode, Beschlussempfehlung und Bericht des Rechtsausschusses zum Entwurf eines Umwelthaftungsgesetzes, BT-Drs. 11/7811; *Bälz,* Ersatz oder Ausgleich, JZ 1992, 57; *v. Bar,* Verkehrspflichten, 1980; *ders.,* Zur Dogmatik des zivilrechtlichen Ausgleichs von Umweltschäden, Karlsruher Forum 1987, S. 4; *Bartholmes,* Umweltrechtliche Verantwortlichkeit als mittelbarer Störer von Umwelteinwirkungen, 2006; *Baumann,* Die Haftung für Umweltschäden aus zivilrechtlicher Sicht, JuS 1989, 433; Begründung, Deutscher Bundestag, 11. Wahlperiode, Gesetzentwurf der Bundesregierung, Entwurf eines Umwelthaftungsgesetzes – UmweltHG, BT-Drs. 11/7104; *Bender/Sparwasser,* Umweltrecht, 2. Aufl. 1990; *Berendes/Frenz/Müggenborg,* Wasserhaushaltsgesetz, 2. Aufl. 2017; *Bodewig,* Probleme alternativer Kausalität bei Massenschäden, AcP 185 (1985), 505; *Boecken,* Umwelthaftungsgesetz: zeitlicher Anwendungsbereich und Beweislast, VersR 1991, 962; *Breuer/Gärditz,* Öffentliches und privates Wasserrecht, 5. Aufl. 2017; *Brocks/Pohlmann/Senft,* Das neue Gentechnikgesetz, 1991; *Brüggemeier,* Die Haftung mehrerer im Umweltrecht: Multikausalität – Nebentäterschaft – „Teilkausalität", JUTR 1990, 261; *ders.,* Umwelthaftungsrecht – Ein Beitrag zum Recht der Risikogesellschaft?, KJ 1989, 209; *Bydlinski,* Aktuelle Streitfragen um die alternative Kausalität, in: Festschrift Beitzke, 1979, S. 3; *Chatzinerantzis/Herz,* Climate Change Litigation – Der Klimawandel im Spiegel des Haftungsrechts, NJOZ 2010, 549; *Cosack,* Umwelthaftung im faktischen GmbH-Konzern, 1999; *Czychowski/Reinhardt,* Wasserhaushaltsgesetz, 12. Aufl. 2019; *Däubler,* Haftung für gefährliche Technologien, 1988; *Damm,* Das Beweisrecht des Gentechnikgesetzes, NuR 1992, 1; *Deutsch,* Haftungsrecht, Bd. I., Allg. Lehren, 1976; *ders.,* Haftung und Rechtsschutz im Gentechnikrecht, VersR 1990, 1041; *ders.,* Umwelthaftung – Theorie und Grundsätze, JZ 1991, 1097; *Diederichsen,* Zivilrechtliche Probleme des Umweltschutzes, in: Festschrift für Reimer Schmidt, 1976, S. 1; *ders.,* Ausbau des Individualschutzes gegen Umweltbelastungen als Aufgabe des bürgerlichen und des öffentlichen Rechts, 56. DJT, Bd. II, 1986, L 48; *ders.,* Die Verantwortlichkeit für Altlasten im Zivilrecht, BB 1986, 1723 = Altlasten und Umweltrecht, UTR 1 (1986), S. 117; *ders.,* Stand und Entwicklungstendenzen des Umwelthaftungsrechts, JUTR 1988, 189; *ders.,* Schadensersatz und Entschädigung im Umweltschutz, in: Natur- und Umweltschutzrecht, 1989, S. 19; *ders.,* Umwelthaftung – zwischen gestern und morgen, in: FS für Lukes, 1989, S. 41; *ders.,* Die Beurteilung der Regierungsvorschläge aus rechtswissenschaftlicher Sicht, Bitburger Gespräche, Jahrbuch 1989, 47; *ders.,* BR-Deutschland: Industriegefährdung durch Umweltgefährdungshaftung?, PHI 1990, 78; *Diederichsen/Scholz,* Kausalitäts- und Beweisprobleme im zivilrechtlichen Umweltschutz, Wirtschaft und Verwaltung, 1984, 23; *Ehrhardt-Rauch,* Gefährdungshaftung im privaten Umweltrecht, JA 2005, 463; *Enders,* Die zivilrechtliche Verantwortlichkeit für Altlasten und Abfälle, 1999; *Esser/Weyers,* Schuldrecht, Bd. II, Besonderer Teil, 6. Aufl. 1984; *Falk,* Die EG-Umweltaudit-Verordnung und das Umwelthaftungsrecht, EuZW 1997, 593; *Feess-Dörr/Prätorius/Steger,* Umwelthaftungsrecht 1990; *Feldhaus,* Umwelthaftungsgesetz und Bundes-Immissionsschutzgesetz, UPR 1992, 161; *ders.,* Bundesimmissionsschutzrecht, Kommentar, Stand 2020; *Feldmann,* Umwelthaftung aus umweltpolitischer Sicht – Zum Inkrafttreten des Gesetzes über die Umwelthaftung am 1. Januar 1991, UPR 1991, 45; *Filthaut/Piontek/Kayser,* Haftpflichtgesetz, Kommentar, 10. Aufl. 2019; *Filthaut,* Zur Wirkungshaftung nach § 2 Abs. 1 Satz 1 Haftpflichtgesetz, NJW 1983, 2678; *Frank,* Klimawandel (auch) juristisch keine Blackbox, NVwZ 2018, 960; *Frenz,* Atomrecht, 2019; *Führ,* Sanierung von Industrieanlagen, 1989; *Gaentzsch,* Sportanlagen im Wohnbereich – Rechtsproblematik aus öffentlich-rechtlicher Sicht –, UPR 1985, 201; *Ganten/Lemke,* Haftungsprobleme im Umweltbereich, UPR 1989, 1; *Gassner,* Der Ersatz des ökologischen Schadens nach dem geltenden Recht, UPR 1987, 370; *ders.,* Zur Verwirklichung des Integritätsinteresses in der naturschutzrechtlichen Eingriffsregelung, NuR 1988, 67; *Gerlach,* Privatrecht und Umweltschutz im System des Umweltrechts, 1989; *ders.,* Die Grundstrukturen des privaten Umweltrechts im Spannungsverhältnis zum öffentlichen Recht, JZ 1988, 161; *Gmehling,* Die Beweislastverteilung bei Schäden aus Industrieimmissionen, 1989; *Gottwald,* Die Schadenszurechnung nach dem Umwelthaftungsgesetz, in: FS für H. Lange, 1992, S. 447; *ders.,* Kausalität und Zurechnung, Karlsruher Forum 1986, 3; *Hagen,* Privates Immissionsschutzrecht und öffentliches Baurecht, NVwZ 1991, 817; *ders.,* Sportanlagen im Wohnbereich – Rechtsproblematik aus bürgerlich-rechtlicher Sicht, UPR 1985, 192; *Hager, G.,* Umweltschäden – ein Prüfstein für die Wandlungs- und Leistungsfähigkeit des Deliktrechts, NJW 1986, 1961; *ders.,* Zur Berücksichtigung öffentlich-rechtlicher Genehmigungen bei Streitigkeiten wegen grenzüberschreitender Immissionen, RabelsZ 53 (1989) 293; *ders.,* Umwelthaftung und Produkthaftung, JZ 1990, 397; *ders.,* Das neue Umwelthaftungsgesetz, NJW 1991, 134; *Hager, J.,* Der Kupolofenfall – BGHZ 92, 143 –, Jura 1991, 303; *Hentschel/König/Dauer,* Straßenverkehrsrecht, 45. Aufl. 2019; *Henseler,* Grundlagen der Umweltgefährdungshaftung, JUTR 1988, 205; *Heß,* Die Bestimmung des Ersatzpflichtigen in der Gefährdungshaftung, 1978; *Hirsch/Schmidt-Didczuhn,* Gentechnikgesetz, 1991; *dies.,* Die Haftung für das gentechnische Risiko, VersR 1990, 1193; *Janke-Weddige,* Zur Einleiterhaftung gemäß § 22 WHG, ZfW 1988, 381; *Jarass,* Bundesimmissionsschutzgesetz, Kommentar, 12. Aufl. 2017; *ders.,* Zum zivilrechtlichen Schutz des Grundeigentums in der neueren Rechtsentwicklung, in: Festschrift für Heidelberg, 1986, S. 87; *Jauernig,* Zivilrechtlicher Schutz des Grundeigentums in der neueren Rechtsentwicklung, JZ 1986, 605; *Kloepfer,* Umweltrecht, 4. Aufl. 2016; *ders.,* Umweltrisiken und Haftungsregeln – Rechtspolitische Aspekte, ZfU 1988, 243; *Kloepfer/Rehbinder/Schmidt-Assmann* u. Mitw. von *Kunig,* Umweltgesetzbuch, Allgemeiner Teil, 1991, zit.: Verfasser, UGB AT; *Knebel,* Überlegungen zur Fortentwicklung des Umwelthaftungsrechts, JUTR 1988, 261: *Köndgen,* Überlegungen zur Fortbildung des Umwelthaftungsrechts, UPR 1983, 345; *Kötz,* Gefährdungshaftung, in: Gutachten und Vorschläge zur Überarbeitung des Schuldrechts, Bd. II, 1981, S. 1779; *Kötz/Wagner,* Deliktsrecht, 13. Aufl. 2016; *Knopp,* Wiedergutmachung ökologischer Schäden nach § 22 WHG, ZfW 1988, 261; *Kohler,* Umwelthaftungsrecht, in Staudinger, BGB, Band 2, Recht der Schuldverhältnisse, Neubearb. 2017; *ders.,* Duldungspflichtabhängige Aufopferungshaftung als Grenze der Umweltgefährdungshaftung?, NuR 2011, 7; *Kutscheidt,* Die Erweiterung genehmigungsbedürftiger Anlagen, DÖV 1976, 663; *Landsberg/Lülling,* Umwelthaftungsrecht, 1991; *dies.,* Die Ursachenvermutung und die Auskunftsansprüche nach dem neuen Umwelthaftungsgesetz; DB 1991, 479; *dies.,* Das neue Umwelthaftungsgesetz, DB 1990, 2205; *Lange/Schiemann,* Schadensersatz, 3. Aufl. 2003; *Leser,* Zu den Instrumenten des Rechtsgüterschutzes im Delikts- und Gefährdungshaftungsrecht, AcP 183 (1983) 568; *Loser,* Kausalitätsprobleme bei der Haftung für Umweltschäden, 1994; *Lytras,* Zivilrechtliche Haftung für Umweltschäden, 1995; *Marburger,* Ausbau des Individualschutzes gegen Umweltbelastungen als Aufgabe des bürgerlichen und öffentlichen Rechts, Gutachten zum 56. DJT 1986, Teil C; *ders.,* Zur zivilrechtlichen Haftung für Waldschäden, JUTR 1987, 109; *ders.,* Grundsatzfragen des Haftungsrechts unter dem Einfluß der gesetzlichen Regelungen zur Produzenten- und zur Umwelthaftung, AcP 192 (1992) 1; *ders.,* Die zivilrechtliche Haftung für Abfälle, in: Kreislauf oder Kollaps im Abfallwirtschaftsrecht, 1995, S. 129; *ders.,* Zivilrechtliche Folgen von Störfällen bei Hochrisikoanlagen, in Kloepfer, Hochrisikoanlagen, 2012, S. 125; *Marburger/Herrmann,* Zur Verteilung der Darlegungs- und Beweislast bei der Haftung für Umweltschäden, JuS 1986, 354; *Mayer,* Das neue Umwelthaftungsrecht, MDR 1991, 813; *Medicus,* Zivilrecht und Umweltschutz, JZ 1986, 778; *ders.,* Umweltschutz als Aufgabe des Zivilrechts – aus zivilrechtlicher Sicht, NuR 1990, 145; *Merkisch,* Haftung für Umweltschäden, BB 1990, 223; *Michalski,* Das Umwelthaftungsgesetz, Jura 1995, 617; *Müller, E.,* Innenwelt der Umweltpolitik, 1986; *Münchener Kommentar* zum Bürgerlichen Gesetzbuch, Bd. 2, Schuldrecht Allg. Teil I (§§ 241–310), 8. Aufl. 2019; Bd. 6 Schuldrecht Bes. Teil IV (Deliktsrecht), 7. Aufl. 2017; Bd. 8 Sachenrecht, 8. Aufl. 2020; Bd. 11 Internationales Privatrecht I, 7. Aufl. 2018; *Nicklisch,* Die Haftung für Risiken des Ungewissen in der jüngsten Gesetzgebung zur Produkt-, Gentechnik- und Umwelthaftung, in: FS für H. Niederländer 1991, S. 341; *ders.,* Umweltschutz und Haftungsrisiken, VersR 1991, 1093; *Olzen,* Zivilrechtlicher Schutz gegen Belastungen aus der Umwelt, Jura 1991, 281; *I. Ossenbühl,* Umweltgefährdungshaftung im Konzern, 1999; *Palandt,* Bürgerliches Gesetzbuch, Kommentar, 79. 79. Aufl. 2020; *Papier,* Sportstätten und Umwelt, UPR 1985, 73; *Paschke,* Kommentar zum Umwelthaftungsgesetz, 1993; *ders.,* Verantwortung und Haftung für Umweltschäden, in Koch/Hofmann/Reese, Handbuch des Umweltrechts, § 17, 5. Aufl. 2018; *ders.,* Eckwerte zivilrechtlicher Umwelthaftung – Zum Diskussionsentwurf eines Gesetzes über die Haftung für Umweltschäden, JUTR 1990, 281; *Peine,* Öffentliches und privates Nachbarrecht, JuS 1987, 169; *Peters,* Die Kenntnis vom Schaden als Verjährungsvoraussetzung bei § 852 I BGB, JZ 1983, 121; *Petersen,* Duldungspflicht und Umwelthaftung, 1996; *Pöttker,* Klimahaftungsrecht, 2014; *Pospich,* Die Haftung nach dem Umwelthaftungsgesetz bei multifaktorieller Verursachung, 2004; *Quentin,* Kausalität und deliktische Haftungsbegründung, 1994; *Rebentisch,* Probleme des Geheimnisschutzes im Rahmen der Emissionserklärung, NJW 1980, 99; *Rehbinder,* Privates Immissionsschutzrecht, in Hansmann/Sellner, Grundzüge des Umweltrechts, 5. Aufl. 2012, § 7; *ders.,* Fortentwicklung des Umwelthaftungsrechts in der Bundesrepublik Deutschland, NuR 1989, 149; *ders.,* Haftpflichtrecht und Verhütung aus juristischer Sicht, in: Endres/Rehbinder/Schwarze, Haftung und Versicherung für Umweltschäden aus ökonomischer und juristischer Sicht, 1992, S. 34; *Reuter,* Das neue Gesetz über die Umwelthaftung, BB 1991, 145; *Richter,* Der Begriff der Anlage im Umwelt- und Energierecht, 2012; *Ruffert,* Verantwortlichkeit und Haftung für Umweltschäden, NVwZ 2010, 1177; *Sachverständigenrat für Umweltfragen,* Umweltgutachten 1987; *ders.,* Umwelt und Gesundheit, 1999; *Salje,* Verschärfung der Haftung für Umweltschäden?, UPR 1990, 1; *ders.,* Zur Kritik des Diskussionsentwurfs eines Umwelthaftungsgesetzes, ZRP 1989, 408; *ders.,* Reform des Umwelthaftungsrechts, ZRP 1988, 153; *ders.,* Von den ökologischen Verkehrspflichten zur Umweltgefährdungshaftung, Deutsche Rechtsprechung, Beil. zu Heft 1/1991, S. 3; *ders.,* Anlagenhaftungsrecht, in Schulte, Handbuch des Technikrechts, 2003, S. 271; ders., Umwelthaftung beim Betrieb von Windenergieanlagen, JUTR 2004, 325; *Salje/Peter,* Kommentar zum Umwelthaftungsgesetz, 2. Aufl. 2005; *Salzwedel,* Umwelthaftungsrecht als System wirtschaftlicher Anreize?, JUTR 1989, 147; *Sautter,* Beweiserleichterungen und Auskunftsansprüche im Umwelthaftungsrecht, 1996; *Schäfer/Ott,* Ökonomische Analyse des Zivilrechts, 5. Aufl. 2012; *Schimikowski,* Umwelthaftungsrecht und Umwelthaftungsversicherung, 6. Aufl. 1998; *Schirmer,* Die Haftung im Umweltschutz, ZVersW 1990, 137; *Schmidt, K.,* Haftungsrisiken für Umweltschutz und technische Sicherheit im gegliederten Unternehmen, in: Umweltschutz und technische Sicherheit im Unternehmen, 1994, S. 69; *Schmidt-Salzer,* Kommentar zum Umwelthaftungsrecht, 1992; *ders.,* Umwelthaftpflicht und Umwelthaftpflichtversicherung, VersR 1988, 424; 1990, 12; 1990, 124; 1991, 9; 1992, 389; *Schneider, U.H.,* Die Überlagerung des Konzernrechts durch öffentlich-rechtliche Strukturnormen und Organisationspflichten, ZGR 1996, 225; *Schröder, J.,* Die wasserrechtliche Gefährdungshaftung nach § 22 WHG in ihren bürgerlichrechtlichen Bezügen, BB 1976, 63; *ders.,* Wasserrechtliche Gefährdungshaftung für „independent contractors", in: Festschrift für F.A. Mann 1977, S. 87; *Schwabe,* Emission, Immission und Schadensersatz, VersR 1995, 371; *Sellner/Reidt/Ohms,* Immissionsschutzrecht und Industrieanlagen, 3. Aufl. 2006; *Sieder/Zeitler/Dahme/Knopp,* Wasserhaushaltsgesetz, Stand 2019; *Soergel,* Bürgerliches Gesetzbuch, Kommentar, Bd. 3/2 Schuldrecht 1/2 (§§ 243–304), 13. Aufl. 2014; Bd. 12 Schuldrecht 10 (§§ 823–853, ProdHaftG, UmweltHG), 13. Aufl. 2005; Bd. 14 Sachenrecht 1 (§§ 854–984), 13. Aufl. 2002; *Spindler,* Kausalität im Zivil- und Wirtschaftsrecht, AcP 208 (2008), 283; *Staudinger, von,* Kommentar zum Bürgerlichen Gesetzbuch, §§ 249–254, 15. Aufl. 2015; § 823 A-D, 14. Aufl. 2009; §§ 830–838, 15. Aufl. 2017; §§ 903–924, 15. Aufl. 2015; *Stecher,* Die Ursachenvermutungen des Umwelthaftungs- und Gentechnikrechts im Gefüge der individualrechtlichen Schadenszurechnung, 1995; *Steffen,* Verschuldenshaftung und Gefährdungshaftung für Umweltschäden, NJW 1990, 1817; *Stein/Jonas,* Kommentar zur Zivilprozeßordnung, Bd. 4, §§ 271–299a, 23. Aufl. 2018; *Stoll,* Adäquanz und normative Zurechnung bei der Gefährdungshaftung, Karlsruher Forum 1983, 184; *Versen,* Zivilrechtliche Haftung für Umweltschäden, 1994; *Vetter,* Erweiterung des Umwelthaftungsrechts, in: Nicklisch (Hrsg.), Prävention im Umweltrecht, 1988, S. 133; *Wagner, G.,* Öffentlich-rechtliche Genehmigung und zivilrechtliche Rechtswidrigkeit, 1989; *ders.,* Die Aufgaben des Haftungsrechts – eine Untersuchung am Beispiel der Umwelthaftungsrechts-Reform, JZ 1991, 175; *ders.,* Klimahaftung vor Gericht, 2020; *Weckerle,* Die deliktische Verantwortung mehrerer, 1974; *Westermann, H. P.,* Das private Nachbarrecht als Instrument des Umweltschutzes, in: Umweltschutz und Privatrecht, 1990, S. 103; *ders.,* Umwelthaftung im Konzern, ZHR 155 (1991), 223 *Wiebecke* (Hrsg.), Umwelthaftung und Umwelthaftungsrecht, 1990; *Will,* Quellen erhöhter Gefahr, 1980; *Wilmowsky, von,* Die Haftung des Abfallerzeugers, NuR 1991, 253; *Zöller,* Zivilprozeßordnung, 33. Aufl. 2020.

Schrifttum zu Auskunftsrechten, ökologischen Schäden und zur Versicherung von Umweltschäden s. auch → §§ 8, 16 und 19.

§ 1 Anlagenhaftung bei Umwelteinwirkungen

Wird durch eine Umwelteinwirkung, die von einer im Anhang 1 genannten Anlage ausgeht, jemand getötet, sein Körper oder seine Gesundheit verletzt oder eine Sache beschädigt, so ist der Inhaber der Anlage verpflichtet, dem Geschädigten den daraus entstehenden Schaden zu ersetzen.

Übersicht

A. Allgemeines

I. Grundzüge und Zweck der gesetzlichen Regelung

1 § 1 ist die **zentrale Haftungsnorm** des UmweltHG. Die Vorschrift begründet eine Gefährdungshaftung für Individualschäden als Folge von Umwelteinwirkungen, die von bestimmten – listenmäßig erfassten – Anlagen ausgehen. Die Umwelt wird nicht als solche, sondern nur mittelbar dadurch geschützt, dass die Haftung für Individualschäden an eine Umwelteinwirkung anknüpft. „Reine" ökologische Schäden, die ausschließlich der Allgemeinheit entstehen, werden nicht erfasst. Ferner unterliegt das nicht umweltbezogene Anlagenrisiko der Gefährdungshaftung nicht. Die Haftung ist summenmäßig beschränkt (§ 15).

2 **Zweck des UmweltHG** ist in erster Linie der Schadensausgleich in Form der Wiederherstellung in Natur oder des Geldersatzes. Darüber hinaus dient das UmweltHG aber auch der Verhütung von Umweltschäden in Ergänzung des Ordnungsrechts (vgl. *Kohler* in Staudinger UmweltHR § 1 Rn. 1; *Kloepfer* § 13 Rn. 113ff. mwN; allg. zur Prävention durch Haftpflichtrecht *Wagner* in MünchKomm BGB vor § 823 Rn. 40f.; *Rehbinder* in Endres/Rehbinder/Schwarze S. 34 (45f., 54f.)). Diese Zielsetzung hat in der rechtspolitischen Diskussion über die Entwürfe sogar im Vordergrund gestanden. Mit dem UmweltHG sollen die Wirksamkeit der Umweltgesetze verbessert und bestehende Haftungslücken geschlossen werden (Begr. S. 14). Ob das Gesetz eine wesentliche Verschärfung der Haftung für Umweltschäden im Vergleich zum gegenwärtigen Rechtszustand

bewirkt, ist aber zweifelhaft (vgl. *Salje* UPR 1990, 1). Immerhin liegt der theoretische Vorteil der Gefährdungshaftung nach dem UmweltHG gegenüber der Verschuldenshaftung nach § 823 BGB darin, dass auch das Aktivitätsniveau beeinflusst werden kann (*Kötz/Wagner,* Deliktsrecht S. 233 ff.; *Schäfer/Ott,* Lehrbuch der ökonomischen Analyse des Zivilrechts, 5. Aufl. 2012, S. 233 ff.). Die Bedeutung des UmweltHG in der gerichtlichen Praxis ist gering (vgl. *Kohler* in Staudinger UmweltHR Rn. 2 mwN). Allerdings ist bei einer Wirkungsanalyse des Gesetzes auch die Regulierungspraxis der Versicherungen zu berücksichtigen (*Klass* UPR 1997, 134 (137 f.)).

II. Entstehungsgeschichte

§ 1 entspricht annähernd wörtlich dem Regierungsentwurf (vgl. Begr. S. 16). Vorschläge im Schrifttum und seitens der Fraktionen der Opposition, eine allgemeine Haftung für Umwelteinwirkungen oder jedenfalls eine Haftung für sämtliche umweltgefährlichen Anlagen einzuführen (vgl. *Rehbinder* NuR 1989, 149 (154 f., 157); *Salje* ZRP 1989, 408 (409); Ausschussbericht S. 30; dagegen etwa *Ganten/Lemke* UPR 1989, 1 (7); *Knebel* JUTR 1988, 261 (277); *Diederichsen* Bitburger Jahrbuch 1989, 46 (57 f.)), sind von der Bundesregierung und im Rechtsausschuss abgelehnt worden (Begr. S. 16; Ausschussbericht S. 28 f.). Man war der Auffassung, dass eine Anlagenhaftung der Tradition des deutschen Rechts der Gefährdungshaftung entspreche, eine Handlungshaftung unkalkulierbar sei und zu einer reinen Kausalhaftung führen würde; aus Gründen der Rechtssicherheit sei eine listenmäßige Erfassung der Anlagen erforderlich (krit. etwa *Kohler* in Staudinger UmweltHR § 3 UmweltHG Rn. 3, 37; *Salje/Peter* §§ 1, 3 Rn. 40; *Balensiefen* S. 223). 3

III. Gefährdungshaftung

§ 1 führt eine Gefährdungshaftung ein. Dass der Inhaber der Anlage im Rahmen der Genehmigung handelt oder allg. die im Verkehr erforderliche Sorgfalt (§ 276 BGB) beachtet hat, ist für die Haftung unerheblich; allerdings wird beweisrechtlich zum Teil an die Einhaltung von Betriebspflichten angeknüpft (§ 6 Abs. 1–4). Andererseits beschränkt sich die Haftung nicht auf Unfälle und Störfälle, sondern deckt auch den Normalbetrieb (vgl. §§ 5, 6 Abs. 2; iE → Rn. 17 f.). Die Haftung ist keine allg. Haftung für Umweltgefahren durch die Inanspruchnahme eines bestimmten Umweltmediums (medienbezogene Haftung), sondern eine Haftung für ein **bestimmtes Anlagenrisiko.** Andererseits ergibt sich ein gewisser, die Haftung einschränkender, medialer Bezug der Anlagenhaftung dadurch, dass nicht für jeden Individualschaden durch Realisierung des Anlagenrisikos, sondern nur für solche Schäden gehaftet wird, die sich mittels eines Umweltmediums realisieren (vgl. zu den möglichen Typen einer Umwelthaftung *Henseler* JUTR 1988, 205). § 1 ähnelt typologisch § 89 Abs. 2 WHG, allerdings mit der Einschränkung, dass nur für bestimmte listenmäßig erfasste Anlagen gehaftet wird und ein Ersatz reiner Vermögensschäden ausgeschlossen ist. 4

IV. Verhältnis zu anderen Vorschriften

Das UmweltHG verdrängt **andere Haftungstatbestände** nicht (§ 18 Abs. 1). Dies gilt insbes. für Ansprüche aus den §§ 1 HPflG, 89 WHG, §§ 906 Abs. 2 S. 2 BGB, 14 S. 2 BImSchG, § 16 Abs. 1 S. 3 WHG und sowie § 823 BGB. Diese Regelungen sind 5 hins. ihres Anwendungsbereichs und/oder des Umfangs des Ersatzes teilw. mit dem UmweltHG deckungsgleich, teilw. aber unterschiedlich. Dagegen hat die atomrechtliche Haftung überwiegend Vorrang vor dem UmweltHG (§ 18 Abs. 2).

B. Risikobereich (anlagenbezogenes Umweltrisiko)

I. Allgemeines

6 Anknüpfungspunkt jeder Gefährdungshaftung ist eine begrenzte und genau bezeichnete **spezifische (potentielle) Gefahrenquelle.** Nur bei der Verwirklichung dieser Gefahr greift die Gefährdungshaftung ein. Nach § 1 ist dieser Risikobereich das anlagenbezogene Umweltrisiko. Gehaftet wird für Rechtsgutverletzungen durch Umwelteinwirkungen, die von bestimmten Anlagen ausgehen. Erforderlich ist daher eine doppelte kausale Verknüpfung zwischen Anlagenbetrieb (ggf. auch noch nicht oder nicht mehr betriebenen Anlagen, § 2), Umwelteinwirkung und Rechtsgutverletzung. Der Betrieb bestimmter, listenmäßig erfasster Anlagen muss zu einer Umwelteinwirkung führen Dies ist die **Einwirkungskausalität.** Diese Umwelteinwirkung muss ihrerseits die Rechtsgutverletzung verursachen, sog. **Verletzungskausalität** (vgl. *Kohler* in Staudinger UmweltHR Rn. 52) Genau genommen setzt der Begriff der Umwelteinwirkung eine weitere kausale Verknüpfung zwischen Emission und Immission voraus (→ § 3 Rn. 4). Die kausale Verknüpfung zwischen Anlagenbetrieb, Umwelteinwirkung und Rechtsgutverletzung muss mindestens den Anforderungen der naturwissenschaftlich-logischen Kausalität (conditio sine qua non-Formel) entsprechen. Trotz Vorliegens dieser Kausalität ist die Haftung allerdings bei höherer Gewalt ausgeschlossen (§ 4).

7 Eine gewisse Erweiterung der Anlagenhaftung in Richtung auf eine **Handlungshaftung** ergibt sich durch die Einbeziehung von Zubehör wie Maschinen, Fahrzeugen und ähnlichen Sachen, soweit sie für das Entstehen von Umwelteinwirkungen bedeutsam sind, in die Haftung (§ 3 Abs. 3). Insoweit wird auch der Umgang mit gefährlichen Stoffen erfasst (vgl. *Diederichsen* PHI 1990, 78 (83)).

II. Umwelteinwirkung

8 Ausgangspunkt der Gefährdungshaftung nach § 1 ist zunächst das Vorliegen einer Umwelteinwirkung. Nicht jedes Anlagenrisiko, das zu einer Rechtsgutverletzung geführt hat, begründet die Einstandspflicht des Inhabers; erforderlich ist vielmehr, dass die Verletzung auf dem **Umweltpfad** verursacht wird (*Kohler* in Staudinger UmweltHR Rn. 35 ff.; *Landsberg/Lülling* Rn. 14; *Hager* NJW 1991, 134 (135)). Der Umweltschutz ist aber kein eigenständiges Ziel des Gesetzes (allg. Auffassung; s. etwa *Kohler* in Staudinger UmweltHR Rn. 11; *Salje/Peter* §§ 1, 3 Rn. 55). Der Begriff der Umwelteinwirkung wird in § 3 Abs. 1 näher bestimmt. Danach kommt es darauf an, dass der Schaden, genauer, die Rechtsgutverletzung (→ § 3 Rn. 2), durch Stoffe, Erschütterungen, Geräusche, Druck, Strahlen oder ähnliche Erscheinungen verursacht wird, die sich in den Umweltmedien Boden, Luft oder Wasser **ausgebreitet** haben. Erforderlich ist grds., dass die Emission von Stoffen usw. eine Veränderung der physikalischen, chemischen oder biologischen Beschaffenheit von Boden, Luft oder Wasser verursacht. Nachteilig muss diese Veränderung allerdings nicht sein. Auch die Emission von **Treibhausgasen** stellt eine Umwelteinwirkung dar (→ Rn. 38). Für Schäden durch radioaktive Strahlen, die an sich von der Definition der Umwelteinwirkung erfasst sind, gilt § 1 nicht, soweit die spezielle atom-

rechtliche Haftung eingreift (§ 18 Abs. 2). Gleichwohl bleibt dem UmweltHG ein gewisser Anwendungsbereich auch bei Umweltschäden durch radioaktive Strahlen (→ § 18 Rn. 3).

Der Begriff der Umwelteinwirkung ist weit, er geht insbesondere über die Begriffsbestimmung des § 3 BImSchG hinaus. Erfasst werden insbesondere auch **Brände** und **Explosionen,** die man immissionsschutzrechtlich als „sonstige Gefahren" ansieht (→ § 3 Rn. 7). **9**

III. Anlage

Die Umwelteinwirkung muss von einer im Anh. 1 zum UmweltHG genannten Anlage ausgehen. Der Gesetzgeber hat sich für eine bloße Anlagenhaftung entschieden und eine Handlungshaftung nach dem Muster des § 22 Abs. 1 (jetzt § 89 Abs. 1) WHG abgelehnt (→ Rn. 3). Darüber hinaus hat er den Kreis der Anlagen nicht nach abstrakten Gefährlichkeitsmerkmalen bestimmt, sondern in einer **abschließenden Liste** festgelegt, die nicht durch Analogie ausgeweitet werden kann (*Salje/Peter* §§ 1, 3 Rn. 45; *Kohler* in Staudinger UmweltHR Rn. 39; → § 3 Rn. 13, 30). Der Kreis der Anlagen orientiert sich an der 4. BImSchV. Teilw. erfasst das UmweltHG aber auch nach anderen Gesetzen genehmigungsbedürftige Anlagen mit vergleichbarem Gefährdungspotential, nämlich Abfallentsorgungsanlagen und bestimmte Kernenergieanlagen bezüglich ihres nichtnuklearen Risikos (Begr. S. 15, 16). Andererseits werden bestimmte, nach der 4. BImSchV genehmigungsbedürftige Anlagen nicht der Gefährdungshaftung unterworfen. Vielfach stellt das Gesetz auf quantitative Schwellenwerte ab, die zum Teil über denen der 4. BImSchV liegen (iE → § 3 Rn. 30). Soweit eine Anlage in der Liste aufgeführt ist, begründet die Zuordnung allein die (potentielle) Gefährdungshaftung. **10**

Der **Anlagenbegriff** ist in § 3 Abs. 2 definiert. Der Gefährdungshaftung unterliegen zunächst ortsfeste Einrichtungen wie Betriebsstätten und Lager. Darüber hinaus zählen zu den Anlagen auch ortsveränderliche technische Einrichtungen wie Maschinen, Geräte und Fahrzeuge sowie Nebeneinrichtungen, die mit der Anlage oder einem Anlagenteil in einem räumlichen oder betriebstechnischen Zusammenhang stehen und für das Entstehen von Umwelteinwirkungen von Bedeutung sein können (→ § 3 Rn. 24 ff). Abgesehen von diesem Sonderfall unterliegen im Gegensatz zu § 89 Abs. 2 WHG bewegliche Sachen wie größere Behälter, Kraftfahrzeuge, Flugzeuge und Schiffe nicht dem UmweltHG. § 2 erstreckt die Haftung auch auf Anlagen, die **noch nicht fertiggestellt** oder **nicht mehr in Betrieb** sind, sofern die Umwelteinwirkung auf Umständen beruht, die die Gefährlichkeit der Anlage nach ihrer Fertigstellung oder vor ihrer Stilllegung begründen oder begründet haben, dh wenn von ihnen schon oder noch anlagentypische Gefahren ausgehen (zB durch Verwendung oder Ablagerung von für den Anlagenbetrieb notwendigen Stoffen; → § 2 Rn. 8 f.). **11**

Die Haftung nach § 1 beginnt erst mit der **Aufnahme des Betriebs der Anlage** (ebenso *Landsberg/Lülling* § 2 Rn. 3; auch Begr. S. 17; aM Stellungnahme der Bundesregierung, BT-Drs. 11/7104, S. 30; *Kohler* in Staudinger UmweltHG Rn, 38, § 2 Rn. 4; *Salje/Peter* §§ 1, 3 Rn. 153 f., § 2 Rn. 4; unklar OVG Münster NVwZ 2010, 466). Allerdings kommt es nicht darauf an, ob die Umwelteinwirkung **innerhalb der Betriebszeiten** entstanden ist (OVG Münster NVwZ 2010, 466). Trotz des Wortlauts des § 2 Abs. 1, der eine besondere Haftung für noch nicht fertiggestellte Anlagen begründet, sprechen hierfür die Überschrift des § 2 und die Parallelität zur Anlagenstilllegung (§ 2 Abs. 2). Vor allem widerspräche es dem Sinn der Anlagenhaftung als Haftung für eine typische Betriebsgefahr, auf die bloße Errichtung abzustellen. Dass die Errichtung der **12**

Anlage als räumlich-gegenständliche Einrichtung auch den Beginn der Haftung markieren soll (so Bundesregierung, aaO), ist wenig einsichtig, da die Einstufung einer Anlage in den Anh. 1 nicht wegen deren baulichen, sondern wegen deren betrieblichen Gefahren erfolgt. Die Fertigstellung oder Abnahme kann man auch kaum schon als Widmung für den Betrieb und diese kaum als typisierten Beginn des Betriebs ansehen. Bei **spiegelbildlicher Wertung** im Vergleich zur **Stilllegung,** bei der es auch nicht auf den Abbau der Anlage ankommt (→ § 2 Rn. 6, 9) ist es sachgerecht, auch bei errichteten, aber noch nicht betriebenen Anlagen die Haftung davon abhängig zu machen, dass die Umwelteinwirkung auf Umständen beruht, die die Gefährlichkeit der Anlage während des Betriebes begründen. In derartigen Fällen ist noch nicht § 1, sondern vielmehr die Haftungsnorm des § 2 mit ihren risikobezogenen Einschränkungen anzuwenden.

IV. Zurechenbarkeit

13 **1. Allgemeines.** Grundvoraussetzung der Haftung nach § 1 ist eine **kausale Verknüpfung** zwischen Anlagenbetrieb, Umwelteinwirkung, Rechtsgutverletzung und Schaden iS naturwissenschaftlich-logischer Kausalität, der sog. Äquivalenztheorie (hierzu iE → § 6 Rn. 19 ff.). Gefährdungshaftungstatbestände erlegen dem Nutznießer einer Gefahrenquelle allerdings grds. keine reine Kausalhaftung, sondern nur eine Haftung für das typische Betriebsrisiko auf. Daher ist die Frage zu stellen, ob über das Erfordernis der Kausalität iS der Äquivalenztheorie hinaus weitere Anforderungen an die Zurechenbarkeit gelten. Dabei sind Haftungsbegründung und Haftungsausfüllung zu unterscheiden. Die Haftungsbegründung betrifft im Rahmen des UmweltHG den Zurechnungszusammenhang zwischen Anlagenbetrieb, Umwelteinwirkung und Rechtsgutverletzung, die Haftungsausfüllung dagegen den Zurechnungszusammenhang zwischen Rechtsgutverletzung und Schaden. Herkömmlicherweise wird die Zurechenbarkeit im Bereich der **Haftungsbegründung** durch das Kriterium der adäquaten Kausalität und des Gefährdungszusammenhangs eingeschränkt.

14 Die **adäquate Kausalität** ist zu verneinen, wenn der Geschehensablauf außerhalb aller Wahrscheinlichkeit liegt, wenn er auf besonders eigenartigen, nach dem gewöhnlichen Verlauf der Dinge außer Betracht zu lassenden Umständen beruht (BGHZ 3, 261 (267) = VersR 1952, 128; BGHZ 57, 137 (141) = NJW 1986, 1329; NJW 2005, 1420) oder wenn der Geschehensablauf zwar abstrakt voraussehbar, aber so fernliegend war, dass die Aufwendungen für eine Vorbeugung nicht mehr zumutbar erscheinen (BGHZ 79, 259 (263) = NJW 1981, 983). Dabei kommt es auf die Tatsachenkenntnis zur Zeit des haftungsbegründenden Vorgangs, jedoch auf das Erfahrungswissen zur Zeit der gerichtlichen Entscheidung an (BGHZ 3, 261 (267) = VersR 1952, 128). Ein **Gefährdungszusammenhang** ist gegeben, wenn die Rechtsgutverletzung sich als spezifische Verwirklichung der Gefahren darstellt, hinsichtlich derer der Geschädigte nach dem Sinn des Haftungstatbestandes schadlos gehalten werden soll (BGHZ 37, 311 (317) = NJW 1962, 1776; BGHZ 79, 259 (263) = NJW 1981, 983; NJW 1982, 1046; *Esser/Weyers* § 63 II 2). Erforderlich ist ein innerer Zusammenhang zwischen Rechtsgutverletzung und Gefahrenlage (BGHZ 57, 137 (142 f.) = NJW 1972, 36). Ein solcher Zusammenhang fehlt, wenn die Rechtsgutverletzung eine Verwirklichung des allgemeinen Lebensrisikos des Betroffenen darstellt (BGHZ 27, 137 (141 f.) = NJW 1958, 1041; BGHZ 107, 359 (366) = NJW 1989, 2616; *Lange/Schiemann* S. 154 ff.; *Gottwald* Karlsruher Forum 1986, 3 (11 f.); *Oetker* in MünchKomm BGB § 249 Rn. 194 ff.; aM *Ekkenga/Kuntz* in *Soergel* BGB Vorb. § 249 Rn. 147).

15 Es ist umstritten, ob bei der Haftungsbegründung im Rahmen der Gefährdungshaftung die adäquate Kausalität eine Rolle spielt. Ein Teil der Rspr und der Lehre ver-

neint dies mit dem Argument, dass die adäquate Kausalität ein verhaltensbezogenes Zurechnungskriterium sei, das grundsätzlich nur für die Unrechtshaftung passe, oder dass das Kriterium des Gefährdungszusammenhangs eine ausreichende Haftungsbegrenzung darstelle (BGHZ 37, 311 (317) = NJW 1962, 1776; BGHZ 79, 259 (263) = NJW 1981, 983; BGHZ 107, 359 (366) = NJW 1989, 2616; NJW 1991, 2568; *Deutsch* Haftungsrecht I, § 11 V 11; *Lange/Schiemann* S. 94 f.; *Ekkenga/Kuntz* in Soergel BGB § 249 Rn. 135 f.). Demgegenüber befürwortet ein Teil der Rspr und Lehre auch bei der Gefährdungshaftung neben dem Merkmal des Gefährdungszusammenhangs die Heranziehung der adäquaten Kausalität, um den Inhaber der Anlage von der Haftung für äußerst unwahrscheinliche Geschehensabläufe zu entlasten (BGHZ 57, 137 (141) = NJW 1972, 36; BGHZ 103, 129 (139 f.) = NJW 1988, 1593; NJW 1984, 41; *Stoll* Karlsruher Forum 1983, 184 ff.; *Czychowski/Reinhardt* WHG § 89 Rn. 43; *Breuer/Gärditz* Rn. 1480, 1483; *Landsberg/Lülling* Rn. 161 f.). Das Argument, dass die adäquate Kausalität auf die Unrechtshaftung zugeschnitten sei, überzeugt zwar deshalb nicht, weil dieses Zurechnungskriterium auch für den Zurechnungszusammenhang zwischen Rechtsgutverletzung und Schaden gilt, der auch bei der Unrechtshaftung nicht vom Verschulden erfasst sein muss. Für die Frage, inwieweit äußerst unwahrscheinliche Rechtsgutverletzungen von der Gefährdungshaftung erfasst werden, ist indessen im Rahmen des jeweiligen Normzwecks des Haftungstatbestandes zu entscheiden. Für eine generalisierende Lösung unabhängig vom jeweiligen Normzweck nach der Adäquanzformel ist daher kein Platz (ebenso *Paschke* Rn. 43, 45; aM. *Salje/Peter* §§ 1, 3 Rn. 109; vgl. *Kohler* in Staudinger UmweltHR Rn. 55).

Das Zurechnungsmerkmal des Gefährdungszusammenhangs ist in erster Linie nicht verselbständigt, sondern als **Kriterium der Auslegung** der Tatbestandsmerkmale des § 1 heranzuziehen, die den gegenständlichen Risikobereich bestimmen, nämlich „von einer Anlage ausgehen" und „durch Umwelteinwirkung" (vgl. BGHZ 37, 312 (317) = NJW 1962, 1776; BGHZ 107, 359 (366) = NJW 1989, 2616; BGHZ 62, 351 (359) = NJW 1974, 1770; *Esser/Weyers* § 63 II 2; *Kohler* in Staudinger UmweltHR Rn. 36 f., 51, 59 f.). Allerdings bietet die Struktur des Haftungstatbestandes des § 1 wenig Platz für Einschränkungen der Haftung unter dem Gesichtspunkt des Gefährdungszusammenhangs, da die Vorschrift grundsätzlich alle Beeinträchtigungen von Leben, Körper und Gesundheit sowie Sachschäden durch Anlagen auf dem Umweltpfad, auch ungewöhnliche Rechtsgutverletzungen, erfasst (ebenso *Landsberg/Lülling* Rn. 161, 168, 169). Das gilt auch für das „allgemeine Lebensrisiko", das in der Haftungsausschlussnorm des § 4 zum Ausdruck gelangt ist, im Übrigen aber nur mit äußerster Vorsicht zur Haftungsbegrenzung herangezogen werden kann (ganz abl. offenbar *Landsberg/Lülling* Rn. 174). **16**

2. Art der gedeckten Gefahren. § 1 umschreibt mit dem Merkmal „von einer Anlage ausgehen" entgegen dem – allerdings nicht durchgängig verwirklichten – allgemeinen Modell der Gefährdungshaftung einen sehr weiten Risikobereich. Erfasst werden nicht nur Schäden durch **Unfälle** (Störfälle), dh plötzliche, zeitlich und räumlich unmittelbar mit dem Betrieb der Anlage zusammenhängende Ereignisse. Gedeckt sind auch **kleine Störfälle,** wie zB allmählicher oder fortlaufender Austritt von Stoffen in Mengen oder Konzentrationen, die über dem Zulässigen liegen, etwa durch Leckage oder Ausfall eines Messgeräts (vgl. § 6 Abs. 1 S. 1). Vor allem erstreckt sich die Gefährdungshaftung auch auf den **Normalbetrieb** einschl. des rechtmäßigen Normalbetriebs (OLG Düsseldorf 29.10.2010, I-22 U 70/10, juris, Rn. 68 f.; *Kohler* in Staudinger UmweltHR Rn. 1, 62). Genehmigungen oder allg. die Einhaltung der verkehrsüblichen Sorgfalt (§ 276 BGB) sind ohne Einfluss auf die Haftung. Abgesehen vom Wortlaut des § 1 folgt die Erfassung des Normalbetriebs aus den Regelungen der §§ 5 und 6 Abs. 2–4, die hinsicht- **17**

lich des Umfangs der Einstandspflicht bei Sachschäden und der Ursachenvermutung den bestimmungsgemäßen Betrieb privilegieren. Durch das UmweltHG wird nicht nur der rechtswidrige Normalbetrieb, dh Emissionen unter bewusstem oder fahrlässigem Verstoß gegen die geltenden Anforderungen an den Anlagenbetrieb, sondern auch der **rechtmäßige Normalbetrieb** (bestimmungsgemäßer Betrieb) erfasst (Begr. S. 15; Ausschussbericht S. 27; *Kohler* in Staudinger UmweltHR Rn. 62 mwN; *Landsberg/Lülling* Rn. 6f.). Es besteht auch keinerlei Veranlassung, die Haftung durch **nachbarrechtliche Duldungspflichten** analog zur bergrechtlichen Haftung nach Maßgabe des § 906 BGB zu beschränken (so aber *Petersen* S. 38ff.; dagegen *Kohler* NuR 2011, 7 (12ff.); *ders.* in Staudinger UmweltHR Einl. Rn. 241; *Rehbinder* in Hansmann/Sellner § 7 Rn. 61; jetzt auch *Kloepfer* § 6 Rn. 143). Zielrichtung, Systematik und Rechtsfolgen der Gefährdungs- und Aufopferungshaftung sind unterschiedlich. Gegen eine Analogie spricht entscheidend, dass der Gesetzgeber in § 5 für Sachschäden eine spezielle Regelung für Bagatellschäden geschaffen hat, die sich an § 906 BGB anlehnt. Eine Ausdehnung nachbarrechtlicher Wertungen auf Gesundheitsschäden ist damit ausgeschlossen.

18 Die Ausdehnung der Haftung auf den **Normalbetrieb,** die in § 22 Abs. 2 WHG aF (jetzt § 89 Abs. 2 WHG) in der Form der weiten Auslegung der hM (*Breuer/Gärditz* Rn. 1500) ihr Vorbild hat, ist **rechtspolitisch angemessen.** Bereits die Nutzung eines Umweltmediums zur Abgabe von Schadstoffen stellt ein Risiko für schutzwürdige Rechtspositionen einzelner Nutzer des Umweltmediums dar; für dieses Risiko sollte nach dem Verursacherprinzip der Anlageninhaber aufkommen, der auch den Nutzen seiner Tätigkeit hat (s. etwa *Gerlach* S. 335ff.; *Rehbinder* NuR 1989, 141 (155); *Ganten/Lemke* UPR 1989, 1 (7ff.); *Hager* NJW 1991, 134 (136); *Deutsch* JZ 1991, 1097 (1099); kritisch *Diederichsen* Bitburger Jahrbuch 1989, 47 (60ff.); *Merkisch* BB 1990, 223 (225)). Diese Erwägung gilt auch im Fall des rechtmäßigen Betriebs. Eine Unterscheidung zwischen Rechtmäßigkeit und Rechtswidrigkeit ist der Gefährdungshaftung fremd (Begr. S. 14; *Landsberg/Lülling* Rn. 6, 8ff; *Hager,* NJW 1991, 134 (136); *Rehbinder* NuR 1989, 149 (155f.)). Der Gedanke der Einheit der Rechtsordnung steht dem nicht entgegen, weil sich aus der öffentlich-rechtlichen Genehmigung nicht ergibt, dass Sonderopfer des Einzelnen in Kauf zu nehmen sind. Auch eine Hemmung von Innovationen und das Erlahmen von Vermeidungsanstrengungen sind nicht zu befürchten; der Anlagenbetreiber hat stets im Rahmen seiner Kostenstruktur einen betriebswirtschaftlichen Anreiz zur Minderung des Risikos der Inanspruchnahme durch den Geschädigten. Allerdings ist die Gleichstellung zwischen Unfällen, rechtswidrigem und rechtmäßigem Normalbetrieb im UmweltHG nicht durchgängig ausgeprägt. Der rechtmäßige Normalbetrieb wird durch die Begrenzung der Einstandspflicht für Sachschäden nach § 5 sowie durch die Beweislastregelung für die Ursächlichkeit nach § 6 Abs. 2 privilegiert.

19 **3. Atypische Gefahren. a) Allgemeines.** Eine äußerste Grenze der Einstandspflicht für Umweltschäden nach dem UmweltHG markiert § 4 mit dem Ausschluss der Haftung, wenn der Schaden durch **höhere Gewalt** verursacht wurde. Höhere Gewalt ist ein äußeres, betriebsfremdes, unvorhersehbares und mit äußerster Sorgfalt unvermeidbares Ereignis (→ § 4 Rn. 4). Auch unterhalb der Schwelle der höheren Gewalt gestattet der Gedanke des Gefährdungszusammenhangs jedoch eine Auslegung der Tatbestandsmerkmale „von einer Anlage ausgehen“ und „durch Umwelteinwirkung“ dahin, dass gewisse Risiken von der Haftung ausgeschlossen sind.

20 Von der Gefährdungshaftung erfasst sind auch Umweltschäden, die **nicht** im **Zusammenhang mit dem Umweltrisiko** stehen, wegen dessen die Einbeziehung der Anlage in die **Liste** nach Anh. 1 erfolgt ist (OVG Münster 14.10.2014, 9 A 265/12, juris, Rn. 18; *Kohler* in Staudinger UmweltHR Rn. 37; *Salje/Peter* §§ 1, 3 Rn. 38; *Landsberg/*

Lülling Rn. 167f.; aM *Kloepfer* § 6 Rn. 136). Verursacht etwa eine Anlage, die wegen möglicher Wasserverunreinigungen und Gerüche in die Liste aufgenommen worden ist (zB Nr. 64), Luftverunreinigungen durch Austreten dort verwendeter Desinfektionsmittel, so muss der Inhaber hierfür einstehen. Der Grund für die Einstufung der Anlage bildet im Hinblick auf die weite Fassung des § 1 keine Rechtfertigung für eine Einschränkung der Haftung. Auch § 2 – noch nicht oder nicht mehr betriebene Anlagen – bezieht sich auf die Gefahren der Anlage, nicht auf die für die Einordnung der Anlage in die Liste maßgebliche Gefährlichkeit.

b) Entwicklungsrisiko. Denkbar ist, dass Rechtsgutverletzungen infolge des Normalbetriebs darauf beruhen, dass die Gefährlichkeit der fraglichen Stoffe nach dem Stand der Wissenschaft zum Zeitpunkt der Emission nicht erkannt werden konnte. Dabei wird es sich in der Regel um Langzeitschäden handeln. § 1 erfasst auch dieses **Entwicklungsrisiko** (Begr. S. 15; *Kohler* in Staudinger UmweltHR Rn. 56, 61, § 4 Rn. 1; *Landsberg/Lülling* Rn. 6ff., § 4 Rn. 3; *Paschke* in Koch/Hofmann/Reese § 17 Rn. 67; *Schmidt-Salzer* Rn. 25). Das Gleiche gilt, wenn zur Zeit der Emission diese mit den nach dem damaligen Stand der Technik verfügbaren Mitteln nicht verhinderbar war (*Schmidt-Salzer* aaO). 21

Dies folgt einmal aus der weiten Fassung des Haftungstatbestandes, zum anderen daraus, dass Entwicklungsrisiken ein **besonderes Risiko** des Betriebes einer Anlage sind, in der mit gefährlichen, aber nicht als gefährlich erkannten Stoffen umgegangen wird (*Hager* NJW 1991, 134 (136); *Rehbinder,* NuR 1989, 149 (156); a.M., da unverhältnismäßig, *Diederichsen* PHI 1990, 78 (86)). 22

c) Ungefährliche Stoffe. Fraglich ist, ob eine Haftung nach § 1 dann zu verneinen ist, wenn eine Anlage mit Stoffen umgeht, die als solche nicht umweltgefährlich sind, jedoch **unfallbedingt,** zB bei einem Brand, durch Löschwasser oder durch Zusammenwirken mit einem anderen Stoff durch Umwandlung **umweltgefährlich werden.** Zu § 22 Abs. 2 WHG aF (jetzt § 89 Abs. 2 WHG) hat der BGH bei bestimmten Fallgestaltungen dieser Art eine Haftung mit der Begründung verneint, dass derartige Risiken nicht zum typischen Anlagenrisiko gehörten (BGH NJW 1983, 2029; zust. *Breuer/Gärditz* Rn. 1504; *Czychowski/Reinhardt* WHG § 89 Rn. 73). Dabei stellt der BGH darauf ab, ob es sich um eine typische Gefahr der konkreten Anlage handelt. Wenn zB Kunststoff leicht in Brand gerät, so wäre dessen Umwandlung in einen wassergefährlichen Stoff aufgrund eines Brandes eine Gefahr, die dem Anlagenbetreiber noch zuzurechnen ist. Etwas anderes soll gelten, wenn als Folge eines Brandes durch Löscharbeiten aus Stoffen, die zu dem Brand nicht beigetragen haben, aufgrund Umwandlung umweltgefährliche Stoffe entstehen (vgl. zu § 2 HPflG OLG Frankfurt NJW 1983, 238). Dieses Ergebnis lässt sich in Bezug auf § 89 Abs. 2 WHG mit der Notwendigkeit begründen, die nicht listenmäßig beschränkte Anlagenhaftung auf eine Haftung für „gefährliche" Anlagen zu reduzieren. Im Rahmen von § 1 ist die gefährliche Anlage legal definiert. Der Begriff bedarf daher keiner einschränkenden Auslegung. Sachlich ist die Entscheidung des BGH im Übrigen auch für das Wasserrecht problematisch, da sie den Standard der adäquaten Kausalität unterschreitet. Umwandlungsprozesse, die als Folge eines typischen Unfalls einschließlich der normalen Tätigkeiten zur Bekämpfung der Unfallfolgen eintreten, liegen noch innerhalb des Anlagenrisikos und gehen daher von der Anlage aus (vgl. § 2 Nr. 5 StörfallV, § 3a Abs. 1 Nr. 2 Buchst. b ChemG). 23

d) Mittelbare Verursachung. Eine mittelbare Verursachung einer Umwelteinwirkung dürfte nur in Ausnahmefällen von § 1 gedeckt sein. An einem Anlagenbezug fehlt es sicherlich, wenn die Umwelteinwirkung nicht durch Emissionen oder ähnliche Er- 24 scheinungen der Anlage, sondern durch die von der Anlage hergestellten und in den Verkehr gebrachten **Stoffe, Gemische** oder **Produkte** verursacht werden (*Mayer* MDR 1991, 813 (814)). Das Produktrisiko ist ein spezifisches, vom besonderen Haftungstatbestand des ProdHaftG abgedecktes Risiko, das nicht zugleich ein Anlagenrisiko darstellt. Der Gesetzgeber hat die Möglichkeit einer besonderen Produkthaftung für umweltgefährliche Produkte abgelehnt (Begr. S. 15 f.; Ausschussbericht S. 29). Andererseits hat die Rechtsprechung zu § 22 Abs. 1 und 2 WHG aF (jetzt § 89 Abs. 1 und 2 WHG) in bestimmten Fällen eine Haftung eines **Indirekteinleiters** wegen mittelbaren Einleitens oder Hineingelangens von Abwasser aus der Anlage über die Kanalisation in ein Gewässer anerkannt (BGHZ 62, 351 (352 ff.) = NJW 1974, 1770; NJW 1981, 2416; NVwZ 2003, 376). Dies gilt jedenfalls dann, wenn die Anlage für die Aufnahme der betreffenden Abwässer bestimmt ist und ordnungsgemäß arbeitet und die Abwässer aufgrund ihrer Menge oder Zusammensetzung den Charakter der Kanalisationsabwässer entscheidend mitbestimmen (zust. *Breuer/Gärditz* Rn. 1472 f.; *Czychowski/Reinhardt* WHG § 89 Rn. 76; *Siedler/Zeitler/Dahme/Knopp* WHG § 89 Rn. 59; *Bartholmes* S. 138 f.; weitergehend *Schröder* BB 1976, 63 (67); *ders.* FS F. A. Mann, 1977 S. 87 (90 ff.)).

25 Diese Rspr dürfte grundsätzlich auch für § 1 zu übernehmen sein. Ihr innerer Grund liegt im Gedanken der **Risikoherrschaft.** Eine Umwelteinwirkung geht bei mittelbarer Verursachung von der Anlage aus, in der die gefährlichen Stoffe ursprünglich angefallen sind, wenn der Inhaber dieser Anlage das maßgebliche Risiko der Emission beherrscht, während die Anlage, aus der die Stoffe unmittelbar in die Umwelt gelangt sind, nur den Charakter eines passiven Durchgangsmediums besitzt. Darauf, ob die Quelle der unmittelbaren Verursachung selbst potentiell der Gefährdungshaftung nach § 1 unterliegt, kommt es nicht an. Eine derartige Situation ist in Ausnahmefällen auch bei der Emission luft- oder bodenverunreinigender Stoffe oder bei der Abfallentsorgung möglich, zB wenn mehrere Anlageninhaber eine gemeinsame Anlage zur Abgasreinigung benutzen, ein Inhaber der gemeinsamen Anlage Stoffe zuführt, für die sie nicht bestimmt ist, oder wenn aus einer Anlage Abfälle in eine hierfür nicht bestimmte Abfallentsorgungsanlage ohne Wissen des Inhabers der letzteren Anlage verbracht werden. Der Wortsinn „von einer Anlage ausgehen" steht dieser erweiternden Auslegung nicht entgegen, da damit nicht notwendig vorausgesetzt wird, dass die Stoffe unmittelbar aus der Anlage, in der sie angefallen sind, in die Umwelt gelangen (anders die hM; *Kohler* in Staudinger UmweltHR Rn. 47; *Paschke* Rn. 20; *Marburger* in: Kreislauf oder Kollaps im Abfallwirtschaftsrecht S. 129 (156); *Kloepfer* § 6 Rn. 130; *Bartholmes* S. 138 f.; *Cosack* S. 130). Demgegenüber hat der BGH die bloße **Übergabe von Abfällen** an ein Beseitigungsunternehmen, das diese Stoffe ohne Wissen des Abfallerzeugers in ein Gewässer einbringt, nicht als ein Hineingelangen im Sinne des § 22 Abs. 2 WHG aF (jetzt § 89 Abs. 2 WHG) angesehen, weil sie nicht aus der Anlage des Abfallerzeugers, sondern des Beseitigungsunternehmers in die Gewässer gelangt seien (BGH NJW 1976, 46; aM *Schröder* BB 1976, 63 (69); *ders.* FS F. A. Mann, 1977 S. 87 (90 ff.); kritisch auch *Brüggemeier* KJ 1989, 209 (220); *v. Wilmowsky* NuR 1991, 253 (258 f.)). Diese Entscheidung lässt sich im Ergebnis mit der Risikoherrschaft des Abfallentsorgungsunternehmers rechtfertigen. Eine allgemeine Haftung des Abfallerzeugers für unsachgemäße Abfallentsorgung durch Dritte, die aus Gründen der Schadensprävention erwünscht sein mag, lässt sich auch nicht auf § 1 stützen. Mit der Risikoherrschaft ist die äußerste Grenze dessen bezeichnet, was nach Sinn und Zweck des § 1 noch in einem inneren Zusammenhang mit dem Anlagenbetrieb steht. Das Abstellen auf bloße Kausalität zur Begründung der Haftung einer „Anlage hinter der Anlage" (*Schröder* aaO) würde zu einer uferlosen Haftung auch aller Zwischenglieder zwischen Hersteller und Abfallentsorger fuhren. Der Abfallerzeuger ist auch nicht generell „entscheidender Veranlasser" (so *v. Wilmowsky* NuR 1991, 253 (259,

264)), sondern nur dann, wenn er sich des Abfallentsorgers als eines (unschuldigen oder dolosen) Werkzeugs für materielle eigene Abfallentsorgung bedient. Dann greift jedenfalls die Haftung nach § 823 BGB ein (*Bartholmes* S. 139).

26 Die Haftung nach § 1 tritt auch ein, wenn der Anlagenbetrieb eine Umwelteinwirkung verursacht, die zu einer **weiteren Umwelteinwirkung** führt (zB Boden-Grundwasser-Pfad). Verursacht eine Umwelteinwirkung nicht unmittelbar, sondern mittelbar eine Rechtsgutverletzung, so liegt ebenfalls meist ein Gefährdungszusammenhang vor (*Kohler* in Staudinger UmweltHR Rn. 47, 57). Ein Beispiel sind Schockschäden (→ Rn. 33). Das Gleiche gilt etwa, wenn eine Explosion in der Anlage eine Druckwelle auslöst, die zum Einsturz eines Gebäudeteils der Anlage führt, und hierdurch ein Mensch verletzt wird (→ § 3 Rn. 7).

27 **e) Mitverursachung durch das Opfer.** Eine **Mitverursachung** durch das **Opfer** (oder einen Dritten) steht der Haftung nach § 1 grds. **nicht** entgegen. Hiervon geht § 11 aus. In diesen Fällen kann vielfach zweifelhaft sein, ob die von einer Umwelteinwirkung verursachte Rechtsgutverletzung von der Anlage ausgeht, aber auch ob sie überhaupt von einer Umwelteinwirkung verursacht ist. Greift das Opfer (oder ein Dritter) zur Verhütung oder Minderung von Schäden in den Geschehensablauf ein, so ist ein Zurechnungszusammenhang gegeben, wenn sein Verhalten durch das Schadensereignis herausgefordert wurde und keine unangemessene Reaktion auf dieses Ereignis darstellt (BGHZ 57, 25 (28 ff.) = NJW 1971, 1980; BGHZ 63, 189 (191) = NJW 1975, 168; NJW 1978, 1005 (1006)). Erhöht sich zB der Schaden durch den Einsatz von Löschmitteln bei der Bekämpfung eines Brandes, ist dies der Anlage zuzurechnen (*Oetker* in MünchKomm BGB § 249 Rn. 161 ff.).

28 Eine besondere **Schadensveranlagung des Opfers,** die sich auf Art und Umfang der Rechtsgutverletzung auswirkt, ist grds. unerheblich. Bei Personenschäden ist ein Zurechnungszusammenhang, abgesehen von extremen Fällen, auch bei besonderer Empfindlichkeit des Betroffenen oder einem Vorschaden gegeben. § 1 dient nach seinem Schutzzweck auch dem Schutz von Angehörigen vulnerabler Gruppen (vgl. BGHZ 56, 163 (165) = NJW 1971, 1833; NJW 1974, 1510; 1986, 777 (779); aus dem Schrifttum s. *Stoll* Karlsruher Forum 1983, 184 (186); *Ekkenga/Kuntz* in Soergel BGB vor § 249 Rn. 21, 150); *Oetker* in MünchKomm BGB § 249 Rn. 115, 138 ff.). Wäre allerdings die Rechtsgutverletzung aufgrund einer Schadensveranlagung oder eines Vorschadens ohnehin, aber erst später eingetreten, so haftet der Anlageninhaber unter dem Gesichtspunkt der entlastenden Reserveursache nur für den Verfrühungsschaden (BGHZ 78, 209 (214) = NJW 1981, 628; *Lange/Schiemann* S. 192, 194). Bei Schäden an Tieren, die mit einer besonderen Schadensempfindlichkeit gegenüber normalem Verkehrslärm zusammenhängen, hat die Rspr oft die Zurechenbarkeit ausgeschlossen, ohne dass sich feste Maßstäbe gebildet hätten. Dogmatisch kann man hierfür den Gedanken des allgemeinen Lebensrisikos heranziehen (BGHZ 115, 84 (87) = NJW 1991, 2568 – Panikreaktion von Tieren, die wegen Massentierhaltung besonders erregbar waren; sehr zweifelhaft; vgl. RGZ 158, 34 (39)). Wird dagegen ein mit gewissen Stabilitätsmängeln behaftetes Haus durch eine Explosion in einer Chemieanlage zum Einsturz gebracht, so besteht noch ein innerer Zusammenhang mit der Umwelteinwirkung. Zu beachten ist, dass die Ersatzfähigkeit von Sachschäden im Fall einer Schadensveranlagung ggf. auch durch § 5 ausgeschlossen oder gemindert sein kann → § 5 Rn. 20). Im Übrigen kann sich in allen Fällen der Umfang der Ersatzpflicht unter dem Gesichtspunkt des Mitverschuldens nach § 11 reduzieren.

29 **f) Gemeinsame Verursachung durch mehrere Quellen.** Bei Beteiligung mehrerer Anlagen oder sonstiger Quellen stellen sich schwierige Kausalitätsprobleme, die zT zur Modifikation der klassischen Äquivalenztheorie durch Grundsätze normativer Zurechnung nötigen (zur Systematik der Fallgruppen s. *Hager* NJW 1991, 134 (139); ferner → § 6 Rn. 29ff.). Außerdem stellt sich die Frage nach der Art der Haftung, dh ob teil- oder gesamtschuldnerische Haftung besteht (→ § 7 Rn. 11ff.). Von praktischer Bedeutung sind insbes. Fälle der **kumulativen Kausalität,** bei der Emissionen aus mehreren Quellen, die für sich die Schadensschwelle noch nicht überschreiten, durch ihr Zusammenwirken und damit gemeinsam die Rechtsgutverletzung verursachen. Ähnlich gelagert sind Fälle, in denen eine Anlage zusammen mit anderen Schadensfaktoren den entstandenen Schaden in der Weise bewirkt, dass bei Wegfall dieser Anlage nicht der gesamte Schaden entfiele, sich aber das Schadensbild in quantitativer oder qualitativer Hinsicht oder der Schadensentstehungszeitpunkt ändern würde. Wenn hier der Anteil an der Schadensentstehung unklar ist, spricht man von **Anteilszweifeln.** In beiden Fällen leistet die Anlage nur einen Beitrag zur Entstehung des Schadens oder ist – anders formuliert – nur geeignet, den Schaden **mit zu verursachen.** Kausalität liegt vor, weil der jeweilige Beitrag nicht hinweggedacht werden kann, ohne dass die Rechtsgutverletzung insgesamt entfiele oder das Schadensbild anders wäre (BGHZ 66, 70 (76f.) = NJW 1976, 797; BGHZ 70, 102 (107) = NJW 1978, 419; BGHZ 72, 289 (298f.) = NJW 1979, 164; OLG Hamm ZUR 2018, 180; *Kohler* in Staudinger UmweltHR § 6 Rn. 6, 12, 19ff.; *Salje/Peter* §§ 1, 3 Rn. 107f.; *Brüggemeier* JUTR 1990, 261 (268); *Lytras* S. 485).

30 Bei der **konkurrierenden Kausalität** (Doppelkausalität) ist jede der zusammenwirkenden Anlagen oder sonstigen Quellen geeignet, bereits für sich die Rechtsgutverletzung insgesamt herbeizuführen. Hier wäre die Verweisung auf die jeweils andere Quelle mit dem Schutzzweck des UmweltHG nicht vereinbar. Vielmehr ist die Rechtsgutverletzung jeder der beteiligten Quellen zuzurechnen (BGHZ 85, 375 (387) = NJW 1983, 872; VersR 1971, 818; 1983, 731; *Landsberg/Lülling* Rn. 181; *von Bar* Karlsruher Forum 1987, 4 (17f.); *Assmann* in Fenyves/Weyers S. 116 (122ff.); *Ekkenga/Kuntz* in Soergel BGB vor § 249 Rn. 124). Bei **konsekutiven Emissionen** oder sonstigen Umwelteinwirkungen ist nur die erste Einwirkung kausal, wenn sie allein geeignet war, die Rechtsgutverletzung zu verursachen. Eine Berufung auf die Reserveursache in Form der nachfolgenden Einwirkung ist nach allg. Grundsätzen ausgeschlossen (*Brüggemeier* JUTR 1990, 261 (270); *Lange/Schiemann* S. 192f.).

31 Darüber hinaus gibt es Fallgestaltungen, bei denen eine Kausalitätsfeststellung nach den Kriterien der klassischen Äquivalenztheorie nicht möglich ist, jedoch eine Zurechnung aus anderen Gründen gerechtfertigt erscheint. Dies gilt im Fall der **alternativen Kausalität** oder des **Urheberzweifels.** Alternative Kausalität liegt vor, wenn jede Anlage oder sonstige Quelle zwar geeignet ist, für sich die Rechtsgutverletzung insgesamt zu verursachen, aber nicht feststellbar ist, welche Quelle die Ursache ist. Fälle dieser Art können durch Beweisregeln wie etwa § 6 Abs. 1 oder materielle Zurechnungsregeln wie § 830 Abs. 1 S. 2 BGB bewältigt werden (→ § 7 Rn. 14, 20).

32 Bei alledem ist aber vorausgesetzt, dass die Verursachungsbeiträge mindestens eines Beteiligten (vgl. OLG Düsseldorf NJW 1998, 3720) noch identifizierbar sind. **Summations- und Distanzschäden,** die ausschließlich durch ubiquitäre Ausbreitung von Schadstoffen aus vielen Quellen verursacht werden, können mangels individualisierbarer Verantwortungsbeziehungen zwischen Quelle und Opfer einzelnen Verursachern idR nicht zugerechnet werden; sie unterliegen unter dieser Voraussetzung nicht der Haftung nach dem UmweltHG. Dabei steht es gleich, ob man das Ergebnis materiell- oder beweisrechtlich begründet (Begr. S. 16; *Paschke* in Koch/Hofmann/Reese § 17 Rn. 118, 120; *Landsberg/Lülling* Rn. 182, vgl. aber Rn. 176; *Rehbinder* in Hansmann/Sellner § 7 Rn. 87; *Schwabe* VersR 1995, 371 (374); allg. *Spindler* AcP 208 (2008), 283 (326); *Wagner* S. 48ff.; *Assmann* in Fenyves/Weyers S. 116 (117); *Diederichsen* 56. DJT L 93 (materieller

Ausschluss); *Kohler* in Staudinger UmweltHR Rn. 3; *Kloepfer* § 6 Rn. 141; *Schmidt-Salzer* Rn. 135 ff.; *Salje/Peter* § 6 Rn. 11; wohl auch BGHZ 102, 350 (353 f.) = NJW 1988, 478 (Beweisfrage)). Auch im öffentlichen Recht wird in vergleichbaren Fällen die Zurechenbarkeit abgelehnt (VGH Mannheim NuR 2012, 204 (207); OVG Münster NuR 2017, 482 (490); → Bd. IV, § 1a der 9. BImSchV Rn. 6; aM *Jarass* BImSchG § 1 Rn. 6c). Es gibt allerdings auch keine Rechtfertigung für einen kategorischen Haftungsausschluss von Distanzschäden, die durch geringfügige Emissionen von Kataloganlagen mitverursacht werden, da das UmweltHG keine bloße nachbarrechtliche Haftung begründet (*Pöttker* S. 232 ff.; aM *Ahrens* VersR 2019, 645 (653); *Wagner* S. 108 f.; dazu näher → § 7 Rn. 21, 25, 27).

4. Mittelbare Rechtsgutverletzungen (Schockschäden). Auch Schockschäden jedenfalls naher Angehöriger sind unter den von der Rspr aufgestellten Voraussetzungen (vgl. BGHZ 56, 163 (172) = NJW 1971, 1883; BGHZ 193, 34 Rn. 8 = NJW 2012, 1730; NJW 2015, 1451 Rn. 7; *Oetker* in MünchKomm BGB § 249 Rn. 151 ff.) dem Anlagenrisiko zuzurechnen; auch sie werden durch von der Anlage ausgehende Umwelteinwirkungen verursacht. Dass der Schock die mittelbare Folge einer beim Erstverletzten eintretenden Rechtsgutverletzung ist und nur mittelbar auf die Umwelteinwirkung zurückgeht, steht der Zurechnung zum Anlagenrisiko nicht entgegen. Aufgrund der besonderen Beziehungen des Zweitverletzten zum Erstverletzten verwirklicht sich nicht ein allgemeines Lebensrisiko des Anblicks oder der Information über einen Unfall, sondern ein besonderes Risiko des konkreten, dem Anlagebetrieb zurechenbaren Unfallgeschehens (OLG Frankfurt NZV 1991, 270; *Kohler* in Staudinger UmweltHR Rn. 16; *Salje/Peter* §§ 1, 3 Rn. 91; *König* in Hentschel/König/Dauer Einl. StVG Rn. 107; *Katzenmeier/Voigt* ProdHaftG § 1 Rn. 25 Fn. 69; weitergehend *Landsberg/Lülling* Rn. 189). 33

C. Rechtsgutverletzung

I. Allgemeines

§ 1 ist nicht als mediale Umwelthaftung durch Anlagenbetrieb, sondern wie die traditionellen Gefährdungshaftungstatbestände außer § 89 WHG als Haftung für **Individualschäden** durch anlagenbezogene Umwelteinwirkungen ausgestaltet. Die Haftung knüpft an die Verletzung bestimmter, abschließend genannter Rechtsgüter, nämlich die Verletzung von Leben, Körper oder Gesundheit und die Beschädigung von Sachen an (vgl. *Kohler* in Staudinger UmweltHR Rn. 5; *Rehbinder* in Hansmann/Sellner § 7 Rn. 62). Zusammenfassend wird die Rechtsgutverletzung im Gesetz auch als Schaden bezeichnet (§ 3 Abs. 1, § 6 Abs. 1). Eine Erweiterung des Kreises der geschützten Rechtsgüter, zB auf das allgemeine Persönlichkeitsrecht oder den Gewerbebetrieb, ist nicht zulässig; die Aufzählung in § 1 ist abschließend (*Kohler* in Staudinger UmweltHR Rn. 10; *Landsberg/Lülling* Rn. 15, 19). Eine unmittelbare Verletzung ist aber nicht stets erforderlich, da unter bestimmten Voraussetzungen auch mittelbare Verletzungen (Zweitverletzungen) der gesetzlich geschützten Rechtsgüter erfasst werden (s. → Rn. 33). Vermögensfolgeschäden aus der Verletzung der geschützten Rechtsgüter werden ersetzt, reine Vermögensschäden (eines selbst nicht Verletzten) dagegen nicht (Begr. S. 16; *Salje/Peter* §§ 1, 3 Rn. 87, 99). Nicht ersatzfähig sind auch Schäden durch die Beeinträchtigung des eingerichteten und ausgeübten Gewerbebetriebs, der nur eine besondere, richterrechtlich verselbständigte Form des Vermögensschutzes darstellt (*Salje/Peter* §§ 1, 3 Rn. 87; *Lands-* 34 *berg/Lülling* Rn. 21). Ökologische Schäden werden, wie sich aus § 16 ergibt, in bestimmtem Umfang ersetzt, wenn sie mit einer Sachbeschädigung zusammenfallen (→ Rn. 38ff.).

II. Leben, Körper und Gesundheit

35 **Körperverletzung** ist jeder nicht völlig unerhebliche Eingriff in die äußere körperliche Unversehrtheit und die Störung der natürlichen inneren Lebensvorgänge; dies schließt die Zufügung von Schmerzen ein. Gesundheitsverletzung ist die nicht völlig unerhebliche nachteilige Veränderung der normalen körperlichen, geistigen und seelischen Lebensvorgänge, die ihre Ursache nicht in einer Beeinträchtigung der körperlichen Integrität hat (BGHZ 114, 284 (289) = NJW 1991, 1937; BGHZ 163, 209 (212) = NJW 2005, 2614; NJW 2013, 3634 Rn. 12; zu Einzelfragen s. *Kohler* in Staudinger UmweltHR Rn. 13ff.; *Landsberg Lülling* Rn. 31f.). Die Abgrenzung von Körperverletzung und Gesundheitsschaden ist schwierig und umstritten; dies gilt insbesondere für die Zuordnung der Störung der inneren Lebensvorgänge (vgl. *Wagner* in MünchKomm BGB § 823 Rn. 177f.; *Spickhoff* in Soergel § 823 Rn. 33, 38). Für die Haftungsbegründung nach dem UmweltHG ist eine genaue Abgrenzung aber auch nicht erforderlich (*Landsberg/Lülling* Rn. 26). Der Begriff der **Gesundheit** ist im Sinne der konventionellen Begriffsbestimmung zu verstehen (*Medicus* JZ 1986, 778 (783)), so dass zwar psychische Erkrankungen und Störungen (BVerfGE 56, 54 (73f.) = NJW 1981, 1655; BGH NJW 1986, 777 (778); MDR 1971, 37), nicht jedoch jede bloße nicht behandlungsbedürftige Beeinträchtigung des Wohlbefindens eine Gesundheitsstörung darstellt (*Landsberg/Lülling* Rn. 28). Der Begriff der **wesentlichen Belästigung** im Sinne von § 3 Abs. 1 BImSchG geht weiter als der der Gesundheitsbeeinträchtigung (*Wagner* in MünchKomm BGB § 823 Rn. 177). Völlig unerhebliche Beeinträchtigungen stellen keine Körperverletzung oder Gesundheitsstörung dar (BGHSt 14, 269 = NJW 1960, 1477; NJW 1970, 769; *Schmidt-Salzer* Rn. 283). Ohne Bedeutung für die Einordnung einer Beeinträchtigung als Gesundheitsverletzung ist eine besondere Empfindlichkeit des Betroffenen; § 1 erstreckt den Schutz auch auf Angehörige vulnerabler Gruppen (→ Rn. 28). Hinsichtlich der gesundheitlichen Folgen bloßer **Angst** vor an sich unschädlichen Umwelteinwirkungen wird man einen Gefährdungszusammenhang mit der Umwelteinwirkung jedenfalls deshalb verneinen müssen, weil es sich im Hinblick auf die unangemessene Erlebnisverarbeitung der Umwelteinwirkung um ein allgemeines Lebensrisiko handelt (vgl. → Rn. 44).

36 Geschützt wird nicht nur der Mensch ab Vollendung der Geburt, sondern auch das **werdende Leben** (BGH 86, 240 (253) = NJW 1983, 1371; BGHZ 93, 351 (355) = NJW 1985, 1390; BGHZ 106, 153 (155) = NJW 1989, 1538; *Wagner* in MünchKomm BGB § 823 Rn. 167). Dies gilt auch vor Erzeugung eines Kindes, soweit sich die Schädigung der Keimzellen der Eltern auf die körperliche Unversehrtheit oder Gesundheit des Kindes auswirkt (BGHZ 8, 243 (248) = NJW 1953, 417).

37 Die Problematik des Schutzes von Leben, körperlicher Unversehrtheit und Gesundheit durch den Haftungstatbestand des § 1 liegt weniger in der Definition der Rechtsgüter als in den Schwierigkeiten des Nachweises der **Ursache-Wirkungs-Beziehungen** zwischen Umwelteinwirkung und Schaden (→ § 6 Rn. 19ff.).

III. Sachen

38 **1. Gegenstand des Sachgüterschutzes.** Das Gesetz schützt bewegliche **Sachen und Grundstücke.** Der Boden ist als Bestandteil des Grundstücks geschützt. Mangels einer Spezialregelung erstreckt sich der Schutz beweglicher Sachen auch auf **Tiere** (§ 90a

BGB). Obwohl das Gesetz an die Sache, nicht an das Eigentum anknüpft, ist die sachenrechtliche Zuordnung der Sache zu einem privaten Rechtsträger erforderlich. **Nicht abgrenzbare Gegenstände** wie der Luftraum, das offene Meer und wildlebende, keinem Aneignungsrecht unterliegende Tiere werden nicht geschützt (*Landsberg/Lülling* Rn. 34; zu Ausnahmen → § 16 Rn. 4). Dies gilt auch für das Klima. Rechtsgutverletzungen durch emissionsbedingte **Klimaveränderungen** liegen aber grds. im Schutzbereich des Sachgüterschutzes nach § 1 (sowie des Gesundheitsschutzes), wobei allerdings wegen des komplexen, hochdynamischen Zusammenwirkens von Emissionen und Akkumulationen von Treibhausgasen, Landnutzungsänderungen und klimatischen Gesetzlichkeiten die Zurechenbarkeit zu einzelnen Emittenten und Geschädigten problematisch ist (*Pöttker* S. 53, 79 ff., 199 ff., 230 ff.; *Frank* NVwZ 2018, 960; gänzlich abl. *Chatzinerantzis/Herz* NJOZ 2010, 594 (597); *Ahrens* VersR 2019, 645 (653 f.); *Wagner* S. 108 f.). Da sich der Schutz von Grundstücken auf die mit dem Grundstück fest verbundenen Sachen erstreckt (§ 94 Abs. 1 BGB), liegt im Schutzbereich des Sachgüterschutzes auch die Beschädigung von Bäumen, Sträuchern und sonstigen, zB der Landwirtschaft dienenden Pflanzen (*Kohler* in Staudinger UmweltHR Rn. 21; *Landsberg/Lülling* Rn. 35).

Stehende Gewässer einschließlich der in ihnen befindlichen Fische und Pflanzen 39 (§ 960 Abs. 1 S. 2, 94 Abs. 1 BGB) sind als Teil des Grundeigentums (am Gewässerbett) wie Sachen geschützt (BGH NuR 1982, 236; 1989, 146). Bei **fließenden Gewässern** ist grds. zwischen Gewässerbett und dem Gewässer im engeren Sinne zu unterscheiden. Eine Sache ist auch das Gewässerbett an fließenden Gewässern, das nach fast allen Landeswassergesetzen bei größeren Gewässern im privatrechtlichen Eigentum des Staates steht. Diese Zuordnung ist unter dem Gesichtspunkt der Umwelthaftung wichtig bei Kontaminierung von Sedimenten (vgl. *Kopp* ZfW 1988, 261 (269)). Die früher streitige Frage des Eigentums an fließenden Gewässern als solchen (vgl. BGHZ 49, 69 (71 f.) = NJW 1968, 598; BGHZ 28, 34 (37 f.) = NJW 1958, 538) ist nunmehr durch § 4 Abs. 2 WHG in dem Sinne geklärt, dass Eigentum an der „fließenden Welle" nicht anzuerkennen ist. Das **Grundwasser** ist nach § 4 Abs. 2 WHG trotz der gegenteiligen Regelung des § 905 BGB ebenfalls nicht Teil des Grundeigentums (so schon BVerfGE 58, 300 (328, 332 f., 344) = NJW 1982, 745).

2. Rechtliche Zuordnung der Sache. Mit dem Begriff der Sachbeschädigung wer- 40 den in erster Linie Eingriffe in das **Eigentum** erfasst. Daneben schützt § 1 aber auch **eigentumsähnliche Rechte,** die in § 823 Abs. 1 BGB als sonstige Rechte gelten (*Kohler* in Staudinger UmweltHR Rn. 24; *Landsberg/Lülling* Rn. 48). Dies gilt insbesondere für beschränkte dingliche Nutzungsrechte (str. für Hypotheken und Grundschulden; bejahend, soweit die Sicherheitsinteressen des Berechtigten beeinträchtigt: *Kohler* in Staudinger UmweltHR Rn. 24; *Landsberg/Lülling* Rn. 50). Geschützt ist auch der **Besitz,** soweit er mit einem Recht zum Gebrauch und zur Nutzung der Sache verbunden ist (*Kohler* in Staudinger UmweltHR Rn. 26; *Salje/Peter* §§ 1, 3 Rn. 93, 96; vgl. BGHZ 32, 194 (204) = NJW 1960, 1201; MDR 1981, 396; *Wagner* in MünchKomm BGB § 823 Rn. 288 ff.). Erfasst werden auch **Aneignungsrechte** an herrenlosen Tieren, insbesondere das Recht des Fischereiberechtigten (BGHZ 147, 125 (128) = NVwZ 2002, 245; NJW-RR 2007, 1319 (1320); *Breuer/Gärditz* Rn. 1429; *Kopp* ZfW 1988, 261 (264)) und des Jagdausübungsberechtigten (BGHZ 143, 3212 (324) = NJW 2000, 1720; BGHZ 132, 63 (65) = NJW 1996, 1897; NJW-RR 2004, 100 (101 f.); *Mitschke/Schäfer,* Bundesjagdgesetz, 4. Aufl. 1982, § 1 Rn. 31, § 11 Rn. 4 und 63).

Eine öffentlich-rechtliche **Befugnis zur Förderung von Wasser** (Oberflächen- oder 41 Grundwasser) stellt nach hM kein eigentumsähnliches Recht dar, das dem Berechtigten privatrechtlichen Schutz gewähren könnte (BGHZ 103, 129 (139 f.) = NJW 1988, 1593;

OLG Frankfurt, NJW-RR 1986, 819 (820); *Breuer/Gärditz* Rn. 1426; *Kohler* in Staudinger UmweltHR Rn. 22, 25; *Landsberg/Lülling* Rn. 45; *Salje/Peter* §§ 1, 3 Rn. 93; aM *Wagner* in MünchKomm BGB § 823 Rn. 281). Anders ist dies bei der Bewilligung, jedenfalls soweit Landesrecht diese dem Eigentum ausdrücklich gleichstellt. Zwar besteht keine Anspruchsberechtigung nach dem UmweltHG wegen nachteiliger Gewässerbenutzungen gegenüber dem Inhaber einer anderen Bewilligung, da § 16 Abs. 2 WHG Schadensersatzansprüche insoweit ausschließt (*Henseler* JUTR 1988, 205 (241); vgl. BGHZ 147, 125 (131) = NVwZ 2002, 245). Es verbleiben aber Ansprüche wegen anderer Umweltbeeinträchtigungen und gegen andere Schädiger (*Breuer/Gärditz* Rn. 1425). Insbes. gegenüber nachteiligen Gewässerbenutzungen, die aufgrund einer einfachen oder gehobenen Erlaubnis erfolgen, greift in diesen Fällen die Haftung nach § 1 ein; sie steht neben der Ausgleichspflicht nach § 16 Abs. 1 S. 3 WHG (§ 18 Abs. 1; *Schmidt* in Berendes/Frenz/Müggenborg WHG § 16 Rn. 11ff.). Inhaber einer Erlaubnis selbst werden durch § 1 nicht geschützt (*Breuer/Gärditz* Rn. 1426; vgl. aber *Schmidt-Salzer* Rn. 281).

42 **3. Sachbeschädigung.** Eine Sachbeschädigung liegt vor, wenn durch eine Umwelteinwirkung die Sache zerstört, beschädigt oder in ihrer Funktionsfähigkeit beeinträchtigt wird. Erfasst werden in erster Linie **Eingriffe in die Substanz** der Sache sowie allgemein Einwirkungen im Sinne der §§ 903, 1004 BGB und **Verunstaltungen** (vgl. *Kohler* in Staudinger UmweltHR Rn. 27; *Landsberg/Lülling* Rn. 36f.). Sachschäden sind zB die Verseuchung des Bodens durch Öl (BGH VersR 1972, 264; 1985, 575), Baum- oder Vegetationsschäden als Beschädigungen des Grundstücks (BGHZ 143, 1 = NJW 2000, 512; BGHZ 70, 102 = NJW 1972, 419; NJW 1975, 2061; OLG Hamm NJW 1988, 1031; OLG München, NVwZ 1989, 187), die Verseuchung eines privaten stehenden Gewässers (BGH NuR 1982, 236), Lackschäden eines Pkw durch Umwelteinwirkungen (BGHZ 92, 243 = NJW 1985, 47), das Anschwemmen von chemischen Pflanzenschutzmitteln (BGHZ 90, 255 = NJW 1984, 2207), Gesundheitsbeeinträchtigungen von Vieh (OLG Hamm NJW 1988, 1031), die Beschädigung eines Hauses durch Erschütterungen (BGHZ 101, 106 = NJW 1987, 2810) und die Verschmutzung einer Hausfassade durch Ruß (BGH DB 1964, 65). Eine Sachbeschädigung setzt nicht unbedingt voraus, dass die Gebrauchsfähigkeit des Gegenstands beeinträchtigt ist; auch ein Wertverlust reicht aus.

43 Sachbeschädigung ist auch die Entziehung oder Einschränkung der **Gebrauchs- und Funktionsfähigkeit** der Sache, wenn diese durch eine spezifisch sachbezogene Einwirkung verursacht wird und eine bestimmte Intensität und Dauer überschreitet (BGHZ 55, 153 (159) = NJW 1971, 886; BGHZ 86, 152 (155) = NJW 1983, 2310; *Wagner* in MünchKomm BGB § 823 Rn. 240f.; *Spickhoff* in Soergel BGB § 823 Rn. 62; *Kohler* in Staudinger UmweltHR Rn. 31; vgl. aber BGH NJW 1992, 41). Zu denken ist etwa an den Ausfall von Maschinen durch Erschütterungen oder die Räumung eines Grundstücks aufgrund der Gefahr des Übergreifens eines Brandes auf eine benachbarte Anlage (BGH NJW 1977, 2264 (2265); zweifelhaft). Unter diesem Gesichtspunkt kann auch die Beeinträchtigung der **ökologischen Funktionsfähigkeit** erfasst werden (zu Einzelheiten → § 16 Rn. 9ff.).

44 Fraglich ist, inwieweit die Beeinträchtigung der bloßen **Verkaufsfähigkeit** eine Sachbeschädigung im Sinne des § 1 darstellen kann. Dies ist jedenfalls dann zu bejahen, wenn die Umwelteinwirkung einen Sacheingriff zur Folge hat, dh eine nachteilige Veränderung der Eigenschaften der betroffenen Sache wie etwa eine **Kontamination** oder andere Veränderung der Eigenschaften der Sache, welche die Verkaufsfähigkeit ausschließt oder beeinträchtigt. Beispiele sind gesetzliche oder behördliche Verkaufsverbote oder Produktstandards (BGHZ 105, 346 (350) = NJW 1989, 707; *Kohler* in Staudinger Um-

weltHR Rn. 30; *Salje/Peter* §§ 1, 3 Rn. 95; *Landsberg/Lülling* Rn. 39; *Wagner* in MünchKomm BGB § 823 Rn. 231 f.; *Deutsch* VersR 1990, 1042). Dem steht es gleich, wenn der Geschädigte die Sache nicht mehr zu ihrem ursprünglichen Zweck, zB als organisch oder gentechnikfrei, verkaufen darf. Dagegen scheidet eine Haftung aus, wenn lediglich der Verdacht einer Umwelteinwirkung besteht (vgl. BGHZ 109, 380 (390 f.) = NJW 1990, 1038). Dazwischen liegt der Fall, dass bei tatsächlich verursachter Umwelteinwirkung die Verkaufsfähigkeit der Ware auf dem Markt allein durch den Verdacht einer Kontamination oder bloße Imageverluste beeinträchtigt wird. Für die Zurechenbarkeit von Vermeidungsmaßnahmen (→ Vorb. §§ 12–16 Rn. 9) genügt ggf. der begründete Verdacht einer Kontamination oder sonstigen nachteiligen Veränderung der Eigenschaften der Sache. Hier wird man danach differenzieren müssen, ob es sich bei dem Verdacht um eine angemessene Reaktion auf die Umwelteinwirkung handelt oder nicht (ohne diese Einschänkung BGHZ 105, 346 (350) = NJW 1989, 707; *Wagner* in MünchKomm BGB § 823 Rn. 231 f.; abl. *Landsberg/Lülling* Rn. 39).

Ist eine Sachbeschädigung gegeben, werden auch hierdurch bedingte **Vermögens-** 45
schäden ersetzt. Soweit Sachen im Rahmen eines Gewerbebetriebs als Produktionsmittel eingesetzt werden, kann auch der (anteilige) entgangene Gewinn aus der gewerblichen Tätigkeit verlangt werden, obwohl der eingerichtete und ausgeübte Gewerbebetrieb im Rahmen von § 1 nicht geschützt ist (vgl. BGHZ 41, 123 (125 f.) = NJW 1964, 720; VersR 1987, 513). Entsprechendes gilt für landwirtschaftliche und forstwirtschaftliche Betriebe, zB wenn landwirtschaftlicher Boden verunreinigt wird oder durch Luftverunreinigungen bestimmte Pflanzen nicht mehr angebaut werden können. Abweichend sind Vermögenseinbußen der Inhaber von Freizeitanlagen als Folge von Luftverschmutzung zu beurteilen.

D. Schaden

Erforderlich ist, dass **durch die Rechtsgutverletzung ein Schaden entstanden** ist. 46
Schaden ist jeder Nachteil, den eine Person an ihren rechtlich geschützten Gütern oder an ihrem Vermögen erleidet. **Ersatzfähig** ist nicht nur der unmittelbare Schaden, der am Objekt des Eingriffs entsteht, sondern zu ersetzen sind auch Folgeschäden aufgrund der Rechtsgutverletzung. Reine Vermögensschäden werden dagegen nicht ersetzt. Voraussetzung für die Ersatzfähigkeit ist, dass es sich um Schäden handelt, die adäquat kausal auf das Verletzungsereignis zurückzuführen und vom Schutzzweck des Haftungstatbestandes gedeckt sind. Die Anwendung dieser beiden Zurechnungskriterien bei der haftungsausfüllenden Kausalität dient dazu, eine uferlose Ausweitung der Schadensersatzpflicht zu vermeiden. Im Gegensatz zur haftungsbegründenden Zurechnung kann auf die adäquate Kausalität nicht verzichtet werden, weil der Normzweck hinsichtlich der Ersatzfähigkeit von Folgeschäden aus der Rechtsgutverletzung nicht stets aussagekräftig ist (BGH NJW 1975, 2012 (2013); VersR 1972, 463; *Salje/Peter* §§ 1, 3 Rn. 120; *Czychowski/Reinhardt* WHG § 89 Rn. 43; aM *Kohler* in Staudinger UmweltHR Rn. 74; *Deutsch* JZ 1991, 1097 (1099)). Insgesamt werden solche Folgeschäden aus der Ersatzpflicht ausgeschlossen, die auf einem völlig ungewöhnlichen, auch einem optimalen Beobachter nicht vorhersehbaren Kausalverlauf beruhen oder die in keinem inneren Zusammenhang mit dem Verletzungsereignis stehen, sondern sich als allgemeines Lebensrisiko darstellen.

Zurechenbarkeit ist regelmäßig auch gegeben, wenn mehrere Anlagen durch ihr **Zu-** 47
sammenwirken die Eigenart des Schadens prägen. Dies gilt zB, wenn das Zusammenwirken zu einer Schadenssteigerung führt (BGHZ 66, 70 (76) = NJW 1976, 797; *Brüg-*

gemeier JUTR 1990, 261 (274)). Die Zurechenbarkeit ist auch zu bejahen, wenn es durch das Zusammenwirken mehrerer Quellen zu mehreren Einwirkungen auf das gleiche Rechtsgut kommt, die durch Summierung einen Gesamtschaden bewirken (*Brüggemeier* JUTR 1990, 261 (275); *Assmann* in Fenyves/Weyers S. 116 (119)). Zur materiellen Haftung → § 7 Rn. 12ff..

48 Für **Art, Inhalt und Umfang** des Schadensersatzanspruchs gelten auch bei der Gefährdungshaftung grundsätzlich die §§ 249ff. BGB. Die §§ 12–14 haben im wesentlichen klarstellende Bedeutung, gehen aber den §§ 249ff. BGB vor. Im Fall der Verletzung des Körpers oder der Gesundheit sind nunmehr auch **immaterielle Schäden** ersatzfähig (Schmerzensgeld; § 13 S. 2). Bei Sachschäden ist die Einschränkung der Ersatzpflicht nach § 5 zu beachten. Eine Sonderregelung für ökologische Schäden trifft § 16. Zu Art, Inhalt und Umfang des Schadensersatzes im Einzelnen → Vorb. zu §§ 12–16.

E. Ersatzverpflichteter

49 Haftungssubjekt ist der **Inhaber der Anlage.** Der Begriff ist im UmweltHG nicht definiert. Der in den §§ 5, 14 BImSchG verwendete Begriff des Betreibers genehmigungsbedürftiger Anlagen ist wegen der Haftungsanknüpfung des UmweltHG auch an noch nicht betriebene Anlagen terminologisch nicht geeignet. Unter den sonstigen spezialgesetzlichen Tatbeständen der Gefährdungshaftung knüpfen insbesondere die §§ 89 Abs. 2 WHG, 2 HPflG und 25ff. AtomG bzw. das Pariser Übereinkommen an den Begriff des Inhabers an. In anderen Tatbeständen der Gefährdungshaftung wird auch der Begriff des Halters verwendet (zB § 7 StVG). All diese unterschiedlichen Begriffe haben grds. den gleichen Begriffsinhalt (vgl. *I. Ossenbühl* S. 43ff.).

Die in den genannten Regelungen, insbesondere § 89 Abs. 2 WHG, entwickelte Kasuistik kann daher auch für die Bestimmung des Begriffs des Inhabers nach dem UmweltHG herangezogen werden.

50 Inhaber ist derjenige, der die Gefahrenquelle dauernd **für eigene Zwecke benutzt,** dh auf eigene Rechnung betreibt und die Kosten für ihre Unterhaltung aufbringt, und ihren Einsatz **tatsächlich beherrscht** (BGHZ 80, 1 (4) = NJW 1981, 1516; BGHZ 76, 312 (316) = NJW 1981, 2576; BGHZ 172, 287 Rn. 21 = NJW-RR 2007, 754; OLG Düsseldorf 11.12.2013, 18 U 95/11, juris, Rn. 192; BVerwGE 107, 299 (301) = NJW 1999, 1416; OVG Münster 14.10.2014, 9 A 265/12, juris, Rn. 32; *Czychowski/Reinhardt* WHG § 89 Rn. 81f.; *Filthaut/Piontek/Kayser* HPflG § 2 Rn. 45f.; *Heß* S. 130ff.; dem folgend *Kohler* in Staudinger UmweltHR Rn. 86; *Salje/Peter* §§ 1, 3 Rn. 17; *Landsberg/Lülling* Rn. 58). Auf die rechtlichen Beziehungen zur Anlage kommt es nicht entscheidend an. Inhaber ist zunächst der Eigentümer. Bei einer nicht nur vorübergehenden Gebrauchsüberlassung ist – idR alleiniger – Inhaber der unmittelbare **Besitzer** (BGHZ 87, 133 (137) = NJW 1983, 1492; NJW 1986, 2312 (2313)). Im Fall des Betriebs von Kataloganlagen kommen insbes. Pacht-, Betriebspacht- und Betriebsüberlassungsverträge für eine Besitzeinräumung in Betracht; sie stellen eine geeignete Rechtsgrundlage für den Übergang der Inhaberstellung auf den Besitzer dar (BGHZ 182, 370 Rn. 18 = NVwZ 2010, 467; BGHZ 142, 227 (234) = NJW 1999, 3683; NJW 1986, 2312 (2313); *Breuer/Gärditz* Rn. 1509; *Kohler* in Staudinger UmweltHR Rn. 86; *Salje/Peter* §§ 1, 3 Rn. 21).

51 Werden **Transportmittel Dritter** auf das Betriebsgrundstück verbracht und zeitweilig im Betriebsablauf eingesetzt, so wird der Inhaber der Kataloganlage neben dem Halter des Transportmittels vorübergehend selbst auch Inhaber des Transportmittels, das insoweit Zubehör darstellt (→ § 3 Rn. 27; zu § 89 WHG ähnlich OLG Köln ZfW 1975,

66; *Schröder* BB 1976, 63 (68); *Breuer/Gärditz* Rn. 1513f.). Die bloße Verbindung mit der Anlage, zB durch Anschluss eines Schlauchs oder Ankoppelung, genügt aber nicht, sofern die Umwelteinwirkung nicht gerade aus der Verbindung stammt; erforderlich ist vielmehr einheitliche tatsächliche Sachherrschaft des Inhabers der Anlage (BGHZ 76, 35 (41 ff.) = NJW 1980, 943; OLG Schleswig VersR 1979, 999 (1000); OLG Hamburg NJW-RR 1988, 474 (475); OLG Köln ZfW 1995, 116 (117); *Breuer/Gärditz* Rn. 1516 f.; *Schwendner* in Sieder/Zeitler/Dahme/Knopp WHG § 89 Rn. 69). Beim bloßen Umfüllen haftet der Inhaber der Anlage daher vielfach nicht. Die Wirksamkeit des zum Besitz und zur Nutzung berechtigenden Vertrages ist nicht erforderlich.

Bei **im Bau befindlichen Anlagen** ist Inhaber grundsätzlich der künftige Inhaber, 52
ggf. auch der Bauherr, bei stillgelegten Anlagen der Inhaber im Zeitpunkt der Stilllegung (→ § 2 Rn. 4, 7).

In Ausnahmefällen kann bei **Konzernbeziehungen** auch die Obergesellschaft **Inhaber einer Anlage der Untergesellschaft** sein. 53
Für die Annahme einer Inhaberschaft der Obergesellschaft reicht aber das Bestehen eines Vertragskonzerns oder eines faktischen Konzerns mit intensiver Beherrschung nicht aus, außer wenn der Obergesellschaft der Betrieb der Untergesellschaft überlassen oder verpachtet wird (vgl. *Kohler* in Staudinger UmweltHR Rn. 89). Selbst wenn die Obergesellschaft die Untergesellschaft wie eine Betriebsabteilung führt, kann man darin allein noch keine unmittelbare tatsächliche Beherrschung der Anlage sehen. Anders ist dies erst, wenn die Obergesellschaft laufend Weisungen für die technische Ausstattung, Unterhaltung und den Betrieb der Anlage einschl. der Erfüllung der gesetzlichen Anforderungen erteilt und dadurch der **operative technische Anlagenbetrieb** unter ihrer unmittelbaren Leitung steht (*Cosack* S. 130 ff., 138, 142 f.; *I. Ossenbühl* S. 65, 73 f., 151 ff.; *Michalski* Jura 1995, 617 (623); *H. P. Westermann* ZHR 155 (1991), 223 (238); *U. H. Schneider* ZGR 1996, 225 (236); *Kohler* in Staudinger UmweltHR Rn. 89; aM *Spindler* Unternehmensorganisationspflichten 2001, S. 960 f.). Das Gleiche gilt wohl bei vollständiger Personalunion (*I. Ossenbühl* S. 85). Meist kommt es zur **Verdopplung der Inhaberstellung;** auch die Untergesellschaft ist Inhaber. Die Folge ist eine gesamtschuldnerische Haftung aus § 1 nach den §§ 830, 840 BGB (OLG Düsseldorf 29.10.2010, 22 U 70/10, juris, Rn. 97; *Salje/Peter* §§ 1, 3 Rn. 26, 130; *I. Ossenbühl* S. 115 ff.; *Paschke* Rn. 75). Daneben kommt unter engen Voraussetzungen eine sekundäre Haftung der Obergesellschaft **im Wege des Durchgriffs** in Betracht. Im Vertragskonzern besteht allerdings lediglich eine Verlustdeckungspflicht (§ 302 AktG), im faktischen Konzern eine Pflicht gegenüber der Untergesellschaft zum Nachteilsausgleich oder Ersatz (§§ 311, 317 AktG). Selbst bei existenzvernichtenden Eingriffen im faktischen Konzern erkennt die neuere Rspr nur eine Innenhaftung der Obergesellschaft aus § 826 BGB an (BGHZ 173, 246 Rn. 16 ff. = NJW 2007, 2689). Die bloße Auslagerung gefährlicher Anlagen in eine Untergesellschaft zum Zwecke der Risikotrennung führt nicht zu einer Durchgriffshaftung. Eine solche Haftung ist denkbar, wenn die Untergesellschaft als Inhaber einer Anlage mit einem Eigenkapital ausgestattet wird, das in einem völligen Missverhältnis zu dem zu erwartenden Haftungsrisiko steht, und auch ein Ausgleich durch Abschluss einer Haftpflichtversicherung nicht erfolgt (*Cosack* S. 183 ff., 193 ff.; *H. P. Westermann* ZHR 155 (1991), 223 (244 f.); aM aber BGHZ 176, 204 Rn. 10, 12 = NJW 2008, 2437; BGHZ 68, 312 (316 ff.) = NJW 1977, 1449)). Gesichert ist, dass eine Vermögensvermischung eine Durchgriffshaftung auslösen kann (BGH NJW 1994, 1801 (1802); OLG Celle NJW-RR 2000, 39).

Beim **Wechsel des Inhabers** trifft die Haftung nach § 1 grds. den Inhaber der Anlage 54
im Zeitpunkt der Umwelteinwirkung (BGHZ 142, 227 (231) = NJW 1999, 2633; *Kohler* in Staudinger UmweltHR Rn. 91; *Salje/Peter* §§ 1, 3 Rn. 27). Bei gestreckten Schadensereignissen (zB aufgrund eines kleinen Störfalls oder des Normalbetriebs) haften in

einem solchen Fall sämtliche Inhaber teilschuldnerisch, ggf. gesamtschuldnerisch (→ § 7 Rn. 13, 15 ff.).

F. Ersatzberechtigter

55 Ersatzberechtigt ist der **unmittelbar Verletzte,** dh jeder, dessen Körper oder Gesundheit verletzt oder dessen Sache beschädigt worden ist. Ihm werden auch Vermögensfolgeschäden aus der Verletzung ersetzt. Auch **mittelbar Verletzte** können ersatzberechtigt sein, soweit die Zweitverletzung dem Schädiger zuzurechnen ist (zB Schockschäden und Schäden an der Leibesfrucht; → Rn. 33 und 36). Dagegen werden Vermögensschäden Dritter, die nicht in einem nach § 1 geschützten Rechtsgut verletzt sind, sondern als Folge einer Rechtsgutverletzung eines anderen einen Vermögensschaden erleiden (mittelbar Geschädigte), grundsätzlich nicht ersetzt. Eine § 844 Abs. 2 BGB entsprechende Ausnahmeregelung findet sich in § 12 Abs. 1 S. 2, Abs. 2 für den Fall der Tötung.

56 Unter den allgemeinen Voraussetzungen der **Drittschadensliquidation** kann der Verletzte den Schaden eines mittelbar Geschädigten liquidieren (BGHZ 133, 36 (41) = NJW 1996, 2734; BGHZ 40, 91 (100) = NJW 1963, 2071; *Oetker* in MünchKomm BGB § 249 Rn. 289 ff.). Nach hL kommt die Drittschadensliquidation grundsätzlich nur in Betracht, wenn zwischen dem haftpflichtigen Inhaber der Anlage und dem Verletzten vertragliche Beziehungen bestehen. Die Rspr erkennt aber im Fall der obligatorischen Gefahrentlastung, der mittelbaren Stellvertretung und der Treuhand eine Drittschadensliquidation auch im Deliktsrecht an (vgl. BGHZ 40, 91 (100) = NJW 1963, 2071; BGHZ 57, 335 (336) = NJW 1972, 288; NJW 1998, 1864 (1865); VersR 1972, 1139; ebenso *Lange/Schiemann* S. 466, 471; aM OLG Hamm NJW 1970, 1793). Im Rahmen der Umwelthaftung wird eine Drittschadensliquidation selten praktisch werden. Wird zB ein Grundstück, das schon übergeben, aber noch nicht übereignet ist, durch eine Umwelteinwirkung beschädigt, so kann der Erwerber einen eigenen Schadensersatzanspruch wegen Beeinträchtigung seines Besitzrechts geltend machen. Ob daneben auch der Verkäufer aus Eigentum Schadensersatz im Wege der Drittschadensliquidation wegen obligatorischer Gefahrentlastung (§§ 446, 326 Abs. 1 S. 1 BGB) verlangen kann, ist zweifelhaft, aber eher zu verneinen (BGH NJW 1984, 2569).

57 Da der Begriff der Umwelteinwirkung auch solche im innerbetrieblichen Bereich erfasst (→ § 3 Rn. 12), stellt sich die Frage nach der Ersatzberechtigung von **Betriebsangehörigen.** Nicht geschützt ist der Mitinhaber der Anlage, weil hier die Umwelteinwirkung im Zuständigkeitsbereich des anderen Mitinhabers liegt (eingehend *Landsberg/Lülling* Rn. 67). Bei Personengesellschaften sind trotz gewisser rechtlicher Verselbständigung (§ 124 HGB) und daraus folgender Eigenschaft der Gesellschaft selbst als Inhaber die geschäftsführenden Gesellschafter nicht, wohl aber die von der Geschäftsführung ausgeschlossenen Gesellschafter sowie Kommanditisten ersatzberechtigt. Das Gleiche gilt für Geschäftsführer und Gesellschafter eines Inhabers in der Rechtsform der Kapitalgesellschaft. Arbeitnehmer, Kunden und Besucher sind generell ersatzberechtigt (→ § 3 Rn. 12).

58 Der Ersatzberechtigte kann durch Individualvereinbarung oder aufgrund einer Einwilligung des potentiell Geschädigten grundsätzlich **Ansprüche** nach dem UmweltHG **ausschließen,** sofern dem nicht das besondere soziale Schutzbedürfnis einer Person entgegensteht; ein Haftungsausschluss durch allgemeine Geschäftsbedingungen ist dagegen problematisch (s. iE *Landsberg/Lülling* Rn. 85 ff. mwN).

§ 2 Haftung für nichtbetriebene Anlagen

(1) **Geht die Umwelteinwirkung von einer noch nicht fertiggestellten Anlage aus und beruht sie auf Umständen, die die Gefährlichkeit der Anlage nach ihrer Fertigstellung begründen, so haftet der Inhaber der noch nicht fertiggestellten Anlage nach § 1.**

(2) **Geht die Umwelteinwirkung von einer nicht mehr betriebenen Anlage aus und beruht sie auf Umständen, die die Gefährlichkeit der Anlage vor der Einstellung des Betriebs begründet haben, so haftet derjenige nach § 1, der im Zeitpunkt der Einstellung des Betriebs Inhaber der Anlage war.**

Übersicht

A. Allgemeines

I. Grundzüge und Zweck der gesetzlichen Regelung

1 § 2 erstreckt die Gefährdungshaftung nach § 1 auch auf Anlagen, die sich im Bau befinden oder stillgelegt sind. Maßgeblich dafür war die Erwägung, dass auch von solchen Anlagen **besondere anlagentypische Gefahren** ausgehen können (Begr. S. 17). Eine ausdrückliche Regelung dieser Frage erscheint sinnvoll, um Auslegungszweifel darüber zu vermeiden, ob Gefährdungshaftungstatbestände noch nicht oder nicht mehr betriebene Anlagen erfassen (vgl. zu § 2 HPflG *Filthaut/Piontek/Kayser* § 2 Rn. 19f.; zu § 89 WHG: BGHZ 142, 227 (232) = NJW 1999, 3633; *Czychowski/Reinhardt* WHG § 89 Rn. 72). Die Regelung will Haftungslücken dieser Art schließen (*Salje/Peter* Rn. 2). Sie hat eine besondere Bedeutung für stillgelegte Anlagen und soll künftig eine zivilrechtliche Haftung für industrielle Altlasten ermöglichen.

II. Entstehungsgeschichte

2 Die Vorschrift beruht auf dem Regierungsentwurf. Der Bundesrat lehnte die einschränkende Formulierung, dass die Umwelteinwirkung auf Gefahrenumständen beruhen muss, die die Gefährlichkeit der Anlage begründen, ab, weil damit die Haftung für nichtbetriebene Anlagen an engere Voraussetzungen als die für betriebene Anlagen geknüpft sei (BT-Drs. 11/7104 S. 23). Dem ist die Bundesregierung entgegengetreten ebd. S. 30). Der Rechtsausschuss hat die Formulierung des Regierungsentwurfs übernommen.

B. Nichtbetriebene Anlagen

I. Noch nicht fertiggestellte Anlagen

3 § 2 Abs. 1 erfasst Anlagen im Sinne des Anh. s 1 vor ihrer (endgültigen) Errichtung. Soweit danach Schwellenwerte maßgeblich sind, kommt es darauf an, ob diese Werte nach der Auslegung der Anlage erreicht werden sollen (*Deutsch* JZ 1991, 1097 (1098)). Die Vorschrift gilt auch bei Erweiterung einer Anlage in der Weise, dass künftig die Schwellenwerte erreicht werden. Gefahren, die mit denen des Anlagenbetriebs vergleichbar sind, drohen allerdings nicht nur in der **Bauphase,** sondern auch im Zeitraum zwischen endgültiger Fertigstellung und Inbetriebnahme (zB durch Lagerung gefährlicher Stoffe). Da nach der hier vertretenen Auffassung § 1 erst ab Inbetriebnahme gilt (→ § 1 Rn. 12), dürfte § 2 Abs. 1 so zu verstehen sein, dass auch der Zeitraum zwischen Fertigstellung und Inbetriebnahme erfasst ist. Andernfalls entstünde eine Haftungslücke.

4 Der **Anlagenbegriff** für die Anlagen nach § 2 Abs. 1 entspricht grds. dem des § 3. Da während der Errichtung die Anlage als räumlich-gegenständliche Einrichtung noch nicht oder noch nicht vollständig vorhanden ist, besitzt der Anlagenbegriff aber keine ausreichende Abgrenzungsfunktion und bedarf daher der Ergänzung durch das hypothetische Merkmal des typischen Risikos der betriebenen Anlage (vgl.→ Rn. 8 f.). Die Haftung setzt mit dem Beginn der Bauarbeiten für die Anlage ein. Sie gilt auch für einen Probelauf vor vollständiger Errichtung. Sie trifft den **Inhaber der zu errichtenden Anlage.** Entscheidend ist die tatsächliche, wirtschaftliche Verfügungsgewalt über das Bauvorhaben. Inhaber ist daher grds. der Inhaber der künftigen Anlage, jedenfalls soweit er zugleich Bauherr ist. Zweifelhaft ist, ob ein Unternehmen, das eine Anlage in eigener Verantwortung, auch als Leasinggeber, schlüsselfertig errichtet, solange Inhaber ist, bis die Übergabe an den Erwerber oder Leasingnehmer erfolgt ist. Dagegen spricht die Rechtfertigung der Haftung für Risiken durch den Nutzen der künftigen Anlage. Gleichwohl ist in diesem Fall der Bauherr als Inhaber anzusehen, da der Anlageninhaber noch keine Einwirkungsmöglichkeit auf das Bauwerk hat; bloßer Nutzen ohne Herrschaft rechtfertigt eine Gefährdungshaftung nicht (ebenso *Paschke* Rn. 8; *Salje/Peter* Rn. 17; aM *Landsberg/Lülling* Rn. 7; *Schmidt-Salzer* Rn. 9 f.; *Höpke/Thürmann* Rn. 1485; *Kohler* in Staudinger UmweltHG Rn. 10).

II. Stillgelegte Anlagen

5 § 2 Abs. 2 erstreckt die Gefährdungshaftung auch auf nicht mehr betriebene Anlagen, die vor ihrer Stilllegung unter den Anh. 1 fielen. Damit besteht zusammen mit § 1 eine umfassende Gefährdungshaftung durch künftige **Altlasten.** Während § 1 auch Spätschäden durch Austritt von Schadstoffen während des Anlagenbetriebs erfasst, betrifft § 2 Abs. 2 Umwelteinwirkungen, die erst nach Stilllegung der ehemaligen Betriebsstätte verursacht werden, zB. wenn auf dem Betriebsgelände verbliebene gefährliche Stoffe oder Einrichtungen den Boden oder das Grundwasser verunreinigen. Auch bei stillgelegten Anlagen beschränkt sich die Haftung auf betriebstypische Gefahren (→ Rn. 8 f.).

6 Eine Anlage wird nicht mehr betrieben, wenn der **Betrieb eingestellt ist** und der Inhaber den Willen zur Betriebseinstellung nach außen zum Ausdruck gebracht hat (*Schmidt-Salzer* Rn. 15; *Salje/Peter* Rn. 8 f., 11). Bei vorübergehender Einstellung und erst recht außerhalb der Betriebszeiten bleibt die Haftung nach § 1 bestehen. Die Haftung nach § 2 beschränkt sich nicht auf Fälle, in denen die Anlage als Bauwerk noch vor-

handen ist. Dies ist nur der Regelfall der Haftung. Zweck der Vorschrift ist es, sämtliche anlagentypischen Gefahren zu erfassen. Dies erfordert eine Erstreckung auf alle Gefahren, die mit der früher betriebenen Anlage im Zusammenhang stehen, dh deren **Grund** durch die noch vorhandene Anlage, zurückgelassene Anlagenteile oder Stoffe oder durch Demontagearbeiten gelegt worden ist. Dass die Rechtsgutverletzung schon vor endgültiger Räumung des Betriebsgrundstücks erfolgt sein muss, ist nicht erforderlich (*Landsberg/Lülling* Rn. 8; *Schmidt-Salzer* Rn. 20; aM *Kohler* in Staudinger UmweltHR Rn. 14; *Paschke* Rn. 11; *Salje/Peter* Rn. 8f., vgl. aber Rn. 11). Erfasst werden Gefahren, die sich durch die noch nicht abgebaute Anlage, noch vorhandene Anlageteilen oder Zubehör (zB zurückgelassene gefährliche Stoffe) oder durch Arbeiten zur Demontage der Anlage ergeben. § 2 greift auch ein, wenn ein Anlagenteil oder Zubehör vereinbarungsgemäß auf einen Rechtsnachfolger (zB ein Verwertungsunternehmen) übergegangen ist. Nach vollständiger Beseitigung der Anlage und des Zubehörs erlischt zwar grds. die Haftung. Soweit aber aus der stillgelegten Anlage, noch vorhandenen Anlagenteilen oder Zubehör oder bei der Demontage gefährliche Stoffe in den Boden oder in das Grundwasser gelangt waren, besteht die nach § 2 Abs. 2 begründete Haftung fort.

Die Haftung ist entgegen der öffentlich-rechtlichen Regelung des § 17 Abs. 4a 7
BImSchG **nicht zeitlich begrenzt,** sondern unterliegt nur der **Verjährung** nach § 17 (vgl. aber § 6 Abs. 4 Nr. 2). Die Haftung trifft diejenige Person, die Inhaber der Anlage im Zeitpunkt der Einstellung des Betriebes war. Dies gilt auch, wenn die Sachherrschaft über das Grundstück nach Stilllegung auf einen Dritten übergeht, zB der Eigentümer nach Ablauf eines Pachtvertrags das Gelände wieder übernimmt. Der Grund für diese Regelung liegt darin, dass der bisherige Inhaber am ehesten geeignet ist, Schäden nach Stilllegung zu verhüten (*Kohler* in Staudinger UmweltHR Rn. 17; *Landsberg/Lülling* Rn. 9). Die Verantwortlichkeit Störers nach Bodenschutz- und Abfallrecht bleibt unberührt.

C. Beschränkung auf anlagentypische Gefahren

Das Gesetz beschränkt die Haftung nach § 2 Abs. 1 und 2 auf solche Umweltein- 8
wirkungen, die auf Umständen beruhen, die die Gefährlichkeit der Anlage nach ihrer Fertigstellung bzw. vor der Betriebseinstellung begründen. Dieser **Als-ob-Maßstab der betriebenen Anlage** (*Kohler* in Staudinger UmweltHR Rn. 7) war während der Gesetzesberatungen äußerst umstritten (vgl. → Rn. 2). Er wurde von den Gesetzesverfassern damit begründet, das vor Fertigstellung und nach Stilllegung die haftungsbegrenzende Funktion des räumlich-gegenständlichen Anlagenbegriffs nur beschränkt eingreife und daher auf die typische Gefährlichkeit der künftigen oder bisherigen Anlage zurückgegriffen werden müsse (Bundesregierung, Gegenäußerung, BT- Drs. 11/7104 S. 30). Das Zurechnungskriterium der anlagentypischen Gefährlichkeit soll die für die Errichtung der Anlage (bautypische Gefahren) und für die Nutzung der Anlage und des Betriebsgeländes nach Stilllegung typischen Gefahren (nutzungstypische Gefahren) von den Gefahren des Anlagenbetriebs abgrenzen; nur für letztere wird gehaftet (*Kohler* in Staudinger UmweltHR Rn. 14). Dies gestattet aber nicht den Rückgriff auf die konkreten Gründe, die für die Aufnahme der Anlage in den Anh. 1 maßgeblich waren (*Landsberg/Lülling* Rn. 5).

Eine Haftung nach § 2 Abs. 1 ist ausgeschlossen, wenn Umwelteinwirkungen durch 9
die eigentlichen Bauarbeiten, zB einen Brand von Baumaterialien oder das Auslaufen von Hydrauliköl aus Baumaschinen, verursacht werden (*Landsberg/Lülling* Rn. 4). Geht die Umwelteinwirkung dagegen von gefährlichen Stoffen aus, die für den **späteren Betrieb erforderlich** sind oder beruht sie auf Fehlern der Statik, für die auch später gehaftet

würde, so liegt eine betriebstypische Gefahr vor (*Salje/Peter* Rn. 15; *Kohler* in Staudinger UmweltHR Rn. 14f.; *Landsberg/Lülling* Rn. 5). Ähnlich greift § 2 Abs. 2 nach Stilllegung ein, wenn in dem Gebäude **verbliebene Stoffe** oder Einrichtungen der stillgelegten Anlage zu Umwelteinwirkungen führen (vgl. BGHZ 142, 227 (232) = NJW 1999, 2633), nicht dagegen, wenn eine schädliche Umwelteinwirkung allein auf der gegenwärtigen Nutzung der Anlage oder des Betriebsgeländes beruht (*Kohler* in Staudinger UmweltHR Rn. 14f.).

§ 3 Begriffsbestimmungen

(1) **Ein Schaden entsteht durch eine Umwelteinwirkung, wenn er durch Stoffe, Erschütterungen, Geräusche, Druck, Strahlen, Gase, Dämpfe, Wärme oder sonstige Erscheinungen verursacht wird, die sich in Boden, Luft oder Wasser ausgebreitet haben.**

(2) **Anlagen sind ortsfeste Einrichtungen wie Betriebsstätten und Lager.**

(3) **Zu den Anlagen gehören auch**

a) Maschinen, Geräte, Fahrzeuge und sonstige ortsveränderliche technische Einrichtungen und

b) Nebeneinrichtungen,

die mit der Anlage oder einem Anlagenteil in einem räumlichen oder betriebstechnischen Zusammenhang stehen und für das Entstehen von Umwelteinwirkungen von Bedeutung sein können.

Übersicht

A. Grundzüge und Zweck der gesetzlichen Regelung

§ 3 enthält die für die Umschreibung des Risikobereichs der Gefährdungshaftung für Umweltschäden maßgeblichen Begriffsbestimmungen. Definiert werden die Umwelteinwirkungen und die Anlage. 1

B. Umwelteinwirkungen

I. Funktion des Begriffs

Der Tatbestand des § 1 knüpft zwar an den Anlagenbegriff an, sieht jedoch keine allgemeine Gefährdungshaftung für alle Anlagerisiken vor, sondern beschränkt die Haftung auf Schäden, die durch Umwelteinwirkung, dh auf dem **Umweltpfad,** verursacht sind (*Kohler* in Staudinger UmweltHR Rn. 2; Landsberg/*Lülling,* Rn. 5). Die Anknüpfung an den Begriff des Schadens ist ungenau. Gemeint ist vielmehr, wie sich aus § 1 ergibt, in 2 erster Linie die Rechtsgutverletzung. Der Begriff der Umwelteinwirkung begründet den Zurechnungszusammenhang zwischen Anlagenbetrieb und Rechtsgutverletzung. Für den Zurechnungszusammenhang zwischen der Rechtsgutverletzung und dem Schaden ist er von geringer Bedeutung (vgl. aber *Deutsch* JZ 1991, 1097 (1099)). Damit wird die **umweltpolitische Funktion** der Haftung zum Ausdruck gebracht (Begr. S. 16; *Landsberg/Lülling* Rn. 1).

3 § 1 sieht eine **medial begrenzte Anlagenhaftung** vor. Umweltmedien als solche werden nicht geschützt. Der Begriff der Umwelteinwirkung wird in § 3 Abs. 1 definiert. Die gesetzliche Begriffsbestimmung lehnt sich an § 3 Abs. 1–3 BImSchG an (Begr. S. 16). Jedoch verzichtet das Gesetz zum einen auf den wertenden Begriff der **Schädlichkeit** der Umwelteinwirkung, der seinen Platz im primär präventiven öffentlichen Immissionsschutzrecht hat, im Haftpflichtrecht jedoch deshalb überflüssig ist, weil eine Ersatzpflicht ohnehin eine Rechtsgutverletzung voraussetzt (OLG München VersR 1999, 1497; *Salje/Peter* §§ 1, 3 Rn. 55; *Landsberg/Lülling* Rn. 1, § 1 Rn. 14; *Kloepfer* § 6 Rn. 127; *Lytras* S. 456). Die Gegenmeinung stellt zwar auf die Schädlichkeit der Umwelteinwirkung ab, lässt aber minimale oder vorübergehende schädliche Einwirkungen genügen (*Kohler* in Staudinger UmweltHR Rn. 2; *Paschke* Rn. 10; *Balensiefen* S. 227). Zum anderen erweitert § 3 Abs. 1 im Vergleich zu § 3 Abs. 1–3 BImSchG den Begriff der Umwelteinwirkung auf alle Einwirkungen auf Boden, Luft oder Wasser und erfasst nicht lediglich diejenigen, die auf dem Luftpfad erfolgen.

II. Emission und Immission

4 **1. Allgemeines.** § 3 Abs. 1 verwendet, wenngleich nicht mit derselben definitorischen Stringenz, die in § 3 BImSchG zugrunde gelegte **Unterscheidung von Emission und Immission.** Die Umwelteinwirkung ist definiert durch Stoffe, Erschütterungen, Geräusche, Druck, Strahlen, Gase, Dämpfe, Wärme oder sonstige Erscheinungen. Da diese Stoffe und ähnliche Erscheinungen nach § 1 aus einer Anlage stammen, dh von ihr ausgegangen sein müssen, handelt es sich in der Terminologie des BImschG (§ 3 Abs. 3) um Emissionen (vgl. Begr. S. 17). Die Emissionen müssen sich in den Umweltmedien Boden, Wasser oder Luft kurz: auf dem **Umweltpfad,** ausgebreitet haben (OLG Köln VersR 2009, 350 (354); *Kohler* in Staudinger UmweltHG Rn. 2, 4, 10; *Salje/Peter* §§ 1, 3 Rn. 73). Damit sind die Immissionen im Sinne von § 3 Abs. 2 BImSchG angesprochen.

5 **2. Stoffe und ähnliche Erscheinungen (Emissionen).** Die ausdrückliche Aufzählung der **Emissionen** in § 3 Abs. 1 ist sehr weit, aber **nicht abschließend.** Notfalls kann die Auffangklausel der „ähnlichen Erscheinungen" herangezogen werden. Der Begriff des Stoffs dürfte weit zu verstehen sein, dh Stoffe und Gemische nach § 3 Nr. 1 und 4 ChemG umfassen. Damit sind chemische Elemente und Verbindungen, wie sie natürlich vorkommen oder hergestellt werden, und Gemenge, Gemische und Lösungen von Stoffen erfasst. Erfasst wird auch die Emission von **Treibhausgasen** (→ § 1 Rn. 38). Erzeugnisse als solche sind keine Stoffe, da bei ihnen die spezifische Gestalt, Oberfläche oder Form maßgeblich ist (§ 3 Nr. 5 ChemG). Sie können jedoch Ansatzpunkt für die Haftung nach § 1 sein, wenn sie in einer Anlage verwendet werden und aus ihnen Stoffe oder Zubereitungen austreten. **Feste Kleinstkörper** fallen dagegen unter die Definition der Stoffe, wenn sie auf dem Umweltpfad verbreitet werden, zB Steinsplitter, Ascheregen, Ruß, aber auch, wie sich aus Anh. Nr. 48 Buchst. c ergibt, Bakterien oder Viren (*Kohler* in Staudinger UmweltHR Rn. 7 f.; *Deutsch* JZ 1991, 1097 (1100); *Salje/Peter* §§ 1, 3 Rn. 58, 61 f.).

6 **Strahlen** sind radioaktive und nicht-ionisierende Strahlen wie etwa elektrische Strahlen, Radarstrahlen (vgl. OVG Bautzen DÖV 1998, 431; OVG Koblenz, NVwZ 1987, 149) und Lichtreflexe (*Salje/Peters* §§ 1, 3 Rn. 66). Im Bereich der Radioaktivität ist allerdings der Vorrang des Atomhaftungsrechts nach § 18 Abs. 2 zu beachten. Da dieses schwach radioaktive Strahlen nicht erfasst, verbleibt dem UmweltHG ein gewisser Anwendungsbereich auch bei radioaktiven Strahlen (→ § 18 Rn. 3). Die eigentliche Bedeutung der Einbeziehung bestimmter Kernenergieanlagen in das UmweltHG (Anh. 1, Nr. 15–18, 45) liegt allerdings in der Erfassung des nichtnuklearen Risikos solcher Anlagen.

7 Fraglich ist, ob eine Umwelteinwirkung in Form einer „ähnlichen Erscheinung" vorliegt, wenn durch das Bauwerk oder eine sonstige Bodenerhebung einer Anlage (zB einer Deponie) **Licht entzogen** oder durch Beschattung oder einen Kaltluftstau das **Kleinklima verändert** wird. Hier fehlt es an einer positiven (aktiv grenzüberschreitenden) Einwirkung. Es liegt keine Ausbreitung von Emissionen in der Umwelt vor, vielmehr wird die Ausbreitung von Stoffen verhindert. Deshalb lehnt die hM im Anwendungsbereich der §§ 1004, 903, 906 BGB eine Einbeziehung derartiger Erscheinungen ab (BGHZ 88, 344 (345 ff.) = NJW 1984, 729; BGHZ 113, 384 (386 f.) = NJW 1991, 1671). Dem dürfte auch für das UmweltHG zu folgen sein (*Kohler* in Staudinger UmweltHR Rn. 5, 7 ff.; *Salje/Peter* §§ 1, 3 Rn. 58, 70; *Deutsch* JZ 1991, 1097 (1099)). Anders ist dies jedoch, wenn solche Wirkungen durch Emissionen verursacht werden, wie etwa die Verhinderung von Lichteinwirkungen durch Emissionen (*Kohler* in Staudinger UmweltHR Rn. 6; *Salje/Peter* §§ 1, 3 Rn. 71).

8 Erfasst werden auch **Brände und Explosionen.** Sie sind ohne weiteres unter die Begriffe „Wärme" und „Druck" sowie „Rauch" oder „Ruß" zu subsumieren; auch an der Möglichkeit ihrer Ausbreitung in der Umwelt kann kaum Zweifel bestehen (Begr. S. 17; *Kohler* in Staudinger UmweltHG Rn. 10). Dass Brände und Explosionen auf der Verwendung gefährlicher Stoffe in der Anlage beruhen oder die Emission solcher Stoffe verursachen, verlangt das Gesetz nicht. Im Immissionsschutzrecht wird zwar überwiegend eine sonstige Gefahr im Sinne von § 5 Abs. 1 Nr. 1 BImSchG angenommen, ua weil es für die Emission auf deren Stetigkeit ankommen soll (BVerwG DVB1. 1983, 183; *Roßnagel/Hentschel* in GK-BImSchG § 5 Rn. 180; *Feldhaus* DVB1. 1980, 133, 136; → Bd. III, § 5 Rn. 96, 124). Dies kann aber kaum gelten, wenn Immissionen verursacht werden (OVG Magdeburg 15.1.2015, 2 L40/12, juris, Rn. 77; VGH Mannheim 11.12.2014, 10 S 473/14, juris, Rn. 16; OVG Lüneburg OVGE 32, 444; *Rehbinder* BB 1976, 1 (4); *Jarass* BImSchG § 5 Rn. 12, 27). Im Übrigen verbietet es der Schutzweck des § 1, die Unterscheidungen des § 5 Abs. 1 BImSchG in das Haftungsregime zu übernehmen.

3. Ausbreitung

9 Eine Ausbreitung in Boden, Luft oder Wasser liegt vor, wenn sich die Stoffe oder ähnliche Erscheinungen nach dem Austritt aus der Anlage **in der Umwelt verteilen.** In der Regel erfolgt hierdurch eine **Veränderung der physikalischen, chemischen oder biologischen Beschaffenheit** des Umweltmediums (vgl. *Salje/Peter* §§ 1, 3 Rn. 72 ff.; *Landsberg/Lülling* Rn. 2 und 4). Fraglich ist, ob eine Umwelteinwirkung auch ohne eine solche Veränderung denkbar ist (so *Landsberg/Lülling* § 3 Rn. 2 und 4; aM *Kohler* in Staudinger UmweltHR Rn. 8). Im Vorfeld der Gesetzesberatungen wurde eine ausdrückliche Definition der Umwelteinwirkung entsprechend § 22 Abs. 1 WHG aF abgelehnt und stattdessen auf den Begriff der Ausbreitung abgestellt. Eine erweiternde Auslegung ließe sich mit der Überlegung rechtfertigen, dass § 1 nicht dem Schutz der

Umwelt, sondern dem Schutz von Individualgütern dient, die auf dem Umweltpfad geschädigt werden. Erheblich ist die Frage insbes. bei der Vermehrung der Menge von Wasser durch überraschendes Ablassen, Abflusshindernisse oder wasserverdrängende Massierung von Anlagen. § 89 WHG ist in diesen Fällen nur anwendbar, wenn hierdurch mittelbar die stoffliche Qualität des Wassers beeinträchtigt wird (BGH ZfW 2004, 180 (184); 1984, 350 (352); OVG Münster NuR 1986, 183; OLG Celle VersR 1969, 355; *Czychowski/Reinhardt* WHG § 89 Rn. 29). Die Anlehnung der Definition der Umwelteinwirkung an § 3 BImSchG und die umweltpolitische Zielsetzung des UmweltHG legen aber eher eine erweiternde Auslegung nahe. Danach kann auch die Einleitung oder das Austreten großer Mengen von Wasser eine Umwelteinwirkung darstellen, da hierdurch die konkrete mengenmäßige Beschaffenheit des Stoffs in der Umwelt verändert wird (ebenso *Kohler* in Staudinger UmweltHR Rn. 8, 13; *Salje/Peter* §§ 1, 3 Rn. 72 ff.; *Balensiefen* S. 227; *Landsberg/Lülling* Rn. 2, 4).

10 **Rein mechanische Gefahren** werden nicht erfasst. Dies gilt etwa für das Herabfallen von Anlagenteilen (ebenso Begr. S. 17; *Landsberg/Lülling* Rn. 6), das Abdriften eines zum Anlagenbetrieb zugehörigen Wasserfahrzeugs, aber auch das Abschwemmen giftiger Festkörper, zB giftiger Pflanzen, die von Tieren gefressen werden (aM *Landsberg/Lülling* Rn. 4); hier fehlt es an einer Ausbreitung, dh einer Verteilung der „Erscheinung" in der Umwelt. Der bloße Transport in der Umwelt stellt keine Ausbreitung dar (*Mayer* MDR 1991, 813 (814)). Ohne derartige Eingrenzung würde die Haftung nach dem UmweltHG zu einer allgemeinen Anlagenhaftung. Wird dagegen ein Maschinenteil durch eine Explosion weggeschleudert, so ist dieser Schaden wegen der Beteiligung der sich ausbreitenden Druckwelle an der Schadensverursachung durch eine Umwelteinwirkung entstanden (Begr. S. 17; *Landsberg/Lülling* Rn. 7; aM *Kohl*er in Staudinger UmweltHR Rn. 10; *Salje/Peter* §§ 1, 3 Rn. 57, 86).

11 Während die Ausbreitung von Stoffen im Boden und in der Luft einen neuen Ansatzpunkt für die Gefährdungshaftung im Vergleich zum bisherigen Recht darstellt, besteht für die Ausbreitung von Stoffen auf dem **Wasserpfad** bereits eine Gefährdungshaftung nach § 89 Abs. 1 und 2 WHG. Diese Regelung bleibt gemäß § 18 Abs. 1 weiterhin neben § 1 bestehen. Tiere, Pflanzen und der Naturhaushalt, dh das Wirkungsgefüge zwischen den Umweltmedien und Pflanzen, Tieren und Mikroorganismen, werden vom Gesetz nicht als Umweltmedium, sondern als Rezeptor von Umwelteinwirkungen betrachtet. Beim Naturhaushalt gilt letzteres allerdings nur in beschränktem, durch das Erfordernis der Zuordnung zu einem privaten Rechtsträger bestimmtem Umfang (vgl. → § 16 Rn. 4, 6).

12 An einer Ausbreitung eines Stoffs oder einer ähnlichen Erscheinung in der Umwelt fehlt es, wenn eine Person durch **Direktkontakt** mit dem Stoff einen Schaden erleidet. Dies ist zB der Fall, wenn jemand in einen Schadstoffbehälter fällt (Begr. S. 17) oder einen im Betrieb verwendeten Stoff irrtümlich einnimmt oder berührt (*Kohler* in Staudinger UmweltHR Rn. 4, 10; *Salje/Peter* §§ 1, 3 Rn. 55, 72).

III. Arbeitsschutz

13 Fraglich ist, ob die Haftung nach § 1 auch **Arbeitnehmer** und arbeitnehmergleich gefährdete Personen erfasst. Dies bestimmt sich danach, ob eine Umwelteinwirkung auch vorliegt, wenn lediglich der Boden, die Luft oder das Wasser **innerhalb der Anlage** verändert wird, zB die Innenluft im Betriebsgebäude durch austretende Stoffe, durch einen Brand oder eine Explosion verändert wird. Nach dem Willen der Gesetzesverfasser sollen durch § 1 auch Arbeitnehmer, Besucher und andere Personengruppen geschützt werden, die sich innerhalb der Anlage aufhalten und wegen ihrer räumlichen Nähe zur Anlage besonders gefährdet sind (Begr. S. 17; ebenso OLG München VersR 1999, 1497; *Kohler* in Staudinger UmweltHR Rn. 10f., § 1 Rn. 48, 81; *Salje/Peter* §§ 1, 3 Rn. 88; *Landsberg/Lülling* § 1 Rn. 68, 74; *Diederichsen* PHI 1990, 78 (82); aM OLG Köln VersR 1996, 442; *Feldhaus* UPR 1992, 161 (162f.)). Ein ausdrücklicher oder stillschweigender Haftungsausschluss etwa nach dem Muster der §§ 8 StVG, 2 Abs. 3 Nr. 1 HPflG besteht nicht. Auch andere anlagenbezogene Tatbestände der Gefährdungshaftung umfassen den Arbeitsschutz; dies gilt insbesondere für die atomrechtliche Haftung (*Raetzke* in Frenz Atomrecht 2019, § 26 AtG Rn. 16; Pariser Übereinkommen Art. 3 Rn. 16), die Haftung nach LuftVG (arg. § 33 Abs. 1 S. 3 LuftVG) und die Haftung des Eisenbahnunternehmers (§ 1 HPflG).

Der Begriff der Umwelteinwirkung ist weit formuliert, so dass man ohne weiteres auch Boden, Luft und Wasser **im Bereich des Betriebsgeländes** einbeziehen kann. Der Inhaber wird durch die Erstreckung der Haftung auf den Arbeitsschutz nicht übermäßig belastet. Für Personenschäden seiner Mitarbeiter verdrängt das **soziale Unfallrecht** die Haftung (§ 104ff. SGB VII), so dass nur Sachschäden zu decken sind. Insoweit findet eine gewisse Erweiterung der Haftung des Arbeitgebers statt, die als Verschuldenshaftung ausgestaltet ist (vgl. *Schaub* Arbeitsrechtshandbuch 18. Aufl. 2019, § 60 Rn. 2). Gegenüber **Dritten** kann die Haftung ggf. unter dem Gesichtspunkt der Risikoübernahme entfallen (vgl. *Landsberg/Lülling* § 1 Rn. 85ff.). Andererseits erscheint die Annahme einer Umwelteinwirkung auf die „Innenluft“ oder „Betriebswasser“ innerhalb des Betriebsgeländes etwas gekünstelt. Eine Begrenzung des persönlichen Schutzbereichs der Haftung auf Personen außerhalb des Betriebsgeländes oder allg. auf außenstehende Personen würde jedoch zu unangemessenen Ergebnissen führen, weil der Anspruch davon abhinge, wo der Geschädigte vom Schadensereignis getroffen wird (Begr. S. 17). So würde für Lackschäden an abgestellten Kraftfahrzeugen der Arbeitnehmer ggf. nicht nach § 1 gehaftet, wenn der Arbeitgeber selbst auf dem Betriebsgelände Parkplätze bereitstellt. Dagegen müsste er für den Schaden einstehen, wenn die Arbeitnehmer ihre Fahrzeuge außerhalb des Betriebsgeländes abstellen. Bei dieser Sachlage sollte der Wille der Gesetzesverfasser, die Haftung auch auf Personen zu erstrecken, die sich innerhalb der Anlage aufhalten, respektiert werden. 14

C. Anlage

I. Die Anlage als Ansatzpunkt des Gefahrdungshaftungstatbestandes

Wie in den meisten Tatbeständen der Gefährdungshaftung – ausgenommen §§ 89 Abs. 1 WHG, 26 AtG – knüpft das Gesetz die Haftung an einen in der Anlage verkörperten gegenständlichen Risikobereich, verlangt also einen konkreten Bezug der Umwelteinwirkung zum Risikobereich (*Kohler* in Staudinger UmweltHR § 1 Rn. 39, 45; *Rehbinder* in Hansmann/Sellner § 7 Rn. 55). Es werden aber nicht, wie dies dem Modell des § 89 Abs. 2 WHG entsprochen hätte, alle umweltgefährlichen Anlagen erfasst. Vielmehr beschränkt § 1 die Haftung auf **Anlagen mit besonderem Risikopotential,** die in einer abschließenden Liste (Anh. 1) enthalten sind. Diese Begrenzung der Gefährdungshaftung für Umweltschäden ist von den Gesetzesverfassern mit der Tradition der Gefährdungshaftung und dem Erfordernis der Rechtssicherheit begründet worden (Begr. S. 16; Ausschussbericht S. 28f.). Im Schrifttum wird sie zT kritisiert. Der Haupteinwand richtet sich dagegen, dass eine Abgrenzung von Anlagen mit besonderem Umweltrisiko 15 und solchen mit geringerem Umweltrisiko nicht begründet werden könne und letztlich eine rein politische Dezision darstelle (vgl. (dazu iE → § 1 Rn. 3). Der Katalog der Anlagen in Anh. 1, insbesondere die hohen Schwellenwerte bei Anlagen der Landwirtschaft, belegt die Richtigkeit dieses Einwands. Außerdem fuhrt das Listenprinzip im Hinblick auf die dynamische technische und wirtschaftliche Entwicklung dazu, dass die Liste entweder schnell veraltet oder periodisch angepasst werden muss (vgl. auch → Rn. 31).

16 Mit der katalogmäßigen Auflistung in Anh. 1 ist eine abschließende Festlegung hinsichtlich der Art der von der Haftung erfassten Anlagen erfolgt. Der **räumliche Umfang** der Anlage ergibt sich hieraus jedoch noch nicht ohne weiteres. Der Katalog verwendet überwiegend den blassen Begriff der Anlage. Nur ausnahmsweise werden Betriebsstätten (zB Kraftwerke, Kompostwerke), Einrichtungen (zB Behandlungseinrichtungen für radioaktive Abfälle) oder Maschinenaggregate (zB Gasturbinen) genannt. Deshalb war es notwendig, den Anlagenbegriff gesetzlich zu definieren. Diese Begriffsbestimmung trifft § 3 Abs. 2 und 3 sowie die Präambel zur Liste der erfassten Anlagen in Anh. 1. Die Definition hätte auch durch Verweisung auf den Anlagenbegriff des BImSchG, des AbfG (jetzt KrWG) und des AtG erfolgen können, um eine unterschiedliche Entwicklung der umweltrechtlichen und der umwelthaftungsrechtlichen Begriffsbestimmungen zu vermeiden. Der Gesetzgeber hat sich jedoch für eine spezifisch haftpflichtrechtliche Definition entschieden. Diese ist in enger Anlehnung an § 3 Abs. 5 Nr. 1 BImSchG erfolgt. Die zur Auslegung dieser Vorschrift entwickelten Grundsätze können daher grds. auch zur Auslegung von § 3 Abs. 2 und 3 herangezogen werden. Jedoch setzt dies voraus, dass dem die spezifisch haftpflichtrechtliche Zielsetzung des § 3 Abs. 2 und 3 nicht entgegensteht (*Kohler* in Staudinger UmweltHR Rn. 14; *Salje/Peter* §§ 1, 3 Rn. 29; *Landsberg/Lülling* Rn. 8; *Feldhaus* UPR 1992, 1 (2)).

II. Ortsfeste Einrichtungen

17 **1. Allgemeines.** § 3 Abs. 2 definiert die **räumliche Komponente** der Anlage als ortsfeste Einrichtung und beschränkt die Haftung grundsätzlich auf derartige Einrichtungen. Ortsveränderliche Anlagen wie Tankwagen oder Tankschiffe fallen im Gegensatz zu § 89 Abs. 2 WHG grds. nicht unter den Anlagenbegriff, sofern sie nicht einer ortsfesten Einrichtung zugeordnet sind (§ 3 Abs. 3; vgl. → Rn. 24 ff.). Mit dem Begriff der **Einrichtung** soll verdeutlicht werden, dass eine bloße Aktivität keine Haftung begründet. Erforderlich ist eine Zusammenfassung an sächlichen und persönlichen Mitteln in technischer oder organisierter Form (OVG Münster NJW 2000, 2124; *Kohler* in Staudinger UmweltHR Rn. 17; *Jarass* BImSchG § 3 Rn. 72, 75; → Bd. III, § 3 BImSchG Rn. 83, 86), jedoch sind technische Betriebsvorgänge nicht erforderlich (*Landsberg/Lülling* Rn. 13). Die Rechtmäßigkeit der Einrichtung ist unerheblich. Ortsfeste Einrichtungen sind Einrichtungen, die **dauernd** mit dem **Erdboden verbunden** sind und im Normalfall nicht bewegt werden sollen. Auf die geplante Nutzungsdauer kommt es aber nicht an (*Kohler* in Staudinger UmweltHR Rn. 15, 18; *Landsberg/Lülling* Rn. 10; *Krohn* in GK-BImSchG § 3 Rn. 175; *Jarass* BImSchG § 3 Rn. 75; → Bd. III § 3 Rn. 85; aM *Salje/Peter* §§ 1, 3 Rn. 32). Meist wird es sich dabei um bauliche Anlagen handeln oder um Einrichtungen, die mit solchen verbunden sind (*Jarass* § 3 Rn. 75). Da die Ortsfestigkeit eine gewisse Dauer voraussetzt, werden fliegende Bauten nur in Ausnahmefällen unter den Anlagenbegriff zu subsumieren sein. Frei bewegliche Sachen wie Fahrzeuge sind als ortsfest anzusehen, wenn sie für eine gewisse Dauer zweckwidrig als Lager betrieben werden (*Landsberg/Lülling* Rn. 11). Auch Bohrinseln sind ortsfeste Anlagen.

18 § 3 Abs. 2 nennt zur Erläuterung des Begriffs der ortsfesten Einrichtung **Betriebsstätten und Lager.** Dabei handelt es sich nur um Beispiele, nicht um eine abschließende

Aufzählung. Ortsfeste Einrichtungen sind zB auch abgegrenzte Einrichtungen technischer Art (etwa eine Feuerungsanlage oder bloße Maschinenaggregate innerhalb einer Betriebsstätte). **Lager** sind Einrichtungen (Grundstücke, Gebäude, ggf. auch Fahrzeuge oder größere Behälter), die zur Aufbewahrung oder Ablagerung von Abfällen zum Zwecke der Entledigung verwendet werden (BGHZ 46, 17 (19) = NJW 1966, 2014; *Kohler* in Staudinger UmweltHR Rn. 16, 18; *Salje/Peter* §§ 1, 3 Rn. 36). Im Gegensatz zu § 3 Abs. 5 BImSchG hat das Gesetz darauf verzichtet, ausdrücklich auch **Grundstücke** einzubeziehen, auf denen Stoffe abgelagert oder Arbeiten durchgeführt werden, die zu Emissionen führen. Diese werden jedoch zT durch den Begriff des Lagers erfasst. Es ist anerkannt, dass eine Anlage zur Abfallentsorgung bereits vorliegt, wenn auf einem Grundstück planmäßig und dauerhaft Abfälle abgelagert werden (BVerwGE 66, 301 (302 f.) = NVwZ 1983, 408; BVerwGE 85, 120 (121 ff.) = NVwZ 1990, 863; OVG Hamburg ZUR 2007, 322; ebenso zu § 3: *Kohler* in Staudinger UmweltHR Rn. 16, 20; wohl enger *Salje/Peter* §§ 1, 3 Rn. 30). Zum unbefugten Ablagern auf fremden Grundstücken s. *Landsberg/Lülling* Rn. 15.

Dagegen wird man bloße potentiell **umweltgefährliche Arbeiten** auf einem Grundstück noch nicht unter den Anlagenbegriff subsumieren können, da dies der Grundentscheidung des Gesetzes gegen eine Handlungshaftung für Umweltschäden zuwiderliefe. **19**

2. Umfang der Anlage, Mit der Begriffsbestimmung des § 3 Abs. 2 ist die Frage nach dem **räumlichen Umfang der Anlage** noch nicht abschließend beantwortet. Die Frage bleibt offen, ob unter den Anlagenbegriff nur die betreffende besonders gefährliche konkrete Einrichtung oder die ganze Betriebsstätte fällt. Diese Frage wird zwar dadurch entschärft, dass Nr. 3 der Präambel des Anhangs für Zwecke der Berechnung von Mengenschwellen mehrere Anlagen eines Betriebes zu einer **gemeinsamen Anlage** erklärt, wenn sie in engem räumlichem und betrieblichem Zusammenhang stehen (→ Rn. 29). Sie bleibt jedoch im Übrigen für den Umfang des Risikobereichs der Gefährdungshaftung von erheblicher Bedeutung. **20**

Teilw. ergibt sich die Antwort aus den Festlegungen des Anh. 1. Dies gilt zB für Kraftwerke und Feuerungsanlagen (Nr. 1 und 2). Während bei Kraftwerken die Betriebsstätte insgesamt, nicht der einzelne Kraftwerksblock die Anlage bildet, ist bei Feuerungsanlagen auf die einzelne technische Anlage abzustellen, so dass sich in einer Betriebsstätte mehrere Feuerungsanlagen befinden können. Der enge Anlagenbegriff ist auch für Verbrennungsmotoranlagen (Nr. 4), Gasturbinen (Nr. 5), bestimmte Verarbeitungsanlagen innerhalb von Kernbrennstofffabriken und Uranumwandlungsanlagen (Nr. 15–18), Gießereien (Nr. 35) und gentechnische Anlagen (Nr. 49) maßgeblich. Überwiegend spricht Anh. 1 aber neutral von Anlagen, ohne dass aus dem Kontext der Vorschrift ersichtlich wäre, ob es auf die einzelne technische Anlage oder die Betriebsstätte ankommt. **21**

Die hM zu § 3 Abs. 5 BImSchG geht davon aus, dass im Zweifel mit der Anlage die **gesamte Betriebsstätte** gemeint ist (OVG Münster 30.1.2017, 8 A 1692/14, juris, Rn. 23; VGH Kassel 21.1.2015, 9 A 224/13, juris, Rn. 9; *Böhm* in GK-BImSchG § 4 Rn. 45; *Führ* S. 11 ff.; → Bd. III § 4 Rn. 44 f.; Bd. IV, 4. BImSchV § 1 Rn. 5; enger BVerwGE 50, 49 (53) = DVBl. 1976, 214: nicht Ziegelei, sondern Brennofen als Anlage). Dafür sind spezifisch immissionsschutzrechtliche Gründe maßgeblich, die nicht ohne weiteres auf die Gefährdungshaftung übertragbar sind, immerhin wegen der deutlichen Anlehnung des § 3 Abs. 2 an den immissionsschutzrechtlichen Anlagenbegriff besonderes Gewicht besitzen (ähnlich *Landsberg/Lülling* Rn. 17). Entscheidungshilfen ergeben sich auch aus dem in § 3 Abs. 3 zum Ausdruck gelangten Gesichtspunkt, dass bestimmte Einrichtungen im Hinblick auf einen räumlichen oder betriebstechnischen Zusammenhang für das Entstehen von Umwelteinwirkungen von Bedeutung sein können. Da ein derar- **22** tiger Zusammenhang zwischen der technischen Anlage und den übrigen Einrichtungen der Betriebsstätte idR besteht, wird man bei der gebotenen typisierenden Betrachtungsweise grds. auf die Betriebsstätte abstellen müssen. Hierfür spricht auch, dass diese vom Gesetz als Regelfall der Anlage genannt wird (ebenso OLG Düsseldorf 29.10.2010, I-22 U 70/10, juris, Rn. 93; in der Tendenz auch *Salje/Peter* §§ 1, 3 Rn. 34 f.; für enge Auslegung die überw. Meinung: *Richter* S. 108 ff., 201 f.; *Schmidt-Salzer* Rn. 21; *Landsberg/Lülling* Rn. 10, 17; *Kohler* in Staudinger UmweltHR Rn. 21; offen lassend OVG Münster 14.10.2014, GA 265/12, juris, Rn. 23 ff.).

23 Aus dem weiten Anlagenbegriff folgt, dass, sofern in einer Betriebsstätte technische Anlagen, die im Katalog aufgeführt sind, und solche, die für sich nicht der Gefährdungshaftung unterliegen, vereinigt sind, die **Betriebsstätte insgesamt** unter § 1 fällt, wenn ein räumlicher oder betriebstechnischer Zusammenhang besteht, ohne dass es sich um eine lediglich dienende Funktion der anderen Anlage iS einer Nebeneinrichtung handeln muss (*Reuter* BB 1991, 145 (146 f.); aM BVerwG NVwZ 2011, 429 Rn. 20 f.; s. aber Rn. 22; *Landsberg/Lülling* Rn. 10 und 17; → Bd. III § 4 Rn. 47). Weiterhin ist denkbar, dass in der Betriebsstätte technische Einrichtungen betrieben werden, die unter mehrere Ziffern des Anhangs fallen. In diesem Fall handelt es sich um eine einzige Anlage (vgl. § 1 Abs. 4 der 4. BImSchV; *Jarass* BImSchG § 4 Rn. 22; *Böhm* in GK-BImSchG § 4 Rn. 66; *Führ* S. 118). Die im öffentlichen Immissionsschutzrecht streitige Frage, wie man **integrierte chemische Anlagen,** in denen in nebeneinander angeordneten Prozessen mehrere Endprodukte hergestellt werden, zu behandeln hat (vgl. *Führ* S. 121 ff), spielt auch im Rahmen des UmweltHG eine gewisse Rolle, weil Nr. 45 des Anhangs Anlagen zur fabrikmäßigen Herstellung von Stoffen durch chemische Umwandlung allgemein dem Anlagenbegriff unterwirft (für enge Auslegung VGH Kassel NVwZ-RR 1990, 458 (459); *Böhm* in GK-BImSchG § 4 Rn. 65; *Landsberg/Lülling* Rn. 10; → Bd. III § 4 Rn. 49 f.).

24 Bei der impliziten Verweisung der Anlage 1 auf andere Umweltgesetze handelt es sich um eine statische Verweisung. Soweit Anh. 1 Anlagen umfasst, deren **Genehmigungspflicht zwischenzeitlich aufgehoben** oder geändert wurde (Nr. 72, 75–77, 84, 89), ist auf die im Jahre 1990 geltende Fassung abzustellen (OVG Münster 14.10.2014, GA 265/12, juris, Rn. 10; NVwZ 2010, 466; teilw. aM *Salje/Peter* §§ 1, 3 Rn. 45, hh vor Nr. 68, ii Nr. 84).

III. Zubehör und Nebeneinrichtungen

25 Nach § 3 Abs. 3 gehören unter bestimmten Voraussetzungen Zubehör und Nebeneinrichtungen zur Anlage. Voraussetzung ist, dass das Zubehör oder die Nebeneinrichtung mit der Anlage selbst oder einem Anlagenteil in **räumlichem oder betriebstechnischem Zusammenhang** steht und zusätzlich für das Entstehen von Umwelteinwirkungen von Bedeutung sein kann (*Kohler* in Staudinger UmweltHR Rn. 23 ff.). Ob dies der Fall ist, muss zwar im Einzelfall bestimmt werden, jedoch ist dabei ein typisierender Maßstab anzulegen (BVerwGE 69, 351 (356) = NVwZ 1985, 46; → Band III, § 4 BImSchG Rn. 23; aM *Landsberg/Lülling* Rn. 19, 21).

26 Ein räumlicher Zusammenhang ist gegeben, wenn die technischen Einrichtungen für längere Zeit in **unmittelbarer räumlicher Nähe** zur Anlage, dh auf dem gleichen Betriebsgelände oder in der näheren Nachbarschaft, betrieben werden (*Jarass* BImSchG § 4 Rn. 73; → Bd. IV, § 1 der 4. BImSchV Rn. 18). Ein betriebstechnischer Zusammenhang liegt vor, wenn die Einrichtung in einem **unmittelbaren funktionalen Zusammenhang** zu einer Anlage, insbes. zu einem gemeinsamen betriebstechnischen Zweck, betrieben wird (*Salje/Peter* §§ 1, 3 Rn. 52). Im Gegensatz zu § 1 Abs. 2 Nr. 2 der 4.

BImSchV müssen räumlicher und betriebstechnischer Zusammenhang nicht kumulativ, sondern können alternativ gegeben sein. Bei Kraftfahrzeugen und beweglichen Geräten dürfte ein betriebstechnischer Zusammenhang ohne weiteres zu bejahen sein, wenn diese überwiegend der innerbetrieblichen Beförderung oder wiederkehrenden Betriebsvorgängen dienen (zB Fördergeräte oder Materiallager; *Kohler* in Staudinger UmweltHR Rn. 24 f.; *Salje/Peter* §§ 1, 3 Rn. 51 f.; *Richter* S. 99).

Zweifelhaft ist, ob auch **Lastkraftwagen** zur Beförderung von Rohstoffen oder Produkten, die für die Anlage bestimmt sind oder aus ihr stammen und zu diesem Zweck vorübergehend auf dem Betriebsgelände betrieben werden, unter den Begriff des Zubehörs fallen können. Dies kann man jedenfalls solange bejahen, als diese auf dem Gelände der Betriebsstätte im betriebstechnischen Zusammenhang mit der Anlage eingesetzt werden, zB zum Be- oder Entladen einschließlich der zugeordneten Parkvorgänge (*Kohler* in Staudinger UmweltHR Rn. 25; *Salje/Peter* §§ 1, 3 Rn. 50). Solange ein Kraftfahrzeug zum Entladen in den Betriebsablauf integriert wird, zB auf dem Betriebsgelände abgestellt und an die Anlage angeschlossen ist, kann es sich um Zubehör im Sinne des UmweltHG handeln. Auf den straßenverkehrsrechtlichen Halterbegriff kommt es dabei nicht an. Voraussetzung ist bei fremden Fahrzeugen aber, dass der Inhaber der Betriebsstätte tatsächliche Sachherrschaft über das Fahrzeug hat; sonst sind nur die Zuleitungen als Zubehör anzusehen (→ § 1 Rn. 51). Transporte außerhalb des Betriebsgeländes stehen dagegen nicht mehr in einem räumlichen oder betriebstechnischen Zusammenhang zur Anlage, da es an einer Risikoherrschaft des Anlageninhabers fehlt. Durch die Einbeziehung von Zubehör in die Gefährdungshaftung nähert sich die Anlagenhaftung einer bloßen Handlungshaftung an, da insoweit weite Bereiche des Umgangs mit gefährlichen Stoffen erfasst werden (*Diederichsen* PHI 1990, 78 (83)). **27**

Nebeneinrichtungen sind ortsfeste technische Einrichtungen, die für den technischen Anlagenbetrieb nicht nötig, aber dienlich sind und mit der Anlage oder einem Anlagenteil in betriebstechnischem oder räumlichem Zusammenhang stehen. Sie müssen auf die Haupteinrichtung ausgerichtet und dieser untergeordnet sein (BVerwG NVwZ 2011, 429 Rn. 21; VGH München NVwZ-RR 2007, 383; *Jarass* BImSchG § 3 Rn. 68; *Salje/Peter* §§ 1, 3 Rn. 51; *Richter* S. 99). In Betracht kommen etwa Materiallager, Abfall-, Verpackungs- und Verladeeinrichtungen, Einrichtungen für den Notfall wie Notstromaggregate und Notkühlung. Selbständige Nebenbetriebe werden dagegen nicht erfasst (*Jarass* BImSchG § 4 Rn. 75). **28**

Voraussetzung für die Einbeziehung von Zubehör und Nebeneinrichtungen ist in jedem Fall, dass die Einrichtung **für das Entstehen von Umwelteinwirkungen von Bedeutung** sein kann. Bei bloßem räumlichem Zusammenhang ohne Integration in den technischen Anlagenbetrieb wird das vielfach zu verneinen sein, zB bei baulich getrennten Verwaltungsgebäuden oder Lagern für ungefährliche Materialien (*Jarass* BImSchG § 4 Rn. 75; *Kohler* in Staudinger UmweltHR Rn. 28 f.; *Landsberg/Lülling* Rn. 21; aM OVG Münster UPR 2011, 195 (198)). Dagegen wird bei einem betriebstechnischen Zusammenhang regelmäßig auch die Eignung zur Verursachung von Umwelteinwirkungen zu bejahen sein. **29**

IV. Gemeinsame Anlagen

Nr. 3 der Präambel zu Anh. 1 definiert in Anlehnung an § 1 Abs. 3 der 4. BImSchV, allerdings ohne den Begriff zu nennen, die gemeinsame Anlage. Eine derartige Definition erweist sich als notwendig, da die Anlagenliste vielfach auf Mengenschwellen, dh Leistungsgrenzen, Anlagengrößen oder Stoffmengen, abstellt. Werden die Mengenschwellen von mehreren Anlagen ein und desselben Betreibers zwar nicht allein, wohl **30** aber zusammen erreicht, können die Anlagen dem Haftungstatbestand des § 1 unterliegen. Dies setzt aber voraus, dass sie von derselben Art sind und in einem engen räumlichen und betrieblichen Zusammenhang stehen (BVerwG NVwZ 2011, 429 Rn. 17; VGH München, NVwZ-RR 2007, 383 (384); *Jarass* BImSchG § 4 Rn. 28; *Salje/Peter* §§ 1, 3 Rn. 47; *Richter* S. 13). Diese Anforderungen müssen kumulativ vorliegen, außerdem muss der Zusammenhang eng sein. Diese Voraussetzung ist gegeben, wenn die Anlagen auf demselben Betriebsgelände liegen, mit gemeinsamen Betriebseinrichtungen verbunden sind und einem vergleichbaren technischen Zweck dienen (§ 1 Abs. 3 der 4. BImSchV; OVG Lüneburg NVwZ-RR 2000, 354; VGH Kassel 21.1.2015, 9 A 2224/13, juris, Rn. 12; → Band IV, 4. BImSchV § 1 Rn. 25, 28).

V. Der Anlagenkatalog

31 Anh. 1 enthält einen **abschließenden Katalog** der der Gefährdungshaftung unterworfenen Anlagenkategorien (*Landsberg/Lülling* § 1 Rn. 13). Dieser Katalog kann nicht im Wege der Analogie erweitert werden (VG Düsseldorf 7.5.2010 Az. 26 K 3136/08, juris, Rn. 56 ff.; *Salje/Peter* §§ 1, 3 Rn. 45; *Rehbinder* in Hansmann/Sellner § 7 Rn. 45). Der Katalog lehnt sich an die 4. BImSchV Spalte 1, zum Teil auch Spalte 2, in der im Jahre 1990 geltenden Fassung (letzte Änderung 1988) an und enthält 96 Anlagenkategorien. Der Anlagenkatalog umfasst die Bereiche Wärmeerzeugung, Bergbau und Energie; Steine und Erden, Glas, Keramik und Baustoffe; Stahl, Eisen und sonstige Metalle einschließlich Verarbeitung; chemische Erzeugnisse, Arzneimittel, Mineralölraffination und Weiterverarbeitung; Oberflächenbehandlung mit organischen Stoffen; Herstellung von bahnförmigem Material aus Kunststoffen, sonstige Verarbeitung von Harzen und Kunststoffen; Holz, Zellstoff; Nahrungs-, Genuss- und Futtermittel, landwirtschaftliche Erzeugnisse; Abfälle und Reststoffe; Lagerung, Be- und Entladen von Stoffen; Sonstiges. Allerdings sind nur etwa zwei Drittel der in der 4. BImSchV seinerzeit für genehmigungsbedürftig erklärten Anlagen in den Anh. 1 übernommen worden. Insbes. in den Wirtschaftsbereichen Nahrungs-, Genuss- und Futtermittel, landwirtschaftliche Erzeugnisse ist nur ein geringer Teil der Anlagen der 4. BImSchV der Gefährdungshaftung unterworfen worden, ohne dass dies stets unter dem Gesichtspunkt des mangelnden **Gefährdungspotentials** der betreffenden Anlagenkategorie einsichtig wäre. Darüber hinaus wurden hier die Mengenschwellen der 4. BImSchV erheblich erhöht. Die Vielzahl der zwischenzeitlichen Änderungen des Anlagenkatalogs der 4. BImSchV hat zu einer weiteren, bedenklichen Auseinanderentwicklung des Regulierungs- und des Haftungsregimes geführt (*Salje* JUTR 2004, 325 (333)). Bestimmte nicht genehmigungsbedürftige Anlagen mit erheblichem Gefährdungspotential wie Tankstellen, chemische Reinigungen und bestimmte Störfallanlagen sind ebenfalls nicht erfasst. Bei der Abgrenzung hat entscheidend die **Zumutbarkeit der Haftung** für den Betreiber und nicht nur die Gefährlichkeit der Anlage eine Rolle gespielt (vgl. *Deutsch* JZ 1991, 1097 (1098); *Feldhaus* UPR 1992, 1 (2)).

32 Soweit es auf **Mengenschwellen** ankommt, stellen Nr. 1 für Leistungsgrenzen und Anlagengrößen und Nr. 2 für Stoffmengen Kriterien für die Begriffsbestimmung auf. Danach ist grds. der rechtlich zulässige Betriebsumfang maßgeblich; wird dieser jedoch rechtswidrig überschritten, ist auf den tatsächlichen Betriebsumfang abzustellen. Der rechtlich zulässige Betriebsumfang bestimmt sich nach dem Inhalt der verwaltungsrechtlichen Zulassungen, Auflagen, vollziehbaren Anordnungen und Rechtsvorschriften. Bei Stoffmengen ist darauf abzustellen, ob die Stoffmenge im bestimmungsgemäßen Betrieb vorhanden sein oder bei einem Störfall entstehen kann. Zur Zusammenrechnung von Mengenschwellen mehrerer Anlagen → Rn. 30.

§ 4 Ausschluss der Haftung

Die Ersatzpflicht besteht nicht, soweit der Schaden durch höhere Gewalt verursacht wurde.

Übersicht

A. Grundzüge und Zweck der gesetzlichen Regelung

§ 4 sieht einen Haftungsausschluss vor, wenn der Schaden durch **höhere Gewalt** verursacht wurde. Mit diesem Haftungsausschluss soll eine Haftung für Schäden vermieden werden, die bei wertender Betrachtung stark von Kausalfaktoren bestimmt sind, welche nicht unter der Kontrolle des Inhabers stehen (*Esser/Weyers* Schuldrecht BT § 63 II 2). In der Ausgrenzung solcher Gefahren kommt eine bewusste Entscheidung des Gesetzgebers zum Ausdruck, deren sachliche Berechtigung auch bei der Gefährdungshaftung nicht selbstverständlich ist (vgl. *Kötz,* Gutachten zur Überarbeitung des Schuldrechts II, S. 1804; *Salje/Peter* Rn. 3; *Marburger* in Kloepfer Katastrophenrecht S. 125 (141)). Die Regelung entspricht den §§ 89 Abs. 2 S. 3 WHG, 1 Abs. 2 S. 1 HPflG, 29 Abs. 4 KSpG sowie § 83 AMG, § 1 ProdHaftG. Andere Tatbestände der Gefährdungshaftung enthalten zT weitergehende Haftungsausschlüsse, zB für ein unabwendbares Ereignis (§§ 7 Abs. 2 StVG, 26 Abs. 1 S. 1 AtomG). Teilw. sehen sie aber umgekehrt auch eine Haftung für höhere Gewalt vor (§§ 25 Abs. 3 AtomG, 32 GenTG, 33 LuftVG). 1

B. Begriff der höheren Gewalt

Höhere Gewalt im Sinne des § 4 liegt vor, wenn ein Schaden durch ein **außergewöhnliches,** von außen einwirkendes und **betriebsfremdes** Ereignis verursacht wird, das nach menschlicher Einsicht und Erfahrung unvorhersehbar ist und auch mit äußerster Sorgfalt nicht vermieden werden kann (BGHZ 109, 224 (226) = NJW 1990, 572; BGHZ 47, 1 (4) = NJW 1962, 351; NJW 1986, 2312 (2313); Begr. S. 17; *Kohler* in Staudinger UmweltHR Rn. 4 f.; *Filthaut/Piontek/Kayser* HPflG § 1 Rn. 158). 2

Außergewöhnlich ist ein Ereignis, das nach den zeitlichen und örtlichen Verhältnissen eine seltene Ausnahme darstellt und einem elementaren Ereignis gleichsteht (*Filthaut/Piontek/Kayser* HPflG § 1 Rn. 178). Regelmäßig wiederkehrende Ereignisse stellen keine höhere Gewalt dar. Als **betriebsfremd** kann man ein Ereignis ansehen, das seine erste Ursache außerhalb der Anlage hat (*Salje/Peter* Rn. 8; *Landsberg/Lülling* Rn. 7). Als betriebsfremd sind zB nicht die Folgen eines Störfalls anzusehen, den ein Arbeitnehmer verursacht. In Betracht kommen insbes. elementare **Naturereignisse** wie Orkanböen, Gewitter, Überschwemmungen und Erdbeben, aber auch Explosionen in benachbarten Anlagen, auch auf dem gleichen Betriebsgrundstück (*Landsberg/Lülling* Rn. 12 ff., 17; aM insoweit *Schmidt-Salzer* Rn. 4; *Salje/Peter* Rn. 8). Ferner kann **außergewöhnliches menschliches Verhalten** als höhere Gewalt angesehen werden, zB Attentate oder Sabotageakte (*Salje/Peter* Rn. 11; *Kohler* in Staudinger UmweltHR Rn. 12). Auch ein Flug- 3 zeugabsturz, ein Autounfall oder ein Stromausfall, der als Folgewirkung zu einem Störfall der Anlage fuhrt, kann ein Ereignis darstellen, das auf höherer Gewalt beruht. (vgl. BGHZ 37, 311 (317) = NJW 1962, 1776)). Schließlich kommen Epidemien in Betracht, welche die Lieferketten des Unternehmens unterbrechen.

4 Die bloße Betriebsfremdheit und Außergewöhnlichkeit des Ereignisses für sich rechtfertigen noch nicht die Einordnung als höhere Gewalt. Vielmehr kommt es darauf an, ob der Inhaber der Anlage Ereignisse dieser Art abstrakt voraussehen und bei äußerster Sorgfalt **betriebliche Vorkehrungen** gegen das Ereignis treffen musste und der Unfall oder dessen schädliche Folgen hierdurch hätten verhütet werden können (*Kohler* in Staudinger UmweltHR Rn. 9, 12; *Filthaut/Piontek/Kayser* HPflG § 1 Rn. 177 f., 180). Es ist fraglich, welche Anforderungen an diese Vorkehrungen zu stellen sind. Allg. kann man nur technisch mögliche, dem Gefahrenpotential angemessene und **wirtschaftlich zumutbare Maßnahmen** verlangen (*Salje/Peter* Rn. 13 f.); hins. der wirtschaftlichen Zumutbarkeit ist aber ein strenger, objektiver Maßstab anzulegen (BGH NJW 1951, 357; *Kohler* in Staudinger UmweltHR Rn. 9; *Salje/Peter* Rn. 14). So muss der Inhaber sicherlich Vorsorge gegen Stromausfall durch ein Notstromaggregat und gegen Blitzschlag durch Installation eines Blitzableiters treffen (Begr. S. 17). Eine Chemieanlage, die hochgefährliche Stoffe herstellt oder lagert, muss gegen Flugzeugabstürze gesichert sein, wenn sie in der Ab-/Einflugschneise eines Flughafens gelegen ist (*Rehbinder* BB 1976, 1 (3); weitergehend *Salje/Peter* Rn. 9, 12). Auch ein Werkschutz gegen **Attentate** und **Sabotage** ist in gewissem Umfang erforderlich (*Kohler* in Staudinger UmweltHR Rn. 12; vgl. RG JW 1904, 577). Anhaltspunkte für die Sicherheitspflichten des Inhabers ergeben sich aus der StörfallV. Schutz- und Vorsorgemaßnahmen sind auch für die Folgen von Orkanböen und Starkregen sowie Epidemien geboten (s. *Kohler* in Staudinger UmweltHR Rn. 14).

5 Ein **Streik** kann höhere Gewalt sein, soweit er seinen Grund nicht in den betrieblichen Verhältnissen der Anlage einschl. seiner Lieferbeziehungen hat, sondern aus einem anderen Wirtschaftszweig auf den Betrieb der Anlage einwirkt. Dies ist denkbar bei einem Streik im Verkehrswesen, wenn Mitarbeiter nicht zur Arbeit erscheinen können und es hierdurch zu einem Störfall in der Anlage kommt (aM *Kohler* in Staudinger UmweltHR Rn. 10; *Salje/Peter* Rn. 11). Auch insoweit wird der Inhaber aber gehalten sein, für einen Notdienst Sorge zu tragen (vgl. *Landsberg/Lülling* Rn. 12). Für einen rechtswidrigen Streik gelten keine abweichenden Anforderungen (aM *Kohler* in Staudinger UmweltHR Rn. 14; *Landsberg/Lülling* Rn. 12).

C. Rechtsfolgen

6 Nach § 4 ist die an sich bestehende Gefährdungshaftung beim Vorliegen höherer Gewalt ausgeschlossen. Die Voraussetzungen dieses Ausnahmetatbestands hat der Inhaber zu beweisen.

§ 5 Beschränkung der Haftung bei Sachschäden

Ist die Anlage bestimmungsgemäß betrieben worden (§ 6 Abs. 2 Satz 2), so ist die Ersatzpflicht für Sachschäden ausgeschlossen, wenn die Sache nur unwesentlich oder in einem Maße beeinträchtigt wird, das nach den örtlichen Verhältnissen zumutbar ist.

Übersicht

A. Allgemeines

I. Grundzüge und Zweck der gesetzlichen Regelung

§ 5 enthält eine Haftungsbeschränkung bei Sachschäden, die durch einen **bestimmungsgemäßen Betrieb der Anlage** verursacht werden. In diesem Fall ist die Ersatzpflicht ausgeschlossen, wenn die Sache nur unwesentlich oder in einem Maße beeinträchtigt ist, das nach den örtlichen Verhältnissen zumutbar ist. Die Vorschrift schließt in Bagatellfällen die Haftung aus. Bei rechtswidrigem Normalbetrieb und bei Störfällen verbleibt es bei der allgemeinen Regelung des § 1. Die Vorschrift dient dem Interessenausgleich zwischen dem Anlageninhaber und dem Geschädigten in Bagatellfällen und bei bestehender Vorbelastung. Sie ist an § 906 BGB angelehnt, dehnt die Reichweite des Gedankens der Zumutbarkeit aber auch auf bewegliche Sachen aus. Die Haftungsbeschränkung erscheint grds. sachgerecht, obwohl damit in die Gefährdungshaftung atypische Wertungsgesichtspunkte eingeführt werden. Die Vorschrift trägt dem Umstand Rechnung, dass eine geringfügige örtliche Vorbelastung der Umgebung kein eigentliches Betriebsrisiko des Inhabers der Anlage, sondern ein allgemeines Lebensrisiko darstellt (*Rehbinder* NuR 1989, 149 (160 f.); vgl. *Kohler* NuR 2011, 7 (10 f.); *Lytras* S. 463). Allerdings verstärkt die Gleichbehandlung von Grundstücken und beweglichen Sachen in § 5 noch deren Ungleichbehandlung nach § 14 S. 2 BImSchG, § 906 Abs. 2 BGB (krit. deshalb *Salje/Peter* Rn. 2, 23); iE → Rn. 5). 1

Der Haftungsausschluss gilt **nicht** für Körperverletzungen und **Gesundheitsschäden** einschl. der hieraus resultierenden Vermögensschäden, gleich ob diese Rechtsgutverletzungen und Schäden unmittelbar durch Umwelteinwirkung verursacht werden oder als mittelbare Folge einer Sachbeschädigung durch Umwelteinwirkung entstehen (*Salje/Peter* Rn. 4; *Kohler* in Staudinger UmweltHR Rn. 9; *Landsberg/Lülling* Rn. 8). Allerdings erfasst bereits § 1 Einwirkungen auf die Körperintegrität und die Gesundheit nicht, soweit diese völlig unerheblich sind (→ § 1 Rn. 34). 2

II. Entstehungsgeschichte

3 Die Vorschrift ist im Laufe des Gesetzgebungsverfahrens stark verändert worden und war bis zuletzt umstritten (vgl. *Kohler* in Staudinger UmweltHR Rn. 3f.; *Salje/Peter* Rn. 1). Der Regierungsentwurf (§ 5) hatte einen Haftungsausschluss vorgeschlagen, der auch den rechtswidrigen Normalbetrieb und Störfälle einschloss (vgl. Begr. S. 18). Der Bundesrat schlug demgegenüber eine Beschränkung auf den bestimmungsgemäßen Betrieb und in diesem Rahmen eine Regelung vor, die zwischen Schäden an beweglichen Sachen und an Grundstücken differenzierte; nur in letzterem Fall sollte die Ersatzpflicht auch dann entfallen, wenn die Benutzung des Grundstücks in einer nach den örtlichen Verhältnissen zumutbaren Weise beeinträchtigt wird. Die Bundesregierung lehnte diese Vorschläge ab und schlug vor, in Anlehnung an § 906 BGB an die Wesentlichkeit oder die nach den örtlichen Verhältnissen gegebene Zumutbarkeit der Beeinträchtigung der Sache anzuknüpfen (Gegenäußerung, BT-Drs. 11/1704, S. 30). Der Rechtsausschuss hat die Fassung der Gegenäußerung der Bundesregierung im Wesentlichen übernommen (Ausschussbericht S. 29). Die Gesetz gewordene Fassung, die den Haftungsausschluss auf den bestimmungsgemäßen Betrieb beschränkt, geht auf einen Beschluss des Vermittlungsausschusses zurück (BT-Drs. 11/8208).

B. Bestimmungsgemäßer Betrieb

4 Die Beschränkung der Haftung bei Sachschäden bezieht sich nur auf den bestimmungsgemäßen Betrieb. Dieser Begriff wird in § 5 nicht definiert, vielmehr wird – gesetzessystematisch ungewöhnlich – auf § 6 Abs. 2 S. 2 verwiesen. Ein bestimmungsgemäßer Betrieb liegt danach vor, wenn die besonderen, sich aus verwaltungsrechtlichen Zulassungen, Auflagen, vollziehbaren Anordnungen und Rechtsvorschriften ergebenden **besonderen Betriebspflichten** (§ 6 Abs. 3) **eingehalten** werden und auch **keine Störung** des Betriebs vorliegt (→ § 6 Rn. 39ff.). Dabei kommt es auf den Gefährdungszusammenhang zwischen Anlagenbetrieb und Rechtsgutverletzung an. Der bestimmungsgemäße Betrieb muss nur für den möglichen Zeitraum der Verursachung und beschränkt auf den Anlagenbereich, aus dem die Schadensursache stammt, nachgewiesen werden (*Schmidt-Salzer* Rn. 21; *Kohler* in Staudinger UmweltHR Rn. 7). Die Haftungsbeschränkung greift dagegen bei bewusst rechtswidrigem Normalbetrieb und bei kleinen und großen Störfällen nicht ein. Dies erscheint sachgerecht, weil in diesen Fällen das Integritätsinteresse des Geschädigten höher zu bewerten ist als das Interesse des Inhabers an Schutz vor Bagatellforderungen und an Orientierung an der bestehenden Vorbelastung. Die Ortsüblichkeit kommt deshalb hier nicht als Korrektiv zugunsten der zeitlich früheren Nutzung in Betracht, auch nicht bei kleinen Störfällen (vgl. Bundesrat, BT-Drs. 11/7104, S. 23f.; im Ergebnis auch *Rehbinder* NuR 1989, 151 (155f.); aM *Reuter* BB 1991, 145 (147)).

C. Unwesentliche und örtlich zumutbare Beeinträchtigung der Sache

I. Beeinträchtigung der Sache

5 Die Haftungsbeschränkung betrifft **nicht nur Grundstücke,** sondern auch **bewegliche Sachen** und **Tiere.** Diese Erweiterung gegenüber § 906 Abs. 1, Abs. 2 S. 1 BGB entspricht ansatzweise der bisherigen Rspr, die diese Vorschrift auch auf deliktische Un-

terlassungsansprüche des Eigentümers beweglicher Sachen erstreckt hat (BGHZ 92, 143 (148) = NJW 1985, 47; NJW 2010, 3160 (Rn. 11f.)). Da bewegliche Sachen durch Umwelteinwirkungen weniger nachhaltig betroffen werden, erscheint eine Gleichbehandlung mit Grundstücken grds. sinnvoll, sofern sie nicht selektiv nur für Unterlassungsansprüche bei gleichzeitiger Versagung von Schutzvorkehrungs- und Ausgleichsansprüchen erfolgt (*Paschke* Rn. 8; krit. auch *Kohler* in Staudinger UmweltHG Rn. 5, 10; *Salje/Peter* Rn. 2, 23; *Landsberg/Lülling* Rn. 16, unter der Prämisse, dass solche Ansprüche nicht bestehen; dazu → Bd. III, § 14 BImschG Rn. 41ff., 73). Bei zufälligem Aufenthalt in einem belasteten Gebiet ist dem Eigentümer beweglicher Sachen zumutbar, entweder auf die Verbringung der Sache zu verzichten oder eine Gleichstellung seines Schutzes mit dem Eigentümer benachbarter Grundstücke hinzunehmen.

Wie in § 1 liegt eine Beeinträchtigung der Sache vor, wenn sie beschädigt oder – ohne Substanzeingriff – in ihrer Funktionsfähigkeit nachhaltig beeinträchtigt wird (→ § 1 Rn. 43; → § 16 Rn. 10f.). Im Vordergrund steht sicherlich der Substanzeingriff. Er kann sich auf die **Benutzung** oder auf den **Wert der Sache** auswirken (Ausschussbericht S. 29; *Kohler* in Staudinger UmweltHR Rn. 2, 8). Die Gesetz gewordene Fassung des § 5 erfasst beide Aspekte des Substanzeingriffs. Unwesentliche oder zumutbare Beeinträchtigungen der Benutzbarkeit, aber auch unwesentliche Substanzeingriffe sind als **Bagatellschäden** hinzunehmen (*Landsberg/Lülling* Rn. 4). 6

II. Unwesentlichkeit

1. Grundstücke, Der Haftungsausschluss für unwesentliche Beeinträchtigungen ist § 906 Abs. 1 BGB nachgebildet, wonach der Grundeigentümer unwesentliche Immissionen dulden muss und insoweit keinen Ausgleichsanspruch hat. Bei der Auslegung des § 5 kann weitgehend an die Rspr zu § 906 BGB angeknüpft werden (*Kohler* in Staudinger UmweltHR Rn. 10f., 16; *Landsberg/Lülling* Rn. 9; *Kloepfer* § 6 Rn. 186). 7

Die Unwesentlichkeit der Beeinträchtigung ist aus der Opferperspektive zu bestimmen. Eine unwesentliche Beeinträchtigung eines Grundstücks liegt vor, wenn die Beeinträchtigung nach Art, Dauer und Zeitpunkt im Hinblick auf die Natur und Zweckbestimmung der Sache in ihrer konkreten Umgebung **ohne weiteres hingenommen werden kann.** Dabei kommt es auf das Empfinden eines **verständigen Durchschnittsmenschen** unter Würdigung anderer öffentlicher und privater Belange an (BGHZ 120, 239 (255) = NJW 1993, 925; BGHZ 121, 248 (255) = NJW 1993, 1656; BGHZ 148, 261 (264) = NJW 2001, 3119; BGHZ 174, 253 Rn. 24 = NJW 2008, 1810; *Kohler* in Staudinger UmweltHR Rn. 16; *Salje/Peter* Rn. 13, 19ff.; *Brückner in* MünchKomm BGB § 906 Rn. 71ff.). Zwischen dem Begriff der Unwesentlichkeit und den örtlichen Verhältnissen besteht dabei eine gewisse Wechselwirkung. Was in einer nicht vorbelasteten Umgebung schon als wesentlich gilt, kann in einem vorbelasteten Gebiet noch unwesentlich sein. Dieser im Hinblick auf den Gebietscharakter differenzierende objektive Maßstab darf aber nicht dazu führen, das bei hoher Vorbelastung beinahe jede Umwelteinwirkung als unwesentlich gelten müsste (*Brückner* in MünchKomm BGB § 906 Rn. 75, 77). Insofern vermag auch das Haftpflichtrecht eine gewisse Steuerungsfunktion in Richtung auf die Sanierung belasteter Gebiete auszuüben. 8

Im Regelfall decken sich das Wesentlichkeitskriterium des § 5 und das des öffentlichen Immissionsschutzrechts nach § 3 Abs. 1 und 2 BImSchG (BVerwGE 79, 254 (258) = NJW 1988, 2396; BGHZ 111, 63 (65) = NJW 1990, 2465; *Roth* in Staudinger BGB § 906 Rn. 37; aM *Diederichsen* 56. DJT L 58ff.). 9

Öffentlich-rechtliche Immissionswerte sind nach der bisherigen Rspr und hL im Regelfall beachtlich, eine rechtliche Bindung besteht aber nicht; sie stellen nur eine Ori- 10 entierungshilfe für die Auslegung und Rechtsanwendung dar (BGHZ 70, 102 (106 ff.) = NJW 1978, 419; BGHZ 92, 143 (149, 151) = NJW 1985, 47; BGHZ 111, 63 (66) = NJW 1990, 2465; BGHZ 122, 76 (80 ff.) = NJW 1993, 1700; BGHZ 148, 261 (264) = NJW 2001, 3119; *Salje/Peter* Rn. 6 ff.; *Brückner* in MünchKomm BGB § 906 Rn. 69 f.; *Baur* in Soergel § 906 Rn. 68). Diese Rspr wird durch **§ 906 Abs. 1 S. 2 BGB** bzgl. der Einhaltung solcher Werte weitgehend rezipiert. Die Einhaltung der Werte führt nach § 906 Abs. 1 S. 2 BGB idR zur Bejahung der Unwesentlichkeit. Eine gegenteilige Entscheidung bedarf einer besonderen Begründung. Als Beispiel sei der Fall genannt, dass sichtbare Schäden verursacht worden sind (BGHZ 70, 102 (110 f.) = NJW 1978, 419; BGHZ 92, 143 (151 f.) = NJW 1985, 47; NJW 1999, 1029 (1030); *Marburger* 56. DJT C 108). Bei Überschreitung der Immissionswerte wird meist Wesentlichkeit der Umwelteinwirkungen anzunehmen sein. Durch diese Relativierung der Immissionswerte wird gegenüber der stark typisierenden und von wirtschaftlichen Rücksichten beeinflussten Konzeption der öffentlich- rechtlichen Immissionswerte und Einzelfallentscheidungen dem individuellen Schutzbedürfnis des betroffenen Eigentümers im Hinblick auf die örtlichen Verhältnisse und dessen besonderer Beeinträchtigung Rechnung getragen; dies erscheint sachlich angemessen (*Gerlach* JZ 1988, 161 (167); *ders.* S. 104 ff.). Die ergänzende Regelvermutung des § 906 Abs. 1 S. 3 BGB für die Unwesentlichkeit einer Immission bei Beachtung von **Emissionswerten** nach dem Stand der Technik ist allerdings sachlich weniger fundiert (*Baur* in Soergel § 906 Rn. 61) und muss daher eher durch Einzelfallüberlegungen relativiert werden.

11 Im Unterschied zur Gesundheitsbeeinträchtigung (→ § 1 Rn. 28, 34) kommt es auf das Empfinden eines verständigen **Durchschnittsmenschen,** nicht auf die besondere Empfindlichkeit des konkret betroffenen Grundstückseigentümers an (*Brückner* in MünchKomm BGB § 906 Rn. 72). Deshalb wird eine objektiv unwesentliche Beeinträchtigung nicht dadurch zu einer wesentlichen, dass der Eigentümer sie für wesentlich hält. Soweit sich der Verdacht einer Beeinträchtigung auf den Wert des Grundstücks (Kaufpreis, Vermietbarkeit) auswirkt, kann dies die Annahme der Wesentlichkeit rechtfertigen (aM wohl *Landsberg/Lülling* Rn. 10). Voraussetzung ist allerdings, dass überhaupt eine Sachbeschädigung vorliegt. Der bloße Verdacht einer Exposition eines Grundstücks reicht noch nicht aus, während der von einer tatsächlichen Umwelteinwirkung ausgehende Verdacht, dass eine bestimmte Sache kontaminiert oder sonst wie beeinträchtigt ist, grds. als Sachbeschädigung anzusehen ist (→ § 1 Rn. 44) und daher auch die Wesentlichkeit begründen kann.

12 Überschreiten Immissionen erst durch ihr **Zusammenwirken** die Wesentlichkeitsgrenze, so liegt eine wesentliche Beeinträchtigung im Sinne von § 5 vor. Es handelt sich nur um eine Auswirkung der Situationsmitbelastung der betreffenden Anlagen, die sich deren Inhaber gemeinsam zurechnen lassen müssen, wie auch der Eigentümer des betroffenen Grundstücks in gewissem Umfang die Nachteile der Situationsgebundenheit seines Grundstücks trägt (*Kohler* in Staudinger UmweltHG Rn. 12; *Landsberg/Lülling* Rn. 13; *Salje/Peter* Rn. 12).

13 Die **Höhe des Schadens** ist Indiz für die Wesentlichkeit der Beeinträchtigung (*Kohler* in Staudinger UmweltHR Rn. 13; *Salje/Peter* Rn. 11; *Landsberg/Lülling* Rn. 14). Auf einen festen „Selbstbehalt" wie in § 11 ProdHaftG hat der Gesetzgeber aber verzichtet. Bei der Bewertung von Schäden sind insbes. auch die Dauer von Schadensepisoden und zu Lasten des Geschädigten eine Schadensveranlagung zu berücksichtigten (BGH NJW-RR 1988, 136 (138)) zu berücksichtigen.

14 **2. Bewegliche Sachen und Tiere,** Bei beweglichen Sachen und Tieren, die eine **Dauerbeziehung** zu einem Grundstück besitzen (zB Kraftfahrzeuge, die ständig oder wiederkehrend auf einem Nachbargrundstück geparkt sind, Vieh auf der benachbarten Weide oder Wäsche auf dem Nachbargrundstück), gelten wegen entspr. **Standortprägung** grds. die gleichen Wesentlichkeitskriterien wie bei Grundstücken. Auch bei beweglichen Sachen und Tieren ist im Rahmen der Zumutbarkeit auf die örtlichen Verhältnisse abzustellen ist und diese besitzen deshalb auch für die Wesentlichkeit Bedeutung (*Kohler* in Staudinger UmweltHR Rn. 18; aM *Landsberg/Lülling* Rn. 16). Dagegen muss beim **Fehlen einer Dauerbeziehung** der fehlenden Einordnung in die Gefahrengemeinschaft der Nachbarn, der ggf. geringeren Zeitdauer und eher möglichen Vermeidbarkeit der Einwirkung durch Modifikation des Wesentlichkeits- (sowie des Zumutbarkeits-)Urteils Rechnung getragen werden (aM wohl *Kohler* aaO; vgl. *Pfeiffer* S. 174 ff.). Besondere Bedeutung hins. der Feststellung der Wesentlichkeit hat auch bei beweglichen Sachen und Tieren die Schadenshöhe. Lackschäden in Höhe von 150 Euro wird man auch in stark belasteten Gebieten als wesentlich anzusehen haben.

III. Zumutbarkeit nach den örtlichen Verhältnissen

1. Allgemeines. Der Ausschluss des Ersatzes von Umweltschäden bei Zumutbarkeit der Beeinträchtigung der Sache nach den örtlichen Verhältnissen lehnt sich an die Gesamtregelung des § 906 Abs. 2 an, stellt aber nicht auf das emittierende Grundstück, sondern auf die von der Immission beeinträchtigte Sache ab (*Kohler* in Staudinger UmweltHR Rn. 16, 18; *Landsberg/Lülling* Rn. 21; *Salje/Peter* Rn. 12). Gleichwohl können die zu § 906 Abs. 2 BGB entwickelten Grundsätze auch für die Auslegung des § 5, insbes. bei Grundstücken, herangezogen werden. 15

2. Örtliche Verhältnisse. Für die Beurteilung der Ortsüblichkeit ist darauf abzustellen, ob die Beeinträchtigung des betroffenen Grundstücks bei einer Gesamtwürdigung der Grundstücksnutzungen in der Umgebung der Sache als Auswirkung einer Tätigkeit angesehen werden kann, die für die Mehrzahl der benachbarten Grundstücke einigermaßen gleich ist (vgl. BGH, NJW 1976, 1204 (1205); 1983, 751; BGHZ 111, 63 (ff.) = NJW 1990, 2465; BGHZ 117, 110 (113) = NJW 1992, 1389; BGHZ 120, 239 (260) = NJW 1993, 925; *Brückner* in MünchKomm BGB § 906 Rn. 90 f.; *Kohler* in Staudinger UmweltHR Rn. 18). Die **Gebietsabgrenzung** ist allerdings problematisch; wirklich gesicherte Maßstäbe bestehen nicht. Im Rahmen von § 906 BGB wurde die Gebietsabgrenzung von den Gerichten unter dem Gesichtspunkt der Prägung der Umgebung oft zugunsten bestimmter Emittentengruppen übermäßig weit gezogen (BGHZ 30, 273 (277) = NJW 1959, 867; BGHZ 69, 105 (111) = NJW 1977, 1917; BGH NJW 1976, 16; 1983, 751; vgl. *Balensiefen* S. 134 ff.). In anderen Fallkonstellationen war dagegen eine Tendenz zu einem weitergehenden Schutz der Nachbarn erkennbar (vgl. z B. BGHZ 64, 220 (223) = NJW 1975, 1406; NJW 1976, 1204; 1983, 751; vgl. *Diederichsen* FS. R. Schmidt, 1976, S. 1 (3 ff.)). Grundsätzlich ist die Abgrenzung so weit zu ziehen, wie ein bestimmtes **städtebauliches Gepräge** der Umgebung des von den Immissionen betroffenen Grundstücks feststellbar ist. Für Grenzgebiete sind ggf. Mittelwerte zu bilden (BGHZ 148, 261 (266 ff.) = NJW 2001, 3119; BGHZ 121, 248 (254) = NJW 1993, 1556). Die Einschätzung der Ortsüblichkeit unterliegt vielfach einem raschen zeitlichen und örtlichen Wandel. Auf die **Priorität** der Nutzung des emittierenden Grundstücks kommt es grds. nicht an. Sie kann sich allerdings auf Art und Umfang des zu beanspruchenden Schutzes auswirken (BGH NJW 1976, 1204 (1205); BGHZ 135, 236 (241) = NJW 1997, 2234; BGHZ 148, 261 (267) = NJW 2001, 3119; NJW 1995, 132 (133); *Bischofs* S. 99 ff.; *Röthel* JUTR 2006, 207 (221 ff.); *Brückner* in MünchKomm BGB § 906 Rn. 82 f.) und ist daher auch für § 5 relevant. 16

17 Maßgebend sind nach der Rspr .und hL zu § 906 BGB die tatsächlichen Verhältnisse. Die Festlegungen eines **Bebauungsplans** sind zu berücksichtigen, aber nicht bindend (BGHZ 140, 1 (9) = NJW 1999, 356; NJW 1983, 751; *Brückner* in MünchKomm BGB § 906 Rn. 92f.; *Lytras* S. 341ff.; *Hagen* NVwZ 1991, 817 (819ff.); ebenso auch *Jarass* VVDStRL 50 (1991), 238 (265f.); s. auch → § 7 Rn. 48; aM die überw. Auffassung im öffentlichen Recht: BVerwG NVwZ 1983, 155; *Papier* UPR 1985, 73 (77ff.); *Gaentzsch* UPR 1985, 201 (209ff.); *Peine* JuS 1987, 169 (173ff.); ebenso auch *Gerlach* S. 74ff.). Die zivilrechtliche Sichtweise ist auch für § 5 zu übernehmen (*Kohler* in Staudinger UmweltHR Rn. 19ff.; *Salje/Peter* Rn. 14; *Landsberg/Lülling* Rn. 23; kritisch *Paschke* Rn. 24). Die grundsätzliche Selbständigkeit der zivilrechtlichen Wertung erscheint jedenfalls angemessen, soweit es um die Reaktion auf die Funktionslosigkeit eines Bebauungsplans sowie die Korrektur übermäßiger Aggregation der Interessenabwägung im Wege der „Feinsteuerung" zum Schutz individueller Rechtsgüter geht.

18 Bei **beweglichen Sachen und Tieren** hat sich die Beurteilung ebenfalls an der Situation des betroffenen Grundstücks zu orientieren (*Kohler* in Staudinger UmweltHR Rn. 20; *Landsberg/Lülling* Rn. 24; *Salje/Peter* Rn. 15). Dies folgt bei Schäden, die aufgrund einer Dauerbeziehung einer beweglichen Sache zu einem Grundstück verursacht werden, aus der gleichen Situationsbelastung. Lackschäden sind in einem Industriegebiet möglicherweise ortsüblich, in Wohngebieten aber nicht Bei vorübergehend auf ein Grundstück oder in deren Nähe verbrachten Sachen und Tieren kommt es grds. ebenfalls auf die örtlichen Verhältnisse an, unter denen diese von der Umwelteinwirkung betroffen wird, jedoch ist die Duldungsgrenze unter dem Gesichtspunkt der Zumutbarkeit im Hinblick auf die größere Mobilität und geringere Einwirkungszeit abzuwandeln; als gegenläufiger Gesichtspunkt kann die ggf. fehlende Möglichkeit der Risikovermeidung bei Unkenntnis der örtlichen Verhältnisse eine Rolle spielen (teilw. aM *Salje/Peter* Rn. 15).

19 **3. Zumutbarkeit.** Eine wesentliche. aber ortsübliche Beeinträchtigung einer Sache ist nicht allein wegen der Ortsüblichkeit ohne Entschädigung hinzunehmen (aM offenbar *Landsberg/Lülling* Rn. 21). Vielmehr gilt der Haftungsausschluss nur unter der **zusätzlichen Voraussetzung,** dass das Maß der Beeinträchtigung auch **zumutbar** ist. An die Zumutbarkeit für den Betroffenen sind aber hohe Anforderungen zu stellen; der Anlagenbetreiber hat in erster Linie selbst **Schutzmaßnahmen** zu treffen, die im Verhältnis von Aufwand und Schaden angemessen sind (dazu *Kohler* in Staudinger UmweltHR Rn. 23; *Salje/Peter* Rn. 13, 16). Besonders schwere Beeinträchtigungen sind nicht erforderlich, um die Unzumutbarkeit der Belastung zu begründen (BGH, LM Nr. 14 und 40 zu § 906 BGB). Im Allgemeinen indiziert die – nach Maßgabe der örtlichen Verhältnisse differenzierte – Wesentlichkeit auch die Unzumutbarkeit (vgl. *Roth* in Staudinger BGB § 906 Rn. 254, 256). Bei nicht völlig geringfügigen Sachschäden – im Gegensatz zum bloßen Wertverlust – wird regelmäßig Unzumutbarkeit anzunehmen sein (BGH NJW-RR 1988, 1291 (1292)). So sind Risse in einem Haus durch Erschütterung oder Bienenschäden und Viehkrankheiten durch Einwirkungen von Abgasen regelmäßig als unzumutbar anzusehen. Das Gleiche gilt grds. für ökologische Schäden, für die § 5 ebenfalls gilt (*Salje/Peter* Rn. 22; aM *Schmidt-Salzer* § 5 Rn. 46). Die Rspr zu § 906 BGB hat insbes. bei Schäden, die durch Überschreitung von Immissionswerten verursacht wurden, idR die Unzumutbarkeit bejaht (BGHZ 69, 105 (116f.) = NJW 1977, 1917; BGHZ 70, 102 (112) = NJW 1978, 419; *Ekkenga/Kuntz* in Soergel § 906 Rn. 71; *Roth* in Staudinger BGB § 906 Rn. 252).

20 Ggf. muss der Eigentümer aber über § 254 BGB hinaus zumutbare **Maßnahmen der Selbsthilfe** treffen, zB durch Wechsel zu einer weniger empfindlichen Nutzung seines

Grundstücks das Maß des Schadens mindern (BGHZ 66, 70 (78) = NJW 1976, 797; BGHZ 70, 102 (111 f.) = NJW 1978, 419; BGHZ 79, 45 (53) = NJW 1986, 1369; BGHZ 117, 110 (113) = NJW 1992, 1389; NJW-RR 1988, 136 (138); *Kohler* in Staudinger UmweltHR Rn. 17; aM BGHZ 111, 63 (79) = NJW 1990, 2425; BGHZ 175, 253 Rn. 23 = NJW 2008, 1810; *Brückner* in MünchKomm BGB § 906 Rn. 85 f.). Bei beweglichen Sachen und Tieren, die nicht standortgebunden sind, ist insoweit ggf. eine Entfernung aus dem Gefahrenbereich zumutbar.

D. Rechtsfolgen

Da es sich bei § 5 um einen Ausschlusstatbestand handelt, muss der Inhaber der Anlage **21** dessen Voraussetzungen **beweisen.** Liegt eine wesentliche, aber nach den örtlichen Verhältnisse unzumutbare Beeinträchtigung vor, so ist **Schadensersatz** zu leisten. Die Rspr zu § 906 BGB spricht grds. nur einen Ausgleich für die Differenz zwischen dem Wertverlust des Grundstücks infolge der Beeinträchtigung und dem fiktiven Wertverlust bei noch zumutbarer Beeinträchtigung zu (BGHZ 198, 327 Rn. 24 = NJW 2014, 458; NJW 2008, 992 Rn. 9 ff.; *Brückner* in MünchKomm BGB § 906 Rn. 187). Diese Rspr ist wohl zu übernehmen. Sie beruht nicht auf der umstrittenen Beschränkung des Ausgleichsanspruchs nach § 906 Abs. 2 BGB auf eine Enteignungsentschädigung, sondern trägt der gesetzlichen Wertung Rechnung, dass Nachbarn zumutbare Beeinträchtigungen ersatzlos hinnehmen müssen.

§ 6 Ursachenvermutung

(1) Ist eine Anlage nach den Gegebenheiten des Einzelfalles geeignet, den entstandenen Schaden zu verursachen, so wird vermutet, daß der Schaden durch diese Anlage verursacht ist. Die Eignung im Einzelfall beurteilt sich nach dem Betriebsablauf, den verwendeten Einrichtungen, der Art und Konzentration der eingesetzten und freigesetzten Stoffe, den meteorologischen Gegebenheiten, nach Zeit und Ort des Schadenseintritts und nach dem Schadensbild sowie allen sonstigen Gegebenheiten, die im Einzelfall für oder gegen die Schadensverursachung sprechen.

(2) Absatz 1 findet keine Anwendung, wenn die Anlage bestimmungsgemäß betrieben wurde. Ein bestimmungsgemäßer Betrieb liegt vor, wenn die besonderen Betriebspflichten eingehalten worden sind und auch keine Störung des Betriebs vorliegt.

(3) Besondere Betriebspflichten sind solche, die sich aus verwaltungsrechtlichen Zulassungen, Auflagen und vollziehbaren Anordnungen und Rechtsvorschriften ergeben, soweit sie die Verhinderung von solchen Umwelteinwirkungen bezwecken, die für die Verursachung des Schadens in Betracht kommen.

(4) Sind in der Zulassung, in Auflagen, in vollziehbaren Anordnungen oder in Rechtsvorschriften zur Überwachung einer besonderen Betriebspflicht Kontrollen vorgeschrieben, so wird die Einhaltung dieser Betriebspflicht vermutet, wenn

1. die Kontrollen in dem Zeitraum durchgeführt wurden, in dem die in Frage stehende Umwelteinwirkung von der Anlage ausgegangen sein kann, und diese Kontrollen keinen Anhalt für die Verletzung der Betriebspflicht ergeben haben, oder

2. im Zeitpunkt der Geltendmachung des Schadensersatzanspruchs die in Frage stehende Umwelteinwirkung länger als zehn Jahre zurückliegt.

Übersicht

A. Grundzüge und Zweck der Vorschrift

1 Bekanntlich stellt der Kausalitätsnachweis das Opfer von Umweltschäden oft vor nahezu unüberwindbare Hindernisse. Die Schwierigkeiten, einen Kausalzusammenhang zwischen einer Umwelteinwirkung und einer Rechtsgutverletzung (oft ungenau als Schaden bezeichnet) nachzuweisen, sind darin begründet, dass über die Ursachen zahlreicher Erkrankungen und Schäden ebenso wenig Klarheit besteht wie über die Wirkungsweise zahlreicher Schadstoffe, dass sich der Prozess der Schadensentstehung über einen längeren Zeitraum erstreckt und dass regelmäßig eine Fülle von Schadensfaktoren zusammenwirken. Die Kausalitätsproblematik lässt sich in drei Aspekte ausdifferenzieren. Aus der Sicht des Geschädigten geht es erstens um die Frage, ob er bestimmten Schadstoffen **ausgesetzt** war (Exposition). Zweitens ist fraglich, ob diese Stoffe die erlittene Rechtsgutverletzung, etwa eine Krebserkrankung, verursacht haben. Dies bezeichnet man als **Stoffkausalität** (oder Ursache-Wirkungs-Beziehung). Meist liegen die Fälle so, dass zwar dem Stoff eine gewisse Schadenseignung immanent ist, dass aber der Schaden auch ohne Einwirkung dieses Stoffes entstehen kann. Drittens geht es darum, von wem der schadensursächliche Stoff stammt oder zu welchem Anteil ein Schädiger am Gesamtschaden beteiligt ist. In einem Rechtsstreit würde man eher in der umgekehrten Reihenfolge vorgehen.

2 Würde man angesichts der dargelegten Schwierigkeiten an dem Grundprinzip festhalten, dass der Geschädigte den Kausalzusammenhang voll nachweisen muss (§ 286 ZPO), würde man das Opfer praktisch jeder Möglichkeit berauben, Schadensersatz zu erlangen. Es bestand deshalb schon seit langem Einigkeit über die Notwendigkeit, **Beweiserleichterungen zu** gewähren (s. etwa *Gottwald* Karlsruher Forum 1986 S. 3 (13 ff.); *Diederichsen* 56. DJT 1986, L 79 ff.; *Assman* in: *Fenyes/Weyers* S. 99 ff.; *Marburger* JUTR 1987, 109 (140 ff.); *Rehbinder* NuR 1989, 149 (157 ff.); *Brüggemeier* KJ 1989, 209 (216 ff.); *Hager* NJW 1991, 134 (137 ff.); vgl. *Salje/Peter* Rn. 6 ff.; *Landsberg/Lülling* Rn. 34 ff.).

3 Prinzipiell stehen sich dabei zwei mögliche **Regelungsmodelle** gegenüber: das Modell der Beweismaßreduktion und das Modell der Kausalitätsvermutung (hierzu *Damm* NuR 1992, 1 (3 ff.); ferner *Kohler* in Staudinger UmweltHR Rn. 1, 5, 30 f.). Das UmweltHG folgt in § 6 dem zweiten Modell, indem es an die Schadenseignung einer Anlage eine Kausalitätsvermutung knüpft, diese Vermutung allerdings auf den bestimmungswidrigen Betrieb der Anlage beschränkt.

I. Der Grundsatz der freien Beweiswürdigung

4 Der Grundsatz der freien Beweiswürdigung ist in § 286 ZPO festgelegt. Der Richter muss von der Wahrheit einer tatsächlichen Behauptung aus objektiven Gründen überzeugt sein. Absolute Gewissheit kann nicht gefordert werden. Vielmehr muss sich der Richter mit einem für das praktische Leben **brauchbarem Grad von Gewissheit** begnügen (*Thole* in Stein/Jonas ZPO § 286 Rn. 4). Der Richter hat damit durchaus die Möglichkeit, auch im Bereich des Vollbeweises Beweisschwierigkeiten aufzufangen (*Schmidt-Salzer* Rn. 71 ff.; *Gerlach* S. 246). Ein Mittel hierfür ist der **Indizienbeweis**. Dabei besteht etwa die Möglichkeit, Schlüsse aus der Häufung paralleler Fälle oder daraus zu ziehen, dass praktisch alle anderen in Betracht kommenden Schadensursachen ausgeschlossen werden können (OLG Düsseldorf NJW-RR 1994, 1181 (1182); 29.10.2010, I-22 U 70/10, juris, Rn. 70 ff.; zum Strafrecht BGHSt 37, 106 (112) = NJW 1990, 2560 – *Lederspray*). Stellt der Geschädigte zum Nachweis der Kausalität entsprechende Beweisanträge, hat der Richter diese zu erheben, wenn der Indizienbeweis schlüssig ist, wenn

also die Gesamtheit der Indizien – ihre Richtigkeit unterstellt – ihn von der Wahrheit der zu beweisenden Haupttatsache überzeugen würde (BGH NJW 1997, 2748 (2749, 2750)). In Betracht kommen auch die Regeln über die **sekundäre Darlegungslast** (§ 138 Abs. 2 ZPO). Bei fehlender Fachkunde und Unkenntnis des Geschädigten über den konkreten Geschehensablauf dürfen an dessen Vortrag und Beweisangebote keine unzumutbaren Anforderungen gestellt werden; es genügen greifbare Anhaltspunkte. Besitzt hier der Beklagte Kenntnisse über Umstände, die aus der eigenen Betriebssphäre stammen, so ist er erklärungspflichtig; bei Verstoß gegen diese Pflicht gilt der Umstand als zugestanden (stRspr; BGH NJW 2018, 2412 Rn. 30 mwN; zur Umwelthaftung BGH NJW 1997, 2748 (2749)).

II. Der Anscheinsbeweis

Ein Instrument zur Überwindung von Kausalitätszweifeln ist auch der sog. **Anscheinsbeweis**, der eine Abwandlung des Indizienbeweises darstellt. Der Anscheinsbeweis bedient sich **allgemeiner Erfahrungssätze** des täglichen Lebens. Existiert ein allgemeiner Erfahrungssatz dahingehend, dass üblicherweise zwischen einer bestimmten Handlung und einem bestimmten Erfolg ein Kausalzusammenhang besteht, so treten die besonderen Umstände des Einzelfalls zurück. Es spricht dann auch in diesem Fall der erste Anschein dafür, dass zwischen einer solchen Handlung und einem solchen Erfolg ein Kausalzusammenhang besteht (BGHZ 100, 214 (216) = NJW 1987, 1944). Das Gericht sieht denjenigen Geschehensverlauf, der typischerweise gegeben ist, kraft freier Würdigung als erwiesen an (*Thole* in Stein/Jonas ZPO § 286 Rn. 214 ff., 222.; *Greger* in Zöller vor § 284 Rn. 29). Bei Umweltschäden kann dieser Beweis im Bereich der Stoffkausalität durch Exposition gegenüber einem bestimmten Stoff zum Tragen kommen, insbes. wenn andere Schadensursachen praktisch auszuschließen sind (vgl. etwa BGHZ 114, 284 (290) = NJW 1991, 1937; BGHZ 163, 209 (213) = NJW 2005, 2514; OLG Düsseldorf NJW-RR 2002, 26 (27)). Der Anscheinsbeweis vermag freilich dann nicht zu helfen, wenn über die Wirkungsweise von Schadstoffen noch Unklarheit besteht, weil es dann an einem entsprechenden Erfahrungssatz fehlt (*Nicklisch* in FS Niederländer S. 341 (347)). Er ist wohl auch dann nicht anwendbar, wenn unklar ist, von wem der schadensursächliche Stoff stammt. Denn es dürfte kaum einen typischen Geschehensablauf geben, der die Urheberschaft eines bestimmten (potentiellen) Schädigers nahelegt. 5

Ein Anscheinsbeweis kann dadurch erschüttert werden, dass die ernsthafte Möglichkeit eines **anderen Geschehensablaufs** dargetan wird. Hierfür genügt nicht der Hinweis auf die allgemeine Möglichkeit eines anderen Geschehensablaufs, es müssen vielmehr konkrete Tatsachen nachgewiesen werden, die einen anderen Geschehensablauf nahelegen (*Thole* in Stein/Jonas ZPO § 286 Rn. 226 f.). Im Bereich der Umwelthaftung kann daher der Schädiger nicht einfach auf die allgemeine Umweltbelastung als anderen Kausalfaktor hinweisen. Anders liegt es freilich dann, wenn er andere konkrete schädliche Einwirkungen, z.B. durch eine andere Anlage oder sonstige Quelle, dartun und beweisen kann. 6

III. Verletzung von Dokumentationspflichten

Beweiserleichterungen bis hin zur Beweislastumkehr kommen auch bei der Verletzung von Dokumentationspflichten in Betracht (zur Produkthaftung s. etwa BGHZ 104, 323 (333 ff.) = NJW 1988, 2611; VersR 1983, 441). So trägt derjenige, der es pflichtwidrig unterlässt, Wasser auf dessen Nitratgehalt untersuchen zu lassen, und dadurch die Aufklä- 7 rung über den Schadstoffgehalt des Wassers vereitelt, die Beweislast für die einwandfreie Beschaffenheit des Wassers (BGH VersR 1983, 441). Diese Beweiserleichterungen sind auch für die **Umwelthaftung** relevant. Sie greifen ein, wenn die Quantität oder die Qualität der vom Schädiger an die Umwelt abgegebenen Schadstoffe umstritten ist und der Schädiger verpflichtet war, die Freisetzung der Schadstoffe zu dokumentieren (etwa nach § 27 BImSchG oder der 11. BImSchV; → § 8 Rn. 44ff.).

IV. Grenzwertüberschreitung

8 Im Hinblick auf Immissionsschäden ist in der Rspr anerkannt, dass Beweiserleichterungen bis hin zur Beweislastumkehr zu gewähren sind, wenn die in Rechtsverordungen oder der TA-Luft festgesetzten **Immissions- und Emissions(grenz)werte** überschritten werden (BGHZ 70, 102 (107) = NJW 1978, 419; BGHZ 92, 143 (147) = NJW 1985, 47; NJW 1997, 2748f.; OLG Düsseldorf NJW-RR 2002, 26 (27)). Diese Rspr bedarf jedoch einer gewissen Differenzierung (*Rehbinder* NuR 1989, 149 (158); *Marburger* JUTR 1987, 109 (141f.); *Marburger/Herrmann* JuS 1986, 354 (358); *Medicus* JZ 1986, 778 (781); *Henseler* JUTR 1988, 205 (247)).

9 Zu Recht wird an die Überschreitung von **Immissions(grenz)werten** eine Beweiserleichterung geknüpft, da es sich hierbei um Schutzstandards zur Vermeidung von Schäden handelt (vgl. auch § 906 Abs. 1 S. 2 BGB). Die Beweiserleichterung gilt in erster Linie für die Ursache-Wirkungs-Beziehung zwischen Immission und Schaden. Insofern ist allerdings noch erforderlich, dass der Stoff seiner Art nach geeignet ist, den Schaden zu verursachen, und dass zwischen der Grenzwertüberschreitung und dem Schaden ein zeitlicher Zusammenhang besteht. Dagegen ist die Überschreitung der Immissionswerte unerheblich für die Einwirkungskausalität, dh die Frage, aus welcher Anlage die Immissionen stammen. Denn die Überschreitung der Immissionswerte am Ort des Schadenseitritts hat keine Aussagekraft für deren Herkunft.

10 Recht umstritten ist in der Literatur, ob und inwieweit auch die Überschreitung von **Emissions(grenz)werten** eine Indizwirkung für die Kausalität hat, da es sich hierbei lediglich um Vorsorgestandards handelt (dazu *Rehbinder* NuR 1989, 149 (158); *Marburger/Herrmann* JuS 1986, 354 (358); *Schmidt-Salzer* Rn. 158, 164). Die Annahme fehlender Kausalität bei Einhaltung dieser Werte lässt sich auf die Wertung des § 906 Abs. 1 S. 3 BGB stützen. Hinsichtlich der Überschreitung dieser Werte ist jedenfalls deren geringere Beweiskraft im Vergleich zu Immissionswerten zu berücksichtigen. Eine Überschreitung führt nicht zwingend zu einer schädlichen Umweltbeeinträchtigung. Es bedarf daher zusätzlicher immissionsbezogener Anhaltspunkte für die Kausalität.

V. Lösung von Beweisproblemen durch materielles Recht

11 Beweisprobleme können auch durch die Ausgestaltung der materiellen Haftungsregeln gelöst werden (wobei die Abgrenzung zu Beweisregeln nicht immer eindeutig ist). Dies gilt insbes. bei Urheberzweifeln und bei der – für die Umwelthaftung typischen – kumulativen Kausalität einschließlich Anteilszweifeln (vgl. *Kohler* in Staudinger UmweltHR Einl. Rn. 177ff.) .

12 Im Fall von **Urheberzweifeln** kann § 830 Abs. 1 Satz 2 BGB eingreifen. Diese Vorschrift ordnet für den Fall eine gesamtschuldnerische Haftung an, dass mehrere als Täter einer unerlaubten Handlung in Frage kommen, einer mit Sicherheit den Schaden verursacht hat, der Täter aber nicht ermittelt werden kann. Der Anwendungsbereich dieser Vorschrift ist aber so eng, dass sie bei Umweltschäden nur selten praktisch werden wird (→ Rn. 35).

Haben mehrere Anlagen oder sonstige Quellen erst durch das Zusammenwirken von isoliert noch nicht gefährlichen Stoffen den Schaden oder ein bestimmtes Schadensbild verursacht, wird vielfach unklar sein, wie der Schaden auf die einzelnen Täter zu verteilen ist. Ob und in welcher Weise § 830 Abs. 1 Satz 2 BGB diesen Fall des **Anteilszweifels** erfasst, ist noch nicht endgültig geklärt (→ Rn. 34 ff.). Ein Modell für die Behandlung von Anteilszweifeln ist die wasserrechtliche Haftung nach § 89 Abs. 1 Satz 1 und Abs. 2 Satz 1 Hs. 2 WHG (vgl. BGHZ 57, 257 (60 ff.) = NJW 1972, 205; → Rn. 35). **13**

C. Grundzüge der Beweiserleichterung nach § 6 UmweltHG

Die Beweisregel des § 6 Abs. 1 knüpft an die **Eignung** einer Kataloganlage zur Schadensverursachung eine Kausalitätsvermutung. Der Geschädigte muss also nur mehr die Schadenseignung der Anlage nachweisen. In § 6 Abs. 2 wird der Gedanke der Rspr, an die Verletzung von Grenzwerten eine Kausalitätsvermutung zu knüpfen, in der Weise aufgegriffen und modifiziert, dass die **Beachtung der Vorschriften zum Schutze der Umwelt** die in § 6 Abs. 1 normierte Kausalitätsvermutung ausschließt. § 6 Abs. 4 macht schließlich die Rspr zur Beweiserleichterung wegen Verletzung von Dokumentationspflichten in der Weise fruchtbar, dass an die **ordnungsgemäße Dokumentation** die Vermutung der Beachtung der Vorschriften zum Schutz der Umwelt geknüpft wird. Die **Bewertung der Regelung** ist umstritten. Für die einen stellt die Vermutung (in Zusammenschau mit § 7) eine überzogene Verdachtshaftung dar, für die anderen ist der Unterschied zum Vollbeweis und den bereits anerkannten Beweiserleichterungen (zu) gering (s. *Schmidt-Salzer* Rn. 39 ff.; *Diederichsen* PHI 1992, 162 (168); *Kloepfer* § 6 Rn. 177; *Sautter* S. 138 ff.). **14**

D. Der Vermutungstatbestand des § 6 Abs. 1 UmweltHG

I. Gegenstand der Vermutung

Nach § 6 Abs. 1 Satz 1 wird ein Ursachenzusammenhang zwischen einem entstandenen Schaden und einer Anlage vermutet, wenn die Anlage zur **Schadensverursachung geeignet** ist. Diese Vermutung soll den Nachweis des in § 1 normierten Haftungstatbestands erleichtern. Sie betrifft trotz der ungenauen Formulierung („Schaden") die Verletzungskausalität, dh die haftungsbegründende Kausalität zwischen Umwelteinwirkung und Verletzung, nicht die haftungsausfüllende Kausalität, obwohl auch hier Beweisprobleme bestehen (*Kohler* in Staudinger UmweltHR Rn. 1, 9 f.; *Salje/Peter* Rn. 24; für Analogie *Deutsch* JZ 1991, 1097 (1100)). Im Fall der Schadenseignung der Anlage wird vermutet, dass die Rechtsgutsverletzung des Geschädigten durch die Anlage verursacht worden ist. Im Hinblick auf § 6 Abs. 2 ist die Vermutung primär für Störfälle relevant, für den Normalbetrieb nur, wenn dieser nicht „bestimmungsgemäß" erfolgt (OLG Düsseldorf 21.10.2010, I-22 U 70/10, juris, Rn. 68). Die Darlegung und der **Nachweis der Eignung** obliegen dem Geschädigten. Aus dem Normzweck und der Auflistung einer Vielzahl von Eignungskriterien in § 6 Abs. 1 (→ Rn. 16) ergibt sich jedoch, dass hierfür kein Vollbeweis erforderlich ist. Vielmehr ist das Beweismaß iS **ernstlicher Wahrscheinlichkeit** gemindert (BGH NJW 1997, 2748 (2750); NJW 2013, 1000 Rn. 15; *Hager* NJW 1991, 134 (137); *Kohler* in Staudinger UmweltHR Rn. 24; *Salje/Peter* Rn. 32; *Pöttker* S. 169 f.; aM *Kloepfer* § 6 Rn. 157 f.; *Sautter* S. 143 ff.). **15**

II. Voraussetzungen der Vermutung

16 Vermutungsbasis ist die **Schadenseignung** der Anlage (§ 6 Abs. 1 Satz 1). Die Anlage muss zunächst ihrer Art nach (abstrakt) geeignet sein, die Rechtsgutverletzung zu verursachen. Darüber hinaus muss eine **konkrete Schadenseignung** bestehen (BGH 29.9.2015, I ZR 11/15, juris, Rn. 42; OLG Düsseldorf NJW-RR 1994, 1181 (1182); 21.10.2010, I-22 U 70/10, juris, Rn. 77; *Kohler* in Staudinger UmweltHR Rn. 11f.). Gemäß § 6 Abs. 1 Satz 2 ist die Schadenseignung anhand bestimmter Eignungsindikatoren festzustellen. Dies sind der Betriebsablauf, die verwendeten Einrichtungen, die Art und Konzentration der eingesetzten und freigesetzten Stoffe, die meteorologischen Gegebenheiten, Zeit und Ort des Schadenseintritts, das Schadensbild sowie alle sonstigen, für oder gegen einen Kausalzusammenhang sprechenden Gegebenheiten (vgl. *Kohler* in Staudinger UmweltHR Rn. 13ff.; *Salje/Peter* Rn. 26). Die Menge der Schadstoffe ist als sonstige Gegebenheit zu berücksichtigen (Bundesregierung, Gegenäußerung, BT-Drs. 11/7104, S. 30).

17 Der Geschädigte muss zunächst den Nachweis führen, dass von der Anlage Umwelteinwirkungen ausgehen, dh dass die **Einwirkungskausalität** gegeben ist (*Salje/Peter* §§ 1, 3 Rn. 114). Es ist streitig, ob die Vermutung auch für die Einwirkungskausalität gilt, ob also hierfür der Nachweis genügt, dass die Anlage geeignet ist, auf die Umwelt einzuwirken. Dagegen könnte § 6 Abs. 1 S. 2, Abs. 2 sprechen (OLG Düsseldorf 29.10.2010, I-22 U 70/10, juris, Rn. 68; *Kohler* in Staudinger UmweltHR Rn. 9f.; *Kloepfer* § 6 Rn. 147f.). Teilw. wird vertreten, dass die Kausalitätsvermutung den gesamten Verlauf vom Betrieb der Anlage bis zur Schadensentstehung und damit auch die Einwirkungskausalität umfasst (*Salje/Peter* Rn. 21; *Höpke/Thürmann* Rn. 21; *Landsberg/Lülling* Rn. 49f.; *Schmidt-Salzer* Rn. 64f.). Freilich setzt der Nachweis, dass die Anlage konkret geeignet ist, auf die Umwelt einzuwirken, regelmäßig den Nachweis der **Freisetzung bestimmter Schadstoffe** voraus. Im Ergebnis dürfte daher der unterschiedlichen Auslegung keine besondere praktische Bedeutung zukommen. Möglicherweise hat der Geschädigte Schwierigkeiten, den Nachweis der Schadstofffreisetzung zu führen, weil ihm die erforderlichen Kenntnisse über die Beschaffenheit und Menge der freigesetzten Stoffe, sowie über den Zeitpunkt der Freisetzung fehlen. Insoweit helfen aber die Auskunftsansprüche nach den §§ 8, 9 (→ § 8 Rn. 13ff., § 9 Rn. 5).

18 Neben der Einwirkungskausalität muss der Geschädigte die **Verletzungskausalität,** dh einen Zusammenhang zwischen der Umwelteinwirkung und der Rechtsgutverletzung nachweisen. Wesentliche Elemente sind die Exposition und die Stoffkausalität. Dies ist der Kernbereich des § 6 Abs. 1. Hierfür genügt die Eignung zur Schadensverursachung. Das Beweismaß reduziert sich auf den Nachweis einer ernstlichen Wahrscheinlichkeit (→ Rn. 15).

19 Für den Nachweis der Verletzungskausalität muss der Geschädigte zunächst die konkrete Möglichkeit dartun, dass er der von der Anlage ausgehenden Umwelteinwirkung, genauer: den der Anlage zuzurechnenden Emissionen, **ausgesetzt** war. Hierzu bedarf es einer Darlegung der Verbreitungswege der Emissionen und einer ungefähren zeitlichen Einordnung der Exposition (OLG Düsseldorf NJW-RR 1994, 1181 (1182)). Insofern spielen vor allem die meteorologischen und geologischen Gegebenheiten eine Rolle.

20 Sodann muss der Geschädigte den Nachweis führen, dass die Schadstoffe, die von der Anlage stammen und denen er ausgesetzt war, geeignet sind, den Schaden zu verursachen. Auf dieser Stufe der Beweisführung geht es also um die **Ursache-Wirkungs-Beziehung** zwischen Schadstoff und Rechtsgutsverletzung (Stoffkausalität). Insoweit spielen vor allem die folgenden Faktoren eine Rolle: das Schadensbild, eine wissenschaft-

lich anerkannte Beziehung zwischen den Schadstoffen und dem eingetretenen Schaden, der Zeitablauf zwischen der Schadstoffexposition und der Schadensentstehung, die Menge der Schadstoffe sowie der Ausschluss anderer Schadensfaktoren. Regelmäßig wird der Nachweis der Stoffkausalität mit Hilfe wissenschaftlicher Gutachten erbracht.

Keine Kausalprobleme bereiten eindeutig **schadstoffspezifische Schäden,** wie Er- **21** krankungen, die notwendiger Weise eine bestimmte Schadstoffexposition voraussetzen (zB Asbestose). Hier genügt für den Nachweis der Stoffkausalität der Nachweis der Schadstoffexposition.

Schwieriger liegen die Kausalfragen beim Normalfall **schadstoffunspezifischer** **22** **Schäden und Erkrankungen.** Die Schadstoffexposition kann zwar die Ursache einer bestimmten Erkrankung, wie etwa einer Krebserkrankung, sein, diese tritt aber auch ohne Rücksicht auf Schadstoffexpositionen auf. In solchen Fällen dürfen die Anforderungen an den wissenschaftlichen Nachweis einer **Ursache-Wirkungs-Beziehung** zwischen Schadstoff und Erkrankung nicht überspannt werden. So braucht die Kausalitätstheorie, auf die sich der Geschädigte stützt, nicht allg. anerkannt zu sein; vielmehr sollte genügen, dass sie auf verlässlichen Daten und einer wissenschaftlich begründeten Methode beruht. Denn es kommt im Hinblick auf das Erfordernis der bloßen Schadenseignung in § 6 Abs. 1 nicht auf naturwissenschaftliche Gewissheit, sondern auf einen hinreichend belegten Zusammenhang iS hoher Wahrscheinlichkeit an.

Grundlage für die Bestimmung der Ursache-Wirkungs-Beziehung ist eine Kombina- **23** tion von toxikologischen und epidemiologischen Studien. Sie sind als Instrumente der **Risikoabschätzung** im Rahmen präventiver Gesundheits- und Umweltpolitik anerkannt, werfen jedoch als Beweismittel für den nachträglichen **Kausalbeweis** erhebliche Probleme auf (vgl. *SRU* Umwelt und Gesundheit 1999, Tz. 64 ff., insbes. S. 97 ff.; *Risiko-Kommission* Abschlussbericht 2003, Anh. 4 S. 7 ff.; *UBA* Aktionsprogramm Umwelt und Gesundheit, 1998, Teil III, S. 451 ff.; *Streffer et al.*, Low Dose Exposures in the Environment, 2004, S. 134 ff., 181 ff., 265 ff., 338 ff.; *Ladeur* Das Umweltrecht in der Wissensgesellschaft 1995, S. 161 ff.). Die Erwartungen an solche Studien sollten daher nicht zu hoch geschraubt werden.

Bei **toxikologischen Studien,** die neben der Bestimmung von Stoffeigenschaften **24** insbes. der Abschätzung des Risikos für Gesundheit und Umwelt aufgrund Exposition dienen, arbeitet man insbesondere mit Tierversuchen, molekularen Versuchen und in begrenztem Umfang klinischen Studien. Dabei steht die Übertragbarkeit von Befunden aus Tierversuchen auf den Menschen und die Umwelt auf dem Prüfstand. Mögliche **Fehlerquellen** sind die Vergleichbarkeit des Metabolismus der Versuchstiere oder Versuchsorganismen und der exponierten Personen oder Ökosysteme, die Extrapolation von hohen Dosen im Tierversuch auf niedrige, in der Realität anzutreffende niedrige Dosen, der Ansatz und die Multiplikation von Sicherheitsfaktoren bei der Extrapolation, die Verwendung von Hypothesen über Dosis-Wirkungs-Beziehungen und die Modellierung von Expositionsszenarien vor dem Hintergrund komplexer Expositionsbedingungen in der Realität. Im Bereich der präventiven Gesundheits- und Umweltpolitik kann man dem mit dem Einbau von Vorsorgeelementen („konservative Annahmen") in die Risikoabschätzung begegnen. Beim nachträglichen Kausalbeweis ist dies ausgeschlossen. Jede in dieser Weise erzeugte Überschätzung des Risikos mindert die Beweiskraft der so gewonnenen Risikoabschätzung für die Feststellung von Ursache-Wirkungs-Beziehungen. Jedoch dürften je nach Sachlage Aussagen über die Eignung einer bestimmten Konzentration eines gefährlichen Stoffs in der Umwelt zur Verursachung einer Rechtsgutverletzung möglich sein.

Epidemiologische Gutachten sind nicht nur sehr aufwendig. Vielmehr kommt ih- **25** nen von vornherein nur eine **beschränkte Beweiskraft** zu. Solche Studien können prospektiv oder retrospektiv vorgehen. Beim prospektiven Verfahren vergleicht man zwei Bevölkerungsgruppen, von denen die eine dem verdächtigen Stoff ausgesetzt ist oder war, die andere dagegen nicht, im Hinblick auf die zu untersuchende Krankheit miteinander. Beim retrospektiven Verfahren greift man als Gruppe diejenigen heraus, die an der zu untersuchenden Krankheit bereits leiden, und stellt ihr eine Kontrollgruppe von Personen gegenüber, deren Lebensbedingungen denen der ersten Gruppe soweit wie möglich gleichen, die aber an der zu untersuchenden Krankheit nicht leiden, und fragt, wie viele Personen in den jeweiligen Gruppen dem verdächtigen Stoff ausgesetzt waren. Gleich wie man vorgeht, wird jedes Mal nur die **relative statistische Wahrscheinlichkeit e**iner Krankheit oder sonstigen Rechtsgutverletzung durch Exposition gegenüber einem gefährlichen Stoff errechnet. Das statistische Maß der Beziehung des Stoffes zu der Krankheit in der Bevölkerung nennt man das erhöhte oder zurechenbare Risiko. Mit Hilfe dieser Größe lässt sich berechnen, wie viel Prozent der Krankheitsfälle auf die fragliche Substanz zurückzuführen sind. Im Hinblick auf den konkreten Einzelfall ist damit aber keine Aussage über den effektiven Kausalzusammenhang verbunden. Epidemiologische Gutachten enthalten nur eine Aussage über die **generelle Eignung** eines Stoffes, einen bestimmten Schaden zu verursachen.

26 Selbst wenn also toxikologische Studien Aussagen über die Eignung einer bestimmten Konzentration eines gefährlichen Stoffs in der Umwelt zur Verursachung einer Rechtsgutverletzung und epidemiologische Studien eine signifikante Risikoerhöhung ausweisen, bedürfte der Nachweis der Kausalität noch **konkreter Kausalitätsindizien.** Gleichwohl kann bei Vorliegen bestimmter Zusatzbedingungen der Schluss auf einen Kausalzusammenhang zwischen Stoffexposition und Rechtsgutverletzung gerechtfertigt sein. Die kann der Fall sein, wenn der Stoff bei einer bestimmten Konzentration und Exposition eine erhebliche Risikoerhöhung mit sich bringt, außerdem eine weitgehende Übereinstimmung zwischen Schadstoff und Schadensbild sowie Schadensentstehungszeitpunkt festgestellt werden kann und sich auch noch alle sonstigen Kausalfaktoren praktisch ausscheiden lassen.

27 Größere Beweiskraft kommt solchen Studien in dem umgekehrten Fall zu, dass sie **keine Risikoerhöhung** ausweisen. Denn ein solches Ergebnis spricht entscheidend gegen die Bejahung eines Kausalzusammenhangs.

28 Ein Sonderproblem entsteht, wenn eine Anlage erst dann geeignet ist, den entstandenen Schaden zu verursachen, wenn eine **Betriebspflichtverletzung** oder ein Störfall vorliegt. Nach § 6 Abs. 2 obliegt der Nachweis des bestimmungsgemäßen Betriebs dem Anlagenbetreiber. Diese Regelung strahlt auch auf die Regelung des § 6 Abs. 1 aus. Daraus ergibt sich, dass der Geschädigte auch dann nicht die Betriebspflichtverletzung oder den Störfall nachweisen muss, wenn dies Voraussetzung für die Schadenseignung der Anlage ist (*Landsberg/Lülling* Rn. 56; *Schmidt-Salzer* Rn. 169). Dazu bedarf es eines substantiierten Vortrags seitens des Geschädigten.

III. Kausalitätsvermutung bei Zusammenwirken mehrerer Schadensursachen

29 Umweltschäden beruhen regelmäßig auf einem **Zusammenwirken mehrerer Schadensfaktoren.** Dabei kann es sich um ein Zusammenwirken mehrerer Kataloganlagen handeln oder um ein Zusammenwirken von Kataloganlagen und sonstigen Schadensquellen oder zufälligen Ereignissen wie der allgemeinen Umweltbelastung. Für die Anwendung der in § 6 Abs. 1 geregelten Kausalitätsvermutung stellt sich damit die Frage, ob unter diesen Voraussetzungen eine einzelne Kataloganlage geeignet sein kann, den Schaden zu verursachen. Grds. ist § 6 Abs. 1, wie sich aus § 7 Abs. 1 ergibt, auch auf das

Zusammenwirken mehrerer Schadensfaktoren anwendbar (*Rehbinder* in Hansmann/Sellner § 7 Rn. 59; *Kohler* in Staudinger UmweltHR Rn. 9, 11, 19ff.; *Sautter* S. 118f.; *Landsberg/Lülling* Rn. 60ff.; *Paschke* Rn. 21ff.). Dabei kann iE an die bereits dargelegten Fallgestaltungen (→ § 1 Rn. 29–32) angeknüpft werden, die unterschiedliche Probleme aufwerfen.

Kommen, wie im Fall der **konkurrierenden Kausalität,** als Schadensursachen meh- **30**
rere Anlagen oder eine Anlage und sonstige Schadensquellen in Betracht, ist aber eine einzelne Anlage bereits aufgrund ihres eigenen Gefährdungspotentials in der Lage, den gesamten Schaden zu verursachen, so liegt eine Eignung zur Schadensverursachung vor und es greift der Vermutungstatbestand des § 6 Abs. 1 ein (so auch *Kohler* in Staudinger UmweltHR Rn. 19). Auch nach allgemeinem Recht ist hier eine normative Korrektur der Lehre von der äquivalenten Kausalität anerkannt (BGH NJW-RR 2012, 728 Rn. 35; NJW 2013, 2018 Rn. 26f.).

Wenn die Immissionen oder sonstigen Einwirkungen **zeitlich nacheinander** erfol- **31**
gen, aber der Gefährdungsbeitrag jeder der mehreren Anlagen oder sonstigen Schadensquellen aufgrund seiner Menge und Beschaffenheit geeignet ist, den gesamten Schaden zu verursachen, so ist nur die erste Anlage geeignet, den Schaden zu verursachen. Nur zu ihren Lasten wird nach § 6 Abs. 1 die Kausalität nach § 6 Abs. 1 vermutet. Denn die erste Anlage darf sich auf den Gefährdungsbeitrag der zweiten Anlage oder sonstigen Schadensquelle (Reserveursache) nicht berufen (→ § 1 Rn. 30).

Kommen als Verursacher mehrere Anlagen in Betracht und hat eine den Schaden tat- **32**
sächlich verursacht, kann aber der Verursacher nicht identifiziert werden, besteht also ein **Urheberzweifel** (alternative Kausalität), so greift ebenfalls die Kausalitätsvermutung des § 6 Abs. 1 ein, da jede Anlage geeignet ist, den gesamten Schaden zu verursachen (*Schmidt-Salzer* § 7 Rn. 59). In begrenztem Umfang kann die Kausalitätsvermutung nach der materiellen Haftungsregel des § 830 Abs. 1 S. 2 BGB anwendbar sein (s. → Rn. 35, § 7 Rn. 14, 20). Die Schadenseignung ist auch dann zu bejahen, wenn zwei Anlagen aufgrund ungleichartiger Emissionen als alternative Schadensursachen in Frage kommen; entscheidend ist allein die Verursachung des Schadens und Kausalitätseignung jeder beteiligten Anlage für den ganzen Schaden (einschränkend insoweit *Paschke* Rn. 25; *Schmidt-Salzer* § 7 Rn. 60).

In der Praxis am häufigsten dürfte der Fall der **kumulativen Kausalität** und des **An-** **33**
teilszweifels sein. Er liegt vor, wenn eine Anlage geeignet ist, nur im Zusammenwirken mit anderen Schadensfaktoren den entstandenen Schaden oder diesen in der Weise zu verursachen, dass bei Wegfall der Anlage nicht der gesamte Schaden entfiele, sondern sich lediglich das Schadensbild in quantitativer oder qualitativer Hinsicht oder der Schadensentstehungszeitpunkt änderten. Die Anlage ist also nur geeignet, einen Beitrag zur Entstehung des Schadens zu leisten oder – anders formuliert – geeignet, den Schaden mit zu verursachen. . Bildlich kann man davon sprechen, dass der Beitrag der Anlage geeignet ist, das Fass zum Überlaufen zu bringen.

Auch auf diese Fälle der bloßen **Eignung zur Mitverursachung** ist § 6 Abs. 1 an- **34**
zuwenden. Der Wortlaut der Vorschrift legt zwar die gegenteilige Annahme nahe, dass die Kausalitätsvermutung nur eingreift, wenn eine Anlage allein geeignet ist, den entstandenen Schaden zu verursachen. Eine solche Auslegung verbietet sich aber aus teleologischen und systematischen Gründen. Das Gesetz enthielte nämlich dann keine Kausalitätsvermutung für den praktisch wichtigsten Fall des Zusammenwirkens mehrerer Schadensquellen. Außerdem setzt die Regelung über den **Vermutungsausschluss in § 7 Abs. 1 S. 1** voraus, dass an sich eine Kausalitätsvermutung zu Lasten mehrerer Anlagen denkbar ist. Bedenken, dass hierdurch im Wege der Auslegung eine überzogene Beteiligungsvermutung geschaffen wird, erscheinen nicht gewichtig, da § 7 Abs. 1 von einer

solchen Vermutung ausgeht und die Entlastungsmöglichkeiten nach § 6 Abs. 2–4 für einen Ausgleich sorgen (aM *Medicus* JUTR 1990, 5 (17); *Kloepfer* § 6 Rn. 177). Daher ist § 6 Abs. 1 dahingehend auszulegen, dass diese Vorschrift auch den Fall des gleichzeitigen oder konsekutiven Zusammenwirkens mehrerer Anlagen oder einer Anlage und anderer Schadensquellen erfasst, deren Emissionen isoliert noch nicht die Schadensschwelle überschreiten. Das Gleiche gilt, wenn das Zusammenwirken das Schadensbild oder den Schadenszeitpunkt ändert. Folglich greift bei bloßer Eignung zur Mitverursachung grds. die Kausalitätsvermutung des § 6 Abs. 1 zu Lasten einer Kataloganlage ein (OLG Düsseldorf NJW 1998, 3720; *Rehbinder* in Hansmann/Sellner § 7 Rn. 59; *Kohler* in Staudinger UmweltHR Rn. 20; *Sautter* S. 118 f.; *Landsberg/Lülling* Rn. 64 ff.; *Salje/Peter* Rn. 11; *Paschke* Rn. 22 ff.). Nach der – problematischen – Auffassung des BGH sollen die §§ 6, 7 allerdings nicht für Anteilszweifel bei konsekutiver Verursachung im Fall eines Inhaberwechsels gelten (BGHZ 142, 227 (238) = NJW 1999, 3633).

35 Für die Anwendung des § 6 Abs. 1 spricht auch der Gesichtspunkt der **Harmonisierung** der Haftung nach dem UmweltHG mit der nach dem WHG und nach privatem Nachbarrecht. Für die Haftung nach § 89 WHG reicht die Eignung zur Mitverursachung des Schadens aus (BGHZ 57, 257 (260 ff.) = NJW 1972, 205; BGHZ 142, 227 (238) = NJW 1999, 3633). Im Nachbarrecht ist seit jeher anerkannt, dass es für die Wesentlichkeit der Beeinträchtigung iSd § 906 Abs. 1 BGB allein auf das betroffene Grundstück ankommt, mit der Folge, dass jeder Mitverursacher verantwortlich ist (RG Seuff. Arch. 93 (1939) Nr. 92). Einer analogen Anwendung des **§ 830 Abs. 1 Satz 2 BGB** bedarf es meist nicht. Die Regelung erfasst nur seltene Fallgestaltungen. Sie kommt nach hM nur in Betracht, wenn die Handlung jedes der Beteiligten geeignet gewesen ist, den **gesamten Schaden** zu verursachen (BGHZ 101, 106 (111) = NJW 1987, 2810; BB 1994, 597 (598); *Brüggemeier* JUTR 1990, 261 (273); vgl. *Wagner* in MünchKomm BGB § 830 Rn. 46, 51, 57 ff.). Sie ist ohnehin nur von praktischer Bedeutung, wenn die Kausalitätsvermutung nach § 6 Abs. 1 nicht eingreift.

36 Lässt sich bei Eignung zur gemeinsamen Verursachung der Mitverursachungsanteil im Wege der richterlichen **Schadensschätzung** nach § 287 ZPO ermitteln, gilt ähnlich wie im Rahmen von § 89 WHG (BGHZ 142, 227 (237 f.) = NJW 1999, 3633) die Vermutung des § 6 Abs. 1 zu Lasten der Kataloganlage nur für diesen Anteil (dazu auch → § 7 Rn. 19, 26).

37 Um eine Eignung zur Mitverursachung bejahen zu können, genügt allerdings nicht jeder noch so geringe Gefährdungsbeitrag. Erforderlich ist vielmehr eine **relevante Risikoerhöhung** (vgl. *Rehbinder* UGB AT S. 428; *ders.* NuR 1989, 149 (161)). Die Vermutung gilt daher auch bei **Summationsschäden,** wenn eine Anlage geeignet ist, solche Schäden durch eigene **individualisierbare Gefährdungsbeiträge** mit zu verursachen. Zwischen der Anlage und dem Geschädigten besteht dann eine ausreichende Verknüpfung, so dass die Kausalitätsvermutung des § 6 Abs. 1 zu Lasten der Anlage eingreift (*Kohler* in Staudinger UmweltHR Rn. 11, 21; *Salje/Peter* Rn. 12; *Paschke* Rn. 26; aM aber *Landsberg/Lülling* Rn. 67). Die Einschränkung mittels des Kriteriums der Risikoerhöhung dürfte allerdings bei der Anwendung der Kausalitätsvermutung nach § 6 Abs. 1 kaum eine praktische Rolle spielen, da es hier nur darum geht, ob die Vermutung zu Lasten einer Kataloganlage anwendbar ist (vgl. aber OLG Hamm ZUR 2018, 118 – mögliche Klimahaftung bei einem Anteil an den weltweiten GHG-Emissionen von 0,47 %).

38 Zur Frage von Art und Umfang der materiellen Haftung in diesen Fällen → § 7 Rn. 11–25, 26–32.

E. Der Ausschluss der Kausalitätsvermutung nach § 6 Abs. 2–4 UmweltHG infolge rechtmäßigen Normalbetriebs

I. Die Privilegierung des rechtmäßigen Normalbetriebs durch § 6 Abs. 2 UmweltHG

Die Kausalitätsvermutung des § 6 Abs. 1 greift nicht ein, wenn der Betreiber der Anlage nachweist, dass diese **bestimmungsgemäß** betrieben worden ist (§ 6 Abs. 2 Satz 1). Der rechtmäßige störungsfreien Normalbetriebs wird also privilegiert. Zwar ändert der Nachweis des rechtmäßigen Normalbetriebs nichts daran, dass der Anlagenbetreiber der Gefährdungshaftung unterliegt, der Nachweis des rechtmäßigen Normalbetriebs bewirkt aber den Ausschluss der Kausalitätsvermutung. Im Ergebnis hat damit die Gefährdungshaftung für den rechtmäßigen Normalbetrieb ihre Schärfe und damit Steuerungskraft jedenfalls teilweise verloren (*Kloepfer* § 6 Rn. 156; *Kohler* in Staudinger UmweltHR Rn. 32 f.; *Schmidt.-Salzer* Einl. Rn. 104 ff.). 39

Grund der beweisrechtlichen Privilegierung des Normalbetriebs war die Erwägung, dass bei Einhaltung der Vorgaben des bestimmungsgemäßen Betriebs von vornherein nichts dafür spreche, dass die Anlage **als Schadensverursacher** in Betracht komme (Ausschussbericht S. 32). Darüber hinaus verfolgt die Privilegierung den Zweck, einen haftungsrechtlichen **Anreiz** zu schaffen, den rechtmäßigen Normalbetrieb einzuhalten und zu dokumentieren (Begr. S. 18; zust. *Landsberg/Lülling* Rn. 75). 40

In der Sache ist der an den bestimmungsgemäßen Betrieb geknüpfte **Ausschluss der Kausalitätsvermutung** kritisch zu sehen (*Rehbinder* NuR 1989, 149 (158); *Hager* ZEuP 1997, 9 (23); *Salje/Peter* Rn. 33 f.; eher positiv: *Kohler* in Staudinger UmweltHR Rn. 33; *Kloepfer* § 6 Rn. 156; *Marburger* AcP 192 (1992) 1 (25)). Denn die öffentlich-rechtlichen Umweltstandards, deren Einhaltung den bestimmungsgemäßen Betrieb ausmachen, sind keineswegs nur Ergebnis neuester wissenschaftlicher Erkenntnisse, sondern auch Ergebnisse des politischen Prozesses (*Müller* S. 223 ff.; *Ganten/Lemke* UPR 1989, 1 (6)). Darüber hinaus unterliegen sie der Veraltung, ohne dass Fortschritte in der wissenschaftlichen Erkenntnis sogleich in einer Neufassung der Standards ihren Niederschlag finden würden. Schließlich ist ihre Aussagekraft über das Ausmaß an Risikovermeidung begrenzt, da sie vielfach nicht wirkungsbezogen, sondern emissionsbezogen sind. 41

Wann ein rechtmäßiger Normalbetrieb vorliegt, hat der Gesetzgeber in § 6 Abs. 2 Satz 2 selbst festgeschrieben. Voraussetzung ist, dass die **besonderen Betriebspflichten** eingehalten worden sind und auch keine **Störung des Betriebs** vorliegt. Die besonderen Betriebspflichten werden in § 6 Abs. 3 konkretisiert. Eine Störung des Betriebs wird in der Literatur in Anlehnung an § 2 Abs. 1 StörfallV aF und § 3 Abs. 1 dann angenommen, wenn aufgrund eines Ereignisses Stoffe, Erschütterungen, Geräusche, Druck, Strahlen, Gase, Dämpfe, Wärme oder sonstige Erscheinungen freigesetzt werden, die bei ordnungsgemäßem Betrieb nicht emittiert werden (*Salje/Peter* Rn. 35; *Landsberg/Lülling* Rn. 73). Dieses Begriffsverständnis der Betriebsstörung ist wirkungsbezogen. Der umwelthaftungsrechtliche Begriff der Betriebsstörung ist aber **betriebsbezogen** zu verstehen (*Feldhaus* UPR 1992, 161 (164); *Paschke* Rn. 44; *Kohler* in Staudinger UmweltHR Rn. 37). In Anlehnung an § 2 Nr. 6 und § 19 StörfallV wird man deshalb eine Betriebsstörung anzunehmen haben bei Abweichungen von dem Betrieb, für den eine Anlage nach ihrem technischen Zweck bestimmt, ausgelegt und geeignet ist, und der dem entspricht, was in der Genehmigung oder nachträglichen Anordnung festgelegt ist (BVerwG NJW 1997, 2748 (2750); *Feldhaus* UPR 1992, 161 (164); *Paschke* Rn. 45 f.). Auf die Wirkungen kommt es erst bei der Definition des Störfalls an (§ 2 Nr. 7 StörfallV; vgl. 42

→ Bd. IV, 12. BImSchV Rn. 14 ff.), auf den das Gesetz aber nicht abstellt. Daher ist auch eine Gefährdung Dritter nicht erforderlich (*Kohler* in Staudinger UmweltHR Rn. 38; aM offenbar *Salje/Peter* Rn. 35). Im Regelfall bedeutet das Nichtvorliegen einer Betriebsstörung nichts anderes als die Einhaltung der besonderen Betriebspflichten.

43 Die **Beweislast** für das Vorliegen des rechtmäßigen Normalbetriebs erlegt das Gesetz dem Inhaber der Anlage auf. Dieser kann den Beweis nach den allg. Grundsätzen führen (*Kohler* in Staudinger UmweltHR Rn. 41; → Rn. 4 ff.). Der Beweis wird durch die besonderen Kontrollpflichten (§ 6 Abs. 4) erleichtert. Der sicherste Weg ist der Einsatz eines kontinuierlich arbeitenden Emissionsmessgeräts. Ein wichtiges Beweismittel sind die Jahresberichte des Immissionsschutz- und Störfallbeauftragten (§§ 54 Abs. 2, 58b Abs. 2 BImSchG) sowie die Mitteilungen des Störfallbeauftragten über Störfälle (§ 58b Abs. 1 Nr. 2 BImSchG) (*Feldhaus* UPR 1992, 161 (166)). Sind hier keine Störungen des bestimmungsgemäßen Betriebs vermerkt, ist dies ein starkes Indiz für einen störungsfreien Betrieb.

II. Die Bestimmung der besonderen Betriebspflichten nach § 6 Abs. 3 UmweltHG

44 **1. Grundlage der Betriebspflichten.** Die Betriebspflichten müssen sich aus verwaltungsrechtlichen Zulassungen, Auflagen, vollziehbaren Anordnungen und Rechtsvorschriften ergeben.

45 **a) Verwaltungsrechtliche Zulassung.** Verwaltungsrechtliche Zulassungen sind **Genehmigungen** und **Planfeststellungsbeschlüsse** (sowie diesen gleichgestellte Plangenehmigungen). Der Kreis der dem UmweltHG unterworfenen Anlagen orientiert sich am Anhang zur 4. BImSchV in der im Jahre 1990 geltenden Fassung. Die Anlagen bedürfen deshalb regelmäßig einer Genehmigung nach § 6 BImSchG. Deponien werden aufgrund eines Planfeststellungsbeschlusses zugelassen (§ 35 Abs. 2, 3 KrWG).

46 **Die Genehmigung nach § 6 BImSchG** ist zu erteilen, wenn sichergestellt ist, dass die Pflichten erfüllt werden, die sich aus § 5 BImSchG und aufgrund von Rechtsverordnungen nach § 7 BImSchG ergeben, und wenn andere öffentlich-rechtliche Vorschriften und Belange des Arbeitsschutzes nicht entgegenstehen (§ 6 Nr. 1, 2 BImSchG).

47 **Grundlage für Betreiberpflichten** nach § 5 Abs. 1 BImSchG sind die Schutzpflicht (Nr. 1), die Vorsorgepflicht (Nr. 2), die Abfallvermeidungs- und Entsorgungspflicht (Nr. 3) und die Pflicht zur Energieeinsparung und Energieeffizienz (Nr. 4). § 5 Abs. 3 BImSchG erstreckt die Schutzpflicht und Verwertungs- und Beseitigungspflicht für Abfälle auf den Zeitraum nach einer Betriebseinstellung. § 5 Abs. 4 begründet eine Nachsorgepflicht nach Betriebseinstellung für Boden- und Wasserverunreinigungen. Alle diese Regelungen kommen als Grundlage für besondere Betriebspflichten i. S. des § 6 Abs. 3 in Betracht, sofern sie für die konkrete Umwelteinwirkung relevant sind (s. → Rn. 55). Soweit Anlagen der **Planfeststellung** oder Plangenehmigung unterliegen, können in ähnlicher Weise die Betreiberpflichten aus § 36 Abs. 1, 3 KrWG Grundlage für Betriebspflichten iSd § 6 Abs. 3 sein.

48 **Rechtsverordnungen nach § 7 und § 48a BImSchG** können die Betreiberpflichten nach § 5 BImSchG konkretisieren und insbesondere vorschreiben, dass die Anlagen bestimmten technischen Anforderungen entsprechen müssen, dass die von den Anlagen ausgehenden Emissionen bestimmte Grenzwerte nicht überschreiten dürfen und die Betreiber von Anlagen Messungen von Emissionen und Immissionen vorzunehmen haben. Auf der Grundlage der §§ 7, 48a BImSchG hat die Bundesregierung die StörfallV (12. BImSchV), die GroßfeuerungsanlagenV (13. BImSchV) und die AbfallverbrennungsV

(17. BImSchV) erlassen. Insbes. die in der StörfallV festgelegten materiellen Sicherheitspflichten und die zusätzlichen Überwachungs-, Wartungs- und Meldepflichten sowie die in der GroßfeuerungsanlagenV und der AbfallverbrennungsV festgesetzten Emissionsgrenzwerte stellen besondere Betriebspflichten i. S. des § 6 Abs. 3 dar. Entsprechendes gilt für die aufgrund der Ermächtigung nach § 43 KrWG erlassene DeponieV.

Auch **andere öffentlich-rechtlichen Vorschriften** und die **Belange des Arbeitsschutzes** iSd § 6 Nr. 2 BImSchG können entsprechend ihrer Schutzrichtung Grundlage für besondere Betriebspflichten iSd des § 6 Abs. 3 sein. In Betracht kommen alle von § 6 Nr. 1 BImSchG nicht erfassten Vorschriften, soweit sie anlagebezogen sind (*Jarass* BImSchG § 6 Rn. 7). Erwähnt seien das UVP-Gesetz, das Abfallrecht, das Baurecht, das Wasserrecht sowie die Vorschriften zum Naturschutz und Landschaftsschutz. Belange des Arbeitsschutzes ergeben sich aus den Arbeitsschutzvorschriften öffentlich-rechtlicher Natur. Genannt seien hier die §§ 3 ff. ArbSchG (weitere Hinweise bei *Jarass* BImSchG § 6 Rn. 17). 49

Regelmäßig werden die betreffenden Pflichten durch den **Genehmigungsbescheid konkretisiert.** So wird insbes. der Umfang der zulässigen Emissionen durch den Genehmigungsbescheid festgelegt. Auch die nähere Inhaltsbestimmung einer Betriebsgenehmigung, wie die einer immissionsschutzrechtlichen Betriebsgenehmigung für eine Feuerungsanlage beigefügte Maßgabe, bei Ölfeuerungsbetrieb nur schwefelarmes Heizöl zu verwenden (BVerwGE 69, 37 = NVwZ 1984, 371), stellt eine besondere Betriebspflicht dar. Bei der Erteilung der Genehmigung legt die zuständige Behörde die Emissionsgrenzwerte aus den genannten Verordnungen und die Immissions- und Emissionswerte aus der TA-Luft zugrunde. Letztere stellen trotz ihrer Qualität als normkonkretisierende Verwaltungsvorschriften keine Rechtsvorschriften iSd § 6 Abs. 3 dar (aM *Kohler* in Staudinger UmweltHR Rn. 44). Hilfsweise orientiert sich die Behörde an technischen Normen (*Jarass* BImSchG § 5 Rn. 24–26). Bei **Planfeststellungsbeschlüssen** für Abfalldeponien ist insbes. die DeponieV maßgeblich. 50

b) Auflagen und vollziehbare Anordnungen. Zur Erfüllung der in § 6 BImSchG genannten Voraussetzungen sowie zur Bestimmung der Pflichten des Betreibers von Abfalldeponien können die Genehmigung und der Planfeststellungsbeschluss mit **Auflagen** verbunden werden (§ 12 Abs. 1 BImSchG, § 36 Abs. 4 S. 1 sowie Abs. 3 KrWG). Aus ihnen können sich gleichfalls Betriebspflichten iSd § 6 Abs. 3 ergeben. So kann Gegenstand von Auflagen die Begrenzung von Emissionen oder Immissionen sein (*Landsberg/Lülling* Rn. 101). Als **vollziehbare Anordnungen** kommen insbesondere nachträgliche Anordnungen gemäß § 17 BImSchG oder § 36 Abs. 4 S. 3 KrWG in Betracht. Auch solche Anordnungen können Betriebspflichten i. S. des § 6 Abs. 3 festlegen, wie die Pflicht, Emissionsfrachten zu mindern (*Landsberg/Lülling* Rn. 104). 51

c) Rechtsvorschriften. Nicht nur Genehmigungsbescheide, Planfeststellungsbeschlüsse, Auflagen und vollziehbare Anordnungen können besondere Betriebspflichten i. S. des § 6 Abs. 3 begründen, sondern auch **Rechtsvorschriften.** Unabhängig von einer Übernahme in den Genehmigungsbescheid gilt dies für die 12., 13. und 17 BImSchV. Dagegen sind die Immissionsgrenzwerte, Zielwerte und Emissionshöchstmengen der 39. BImSchV nicht anlagenbezogen und stellen für sich keine Betriebspflichten dar. Sie können aber Grundlage für eine Betriebspflicht kraft des Genehmigungsbescheids sein. In Betracht kommen nur Rechtsvorschriften des öffentlichen Rechts. Die **allgemeine Verkehrssicherungspflicht** ist keine Betriebspflicht iSd § 6 Abs. 3 (*Landsberg/Lülling* Rn. 109; *Kohler* in Staudinger UmweltHR Rn. 54). 52

Zweifelhaft ist, ob die **Grundpflichten nach § 5 BImSchG.** unmittelbar Betriebspflichten iSd § 6 Abs. 3 darstellen. Diese werden zwar regelmäßig durch einen Genehmi- 53 gungsbescheid konkretisiert. Sie sind aber auch unabhängig hiervon Quelle entsprechender Betreiberpflichten (*Jarass* BImSchG § 5 Rn. 1f.; *Roßnagel/Hentschel* GK-BImSchG § 5 Rn. 23; einschränkend *Kohler* in Staudinger UmweltHR Rn. 42, 44: nur Gefahrenabwehr und Stand der Technik; → Bd. III § 5 Rn. 9: nur soweit die Vorgaben eindeutig sind; abl. *Stecher* S. 224f.). Praktische Bedeutung kann die unmittelbare Geltung der gesetzlichen Grundpflichten insbes. dann erlangen, wenn geltend gemacht wird, dass die Betriebsgenehmigung den gesetzlichen Schutz nicht mehr zu gewährleisten vermag, etwa weil sich die faktische Immissionssituation, die wissenschaftlichen Erkenntnisse über die Schadwirkungen eines Stoffs oder der Stand der Technik geändert haben. Für die Ausstrahlung des § 5 BImSchG auf die Kausalitätsvermutung und ihre Widerlegung nach § 6 Abs. 1, 2 dürfte sich folgende Lösung anbieten: Vermag der Anlagenbetreiber die Erfüllung der in der Betriebsgenehmigung angeordneten Pflichten nachzuweisen, so spricht eine Vermutung dafür, dass damit auch die gesetzlichen Betriebspflichten erfüllt worden sind. Es ist deshalb Sache des Geschädigten nachzuweisen, dass die in der Genehmigung angeordneten Pflichten nicht ausreichen, um den gesetzlichen Schutzauftrag zu erfüllen. Gelingt dieser Nachweis, muss der Anlagenbetreiber wieder nachweisen, dass er Zusatzmaßnahmen zur Einhaltung der gesetzlichen Grundpflichten getroffen hat. Ist er dazu nicht in der Lage, bleibt es bei der Kausalitätsvermutung (aM *Jarass* BImSchG § 5 Rn. 140, der den Grundpflichten im Rahmen des § 6 nur insofern Relevanz beimisst, als sie durch Rechts- oder Verwaltungsvorschriften bzw. durch Verwaltungsakt hinreichend konkretisiert sind).

54 Weitere auf **Rechtsvorschriften beruhende besondere Betriebspflichten** sind die Pflicht zur Bestellung eines Betriebsbeauftragten für Immissionsschutz (§ 53 BImSchG), für Abfall (§ 59 KrWG), für Gewässerschutz (§ 64 WHG) und eines Störfallbeauftragten (§ 58a BImSchG) sowie die Pflicht zur Mitteilung der Betriebsorganisation (§§ 52b BImSchG, 58 WHG). Schließlich zählen zu den besonderen Betriebspflichten die in den §§ 4, 5 und 9 StörfallV geregelten Pflichten, Maßnahmen zur Verhinderung von Störfällen und zur Begrenzung ihrer Auswirkungen zu treffen und eine Sicherheitsanalyse zu erstellen (*Feldhaus* UPR 1992, 161 (165)).

55 **2. Relevanz der Betriebspflichten für den entstandenen Schaden.** Nach § 6 Abs. 3 muss der Anlagenbetreiber nur die Einhaltung derjenigen Betriebspflichten nachweisen, die die Verhinderung von solchen Umwelteinwirkungen bezwecken, die für die Verursachung des Schadens in Betracht kommen. Diese Regelung bedeutet eine Beschränkung der ihm obliegenden Darlegungs- und Nachweispflicht in **sachlicher und zeitlicher Hinsicht.** Zum einen werden alle Pflichten ausgeklammert, deren Verletzung für den geltend gemachten Schaden irrelevant ist. Das gilt idR für das Energieeinsparungs- und Energieeffizienzgebot, im Übrigen kommt es insbes. auf die Kongruenz des geregelten und ursächlichen Schadstoffs an. Unerheblich ist, ob die Betriebspflicht die Einhaltung von **Schutzstandards** (Immissionswerten) oder von **Vorsorgestandards** (Emissionswerten) sichern soll (BGH NJW 1997, 2748 (2750) zur Mindestbrennraumtemperatur; *Petersen* NJW 1998, 2099 (2100); *Landsberg/Lülling* Rn. 83ff.; *Kohler* in Staudinger UmweltHR Rn. 52; kritisch *Stecher* S. 224, 256; aM *Salje/Peter* Rn. 50f.; *Schmidt-Salzer* Rn. 158, 164). Emissionswerte sind jedenfalls individualschützend, wenn Immissionswerte fehlen (BVerwGE 119, 329 (333) = NVwZ 2004, 611; BVerwGE 128, 278 Rn. 23 = NVwZ 2007, 697; *Jarass* BImSchG § 5 Rn. 135), wenn sie für Stoffe gelten, für die kein Schwellenwert angegeben werden kann oder soweit sie auf Unionsrecht beruhen (*Jarass* aaO Rn. 136; *Roßnagel/Hentschel* in GK-BImSchG § 5 Rn. 686; → Bd. III, § 5 BImSchG Rn. 118, 166; vgl. BVerwG NVwZ 2008, 789 Rn. 15). Selbst wenn im Übrigen Vorsorgestandards, insbes. Emissionswerte, nicht darauf abzielen, den Schutz potentieller Opfer von

Umwelteinwirkungen zu gewährleisten, stellen sie doch einen intendierten Beitrag zur Verringerung des Risikos von Umwelteinwirkungen, auch im Interesse der Nachbarn, dar (*Roßnagel/Hentschel* in GK-BImSchG § 5 Rn. 687ff.; *Kohler* in Staudinger UmweltHR Rn. 52; *Pöttker* S. 173); diese Eignung genügt im Rahmen von § 6 Abs. 3. Für diese Auslegung spricht die Wertung, die § 906 Abs. 1 S. 3 BGB zugrunde liegt. Es dürfte in der Praxis auch schwierig sein, Genehmigungen daraufhin zu klassifizieren, ob einzelne Anforderungen dem Schutz oder der Vorsorge dienen. In **zeitlicher Hinsicht** muss sich der Inhaber der Anlage nur für den Zeitraum entlasten, in dem die Schadensursache gesetzt sein kann (*Landsberg/Lülling* Rn. 77; *Kohler* in Staudinger UmweltHR Rn. 58f.).

III. Vermutung der Einhaltung der besonderen Betriebspflichten gemäß § 6 Abs. 4 UmweltHG

Die Einhaltung der Betriebspflichten hat grds. der Inhaber zu beweisen. Nach § 6 **56** Abs. 4 wird aber die Einhaltung einer Betriebspflicht vermutet, wenn zur Überwachung der Betriebspflichten **Kontrollen** vorgeschrieben sind und die Kontrollen **keinen Anhalt für Verletzung einer Betriebspflicht** ergeben haben oder zwischen der fraglichen Umwelteinwirkung und der Geltendmachung des Schadens ein Zeitraum von mehr als **zehn Jahren** liegt. Die Vermutung hängt nicht von der Eignung der Kontrollen für die Überwachung ab, vielmehr hat das Gericht ohne eigene Überprüfungsmöglichkeit von der Eignung auszugehen

Typische Kontrollpflichten iS dieser Vorschrift sind die Pflichten, Emissions- und **57** Immissionsmessungen durchzuführen, wie sie gemäß §§ 26ff. BImSchG oder durch Rechtsverordnung nach § 7 BImSchG vorgeschrieben werden können. Auch die Pflicht zur Durchführung sicherheitstechnischer Prüfungen nach § 29a BImSchG oder einer Rechtsverordnung nach § 7 Abs. 1 Nr. 4 BImSchG, insbes. nach § 18ff. der 13. BImSchV, stellt eine Kontrollpflicht iSd § 6 Abs. 4 dar. Die für Störfallanlagen geltende Pflicht, die Errichtung und den Betrieb der sicherheitstechnisch bedeutsamen Anlagenteile zu prüfen und die Anlage insgesamt in sicherheitstechnischer Hinsicht ständig zu überwachen (§ 6 Abs. 1 Nr. 1 StörfallV), gehört ebenfalls hierher.

Neben den behördlich oder durch Verordnung angeordneten Kontrollpflichten erlangt **58** die **Eigenkontrolle der Unternehmen** wachsende Bedeutung (vgl. *Kohler* in Staudinger UmweltHR Rn. 56ff.). Aus den § 5 Abs. 1 Nr. 1, § 52b BImSchG ergibt sich die Pflicht, für eine umweltschutzsichernde Betriebsorganisation zu sorgen (*Jarass* BImSchG § 5 Rn. 35; → Bd. III, § 5 BImSchG Rn. 101). Wesentliches Element einer solchen Organisation ist die innerbetriebliche Kontrolle. Eine besondere Rolle spielen hierbei die Betriebs- und Störfallbeauftragten (→ Rn. 54). Die betreffenden Pflichten sind allerdings noch kein zwingender Beweis dafür, dass kein Anhalt für eine Verletzung der Betriebspflichten besteht (*Feldhaus* UPR 1992, 161 (167); *Salje/Peter* Rn. 53: teilw. aM *Paschke* Rn. 62f.). Betriebe, die sich am Öko-Audit-System entsprechend der **EU-Umweltaudit-VO** (EMAS; VO (EG) Nr. 1221/2009) beteiligen wollen, müssen ein Umweltmagementsystem einführen, zu dem ua der Nachweis der Einhaltung der für sie geltenden Umweltvorschriften und die regelmäßige Überprüfung der der Umweltleistungen einschl. der Betriebsorganisation (Umweltbetriebsprüfung) gehören. Dies führt zu der Frage, ob eine derartige Eigenkontrolle Grundlage für die Vermutung der Einhaltung der besonderen Betriebspflichten gemäß § 6 Abs. 4 sein kann. Dies ist dann zu bejahen, wenn die Eigenkontrolle so ausgestaltet ist, dass sie den behördlich oder durch Verordnung vorgeschriebenen Kontrollen **gleichwertig** ist. Hiervon ist jedenfalls auszugehen, soweit die EMAS-PrivilegierungsV die Unternehmen von derartigen Kontrollen befreit

(*Feldhaus,* UPR 1992, 161 (167); *Sautter* S. 126f.; *Falk* EuZW 1997, 593 (595f.); aM *Kohler* in Staudinger UmweltHR Rn. 57; *Salje/Peter* Rn. 53; *Kloepfer* § 6 Rn. 141f.).

59 Hinsichtlich der **weiteren Voraussetzungen** für das Eingreifen der Vermutungswirkung des § 6 Abs. 4 sind zwei Alternativen zu unterscheiden.

60 (1) Die Kontrollen müssen in dem Zeitraum durchgeführt worden sein, in dem die Umwelteinwirkung von der Anlage ausgegangen sein kann, und die Kontrollen dürfen **keinen Anhalt für die Verletzung der Betriebspflicht** ergeben haben (§ 6 Abs. 4 Nr. 1).

61 (2) Zwischen der Geltendmachung des Schadensersatzanspruchs und der fraglichen Umwelteinwirkung liegt ein Zeitraum von mehr als zehn Jahren (§ 6 Abs. 4 Nr. 2). Praktisch bedeutet dies, dass nach Ablauf von **zehn Jahren** ohne weiteren Nachweis zunächst die Einhaltung der Betriebspflichten und damit – soweit Störfälle ausgeschlossen werden können – auch der rechtmäßige Normalbetrieb vermutet wird, so dass die Kausalitätsvermutung des § 6 Abs. 1 ausgeschlossen ist. Diese Regelung überzeugt nicht. Zum einen haben gerade Schäden infolge Normalbetriebs nicht selten eine längere Entstehungszeit als zehn Jahre. Es ist aber nicht einsichtig, warum diese Schäden von vornherein aus der Kausalitätsvermutung herausfallen sollen. Zum anderen ist dem Anlagenbetreiber durchaus zumutbar, die Dokumentationen über durchgeführte Kontrollen auch über zehn Jahre hinaus aufzubewahren, zumal er dies schon deshalb tun wird, um das Nichtvorliegen eines Störfalles zu beweisen (Bundesrat, Stellungnahme, BT-Drs. 11/7104 S. 24; aM Bundesregierung, Gegenäußerung, ebd. S. 31).

IV. Bedeutung ausländischer Betriebspflichten

62 Ausländische Betriebe werden nach ihrem Recht genehmigt und unterliegen den Betriebspflichten ihrer Rechtsordnung. Damit stellt sich die Frage, ob solche Betriebe, wenn sie in Deutschland auf Schadensersatz nach dem UmweltHG in Anspruch genommen werden, die Kausalitätsvermutung des § 6 Abs. 1 durch den Nachweis der Einhaltung der für sie geltenden Betriebspflichten ausschließen können. Zu dieser Konstellation kann es kommen, wenn ein inländischer Geschädigter ein ausländisches Unternehmen im Inland im Gerichtsstand des Erfolgsorts nach Art. 7 Nr. 2 EuGVVO (VO 1215/2012 – Rom Ia-VO) auf Schadensersatz in Anspruch nimmt und aufgrund von Art. 7 Rom II-VO (VO 864/2007) das Recht des Erfolgsorts einschl. des UmweltHG Anwendung findet. Ob und unter welchen Voraussetzungen in solchen Fällen eine **ausländische Genehmigung anerkannt** und ausländische gesetzliche Betriebspflichten angewendet werden, stellt eine äußerst verwickelte, im Schnittpunkt von Internationalem Privatrecht, Internationalem Öffentlichem Recht und Völkerrecht angesiedelte Problematik dar (vgl. *Remien* FS Schmidt-Preuß 2018, S. 985 (994ff.); *Kment* JUTR 2011, 93 (105ff.); *Wand* VersR 1998, 529 (535ff.); *Hager* RabelsZ 53 (1989) 293 (295ff.)).

63 Hinsichtlich der Anerkennung ausländischer Genehmigungen hält die traditionelle Auffassung solche Genehmigungen aufgrund des sog. **Territorialitätsprinzips** für unbeachtlich (BGH DVBl. 1979, 226 (227); OLG Saarbrücken NJW 1958, 752 (754); *Beyerlin* EuGRZ 1987, 119 (121); *Junker* in MünchKomm BGB Art. 7 Rom II-VO Rn. 34). Die heute hL geht – ungeachtet unterschiedlicher dogmatischer Einordnung – davon aus, dass ausländische Genehmigungen jedenfalls dann anzuerkennen sind, wenn die inländischen Bürger am ausländischen Genehmigungsverfahren in gleicher Weise teilnehmen können wie die Bewohner des Emissionsstaates und wenn die ausländische Genehmigung einer inländischen **äquivalent** ist, also auch hier hätte erteilt werden müssen oder wenn der ausländische Staat bei der Festlegung seiner Umweltstandards die Regeln des

internationalen Nachbarrechts und des EU-Rechts eingehalten hat (*Hager* RabelsZ 53 (1989) 293 (301 ff.); *Remien* FS Schmidt-Preuß 2018, S. 985 (1002 ff.); *Mankowski* IPRax 2010, 389 (391); *Wurmnest* in jurisPK BGB Art. 7 Rom II-VO Rn. 72; großzügiger *Wand* VersR 1998, 529 (536 f. 5 ff.); vgl. auch EuGH Rs. C-115/08 – *ČEZ,* ECLI:EU: C:2009:660 Rn. 127 ff. = NVwZ 2010, 107).

Die Frage, ob die Einhaltung ausländischer Betriebspflichten gem. § 6 Abs. 2 zum Ausschluss der Kausalitätsvermutung des § 6 Abs. 1 führt, ist zwar allein eine Frage der **Auslegung** des § 6 Abs. 2. Jedoch wird auch hierdurch einer ausländischen Genehmigung oder gesetzlichen Betriebspflicht **Wirkung im Inland** verliehen. Da die Regelung des § 6 Abs. 2 auf der Prämisse beruht, dass bei Einhaltung der (deutschen) Betriebspflichten eine Schädigung der Nachbarn wenig wahrscheinlich ist (→ Rn. 40 f.), spricht vieles gegen eine ausdehnende Auslegung. Vielmehr muss eine Gleichstellung ausländischer mit inländischen Betriebspflichten gewissen **inhaltlichen Mindestanforderungen** im Sinne der Gleichwertigkeit genügen (für bloße Vergleichbarkeit *Landsberg/Lülling* Rn. 116). Auch Art 17 Rom II-VO gebietet keine weitergehende Berücksichtigung einer ausländischen Genehmigung oder ausländischer gesetzlicher Betriebspflichten. Für den Geschädigten würde der Verzicht auf Mindestanforderungen eine erhebliche Verkürzung seiner Rechtsposition bedeuten. Wenn zu seinen Ungunsten die Kausalitätsvermutung nicht eingreift, müsste er den Kausalzusammenhang nach den allgemeinen Regeln nachzuweisen. **64**

§ 7 Ausschluss der Vermutung

(1) **Sind mehrere Anlagen geeignet, den Schaden zu verursachen, so gilt die Vermutung nicht, wenn ein anderer Umstand nach den Gegebenheiten des Einzelfalles geeignet ist, den Schaden zu verursachen. Die Eignung im Einzelfall beurteilt sich nach Zeit und Ort des Schadenseintritts und nach dem Schadensbild sowie allen sonstigen Gegebenheiten, die im Einzelfall für oder gegen die Schadensverursachung sprechen.**

(2) **Ist nur eine Anlage geeignet, den Schaden zu verursachen, so gilt die Vermutung dann nicht, wenn ein anderer Umstand nach den Gegebenheiten des Einzelfalles geeignet ist, den Schaden zu verursachen.**

Übersicht

I. Grundzüge und Zweck der Vorschrift

1 § 7 sieht einen erleichterten Ausschluss der Vermutung des § 6 Abs. 1 vor. Der Anlagenbetreiber braucht die Vermutung nicht durch den Nachweis zu widerlegen, dass er nicht schadensursächlich geworden ist; es genügt der Nachweis, dass ein **anderer Umstand** als geeignete Schadensursache in Betracht kommt. Für den Ausstieg aus der Kausalitätsvermutung gilt damit im Prinzip der gleiche Maßstab wie für den Einstieg (Begr. S. 18; BGH NJW 1997, 2748 (2750); NJW 2013, 1000 Rn. 15; *Kohler* in Staudinger UmweltHR Rn. 1, 3, 20; aM *Pöttker* S. 171, der § 7 Abs. 1 als inhaltsleer ansieht). In beiden Fällen kommt es auf den Nachweis der Schadenseignung an, einmal auf die Schadenseignung der Anlage, zum anderen auf die Schadenseignung eines anderen Umstandes.

2 Das Gesetz unterscheidet in § 7 zwei Fallgestaltungen. § 7 Abs. 1 regelt den Ausschluss der Kausalitätsvermutung, wenn als geeignete Schadensursachen **mehrere Anlagen** in Betracht kommen. § 7 Abs. 2 betrifft den Grundfall, dass nur **eine Anlage** zur Schadensverursachung geeignet ist. Gemeint sind dabei Kataloganlagen, definiert ggf. durch die in Anh. 1 angegebenen Leistungsgrenzen.

II. Ausschluss der Kausalitätsvermutung bei Schadenseignung mehrerer Anlagen gemäß § 7 Abs. 1 UmweltHG

3 Sind mehrere Kataloganlagen geeignet, den Schaden (allein oder gemeinsam) zu verursachen, kann jeder Anlagenbetreiber die Kausalitätsvermutung des § 6 Abs. 1 dadurch ausschließen, dass er **andere Umstände** als geeignete Schadensfaktoren dartut (§ 7 Abs. 1).

Die Vorschrift führt also zu einer Umkehrung der Beweislast. Nach der – problematischen – Auffassung des BGH gelten die §§ 6, 7 allerdings nicht für Anteilszweifel bei konsekutiver Verursachung im Fall eines Inhaberwechsels (BGHZ 142, 227 (238) = NJW 1999, 3633).

4 **1. Andere Umstände als Schadensfaktoren.** Als **andere Umstände** iSd § 7 Abs. 1 kommen nur solche in Betracht, die mit einer Kataloganlage nichts zu tun haben (Begr. S. 18). Im Entwurf der Bundesregierung war dies ausdrücklich ausgesprochen (§ 7 Abs. 1 Satz 1 E-UmweltHG). Die Streichung dieses Hinweises hat nur redaktionelle Gründe (Ausschussbericht S. 32). Den Anlagenbetreibern ist es damit verwehrt, sich wechselseitig aufeinander zu berufen, um die Haftungsvermutung auszuschalten. Im Zusammenspiel mit § 6 Abs. 1 läuft die Regelung auf eine **Vermutung der Mitkausalität** anderer Kataloganlagen mit Schadenseignung hinaus (s. etwa *Kohler* in Staudinger UmweltHR Rn. 4, 6; kritisch *Kloepfer* § 6 Rn. 173 ff.; *Medicus* JUTR 1990, 5 (17)). Dies betrifft grds. alle Fallgestaltungen des Zusammenwirkens mehrerer Anlagen, insbes. die (potentiell) kumulative Kausalität und Anteilszweifel, aber auch die (potentiell) konkurrierende und alternative Kausalität (*Kohler* in Staudinger UmweltHR Rn. 4, 6; *Salje/Peter* Rn. 19 f.; *Schmidt-Salzer* Rn. 42; teilw. aM *Landsberg/Lülling* Rn. 4). Die Vermutung der Mitkausalität gilt aber nicht, wenn die andere Anlage geeignet ist, die Rechtsgutverletzung allein zu verursachen (→ Rn. 10).

5 Als andere Umstände iSd § 7 Abs. 1 lassen sich iW drei Gruppen von Quellen unterscheiden, die allein oder im Zusammenwirken zur Verursachung der Rechtsgutverletzung geeignet sein können. Dies sind zum einen **natürliche Ursachen,** wie endogene Schadensanlagen oder klimatische Einwirkungen. Zum anderen rechnet hierher die **allgemeine Umweltbelastung,** die niemandem zurechenbar ist. Schließlich kommen **Verursachungsbeiträge Dritter** als andere Umstände in Betracht. Dem Anlagenbetreiber ist es zwar verwehrt, sich auf andere Anlagen zu berufen. Darunter fallen aber nur Kataloganlagen. Auf andere Anlagen, etwa Kleinanlagen, welche die Leistungsgrenzen nach Anl. I nicht erreichen, Anlagen iSv § 89 Abs. 2 WHG oder auf schädigende Handlungen Dritter, etwa ein Einleiten von Schadstoffen in ein Gewässer, kann er sich dagegen berufen, auch wenn für diese eine Gefährdungshaftung gilt. Dies lässt sich damit begründen, dass es nicht zu einer wechselseitigen Berufung auf die jeweils andere Quelle kommen kann, weil es in den betreffenden Haftungstatbeständen an einer den §§ 6, 7 entsprechenden Regelung fehlt; im Ergebnis sind die Haftungstatbestände nicht gleichwertig (*Kohler* in Staudinger UmweltHR Rn. 11, 14 f.; *Salje/Peter* Rn. 5, 14; *Schmidt-Salzer* Rn. 73; *Landsberg/Lülling* Rn. 9; *Pospich* S. 80 ff.; aM bei Gefährdungshaftung der anderen Quelle: *Marburger* AcP 192 (1992) 2 (26); *Petersen* S. 89 f.; *Balensiefen* S. 245; *von Dörnberg* S. 24 f.; auch noch *Rehbinder* in Hansmann/Sellner § 7 Rn. 60). Die Kausalitätsvermutung des § 6 Abs. 1 vermag dann nicht mehr einzugreifen. Dies schließt freilich eine Haftung der Anlagen und sonstiger Dritter nach allg. Regeln nicht aus (→ Rn. 26–32).

6 Denkbar ist es, dass neben der in Anspruch genommenen Anlage eine **andere Kataloganlage** als Verursacher des Schadens in Betracht kommt, diese aber gleichwohl **nicht haftet.** Nach § 7 Abs. 1 scheiden Kataloganlagen als „andere Umstände" grds. ohne Rücksicht darauf aus, ob und wie sie im Einzelfall haften (*Salje/Peter* Rn. 17; *Kohler* in Staudinger UmweltHR Rn. 18; *Paschke* Rn. 12; *Landsberg/Lülling* Rn. 14). Dies gilt jedenfalls, wenn für die andere Anlage die Kausalitätsvermutung des § 6 Abs. 1 wegen des Nachweises des **bestimmungsgemäßen Betriebs** nach § 6 Abs. 2 ausgeschlossen ist. Dass diese Anlage dann aus dem Haftungsverbund mit Regressmöglichkeit ausscheidet, ist unerheblich, da das anlagenbedingte Risiko der in Anspruch genommenen Anlage hierdurch nicht entfällt (*Paschke* Rn. 12; *Salje/Peter* Rn. 18; *Kohler* in Staudinger Um-

weltHR Rn. 18). Im Übrigen kann die andere Anlage nach allg. Regeln aufgrund eines Vollbeweises (mit)haften und dann nach den §§ 840, 426 BGB ausgleichspflichtig sein.

Zweifelhaft ist, ob das Gleiche gilt, wenn die Haftung der anderen Kataloganlage auf- 7
grund **höherer Gewalt** nach § 4 ausgeschlossen ist. Bei höherer Gewalt wird der anderen Anlage das Verletzungsrisiko von vornherein nicht zugerechnet. Fälle dieser Art sind daher wohl wie Zufall zu behandeln (*Kohler* in Staudinger UmweltHR Rn. 17; *Landsberg/Lülling* Rn. 15; *Paschke* Rn. 13; aM *Salje/Peter* Rn. 17; Vorkommentierung *Hager* Rn. 6f., → 24. EL Oktober 1996). Zur möglichen Kürzung der Haftung in diesem Fall → Rn. 31f.

2. Eignung zur Schadensverursachung. Die anderen, die Kausalitätsvermutung 8
ausschließenden Umstände müssen geeignet sein, den Schaden zu verursachen. Hinsichtlich der **Eignungskriterien** lehnt sich § 7 Abs. 1 Satz 2 an § 6 Abs. 1 Satz 2 an. Lediglich anlagenspezifische Kriterien fehlen, weil es in § 7 Abs. 2 Satz 2 nicht um die Eignung von Anlagen geht. Für den Ausstieg aus der Kausalitätsvermutung gilt somit iW der gleiche Maßstab wie für den Einstieg (→ Rn. 1); es kommt in beiden Fällen auf die ernstliche Wahrscheinlichkeit der Schädigung an (dazu iE → § 6 Rn. 16–28).

Es ist unerheblich, ob die anderen Umstände mehr oder weniger zur Schadensverursa- 9
chung geeignet sind als die Anlagen; eine Abwägung sieht das Gesetz nicht vor. Erforderlich, aber auch genügend ist ihre **konkrete Eignung.** Auch ein anderer Umstand, der eine weniger, aber noch ernstlich wahrscheinliche Ursache für den Schaden darstellt, kann zur Entkräftung der Kausalitätsvermutung führen (*Kohler* in Staudinger UmweltHR Rn. 21; *Landsberg/Lülling* Rn. 12; aM *Salje/Peter* Rn. 3; *Pospich* S. 85; *Pöttker* S. 171; wohl auch Vorkommentierung *Hager* Rn. 9, → 24. EL Oktober 1996).

Allerdings reicht es nicht aus, dass die anderen Umstände nur geeignet sind, den Scha- 10
den **gemeinsam** mit den Kataloganlagen zu verursachen (BGH NJW 1997, 2748 (2750); *Kloepfer* § 6 Rn. 166; *Schimikowski* Rn. 45ff.). Würde man eine Eignung zur Mitverursachung für den Ausstieg aus der Kausalitätsvermutung ausreichen lassen, wäre der Ausstieg sehr häufig möglich, so dass die Kausalitätsvermutung weitgehend leer liefe. Denn angesichts der Ubiquität der Umweltbelastungen könnte sich der Anlagenbetreiber stets auf diese als anderen Umstand berufen. Man wird deshalb verlangen müssen, dass die anderen Umstände **allein geeignet** sind, den Schaden zu verursachen. Unter dieser Voraussetzung ist selbst die Berufung auf eine andere Kataloganlage möglich (*Kohler* in Staudinger UmweltHR Rn. 3; *Salje/Peter* Rn. 14, 19; *Quentin* S. 299). Sind dagegen die anderen Umstände lediglich geeignet, den Schaden zusammen mit den Kataloganlagen zu verursachen, bleibt es bei der Kausalitätsvermutung zu Lasten der Kataloganlage.

III. Haftungverhältnisse bei Schadensverursachung durch mehrere Kataloganlagen (gesamtschuldnerische oder pro rata-Haftung)

Haben mehrere Anlagen einen Schaden verursacht oder greift zu ihren Lasten die 11
Kausalitätsvermutung des § 6 Abs. 1 ein, so stellt sich die Frage, ob die Anlagen für den Schaden **gesamtschuldnerisch** oder nur **anteilsmäßig,** also pro rata, haften. Die Frage war im Gesetzgebungsverfahren umstritten, ohne dass eine Einigung erzielt werden konnte (vgl. Begr. S. 19; Bundesrat, BT-Drs. 7104 S. 25; Bundesregierung Gegenäußerung, BT-Drs. 11/7104 S. 31; Ausschussbericht S. 29). Da ein Kompromiss nicht erzielbar war, wurde die Bestimmung insgesamt gestrichen (s. BT-Drs. 11/8208, S. 2 Ziff. 2). Im Hinblick auf die Frage der Haftung bei gemeinsamer Verursachung soll es bei den **allgemeinen Regeln** bleiben. § 840 Abs. 1 BGB wird den Zurechnungsproblemen allerdings nicht gerecht. Besondere Regelungen im Umwelthaftungsrecht existieren nur

ansatzweise (vgl. § 89 Abs. 1 Satz 2, Abs. 2 Hs. 2 WHG). Allerdings setzen manche Tatbestände der Gefährdungshaftung eine gesamtschuldnerische Haftung voraus. Die Offenheit des UmweltHG in dieser für die Umwelthaftung so zentralen Frage ist zu Recht auf Kritik gestoßen (*Schimikowski* Rn. 50). Die folgenden Überlegungen knüpfen an die zu den §§ 1 und 6 darstellten Fallgestaltungen an (→ § 1 Rn. 29–31, § 6 Rn. 29–32).

12 Im Fall der **konkurrierenden Kausalität,** in dem zwei oder mehrere Anlagen so viel Schadstoffe freisetzen, dass die Menge jeder einzelnen Anlage ausgereicht hätte, den gesamten Schaden zu verursachen, haften alle Anlagen nach § 840 Abs. 1 BGB gesamtschuldnerisch auf Ersatz des gesamten Schadens. Ansonsten könnte der Schaden auf keine der tatsächlich wirksam gewordenen Ursachen zurückgeführt werden (BGH NJW 2004, 2526 (2528); 2013, 2018 Rn. 27; *Kohler* in Staudinger UmweltHR Einl. Rn. 171; *Paschke* § 1 Rn. 86; *Loser* S. 101 ff.; *Landsberg/Lülling* § 1 Rn. 181; *Assmann* in Fenyves/Weyers S. 118 ff.; *Schiemann* in Staudinger BGB § 249 Rn. 93).

13 Haben mehrere Anlagen durch ihre Schadensbeiträge **nacheinander** das verletzte Rechtsgut beeinträchtigt und ist der Gefährdungsbeitrag jeder Anlage von seiner Gefährlichkeit her grds. geeignet, den gesamten Schaden zu verursachen, haftet nur der Erstverursacher. Diesem ist der Verweis auf die **Reserveursache,** dh auf die hypothetische Kausalität des Gefährdungsbeitrags des Zweitschädigers, nicht gestattet, da der Zweitschädiger selbst nicht kausal geworden ist und daher nicht haftet (BGHZ 67, 14 (19 ff.) = NJW 1976, 1934; NJW 1996, 3205 (3207); *Brüggemeier* JUTR 1990, 261 (270); *Pospich* S. 109; *Lange/Schiemann* S. 192 f.). In anderen Fällen der konsekutiven Verursachung können die Regeln über Urheber- oder Anteilszweifel eingreifen (→ Rn. 15 ff.).

14 Wenn mehrere Anlagen in der Weise an der Verursachung des Schadens beteiligt sind, dass jede ihn verursacht haben könnte, eine ihn mit Sicherheit auch verursacht hat, der Täter aber nicht identifiziert werden kann, so haften in diesem Fall des **Urheberzweifels** oder der **alternativen Kausalität** grds. alle Beteiligten gesamtschuldnerisch auf Ersatz des gesamten Schadens. Dies folgt zum einen mittelbar aus § 6 Abs. 1 iVm § 840 Abs. 1 BGB, wenn die Voraussetzungen des § 6 Abs. 1 bei allen Anlagen vorliegen, weil dann zu Lasten jeder Anlage vermutet wird, dass sie den Schaden verursacht hat. Zum anderen ergibt sich – praktisch erheblich bei Widerlegung der Vermutung nach § 7 – unter engen Voraussetzungen eine gesamtschuldnerische Haftung der beteiligten Anlagen aus § 830 Abs. 1 Satz 2 BGB (*Kohler* in Staudinger UmweltHR Rn. 6, 9, Einl. Rn. 186; *Salje/Peter* §§ 1, 3 Rn. 134; *Höpke/Thürmann* Rn. 496; *Quentin* S. 166, 193; *Wagner* NuR 1992, 201 (206); einschränkend *Ganten/Lemke* UPR 1989, 1 (8)). Diese Vorschrift wird von der Rspr auch auf die Gefährdungshaftung angewandt (BGHZ 101, 106 (111) = NJW 1987, 2810; NJW 2018, 3439 Rn. 12). Sie setzt in diesem Fall zum einen voraus, dass ein anspruchsbegründendes Verhalten iS einer konkreten Rechtsgutgefährdung und die Ersatzberechtigung des Opfers als solche außer Zweifel stehen und lediglich die Täteridentifizierung (der konkrete Kausalitätsnachweis) nicht gelingt; zum anderen muss jeder Beitrag geeignet sein, den gesamten Schaden zu verursachen (BGH VersR 2015, 592 Rn. 13; BGHZ 60, 177 (181) = NJW 1973, 993; *Wagner* in MünchKomm BGB § 830 Rn. 54 ff.; krit. etwa *Gottwald* Karlsruher Forum 1986, 3 (21 f.)). Das ungeschriebene Tatbestandsmerkmal, dass die einzelnen Gefährdungsbeiträge zu einem einheitlichen Vorgang verbunden sein müssen, hat die neuere Rspr dahingehend abgeschwächt, dass die Gleichartigkeit der Gefährdungsbeiträge genügt (BGHZ 101, 106 (112) = NJW 1987, 2810; BGHZ 142, 227 (239) = NJW 1999, 3633). Erforderlich sind lediglich gleichartige Gefährdungshandlungen in dem Sinne, dass sie wertungsmäßig auf einer Stufe stehen. Im Hinblick auf Emissionen liegt dieses Erfordernis stets vor und zwar ohne Rücksicht darauf, ob es sich um gleiche oder verschiedene Stoffe handelt.

15 Mehrere Anlagen können auch durch ihr Zusammenwirken den Schaden in der Weise verursachen, dass der Schadensbeitrag einer Anlage nicht hinweggedacht werden kann, ohne dass der gesamte Schaden entfiele. Zu dieser Kategorie der **kumulativen Kausalität** gehört auch der Fall, dass erst das (gleichzeitige oder konsekutive) **Zusammenwirken** von Immissionen, die für sich die Schadensschwelle noch nicht überschreiten, zu einer Rechtsgutverletzung führt, der Beitrag einer Anlage aber eine Risikoerhöhung bewirkt. Vielfach wird hier ähnlich wie nach § 89 WHG eine gesamtschuldnerische Haftung auf vollen Schadensersatz angenommen, mit der Begründung, die Haftung folge einfach aus der conditio-sine-qua-non-Formel (*Salje/Peter* Rn. 133; *Lange/Schiemann* S. 158; *Gmehling* S. 213f.; *Brüggemeier* JUTR 1990, 261 (267)). Es findet sich aber auch eine Differenzierung zwischen Anteilshaftung und gesamtschuldnerischer Haftung je nach Bestimmbarkeit des Verursachungsanteils (→ Rn. 19ff.).

16 Ungeklärt ist weiterhin der verwandte Fall, dass mehrere Anlagen in der Weise additiv oder potenzierend zusammengewirkt haben, dass bei Wegdenken des Verursachungsbeitrags einer Anlage nicht die gesamte Beeinträchtigung des Rechtsguts entfiele, sondern sich lediglich das **Schadensbild ändert (Anteilszweifel).** Es kann sich um Änderungen in qualitativer, quantitativer oder auch in zeitlicher Hinsicht handeln (dazu s. *Weckerle* S. 98ff.; *Steffen* NJW 1990, 1817 (1821)). Auch hier ist die Frage, ob eine gesamtschuldnerische Haftung auf das Ganze oder nur eine anteilsmäßige Haftung sachgerecht ist, noch nicht endgültig geklärt.

17 Die Bejahung einer **anteiligen Haftung** bedeutet, dass das Opfer den der einzelnen Anlage zurechenbaren Schadensanteil ermitteln und auch das Insolvenzrisiko der einzelnen Anlage tragen müsste. Bei Bejahung einer **gesamtschuldnerischen Haftung** treffen dagegen die Last der Quotenermittlung und das Insolvenzrisiko die Schädiger. Grds. erscheint unter beiden Gesichtspunkten die gesamtschuldnerische Haftung vorzugswürdig (*Rehbinder* NuR 1989, 149 (160); *Kloepfer* § 6 Rn. 224). Denn die Schädiger sind in einer günstigeren Position als das Opfer, die auf sie entfallenden Schadensanteile zu ermitteln. Ebenso erscheint es angemessen, dass das Insolvenzrisiko einer Anlage von dem Kreis der übrigen Schädiger und nicht vom Opfer getragen wird (§ 426 Abs. 1 Satz 2 BGB). Das bei Altlasten bestehende Problem der Ermittlung der anderen Mitverursacher dürfte im Fall der Haftung von Anlagen nach dem UmweltHG im Vergleich dazu nur eine untergeordnete Rolle spielen.

18 Eine sachgerechte Lösung muss letztlich die **Vorzüge** der gesamtschuldnerischen Haftung für das Opfer wahren, zugleich aber deren **Nachteile** für den Schädiger reduzieren. Dies bedeutet iE:

19 Eine Anlage sollte nur **anteilsmäßig** haften, wenn der auf sie entfallende Schadensanteil im Wege der Schadensschätzung nach § 287 ZPO ermittelt werden kann, wie das insbesondere bei additiver Verursachung der Fall ist (BGHZ 66, 70 (76f.) = NJW 1976, 797; BGHZ 70, 102 (108) = NJW 1978, 419; BGHZ 72, 283 (297f.) = NJW 1979, 164; BGHZ 101, 106 (113) = NJW 1987, 2810; BGHZ 142, 227 (237f.) = NJW 1999, 3633; *Kohler* in Staudinger UmweltHR Einl. 195f.; *Brüggemeier* JUTR 1990, 261 (276, 278); *Rehbinder* in Hansmann/Sellner § 7 Rn. 85; *Paschke* § 1 Rn. 82ff.; *Landsberg/Lülling* § 1 Rn. 183). Das entspricht dem Verursacherprinzip. Die Haftung bleibt auf den eigenen Anteil an der Schädigung begrenzt. Im Übrigen wird für den Inhaber der Anlage ein Anreiz geschaffen, das Schadensgeschehen aufzuklären.

20 Kann im Wege der Schadensschätzung der auf die einzelne Anlage entfallende Schadensanteil **nicht bestimmt** werden, haften die beteiligten Anlagen jedenfalls dann gesamtschuldnerisch auf Ersatz des gesamten Schadens, wenn der Gefährdungsbeitrag der einzelnen Anlage wenigstens geeignet ist, den gesamten Schaden zu verursachen **(überschießende Kausalität).** Dies ergibt sich aus einer analogen Anwendung des § 830

Abs. 1 Satz 2 BGB. Diese Vorschrift regelt ihrem Wortlaut nach zwar nur den Fall des Urheberzweifels, sie wird aber von der hM auf den Fall des Anteilszweifels analog angewendet, wenn die Handlung jedes der Beteiligten wenigstens geeignet gewesen ist, den gesamten Schaden zu verursachen (BGHZ 101, 106 (111 f.) = NJW 1988, 132; NJW 2018, 3439 Rn. 13; NJW 1994, 932 (934); *Wagner* in MünchKomm BGB § 830 Rn. 68; *Brüggemeier* JUTR 1990, 261 (273); *Kohler* in Staudinger UmweltHR Einl. Rn. 188, 201 ff.; *Rehbinder* in Hansmann/Sellner § 7 Rn. 84; *Wagner* in MünchKomm BGB § 830 Rn. 65 f., 70). Die Ausweitung der gesamtschuldnerischen Haftung in dieser Fallkonstellation ist sachgerecht. Denn die einzelne Anlage wird nicht über das von ihr geschaffene Gefährdungspotential hinaus belastet.

21 Auch in anderen Fällen, in denen der Gefährdungsbeitrag der einzelnen Anlage nicht allein, sondern erst im Zusammenwirken mit Beiträgen anderer Anlagen geeignet ist, den gesamten Schaden zu verursachen oder das Schadensbild zu prägen, aber der auf die einzelne Anlage entfallende Schadensanteil nicht im Wege der Schadensschätzung bestimmt werden kann, kommt eine gesamtschuldnerische Haftung in Betracht (BGHZ 66, 70 (77) = NJW 1976, 797; *Kohler* in Staudinger UmweltHR Einl. 197 f.; *Kloepfer* § 6 Rn. 223 f.; *Wagner* VersR 1991, 249 (252 f.); *Brüggemeier* JUTR 1990, 261 (278); *Paschke* § 1 Rn. 59; *ders.* in Koch/Hofmann/Reese § 17 Rn. 118 ff.; krit. *Medicus* JZ 1986, 778 (782); *Reuter* BB 1991, 145 (149); *Bälz* JZ 1992, 57 (61)). Eine gesamtschuldnerische Haftung der beteiligten Anlagen auf das Ganze sollte jedenfalls unter der Voraussetzung eingreifen, dass der Gefährdungsbeitrag der einzelnen Anlage eine **relevante Risikoerhöhung** mit sich bringt (→ § 6 Rn. 36) und der **Schädigerkreis bestimmt** ist. Das Erfordernis der relevanten Risikoerhöhung spielt beim Zusammenwirken mehrerer Kataloganlagen nur im Ausnahmefall eines äußerst geringfügigen Beitrags einer Anlage mit rein theoretischer Mitverursachung eine Rolle. Das Erfordernis des bestimmten Schädigerkreises gewährleistet, dass ein **Ausgleich im Innenverhältnis** gemäß § 426 BGB möglich und die Haftung jeder Anlage letztlich wieder auf das eigene Risikopotential begrenzt wird. Eine generelle Ablehnung der gesamtschuldnerischen Haftung (so *Schmidt-Salzer* § 1 Rn. 242 f., 250 ff.; *Knebel* JUTR 1988, 261 (273)) wäre geeignet, die widerlegbare Mitverursachungsvermutung nach §§ 6, 7 auszuhebeln und widerspräche dem Schutzzweck des § 1 (*Kloepfer* § 6 Rn. 224). Die gesamtschuldnerische Haftung wird darüber hinaus durch den Gedanken der **Gefahrengemeinschaft** und der **Situationsmitbelastung** legitimiert, die sich aus einer bewussten Standortentscheidung und dadurch begründeten Zugehörigkeit der Schadstoffquellen zu einem bestimmten Raum ergeben (*Köndgen* UPR 1983, 345 (354); *Diederichsen* 56. DJT 1986 L 90; *Rehbinder* NuR 1989, 149 (160); *ders.* in Hansmann/Sellner § 7 Rn. 84)).

22 Die hier vertretene Auffassung lässt sich auch auf die Parallele zur Regelung in **§ 89 Abs. 1 S. 2 WHG** stützen. Diese Vorschrift sieht eine gesamtschuldnerische Haftung für den Fall vor, dass mehrere Schädiger gleichzeitig oder konsekutiv wassergefährliche Einwirkungen auf ein Gewässer vorgenommen haben oder dass aus mehreren Anlagen wassergefährliche Stoffe in ein Gewässer gelangt sind. Voraussetzung ist nach der Rspr, dass diese Einwirkungen nach den Umständen geeignet sind, im Zusammenwirken den ganzen Schaden zu verursachen, und sich der auf jeden Schädiger entfallende Anteil nicht schätzen lässt. Grund für die gesamtschuldnerische Haftung ist die Tatsache, dass sich die Schadstoffe im Wasser sogleich vermischen und dem Opfer die daraus resultierende Unklarheit nicht angelastet werden soll (BGHZ 57, 257 (262) = NJW 1972, 205; BGHZ 142, 227 (238) = NJW 1999, 3633). Die gleichen Erwägungen gelten aber auch bei Schadensfällen, auf die das UmweltHG anwendbar ist. Zwar ist bei Gewässerschäden der Kreis möglicher Schädiger aufgrund der Fließrichtung des Wassers leichter bestimmbar ist als bei anderen, etwa luftvermittelten Umweltschäden. Daraus kann aber nichts gegen die hier entwickelte Auffassung abgeleitet werden, weil danach die Bestimmbarkeit der Schädiger gerade Voraussetzung für die Annahme einer gesamtschuldnerischen Haftung ist.

23 Das UmweltHG hat den Rückgriff dadurch erleichtert, dass es in § 10 dem Inhaber der in Anspruch genommenen Anlage einen **Auskunftsanspruch** gegen den Inhaber einer anderen Anlage einräumt. Im Übrigen hat jeder Gesamtschuldner schon vor Befriedigung des Gläubigers gegen den anderen Gesamtschuldner einen Mitwirkungsanspruch des Inhalts hat, dass dieser entsprechend seiner Beteiligung im Innenverhältnis an der Befriedigung des Gläubigers mitwirkt (*Heinemeyer* in MünchKomm BGB § 426 Rn. 75).

24 Ein Innenregress scheitert freilich dann, wenn eine Anlage **insolvent** ist. Angesichts des regelmäßig gegebenen Versicherungsschutzes dürfte dies aber eher die Ausnahme sein. Im Übrigen wird das Ausfallrisiko unter den verbliebenen Schädigern geteilt (§ 426 Abs. 1 Satz 2 BGB).

25 Zu weit würde es dagegen gehen, würde man eine oder mehrere Kataloganlagen auch dann auf vollen Schadensersatz haften lassen, wenn am Schadensgeschehen **unbekannte Schädiger** beteiligt sind. Die einzelne Anlage müsste nämlich dann das Schadenspotential unbekannter Dritter tragen, was die Haftung unkalkulierbar und damit nicht versicherbar macht (so auch Ausschussbericht S. 29; *Landsberg/Lülling* Rn. 182; *Rehbinder* in Hansmann/Sellner § 7 Rn. 87; aM *Kohler* in Staudinger UmweltHR Einl. Rn. 206, 214 f., der aber von einem praktischen Ausschluss der Haftung ausgeht). Tatbeiträge unbestimmbarer Dritter sollten deshalb wie zufällige Ereignisse zu einer **Kürzung der Haftung** führen (→ Rn. 31 f.).

IV. Haftungsverhältnisse bei Schadensverursachung durch Kataloganlagen und sonstige Schädiger oder zufällige Ereignisse

26 Erfüllen alle Beteiligten Haftpflichttatbestände, so gelten für die Frage, ob sie **gesamtschuldnerisch** oder **pro rata** haften, die gleichen Grundsätze wie bei der Haftung mehrerer Kataloganlagen (→ Rn. 11–25). Bei Mitverursachung durch Immissionen, die für sich noch unterhalb der Schadensschwelle liegen, ist der den einzelnen Schädigern zurechenbare Anteil am Gesamtschaden vorrangig im Wege der Schadensschätzung nach § 287 ZPO zu bestimmen. Wenn eine solche Schadensschätzung unmöglich ist, haften alle Beteiligten grds. gesamtschuldnerisch auf Ersatz des gesamten Schadens. Das Erfordernis der relevanten Risikoerhöhung (→ Rn. 21, § 6 Rn. 36) schützt aber **Kleinstemittenten** davor, in eine unzumutbare gesamtschuldnerische Haftung hineingezogen zu werden. Dies ist gerechtfertigt, da sich bei ihnen bei Zugrundelegung der Äquivalenztheorie praktisch kein Verursachungsbeitrag feststellen lässt und sie daher der Grundbelastung zuzurechnen sind. Es liegt ein Fall minimaler Kausalität vor, bei dem eine Haftung entfällt (→ § 1 Rn. 32; im Ergebnis auch *Kohler* in Staudinger UmweltHR Rn. 11, 21). Bei ihnen kommt nur eine anteilsmäßige Haftung aufgrund einer groben Schätzung, etwa anhand der Emissionen, in Betracht (vgl. *Salje/Peter* §§ 1, 3 Rn. 130 f.; *Paschke* § 1 Rn. 85).

27 Bei Umweltschäden spielt die Fallgestaltung eine große Rolle, dass der Schaden auf einem Zusammenwirken von haftungsrechtlich relevanten Ereignissen, wie Immissionen, und haftungsrechtlich irrelevanten, also **zufälligen Ereignissen,** wie meteorologischen Bedingungen, beruht. **Schadensbeiträge Dritter** sind dabei wie Zufälle zu behandeln, wenn eine Ersatzpflicht nicht besteht, etwa weil ein Entlastungsgrund gegeben ist (zu potentiell mitursächlichen Kataloganlagen, die wegen des Haftungsausschlusses bei höherer Gewalt gem. § 4 nicht haften, → Rn. 7). Desgleichen sind Schadensbeiträge **nicht ermittelbarer Dritter** wie Zufälle zu behandeln (vgl. die Fallgestaltung in OLG Düsseldorf NJW 1998, 3720).

28 Ist von einem Kausalzusammenhang zwischen dem Betrieb der Anlage und der Rechtsgutverletzung trotz Mitwirkung zufälliger Ereignisse auszugehen, stellt sich die weitere Frage, ob und inwieweit sich der schadensursächliche Beitrag der zufälligen Ereignisse auf den **Umfang der Haftung** auswirkt. Man bezeichnet diese Problematik als die Konkurrenz von Haftung und Zufall (*Deutsch* Haftungsrecht Bd. I S. 157). Hier sind drei Fallgestaltungen zu unterscheiden:

29 Wenn bei Wegfall der der Anlage zuzurechnenden Schadensfaktoren der **gesamte Schaden** entfallen würde, bleibt es ungeachtet der Mitwirkung anderer zufälliger Kausalfaktoren bei der vollen Haftung des Anlageninhabers (*Brüggemeier* JUTR 1990, 261 (269)). Die Grundsätze über die konkurrierende Kausalität gelten entspr. (→ Rn. 12).

30 Wäre der von der Anlage verursachte Schaden, etwa eine Krebserkrankung, aufgrund eines zufälligen Kausalfaktors wie einer Prädisposition des Opfers ohnehin, wenn vielleicht auch später, entstanden, greift die Lehre der **entlastenden Reserveursache** ein. Die Anlage haftet daher nur für einen etwaigen Verfrühungsschaden (BGHZ 78, 209 (214) = NJW 1981, 628; *Lange/Schiemann* S. 194).

31 Meist wird der Sachverhalt aber so liegen, dass die Kataloganlagen in der Weise mit zufälligen Ereignissen zusammenwirken, dass erst hierdurch der Schaden entsteht oder auch bei Wegfall der Anlagen ein gewisser, allerdings in quantitativer oder qualitativer Hinsicht unterschiedlicher Schaden entstanden wäre. Wie sich ein solches Zusammenwirken auf den Umfang der Haftung auswirkt, stellt ein noch nicht ausdiskutiertes Problem dar. Hier stehen zwei Lösungswege zur Verfügung. Entweder wendet man das Prinzip der wesentlichen Bedingung an, müsste dann freilich noch Kriterien für die Haftung auf vollen Schadensersatz bzw. für die Nichthaftung entwickeln. Oder man entscheidet sich für eine anteilige Haftung entsprechend dem Gewicht der haftungsrechtlich relevanten Kausalfaktoren.

32 Im Gegensatz zum Sozialrecht (s. BSGE 93, 149 Rn. 15 ff. = SGb 2005, 529; *Erlenkämper/Fichte* Sozialrecht, 6. Aufl. 2008, S. 73 ff.; *Keller* SGb 2005, 205) ist im Haftungsrecht die Anerkennung des Prinzips der wesentlichen Bedingung als Kriterium für eine volle Haftung verfehlt (ebenso *Brüggemeier* KJ 1989, 209 (220)). Denn dieses Prinzip führt entweder zu einer **Überkompensation** und belastet damit den Schädiger über das von ihm gesetzte Risikopotential hinaus, was die Versicherbarkeit des Haftpflichtrisikos erschwert, oder es führt zu einer **Unterkompensation** und untergräbt damit die Präventivfunktion des Haftpflichtrechts. Es bleibt damit nur der Weg, im Wege einer groben **Schadensschätzung** nach § 287 ZPO den Schadensanteil zu ermitteln, der den haftungsrechtlich relevanten und irrelevanten Kausalfaktoren zuzurechnen ist, und die Haftung der Anlagenbetreiber auf den ihnen zurechenbaren Anteil zu begrenzen (so OLG Düsseldorf NJW 1997, 3720; in der Sache ähnlich *Rehbinder* NuR 1989, 149 (161); *Wagner* VersR 1991, 249 (253); *Schimikowski* Rn. 60). Dies erlaubt es insbes., eine Anlage, die mit ihren Emissionen an der Entstehung eines Distanz- oder Summationsschadens beteiligt ist, auf Schadensersatz für den ihr zurechenbaren Anteil in Anspruch zu nehmen.

V. Ausschluss der Vermutung bei Beteiligung einer einzelnen Kataloganlage

33 Ist nur eine einzige **Kataloganlage** geeignet, den Schaden zu verursachen, kann diese die sie treffende Kausalitätsvermutung dadurch ausschließen, dass sie einen anderen Umstand als geeigneten Schadensfaktor dartut (§ 7 Abs. 2). Für die Bestimmung der anderen

Umstände und die Eignungskriterien gilt das Gleiche wie im Rahmen von § 7 Abs. 1 (→ Rn. 4–10).

Sind an der Entstehung des Schadens neben der Kataloganlage **sonstige Schädiger** **34**
beteiligt, gelten die Grundsätze über die Haftung mehrerer Anlagen und sonstiger Schädiger entsprechend (→ Rn. 26 iVm Rn. 11–25). Sind an der Entstehung des Schadens neben der Anlage noch zufällige Ereignisse beteiligt, führt dies zu einer Kürzung der Haftung (→ Rn. 31 f.).

§ 11 Mitverschulden

Hat bei der Entstehung des Schadens ein Verschulden des Geschädigten mitgewirkt, so gilt § 254 des Bürgerlichen Gesetzbuchs; im Falle der Sachbeschädigung steht das Verschulden desjenigen, der die tatsächliche Gewalt über die Sache ausübt, dem Verschulden des Geschädigten gleich.

Übersicht

A. Allgemeines

1 § 11 regelt die Berücksichtigung des Mitverschuldens des Geschädigten. Die Vorschrift entspricht einem allg. Grundsatz des Haftpflichtrechts. Der erste Halbsatz verweist auf § 254 BGB; der zweite Halbsatz erweitert die Berücksichtigung des Mitverschuldens in Anlehnung an die §§ 9 StVG, 4 HPflG, 34 LuftVG und 32 Abs. 3 GenTG auf ein Mitverschulden desjenigen, der die tatsächliche Gewalt über die Sache ausübt.

B. Mitverschulden nach § 254 BGB

2 Die Verweisung des § 11 auf § 254 BGB erstreckt sich auf das Mitverschulden bei der Entstehung eines Schadens (Abs. 1), auf die Unterlassung von Warnungen und die Abwendung oder Minderung des Schadens (Abs. 2). Der Begriff des Verschuldens ist untechnisch gemeint. Es geht um einen Verstoß gegen die Gebote zur Wahrung des eigenen Interesses, dh die Außerachtlassung der Sorgfalt, die ein ordentlicher und verständiger Mensch zur Vermeidung eigener Schäden anwendet (stRspr; s. etwa BGHZ 160, 18 (24) = NJW 2004, 3328; NJW 2018, 944 Rn. 28; *Salje/Peter* Rn. 4; *Ekkenga/Kuntz* in Soergel BGB § 254 Rn. 2). Neben solchen „passiven" Sorgfaltspflichtverletzungen (*Salje/Peter* Rn. 6) sind über den Wortlaut des Gesetzes hinaus als schadensmindernd auch **mitwirkende Gefahren** zu berücksichtigen, die, wenn die Verletzung vom Geschädigten ausgegangen wäre, Grundlage für eine Gefährdungshaftung des Geschädigten gewesen wären (BGHZ 67, 129 (134) = NJW 1976, 2130; NJW 1995, 1150 (1151 f.); NJW-RR 2000, 549 (550); *Oetker* in MünchKomm BGB § 254 Rn. 5, 12 ff.; *Kohler* in Staudinger UmweltHR Rn. 7; *Salje/Peter* Rn. 8; ausdrückliche Regelungen in den §§ 13 Abs. 1 S. 2 HPflG, 17 Abs. 1 S. 2 StVG, 41 Abs. 1 S. 2 LuftVG, 32 Abs. 3 GenTG).

3 Ein Mitverschulden kommt besonders in Betracht, wenn der Geschädigte zumutbare **Sicherungsmaßnahmen** gegen mögliche Gefahren unterlassen, sein Verhalten auf erkennbare Gefahren nicht eingerichtet, besondere Hinweise auf Gefahren nicht beachtet oder vor (weiteren) Schäden nicht warnt oder diese nicht mit dem ihm zur Verfügung stehenden Mitteln unterbindet (BGH NJW-RR 2006, 965 (966); NJW 1989, 290 (291); OLG Düsseldorf VersR 1986, 46 (47); *Kohler* in Staudinger UmweltHR Rn. 8; *Salje/Peter* Rn. 18 f., 28 ff.). Ein Mitverschulden kann zB darin liegen, dass ein Kfz-Halter sei-

nen Wagen in der Nähe einer Industrieanlage parkt, obwohl ihm bekannt ist, dass aus der Anlage feste Kleinstkörper entweichen (etwa Ascheregen). Das Mitverschuldensurteil bezieht sich auf das Verhalten des Geschädigten bei einer gegebenen Tätigkeit, nicht aber auf das **Aktivitätsniveau.** § 254 BGB verlangt vom Geschädigten grds. nicht, seine Tätigkeit im Hinblick auf einen möglichen Schaden einzuschränken, insbes. eine andere, weniger schadensempfindliche Tätigkeit oder eine solche an einem anderen Ort aufzunehmen (BGH MDR 1968, 912; grds. auch BGHZ 90, 255 (260 ff.) = NJW 1984, 2207: biologischer Landbau neben konventionell bewirtschaftetem Grundstück; *Landsberg/Lülling* Rn. 32; *Salje/Peter* Rn. 17; *Deutsch,* Haftungsrecht I, 1976, S. 68 f.; vgl. aber BGHZ 55, 180 (187) = ZfW 1972, 221; *Salzwedel* JUTR 1990, 147 (152)). Im Rahmen des vorrangig anzuwendenden § 5 kann dagegen unter dem Gesichtspunkt der Zumutbarkeit auch eine Umstellung auf eine weniger schadensempfindliche Tätigkeit verlangt werden (→ § 5 Rn. 18). Auch **Handeln auf eigene Gefahr** kann Mitverschulden sein (BGHZ 195, 30 Rn. 13 = NJW 2013, 48; NJW-RR 2006, 672 (674); *Ekkenga/Kuntz* in Soergel § 254 Rn. 68 ff.; *Kohler* in Staudinger UmweltHR Rn. 9).

C. Zurechnung des Verhaltens von Dritten

4 Im Rahmen von § 254 Abs. 1 BGB (Schadensentstehung) wird dem Geschädigten ein Tatbeitrag von **Gehilfen,** sofern nicht gleichzeitig eine Sonderverbindung besteht, nur entspr. § 831 BGB zugerechnet (BGHZ 73, 190 (192) = NJW 1979, 973; BGHZ 90, 86 (90) = NJW 1984, 2087; BGHZ 103, 338 (342) = NJW 1988, 2267; *Oetker* in MünchKomm BGB § 254 Rn. 137; *Ekkenga/Kuntz* in Soergel BGB § 254 Rn. 138). Diese Regel wird durch § 11 Hs. 2 bei Sachbeschädigungen dahin erweitert, dass der Geschädigte für das Verhalten von **Bewahrungsgehilfen,** dh jedes unmittelbaren Besitzers, dem er die Sache übergeben hat, ohne Entlastungsmöglichkeit einstehen muss.

D. Rechtsfolgen

5 Aufgrund eines Mitverschuldens kann der Schadensersatzanspruch je nach den Umständen des Einzelfalls **herabgesetzt** werden oder ganz **entfallen.** In der Regel wird das Mitverschulden nur zu einer Schadensteilung fuhren. Es ist zu fragen, inwieweit der Schaden vorwiegend vom Schädiger oder Geschädigten verursacht ist. Entscheidend ist dabei das Gewicht der beiderseitigen Verursachung, ferner das Maß des Verschuldens und der Grad der konkreten Gefährlichkeit (s. etwa BGH NJW 2014, 2493 Rn. 6; NJW-RR 2015, 1057 Rn. 10; *Oetker* in MünchKomm BGB § 254 Rn. 108 ff.; *Ekkenga/Kuntz* in Soergel BGB § 254 Rn. 148 ff.; differenzierend *Salje/Peter* Rn. 25 ff.). Bei der Berechnung der Quote des Geschädigten sind bei Beteiligung **mehrerer Schädiger** Separat- und Solidarquoten nach den komplexen Grundsätzen der Kombination von Einzel- und Gesamtabwägung und ggf. der Haftungseinheit zu bilden (s. BGHZ 61, 351 (354) = NJW 1974, 360; BGHZ 213, 1 Rn. 46 = ZIP 2017, 327; NJW 2018, 1751 (Rn. 22; *Oetker* in MünchKomm BGB § 254 Rn. 119 ff.; *Wagner* ebd. § 840 Rn. 13 ff.; *Kohler* in Staudinger UmweltHR Rn. 16 ff.; *Salje/Peter* Rn. 49 ff., jeweils mwN).

6 Zur (unterschiedlichen) Auswirkung des Mitverschuldens bei **gesetzlichem Forderungsübergang** im Rahmen von Sozialversicherungs- und Versicherungsverhältnissen s. § 116 Abs. 3 S. 1 SGB X; § 86 Abs. 2 VVG.

E. Innenausgleich bei Gesamtschuld

§ 11 iVm § 254 BGB gilt mangels näherer Regelung im UmweltHG auch für den Ausgleich nach § 426 BGB zwischen mehreren Anlagen oder sonstigen Quellen, die als Gesamtschuldner haften. Maßgeblich für die Quotelung ist grds. das **Maß der Verursachung** und ergänzend das Maß der konkreten Gefährdung (das Risikopotential). Das Verschulden spielt im Rahmen der Gefährdungshaftung keine Rolle (vgl. §§ 17 Abs. 1 StVG, 13 Abs. 1 HPflG, 32 Abs. 2 GenTG, 5 ProdHaftG). Da eine gesamtschuldnerische Haftung insbes. dann eingreift, wenn die Verursachungsanteile der einzelnen Quellen, die erst im Zusammenwirken eine Rechtsgutverletzung verursacht haben, nicht geschätzt werden können, wird der Innenausgleich vielfach auf eine Quotelung nach dem Risikopotential hinauslaufen. Bei einem **Mitverschulden des Geschädigten** sind auch für den Innenausgleich zwischen den Anlagen und sonstigen Quellen die Grundsätze der Einzel- und Gesamtabwägung und ggf. der Tatbeitragseinheit zu beachten (Nachw. in → Rn. 5). 7

Vorbemerkung zu §§ 12–16

Übersicht

A. Allgemeines

In den §§ 12–16 regelt das UmweltHG bestimmte Aspekte des **Schadensumfangs.** 1
Die §§ 12–14 enthalten eine abschließende Regelung der Ersatzpflicht bei Tötung und bei Körperverletzung. Für die Anwendung der §§ 249–253 ist daher grds. nur bei Sachschäden Platz.

Nach § 249 BGB kann der Geschädigte bei Sachschäden **Wiederherstellung in Natur** (S. 1) oder nach seiner Wahl auch Ersatz der hierfür erforderlichen Kosten und vorbereitenden und begleitenden Aufwendungen verlangen (S. 2). **Schadensersatz in Geld** kann der Gläubiger neben und anstelle der Wiederherstellung in Natur verlangen, soweit die Herstellung in Natur nicht möglich oder nicht ausreichend ist (§ 251 Abs. 1 BGB). Der Schädiger kann den Geschädigten in Geld entschädigen, wenn die Wiederherstellung nur mit einem unverhältnismäßigen Aufwand möglich ist (§ 251 Abs. 2 BGB). Der Schadensersatz in Geld umfasst den vollen Marktwert der geschädigten Sache. Von diesen Grundsätzen weicht das UmweltHG insofern ab, als es den Umfang des Ersatzes summenmäßig begrenzt (§ 15), andererseits bei ökologischen Schäden § 251 Abs. 2 BGB modifiziert (§ 16). Reine Vermögensschäden werden nicht ersetzt. 2

Zwischen der Rechtsgutverletzung und dem Schaden muss ein **Zurechnungszusammenhang** bestehen (*Kohler* in Staudinger UmwltHR § 1 Rn. 75; *Salje/Peter* §§ 1, 3 Rn. 120). Im Bereich der haftungsausfüllenden Zurechnung ist auch bei der Gefährdungshaftung erforderlich, dass der Schaden adäquat verursacht worden ist und vom Schutzzweck des § 1 umfasst wird (→ § 1 Rn. 45). Vermögensschäden durch offensichtlich rechtswidrige Eingriffe der Behörden anlässlich einer Umwelteinwirkung sind nicht adäquat kausal (*Ekkenga/Kuntz* in Soergel BGB vor § 249 Rn. 173). Das Gleiche gilt bei ungewöhnlichen Fehlern der zur Schadensbehebung eingesetzten Personen (BGH NJW 1989, 767; VersR 1977, 519). 3

Zur Frage der Zurechenbarkeit von mittelbaren Vermögensschäden durch bloße **Verkaufsunfähigkeit** wegen Rufschädigung s. → § 1 Rn. 43. 4

B. Wiederherstellung in Natur

Der Anspruch auf Wiederherstellung in Natur richtet sich auf die Herstellung des **hypothetischen Zustands,** der bestehen würde, wenn das Schadensereignis nicht eingetreten wäre. Voraussetzung für den Anspruch ist, dass die Herstellung **möglich** ist (BGHZ 81, 385 (388) = NJW 1982, 98; BGHZ 92, 85 (87) = NJW 1984, 2282; BGHZ 102, 322 (327) = NJW 1988, 1835; NJW 2010, 1357 Rn. 24 f.; *Oetker* in MünchKomm 5

BGB § 249 Rn. 365f.). Die Anforderungen an die Möglichkeit der Naturalrestitution dürfen aber nicht überspannt werden. Naturalrestitution ist unter dieser Voraussetzung auch die Herstellung eines Zustands, der dem hypothetischen Zustand möglichst nahekommt und diesem **funktionell gleichartig und wirtschaftlich gleichwertig** ist (BGHZ 102, 322 (327) = NJW 1988, 1835; BGHZ 92, 85 (90) = NJW 1984, 2282). Nur die Herstellung eines baulich-technischen und wirtschaftlich-funktionalen Aliud kann grds. nicht verlangt werden (*Schiemann* in Staudinger BGB § 249 Rn. 182f., 184; *Oetker* in MünchKomm BGB § 249 Rn. 325ff.; *Ekkenga/Kuntz* in Soergel BGB § 249 Rn. 8, 10f.). Naturalrestitution ist insbes. auch die Beschaffung einer gleichwertigen Sache anstelle der zerstörten Sache (BGHZ 163, 180 (184) = NJW 2005, 2592, NJW 2007, 67 Rn. 11; 2017, 2401 Rn. 7 mwN; str.). Bei immateriellen einschl. ökologischen Schäden sind gewisse Modifikationen dieser Konzeption erforderlich (→ § 16 Rn. 10f.).

6 Hins. der Verwendung des Kostenersatzes nach § 249 Abs. 2 BGB besitzt der Geschädigte **freie Disposition** (BGHZ 97, 14 (17f.) = NJW 1986, 1538; BGHZ 63, 182 (184) = NJW 1975, 160; NJW 1989, 3009); *Ekkenga/Kuntz* in Soergel § 249 Rn. 68f. mwN). Dagegen ist die Dispositionsfreiheit bei ökologischen Schäden bereits nach allg. Recht, jedenfalls aufgrund § 16 eingeschränkt (→ § 16 Rn. 15).

C. Schadensersatz in Geld

I. Differenzhypothese

7 Ist die Wiederherstellung in Natur nicht möglich oder zur Entschädigung nicht ausreichend, so hat der Geschädigte Anspruch auf Schadensersatz in Geld (§ 251 Abs. 1 BGB), der insbesondere auch den entgangenen Gewinn (§ 252 BGB) und die Kosten für Maßnahmen der Schadensabwendung und Schadensminderung erfasst, zu denen der Geschädigte nach § 11 verpflichtet ist (BGHZ 70, 39 (43) = NJW 1978, 2). Bei unverhältnismäßigen Kosten der Wiederherstellung kann der Schuldner für Schadensersatz in Geld optieren (§ 251 Abs. 2 BGB).

8 Der Schaden ist grds. nach der sogenannten **Differenzhypothese** zu berechnen (*Oetker* in MünchKomm BGB § 249 Rn. 16ff.; *Ekkenga/Kuntz* in Soergel Vorb. § 249 Rn. 41ff.). Die Schadensersatzpflicht erfasst aber auch gewisse Schadensposten, die nicht nach der Differenzhypothese, sondern **normativ** bestimmt werden. Dies gilt insbes. für entgangene Gebrauchsvorteile (BGHZ 98, 212 (219ff.) = NJW 1987, 50; *Oetker* aaO Rn. 92ff. mwN). Über die Nutzung von Kraftfahrzeugen hinaus gewährt die Rspr Ersatz bei Hausgrundstücken und anderen Wirtschaftsgütern von zentraler Bedeutung für die eigenwirtschaftliche Lebensführung. Wird die Benutzung eines Hausgrundstücks zwar nicht ausgeschlossen, aber durch Umwelteinwirkung weit über das in § 5 vorausgesetzte Maß, dh in hohem Maße beeinträchtigt, so steht dies dem Entzug der Nutzung gleich (weitergehend *Landsberg/Lülling* § 1 Rn. 131; vgl. BGH NJW 1963, 2020 (2021); zu ökologischen Schäden s. → § 16 Rn. 12).

II. Rettungs- und Vorsorgekosten

9 Fraglich ist, in welchem Umfang Rettungskosten ersatzfähig sind. Diese Frage ist nach der Lehre vom Gefährdungszusammenhang zu beurteilen. Nach hM gehören Kosten zur **Abwendung drohender Schäden** (zB Evakuierung von Vieh, Entfernung von verseuchtem Erdreich auf einem fremden Grundstück, um die Ausbreitung auf das eigene

Grundstück zu verhindern), zu den ersatzfähigen Schäden, sofern es sich um eine konkrete Gefahr einer Rechtsgutverletzung handelt, gegen die der Betroffene bereits mit negatorischen oder quasi-negatorischen Ansprüchen hätte vorgehen können (BGHZ 80, 1 (8f.) = NJW 1981, 1516; BGHZ 142, 227 (233) = NJW 1999, 3633; OLG Düsseldorf ZfW 1996, 549 (553); *Oetker* in MünchKomm BGB § 249 Rn. 178f.). Im Hinblick auf einen möglichst umfassenden Schutz vor Individualschäden auf dem Umweltpfad ist dieser Auffassung für Schäden, die nach dem UmweltHG zu decken sind, grds. zu folgen (ebenso *Kohler* in Staudinger UmweltHR § 1 Rn. 74, 112; *Kloepfer* § 6 Rn. 232; *Diederichsen* in: Altlasten und Umweltrecht, 1986, S. 117 (134ff.); *Landsberg/Lülling* § 1 Rn. 138). Dabei ist es gleich, ob bereits eine Umwelteinwirkung durch Schadstoffaustritt vorliegt oder eine solche nur ernsthaft droht (zB Explosionsgefahr nach einem Störfall). Im letzteren Fall ist der haftungsbegründende Tatbestand zwar noch nicht erfüllt, da man in der Notwendigkeit, das Grundstück zu räumen, noch keine Eigentumsverletzung sehen kann (vgl. aber BGH NJW 1977, 2264 (2265)). Jedoch ist kein Grund ersichtlich, die beiden Fälle unterschiedlich zu behandeln. In jedem Fall tritt die Ersatzpflicht nur ein, wenn ohne die Rettungsmaßnahme die betreffenden Schadstoffe mit Sicherheit zu einer Rechtsgutverletzung geführt hätten (BGHZ 142, 227 (233) = NJW 1999, 3633; BGHZ 80, 1 (6f.) = NJW 1981, 1516; *Landsberg/Lülling* § 1 Rn. 138, 140; *Breuer/Gärditz* Rn. 1487; *Ekkenga/Kuntz* in Soergel § 249 Rn. 115). Eine Ausdehnung der Haftung auf Fälle, in denen die Aufwendung nur subjektiv, nicht aber objektiv zur Abwendung einer Rechtsgutverletzung durch Umwelteinwirkung notwendig war, würde den Haftungstatbestand des § 1 sprengen. Hier kommt nur Geschäftsführung ohne Auftrag in Betracht (*Landsberg/Lülling* § 1 Rn. 140).

Entsprechendes gilt für **Analysen** des einer Umwelteinwirkung ausgesetzten Grundei- **10**
gentümers zur Feststellung, ob eine Sachbeschädigung vorliegt. Die betreffenden Kosten sind nach § 1 oder nach den Regeln der Geschäftsführung ohne Auftrag im Übrigen nur insoweit ersatzfähig, als die an sich verantwortliche Fachbehörde keine ausreichende Information besitzt oder diese Informationen nicht zur Verfügung stellt (BGHZ 103, 129 (140f.) = NJW 1988, 1593).

Vorsorgekosten, die nicht durch eine konkret drohende Umwelteinwirkung oder **11**
dadurch bedingte Rechtsgutverletzung veranlasst sind, gehören zum allg. Lebensrisiko des Geschädigten und sind auch dann nicht ersatzfähig, wenn sie mit Rücksicht auf Umwelteinwirkungen aus haftpflichtigen Anlagen messbar erhöht sind (BGHZ 59, 286 (288) = NJW 1973, 96; NJW 1999, 1043 (1044); *Ekkenga/Kuntz* in Soergel § 249 Rn. 221f. mwN zum Streitstand). Jedenfalls ist die gegenteilige Rspr zu gewerblichen Vorhaltekosten bei Kraftfahrzeugen (BGHZ 70, 199 (200ff.) = NJW 1978, 812; VersR 1986, 189 (195)) nicht ohne weiteres auf den Umweltschutz zu übertragen (vgl. BGH NJW 1976, 286); *Oetker* in MünchKomm BGB § 249 Rn. 201). Insbes. sind Vorsorgemaßnahmen nach einem Chemieunfall aus **Angst vor künftigen Unfällen** nach der Rspr wegen des fehlenden Bezugs zur Rechtsgutverletzung nicht ersatzfähig (BGH NJW 1992, 1043 (1044); vgl. auch BGHZ 109, 380 (390f.) = NJW 1990, 1038).

§ 12 Umfang der Ersatzpflicht bei Tötung

(1) **Im Falle der Tötung ist Ersatz der Kosten einer versuchten Heilung sowie des Vermögensnachteils zu leisten, den der Getötete dadurch erlitten hat, dass während der Krankheit seine Erwerbsfähigkeit aufgehoben oder gemindert war oder seine Bedürfnisse vermehrt waren. Der Ersatzpflichtige hat außerdem die Kosten der Beerdigung demjenigen zu ersetzen, der diese Kosten zu tragen hat.**

(2) **Stand der Getötete zur Zeit der Verletzung zu einem Dritten in einem Verhältnis, aus dem er diesem gegenüber kraft Gesetzes unterhaltspflichtig war oder unterhaltspflichtig werden konnte, und ist dem Dritten infolge der Tötung das Recht auf Unterhalt entzogen, so hat der Ersatzpflichtige dem Dritten insoweit Schadensersatz zu leisten, als der Getötete während der mutmaßlichen Dauer seines Lebens zur Gewährung des Unterhalts verpflichtet gewesen wäre. Die Ersatzpflicht tritt auch ein, wenn der Dritte zur Zeit der Verletzung gezeugt, aber noch nicht geboren war.**

(3) **Der Ersatzpflichtige hat dem Hinterbliebenen, der zur Zeit der Verletzung zu dem Getöteten in einem besonderen persönlichen Näheverhältnis stand, für das dem Hinterbliebenen zugefügte seelische Leid eine angemessene Entschädigung in Geld zu leisten. Ein besonderes persönliches Näheverhältnis wird vermutet, wenn der Hinterbliebene der Ehegatte, der Lebenspartner, ein Elternteil oder ein Kind des Getöteten war.**

§ 12 regelt den **Umfang der Ersatzpflicht** bei Tötung. Die Vorschrift entspricht den §§ 10 StVG, 5 HPflG, 32 Abs. 4 GenTG sowie § 7 ProdHaftG und § 86 AMG. Weitgehend gleiche Regelungen finden sich in den §§ 28 AtomG und 35 LuftVG. Bis auf den an sich selbstverständlichen Abs. 1 S. 1 deckt sich die Regelung auch mit § 844 BGB. **1**

Erfasst werden neben den noch in der Person des Getöteten entstandenen Schadensersatzansprüchen, die sich aus § 1 ergeben und im Wege der Erbfolge (§ 1922 BGB) auf die Erben übergehen, Beerdigungskosten und **entzogene Unterhaltsansprüche.** In den beiden letzteren Fällen gewährt das Gesetz einem selbst nicht Verletzten, aber mittelbar Geschädigten einen eigenen Schadensersatzanspruch. Dieser ist davon abhängig, dass dem Grunde nach eine Haftung nach dem UmweltHG entstehen konnte. Soweit die Haftung durch ein Mitverschulden des Verletzten entfiele oder gemindert würde, ist dieses trotz fehlender Verweisung auf § 846 BGB dem mittelbar Geschädigten zuzurechnen (BGHZ 35, 317 (319) = NJW 1961, 1966; BGH NJW-RR 1994, 603 (604); *Wagner* in MünchKomm BGB § 846 Rn. 1). Ein eigenes Mitverschulden des mittelbar Geschädigten kommt gemäß § 11 iVm § 254 Abs. 2 BGB in Betracht (BGHZ 4, 170 (171 ff.) = NJW 1952, 299), insbes. im Rahmen von § 12 Abs. 2 (vgl. *Landsberg/Lülling* Rn. 14). **2**

Durch Art. 6 des Gesetzes zur Einführung eines Anspruchs auf Hinterbliebenengeld von 2017 ist § 12 durch einen neuen Abs. 3 ergänzt worden. Nach dieser Vorschrift, die § 844 Abs. 3 nF entspricht und in alle Regelungen der Gefährdungshaftung übernommen worden ist, besteht nunmehr eine Verpflichtung zur Entschädigung von Hinterbliebenen mit einem **besonderen persönlichen Näheverhältnis** zum Getötenen für das Leid, das sie durch die Tötung erlitten haben („Schmerzensgeld"). Nach der – widerlegbaren – Vermutung des § 12 Abs. 3 S. 2 ist bei Ehegatten, Lebenspartnern, Elternteilen und Kindern von einem solchen Näheverhältnis auszugehen. **3**

Wegen Einzelheiten wird auf die Kommentare zu § 844 BGB verwiesen. **4**

§ 13 Umfang der Ersatzpflicht bei Körperverletzung

Im Falle der Verletzung des Körpers oder der Gesundheit ist Ersatz der Kosten der Heilung sowie des Vermögensnachteils zu leisten, den der Verletzte dadurch erleidet, dass infolge der Verletzung zeitweise oder dauernd seine Erwerbsfähigkeit aufgehoben oder gemindert ist oder seine Bedürfnisse vermehrt sind. Wegen des Schadens, der nicht Vermögensschaden ist, kann auch eine billige Entschädigung in Geld gefordert werden.

§ 13 **beschränkt den Schadensersatz** wegen Vermögensschäden bei Körperverletzung und Gesundheitsbeeinträchtigung (→ § 1 Rn. 35 f.) im Vergleich zur Haftung nach BGB auf die Kosten der Heilung, Vermögensnachteile durch zeitweilige oder dauernde Aufhebung oder Minderung der Erwerbsfähigkeit und Vermögensnachteile durch vermehrte Bedürfnisse. Die beiden letzteren Schäden werden idR durch eine Geldrente nach § 14 abgegolten. Die Vorschrift entspricht den §§ 11 StVG, 6 HPflG, 36 LuftVG, 32 Abs. 5 GenTG sowie §§ 87 AMG und 8 ProdHaftG. 1

§ 13 ist in Bezug auf Körper- und Gesundheitsschäden **Spezialvorschrift** zu den §§ 249–252, 842 BGB. Die in § 13 abschließend genannten Schäden bilden aber den Kern der auch nach BGB ersatzfähigen Schäden. Wegen Einzelheiten wird daher auf die Kommentare zum BGB verwiesen (vgl. *Spickhoff* in Soergel §§ 842, 843 Rn. 3 ff.; *Wagner* in MünchKomm BGB §§ 842, 843 Rn. 28 ff., 59 ff.; ferner *Kohler* in Staudinger UmweltHR Rn. 5 ff.). 2

Im Einklang mit der Tradition der Gefährdungshaftung (abw. aber §§ 833 S. 1 BGB, 36 LuftVG) hatte das UmweltHG in seiner ursprünglichen Fassung darauf verzichtet, dem Geschädigten bei Körperverletzung oder Gesundheitsbeeinträchtigung auch einen Anspruch auf **Schmerzensgeld** zuzubilligen. Dass die Versagung des Schmerzensgeldanspruchs rechtspolitisch angemessen ist, wurde im Schrifttum seit langem bezweifelt (vgl. *Kötz* Gutachten S. 1779 (1825); *Leser* AcP 183 (1983), 568 (599)). Der Gesetzgeber hatte damit die nur zur Verschuldenshaftung passende Genugtuungsfunktion des Schmerzensgeldes auf Kosten der Kompensationsfunktion überbewertet. Durch das Gesetz zur Änderung schadensersatzrechtlicher Vorschriften von 2002 ist in § 13 eine neuer Satz 2 eingefügt worden, der nunmehr einen Anspruch auf Schmerzensgeld begründet (entspr. jetzt §§ 6 S. 2 HPflG, 11 S. 2 StVG, 32 Abs. 5 S. 2 GenTG, 8 S. 2 ProdHaftG, 87 S. 2 AMG). Die Neuregelung gilt, wenn das schädigende Ereignis, dh die Verletzungshandlung, nach ihrem Inkrafttreten geschehen ist (Art. 229 § 8 EGBGB). Zu Einzelheiten wird auf die Kommentare zu § 253 Abs. 2 BGB verwiesen. 3

§ 14 Schadensersatz durch Geldrente

(1) **Der Schadensersatz wegen Aufhebung oder Minderung der Erwerbsfähigkeit und wegen vermehrter Bedürfnisse des Verletzten sowie der nach § 12 Abs. 2 einem Dritten zu gewährende Schadensersatz ist für die Zukunft durch eine Geldrente zu leisten.**

(2) **§ 843 Abs. 2 bis 4 des Bürgerlichen Gesetzbuchs ist entsprechend anzuwenden.**

§ 14 ordnet für Schadensersatz wegen Aufhebung oder Minderung der Erwerbsfähigkeit und wegen vermehrter Bedürfnisse sowie wegen Entziehung von Unterhaltsansprüchen an, dass der Schadensersatz für die **Zukunft** durch eine Geldrente zu leisten ist. Art und Weise der Rentengewährung richten sich kraft der Verweisung des § 14 Abs. 2 nach § 843 Abs. 2–4 BGB. Danach kann der Geschädigte insbes. bei einem wichtigen Grund eine Kapitalabfindung verlangen. § 14 entspricht den §§ 13 StVG, 7 HPflG, 38 LuftVG, 32 Abs. 5 GenTG, 30 AtomG, 9 ProdHaftG und 39 AMG. **1**

Die Beschränkung des Schadensersatzes auf eine Rente gilt nur für die Zukunft. Für die **Vergangenheit** kann der Geschädigte eine Kapitalabfindung verlangen (BGHZ 59, 187 (188) = NJW 1972, 1711; *Salje/Peter* Rn. 4). **2**

Eine parallele, nur systematisch leicht abweichende Regelung im BGB findet sich in § 843 BGB sowie für Ansprüche unterhaltspflichtiger Hinterbliebener in § 844 Abs. 2 BGB. Wegen der Einzelheiten wird auf die Kommentare zu den §§ 843, 844 verwiesen. **3**

§ 15 Haftungshöchstgrenzen

Der Ersatzpflichtige haftet für Tötung, Körper- und Gesundheitsverletzung insgesamt nur bis zu einem Höchstbetrag von 85 Millionen Euro und für Sachbeschädigungen ebenfalls insgesamt nur bis zu einem Höchstbetrag von 85 Millionen Euro, soweit die Schäden aus einer einheitlichen Umwelteinwirkung entstanden sind. Übersteigen die mehreren aufgrund der einheitlichen Umwelteinwirkung zu leistenden Entschädigungen die in Satz 1 bezeichneten jeweiligen Höchstbeträge, so verringern sich die einzelnen Entschädigungen in dem Verhältnis, in dem ihr Gesamtbetrag zum Höchstbetrag steht.

Übersicht

A. Allgemeines

I. Grundzüge und Zweck der gesetzlichen Regelung

§ 15 enthält globale, nach der Schadensart (Personen- und Sachschäden) differenzierende **Haftungshöchstgrenzen** für sämtliche nach dem UmweltHG zu deckenden Schäden aus einer einheitlichen Umwelteinwirkung. Die meisten Gefährdungshaftungstatbestände sehen – wenngleich überwiegend anders ausgestaltete – Haftungshöchstgrenzen vor (§§ 12 Abs. 1 StVG, 9 HPflG, 37 LuftVG, 33 GenTG, 10 ProdHaftG, 88 AMG). Keine Haftungshöchstgrenzen finden sich in den §§ 833 S. 1 BGB und 89 WHG. Die rechtspolitische Angemessenheit von Haftungshöchstgrenzen ist zweifelhaft (*Kötz* Gutachten S. 1779 (1825); *Will* S. 305 ff.; *Kohler* in Staudinger UmweltHR Rn. 4 f.). Sie mögen in gewissem Maße dem Interesse an Vorhersehbarkeit und Versicherbarkeit Rechnung tragen (so Ausschussbericht, S. 35; skeptisch bzgl. des Versicherungsarguments *Kohler* in Staudinger UmweltHR Rn. 5); diese wird jedoch auch von den daneben bestehenden Haftpflichtrisiken aus Verschuldens- und Ausgleichshaftung bestimmt, für welche die Höchstgrenzen nicht gelten. Jedenfalls sind sie nicht auf das individuell unterschiedliche Risikopotential der Anlage, die unterschiedliche wirtschaftliche Situation und die Vielgestaltigkeit der Schadensfälle ausgerichtet und in ihrer Höhe letztlich Ausdruck **rein politischer Dezision** (vgl. *Schmidt-Salzer* Rn. 12, 17). Eine summenmäßig unbeschränkte Gefährdungshaftung mit Reduktionsklausel hätte eine angemessenere Lösung dargestellt. 1

II. Entstehungsgeschichte

Der RegE (§ 16) wollte eine Haftungshöchstgrenze nur für den bestimmungsgemäßen Betrieb und in diesem Rahmen nur für Rentenansprüche auf 30 000 DM pro Jahr festlegen. Dies wurde damit begründet, dass angesichts unterschiedlicher Risiken der erfassten Anlagen und der Vielgestaltigkeit der Schadensfälle eine globale Festlegung von Haftungshöchstgrenzen nicht möglich sei (Begr. S. 21). Der Bundesrat trat für eine Erhö- 2 hung der Summe auf 50 000 DM ein, was auf den Widerspruch der Bundesregierung stieß (BT-Drs. 11/7104, S. 26 und 32). Die Gesetz gewordene Fassung ist vom Rechtsausschuss eingefügt worden. Die Neuregelung wurde mit der Tradition der Gefährdungshaftung und dem Interesse des Anlageninhabers an wirtschaftlicher Vorhersehbarkeit und Versicherbarkeit begründet (Ausschussbericht S. 35; vgl. auch Vermittlungsausschuss, BT-Drs. 11/8208).

B. Haftungshöchstgrenzen nach § 15 S. 1

3 § 15 S. 1 enthält eine **globale und absolute Haftungshöchstgrenze** von 170 Millionen Euro für alle Umweltschäden aus einer einheitlichen Umwelteinwirkung. Diese ist in je einen Teilbetrag in Höhe von 85 Millionen Euro für Personenschäden (Tötung, Körper- und Gesundheitsverletzung) und für Sachschäden aufgeteilt. Der Haftungshöchstbetrag gilt unabhängig davon, ob es sich um einen oder mehrere Geschädigte handelt (*Kohler* in Staudinger UmweltHR Rn. 1; *Landsberg/Lülling* Rn. 1); auch bei Groß- und Serienschäden bleibt es bei der Haftungsbeschränkung. Führt ein Mitverschulden zur Herabsetzung des Ersatzanspruchs, kann der Höchstbetrag voll ausgeschöpft werden (BGH NJW 1964, 1898; *Katzenmeier/Voigt* ProdHaftG 7. Aufl. 2020, §§ 7–11 Rn. 28 Fn. 78). Die Haftungsbeschränkung gilt für die jeweilige Anlage.

4 Als sachlicher Ansatzpunkt für die Haftungsbeschränkung dient der Begriff der **einheitlichen Umwelteinwirkung.** Es muss sich um eine zeitlich und räumlich eingegrenzte Ausbreitung bestimmter Stoffe oder ähnlicher Erscheinungen im Boden, im Wasser oder in der Luft handeln, die auf einer einheitlichen Ursache beruht (*Kohler* in Staudinger UmweltHR Rn. 7 ff.; *Salje/Peter* Rn. 5). Die Vorschrift ist z. B. bei einer Explosion oder der Freisetzung gefährlicher Stoffe durch einen Störfall gegeben. Auch eine Kettenreaktion stellt eine einheitliche Umwelteinwirkung dar (*Salje/Peter* Rn. 5). Die Einheitlichkeit des Ereignisses wird nicht dadurch beseitigt, dass an der Umwelteinwirkung **verschiedene Stoffe** beteiligt sind, wenn diese, wie in der Praxis die Regel, zeitgleich emittiert werden (aM *Kohler* in Staudinger UmweltHR Rn. 7; *Salje/Peter* Rn. 5; *Schmidt-Salzer* Rn. 24). Unerheblich ist auch, dass aufgrund einer Umwelteinwirkung die Schäden erst spät eintreten (Latenzschäden), da das Gesetz auf die Umwelteinwirkung, nicht auf den zeitlichen Zusammenhang zwischen Umwelteinwirkung und Schaden abstellt (*Salje/Peter* Rn. 5; *Schmidt-Salzer* Rn. 24). Werden **verschiedene Umweltmedien** beeinträchtigt, so liegt idR keine einheitliche Umweltbeeinträchtigung vor; die mögliche Einheit der Ursache allein ist nicht gleichbedeutend mit Einheitlichkeit der Umwelteinwirkung (*Kohler* in Staudinger UmweltHR Rn. 9; *Salje/Peter* Rn. 5; *Schmidt-Salzer* Rn. 24). Allerdings stellen unmittelbare und mittelbare Einwirkungen derselben Emission auf verschiedene Medien (Luft-Boden-, Luft-Wasser- oder Boden-Grundwasser-Pfad) eine einheitliche Umwelteinwirkung dar (vgl. *Schmidt-Salzer* Rn. 25). Wirken Ereignisse aus **mehreren Anlagen** zusammen, so fehlt es wohl an der Einheitlichkeit der Umwelteinwirkung, auch wenn erst dadurch ein Schaden entsteht; jedenfalls kann unabhängig hiervon jeder Inhaber in Höhe des Haftungshöchstbetrags in Anspruch genommen werden, da die Haftungshöchstgrenze personenbezogen ist, dh für jeden Schädiger (genauer: jede schädigende Anlage) gilt (Kumul; ebenso im Ergebnis *Kohler* in Staudinger UmweltHR Rn. 10; *Salje/Peter* Rn. 5; *Wagner* in MünchKomm BGB § 10 ProdHaftG Rn. 5 mwN). Zweifelhaft ist die Beurteilung von **dauernden Umwelteinwirkungen** (Serie kleiner Störfälle, Normalbetrieb), die erst allmählich die Schadensschwelle überschreiten. Hierbei dürfte es sich ebenfalls um eine einheitliche Umwelteinwirkung handeln; eine zeitliche Zäsur wäre nur willkürlich möglich (ebenso für § 33 GenTG *Hirsch/Schmidt-*

Didczuhn GenTG § 33 Rn. 5; aM für § 15 *Kohler* in Staudinger UmweltHR Rn. 10; *Salje/Peter* Rn. 5; *Landsberg/Lülling* Rn. 7).

C. Anteilige Kürzung nach § 15 S. 2

Die Kürzungsregelung nach § 15 S. 2 soll der (unwahrscheinlichen) Möglichkeit **5**
Rechnung tragen, dass Groß- oder Serienschäden die Haftungshöchstgrenze überschreiten. Die Regelung entspricht den §§ 12 Abs. 2 StVG, 10 Abs. 2 HPflG, 35 AtomG, 33 S. 2 GenTG und 88 S. 1 AMG. Sie schreibt im Interesse der **Gleichbehandlung aller Geschädigten** eine Aufteilung des insgesamt zur Verfügung stehenden Betrags durch anteilige, nach Schadensgruppen getrennte Kürzung der (ggf. zu kapitalisierenden) Schadensersatzansprüche vor. Die Kürzung greift auch im Fall der Legalzession (zB nach § 116 SGB X, § 86 Abs. 1 VVG) ein (BGH VersR 1972, 374 (375)). Die Durchführbarkeit der Verteilungsregelung ist mangels Überschreitung der Haftungshöchstbeträge auch in den anderen gesetzlichen Regelungen bisher nicht praktisch erprobt. Theoretisch ergeben sich Probleme insbesondere bei fehlenden Kenntnissen über das Ausmaß eines Schadensfalls und hinsichtlich der Errechnung der jeweiligen Quote (vgl. *Kohler* in Staudinger Rn. 13 f.; *Däubler* S. 75 ff.; *Katzenmeier/Voigt* ProdHaftG 7. Aufl. 2020, §§ 7–11 Rn. 29 ff.)

§ 16 Aufwendungen bei Wiederherstellungsmaßnahmen

(1) **Stellt die Beschädigung einer Sache auch eine Beeinträchtigung der Natur oder der Landschaft dar, so ist, soweit der Geschädigte den Zustand herstellt, der bestehen würde, wenn die Beeinträchtigung nicht eingetreten wäre, § 251 Abs. 2 des Bürgerlichen Gesetzbuchs mit der Maßgabe anzuwenden, dass Aufwendungen für die Wiederherstellung des vorherigen Zustandes nicht allein deshalb unverhältnismäßig sind, weil sie den Wert der Sache übersteigen.**

(2) **Für die erforderlichen Aufwendungen hat der Schädiger auf Verlangen des Ersatzberechtigten Vorschuß zu leisten.**

Schrifttum: *Breloer,* Was ist mein Baum wert?, 2007; *Gassner,* Der Ersatz des ökologischen Schadens nach dem geltenden Recht, UPR 1987, 370; *ders.,* Zur Verwirklichung des Integritätsinteresses in der naturschutzrechtlichen Eingriffsregelung, NuR 1988, 67; *Godt,* Haftung für ökologische Schäden, 1997; *Hager,* Haftung für reine Umweltschäden, NuR 2003, 581; *Koch/Hötzel/Hund,* Aktualisierte Gehölzwerttabellen, 3. Aufl. 2001; *Kopp,* Wiedergutmachung ökologischer Schäden nach § 22 WHG, ZfW 1988, 261; *Ladeur,* Schadensersatzansprüche des Bundes für die durch den Sandoz-Unfall entstandenen „ökologischen Schäden"?, NJW 1987, 1236; *Kadner,* Der Ersatz ökologischer Schäden, 1995; *Leonhard,* Der ökologische Schaden, 1996; *Marburger,* Vereinbarungen über den Ersatz ökologischer Schäden nach § 16 UmweltHG, FS Steffen, 1995, S. 319 ff.; *Meyer-Abich,* Haftungsrechtliche Erfassung ökologischer Schäden, 2001; *ders.,* Der ökologische Schaden als zivilrechtlicher Individualschaden, UPR 2000, 220; *Pöttker,* Klimahaftungsrecht, 2014; Rechtspflicht zur Wiedergutmachung ökologischer Schäden, Laufener Seminarbeiträge 1/87, 1988; *Rehbinder,* Ersatz ökologischer Schäden – Begriff, Anspruchsberechtigung und Umfang des Ersatzes unter Berücksichtigung rechtsvergleichender Erfahrungen, NuR 1988, 105; *Schulte,* Ausgleich ökologischer Schäden und Duldungspflicht geschädigter Grundeigentümer, 1990; *ders.,* Zivilrechtsdogmatische Probleme im Hinblick auf den Ersatz „ökologischer Schäden", JZ 1988, 278; *Seibt,* Ziviler Ausgleich ökologischer Schäden, 1994.

Übersicht

A. Allgemeines

I. Grundzüge und Zweck der gesetzlichen Regelung

§ 16 enthält eine begrenzte Regelung des Ersatzes ökologischer Schäden. Die Vorschrift regelt den **Umfang der Herstellung in Natur** bei Sachschäden, die zugleich Beeinträchtigungen der Natur oder Landschaft darstellen. Das prinzipielle Recht des Ei- 1 gentümers, Naturalrestitution auch wegen ökologischer Schäden zu verlangen, soweit sie sein Eigentum betreffen, wird implizite anerkannt, jedoch begrenzt. Die Begrenzung gilt in einer gegenüber dem allgemeinen Zivilrecht (§ 251 Abs. 2 BGB) modifizierten Form. Die Unverhältnismäßigkeit der Aufwendungen für die Wiederherstellung in Natur bestimmt sich nicht allein nach dem (wirtschaftlichen) Wert der beeinträchtigten Sache. Dadurch wird dem überschießenden Interesse des Eigentümers an der ökologischen Integrität der Sache zugunsten der Allgemeinheit, das mit dem herkömmlichen Begriff des Affektionsinteresses nur unvollkommen beschrieben wird, Rechnung getragen (vgl. *Salje/Peter* Rn. 2; *Kloepfer* § 6 Rn. 197ff.). Dagegen regelt das Gesetz nicht den Ersatz von allgemeinen ökologischen Schäden, die nicht mit der Beeinträchtigung privat zugeordneter Sachgüter verbunden sind (vgl. → Rn. 5).

II. Entstehungsgeschichte

2 Seit Beginn der Diskussion um die Reform des Umwelthaftungsrechts wurde auch über den Ersatz ökologischer Schäden diskutiert. Gesetzesanträge der Länder Hessen und Nordrhein-Westfalen sahen eine allg. Regelung des Ersatzes ökologischer Schäden vor, die von einer „treuhänderischen“ Rechtszuständigkeit des Staates ausgingen (BR-Drs. 100/87; 217/87). Ähnliche Ansatzpunkte finden sich auch im Gesetzesentwurf der Fraktion der Grünen (BT-Drs. 11/4247) und dem während der Ausschussberatungen eingebrachten Gesetzesvorschlag der SPD (BT-Drs. 11/7881, S. 36). Im Gegensatz hierzu beschränkte sich der Regierungsentwurf auf eine Regelung des Ersatzes ökologischer Schäden bei Eigentumsverletzungen. Weitergehende Ansprüche auf Wiederherstellung beeinträchtigter Naturgüter könnten zwar aus dem Interesse der Allgemeinheit an Erhaltung der natürlichen Umwelt geboten sein, der Schutz des Allgemeininteresses sei jedoch Aufgabe des öffentlichen Rechts (Begr. S. 15). Dem Wunsch des Bundesrats, ausdrücklich zu regeln, dass bei „erheblicher“ Überschreitung des Wertes der Sache die Wiederherstellung verhältnismäßig sein kann (BT-Drs. 11/7104, S. 26f.), ist die Bundesregierung mit dem Argument entgegengetreten, dass der Regierungsentwurf mit der Auflockerung des Grundsatzes der Verhältnismäßigkeit dem oft großen ökologischen Wert wirtschaftlich geringwertiger Sachen ausreichend Rechnung trage (Stellungnahme BT-Drs. 11/7104, S. 32). Dem ist der Rechtsausschuss gefolgt, insbesondere auch hinsichtlich der Verweisung des Ersatzes allgemeiner ökologischer Schäden in das öffentliche Recht (Ausschussbericht S. 35f.).

III. Begriff des ökologischen Schadens

3 Der Begriff des ökologischen Schadens ist erst seit 1987 in die rechtswissenschaftliche Diskussion eingeführt worden (*Gassner* UPR 1987, 370; *Ladeur* NJW 1987, 1246; *Rehbinder* NuR 1988, 105; *Schulte* JZ 1988, 278; *Baumann JuS* 1989, 433). Eine einheitliche Begriffsbildung hat sich noch nicht entwickelt (krit. zu jeglichen Definitionsversuchen: *Schulte* S. 21ff.). Als ökologische Schäden kann man allgemein einen Eingriff in die Naturgüter Wasser, Boden, Luft, Klima, Pflanzen und Tierwelt sowie die Beziehungen zwischen ihnen, dh jede nachteilige Veränderung dieser Naturgüter, bezeichnen. Für die Zwecke des Schadensrechts bedarf diese Definition jedoch der Einschränkung dahingehend, dass sich ökologische Schäden auf solche Schäden beschränken, die nicht in Marktpreisen ausdrückbar sind, also im Sinne des § 253 BGB **immaterielle Schäden** darstellen (*Gassner* UPR 1987, 370 (371); *Kohler* in Staudinger UmweltHR Rn. 1 und Einl. Rn. 7; *Salje/Peter* Rn. 1). Der ökologische Schaden kann zwar mit einem wirt-

schaftlichen Schaden zusammentreffen, kann mit ihm sogar deckungsgleich sein (zB Zerstörung von Bäumen oder Sträuchern), aber kann auch ohne ihn auftreten (zB Zerstörung von Biotopen ohne Substanzeingriff, Aussterben wildlebender Arten, Beeinträchtigung eines Biotopverbundes). Ökologische Schäden, die mittelbar zu Eigentumsverletzungen führen, wie das im Bereich des Klimaschutzes denkbar ist (vgl. OLG Hamm ZUR 2018, 118; *Pöttker* S. 80f.), stellen materielle Schäden dar.

Das UmweltHG beschränkt sich auf den Ersatz von Beeinträchtigungen solcher Naturgüter, die **mit einer Sachbeschädigung zusammenfallen** und die dem Eigentümer der Sache privatrechtlich zugeordnet sind. Es regelt daher von vornherein nur einen verhältnismäßig unbedeutenden Ausschnitt aus der Gesamtproblematik, die auch der Rspr hätte überlassen werden können. § 16 erfordert eine Bestimmung des Schutzbereichs des Eigentums, der gerade im Hinblick auf Naturgüter problematisch ist (vgl. → § 1 Rn. 38ff.). Für private Biotope ist der Eigentumsschutz jedenfalls zu bejahen, soweit ein Substanzeingriff vorliegt. Auch die Beeinträchtigung der **ökologischen „Außenbeziehungen"** des Grundstücks, die durch die Zugehörigkeit zu einem Biotopverbund geprägt sind, dürfte ausreichen (*Landsberg/Lülling* § 1 Rn. 46; *Salje/Peter* Rn. 34; aM *Kohler* in Staudinger UmweltHR Rn. 31). Eine andere Frage in diesem Zusammenhang ist, in welchem Umfang die „ökologische Ausstattung" eines Grundstücks dem Grundeigentümer zugeordnet ist, insbes. ob er über die Vegetation hinaus auch ein „Recht" auf einen Mindestbestand standortgebundener **nicht jagdbarer Tiere** hat, die für sich nicht im Privateigentum stehen (so grds. *Rehbinder* NuR 1988, 105 (107); *Gerlach* S. 290f.; *Meyer-Abich* S. 137f.; *Leonhard* S. 54; *Klass* S. 131ff.; *Kohler* in Staudinger UmweltHR Rn. 32; *Landsberg/Lülling* § 1 Rn. 46; *Wagner* in MünchKomm BGB § 823 Rn. 217; *Kopp* ZfW 1988, 261 (263ff.); aM *Seibt* S. 13f.; *Schulte* S. 77). Zu bejahen ist dies jedenfalls dann, wenn ein bestimmter Bestand an Tierwelt auch für die Aufrechterhaltung der Qualität des Biotops selbst erforderlich ist, also die Grundstücksverhältnisse prägt. Bei **Aneignungsrechten** ist fraglich, ob sie einen Schutz auch über die bloße Vernichtung der dem Aneignungsrecht unterliegenden Tiere hinaus gewähren. Nur in diesem Fall könnte etwa der Fischereiberechtigte Ersatz wegen Beeinträchtigung der ökologischen Funktionsfähigkeit eines Gewässers (Biozönose) verlangen, auch ohne dass er zugleich Eigentümer oder dinglich Nutzungsberechtigter am Gewässer sein müsste. Bei wesentlichen Einwirkungen, die praktisch in die Substanz des Aneignungsrechts eingreifen, dürfte dies zu bejahen sein (s. hierzu BGHZ 50, 73 (79) = NJW 1968, 1284; NJW-RR 2007, 1319 (1320)). 4

IV. Ersatz reiner ökologischer Schäden

Einen Ersatz ökologischer Schäden an **nicht privat zugeordneten Naturgütern,** wie zB Meeresverschmutzung, Klimaverschlechterung, Artenschwund, Vernichtung von Mikroorganismen oder Unterbrechung ökologischer Regelungszusammenhänge, die die Flächen benachbarter Grundstücke überschreiten, regelt das Gesetz nicht. Soweit solche Naturgüter beeinträchtigt werden, liegt es nahe, eine Anspruchsberechtigung des Staates und seiner Untergliederungen als **„Treuhänder" der Allgemeinheit** für den Ersatz solcher Schäden zu begründen (dazu *Rehbinder* NuR 1988, 105 (108f.); *ders.* in Hansmann/Sellner § 7 Rn. 62; *Schulte* S. 40ff.; *Kohler* in Staudinger UmweltHR Rn. 4; für privatrechtliche Lösung *Gerlach* S. 291ff.; *Seibt* S. 297ff.). Der Gesetzgeber hat es aus systematischen und kompetenzrechtlichen Gründen abgelehnt, eine allgemeine Regelung des Ersatzes ökologischer Schäden zugunsten des Staates im UmweltHG zu schaffen. Das **Umweltschadensgesetz** (Gesetz über die Vermeidung und Sanierung von Umwelt- 5 schäden) von 2007, das der Umsetzung der Umwelthaftungsrichtlinie der EU dient, trifft nunmehr eine besondere öffentlich-rechtliche Regelung. Das Gesetz begründet eine – grds. verschuldensunabhängige – Verantwortlichkeit des Schädigers für die Vermeidung drohender Schäden und Sanierung bereits eingetretener Schäden für die Biodiversität, Gewässer und – in eingeschränktem Maße – den Boden; dies schließt die Kostentragung für die Vermeidung und Sanierung, nicht aber Schadensersatz für solche Schäden ein. Es räumt den Behörden umfassende Eingriffsbefugnisse für die Verhütung, Feststellung und Sanierung solcher Schäden ein und ermöglicht die Mitwirkung von Umweltverbänden (→ Bd. I Umweltschadensgesetz). Das USchadG wird ergänzt durch spezielle Regelungen in den §§ 18 BNatSchG, 90 WHG. Vorrang haben die Regelungen des BBodSchG über die Verantwortlichkeit für schädliche Bodenverunreinigungen (§§ 4, 9f., 11ff.) sowie des BImSchG über die Nachsorge- und Sanierungspflichten von Betreibern genehmigungsbedürftiger Anlagen (§ 5 Abs. 3 und 4).

B. Anspruchsvoraussetzungen

I. Beeinträchtigung einer privat zugeordneten Sache

6 § 16 setzt voraus, dass eine Haftpflicht aus § 1 **dem Grunde nach** besteht. Es gelten daher auch die Einschränkungen nach § 5. Allerdings ist aus der maßgeblichen Sicht eines verständigen, auch für öffentliche Belange wie den Naturschutz aufgeschlossenen Eigentümers meist von der Wesentlichkeit der Beeinträchtigung auszugehen; auch die Unzumutbarkeit nach den örtlichen Verhältnissen, die auch durch die ökologische Funktion des betroffenen Grundstücks geprägt sind, ist regelmäßig zu bejahen (→ § 5 Rn. 8, 19). § 16 erfasst nur ökologische Schäden an Sachen, die einem Privaten zugeordnet sind. Wie sich aus der Formulierung des Gesetzes – „zugleich eine Beeinträchtigung von Natur und Landschaft" – ergibt, muss der ökologische Schaden **innerhalb des Schutzbereichs** des betroffenen **Eigentums** oder eigentumsähnlichen Rechts liegen (→ Rn. 4). Die Sachbeschädigung wird durch § 16 über ihre wirtschaftlichen Auswirkungen hinaus auch in ihren ökologischen Funktionen erfasst, es wird jedoch der Schutzbereich des Eigentums nicht erweitert. § 16 trifft nur eine Regelung hinsichtlich des Umfangs des Ersatzes.

II. Beeinträchtigung von Natur und Landschaft

7 Die Sachbeschädigung muss zugleich eine Beeinträchtigung von Natur und Landschaft darstellen. Dieser Begriff ist nicht in der recht engen Bedeutung der naturschutzrechtlichen Eingriffsregelung zu verstehen. Diese erfasst nur gezielte Veränderungen der Gestalt, dh der äußeren Erscheinungsform, oder der Nutzung von Natur und Landschaft, nicht dagegen Beeinträchtigungen durch Emissionen oder Ausbringen gefährlicher Stoffe (→ Bd. II, § 14 BNaSchG Rn. 7). Entsprechend dem weitergehenden haftungsrechtlichen Ansatz in § 1, wie er insbes. im Begriff der Umwelteinwirkung zum Ausdruck kommt, reicht jede schädliche Umwelteinwirkung aus. Eine Beeinträchtigung von Natur oder Landschaft liegt vor bei jeder Veränderung der Qualität der Naturgüter Wasser, Boden, Luft, Klima, Pflanzen und Tierwelt sowie des Wirkungsgefüges zwischen diesen Naturgütern, die sich auf die **ökologischen Funktionen** der Naturgüter nicht nur unerheblich nachteilig auswirkt (ähnlich *Landsberg/Lülling* Rn. 17; *Paschke* Rn. 7f.; gegen dieses Erfordernis *Kohler* in Staudinger UmweltHR Rn. 11; *Salje/Peter* Rn. 6; *Wezel* S. 74f.). Nur durch die Anknüpfung an die ökologische Funktion wird aus einem reinen

Individualschaden iS einer Sachbeschädigung ein „überschießender“ ökologischer Schaden, der eine Sonderbehandlung rechtfertigt. Eine Beeinträchtigung der Landschaft ist gegeben, wenn das **Landschaftsbild** oder die charakteristische Zusammensetzung der Landschaft nicht nur unerheblich beeinträchtigt wird. Der Schutz des Landschaftsbildes bezieht sich nicht nur auf den Außenbereich, sondern kann auch im Innenbereich eine Rolle spielen. Notwendige Einschränkungen hinsichtlich der Art und Schwere der Beeinträchtigung von Natur und Landschaft im Innenbereich sind – abgesehen von der allg. anwendbaren Bagatellgrenze (→ Rn. 6) – nicht bei der Begriffsbestimmung, sondern bei der Bestimmung der Verhältnismäßigkeit der Wiederherstellung in Natur zu machen.

§ 16 trägt dem Interesse der Allgemeinheit an der Erhaltung der Naturgüter Rechnung. Es kommt daher ausschließlich auf das (objektive) **Interesse der Allgemeinheit** an Wiederherstellung der ökologischen Funktionen der Naturgüter an. Wie der individuell geschädigte Eigentümer die Beeinträchtigung einschätzt, ist gleich (*Kohler* in Staudinger UmweltHR Rn. 3). Ähnlich legt die Rspr bei Zerstörung von alten Bäumen einen objektiven landschaftspflegerischen Maßstab an, wenngleich dieser aus der wirtschaftlichen Sicht eines vernünftigen Durchschnittseigentümers bestimmt wird (vgl. BGH NJW 1975, 2061; BGHZ 143, 1 (6) = NJW 2000, 512). 8

III. Wiederherstellung in Natur

Die Sache muss vom Betroffenen in Natur **tatsächlich wiederhergestellt** werden, oder es muss diese Wiederherstellung wenigstens beabsichtigt sein. Im letzteren Fall wird die spätere tatsächliche Durchführung der Wiederherstellung dadurch sichergestellt, dass der Ersatzberechtigte lediglich einen Anspruch auf (zweckgebundenen) Vorschuss besitzt (§ 16 Abs. 2). 9

Die Wiederherstellung der Sache muss **möglich** sein (*Salje/Peter* Rn. 14). Entgegen dem Wortlaut des Gesetzes reicht die bloße physisch-reale Wiederherstellung der Sache aber nicht aus. Es ist vielmehr auch eine Wiederherstellung ihrer **ökologischen Funktionen** oder ihres ästhetischen Zustands erforderlich (*Rehbinder* NuR 1989, 149 (162); *Kohler* in Staudinger UmweltHR Rn. 13; *Salje/Peter* Rn. 10; *Wezel* S. 38 ff.; *Seibt* S. 224). Dabei kann eine völlige Wiederherstellung der ökologischen Funktionen nicht verlangt werden. Es genügt Teilherstellung (*Kohler* in Staudinger UmweltR § 1 Rn. 97). Auch muss die Wiederherstellung nicht zeitgleich erfolgen. Es reicht vielmehr aus, dass diese aufgrund der Regenerationsfähigkeit der Natur in absehbarer Zeit zu erwarten ist. 10

Bei ökologischen Schäden ist ein **physisch-realer Ausgleich** in Natur vielfach praktisch **ausgeschlossen,** weil Ökosysteme lokale Unikate sind; es sind nur approximative Lösungen möglich (*Gassner* NuR 1988, 67; *Kaule* in Rechtspflicht zur Wiedergutmachung ökologischer Schäden S. 15 ff.). Hier genügt es, dass die Herstellung eines **funktionell gleichartigen** und **gleichwertigen** Zustands möglich ist. Das Integritätsinteresse des Eigentümers hins. der ökologischen Qualität seines Eigentums ist auch bei fehlendem Vermögensinteresse geschützt und hat gegenüber dem Interesse des Schädigers an Schutz vor übermäßiger Inanspruchnahme ein besonderes Gewicht (vgl. BGHZ 102, 322 (327 ff.) = NJW 1988, 835; *Rehbinder* NuR 1988, 105 (106 f.); *Ekkenga/Kuntz* in Soergel § 249 Rn. 55; *Schiemann* in Staudinger BGB § 249 Rn. 187; *Medicus* NuR 1990, 145 (150); *Meyer-Abich* S. 164 ff.; *Leonhard* S. 249; *Seibt* S. 220 ff.; enger *Schulte* JZ 1988, 278 (279 f.)). Gleichwohl ist fraglich, inwieweit über Ausgleichsmaßnahmen hinaus auch **Ersatzmaßnahmen** iSv § 15 Abs. 2 S. 3 BNatSchG, etwa die Herstellung eines anderen Naturgutes (zB eines anderen Biotops), oder desselben Naturguts an anderer Stelle noch als Wiederherstellung in Natur gelten können. Dies ist zwar grds. möglich. Es ist aber 11 dann abzulehnen, wenn das neu hergestellte Naturgut nicht funktionell gleichartig ist. Das Gleiche gilt, wenn die Maßnahme an anderer Stelle ohne räumlichen Zusammenhang mit dem beeinträchtigten Grundstück erfolgt, weil damit der Grundstücksbezug des § 16 verlassen würde (so *Kopp* ZfW 1988, 261 (267); *Rehbinder* NuR 19888, 105 (106f.); *Leonhard* S. 249; weitergehend *Kohler* in Staudinger UmweltHR Rn. 13; *Gassner* UPR 1987, 370 (372); *Landsberg/Lülling* § 1 Rn. 119; *Wezel* S. 53ff.). Erstreckt sich ein ökologischer Funktionszusammenhang (zB Biotopverbund) über Einzelgrundstücke mehrerer Eigentümer hinweg, so kann eine Wiederherstellung idR nur verlangt werden, wenn alle Eigentümer Ansprüche geltend machen (*Schulte* JZ 1988, 278 (281)). Eine Ausnahme gilt allerdings, wenn eine Teilherstellung auf einem Grundstück möglich und geeignet ist.

12 Eine besondere Form der Naturalrestitution hat sich bei (wirtschaftlichen) Grundstücksschäden durch **Zerstörung von Bäumen** (und Hecken) durchgesetzt. Wird ein alter Baum zerstört, so wird die Anpflanzung eines gleichaltrigen Baumes, sofern sie überhaupt möglich ist, bzw. entsprechender Kostenersatz regelmäßig als unverhältnismäßig angesehen. Der Schadensersatz in Geld wäre bei Zugrundelegung allgemeiner schadensrechtlicher Grundsätze nicht nach dem Wert des Einzelbaums, sondern, da der Baum wesentlicher Bestandteil des Grundstücks im Sinne von § 94 BGB ist, nach der Minderung des Verkehrswertes des Grundstücks zu berechnen (*Kohler* in Staudinger UmweltHR Rn. 7, 13, § 1 Rn. 105). Hiervon geht auch die Rspr aus, folgt jedoch seit langem der sog. **Sachwertmethode,** welche die Kosten für die Beschaffung und Anpflanzung, aber auch die Pflege eines jungen Ersatzbaums in Ansatz bringt (Methode Koch; vgl. *Koch/Hötzel/Hund* S. 11ff., 15ff. 135ff.) Diese Art der Schadensberechnung läuft auf Teilherstellung bzw. Ersatz der Kosten für einen jedenfalls nach Ablauf bestimmter Zeit funktional vergleichbaren Ersatzbaum hinaus (BGH NJW 1975, 2061; BGHZ 143, 1 (6) = NJW 2000, 512; NJW 2006, 1414 Rn. 8ff., 17ff.; BGHZ 196, 111 Rn. 7, 12ff. = VersR 2013, 635). Der verbleibende zwischenzeitliche Wertverlust des Grundstücks ist in Geld zu entschädigen (BGH NuR 1991, 94 (95); NJW 2006, 1424 Rn. 16, 22; *Ekkenga/Kuntz* in Soergel § 249 Rn. 232f. mwN; krit. *Schiemann* in Staudinger BGB § 251 Rn. 91f. bzgl. Pflegekosten). Beschädigungen von Bäumen, die wie Verunstaltungen, Kronenauslichtungen oder Verkrüppelung deren wesentliche Funktionen beeinträchtigen, werden dem gleichgestellt. Andere Beschädigungen, die nur die Lebensdauer des Baums verkürzen, gelten als künftige Schäden. Jedoch ist der zwischenzeitliche Pflegeaufwand zu ersetzen (BGH NJW 2006, 1424 Rn. 18, 21f.; BGHZ 196, 111 (Rn. 7, 12ff. = VersR 2013, 635). Diese Rspr ist – beschränkt auf Teilherstellung bzw. Ersatz der Kosten einer fiktiven Teilherstellung – wohl grds. auch für ökologische Schäden durch Zerstörung von Bäumen zu übernehmen (*Landsberg/Lülling* § 1 Rn. 147ff.; *Kohler* in Staudinger UmweltHR Rn. 20; offen lassend bei ökologischen Schäden BGH NZM 2010, 442 Rn. 22). Bei bloßer Beschädigung kommt es entscheidend auf die Art und Schwere der Beeinträchtigung der ökologischen oder ästhetischen Funktionen des Baums an (→ Rn. 14).

C. Unverhältnismäßigkeit der Wiederherstellung

I. Das Modell des § 251 Abs. 2 S. 1 BGB

13 Nach § 251 Abs. 2 S. 1 BGB kann Wiederherstellung in Natur bzw. Ersatz der hierfür erforderlichen Kosten nicht verlangt werden, wenn die Herstellung nur mit unverhältnismäßigen Aufwendungen möglich ist. Die Unverhältnismäßigkeit bestimmt sich aus einem Vergleich der Herstellungskosten mit dem Wertverlust der Sache (nach Abzug „neu für alt"). Dieser Maßstab ist bei immateriellen Schäden oder bei materiellen Schäden, bei denen der Geschädigte über sein wirtschaftliches Interesse hinaus ein **immaterielles Interesse an Wiederherstellung** besitzt („Affektionsinteresse"), nicht praktikabel und auch nicht sachgerecht, da der Beeinträchtigte bei Versagung der Wiederherstellung ganz oder teilweise leer ausgeht. Andererseits entspricht es den Postulaten des Schadensersatzrechts, die Belastung des Schädigers mit völlig unverhältnismäßigen Kosten der Wiederherstellung zu vermeiden. In Fällen dieser Art wird ganz überwiegend eine Auslegung des § 251 Abs. 2 S. 1 BGB nach Treu und Glauben mit einer Abwägung unter dem Gesichtspunkt der Zumutbarkeit vertreten (BGH NZM 2010, 442 Rn. 21; BGHZ 63, 295 (297) = NJW 1975, 640; OLG Köln 5.5.2009, 23 U 9/08, juris, Rn. 13; *Ekkenga/Kuntz* in Soergel § 249 Rn. 104, § 251 Rn. 16; *Oetker* in MünchKomm BGB § 251 Rn. 70; *Schiemann* in Staudinger BGB § 251 Rn. 19f., 22). Entspr. sind bereits nach allg. Recht bei Schäden an Naturgütern wie etwa einer Bodenkontamination auch **ökologische Gesichtspunkte** bei der Interessenabwägung zu berücksichtigen (BGH NJW 2010, 2341 Rn. 20). Dabei stützt man sich im Schrifttum zT auch auf eine Auslegung nach dem Leitbild der §§ 16 UmweltHG, 32 Abs. 7 GenTG (*Kohler* in Staudinger BGB UmweltHR Rn. 5; *Seibt* S. 304; *Wezel* S. 84; *Klass* S. 180 ff., 187f., 272; *Oetker* in MünchKomm BGB § 251 Rn. 57). Maßgeblich für die Beurteilung der Zumutbarkeit sind danach das Maß des Verschuldens und das Ausmaß der Umweltbeeinträchtigung, aber auch das Risiko der Inanspruchnahme durch Dritte (BGH NJW 2010, 2341 Rn. 20; NZM 2010, 442 Rn. 28).

II. Abwandlung durch § 16

§ 16 sieht die grundsätzliche Anwendbarkeit des § 251 Abs. 2 BGB vor, modifiziert den Abwägungsmaßstab dieser Vorschrift aber in Richtung auf eine stärkere Berücksichtigung des ökologischen Interesses. Mit der gesetzlichen Regelung wird die Bestimmung der Unverhältnismäßigkeit allein am Maßstab des wirtschaftlichen Wertes der beschädigten Sache (Bäume, Hecken, sonstiger Bewuchs) ausgeschlossen, da dieser kein Indiz für ihren ökologischen Wert ist. Die Wiederherstellungskosten können daher ggf. den wirtschaftlichen Wert einer Sache um ein Mehrfaches übersteigen (*Landsberg/Lülling* Rn. 13; vgl. Begr. S. 15, 21). Das Gesetz gebietet statt dessen eine umfassende **Güter- und Interessenabwägung,** auf Grund derer zu bestimmen ist, ob die Wiederherstellung für den Schädiger **unzumutbar** ist (OLG Köln 5.5.2009, 23 U 9/08, juris, Rn. 13; *Hager* NJW 1991, 134 (141); *Landsberg/Lülling* Rn. 14; *Kohler* in Staudinger UmweltHR Rn. 17ff.; *Salje/Peter* Rn. 16, 20). Wie allg., muss die Maßnahme zur Wiederherstellung erforderlich und zumindest teilw. möglich sein, da andernfalls Schadensersatz für immaterielle Schäden gewährt würde (*Kohler* in Staudinger UmweltHR Rn. 13; *Salje/Peter* Rn. 13). Bei der Abwägung ist bes. zu berücksichtigen, dass der Gesetzgeber durch die Regelung des §. 16 den ökologischen und ästhetischen Interessen der Allgemeinheit ein besonderes Gewicht zuerkannt hat (*Gassner* UPR 1987, 370 (373)). Es kommt daher entscheidend auf das Ausmaß der Beeinträchtigung der ökologischen und ästhetischen Funktionen der Sache an. Dies gilt für die Zerstörung und die Beschädigung der Sache gleichermaßen. Auf der anderen Seite sind im Hinblick auf die Verhältnismäßigkeit auch die finanzielle Belastung des Schädigers, das Maß einer etwaigen Pflichtverletzung und die Größe des Risikopotentials der Tätigkeit zu berücksichtigen (BGH NJW 1988, 699 (700); NJW 2010, 2341 Rn. 24, 28; vgl. *Kohler* in Staudinger UmweltHR Rn. 18). Nur in extremen Fällen dürfte die Wiederherstellung als unzumutbar gelten (*Gassner* UPR 1987, 370 **14**

(373); enger *Kohler* aaO; *Seibt* S. 247). Dies wirkt sich im Vergleich zum allg. Recht insbes. bei der bloßen Beschädigung der Sache aus.

15 Im Hinblick auf den Schutzzweck des § 16, die Integrität der Natur und Landschaft möglichst weitgehend zu gewährleisten, kann der Geschädigte auch bei Unzumutbarkeit der Tragung der vollen Kosten der Wiederherstellung jedenfalls Kostenersatz in **zumutbarer Höhe** (mit Zweckbindung) verlangen. Insoweit hat § 16 Vorrang vor § 251 Abs. 2 S. 1 BGB (BGH VersR 2016, 60 für den Parallelfall des Schutzes von Tieren nach § 251 Abs. 2 S. 2 BGB).

D. Ersatzansprüche

16 Hins. des Ersatzanspruchs führt §. 16 eine **Zweckbindung** des Ersatzes ein (Begr. S. 21; *Kohler* in Staudinger UmweltHR Rn. 14f.; *Salje/Peter* Rn. 23). Der Geschädigte kann entweder nur die Aufwendungen für eine bereits durchgeführte Wiederherstellung oder gemäß Abs. 2 Vorschuss für eine noch vorzunehmende Wiederherstellung verlangen; im letzteren Fall muss er gegenüber dem Schädiger abrechnen und kann über den gezahlten Betrag nicht frei verfügen (*Landsberg/Lülling* Rn. 19). Schon im allg. Schadensrecht wird bei Kostenersatz für die Wiederherstellung (überschießender) immaterieller, auch ökologischer Schäden vielfach eine Zweckbindung angenommen, weil andernfalls im Ergebnis Schadensersatz geleistet würde oder – bei Zuerkennung des Kostenanspruchs, obwohl die Herstellungskosten erheblich über dem Sachwert liegen – nach dem Grundgedanken des §. 251 Abs. 2 BGB der Kostenersatz unverhältnismäßig wäre (BGHZ 97, 14 (18ff.) = NJW 1986, 1538; *Oetker* in MünchKomm BGB § 249 Rn. 380ff.; *Ekkenga/Kuntz* in Soergel § 249 Rn. 74; aM *Koch* VersR 1979, 16 (19)). §. 16 macht einen Rückgriff auf diese Auffassung überflüssig. Teilw. wird die Auffassung vertreten, die Zweckbindung reiche entgegen dem Wortlaut des Gesetzes nur so weit, als der Ersatz nach §. 16 die **allg. Verhältnismäßigkeitsgrenze** des §. 251 Abs. 2 BGB für wirtschaftliche Schäden **überschreitet,** da durch §. 16 die Stellung des Geschädigten gegenüber dem allg. Recht nicht verschlechtert werden sollte; der Grundsatz der Dispositionsfreiheit des Geschädigten (→ Vorb. §§ 12–16 Rn. 6) werde nur insoweit ausgeschlossen, als Belange des Umweltschutzes dies erfordern (OLG Köln 5.5.2009, 23 U 9/08, juris, Rn. 16; *Hirsch/Schmidt-Didczuhn* GenTG § 32 Rn. 55). Dies ist nur ausnahmsweise bei Trennbarkeit des wirtschaftlichen und des ökologischen Schadens vertretbar. Andernfalls widerspricht die Aufspaltung in einen disponiblen und einen zweckgebundenen Teil des Kostenersatzes den ökologischen Zielen der Zweckbindung, da dann ggf. nur ein nicht ausreichender Teilbetrag für die Wiederherstellung zweckgebunden zur Verfügung stünde.

17 Die Zulässigkeit von **Vereinbarungen mit dem Schädiger,** etwa eines Vergleichs, wird nach hM durch die Zweckbindung nicht eingeschränkt (*Landsberg/Lülling* Rn. 20; *Kohler* in Staudinger UmweltHR Rn. 16; *Salje/Peter* Rn. 25; *Wezel* S. 167ff.). Insbes. kann der Geschädigte statt der Naturalrestitution ohne weiteres Schadensersatz in Geld verlangen, wenn der Schädiger damit einverstanden ist (*Hager* NJW 1991, 134 (141); *Medicus* NuR 1990, 145 (150); vgl. *Oetker* in MünchKomm BGB § 249 Rn. 6, § 253 Rn. 8). Mit dieser Auffassung, die an sich durch den Individualbezug des § 16 und allg. durch die Privatautonomie gerechtfertigt ist, wird allerdings der Beitrag, den die Haftung für den Schutz von Natur und Landschaft zu leisten vermag, erheblich vermindert (s. näher und krit. *Schmidt-Salzer* Rn. 22ff.; zu Grenzen der Zulässigkeit von Vergleichen dieser Art *Marburger* FS Steffen S. 319ff.; *Wezel* S. 188ff.; *Kohler* in Staudinger UmweltHR Rn. 16).

§ 17 Verjährung

Auf die Verjährung finden die für unerlaubte Handlungen geltenden Verjährungsvorschriften des Bürgerlichen Gesetzbuchs entsprechende Anwendung.

§ 17 verweist für die Verjährung von Ansprüchen aus dem UmweltHG auf die für unerlaubte Handlungen geltenden Vorschriften des BGB. Die Verweisung betrifft iW die allg. Vorschriften über die Verjährung nach den §§ 194–217 BGB, soweit sie für deliktische Ansprüche gelten, daneben § 852 BGB. Die Regelung entspricht §§ 14 StVG, 11 HPflG, 39 LuftVG, 32 AtG, 32 Abs. 8 GenTG sowie in der Sache auch § 89 WHG (vgl. BGHZ 57, 170 (176) = NJW 1972, 204; BGHZ 98, 235 (237) = NJW 1987, 187). § 90 AMG und § 12 ProdHaftG enthalten eigenständige Verjährungsregelungen. 1

Entscheidend für den Beginn der dreijährigen Verjährungsfrist ist die **Kenntnis des Verletzten** vom Schaden, dh von der **Rechtsgutverletzung,** und der Person des Ersatzpflichtigen. Gleichgestellt ist grob fahrlässige Unkenntnis. Schadensersatzansprüche verjähren idR in drei Jahren seit Entstehung und Kenntnis oder Kennenmüssen des Gläubigers hinsichtlich der anspruchsbegründenden Umstände und der Person des Schädigers, wobei die Frist erst ab Ende des betreffenden Jahres zu laufen beginnt (§ 199 Abs. 1 BGB). Unabhängig von dieser Kenntnis bzw. dem Kennenmüssen gibt es **absolute Verjährungsfristen** von 30 Jahren für Körperverletzung und Sachbeschädigung (sonstige Schadensersatzansprüche) seit Begehung der schädigenden Handlung, Pflichtverletzung oder einem sonstigen Schaden auslösenden Ereignis (§ 199 Abs. 2, 3 Nr. 2 BGB); insoweit kommt es nicht auf die Rechtsgutverletzung, sondern auf den Austritt von Schadstoffen aus der Anlage in einer für die Verletzung ausreichenden Menge und Konzentration an (*Kohler* in Staudinger UmweltHR Rn. 11; *Paschke* Rn. 7; einschränkend *Salje/Peter* Rn. 21 f.; aM *Schmidt-Salzer* Rn. 3 f.). Dies gilt auch für **Altfälle,** bei denen zunächst der Fristlauf der 30-Jahresfrist nach § 852 Abs. 1 BGB aF in Gang gesetzt und dann nach § 199 Abs. 2, 3 BGB fortgesetzt wird (Art. 229 § 6 Abs. 1 S. 1, 2 EGBGB). Die Verjährung wird durch Verhandlungen über den zu leistenden Schadensersatz **gehemmt** (§ 203 BGB; vgl. *Salje/Peter* Rn. 33). Soweit miet- und pachtrechtliche Ansprüche mit solchen aus Gefährdungshaftung nach dem UmweltHG zusammentreffen, erfasst nach hM die kurze (6-monatige) Verjährung nach § 548 Abs. 1 BGB auch Ansprüche aus dem UmweltHG (so zu § 22 WHG aF BGHZ 98, 235 (238) = NJW 1987, 187; zu § 17 *Kohler* in Staudinger UmweltHR Rn. 17; *Salje/Peter* Rn. 7; aM *Janke-Weddige* DB 1991, 1805). 2

Das Gesetz verlangt für den Beginn der kurzen Verjährung Kenntnis oder grob fahrlässige Unkenntnis von der Rechtsgutverletzung, dh allen Umständen, die die Haftung begründen. Insoweit genügt es, dass **Kenntniserlangung in zumutbarer Weise** ohne erhebliche Mühe möglich war (BGH NJW 1973, 703). Kenntnis von der Rechtsgutverletzung ist erst gegeben, wenn der Geschädigte auch Kenntnis über den Kausalzusammenhang zwischen dem Anlagenbetrieb und der Rechtsgutverletzung besitzt. Richtige Schlüsse von der Rechtsgutverletzung auf die genauen naturwissenschaftlich bedingten Kausalitätsverhältnisse muss der Geschädigte aber nicht ziehen (BGH NJW 1984, 661; VersR 1986, 1080 (1081); NJW 1991, 2350 (2351)). Bei bislang unbekannten Ursache-Wirkungs-Beziehungen zwischen Schadstoff und einer Gesundheitsbeeinträchtigung oder Sachbeschädigung wird die Verjährungsfrist nicht durch bloße Kenntnis des Schadenssymptoms in Lauf gesetzt. Ggf. muss sich der Verpflichtete aber durch Hinzuziehung eines Sachverständigen kundig machen; ansonsten handelt er grob fahrlässig. 3

4 Nach dem Grundsatz der **Schadenseinheit** reicht es aus, dass der Betroffene überhaupt Kenntnis davon genommen hat oder grob fahrlässig darüber in Unkenntnis war, dass eine Rechtsgutverletzung verursacht worden ist; Kenntnis oder Kennenmüssen aller hierdurch verursachten Folgeschäden ist nicht erforderlich (BGH NJW 1991, 973 (974) mwN; NJW 1978, 262 (263); zu § 17 ebenso *Kohler* in Staudinger UmweltHR Rn. 6 f.; *Salje/Peter* Rn. 14, 16; *Landsberg/Lülling* Rn. 15; grds. aM *Peters* JZ 1983, 121). Regelmäßig gilt das nach der Rspr auch für Spätschäden. Eine Ausnahme ist unter dem Gesichtspunkt des Rechtsmissbrauchs anerkannt, wenn es sich um **unerwartete Spätschäden** aus einem leichten Verletzungsereignis handelt, aus dem generell keine Folgeschäden zu erwarten waren; hier läuft die Verjährung erst ab der Kenntnis oder dem Kennenmüssen vom Spätschaden und Ursachenzusammenhang (BGH NJW 1991, 973 (974); *Kohler* in Staudinger UmweltHR Rn. 6; *Salje/Peter* Rn. 16; krit. zu dieser Einschränkung *Wagner* in MünchKomm § 843 Rn. 20).

5 Bei **fortdauernden** oder sich ständig **wiederholenden Schadensereignissen** gilt grds. jede Teilimmission, die zu einer Rechtsgutverletzung geführt hat, als selbständige Schädigung (BGH NJW 1978, 262 (263); 1981, 573; LM Nr. 43 zu § 852 BGB). Daher läuft mit Kenntnis oder grob fahrlässiger Unkenntnis von jeder Teilimmission und der dadurch verursachten Rechtsgutverletzung jeweils eine neue Verjährungsfrist (*Kohler* in Staudinger UmweltHR Rn. 7). Dies gilt jedoch nicht uneingeschränkt. Verursacht eine fortdauernde Umwelteinwirkung durch Summierung der Schadstoffe zeitlich verzögert Schäden, so kommt es nicht auf die Kenntnis oder die grob fahrlässige Unkenntnis von der jeweiligen Teilimmission, sondern von der durch die Gesamtbelastung verursachten Rechtsgutverletzung an. Solange der Rezeptor keine Kenntnis oder grob fahrlässige Unkenntnis von einer Gesundheitsbeeinträchtigung oder Sachschädigung aufgrund seiner fortlaufenden Exposition gegenüber den Schadstoffen besitzt, läuft die Verjährungsfrist nicht. Praktisch bedeutet dies, dass es insoweit auf die letzte Teilimmission bzw. den Abschluss des Produktionsvorgangs ankommt (*Kohler* in Staudinger UmweltHR Rn. 7; *Salje/Peter* Rn. 17, § 23 Rn. 10). Im Rahmen von § 5 setzen Schäden, die wegen Unwesentlichkeit oder örtlicher Zumutbarkeit nicht ersatzfähig sind, die Verjährungsfrist wohl nicht in Lauf; diese beginnt vielmehr erst mit der Kenntnis oder grob fahrlässigen Unkenntnis von der Entstehung einer ersatzfähigen Rechtsgutverletzung.

6 Wegen Einzelheiten wird auf die Kommentare zu §§ 194 ff. BGB verwiesen.

§ 18 Weitergehende Haftung

(1) **Eine Haftung aufgrund anderer Vorschriften bleibt unberührt.**

(2) **Dieses Gesetz findet keine Anwendung im Falle eines nuklearen Ereignisses, soweit für den Schaden das Atomgesetz in Verbindung mit dem Pariser Atomhaftungsübereinkommen vom 29. Juli 1960 (im Wortlaut der Bekanntmachung vom 15. Juli 1985, BGBl. 1985 II S. 963), dem Brüsseler Reaktorschiff-Übereinkommen vom 25. Mai 1962 (BGBl. 1975 II S. 957, 977) und dem Brüsseler Kernmaterial-Seetransport-Abkommen vom 17. Dezember 1971 (BGBl. 1975 II S. 957, 1026) in der jeweils gültigen Fassung, maßgebend ist.**

§ 18 regelt das **Konkurrenzverhältnis** zu Schadensersatzansprüchen wegen eines 1
Umweltschadens nach **anderen Haftungsregelungen** (vgl. *Hohloch* JUTR 1994, 117 ff.) § 18 Abs. 1 sieht entspr. den üblichen Regelungen der Gefährdungshaftung grds. die Fortgeltung anderer Ersatzansprüche vor (Anspruchskonkurrenz), gleich, ob sie weiter oder enger sind als die Haftung nach dem UmweltHG (*Kohler* in Staudinger UmweltHR Rn. 4; *Salje/Peter* Rn. 4). § 18 Abs. 2 bestimmt dagegen den – begrenzten – Vorrang der atomrechtlichen Haftung. Die Haftung nach dem UmweltHG kann insbes. mit einer Haftung nach den §§ 89 WHG, 9 KSpG, 2 HPflG und ggf. auch § 7 StVG (bei Zubehöreigenschaft von Kraftfahrzeugen iSv § 3 Abs. 3) konkurrieren. Der Gesetzgeber hat insbes. auf die Einbeziehung des § 22 WHG aF (jetzt § 89 WHG) in das UmweltHG bewusst verzichtet. Diese Vorschrift besitzt wegen der dort zusätzlich geregelten Handlungshaftung und des weitergehenden Ersatzes von Vermögensschäden besondere Bedeutung. Auch eine Konkurrenz zu § 32 GenTG ist möglich, da gentechnische Anlagen unter Nr. 45 oder 48 des Anh. zum UmweltHG fallen können. Das Entweichen gentechnisch veränderter Organismen aus einer Anlage ist als ähnliche Erscheinung iSv § 3 Abs. 2 anzusehen (für Parallelität *Kohler* in Staudinger UmweltHR Rn. 13; *Salje/Peter* Rn. 25; *Hirsch/Schmidt-Didczuhn* GenTG § 37 Rn. 18; aM *Brocks/Pohlmann/Senft* Das neue Gentechnikgesetz 1991, S. 27). Ein Konkurrenzverhältnis zu § 1 ProdHaftG ist allenfalls denkbar, wenn ein von einem dritten Hersteller gelieferter gefährlicher Stoff aufgrund fehlerhafter Instruktionen aus der Anlage des Verwenders austritt (vgl. allg. *Hager* JZ 1990, 397 (404 ff.)).

Ausgleichsansprüche nach §§ 906 Abs. 2 S. 2 BGB, 14 S. 2 BImSchG, und **delikti-** 2
sche Ersatzansprüche nach §§ 823 ff. BGB bestehen neben den Ansprüchen aus dem UmweltHG weiter. § 823 BGB ist wichtig insbes. für andere Anlagen als Kataloganlagen. Dagegen bietet die deliktische Haftung nach Einführung eines Schmerzensgeldanspruchs auch in § 12 Abs. 3 bei Kataloganlagen kaum noch Vorteile für den Geschädigten (zur Bedeutung der genannten Rechtsgrundlagen für den Ersatz von Umweltschäden s. *Kohler* in Staudinger UmweltHR Rn. 4 ff., 13; *Salje/Peter* Rn. 6 ff.). Auch die Verantwortlichkeit für Umweltschäden nach dem **USchadG,** insbes. nach den §§ 6 und 9 USchadG, besteht neben § 1 (vgl. BGH NVwZ-RR 2011, 925 Rn. 22). Bereits durchgeführte Maßnahmen der Wiederherstellung und erbrachter Kostenersatz sind bei Gleichwertigkeit ggf. wechselseitig anzurechnen, um eine Bereicherung des Anspruchsberechtigten auszuschließen (*Rehbinder* in Hansmann/Sellner § 7 Rn. 91; *Kohler* in Staudinger UmweltHR Einl. 448; vgl. BGH NVwZ-RR 2011, 925 Rn. 23). Schließlich wird auch die vertragliche Haftung, zB nach Miet- oder Pachtrecht oder Arbeitsrecht, nicht berührt (zur Verjährung → § 17 Rn. 2).

§ 18 bestimmt den Vorrang der **atomrechtlichen Haftung** nach dem Atomgesetz 3
iVm den internationalen Haftungsübereinkommen. Dieser Vorrang gilt nur, soweit die

betreffenden Schäden von den internationalen Übereinkommen erfasst sind. Ansprüche aus eingeschränkter Gefährdungshaftung nach § 26 AtG können mit dem UmweltHG konkurrieren (*Kohler* in Staudinger UmweltHR Rn. 20 ff.; *Salje/Peter* Rn. 48). In Betracht kommen zB nichtkerntechnische Anlagen, die mit Radioisotopen umgehen, und Anlagen, die natürliches Uran verarbeiten oder zu anderen als kerntechnischen Zwecken verwenden, etwa zur Kernfusion (s. Anh. Nr. 15, 16; vgl. *Raetzke* in Frenz Atomrecht § 26 Rn. 2, 6; *Mayer* MDR 1991, 813 (814)).

§ 19 Deckungsvorsorge*

(1) Die Inhaber von Anlagen, die in Anhang 2 genannt sind, haben dafür Sorge zu tragen, daß sie ihren gesetzlichen Verpflichtungen zum Ersatz von Schäden nachkommen können, die dadurch entstehen, daß infolge einer von der Anlage ausgehenden Umwelteinwirkung ein Mensch getötet, sein Körper oder seine Gesundheit verletzt oder eine Sache beschädigt wird (Deckungsvorsorge). Geht von einer nicht mehr betriebenen Anlage eine besondere Gefährlichkeit aus, kann die zuständige Behörde anordnen, daß derjenige, der im Zeitpunkt der Einstellung des Betriebs Inhaber der Anlage war, für die Dauer von höchstens zehn Jahren weiterhin entsprechende Deckungsvorsorge zu treffen hat.

(2) Die Deckungsvorsorge kann erbracht werden

1. durch eine Haftpflichtversicherung bei einem im Geltungsbereich dieses Gesetzes zum Geschäftsbereich befugten Versicherungsunternehmen oder
2. durch eine Freistellungs- oder Gewährleistungsverpflichtung des Bundes oder eines Landes oder
3. durch eine Freistellungs- oder Gewährleistungsverpflichtung eines im Geltungsbereich dieses Gesetzes zum Geschäftsbetrieb befugten Kreditinstituts, wenn gewährleistet ist, daß sie einer Haftpflichtversicherung vergleichbare Sicherheiten bietet.

(3) Die in § 2 Abs. 1 Nr. 1 bis 5 des Pflichtversicherungsgesetzes in der Fassung der Bekanntmachung vom 5. April 1965 (BGBl. I S. 213), zuletzt geändert durch Gesetz vom 22. März 1988 (BGBl. I S. 358), Genannten sind von der Pflicht zur Deckungsvorsorge befreit.

(4) Die zuständige Behörde kann den Betrieb einer im Anhang 2 genannten Anlage ganz oder teilweise untersagen, wenn der Inhaber seiner Verpflichtung zur Deckungsvorsorge nicht nachkommt und die Deckungsvorsorge nicht binnen einer von der zuständigen Behörde festzusetzenden angemessenen Frist nachweist.

Schrifttum: *Armbrüster,* Katastrophenschäden, insbesondere Versicherbarkeit und andere Ersatzmöglichkeiten, in: Kloepfer, Katastrophenrecht, 2008, S. 89; *ders.,* Auswirkungen der Versicherung auf die Haftung, NJW 2009, 187; *Armbrüster/Schreier,* Aktuelle Fragen der Umweltschadensversicherung, ZVersWiss 2016, 3; *Balzereit/Kessebohm/Kettler,* Umwelthaftung und Versicherungsschutz, BB 1996, 117; *Clausen,* Die Versicherbarkeit von Umweltschäden, 2005; *Döring,* Haftung und Haftpflichtversicherung als Instrumente einer präventiven Umweltpolitik, 1999; *Eisen,* Umweltrisiken und -schäden in der Haftpflichtversicherung. Hintergründe, Schadensanalysen, Kalkulationskostenmodell, VerwW 1997, 1413; *Endres/Schwarze,* Gibt es Grenzen der Versicherbarkeit von Umweltrisiken?, in Endres/Rehbinder/Schwarze, Haftung und Versicherung für Umweltschäden aus ökonomischer und juristischer Sicht, 1992, S. 83; *Feldmann,* Zur Ausgestaltung der Deckungsvorsorge aus umweltpolitischer Sicht, PHI 1994, 162; *Hedderich,* Pflichtversicherung, 2011; *Kleindorfer,* Die Umweltschaden-Haftpflicht-Versicherung, ZVersWiss 1987, 1; *Kötz,* Versicherungsschutz gegen Umweltschäden, JUTR 1990, 391; *Nell,* Zur Versicherbarkeit von Umwelthaftungsrisiken, JUTR 2005, 243; *Poschen,* Das Deckungskonzept für die Versicherung der Haftpflicht wegen Schäden durch Umwelteinwirkung (Umwelthaftpflichtmodell), VersR 1993, 653; *Rehbinder,* Der Beitrag von Versicherungs- und Fondslösungen zur Verhütung von Umweltschäden aus juristischer Sicht, in Endres/Rehbinder/Schwarze, Haftung und Versicherung gegen Umweltschäden aus ökonomischer und juristischer Sicht, 1992, S. 120; *Rütz,* Die geplante Richtlinie zur Umwelthaftung und ihre Auswirkungen auf die Versicherung der Unternehmen, VersR 2004, 426; *Salje/Peter,* Haftpflichtversicherung und Deckungsvorsorge nach dem Umwelthaftungsgesetz, VP 1991, 5; *Schieder,* Das Entwicklungsrisiko im Rahmen der Umwelthaftung und Umwelthaftpflichtversicherung, VersR 1999, 816; *Schmitt, A.,* Haftungs- und Versicherungsfragen bei Umweltrisiken, 1990; *Seemayer,* Viele Ereignisbegriffe verderben die Umwelthaftpflichtversicherung, VersW 2010, 356; *Schimikowski,* Umweltha f-

* Teile der Kommentierung beruhen auf der von Günther Hager verfassten Vorauflage.

tungsrecht und Umwelthaftpflichtversicherung, 6. Aufl. 1998; ders., Umwelthaftung, Umwelthaftpflichtversicherung und Umwelt, ZVersWiss 2001, 583; *Vogel/Stockmeier,* Umwelthaftpflichtversicherung – Umweltschadensversicherung, 2. Aufl. 2009; *Wagner, G.*, Umwelthaftung und Versicherung, VersR 1991, 249; *ders.,* Die Zukunft der Umwelthaftpflichtversicherung, VersR 1992, 261; *ders.,* Haftung und Versicherung als Instrument der Techniksteuerung, VersR 1999, 1491; *ders.,* Das neue Umweltschadensgesetz, VersR 2008, 565

Übersicht

A. Grundzüge und Zweck der Vorschrift

1 Nach § 19 Abs. 1 sind die Inhaber bestimmter, besonders gefährlicher Anlagen, die in Anh. 2 aufgeführt sind, zur **Deckungsvorsorge** verpflichtet. Es handelt sich dabei um Anlagen, bei deren Betrieb ein besonders **großes Schadenspotential** besteht (Begr. S. 21). Die Einzelheiten der Deckungsvorsorge, wie insbes. der Zeitpunkt des Entstehens der Pflicht, der Umfang und die Höhe der Vorsorge, sind in einer Rechtsverordnung festzulegen, zu deren Erlass die Bundesregierung gem. § 20 ermächtigt ist. Die Pflicht zur Deckungsvorsorge gilt für einen vorübergehenden, behördlich festgesetzten Zeitraum auch noch **nach Stilllegung der Anlage** (§ 19 Abs. 1 S. 2). § 19 Abs. 3 iVm § 2 Abs. 1 Nr. 1–5 PflVG befreit Anlagen, die von **Körperschaften des öffentlichen Rechts** betrieben werden, von der Pflicht zur Deckungsvorsorge. Der Grund für diese Regelung liegt darin, dass diese Körperschaften regelmäßig die Risiken von Anlagen auch mit hohem Schadenspotential selbst abdecken können (zu Einzelheiten s. *Salje/Peter* Rn. 24; *Kohler* in Staudinger UmweltHR Rn. 12).

2 § 19 Abs. 2 Nr. 1–3 sichert die Wirksamkeit der Deckungsvorsorge und eröffnet die Möglichkeit, Deckungsvorsorge auch durch **andere Sicherungsmittel** als den Abschluss einer **Haftpflichtversicherung** zu erbringen.

§ 19 Abs. 4 regelt die Befugnisse der zuständigen Behörde, den Betrieb einer der in Anh. 2 genannten Anlagen ganz oder teilweise zu **untersagen,** wenn der Inhaber die Deckungsvorsorge nicht oder nicht rechtzeitig nachweist. Darüber hinaus zieht die Nichterfüllung der Deckungsvorsorgepflicht strafrechtliche Konsequenzen nach sich (§ 21).

3 Zahlreiche Regelungen der Gefährdungshaftung sehen eine Verpflichtung zur Deckungsvorsorge bei besonders schadensträchtigen Aktivitäten vor (vgl. §§ 4 Abs. 2 Nr. 4, 4a, 4b, 6 Abs. 2 Nr. 3, 7 Abs. 2 Nr. 4, 9 Abs. 2 Nr. 4 und 13 AtG, 36 GenTG, 32 KSpG,

43 LuftVG und 94 AMG). Einem ähnlichen Zweck dient im Bereich des Verkehrs mit Kraftfahrzeugen die Versicherungspflicht nach dem Pflichtversicherungsgesetz. Es gibt allerdings auch Gesetze, die auf eine Pflicht zur Deckungsvorsorge verzichten (HPflG, WHG, ProdHaftG sowie USchadG). Die Pflicht zur Deckungsvorsorge im UmweltHG soll einen **zusätzlichen Schutz** für den Geschädigten bieten. Im Hinblick auf das besondere Schädigungspotential der im Anh. 2 erfassten Anlagen soll der Geschädigte davor geschützt werden, dass der Inhaber einer solchen Anlage nicht die finanzielle Leistungsfähigkeit besitzt, um die geschuldete Entschädigung zu leisten (*Salje/Peter* Rn. 3). Es ist heute anerkannt, dass ein funktionsfähiges Haftpflichtrecht auf ein korrelierendes Versicherungswesen angewiesen ist. Allerdings werden damit die **Präventionsanreize des Haftpflichtrechts** gemindert (zur Präventionswirkung des Haftungsrechts → § 1 Rn. 2). Jedoch können die Deckungssummen und die Tarife für den Versicherungsschutz an die betriebliche Umsetzung gefahrenadäquater Umweltschutzmaßnahmen gekoppelt werden, die Bestandteile eines betrieblichen Umweltschutzmanagements sind. Hierdurch bleibt eine – zumindest mittelbare – Präventionswirkung des Haftungsrechts erhalten (s. *Döring* S. 123 ff.; *Rehbinder* in Endres/Rehbinder/Schwarze S. 120 (122 ff., 128 f.); *ders* NuR 1989, 149 (150 ff.); *Hager* NJW 1991, 134 (136 f.)).

B. Deckungsvorsorge nach § 19 Abs. 1 UmweltHG

I. Rechtsnatur der Pflicht zur Deckungsvorsorge

Die Rechtsnatur der Pflicht zur Deckungsvorsorge ist nicht zweifelsfrei. Der Wortlaut 4
des § 19 Abs. 1 spricht dafür, dass es sich um eine unmittelbar anwendbare Verpflichtung handelt. Aus der Entstehungsgeschichte und aus dem systematischen Zusammenhang des § 19 Abs. 1 mit § 20 Abs. 1 Nr. 1 und 2 ergibt sich jedoch, dass die Entstehung der Pflicht zur Deckungsvorsorge davon abhängt, dass eine **konstitutive Verordnung** nach § 20 Abs. 1 Nr. 1 und 2 den Zeitpunkt der Inkraftsetzung und die Modalitäten der Pflicht festgelegt hat (*Salje/Peter* Rn. 3, § 20 Rn. 6; *Landsberg/Lülling* § 20 Rn. 2 f.; *Paschke* Rn. 12, Anm. zu § 20; *Kohler* in Staudinger UmweltHR Rn. 1; *Balensiefen* S. 251; *Taupitz* Jura 1992, 113 (119); aM *Feldmann* PHI 1994, 162). Angesichts der Unsicherheiten bei Erlass des UmweltHG darüber, ob und in welcher Form die Versicherungswirtschaft künftig Versicherungsschutz zur Verfügung stellen kann, hat der Gesetzgeber entschieden, dass der Zeitpunkt und die Modalitäten der Deckungsvorsorge erst später im Wege der Verordnung festgelegt werden sollen (Begr. S. 21, 22; Stellungnahme des Bundesrats, BT-Drs. 11/7104, S. 29; Gegenäußerung der Bundesregierung ebd. S. 33). In systematischer Sicht wäre die Verordnungsermächtigung nach § 20 Abs. 1 Nr. 1, die den Zeitpunkt des Inkrafttretens der Pflicht zur Deckungsvorsorge bestimmt, sinnlos, wenn diese bereits mit Inkrafttreten des UmweltHG kraft Gesetz entstünde. Auch die Modalitäten der Deckungsvorsorge iSd § 20 Abs. 1 Nr. 2 bedürfen aus Gründen der Gesetzesbestimmtheit einer besonderen Regelung. Schließlich verweist die Strafvorschrift des § 21 Abs. 1 Nr. 1 ausdrücklich auf die noch zu erlassende Verordnung. Die Deckungsvorsorge-Verordnung ist bisher nicht erlassen worden und es scheint auch keine Absicht der Gesetzgebungsorgane zu bestehen, sie zu erlassen. Eine – verfassungsrechtlich an sich mögliche – unmittelbare Wirkung des § 19 Abs. 1 wegen jahrzehntelanger **Untätigkeit des Verordnungsgebers** scheidet jedoch aus, weil die gesetzliche Regelung ohne die Rechtsverordnung nicht dem Bestimmtheitsgebot entspricht und darüber hinaus nicht vollziehbar ist (→ Rn. 10; *Salje/Peter* § 20 Rn. 5; vgl. BVerfGE 79, 174 (194) = NJW 1989, 1271).

II. Deckungsvorsorgepflichtige Anlagen

5 Der Kreis derjenigen Anlagen, die nach Erlass der Deckungsvorsorgeverordnung nach § 20 generell der Deckungsvorsorgepflicht unterworfen werden können, ist gemäß § 19 Abs. 1 Satz 1 im Anh. 2 Nr. 1–3 festgelegt. Darin werden die betroffenen Anlagen anders als in Anh. 1 zu § 1 nicht durch eine abschließende Aufzählung, sondern durch drei verschiedene Regelungen festgelegt. Diese verweisen in zwei Fällen auf die 12. Verordnung zur Durchführung des BImSchG (StörfallV), in einem Fall unterwerfen sie bestimmte Anlagen, die nach der 4. Verordnung zur Durchführung des BImSchG (4. BImSchV) der Genehmigungspflicht unterliegen, der Deckungspflicht. Hinzu kommt ggf. eine Pflicht zur Deckungsvorsorge für stillgelegte Anlagen nach Maßgabe einer behördlichen Anordnung (§ 19 Abs. 1 S. 2).

6 Nach § 19 Abs. 1 iVm Anh. 2 Nr. 1 gilt die Pflicht zur Deckungsvorsorge zunächst für alle Anlagen, für die gem. §§ 1, 7 der StörfallV eine **Sicherheitsanalyse** anzufertigen ist. Erfasst sind alle Anlagen, die in Anh. I Teil 1 zur StörfallV genannt sind und die im Anh. II Spalte 1 festgelegten Mengenschwellen erreichen oder überschreiten können, und Anlagen, die in Anh. I Teil 2 zur StörfallV genannt sind und die im Anh. II festgelegten Mengenschwellen erreichen oder überschreiten können. Dabei handelt sich entweder um Anlagen mit besonders **gefährlichen Produktionsverfahren,** oder um Anlagen, in denen besonders gefährliche Stoffe **verarbeitet** oder **gelagert** werden.

7 Nach § 19 Abs. 1 iVm Anh. 2 Nr. 2 UmweltHG ist eine Deckungsvorsorge auch für Anlagen zur **Rückgewinnung von festen Stoffen durch Verbrennen** zu leisten, in denen Stoffe nach Anh. II der StörfallV verwendet werden oder entstehen können.

8 Eine Pflicht zur Deckungsvorsorge besteht nach § 19 Abs. 1 iVm Anh. 2 Nr. 3 schließlich für Anlagen, die **Zusatzstoffe für Lacke** oder Druckfarben herstellen und dabei Cellulosenitrat mit einer hohen Stickstoffkonzentration verwenden; solche Anlagen sind ebenfalls wegen ihrer besonderen Gefährlichkeit in den Kreis der deckungsvorsorgepflichtigen Anlagen aufgenommen worden.

9 § 19 Abs. 1 S. 2 ermächtigt die zuständige Behörde nach ihrem Ermessen, für eine **stillgelegte Anlage,** die bisher einer Deckungsvorsorgepflicht unterlag, eine solche auch für einen Zeitraum bis zu 10 Jahren nach Stilllegung anzuordnen. Die Regelung ist eine Folgeregelung zur Haftpflichtnorm des § 2 Abs. 2. Eine solche Anordnung setzt voraus, dass von der Anlage nach ihrer Stilllegung eine **besondere Gefährlichkeit** iS einer Gefahr häufiger oder besonders schadensträchtiger nachbetrieblicher Umwelteinwirkungen ausgeht. Dabei hat sich die Behörde unter Beachtung des Grundsatzes der Verhältnismäßigkeit an den Umständen des Einzelfalls zu orientieren (*Salje/Peter* Rn. 12 f.; *Kohler* in Staudinger UmweltHR Rn. 10; *Paschke* Rn. 10).

10 § 19 Abs. 1 Nr. 1 und 2 enthält – verfassungsrechtlich an sich zulässige – **dynamische Verweisungen** auf die jeweils geltende Fassung der StörfallV (*Salje/Peter* Rn. 7, 9; *Kohler* in Staudinger UmweltHR Rn. 7 f.; *Paschke* Rn. 6, 9; *Schimikowski* Rn. 235; *Vogel/Stockmeier* S. 311 f.; *Hedderich* S. 336). Diese Verweisungen sind jedoch seit Erlass des UmweltHG nicht an die zwischenzeitliche Entwicklung des Störfallrechts angepasst und dadurch weitgehend **funktionslos** geworden. Dieses Problem war schon mit der Änderung der StörfallV von 1991, durch die der Anhangteil neu geordnet und um die bisher nicht vorhandenen Anhänge III und IV erweitert worden ist, entstanden. Es konnte zunächst aber noch durch eine teleologische Auslegung der Verweisung gelöst werden. Seit der Änderung der StörfallV von 1998, welche die Richtlinie 96/82 (Seveso-RL) umsetzte, ist das Störfallrecht jedoch in einer Weise umstrukturiert worden, die nicht mehr in die Systematik des § 19 passt. Dies gilt insbes. auch für die heute **geltende Fassung der**

StörfallV, die der Umsetzung der Seveso-RL III (Richtlinie 2012/18) dient (vgl. zu den verschiedenen Änderungen → 4. BImSchV Rn. Vorb. § 1 Rn. 13 ff.; *Salje/Peter* Rn. 6 ff.). Anknüpfungsobjekt für die Sicherheitspflichten nach der StörfallV ist nunmehr statt der Anlage der **Betriebsbereich** (die Betriebsstätte; s. die Definition in § 3 Abs. 5a BImSchG). Selbst bei weiter Auslegung des Anlagenbegriffs nach § 3 Abs. 2 (→ § 3 Rn. 22) werden in vielen Fällen mehrere Anlagen eines Betriebsbereichs einheitlichen Sicherheitspflichten unterliegen (vgl. OVG Münster NuR 2009, 801 (810); *Jarass* BImSchG § 3 Rn. 98; *Krohn* in GK-BImSchG § 3 Rn. 205). An die Stelle der Sicherheitsanalyse nach § 7 StörfallV aF sind weitergehende und zT andersartige Anforderungen wie der Sicherheitsbericht und das integrale Sicherheitsmanagement getreten. Schließlich haben in § 19 Abs. 1 genannte Vorschriften und Anhänge nunmehr einen völlig anderen Begriffs- und Regelungsinhalt. Das Ergebnis ist, dass **§ 19 Abs. 1 Nr. 1 und 2 leerläuft** und auch nicht durch teleologische Auslegung mit einem dem Adressaten ohne weiteres verständlichem Inhalt zu füllen ist (*Salje/Peter* Rn. 7, 10). Die Vorschrift wird damit den für dynamische Verweisungen geltenden rechtsstaatlichen Anforderungen an die Normklarheit und Normbestimmtheit (Art. 20 Abs. 3 GG; BVerfGE 110, 33 (64) = NJW 2004, 2213; BVerfGE 120, 274 (318) = NJW 2008, 822) nicht mehr gerecht, was deren Unanwendbarkeit zur Folge hat (*Salje/Peter* Rn. 7 f.; *Marburger* in Kloepfer Hochrisikoanlagen S. 125 (141): *Kohler* in Staudinger UmweltHR Rn. 7 f.).

Anders ist dies allerdings im Fall des § 19 Abs. 1 Nr. 3. Diese Regelung knüpfte an die **11** Genehmigungspflicht für bestimmte **Anlagen zur Lackherstellung** nach Anh. I Nr. 10.3 der 4. BImSchV von 1985 (mit im Rahmen von § 19 Abs. 1 Nr. 3 unerheblichen Änderungen von 1988) an. Diese Anlagenkategorie ist nunmehr mit einem erweiterten Kreis von Anlagen in Nr. 4.1.10 geregelt. Die Beschränkung auf bestimmte Anlagen zur Lackherstellung in § 19 Abs. 1 Nr. 3 mag zwar im Lichte der legislativen Entwicklung ein gewisses **Schutzdefizit** indizieren, dies führt aber nicht zur Unwirksamkeit der Regelung. Eine Ergänzung durch behördliche Anordnung ist allerdings ausgeschlossen.

III. Erfasste Ansprüche

Die Deckungsvorsorgepflicht gilt nicht nur für Ansprüche nach dem UmweltHG, **12** sondern für **alle** durch eine Umwelteinwirkung bedingten gesetzlichen Verpflichtungen eines Anlageninhabers zum Ersatz von **Personen- und Sachschäden** einschl. der hierdurch verursachten Vermögensschäden und ersatzpflichtigen immateriellen Schäden (Schmerzensgeld). Daher sind neben den Ansprüchen nach § 1 auch Ansprüche nach §§ 89 WHG, 14 Satz 2 BImSchG, 7 StVG und 823 BGB von der Deckungsvorsorgepflicht mitumfasst. Das Gleiche gilt für den Ausgleichsanspruch nach § 906 Abs. 2 Satz 2 BGB, der funktional auf (begrenzten) Schadensersatz gerichtet ist (*Salje/Peter* Rn. 14; *Döring* S. 169). Erfasst ist unter dieser Voraussetzung selbst der Beseitigungsanspruch nach § 1004 BGB (*Salje/Peter* Rn. 14). Hingegen unterliegt die Haftung wegen reiner Vermögensschäden nicht der Pflicht zur Deckungsvorsorge, auch nicht im Fall des § 89 WHG.

C. Die Erbringung der obligatorischen Deckungsvorsorge

I. Überblick

§ 19 Abs. 2 UmweltHG eröffnet neben dem **Abschluss einer Haftpflichtversicherung** auch den Weg, die Deckungsvorsorge durch **Freistellungs- oder Gewährleis-** **13**

tungsverpflichtungen des Bundes, eines Landes oder eines Kreditinstitutes zu erbringen. Dies dürfte aber keine praktische Bedeutung besitzen. Es ist davon auszugehen, dass der Anlagenbetreiber idR die nach Erlass der Deckungspflichtverordnung obligatorische Deckungsvorsorge durch den Nachweis einer Haftpflichtversicherung – allerdings ohne Kontrahierungszwang – erbringen wird. Insofern kann man von einem **faktischen Versicherungszwang** sprechen (*Wagner* VersR 1991, 254 (259); *Salje/Peter* Rn. 16). Der früheren Diskussion über die Versicherbarkeit von Umwelthaftungsrisiken kommt im Hinblick auf die Entwicklung der Versicherungspraxis nur noch historische Bedeutung zu (vgl. *Armbrüster/Schreier* ZVersWiss 2016, 3 (9 f.); *Döring* S. 110 ff.; dazu *Salje/Peter* Rn. 17 mwN). Dies gilt selbst für die Versicherbarkeit der öffentlich-rechtlichen Verantwortung für Umweltschäden nach dem USchadG, die später ebenfalls eine intensive Diskussion ausgelöst hatte (vgl. *Wagner* VersR 2008, 565 (578 ff.); *Rütz* VersR 2004, 426 (427 ff.); dazu *Salje/Peter* Rn. 18 mwN). Gleichwohl stellen sich bei der Versicherung der Umwelthaftpflicht gewisse Probleme wie die Identifizierung des Schadensereignisses, insbes. bei „Allmählichkeitsschäden, das „moralische Risiko" und die daraus folgende Negativauslese (Verzicht auf Prävention im Normalbetrieb wegen der bestehenden Versicherung) und schließlich die Schätzbarkeit des Schadens, die insbes. die Deckung des Entwicklungsrisikos betrifft. Diese Probleme können allerdings weitgehend durch Ausgestaltung der Versicherung bewältigt werden (vgl. *Kötz* JUTR 1990, 391 (397); *Hager* NJW 1991, 134 (142 f.); *Wagner* VersR 1992, 261 (266 f.).

II. Das Umwelthaftpflichtmodell des Verbandes der Schadensversicherer

14 **1. Grundzüge des Versicherungsmodells.** Seit 1993 bietet die deutsche Versicherungswirtschaft eine Versicherung für Risiken der Umwelthaftpflichtversicherung an, die ab 2007 durch eine besondere Versicherung für Risiken aufgrund des Umweltschadensgesetzes und Spezialregelungen in diesem Bereich ergänzt wurde. Die Struktur des Versicherungsmodells hat sich im Zeitablauf geändert (vgl. Vorkommentierung *Hager* Rn. 15 ff., → 24. EL Oktober 1996; *Kohler* in Staudinger UmweltHR Rn. 4 ff.). Ab 2019 ist Grundlage der Versicherung die **Umweltrisikoversicherung** nach den Musterbedingungen des Gesamtverbands der Deutschen Versicherungswirtschaft (GDV, Stand Oktober 2019), die als Einheitspolice für alle Umweltschäden ausgestaltet ist, die durch die privatrechtliche Umwelthaftpflicht („Schäden durch Umwelteinwirkung") und die öffentlich-rechtliche Verantwortung für Umweltschäden („Umweltschäden gemäß Umweltschadensgesetz") erfasst werden. Das Versicherungskonzept hat unverbindlichen Modellcharakter und kann daher einzelvertraglich, auch außerhalb der in der Police schon vorgesehenen Optionen, modifiziert werden. Allerdings dürfte es in der Praxis weitgehend zugrunde gelegt werden. Im Folgenden werden nur die Regelungen zur privatrechtlichen Umwelthaftpflicht skizziert.

15 Das Umwelthaftpflichtmodell erstreckt sich über das UmweltHG hinaus auf alle privatrechtlichen Haftungsgrundlagen für Schäden aus **Umwelteinwirkungen,** insbes. nach den §§ 89 WHG, 823 BGB sowie den §§ 14 S. 2 BImSchG, 906 Abs. 2 S. 2 BGB. Der Begriff der Umwelteinwirkung ist unter wörtlicher Übernahme von § 3 Abs. 1 UmweltHG definiert und entsprechend auszulegen (OLG München VersR 1998, 149). Das Versicherungsmodell enthält keine pauschale Versicherung sämtlicher Umweltrisiken des versicherten Betriebes; die Versicherung gilt vielmehr ausschließlich für die im jeweiligen **Versicherungsschein aufgeführten Wagnisse** (A 2-1.4). Das Modell gliedert sich in fünf versicherte Risikokategorien, die aber durch den Versicherungsschein erweitert werden können. Die Höhe der

Versicherung richtet sich nach der im Versicherungsschein bezeichneten Versicherungssumme (A2–5.1).

2. Versicherte Risiken. Unter den versicherten Risiken im Vordergrund steht das **allgemeine Umweltrisiko** durch Anlagen, Betriebseinrichtungen und Tätigkeiten des Versicherungsnehmers (A2-1.4, e)). Dieser Begriff dürfte auch Umwelteinwirkungen durch Explosionen oder Brände in der Anlage umfassen. Auch das **Entwicklungsrisiko** ist gedeckt (A2–8.28). Grds. ausgenommen sind zwar Umweltschäden durch Anlagen, die nach umweltrechtlichen Vorschriften einer **Genehmigungspflicht** oder Anzeigepflicht unterliegen, und damit alle Anlagen, für die das UmweltHG gilt. Jedoch sind diese Risiken durch Aufnahme in den Versicherungsschein versicherbar. Das gleiche Regel-Ausnahme-System gilt für wassergefährliche Anlagen und das Einbringen oder Einleiten von wassergefährlichen Stoffen in Gewässer. Der Versicherungsschutz erstreckt sich ferner auf Umweltschäden, die durch das Hineingelangen von Stoffen in den Boden, die Luft oder die Gewässer in räumlichem und gegenständlichem Zusammenhang mit versicherten Anlagen verursacht werden. Schließlich ist entgegen der früheren Praxis auch das **Umwelt-Produktrisiko** durch vom Versicherungsnehmer hergestellte oder gelieferte Erzeugnisse und Abfälle gedeckt. 16

3. Definition des Versicherungsfalls. Das Umwelthaftpflichtmodell definiert den Zeitpunkt, wann ein Versicherungsfall vorliegt, als die **erste nachprüfbare Feststellung** des Schadens durch den Geschädigten (A2–3; sog. Manifestationsprinzip; hierzu *Poschen* VersR 1993, 653 (655 f.); *Wagner* VersR 1992, 261 (266 f.)). Damit wird das Problem der zeitlichen Eingrenzung des Schadens, das für langfristige und jeweils für sich nur geringfügige Kontaminationen typisch ist, entschärft. 17

4. Gedeckte Schäden. Versicherungsschutz besteht für **Personen- und Sachschäden** und sich daraus ergebende Vermögensschäden, die nach den maßgeblichen Umwelthaftungsregelungen ersatzpflichtig sind (A2-1.1.1). Reine Vermögensschäden werden grds. nicht ersetzt. Eine Ausnahme gilt allerdings ua für Vermögensschäden durch Verletzung von Aneignungsrechten und wasserrechtlichen Benutzungsrechten und -befugnissen, die wie Sachschäden behandelt werden. Damit wird insbes. dem weitergehenden Haftungsumfang nach § 89 WHG Rechnung getragen. Für **Rettungskosten** (→ Vorb. §§ 12–16 Rn. 9 f.) enthält das Haftpflichtmodell eine differenzierte Regelung. Ersatzfähig sind solche Kosten, wenn sie der Abwendung eines an sich ersatzfähigen Schadens dienen und nach einer Betriebsstörung oder aufgrund behördlicher Anordnung entstehen. Der Normalbetrieb ist nicht erfasst. Die Deckung gilt auch, wenn zur Rettung Schäden an eigenen, nicht betroffenen Betriebseinrichtungen, Grundstücken oder Sachen des Versicherungsnehmers entstehen. Es können aber im Versicherungsschein besondere Deckungssummen und eine Selbstbeteiligung festgesetzt werden (A2–7.2, 7.6, 7.7 Abs. 2; vgl. schon *Poschen* VersR 1993, 653 (656); *Wagner* VersR 1992, 261 (268 ff.)). **Eigenschäden** an von der Umwelteinwirkung betroffenen Grundstücken und Sachen des Versicherungsnehmers sind nicht ersatzfähig (A2–7.7 Abs. 1). 18

5. Haftungsausschlüsse. Der tatsächliche Umfang der Umwelthaftungsversicherung erschließt sich erst bei Einbeziehung der Haftungsausschlüsse, die das Versicherungsmodell vorsieht. Ziel der Haftungsausschlüsse ist regelmäßig, dem moralischen Risiko entgegen zu wirken. So besteht ein Haftungsausschluss bei Umweltschäden, die als Folge eines **bewussten Abweichens** von umweltrechtlichen Vorschriften oder behördlichen Anordnungen (rechtswidriger Betrieb) entstehen (A2–8.1). Gleichgestellt ist die bewuss- 19 ter Nichtbefolgung der vom Hersteller gegebenen oder nach dem Stand der Technik einzuhaltenden Richtlinien für die Anwendung, Wartung, Kontrolle und Reparatur der Anlage (A2–8.1). Ein Haftungsausschluss gilt auch für Handeln auf eigene Gefahr (A2–8.2).

20 Nicht versichert sind **Kleckerschäden,** die beim Umgang mit wassergefährdenden Stoffen durch dauerndes Verschütten, Ablaufen oder Abtropfen in den Boden oder ein Gewässer entstehen (A2–8.21). Jedoch greift dieser Ausschluss nicht ein, wenn die Vorgänge Folge einer Betriebsstörung sind.

21 Auch für Schäden aus dem **Normalbetrieb,** dh betriebsbedingt unvermeidbaren, notwendigen oder in Kauf genommenen Umwelteinwirkungen, besteht grds. keine Deckung (A2–8.22). Dieser Grundsatz wird aber durch eine Öffnungsklausel entscheidend relativiert. Danach ist Versicherungsschutz gegeben, wenn der Versicherungsnehmer nachweist, dass im Zeitpunkt der Umwelteinwirkung unter den Bedingungen des Einzelfalls nach dem Stand der Technik mit dem Eintritt einer solchen nicht gerechnet werden konnte. Bei rechtmäßigem Normalbetriebs dürften diese Anforderungen regelmäßig erfüllt sein, so dass eine Deckungspflicht besteht.

22 **6. Zeitliche Reichweite der Deckung und Risikoerhöhung.** Der Versicherungsschutz erstreckt sich **nicht auf Altlasten.** Schäden, die vor Versicherungsbeginn eingetreten sind, werden nicht ersetzt (A2–8.23). Dies gilt wohl auch, wenn die Schadensfeststellung erst nach Versicherungsbeginn erfolgt. Nach Vertragsbeendigung besteht eine **Nachhaftung** für Schäden, die während der Geltung des Versicherungsvertrages eingetreten sind, aber nicht festgestellt waren (A2–11.1). Dabei können Beschränkungen in zeitlicher Hinsicht oder bzgl. der Höhe der Deckung vereinbart werden.

23 Für Risikoerhöhungen und -erweiterungen sowie neue Risiken, die für den Versicherungsnehmer nach Abschluss einer Versicherung neu entstehen, besteht nur eine begrenzte Deckung. Risikoerhöhungen und -erweiterungen sind idR gedeckt (a2–9.1). Für neue Risiken, die sog. **Vorsorgeversicherung,** gilt das nur begrenzt (A2–10; s. *Balzereit/Kessebohm/Kettler* BB 1996, 117 (123 f.)). Grds. ausgeschlossen ist die Deckung für neue Risiken aus dem Betrieb genehmigungsbedürftiger Anlagen, die überhaupt erst aufgrund einer Vereinbarung versichert sind (A2–10.1 Abs. 2), und damit für alle Anlagen, die der Haftung nach dem UmweltHG unterliegen. Bei anderen Risikokategorien besteht eine Obliegenheit des Versicherungsnehmers, auf Aufforderung des Versicherers das neue Risiko nachzumelden. Alternativ kann bzgl. aller Risikokategorien und damit auch für Anlagen nach dem UmweltHG eine Vorsorgeversicherung in der Weise vereinbart werden, dass hierfür getrennte oder pauschale Versicherungssummen festgelegt werden (A2–10.2).

D. Behördliche Betriebsuntersagung

24 Die für die Überwachung der Deckungsvorsorge zuständige Behörde kann den Betrieb einer deckungsvorsorgepflichtigen Anlage **untersagen,** wenn der Anlageninhaber seiner **Deckungsvorsorgeverpflichtung nicht nachkommt** und die Deckungsvorsorge nicht binnen einer von der Behörde gesetzten angemessenen Frist nachweist.

§ 20 Ermächtigung zum Erlaß von Rechtsverordnungen

(1) **Die Bundesregierung wird durch Rechtsverordnung mit Zustimmung des Bundesrates Vorschriften erlassen über**

1. den Zeitpunkt, ab dem der Inhaber einer Anlage nach § 19 Deckungsvorsorge zu treffen hat,
2. Umfang und Höhe der Deckungsvorsorge,
3. die an Freistellungs- und Gewährleistungsverpflichtungen von Kreditinstituten zu stellenden Anforderungen,
4. Verfahren und Befugnisse der für die Überwachung der Deckungsvorsorge zuständigen Behörde,
5. die zuständige Stelle gemäß § 117 Abs. 2 des Versicherungsvertragsgesetzes sowie über die Erstattung der Anzeige im Sinne des § 117 Abs. 2 des Versicherungsvertragsgesetzes,
6. die Pflichten des Inhabers der Anlage, des Versicherungsunternehmens und desjenigen, der eine Freistellungs- oder Gewährleistungsverpflichtung übernommen hat, gegenüber der für die Überwachung der Deckungsvorsorge zuständigen Behörde.

(2) **Die Rechtsverordnung ist vor Zuleitung an den Bundesrat dem Deutschen Bundestag zuzuleiten. Sie kann durch Beschluß des Bundestages geändert oder abgelehnt werden. Der Beschluß des Bundestages wird der Bundesregierung zugeleitet. Hat sich der Deutsche Bundestag nach Ablauf von drei Sitzungswochen seit Eingang der Rechtsverordnung nicht mit ihr befaßt, so wird die unveränderte Rechtsverordnung der Bundesregierung zugeleitet. Der Deutsche Bundestag befaßt sich mit der Rechtsverordnung auf Antrag von so vielen Mitgliedern des Bundestages, wie zur Bildung einer Fraktion erforderlich ist.**

§ 20 Abs. 1 ermächtigt die Bundesregierung, durch Rechtsverordnung nähere Be- 1
stimmungen über die **Ausgestaltung der Deckungsvorsorge** zu erlassen. Dabei geht es insbes. um den Zeitpunkt der Entstehung der Pflicht zur Deckungsvorsorge (Nr. 1), den Umfang und die Höhe der Deckungsvorsorge (Nr. 2), die Anforderungen an alternative Sicherungen (Nr. 3) und das Verfahren und die Befugnisse der für die Überwachung zuständigen Behörden (Nr. 4).

Die Rechtsverordnung nach § 20 Abs. 1 Nr. 1 und 2 hat konstitutiven Charakter. Die 2
Verpflichtung nach § 19 UmweltHG zur obligatorischen Deckungsvorsorge erlangt erst **mit Erlass dieser Rechtsverordnung rechtliche Wirkung** (→ § 19 Rn. 4). Eine Deckungsvorsorgeverordnung nach § 20 liegt 30 Jahre nach Inkrafttreten des UmweltHG immer noch nicht vor. Sie kann auch nicht durch eine Direktwirkung des § 19 Abs. 1 ersetzt werden (→ § 19 Rn. 4). Abgesehen hiervon läuft § 19 Abs. 1 als rechtliche Grundlage für die Verordnungsermächtigung und damit diese selbst weitgehend leer. Im Hinblick auf die zwischenzeitlichen Strukturänderungen der StörfallV genügen die Verweise des Anh. 2 auf die StörfallV nicht mehr den Anforderungen an die Normklarheit und Normbestimmtheit des § 19 Abs. 1 und des § 20 Abs. 1 (→ § 19 Rn. 10). Möglich wäre nur eine Regelung für Anlagen zur Herstellung von Zusatzstoffen zu Lacken und Druckfarben (→ § 19 Rn. 11), die aber von untergeordneter Bedeutung sind.

Wegen Einzelheiten wird auf die Vorkommentierung *Hager* Rn. 3 ff., → 24. EL Ok- 3
tober 1996 und *Salje/Peter* Rn. 5 ff. verwiesen.

§ 21 Strafvorschriften

(1) **Mit Freiheitsstrafe bis zu einem Jahr oder mit Geldstrafe wird bestraft, wer**

1. entgegen § 19 Abs. 1 Satz 1, auch in Verbindung mit einer Rechtsverordnung nach § 20 Abs. 1 Nr. 1 oder 2, nicht oder nicht ausreichende Deckungsvorsorge trifft oder

2. einer vollziehbaren Anordnung nach § 19 Abs. 1 Satz 2 zuwiderhandelt.

(2) **Handelt der Täter fahrlässig, so ist die Strafe Freiheitsstrafe bis zu sechs Monaten oder Geldstrafe bis zu einhundertachtzig Tagessätzen.**

§ 21 ist ein Straftatbestand zur Ahndung von Verstößen gegen die Verpflichtung zur Deckungsvorsorge nach § 19 Abs. 1. Solche Verstöße können nach Auffassung des Gesetzgebers nicht mehr als bloßes Verwaltungsunrecht qualifiziert werden, sondern stellen aufgrund der erheblichen finanziellen Risiken für das Opfer, die mit einem Haftungsausfall verbunden sind, **kriminelles Unrecht** dar. Bedeutung kann die Vorschrift allerdings erst mit Erlass einer **Deckungsvorsorgeverordnung** nach § 20 Abs. 1 Nr. 1 und 2 erlangen (→ § 19 Rn. 4, § 20 Rn. 2). Eine solche Verordnung liegt 30 Jahre nach Inkrafttreten des UmweltHG immer noch nicht vor. Sie kann wegen weitgehender Unanwendbarkeit des § 19 Abs. 1 im Kernbereich dieser Vorschrift auch nicht erlassen werden (→ § 19 Rn. 10f.). Soweit ein Erlass rechtlich möglich wäre (im Fall des § 19 Abs. 1 Nr. 3), ist eine solche Regelung nicht zu erwarten. 1

§ 21 ist daher **praktisch gegenstandslos.** Zu Einzelheiten der Regelung wird auf die Vorkommentierung *Hager* Rn. 3ff., → 30. EL Oktober 1998 und *Salje/Peter* Rn. 5ff. verwiesen. 2

§ 22 Bußgeldvorschriften

(1) **Ordnungswidrig handelt, wer einer Rechtsverordnung nach § 20 Abs. 1 Nr. 3 bis 6 zuwiderhandelt, soweit sie für einen bestimmten Tatbestand auf diese Bußgeldvorschrift verweist.**

(2) **Die Ordnungswidrigkeit kann mit einer Geldbuße bis zu 5000 Euro geahndet werden.**

§ 22 UmweltHG klassifiziert bestimmte Verstöße gegen Nebenpflichten im Rahmen der Deckungsvorsorge (§ 20 Abs. 1 Nr. 3–6) als bloßes Verwaltungsunrecht. Anders als bei den gewichtigeren Hauptpflichten des § 19 Abs. 1 („Kardinalpflichten", *Salje/Peter* Rn. 1) unterstellt das UmweltHG die Verletzung von Nebenpflichten lediglich dem Ordnungswidrigkeitenrecht und sieht dementsprechend für Verstöße nur eine **Geldbuße** vor (krit. *Salje/Peter* Rn. 1, der eine Rechtfertigung für diese Differenzierung bezweifelt). Wie der Straftatbestand des § 21 kann die Vorschrift Bedeutung allerdings erst mit Erlass einer **Deckungsvorsorgeverordnung** nach § 20 Abs. 1 Nr. 1 und 2 erlangen (→ § 19 Rn. 4, § 20 Rn. 2). Eine solche Verordnung liegt 30 Jahre nach Inkrafttreten des UmweltHG immer noch nicht vor. Sie kann wegen weitgehender Unanwendbarkeit des § 19 Abs. 1 im Kernbereich dieser Vorschrift auch nicht erlassen werden (→ § 19 Rn. 10 f.). Soweit ein Erlass rechtlich möglich wäre (im Fall des § 19 Abs. 1 Nr. 3), ist eine solche Regelung nicht zu erwarten. **1**

§ 22 Abs. 1 ist daher **praktisch bedeutungslos.** Wegen Einzelheiten wird auf die Vorkommentierung *Hager* Rn. 2 ff., → 38. EL August 2002 und *Salje/Peter* Rn. 2 ff. verwiesen. **2**

§ 23 Übergangsvorschriften*

Dieses Gesetz und § 32 a der Zivilprozessordnung finden keine Anwendung, soweit der Schaden vor dem Inkrafttreten dieses Gesetzes verursacht worden ist.

Übersicht

A. Zweck und praktische Bedeutung der Vorschrift

1 § 23 bestimmt den zeitlichen Anwendungsbereich des UmweltHG (und seit dem 25.4.2006 auch den des § 32 a ZPO). Ausgeschlossen werden Schäden, die vor dem Inkrafttreten des Gesetzes, d. h. vor dem 1.1.1991 (Art. 5 UmweltHG) verursacht worden sind. § 23 regelt damit einen Teilbereich der sog. Altlastenproblematik. Zweck der Vorschrift ist es, die **Rückwirkung** der neuen Haftung für Umweltschäden in Form einer Gefährdungshaftung, die im Vergleich zum bisher bestehenden Recht verschärft ist, auszuschließen (Begr. S. 22; *Salje/Peter* Rn. 1). Die praktische Bedeutung der Vorschrift ist mit zunehmendem zeitlichem Abstand zwischen Emissionen und Schadensfeststellung immer geringer geworden (vgl. *Kohler* in Staudinger UmweltHR Rn. 2). Zum einem wird hierdurch der Nachweis der Kausalität zunehmend erschwert. Zum anderen begrenzen die absoluten Höchstfristen für den Ablauf der **Verjährung** bei Körper- und Sachschäden nach § 17 iVm § 852 Abs. 1 BGB aF, § 199 Abs. 2 und 3 BGB praktisch den Anwendungsbereich des § 23. Da die 30-Jahresfristen an den Zeitpunkt der Emission anknüpfen und die nach § 852 Abs. 1 BGB aF begonnene Verjährung nach § 199 Abs. 2, 3 BGB fortgeführt wird (→ § 17 Rn. 2), läuft die Verjährungsfrist für Emissionen aus dem letzten Jahr vor Inkrafttreten des UmweltHG spätestens Ende 2020 ab. Praktische Relevanz könnte die Vorschrift allenfalls aber noch für lang andauernde Emissionen haben (→ Rn. 7).

B. Kriterien für die Bestimmung des zeitlichen Anwendungsbereichs

2 Werden sämtliche Tatbestandselemente des § 1, dh die Emission, Umwelteinwirkung, Rechtsgutverletzung (Körperverletzung, Gesundheitsbeeinträchtigung oder Sachbeschädigung) und Eintritt eines Vermögens-, immateriellen oder ökologischen Schadens, nach dem Inkrafttreten des UmweltHG erfüllt, so ist das Gesetz bereits nach Art. 170 EGBGB, der auf den Zeitpunkt des Entstehens des Schuldverhältnisses abstellt, aber auch nach § 23 anwendbar. Problematisch sind allein Fälle, in denen einzelne Tatbestandsmerkmale unter der Geltung des alten Rechts, andere unter der des neuen Rechts erfüllt worden sind.

3 Soweit § 23 auf die Verursachung des Schadens abstellt, ist dieser Begriff iS der Verletzung des Schutzguts iSd § 1 zu verstehen. Da das Gesetz in § 1 an die **Rechtsgutverletzung** anknüpft und in den §§ 3 und 6 den Begriff des Schadens gleichbedeutend mit dem der Rechtsgutverletzung gebraucht (→ § 3 Rn. 1, § 6 Rn. 15), ist dieses Begriffs-

* Teile der Kommentierung beruhen auf der von Günther Hager verfassten Vorauflage.

verständnis auch im Rahmen des § 23 zugrunde zu legen (*Kohler* in Staudinger UmweltHR Rn. 4; *Boecken* VersR 1991, 962 (964); *Sautter* S. 101 ff.; *Marburger* AcP 192 (1992), 1 (21)); *Enders* S. 391 f.). An den Vermögensschaden oder gar dessen Feststellung anzuknüpfen (so *Salje/Peter* Rn. 3 f., 12 f.), würde zu einer weitgehenden Rückwirkung des UmweltHG führen, die der Gesetzgeber gerade vermeiden wollte.

4 Das Gesetz bezieht den Begriff der Verursachung des Schadens ersichtlich auf den **Vorgang der Verursachung,** nicht dessen Ergebnis (*Boecken* VersR 1991, 962 (963); *Kohler* in Staudinger UmweltHR Rn. 5). Ein Teil des Schrifttums hält altes Recht dann für anwendbar, wenn nicht nur die Emission, sondern auch die **Umwelteinwirkung** noch vor Inkrafttreten des UmweltHG erfolgt ist (*Landsberg/Lülling* Rn. 2; *Schmidt-Salzer* Rn. 10 ff.; ders. VersR 1991, 9 (16 f.); *Kloepfer* § 6 Rn. 111; *Enders* S. 391 ff.; Vorkommentierung *Hager* Rn. 4 f., → 49. EL Oktober 2006). Die Gegenmeinung will dagegen auf den Zeitpunkt oder Zeitraum der **Emission** oder sonstigen Einwirkung abstellen (*Boecken* VersR 1991, 962 (963 f.); *Kohler* in Staudinger UmweltHR Rn. 5; *Paschke* Rn. 4 ff.; *Höpke/Thürmann* S. 1484).

5 Die Entstehungsgeschichte der Vorschrift (Begr. S. 22, zu § 24) scheint die erstere Auffassung zu stützen. Die Amtliche Begründung (S. 22, zu § 24) befürwortet bei lang andauernden Einwirkungen eine zeitliche Aufteilung des Schadens entsprechend dem Zeitpunkt dieser Einwirkungen. Das kann nur so verstanden werden, dass es auf die Umwelteinwirkung ankommen soll. Der Gesetzeszweck spricht aber für die Anknüpfung an den Emissionsvorgang. § 23 soll eine **Rückwirkung der Haftung** ausschließen. Das Kriterium der Umwelteinwirkung führt aber dazu, dass trotz Abschlusses der ursächlichen Handlung unter altem Recht das UmweltHG anwendbar ist, wenn die Umwelteinwirkung, z. B. Immission, nach Inkrafttreten des Gesetzes eintritt. Entscheidend dürfte sein, dass die weitgehende Rückwirkung der Haftung aufgrund des Kriteriums der Umwelteinwirkung dem Inhaber der Anlage die Möglichkeit vorenthält, durch Betriebsorganisation die **Kausalitätsvermutung** nach § 6 Abs. 2–4 **zu entkräften.** Es entstünde eine Schieflage der in der Stringenz der Haftung im Vergleich von Alt- und Neufällen, für die es an einer Rechtfertigung fehlt. In der Literatur wird vor allem hervorgehoben, dass sich das gesetzliche Ziel der **Schadensprävention** nur für solche Schadensfälle erreichen lasse, die durch Emissionen verursacht worden sind, die nach dem Inkrafttreten des Gesetzes stattgefunden haben (*Boecken* VersR 1991, 962 (964); *Kohler* in Staudinger UmweltHR Rn. 4, 5). Jedoch stellt insoweit der Opferschutz ein gegenläufiges Argument dar.

6 Die Anknüpfung an die Emission führt auch zu einer einfachen Lösung bei **mittelbaren Umwelteinwirkungen,** dh wenn ein einheitlicher Emissionsvorgang vor Inkrafttreten des UmweltHG hintereinandergeschaltete Umwelteinwirkungen (zB auf dem Boden-Grundwasser-Pfad) bewirkt, die teilw. vor, teilw. nach diesem Zeitpunkt eingetreten sind. Hier ist einheitlich altes Recht anzuwenden (aM Vorkommentierung *Hager* Rn. 9, → 49. EL Oktober 2006).

7 Vielfach werden sich Emissionen in der Weise über einen **längeren Zeitraum** erstreckt haben, dass sie teilw. vor dem Inkrafttreten des UmweltHG, teilw. danach erfolgt sind. Dabei geht es zum einen um Fälle, in denen die frühere Emission mangels Verschuldens nicht zur Haftung führt, das letztere Emissionsereignis aber für sich ausgereicht hätte, den gesamten Schaden zu verursachen. Hier gilt entsprechend den Grundsätzen zur Relevanz von Reserveursachen neues Recht (*Landsberg/Lülling* Rn. 3; *Salje/Peter* Rn. 7 f.; eingehend *Kohler* in Staudinger UmweltHR Rn. 8). Haben dagegen die vor und die nach dem Inkrafttreten des UmweltHG liegenden Emissionen jeweils **einen Teil des Schadens verursacht,** so besteht ein Schadensersatzanspruch aufgrund der „Soweit-Klausel" des § 23 nach neuem Recht, soweit es um den später entstandenen Teilschaden geht (Begr. S. 22; *Paschke* Rn. 9; *Salje/Peter* Rn. 8; *Kohler* in Staudinger UmweltHR Rn. 9; *Landsberg/Lülling* Rn. 3). Die relevanten Schadensanteile sind vorrangig nach § 287 ZPO zu schätzen (*Kohler* aaO; *Paschke* aaO). Bei Unteilbarkeit des Schadens, insbes. bei progressiver Schadenssteigerung oder beim Zusammenwirken für sich unwesentlicher Immissionen, ist in Anlehnung an die Grundsätze über die gesamtschuldnerische Haftung bei mitwirkender Verursachung (→ § 7 Rn. 15 ff.) neues Recht auf den gesamten Schaden anwendbar (*Kohler* in Staudinger UmweltHR Rn. 9; *Paschke* Rn. 10).

III. Beweislast

Ist streitig, ob eine Umwelteinwirkung vor oder nach dem Inkrafttreten des UmweltHG stattgefunden hat, trifft die Beweislast den **Inhaber der Anlage** (*Salje/Peter* Rn. 4, 11; *Kohler* in Staudinger UmweltHR Rn. 10; *Landsberg/ Lülling* Rn. 4; *Paschke* Rn. 11; *Boecken* VersR 1991, 962 (964 ff.); *Enders* S. 398; aM *Schmidt-Salzer* Rn. 15 ff.). Diese Beweislastregel hat besondere Bedeutung für Vorschäden als Folge lang andauernder Umwelteinwirkungen, die den Geschädigten sonst vor kaum zu bewältigende Beweisprobleme stellen würden (dazu insbes. *Salje/Peter* aaO). Im Zivilprozessrecht gilt der Grundsatz, dass jede Partei die Voraussetzungen des ihr günstigen Rechtssatzes zu beweisen hat. § 23 UmweltHG ist als negative Ausnahmevorschrift von der allg. Regel formuliert, dass ein neues Gesetz grds. alle von ihm abstrakt-generell geregelten Sachverhalte erfasst; die Vorschrift begünstigt den Inhaber der Anlage. Bereits dies legt es nahe, diesem die Beweislast für das Eingreifen der Ausnahmeregelung aufzuerlegen. Dafür spricht auch der Zweck des UmweltHG, den Opferschutz zu verbessern (*Paschke* Rn. 11; *Boecken* VersR 1991, 962 (964 ff.)). Schließlich rechtfertigt sich die Beweislastverteilung dadurch, dass der Anlageninhaber weitaus besser in der Lage ist, die Frage des Zeitpunkts der schädlichen Emissionen aufzuklären (so zu Recht *Boecken* VersR 1991, 962 (966); *Salje/ Peter* Rn. 11). **8**

12. Umweltauditgesetz und Verordnungen

12.1 Gesetz zur Ausführung der Verordnung (EG) Nr. 1221/2009 des Europäischen Parlaments und des Rates vom 25. November 2009 über die freiwillige Teilnahme von Organisationen an einem Gemeinschaftssystem für Umweltmanagement und Umweltbetriebsprüfung und zur Aufhebung der Verordnung (EG) Nr. 761/2001, sowie der Beschlüsse der Kommission 2001/681/EG und 2006/193/EG (Umweltauditgesetz – UAG)*

In der Fassung der Bekanntmachung vom 4. September 2002
(BGBl. I S. 3490, ber. BGBl. 03 I S. 60), zuletzt geändert durch Art. 124 VO v. 19.6.2020 (BGBl. I S. 1328)

Teil 1. Allgemeine Vorschriften

§ 1 Zweck des Gesetzes

(1) Zweck dieses Gesetzes ist es, eine wirksame Durchführung der Verordnung (EG) Nr. 1221/2009 des Europäischen Parlaments und des Rates vom 25. November 2009 über die freiwillige Teilnahme von Organisationen an einem Gemeinschaftssystem für Umweltmanagement und Umweltbetriebsprüfung und zur Aufhebung der Verordnung (EG) Nr. 761/2001, sowie der Beschlüsse der Kommission 2001/681/EG und 2006/193/EG (ABl. L 342 vom 22.12.2009, S. 1) in der jeweils geltenden Fassung sicherzustellen, auch in Bezug auf die Umweltdimension der nachhaltigen Entwicklung und die Grundlagen einer nachhaltigen Unternehmensführung, und insbesondere dadurch, dass

1. unabhängige, zuverlässige und fachkundige Umweltgutachter und Umweltgutachterorganisationen zugelassen werden,

2. eine wirksame Aufsicht über zugelassene Umweltgutachter und Umweltgutachterorganisationen ausgeübt wird und

3. Register über die geprüften Organisationen geführt werden.

(2) Sofern Ergebnisse der Umweltprüfung freiwillig oder auf Grund einer gesetzlichen Verpflichtung in einen Jahresabschluss, einen Einzelabschluss nach internationalen Rechnungslegungsstandards (§ 325 Abs. 2a des Handelsgesetzbuchs), einen Lagebericht, einen Konzernabschluss oder einen Konzernlagebericht aufgenommen werden, bleibt die Verantwortung des Abschlussprüfers nach den §§ 322, 323 des Handelsgesetzbuchs unberührt.

(Kommentierung folgt)

---

* Die Änderungen der UAG durch Art. 124 Elfte ZuständigkeitsanpassungsVO v. 19.6.2020 (BGBl. I S. 1328) sind im Gesetzestext und in den Kommentierungen noch nicht berücksichtigt. Eine Anpassung erfolgt mit einer der nächsten Ergänzungslieferungen.

§ 2 Begriffsbestimmungen

(1) **Für Zwecke dieses Gesetzes sind die in Artikel 2 der Verordnung (EG) Nr. 1221/2009 genannten Begriffsbestimmungen anzuwenden. Ergänzend gelten die Begriffsbestimmungen der Absätze 2 bis 4.**

(2) **Umweltgutachter im Sinne dieses Gesetzes sind natürliche Personen, die zur Wahrnehmung der Aufgaben im Sinne der Artikel 4 Absatz 5 sowie Artikel 6 in Verbindung mit Artikel 18, 19 und 25 bis 27 der Verordnung (EG) Nr. 1221/2009 nach diesem Gesetz zugelassen sind oder die in einem anderen Mitgliedstaat der Europäischen Union im Rahmen des Artikels 28 Absätze 1 bis 5 der Verordnung (EG) Nr. 1221/2009 nach dessen innerstaatlichem Recht zugelassen sind.**

(3) **Umweltgutachterorganisationen sind eingetragene Vereine, Aktiengesellschaften, Kommanditgesellschaften auf Aktien, Gesellschaften mit beschränkter Haftung, eingetragene Genossenschaften, offene Handelsgesellschaften, Kommanditgesellschaften und Partnerschaftsgesellschaften, die zur Wahrnehmung der Aufgaben im Sinne der Artikel 4 Absatz 5 sowie Artikel 6 in Verbindung mit Artikel 18, 19 und 25 bis 27 der Verordnung (EG) Nr. 1221/2009 nach diesem Gesetz zugelassen sind, sowie Personenvereinigungen, die in einem anderen Mitgliedstaat der Europäischen Union im Rahmen des Artikels 28 der Verordnung (EG) Nr. 1221/2009 nach dessen innerstaatlichem Recht als Umweltgutachterorganisationen zugelassen sind.**

(4) **Zulassungsbereiche im Sinne dieses Gesetzes sind die gemäß der Verordnung (EWG) Nr. 761/93 der Kommission vom 24. März 1993 zur Änderung der Verordnung (EWG) Nr. 3037/90 des Rates betreffend die statistische Systematik der Wirtschaftszweige in der Europäischen Gemeinschaft (ABl. EG Nr. L 83 S. 1, Nr. L 159 S. 31) in Verbindung mit der deutschen Klassifikation der Wirtschaftszweige des Statistischen Bundesamtes, Ausgabe 1993 (WZ 93) beschriebenen Ebenen und Zwischenstufen der Klassifizierung. NACE Rev. 1 ist die gemäß Artikel 2 der genannten Verordnung in deren Anhang beigefügte gemeinsame Grundlage für statistische Systematiken der Wirtschaftszweige in den Europäischen Gemeinschaften.**

(Kommentierung folgt)

§ 3 (weggefallen)

12.2 Verordnung über die Beleihung der Zulassungsstelle nach dem Umwelt-auditgesetz (UAG-Beleihungsverordnung – UAGBV)

Vom 18. Dezember 1995

(BGBl. I S. 2013), zuletzt geändert durch Art. 125 VO v. 19.6.2020 (BGBl. I S. 1328)

Auf Grund des § 28 des Umweltauditgesetzes vom 7. Dezember 1995 (BGBl. I S. 1591) verordnet das Bundesministerium für Umwelt, Naturschutz und Reaktorsicherheit:

§ 1 Beleihung. (1) Die im Handelsregister, Abteilung B des Amtsgerichts Bonn unter der Nummer 6946 eingetragene DAU – Deutsche Akkreditierungs- und Zulassungsgesellschaft für Umweltgutachter mit beschränkter Haftung wird mit den Aufgaben der Zulassungsstelle nach der Verordnung (EG) Nr. 1221/2009 des Europäischen Parlaments und des Rates vom 25. November 2009 über die freiwillige Teilnahme von Organisationen an einem Gemeinschaftssystem für Umweltmanagement und Umweltbetriebsprüfung und zur Aufhebung der Verordnung (EG) Nr. 761/2001, sowie der Beschlüsse der Kommission 2001/681/EG und 2006/193/EG (ABl. L 342 vom 22.12.2009, S. 1) in Verbindung mit dem Umweltauditgesetz[1] und den auf Grund dieses Gesetzes erlassenen Rechts- und Verwaltungsvorschriften beliehen (Beliehene). Die Zulassungsstelle hat ihren Sitz in Bonn.

(2) Die Beleihung umfasst auch die Zusammenarbeit mit anderen Zulassungs- und Aufsichtsstellen sowie den für die Führung von Standortregistern zuständigen Stellen.

§ 2 Eignung zur Aufgabenwahrnehmung. (1) Der Gesellschaftszweck der Beliehenen darf vorbehaltlich des Absatzes 2 nur auf die Erfüllung der Aufgaben nach § 1 und die Akkreditierung von Zertifizierungsstellen auf dem Gebiet des Umweltmanagements gerichtet sein.

(2) Der Gesellschaftszweck darf auf andere Akkreditierungsaufgaben im Bereich des Umweltschutzes ausgedehnt werden, wenn hierdurch die Aufgabenerfüllung nach Absatz 1 nicht beeinträchtigt wird. Die Erweiterung des Gesellschaftszwecks bedarf der Zustimmung des Bundesministeriums für Umwelt, Naturschutz und nukleare Sicherheit; sie ist zu erteilen, soweit die beabsichtigte Erweiterung des Gesellschaftszwecks nicht der unabhängigen Aufgabenerfüllung entgegensteht.

(3) Die Bestellung des Geschäftsführers der Beliehenen erfolgt in Abstimmung mit dem Bundesministerium für Umwelt, Naturschutz und nukleare Sicherheit. Es kann der Bestellung widersprechen, wenn durch die Bestellung des vorgeschlagenen Geschäftsführers die Eignung der Beliehenen im Sinne des § 28 des Umweltauditgesetzes[1] in Frage gestellt wird.

(4) Die Beliehene ist verpflichtet, alle personellen, organisatorischen und finanziellen Voraussetzungen zur ordnungsgemäßen Erfüllung der ihr nach § 1 übertragenen Aufgaben fortlaufend sicherzustellen. Hierzu gehört auch, dass

[1] Abgedruckt unter Nr. 12.1.

1. eine Person mit der Befähigung zum Richteramt an rechtserheblichen Entscheidungen im Rahmen der Aufgaben nach § 1 mitwirkt,
2. keine Personen angestellt sind, die als Umweltgutachter, als Inhaber einer Fachkenntnisbescheinigung, für einen Umweltgutachter oder eine Umweltgutachterorganisation oder den Inhaber einer Fachkenntnisbescheinigung tätig sind.

(5) Die Beliehene hat dem Bundesministerium für Umwelt, Naturschutz und Reaktorsicherheit

1. Änderungen des Gesellschaftsvertrags, die sich auf die Wahrnehmung ihrer Aufgaben auswirken können, mitzuteilen sowie
2. den festgestellten Jahresabschluss (§ 264 des Handelsgesetzbuchs) und den Lagebericht (§ 289 des Handelsgesetzbuchs) zur Kenntnis zu geben.

§ 3 Beendigung der Beleihung. (1) Die Beleihung endet mit dem Inkrafttreten einer die Beleihung aufhebenden Verordnung. Bis zur Beendigung der Beleihung ist die Beliehene zur ordnungsgemäßen Wahrnehmung der ihr übertragenen Aufgaben verpflichtet.

(2) Das Bundesministerium für Umwelt, Naturschutz und nukleare Sicherheit kann die Beleihung jederzeit aufheben. Die Beliehene kann die Beendigung der Beleihung jederzeit schriftlich oder elektronisch verlangen; dem Begehren ist innerhalb einer angemessenen Frist, die zur Fortführung der Aufgabenerfüllung durch eine Stelle nach § 28 des Umweltauditgesetzes[1] erforderlich ist, zu entsprechen.

§ 4 Inkrafttreten. Diese Verordnung tritt am Tage nach der Verkündigung[2] in Kraft.

---

[1] Abgedruckt unter Nr. 12.1.
[2] Die Verordnung ist am 28. Dezember 1995 verkündet worden.

14. Gesetz über die Vermeidung und Sanierung von Umweltschäden (Umweltschadensgesetz – USchadG)

Vom 10. Mai 2007, BGBl. I, S. 666, zuletzt geänd. durch Art. 4 G v. 4.8.2016 (BGBl. I S. 1972)

Inhaltsübersicht

Schrifttum: *Bayer,* Fledermausschutz im Genehmigungsverfahren von Windenergieanlagen – Maßnahmen und nachträgliche Änderungen nach Erteilung der Genehmigung, NuR 2019, 387; *Beckbissinger,* Umweltschadensgesetz – Klimaschutz und Verursacherprinzip, EuRUP 2020, 2; *Becker,* Das neue Umweltschadensgesetz, München 2007; *Becker,* Einführung in die Richtlinie zur Vermeidung und Sanierung von Umweltschäden, NVwZ 2005, 371; *Becker,* Das neue Umweltschadensgesetz und das Artikelgesetz zur Umsetzung der Richtlinie über die Umwelthaftung zur Vermeidung und Sanierung von Umweltschäden, NVwZ 2007, 1105; *Beckmann/Wittmann,* Umwelthaftung für Abfallentsorgungsanlagen, Abfallrecht 2007, 87; *Beckmann/Wittmann,* Rechtsschutz für Verantwortliche bei Umweltschäden nach dem Umweltschadensgesetz, DVBl. 2008, 1287; *Beckmann/Wittmann,* Rechtsschutz für Betroffene und Umweltvereinigungen bei Umweltschäden nach dem Umweltschadensgesetz, UPR 2008, 421; *Behrens/Louis,* Die Zuständigkeit des Bundesgesetzgebers zur vollständigen Umsetzung der Umwelthaftungsrichtlinie, insbesondere des Biodiversitätsschadens, NuR 2005, 682; *Beuck,* Voraussetzungen für eine Inanspruchnahme nach dem Umweltschadensgesetz, VersR 2012, 1251; *Beyer,* Eine neue Dimension der Umwelthaftung in Europa?, ZUR 2004, 257; *Brinktrine,* Der Bodenschutz im Umweltschadensgesetz, ZUR 2007, 337; *Brinktrine,* Vier Jahre Umweltschadensgesetz, EurUP 2012, 2; *Bruns/Kieß/Peters,* Anforderungen an die Erfassung, Bewertung und Sanierung von Biodiversitätsschäden nach dem Umweltschadensgesetz, NuR 2009, 149; *Cosack/Enders,* Das Umweltschadensgesetz im System des Umweltrechts, DVBl. 2008, 405; *Czybulka,* Die Anwendung der Umwelthaftungsrichtlinie in der Ausschließlichen Wirtschaftszone und auf dem Festlandsockel, NuR 2008, 304; *Diederichsen,* Grundfragen zum neuen Umweltschadensgesetz, NJW 2007, 3377; *Diedrich,* Zwei Jahre Umweltschadensgesetz – eine Zwischenbilanz, ZfV 2010, 15; *Diederichsen/Jerxsen,* Haftungsrisiken für Unternehmen durch verzögerte Umsetzung der Umwelthaftungsrichtlinie; *Dolde,* Zur Umsetzung der gemeinschaftsrechtlichen Umwelthaftung in deutsches Recht, in: Hendler (Hrsg.), Umwelthaftung nach neuem EG-Recht, Berlin 2005, UTR Bd. 81, 169; *Duikers,* Die Umwelthaftungsrichtlinie der EG, Berlin 2006; *Duikers,* EG-Umwelthaftungsrichtlinie und deutsches Recht, NuR 2006, 623; *Führ/Lewin/Roller,* EG-Umwelthaftungsrichtlinie und Biodiversität, NuR 2006, 67; *Fritsch,* Das Umweltschadensgesetz und seine Sanierungspflichten – das unterschätzte Haftungsrisiko?, UPR 2011, 365; *Gassner/Schemel,* Umweltschadensgesetz, 3. Aufl., Wiesbaden 2016; *Gassner,* Anmerkung zum Beschluss des VGH München vom 7.4.2015 (8 CE 15.398) – Zur Frage des Anwendungsbereichs des USchadG, NuR 2015, 320; *Gassner,* Aktuelle Aspekte des Umweltschadensgesetz, UPR 2009, 333; *Gassner,* Zur mittelbaren Verwirklichung des Schutzauftrages nach Art. 20a GG – auch durch Private, DVBl 2015, 1173; *Ginzky,* Materiellrechtliche Anforderungen an die Boden- und Grundwassersanierung, NuR 2008, 243; *Godt,* Haftung für ökologische Schäden, 1997; *Godt,* Das neue Weißbuch zur Umwelthaftung, ZUR 2001, 188; *Hager,* Haftung für reine Umweltschäden, NuR 2003, 581; *Grunden/Kerst,* Deckungsumfang der Umweltschadenversicherung – Ausgewählte Fragen der USV-Grunddeckung,

ZfV 2012, 250; *Hager,* Auf dem Weg zu einem Umwelthaftungsrecht in Europa, 2002; *Hendler* (Hrsg.), Umwelthaftung nach neuem EG-Recht, Berlin 2005, UTR Bd. 81; *Hoffmeister,* Öffentlich-rechtlicher Ausgleich für Umweltschäden in Deutschland und in hoheitsfreien Räumen: Bestandsaufnahme, Rechtsvergleich und Vorschläge de lege ferenda, Berichte Umweltbundesamt 9/02, Berlin 2002; *Hohlbein/Schöfermeier/Hirschberg,* Häfen-Risiken, Rechte und Versicherungen, ZfV 2011, 60; *Keich,* Die Verantwortlichkeit der Kapitalgesellschaft, ihre Organe und Arbeitnehmer nach dem Umweltschadensgesetz im Außenverhältnis, NuR 2012, 672; *Keich,* Die Verantwortlichkeit der Kapitalgesellschaften, ihrer Organe und Arbeitnehmer nach dem Umweltschadensgesetz im Innenverhältnis, NuR 2012, 737; *Kiethe,* Persönliche Haftung von Organen von Kapitalgesellschaften im Umweltrecht – Außenhaftung durch öffentliches Recht, DVBl. 2004, 1516; *Klass,* Zum Stand der Umwelthaftung in Deutschland, UPR 1997, 134; *Knopp* (Hrsg.), Neues europäisches Umwelthaftungsrecht und seine Auswirkungen auf die deutsche Wirtschaft, 2003; *Knopp,* EG-Umwelthaftungsrichtlinie und deutsches Umweltschadensgesetz, UPR 2005, 361; *Knopp,* Neues Umweltschadensgesetz, UPR 2007, 414; *Knopp,* Das Umweltschadensgesetz im Umweltgesetzbuch, UPR 2008, 121; *Meyer-Abich,* Haftungsrechtliche Erfassung ökologischer Schäden, 2003; *Knopp/Lohmann/Schumacher,* Das Umweltschadensgesetz in der Rechtsprechungspraxis, NuR 2017, 741; *Knopp/Piroch,* Die EU-Umwelthaftungsrichtlinie in der mitgliedstaatlichen Praxis – erste Erfahrungen, unterschiedliche Bedeutung und Folgeprobleme einer „bloßen" Rahmenrichtlinie, NuR 2013, 25; *Kohler,* Rechtswidrigkeit als Verantwortlichkeitsvoraussetzung im Fall des § 3 Abs. 1 Nr. 2 USchadG, NuR 2017, 657; *Koukakis,* Zum Verschuldensmaßstab im Umweltschadensrecht, NuR 2018, 460; *Lattwein/Biorac,* Haftung nach dem Umweltschadensgesetz und Möglichkeiten des Versicherungsschutzes, EurUO 2009, 75; *Lennartz,* Binnenausgleich zwischen Störern: Gesamtschuld von Verfassungs wegen?, NVwZ 2018, 1429; *Lau,* Besonderer Artenschutz und Umweltschadensgesetz beim Bau und bei der Unterhaltung von Bundesfernstraßen, UPR 2015, 361; *Lau,* Der Biodiversitätsschaden – wie „gefährlich" ist das Umweltschadensrecht wirklich?, ZUR 2009, 589; *Louis,* Die Haftung für Umweltschäden an Arten und natürlichen Lebensräumen, NuR 2009, 2; *Möckel,* Anmerkungen zu einer Entscheidung des BVerwG, Urt. v. 21.9.2017 (7C 29.15) – Zur Verantwortlichkeit und der Zurechnung im Rahmen des USchadG, ZUR 2018, 235; *Müggenborg,* Das Verhältnis des Umweltschadensgesetzes zum Boden- und Gewässerschutzrecht, NVwZ 2009, 12; *Münter,* Ökonomische Analyse der Haftung nach der Umwelthaftungsrichtlinie, VersR 2010, 567; *Muth/Heinze,* Umwelthaftung und Risikomanagement: Neue Aufgaben für die Unternehmen, UPR 2005, 367; *Palme/Schumacher/Schlee,* Die europäische Umwelthaftungsrichtlinie, EurUP 2004, 204; *Paschke,* Verantwortung und Haftung für Umweltschäden, in: Koch/Hofmann/Reese (Hrsg.), Handbuch Umweltrecht, 5. Aufl.München, 2018, S. 1152; *Petersen,* USchadG, Kommentar, Köln ua, 2013; *Petersen,* Fachpanerische Auswirkungen des Umweltschadensgesetzes, NuR 2014, 525; *Porsch,* Endlich angekommen? – Das Umweltschadensgesetz in der Rechtspraxis, in: Kirchhof/Paetow/Uechtritz (Hrsg.), Umwelt und Planung, Festschrift für Dolde, 2014, 169; *Ruffert* in: Hendler (Hrsg.), Umwelthaftung nach neuem EG-Recht, UTR Bd. 81, Berlin 2005, 43 ff.; *Peter,* Deckungsvorsorgeregelungen nach Umwelthaftungsgesetz – ein gesetzgeberisches und verfassungsrechtliches Trauerspiel, LKV 1997, 493; *Ruffert,* Verantwortung und Haftung für Umweltschäden, NVwZ 2010, 1177; *Saurer,* Das Verschuldenserfordernis im Umweltschadensgesetz, NuR 2017, 289; *Scheidler,* Umweltschutz durch Umweltverantwortung. Das neue Umweltschadensgesetz, NJW 2007, 1113; *Schendel,* Umwelthaftung – Anforderungen an die nationale Umsetzung und Konsequenzen für Unternehmen, in: Aachener Abfall- und Umweltforum, S. 135 ff.; *Schink,* Die EU-Richtlinie über die Umwelthaftung – Auswirkungen auf das deutsche Umweltrecht, EurUP 2005, 67; Neue Haftung für Organmitglieder im Umweltbereich? NVwZ 2006, 635; *Schmidt,* Verschärfte Umweltverantwortlichkeit von Organmitgliedern – Das neue Umweltschadensgesetz, NZG 2007, 650; *Schwonberg,* Anmerkungen zu einer Entscheidung des BVerwG, Urt. v. 21.09.2017 (7 C 29/15) – Zu den Maßstäben für Vorsatz und Fahrlässigkeit und der Haftung nach Umweltschadensgesetz: Keine Zurechnung eines Gutachterverschuldens, NVwZ 2018, 431; *Seuser,* Die Haftung für nachteilige Gewässerveränderungen und die Sanierung von Gewässern (§§ 89, 90 WHG), NuR 2013, 391; *Spindler/Hertel,* Der Richtlinienvorschlag über Umwelthaftung, UPR 2002, 241; *Schrader/Hellenbroich,* Verbandsklage nach dem Umweltschadensgesetz, UPR 2007, 289; *Schröder,* EU-Umwelthaftungsrichtlinie, Umweltschadensgesetz und Umweltschadensversicherung, Karlsruhe 2008; *Shirvani,* Die Wirkung von Genehmigungen im Umweltschadensgesetz, UPR 2010, 209; *Traulsen,* Bundeskompetenzen zur Umsetzung europäischer Umweltrichtlinien am Beispiel der Umwelthaftungsrichtlinie, NuR 2005, 619; *Wagner,* Das neue Umweltschadensgesetz, VersR 2008, 565; *Versteyl/Molkenbur,* Die Bedeutung des Umweltschadensgesetz bei Betrieb von Deponien, AbfallR 2010, 20; *von Falkenhausen/Dehghani,* Bericht der Europäischen Kommission über die Umwelthaftungsrichtlinie – Haftungsgefahren durch die Umsetzung der Umwelthaftungsrichtlinie, VersR 2011, 853; *Weimann/Eimmermacher/Klein/Marburger,* Beobachtung möglicher Umweltauswirkungen durch gentechnisch veränderte Pflanzen: Monitoring als Frühwarnsystem zur Vermeidung von Umweltschäden?, NuR 2010, 229; *Würtenberger,* Anforderungen an die Verursacherhaftung im Umweltschadensrecht, EWS 2010, 282.

Übersicht

A. Einführung

1 Das Umweltschadensgesetz ist als Art. 1 des Gesetzes zur Umsetzung der Richtlinie des Europäischen Parlaments und des Rates über die Umwelthaftung zur Vermeidung und Sanierung von Umweltschäden verabschiedet und am 14.5.2007 im Bundesgesetzblatt veröffentlicht worden (BGBl. 2007, Teil I, Nr. 19, S. 667). Das Gesetz ist am 14.11.2007 in Kraft getreten. Es dient der Umsetzung der Richtlinie 2004/35/EG des Europäischen Parlaments und des Rates vom 21.4.2004 über Umwelthaftung zur Vermeidung und Sanierung von Umweltschäden (Umwelthaftungsrichtlinie, UHRL, ABl. EG 2004 Nr. L 143, S. 56). Neben der Einführung des Umweltschadensgesetzes bedurfte es zur Umsetzung der Umwelthaftungsrichtlinie der Änderung des Wasserhaushaltsgesetzes (Art. 2 des Umsetzungsgesetzes) und der Änderung des Bundesnaturschutzgesetzes (Art. 3 des Umsetzungsgesetzes).

2 Mit der Umsetzung der Umwelthaftungsrichtlinie durch das Umweltschadensgesetz wird die auch nach bisherigem Polizei- und Ordnungsrecht sowie nach dem speziellen Umweltrecht geltende **ordnungsrechtliche Verantwortung** des Verursachers von Umweltgefahren und Umweltschäden durch Einzelpflichten (Informations-, Vermeidungs- und Sanierungspflichten) konkretisiert. Das den zuständigen Behörden eingeräumte ordnungsbehördliche **Ermessen** zum Einschreiten wird eingeschränkt; es kann insbesondere bei begründeten Anträgen zum Tätigwerden durch Betroffene und anerkannte Umweltverbände auf Null reduziert sein. Eine **Haftungsbeschränkung** auf bestimmte Höchstsummen kennt das Umweltschadensrecht, anders als das zivilrechtliche Umwelthaftungsgesetz, genauso wenig wie das allgemeine Ordnungsrecht.

B. Umwelthaftungsrichtlinie

3 Die Umwelthaftungsrichtlinie ist keine sogenannte Harmonisierungsrichtlinie. Sie erlaubt den Mitgliedstaaten ausdrücklich die Beibehaltung oder Einführung strengerer Vor-

schriften. Im Erwägungsgrund Nr. 29 heißt es, die Richtlinie solle die Mitgliedstaaten nicht daran hindern, strengere Vorschriften für die Vermeidung und Sanierung von Umweltschäden beizubehalten oder zu erlassen. Die Richtlinie schafft einen einheitlichen, europaweiten Rahmen für die ordnungsrechtliche Verantwortung für Umweltschäden (*Becker,* NVwZ 2005, 371).

1. Allgemeine Ziele und Erwägungen

4 Nach Art. 1 UHRL ist es Ziel der Richtlinie, auf der Grundlage des Verursacherprinzips einen Rahmen für die Umwelthaftung zur Vermeidung und Sanierung von Umweltschäden zu schaffen (siehe dazu auch *Petersen,* Einl. Rn. 15). Bei der Umwelthaftungsrichtlinie handelt es sich trotz der eher irreführenden Bezeichnung nicht um eine Kodifikation zivilrechtlicher Haftungsvorschriften, sondern um eine Erweiterung des europäischen Umweltrechts um einen ordnungsrechtlichen, also öffentlich-rechtlichen Rahmen zur Einschreitung gegen Umweltgefahren und Umweltschäden (*Diederichsen/Jerxsen,* UPR 2007, 17; *Schink,* EurUP 2005, 67; zur kritischen Bewertung der Richtlinie *Becker,* NVwZ 2005, 371).

5 Der Richtliniengeber weist darauf hin, dass es in der Europäischen Gemeinschaft zahlreiche **kontaminierte Standorte** gebe, die ein erhebliches Gesundheitsrisiko darstellten, und dass der **Verlust an biologischer Vielfalt** sich in den vergangenen Jahrzehnten dramatisch beschleunigt habe. Würden keine Maßnahmen ergriffen, könne in Zukunft die Anzahl kontaminierter Standorte noch weiter ansteigen und der Verlust an biologischer Vielfalt noch stärker zunehmen. Die mit der Umwelthaftungsrichtlinie beabsichtigte Vermeidung und Sanierung von Umweltschäden trage zur Umsetzung der im Europäischen Vertrag genannten Ziele und Grundsätze der Umweltpolitik der europäischen Gemeinschaft bei (Erwägungsgrund 1).

6 Vorrangiges Ziel der Richtlinie ist die Vermeidung und Sanierung von Umweltschäden. Dieses Ziel soll durch eine verstärkte Orientierung an dem im EU-Vertrag genannten **Verursacherprinzip** und gemäß dem **Grundsatz einer nachhaltigen Entwicklung** erreicht werden (*Beckbissinger,* EuRUP 2020, 2). Grundlegendes Prinzip der Umwelthaftungsrichtlinie ist es, dass diejenigen, die durch ihre Tätigkeit einen Umweltschaden oder die unmittelbare Gefahr eines solchen Schadens verursacht haben, dafür tatsächlich und finanziell verantwortlich sein sollen. Sie sollen über diese finanzielle Verantwortung dazu veranlasst werden, Maßnahmen zu treffen und Verfahren zu entwickeln, mit denen die Gefahr von Umweltschäden verringert wird, um damit zugleich das Risiko ihrer finanziellen Inanspruchnahme zu verringern (Erwägungsgrund 2).

7 Der Richtliniengeber möchte mit der Umwelthaftungsrichtlinie einen gemeinsamen, europaweiten Ordnungsrahmen zur Vermeidung und Sanierung von Umweltschäden zu vertretbaren Kosten für die Gesellschaft schaffen (Erwägungsgrund 3). Da ein solcher **gemeinsamer Ordnungsrahmen** nicht auf der Ebene der Mitgliedstaaten erreichbar ist, sieht sich der Richtliniengeber auch unter Beachtung des in Art. 5 EU-Vertrag niedergelegten Subsidiaritätsprinzips zum Erlass der Richtlinie berechtigt. Gestützt wird der Erlass der Richtlinie auf Art. 175 EG (vgl. Art. 16 Abs. 1 UHRL).

8 Die Umwelthaftungsrichtlinie dient der Vermeidung und Sanierung von Umweltschäden (Erwägungsgründe 11). Sie lässt **Ansprüche auf Schadensersatz,** der nach den einschlägigen internationalen Übereinkünften über die zivilrechtliche Haftung für herkömmliche Schäden zu leisten ist, unberührt. Sie regelt allein öffentlich-rechtliche Pflichten und gerät schon aus diesem Grund mit zivilrechtlichen (Umwelt-)Haftungsregelungen nicht in Konflikt (*Scheidler,* NJW 2007, 1113 (1114)). Umweltschadensversicherungen erstrecken sich allerdings auch auf öffentlich-rechtliche Pflichten des USchadG (siehe zur insoweit umfassenden Umweltschadensversicherung *Grunden/Kerst,* ZfV 2012, 250). Ist im Rahmen einer solchen Versicherung die gesetzliche Pflicht zur Sanierung von Umweltschäden nach dem USchadG versichert, kann das Leistungsversprechen nach den maßgeblichen Verständnismöglichkeiten des durchschnittlichen Versicherungsnehmers nicht darauf reduziert werden, dass Versicherungsschutz nur im Falle unmittelbaren Eingreifens des Umweltschadensgesetzes wegen Fehlens anderer Bundes- oder Ländervorschriften eingreift (LG Düsseldorf, Urt. v. 18.12.2018 – 9 S 1/18, juris Rn. 37).

Der Richtliniengeber weist ausdrücklich darauf hin, dass nicht alle Formen von Umweltschäden durch Haftungsmechanismen behoben werden können. Erforderlich sei, dass ein oder mehrere Verursacher identifiziert werden könnten, dass ein konkreter und messbarer Schaden vorliege und dass ein Zusammenhang zwischen dem Schaden und dem ermittelten Verursacher hergestellt werden könne. Daher seien Haftungstatbestände kein geeignetes Instrument, um einer breit gestreuten, nicht klar abgrenzbaren Umweltverschmutzung zu begegnen, bei der es unmöglich sei, die nachteiligen Umweltauswirkungen mit Handlungen oder Unterlassungen bestimmter einzelner Akteure in Zusammenhang zu bringen (Erwägungsgrund 13). **9**

Die Richtlinie gilt ausdrücklich nicht für Personenschäden, Schäden an Privateigentum oder wirtschaftliche Verluste und lässt Ansprüche im Zusammenhang mit diesen Schadensarten auch ausdrücklich unberührt (Erwägungsgrund 14). **10**

Grundsätzlich soll der Verursacher eines Umweltschadens nicht nur finanziell für die Schadensbeseitigung verantwortlich sein. Vielmehr soll er zu **Vermeidungs- oder Sanierungsmaßnahmen** angehalten werden können (*Beckbissinger,* EuRUP 2020, 2 (3)). In Fällen allerdings, in denen eine zuständige Behörde selbst oder über Dritte an Stelle des Schadensverursachers tätig wird, sollte die Behörde sicherstellen, dass die ihr entstandenen Kosten vom Betreiber (in der Terminologie des Umweltschadensgesetzes: vom Verantwortlichen) erstattet werden. Die Betreiber sollen auch letztlich die Kosten für die Beurteilung von Umweltschäden bzw. einer unmittelbaren Gefahr solcher Schäden tragen (Erwägungsgrund 18). **11**

2. Verantwortliche Betreiber

Als Verantwortlichen und Pflichtenadressaten nennt die Richtlinie den „Betreiber". Abweichend von dem Begriffsverständnis des deutschen Umweltrechts handelt es sich bei Betreibern im Sinne der Umwelthaftungsrichtlinie um natürliche oder juristische Personen des privaten oder öffentlichen Rechts, die eine berufliche Tätigkeit ausüben oder bestimmen oder denen – sofern dies in den nationalen Rechtsvorschriften vorgesehen ist – die ausschlaggebende wirtschaftliche Verfügungsmacht über die technische Durchführung einer solchen Tätigkeit übertragen worden ist, einschließlich des Inhabers einer Zulassung oder Genehmigung für eine solche Tätigkeit oder der Person, die die Anmeldung oder Notifizierung einer solchen Tätigkeit vornimmt (Art. 2 Nr. 6 UHRL). **12**

3. Anwendungsbereich

Die Umwelthaftungsrichtlinie differenziert gem. Art. 3 zwischen Umweltschäden, die durch die Ausübung einer der in Anhang III der Richtlinie aufgeführten beruflichen Tätigkeiten verursacht werden und Schädigungen geschützter Arten und natürlicher Lebensräume, die durch die Ausübung einer anderen als der in Anhang III der Richtlinie **13** aufgeführten beruflichen Tätigkeiten verursacht werden. Der Anwendungsbereich der Richtlinie ist grundsätzliche für beide Tätigkeitsbereiche eröffnet.

14 Für Umweltschäden, die durch die Ausübung einer der in Anhang III aufgeführten beruflichen Tätigkeiten verursacht werden, sieht die Umwelthaftungsrichtlinie eine **verschuldensunabhängige Gefährdungshaftung** vor. Für Schädigungen geschützter Arten und natürlicher Lebensräume, die durch die Ausübung einer anderen als der in Anhang III aufgeführten Tätigkeiten verursacht werden, soll die Verantwortung nach der Umwelthaftungsrichtlinie im Sinne einer **Verschuldenshaftung** nur dann greifen, wenn der Betreiber vorsätzlich oder fahrlässig gehandelt hat.

15 Die Richtlinie gilt unbeschadet strengerer Rechtsvorschriften der Gemeinschaft für die Ausübung von Tätigkeiten, die in den Anwendungsbereich der Richtlinie fallen, sowie unbeschadet der Rechtsvorschriften der Gemeinschaft, die Regelungen über die internationale Zuständigkeit enthalten.

16 Eine wesentliche Einschränkung des Anwendungsbereichs erfährt die Richtlinie durch die Definition des Umweltschadens. Anders als die UVP-Richtlinie verfolgt die Umwelthaftungsrichtlinie einen lediglich auf **bestimmte Umweltmedien** beschränkten Regelungsansatz. Die Richtlinie beschränkt sich auf die Regelung von Umweltschäden, die sich nach der Begriffsdefinition des Art. 2 Nr. 1 UHRL auf eine Schädigung geschützter Arten und natürlicher Lebensräume, von Gewässern und des Bodens beziehen. Nicht erfasst wird zum Beispiel die Luftqualität.

a) Sachliche Einschränkungen des Anwendungsbereichs

17 Art. 4 UHRL regelt einen **Katalog von Ausnahmen** vom Anwendungsbereich der Richtlinie. Für Umweltschäden oder für unmittelbare Gefahren solcher Schäden, die durch bewaffnete Konflikte, Feindseligkeiten, Bürgerkrieg oder Aufstände oder aber durch ein außergewöhnliches, unabwendbares und nicht beeinflussbares Naturereignis verursacht werden, gilt die Umwelthaftungsrichtlinie nach Art. 4 Abs. 1 nicht. Die Umwelthaftungsrichtlinie gilt auch nicht für Umweltschäden oder die unmittelbare Gefahr solcher Schäden, die infolge eines Vorfalls eintreten, bei dem die Haftung oder Entschädigung in den Anwendungsbereich eines der in Anhang IV der Richtlinie aufgeführten internationalen Abkommen, einschließlich etwaiger künftiger Änderungen dieser Übereinkommen, fällt, das in dem betroffenen Mitgliedstaat in Kraft ist. Die Umwelthaftungsrichtlinie gilt schließlich nach Art. 4 Abs. 4 auch nicht für nukleare Risiken oder Umweltschäden oder die unmittelbare Gefahr solcher Schäden, die durch die Ausübung von Tätigkeiten verursacht werden können, die unter den Vertrag zur Gründung der europäischen Atomgemeinschaft fallen, oder durch einen Vorfall oder eine Tätigkeit verursacht werden, für die die Haftung oder Entschädigung in den Anwendungsbereich einer der in Anhang V aufgeführten internationalen Übereinkünfte, einschließlich etwaiger künftiger Änderungen dieser Übereinkünfte, fällt.

b) Zeitliche Begrenzung des Anwendungsbereichs

18 Eine Einschränkung des Anwendungsbereiches der Richtlinie ergibt sich aus ihrer zeitlichen Begrenzung. Die Umwelthaftungsrichtlinie gilt nicht für Schäden, die durch Emissionen, Ereignisse oder Vorfälle verursacht wurden, die vor dem 30.4.2007 stattgefunden haben. Die Richtlinie gilt auch nicht für Schäden, die durch Emissionen, Ereignisse oder Vorfälle verursacht worden sind, die nach dem 30.4.2007 stattgefunden haben, sofern sie auf eine spezielle Tätigkeit zurückzuführen sind, die vor dem 30.4.2007 stattgefunden oder geendet hat. Schließlich gilt die Umwelthaftungsrichtlinie auch nicht für Schäden, wenn seit den schadensverursachenden Emissionen, Ereignissen oder Vorfällen mehr als 30 Jahre vergangen sind.

4. Vermeidungs- und Sanierungstätigkeiten, Kostentragung

Die Richtlinie sieht Pflichten zur Vermeidung von Umweltschäden sowie Informationspflichten und Sanierungspflichten für den Fall vor, dass ein Umweltschaden bereits eingetreten ist (Art. 5, 6, 7 UHRL). Der haftende Betreiber hat nach Art. 5 UHRL im Falle einer unmittelbaren Gefahr eines Umweltschadens unverzüglich die erforderlichen Vermeidungsmaßnahmen zu ergreifen. Ist ein Umweltschaden bereits eingetreten, hat der Betreiber Informationspflichten gegenüber der zuständigen Behörde sowie gegebenenfalls Sanierungspflichten zu erfüllen (Art. 6, 7 UHRL). Bei den in der Richtlinie vorgesehenen Informations-, Vermeidungs- und Sanierungspflichten handelt es sich um unmittelbar bestehende Pflichten, die keiner Konkretisierung durch eine behördliche Anordnung bedürfen. **19**

Daneben enthält die Richtlinie Bestimmungen über die Kostentragung der Vermeidungs- und Sanierungstätigkeiten und für die Kostenverteilung im Falle mehrerer Verursacher (Art. 8 bis 10 UHRL). Grundsätzlich trägt der Betreiber die Kosten durchgeführter Vermeidungs- und Sanierungsmaßnahmen, wobei die Mitgliedstaaten insoweit in bestimmten Grenzen Einschränkungen von der Kostentragungspflicht zulassen dürfen (Art. 8 UHRL). **20**

5. Beteiligung von Betroffenen und Umweltverbänden

Von besonderer Bedeutung ist, dass die Richtlinie natürlichen oder juristischen Personen, die von einem Umweltschaden betroffen oder wahrscheinlich betroffen sind oder ein ausreichendes Interesse an einem umweltbezogenen Entscheidungsverfahren bzgl. des Schadens haben oder alternativ eine Rechtsverletzung geltend machen, sofern das Verwaltungsverfahrensrecht bzw. Verwaltungsprozessrecht eines Mitgliedstaats dies als Voraussetzung erfordert, das Recht einräumt, der zuständigen Behörde „Bemerkungen" zu ihnen bekannten Umweltschäden oder einer ihnen bekannten unmittelbaren Gefahr solcher Schäden zu unterbreiten und die zuständige Behörde aufzufordern, gem. der Umwelthaftungsrichtlinie tätig zu werden (Art. 12 Abs. 1 UHRL). Als ein **ausreichendes Interesse** an einem umweltbezogenen Entscheidungsverfahren gilt das Interesse einer Nichtregierungsorganisation, die sich für den Umweltschutz einsetzt und alle nach nationalem Recht geltenden Voraussetzungen für ihre Anerkennung erfüllt. Diese Nichtregierungsorganisationen gelten auch als Träger von Rechten, die im Sinne des Art. 12 Abs. 1c) der Richtlinie verletzt werden können. **21**

6. Entstehungsgeschichte

Die Umwelthaftungsrichtlinie beruht auf einem Vorschlag der Kommission vom 23.1.2001, dem wiederum das Weißbuch der Europäischen Kommission zur Umwelthaftung vom 9.2.2000 (KOM 2000, 66) und das Grünbuch der Europäischen Kommission über die Sanierung von Umweltschäden vom 14.5.1993 (KOM 1993, 47) vorangegangen waren (zur Entstehungsgeschichte der Richtlinie *Palme/Schumacher/Schlee,* EurUP 2004, 204; *Spindler/Härtel,* UPR 2002, 241 ff.; zum Weißbuch *Godt,* ZUR 2001, 188). **22**

Ursprünglich hatte die Kommission beabsichtigt, den Anwendungsbereich der Umwelthaftungsrichtlinie nicht nur auf **ökologische Schäden** zu beschränken, sondern auch herkömmliche Gesundheits- und Sachschäden in das Regelungssystem einzubeziehen. Angesichts kompetenzrechtlicher Bedenken gegen eine derart umfassende Haftungsregelung beschränkte sich die Kommission mit ihrem Richtlinienvorschlag auf den Bereich der ökologischen Schäden unter Außerachtlassung herkömmlicher Schäden. **23**

24 Aus dem ursprünglich zivilrechtlichen Haftungsansatz wurde in der Folgezeit ein öffentlich-rechtliches Verantwortungskonzept, das auf eine öffentlich-rechtliche Vermeidungs-, Schadensbegrenzungs- und Sanierungspflicht abzielt dazu auch *Petersen,* Einl. Rn. 17). Der Verursacher soll von der Behörde entweder durch Anordnungen zur Gefahrenabwehr bzw. Sanierung verpflichtet werden, oder aber im Falle der Ersatzvornahme durch die zuständige Behörde zur Kostenübernahme verpflichtet sein. Der ursprünglich zivilrechtlichen Ansatz der Richtlinie dürfte auch Grund für die aus öffentlichrechtlicher Sicht nicht verständliche Differenzierung zwischen einer verschuldensunabhängigen Haftung für die in Anhang III genannten Tätigkeiten und einer verschuldensabhängigen Haftung für die Verursachung von Schäden der Arten und natürlichen Lebensräume durch jegliche berufliche Tätigkeiten sein. Da es sich der Sache nach um eine **ordnungsrechtliche Verhaltensverantwortung** handelt, ist das Verschuldenserfordernis nach herkömmlichem öffentlich-rechtlichem Verständnis ungewöhnlich. Die in das deutsche Recht übernommene Differenzierung wirft zugleich die Frage nach dem Verhältnis dieser Regelungen zum allgemeinen Polizei- und Ordnungsrecht auf, das weiterhin eine verschuldensunabhängige Verhaltensverantwortung vorsieht (zu den Schwerpunkten der Umwelthaftungsrichtlinie siehe auch *Knopp,* UPR 2005, 361; *Petersen,* Einl. Rn. 18 ff.).

C. Das deutsche Umsetzungskonzept

25 Ziel des USchadG ist die Vermeidung und die Sanierung von Umweltschäden. Während das Umwelthaftungsgesetz (UmweltHG) eine zivilrechtliche Haftung zum Schutz individueller Rechte regelt, stellt das USchadG keine individuellen Rechte unter Schutz, sondern schützt die Umwelt im Allgemeinwohinteresse (*Beckbissinger,* EuRUP 2020, 2, 3). Das USchadG regelt insoweit ausschließlich **öffentliches Recht** (*Beuck,* VersR 2012, 1214; *Porsch,* in FS Dolde, 169 (170); zu einigen zivilrechtlichen Relikten im Gesetz siehe *Petersen,* Einl. Rn. 19). Die zivilrechtliche Haftung nach dem UmweltHG bleibt unberührt. Der Bundesgesetzgeber hat sich gegen ein Artikelgesetz mit einer Änderung der verschiedenen bundesrechtlichen Umweltgesetze entschieden und stattdessen auf das **Konzept eines Rahmengesetzes** gesetzt, das für alle von der Umwelthaftungsrichtlinie erfassten Umweltschäden (Schädigungen geschützter Arten und natürlicher Lebensräume, Schädigungen der Gewässer, Schädigungen des Bodens) gilt und das für diese Schäden in Übernahme der Anforderungen der Umwelthaftungsrichtlinie einheitliche Standards vorgibt. Allerdings ist das Umweltschadensgesetz dabei auf die Ergänzung durch das jeweilige **Fachrecht** (Naturschutz-, Wasserhaushalts- und Bodenschutzrecht) angelegt. Die Bundesregierung weist in der Begründung ihres Gesetzesentwurfes darauf hin, dass sich aus dem jeweiligen Fachrecht die Anforderungen an den Umfang der nach dem Umweltschadensgesetz zu treffenden Maßnahmen ergeben und dass (im Bereich der Schädigungen geschützter Arten und natürlicher Lebensräume sowie der Schädigungen der Gewässer) erst das jeweilige Fachrecht bestimme, welche Umweltschäden unter das Umweltschadensgesetz fielen. Insoweit sei das Umweltschadensgesetz im Rahmen der Umsetzungskonzeption als allgemeiner Teil zu verstehen, der durch die fachrechtlichen (medien- und schutzgutbezogenen) Maßstäbe als besonderer Teil ergänzt und konkretisiert werde. Demzufolge finde das Umweltschadensgesetz nur Anwendung, soweit Rechtsvorschriften des Bundes oder der Länder die Vermeidung und Sanierung von Umweltschäden nicht näher bestimmten oder in ihren Anforderungen dem Umweltschadensgesetz nicht entsprächen – Rechtsvorschriften mit weitergehenden Anforderungen blieben unberührt (vgl. dazu § 1). Im Fachrecht könnten im Hinblick auf die jeweiligen Besonderheiten fachspezifische Sonderregelungen getroffen werden. Das Umweltschadensgesetz sei gegenüber diesen fachgesetzlichen Vorschriften

subsidiär. Soweit allerdings das Fachrecht in seinen Anforderungen hinter den „stammgesetzlichen" Vorgaben zurückbleibe, träten die Vorschriften des Umweltschadensgesetzes an seine Stelle (dazu Begründung der Bundesregierung, BT-Drs. 16/3806, S. 13 f.).

I. Überblick über das Gesetz

§ 1 des Gesetzes regelt das schwierige Verhältnis zu anderen Vorschriften. Mit der Regelung soll abgesichert werden, dass das Umweltschadensgesetz den von der Umwelthaftungsrichtlinie geforderten **Mindeststandard** setzt und dass im Übrigen Rechtsvorschriften mit weitergehenden Anforderungen bestehen bleiben. **26**

Zentrale Begriffe des Umweltschadensrechts werden in § 2 des Gesetzes definiert. Dazu gehören insbesondere der Begriff des Umweltschadens, der Begriff des Verantwortlichen, die Definition der beruflichen Tätigkeit, an die die Haftung anknüpft sowie die Definition der unmittelbaren Gefahr eines Umweltschadens und der Vermeidungs-, Schadensbegrenzungs- und Sanierungsmaßnahmen. **27**

§ 3 regelt seiner Überschrift nach den **Anwendungsbereich** des Gesetzes, trifft aber in der Sache eher Regelungen über die **Voraussetzungen der Haftung.** Die konkreten **Pflichten der Verantwortlichen** sind in den §§ 4–6 und 9 geregelt. Dazu gehören die Informationspflicht, die Gefahrenabwehrpflicht (Vermeidungs- und Schadensbegrenzungspflicht), die Sanierungspflicht und die Kostentragungspflicht des/der Verantwortlichen. Die Informations-, Vermeidungs-, Schadensbegrenzungs- und Sanierungspflichten gelten unmittelbar kraft Gesetzes; sie müssen gegenüber dem Verantwortlichen nicht durch einen Verwaltungsakt begründet werden. Die allgemeinen **Pflichten und Befugnisse der zuständigen Behörde** bestimmt § 7 des Gesetzes. § 8 enthält konkretisierende Regelungen zu den erforderlichen Sanierungsmaßnahmen und regelt das Zusammenwirken zwischen Verantwortlichen und zuständiger Behörde. § 9 enthält zusätzlich zur Bestimmung der Kostentragungspflicht auch Regelungen zu einem Ausgleichsanspruch mehrerer Verantwortlicher und zur Haftungsbeschränkung. Rechte der antragsbefugten Betroffenen und Vereinigungen sowie **Rechtschutzmöglichkeiten** sind in den §§ 10 und 11 geregelt. § 12 widmet sich der Zusammenarbeit mit den Mitgliedstaaten der Europäischen Union; § 13 schließlich bestimmt den zeitlichen Anwendungsbereich des Gesetzes. **28**

Das Gesetz wird ergänzt durch verschiedene **Anlagen.** Anlage 1 zu § 3 Abs. 1 listet die beruflichen Tätigkeiten auf, für die eine verschuldensunabhängige Gefährdungshaftung bestehen soll. Anlage 2 zu § 3 Abs. 3 Nr. 3 listet internationale Abkommen, Anlage 3 die internationalen Übereinkünfte zu § 3 Abs. 3 Nr. 5 auf. Schließlich wird das Gesetz durch Regelungen in anderen Fachgesetzen, so zB des **WHG** und des **BNatSchG,** ergänzt. So bestimmt § 90 Abs. 1 WHG den Begriff der haftungsrelevanten Gewässerschädigung, § 90 Abs. 2 WHG sieht vor, dass der für eine Gewässerschädigung Verantwortliche die erforderlichen Sanierungsmaßnahmen gemäß Anhang II Nr. 1 der Umwelthaftungsrichtlinie zu ergreifen hat, § 90 Abs. 3 WHG schließlich enthält eine Klarstellung, dass weitergehende Vorschriften über Schädigungen oder sonstige Beeinträchtigungen von Gewässern und deren Sanierung unberührt bleiben. § 19 BNatSchG dient dazu, Schäden an bestimmten Arten und natürlichen Lebensräumen und die Sanierungspflichten des Verantwortlichen in Ergänzung des USchadG näher zu konkretisieren. **29**

II. Gesetzgebungskompetenz des Bundes

Der Bund besitzt seit der Föderalismusreform im Jahre 2006 eine im Wesentlichen umfassende Gesetzgebungskompetenz für das Umweltrecht. Die Bundesregierung hat die **30**

Gesetzgebungskompetenz des Bundes in der Gesetzesbegründung ausführlich hergeleitet (BT-Drs. 16/3806, S. 14f.). Die Kompetenz des Bundes für den Erlass des Umweltschadensgesetzes sowie für die Änderung des Wasserhaushaltsgesetzes und des Bundesnaturschutzgesetzes ergeben sich in erster Linie aus der konkurrierenden Gesetzgebung. Soweit eine Schädigung oder die unmittelbare Gefahr einer solchen Schädigung des Bodens geregelt wird, ergibt sich die Kompetenz aus Art. 74 Abs. 1 Nr. 11, 18 GG. Soweit eine Schädigung oder die unmittelbare Gefahr einer Schädigung der Gewässer geregelt wird, ergibt sich die Gesetzgebungskompetenz aus Art. 74 Abs. 1 Nr. 32 GG und soweit eine Schädigung oder die unmittelbare Gefahr einer Schädigung von Arten und natürlichen Lebensräumen geregelt wird aus Art. 74 Abs. 1 Nr. 29 GG (zur Gesetzgebungskompetenz des Bundes zur vollständigen Umsetzung der Umwelthaftungsrichtlinie siehe *Traulsen,* NuR 2005, 619; *Behrens/Louis,* NuR 2005, 682; *Scheidler,* NJW 2007, 1113, 1114; *Petersen,* Einl. Rn. 70).

31 Aufgrund der Änderung des Grundgesetzes im Rahmen der **Föderalismusreform** haben die Länder nunmehr gem. Art. 72 Abs. 3 Nr. 2 und 5 GG die Möglichkeit, **abweichende Regelungen** zum Natur- und Gewässerschutz zu erlassen. Derartige Regelungen existieren bislang nicht und müssten sich gegebenenfalls im Rahmen der Vorgaben der Umwelthaftungsrichtlinie halten. Da sich der Bund beim Erlass des Umweltschadensgesetzes eng am Wortlaut der Richtlinie orientiert hat (angestrebt war eine „1 : 1-Umsetzung"), sind erhebliche Abweichungen der Länder nicht zu erwarten.

D. Umweltgesetzbuch

32 Die Absicht, ein Umweltgesetzbuch zu erlassen, das in seinem allgemeinen Teil die im Umweltschadensgesetz enthaltenen Regelungen zur öffentlich-rechtlichen Umwelthaftung aufnehmen sollte, ist aufgegeben worden (dazu *Durner,* NuR 2008, 293 (302); *Knopp,* UPR 2008, 121). Nach dem Scheitern des Umweltgesetzbuchs sind verschiedene Regelungen in den Fachgesetzen aktualisiert worden (siehe zB § 90 WHG).

E. Unionsrechtlich Bewertung

33 Das Europäische Parlament hat zur Bewertung der Anwendung der Umwelthaftungsrichtlinie einen Initiativbericht durch den Rechtsausschuss und den Ausschuss für Umweltfragen erarbeiten lassen (1016/2251(INI)), auf dessen Grundlage das Europäische Parlament am 26.10.2017 eine Entschließung zu der Anwendung der Umwelthaftungsrichtlinie verabschiedet hat (ABl. EU C 346, S. 184ff.). In dieser Entschließung stellt das Parlament fest, dass sich ein alarmierendes Bild bezüglich der tatsächlichen Umsetzung der Umwelthaftungsrichtlinie abzeichne. Es betont, dass die Richtlinie in vielen Mitgliedstaaten uneinheitlich und oberflächlich umgesetzt werde. Das Parlament stellt fest, dass die Umsetzung der Umwelthaftungsrichtlinie in einzelstaatliche Haftungsregelungen „aufgrund der darin vorgesehenen Ermessensspielräume, eines erheblichen Mangels an Klarheit und der uneinheitlichen Anwendung der grundlegenden Konzepte sowie unterentwickelter Kapazitäten und Fachkenntnisse" keine gleichen Wettbewerbsbedingungen geschaffen habe und dass sie sowohl in rechtlicher als auch in praktischer Hinsicht völlig uneinheitlich sei und es bei der Zahl der Fälle große Unterschiede zwischen den Mitgliedstaaten gebe. Vor diesem Hintergrund ist das Parlament der Ansicht, dass zusätzliche Anstrengungen erforderlich seien, damit die Rechtsvorschriften auf europäischer Ebene angeglichen werden könnten. Die mangelnde Einheitlichkeit sei ua darauf zurückzufüh-

ren, dass die Umwelthaftungsrichtlinie als Rahmenrichtlinie zu allgemein gehalten sei. Die Wirksamkeit der Umwelthaftungsrichtlinie unterscheide sich in den einzelnen Mitgliedstaaten deutlich, wobei die unterschiedliche Auslegung und Anwendung der „Wesentlichkeitsschwelle" für Umweltschäden eines der Haupthindernisse für eine wirksame und einheitliche Anwendung der Umwelthaftungsrichtlinie darstelle. Das Parlament bedauert, dass diverse Aktivitäten mit potenziellen negativen Auswirkungen auf die biologische Vielfalt und die Umwelt wie zB die Beförderung gefährlicher Stoffe in Pipelines, der Bergbau und die Einschleppung invasiver gebietsfremder Arten derzeit nicht unter die verschuldensunabhängige Haftung fielen; die in Anhang III aufgeführten Tätigkeiten deckten die Bereiche, in denen potenziell Schaden verursacht werden kann, insbesondere bei einer Schädigung der biologischen Vielfalt, nicht ausreichend ab. In der Entschließung wird daher der Wunsch geäußert, dass der in Art. 1 der Umwelthaftungsrichtlinie genannte Rahmen für die Umwelthaftung erweitert werden sollte, sodass er „die Wiederherstellung der Umwelt und die ökologische Sanierung bis zur Wiederherstellung des Ausgangszustands im Anschluss an die Beendigung der beruflichen Tätigkeiten umfasst, was auch dann gelten sollte, wenn der Umweltschaden von Tätigkeiten oder Emissionen verursacht wurde, die von den zuständigen Behörden ausdrücklich genehmigt wurden". Außerdem betont das Parlament Probleme im Zusammenhang mit der Anwendung der Richtlinie bei „schweren Vorfällen", wenn der haftbare Verursacher nicht ermittelt werden kann und/oder der Verursacher Insolvenz oder Konkurs anmeldet. Das Parlament bekräftigt, das die Richtlinie für Umweltschäden sowie die unmittelbare Gefahr solcher Schäden gelte, die durch eine nicht klar abgegrenzte Verschmutzung verursacht werden, wenn ein ursächlicher Zusammenhang zwischen dem Schaden und den Tätigkeiten einzelner Betreiber festgestellt werden könne; in diesem Zusammenhang bekräftigt es, dass der Weltklimarat (Zwischenstaatlicher Ausschuss für Klimaänderungen – IPCC) bereits in seinem Bericht von 2013 einen eindeutigen ursächlichen Zusammenhang zwischen Gasemissionen und Schäden in Bezug auf den Klimawandel und die Umwelt festgestellt habe. Das Parlament fordert ua, die Umwelthaftungsrichtlinie baldmöglichst zu überarbeiten und den Begriff „Umweltschaden" neu zu definieren, und zwar insbesondere mit Blick auf die Kriterien für die Bestimmung von nachteiligen Auswirkungen auf geschützte Arten und Lebensräume (Anhang I) und auf das Risiko einer Schädigung von Gewässern und Böden, so dass der Begriff „wirksam, einheitlich und den schnellen Änderungen der bei der industriellen Tätigkeit entstehenden Schadstoffe angemessen" sei. Außerdem soll die Kommission das Konzept der „Wesentlichkeitsschwelle" klarer formulieren und unterschiedliche Haftungshöchstgrenzen für verschiedene Aktivitäten prüfen, damit die Umwelthaftungsrichtlinie in allen Mitgliedstaaten standardisiert und einheitlich angewandt werden könne. Da die Luftverschmutzung die Gesundheit des Menschen und die Umwelt schädigt und Stickstoffdioxid und Feinstaubbelastung ernsthafte Gesundheitsrisiken darstellen, fordert das Parlament, in die Bestimmungen der Begriffe „Umweltschaden" und „natürliche Ressource" in Artikel 2 den Begriff „Ökosysteme" aufzunehmen sowie die Möglichkeit zu prüfen, den Geltungsbereich der Umwelthaftungsrichtlinie auszuweiten und eine Haftung für eine Schädigung der menschlichen Gesundheit und der Umwelt einzuführen, einschließlich der Verschmutzung der Luft. Des weiteren fordert das Parlament, Betreiber, die aus der Durchführung von Tätigkeiten Nutzen ziehen, für durch diese Tätigkeiten verursachte Umweltschäden haftbar zu machen, eine Sekundärhaftungsregelung für die Rechtsnachfolger des Verursachers zu schaffen, eine subsidiäre Staatshaftung vorzusehen und die Optionen, aufgrund eines genehmigten Normalbetriebs bzw. aufgrund des Entwicklungsrisikos Haftungsausschluss zu gewähren, aufzuheben. Parallel sollen die in Anhang III genannten Kategorien gefährlicher Tätigkeiten ausgeweitet werden, damit sie „alle für die Umwelt und die menschliche

Gesundheit potenziell schädlichen Tätigkeiten" umfassen. Zudem soll die Umwelthaftungsrichtlinie auf von jeglicher beruflichen Tätigkeit verursachte Umweltschäden angewendet und eine verschuldensunabhängige Erzeugerhaftung vorgesehen werden. Schließlich wird empfohlen, sämtliche Haftungsfälle und alle Einzelheiten zu den verhängten Sanktionen zu veröffentlichen, um für umfassende Transparenz hinsichtlich der wahren Kosten von Umweltschäden zu sorgen.

Mit dieser – hier keinesfalls umfassend wiedergegebenen – Entschließung spricht das Europäische Parlament zweifellos einige Schwachpunkte der Umwelthaftungsrichtlinie und verbreitete Umsetzungsschwierigkeiten der Mitgliedstaaten an. Die vorgeschlagenen Maßnahmen beurteilen die Wirksamkeit der Richtlinie jedoch allein am Maßstab eines bestmöglichen Umweltschutzes und einer maximalen Verursacherhaftung, ohne auf ökonomische, datenschutzrechtliche, verwaltungstechnische Belange und auf Aspekte der Verhältnismäßigkeit Rücksicht zu nehmen. Angesichts der geringen Bedeutung der Richtlinie und ihrer Umsetzungsgesetze in der Vollzugspraxis der Mitgliedstaaten ist nicht damit zu rechnen, dass es auf absehbare Zeit zu der gewünschten Überarbeitung kommen wird.

§ 1 Verhältnis zu anderen Vorschriften

Dieses Gesetz findet Anwendung, soweit Rechtsvorschriften des Bundes oder der Länder die Vermeidung und Sanierung von Umweltschäden nicht näher bestimmen oder in ihren Anforderungen diesem Gesetz nicht entsprechen. Rechtsvorschriften mit weitergehenden Anforderungen bleiben unberührt.

Schrifttum: siehe Vorbemerkung.

Übersicht

A. Einführung

1 § 1 bestimmt das Verhältnis des Umweltschadensgesetzes zu anderen Rechtsvorschriften des Bundes und der Länder. Materiell handelt es sich um eine Bestimmung zum sachlichen Anwendungsbereich des Gesetzes; die Regelung steht damit im unmittelbaren Zusammenhang zu § 3. Eine Regelung zum zeitlichen Anwendungsbereich enthält § 13. Der personelle Anwendungsbereich des USchadG ergibt sich aus der Definition des Verantwortlichen in § 2 Nr. 3.

2 Der Bundesgesetzgeber hat sich bei der Umsetzung der Umwelthaftungsrichtlinie entschieden, mit dem Umweltschadensgesetz lediglich einen **Rahmen** zu setzen, der für alle von der Umwelthaftungsrichtlinie erfassten Umweltschäden (Schädigungen geschützter Arten und natürlicher Lebensräume, Schädigungen von Gewässern und des Bodens) zu beachten ist und der für diese Umweltschäden allgemeine Vorschriften einheitlich regelt. Das Umweltschadensgesetz ist ausdrücklich auf eine Ergänzung durch das jeweilige **Fachrecht** angelegt. Für den Bereich der Schädigung geschützter Arten und natürlicher Lebensräume sowie der Schädigung von Gewässern ergibt sich erst aus dem jeweiligen Fachrecht, welche Umweltschäden überhaupt unter das Umweltschadensgesetz fallen. Aus dem jeweiligen Fachrecht (vgl. zB § 90 WHG, § 19 BNatSchG) ergeben sich die speziellen Anforderungen an den Umfang der nach dem Umweltschadensgesetz zu treffenden Maßnahmen. Dementsprechend ist das Umweltschadensgesetz im Rahmen der Umsetzungskonzeption für die Umwelthaftungsrichtlinie als allgemeiner Teil zu verstehen, der durch die fachrechtlichen Maßstäbe als besondere Teile ergänzt wird (Begründung des Gesetzesentwurfs der Bundesregierung, BT-Drs. 16/3806, S. 13).

3 Der Gesetzgeber erklärt das Umweltschadensgesetz für subsidiär anwendbar und sichert damit einerseits die Umsetzung der **Mindestanforderungen** der Umwelthaftungsrichtlinie, ermöglicht andererseits jedoch **strengere Anforderungen** in den Umwelt-

fachgesetzen (*Gassner/Schemel,* Umweltschadensgesetz, S. 24). Der Gesetzgeber hat sich bei der Formulierung an der vergleichbaren Regelung des § 4 UVPG aF (siehe § 1 Abs. 4 UVPG 2017) orientiert.

B. Subsidiarität des Umweltschadensgesetzes

4 Das Gesetz findet nach § 1 Satz 1 Anwendung, soweit Rechtsvorschriften des Bundes oder der Länder die Vermeidung und Sanierung von Umweltschäden nicht näher bestimmen. Speziell für Schäden an Gewässern stellt § 90 Abs. 4 WHG klar, dass weitergehende Vorschriften über Schädigungen oder sonstige Beeinträchtigungen von Gewässern sowie deren Sanierung unberührt bleiben. Insoweit verdrängt das Fachrecht des Bundes und der Länder das Umweltschadensgesetz, wenn dieses Fachrecht die Vermeidung und Sanierung von Umweltschäden näher regelt.

5 Von einer **näheren Bestimmung** durch Bundes- oder Landesrecht ist auszugehen, wenn diese Regelungen die Anforderungen an die Vermeidung und Sanierung von Umweltschäden konkreter, dh inhaltlich genauer bzw. ausführlicher regeln (so auch *Petersen,* NuR 2014, 525 (527)). Das ist sicher dort der Fall, wo der Gesetzgeber davon abgesehen hat, im Umweltschadensgesetz überhaupt Anforderungen zu stellen, und stattdessen ausdrücklich auf die fachgesetzlichen Anforderungen verweist. So zum Beispiel hinsichtlich der Anforderungen an Art und Umfang der Sanierungsmaßnahmen, hinsichtlich derer § 7 Abs. 2 auf fachrechtliche Vorschriften verweist, oder hinsichtlich der Definition des Bodenschadens, hinsichtlich derer § 2 Nr. 1c) auf das Bundes-Bodenschutzgesetz verweist. Sind die inhaltlichen Anforderungen anderer Regelungen mit denen des Umweltschadensgesetzes vergleichbar und gehen sie nicht darüber hinaus, gehen die Regelungen des Umweltschadensgesetzes vor.

C. Wahrung eines Mindeststandards

6 Die zweite Alternative des § 1 Satz 1 bezieht sich auf den Fall, dass Rechtsvorschriften des Bundes oder der Länder in ihren Anforderungen dem Umweltschadensgesetz nicht entsprechen. Insoweit sind die Bestimmungen des Umweltschadensgesetzes anzuwenden. Mit dieser Regelung stellt der Gesetzgeber sicher, dass die Anforderungen des Gesetzes nicht unterschritten werden. Damit wird zugleich der Pflicht zur Umsetzung der Umwelthaftungsrichtlinie Genüge getan, da der im Umweltschadensgesetz festgelegte Schutzstandard dem der Richtlinie entspricht. Der Gesetzgeber könnte den vom Umweltschadensgesetz gewährleisteten Schutzstandard in den Fachgesetzen nicht für einzelne Umweltmedien reduzieren, da das Umweltschadensgesetz immer vorgeht, sofern es strengere Vorschriften enthält. Zwar könnte ein später erlassenes Gesetz grundsätzlich inhaltlich vom USchadG abweichen; allerdings dürfte damit der von der Umwelthaftungsrichtlinie geforderte Schutzstandard nicht unterlaufen werden.

7 Fraglich und im Einzelfall zu klären ist, welche Rechtvorschriften des Bundes und der Länder in ihren Anforderungen dem Umweltschadensgesetz nicht entsprechen (*Petersen,* NuR 2014 525 (527); vgl. dazu die umfangreiche Analyse von *Duikers,* Die Umwelthaftungsrichtlinie der EG, S. 143–199).

D. Vorrang strengerer Rechtsvorschriften

8 Die Umwelthaftungsrichtlinie steht strengeren mitgliedstaatlichen Anforderungen nicht entgegen. Es gibt deshalb für die Mitgliedstaaten keine Notwendigkeit, vorhandene

Regelungen, die über die Anforderungen der Richtlinie hinausgehen, anzupassen. § 1 Satz 2 stellt dementsprechend klar, dass Rechtsvorschriften mit weitergehenden Anforderungen unberührt bleiben. Die Subsidiaritätsklausel setzt im Einzelfall eine Prüfung voraus, ob das Umweltschadensgesetz oder das Fachgesetz einen strengeren Schutzstandard setzt.

I. Vorrang des fachspezifischen Umweltrechts

Umweltrechtliche Vorschriften, die weitergehende Anforderungen enthalten, können sich zB aus dem Bundes-Bodenschutzgesetz, den Bodenschutzgesetzen der Länder, dem Bundesnaturschutzgesetz und aus den Naturschutzgesetzen der Länder ergeben. Weitergehende Anforderungen enthalten insbesondere die naturschutzrechtlichen Regelungen zu Eingriffen in Natur und Landschaft sowie die Bestimmungen des Bundes-Bodenschutzgesetzes zur Vermeidung und Sanierung von schädlichen Bodenveränderungen. Ob und inwieweit einzelne Vorschriften weitergehende Anforderungen enthalten, muss im Einzelfall durch eine Gegenüberstellung und Auslegung der einschlägigen Rechtsvorschriften ermittelt werden. 9

1. Verhältnis zu Vorschriften des Naturschutzrechts. § 2 Nr. 1 USchadG enthält eine lediglich begrenzte Definition des für das Gesetz maßgeblichen Begriffs des Umweltschadens. Nach § 2 Nr. 1a USchadG ist ein Umweltschaden eine Schädigung von Arten und natürlichen Lebensräumen nach Maßgabe des § 19 BNatSchG. Erst im Bundesnaturschutzgesetz bestimmt der Gesetzgeber den konkreten Umfang sogenannter Biodiversitätsschäden. Nach § 19 Abs. 1 S. 1 BNatSchG ist eine Schädigung von Arten und natürlichen Lebensräumen im Sinne des Umweltschadensgesetzes jeder Schaden, der erhebliche nachteilige Auswirkungen auf die Erreichung oder Beibehaltung des günstigen Erhaltungszustands dieser Lebensräume oder Arten hat. Abweichend davon liegt jedoch nach § 19 Abs. 1 S. 2 BNatSchG keine Schädigung vor bei zuvor ermittelten nachteiligen Auswirkungen von Tätigkeiten einer verantwortlichen Person, die von der zuständigen Behörde nach den §§ 34, 35, 45 Abs. 7 oder § 67 Abs. 2 BNatSchG oder, wenn eine solche Prüfung nicht erforderlich ist, nach § 15 BNatSchG oder auf Grund der Aufstellung eines Bebauungsplans nach § 30 oder § 33 BauGB genehmigt wurden oder zulässig sind. Von dem Umfang eines genehmigten Eingriffs hängt insoweit auch eine mögliche Schadensersatzpflicht nach dem USchadG ab, während ein ungenehmigter Eingriff unabhängig davon eine Pflicht zum Ersatz des mit ihm verbundenen Umweltschadens auslösen kann. Grund für die Differenzierung ist, dass die Eingriffsgenehmigungen Kompensationsmaßnahmen festlegen, die den Eingriff ausgleichen, während für ungenehmigte Eingriffe, die einen Schaden verursachen, keine entsprechenden Ausgleichsmaßnahmen angeordnet werden. 10

Während § 19 Abs. 1 BNatSchG eine allgemeine Definition für Schäden an bestimmten Arten und natürlichen Lebensräumen enthält, wird der Kreis der geschützten Arten und Lebensräume in 19 Abs. 2 und 3 BNatSchG näher konkretisiert. Darüber hinaus bestimmt § 19 Abs. 5 BNatSchG, wann von einer erheblichen nachteiligen Auswirkung im Sinne von 19 Abs. 1 BNatSchG auszugehen ist. Ob Auswirkungen in diesem Sinne erheblich sind, ist nach § 19 Abs. 5 S. 1 BNatSchG mit Bezug auf den Ausgangszustand unter Berücksichtigung der Kriterien des Anhangs I der Richtlinie 2004/35/EG zu ermitteln. Eine erhebliche Schädigung liegt nach § 19 Abs. 5 S. 2 BNatSchG dabei in der Regel nicht vor bei (1) nachteiligen Abweichungen, die geringer sind als die natürlichen Fluktuationen, die für den betreffenden Lebensraum oder die betreffende Art als normal gelten, (2) nachteiligen Abweichungen, die auf natürliche Ursachen zurückzuführen sind oder aber auf eine äußere Einwirkung im Zusammenhang mit der Bewirtschaftung der betreffenden Gebiete, die den Aufzeichnungen über den Lebensraum oder den Dokumenten über die Erhaltungsziele zufolge als normal anzusehen ist oder der früheren Bewirtschaftungsweise der jeweiligen Eigentümer oder Betreiber entspricht, (3) einer Schädigung von Arten oder Lebensräumen, die sich nachweislich ohne äußere Einwirkung in kurzer Zeit so weit regenerieren werden, dass entweder der Ausgangszustand erreicht wird oder aber allein auf Grund der Dynamik der betreffenden Art oder des Lebensraums ein Zustand erreicht wird, der im Vergleich zum Ausgangszustand als gleichwertig oder besser zu bewerten ist.

Nach 2 Nr. 8 USchadG ist eine Sanierungsmaßnahme im Sinne des USchadG jede Maßnahme, um einen Umweltschaden nach Maßgabe der fachrechtlichen Vorschriften zu sanieren. Das USchadG definiert insoweit zwar den Begriff der Sanierungsmaßnahme, bestimmt gleichwohl aber Art und Umfang der notwendigen Sanierung nicht, sondern verweist stattdessen auf das einschlägige Fachrecht. Daran anknüpfend bestimmt § 19 Abs. 4 BNatSchG, dass eine verantwortliche Person nach dem USchadG, die eine Schädigung geschützter Arten oder natürlicher Lebensräume verursacht, die erforderlichen Sanierungsmaßnahmen gemäß Anhang II Nr. 1 der Richtlinie 2004/35/EG trifft. Die Anforderungen der Umwelthaftungsrichtlinie werden insoweit in das deutsche Recht übernommen. Der in Bezug genommene Anhang der Richtlinie sieht bei Schäden an Arten und natürlichen Lebensräumen ein abgestuftes System von Sanierungsmaßnahmen vor, bei dem zwischen einer **primären Sanierung,** einer **ergänzenden Sanierung** und einer **Ausgleichssanierung** unterschieden werden muss (*Gellermann* → BNatSchG § 19 Rn. 29; *Bruns/Kieß/Peters,* NuR 2009, 154 ff.). Welche konkreten Sanierungsmaßnahmen zu treffen sind, muss mit Blick auf dieses gestufte System der Sanierungsziele im Einzelfall unter Berücksichtigung des jeweiligen Schadensfalls bestimmt werden.

11 Soweit sind die speziellen naturschutzrechtlichen Bestimmungen vorrangig. Wenn nachteilige Auswirkungen nach ihnen zulässig sind oder auf der Grundlage der erwähnten Vorschriften zugelassen wurden, kommt eine Inanspruchnahme des Verursachers auf der Grundlage des Umweltschadensgesetzes nicht in Betracht. Genau genommen ist das Bundesnaturschutzgesetz insoweit nicht spezieller und deshalb vorrangig anzuwenden; vielmehr ist der Anwendungsbereich des Umweltschadensgesetzes – da gem. § 19 BNatSchG kein Umweltschaden vorliegt – gar nicht eröffnet, so dass eine Kollision der Vorschriften nicht in Betracht kommt.

12 Wegen sonstiger Verstöße gegen die Vorschriften zum Schutz der Natur können die zuständigen Landesbehörden auf der Grundlage naturschutzrechtlicher Eingriffsbefugnisse einschreiten. Gemäß § 3 Abs. 2 BNatSchG hat die zuständige Behörde die Einhaltung der Vorschriften des BNatSchG und der auf Grund dieses Gesetzes erlassenen Vorschriften zu überwachen und nach pflichtgemäßem Ermessen die im Einzelfall erforderlichen Maßnahmen zu treffen, um deren Einhaltung sicherzustellen, soweit nichts anderes bestimmt ist. § 3 Abs. 2 BNatSchG ist eine Ermächtigungsgrundlage in allen Bereichen des Naturschutzes, die einen Rückgriff auf Befugnisnormen des allgemeinen Ordnungsrechts erübrigt (*Brinktrine* in BeckOK UmweltR BNatSchG § 3 Rn. 23; BVerwG, Urt. v. 1.6.2017 – 9 C 2.16, DVBl. 2017, 1105; VGH München, Urt. v. 28.8.2019 – 14 B 15.2206, ZUR 2019, 238). Das durch diese Norm eröffnete Ermessen ist in keiner Weise gebunden oder intendiert (BVerwG, Urt. v. 1.9.2016 – 4 C 4/15, juris). Diese Ermächtigungsgrundlage greift aber nur dann, wenn das Verhalten eines Störers rechtswidrig ist, also gegen geltendes Recht verstößt. Damit ist insbesondere ein Einschreiten gegen einen **genehmigungskonformen Anlagenbetrieb** ausgeschlossen. Insoweit stellt sich das Umweltschadensgesetz, das grundsätzlich auch bei rechtmäßigem Verhalten anwendbar ist, als die speziellere und umfassendere Regelung dar.

2. Verhältnis zu Vorschriften des Wasserrechts. Das Wasserhaushaltsgesetz des Bundes und die Landeswassergesetze enthalten im Hinblick auf Schädigungen der Gewässer sowohl allgemeine Sorgfalts- und Vermeidungsvorschriften (zB § 5 WHG), als auch zT Sanierungsvorschriften (zB § 61 LWG NRW). Aufgabe der Gewässeraufsicht ist es nach § 100 Abs. 1 S. 1 WHG, die Gewässer sowie die Erfüllung der öffentlich-rechtlichen Verpflichtungen zu überwachen, die nach oder auf Grund von Vorschriften des WHG, nach auf das WHG gestützten Rechtsverordnungen oder nach landesrechtlichen Vorschriften bestehen. Die zuständige Behörde ordnet gem. § 100 Abs. 1 S. 2 WHG nach pflichtgemäßem Ermessen die Maßnahmen an, die im Einzelfall notwendig sind, um Beeinträchtigungen des Wasserhaushalts zu vermeiden oder zu beseitigen oder die Erfüllung von Verpflichtungen nach § 100 Abs. 1 S. 1 WHG sicherzustellen. Der Bundesgesetzgeber hat in § 100 WHG von der konkurrierenden Gesetzgebungskompetenz aus Art. 74 Abs. 1 Nr. 32 GG Gebrauch gemacht. Die Länder können nach Art. 72 Abs. 3 Satz 1 Nr. 5 GG von der Regelung abweichen, weil Aufgaben und Befugnisse der Gewässeraufsicht wasserrechtlicher Natur und damit dem Kompetenztitel aus Art. 74 Abs. 1 Nr. 32 GG zuzuordnen sind. Die Länder sind auch nicht an weitergehenden und ergänzenden Regelungen gehindert (*Gößl* in Sieder/Zeitler/Dahme/Knopp WHG § 100 Rn. 6). Die Länder können inhaltsgleiche Befugnisnormen in den Landeswassergesetzen vorsehen und durch Zuständigkeits- und weitere Regelungen ergänzen. Zusätzlich ermächtigt § 13 WHGdie Behörden, nachträglich Anordnungen zum Schutz der Gewässer gegenüber den Inhabern von Erlaubnissen und Bewilligungen zu erlassen, wenn dies erforderlich ist, um Gefahren für Gewässer abzuwehren. Insoweit stellt das Wasserrecht bereits einen hohen Schutzstandard und weitreichende Eingriffsbefugnisse der Behörden sicher. Allerdings setzt das Einschreiten auf der Grundlage einer wasserrechtlichen wie auch einer polizeirechtlichen Generalklausel ein **rechtswidriges Verhalten** des Verantwortlichen voraus. Ein Einschreiten ist also nicht möglich, wenn sich der Schädiger auf eine erteilte Erlaubnis oder Bewilligung stützt und die Vorgaben dieser Erlaubnis/Bewilligung einhält. Nach § 100 Abs. 2 WHG sind erteilte Zulassungen jedoch regelmäßig sowie aus besonderem Anlass zu überprüfen und, soweit erforderlich, anzupassen. Zudem lassen wasserrechtliche Sanierungsvorschriften teilweise eine Beseitigung der Verschmutzung genügen und verlangen keine **Wiederherstellung** des früheren Zustands. Insoweit ist das Umweltschadensgesetz als spezieller anzusehen, da es im Rahmen der Sanierung die Wiederherstellung verlangt und zudem ein Einschreiten auch gegenüber demjenigen erlaubt, der sich auf eine wirksame Erlaubnis/Bewilligung stützt. 13

§ 90 WHG enthält eine Definition einer Schädigung der Gewässer, einen Verweis auf die Pflichten des Verursachers nach näherer Maßgabe des in Bezug genommenen Richtlinienrechts und eine Unberührtheitsklausel.

3. Verhältnis zu Vorschriften des Bodenschutzrechts. Im Verhältnis zum Bundes-Bodenschutzgesetz kommt dem Umweltschadensgesetz keine wesentliche Bedeutung zu (dazu ausführlich *Brinktrine,* ZUR 2007, 337 ff.). Das Bundes-Bodenschutzgesetz geht in weiten Teilen über die Bestimmungen des Umweltschadensgesetzes hinaus und stellt daher das zentrale Schutzgesetz im Bereich des Bodenschutzes dar. 14

Nach § 2 Nr. 1c) ist Umweltschaden auch eine Schädigung des Bodens durch eine Beeinträchtigung der Bodenfunktionen im Sinne des § 2 Abs. 2 BBodSchG, die durch eine direkte oder indirekte Einbringung von Stoffen, Zubereitungen, Organismen oder Mikroorganismen auf, in oder unter den Boden hervorgerufen wurde und Gefahren für ie menschliche Gesundheit verursacht. Soweit damit vom Begriff des Umweltschadens nur solche Beeinträchtigungen von Böden erfasst werden, die eine **Gesundheitsgefahr** verursachen, bleibt der Schutzstandard des Umweltschadensgesetzes weit hinter dem 15

Bundes-Bodenschutzgesetz zurück, das jegliche schädliche Bodenveränderung im Sinne einer Beeinträchtigung der Bodenfunktionen erfasst, die geeignet ist, Gefahren, erhebliche Nachteile oder erhebliche Belästigungen für den einzelnen oder die Allgemeinheit herbeizuführen (vgl. §§ 3 Abs. 1, 2 Abs. 3 BBodSchG). Auf das Vorliegen einer Gesundheitsgefahr kommt es dabei nicht an.

16 Hinzu kommt, dass eine Inanspruchnahme nach dem Bundes-Bodenschutzgesetz – anders als nach dem Umweltschadensgesetz – unabhängig von einem persönlichen Verschulden auch dann in Betracht kommt, wenn der Schaden durch Tätigkeiten verursacht wird, die nicht in der Anlage 1 des Umweltschadensgesetzes aufgeführt werden. Dabei ist der Anwendungsbereich des Bundes-Bodenschutzgesetzes, anders als in § 1 Nr. 1c) vorgesehen, auch nicht auf das „direkte oder indirekte Einbringen von Stoffen, Zubereitungen, Organismen" beschränkt, sondern das Gesetz greift bei jeder anderen Art und Weise der Verursachung einer schädliche Bodenveränderung ebenfalls ein (zB bei Veränderungen der Bodenphysik oder Flächenversiegelungen, *Nies* → BBodSchG § 2 Rn. 16). Zusätzlich ermöglicht das Bundes-Bodenschutzgesetz eine Inanspruchnahme eines Verantwortlichen auch dann, wenn dieser bei Verursachung einer schädlichen Bodenveränderung gar nicht „beruflich" handelt oder sogar nur Zustandsstörer ist, also nur Grundstückseigentümer bzw. Inhaber der tatsächlichen Sachherrschaft über ein Grundstück ist.

17 Das Bundes-Bodenschutzgesetz gewährleistet auch im Hinblick auf seinen zeitlichen Anwendungsbereich ein wesentlich höheres Schutzniveau. Während das Gesetz auch **Altlasten** erfasst und damit eine im Bereich des Bodenschutzes sehr bedeutungsvolle Umwelthaftung regelt, gilt das Umweltschadensgesetz gem. § 13 Abs. 1 nur für Schäden, die ab dem 30. April 2007 verursacht wurden, also nur für **„Neuschäden"** (*Petersen,* § 2 Rn. 94).

II. Verhältnis zum Bauplanungsrecht

18 Nach § 19 Abs. 1 S. 2 BNatSchG liegt eine Schädigung von Arten und natürlichen Lebensräumen im Sinne des Umweltschadensgesetzes nicht vor, wenn die Auswirkungen auf Grund der Aufstellung eines Bebauungsplans nach § 30 BauGB oder nach § 33 BauGB genehmigt wurden oder zulässig sind.

19 Nach § 1 Abs. 7 BauGB sind bei der Aufstellung eines Bebauungsplans die berührten öffentlichen und privaten Belange gegeneinander und untereinander gerecht abzuwägen; dies schließt die Pflicht zur Prüfung und Ermittlung der vom Bebauungsplan berührten Belange ein, zu denen gemäß § 1 Abs. 6 Nr. 7 BauGB auch solche des Naturschutzes zählen. Auf der Grundlage des § 1a Abs. 3 BauGB sind bei der Aufstellung eines Bebauungsplans auch Eingriffe in Natur und Landschaft zu berücksichtigen. Werden solche Eingriffe durch die Bauleitplanung zugelassen, können sie nicht als Umweltschäden im Sinne des Umweltschadensgesetzes zum Anlass für ein Einschreiten gegen den Verantwortlichen genommen werden. Im Übrigen ist eine Überschneidung von Bauplanungsrecht und Umweltschadensgesetz kaum denkbar.

III. Verhältnis zum Polizei- und Ordnungsrecht

20 Fraglich ist, ob und inwieweit sich aus dem allgemeinen Polizei- und Ordnungsrecht weitergehende Anforderungen an die Vermeidung und Bekämpfung von Umweltschäden und Gefahren solcher Schäden im Sinne des § 1 Abs. 1 S. 2 USchadG ergeben können. Soweit in der Gesetzesbegründung (BT-Drs. 16/3806, S. 20) darauf hingewiesen wird, dass sich aus allgemeinen polizeirechtlichen Normen weitergehende Anforderungen ergeben, da diese nicht nur berufliche Tätigkeiten und Gefahren für Umweltgüter nicht nur unter den im Umweltschadensgesetz genannten Voraussetzungen erfassen, handelt es sich allerdings nur teilweise um eine Frage des Verhältnisses dieser Vorschriften zueinander, das in § 1 geregelt ist. Vielmehr ergibt sich die fortdauernde Anwendbarkeit der ordnungsrechtlichen Vorschriften im Verhältnis zum Umweltschadensgesetz bei Fehlen einer beruflichen Tätigkeit daraus, dass der Anwendungsbereich des Umweltschadensgesetzes gem. § 3 Abs. 1 gar nicht eröffnet ist. Eines Verweises auf § 1 bedarf es insoweit nicht. Dass sich aus dem allgemeinen Polizei- und Ordnungsrecht weitergehende inhaltliche Anforderungen an die Vermeidung, Begrenzung oder Sanierung von Umweltschäden ergeben würden, ist nicht ersichtlich.

Zu bedenken ist jedoch, ob sich die Bestimmungen des allgemeinen Polizei- und Ordnungsrechts über die verschuldensunabhängige Verhaltens- und Zustandsverantwortung als weitergehende Anforderungen im Sinne des § 1 S. 1 ansehen lassen. Nach § 3 Abs. 1 Nr. 2 gilt das Gesetz auch für Schädigungen von Arten und natürlichen Lebensräumen im Sinne des § 21a Abs. 2 und 3 BNatSchG und für unmittelbare Gefahren solcher Schäden, die durch andere berufliche Tätigkeiten als die in Anlage 1 des Gesetzes aufgeführten verursacht werden, sofern der Verantwortliche vorsätzlich oder fahrlässig gehandelt hat. Für Schädigungen im vorgenannten Sinne bleibt der Verursacher auch ohne ein Verschulden ordnungsrechtlich verantwortlich, wenn man die verschuldensunabhängige ordnungsrechtliche Verhaltensverantwortung als weitergehende Anforderung im Sinne von § 1 S. 2 begreift. Zwar könnte man bei erster Lektüre des Wortlauts des § 1 S. 2 durchaus den Eindruck gewinnen, dass dort auf weitergehende inhaltliche, das heißt technisch-fachliche Anforderungen verwiesen wird. Allerdings steht der Wortlaut einer Sichtweise, wonach weitergehende Bestimmungen zur Störereigenschaft ebenfalls als weitergehende Anforderungen anzusehen sind, nicht zwingend entgegen. Er ist insoweit allenfalls nicht eindeutig. Aus der Gesetzesbegründung ergibt aber der historische Wille des Gesetzgebers, die polizei- und ordnungsrechtliche Verantwortung neben der Verantwortlichkeit nach dem Umweltschadensgesetz bestehen zu lassen. Dafür spricht im Übrigen auch, dass ansonsten für andere berufliche Tätigkeiten als die in Anlage 1 des Gesetzes aufgeführten Tätigkeiten der Verursacher eines Umweltschadens nur bei Verschulden, Verursacher bei nicht beruflichen Tätigkeiten dagegen ordnungsrechtlich verschuldensunabhängig zu haften hätten. Eine solche Besserstellung der beruflich Tätigen gegenüber nicht beruflich Tätigen ließe sich kaum rechtfertigen. Sie war offenkundig auch nicht beabsichtigt. 21

Ähnliches gilt auch für die Zustandsverantwortung nach dem allgemeinen Ordnungsrecht. Teilweise wird die Ansicht vertreten, solange noch ein Handlungsstörer greifbar sei, dürfe die zuständige Behörde einen Zustandsverantwortlichen nicht mehr in Anspruch nehmen. Die Festlegung und Hervorhebung des Verursacherprinzips im Umweltschadensgesetz – der Umwelthaftungsrichtlinie folgend – strahle auch auf die Auswahl mehrer Störer in einer Mehrheit von Handlungsstörer und Zustandsstörer im anderen Umweltfachrecht aus und zwinge die Behörden, stets – auch bei der Anwendung allen anderen Umweltfachrechts – den Handlungsstörer zu verpflichten. Dies bedeute im Gegenzug, dass der Zustandsstörer nicht mehr verpflichtet werden dürfe (*Becker,* NVwZ 2007, 1105 (1108/1109)). Bezogen auf das Verhältnis zum allgemeinen Ordnungsrecht würde dies bedeuten, dass die nach dem Umweltschadensgesetz zuständige Behörde bei der Störerauswahl nicht zu berücksichtigen hätte, ob gegebenenfalls nach Polizei- und Ordnungsrecht noch ein Zustandsverantwortlicher neben den nach Umweltschadensgesetz verantwortlichen Verursachern in Anspruch genommen werden könnte. Umgekehrt könnte die für das allgemeine Ordnungsrecht zuständige Behörde nur noch auf den Ver- 22 haltensstörer und nicht mehr auf den Zustandsstörer zugreifen. Dass sich aus der Umwelthaftungsrichtlinie und dem Umweltschadensgesetz eine so weitreichende, bislang in der Rechtsprechung abgelehnte Vorrangigkeit der Verursacherverantwortung vor der Zustandsverantwortung ableiten ließe, ist jedoch zweifelhaft. Umwelthaftungsrichtlinie und Umweltschadensgesetz beschränken sich mit ihren Anforderungen auf ihren jeweiligen Anwendungsbereich, das heißt auf Vermeidung bzw. Sanierung von Umweltschäden. Sie schließen eine Inanspruchnahme von Zustandsverantwortlichen zwar auf der Grundlage des Umweltschadensrechts, nicht jedoch gestützt auf andere ordnungsrechtliche Bestimmungen aus. Dass eine Inanspruchnahme anderer Verantwortlicher über § 1 S. 2 möglich bleibt, ist bereits erläutert worden (siehe oben → Rn. 21).

23 Das Polizei- und Ordnungsrecht bietet weiterhin ein wichtiges Instrumentarium, um gegenwärtige Gefahren für Umweltgüter, die zugleich eine Gefahr für die öffentliche Sicherheit begründen, abzuwehren. Es ermöglicht insbesondere ein Einschreiten gegen Zustandsstörer sowie gegen Handlungsstörer, die nicht beruflich tätig sind. Das Polizei- und Ordnungsrecht erlaubt allerdings nur das Vorgehen gegen die **gegenwärtige Gefahr** bzw. **Gefahrerforschungsmaßnahmen.** Es kann keine Grundlage für die Verpflichtung des Verantwortlichen zur Wiederherstellung des früheren Zustands im Sinne einer Sanierung bilden.

IV. Legalisierungswirkung von Genehmigungen

24 In engem Zusammenhang mit der Thematik der Subsidiarität steht die Frage, ob und inwieweit das Umweltschadensgesetz eine Legalisierungswirkung von Genehmigungen anerkennt. Viele Fachgesetze erlauben ein Einschreiten der zuständigen Behörden gegen Gefahren von Umweltschäden oder eingetretene Umweltschäden nur dann, wenn der Verantwortliche rechtswidrig handelt. Das allgemeine Polizei- und Ordnungsrecht, wie auch die an das Polizei- und Ordnungsrecht angelehnten fachgesetzlichen Eingriffsbefugnisse setzen regelmäßig das Vorliegen einer Gefahr für die öffentliche Sicherheit voraus, die insbesondere auch dann anzunehmen ist, wenn der Verantwortliche die Vorgaben einer Genehmigung nicht einhält. Die Rechtsfigur der Legalisierungswirkung von Genehmigungen ist im Umweltrecht seit der Entscheidung des Bundesverwaltungsgerichts vom 2.12.1977 (IV C 75.75 –, BVerwGE 55, 118) anerkannt (*Hoppe/Beckmann/Kauch,* Umweltrecht, § 8 Rd. 128 ff.; *Peine,* Die Legalisierungswirkung, JZ 1990, 201 ff.; BGH, Urt. v. 3.2.2000 – III ZR 296/98 –, NuR 2000, 410; VGH München, B. v. 26.7.1991 – 22 CS 90.400 –, NVwZ 1992, 905). Umstritten ist zwar, ob die Legalisierungswirkung mit der Tatbestandswirkung des Verwaltungsakts, mit Gesichtspunkten des Vertrauensschutzes, dem Verbot des „venire contra factum proprium" oder mit dem Grundsatz der Widerspruchsfreiheit der Rechtsordnung zu begründen ist. Anerkannt ist aber, dass eine wirksam erteilte Anlagen- oder Betriebsgenehmigung den Betreiber vor einer Inanspruchnahme aufgrund polizeirechtlicher Eingriffsbefugnisse schützt, soweit er sich beim Betrieb der Anlage in den Grenzen der Genehmigung hält. Diese Legalisierungswirkung besteht allerdings nur hinsichtlich der Aspekte, die von der Genehmigung auch tatsächlich geregelt werden. Soweit eine Anlagengenehmigung zu bestimmten Emissionen oder sonstigen Einwirkungen auf die Umwelt keine Regelung enthält, kann sie auch ein entsprechendes Verhalten des Genehmigungsinhabers nicht rechtfertigen. Häufig sind beispielsweise Emissionen nicht Regelungsgegenstand von anlagenbezogenen Genehmigungen, wie etwa der Baugenehmigung. Legalisierend im Hinblick auf eine Emission kann aber beispielsweise eine wasserrechtliche Erlaubnis, die eine Einleitung gestattet (vgl. dazu VGH Mannheim, Urt. v. 14.12.1989 – 1 S 799/89 –,

NVwZ 1990, 781, 783; BGH, Urt. v. 3.2.2000 – III ZR 296/98 –, NuR 2000, 410, 412; *Hansmann/Sellner,* Grundzüge des Umweltrechts, § 9 Rd. 92), oder eine immissionsschutzrechtliche Genehmigung sein. Auch insoweit ist allerdings zu bedenken, dass die Legalisierungswirkung einer Genehmigung nicht weiter reichen kann als ihr Bestandsschutz. Soweit zB Anlagenbetreiber dynamische Grundpflichten treffen, wie dies etwa nach § 5 Abs. 1 S. 1 BImSchG bei Betreibern immissionsschutzrechtlicher Genehmigungen der Fall ist, können sich die Verantwortlichen einer ordnungsrechtlichen Inanspruchnahme nicht unter Verweis auf die erteilte Genehmigung entziehen, wenn die Gefahr oder der Schaden durch eine Verletzung dieser Grundpflichten entstanden ist. In der Rechtsprechung ist im übrigen anerkannt, dass der Gesetz- und Verordnungsgeber unmittelbar in den rechtlichen Bestand einer Genehmigung eingreifen kann, indem er nach Erteilung der Genehmigung die rechtlichen Anforderungen verschärft (BVerwG, B. v. 3.6.2004 – 7 B 14/04 –, DVBl. 2004, 1544 zur unmittelbaren Verbindlichkeit der Abfallablagerungsverordnung; kritisch dazu *Beckmann,* AbfR 2003, 2 ff.; *ders.,* DVBl. 2003, 821 ff.). Nach Ansicht des Bundesverwaltungsgerichts ist die Modifizierung bestandskräftiger Zulassungsentscheidungen durch den Vorrang der unmittelbar geltenden Verordnungsregelungen mit höherrangigem Recht vereinbar. Überzeugend ist diese Rechtsprechung allerdings nicht. Sie führt zu erheblichen Rechtsunsicherheiten der Genehmigungsinhaber. Sie können sich nicht mehr darauf verlassen, dass der Anlagenbetrieb, der sich an der bestandskräftigen Zulassung orientiert, rechtmäßig und zulassungskonform ist. Anlagenbetreiber müssen nach dieser Rechtsprechung vielmehr davon ausgehen, dass ihre Zulassung durch nach deren Erlass ergehende oder sich ändernde Verordnungen „modifiziert" wird, ohne dass es auch nur eines Federstrichs der zuständigen Genehmigungsbehörde bedürfte. Geht man davon aus, dass grundsätzlich auch rechtswidrige Genehmigungen, die bereits bei ihrem Erlass gegen geltendes Recht verstoßen, gleichwohl wirksam sind, dann leuchtet wenig ein, dass eine sich nach Rechtswirksamkeit oder gar Bestandskraft des Genehmigungsbescheides ändernde Rechtslage ohne eine entsprechende Anpassung des Genehmigungsbescheids durch einen Teilwiderruf oder einen nachträgliche Auflage zu einer Modifikation des Verwaltungsakts führen soll. Auf der Grundlage der zitierten Rechtsprechung kann eine Legalisierungswirkung der Genehmigung jedenfalls nicht vor einer Inanspruchnahme für Gefahren schützen, die durch Missachtung dieser verschärften Anforderungen verursacht worden sind.

Das Umweltschadensgesetz erkennt eine Legalisierungswirkung nicht an (BVerwG, 25 Urt. v. 21.9.2017 – 7 C 29/15, NVwZ 2018, 427, juris Rn. 25; OVG Hamburg, Urt. v. 8.4.2019 – 1 Bf 200/15, juris Rn. 90; *Fellenberg* in Lütke/Ewer BNatSchG § 19 Rn. 43 f.; *Petersen,* NuR 2014, 525 (530); *Beckbissinger,* EuRUP 2020, 2, 45; *Porsch* in FS Dolde, S. 174). Aus verschiedenen Regelungen des Gesetzes ergibt sich, dass das Gesetz auch dann anwendbar ist und Informations-, Vermeidungs- und Sanierungspflichten begründet, wenn der Verursacher eines Umweltschadens oder der Gefahr eines Umweltschadens eine zur Haftung führende berufliche Tätigkeit auf der Grundlage einer diese Tätigkeit gestattenden Genehmigung vorgenommen hat. Insbesondere aus § 9 Abs. 1 S. 2 (letzter Halbsatz) folgt, dass der Verantwortliche auch bei genehmigungskonformem Verhalten seinen Informations-, Vermeidungs- und Sanierungspflichten aus dem Umweltschadensgesetz nachzukommen hat, lediglich im Rahmen der **Kostentragungspflicht** eine Freistellung durch landesrechtliche Regelung möglich ist. § 9 Abs. 1 S. 2 sieht im Hinblick auf die Kosten von Sanierungsmaßnahmen, die grundsätzlich dem Verantwortlichen aufzuerlegen sind, die Möglichkeit vor, dass die Länder den Verantwortlichen von der Kostentragung freistellen können, wenn die Voraussetzung des Art. 8 Abs. 4 UHRL vorliegen. Art. 8 Abs. 4 UHRL bestimmt, dass der Betreiber (nach der Terminologie des Umweltschadensgesetzes: der Verantwortliche) von den Kosten befreit ist, wenn er nachweist, das er nicht vorsätzlich oder fahrlässig gehandelt hat und zudem der Umweltschaden durch eine Emission oder ein Ereignis verursacht wurde, die aufgrund einer Zulassung, die nach den zum Zeitpunkt der Emission oder des Ereignisses geltenden nationalen Rechtsvorschriften zur Umsetzung bestimmter gesetzlicher Maßnahmen der Gemeinschaft zuerkannt oder erteilt wurde, ausdrücklich erlaubt sind und deren Bedingungen im vollen Umfang entsprechen. Bei Vorliegen einer wirksamen Genehmigung und Einhaltung der Voraussetzungen dieser Genehmigung kann demnach eine Befreiung von der Kostentragungspflicht vorgesehen werden. Dies bedeutet aber gleichzeitig, dass nur auf der Sekundärebene, dh hinsichtlich der Kosten, eine Freistellung des Verantwortlichen in Betracht kommt. Eine Beschränkung seiner primären Verantwortlichkeit hinsichtlich der Informations-, Vermeidungs- und Sanierungspflichten findet nicht statt. Für ein entsprechendes Verständnis des Gesetzes spricht auch, dass § 2 Nr. 3 als Verantwortlichen ausdrücklich auch denjenigen benennt, der Inhaber einer Zulassung oder Genehmigung für eine berufliche Tätigkeit ist (vgl. *Brinktrine,* ZUR 2007, 337, 341; bezweifelt wird, ob ein durch das Umweltschadensrecht insoweit möglicher Eingriff in den genehmigten Bestand mit der auch im EG-Recht anerkannten Eigentumsgarantie vereinbar ist, *Diederichsen,* NJW 2007, 3377, 3379; *Kahl/Gärditz,* ZUR 2006, 1; zum grundrechtlichen Eigentumsschutz im EU-Recht siehe *Jarass,* NVwZ 2006, 1089).

26 In begrenztem Umfang soll eine Genehmigung allerdings bei der Bestimmung des Vorliegens eines Umweltschadens Bedeutung haben und damit eine eingeschränkte Art von Legalisierungswirkung entfalten (siehe dazu OVG Hamburg, Urt. v. 8.4.2019 – 1 Bf 200/15, juris Rn. 90). Nach § 90 Abs. 1, 2. HS WHG stellen nachteilige Auswirkungen, für die § 31 Abs. 2 WHG, auch in Verbindung mit § 44 oder § 47 Abs. 3 Satz 1 WHG, gilt, keine Schädigung eines Gewässers im Sinne des USchadG dar. Nach § 19 Abs. 1 Satz 1 BNatSchG ist eine Schädigung von Arten und natürlichen Lebensräumen im Sinne des Umweltschadensgesetzes jeder Schaden, der erhebliche nachteilige Auswirkungen auf die Erreichung oder Beibehaltung des günstigen Erhaltungszustands dieser Lebensräume oder Arten hat. Nach § 19 Abs. 1 Satz 2 BNatSchG liegt allerdings abweichend von § 19 Abs. 1 Satz 1 BNatSchG keine Schädigung vor bei zuvor ermittelten nachteiligen Auswirkungen von Tätigkeiten einer verantwortlichen Person, die von der zuständigen Behörde nach den §§ 34, 35, 45 Abs. 7 oder § 67 Abs. 2 BNatSchG oder, wenn eine solche Prüfung nicht erforderlich ist, nach § 15 BNatSchG oder auf Grund der Aufstellung eines Bebauungsplans nach § 30 oder § 33 BauGB genehmigt wurden oder zulässig sind. Die Reichweite dieser beschränkten Legalisierungswirkung sei aber im Einzelnen nicht abschließend geklärt (OVG Hamburg, Urt. v. 8.4.2019 – 1 Bf 200/15, juris Rn. 90 unter Verweis auf *Petersen,* NuR 2014, 525, 530 f.; *Knopp/Lohmann/Schumacher,* NuR 2017, 741, 744 f. mwN; *Fellenberg* in Lütke/Ewer BNatSchG § 19 Rn. 28 ff.; *Cuypers* in Frenz/Müggenborg BNatSchG § 19 Rn. 29). Überwiegend werde sie mit der Formel umschrieben, das Vorhaben müsse in Kenntnis der zuvor ermittelten nachteiligen Auswirkungen „sehenden Auges" zugelassen worden sein (*Petersen,* NuR 2014, 525, 531; *Fellenberg* in Lütke/Ewer BNatSchG § 19 Rn. 29 mwN). In Genehmigungsfällen müsste die Behörde deshalb aufgrund eines Initiativantrags einer Umweltvereinigung die Glaubhaftmachung der unmittelbaren Schadensgefahr prüfen, die entsprechenden Untersuchungen und ihre Ergebnisse im Genehmigungsverfahren nachvollziehen und feststellen, ob die nachteiligen Auswirkungen, auf die sich die geltend gemachte Gefahr beziehe, vor Genehmigungserteilung zutreffend ermittelt worden seien und ihre rechtliche Bewertung nicht zumindest an schwerwiegenden Mängeln leide. Die Beschränkung des Initiativrechts entlaste die Behörde mithin insbesondere davon, auf der Grundlage einer geltend gemachten Schadensgefahr eine solche Überprüfung der Genehmigungsentscheidung leisten zu müssen. Gerade in diesen Fällen wäre es jedoch nicht schlüssig, einen direkten Zugang zu den Gerichten zu eröffnen, die nunmehr das Bestehen einer unmittelbaren Schadensgefahr ermitteln und ohne behördliches Verfahren die ursprüngliche Zulassungsentscheidung nach dem oben dargestellten Maßstab auch nach Eintritt der Bestandskraft überprüfen müssten.

Nach alledem bleibt festzuhalten, dass eine Genehmigung gegenüber den Pflichten aus dem Umweltschadensgesetz grundsätzlich **keine Legalisierungswirkung** entfaltet und der Verantwortliche daher zu den vom Umweltschadensgesetz vorgesehenen Informations-, Vermeidungs- und Sanierungspflichten herangezogen werden kann, selbst wenn der Umweltschaden im Rahmen des genehmigungskonformen Betriebs einer Anlage oder Tätigkeit verursacht wurde. Die Länder können aber regeln, dass eine Heranziehung zu den Kosten der durchgeführten Sanierungsmaßnahmen ausscheidet (dazu näher unter § 9). Eine eingeschränkte Legalisierungswirkung kann sich mittelbar bei der Bestimmung des Umweltschadens ergeben. **27**

V. Verhältnis zum sonstigen (Umwelt-)Haftungsrecht

Das Umweltschadensgesetz normiert eine ausschließlich öffentlich-rechtliche Verantwortlichkeit, keine zivilrechtliche Haftung. Zivilrechtliche Haftungsvorschriften, die bei der Verursachung eines Umweltschadens einschlägig sein könnten (zu den möglichen Haftungsgrundlagen *Beckmann/Wittmann,* AbfR 2007, 89 ff.), bleiben daher vom Umweltschadensgesetz unberührt. Die Umwelthaftungsrichtlinie stellt im Hinblick auf internationale Regelungen zum Haftungsrecht ausdrücklich klar, dass die Richtlinie der Vermeidung und Sanierung von Umweltschäden dient und Ansprüche auf Schadensersatz, der nach einschlägigen internationalen Übereinkünften über die zivilrechtliche Haftung für herkömmliche Schäden zu leisten ist, unberührt lässt (Erwägungsgrund Nr. 11). **28**

§ 2 Begriffsbestimmungen

Im Sinne dieses Gesetzes sind

1. Umweltschaden:
   a) eine Schädigung von Arten und natürlichen Lebensräumen nach Maßgabe des § 19 des Bundesnaturschutzgesetzes,
   b) eine Schädigung der Gewässer nach Maßgabe des § 90 des Wasserhaushaltsgesetzes,
   c) eine Schädigung des Bodens durch eine Beeinträchtigung der Bodenfunktionen im Sinne des § 2 Abs. 2 des Bundes-Bodenschutzgesetzes, die durch eine direkte oder indirekte Einbringung von Stoffen, Zubereitungen, Organismen oder Mikroorganismen auf, in oder unter den Boden hervorgerufen wurde und Gefahren für die menschliche Gesundheit verursacht;

2. Schaden oder Schädigung: eine direkt oder indirekt eintretende feststellbare nachteilige Veränderung einer natürlichen Ressource (Arten und natürliche Lebensräume, Gewässer und Boden) oder Beeinträchtigung der Funktion einer natürlichen Ressource;

3. Verantwortlicher: jede natürliche oder juristische Person, die eine berufliche Tätigkeit ausübt oder bestimmt, einschließlich der Inhaber einer Zulassung oder Genehmigung für eine solche Tätigkeit oder der Person, die eine solche Tätigkeit anmeldet oder notifiziert, und dadurch unmittelbar einen Umweltschaden oder die unmittelbare Gefahr eines solchen Schadens verursacht hat;

4. berufliche Tätigkeit: jede Tätigkeit, die im Rahmen einer wirtschaftlichen Tätigkeit, einer Geschäftstätigkeit oder eines Unternehmens ausgeübt wird, unabhängig davon, ob sie privat oder öffentliche und mit oder ohne Erwerbscharakter ausgeübt wird;

5. unmittelbare Gefahr eines Umweltschadens: die hinreichende Wahrscheinlichkeit, dass ein Umweltschaden in naher Zukunft eintreten wird;

6. Vermeidungsmaßnahme: jede Maßnahme, um bei einer unmittelbaren Gefahr eines Umweltschadens diesen Schaden zu vermeiden oder zu minimieren;

7. Schadensbegrenzungsmaßnahme: jede Maßnahme, um die betreffenden Schadstoffe oder sonstigen Schadfaktor unverzüglich zu kontrollieren, einzudämmen, zu beseitigen oder auf sonstige Weise zu behandeln, um weitere Umweltschäden und nachteilige Auswirkungen auf die menschliche Gesundheit oder eine weitere Beeinträchtigung von Funktionen zu begrenzen oder zu vermeiden;

8. Sanierungsmaßnahmen: jede Maßnahme, um einen Umweltschaden nach Maßgabe der fachrechtlichen Vorschriften zu sanieren;

9. Kosten: die durch eine ordnungsgemäße und wirksame Ausführung dieses Gesetzes erforderlichen Kosten, einschließlich der Kosten für die Prüfung eines Umweltschadens, einer unmittelbaren Gefahr eines solchen Schadens, von alternativen Maßnahmen sowie der Verwaltungs- und Verfahrenskosten und der Kosten für die Durchsetzung der Maßnahmen, der Kosten für die Datensammlung, sonstiger Gemeinkosten und der Kosten für Aufsicht und Überwachung;

10. fachrechtliche Vorschriften: die Vorschriften des Bundesnaturschutzgesetzes, des Wasserhaushaltsgesetzes und des Bundes-Bodenschutzgesetzes sowie die zu ihrer Ausführung erlassenen Verordnungen.

Schrifttum: siehe Vorbemerkung.

Übersicht

A. Einführung

1 In § 2 definiert der Gesetzgeber die für die Anwendung des Gesetzes maßgeblichen Begriffe. Zentrale Bedeutung kommt der Definition des Umweltschadens zu, die verdeutlicht, dass das Umweltschadensgesetz keinesfalls auf alle Schäden an Umweltgütern anzuwenden ist, sondern nur für bestimmte Umweltschäden Regelungen trifft. Nur bei Vorliegen bzw. bei der Gefahr eines solchen Umweltschadens ist der Anwendungsbereich des Gesetzes eröffnet.

B. Umweltschaden (Nr. 1)

I. Allgemeines

2 Im Sinne des Umweltweltschadensgesetzes ist ein Umweltschaden eine Schädigung von Arten und natürlichen Lebensräumen nach Maßgabe des § 19 BNatSchG, eine Schädigung der Gewässer nach Maßgabe des § 90 WHG sowie eine Schädigung des Bodens durch eine Beeinträchtigung der Bodenfunktionen im Sinne des § 2 Abs. 2 BBodSchG, die durch eine direkte oder indirekte Einbringung von Stoffen, Zubereitungen, Organismen oder Mikroorganismen auf, in oder unter den Boden hervorgerufen wurde und Gefahren für die menschliche Gesundheit verursacht.

3 Der Begriff des Umweltschadens ist ein Schlüsselbegriff des Gesetzes. Von ihm hängt insbesondere der Anwendungsbereich des Gesetzes ab, weil das Gesetz nach § 3 Abs. 1 nur für Umweltschäden und für unmittelbare Gefahren solcher Schäden gilt. Aus dem

Verweis auf die Bestimmungen der §§ 19 BNatSchG, 90 WHG und § 2 Abs. 2 BBodSchG wird deutlich, dass das Gesetz keinen umfassenden Umweltschadensbegriff verwendet, sondern sich auf **ökologische Schäden** im Bereich des Naturschutzes, der Gewässer und des Bodens beschränkt (Biodiversitätsschäden, Gewässerschädigungen und Bodenschädigungen). Schäden an anderen Umweltgütern – zB Luft, Klima – werden vom Gesetz nicht erfasst (*Beckbissinger,* EuRUP 2020, 2, 4). Insoweit wird durch das Gesetz – entgegen dem integrativen, medienübergreifenden Ansatz des sonstigen europäischen Umweltrechts – kein vollständiger Schutz aller Umweltmedien erreicht. Allerdings ist zu berücksichtigen, dass auch Umweltschäden erfasst werden, die über den Weg anderer Umweltmedien entstehen, also zB Schädigungen durch über die Luft emittierte Schadstoffe, die an Gewässern, Boden oder geschützten Arten und natürlichen Lebensräumen eintreten (*Scheidler,* NVwZ 2007, 1113 (1117)).

Der Begriff des Umweltschadens setzt zunächst einen **Schaden** bzw. eine **Schädigung** voraus. Was darunter zu verstehen ist, ergibt sich aus § 2 Nr. 2. Schäden oder Schädigungen sind direkt oder indirekt eintretende feststellbare nachteilige Veränderungen einer natürlichen Ressource oder die Beeinträchtigung der Funktion einer solchen natürlichen Ressource. Was unter einer **natürlichen Ressource** zu verstehen ist, definiert der Gesetzgeber ebenfalls in § 2 Nr. 2. Bei natürlichen Ressourcen handelt es sich danach um Arten und natürliche Lebensräume, Gewässer und Boden. Während der Begriff des Schadens bzw. der Schädigung lediglich auf eine feststellbare nachteilige Veränderung abstellt, bedarf es für die Annahme eines Umweltschadens weiterer qualifizierender Merkmale, die sich aus dem Verweis auf die fachgesetzlichen Bestimmungen des Bundesnaturschutzgesetzes, des Wasserhaushaltsgesetzes und des Bundes-Bodenschutzgesetzes ergeben. Relevant ist ein Umweltschaden allerdings nur, wenn er die Schwelle der **Erheblichkeit** überschreitet. **Bagatellschäden** werden vom Umweltschadensgesetz nicht erfasst (*Diederichsen,* NJW 2007, 3377 (3378); zur Erheblichkeit von Schäden siehe auch *Gassner/Schemel,* Umweltschadensgesetz, S. 48 f.). 4

II. Schädigung von Arten und natürlichen Lebensräumen

Nach § 2 Nr. 1a) ist ein Umweltschaden eine Schädigung von Arten und natürlichen Lebensräumen nach Maßgabe des § 19 BNatSchG. § 19 BNatSchG definiert als eine Schädigung von Arten und natürlichen Lebensräumen im Sinne des Umweltschadensgesetzes jeden Schaden, der erhebliche nachteilige Auswirkungen auf die Erreichung oder Beibehaltung des günstigen Erhaltungszustandes dieser Lebensräume oder Arten hat. Abweichend von dieser Regelung des § 19 Abs. 1 Satz 1 BNatSchG soll nach § 19 Abs. 1 Satz 2 BNatSchG eine Schädigung nicht vorliegen bei zuvor ermittelten nachteiligen Auswirkungen von Tätigkeiten eines Verantwortlichen, die von der zuständigen Behörde nach den §§ 34, 35, 45 Abs. 7 oder 67 Abs. 2 BNatSchG oder , wenn eine solche Prüfung nicht erforderlich ist, nach § 15 BNatSchG o aufgrund der Aufstellung eines Bebauungsplans nach den §§ 30 oder 33 BauGB genehmigt wurden oder zulässig sind (dazu auch oben bei § 1). Der Begriff der Arten und der natürlichen Lebensräume wird in § 19Abs. 2 und 3 BNatSchG konkretisiert. 5

1. Ziel der Regelung. Ziel der Normierung dieser Art des Umweltschadens war es, einen Schutz der Biodiversität, also der Vielfalt der Arten, Populationen und Ökosysteme, in das deutsche Umwelthaftungsrecht einzuführen. Zuvor kam eine zivilrechtliche Haftung für Schädigungen der Biodiversität nur in Betracht, wenn zugleich Individualrechtsgüter verletzt wurden. Eine Sanierungspflicht bestand nur, wenn die zuständige Behörde auf der Grundlage des Bundes-Bodenschutzgesetzes oder des allgemeinen Poli- 6 zei- und Ordnungsrechts einschritt. Dieser rudimentäre Schutz der Biodiversität soll durch das Umweltschadensgesetz ausdrücklich gestärkt werden (vgl. die Parlamentsdebatte zum Gesetz, Parlamentsprotokoll 16/86, S. 8733; *Führ/Lewin/Roller,* NuR 2006, 67).

7 **2. Voraussetzungen eines Schadens.** Als Maß zur Feststellung eines Schadens an bestimmten Arten und natürlichen Lebensräumen dient der günstige Erhaltungszustand dieser Lebensräume. Zu einem Schaden führt jede erhebliche nachteilige Auswirkung auf die Erreichung oder Beibehaltung des günstigen Erhaltungszustands der Lebensräume oder Arten. Für das Verständnis des Begriffs der „Schädigung von natürlichen Arten und Lebensräumen" definiert der Gesetzgeber unter § 19 Abs. 2 und 3 BNatSchG die Begriffe der „Arten" und der „natürlichen Lebensräume".

8 **„Arten"** im Sinne des § 19 Abs. 2 BNatSchG sind die Arten, die in Artikel 4 Abs. 2 oder Anhang I der Vogelschutzrichtlinie (79/409/EWG) oder in den Anhängen II und IV der FFH-Richtlinie (92/43/EWG) aufgeführt sind.

9 **Natürliche Lebensräume** im Sinne des § 19 Abs. 3 BNatSchG sind die Lebensräume der Arten, die in Artikel 4 Abs. 2 oder Anhang I der Vogelschutzrichtlinie oder in Anhang II der FFH-Richtlinie aufgeführt sind, in Anhang I der FFH-Richtlinie aufgeführte natürliche Lebensräume sowie die Fortpflanzungs- oder Ruhestätten der in Anhang IV der FFH-Richtlinie aufgeführten Arten.

10 Eine Schädigung setzt erhebliche nachteilige Auswirkungen auf die Erreichung oder Beibehaltung des günstigen Erhaltungszustands der Lebensräume oder Arten voraus. Um diese **„Erheblichkeit"** zu ermitteln, sind gemäß § 19 Abs. 5 BNatSchG die Vorgaben des Anhangs I der Umwelthaftungsrichtlinie (2004/35/EG) heranzuziehen. Dieser Anhang I nennt verschiedene Kriterien, anhand derer ermittelt werden soll, ob eine erhebliche nachteilige Veränderung des Erhaltungszustands im Vergleich zum Ausgangszustand eingetreten ist, zum Beispiel die Anzahl der Exemplare, die Bestandsdichte, die Fortpflanzungsfähigkeit der Art, die Regenerationsfähigkeit einer Art bzw. eines Lebensraums oder Auswirkungen auf die menschliche Gesundheit. Die Gesetzesbegründung weist ausdrücklich darauf hin, dass die in § 19 Abs. 5 BNatSchG genannten Kriterien zur Feststellung der Erheblichkeit keine abschließende Aufzählung darstellen (BT-Drs. 16/3806, S. 31). Ebenso wie der Anhang I der Umwelthaftungsrichtlinie gibt auch § 19 Abs. 5 BNatSchG vor, dass bei bestimmten nachteiligen Abweichungen keine erhebliche Schädigung vorliegen soll. Dies soll gelten, wenn nachteilige Abweichungen auftreten, die geringer sind als die natürlichen Fluktuationen, die für den betreffenden Lebensraum oder die betreffende Art als normal gelten, wenn nachteilige Abweichungen auftreten, die auf natürliche Ursachen zurückzuführen sind oder auf eine äußere Einwirkung im Zusammenhang mit der Bewirtschaftung der betreffenden Gebiete, die als normal anzusehen ist oder früherer Bewirtschaftungsweise entspricht sowie bei einer Schädigung von Arten bzw. Lebensräumen, die sich nachweislich ohne äußere Einwirkung in kurzer Zeit soweit regenerieren werden, dass entweder der Ausgangszustand erreicht wird oder sogar ein Zustand, der im Vergleich zum Ausgangszustand als gleichwertig oder besser zu bewerten ist. Letztlich ist in einer Einzelfallbewertung festzustellen, ob die vom Gesetz vorgesehene, aber nicht abschließend definierte Erheblichkeit des Schadens gegeben ist. Ob das Gesetz insoweit die Anforderungen des verfassungsrechtlichen **Bestimmtheitsgrundsatzes** erfüllt, wird bezweifelt (*Cosack/Enders,* DVBl. 2008, 405, 409; *Diederichsen,* NJW 2007, 3377, 3378; *Petersen,* § 2 Rn. 24). Dabei ist zu bedenken, dass der Verantwortliche nach den §§ 4–6 Grundpflichten zu erfüllen und ohne eine entsprechende Anordnung der zuständigen Behörde unter anderem den Umweltschaden zu ermitteln und Sanierungsmaßnahmen vorzuschlagen hat. Um festzustellen, ob diese Pflichten bestehen, müsste der Verantwortliche zur Feststellung des Ausgangszustands Bestandserhe-

bungen über die Anzahl bestimmter Arten, über ihre Bestandsdichte oder ihr Vorkommensgebiet machen. Ohne solche Bestandserhebungen kann der Verantwortliche nicht feststellen, ob ein erheblicher Umweltschaden vorliegt und dementsprechend eine Verpflichtung nach dem Gesetz überhaupt besteht. Fraglich ist insoweit, ob ein möglicherweise Verantwortlicher auch verpflichtet ist, sich über derartige Informationen, Gutachten etc. in den Stand zu versetzen, seine eigene Pflichtigkeit überhaupt erst zu erkennen. Die Einschätzung der zuständigen Behörde, dass eine nachteilige Auswirkung erheblich ist, soll gerichtlich voll überprüfbar sein. Anlass für die Annahme eines **Beurteilungsspielraums** besteht nicht (*Fritsch,* UPR 2011, 365).

Der Begriff des Umweltschadens beschränkt sich in Bezug auf **Habitate** nicht auf die nach der FFH-Richtlinie auszuweisenden Gebiete, bei denen nach den europäischen Vorgaben bereits eine Verträglichkeitsprüfung stattzufinden hat. Insoweit hielt es der Gesetzgeber für erforderlich, auch Ausnahmen für Auswirkungen vorzusehen, die auf der Grundlage gleichwertiger nationaler Naturschutzvorschriften ausdrücklich genehmigt wurden, wobei dies aber voraussetzt, dass eine **Verträglichkeitsprüfung** objektiv nicht erforderlich ist (dazu die Begründung der Bundesregierung, BT-Drs. 16/3806, S. 30). Dazu zählen die Eingriffsregelung nach § 15 BNatSchG sowie bei der Aufstellung von Bebauungsplänen die Regelungen der §§ 30 und 33 BauGB. Bei der **Aufstellung eines Bebauungsplans** sind auf der Grundlage des Abwägungsgebots des § 1 Abs. 7 BauGB alle berührten öffentlichen und privaten Belange gegeneinander und untereinander gerecht abzuwägen. Das wiederum setzt eine Prüfung und Ermittlung der vom Bebauungsplan berührten Belange voraus, zu denen auch solche des Umweltschutzes und des Naturschutzes zählen. Eingriffe in Natur und Landschaft sind insoweit bei der Aufstellung von Bebauungsplänen zu ermitteln und zu berücksichtigen (§ 1a Abs. 3 BauGB). Soweit mit den vorgenannten Prüfungen nachteilige Auswirkungen auf die Erreichung oder die Beibehaltung des günstigen Erhaltungszustands der Lebensräume oder Arten berücksichtigt und die entsprechenden Vorhaben genehmigt wurden oder nach den Planungsbestimmungen zulässig sind, soll es sich nach dem Willen des Gesetzgebers nicht um einen Umweltschaden handeln. Außerhalb dieser Regelung lassen sonstige Genehmigungen die Verantwortlichkeit für einen Umweltschaden hingegen nicht entfallen (dazu oben unter § 1). 11

3. Unzureichende Regelungstechnik. Insgesamt ist die Definition des Schadens bzw. der Schädigung von Arten und natürlichen Lebensräumen aufgrund der verschachtelten Verweistechnik missglückt und nicht anwendungsfreundlich. Der Adressat des Gesetzes kann das Vorliegen eines entsprechenden Schadens nur ermitteln, wenn er sowohl die FFH- und die Vogelschutzrichtlinie mit ihren Anhängen als auch die Umwelthaftungsrichtlinie samt Anhängen zur Hand hat. Ob er auf dieser Grundlage in der Lage ist, einen Umweltschaden festzustellen, hängt unter anderem davon ab, welche Untersuchungen und Bestandserhebungen notwendig werden und ob der Betroffene bereits zur Feststellung seiner Pflichten gehalten ist, solche Untersuchungen anzustellen. 12

Bereits im Vorfeld des Gesetzentwurfs wurde, bezogen auf die entsprechenden Vorgaben der Umwelthaftungsrichtlinie, berechtigte Kritik an der Unbestimmtheit der Regelungen über die Haftung für Schädigungen von Arten und natürlichen Lebensräumen geübt. Die Regelungen der zugrundeliegenden Umwelthaftungsrichtlinie lassen bereits nicht eindeutig erkennen, ob dem Schutz der Richtlinie in räumlicher Hinsicht nur die „Natura-2000-Gebiete" unterfallen sollen, also die ausgewiesenen FFH- und Vogelschutzgebiete, oder ob auch Gebiete, in denen geschützte Arten (vorübergehend) vorhanden sind und die nicht ausgewiesen wurden, in den Anwendungsbereich der Richtlinie fallen (*Duikers,* NuR 2006, 623, 624 ff.; *Führ/Lewin/Roller;* NuR 2006, 67, 69 f.). 13

Vertreter aus Wirtschaft und Politik befürchteten, dass eine weite Auslegung des Anwendungsbereichs zu erheblicher Rechtsunsicherheit für die betroffenen Unternehmen und zu Vollzugschwierigkeiten für die Behörden führe. Es wurde kritisiert, dass die nicht offiziell ausgewiesenen Schutzgebiete für die Verantwortlichen nicht erkennbar seien und zudem keine ausreichenden Daten über das Vorkommen und den Erhaltungszustand der Arten in diesen Bereichen vorlägen, so dass auch mögliche Umweltschäden nicht nachweisbar seien (*BDI,* Stellungnahme vom 24.10.2006, S. 2, 3; auch *Schendel,* in: Frenz/Schink (Hrsg.), Die Abfallwirtschaft im normgeberischen Dauergriff, S. 136). Deutschland stellte daraufhin bei der Europäischen Kommission eine Anfrage zur räumlichen Abgrenzung des Anwendungsbereichs der Umwelthaftungsrichtlinie. Die Kommission hat sich der „weiten", schutzgebietsunabhängigen Auslegung angeschlossen und dargelegt, dass die in der FFH- und Vogelschutzrichtlinie genannten Arten sowie die Fortpflanzungs- und Ruhestätten der Arten unabhängig von ihrem Standort innerhalb oder außerhalb eines ausgewiesenen Schutzgebietes der Richtlinie unterfielen. Außerdem sei die Richtlinie auch bezogen auf die Lebensräume nach Anhang I der FFH-Richtlinie und auf die Lebensräume der Arten nach Anhang II der FFH-Richtlinie anwendbar, unabhängig davon, ob die Gebiete als FFH-Schutzgebiete ausgewiesen seien (dazu *Duikers,* NuR 2006, 623, 624 unter Verweis auf ein „Non-Paper" der Kommission vom 2.5.2005; aA *Cosack/Enders,* DVBl. 2008, 405, 409, nach deren Ansicht das Umweltschadensgesetz nur die ausgewiesenen Schutzgebiete sowie die potentiellen FFH-Gebiete und faktischen Vogelschutzgebiete im Sinne der Rechtsprechung des BVerwG erfasst). Der deutsche Gesetzgeber ist dieser weiten Auslegung ausdrücklich gefolgt. Nach der Begründung zum Umweltschadensgesetz ist davon auszugehen, dass eine Umwelthaftung auch außerhalb ausgewiesener oder auszuweisender Schutzgebiete besteht (BT-Drs. 16/3806, S. 30). Damit kann auch das zeitweise, ggf. nur vorübergehende Vorkommen einer Art in einem bestimmten Gebiet dazu führen, dass der in der Nachbarschaft angesiedelte Anlagenbetreiber nach der Umwelthaftungsrichtlinie verantwortlich ist.

14 Diese Vorgaben des Gesetzgebers bewirken erhebliche **Vollzugsschwierigkeiten** (*Petersen,* USchadG, § 2 Rn. 67 ff.). Es ist nicht erkennbar, wie in entsprechenden Fällen der Beweis des Umweltschadens und der Verursachung geführt werden soll, wie aber auch der Unternehmer seine Risiken kalkulieren und ggf. versichern soll. Weder existieren für derartige, nicht ausgewiesene und nicht erfasste Gebiete umfassende Bestandsaufnahmen über die Wertigkeit und über das Artenvorkommen, noch lässt sich aus Sicht der Vorhabenträger erkennen, wann die Voraussetzungen für ihre Verantwortlichkeit vorliegen oder auch wieder entfallen.

15 Im Gesetzgebungsverfahren war der Bundesregierung aufgegeben worden, nach einem Jahr zu berichten, wie die Richtlinie in anderen Staaten umgesetzt werde, um dann ggf. eine Begrenzung des Anwendungsbereichs auf die ausgewiesenen Natura-2000-Gebiete vorzunehmen und auf diese Weise Wettbewerbsnachteile der deutschen Wirtschaft zu verhindern (Plenarprotokoll des Deutschen Bundestags Nr. 16/86, S. 8735). Eine Änderung des Anwendungsbereichs ist jedoch nicht erfolgt, so dass die betroffenen Unternehmen ihre **Risikokalkulation** und ggf. -versicherung auf der Grundlage des weiten Anwendungsbereichs des Gesetzes vornehmen müssen.

III. Schädigung von Gewässern

16 Ein Umweltschaden im Sinne des Gesetzes liegt nach § 2 Nr. 1b) vor bei der Schädigung von Gewässern nach Maßgabe des § 90 WHG. Gemäß § 90Abs. 1 WHG ist eine

Schädigung der Gewässer im Sinne des Umweltschadensgesetzes jeder Schaden, der erhebliche nachteilige Auswirkungen auf den ökologischen oder chemischen Zustand eines oberirdischen Gewässers oder Küstengewässers, auf das ökologische Potential und den chemischen Zustand eines künstlichen oder erheblich veränderten oberirdischen Gewässers oder Küstengewässers oder auf den chemischen oder mengenmäßigen Zustand des Grundwassers oder den Zustand des Meeresgewässers hat.

Zum Verständnis der in dieser Definition verwendeten Begriffe ist auf das Wasserhaushaltsgesetz als **Fachgesetz** zu verweisen: der Begriff des oberirdischen Gewässers ist in § 3 Nr. 1 WHG definiert, der Begriff des Küstengewässers in § 3 Nr. 2 WHG, der Begriff des Grundwassers in § 3 Nr. 32 WHG und der des Meeresgewässers in § 3 Nr. 2a WHG definiert. Auch der Begriff des „ökologischen, chemischen und mengenmäßigen Zustands" ist aus dem WHG bekannt (vgl. §§ 3 Nr. 8, 27 Abs. 1 WHG). Das dortige Begriffsverständnis gilt auch im Umweltschadensgesetz. Bereits die dem Umweltschadensgesetz zugrundeliegende Umwelthaftungsrichtlinie greift die Terminologie der europäischen Vorschriften zum Gewässerschutz auf, so dass auch im deutschen Recht davon auszugehen ist, dass die verwendeten Begriffe so zu verstehen sind, wie sie im Wasserhaushaltsgesetz gebraucht werden, das seinerseits die Wasserrahmenrichtlinie umsetzt und daher ebenfalls auf europäische Rechtsgrundlagen zum Gewässerschutz zurückgeht. **17**

Nach § 90 Abs. 1 WHG soll ein Gewässerschaden ausnahmsweise nicht vorliegen bei nachteiligen Auswirkungen, für die § 31 Abs. 2 WHG, auch in Verbindung mit § 44 oder § 47 Abs. 3 S. 1WHG gelten. Demnach fallen diejenigen Schädigungen der Oberflächen- und Küstengewässer sowie des Grundwassers nicht in den Anwendungsbereich des Umweltschadensgesetzes, für die nach speziellen Regelungen des Wasserhaushaltsgesetzes ein Abweichen von den Bewirtschaftungszielen zulässig ist. Hierbei handelt es sich um Schädigungen, die zB im öffentlichen Interesse liegen und unvermeidbar sind und zu deren Minimierung alle geeigneten Maßnahmen ergriffen wurden. **18**

Problematisch ist, dass die Definition des Gewässerschadens in § 90 WHG zwar auch die **Erheblichkeit** der nachteiligen Auswirkungen auf den Zustand des Gewässers voraussetzt, diese Erheblichkeit aber nicht definiert, insbesondere auch nicht durch Verweis auf die Wasserrahmenrichtlinie. Die Erheblichkeit muss nach dem zur Verfügung stehenden Fachrecht, also nach dem Wasserhaushaltsgesetz, das die Wasserrahmenrichtlinie umsetzt, bestimmt werden. Das Wasserhaushaltsgesetz enthält – ebenso wie auch die Umwelthaftungsrichtlinie – keine explizite Definition für eine „erhebliche Auswirkung" auf den Zustand eines Gewässers. Als Anhaltspunkt für die Erheblichkeit kann auf die **Gewässerqualitätsstufen** der Wasserrahmenrichtlinie (vgl. Anhang V WRRL) zurückgegriffen werden; sobald die Schädigung eine Herabstufung der Gewässerqualität auf eine niedrigere Stufe nach der Wasserrahmenrichtlinie zur Folge hat, ist jedenfalls von einer erheblichen Auswirkung auszugehen (dazu *Petersen,* § 2 Rn. 82; *Cosack/Enders,* DVBl. 2008, 405, 410; *Ludwig,* NuR 2007, 401, 402; *Knopp,* UPR 2007, 414, 417). Im Rahmen der Ausarbeitung der Umwelthaftungsrichtlinie wurde aber ausdrücklich betont, dass eine Veränderung der Wasserqualität im Sinne einer Verschlechterung von einer in der Wasserrahmenrichtlinie festgelegten Kategorie in die nächste nicht erforderlich sein soll, um einen Gewässerschaden anzunehmen (Mitteilung der Kommission an das Europäische Parlament betreffend den vom Rat angenommenen gemeinsamen Standpunkt im Hinblick auf den Erlass einer Richtlinie über die Umwelthaftung, SEK/2003/1027 endg., Art. 2). Das Wasserhaushaltsgesetz erfasst nach seinem Anwendungsbereich alle nicht unerheblichen Einwirkungen und Beeinträchtigungen des Zustands von Gewässern und will diese so weit als möglich verhindern, so dass wohl auch jede sonstige, nicht völlig unerhebliche Beeinträchtigung eines Gewässers als Gewässerschaden im Sinne des § 22a WHG anzusehen sein dürfte (*Becker,* NVwZ 2007, 1105, 1108; differenzierend **19**

Cosack/Enders, DVBl. 2008, 405, 410). Die Unsicherheit hinsichtlich des Begriffs der „Erheblichkeit" beeinträchtigt die Anwendung und Vollziehbarkeit des Gesetzes erheblich und erschwert insbesondere den Verantwortlichen die Einschätzung, ob überhaupt ein Umweltschaden vorliegt und damit der Anwendungsbereich des Gesetzes eröffnet ist. Die bereits zu § 19 BNatSchG geäußerte Kritik an der mangelnden Bestimmtheit der Norm muss erst recht gegenüber § 90 WHG geäußert werden (vgl. dazu auch *Petersen,* → § 90 WHG Rn. 14; *Diederichsen,* NJW 2007, 3377, 3378).

Weitergehende Bestimmungen können sich aus Landeswasserrecht ergeben (*Petersen* → § 90 WHG Rn. 18).

IV. Schädigung des Bodens

20 Als dritte Variante eines Umweltschadens im Sinne des Gesetzes kommt schließlich eine Schädigung des Bodens durch eine Beeinträchtigung der Bodenfunktionen im Sinne des § 2 Abs. 2 BBodSchG in Betracht, die durch eine direkte oder indirekte Einbringung von Stoffen, Zubereitungen, Organismen oder Mikroorganismen auf, in oder unter den Boden hervorgerufen wurde und Gefahren für die menschliche Gesundheit verursacht.

21 Anders als die Schäden von Arten und natürlichen Lebensräumen sowie Gewässern setzt der Bodenschaden nach dieser Legaldefinition zusätzlich eine **Gesundheitsgefährdung** voraus und wird daher weniger streng beurteilt als die sonstigen Umweltschäden. Eine Haftung wird nur ausgelöst, wenn zugleich das Individualrechtsgut der menschlichen Gesundheit verletzt oder bedroht wird. Dies gilt selbstverständlich nicht, wenn mit der Schädigung des Bodens zugleich ein Gewässerschaden im Sinne des § 2 Nr. 1b verbunden ist, da der Gewässerschaden keine Gesundheitsgefährdung voraussetzt (vgl. *Diederichsen,* NJW 2007, 3377, 3378). Diese Voraussetzung, die aus dem zivilen Umwelthaftungsrecht bekannt ist, erweist sich im Umweltschadensgesetz, das gerade keinen Individualrechtsbezug aufweist, als systemfremd. Ein plausibler Grund für die „Besserstellung" desjenigen, der für eine Bodenbeeinträchtigung verantwortlich ist, ist nicht erkennbar (*Beckmann/Wittmann,* AbfR 2007, 87, 94). Der Begriff des Bodenschadens im Sinne des Umweltschadensgesetzes ist damit wesentlich enger als der Begriff der schädlichen Bodenveränderung des Bundes-Bodenschutzgesetzes. Eine schädliche Bodenveränderung im Sinne des Bundes-Bodenschutzgesetzes setzt keine Gefahr für die menschliche Gesundheit voraus, sondern liegt bereits dann vor, wenn die Beeinträchtigung der Bodenfunktion geeignet ist, Gefahren für den einzelnen oder die Allgemeinheit herbeizuführen (§ 2 Abs. 3 BBodSchG). Ein umfassender Bodenschutz, wie er im Bundes-Bodenschutzgesetzes normiert ist, wird durch das Umweltschadensgesetz nicht gewährleistet (dazu *Brinktrine,* ZUR 2007, 337 ff. mwN).

22 Der Begriff der **„Beeinträchtigung der Bodenfunktion"** wurde aus dem Bodenschutzrecht übernommen und für das Umweltschadensgesetz qualifiziert, um die Anbindung an die materiellen Verpflichtungen des § 4 BBodSchG ohne Änderung dieses Gesetzes zu gewährleisten. Gleichzeitig soll erreicht werden, dass der Anwendungsbereich des Umweltschadensgesetzes sich nur auf solche Beeinträchtigungen der Bodenfunktionen, die Gefahren für die menschliche Gesundheit verursachen, nicht aber auf alle sonstigen schädlichen Bodenveränderungen im Sinne des Bundes-Bodenschutzgesetzes bezieht (vgl. Begründung der Bundesregierung, BT-Drs. 16/3806, S. 20).

23 Wann eine Schädigung eine **Gefahr die menschliche Gesundheit** verursacht, definiert das Gesetz nicht. Nach Ansicht der Bundesregierung kann eine Gefährdung der menschlichen Gesundheit nur im Einzelfall festgestellt werden (BT-Drs. 16/3806, S. 20).

Nach den Erwägungsgründen der Umwelthaftungsrichtlinie (Erwägung Nr. 7) soll zur Beurteilung solcher Schädigungen des Bodens auf Risikobewertungsverfahren zurückgegriffen werden, mit denen sich feststellen lässt, inwieweit die menschliche Gesundheit beeinträchtigt sein kann. Die anzuwendenden Risikobewertungsverfahren werden aber dort nicht näher bezeichnet. Ob in Anlehnung an das Begriffsverständnis des Gemeinschaftsrechts zu Art. 152 EGV davon auszugehen ist, dass der Umwelthaftungsrichtlinie ein weites Verständnis vom Begriff der menschlichen Gesundheit zugrunde liegt (so *Brinktrine,* ZUR 2007, 337, 339; *Cosack/Enders,* DVBl. 2008, 405, 410/411), ist fraglich. Demnach wäre unter menschlicher Gesundheit ein Zustand des vollständigen körperlichen, geistigen und sozialen Wohlbefindens, nicht nur das Freisein von Krankheiten und Gebrechen zu verstehen. Es erscheint aber unangemessen, die Rechtsfolgen des Umweltschadensgesetzes schon dann eingreifen zu lassen, wenn eine Beeinträchtigung der Bodenfunktionen vorliegt, die das soziale oder geistige Wohlbefinden eines Menschen gefährdet, ohne dass die Beeinträchtigung zugleich geeignet wäre, eine Krankheit auszulösen.

Da das Umweltschadensgesetz nur auf Bodenbeeinträchtigungen anzuwenden ist, mit **24**
denen eine Gesundheitsgefahr einhergeht, sind insbesondere auch Beeinträchtigungen der Archiv- und Bodennutzungsfunktion vom Anwendungsbereich des Gesetzes ausgeschlossen (*Brinktrine,* ZUR 2007, 337, 339).

C. Schaden oder Schädigung (Nr. 2)

Unter einem Schaden oder einer Schädigung versteht der Gesetzgeber in § 2 Nr. 2 **25**
eine direkt oder indirekt eintretende feststellbare nachteilige Veränderung einer natürlichen Ressource oder Beeinträchtigung der Funktion einer solchen natürlichen Ressource. Als natürliche Ressource definiert der Gesetzgeber Arten und natürliche Lebensräume, Gewässer und Boden. Die nachteilige Veränderung muss durch Vergleich des Zustands der Ressource oder ihrer Funktion vor und nach einem relevanten Handeln des Gesetzesadressaten festgestellt werden. Jede durch den Betroffenen direkt oder indirekt ausgelöste negative Abweichung vom vorherigen Zustand der Ressource oder ihrer Funktion stellt demnach einen Schaden dar. Für die Frage, wann eine Funktion einer natürlichen Ressource beeinträchtigt ist, wird auf Art. 2 Nr. 13 Umwelthaftungsrichtlinie verwiesen. Mit Funktionen einer natürlichen Ressource sind danach die Funktionen gemeint, die eine natürliche Ressource zum Nutzen einer anderen natürlichen Ressource oder der Öffentlichkeit erfüllt (dazu *Petersen,* § 2 Rn. 112). Um von einem Umweltschaden im Sinne des Umweltschadensgesetzes sprechen zu können, müssen weitere Voraussetzungen erfüllt sein, wie sich aus § 2 Nr. 1 ergibt.

D. Verantwortlicher (Nr. 3)

Verantwortlicher im Sinne des Umweltschadensgesetzes ist nach § 2 Nr. 3 jede natürli- **26**
che oder juristische Person, die eine berufliche Tätigkeit ausübt oder bestimmt, einschließlich der Inhaber einer Zulassung oder Genehmigung für eine solche Tätigkeit oder der Person, die eine solche Tätigkeit anmeldet oder notifiziert, und dadurch unmittelbar einen Umweltschaden oder die unmittelbare Gefahr eines solchen Schadens verursacht hat. § 2 Nr. 3 legt den Kreis der nach dem Umweltschadensgesetz Verantwortlichen abschließend fest (BVerwG, Urt. v. 21.9.2017 – 7 C 29/15, juris Rn. 38).

27 Mit der Definition eines Verantwortlichen setzt der Gesetzgeber Art. 2 Nr. 6 der Umwelthaftungsrichtlinie um. In dieser Bestimmung definiert der Richtliniengeber den Begriff des Betreibers, der im deutschen Recht aber bereits als Fachterminus verwendet wird und sich hier auf denjenigen bezieht, der Anlagen eigenverantwortlich betreibt (vgl. etwa § 5 BImSchG). Der Gesetzgeber hat im Umweltschadensgesetz deshalb anstatt des Begriffs des Betreibers den Begriff des Verantwortlichen eingeführt, ohne eine inhaltliche Änderung gegenüber der Richtlinie zu beabsichtigen. Mit dem Begriff des Verantwortlichen wird an die öffentlich-rechtliche Verantwortlichkeit im Sinne einer Polizeipflicht angeknüpft, die der gesetzlichen Regelung des Umweltschadensgesetzes zugrunde liegt (vgl. Gesetzesbegründung der Bundesregierung, BT-Drs. 16/3806, S. 20).

I. Berufliche Tätigkeit

28 Soweit der Verantwortliche als eine Person definiert wird, die eine berufliche Tätigkeit ausübt oder bestimmt, verweist diese Definition wiederum auf den Begriff der beruflichen Tätigkeit, der seinerseits in § 2 Nr. 4 gesetzlich definiert wird. Eine berufliche Tätigkeit ist danach jede Tätigkeit, die im Rahmen einer wirtschaftlichen Tätigkeit, einer Geschäftstätigkeit oder eines Unternehmens ausgeübt wird, unabhängig davon, ob sie privat oder öffentlich und mit oder ohne Erwerbscharakter ausgeübt wird.

29 Der Gesetzgeber regelt im Umweltschadensgesetz ausschließlich einen Fall der **Verhaltensverantwortung.** Denn er knüpft für die Bestimmung des Verantwortlichen an eine Tätigkeit an, die die unmittelbare Verursachung eines Umweltschadens oder die unmittelbare Gefahr eines solchen Schadens zur Folge hat. Gegenüber der ordnungsrechtlichen Verhaltensverantwortung ist der Verantwortungsbegriff des Umweltschadensgesetzes insoweit eingeschränkt, als er sich lediglich auf berufliche Tätigkeiten, dh wirtschaftliche Tätigkeiten, Geschäftstätigkeiten oder Unternehmenstätigkeiten beschränkt. Tätigkeiten im rein privaten Umfeld werden vom Umweltschadensgesetz nicht erfasst. Ebenso besteht nach dem Umweltschadensgesetz – im Unterschied zum allgemeinen Polizei- und Ordnungsrecht und zum Bodenschutzrecht nach Bundes-Bodenschutzgesetz – keine **Zustandsverantwortlichkeit** (*Petersen,* § 2 Rn. 119; *Knopp,* UPR 2007, 414, 417; *Becker,* Das neue Umweltschadensgesetz, Rn. 61, 120). Die bloße Stellung als Eigentümer oder Inhaber der tatsächlichen Gewalt über eine Sache begründet demnach keine Verantwortlichkeit nach diesem Gesetz. Das bedeutet jedoch nicht, dass die Inanspruchnahme eines Zustandsverantwortlichen auf der Grundlage des allgemeinen Ordnungsrechts ausgeschlossen wäre (siehe dazu → § 1 Rn. 20–23; aA *Becker,* NVwZ 2007, 1105, 1108 f.).

30 Die Bundesregierung weist in der Gesetzesbegründung darauf hin, dass sie mit ihrem Verweis auf die Verursachung eines Umweltschadens oder der unmittelbaren Gefahr eines solchen Schadens über die Betreiberdefinition der Umwelthaftungsrichtlinie hinausgeht, die eine solche Schadens- bzw. Gefahrenverursachung im Rahmen der Betreiberdefinition nicht erwähnt. Zutreffend führt die Gesetzesbegründung aber aus, dass es sich insoweit nur um eine Klarstellung handelt, da die Umwelthaftungsrichtlinie entsprechend dem ihr zugrunde liegenden Verursacherprinzip natürlich ebenfalls nur auf diejenigen Personen abziele, die durch ihre berufliche Tätigkeit einen unmittelbaren Umweltschaden oder die unmittelbare Gefahren eines solchen Schadens verursachen.

II. Ausüben oder Bestimmen

31 Als Handlung, an die das Umweltschadensgesetz die Verantwortlichkeit knüpft, nennt das Gesetz in § 2 Nr. 3 das „Ausüben“ und das „Bestimmen“ einer beruflichen Tätigkeit.

Damit wird deutlich gemacht, dass das Gesetz lediglich eine Verhaltensverantwortlichkeit, keine Zustandsverantwortlichkeit normiert (*Knopp,* UPR 2007, 414, 417).

Unter dem **„Ausüben“** der beruflichen Tätigkeit ist die unmittelbare Wahrnehmung und Ausführung einer nicht rein privaten Tätigkeit zu verstehen (so auch BVerwG, Urt. v. 21.9.2017 – 7 C 29/15, juris Rn. 39). Dieser Tatbestand betrifft insbesondere auch die **Angestellten** eines Unternehmens, die durch ihr eigenes Handeln im Rahmen ihrer Berufstätigkeit einen Umweltschaden verursachen. Abweichend von der durch Art. 1 Nr. 6 UHRL eingeräumten Möglichkeit, dies auch anders zu regeln, kommt es nach dem Umweltschadensgesetz für eine Verantwortlichkeit nicht darauf an, ob der Handelnde die ausschlaggebende wirtschaftliche Verfügungsmacht über die technische Durchführung der Tätigkeit innehat. Eine hervorgehobene Stellung der Person oder eine Leitungsfunktion ist nicht erforderlich. Zum Teil wird unter Hinweis auf die Umwelthaftungsrichtlinie die Ansicht vertreten, dass Verantwortliche nur die Unternehmen sind, die eine Anlage im Sinne der Anlage 1 betreiben oder die dort genannten Tätigkeiten ausüben, nicht hingegen die natürlichen Personen, die innerhalb eines solchen Unternehmens tätig sind (*Cosack/Enders,* DVBl. 2008, 405, 412; vgl. auch *Schmidt,* NZG 2007, 650, 651). Dieses Verständnis des § 2 Nr. 4 scheint aber zu sehr auf den von der Umwelthaftungsrichtlinie verwendeten Begriff des Betreibers und auf das deutsche Verständnis vom Betreiberbegriff abzustellen. Zwar normiert die Richtlinie eine Verantwortlichkeit des „Betreibers“, dieser Begriff wird aber nicht im Sinne des deutschen Rechts verstanden, bezeichnet also nicht nur denjenigen, der Anlagen eigenverantwortlich betreibt, sondern erfasst auch jede natürliche Person, die eine berufliche Tätigkeit ausübt (Art. 2 Nr. 6 UHRL). Im Einzelfall kann selbstverständlich eine Inanspruchnahme des einzelnen Angestellten unverhältnismäßig oder unzweckmäßig sein, so dass im Rahmen einer ermessensfehlerfreien Störerauswahl nur eine Inanspruchnahme des Anlagenbetreibers in Betracht kommt. Der Begriff des Verantwortlichen selbst enthält aber noch keine Beschränkung dahingehend, dass, sofern ein Unternehmen vorhanden ist, nur das Unternehmen nach dem Umweltschadensgesetz in Anspruch genommen werden könnte (*Beckbissinger,* EuRUP 2020, 2, 6). 32

Was unter dem **„Bestimmen“** einer beruflichen Tätigkeit zu verstehen ist, definiert das Umweltschadensgesetz nicht näher. Möglicherweise wollte der Gesetzgeber mit dieser Formulierung darauf hinweisen, dass eine Haftung auch im Falle der **„mittelbaren Täterschaft“** in Betracht kommt, also dann, wenn der den Schaden unmittelbar Verursachende nicht eigenverantwortlich gehandelt hat, sondern als „Werkzeug“ eines anderen diente, der ihn zu der Handlung angewiesen bzw. „bestimmt“ hatte. Der „Hintermann“, der die berufliche Tätigkeit „bestimmt“, muss sich insoweit durch ein gewisses Maß an **Weisungsbefugnis** auszeichnen (in diesem Sinne auch BVerwG, Urt. v. 21.9.2017 – 7 C 29/15, juris Rn. 39; *Beckbissinger,* EuRUP 2020, 2, 6;vgl. auch *Schmidt,* NZG 2007, 650, 651). Das BVerwG bestätigt, dass ein solches Begriffsverständnis mit den Regelungen des Bundes und der Länder zur Reichweite der Polizeipflichtigkeit in Einklang steht, wonach sich die polizeirechtliche Verantwortlichkeit eines Handlungsstörers auf das Verhalten eines Verrichtungsgehilfen erstreckt. Eine derartige Verantwortlichkeit setze jedoch die Macht des Verantwortlichen voraus, dem Verrichtungsgehilfen Weisungen zu erteilen (BVerwG, Urt. v. 21.9.2017 – 7 C 29/15, juris Rn. 39). Als Weisungsbefugte in diesem Sinne kommen insbesondere Organmitglieder, sonstige Verantwortungsträger und Leitungspersonen eines Unternehmens in Betracht (*Keich,* NuR 2012, 672; *Beckbissinger,* EuRUP 2020, 2, 6; nach *Diederichsen,* NJW 2007, 3377, 3381 f. kommen als „Bestimmer“ auch Minderheitsgesellschafter und Kreditgeber in Betracht, wenn sie bestimmenden Einfluss auf eine schadensauslösende berufliche Tätigkeit haben). Allerdings kann aus dem Tatbestandsmerkmal des „Bestimmens“ keine unbegrenzte Einstandspflicht von Organmitgliedern abgeleitet werden. Vielmehr wird man davon ausgehen müssen, dass ein 33

Organmitglied die Tätigkeit nur dann bestimmt, wenn es die zum Umweltschaden führenden betrieblichen Vorgänge als Leitungsorgan des Unternehmens maßgeblich gelenkt oder gesteuert hat. Die schadensverursachende Handlung muss zumindest in dem Zuständigkeits-/Verantwortungsbereich des Organmitglieds liegen (vgl. dazu *Cosack/Enders,* DVBl. 2008, 405, 412; noch strenger *Wagner,* VersR 2008, 565).

III. Natürliche oder juristische Person

34 Nach der gesetzlichen Definition können sowohl natürliche, als auch juristische Personen Verantwortliche im Sinne des Umweltschadensgesetzes sein, sofern sie nur eine berufliche Tätigkeit ausüben oder bestimmen. Die Pflichten des Umweltschadensgesetzes treffen damit grundsätzlich vom einfachen Mitarbeiter (Fahrer, Boten, etc.), über den leitenden Mitarbeiter bis zum Vorstandsvorsitzenden eines Unternehmens alle natürlichen Personen, die eine berufliche Tätigkeit ausüben oder bestimmen, soweit dadurch ein Umweltschaden verursacht wird. Aus der Definition des Art. 2 Nr. 6 der Umwelthaftungsrichtlinie, die mit § 2 Nr. 3 umgesetzt wird, ergibt sich insoweit keine Beschränkung. Betreiber iSd Richtlinie ist danach jede natürliche oder juristische Person des privaten oder öffentlichen Rechts, die eine berufliche Tätigkeit ausübt oder bestimmt oder der – sofern dies in den nationalen Rechtsvorschriften vorgesehen ist – die ausschlaggebende wirtschaftliche Verfügungsmacht über die technische Durchführung einer solchen Tätigkeit übertragen wurde. Die Erstreckung der Verantwortlichkeit auf solche Personen, die eine ausschlaggebende wirtschaftliche Verfügungsmacht über die technische Durchführung einer solchen Tätigkeit besitzen, führt nur zu einer zusätzlichen Verpflichtung sog. **Zweckveranlasser,** entlastet jedoch den unmittelbar handelnden Mitarbeiter nicht. Bei der Störerauswahl mögen dann allerdings eine Gewichtung der Verursachungsbeiträge sowie das technische und finanzielle Vermögen zur Pflichtenerfüllung eine Rolle spielen.

35 Im allgemeinen Polizei- und Ordnungsrecht ist anerkannt, dass auch **juristische Personen** polizeipflichtig sind. Juristische Personen haben im Rahmen der Verhaltensstörerhaftung für das Handeln ihrer verfassungsmäßigen Vertreter einzustehen. Gleiches soll auch im Rahmen des Umweltschadensgesetzes gelten (vgl. Gesetzesbegründung der Bundesregierung, BT-Drs. 16/3806, S. 21). Fraglich ist, ob auch Personengesellschaften Verantwortliche im Sinne von § 2 Nr. 3 sein können. Mehrere Oberverwaltungsgerichte waren für eine vergleichbare Begriffsdefinition des KrWG der Ansicht, dass Personenvereinigungen, wie zB eine GmbH&Co KG, ohne eigene Rechtspersönlichkeit nicht als juristische Person eingeordnet werden könnten (OVG NRW, Beschl. v. 9.12.2013 – 20 B 205/13, juris Rn. 17; VGH München, Urt. v. 26.10.2013 – 20 Bv 13.516, juris; VGH Mannheim, Beschl. v. 10.10.2013 – 10 S 1202/13, GewArch 2014, 184). Zu Recht hat jedoch das BVerwG diese obergerichtliche Fehlentwicklung im KrWG korrigiert. Zwar sei unter einer juristischen Person nach herkömmlichem Rechtsverständnis nur ein Rechtsgebilde mit vollständiger Rechtsfähigkeit zu verstehen. Das schließe es aber nicht aus, sachgebietsbezogen jedenfalls auch Personenvereinigungen einzubeziehen, die teilrechtsfähig sind. Das dürfte auch für § 2 Nr. 3 gelten (siehe zum KrWG BVerwG, Urt. v. 1.10.2015 – 7 C 8/14, DVBl 2016, 188; und dazu *Petersen/Hermanns,* AbfallR 2014, 62; und zuvor bereits *Beckmann,* AbfallR 2013, 296).

IV. Organe und Organmitglieder

36 Eine Haftung besteht auch für die Vorstände und Geschäftsführer juristischer Personen, wenn ihr Ausüben oder Bestimmen einer beruflichen Tätigkeit zu einer unmittelbaren

Umweltgefährdung oder dem Eintritt eines Umweltschadens führt. Allerdings kann aus dem Tatbestandsmerkmal des „Bestimmens" keine unbegrenzte Einstandspflicht von Organmitgliedern abgeleitet werden (dazu oben Rn. 33). Verantwortlich als „Bestimmer" können auch leitende Personen eines Unternehmens sein (*Keich,* NuR 2012, 672, 678; *Diederichsen,* NJW 2007, 3377, 3380), Vorarbeiter oder einfache Angestellte oder Mitarbeiter hingegen nur dann, wenn sie nicht nur die ihnen zugewiesenen Arbeiten erledigen, sondern in Ausnahmefällen berechtigt sind, anderen Mitarbeitern Weisungen zu erteilen (dazu *Keich,* NuR 2012, 672, 678). Diese (Verhaltens-)Verantwortlichkeit endet grundsätzlich auch nicht mit dem **Ausscheiden** aus der Gesellschaft oder dem Organ und auch nicht mit der **Auflösung der Gesellschaft** (dazu *Schmidt,* NVwZ 2006, 635, 637 f.). Eine **Konzern-** oder **Durchgriffshaftung** ist im Umweltschadensgesetz allerdings nicht normiert, so dass ein Rückgriff auf andere konzernzugehörige Unternehmen bei Unterkapitalisierung des schadensverursachenden Unternehmens nicht in Betracht kommt (so auch *Petersen,* § 2 Rn. 128; dies soll nach Ansicht von *Diederichsens* das Risiko der Inanspruchnahme für die solventen natürlichen Personen, die in einem Unternehmen tätig sind, erhöhen, NJW 2007, 3377, 3380).

V. Unmittelbare Gefahren- oder Schadensverursachung

Verantwortlich im Sinne des § 2 Nr. 3 ist nur derjenige, der *unmittelbar* einen Umweltschaden oder die unmittelbare Gefahr eines solchen Schadens verursacht hat. Diese Regelung zur Kausalität ist an sich überflüssig, wenn man § 3 Abs. 1 ernst nimmt und bereits die Anwendbarkeit des Gesetzes davon abhängig macht, dass ein Umweltschaden kausal verursacht wurde. Steht zu einem Sachverhalt fest, dass eine kausale Verursachung des Umweltschadens nicht vorliegt, wäre das Umweltschadensgesetz gem. § 3 Abs. 1 schon nicht anwendbar, so dass es auf die Begriffsdefinition in § 2 Nr. 3 nicht mehr ankäme (aA *Keich,* NuR 2012, 672, 675 mit dem wohl nicht zwingenden Hinweis, dass das Unmittelbarkeitskriterium keineswegs überflüssig sei, weil zwar die Anwendbarkeit des USchadG auch von der Kausalität der beruflichen Tätigkeit für einen Umweltschaden abhängig sei, § 2 Nr. 3 jedoch mit seinem Unmittelbarkeit über das normale Kausalitätserfordernis hinausgehe). **37**

Wann von einer unmittelbaren Gefahren- oder Schadensverursachung gesprochen werden kann, regelt der Gesetzgeber im Umweltschadensgesetz genauso wenig wie im allgemeinen Polizei- und Ordnungsrecht. In der zugrundeliegenden Umwelthaftungsrichtlinie wird die Unmittelbarkeit der Verursachung gar nicht verlangt. Es spricht jedoch vieles dafür, den Verursachungsbegriff des deutschen Polizei- und Ordnungsrechts auch im Bereich des Umweltschadensgesetzes anzuwenden (*Becker,* NVwZ 2005, 371, 373; *Petersen,* § 2 Rn. 133; zustimmend VG Gießen, Urt. v. 13.12.2017 – 1 K 4316/16.GI, juris Rn. 38; OVG Schleswig, Urt. v. 4.2.2016 – 1 LB 2/13, juris Rn. 107; *Beuck,* VersR 2012, 1212, 1218). Nach der im Ordnungsrecht überwiegend vertretenen „Theorie der unmittelbaren Verursachung" ist als Verursacher einer Gefahr derjenige anzusehen, der durch sein Verhalten selbst die konkrete Gefahr unmittelbar herbeigeführt hat, der also in eigener Person die Gefahrenschwelle überschritten hat. Auch nach der Rechtsprechung trifft denjenigen die Verhaltensverantwortung, dessen Verhalten die Gefahrengrenze überschritten und der damit die unmittelbare Ursache für den Eintritt einer Gefahr gesetzt hat (VGH München, Beschl. v. 11.6.2019 – 10 CS 19.684, juris Rn. 8; VG Göttingen, Urt. v. 11.12.2015 – 2 A 691/13, juris Rn. 109; VG Augsburg, Urt. v. 22.1.2014 – Au 6 K 13.1760, juris Rn. 18; HessVGH, Urt. v. 4.9.1985 – 5 UE 178/85, NVwZ 1986, 660; OVG Münster, Urt. v. 16.3.1993 – 5 A 496/93 –, NWVBl. 1993, 351). Das **38** setzt zunächst voraus, dass das Verhalten, an das die Verantwortlichkeit anknüpft, überhaupt eine Ursache für den Eintritt der Gefahrenlage bildet. Das Verhalten darf insoweit nicht hinweggedacht werden können, ohne dass die Gefahr entfiele. Diese naturwissenschaftliche Kausalität ist eine notwendige, aber keine hinreichende Voraussetzung für die ordnungsbehördliche Inanspruchnahme des Verhaltensverantwortlichen und auch nicht für die Inanspruchnahme auf der Grundlage des Umweltschadensgesetzes. Hinzukommen muss sowohl im Ordnungsrecht als auch im Bereich des Umweltschadensgesetzes die Unmittelbarkeit der Verursachung. Mit Hilfe des Unmittelbarkeitskriteriums sollen aus einer Vielzahl grundsätzlich ursächlicher Verhaltensweisen eingrenzend diejenigen ermittelt werden, die bei wertender Betrachtungsweise eine ordnungsrechtliche Verantwortung rechtfertigen. So soll beispielsweise die Haftung von Behörden, die mit der Erteilung einer Genehmigung eine Ursache für die Ausübung einer beruflichen Tätigkeit iSd § 2 Nr. 4 setzen, oder die Haftung von Gemeinden für die Aufstellung von Bebauungsplänen ausgeschlossen werden (Gesetzesbegründung der Bundesregierung, BT-Drs. 16/3806, S. 21).

39 Problematisiert wird, ob das Unmittelbarkeitskriterium des § 2 Nr. 3 richtlinienkonform ist, weil die UHRL ein solches Unmittelbarkeitserfordernis nicht kennt (siehe dazu OVG Schleswig, Urt. v. 4.2.2016 – 1 LB 2/13, juris Rn. 107; VG Schleswig, Urt. v. 20.9.2012 – 6 A 186/11, juris Rn. 47/48; *Knopp/Lohmann/Schumacher,* NuR 2017, 741, 743; *Beckbissinger,* EuRUP 2020, 2, 7). Das Verwaltungsgericht Schleswig hält angesichts dessen eine richtlinienkonforme Auslegung der Regelung für erforderlich, wonach auch eine nur mittelbare Verursachung des Schadens durch eine berufliche Tätigkeit ausreicht. Wenn und soweit es bei einer richtlinienkonformen Auslegung des § 2 Nr. 3 USchadG ausreichen sollte, auf eine bloße Kausalität abzustellen, könne eine fehlende Unmittelbarkeit der Verursachung jedoch auf der sekundären Ebene der Kostenverteilung berücksichtigt werden (*Beckbissinger,* EuRUP 2020, 2, 7; VG Schleswig, Urt. v. 20.9.2012 – 6 A 186/11, NuR 2013, 444; *Kahl/Gärditz,* Umweltrecht, § 4 Rn. 171).

40 Eine Gefahr oder ein Schaden kann auch durch mehrere zeitlich gestaffelte Verhaltensbeiträge verschiedener Personen verursacht werden. In einem solchen Fall ist nicht notwendigerweise allein derjenige ordnungsrechtlich verantwortlich, der die zeitlich letzte Bedingung für den Eintritt der Gefahr oder des Schadens gesetzt hat. Haben mehrere den Schaden unmittelbar verursacht, sind alle als Verantwortliche iSd § 2 Nr. 3 anzusehen. Werden nicht alle von der Behörde in Anspruch genommen, bestimmt sich der interne Ausgleich zwischen den Verantwortlichen hinsichtlich der Kosten nach § 9 Abs. 2. Auch in einem früheren Stadium Beteiligte kommen als Verantwortliche in Betracht, wenn sie durch ihr Verhalten die Grenze zur konkreten Gefahr überschritten haben. Kennzeichnend für diese als Zweckveranlassung bezeichnete Fallgestaltung soll das Bestehen eines so engen Wirkungs- und Verantwortungszusammenhangs zwischen der zurückliegenden und der letzten Ursache sein, dass diese als Einheit gewertet werden müssten (siehe dazu OVG NRW, Urt. v. 11.11.2002 – 5 A 4177/00 –, NWVBl. 2003, 320 f.). Grenzen der Zurechenbarkeit dürften auch im Zusammenhang mit **klimabedingten Folgeschäden** erreicht werden, die sich als Ergebnis zahlloser globaler und jahrzehntelanger Treibhausgasemmissionen einstellen. Auch wenn nicht ernstlich bezweifelt werden kann, dass Treibhausgasemissionen einen Klimawandel mit erheblichen Klimaschäden verursachen, ist eine konkrete Kausalbeziehung zwischen einzelnen Umweltschäden und einzelnen Emittenten kaum nachzuvollziehen (ausführlicher dazu *Beckbissinger,* EuRUP 2020, 2 ff.). Das Europäische Parlament hat allerdings jüngt in seiner Entschließung zur Durchführung der Umwelthaftungsrichtlinie vom 26.10.2017 betont, dass ein Umweltschaden durch eine nicht klar abgegrenzte Verschmutzung verursacht sein könne, wenn ein ursächlicher Zusammenhang zwischen dem Schaden und den Tä-

tigkeiten einzelner Betreiber festgestellt werde. In diesem Zusammenhang betont das Parlament, dass der Weltklimarat (Zwischenstaatlicher Ausschuss für Klimaänderungen — IPCC) bereits in seinem Bericht von 2013 einen eindeutigen ursächlichen Zusammenhang zwischen Gasemissionen und Schäden in Bezug auf den Klimawandel und die Umwelt festgestellt habe. Das Parlament fordert, bei den Begriffsdefinitionen „Umweltschaden" und „natürliche Ressource" in Artikel 2 der Umwelthaftungsrichtlinie den Begriff „Ökosysteme" aufzunehmen sowie die Möglichkeit zu prüfen, den Geltungsbereich der Umwelthaftungsrichtlinie auszuweiten und eine Haftung für eine Schädigung der menschlichen Gesundheit und der Umwelt einzuführen, einschließlich der Verschmutzung der Luft, da die Luftverschmutzung die Gesundheit des Menschen und die Umwelt schädigt und Stickstoffdioxid und Feinstaubbelastung ernsthafte Gesundheitsrisiken darstellten (ABl EU C 346, S. 184 ff.).

Eine **Ursachenvermutung** zur Vermeidung von Schwierigkeiten, den unmittelbaren Verursachungszusammenhang nachzuweisen, sieht der Gesetzgeber – anders als in § 6 UmweltHG – im Umweltschadensgesetz nicht vor (VG Gießen, Urt. v. 13.12.2017 – 1 K 4316/16.GI, juris Rn. 38; kritisch dazu *Knopp,* UPR 2007, 414, 418 und – aus der prozessualen Sicht – *Schrader/Hellenbroich,* ZUR 2007, 289, 293). Lediglich für Fälle, in denen der Umweltschaden oder die unmittelbare Gefahr eines solchen Schadens durch eine nicht klar abgegrenzte Verschmutzung verursacht wurde, sieht § 3 Abs. 4 eine Sonderregelung vor. In derartigen Fällen soll das Gesetz nur Anwendung finden, wenn ein ursächlicher Zusammenhang zwischen dem Schaden und den Tätigkeiten einzelner Verantwortlicher festgestellt werden kann. Diese Norm ist missglückt. Sie ist als Einschränkung der Bestimmungen über den Anwendungsbereich des Gesetzes formuliert, obwohl sie doch systematisch eher eine Einschränkung der Haftung des Verantwortlichen auf der Grundlage des Gesetzes bewirken soll oder möglicherweise nur eine Beweisregel darstellt (*Becker,* NVwZ 2007, 1105, 1109). Jedenfalls bestätigt die Regelung nur das, was auch ohne ihr Vorhandensein gelten würde. Denn wenn bei einer nicht klar abgegrenzten Verschmutzung ein ursächlicher Zusammenhang zwischen dem Schaden und den Tätigkeiten eines einzelnen Verantwortlichen nicht festgestellt werden kann, dann kann eine unmittelbare Schadensverursachung durch den Verantwortlichen nicht unterstellt werden. Auch ohne die Regelung des § 3 Abs. 4 käme deshalb eine Inanspruchnahme des Betroffenen nicht in Betracht (zustimmend *Beckbissinger,* EuRUP 2020, 29; *Kloepfer,* Umweltrecht, § 6 Rn. 352; *Petersen,* § 3 Rn. 56). § 3 Abs. 4 darf aber keinesfalls so verstanden werden, dass in allen anderen Fällen die Verursachung des Umweltschadens nicht festgestellt werden müsste, um die Haftung zu ermitteln (so aber *Schmidt,* NZG 2007, 650, 651). 41

Aus der Gesetzesbegründung ist zu entnehmen, dass der Gesetzgeber ein Einschreiten der Behörden bereits dann zulassen wollte, wenn sich aus den objektiv vorliegenden Umständen gewichtige Indizien ergeben, die den Schluss rechtfertigen, dass zwischen dem Verhalten der in Anspruch genommenen Person und der eingetretenen Gefahrenlage ein Ursachenzusammenhang besteht (BT-Drs. 16/3806, S. 22). Diese Ausführungen verdeutlichen, dass es für die Beurteilung der Kausalität – jedenfalls auf der Primärebene – auf eine **ex-ante-Perspektive** ankommt und es ausreicht, wenn aus der Sicht eines objektiven Beobachters unter Berücksichtigung der in der konkreten Situation vorhandenen Erkenntnismöglichkeiten von der Verursachung einer Gefahr ausgegangen werden musste (*Petersen,* § 3 Rn. 64; *Beckbissinger,* EuRUP 2020, 2, 8). 42

Unklar ist, ob mit § 3 Abs. 4 auch geregelt werden sollte, dass die Inanspruchnahme des Verantwortlichen sich auf den begrenzten Bereich seiner festgestellten Verantwortlichkeit beschränken muss, so dass bei einem Schaden, der durch verschiedene Verantwortliche verursacht wurde, jeder nur auf den Teil seiner Schadensverursachung in An- 43 spruch genommen werden darf, der ihm nachgewiesen werden kann. Davon ist jedoch nicht auszugehen. § 9 Abs. 2 lässt vielmehr erkennen, dass die Behörde grundsätzlich auch einen Verantwortlichen für einen Umweltschaden insgesamt in Anspruch nehmen kann. Andernfalls wäre die Regelung über den internen **Ausgleich** mehrerer Schädiger überflüssig (*Beckbissinger,* EuRUP 2020, 2, 9; dazu auch bei § 9).

E. Berufliche Tätigkeit (Nr. 4)

44 Das Umweltschadensgesetz definiert in § 2 Nr. 4 die „berufliche Tätigkeit", die gemäß § 3 Abs. 1 Nr. 1 Voraussetzung für die Anwendung des Gesetzes ist. Nach § 2 Nr. 4 ist unter der beruflichen Tätigkeit jede Tätigkeit zu verstehen, die im Rahmen einer wirtschaftlichen Tätigkeit, einer Geschäftstätigkeit oder eines Unternehmens ausgeübt wird, unabhängig davon, ob sie privat oder öffentlich und mit oder ohne Erwerbscharakter ausgeübt wird. Im Einzelfall ist festzustellen, ob die berufliche Tätigkeit, die die verantwortliche Person im Sinne des § 2 Nr. 3 ausübt und die einen Umweltschaden oder die Gefahr eines solchen Schadens verursacht hat, als berufliche Tätigkeit einzustufen ist. Anders als im allgemeinen Polizei- und Ordnungsrecht kann demnach nicht jede Tätigkeit, also jedes Handeln des Verantwortlichen die Haftung auslösen, sondern nur diejenige Tätigkeit, die außerhalb des privaten Bereichs im Rahmen der Geschäftstätigkeit, einer wirtschaftlichen Tätigkeit oder eines Unternehmens ausgeübt wird, wobei es auf den Erwerbscharakter als solchen nicht ankommen soll.

45 Ob und inwieweit eine berufliche Tätigkeit auch im Rahmen behördlichen Handelns vorliegen kann, ist umstritten (grundsätzlich bejahend *Petersen,* § 2 Rn. 140, *Schink,* EuRUP 2005, 67 ff.). Ein Handeln der öffentlichen Hand kann grundsätzlich in den Anwendungsbereich des Gesetzes fallen, weil gemäß § 2 Nr. 4 jede Art von wirtschaftlicher Tätigkeit als Grundlage einer Verantwortlichkeit in Betracht kommt. Während dies bei einer Tätigkeit der öffentlichen Hand als Zulassungsbehörde zweifelhaft sein kann, dürfte dies bei einer wirtschaftlichen Betätigung der öffentlichen Hand, insbesondere bei wirtschaftlichen Unternehmungen von Kommunen, grundsätzlich eher in Betracht kommen (*Petersen,* § 2 Rn. 140; siehe auch VG Gießen, Urt. v. 13.12.2017 – 1 K 4316/16.GI, juris Rn. 35 für einen staatlichen, nach betriebswirtschaftlichen Grundsätzen geführten Forstbetrieb).

46 Die Wahrnehmung öffentlicher Aufgaben der Daseinsvorsorge gehört allerdings zur schlichten Hoheitsverwaltung und wird ausschließlich im Interesse der Allgemeinheit erfüllt (OVG Lüneburg, U. v. 4.3.2014 – 10 LC 85/12 – juris Rn. 61 mwN). Eine solche allein der Daseinsvorsorge dienende Tätigkeit des Staates soll nach Ansicht des VGH München weder als wirtschaftliche Tätigkeit noch als Geschäftstätigkeit noch als Tätigkeit im Rahmen eines Unternehmens einzustufen sein (VGH München, Beschl. v. 17.4.2015 – 8 CE 15.398, juris Rn. 24; *Petersen,* NuR 2014, 525, 529; VG München, Urt. v. 25.1.2017 – M 9 K 15.3863, juris Rn. 50ff.). Das OVG Schleswig ist demgegenüber der Ansicht, dass selbst eine ausschließlich im öffentlichen Interesse liegende Erfüllung von Gemeinwohlaufgaben in den Anwendungsbereich der Vorschrift fällt, da es sich nicht um eine nur rein private Tätigkeit handelt (OVG Schleswig, Urt. v. 4.2.2016 – 1 LB 2/13, juris Rn. 101).

47 Das BVerwG hat dazu die Revision zugelassen und mit Beschluss v. 26.2.2019 dem EuGH die Frage vorgelegt, ob eine Tätigkeit, die aufgrund gesetzlicher Aufgabenübertragung im öffentlichen Interesse ausgeübt wird, eine „berufliche Tätigkeit" im Sinne von Art. 2 Nr. 7 UHRL darstellt. Diese Frage sei in der Rechtsprechung des Gerichtshofs nicht geklärt und auch nicht offenkundig zu beantworten. Aus dem Wortlaut von Art. 2 Nr. 7 UHRL ergebe sich zwar, dass es für die Qualifikation einer Tätigkeit als

„berufliche Tätigkeit“ weder auf die privatrechtliche oder öffentlich-rechtliche Organisationsform, noch auf die Verfolgung eines Erwerbszwecks ankomme. Klärungsbedürftig bleibe jedoch, ob eine aufgrund gesetzlicher Aufgabenübertragung im öffentlichen Interesse ausgeübte Tätigkeit eine „wirtschaftliche Tätigkeit“, eine „Geschäftstätigkeit“ oder ein „Unternehmen“ im Sinne von Art. 2 Nr. 7 UHRL darstelle. Aus der Sicht des BVerwG erscheine es nicht fernliegend, die Begriffstrias „wirtschaftliche Tätigkeit“, „Geschäftstätigkeit“ und „Unternehmen“ dahingehend zu verstehen, dass eine hiervon umfasste Tätigkeit einen Marktbezug bzw. einen wettbewerblichen Charakter aufweisen müsse. Ein solcher Bezug zu einem Markt bzw. der Wettbewerbscharakter fehle einer aufgrund gesetzlicher Aufgabenübertragung im öffentlichen Interesse ausgeübten Tätigkeit, zB der Unterhaltung oberirdischer Gewässer durch einen Wasser- und Bodenverband einschließlich der Erhaltung und Sicherung eines ordnungsgemäßen Wasserabflusses, bei der es dem Aufgabenträger zudem nicht möglich sei, sich der Erfüllung der gesetzlich übertragenen Aufgabe zu entziehen.

Betätigt sich die öffentliche Hand wirtschaftlich, etwa durch kommunale Unternehmen **48** und steht sie damit ihrerseits im Wettbewerb, dürfte die entsprechende Tätigkeit – anders als bei einer schlichten Hoheitsverwaltung – unproblematisch als wirtschaftliche Tätigkeit oder Geschäftstätigkeit anzusehen sein (vgl. auch *Petersen,* NuR 2014, 525, 529).

Die Einschränkung in § 2 Nr. 4, 2. Halbsatz, wonach es auch nicht darauf ankommen **49** soll, ob die Tätigkeit privat oder öffentlich ausgeübt wird, ist unglücklich formuliert. Sie soll wohl verdeutlichen, dass auf den privatrechtlichen bzw. öffentlich-rechtlichen Charakter der Tätigkeit abgestellt wird. Eine „private berufliche Tätigkeit“ würde einen Widerspruch darstellen, der Normzweck wird aber klar, wenn man die Regelung dahingehend versteht, dass es unerheblich sein soll, ob die berufliche Tätigkeit in privatrechtlicher oder öffentlich-rechtlicher Form ausgeübt wird.

Nach der Begriffsbestimmung fallen rein **private Tätigkeiten,** die keinen Bezug zur Be- **50** rufsausübung aufweisen, wie zB Gartenarbeit, Freizeitsport oder der privat außerhalb einer Werkstatt vorgenommene Ölwechsel, nicht unter das Haftungsregime des Umweltschadensgesetzes (vgl. *Brinktrine,* ZUR 2007, 337, 340; *Diederichsen,* NJW 2007, 3377, 3379).

Grundsätzlich ist nicht nur die selbständige Tätigkeit als berufliche Tätigkeit im Sinne **51** des Gesetzes anzusehen, sondern auch die berufliche Tätigkeit eines Arbeitnehmers kann die Verantwortlichkeit nach dem Umweltschadensgesetz begründen. Das Gesetz knüpft insoweit lediglich an das Merkmal der „Ausübung“ der Tätigkeit an, das durch jeden unmittelbar handelnden **Arbeitnehmer** verwirklicht wird (vgl. *Diederichsen,* NJW 2007, 3377, 3379; dazu auch oben Rn. 34 ff.).

Für die Anwendbarkeit des Umweltschadensgesetzes soll es aber, anders als § 2 Nr. 4 **52** vermuten lässt, nicht allein darauf ankommen, ob die den Umweltschaden bzw. die Gefahr des Umweltschadens verursachende Tätigkeit des Verantwortlichen eine berufliche Tätigkeit darstellt. Vielmehr führen nur diejenigen beruflichen Tätigkeiten zu einer uneingeschränkten Haftung nach dem Umweltschadensgesetz, die in Anlage 1 zum Gesetz aufgeführt sind (vgl. § 3 Abs. 1 Nr. 1). Sonstige, in der Anlage nicht näher bezeichnete berufliche Tätigkeiten können eine Haftung nach dem Umweltschadensgesetz nur dann begründen, wenn der Verantwortliche im Hinblick auf die Verursachung des Schadens oder der Gefahr des Schadens vorsätzlich oder fahrlässig gehandelt hat (§ 3 Abs. 1 Nr. 2).

F. Unmittelbare Gefahr eines Umweltschadens (Nr. 5)

§ 2 Nr. 5 definiert die unmittelbare Gefahr eines Umweltschadens als die **hinreichende Wahrscheinlichkeit,** dass ein Umweltschaden in naher Zukunft eintreten wird. **53**

Der Begriff der unmittelbaren Gefahr iSd Umweltschadensgesetzes entspricht nicht vollständig dem allgemeinen Gefahrenbegriff des Polizei- und Ordnungsrechts. Mit einer Gefahr wird dort eine Sachlage beschrieben, bei der bei ungehindertem Geschehensablauf ein Zustand oder ein Verhalten mit hinreichender Wahrscheinlichkeit in absehbarer Zeit zu einem Schaden führt (*Tettinger,* Besonderes Verwaltungsrecht, § 14 Rn. 463; zur st. Rspr. des BVerwG siehe Urt. v. 13.12.1967 – IV C 146/65 –, BVerwGE 28, 310, 315f.; Urt. v. 26.6.1970 – IV C 99/67 –, DÖV 1970, 713, 714; Urt. v. 26.2.1974 – I C 31/72 –, BVerwGE 45, 51, 57). Im allgemeinen Polizei- und Ordnungsrecht bezeichnet eine unmittelbare Gefahr allerdings eine Situation, die durch eine gesteigerte zeitliche Nähe des Schadenseintritts gekennzeichnet ist. Eine unmittelbare Gefahr liegt in diesem Sinne vor, wenn der Eintritt des Schadens sofort und fast mit Gewissheit (mit an Sicherheit grenzender Wahrscheinlichkeit) zu erwarten ist (dazu *Führ/Lewin/Roller,* NuR 2006, 67, 68). Auf eine derartig gesteigerte Anforderung kommt es weder nach der Umwelthaftungsrichtlinie noch nach der gesetzlichen Definition im Umweltschadensgesetz an. Nach allgemeiner Auffassung sind an die Wahrscheinlichkeit eines Schadenseintritts umso geringere Anforderungen zu stellen, je größer und folgenschwerer der möglicherweise eintretende Schaden ist (vgl. zB OVG NRW, Urt. v. 3.6.1997 – 5 A 4/96, NWVBl. 1998, 64, 65; OVG NRW, Urt. v. 26.3.2003 – 7 A 4491/99, NWVBl. 2003, 386, 388; *Beckbissinger,* EuRUP 2020, 2, 4).

G. Vermeidungsmaßnahmen (Nr. 6)

54 Nach § 2 Nr. 6 sind Vermeidungsmaßnahmen solche Maßnahmen, die dazu dienen, bei einer unmittelbaren Gefahr eines Umweltschadens diesen Schaden zu vermeiden oder zu minimieren. Vermeidungsmaßnahmen sind solche Maßnahmen, die auf eine Unterbrechung der Kausalkette gerichtet sind, die andernfalls zu einem Umweltschaden im Sinne des Gesetzes führen würde (OVG Hamburg, Urt. v. 8.4.2019 – 1 Bf 200/15, juris Rn. 62; *Petersen,* § 2 Rn. 148).Die Pflicht zum Ergreifen der erforderlichen Vermeidungsmaßnahmen folgt aus § 5, die Behörde kann die Pflicht nach § 7 Abs. 2 Nr. 2 durchsetzen.

H. Schadensbegrenzungsmaßnahmen (Nr. 7)

55 Als Schadensbegrenzungsmaßnahme definiert der Gesetzgeber Maßnahmen, mit denen die betreffenden Schadstoffe oder sonstigen Schadfaktoren unverzüglich kontrolliert, eingedämmt, beseitigt oder auf sonstige Weise behandelt werden sollen, um weitere Umweltschäden und nachteilige Auswirkungen auf die menschliche Gesundheit oder eine weitere Beeinträchtigung von Funktionen zu begrenzen oder zu vermeiden. Während Gefahrenvermeidungsmaßnahmen darauf gerichtet sind, den auf den Schadenseintritt zulaufenden Kausalverlauf zu unterbrechen oder jedenfalls die Intensität des bevorstehenden Schadens abzumildern, sind Schadensbegrenzungsmaßnahmen „nachlaufend" darauf gerichtet, die Auswirkungen eines bereits realisierten Umweltschadens zu lindern, und setzen dabei in der Regel an dem Ort an, an dem sich die bereits in die Umwelt getretenen Schadfaktoren auswirken werden (OVG Hamburg, Urt. v. 8.4.2019 – 1 Bf 200/15, juris Rn. 62; *Gassner/Schemel,* Umweltschadensgesetz, S. 79). Zu Schadensbegrenzungsmaßnahmen ist der Verantwortliche gem. § 6 Nr. 1 verpflichtet, die Behörde kann sie nach § 7 Abs. 2 Nr. 3 durchsetzen.

I. Sanierungsmaßnahmen (Nr. 8)

Sanierungsmaßnahmen sind die Maßnahmen, die darauf abzielen, einen Umweltschaden nach Maßgabe der fachrechtlichen Vorschriften zu sanieren, dh soweit wie möglich den Ausgangszustand der Umwelt vor Eintritt des Schadens wiederherzustellen (OVG Hamburg, Urt. v. 8.4.2019 – 1 Bf 200/15, juris Rn. 62). Für das Entstehen von Schadensbegrenzungs- und Sanierungspflichten ist demnach Grundvoraussetzung, dass ein Umweltschaden bereits eingetreten ist. Die Pflicht zur Sanierung folgt aus § 6 Nr. 2 in Verbindung mit § 8. Die Behörde kann die Pflicht nach § 7 Abs. 2 Nr. 3 durchsetzen. **56**

Der Inhalt der im Einzelfall erforderlichen Sanierungsmaßnahmen lässt sich dem Umweltschadensgesetz nicht entnehmen, sondern dem jeweiligen Fachrecht, nämlich dem Bundesnaturschutzgesetz, dem Wasserhaushaltsgesetz und dem Bundes-Bodenschutzgesetz (vgl. § 2 Nr. 10, § 8 Abs. 2), ergänzt durch das europäische Recht. §§ 19 Abs. 4 BNatSchG, 90 Abs. 2 WHG verweisen für die Bestimmung der erforderlichen Sanierungsmaßnahmen ausdrücklich auf die Regelungen in Anhang II der Umwelthaftungsrichtlinie. Dort sind für Schäden an Gewässern, an geschützten Arten und Lebensräumen und am Boden Vorgaben zur Sanierung geregelt, wobei sich allerdings auch dem Anhang II keine konkreten Sanierungsmaßnahmen entnehmen lassen, sondern vielmehr Ausführungen zu den Zielen von Sanierungsmaßnahmen und zu Maßstäbe für die Festlegung konkreter Sanierungsmaßnahmen (zum Inhalt der Sanierungspflicht siehe auch die Kommentierung zu → § 8 Rn. 1 ff.). **57**

J. Kosten (Nr. 9)

Als Kosten im Sinne des Umweltschadensgesetzes definiert der Gesetzgeber die durch eine ordnungsgemäße und wirksame Ausführung des Umweltschadensgesetzes erforderlichen Kosten, einschließlich der Kosten für die Prüfung eines Umweltschadens, einer unmittelbaren Gefahr eines solchen Schadens, von alternativen Maßnahmen sowie der Verwaltungs- und Verfahrenskosten und der Kosten für die Durchsetzung der Maßnahmen, der Kosten für die Datensammlung, sonstiger Gemeinkosten und der Kosten für Aufsicht und Überwachung. Der Kostenbegriff erfährt bereits im Rahmen seiner Definition eine Einschränkung dahingehend, dass nicht alle Aufwendungen erfasst werden, sondern nur die **„erforderlichen"** Kosten. Schon zur Klärung der Frage, ob es sich bei bestimmten Aufwendungen überhaupt um Kosten iSd Gesetzes handelt, bedarf es also einer Überprüfung der **Verhältnismäßigkeit** der Aufwendungen. Weitere Einzelheiten der Kostentragungspflicht ergeben sich aus § 9. Dabei ist zu berücksichtigen, dass § 9 Abs. 1 Satz 1 ausdrücklich nur die Kosten der Vermeidungs-, Schadensbegrenzungs- und Sanierungsmaßnahmen betrifft, also keine umfassende Regelung für alle Kosten iSd Definition des § 2 Nr. 9 enthält. Wesentliche Fragen im Bereich der Kostentragung hat der Gesetzgeber der Regelung durch die Bundesländer überlassen (§ 9 Abs. 1 Satz 2). **58**

K. Fachrechtliche Vorschriften (Nr. 10)

Nach § 8 Abs. 2 entscheidet die zuständige Behörde nach Maßgabe der fachrechtlichen Vorschriften über Art und Umfang der durchzuführenden Sanierungsmaßnahmen. Als fachrechtliche Vorschriften definiert § 2 Nr. 10 die Vorschriften des Bundesnaturschutzgesetzes, des Wasserhaushaltsgesetzes und des Bundes-Bodenschutzgesetzes sowie die zu ihrer Ausführung erlassenen Verordnungen. **59**

§ 3 Anwendungsbereich

(1) Dieses Gesetz gilt für

1. Umweltschäden und unmittelbare Gefahren solcher Schäden, die durch eine der in Anlage 1 aufgeführten beruflichen Tätigkeiten verursacht werden;

2. Schädigungen von Arten und natürlichen Lebensräumen im Sinn des § 21a Abs. 2 und 3 des Bundesnaturschutzgesetzes und unmittelbare Gefahren solcher Schäden, die durch andere berufliche Tätigkeiten als die in Anlage 1 aufgeführten verursacht werden, sofern der Verantwortliche vorsätzlich oder fahrlässig gehandelt hat.

(2) Für Schädigungen von Arten und natürlichen Lebensräumen sowie der Meeresgewässer außerhalb der Küstengewässer und die unmittelbare Gefahr solcher Schäden gilt dieses Gesetz im Rahmen der Vorgaben des Seerechtsübereinkommens der Vereinten Nationen vom 10. Dezember 1982 (BGBl. 1994 II S. 1799) auch im Bereich der ausschließlichen Wirtschaftszone und des Festlandsockels.

(3) Dieses Gesetz findet keine Anwendung auf Umweltschäden oder die unmittelbare Gefahr solcher Schäden, wenn sie durch

1. bewaffnete Konflikte, Feindseligkeiten, Bürgerkrieg oder Aufstände,

2. ein außergewöhnliches, unabwendbares und nicht beeinflussbares Naturereignis,

3. einen Vorfall, bei dem die Haftung oder Entschädigung in den Anwendungsbereich eines der in Anlage 2 aufgeführten internationalen Übereinkommen in der jeweils für Deutschland geltenden Fassung fällt,

4. die Ausübung von Tätigkeiten, die unter den Vertrag zur Gründung der Europäischen Atomgemeinschaft fallen, oder

5. einen Vorfall oder eine Tätigkeit, für die die Haftung oder Entschädigung in den Anwendungsbereich eines der in Anlage 3 aufgeführten internationalen Übereinkünfte in der jeweils geltenden Fassung fällt,

verursacht wurden.

(4) In Fällen, in denen der Umweltschaden oder die unmittelbare Gefahr eines solchen Schadens durch eine nicht klar abgegrenzte Verschmutzung verursacht wurde, findet dieses Gesetz nur Anwendung, wenn ein ursächlicher Zusammenhang zwischen dem Schaden und den Tätigkeiten einzelner Verantwortlicher festgestellt werden kann.

(5) Dieses Gesetz gilt weder für Tätigkeiten, deren Hauptzweck die Verteidigung oder die internationale Sicherheit ist, noch für Tätigkeiten, deren alleiniger Zweck der Schutz vor Naturkatastrophen ist.

Schrifttum: siehe Vorbemerkung.

Übersicht

A. Überblick

1 In § 3 regelt der Gesetzgeber den Anwendungsbereich des Umweltschadensgesetzes, indem er definiert, für welche Schäden und für welche beruflichen Tätigkeiten nach dem Gesetz gehaftet wird. Entscheidende Kriterien zur Bestimmung des Anwendungsbereiches sollen demnach die Art des verursachten Schadens sowie die schädigende Handlung sein. Dabei wird in Absatz 1 zunächst differenziert zwischen der Haftung für schadensstiftende berufliche Tätigkeiten, die in Anlage 1 des Gesetzes genannt sind, und der Haftung für Schäden, die durch sonstige berufliche Tätigkeiten verursacht wurden. In diesem Zusammenhang führt der Gesetzgeber eine – dem öffentlichen Recht grundsätzlich fremde – verschuldensabhängige Einstandspflicht ein. Absatz 2 erweitert den Anwendungsbereich des Umweltschadensgesetzes räumlich auf Schädigungen von Arten und natürlichen Lebensräumen sowie der Meeresgewässer außerhalb der Küstengewässer und auf die unmittelbare Gefahr solcher Schädigungen im Bereich der ausschließlichen Wirtschaftszone und des Festlandsockels. Absatz 3 schränkt den Anwendungsbereich des Umweltschadensgesetzes ein, indem Umweltschäden ausgenommen werden, die durch bestimmte Handlungen verursacht wurden. Absatz 4 enthält – an systematisch falscher Stelle – an sich keine Einschränkung des Anwendungsbereichs des Gesetzes, sondern eine Regelung zu den Haftungsvoraussetzungen. Absatz 5 schließlich nimmt solche Tätigkeiten aus dem Anwendungsbereich aus, deren Hauptzweck die Verteidigung oder die internationale Sicherheit oder der Schutz vor Naturkatastrophen ist.

B. Haftung für berufliche Tätigkeiten (Abs. 1)

2 § 3 Abs. 1 enthält die für die Bestimmung des Anwendungsbereichs des Gesetzes zentrale Regelung. Nach § 3 Abs. 1 Nr. 1 gilt das Gesetz für alle Umweltschäden und unmittelbaren Gefahren solcher Schäden, die durch eine der in Anlage 1 aufgeführten beruflichen Tätigkeiten verursacht wurden. Darüber hinaus soll das Gesetz auch für Schäden und unmittelbare Gefahren solcher Schäden gelten, die durch andere, in der Anlage 1 nicht aufgeführte berufliche Tätigkeiten verursacht wurden, jedoch nur dann, wenn es sich um Schädigungen von Arten und natürlichen Lebensräumen iSd § 19 Abs. 2 BNatSchG und unmittelbare Gefahren solcher Schäden handelt und wenn der Verantwortliche vorsätzlich oder fahrlässig gehandelt hat. Abs. 1 Nr. 2 erweitert demnach den Anwendungsbereich des Gesetzes im Bereich der sogenannten **Ökoschäden** oder **Biodiversitätsschäden** auf eine Haftung für jegliche berufliche Tätigkeit, sofern im Hinblick auf den Schaden oder die Schädigung vorsätzlich oder fahrlässig gehandelt wurde.

I. Verschuldensunabhängige Haftung

3 Eine verschuldensunabhängige Haftung für Umweltschäden und erhebliche Gefahren solcher Umweltschäden besteht nach § 3 Abs. 1 Nr. 1, wenn der Umweltschaden oder

die Gefahr eines solchen Schadens durch eine in Anlage 1 aufgeführte berufliche Tätigkeit verursacht wurde. § 3 Abs. 1 Nr. 1 und die Anlage 1 setzen Art. 3 Abs. 1a) sowie den Anhang III der Umwelthaftungsrichtlinie um.

Anlage 1 enthält eine umfangreiche Aufzählung beruflicher Tätigkeiten, denen eine spezifische Gefährlichkeit im Hinblick auf die geschützten Umweltgüter innewohnt, zB der Betrieb bestimmter Anlagen, Abfallbewirtschaftungsmaßnahmen, Einbringung und Einleitung von Schadstoffen in Gewässer, Aufstauungen, grenzüberschreitende Verbringung von Abfällen etc. Mit Art. 7 des Gesetzes zur Ablösung des Abfallverbringungsgesetzes und zur Änderung weiterer Rechtsvorschriften (BGBl. 2007 I, S. 1468, 1469) wurde die Definition der Tätigkeiten in Nr. 12 modifiziert und eine zusätzliche Nr. 13 in den Katalog der Anlage 1 aufgenommen, nach der auch die Bewirtschaftung von mineralischen Abfällen gemäß der Richtlinie 2006/21/EG des Europäischen Parlaments und des Rates vom 15. März 2006 über die Bewirtschaftung von Abfällen aus der mineralgewinnenden Industrie unter die beruflichen Tätigkeiten fällt. Zu der Modifizierung der Nr. 12 wurde – ebenfalls mit Art. 7 des Gesetzes zur Ablösung des Abfallverbringungsgesetzes und zur Änderung weiterer Rechtsvorschriften – in § 14 eine Übergangsvorschrift geschaffen. Mit Art. 3 des Gesetzes zur Demonstration und Anwendung von Technologien zur Abscheidung, zum Transport und zur dauerhaften Speicherung von Kohlendioxid (BGBl. 2012 I, S. 1726) wurde dem Katalog der Anlage 1 eine neue Nr. 14 angefügt, nach der auch der Betrieb von Kohlendioxidspeichern nach § 3 Nr. 7 des Kohlendioxid-Speichergesetzes zu den aufgeführten beruflichen Tätigkeiten gehört. 4

Bei der Definition der beruflichen Tätigkeiten in Anlage 1 verweist der Gesetzgeber auf diverse nationale Vorschriften, aber auch auf europäische Richtlinien, zB auf die IVU-Richtlinie (RL 96/61/EG) oder die Abfallrahmenrichtlinie (RL 75/442/EWG). So definiert beispielsweise Anlage 1 Nr. 1 den Betrieb von Anlagen, für den eine Genehmigung gemäß der IVU-Richtlinie erforderlich ist, als berufliche Tätigkeit im Sinne des Umweltschadensgesetzes. Dabei wird ausdrücklich auf Anhang 1 der IVU-Richtlinie Bezug genommen. Ebenso sollen beispielsweise Abfallbewirtschaftungsmaßnahmen eine berufliche Tätigkeit iSd Gesetzes darstellen, wenn diese Tätigkeit einer Genehmigung, Anzeige oder Planfeststellung nach Rechtsvorschriften bedarf, welche die Abfallrahmenrichtlinie bzw. die Richtlinie über gefährliche Abfälle umsetzen. In Anlage 1 Nr. 9 wird auf die Richtlinie zur Bekämpfung von Luftverunreinigungen durch Industrieanlagen, in Anlage 1 Nr. 12 auf die Richtlinie über die Verbringung von Abfällen und in Nr. 13 auf die Richtlinie über die Bewirtschaftung von Abfällen aus der mineralgewinnenden Industrie verwiesen. 5

Das Verständnis und die Anwendung des Umweltschadensgesetzes werden durch diese **Verweistechnik** erheblich erschwert, wenn nicht gar für den Laien unmöglich gemacht. Der Adressat des Gesetzes muss nicht nur die in Bezug genommenen Richtlinien und nationalen Vorschriften zur Hand haben, sondern er muss sogar überprüfen, ob beispielsweise eine bestimmte, in Bezug genommene nationale Vorschrift eine ebenfalls in Bezug genommene europäische Richtlinie umsetzt (vgl. Anlage 1 Nr. 2). 6

Die Aufzählung der in Anlage 1 genannten Tätigkeiten, für die verschukdensunabhängig gehaftet wird, ist abschließend. Bereits der europäische Gesetzgeber hatte es bei der Ausarbeitung der Umwelthaftungsrichtlinie unterlassen, neben der Aufzählung bestimmter, im Hinblick auf Umweltschäden riskanter Tätigkeiten auch eine Generalklausel zu normieren, um auch solche beruflichen Tätigkeiten zu erfassen, die in Anhang III der Richtlinie nicht erwähnt sind, trotzdem aber ein hohes Umweltrisiko aufweisen. Dies kommt der Rechtssicherheit zugute. In der Literatur zur Umwelthaftungsrichtlinie wird aber die Frage aufgeworfen, ob ähnlich umweltgefährdende, jedoch nicht in der Anlage 1 7 genannte berufliche Tätigkeiten in analoger Anwendung des § 3 Abs. 1 Nr. 1 eine Haftung nach dem Umweltschadensgesetz auslösen können. Eine solche analoge Anwendung des § 3 Abs. 1 wäre unzulässig. Die detaillierte, abschließende Aufzählung und die klare Benennung verschiedener beruflicher Tätigkeiten in Anlage 1 verbietet es, die Regelung des § 3 Abs. 1 Nr. 1 analog auf andere, dort nicht genannte Tätigkeiten anzuwenden (so auch *Petersen* § 3 Rn. 32; *Palme/Schumacher/Schlee,* EurUP 2004, 204, 208; *Hager,* NuR 2003, 581, 583). Gegen eine Analogie spricht auch der im Gesetzgebungsverfahren geäußerte Wille (vgl. Gesetzesbegründung der Bundesregierung BT-Drs. 16/3806, S. 29), mit der Anlage 1 den Anhang III der Umwelthaftungsrichtlinie umsetzen zu wollen, der ebenfalls eine abschließende Aufzählung der haftungsbegründenden Tätigkeiten enthält. Immer wieder wird allerdings eine Ausweitung des Katalogs in Anlage 1 zum USchadG bzw. des Anhangs III der Umwelthaftungsrichtlinie gefordert, zuletzt hat beispielsweise das Europäische Parlament vorgeschlagen, weitere Tätigkeiten wie die Beförderung gefährlicher Stoffe in Pipelines, der Bergbau und die Einschleppung invasiver gebietsfremder Arten in den Katalog ausfzunehmen (Entschließung des Parlaments zu der Anwendung der Umwelthaftungsrichtlinie vom 26.10.2017, ABl. EU C 346, S. 184 ff.).

8 § 3 Abs. 1 Nr. 1 begründet eine verschuldensunabhängige Haftung, die dadurch gerechtfertigt ist, dass der Betroffene durch seine berufliche Tätigkeit eine besondere umweltrelevante Gefahr schafft (so auch *Beckbissinger,* EuRUP 2020, 2, 4). Unter Berücksichtigung der zivilrechtlichen Terminologie handelt es sich bei der Haftung nach Abs. 1 Nr. 1 um eine Form der Gefährdungshaftung. Sie wird auch als „gefährdungshaftungsartig“ bezeichnet (*Kohler,* NuR 2017, 657, 658; *Beuck,* VersR 2012, 1215, 1221; *Kloepfer,* Umweltrecht, § 6 Rn. 332, 284).

II. Verschuldensabhängige Haftung gemäß Abs. 1 Nr. 2

9 **1. Allgemeines zu der Vorschrift.** Neben der verschuldensunabhängigen Haftung für Schäden oder Gefahren, die durch die in Anlage 1 aufgezählten beruflichen Tätigkeiten verursacht werden, begründet Abs. 1 Nr. 2 eine – in ihrem Anwendungsbereich jedoch beschränkte – verschuldensabhängige Haftung. Eine verschuldensabhängige Haftung ist dem deutschen öffentlichen Recht fremd (OVG Koblenz, Urt. v. 22.7.2015 – 8 A 10041/15, juris R. 992; *Knopp/Lohmann/Schumacher,* NuR 2017, 741. 744; *Beckbissinger,* EuRUP 2020, 2, 5; *Sauer,* NuR 2017, 289). Im Polizei- und Ordnungsrecht sowie im Sonderordnungsrecht ist anerkannt, dass eine öffentlich-rechtliche Verhaltensverantwortlichkeit, wie sie auch dem Umweltschadensgesetz zugrunde liegt, ausdrücklich kein Verschulden des Handelnden voraussetzt. Unter Hinweis auf das Verschuldenserfordernis wird teilweise die Ansicht vertreten, dass das Umweltschadensgesetz auch zivilrechtliche Anteile enthält. Dem ist jedoch entgegenzuhalten, dass auch die Haftung nach § 3 Abs. 1 Nr. 2 ausschließlich als öffentlich-rechtliche Einstandspflicht konzipiert ist. Das Umweltschadensgesetz begründet hier für den Verantwortlichen – bei Vorliegen von Verschulden – öffentlich-rechtliche Pflichten und für die zuständige Behörde hoheitliche Befugnisse. Geschützt werden ausschließlich Rechtsgüter der Allgemeinheit, nicht das private Eigentum oder Vermögen. Zivilrechtliche Rechtsverhältnisse, insbesondere Schadensersatzansprüche werden durch das Gesetz nicht berührt.

10 § 3 Abs. 1 Nr. 2 verlangt bereits für die Anwendbarkeit des Umweltschadensgesetzes ein schuldhaftes Handeln. Nach der Konzeption des Gesetzes muss schon bei der Bestimmung des Anwendungsbereichs des Gesetzes geprüft werden, ob dem Verantwortlichen ein Verschulden vorzuwerfen ist.

2. Verschuldensmaßstab. Als Maßstab für das Verschulden nennt das Gesetz Vorsatz und Fahrlässigkeit. Ob und inwieweit hinsichtlich des Verschuldens im Bereich der öffentlich-rechtlichen Haftung auf die Grundsätze des Zivilrechts abgestellt werden kann, ist Gegenstand eines Meinungsstreits in Rechtsprechung und Literatur. Dabei geht es einerseits um den allgemeinen Verschuldensmaßstab des § 276 BGB, wonach der Schuldner Vorsatz und Fahrlässigkeit zu vertreten hat, und andererseits um die Zurechnung eines Verschuldens Dritter gem. §§ 278, 831 BGB (dazu OVG Koblenz, Urt. v. 22.7.2015 – 8 A 10041/15, juris Rn. 92 ff.; VG Köln, Urt. v. 29.11.2016 – 2 K 6873/15, ZUR 2017, 310 mit Anmerkung von *Schaposchnikow,* IR 2017, 164; *Knopp/Lohmann/Schumacher,* NuR 2017, 741, 744). 11

a) § 276 BGB. Das BVerwG geht davon aus, dass hinsichtlich des allgemeinen Verschuldensmaßstabs auf das hergebrachte Begriffsverständnis aus dem Zivilrecht (§ 276 BGB) zurückgegriffen werden kann (BVerwG, Urt. v. 21.9.2017 – 7 C 29/15, juris 18; so auch *Petersen,* § 3 Rn. 40; VG München, Urt. v. 25.1.2017 – M 9 K 15.3863, juris Rn. 59). Das Gericht weist darauf hin, dass der Gesetzgeber keine eigenständige Begriffsbestimmung von Vorsatz und Fahrlässigkeit im Sinne des § 3 Abs. 1 Nr. 2 trifft. Auch den Gesetzgebungsmaterialien sei ein Hinweis auf insoweit heranzuziehende besondere Maßstäbe nicht zu entnehmen (vgl. BT-Drs. 16/3806 S. 22). Solche seien auch sonst nicht ersichtlich. Auch aus dem allgemeinen Gefahrenabwehrrecht, auf das die Begründung des Gesetzentwurfs in Bezug nehme (vgl. BT-Drs. 16/3806 S. 21), ergäben sich keine Maßstäbe oder Begriffsbestimmungen für Vorsatz und Fahrlässigkeit. Zur Begründung der Polizeipflicht spiele es nach allgemeinem Verständnis mit Blick auf eine effektive Gefahrenabwehr keine Rolle, ob eine Gefahr vom Pflichtigen vorsätzlich oder fahrlässig hervorgerufen werde (BVerwG, Urt. v. 21.9.2017 – 7 C 29/15, juris 19). Das Verschulden muss sich auf das Schutzgut, nämlich die Arten und natürlichen Lebensräume, beziehen. Für den Verantwortlichen muss demnach die Gefährdung oder Schädigung dieser Schutzgüter durch sein berufliches Verhalten zumindest erkennbar gewesen sein. Er muss im Hinblick auf die Schutzgüter vorsätzlich gehandelt oder zumindest die im Verkehr erforderliche Sorgfalt außer Acht gelassen haben. Vorsatz des Verantwortlichen ist nach der Rechtsprechung des BVerwG dann zu bejahen, wenn dieser erhebliche nachteilige Auswirkungen seines Verhaltens auf die Erreichung oder Beibehaltung des günstigen Erhaltungszustands geschützter Lebensräume oder Arten oder die unmittelbare Gefahr solcher erheblichen nachteiligen Auswirkungen vorausgesehen und in seinen Willen aufgenommen hat. Fahrlässig handelt der Verantwortliche, wenn er erhebliche nachteilige Auswirkungen seines Verhaltens auf die Erreichung oder Beibehaltung des günstigen Erhaltungszustands geschützter Lebensräume oder Arten oder unmittelbare Gefahren solcher erheblichen nachteiligen Auswirkungen unter Beachtung der im Verkehr erforderlichen Sorgfalt vorhersehen und vermeiden konnte (BVerwG, Urt. v. 21.9.2017 – 7 C 29/15, juris 23).

b) § 278 BGB. Eine entsprechende Anwendung des § 278 Satz 1 BGB, wonach der Schuldner ein Verschulden der Personen, deren er sich zur Erfüllung seiner Verbindlichkeit bedient, in gleichem Umfang zu vertreten hat wie eigenes Verschulden, scheidet nach dem Urteil des BVerwG vom 21.9.2017 aus. Die Rechtslage hinsichtlich einer Haftung des Verantwortlichen für ein Verhalten Dritter unterscheide sich insofern grundlegend von derjenigen bei der Auslegung der Rechtsbegriffe Vorsatz und Fahrlässigkeit im Rahmen von § 3 Abs. 1 Nr. 2. Ansatzpunkt für die Heranziehung zivilrechtlicher Maßstäbe sei dort die Verwendung der (auch) zivilrechtlich geprägten Begriffe von Vorsatz und Fahrlässigkeit im Tatbestand des § 3 Abs. 1 Nr. 2. An einem vergleichbaren tatbestandlichen Anknüpfungspunkt für die Heranziehung zivilrechtlicher Maßstäbe fehle es in § 2

Nr. 3 gerade. Die Heranziehung des § 278 BGB im Rahmen der verschuldensabhängigen Verantwortlichkeit nach § 3 Abs. 1 Nr. 2 erscheine auch der Sache nach als nicht angemessen. Der Anwendungsbereich des § 278 BGB (analog) erstrecke sich nach herkömmlichem Verständnis auf eine Haftung für das Verschulden Dritter im Verhältnis der Parteien eines zumindest schuldrechtsähnlichen Sonderrechtsverhältnisses (unter Verweis auf BGH, Urt. v. 1.3.1988 – VI ZR 190/87, NJW 1988, 2667, 2668; *Grundmann* in MüKo BGB, 7. Aufl. 2016, BGB § 278 Rn. 15 und 19 mwN) und beziehe sich insofern gerade nicht auf die Verantwortlichkeit eines Pflichtigen gegenüber der Allgemeinheit. Um eine derartige (Polizei-)Pflichtigkeit eines Verantwortlichen im Verhältnis zur Allgemeinheit gehe es jedoch im Anwendungsbereich des § 3 Abs. 1 Nr. 2. Auf das Rechtsverhältnis zwischen Verantwortlichem und für die Zulassung eines Vorhabens zuständiger Behörde komme es insoweit nicht an. Dies ergebe sich bereits daraus, dass eine Haftung nach dem Umweltschadensgesetz unabhängig von der Zulassungsbedürftigkeit einer möglicherweise schadenstiftenden beruflichen Tätigkeit – und damit zugleich unabhängig von der Beteiligtenstellung in einem Verwaltungsverfahren – in Betracht komme. Hinzu komme, dass eine von einem eigenen Verschulden unabhängige Haftung für ein schuldhaftes Verhalten Dritter den verschuldensabhängigen Haftungstatbestand des § 3 Abs. 1 Nr. 2 jedenfalls in Fällen mit Drittbeteiligung der nach § 3 Abs. 1 Nr. 1 lediglich für einen Katalog bestimmter beruflicher Tätigkeiten vorgesehenen Gefährdungshaftung annähere (BVerwG, Urt. v. 21.9.2017 – 7 C 29/15, juris Rn. 40f.).

Eine Haftung des nach § 2 Nr. 3 Verantwortlichen für ein Verhalten Dritter, das der Verantwortliche nicht im Sinne dieser Vorschrift „bestimme", ergibt sich nach dem Urteil des BVerwG vom 21.9.2017 auch nicht unmittelbar aus der Umwelthaftungsrichtlinie. Art. 2 Nr. 6 UH-RL sehe eine Haftung auch für denjenigen, dem „die ausschlaggebende wirtschaftliche Verfügungsmacht über die technische Durchführung einer solchen Tätigkeit übertragen wurde", ausdrücklich nur für den Fall vor, dass eine solche Haftung in den nationalen Rechtsvorschriften vorgesehen sei. Da dies nach deutschem Recht nicht der Fall sei, scheide auch eine Zurechnung eines Verschuldens eines auf Seiten der Verantwortlichen eingeschaltenen Gutachterbüros aufgrund einer Betrachtung der Risikosphären aus (BVerwG, Urt. v. 21.9.2017 – 7 C 29/15, juris Rn. 42 unter Verweis auf *Saurer,* NuR 2017, 289, 292).

Aus dem Urteil des BVerwG ergibt sich für Vorhabenträger keine vollständige Haftungsfreistellung für fremdes Verschulden. Denn wenn der Vorhabenträger zB auf von ihm beauftragte Dienstleister (Sachverständige, Umweltbaubegleiter) in einer Weise Einfluss nimmt, die ein gewisses Maß an Weisungsbefugnis erkennen lässt, kann das Kriterium des „Bestimmens" einer beruflichen Tätigkeit erfüllt sein, so dass der Vorhabenträger für schuldhafte Handlungen der beauftragten Dritten haftet. Eine Haftung des Vorhabenträgers ist mit Blick auf einen Fahrlässigkeitsvorwurf auch möglich, wenn Fehler des Fachgutachters/Umweltbaubegleiters für den Vorhabenträger aufgrund eigener Fachkunde erkennbar sind oder es sich lediglich um ein „Gefälligkeitsgutachten" handelt, dessen Mängel für den Vorhabenträger unter Anwendung der im Verkehr erforderlichen Sorgfalt erkennbar sind (siehe dazu die Anmerkung zum Urteil des BVerwG v. 21.9.2017 von *Schwonberg,* NVwZ 2018, 427 (433)).

c) Rechtmäßigkeit des schadensursächlichen Verhaltens. Zweifelhaft war in der Vergangenheit außerdem, ob eine verschuldensabhängige Haftung ausscheidet, wenn das schadensursächliche Verhalten rechtmäßig bzw. genehmigungskonform ist, wenn es zB auf einer Genehmigung beruht (siehe dazu *Kohler,* NuR 2017, 657; OVG Schleswig, Urt. v. 4.2.2016 – 1 LB 2/13, NuR 2016, 572; *Beuck,* VersR 2012, 2015, 2022). Fraglich ist insoweit, ob einer behördlichen Zulassung eine Legalisierungswirkung zukommt, die vor einer Verpflichtung aus dem USchadG schützt. In anderem Zusammenhang hat der EuGH ausgeführt, dass Art. 2 Nr. 1b UH-RL im Bereich der Gewässerschäden einer generalisierenden Legalisierungswirkung behördlicher Genehmigungen entgegenstehe (EuGH, Urt. v. 1.6.2017 – -529/15, NuR 2017 693). Es wird allerdings bezweifelt, ob sich aus diesem Urteil des EuGH verallgemeinerungsfähige Aussagen schließen lassen. Zu berücksichtigen sei insoweit, dass die Entscheidung aufgrund einer Vorlagefrage ergangen sei, die sich explizit auf die Auslegung von Art. 2 Nr. 1b UH-RL bezogen habe. Von einer Bestätigung der Aussage, behördliche Genehmigungen würden generell keine pauschale Legalisierungswirkung entfalten, könne daher allenfalls unter Vorbehalt gesprochen werden (*Knopp/Lohmann/Schumacher,* NuR 2017, 741, sieben.

Das BVerwG hat in seinem Grundsatzurteil vom 21.9.2017 erläutert, dass es für die Frage, ob das zum Erfolgseintritt führende Verhalten des Verantwortlichen rechtmäßig ist, grundsätzlich nicht ankommt (BVerwG, Urt. v. 21.9.2017 – 7 C 29/15, juris 25; in diesem Sinne auch OVG Schleswig, Urt. v. 4.2.2016 – 1 LB 2/13, NuR 2016, 579; aA VG Köln, Urt. v. 29.11.2016 – 2 K 6873/15, ZUR 2017, 312; VG Schleswig, Urt. v. 20.9.2012 – 6 A 186/11, NuR 2013, 447; VG München, Urt. v. 25.1.2017 – M 9 K 15.3863, juris Rn. 61). Umgekehrt sei bei der Prüfung, ob eine Handlung als vorsätzlich oder fahrlässig im Sinne des § 3 Abs. 1 Nr. 2 zu qualifizieren sei, ebenfalls grundsätzlich nicht ausschlaggebend, ob die Handlung mit der Rechtsordnung insgesamt, namentlich mit einschlägigen Vorschriften des Naturschutzrechts, in vollem Umfang in Einklang stehe (BVerwG, Urt. v. 21.9.2017 – 7 C 29/15, juris 25; kritisch dazu *Möckel,* ZUR 2018, 235; im Ergebnis zustimmend *Koukakis,* NuR 2018, 460 ff.). Die Annahme, eines Verschuldens im Sinne des § 3 Abs. 1 Nr. 2 setze stets die Rechtswidrigkeit des die Unversehrtheit der nach § 19 Abs. 2 und 3 BNatSchG geschützten Arten und natürlichen Lebensräume berührenden Verhaltens des Verantwortlichen voraus (in diesem Sinne VG Schleswig, Urt. v. 20.9.2012 – 6 A 186.11, NuR 2013, 442 Rn. 71 mwN). Insoweit fehle es – so das BVerwG – am notwendigen Anknüpfungspunkt im Gesetzeswortlaut. Die Gesetzessystematik und die Entstehungsgeschichte der Umwelthaftungsrichtlinie sprächen gegen diese Annahme. So ergebe sich aus § 2 Nr. 3, dass Verantwortlicher im Sinne des USchadG auch der Inhaber einer – mit Legalisierungswirkung verbundenen – Zulassung oder Genehmigung für eine berufliche Tätigkeit sei, der in Ausübung oder Bestimmung dieser Tätigkeit unmittelbar einen Umweltschaden oder die unmittelbare Gefahr eines solchen Schadens verursacht habe (BVerwG, Urt. v. 21.9.2017 – 7 C 29/15, juris 25 unter Verweis auf OVG Lüneburg, Urt. v. 4.2.2016 – 1 LB 2.13, NuR 2016, 572 Rn. 127). Zudem sehe § 19 Abs. 1 Satz 2 BNatSchG hinsichtlich eines im Einzelnen festgelegten, begrenzten Bereichs genehmigter oder zulässiger Tätigkeiten einer verantwortlichen Person eine Haftungsfreistellung vor. Daraus folge im Umkehrschluss, dass genehmigte oder gesetzeskonforme Tätigkeiten außerhalb des Anwendungsbereichs des § 19 Abs. 1 Satz 2 BNatSchG grundsätzlich der verschuldensabhängigen Haftung nach § 3 Abs. 1 Nr. 2 unterworfen seien (BVerwG, Urt. v. 21.9.2017 – 7 C 29/15, juris 25).

Die Rechtmäßigkeit eines Verhaltens und die Reichweite der Legalisierungswirkung einer Genehmigung für eine schadensverursachende berufliche Tätigkeit sind aber nach dem Urteil des BVerwG vom 21.9.2017 bei der Frage nach der Haftung des Verantwortlichen von Bedeutung. So werde ein Verantwortlicher, der schutzwürdig auf eine Genehmigung vertraue, bei einem von der Legalisierungswirkung der Genehmigung umfassten Verhalten regelmäßig nicht fahrlässig handeln (BVerwG, Urt. v. 21.9.2017 – 7 C 29/15, juris Rn. 27 unter Verweis auf *Shirvani,* UPR 2010, 209, 212 mwN). Demgegenüber werde derjenige im Zweifel mindestens fahrlässig handeln, der bewusst ein die Unversehrtheit der nach § 19 Abs. 2 und 3 BNatSchG geschützten Arten und natürlichen Lebensräume verletzendes Handeln ohne eine hierfür erforderliche Genehmigung ausführe oder der wissentlich gegen naturschutzrechtliche Verbotstatbestände verstoße (BVerwG, Urt. v. 21.9.2017 – 7 C 29/15, juris 27).

Grundsätzlich ist zwar der Inhaber einer *rechtmäßigen* Genehmigung genauso als Verantwortlicher einzuordnen wie der Inhaber einer *rechtswidrigen* Genehmigung. Ob die Rechtswidrigkeit einer Genehmigung im Rahmen des Verschuldenstatbestands des § 3 Abs. 1 Nr. 2 einen Haftungsausschlussgrund bilden kann (so *Shirvani,* UPR 2010, 209, 212), ist aber zweifelhaft. Nicht auszuschließen ist es natürlich, dass die zuständige Behörde im Falle einer rechtswidrigen Genehmigung ihr Ermessen dahingehend ausübt, die erforderliche Sanierungsmaßnahme ganz oder teilweise selbst zu übernehmen, um gegebenenfalls in Betracht kommenden Schadensersatzansprüchen zuvorzukommen (*Shirvani,* UPR 2010, 209, 212).

12 **3. Beschränkung des Anwendungsbereichs.** Als nicht nachvollziehbarer Systembruch wird teilweise angesehen, dass eine verschuldensabhängige Haftung nur im Hinblick auf die Schädigung von Arten und natürlichen Lebensräumen, das heißt nur bei sogenannten Biodiversitätsschäden besteht (vgl. zu der Kritik *Spindler/Härtel,* UPR 2002, 241, 245; *Palme/Schumacher/Schlee,* EurUP 2004, 204, 208). Ein schuldhaftes Handeln, das keine Handlung iSd Anlage 1 des Gesetzes darstellt und zu einem Schaden oder einer Schädigung von Gewässern oder Boden führt, vermag eine Haftung nach dem Umweltschadensgesetz nicht zu begründen. Diesen eingeschränkten Anwendungsbereich der verschuldensabhängigen Haftung sieht aber schon die Umwelthaftungsrichtlinie in Erwägung Nr. 9 vor. Die Kommission hatte die Einschränkung damit begründet, dass Arten und natürliche Lebensräume eine besonders hohe Empfindlichkeit aufweisen und die FFH- und die Vogelschutzrichtlinie diese natürlichen Ressourcen unabhängig von dem Charakter der beeinträchtigenden Tätigkeit schützen (dazu *Duikers,* Die Umwelthaftungsrichtlinie der EG, S. 83). Der deutsche Gesetzgeber ist im Rahmen seiner „1:1-Umsetzung" nicht über diese Beschränkung hinaus gegangen und hat demnach ebenfalls keine verschuldensabhängige Haftung für Schäden an Boden und Gewässern eingeführt.

13 Die Beschränkung der verschuldensabhängigen Umweltschadenshaftung auf Gefahren für oder Schädigungen von Arten und natürlichen Lebensräumen bewirkt jedenfalls im Ergebnis – anders als dies in der Literatur zT vertreten wird – keinen schwerwiegenden Systembruch. Hierdurch wird nicht etwa die Biodiversität einer strengeren oder effektiveren Umwelthaftung unterstellt als die Umweltmedien „Wasser" und „Boden". Vielmehr ist zu berücksichtigen, dass für das Wasser- und Bodenschutzrecht umfangreiche Regelungen im europäischen Recht sowie im Wasserhaushaltsgesetz, im Bundes-Bodenschutzgesetz und in den Landeswasser- und Landesbodenschutzgesetzen vorhanden sind, die unabhängig vom Vorliegen eines Verschuldens die zuständige Behörde zur Anordnung von Gefahrenabwehr- und Sanierungsmaßnahmen ermächtigen und die Betroffenen entsprechend verpflichten. Für das Naturschutzrecht existieren derartige Regelungen nur rudimentär (dazu oben unter § 1), so dass es im Ergebnis nicht abwegig erscheint, zugunsten eines verbesserten Schutzes der Biodiversität im Umweltschadensgesetz eine zusätzliche verschuldensabhängige Haftung zu normieren. Zudem ist zu berücksichtigen, dass an Arten und natürlichen Lebensräumen seltener individuelle Rechte, insbesondere Eigentum, bestehen. Während Boden- und Wasserschäden häufig zugleich ein privates Rechtsgut verletzten und schon daher eine Haftung auslösen, ist dies bei Schädigungen von Arten und natürlichen Lebensräumen selten der Fall.

14 Fraglich ist aber, warum bestimmte Berufsgruppen im Rahmen dieser verschuldensabhängigen Haftung nicht privilegiert werden, obwohl eine entsprechende Besserstellung in anderen Regelungsbereichen vorgesehen ist. Die Normierung einer verschuldensabhängigen Haftung für die Schädigung von Arten und natürlichen Lebensräumen bewirkt

insbesondere für die Forst-, Land- und Fischereiwirtschaft eine bedeutende Erweiterung ihrer Verantwortlichkeit. Die für diese Berufsgruppen vorgesehene Privilegierung des § 14 Abs. 2 und 3 BNatSchG greift im Rahmen des Umweltschadensgesetzes nicht. Eine land-, forst- oder fischereiwirtschaftliche Bodennutzung (zB Waldeinschlag, Düngung, Bodenverbesserung), durch die fahrlässig eine Schädigung von Arten oder natürlichen Lebensräumen verursacht wird, stellt demnach keinen Eingriff in Natur und Landschaft iSd Naturschutzrechts dar, kann aber sehr wohl eine Vermeidungs-, Schadensbegrenzungs- und Sanierungspflicht nach dem Umweltschadensgesetz auslösen (vgl. *Schrader/Hellenbroich,* ZUR 2007, 289, 292).

III. Kausalität

Nach § 3 Abs. 1 ist der Anwendungsbereich des Umweltschadensgesetzes, unabhängig **15** davon, ob ein Verschulden vorausgesetzt wird, nur dann eröffnet, wenn der Schaden oder die Gefahr des Schadens durch die berufliche Tätigkeit „verursacht“ wurde. Dieser Regelung ist zu entnehmen, dass nicht erst die Haftung, sondern bereits die Anwendung des Umweltschadensgesetztes voraussetzen soll, dass eine Verursachung des Schadens im Sinne einer Kausalität der beruflichen Tätigkeit für die Schädigung vorliegen muss (dazu auch oben zu § 2). Die Regelung zur Kausalität greift das der Umwelthaftungsrichtlinie zugrunde liegende Verursacherprinzip auf (vgl. Erwägungen Nr. 18, 13, 2 UHRL). Das Umweltschadensgesetz ist ein verursacherorientiertes Gesetz, das aus diesem Grund auch nur gegenüber dem Handlungsstörer, nicht gegenüber dem Zustandsstörer eingreift.

Nach der Gesetzesbegründung muss die Verursachung von der zuständigen Behörde **16** im Einzelfall entsprechend den allgemeinen polizeirechtlichen Grundsätzen nachgewiesen werden. Demnach soll die bloße Möglichkeit, für einen festgestellten Umweltschaden verantwortlich zu sein, für die Heranziehung des Verhaltensverantwortlichen nicht ausreichen. Da § 3 allerdings auf eine rasche und effektive Gefahrenabwehr abziele, setze das behördliche Einschreiten auch nicht zwingend voraus, dass der schadensbegründende Kausalverlauf lückenlos und mit unumstößlicher Gewissheit nachgewiesen sei. Es genüge, wie nach herkömmlichen polizeirechtlichen Grundsätzen, wenn sich aus den objektiv vorliegenden Umständen gewichtige Indizien ergäben, die den Schluss rechtfertigten, dass zwischen dem Verhalten der in Anspruch genommen Person und der eingetretenen Gefahrenlagen ein Ursachenzusammenhang besteht (so die Begründung der Bundesregierung, BT-Drs. 16/3806, S. 22).

Anders als zivilrechtliche Tatbestände der Gefährdungshaftung, zB des Umwelthaf- **17** tungsgesetzes, sieht das Umweltschadensgesetz keine **Beweiserleichterungen** hinsichtlich des Kausalitätsnachweises vor. Dies begründet die Bundesregierung in den Erwägungen zum Gesetz damit, dass die zuständige Behörde bei der Aufklärung des Sachverhalts auf hoheitliche Befugnisse zurückgreifen könne, die einem privaten Geschädigten nicht im gleichen Umfang zur Verfügung stünden (BT-Drs. 16/3806, S. 22; dazu auch oben unter § 2 und *Schrader/Hellenbroich,* ZUR 2007, 289, 293; *Petersen,* § 3 Rn. 64).

C. Räumlicher Geltungsbereich des Gesetzes (Absatz 2)

Nach Abs. 2 gilt das Umweltschadensgesetz im Rahmen der Vorgaben des Seerechts- **18** übereinkommens der Vereinten Nationen vom 10. Dezember 1982 (BGBl. 1994 I, S. 1799) auch für Schädigungen von Arten und natürlichen Lebensräumen und für die unmittelbare Gefahr solcher Schäden im Bereich der ausschließlichen Wirtschaftszone

(AWZ) und des Festlandsockels (vgl. dazu auch ausführlich *Czybulka,* NuR 2008, 304). Der Geltungsbereich des Gesetzes kann nach den völkerrechtlichen Bestimmungen nur entsprechend den Vorgaben des Seerechtsübereinkommens vom 10.12.1982 auf die AWZ und den Festlandsockel erstreckt werden. Eine Erstreckung des Anwendungsbereichs der gesetzlichen Bestimmungen auf den Bereich der AWZ ist notwendig, weil die Vogelschutz- und die FFH-Richtlinie, auf welche die Umwelthaftungsrichtlinie unmittelbar Bezug nimmt, in der AWZ der Mitgliedstaaten ebenfalls anwendbar sind (siehe dazu die Begründung des Gesetzesentwurfes durch die Bundesregierung, BT-Drs. 16/3806, S. 23; *Ehlers,* NuR 2006, 86 ff.).

Mit Gesetz vom 21.7.2016 (BGBl. 2016 I, S. 1764) wurde Abs. 2 geringfügig um die Formulierung „sowie der Meeresgewässer außerhalb der Küstengewässer“ ergänzt. Die Änderung diente der Umsetzung von Art. 38 der Richtlinie 2013/30/EU. Diese Norm ändert und erweitert punktuell die Begriffsbestimmung der Umwelthaftungsrichtlinie für die „Schädigung der Gewässer“, um sicherzustellen, dass die Haftung auch für Meeresgewässer im Sinne der Richtlinie 2008/56/EG zur Schaffung eines Ordnungsrahmens für Maßnahmen der Gemeinschaft im Bereich der Meeresumwelt (Meeresstrategie-Rahmenrichtlinie) gilt. Der geänderte Verweis in Abs. 2 stellt sicher, dass das UschadG auch auf Umweltschäden bei Meeresgewässern Anwendung finden kann (vgl. Besetzesbegründung, BT-Drs. 18/8703, S. 7).

D. Einschränkungen des Anwendungsbereichs (Absatz 3)

19 Nach Absatz 3 findet das Gesetz keine Anwendung auf Umweltschäden oder die unmittelbare Gefahr solcher Schäden, wenn sie durch bewaffnete Konflikte, Feindseligkeiten, Bürgerkrieg oder Aufstände (Abs. 3 Nr. 1) oder durch ein außergewöhnliches, unabwendbares und nicht beeinflussbares Naturereignis (Abs. 3 Nr. 2) verursacht werden. Diese Einschränkungen des Anwendungsbereichs des Gesetzes setzen Art. 4 Abs. 1a) und b) Umwelthaftungsrichtlinie um. Den Einschränkungen kommt lediglich deklaratorische Bedeutung zu, weil nach § 3 Abs. 1 eine Verantwortlichkeit ohnehin nur besteht, wenn die Gefahr oder der Umweltschaden durch eine „berufliche“ Tätigkeit verursacht worden ist.

20 Die weiteren Einschränkungen unter Nr. 3–5 nehmen Rücksicht auf den Euratom-Vertrag und andere internationale Übereinkommen sowie Rechtsvorschriften der Gemeinschaft, durch die die Ausübung der in den Geltungsbereich der Umwelthaftungsrichtlinie fallenden Tätigkeiten umfassender und strenger reglementiert werden (vgl. dazu Begründungserwägungen der Umwelthaftungsrichtlinie Nr. 10–12). Die in Nr. 3 und 5 bezeichneten internationalen Abkommen und Übereinkünfte werden in Anlagen 2 und 3 abschließend aufgezählt. § 3 Abs. 3 Nr. 3 setzt Art. 4 Abs. 2 Umwelthaftungsrichtlinie, Abs. 3 Nr. 4 und 5 setzen Art. 4 Abs. 4 Umwelthaftungsrichtlinie um. Der Richtliniengeber geht davon aus, dass zahlreiche Mitgliedstaaten internationalen Übereinkünften beigetreten sind, mit denen die zivilrechtliche Haftung in spezifischen Bereichen geregelt wird. Die Mitgliedstaaten sollen auch nach Inkrafttreten der Umwelthaftungsrichtlinie Vertragsparteien dieser Übereinkünfte bleiben können. Den übrigen Mitgliedstaaten soll es weiterhin freistehen, ihnen beizutreten. Die Umwelthaftungsrichtlinie und ebenso das Umweltschadensgesetz dienen der Vermeidung und Sanierung von Umweltschäden und lassen die Ansprüche auf Schadensersatz, der nach einschlägigen internationalen Übereinkünften über die zivilrechtliche Haftung für herkömmliche Schäden zu leisten ist, unberührt (Begründung der Bundesregierung, BT-Drs. 16/3806, S. 23; Erwägungsgrund 11 der Umwelthaftungsrichtlinie).

E. Haftung für nicht klar abgegrenzte Verschmutzungen (Absatz 4)

In Fällen, in denen der Umweltschaden oder die unmittelbare Gefahr eines solchen Schadens durch eine nicht klar abgegrenzte Verschmutzung verursacht wurde, soll das Umweltschadensgesetz nach § 3 Abs. 4 nur Anwendung finden, wenn ein ursächlicher Zusammenhang zwischen den Tätigkeiten und dem Schaden einzelner Verantwortlicher festgestellt werden kann. Grundlage dieser Bestimmung ist Art. 4 Abs. 5 UHRL, der klarstellt, dass zwischen den Tätigkeiten und dem Schaden eines Verantwortlichen ein ursächlicher Zusammenhang bestehen muss, um eine Haftung nach dem Umweltschadensgesetz begründen zu können. 21

Die Notwendigkeit eines **Kausalitätsnachweises** ergibt sich bereits aus § 3 Abs. 1. Dort ist geregelt, dass der Umweltschaden bzw. die Gefahr eines solchen Schadens durch eine berufliche Tätigkeit verursacht worden sein muss. Insoweit kommt Abs. 4 kein eigener Regelungsgehalt zu. Materiell handelt es sich bei § 3 Abs. 4 wohl nicht um eine Einschränkung des Anwendungsbereichs des Gesetzes, sondern lediglich um einen Hinweis auf eine maßgebliche Haftungsvoraussetzung, nämlich den Kausalitätsnachweis. Zum Teil wird die Norm auch als Beweisregel angesehen (*Petersen,* § 3 Rn. 80; *Becker,* NVwZ 2007, 1107, 1109). 22

Aus der Regelung ist die Selbstverständlichkeit abzuleiten, dass die bloße Möglichkeit, einen festgestellten Umweltschaden verursacht zu haben und deshalb für ihn auch verantwortlich zu sein, für eine Heranziehung nicht ausreicht. Andererseits ist aber, wie oben bereits dargelegt, auch keine unumstößliche Gewissheit von der Verursachung erforderlich, um einen Verantwortlichen auf der Grundlage des Umweltschadensgesetzes heranzuziehen. Vielmehr reicht es – wie allgemein im Polizeirecht – aus, wenn sich aus objektiv vorliegenden Umständen gewichtige Indizien für eine Verursachung ergeben (dazu Gesetzesbegründung der Bundesregierung, BT-Drs. 16/3806, S. 22). Keinesfalls kann aber aus § 3 Abs. 4 abgeleitet werden, dass in allen übrigen Fällen, also wenn keine diffuse Verschmutzung vorliegt, die Verursachung nicht festgestellt werden müsste (so aber *Schmidt,* NZG 2007, 650, 651). 23

Eine nicht klar abgegrenzte Verschmutzung iSd Regelung dürfte insbesondere bei **Emissionsfernwirkungen** anzunehmen sein sowie bei diffusen Einträgen in Boden oder Gewässer, die zu einem sog. **Summationsschaden** führen (vgl. *Duikers,* Die Umwelthaftungsrichtlinie der EG, S. 97). Vollzugsprobleme dürften daraus resultieren, dass sich die Verantwortlichen auf diese Vorschrift berufen werden, sobald bekannt ist, dass mehrere Schädiger in Betracht kommen. Der Nachweis, dass es sich nicht um eine diffuse Verschmutzung, sondern um ein kumulatives Zusammenwirken mehrerer, ursächlicher und identifizierbarer Schädiger handelt, dürfte den Vollzugsbehörden in der Praxis Schwierigkeiten bereiten (vgl. zu problematischen Fallkonstellationen *Duikers,* Die Umwelthaftungsrichtlinie der EG, S. 95 ff.). Bei Summationsschäden soll es für die Schadensverantwortlichkeit iSd Umweltschadensgesetzes ausreichen, dass ein Verursachungsbeitrag geleistet wird (OVG Schleswig-Holstein, Urt. v. 4.2.2016 – 1 LB 2/13, juris Rn. 113; VG Schleswig-Holstein, Urt. v. 20.9.2012 – 6 A 186/11, juris Rn. 48). 24

F. Weitere Einschränkungen des Anwendungsbereichs (Absatz 5)

Nach § 3 Abs. 5 gilt das Gesetz weder für Tätigkeiten, deren Hauptzweck die Verteidigung und die internationale Sicherheit, noch für Tätigkeiten, deren alleiniger Zweck der Schutz vor Naturkatastrophen ist. Abs. 5 dient der Umsetzung der wortgleichen Regelung des Art. 4 Abs. 6 UHRL. 25

§ 4 Informationspflicht

Besteht die unmittelbare Gefahr eines Umweltschadens oder ist ein Umweltschaden eingetreten, hat der Verantwortliche die zuständige Behörde unverzüglich über alle bedeutsamen Aspekte des Sachverhalts zu unterrichten.

Schrifttum: siehe Vorbemerkung.

Übersicht

A. Einführung

Die Umwelthaftungsrichtlinie sieht eine Informationspflicht des Verantwortlichen sowohl im Zusammenhang mit einer Vermeidung von Umweltschäden als auch im Zusammenhang mit einer Sanierung bereits eingetretener Schäden vor. Nach Art. 5 Abs. 1 UHRL hat der Verantwortliche für den Fall, dass ein Umweltschaden noch nicht eingetreten ist, jedoch die unmittelbare Gefahr eines solchen Umweltschadens besteht, unverzüglich die erforderlichen Vermeidungsmaßnahmen zu ergreifen. Die Mitgliedstaaten haben, soweit dies angebracht ist und jedenfalls immer dann, wenn die unmittelbare Gefahr eines Umweltschadens trotz der Vermeidungsmaßnahme des Verantwortlichen nicht abgewendet wird, nach Art. 5 Abs. 2 UHRL vorzusehen, dass die Verantwortlichen die zuständige Behörde so bald wie möglich über alle bedeutsamen Aspekte des Sachverhalts informieren müssen. Nach Art. 6 Abs. 1 UHRL hat der Verantwortliche im Falle des Eintritts eines Umweltschadens die zuständige Behörde ebenfalls unverzüglich über alle bedeutsamen Aspekte des Sachverhalts zu informieren. 1

Der Bundesgesetzgeber hat diese Informationspflichten aus dem Bereich der Vermeidungs- und Sanierungstätigkeiten mit § 4 in einer eigenständigen Regelung zusammengefasst. Zur Durchsetzung der Informationspflicht ist die zuständige Behörde nach § 7 Abs. 2 Nr. 1 berechtigt, dem Verantwortlichen aufzugeben, alle erforderlichen Informationen und Daten über eine unmittelbare Gefahr von Umweltschäden, über den Verdacht einer solchen unmittelbaren Gefahr oder einen eingetretenen Schaden vorzulegen. Außerdem kann die Behörde nach § 7 Abs. 2 Nr. 1 eine eigene Bewertung des Schadens verlangen. 2

Bei der Informationspflicht des § 4 handelt es sich um eine unmittelbar kraft Gesetzes geltende **Grundpflicht** des Verantwortlichen (*Petersen* § 4 Rn. 12; *Duikers,* NuR 2006, 623, 626). Damit hat der Gesetzgeber ein neues Instrument in das deutsche Umweltrecht eingeführt (vgl. *Brinktrine,* ZUR 2007, 337, 343). Eine aktive Informationspflicht, die auch dann besteht, wenn zuvor keine entsprechende behördliche Anordnung getroffen wurde und keine Anforderung der Informationen durch einen Berechtigten erfolgt ist, kannte das Umweltrecht bislang nicht. 3

4 Die Regelung dürfte vor allem im Zusammenhang mit **§ 9 Abs. 2 UIG** von Interesse sein. Nach § 9 Abs. 2 S. 1 UIG dürfen Umweltinformationen, die private Dritte einer informationspflichtigen Stelle übermittelt haben, ohne rechtlich dazu verpflichtet zu sein oder rechtlich verpflichtet werden zu können, und deren Offenbarung nachteilige Auswirkungen auf die Interessen der Dritten hätte, ohne deren Einwilligung anderen nicht zugänglich gemacht werden, es sei denn, das öffentliche Interesse an der Bekanntgabe überwiegt. Im Rahmen des § 4 besteht eine gesetzliche Pflicht zur Information. Diese Informationen sind folglich, auch wenn sie vom Verantwortlichen eigeninitiativ zur Verfügung gestellt werden, nicht nach § 9 Abs. 2 S. 1 UIG geheimhaltungsfähig. Sofern allerdings personenbezogene Daten, Urheberrechte, **Betriebs- und Geschäftsgeheimnisse** oder Daten, die dem Steuergeheimnis unterliegen, übermittelt werden, kann der Geheimhaltungsgrund des § 9 Abs. 1 Satz 1 UIG einer Informationsfreigabe nach dem UIG entgegenstehen. Andererseits ist zu berücksichtigen, dass nach § 9 Abs. 1 Satz 2 UIG der Zugang zu Umweltinformationen über **Emissionen** auch dann nicht verweigert werden kann, wenn ein Ablehnungsgrund nach § 9 Abs. 1 Satz 1 UIG vorliegt.

B. Verhältnis zur Amtsermittlungspflicht

5 Die Informationspflicht des Verantwortlichen nach § 4 ändert nichts an der Amtsermittlungspflicht der zuständigen Behörde gem. § 24 Abs. 1 VwVfG, sondern ergänzt diese. Danach ermittelt die Behörde den Sachverhalt von Amts wegen. Sie bestimmt gem. § 24 Abs. 1 Satz 2 VwVfG Art und Umfang der Ermittlungen. Gem. § 26 Abs. 1 VwVfG bedient sich die Behörde der Beweismittel, die sie nach pflichtgemäßem Ermessen zur Ermittlung des Sachverhalts für erforderlich hält. Sie kann nach § 26 Abs. 1 Satz 2 VwVfG Auskünfte jeder Art einholen, Beteiligte anhören, Zeugen und Sachverständige vernehmen oder die schriftliche oder elektronische Äußerung von Beteiligten, Sachverständigen und Zeugen einholen, Urkunden und Akten beiziehen und den Augenschein einnehmen. Nach § 24 Abs. 2 Satz 1 VwVfG sollen die Beteiligten bei der Ermittlung des Sachverhalts mitwirken. Sie sollen gem. § 26 Abs. 2 Satz 2 VwVfG insbesondere ihnen bekannte Tatsachen und Beweismittel angeben. Das Verwaltungsverfahrensgesetz normiert insoweit nur eine **Obliegenheit** der Beteiligten, die nicht erzwingbar ist und deren Nichtbefolgung keine unmittelbaren Folgen für das Verwaltungsverfahren hat. Eine weitergehende Pflicht, bei der Ermittlung des Sachverhalts mitzuwirken, besteht nach § 26 Abs. 2 Satz 3 VwVfG nur, soweit sie durch Rechtsvorschrift besonders vorgesehen ist. Eine solche Rechtsvorschrift im Sinne des § 26 Abs. 2 Satz 3 VwVfG ist § 4. Die Informationspflicht aus § 4 besteht, anders als die Amtsermittlungspflicht, bereits vor Einleitung eines Verwaltungsverfahrens bzw. kann ihrerseits zur Einleitung eines Verwaltungsverfahrens führen.

C. Voraussetzungen der Informationspflicht

6 Voraussetzung für das Bestehen einer Informationspflicht ist, dass die unmittelbare Gefahr eines Umweltschadens besteht oder ein Umweltschaden bereits eingetreten ist. Unter der unmittelbaren Gefahr eines Umweltschadens ist nach § 2 Nr. 5 die hinreichende Wahrscheinlichkeit, dass ein Umweltschaden in naher Zukunft eintreten wird, zu verstehen (zur Definition des Begriffs der unmittelbaren Gefahr eines Umweltschadens und des Begriffs des Umweltschadens selbst vgl. auch die Kommentierung zu § 2). Einer Aufforderung durch die Behörde bzw. einer behördlichen Anordnung bedarf es nicht, um die

Informationspflicht zu begründen; die Informationspflicht entsteht mit Vorliegen eines Umweltschadens oder der unmittelbaren Gefahr eines solchen Schadens kraft Gesetzes.

D. Verpflichteter

Die Informationspflicht nach § 4 trifft den Verantwortlichen, der in § 2 Nr. 3 definiert ist. Verantwortlicher ist jede natürliche oder juristische Person, die eine berufliche Tätigkeit ausübt oder bestimmt, einschließlich der Inhaber einer Zulassung oder Genehmigung für eine solche Tätigkeit oder der Person, die eine solche Tätigkeit anmeldet oder notifiziert und dadurch unmittelbar einen Umweltschaden oder die unmittelbare Gefahr eines solchen Schadens verursacht hat. Die Informationspflicht trifft also ausschließlich den Gefahren- oder Schadensverursacher, nicht jedoch Dritte, die die Gefahr des Eintritts eines Umweltschadens erkennen oder aber einen bereits eingetretenen Umweltschaden zur Kenntnis nehmen. Diese können aber die zuständige Behörde nach § 10 informieren und zum Tätigwerden auffordern. **7**

Sind für die unmittelbare Gefahr eines Umweltschadens oder für einen bereits eingetretenen Umweltschaden mehrere Personen verantwortlich, ist grundsätzlich jeder Verantwortliche zu einer umfassenden Unterrichtung der zuständigen Behörde verpflichtet. **8**

E. Inhalt und Umfang der Informationspflicht

Der Verantwortliche ist verpflichtet, die zuständige Behörde **unverzüglich** zu unterrichten. Die Pflicht zur unverzüglichen Unterrichtung bedeutet, dass der Verantwortliche seiner Informationspflicht ohne schuldhaftes Zögern nachkommen muss. Unstreitig besteht die Informationspflicht, sobald der Verantwortliche von der Gefahr oder dem eingetretenen Schaden Kenntnis erlangt. Ob eine Informationspflicht auch dann bestehen kann, wenn der Verantwortliche die Gefahr bzw. den eingetretenen Umweltschaden zwar nicht kennt, aber hätte erkennen können, ist zweifelhaft (siehe dazu die Gesetzesbegründung der Bundesregierung, BT-Drs. 16/3806, S. 23). Ein **schuldhaftes Zögern** iSd vom Gesetzgeber geforderten unverzüglichen Unterrichtung kann erst mit Kenntnis von der Gefahr oder dem Schaden eintreten. Der Gesetzgeber verlangt von dem Verantwortlichen keine Sicherungsmaßnahmen, die ihn in die Lage versetzen, mögliche Umweltgefahren oder Umweltschäden frühzeitiger zu erkennen. **9**

Die Informationsverpflichtung erstreckt sich über den gesamten Zeitraum, in dem die unmittelbare Gefahr eines Umweltschadens vorliegt bzw. ein eingetretener Umweltschaden noch nicht abschließend saniert ist. Die Informationsverpflichtung kann sich abhängig von dem jeweiligen Stand der Erkenntnisse fortlaufend aktualisieren. Der genaue Umfang der Informationspflicht lässt sich aus dem Wortlaut des Gesetzes nur schwer ableiten. Die Unterrichtungsverpflichtung bezieht sich nach § 4 auf alle bedeutsamen Aspekte des Sachverhalts. Weiterer Aufschluss über den Umfang der Informationsverpflichtung ergibt sich aus dem Sinn und Zweck der Regelung. Die Informationspflicht des Verantwortlichen gegenüber der zuständigen Behörde soll dazu dienen, die Behörde über Art und Umfang des Umweltschadens bzw. der Gefahr, über den Zeitpunkt des Eintretens oder der Aufdeckung des Schadens, über bereits eingeleitete Gefahrenabwehr- oder Sanierungsmaßnahmen und auch über die voraussichtlich verantwortlichen Personen zu unterrichten. Die Behörde soll damit in die Lage versetzt werden, ihre Anordnungsbefugnisse nach § 7 Abs. 2 auszuüben, um für eine ordnungsgemäße Gefahrenabwehr oder Sanierung zu sorgen. Dementsprechend erstreckt sich die Informationspflicht auf **10** alle relevanten Angaben, die die zuständige Behörde zur Ausübung ihrer Befugnisse benötigt.

11 Fraglich ist, ob sich die Informationspflicht nur auf Erkenntnisse bezieht, die bei dem Verantwortlichen vorhanden sind, oder ob sich aus § 4 auch die Pflicht ableiten lässt, weitere eigene Erkundigungen einzuholen, möglicherweise sogar einen Sachverständigen einzuschalten. In diesem Zusammenhang ist zu berücksichtigen, dass die zuständige Behörde nach § 7 Abs. 2 Nr. 1 von dem Verantwortlichen nicht nur Informationen verlangen kann, sondern ihn auch verpflichten kann, eine eigene Bewertung vorzulegen. Dies bedeutet aber nicht, dass der Informationspflichtige bereits im Vorfeld einer solchen Anordnung verpflichtet wäre, Informationen Dritter einzuholen. Das Gesetz will den Verantwortlichen verpflichten, die ihm vorliegenden Informationen zu dem ihm bekannten Sachverhalt ohne schuldhaftes Zögern an die Behörde zu übermitteln. Dies bedeutet aber nicht, dass er weitere Informationen, ggf. durch Beauftragung eines Gutachters, einholen müsste. Die Bundesregierung betont zur Erläuterung des § 7 Abs. 2 ausdrücklich, dass die Anforderung von Daten und Informationen durch die Behörde den allgemeinen **Verhältnismäßigkeitsgrundsatz** zu beachten habe. Daher solle dem Verantwortlichen nur dann aufgegeben werden, bestimmte Informationen vorzulegen, wenn ihm diese Informationen bereits vorliegen oder sie von ihm mit zumutbarem Aufwand beschafft werden können (Gesetzesbegründung, BT-Drs. 16/3806, S. 24). Wenn die Behörde also im Rahmen des § 7 Abs. 2 nur solche Informationen anfordern darf, die vorliegen oder ohne großen Aufwand zu beschaffen sind, ist erst recht davon auszugehen, dass der Verantwortliche sich nicht in aufwendiger Weise Informationen etwa von Sachverständigen beschaffen muss, bevor eine entsprechende Anforderung durch die Behörde erfolgt. Anders als § 7 Abs. 2 normiert § 4 nur eine allgemeine Unterrichtungspflicht über bedeutsame „Aspekte des Sachverhalts", aber keine Pflicht zur **„Bewertung"** des Schadens bzw. der Gefahr. Insoweit geht § 7 Abs. 2 bereits seinem Wortlaut nach über die Verpflichtung gem. § 4 hinaus (dazu auch unter § 7). Während der Verantwortliche nach § 4 nur über einen Sachverhalt unterrichten muss, kann die Behörde gem. § 7 eine Bewertung, also eine Einschätzung verlangen, die über die Mitteilung von Sachverhaltsdaten hinausgeht. Auch die Umwelthaftungsrichtlinie begründet als Pflicht des Betreibers (nach der Terminologie des Umweltschadensgesetzes: des Verantwortlichen) lediglich die Pflicht, die Behörde so bald wie möglich über alle bedeutsamen Aspekte des Sachverhalts zu informieren (Art. 3 Abs. 2, Art. 6 Abs. 1 UHRL). Darüber hinausgehend begründet die Richtlinie für die Behörde das Recht, von dem Betreiber die Durchführung einer eigenen Bewertung und die Bereitstellung aller erforderlichen Informationen und Daten zu verlangen (Art. 11 Abs. 2 Satz 2 UHRL). Auch nach der Richtlinie geht also das Informationsrecht der Behörde über die nach dem Gesetz bestehende Informationspflicht des Betreibers hinaus.

12 Unabhängig von der Frage, welche Informationen der Verantwortliche zu beschaffen hat, kann die Unterrichtungspflicht über alle bedeutsamen Aspekte des Sachverhalts nur solche Informationen betreffen, die den zuständigen Behörden nicht bereits vorliegen.

F. Verfassungsrechtlich gebotene Einschränkungen der Informationspflicht

13 In Einzelfällen ist aus verfassungsrechtlichen Gründen eine Einschränkung der Informationspflicht geboten. Weder das Umweltschadensgesetz noch die Umwelthaftungsrichtlinie enthalten hierzu Vorgaben. Wie sich der Umwelthaftungsrichtlinie entnehmen lässt, geht der Richtliniengeber vielmehr davon aus, dass der Verantwortliche zu einer umfassenden Information verpflichtet ist („alle" bedeutsamen Aspekte). § 4 enthält insoweit keine Einschränkung, sondern verlangt ebenfalls, dass „alle" bedeutsamen Aspekte mitzuteilen sind.

Diese umfassende Informationspflicht kann jedoch mit verfassungsrechtlichen Vorgaben in Konflikt geraten. Der aus dem Verfassungsrecht abgeleitete Grundsatz, wonach niemand verpflichtet ist, sich selbst zu belasten, greift dann ein, wenn die Information geeignet ist, eine persönliche **strafrechtliche Verantwortlichkeit** des Betroffenen aufzudecken oder zu belegen. Insoweit muss der mit Verfassungsrang ausgestattete „Nemotenetur-Grundsatz", der einfachgesetzlich in § 55 Abs. 1 und § 136 Abs. 1 S. 2 StPO geregelt ist, der Informationspflicht vorgehen, da anderenfalls die Regelung des § 4 nicht mit Art. 2 Abs. 1, 1 Abs. 1 GG in Einklang zu bringen wäre. Soweit also die konkrete Gefahr besteht, dass sich der Verantwortliche mit der Informationsübermittlung an die Behörde einer strafrechtlichen Verfolgung aussetzt, ist er berechtigt, die Auskunft zu verweigern. Dieser Grundsatz muss auch im Ordnungswidrigkeitenverfahren gelten (vgl. BVerwG, B. v. 11.8.1999 – 3 B 96/99 –, NZV 2000, 385). Das Grundgesetz gebietet allerdings keinen lückenlosen Schutz gegen Selbstbezichtigungen ohne Rücksicht darauf, ob dadurch schutzwürdige Belange Dritter beeinträchtigt werden. Der mit Einschränkungen der Selbstbelastungsfreiheit verbundene Grundrechtseingriff kann vielmehr im Einzelfall verfassungsrechtlich gerechtfertigt sein, wenn die Information zum Schutz öffentlicher Interessen unerlässlich ist (OVG Lüneburg, Beschl. v. 4.4.2012 – 8 ME 49/12, juris Rn. 35 unter Verweis auf BVerfG, Urt. v. 27.6.1991 – 2 BvR 1493/89, BVerfGE 84, 239, 280; Urt. v. 15.12.1983 – 1 BvR 209/83, BVerfGE 65, 1, 44; siehe auch *Petersen* § 4 Rn 23 ff.). Ob diese Rechtsprechung zum Seelotsenrecht allerdings auf die Situation des Verantwortlichen nach § 4 übertragbar ist, erscheint fraglich. Der Seelotse, der nach behördlicher Zulassung von Berufs wegen für die Sicherheit der Schiffahrt verantwortlich ist und bei dem die Gefahrenabwehr zu seinen originären und primären Aufgaben gehört, steht möglicherweise in einem engeren Pflichtenverhältnis zum Staat mit weitergehenden Pflichten zur Gefahrenabwehr als der Verantwortliche nach dem USchadG, so dass ihm ggf. auch weitergehende Einschränkungen seiner Grundrechte zumutbar sind. 14

In jedem Fall besteht das Auskunfstverweigerungsrecht nach § 4 nur, wenn der Verantwortliche sich ansonsten der Gefahr einer *strafrechtlichen* Verfolgung aussetzt, nicht hingegen schon dann, wenn er befürchten muss, nach dem USchadG zur Schadensabwehr oder zu Sanierungsmaßnahmen herangezogen zu werden.

Fraglich ist, ob sich Beschränkungen der Informationspflicht aus Art. 12 und Art. 14 GG ergeben, wenn sich die Informationen auf Betriebs- und Geschäftsgeheimnisse erstrecken (vgl. dazu *Brinktrine,* ZUR 2007, 337, 343). In der Regel dürfte die Übermittlung von betriebsinternen Daten und Zahlen an die zuständige Behörde keinen Eingriff in die Grundrechte aus Art. 12 und Art. 14 GG darstellen, solange die Behörde sicherstellt, dass die Daten nicht an Dritte, insbesondere nicht an Mitbewerber, weitergegeben werden oder von diesen eingesehen werden können. Übermittelte Daten sollten entsprechend gekennzeichnet werden. Die zuständige Behörde muss bei an sie gerichteten Akteneinsichts- oder Informationsanträgen Dritter den verfassungsrechtlich gebotenen Schutz der Betriebs- und Geschäftsgeheimnisse sicherstellen (vgl. etwa § 9 Abs. 1 Nr. 3 UIG) Die Regelung des § 4 verstößt demnach nicht per se gegen Art. 12 und Art. 14 GG. Der Schutz von Betriebs- und Geschäftsgeheimnissen wird im Übrigen verfassungsrechtlich auch nicht absolut geschützt, sondern es muss in jedem Einzelfall eine Abwägung zwischen dem grundrechtlich geschützten privaten Geheimhaltungsinteresse und dem öffentlichen Informationsinteresse stattfinden. Mit zunehmendem Ausmaß eines drohenden Umweltschadens wird ein ohne konkrete gesetzliche Regelung aus den 15

Grundrechten abgeleiteter Schutz von Betriebs- und Geschäftsgeheimnissen fragwürdig. Der Entritt eines schwerwiegenden, vermeidbaren Umweltschadens ist nicht geeignet, den Schutz jeglicher, möglicherweise noch so unbedeutender Betriebs- oder Geschäftsgeheimnisse zu rechtfertigen.

G. Durchsetzung der Informationspflicht

16 Die Verletzung der Informationspflicht ist nicht strafbewehrt und auch nicht bußgeldpflichtig. Die zuständige Behörde kann jedoch ihre Beachtung über eine Anordnung nach § 7 Abs. 2 und ggf. im Wege der Verwaltungsvollstreckung gegenüber dem Verantwortlichen durchsetzen.

§ 5 Gefahrenabwehrpflicht

Besteht die unmittelbare Gefahr eines Umweltschadens, hat der Verantwortliche unverzüglich die erforderlichen Vermeidungsmaßnahmen zu ergreifen.

Schrifttum: siehe Vorbemerkung.

Übersicht

A. Allgemeines

Mit § 5 setzt der Gesetzgeber Art. 5 Abs. 1 UHRL um. Der Verantwortliche kann sich gem. § 5 nicht damit begnügen, die zuständige Behörde unverzüglich über alle bedeutsamen Aspekte des Sachverhalts nach § 4 zu unterrichten und weitere Anordnungen der zuständigen Behörde hinsichtlich möglicher Vermeidungsmaßnahmen abzuwarten. Er ist vielmehr unmittelbar kraft Gesetzes verpflichtet, unverzüglich die erforderlichen Vermeidungsmaßnahmen zu ergreifen (*Petersen* § 5 Rn. 8). Dies gilt selbstverständlich nur, wenn der Verantwortliche die Gefahr erkennen kann oder erkannt hat (Gesetzesbegründung der Bundesregierung, BT-Drs. 16/3806, S. 24). **1**

Eine kraft Gesetzes bestehende Gefahrenabwehrpflicht ist, anders als die Informationspflicht gem. § 4, auch aus anderen umweltrechtlichen Regelungszusammenhängen bekannt. So bestimmt beispielsweise § 4 Abs. 2 BBodSchG, dass der Grundstückseigentümer und der Inhaber der tatsächlichen Gewalt verpflichtet sind, Maßnahmen zur Abwehr der von ihrem Grundstück drohenden schädlichen Bodenveränderungen zu ergreifen. **2**

Da das USchadG gemäß § 1 S. 1 nur anwendbar ist, wenn Rechtsvorschriften des Bundes oder der Länder die Vermeidung und Sanierung von Umweltschäden nicht näher bestimmen oder in ihren Anforderungen diesem Gesetz sind entsprechend, kommt die Gefahrenabwehrpflicht § 5 nicht bei jedem Umweltschaden im Sinne des Umweltschadensgesetzes zur Anwendung. Im Einzelfall ist deshalb eine Prüfung der einschlägigen Bestimmungen, aus denen sich eine Pflicht zur Gefahrenabwehr geben kann, erforderlich, um festzustellen, ob eine entsprechende Pflicht auf der Grundlage des § 5 besteht.

B. Vermeidungsmaßnahmen

Vermeidungsmaßnahmen sind nach der Definition in § 2 Nr. 6 Maßnahmen, die bei einer unmittelbaren Gefahr eines Umweltschadens dazu dienen, den Schaden zu vermeiden oder zu minimieren. Vermeidungsmaßnahmen sind demnach im Vorfeld eines Schadenseintritts zu ergreifen, um das Eintreten des Umweltschadens zu verhindern oder jedenfalls sein Ausmaß zu minimieren. Während die Umwelthaftungsrichtlinie in Anhang II konkrete Vorgaben zur Bestimmung der erforderlichen Sanierungspflichten macht, auf **3** die auch in § 90 Abs. 2 WHG und § 19 Abs. 4 BNatSchG verwiesen wird, enthält die Richtlinie, ebenso wie das Umweltschadensgesetz, keine Regelungen zur Bestimmung der erforderlichen Vermeidungsmaßnahmen. Welche konkreten Vermeidungsmaßnahmen zu ergreifen sind, kann nur unter Berücksichtigung der spezifischen Umstände für den Einzelfall beurteilt werden. Die Maßnahmen dürften regelmäßig darauf gerichtet sein, Schadstoffe oder Schadfaktoren zu kontrollieren, einzudämmen, zu beseitigen oder Vorkehrungen gegen ihre Ausbreitung und Fortwirkung zu treffen, so dass das Entstehen bzw. die Vertiefung eines Umweltschadens verhindert wird (vgl. *Schink* in: Frenz/Schink (Hrsg.), Die Abfallwirtschaft im normgeberischen Dauergriff, S. 139, 141).

C. Rechtsfolgen eines Verstoßes gegen die Vermeidungspflicht

4 Die Missachtung der Gefahrenabwehrpflicht ist nicht strafbewehrt oder bußgeldpflichtig. Die zuständige Behörde kann den Verantwortlichen allerdings gem. § 7 Abs. 2 Nr. 2 verpflichten, Vermeidungsmaßnahmen zu treffen, und diese Verpflichtung im Wege der Verwaltungsvollstreckung zwangsweise durchsetzen (zu der Frage, ob § 7 Abs. 2 ein Stufenverhältnis vorgibt, wonach die Behörde erst dann eigene Vermeidungsmaßnahmen ergreifen kann, wenn sie zuvor den Verantwortlichen ordnungsrechtlich vergeblich in Anspruch genommen hat, siehe die Kommentierung zu § 7). Die Missachtung der Vermeidungspflicht kann gem. § 823 Abs. 2 BGB zu einer Schadensersatzpflicht führen, wenn man § 5 als **Schutzgesetz** iSv § 823 Abs. 2 BGB ansieht (*Becker,* Das neue Umweltschadensgesetz, Rn. 406; aA *Petersen* § 5 Rn. 31, der auf der Grundlage des öffentlich-rechtlich angelegten Schutzkonzepts des Gesetzes zu dem Ergebnis kommt, dass die Vorschrift nicht dem Individualschutz dient und damit auch kein Schutzgesetz im Sinne des § 823 Abs. 2 BGB ist).

D. Umfang der Vermeidungspflicht bei Verantwortlichkeit Mehrerer

5 Fraglich ist der Umfang der Gefahrenabwehrpflicht, wenn mehrere Verantwortliche die Gefahr eines Umweltschadens verursacht haben. Das Umweltschadensgesetz enthält zu dieser Frage keine ausdrückliche Regelung. Nach § 9 Abs. 2 Satz 1 haben mehrere Verantwortliche unabhängig von ihrer Heranziehung untereinander (hinsichtlich der Kosten für die Vermeidungs- und Sanierungsmaßnahmen) einen **Ausgleichsanspruch.** Soweit nichts anderes vereinbart wird, hängt die Verpflichtung zum Ausgleich nach § 9 Abs. 2 Satz 2 sowie der Umfang des zu leistenden Ausgleichs davon ab, inwieweit die Gefahr oder der Schaden vorwiegend von dem einen oder dem anderen Teil verursacht worden ist. Ein solcher Ausgleichsanspruch hilft allerdings wenig, wenn der Mitverantwortliche nicht in der Lage ist, seinem Verursachungsbeitrag entsprechend die Kosten der notwendigen Vermeidungsmaßnahmen zu übernehmen. Es stellt sich deshalb die Frage, ob der Verantwortliche zur Gefahrenvermeidung nur insoweit verpflichtet ist, als er die unmittelbare Gefahr auch verursacht hat. Auf diese Weise würde zwar erreicht, dass er die Kosten auch nur insoweit aufbringen müsste, wie ihn eine Verantwortlichkeit trifft. In diesem Fall wäre aber der Ausgleichsanspruch überflüssig, da jeder Beteiligte ohnehin nur die ihm obliegenden Gefahrenabwehrmaßnahmen ergreifen und finanzieren würde. Zudem widerspräche es dem Anliegen des Gesetzes, eine unverzügliche und effektive Abwehr oder Beseitigung von Umweltschäden zu erreichen, wenn jeder Verantwortliche nur die ihm zuzurechnenden Schäden zu verhindern bzw. beseitigen hätte und die Verantwortlichen sich ggf. untereinander abstimmen müssten. Der Gesetzgeber will mit der

Einräumung des Ausgleichsanspruchs offenbar die Auseinandersetzung über das jeweilige Maß der Verantwortlichkeit auf die Sekundärebene verlagern. Eine effektive Gefahrenabwehr/Sanierung wäre nicht möglich, wenn im Vorfeld der Vermeidung/Sanierung abschließend geklärt werden müsste, welche Maßnahmen zu welchem Anteil von dem einen oder dem anderen Verantwortlichen zu ergreifen sind (zustimmend *Petersen* § 5 Rn. 13).

§ 6 Sanierungspflicht

Ist ein Umweltschaden eingetreten, hat der Verantwortliche
1. die erforderlichen Schadensbegrenzungsmaßnahmen vorzunehmen,
2. die erforderlichen Sanierungsmaßnahme gemäß § 8 zu ergreifen.

Schrifttum: siehe Vorbemerkung.

Übersicht

A. Einführung

1 Anders als die Normüberschrift vermuten lässt, regelt § 6 nicht nur eine **Sanierungspflicht,** sondern auch eine **Schadensbegrenzungspflicht.** Bei den Schadensbegrenzungs- und Sanierungspflichten handelt es sich um Pflichten, die den Adressaten unmittelbar kraft Gesetzes treffen und nicht erst auf der Grundlage einer behördlichen Anordnung zu erfüllen sind. Allerdings ist die Verletzung dieser Pflichten weder als Straftat noch als Ordnungswidrigkeit sanktioniert. Die zuständige Behörde kann dem Verantwortlichen gem. § 7 Abs. 2 Nr. 3 aber aufgeben, die erforderlichen Schadensbegrenzungs- und Sanierungsmaßnahmen zu ergreifen und diese ggf. im Wege der **Verwaltungsvollstreckung** durchsetzen. Ob § 6 sich als **Schutzgesetz** im Sinne von § 823 Abs. 2 BGB einordnen lässt, so dass die Missachtung der Vorschrift Schadensersatzansprüche begründen kann, ist fraglich (vgl. dazu auch die Kommentierung zu § 5; verneinend *Petersen* § 6 Rn. 85)). Mit § 6 Nr. 1 setzt der Gesetzgeber Art. 6 Abs. 1a) UHRL, mit § 6 Nr. 2 Art. 6 Abs. 1b) UHRL um.

2 Zutreffend wird in der Gesetzesbegründung darauf hingewiesen, dass unabhängig von der Konzeption des Gesetzes, wonach die materiellen Anforderungen an die Sanierung dem Umweltfachrecht zu entnehmen sind, bei der Bestimmung der erforderlichen Sanierungsmaßnahmen stets der **Verhältnismäßigkeitsgrundsatz** zu beachten ist. Schadensbegrenzungs- und Sanierungsmaßnahmen müssen insoweit geeignet, erforderlich und angemessen sein.

B. Schadensbegrenzungsmaßnahmen

3 Der Begriff der Schadensbegrenzungsmaßnahmen wird in § 2 Nr. 7 definiert. Schadensbegrenzungsmaßnahmen sind danach alle Maßnahmen, die dazu dienen, Schadstoffe oder sonstige Schadfaktoren unverzüglich zu kontrollieren, einzudämmen, zu beseitigen oder auf sonstige Weise zu behandeln, um weitere Umweltschäden und nachteilige Auswirkungen auf die menschliche Gesundheit oder eine weitere Beeinträchtigung von Funktionen zu begrenzen oder zu vermeiden. Eine Schadensbegrenzungsmaßnahme kommt in Abgrenzung zur Vermeidungsmaßnahme erst in Betracht, wenn ein Umweltschaden bereits eingetreten ist.

4 Die Bestimmung der erforderlichen Schadensbegrenzungsmaßnahme muss anhand der Umstände des Einzelfalls erfolgen. Das Umweltschadensgesetz enthält hierzu – anders als zur Bestimmung der Sanierungsmaßnahmen – keine weiteren Vorgaben. Der Verantwortliche muss diejenigen Maßnahmen ergreifen, die geeignet sind, den eingetretenen Umweltschaden bzw. seine Vertiefung zu stoppen und weitere Schadensfolgen zu vermeiden. Die Maßnahmen müssen darüber hinaus erforderlich und angemessen sein im Sinne des Grundsatzes der **Verhältnismäßigkeit.**

C. Sanierungsmaßnahmen

5 Sanierungsmaßnahmen sind nach § 2 Nr. 8 Maßnahmen, die dazu dienen, einen Umweltschaden nach Maßgabe der fachrechtlichen Vorschriften zu sanieren. Genauere Regelungen zur Bestimmung der erforderlichen Sanierungsmaßnahmen enthält § 8. Insoweit ist auch auf die Kommentierungen zu → § 2 Rn. 1 ff. und → § 8 Rn. 1 ff. zu verweisen.

6 Die Bestimmung der im konkreten Fall zu ergreifenden Sanierungsmaßnahmen ist in § 8 geregelt. Nach § 8 Abs. 1 ist der Verantwortliche verpflichtet, die nach den fachrechtlichen Vorschriften erforderlichen Sanierungsmaßnahmen zu ermitteln und der zuständigen Behörde zur Zustimmung vorzulegen, soweit die zuständige Behörde nicht selbst bereits gem. § 7 Nr. 3 die erforderlichen Sanierungsmaßnahmen ergriffen hat. Nach § 8 Abs. 2 entscheidet die zuständige Behörde nach Maßgabe der fachrechtlichen Vorschriften über Art und Umfang der durchzuführenden Sanierungsmaßnahmen. **„Fachrechtliche Vorschriften“** sind nach der Legaldefinition des § 2 Nr. 10 die Vorschriften des Bundesnaturschutzgesetzes, des Wasserhaushaltsgesetzes und des Bundes-Bodenschutzgesetzes sowie die zu ihrer Ausführung erlassenen Verordnungen. Demnach sind für Schäden an Gewässern insbesondere § 90 Abs. 2 WHG und für Schäden an Arten und natürlichen Lebensräumen § 19 Abs. 4 BNatSchG sowie für Schäden am Boden die Vorgaben des Bundes-Bodenschutzgesetzes und der Bundes-Bodenschutzverordnung zu berücksichtigen. Vor einer Entscheidung über Art und Umfang der durchzuführenden Sanierungsmaßnahmen unterrichtet die zuständige Behörde nach § 8 Abs. 4 S. 1 die nach § 10 antragsberechtigten Betroffenen und Vereinigungen über die vorgesehenen Sanierungsmaßnahmen und gibt ihnen Gelegenheit, sich zu äußern. Die rechzeitig eingehenden Stellungnahmen der Beteiligten sind nach § 8 Abs. 4 S. 2 bei der Entscheidung zu berücksichtigen.

Stehen die Kosten der Sanierungsmaßnahmen, die erforderlich wären, um den Ausgangszustand oder ein vergleichbares Niveau wiederherzustellen, in keinem angemessenen Verhältnis zu dem Nutzen, der für die Umwelt damit erreicht werden kann, kann die Verpflichtung zur Sanierung unverhältnismäßig sein. Dementsprechend kann der Verzicht oder jedenfalls ein Teilverzicht auf bestimmte Sanierungen geboten sein (*Petersen* § 6 Rn. 40; *Scheidler,* NVwZ 2007, 1113, 1118; *Beckmann/Wittmann,* UPR 2008, 421, 422).

D. Zeitliche Vorgaben

7 Auch wenn der Gesetzgeber in § 6 – anders als in den §§ 4 und 5 – darauf verzichtet hat, die **Unverzüglichkeit** der Pflichterfüllung einzufordern, muss der Verantwortliche seine Schadensbegrenzungs- und Sanierungspflichten ohne schuldhaftes Zögern erfüllen. Die Schadensbegrenzungs- und Sanierungspflicht trifft ihn nämlich, sobald der Umwelt-

schaden eingetreten ist und solange die erforderlichen Schadensbegrenzungs- und Sanierungsmaßnahmen nicht durchgeführt und abgeschlossen sind.

Die Erfüllung der Sanierungspflicht setzt allerdings nach § 8 Abs. 1 voraus, dass der **8**
Verantwortliche die nach den fachrechtlichen Vorschriften erforderlichen Sanierungsmaßnahmen zunächst ermittelt und der zuständigen Behörde zur **Zustimmung** vorlegt. Der Verantwortliche ist – anders als bei den Vermeidungsmaßnahmen nach § 5 – nicht berechtigt, ohne Zustimmung der zuständigen Behörde mit der Sanierung des Umweltschadens eigenmächtig zu beginnen. Er ist insoweit darauf angewiesen, entweder eine **behördliche Anordnung** nach § 7 Abs. 2 Nr. 3 (USchadG) entgegenzunehmen oder aber eine Zustimmung zu den von ihm vorgeschlagenen Sanierungsmaßnahmen zu erhalten.

Eine behördliche Anordnung nach § 7 Abs. 2 Nr. 3 ist erst möglich, wenn die Ent- **9**
scheidung über Art und Umfang der durchzuführenden Sanierungsmaßnahme nach § 8 Abs. 2 getroffen worden ist. Bei der Entscheidung nach § 8 Abs. 2 handelt es sich regelmäßig um die Entscheidung über die Zustimmung zu dem von dem Verantwortlichen vorzulegenden Sanierungskonzept nach § 8 Abs. 1. Legt der Verantwortliche ein zustimmungsfähiges Konzept vor, hat er einen Anspruch auf Erteilung dieser Zustimmung. Die Behörde kann insoweit keine davon abweichende Entscheidung über Art und Umfang der Sanierung treffen.

Dies gilt nicht für die in § 6 Nr. 1 geregelten Schadensbegrenzungsmaßnahmen. § 8 **10**
betrifft ausdrücklich nur die Sanierungsmaßnahmen und verlangt eine Zustimmung nur zu diesen.

Steht das Sanierungskonzept fest, hat der Verantwortliche die Sanierungsmaßnahmen **11**
unverzüglich durchzuführen. Weigert er sich, kann gegen ihn eine Anordnung nach § 7 Abs. 2 Nr. 3 ergehen, mit der die Sanierungspflicht des Verantwortlichen nach § 6 durchgesetzt wird.

§ 7 Allgemeine Pflichten und Befugnisse der zuständigen Behörde

(1) **Die zuständige Behörde überwacht, dass die erforderlichen Vermeidungs-, Schadensbegrenzungs- und Sanierungsmaßnahmen vom Verantwortlichen ergriffen werden.**

(2) **Im Hinblick auf die Pflichten aus den §§ 4 bis 6 kann die zuständige Behörde dem Verantwortlichen aufgeben,**

1. **alle erforderlichen Informationen und Daten über eine unmittelbare Gefahr von Umweltschäden, über den Verdacht einer solchen unmittelbaren Gefahr oder einen eingetretenen Schaden sowie eine eigene Bewertung vorzulegen,**
2. **die erforderlichen Vermeidungsmaßnahmen zu treffen,**
3. **die erforderlichen Schadensbegrenzungs- und Sanierungsmaßnahmen zu ergreifen.**

Schrifttum: siehe Vorbemerkung.

Übersicht

A. Einführung

1 § 7 weist den zuständigen Behörden Befugnisse zur Pflichtenüberwachung, aber auch zum eigenen Einschreiten gegen Umweltschäden oder die Gefahr solcher Schäden zu. Die Norm stellt die **zentrale Ermächtigungsgrundlage** des Umweltschadensgesetzes für ein ordnungsrechtliches Einschreiten dar.

2 Gem. § 7 Abs. 1 überwacht die zuständige Behörde, dass die erforderlichen Vermeidungs-, Schadensbegrenzungs- und Sanierungsmaßnahmen vom Verantwortlichen ergriffen werden. § 7 Abs. 1 ermächtigt aber nicht zur Anordnung bestimmter Maßnahmen. Konkrete Anordnungs- und Einschreitensbefugnisse, die mit den Pflichten des Verantwortlichen aus den §§ 4–6 korrespondieren, ergeben sich aus § 7 Abs. 2. Nach § 7 Abs. 2 Nr. 1 kann die zuständige Behörde dem Verantwortlichen aufgeben, alle erforderlichen Informationen und Daten über eine unmittelbare Gefahr von Umweltschäden, über den Verdacht einer solchen unmittelbaren Gefahr oder einen eingetretenen Schaden sowie eine eigene Bewertung vorzulegen. Nach § 7 Abs. 2 Nr. 2 und 3 kann die Behörde den Verantwortlichen verpflichten, die erforderlichen Vermeidungsmaßnahmen zu treffen und die erforderlichen Schadensbegrenzungs- und Sanierungsmaßnahmen zu ergreifen. Die Regelung setzt für den Bereich der Gefahrenabwehr Art. 5 Abs. 4 Satz 1 UHRL sowie für den Bereich der Sanierungspflichten Art. 6 Abs. 3 Satz 1 UHRL um.

B. Zuständigkeit

3 Welche Behörde für die Überwachung und die Anordnung von Maßnahmen zuständig ist, regelt der Bundesgesetzgeber im Umweltschadensgesetz nicht. Die Bestimmung der zuständigen Behörde ist Aufgabe der **Landesgesetzgebung.** In der Regel ist die nach dem jeweils betroffenen Fachrecht zuständige Behörde auch für den Vollzug des Umweltschadensgesetzes zuständig.

C. Überwachungspflicht (Absatz 1)

4 Nach § 7 Abs. 1 überwacht die zuständige Behörde, dass die erforderlichen Vermeidungs-, Schadensbegrenzungs- und Sanierungsmaßnahmen vom Verantwortlichen ergriffen werden. Der Gesetzgeber regelt nicht im Einzelnen, auf welche Art und Weise die zuständige Behörde ihre Überwachung durchführt. Unter Berücksichtigung des weiten Ansatzes der zugrunde liegenden Umwelthaftungsrichtlinie ist unter der „Überwachung" der gesamte Vorgang der Steuerung der Gefahrenabwehr und Sanierung zu verstehen (*Becker,* Das neue Umweltschadensgesetz, Rn. 111). Das Umweltschadensgesetz räumt der zuständigen Behörde zur Wahrnehmung dieser „Überwachungstätigkeit" keine besonderen Informations- oder Betretungsrechte ein; diese dürften sich aber regelmäßig aus dem einschlägigen Fachrecht ergeben (zB aus §§ 52 BImSchG, 101 WHG). Regelmäßig ist der Erlass einer Anordnung, den Angehörigen der zuständigen Behörde und deren Beauftragten den Zutritt zu einem Grundstück bzw. einer darauf befindlichen Anlage zu gestatten, nur dann verhältnismäßig, wenn die Anordnung eine dem Zutritt vorgeschaltete Ankündigung vorsieht (zu § 52 BImSchG VG Düsseldorf, Urt. v. 21.2.2017 – 3 K 3004/15, juris Rn. 24). Eine auf § 52 Abs. 2 Satz 1 BImSchG gestützte Anordnung, der zuständigen Behörde die für ihre Aufgabenerfüllung notwendigen Auskünfte zu erteilen und Unterlagen vorzulegen, verstößt ohne eine Spezifizierung, welche konkreten Auskünfte und Unterlagen zur Erfüllung der jeweiligen behördlichen Aufgaben erforderlich sind, regelmäßig gegen das Bestimmtheitsgebot des § 37 Abs. 1 VwVfG (VG Düsseldorf, Urt. v. 21.2.2017 – 3 K 3004/15, juris Rn. 24). Die kostenpflichtige Einschaltung eines externen privaten Sachverständigen zur Sachverhaltsermittlung muss dem Grundsatz der Erforderlichkeit entsprechen. Dieser wird verletzt, wenn die Tätigkeit des externen privaten Sachverständigen (prozentual) erheblich teurer kommt als die Tätigkeit eines Umweltingenieurs der Behörde und die Überwachungsaufgabe durch letzteren effektiv hätte erfüllt werden können (VGH München, Urt. v. 12.3.2010 – 22 B 09.1187, juris Rn. 29, 32).

5 Die Wahrnehmung der Überwachungspflicht der zuständigen Behörde steht nicht in ihrem Ermessen (Gesetzesbegründung der Bundesregierung, BT-Drs. 16/3806, S. 24; *Duikers,* NuR 2006, 623, 630; *Petersen* § 7 Rn. 23). Die Behörde kann deshalb nicht aus Opportunitätsgründen auf eine solche Überwachung verzichten. Sie muss vielmehr, um der gesetzlichen Verpflichtung Rechnung zu tragen, ein Überwachungssystem einrichten, das effektiv sicherstellt, dass die genannten Pflichten von den Verantwortlichen auch beachtet werden.

D. Anordnungsbefugnisse (Absatz 2)

6 Bei den Pflichten der §§ 4–6 handelt es sich um Verpflichtungen, die den Verantwortlichen aus dem Gesetz heraus unmittelbar treffen, ohne dass es einer entsprechenden An-

ordnung durch die Behörde bedarf. Insoweit unterscheidet sich die Pflichtenlage von der des allgemeinen Polizei- und Ordnungsrechts. Allerdings ist die Missachtung dieser Pflichten nicht als Ordnungswidrigkeit oder Straftat sanktioniert. Werden die Pflichten von dem Verantwortlichen nicht erfüllt, muss die zuständige Behörde in der Lage sein, die Erfüllung dieser Pflichten auch ordnungsrechtlich durchzusetzen. Die entsprechenden Eingriffsbefugnisse ergeben sich aus § 7 Abs. 2. Zur zwangsweisen Durchsetzung muss sich die Behörde jedoch ihrer allgemeinen Befugnisse aus dem Verwaltungsvollstreckungsrecht bedienen.

I. Ermessenscharakter

Anders als § 7 Abs. 1 scheint § 7 Abs. 2 der zuständigen Behörde für die konkrete Anordnung von Maßnahmen ein umfassendes Ermessen einzuräumen. Dies lässt jedenfalls die vom Gesetzgeber gewählte „Kann-Formulierung" vermuten. Allerdings ist zu berücksichtigen, dass der europäische Gesetzgeber eine „Kann-Formulierung", wie sie sich auch in Art. 6 Abs. 2 der Umwelthaftungsrichtlinie findet, nicht zwingend als Ausdruck eines Ermessensspielraums im deutschen Sinne verwendet (dazu *Becker,* Das neue Umweltschadensgesetz, Rn. 113). Die „Kann-Formulierung" dient vielmehr häufig dazu, eine bloße Befugnis auszudrücken. Auch im Rahmen des § 7 Abs. 2 ist davon auszugehen, dass die zuständige Behörde nur einen begrenzten Entscheidungsfreiraum besitzt, da § 7 Abs. 1 sie bereits verbindlich verpflichtet, darüber zu wachen, dass die erforderlichen Vermeidungs-, Schadensbegrenzungs- und Sanierungsmaßnahmen auch vom Verantwortlichen ergriffen werden. Der Zweck des § 7 Abs. 2 könnte nicht erreicht werden, wenn der Behörde ein umfassendes **Entschließungsermessen** zugestanden würde. Dem Gesamtkontext des Gesetzes lässt sich entnehmen, dass der Behörde hinsichtlich des „Ob" ihres Einschreitens kein Ermessen zukommt, sie vielmehr verpflichtet ist, bei Vorliegen eines Umweltschadens oder der unmittelbaren Gefahr eines solchen Schadens Maßnahmen zur Gefahrenabwehr und Sanierung zu ergreifen (OVG Schleswig,, Urt. v. 4. Februar 2016 – 1 LB 2/13 –, Rn. 132, juri; *Gassner/Schemel,* Umweltschadensgesetz, S. 96f.; *Beckmann/Wittmann,* AbfR 2007, 87, 96; *Duikers,* NuR 2006, 623, 628; *Führ/Lewin/Roller,* NuR 2006, 67, 72; *Cosack,* DVBl. 2008, 405, 414; VG München, Urt. v. 25.1.2017 – M 9 K 15.3863, juris Rn. 69; aA hinsichtlich der UHRL *Dolde,* UTR Bd. 81, S. 169, 186; *Petersen* § 7 Rn. 26, *Wagner,* VersR 2008, 565). Dieses Auslegungsergebnis wird auch durch Regelungen der Umwelthaftungsrichtlinie gestützt, die keinen Ermessensspielraum erkennen lassen: Art. 5 Abs. 4 Satz 1 UHRL sieht vor, dass „die zuständige Behörde verlangt, dass die Vermeidungsmaßnahmen vom Betreiber ergriffen werden"; Art. 6 Abs. 3 Satz 1 UHRL bestimmt, dass „die zuständige Behörde verlangt, dass die Sanierungsmaßnahmen vom Betreiber ergriffen werden". Nach anderer Auffassung besteht hingegen ein Entschließungsermessen der zuständigen Behörde. Für die Ermessensausübung sollen jedoch nicht ausschließlich Ermessensgrundsätze im Sinne von § 40 VwVfG gelten; vielmehr soll die Ausübung des Ermessens gemeinschaftsrechtlich determiniert und an der Zielsetzung der Umwelthaftungsrichtlinie auszurichten sein, woraus sich eine Reduktion des Ermessens auf ein intendiertes Ermessen ergeben soll, was wiederum zur Folge habe, dass die Ermessensausübung für den Regelfall in eine bestimmte Richtung festgelegt sei (*Petersen* § 7 Rn. 27). Für den Regelfall ergeben sich insoweit wohl keine praktischen Unterschiede, insbesondere wenn man zudem noch davon ausgeht, dass in zahlreichen Fällen eine Ermessensreduzierung stattfindet, wenn zB eine unmittelbare Gefahr des Schadenseintritts gegeben ist (*Petersen* § 7 Rn. 28). 7

8 Der Behörde verbleibt allerdings ein **Auswahlermessen** hinsichtlich der Auswahl des in Anspruch zu nehmenden Verantwortlichen, des Zeitpunktes und des Inhalts der konkret zu ergreifenden Maßnahmen (OVG Schleswig, Urt. v. 4. Februar 2016 – 1 LB 2/13 –, Rn. 132, juris).

9 **1. Ermessen hinsichtlich der Auswahl des Verantwortlichen.** Der Gesetzgeber geht offensichtlich – wie im allgemeinen Polizei- und Ordnungsrecht auch – davon aus, dass ein Verantwortlicher auf die vollständige Schadensbegrenzung oder Sanierung in Anspruch genommen werden kann, auch wenn er nur einer von mehreren Verursachern des Schadens ist. Das ergibt sich aus § 9 Abs. 2 S. 1. Denn nach dieser Vorschrift haben mehrere Verantwortliche unabhängig von ihrer Heranziehung untereinander einen Ausgleichsanspruch. Nach § 9 Abs. 2 Satz 2 hängt der Umfang des zu leistenden Ausgleichs, soweit nichts anderes vereinbart wird, davon ab, inwieweit die Gefahr oder der Schaden vorwiegend von dem einen oder anderen Teil verursacht worden ist. Der Gesetzgeber unterstellt damit, dass ein Verantwortlicher oder mehrere Verantwortliche auch in einer Weise herangezogen werden können, die einen verursacherorientierten Ausgleich unter diesen Verantwortlichen notwendig macht (vgl. auch die Kommentierung zu § 9). Dies verdeutlicht, dass der Behörde bei der Entscheidung über die Heranziehung eines Verantwortlichen oder mehrerer Verantwortlicher im Rahmen des § 7 Abs. 2 ein Ermessensspielraum eröffnet ist.

10 Bei der Ausübung dieses Auswahlermessens spielen Fragen der **Lastengerechtigkeit,** der **Willkürfreiheit,** aber insbesondere auch der **Effektivität** der Gefahrenbeseitigung oder -verringerung eine erhebliche Rolle. Ein Anhaltspunkt kann angesichts der hohen Bedeutung, die das europäische Umweltrecht dem **Verursacherprinzip** beimisst, auch das Maß der Verursachung des Umweltschadens sein. Zum Teil wird die Ansicht vertreten, angesichts der Regelungen des Umweltschadensgesetzes zur ausschließlichen Verhaltensverantwortlichkeit auch im Rahmen des Auswahlermessens im sonstigen Umweltfachrecht unter verschiedenen Verantwortlichen sei grundsätzlich nur der Handlungsstörer oder jedenfalls immer der Handlungs- vor dem Zustandsstörer heranzuziehen (*Becker,* Das neue Umweltschadensgesetz, Rn. 120; eine Auswahlmöglichkeit zwischen Zustands- und Verhaltensstörer sieht auch *Schmidt,* NZG 2007, 650, 552). Zu berücksichtigen ist jedoch, dass das Umweltschadensgesetz keine Zustandsverantwortung regelt, so dass die Inanspruchnahme eines Zustandsverantwortlichen auf der Grundlage des Umweltschadensgesetzes von vornherein ausscheidet.

11 Fraglich ist jedoch, ob im Rahmen des Auswahlermessens zu berücksichtigen ist, dass **Zustandsverantwortliche** für die Beseitigung eines Umweltschadens weiterhin auf der Grundlage des allgemeinen Ordnungsrechts in Anspruch genommen werden können. Ist die zum Vollzug des Umweltschadensgesetzes zuständige Behörde zugleich für die Durchsetzung ordnungsrechtlicher Verantwortlichkeiten nach dem Ordnungsrecht (nach allgemeinem Ordnungsrecht oder nach dem Sonderordnungsrecht im Bereich des Naturschutzes, Gewässerschutzes, Bodenschutzes) zuständig, wird sie im Rahmen ihrer **Ermessensausübung** prüfen müssen, ob die Inanspruchnahme eines Zustandsverantwortlichen nach allgemeinem Ordnungsrecht möglich ist: gegebenenfalls muss sie ermessensfehlerfrei entscheiden, ob sie auf der Ermächtigungsgrundlage des § 7 gegen den nach dem Umweltschadensgesetz Verantwortlichen oder auf der Grundlage des allgemeinen Ordnungsrechts gegen den Zustandsstörer einschreitet.

12 Ähnliches gilt im Übrigen auch bei Verhaltensverantwortlichen, die durch eine berufliche Tätigkeit, die nicht in Anlage 1 des Gesetzes aufgeführt ist, einen Umweltschaden schuldlos verursachen. Auf diese Handlungsstörer ist das Umweltschadensgesetz nach § 3 Abs. 1 Nr. 2 nicht anwendbar. Sie können aber als Verhaltensverantwortliche nach allgemeinem Polizei-

und Ordnungsrecht in Anspruch genommen werden. Dies ist von der zuständigen Behörde bei der **Störerauswahl** zu berücksichtigen, wenn sie gegen einen anderen Verantwortlichen, auf den das Umweltschadensgesetz Anwendung findet, einschreiten möchte.

Unklar ist, wie die Störerauswahl zu erfolgen hat, wenn die Zuständigkeiten für den Vollzug des Umweltschadensgesetzes und des allgemeinen Ordnungsrechts auf verschiedene Behörden verteilt sind. In diesem Fall kann die für den Vollzug des Umweltschadensgesetzes zuständige Behörde nur gegen den nach dem Umweltschadensgesetz Verantwortlichen vorgehen, während alle sonstigen Störer (Handlungsstörer, die nicht unter das Umweltschadensgesetz fallen, weil sie keine berufliche Tätigkeit ausgeübt oder im Rahmen einer sonstigen, nicht in Anlage 1 aufgeführten beruflichen Tätigkeit schuldlos einen Unweltschaden verursacht haben sowie Zustandsstörer) von der Ordnungsbehörde herangezogen werden könnten. In diesem Fall bedarf es aus Sicht der für das Umweltschadensgesetz zuständigen Behörde vor einer Störerauswahl nach dem Umweltschadensgesetz wohl der Beteiligung der für das allgemeine Ordnungsrecht zuständigen Behörde, um zu klären, ob diese Behörde nach Ordnungsrecht gegen einen Zustands- oder Handlungsstörer einzuschreiten beabsichtigt. Nur auf diese Weise wird sichergestellt, dass im Rahmen der Ermessensausübung auch die sonstigen, nach Ordnungsrecht Verantwortlichen berücksichtigt werden. Gleiches muss dann aber auch aus Sicht der Ordnungsbehörde gelten: stellt sie eine Gefahr fest, die zugleich einen Umweltschaden oder die Gefahr eines solchen Schadens im Sinne des Umweltschadensgesetzes darstellt, muss sie ermitteln, ob ein Einschreiten der nach dem Umweltschadensgesetz zuständigen Behörde in Betracht kommt. Soweit der ordnungsrechtlich verantwortliche Störer zugleich nach Umweltschadensgesetz verantwortlich ist, geht das Umweltschadensgesetz als speziellere Regelung vor, so dass die für den Vollzug des Umweltschadensgesetzes zuständige Behörde einzuschreiten hat. Soweit aber die Befugnisse nach dem Ordnungsrecht weiter reichen, muss auch die Ordnungsbehörde bei der Entscheidung über die Inanspruchnahme eines Störers berücksichtigen, dass eine Verantwortlichkeit eines anderen Störers nach dem Umweltschadensgesetz besteht und insoweit eine Abstimmung mit der zuständigen Behörde herbeiführen. Dabei kann aus Sicht der Ordnungsbehörde im Rahmen der Störerauswahl zu berücksichtigen sein, dass der von ihr in Anspruch genommene Störer im Ordnungsrecht keinen Ausgleichsanspruch geltend machen kann, während zwischen mehreren Verantwortlichen nach dem Umweltschadensgesetz der Anspruch nach § 9 Abs. 2 eine Rückgriffsmöglichkeit eröffnet. Außerdem könnte die gesetzliche Wertung des Umweltschadensgesetzes, das die Verantwortlichkeit für einen Umweltschaden speziell dem Verursacher zuweist, für ein vorrangiges Einschreiten gegen den nach dem Umweltschadensgesetz Verantwortlichen durch die dafür zuständige Behörde sprechen. Dieser Vorrang könnte hingegen aus Sicht der Ordnungsbehörde dann unbeachtlich sein, wenn die Effektivität der Gefahrenabwehr für die Inanspruchnahme des nach Ordnungsrecht verantwortlichen Störers spricht. Die Überschneidungen von Umweltschadensrecht und allgemeinem bzw. Sonderordnungsrecht können Vollzugsprobleme für die behördliche Praxis auslösen. 13

Selbstverständlich muss die Behörde unter mehreren Verantwortlichen nicht zwingend einen Adressaten ihrer Anordnung auswählen, sondern kann auch gegen mehrere Verantwortliche zugleich vorgehen und ihnen jeweils bestimmte Pflichten, etwa die Informationspflicht oder aber auch bestimmte Schadensbegrenzungs- oder Sanierungspflichten auferlegen. Auch insoweit ist bei der Auswahl jedes einzelnen Verantwortlichen und des Umfangs seiner Heranziehung eine ermessensfehlerfreie Entscheidung zu treffen. 14

2. Ermessen hinsichtlich der angeordneten Maßnahme. Ein begrenztes Ermessen besteht nicht nur hinsichtlich der Auswahl des Verantwortlichen, sondern auch hin- 15 sichtlich des Zeitpunktes des Einschreitens sowie hinsichtlich der Art und des Umfangs der erforderlichen Maßnahmen. Zwar müssen grundsätzlich alle „erforderlichen" Vermeidungs-, Schadensbegrenzungs- und Sanierungsmaßnahmen ergriffen bzw. durchgesetzt werden. Allerdings kann die Behörde zB zunächst die erforderlichen Informationen sammeln, um anschließend gegen den Verantwortlichen vorzugehen, oder zugleich Informationen und Schadensbegrenzungsmaßnahmen vom Verantwortlichen verlangen. § 7 Abs. 2 enthält keine Vorgabe zur Abstufung der unter Nr. 1 bis 3 geregelten Befugnisse, sondern stellt diese unterschiedslos nebeneinander. Zu berücksichtigen ist allerdings, dass der Verantwortliche nach § 8 Abs. 1 die erforderlichen Sanierungsmaßnahmen ermittelt und der Behörde zur Zustimmung vorlegt. Über die Zustimmung ist gem. § 8 Abs. 2 nach fachrechtlichen Maßstäben zu entscheiden. Legt der Verantwortliche ein zustimmungsfähiges, dh den fachrechtlichen Vorgaben entsprechendes Konzept vor, hat die Behörde hinsichtlich Art und Umfang der Sanierungsmaßnahmen kein Ermessen. Sie hat vielmehr die Zustimmung zu erteilen. Zur Entscheidung der Frage, ob die beabsichtigten Maßnahmen zur Sanierung des Umweltschadens geeignet sind, ist neben den fachgesetzlichen Bestimmungen im Bereich der Gewässerschäden und der Schäden an Arten und natürlichen Lebensräumen der Anhang II der Umwelthaftungsrichtlinie heranzuziehen. Dort ist im Einzelnen beschrieben, welche Sanierungsarten in Frage kommen, wie die Sanierungsziele definiert werden und nach welchen Kriterien Sanierungsmaßnahmen festzulegen sind. Hinsichtlich der Bodenschäden ergeben sich die Vorgaben für die Sanierung ausschließlich aus dem Bundes-Bodenschutzgesetz. Ob sich aus Anhang II der Umwelthaftungsrichtlinie ableiten lässt, dass der zuständigen Behörde bei der Entscheidung über Art und Umfang der Sanierungsmaßnahmen bzw. über die Zustimmung zu den von dem Verantwortlichen vorgeschlagenen Maßnahmen ein Beurteilungsspielraum zusteht, ist ungeklärt.

16 Die Behörde muss bei Anordnungen auf der Grundlage des § 7 Abs. 2 selbstverständlich das **Willkürverbot** sowie den **Verhältnismäßigkeitsgrundsatz** beachten. Die angeordneten Maßnahmen müssen nicht nur unter fachlichen Gesichtspunkten zur Gefahrenabwehr, Schadensvermeidung oder Sanierung geeignet sein. Sie müssen vielmehr auch erforderlich sein, also unter gleich geeigneten Maßnahmen das mildeste, den Verantwortlichen am wenigsten belastende Mittel darstellen und dürfen nicht unangemessen sein, dh den Betroffenen nicht – gemessen an ihrem Zweck – unzumutbar beeinträchtigen. Nr. 1.3.2 des Anhangs II der Umwelthaftungsrichtlinie weist zB darauf hin, dass anstelle primärer Sanierungsmaßnahmen ergänzende Sanierungstätigkeiten und Ausgleichssanierungen in Betracht kommen, wenn an anderer Stelle mit geringerem Kostenaufwand gleichwertige natürliche Ressourcen und/oder Funktionen geschaffen werden können. Nach Nr. 13.3 ist die zuständige Behörde befugt, zu entscheiden, dass keine weiteren Sanierungsmaßnahmen ergriffen werden, wenn die Kosten der Sanierungsmaßnahmen, die zu ergreifen wären, um den Ausgangszustand oder ein vergleichbares Niveau herzustellen, in keinem angemessenen Verhältnis zu dem Nutzen stünden, der für die Umwelt erreicht werden soll (ausführlich zur Verhältnismäßigkeitsprüfung: *Becker,* Das neue Umweltschadensgesetz, Rn. 114 ff.).

II. Umfang der Anordnungsbefugnis nach § 7 Abs. 2 Nr. 1

17 Die Anordnungsbefugnis des § 7 Abs. 2 Nr. 1 korrespondiert ihrem Wortlaut nach nicht exakt mit der Informationsverpflichtung des Verantwortlichen aus § 4. Während nach § 4 die Pflicht des Verantwortlichen darin besteht, die zuständige Behörde unverzüglich über **alle bedeutsamen Aspekte** des Sachverhalts zu unterrichten, kann die Behörde den Verantwortlichen auf der Grundlage des § 7 Abs. 2 Nr. 1 verpflichten, alle erforderlichen Informationen und Daten **sowie eine eigene Bewertung** vorzulegen.

Die Informationspflicht des Verantwortlichen aus § 4 reicht zT weiter als die Anordnungsbefugnis der zuständigen Behörde nach § 7 Abs. 2 Nr. 1, weil die Behörde den Betroffenen nicht verpflichten kann, sie über „alle bedeutsamen Aspekte" des Sachverhalts zu unterrichten, sondern ihm lediglich die aus ihrer Sicht für ihre Entscheidungen erforderlichen Informationen und Daten abverlangen darf. Aus Gründen der Verhältnismäßigkeit darf sie auch diejenigen Informationen nicht einfordern, über die sie bereits aus anderen Quellen verfügt oder die sie sich auf einfachere Weise selbst beschaffen kann. Andererseits geht die behördliche Anordnungsbefugnis des § 7 Abs. 2 Nr. 1 über die Informationsverpflichtung des Verantwortlichen gem. § 4 hinaus, soweit die Behörde anordnen kann, dass der Verantwortliche nicht nur erforderliche Informationen und Daten, sondern auch eine **eigene Bewertung** vorzulegen hat (siehe dazu auch die Kommentierung zu § 4). **18**

Fraglich ist, welche Anforderungen an eine **„eigene Bewertung"** gestellt werden dürfen. Sinn und Zweck einer solchen Bewertung dürfte es sein, den Umfang der notwendigen Vermeidungs-, Schadensbegrenzungs- und Sanierungsmaßnahmen abzuschätzen. Die Bewertung hat sich insoweit auf den eingetretenen Schaden bzw. auf die unmittelbare Gefahr eines Umweltschadens sowie den Verdacht einer solchen Gefahr zu erstrecken. Sie hat bei einer Gefahr auch – soweit dies möglich ist – eine Aussage zur Wahrscheinlichkeit des Eintritts des Schadens einzubeziehen. Der Wert einer solchen Begutachtung des Verantwortlichen für die Behörde dürfte allerdings von der Fachkompetenz des Verpflichteten abhängen. Gerade bei komplexeren Umweltschäden dürfte eine fachgutachterliche Bewertung Voraussetzung für eine Entscheidung der zuständigen Behörde über den Umfang der erforderlichen Sanierungsmaßnahmen sein. **19**

Soweit der Verantwortliche selbst nicht in der Lage ist, eine fachgutachterliche Bewertung des Schadens abzugeben, stellt sich die Frage, ob die Behörde auf der Grundlage des § 7 Abs. 2 Nr. 1 die Vorlage einer solchen fachgutachterlichen Bewertung verlangen und den Verantwortlichen verpflichten kann, eine solche Begutachtung durch einen **Gutachter** oder Sachverständigen einzuholen. Dies dürfte angesichts des Wortlauts des Gesetzes zu verneinen sein, da § 7 Abs. 2 Nr. 1 ausdrücklich nur von einer „eigenen" Bewertung spricht. Als „eigene" Bewertung ist nur eine solche anzusehen, die der Verantwortliche selbst, also nach seinen eigenen Möglichkeiten und seinem eigenen Sachverstand abgeben kann (so im Ergebnis auch *Scheidler,* NVwZ 2007, 1113, 1117). Im Rahmen einer möglichen Sanierungsverpflichtung kann dem Verantwortlichen auf der Grundlage der §§ 7 Abs. 2 Nr. 3, 8 Abs. 1 allerdings aufgegeben werden, als notwendige Maßnahme zur Vorbereitung eine Begutachtung des Schadens vornehmen zu lassen. **20**

III. Eigenes Tätigwerden der Behörde

Seinem Wortlaut nach ermächtigt § 7 Abs. 2 die zuständige Behörde lediglich, dem Verantwortlichen bestimmte Maßnahmen aufzuerlegen. Es ist aber vor dem Hintergrund der entsprechenden Regelungen des jeweiligen Fachrechts und der Umwelthaftungsrichtlinie unstreitig, dass die Behörde auch berechtigt ist, selbst die erforderlichen Maßnahmen zu ergreifen. Fraglich ist allein, ob sie zuvor zwingend den Verantwortlichen zum Handeln nach § 7 Abs. 2 aufgefordert haben muss, oder ob sie unmittelbar bei Vorliegen eines Umweltschadens oder der Gefahr eines solchen Schadens selbst die erforderlichen Maßnahmen ergreifen und dafür auch eine **Kostenerstattung** nach § 9 verlangen kann. **21**

22 Die Gesetzesbegründung zu § 7 lässt vermuten, dass die Zuständigkeit der Behörde nur subsidiär bestehen soll, dass die Behörde also die erforderlichen Maßnahmen erst ergreifen darf, wenn der Verantwortliche einer Aufforderung nach § 7 Abs. 2 nicht nachkommt (vgl. Gesetzesbegründung der Bundesregierung, BT-Drs. 16/3806, S. 24). Andererseits sieht die Gesetzesbegründung zu § 8 Abs. 1 eine im Ermessen der Behörde stehende Befugnis vor, die erforderlichen Sanierungsmaßnahmen selbst zu ergreifen (BT-Drs. 16/3806, S. 25). Aus der Umwelthaftungsrichtlinie ist ebenfalls nicht eindeutig zu entnehmen, ob die Befugnis der Behörde, selbst die Maßnahmen zu ergreifen, unabhängig von einer vorherigen Aufforderung an den Verantwortlichen besteht. Nach Art. 5 Abs. 3d) und Art. 6 Abs. 2e) UHRL kann die zuständige Behörde *jederzeit* selbst die erforderlichen Vermeidungs- und Sanierungsmaßnahmen ergreifen. Insoweit scheint die Richtlinie den Mitgliedstaaten für die Umsetzung keinen Spielraum einzuräumen und zu verlangen, dass ein unmittelbares Recht zum Tätigwerden besteht. Andererseits sehen Art. 5 Abs. 4 und Art. 6 Abs. 3 UHRL vor, dass die zuständige Behörde verlangt, dass die Vermeidungs-/Sanierungsmaßnahmen vom Betreiber (in der Terminologie des Umweltschadensgesetzes: vom Verantwortlichen) ergriffen werden. Weiter heißt es dort, dass die zuständige Behörde diese Maßnahmen selbst ergreifen kann, wenn der Betreiber seinen Verpflichtungen nicht nachkommt oder nicht ermittelt werden kann oder er gemäß der Richtlinie nicht für die Kosten aufkommen muss. Insoweit wird nicht deutlich, ob mit den „Verpflichtungen" des Betreibers die kraft Gesetzes bestehende Schadensbegrenzungs- und Sanierungspflicht gemeint ist oder die von der zuständigen Behörde verfügte Verpflichtung hierzu. Vor dem Hintergrund dieser Unklarheit wird teilweise die Ansicht vertreten, dass unmittelbar bei Vorliegen eines Umweltschadens oder der Gefahr eines solchen Schadens und nicht nur subsidiär zu den Befugnissen nach § 7 Abs. 2 eine Befugnis der zuständigen Behörde bestehe, die erforderlichen Maßnahmen selbst vorzunehmen (vgl. *Scheidler,* NVwZ 2007, 1113, 1118). ZT wird die Regelung hingegen so verstanden, dass immer erst eine behördliche Anordnung an den Verantwortlichen ergehen muss, bevor die Behörde eine Maßnahme selbst ausführt (*Beckmann/Wittmann,* AbfR 2007, 89, 96; offenbar auch *Becker,* NVwZ 2007, 1105, 1111; *Knopp,* UPR 2007, 414, 419). *Duikers* hat zu den entsprechenden Regelungen der Umwelthaftungsrichtlinie überzeugend dargelegt, dass Art. 5 Abs. 3 UHRL lediglich als Befugniskatalog zu verstehen ist, der aufzählt, welche Handlungsmöglichkeiten der Behörde bestehen, der aber nicht abschließend die Voraussetzungen für ein Tätigwerden der Behörde normiert. Diese sollen vielmehr in Art. 5 Abs. 4 UHRL genannt sein. Aus diesem Grund sei die Behörde grundsätzlich verpflichtet, dem Verantwortlichen die Durchführung der Maßnahme abzuverlangen, bevor sie selbst tätig wird (*Duikers,* NuR 2006, 623, 628; ebenso im Ergebnis wohl *Knopp,* UPR 2007, 414, 419; *Wagner,* VersR 2008, 565). Dieses Verständnis wird auch dem System des deutschen Verwaltungsvollstreckungsrechts gerecht. Dort ist eine zwangsweise Durchsetzung von Pflichten im Wege der **Ersatzvornahme,** also ein Handeln der Behörde anstelle des Verpflichteten, unter normalen Umständen erst dann zulässig, wenn der Pflichtige zuvor zu der vollstreckbaren Handlung aufgefordert wurde und die Vollstreckung in einem weiteren Verwaltungsakt, der Androhung, in Aussicht gestellt und anschließend festgesetzt wurde. Nur unter diesen Voraussetzungen – die ausschließlich im Eilfall ein Handeln auch ohne Erlass eines Verwaltungsakts, Androhung und Festsetzung ermöglichen – werden die Interessen des Pflichtigen hinreichend gewahrt und besteht für ihn die Möglichkeit, vor der Durchführung der Maßnahme Rechtsschutz zu erlangen.

23 Nach § 6 Abs. 1 VwVG des Bundes kann ein Verwaltungsakt, der auf die Vornahme einer Handlung gerichtet ist, mit den Zwangsmitteln nach § 9 VwVG durchgesetzt werden, wenn er unanfechtbar ist oder wenn sein sofortiger Vollzug angeordnet oder wenn

dem Rechtsmittel keine aufschiebende Wirkung beigelegt ist. Als **Zwangsmittel** kann nach § 9 Abs. 1 VwVG neben dem Zwangsgeld und dem unmittelbaren Zwang auch die Ersatzvornahme dienen. Als zu vollstreckender Verwaltungsakt kommt insoweit der Bescheid nach § 7 Abs. 2 in Betracht, mit dem die zuständige Behörde dem Verantwortlichen die erforderlichen Maßnahmen aufgibt. Bundesrechtlich liegt keine Ersatzvornahme vor, wenn die Behörde die Handlung selbst vornimmt. Wird die Verpflichtung, eine Handlung vorzunehmen, deren Vornahme durch einen anderen möglich ist, nicht erfüllt, so kann die Vollzugsbehörde nach § 10 VwVG einen anderen mit der Vornahme der Handlung auf Kosten des Pflichtigen beauftragen. In den meisten Bundesländern ist die Rechtslage allerdings anders. Dort gehört die **Eigenvornahme** ebenfalls zur Ersatzvornahme.

Ohne vorausgehenden Verwaltungsakt kann der Verwaltungszwang gem. § 6 Abs. 2 **24**
VwVG angewendet werden, wenn der sofortige Vollzug zur Verhinderung einer rechtswidrigen Tat, die einen Straf- oder Bußgeldtatbestand verwirklicht, oder zur Abwendung einer drohenden Gefahr notwendig ist und die Behörde innerhalb ihrer gesetzlichen Befugnisse handelt. Ein **Verwaltungszwang ohne vorausgehenden Verwaltungsakt** kommt demnach in Situationen in Betracht, die sich durch eine besondere Eilbedürftigkeit auszeichnen. Dies dürfte daher eher hinsichtlich der Gefahrenabwehrmaßnahmen gem. § 7 Abs. 2 Nr. 2 der Fall sein, hinsichtlich der Sanierungsmaßnahmen regelmäßig nicht, da der Schaden hier bereits eingetreten ist und keine Gefahrenabwehrsituation mehr vorliegt.

IV. Keine Legalisierungswirkung von Genehmigungen

Die Ermächtigung der zuständigen Behörde, dem Verantwortlichen die Erfüllung von **25**
Informationspflichten, von Vermeidungspflichten und Schadensbegrenzungs- und Sanierungspflichten aufzuerlegen, besteht grundsätzlich auch gegenüber einem genehmigten Verhalten des Verantwortlichen (*Duikers,* NuR 2006, 623, 630). Die Legalisierungswirkung von Genehmigungen kann es grundsätzlich verbieten, den Inhaber einer öffentlich-rechtlichen Zulassung nach anderen Vorschriften des öffentlichen Rechts, insbesondere zur Gefahrenabwehr für ein Verhalten in Anspruch zu nehmen, das Gegenstand einer Genehmigung ist. Die Legalisierungswirkung einer Genehmigung richtet sich nach dem Regelungsgehalt der jeweiligen Genehmigung, der sich aus der Auslegung des Bescheids unter Einbeziehung der maßgeblichen Rechtsvorschriften ergibt. Soweit dem Inhaber einer öffentlich-rechtlichen Genehmigung gesetzliche Pflichten allerdings unmittelbar auferlegt werden, die seitens der Behörde durch nachträgliche Anordnungen durchgesetzt werden können, steht die Legalisierungswirkung einer solchen Genehmigung einer späteren Inanspruchnahme nicht entgegen. Dies gilt beispielsweise für die unmittelbaren **Grundpflichten** des § 5 Abs. 1 BImSchG, die im Wege nachträglicher Anordnung nach § 17 BImSchG durchgesetzt werden können. Das soll aber auch für die Vermeidungs- und Sanierungspflichten nach dem Umweltschadensgesetz gelten. Soweit fachgesetzliche Regelungen wie insbesondere § 19 Abs. 1 Satz 2 BNatSchG und § 90 Abs. 1, 2 HS WHG eine Einschränkung aufgrund der Legalisierungswirkung von Genehmigungen nicht vorsehen, findet die Ermächtigungsgrundlage des § 7 Abs. 2 vorrangig Anwendung, weil gem. § 1 S. 1 die Vorschriften des Bundes oder der Länder, die in ihren Anforderungen hinter dem Umweltschadensgesetz zurückbleiben, gegenüber den Anforderungen des Umweltschadensgesetzes nachrangig sind. Die mögliche Legalisierungswirkung von Fachgenehmigungen ist insoweit durch die Vermeidungs- und Sanierungspflichten des Umweltschadensgesetzes

beschränkt. Die zuständige Behörde ist nach § 7 Abs. 2 zum Erlass von Anordnungen befugt, mit denen Pflichten nach dem Umweltschadensgesetz auch gegenüber einem Genehmigungsinhaber durchgesetzt werden können (siehe dazu im Einzelnen *Duikers,* NuR 2006, 623, 631 und die Kommentierungen zu → § 2 Rn. 1 ff. und → § 3 Rn. 1 ff.).

§ 8 Bestimmung von Sanierungsmaßnahmen

(1) Der Verantwortliche ist verpflichtet, die gemäß den fachrechtlichen Vorschriften erforderlichen Sanierungsmaßnahmen zu ermitteln und der zuständigen Behörde zur Zustimmung vorzulegen, soweit die zuständige Behörde nicht selbst bereits die erforderlichen Sanierungsmaßnahmen ergriffen hat.

(2) Die zuständige Behörde entscheidet nach Maßgabe der fachrechtlichen Vorschriften über Art und Umfang der durchzuführenden Sanierungsmaßnahmen.

(3) Können bei mehreren Umweltschadensfällen die notwendigen Sanierungsmaßnahmen nicht gleichzeitig ergriffen werden, kann die zuständige Behörde unter Berücksichtigung von Art, Ausmaß und Schwere der einzelnen Umweltschadensfälle, der Möglichkeit einer natürlichen Wiederherstellung sowie der Risiken für die menschliche Gesundheit die Reihenfolge der Sanierungsmaßnahmen festlegen.

(4) Die zuständige Behörde unterrichtet die nach § 10 antragsberechtigten Betroffenen und Vereinigungen über die vorgesehenen Sanierungsmaßnahmen und gibt ihnen Gelegenheit, sich zu äußern; die Unterrichtung kann durch öffentliche Bekanntmachung erfolgen. Die rechtzeitig eingehenden Stellungnahmen sind bei der Entscheidung zu berücksichtigen.

Schrifttum: siehe Vorbemerkung.

Übersicht

A. Einführung

§ 8 regelt die verfahrensrechtlichen Grundlagen zur Bestimmung der erforderlichen Sanierungsmaßnahmen. Die Regelung setzt Art. 7 UHRL um. Absatz 1 verpflichtet den Verantwortlichen, die gemäß den fachrechtlichen Vorschriften erforderlichen Sanierungsmaßnahmen zu ermitteln und der zuständigen Behörde zur Zustimmung vorzulegen, soweit die zuständige Behörde nicht selbst bereits die erforderlichen Sanierungsmaßnahmen ergriffen hat. Absatz 2 ermächtigt die zuständige Behörde, nach Maßgabe der fachlichen Vorschrift über Art und Umfang der durchzuführenden Sanierungsmaßnahmen zu entscheiden. Nach Absatz 3 ist die zuständige Behörde berechtigt, eine bestimmte Reihenfolge der Sanierung vorzugeben, wenn bei mehreren Umweltschadensfällen die notwendigen Sanierungsmaßnahmen nicht gleichzeitig ergriffen werden können. Absatz 4 schließlich verpflichtet die zuständige Behörde zur Unterrichtung der nach **1**

§ 10 antragsberechtigten Betroffenen und Vereinigungen über die vorgesehenen Sanierungsmaßnahmen und deren Beteiligung. Die Regelung steht in engem Zusammenhang zu § 6 Nr. 2, wo die grundsätzliche Verpflichtung zur Vornahme von Sanierungsmaßnahmen geregelt ist. § 8 gestaltet diese Pflicht aus (vgl. daher auch die Kommentierung zu → § 6 Rn. 1 ff.).

B. Ermittlung der erforderlichen Sanierungsmaßnahmen (Absatz 1)

2 Nach § 8 Abs. 1 ist der Verantwortliche verpflichtet, den Umfang der erforderlichen Sanierungsmaßnahmen zu ermitteln und der zuständigen Behörde zur Zustimmung vorzulegen. Diese Verpflichtung ergänzt die Verpflichtung zum Ergreifen der erforderlichen Sanierungsmaßnahmen aus § 6 Nr. 1 und stellt den obligatorischen ersten Schritt zur Wahrnehmung der Sanierungspflicht dar. Die Regelung des § 8 Abs. 1 stellt insoweit eine Neuerung für das deutsche Umweltrecht dar, als die Pflicht zur Ermittlung der erforderlichen Sanierungsmaßnahmen unmittelbar kraft Gesetzes besteht und durch die Behörde nicht gesondert angeordnet werden muss, wie beispielsweise die Pflicht zur Sanierungsplanung gem. § 13 Abs. 1 BBodSchG, die bei komplexen Bodenverunreinigungen angeordnet werden kann (dazu *Brinktrine,* ZUR 2007, 337 (346)). Eine vergleichbare Pflicht zur Information über Sanierungsmaßnahmen enthalten die §§ 12, 13 Abs. 3 BBodSchG, allerdings zugunsten der betroffenen Nachbarn, nicht zugunsten der zuständigen Behörde.

3 Eine Ermittlung der erforderlichen Maßnahmen und die Information der Behörde ist selbstverständlich nur dann angezeigt, wenn die zuständige Behörde nicht bereits ihrerseits nach § 7 Abs. 2 Nr. 3 dem Verantwortlichen aufgegeben hat, bestimmte Sanierungsmaßnahmen zu ergreifen. In einem solchen Fall bedarf es keiner weiteren Ermittlung und Vorlage bestimmter Sanierungsvorschläge durch den Verantwortlichen mehr. Eine unmittelbare Sanierungsverpflichtung durch die Behörde würde jedoch die vom Gesetzgeber vorgesehene Reihenfolge verletzen, wonach zunächst ein Sanierungsvorschlag der zuständigen Behörde zur Zustimmung vorgelegt werden muss, danach die Behörde über Art und Umfang der Sanierung entscheidet und schließlich der Verantwortliche verpflichtet werden kann, diese Sanierungsmaßnahme auch durchzuführen, wenn er sie nicht freiwillig umsetzt. Die Anordnung einer bestimmten Sanierungsmaßnahme ohne dem Verantwortlichen Gelegenheit zu geben, seinen Sanierungsvorschlag zur Zustimmung vorzulegen, wäre insoweit rechtswidrig.

4 § 8 Abs. 1 dient der Umsetzung von Art. 7 UHRL. Die Regelung gilt ausdrücklich nur für die Sanierung bereits eingetretener Umweltschäden, nicht für Vermeidungsmaßnahmen, weil im Falle der Gefahr eines Umweltschadens regelmäßig schnell gehandelt werden muss, so dass ein Verwaltungsverfahren, das eine Beteiligung der in § 10 antragsberechtigten Betroffenen und Vereinigungen und darüber hinaus möglicherweise die Beteiligung anderer Fachbehörden vor einer entsprechenden Zustimmung durch die zuständige Behörde voraussetzt, zu lange dauern könnte.

5 Die zuständige Behörde kann die von ihr für erforderlich gehaltenen Sanierungsmaßnahmen selbst ergreifen, allerdings nach der hier vertretenen Ansicht nur im Wege der Verwaltungsvollstreckung (siehe dazu die Kommentierung zu § 7), wenn sie den Verantwortlichen zur Kostentragung verpflichten will. Grundsätzlich muss dazu zunächst eine entsprechende Anordnung an den Verantwortlichen ergehen, die im Falle ihrer Nichtbeachtung nach entsprechender Androhung und Festsetzung im Wege der Ersatzvornahme auf Kosten des Verantwortlichen umgesetzt werden kann. Umstritten ist, ob die Behörde, wenn sie die von ihr für erforderlich gehaltenen Sanierungsmaßnahmen selbst durchführen will, einer speziellen Ermächtigung oder Befugnis bedarf. Dies wird mit der Begründung angenommen, aus dem Vergleich zu § 7, der ausdrücklich von einer Befugnis im Präsens spreche, während § 8 Abs. 1 auf eine Handlung der Behörde in der Vergangenheit Bezug nehme, ergebe sich die Notwendigkeit einer solchen (zusätzlichen) Befugnisnorm (*Gassner/Schemel,* Umweltschadensgesetz, S. 97; aA *Scheidler,* NVwZ 2007, 1113 (1118)). Eine spezielle Ermächtigung benötigt die zuständige Behörde für die Durchführung von Sanierungsmaßnahmen jedoch nur, wenn sie dabei dabei in Rechte Dritter eingreift, etwa weil die Sanierungsmaßnahmen auf fremden Grund stattfinden sollen und der Grundstückseigentümer damit nicht einverstanden ist.

C. Entscheidung der zuständigen Behörde (Absatz 2)

Gem. § 8 Abs. 2 entscheidet die zuständige Behörde nach Maßgabe der fachlichen Vorschriften über Art und Umfang der durchzuführenden Sanierungsmaßnahmen. Dabei hat die Behörde die Vorgaben der in Bezug genommenen Vorschriften des jeweiligen Fachrechts zu prüfen und den **Verhältnismäßigkeitsgrundsatz** zu beachten. Die Behörde hat sich darauf zu beschränken, den von dem Verantwortlichen vorgeschlagenen Sanierungsmaßnahmen zuzustimmen, wenn diese den fachrechtlichen Vorgaben entsprechen (aA mglw. *Petersen* § 8 Rn. 22, wonach die Behörde nicht darauf beschränkt sein soll, den vom Verantwortlichen vorgeschlagenen Maßnahmen zuzustimmen oder sie wegen ihrer Unvereinbarkeit mit fachrechtlichen Anforderugen abzulehnen; allerdings erkennt *Petersen* unter Rn. 24/25 an, dass die Behörde die Vorlage eines neuen Konzepts nur fordern könne, wenn wenn das Vorgelegte außerhalb des behördlichen Ermessensspielraums liege, den die fachrechtlichen Vorschriften bestimmen, und dass sie insoweit kein „freies Ermessen" habe). Soweit die abweichende Auffassung annimmt, dass die Behörde, wenn sie andere (ebenfalls zweckmäßige) Maßnahmen bzw. ein weitergehendes Sanierungskonzept für geboten halte, dieses nicht vom Verantwortlichen verlangen könne, aber das entsprechende Konzept selber anfertigen oder entsprechende Maßnahmen anordnen könne (zB *Petersen* § 8 Rn. 23), verkennt sie die Pflichenstellung des Verantwortlichen. Dieser hat nach § 6 den Schaden zu verantworten und die „erforderlichen" Sanierungsmaßnahmen durchzuführen und deren Kosten nach § 9 zutragen. Die Behörde ist nach § 7 nur befugt, die Durchführung der „erforderlichen" Sanierungsmaßnahmen durch den Verantwortlichen zu überwachen. Die Erforderlichkeit bestimmt sich aber nach den fachrechtlichen Vorschriften. Hält sich das Konzept des Verantwortlichen innerhalb des dadurch vorgegebenen Rahmens, ist es seine Sache, die ihm zweckmäßigste, zeit- oder kostengünstigste Maßnahme auszuwählen, in seinem Sanierungskonzept vorzulegen und durchzuführen. Die Behörde hat nur die Rechtmäßigkeit, nicht die Zweckmäßigkeit des Sanierungskonzeptes zu beurteilen. Anderenfalls könnte sie dem Verantwortlichen Kosten und Aufwand abverlangen, die über das „Erforderliche" hinausgehen und die er nach der Gesetzeskonzeption nicht zu tragen verpflichtet ist. 6

Die Behörde kann ihre Zustimmung mit **Nebenbestimmungen** versehen, sofern dies erforderlich ist, um die fachrechtlichen Vorgaben für die Sanierung einzuhalten.

„Fachrechtliche Vorschriften" sind nach der Legaldefinition in § 2 Nr. 10 die Vorschriften des Bundesnaturschutzgesetzes, des Wasserhaushaltsgesetzes und des Bundes-Bodenschutzgesetzes sowie die zu ihrer Ausführung erlassenen Verordnungen. Regelungen zur Sanierung enthalten für das Wasser- und Naturschutzrecht insbesondere § 90 Abs. 2 WHG und § 19 Abs. 4 BNatSchG, die auf Anhang II der Umwelthaftungsrichtlinie Bezug nehmen. Der Anhang II der Umwelthaftungsrichtlinie enthält Vorgaben zu Sanierungsarten, Sanierungszielen und zur Wahl verschiedener Sanierungsoptionen. 7

I. Sanierung von Gewässerschäden und Ökoschäden

8 Gem. § 90 Abs. 2 WHG trifft ein Verantwortlicher, der eine Schädigung von Gewässern verursacht hat, die erforderlichen Sanierungsmaßnahmen gem. Anhang II der Umwelthaftungsrichtlinie. Gleiches gilt für denjenigen, der als Verantwortlicher nach dem Umweltschadensgesetz eine Schädigung geschützter Arten oder natürlicher Lebensräume verursacht hat. Er ist nach § 19 Abs. 4 BNatSchG verpflichtet, die erforderlichen Sanierungsmaßnahmen ebenfalls nach Anhang II der Umwelthaftungsrichtlinie zu treffen.

9 **Anhang II** der Umwelthaftungsrichtlinie enthält die gemeinsamen Rahmenbedingungen, die erfüllt sein müssen, damit sichergestellt ist, dass geeignete Maßnahmen zur Sanierung von Umweltschäden ergriffen werden. Nach Ziffer 1 des Anhangs II der Richtlinie wird eine Sanierung von Umweltschäden im Bereich der Gewässer oder geschützter Arten oder natürlicher Lebensräume dadurch erreicht, dass die Umwelt in ihren Ausgangszustand zurückversetzt wird. Die Richtlinie unterscheidet in diesem Zusammenhang zwischen
– primärer Sanierung
– ergänzender Sanierung und
– Ausgleichssanierung.

10 Eine **primäre Sanierung** ist nach Ziffer 1a) des Anhangs II der Umwelthaftungsrichtlinie jede Sanierungsmaßnahme, die die geschädigten natürlichen Ressourcen und/oder beeinträchtigten Funktionen ganz oder annähernd in den Ausgangszustand zurückversetzt. Als **ergänzende Sanierung** versteht die Umwelthaftungsrichtlinie jede Sanierungsmaßnahme in Bezug auf die natürlichen Ressourcen und/oder Funktionen, mit der der Umstand ausgeglichen werden soll, dass die primäre Sanierung nicht zu einer vollständigen Wiederherstellung der geschädigten natürlichen Ressourcen und/oder Funktonen führt. Unter **Ausgleichssanierung** schließlich versteht die Richtlinie jede Tätigkeit zum Ausgleich zwischenzeitlicher Verluste natürlicher Ressourcen und/oder Funktionen, die vom Zeitpunkt des Eintretens des Schadens bis zu dem Zeitpunkt entstehen, in dem die primäre Sanierung ihre Wirkung vollständig entfaltet hat. Zwischenzeitliche Verluste im Sinne der vorgenannten Ausgleichssanierung sind Verluste, die darauf zurückzuführen sind, dass die geschädigten natürlichen Ressourcen und/oder Funktionen ihre ökologischen Aufgaben oder ihre Funktionen für andere natürliche Ressourcen oder für die Öffentlichkeit nicht erfüllen können, solange die Maßnahmen der primären bzw. der ergänzenden Sanierung ihre Wirkung nicht entfaltet haben. Ein finanzieller Ausgleich für Teile der Öffentlichkeit fällt nach Nr. 1d) des Anhangs II der Umwelthaftungsrichtlinie nicht darunter.

11 Für das Verhältnis der verschiedenen Sanierungsmaßnahmen zueinander enthält Anhang II folgende Bestimmung: Führt eine primäre Sanierung nicht dazu, dass die geschädigte Umwelt vollständig in ihren Ausgangszustand zurückversetzt wird, so ist anschließend eine ergänzende Sanierung durchzuführen. Die primäre Sanierung geht der ergänzenden Sanierung also zwingend vor. Überdies, also zusätzlich zur primären Sanierung, muss eine Ausgleichssanierung zum Ausgleich der zwischenzeitlichen Verluste durchgeführt werden. Jede Sanierung setzt nach Anhang II, Ziffer 1 außerdem zwingend voraus, dass jedes erhebliche Risiko einer Beeinträchtigung der menschlichen Gesundheit beseitigt wird.

12 Anhang II der Umwelthaftungsrichtlinie enthält zusätzlich eine Auflistung von **Sanierungszielen,** Anforderungen an die **Festlegung von Sanierungsmaßnahmen** und für die Wahl von **Sanierungsoptionen.** Ziel der primären Sanierung ist es nach Ziffer 1.1.1, die geschädigten natürlichen Ressourcen und/oder deren Funktion ganz oder an-

nähernd in den Ausgangszustand zurückzuversetzen. Lässt sich dieses Ziel nicht (vollständig) erreichen, so ist eine ergänzende Sanierung vorzunehmen. Ziel dieser ergänzenden Sanierung ist es, ggf. an einem anderen Ort einen Zustand der natürlichen Ressourcen und/oder deren Funktionen herzustellen, der einer Rückführung des geschädigten Ortes in seinen Ausgangszustand gleichkommt. Soweit dies möglich und sinnvoll ist, sollte dieser andere Ort mit dem geschädigten Ort geografisch im Zusammenhang stehen, wobei die Interessen der betroffenen Bevölkerung zu berücksichtigen sind (Ziffer 1.1.2 des Anhangs II der Umwelthaftungsrichtlinie). Die Ausgleichssanierung schließlich verfolgt das Ziel, neben der primären oder ergänzenden Sanierung einen Ausgleich zwischenzeitlicher Verluste von natürlichen Ressourcen und deren Funktionen zu erreichen. Der Ausgleich besteht in zusätzlichen Verbesserungen der geschützten natürlichen Lebensräume und Arten oder der Gewässer entweder an dem geschädigten oder an einem anderen Ort. Die Ausgleichssanierung beinhaltet keine finanzielle Entschädigung für die Öffentlichkeit.

Nach Ziffer 1.2 des Anhangs II der Umwelthaftungsrichtlinie sollen bei der Festlegung primärer Sanierungsmaßnahmen zunächst **Optionen** geprüft werden, die Tätigkeiten umfassen, mit denen die natürlichen Ressourcen und Funktionen direkt in einen Zustand versetzt werden, der sie beschleunigt zu ihrem Ausgangspunkt zurückführt, oder aber eine natürliche Wiederherstellung erfolgt. Bei der Festlegung des Umfangs ergänzender Sanierungsmaßnahmen und der Ausgleichssanierungsmaßnahmen ist zunächst die Anwendung von Konzepten zu prüfen, die auf der **Gleichwertigkeit** von Ressourcen oder Funktionen beruhen. Dabei werden zunächst Maßnahmen geprüft, durch die die natürlichen Ressourcen und/oder Funktionen in gleicher Art, Qualität und Menge wie die geschädigten Ressourcen und/oder Funktionen hergestellt werden. Erweist sich dies als unmöglich, so werden andere natürliche Ressourcen und/oder Funktionen bereitgestellt. So kann nach Ziffer 1.2.2 des Anhangs II der Umwelthaftungsrichtlinie beispielsweise eine Qualitätsminderung durch eine quantitative Steigerung der Sanierungsmaßnahmen ausgeglichen werden. 13

Erweist sich die Anwendung der vorgenannten Konzepte der Gleichwertigkeit der Ressourcen oder Funktionen als unmöglich, so kann stattdessen nach Ziffer 1.2.3 des Anhangs II der Umwelthaftungsrichtlinie auf **andere Bewertungsmethoden** zurückgegriffen werden. Die zuständige Behörde kann die Methode, zB Feststellung des Geldwertes, vorschreiben, um den Umfang der erforderlichen ergänzenden Sanierungsmaßnahmen und Ausgleichssanierungsmaßnahmen festzustellen. Ist eine Bewertung des Verlustes an Ressourcen und/oder Funktionen möglich, eine Bewertung des Ersatzes der natürlichen Ressourcen und/oder Funktionen jedoch innerhalb eines angemessenen Zeitrahmens unmöglich oder mit unangemessenen Kosten verbunden, so kann die zuständige Behörde Sanierungsmaßnahmen anordnen, deren Kosten dem geschätzten Geldwert des entstandenen Verlustes an natürlichen Ressourcen und/oder Funktionen entsprechen. Die ergänzenden Sanierungsmaßnahmen und die Ausgleichssanierungsmaßnahmen sollten so beschaffen sein, dass durch sie zusätzliche Ressourcen und/oder Funktionen geschaffen werden, die den zeitlichen Präferenzen und dem zeitlichen Ablauf der Sanierungsmaßnahmen entsprechen. Je länger es beispielsweise dauert, bis der Ausgangszustand wieder erreicht wird, desto mehr Ausgleichssanierungsmaßnahmen werden nach Ziffer 1.2.3 des Anhangs II der Umwelthaftungsrichtlinie (unter ansonsten gleichen Bedingungen) getroffen. 14

Bei der **Auswahl der Sanierungsoptionen** sollen nach Ziffer 1.3 des Anhangs II der Umwelthaftungsrichtlinie unter Nutzung der besten verfügbaren Techniken bestimmte Kriterien berücksichtigt werden. Hierzu gehören die Auswirkungen jeder Option auf die öffentliche Gesundheit und die öffentliche Sicherheit, die Kosten für die Durchführung 15 der Option, die Erfolgsaussichten einer solchen Option, die Frage, inwieweit durch jede Option künftiger Schaden verhütet und zusätzlicher Schaden als Folge der Durchführung der Option vermieden wird, inwieweit jede Option einen Nutzen für jede einzelne Komponente der natürlichen Ressource und/oder der Funktion darstellt, etc. (vgl. dazu im Einzelnen die Auflistung unter Ziffer 1.3.1 des Anhangs II der Umwelthaftungsrichtlinie).

II. Sanierung von Schäden des Bodens

16 Für die Sanierung von Bodenschäden finden sich die fachrechtlichen Vorgaben in den §§ 2 Abs. 7, 4 Abs. 3, 12 ff. BBodSchG. Der Anhang II der Umwelthaftungsrichtlinie enthält ebenfalls einige spezielle Vorgaben für die Sanierung von Schäden des Bodens. Auf den Anhang II wird jedoch im Hinblick auf Bodenschäden im Umweltschadensgesetz nicht Bezug genommen, so dass er hinsichtlich der Bodensanierung keine unmittelbare Wirkung oder Verbindlichkeit für den Verantwortlichen oder die Behörde entfalten kann. Die Anforderungen bleiben jedenfalls hinter den Anforderungen zurück, die das Bundes-Bodenschutzgesetz an eine Bodensanierung stellt, so dass insoweit die Bestimmungen des Bundes-Bodenschutzgesetzes und der Bundes-Bodenschutzverordnung anzuwenden sind, die eine ausreichende Umsetzung der Vorgaben der Richtlinie sicherstellen.

D. Bestimmung der Reihenfolge (Absatz 3)

17 Die Umwelthaftungsrichtlinie verlangt, geeignete Vorkehrungen für den Fall zu treffen, dass mehrere Umweltschadensfälle eintreten und die zuständige Behörde nicht gewährleisten kann, dass die erforderlichen Sanierungsmaßnahmen gleichzeitig ergriffen werden (17. Erwägungsgrund). In einem solchen Fall soll die zuständige Behörde befugt sein, zu entscheiden, welcher Umweltschaden zuerst zu sanieren ist. Dementsprechend regelt Art. 7 Abs. 2 UHRL, dass die zuständige Behörde entscheidet, welche Sanierungsmaßnahmen gemäß Anhang II der Richtlinie durchgeführt werden. Nach Art. 7 Abs. 3 Satz 1 UHRL ist die zuständige Behörde befugt, die Reihenfolge der Sanierung festzulegen. Nach Art. 7 Abs. 3 S. 2 UHRL berücksichtigt die zuständige Behörde bei einer solchen Entscheidung Art, Ausmaß und Schwere der einzelnen Umweltschadensfälle sowie die Möglichkeit einer natürlichen Wiederherstellung. Außerdem sind nach Art. 7 Abs. 3 S. 3 UHRL Risiken für die menschliche Gesundheit zu berücksichtigen.

18 Diese Richtlinienvorgaben werden durch § 8 Abs. 3 umgesetzt. Die Regelung dient dazu, eine möglichst **effektive Sanierung** sicherzustellen, indem die Behörde, die den Überblick über alle Schäden und erforderlichen Maßnahmen hat, die Reihenfolge der Sanierungsmaßnahmen festlegt. Die Entscheidung über die Reihenfolge der Sanierungsmaßnahmen wird in das **Ermessen** der zuständigen Behörde gestellt. Neben den bereits im Gesetz genannten Kriterien (Art, Ausmaß und Schwere der einzelnen Schadensfälle, Möglichkeit einer natürlichen Wiederherstellung sowie Risiken für die Gesundheit) hat die Behörde auch die Belange der Sanierungsverantwortlichen, insbesondere unter dem Gesichtspunkt der **Verhältnismäßigkeit,** zu berücksichtigen. Das Ermessen wird insoweit eingeschränkt (zustimmend *Petersen* § 8 Rn. 28).

E. Beteiligung Dritter (Absatz 4)

19 Nach § 8 Abs. 4 S. 1 unterrichtet die zuständige Behörde die nach § 10 antragsberechtigten Betroffenen und Vereinigungen über die vorgesehenen Sanierungsmaßnahmen und gibt ihnen Gelegenheit, sich zu äußern. Die Bestimmung setzt Art. 7 Abs. 4, Art. 12 Abs. 1 UHRL um und dient der Einbeziehung der Betroffenen, aber insbesondere auch der Umweltverbände in das behördliche Verfahren.

I. Adressaten der Unterrichtung

Wer „Betroffene" im Sinne des § 8 Abs. 4 sind, ergibt sich unmittelbar aus dem Gesetz nicht. Die Gesetzesbegründung verweist dazu auf allgemeine verwaltungsverfahrensrechtliche Grundsätze. Danach sollen solche natürlichen und juristischen Personen Betroffene sein, die durch den Umweltschaden in ihren Rechten oder rechtlich geschützten Interessen beeinträchtigt werden können. Dazu kann, wie sich auch aus Art. 7 Abs. 4 UHRL ergibt, bei einer Sanierungsmaßnahme insbesondere der betroffene Grundstückseigentümer zählen, soweit er nicht selbst als Sanierungsverantwortlicher in Anspruch genommen wird. Außerdem dürften jedenfalls diejenigen als Betroffene anzusehen sein, die durch den Umweltschaden in eigenen Rechtsgütern wie Gesundheit oder Eigentum verletzt werden. **20**

Zu beteiligen sind neben den Betroffenen auch Vereinigungen, die nach § 10 antragsberechtigt sind. § 10 wiederum verweist auf Vereinigungen, die nach § 11 Abs. 2 Rechtsbehelfe einlegen können. § 11 Abs. 2 nimmt auf § 3 Abs. 1 des Umwelt-Rechtsbehelfsgesetzes vom 7.12.2006 Bezug. Nach § 3 Abs. 1 **UmwRG** kann ausländischen und inländischen Vereinigungen, die bestimmte, näher bezeichnete Voraussetzungen erfüllen, vom Umweltbundesamt die Anerkennung zur Einlegung von Rechtsbehelfen nach dem Umwelt-Rechtsbehelfsgesetz verliehen werden. Als anerkannt gelten zudem solche Vereinigungen, die nach dem Bundesnaturschutzgesetz oder den Landesnaturschutzgesetzen als Naturschutzverein anerkannt sind (dazu auch unter → § 11 Rn. 1 ff.). **21**

II. Inhalt der Unterrichtung

Nach dem Wortlaut des § 8 Abs. 4 Satz 1 hat die Behörde nur über „die vorgesehenen Sanierungsmaßnahmen" zu unterrichten. Da die Regelung jedoch offensichtlich den Zweck verfolgt, die Betroffenen und Umweltverbände in die behördliche Entscheidung einzubinden, sollte die Behörde zugleich auch über den eingetretenen Schaden unterrichten. Andernfalls wären die Betroffenen und Verbände nicht in der Lage, sich fundiert zu den erforderlichen Sanierungsmaßnahmen zu äußern. Zugleich ist zu berücksichtigen, dass der Beteiligung ggf. ein **Klageverfahren** nach § 11 Abs. 2 folgen kann, wenn ein Verband später gegen einen Verwaltungsakt der zuständigen Behörde, etwa eine Anordnung einer bestimmten Sanierungsmaßnahme, Klage erhebt. Im Rahmen der Klageerhebung ist der Verband nach § 11 Abs. 2 nicht auf ein Vorgehen gegen die vorgesehenen Sanierungsmaßnahmen begrenzt. Aus diesem Grund erscheint es zweckmäßig, die ggf. klagebefugten Personen bereits bei der Entscheidung über vorgesehene Sanierungsmaßnahmen umfassend einzubeziehen und sie auch über den Schaden und das schädigende Ereignis zu informieren, soweit dies für die Durchsetzung ihrer Rechte von Interesse sein kann (dazu auch *Schrader/Hellenbroich,* ZUR 2007, 289 (291)). **22**

Nach dem Wortlaut des § 8 Abs. 4 bezieht sich die Unterrichtungsverpflichtung der Behörde nur auf Sanierungsmaßnahmen, nicht jedoch auch auf Vermeidungs- und Schadensbegrenzungsmaßnahmen. In der Begründung des Gesetzesentwurfs (BT-Drs. 16/3806, S. 27) heißt es dazu, dass in Fällen, in denen eine unmittelbare Gefahr eines Schadens abgewendet werden müsse, es im Hinblick auf eine effektive Gefahrenabwehr nicht zielführend erscheine, vor dem Eingreifen der notwendigen Maßnahmen ein gesondertes Verfahren unter Beteiligung der Öffentlichkeit durchführen zu müssen. Diese Begründung überzeugt allerdings nur insoweit, als Sofortmaßnahmen notwendig werden, die tatsächlich so eilbedürftig sind, dass eine Beteiligung der davon Betroffenen in zumutbarer Weise nicht möglich ist. Im Übrigen aber muss aus rechtsstaatlichen Gründen eine Anhörung der Betroffenen (nicht der Umweltvereinigungen) durchgeführt werden, wenn die Durchführung der geplanten Maßnahmen zu Beeinträchtigungen von Rechten der Betroffenen führen kann. Es bedarf insoweit keiner Öffentlichkeitsbeteiligung, aber einer Beteiligung der Drittbetroffenen. Nicht erforderlich ist es allerdings, im Wege einer verfassungskonformen Auslegung des § 8 Abs. 4 die Behörde abgesehen von Eilfällen, in denen auf eine Unterrichtung verzichtet werden kann, stets für verpflichtet anzusehen, eine Unterrichtung im Sinne einer Anhörung auch stets bei Vermeidungsmaßnahmen und Schadensbegrenzungsmaßnahmen durchzuführen (so aber *Gassner/Schemel,* Umweltschadensgesetz, S. 100 f.). Eine Anhörung ist nur erforderlich, wenn solche Maßnahme auch tatsächlich in Rechte Dritter eingreifen können.

Ob und inwieweit vor einer Durchführung behördlicher Sanierungsmaßnahmen andere Fachbehörden beteiligt werden müssen, ergibt sich nicht aus § 8 Abs. 4 und auch nicht aus den Vorschriften über die Beteiligung von Behörden in förmlichen Verwaltungsverfahren, weil nämlich ein förmliches Verwaltungsverfahren iSd §§ 63 ff. VwVfG nicht durchgeführt werden muss. Nach § 10 S. 2 VwVfG, wonach das Verwaltungsverfahren einfach, zweckmäßig und zügig durchgeführt werden soll, mag es im Einzelfall zielführend sein, weitere Behörden zu beteiligen (*Gassner/Schemel,* Umweltschadensgesetz, S. 99). Außerdem könnten die für die Behördentätigkeit zuständigen Länder entsprechende Beteiligungsverfahren gesetzlich oder im Erlasswege regeln.

III. Zeitpunkt der Unterrichtung

23 Das Umweltschadensgesetz regelt nicht, zu welchem Zeitpunkt die Beteiligung der Betroffenen und Vereinigungen stattzufinden hat. Einiges dürfte dafür sprechen, dass die zuständige Behörde – ggf. auf der Grundlage des Sanierungsvorschlages eines Verantwortlichen, falls ein solcher vorliegt – sich zunächst selbst vorläufig vergewissert, welche Sanierungsmaßnahmen durchgeführt werden sollen und dass sie daraufhin die antragsberechtigten Betroffenen und Vereinigungen über die von ihr (vorläufig) vorgesehenen Sanierungsmaßnahmen unterrichtet. Die Beteiligung der antragsberechtigten Betroffenen und Vereinigungen soll offensichtlich dazu dienen, ihnen Einfluss auf die Entscheidung der zuständigen Behörde einzuräumen. Nach § 8 Abs. 4 S. 2 sind die rechtzeitig eingehenden Stellungnahmen bei der Entscheidung der Behörde über die Sanierungsmaßnahmen zu berücksichtigen. Dieses Ziel kann nur erreicht werden, wenn die Beteiligung rechtzeitig vor einer abschließenden Entscheidung der Behörde stattfindet.

IV. Formen der Unterrichtung

24 Die Unterrichtung der antragsberechtigten Betroffenen und Vereinigungen über die vorgesehenen Sanierungsmaßnahmen kann auf unterschiedlichen Wegen erfolgen. Der Gesetzgeber schreibt der zuständigen Behörde dafür keine zwingende Form vor. Nach § 10 Abs. 4 S. 1, 2. Halbsatz kann die Unterrichtung auch durch **öffentliche Bekanntmachung** erfolgen. In der Gesetzesbegründung heißt es dazu, die zuständige Behörde sei nicht verpflichtet, den in Frage kommenden Personenkreis vorab mit ladungsfähiger Anschrift zu ermitteln. Der Behörde stehe es vielmehr frei, auf welchem Weg sie diesen Personenkreis unterrichte. Dazu sei auch ein **bloßer Aushang** ausreichend.

Ob mit einem bloßen Aushang allerdings eine effektive Beteiligung der Umweltschutzverbände sichergestellt werden kann, wie sie offensichtlich von der zugrundeliegenden Bestimmung in Art. 7 Abs. 4 und der Erwägung Nr. 25 der Umwelthaftungsrichtlinie angestrebt wird, ist zweifelhaft. Aus diesem Grund wird vorgeschlagen, sich hinsichtlich der Form der Bekanntmachung an den bestehenden Regelungen für umweltrelevante Genehmigungsverfahren wie § 10 Abs. 3 BImSchG zu orientieren (*Schrader/Hellenbroich,* ZUR 2007, 289 (291)). Die dort vorgesehene Bekanntmachung über das amtliche **Veröffentlichungsblatt** und das **Internet** bzw. die örtliche **Tageszeitung** wäre im Rahmen des § 8 Abs. 4 ebenfalls zulässig. **25**

§ 9 Kosten der Vermeidungs- und Sanierungsmaßnahmen

(1) Der Verantwortliche trägt vorbehaltlich von Ansprüchen gegen die Behörden oder Dritte die Kosten der Vermeidungs-, Schadensbegrenzung- und Sanierungsmaßnahmen. Für die Ausführung dieses Gesetzes durch Landesbehörden erlassen die Länder die zur Umsetzung der Richtlinie 2004/35/EG des Europäischen Parlaments und des Rates vom 21. April 2004 über Umwelthaftung zur Vermeidung und Sanierung von Umweltschäden (ABl. EU Nr. L 143 S. 56) notwendigen Kostenregelungen, Regelungen über Kostenbefreiungen und Kostenerstattungen; dabei können die Länder insbesondere vorsehen, dass der Verantwortliche unter den Voraussetzungen des Artikels 8 Abs. 4 der Richtlinie 2004/35/EG die Kosten der durchgeführten Sanierungsmaßnahmen nicht zu tragen hat. Dabei berücksichtigen die Länder die besondere Situation der Landwirtschaft bei der Anwendung von Pflanzenschutzmitteln. Die Behörde ist befugt, ein Verfahren zur Kostenerstattung bis zu fünf Jahren ab dem Zeitpunkt des Abschlusses der Maßnahme oder der Ermittlung des Kostenschuldners einzuleiten, wobei diese Frist ab dem jeweils späteren Zeitpunkt beginnt; Rechtsvorschriften der Länder, die längere oder keine Fristen vorsehen, bleiben unberührt.

(2) Mehrere Verantwortliche haben unabhängig von ihrer Heranziehung untereinander einen Ausgleichsanspruch. Soweit nichts anderes vereinbart wird, hängt die Verpflichtung zum Ausgleich sowie der Umfang des zu leistenden Ausgleichs davon ab, inwieweit die Gefahr oder der Schaden vorwiegend von dem einen oder dem anderen Teil verursacht worden ist; § 426 Abs. 1 Satz 2 des Bürgerlichen Gesetzbuchs findet entsprechende Anwendung. Der Ausgleichsanspruch verjährt in drei Jahren; die §§ 438, 548 und 606 des Bürgerlichen Gesetzbuchs sind nicht anzuwenden. Die Verjährung beginnt nach der Beitreibung der Kosten, wenn die zuständige Behörde selbst ausführt, im Übrigen nach der Beendigung der Maßnahmen durch den Verantwortlichen zu dem Zeitpunkt, zu dem der Verantwortliche von der Person des Ersatzpflichtigen Kenntnis erlangt. Der Ausgleichsanspruch verjährt ohne Rücksicht auf diese Kenntnis 30 Jahre nach Beendigung der Maßnahme. Für Streitigkeiten steht der Rechtsweg vor den ordentlichen Gerichten offen.

(3) Dieses Gesetz berührt nicht das Recht des Verantwortlichen, seine Haftung nach § 611 Abs. 1, 4 und 5, den §§ 612 bis 617 des Handelsgesetzbuchs oder nach den §§ 4 bis 5n des Binnenschifffahrtsgesetzes zu beschränken.

Schrifttum: siehe Vorbemerkung.

Übersicht

A. Überblick

1 § 9 enthält die wesentlichen Bestimmungen über die Kosten der Vermeidungs- und Sanierungsmaßnahmen. Absatz 1 enthält neben der grundsätzlichen Verpflichtung des Verantwortlichen zur Kostentragung die Verpflichtung der Länder, ergänzende Kostenregelungen, Regelungen über Kostenbefreiungen und Kostenerstattungen einschließlich Fristenregelungen zu treffen. Absatz 2 räumt den Verantwortlichen einen **Ausgleichsanspruch** untereinander ein und regelt die Einzelheiten dieses Ausgleichsanspruchs einschließlich seiner **Verjährung.** Absatz 3 schließlich weist auf die Möglichkeiten einer **Haftungsbeschränkung** nach Vorschriften des Handelsgesetzbuchs und des Binnenschifffahrtsgesetzes hin. § 9 setzt Art. 8 der Umwelthaftungsrichtlinie um.

B. Kostentragungspflicht des Verantwortlichen

2 Nach § 9 Abs. 1 S. 1 trägt der Verantwortliche grundsätzlich die Kosten der Vermeidungs-, Schadensbegrenzungs- und Sanierungsmaßnahmen. Absatz 1 dient der Umsetzung von Art. 8 Abs. 1 der Umwelthaftungsrichtlinie. Hiernach trägt der Verantwortliche die finanziellen Folgen der gemäß der Umwelthaftungsrichtlinie durchgeführten Vermeidungs- und Sanierungstätigkeiten. Entsprechend dem **Verursacherprinzip,** dem im europäischen Umweltrecht eine eminente Bedeutung zukommt und das der Umwelthaftungsrichtlinie zugrunde liegt (Art. 1 UHRL; siehe auch *Petersen* § 9 Rn. 50; *Gassner/Schemel,* Umweltschadensgesetz, S. 94f.), soll grundsätzlich der Verantwortliche, der einen Umweltschaden bzw. die unmittelbare Gefahr eines solchen Schadens verursacht hat, die Kosten der dadurch erforderlich gewordenen Vermeidungs- oder Sanierungsmaßnahmen tragen (18. Erwägungsgrund der Umwelthaftungsrichtlinie). Verantwortlicher ist nach § 2 Nr. 3 USchadG jede natürliche oder juristische Person, die eine berufliche Tätigkeit ausübt oder bestimmt, einschließlich der Inhaber einer Zulassung oder Genehmigung für eine solche Tätigkeit oder der Person, die eine solche Tätigkeit anmeldet oder notifiziert, und dadurch unmittelbar einen Umweltschaden oder die unmittelbare Gefahr eines solchen Schadens verursacht hat. Der bloße **Scheinverantwortliche,** also derjenige, der nach der ex-post-Betrachtung tatsächlich keinen Umweltschaden oder keine Gefahr eines solchen Schadens verursacht hat, ist nicht kostenpflichtig, da die Kostenpflicht nach § 9 Abs. 1 nur für den (objektiv) „Verantwortlichen" besteht (*Petersen* § 9 Rn. 52). Wenn ein Scheinverantwortlicher zunächst in Anspruch genommen wird und ihm Kosten entstehen, ist fraglich, auf welcher Rechtsgrundlage er insoweit Ersatz verlangen kann. In der Gesetzesbegründung wird ausgeführt, dass die Länder Erstattungsansprüche gegen Behörden oder Dritte normieren können (BT-Drs. 16/3806, S. 26). ZT wird die Ansicht vertreten, dass sich für den Scheinverantwortlichen bereits aus dem Polizei- und Ordnungsrecht der Länder ein entsprechender Ersatzanspruch ergebe, so zB in Nordrhein-Westfalen aus § 39a OBG NW (*Wagner,* VersR 2008, 565). Ob diese Regelungen des Polizei- und Ordnungsrechts im Anwendungsbereich des Umweltschadensgesetzes unmittelbar Anwendung finden können, erscheint fraglich. Jedenfalls eine analoge Anwendung liegt aber nahe, da es sich auch bei der Inanspruchnahme nach dem Umweltschadensgesetz um eine öffentlich-rechtliche, dem Ordnungsrecht stark angelehnte Verantwortlichkeit handelt und die Interessenlage des Scheinverantwortlichen mit der eines Anscheinsstörers iSd Polizei- und Ordnungsrechts vergleichbar ist.

3 Der Begriff der **Kosten** wird ausdrücklich in § 2 Nr. 9 normiert. Danach sind Kosten die durch eine ordnungsgemäße und wirksame Ausführung des Umweltschadensgesetzes

erforderlichen Kosten, einschließlich der Kosten für die Prüfung eines Umweltschadens, einer unmittelbaren Gefahr eines solchen Schadens, von alternativen Maßnahmen sowie der Verwaltungs- und Verfahrenskosten und der Kosten für die Durchsetzung der Maßnahmen, der Kosten für die Datensammlung, sonstiger Gemeinkosten und der Kosten für Aufsicht und Überwachung. Der Kostenbegriff erfährt bereits im Rahmen seiner Definition eine Einschränkung dahingehend, dass nicht alle Aufwendungen erfasst werden, sondern nur die **„erforderlichen"** Kosten. Schon zur Klärung der Frage, ob es sich bei bestimmten Aufwendungen überhaupt um Kosten im Sinne des Gesetzes handelt, bedarf es also einer Überprüfung der **Verhältnismäßigkeit** der Aufwendungen.

Die Kostentragungspflicht trifft den Verantwortlichen unabhängig davon, ob er die Vermeidungs- oder/und Sanierungsmaßnahmen selbst durchgeführt hat oder diese durch die Behörde oder im Auftrag der Behörde im Rahmen der Verwaltungsvollstreckung durchgeführt worden sind (zustimmend *Petersen* § 9 Rn. 56). Sofern die Behörde die Maßnahmen im Wege der **Ersatzvornahme** selbst vornimmt oder vornehmen lässt, ergibt sich die Pflicht des verantwortlichen und in Anspruch genommenen Störers zur Erstattung von Kosten (Gebühren und Auslagen) bereits aus dem Vollstreckungs- und Kostenrecht des Landes bzw. des Bundes. Fraglich ist, ob § 9 Abs. 1 S. 1 darüber hinaus Verantwortliche zur Kostenerstattung verpflichtet unabhängig davon, ob die Behörde im Wege der Ersatzvornahme die erforderlichen Maßnahmen durchgeführt hat (verneinend etwa *Greinacher,* PHi 2007, 2, 9; bejahend *Scheidler,* NVwZ 2007, 1113, 1118). Teilt man die zu § 7 vertretene Auffassung, dass die zuständige Behörde nicht berechtigt ist, ohne vorherige Aufforderung an den Verantwortlichen, seiner Schadensbegrenzungs- und Sanierungspflicht nachzukommen, und ohne eine Ersatzvornahme die Maßnahmen auf Kosten des Verantwortlichen durchzuführen (siehe dazu oben → § 7 Rn. 21 ff.), dann ist nur der Verantwortliche nach § 9 Abs. 1 S. 1 zur Erstattung der Kosten verpflichtet, der zuvor auch im Wege der Ersatzvornahme in Anspruch genommen wurde. Andere Verantwortliche neben dem durch Ersatzvornahme Verpflichteten sind gegenüber der Behörde nicht zur Kostenerstattung verpflichtet. Unter den Verantwortlichen besteht nach § 9 Abs. 2 S. 1 allerdings ein Ausgleichsanspruch. Da für die Fälle der Ersatzvornahme Kostenerstattungsansprüche bereits im Landesrecht (Vollstreckungsrecht) geregelt sind, wird die bereits bestehende Rechtslage durch § 9 Abs. 1 Satz 1 anlässlich der Umsetzung der entsprechenden Bestimmungen der Richtlinie **deklaratorisch** und bundeseinheitlich festgestellt. Zu berücksichtigen ist allerdings, dass sowohl die Umwelthaftungsrichtlinie als auch § 9 Abs. 1 Satz 1 kein Ermessen hinsichtlich des „Ob" der Kostentragung vorsehen. Eine europarechts- und bundesrechtskonforme Konkretisierung dieser Regelungen durch die Länder müsste berücksichtigen, dass das im Vollstreckungsrecht geltende Opportunitätsermessen hinsichtlich der Kostenerhebung für den Anwendungsbereich des Umweltschadensgesetzes reduziert ist. **4**

Vertritt man hingegen die Ansicht, der Verantwortliche sei auf der Grundlage des § 9 auch ohne seine vorherige Inanspruchnahme im Rahmen der Verwaltungsvollstreckung zur Kostenerstattung verpflichtet, stellt sich die weitere Frage, in welcher Art und Weise diese Kosten geltend gemacht werden können. Der Erlass eines entsprechenden Leistungsbescheids setzt eine spezielle gesetzliche Ermächtigung zum **Handeln durch Verwaltungsakt** voraus, die von den Ländern in den jeweiligen Kostengesetzen geschaffen werden kann. Ohne eine solche Kostenregelung müsste ein Kosterstattungsanspruch notfalls im Wege eines gerichtlichen Verfahrens geltend gemacht werden. **5**

Zu berücksichtigen ist allerdings, dass das Umweltschadensgesetz einen weiteren Kostenbegriff als das allgemeine Kostenrecht verwendet (zustimmend *Petersen* § 9 Rn. 53). Zu den Kosten iSd Umweltschadensgesetzes zählen nach § 2 Nr. 9 auch die Kosten für die Prüfung eines Umweltschadens, einer unmittelbaren Gefahr eines solchen Schadens, **6** von alternativen Maßnahmen sowie die Verwaltungs- und Verfahrenskosten und die Kosten für die Datensammlung, sonstige Gemeinkosten und die Kosten für Aufsicht und Überwachung. § 9 Abs. 1 S. 1 räumt einen Erstattungsanspruch nur hinsichtlich der Kosten der Vermeidungs-, Schadensbegrenzungs- und Sanierungsmaßnahmen ein, zu deren Durchführung der Verantwortliche verpflichtet ist. Soweit der Kostenbegriff des § 2 Nr. 9 sich auf weitere Kosten erstreckt, besteht ein Erstattungsanspruch nicht.

Das Gesetz regelt keine **Haftungshöchstgrenze** für die Kostentragungspflicht des Verantwortlichen. Die vom BVerfG für die Altlastensanierung entwickelten Grenzen der Zustandsverantwortung können auf die Kostentragungspflicht des USchadG nicht entsprechend angewendet werden, weil sich diese Rechtsprechung des BVerfG auf die Zustandsverantwortlichkeit bezieht und dort Haftungsgrenzen einzieht, wo der Eigentümer ungewollt für einen Schaden verantwortlich ist, den er nicht verursacht hat (BVerfG, Beschl. v. 16.2.00 – 1 B v R 242/91, NJW 2000, 2573, 2575; *Brinktrine,* ZUR 2007, 337, 344; *Duikers,* UPR 2008, 427 (430); *Petersen* § 9 Rn. 54). Das USchadG regelt hingegen eine Verursacherverantwortung, für die auch das BVerfG keine aus Art. 14 GG abgeleiteten Haftungsgrenzen anerkennt. Fraglich könnte allenfalls sein, ob sich mit zunehmendem zeitlichem Abstand zu dem schadensursächlichen Verhalten eine Haftungsbeschränkung ergeben kann. Eine Haftungsgrenze kann nach der Rechtsprechung des BVerwG nach Maßgabe des allgemeinen Verhältnismäßigkeitsgrundsatzes dann erreicht werden, wenn das nach dem Verursacherprinzip maßgebliche Zurechnungskriterium der Ausübung einer gefahrgeneigten Tätigkeit nicht mehr trägt (BVerwG, Urt. v. 18.12.2014 – 7 C 22/12, BVerwGE 151, 156, juris Rn. 47). Bei der Zuordnung von Verantwortungssphären könne unter Umständen der Zeitablauf dazu führen, dass ein zunächst maßgeblicher Verursachungsbeitrag völlig in den Hintergrund trete, nur der jetzt vorfindliche Zustand zu bewerten sei und die Verantwortlichkeit nunmehr neu, etwa nach Maßgabe des Gemeinlastprinzips der Allgemeinheit, zugewiesen werde. Diese Einschätzung und die Formulierung genereller Vorgaben seien indessen in erster Linie dem Gesetzgeber vorbehalten (BVerwG, Urt. v. 18.12.2014 – 7 C 22/12, BVerwGE 151, 156, juris Rn. 47). Nach Abschluss einer Maßnahme ist die Behörde gemäß § 9 Abs. 1 S. 4. USchadG befugt, ein Verfahren zur Kostenerstattung bis zu fünf Jahre ab dem Zeitpunkt des Abschlusses der Maßnahme oder der Ermittlung des Kostenschuldners einzuleiten, wobei diese Frist ab dem jeweils späteren Zeitpunkt beginnt; Rechtsvorschriften der Länder, die längere oder keine Fristen vorsehen, bleiben unberührt.

I. Einschränkungen der Kostentragungspflicht

7 Nach § 9 Abs. 1 S. 1 gilt die Kostentragungspflicht nur vorbehaltlich von Ansprüchen gegen die Behörden oder Dritte. Dies bedeutet, dass in dem durch die Umwelthaftungsrichtlinie vorgegebenen Rahmen auch Ansprüche des Verantwortlichen auf Ersatz der aufgewandten Kosten gegen Behörden oder Dritte bestehen bzw. eingeführt werden können (vgl. dazu die ausführliche Begründung des Gesetzesentwurfes durch die Bundesregierung, BT-Drs. 16/3806, S. 26). Ein solcher Anspruch ist gegeben, wenn ein Dritter den Schaden als beauftragter Dienstleister schuldhaft herbeigeführt hat; gegen eine Behörde kommt ein Regressanspruch in Betracht, wenn der Verantwortliche auf Anordnung der Behörde schadensursächlich gehandelt hat (*Gassner/Schemel,* Umweltschadensgesetz, S. 95). Insoweit kann zu prüfen sein, ob der beklagten Behörde bzw. deren Rechtsträger eine (Mit-)Verantwortung bei der Entstehung eines Umweltschadens entgegengehalten werden kann (BGH, Urt. v. 4.12.2014 – III ZR 51/13, BGHZ 203, 312). Da der Bund den von der Umwelthaftungsrichtlinie vorgegebenen Rahmen nicht

ausgeschöpft hat, können bzw. müssen die Länder entsprechende Regelungen vorsehen, um die Vorgaben der Richtlinie umfassend umzusetzen. § 9 Abs. 1 Satz 2 sieht eine entsprechende Aufforderung an die Bundesländer ausdrücklich vor. Die Bundesregierung hat in der **Gesetzesbegründung** im Einzelnen erläutert, warum in diesem Zusammenhang die Bestimmungen der Umwelthaftungsrichtlinie zu den Kosten einer Umsetzung durch die Länder vorbehalten bleiben:

Nach **Art. 8 Abs. 2 der Umwelthaftungsrichtlinie** kann die zuständige Behörde vorbehaltlich der Absätze 3 und 4 des Art. 8 der Umwelthaftungsrichtlinie unter anderem in Form einer **dinglichen Sicherheit** oder in Form anderer geeigneter **Garantien** von dem Verantwortlichen, der den Schaden oder die unmittelbare Gefahr eines Schadens verursacht hat, die Erstattung der Kosten verlangen, die ihr durch die gemäß dieser Richtlinie durchgeführten Vermeidungs- oder Sanierungstätigkeiten entstanden sind. Die zuständige Behörde könne jedoch entscheiden, keine Erstattung der vollen Kosten zu verlangen, wenn die dazu erforderlichen Ausgaben über der zu erstattenden Summe liegen würden oder wenn der Verantwortliche nicht mehr ermittelt werden könne. Da diese Regelung eines Kostenerstattungsanspruches für behördliche Maßnahmen die Länderfinanzen berühre, erscheine es aus Bundessicht folgerichtig, wenn die Länder entsprechende richtlinienkonforme Regelungen erließen und die Einzelheiten bestimmten. Vor dem Hintergrund des Art. 74 Abs. 1 Nr. 11 GG in Verbindung mit Art. 72 Abs. 2 GG erscheine im Hinblick auf die Regelung der Umwelthaftungsrichtlinie eine bundesrechtliche Regelung auch nicht erforderlich (Gesetzesbegründung der Bundesregierung, BT-Drs. 16/3806, Seite 26). 8

Nach **Art. 8 Abs. 3 der Umwelthaftungsrichtlinie** müsse ein Verantwortlicher die Kosten für gemäß der Richtlinie durchgeführte Vermeidungs- oder Sanierungstätigkeiten nicht tragen, wenn er nachweisen könne, dass die Umweltschäden oder die unmittelbare Gefahr solcher Schäden entweder durch einen Dritten verursacht worden sind und eingetreten sind, obwohl geeignete **Sicherheitsvorkehrungen** getroffen worden sind, oder auf die **Befolgung von Verfügungen** oder Anweisungen einer Behörde zurückzuführen sind, wobei es sich nicht um Verfügungen oder Anweisungen infolge von Emissionen oder Vorfällen handelt, die durch die eigenen Tätigkeiten des Verantwortlichen verursacht worden sind. In diesen Fällen treffen die Mitgliedstaaten die geeigneten Maßnahmen, damit der Betreiber – bzw. nach dem Sprachgebrauch des Umweltschadensgesetzes: der Verantwortliche – Erstattung der ihm entstandenen Kosten erlangen könne. Die Fälle, in denen ein Schaden durch private Dritte verursacht worden ist, würden bereits durch die zivilrechtlichen Haftungstatbestände abgedeckt. Da die Regelung eines Kostenerstattungsanspruchs gegen die zuständigen Behörden in den Fällen des Art. 8 Abs. 3 lit. b der Umwelthaftungsrichtlinie die Länderfinanzen berühre, erscheine es aus Bundessicht folgerichtig, wenn die Länder entsprechende richtlinienkonforme Regelungen erließen und die Einzelheiten bestimmten. Vor dem Hintergrund des Art. 74 Abs. 1 Nr. 11 GG in Verbindung mit Art. 72 Abs. 2 GG erscheine im Hinblick auf die Regelung der Umwelthaftungsrichtlinie auch insoweit eine bundesrechtliche Regelung nicht erforderlich (Gesetzesbegründung der Bundesregierung, BT-Drs. 16/3806, S. 26). 9

Nach **Art. 8 Abs. 4 der Umwelthaftungsrichtlinie** könnten schließlich die Mitgliedstaaten zulassen, dass der Betreiber die Kosten der gemäß der Umwelthaftungsrichtlinie durchgeführten Sanierungstätigkeiten nicht zu tragen hat, sofern er nachweist, dass er nicht vorsätzlich oder fahrlässig gehandelt hat und dass der Umweltschaden verursacht worden ist durch eine Emission oder ein Ereignis, die oder das aufgrund einer Zulassung, die nach den zum Zeitpunkt der Emission oder des Ereignisses geltenden nationalen Rechts- und Verwaltungsvorschriften zur Umsetzung der in Anhang III der Richtlinie aufgeführten gesetzlichen Maßnahmen der Gemeinschaft zuerkannt oder erteilt worden 10 ist, ausdrücklich erlaubt ist und deren Bedingungen in vollem Umfang entsprechen. Gleiches soll gelten, wenn der Umweltschaden verursacht wurde durch eine Emission oder Tätigkeit oder jede Art der Verwendung eines Produkts im Verlauf einer Tätigkeit, bei denen der Betreiber nachweise, dass sie nach dem Stand der wissenschaftlichen und technischen Erkenntnisse zum Zeitpunkt, an dem die Emission freigesetzt oder die Tätigkeit ausgeübt worden sei, nicht als wahrscheinliche Ursache von Umweltschäden angesehen wurden. Da die Regelung eines solchen Kostenerstattungsanspruchs sich gegen die zuständige Behörde richte und damit die Länderfinanzen berühre, erscheine es folgerichtig, wenn die Länder entsprechende richtlinienkonforme Regelungen erließen und entschieden, ob sie von dieser Option Gebrauch machen. Vor dem Hintergrund des Art. 74 Abs. 1 Nr. 11 GG in Verbindung mit Art. 72 Abs. 2 GG erscheine im Hinblick darauf, dass wegen der engen tatbestandlichen Vorraussetzung der Option nur in absoluten Ausnahmefällen eine solche Kostenerstattung in Betracht komme, eine bundesrechtliche Regelung auch nicht erforderlich. Sie wäre daher auch verfassungsrechtlich auf Bundesebene nicht möglich (Gesetzesbegründung der Bundesregierung, BT-Drs. 16/3806, S. 26).

11 Mit § 9 Abs. 1 Satz 2 und dem darin enthaltenen Verweis auf die Umwelthaftungsrichtlinie hat der Bundesgesetzgeber den Ländern die Pflicht zugewiesen, die Kostentragung unter Berücksichtigung der Umwelthaftungsrichtlinie näher auszugestalten. Dabei sind den Ländern diejenigen **Gestaltungsmöglichkeiten** eingeräumt, die auch die Umwelthaftungsrichtlinie vorsieht. Den Ländern ist demnach die Möglichkeit eröffnet, eine **Kostenbefreiung** dann vorzusehen, wenn die Aufwendungen für die Verfolgung des Anspruchs die zu erstattenden Kosten übersteigen würden, wenn der Verantwortliche nicht zu ermitteln ist, wenn der Schaden durch einen Dritten verursacht wurde, obwohl geeignete Sicherheitsvorkehrungen getroffen wurden, oder wenn der Schadenseintritt auf die Befolgung von Anweisungen einer Behörde zurückzuführen ist.

12 Besonders betont wird in § 9 Abs. 1 Satz 2, 2. Halbsatz die Möglichkeit, unter Berücksichtigung des Art. 8 Abs. 4 UHRL eine **Kostenfreiheit** einzuführen. Nach Art. 8 Abs. 4a) UHRL können die Mitgliedstaaten zulassen, dass der Betreiber (in der Terminologie des Umweltschadensgesetzes: der Verantwortliche) die Sanierungskosten nicht zu tragen hat, wenn er nachweist, dass der Schaden schuldlos durch ein Ereignis verursacht wurde, das aufgrund einer Zulassung auf gesetzlicher Grundlage ausdrücklich erlaubt war und den Vorgaben der Genehmigung entsprach. Nach Art. 8 Abs. 4b) UHRL können die Mitgliedstaaten zulassen, dass der Betreiber (in der Terminologie des Umweltschadensgesetzes: der Verantwortliche) die Sanierungskosten nicht zu tragen hat, wenn er nachweist, dass der Schaden schuldlos durch eine Tätigkeit oder die Verwendung eines Produkts im Verlauf einer Tätigkeit verursacht wurde, bei der der Verantwortliche nachweist, dass die Tätigkeit nach dem Stand der wissenschaftlichen und technischen Erkenntnisse zum Zeitpunkt des Handelns nicht als wahrscheinliche Ursache von Umweltschäden angesehen wurde. Diese mögliche Kostenfreiheit für Schäden, die bei **genehmigungskonformem Normalbetrieb** oder unter Einhaltung des **Standes der Technik** verursacht werden, bedeutet keine Legalisierung der Herbeiführung des Schadens, sondern ermöglicht lediglich eine **„Vergesellschaftung"** der Kosten aus Gründen des Vertrauensschutzes (dazu *Becker,* NVwZ 2005, 371 (377)). Eine Freistellung von der Kostenpflicht bedeutet demnach nicht zugleich eine Freistellung von den primären Pflichten des Verantwortlichen aus den §§ 4–6, sondern legt lediglich die Sanierungskosten, also die finanziellen Lasten der durchgeführten Sanierung, auf die Allgemeinheit um (zustimmend *Petersen* § 9 Rn. 66).

13 Wollen die Länder von dieser Freistellungsmöglichkeit Gebrauch machen, müssen sie eine **Ausnahmevorschrift** zu § 9 Abs. 1 Satz 1 erlassen. In dieser Ausnahmevorschrift müsste geregelt werden, dass die Behörde den Verantwortlichen unter den Voraussetzungen des Art. 8 Abs. 4 der Umwelthaftungsrichtlinie nicht für die von ihr aufgewandten Sanierungskosten heranziehen darf. Darüber hinaus müsste – sofern man die Kostenfreiheit des Verantwortlichen konsequent umsetzten möchte – ein **Erstattungsanspruch** des Verantwortlichen gegen die Behörde normiert werden, der dann greift, wenn der Verantwortliche die Kosten der Sanierungsmaßnahmen zunächst selbst aufgewandt hat.

Die Möglichkeit der Kostenfreistellung wird zT heftig kritisiert. Es wird vorgebracht, 14 dass die vorgesehene Gefährdungshaftung weitgehend leer liefe, wenn von der Kostenfreistellung Gebrauch gemacht werde, oder jedenfalls nur noch in Störfällen eingreife (vgl. *Palme/Schumacher/Schlee,* EurUP 2004, 204 (209)). Gemessen an dem gesetzgeberischen Ziel, eine möglichst umfassende Verantwortlichkeit für die Verursachung von Umweltschäden zu normieren, ist diese Kritik nachvollziehbar. Nicht vergessen werden darf aber, dass die Rechtsfigur der „**Legalisierungswirkung** von Genehmigungen" aus der Tatbestandswirkung des Verwaltungsakts, mit Gesichtspunkten des Vertrauensschutzes, dem Verbot des „venire contra factum proprium" oder mit dem Grundsatz der Widerspruchsfreiheit der Rechtsordnung hergeleitet wird. Diese Grundsätze gelten auch nach Erlass des Umweltschadensgesetzes weiterhin. Es könnte nicht unerhebliche Widersprüche innerhalb der Rechtsordnung mit sich bringen, wenn etwa ein Anlagenbetreiber trotz genehmigungskonformen Betriebs zu den Kosten einer Sanierung herangezogen werden könnte, obwohl er eine erlaubte Gefahr geschaffen und in Anbetracht der Genehmigung rechtmäßig gehandelt hat.

Sofern die Bundesländer von den eingeräumten Befreiungsmöglichkeiten in unter- 15 schiedlicher Weise Gebrauch machen, wird dies zwangsläufig unterschiedliche **Wettbewerbsverhältnisse** zur Folge haben, weil Erleichterungen bei der Kostentragungspflicht von den potentiell betroffenen Unternehmen als Standortvorteil gewertet werden. Die Pflicht zur Kostentragung stellt die größte Belastung dar, die das Umweltschadensgesetz für die Verantwortlichen mit sich bringt. Vor diesem Hintergrund verwundert es, dass der Bundesgesetzgeber den Ländern entsprechende Gestaltungsspielräume gerade hinsichtlich der Kostenregelungen einräumt (kritisch dazu auch *Cosack/Enders,* DVBl. 2008, 405 (415)). Der Entwurf des Umweltschadensgesetzes führt zur Bundeskompetenz für den Erlass des Gesetzes aus, dass es zur Vermeidung von Wettbewerbsverzerrungen notwendig sei, die Informations-, Gefahrenabwehr- und Sanierungspflichten sowie die ergänzenden Regelungen zur Durchsetzung dieser Pflichten aus der übergeordneten Regelungsperspektive des Bundesgesetzgebers festzulegen, weil es sonst bei der Verteilung des wirtschaftlichen Potentials im Bundesgebiet zu **Verlagerungseffekten** zugunsten der Länder mit geringeren Verpflichtungen käme (Gesetzesbegründung der Bundesregierung, BT-Drs. 16/3806, S. 16/17). Dies muss aber gerade auch für Regelungen zur Kostenbefreiung gelten.

Neben innerstaatlichen Unterschieden bei der Normierung der Kostentragungspflicht 16 ist zu erwarten, dass auch die Mitgliedstaaten der Europäischen Gemeinschaft in unterschiedlichem Maße von den Ermächtigungen des Art. 8 Abs. 4 UHRL Gebrauch machen werden. **Ungleichheiten im Binnenmarkt** werden vom europäischen Richtliniengeber aber gem. Art. 8 UHRL akzeptiert (*Becker,* NVwZ 2007, 1105 (1110)).

Zu beachten ist, dass Befreiungen von der Kostenpflicht nur für den Anwendungsbe- 17 reich des Umweltschadensgesetzes normiert werden können. Enthalten die **Fachgesetze** weitergehende Regelungen zur Kostentragung, die keine Befreiungsmöglichkeit vorsehen, werden diese nach § 1 nicht verdrängt.

Nach § 9 Abs. 1 S. 3 USchadG berücksichtigen die Länder bei der Einführung von Kostenregelungen die besondere Situation der Landwirtschaft bei der Anwendung von Pflanzenschutzmitteln. Diese **Privilegierung der Landwirtschaft** soll dem Umstand Rechnung tragen, dass Landwirte bei der Verwendung von Pflanzenschutzmitteln regelmäßig keine näheren Erkenntnisse dazu haben, ob ein von ihnen ordnungsgemäß angewandtes und amtlich zugelassenes Pflanzenschutzmittel später sanierungsbedürftige Schäden verursachen kann. Landwirte, die staatlich zugelassene Pflanzenschutzmittel ordnungsgemäß einsetzen, sollen insoweit für dennoch eintretende Schäden nicht finanziell zur Verantwortung gezogen werden können (*Petersen* § 9 Rn. 99 unter Verweis auf die Gesetzesbegründung BT-Drs. 16/3806, S. 26),

II. Versicherbarkeit des Risikos

18 Die durch das Umweltschadensgesetz begründeten, besonderen finanziellen Risiken für potenziell Verantwortliche werfen die Frage auf, welche Möglichkeiten zur Versicherung dieses Risikos bestehen. Ziel des Gesetzes und der zugrunde liegenden Richtlinie ist es zwar letztlich nicht, lediglich eine Sanierung von eingetretenen Umweltschäden sicherzustellen, sondern die Verantwortlichen auch dazu zu veranlassen, Maßnahmen zu treffen und Praktiken zu entwickeln, mit denen die Gefahr von Umweltschäden auf ein Minimum beschränkt werden kann, damit das Risiko ihrer finanziellen Inanspruchnahme verringert wird (so wörtlich die Erwägung Nr. 2 der Umwelthaftungsrichtlinie). Selbst wenn ein potenziell Verantwortlicher aber spezielle Vermeidungsmaßnahmen trifft, verbleibt ein nicht unerhebliches „Haftungsrisiko".

19 Bereits die Richtlinie schreibt den Mitgliedstaaten im Hinblick auf dieses Risiko vor, Maßnahmen zu ergreifen, mit denen den wirtschaftlichen und finanziellen Akteuren Anreize zur Schaffung von Instrumenten und Märkten der **Deckungsvorsorge,** einschließlich finanzieller Mechanismen im Falle von Insolvenz, geboten werden, damit die Betreiber (in der Terminologie des Umweltschadensgesetzes: die Verantwortlichen) Finanzsicherheiten in Anspruch nehmen können, um ihre Haftung im Rahmen dieser Richtlinie zu decken. Mit dieser Vorgabe aus Art. 14 Abs. 1 UHRL werden die Mitgliedstaaten nicht verbindich verpflichtet, eine Umweltversicherung vorzuschreiben. Art. 14 Abs. 2 UHRL sah vielmehr vor, dass die Kommission bis zum 30. April 2010 einen Bericht über die Effektivität der Richtlinie hinsichtlich der tatsächlichen Sanierung von Umweltschäden, über die Verfügbarkeit von Versicherungen und anderer Formen der Deckungsvorsorge sowie über die diesbezüglichen Bedingungen vorlegen sollte. Erst auf der Grundlage dieses Berichts und einer Folgenabschätzung, einschließlich einer Kosten-Nutzen-Analyse, sollte die Kommission ggf. Vorschläge für ein System harmonisierter obligatorischer Deckungsvorsorge unterbreiten. Der entsprechende Bericht geht davon aus, dass zwar ein Markt für Deckungsvorsorgen entstanden sei, betont aber, dass Mängel in Bezug auf die Absicherung der Betreiberhaftung für Umweltschäden zutage getreten seien und zeigt sich besorgt über Fälle, in denen Betreiber nicht in der Lage waren, die Kosten einer Umweltsanierung zu tragen. Die Nachfrage nach Versicherungsprodukten sei gering, weil die Anzahl der Schadensfälle gering und die Anwendung der Richtlinie in vielen Staaten unzureichend sei. Die Mitgliedstaaten werden angehalten, die Schaffung von Instrumenten und Märkten der Deckungsvorsorge zu beschleunigen und auch Mechanismen für Fälle der Insolvenz vorzusehen, damit die Betreiber in die Lage versetzt werden, ihre Haftung zu decken (Entschließung des EP zur Durchfürung der Umwelthaftungsreichtlinie, ABlEU C 346/24, 184 ff.). Vermutlich angesichts der europaweit geringen Bedeutung der Umwelthaftungsrichtlinie sind entsprechende Empfehlungen bislang fruchtlos geblieben.

20 In Umsetzung der Vorgaben der Umwelthaftungsrichtlinie sah der Gesetzesentwurf zum Umweltschadensgesetz in § 12 der ursprünglichen Fassung zwar eine Regelung vor, mit der die Bundesregierung ermächtigt wurde, durch Rechtsverordnung Vorschriften über die Bestimmung von Verantwortlichen zu treffen, die finanzielle Vorkehrungen für die sich aus dem Gesetz ergebenden Verpflichtungen zu treffen haben, über Art, Umfang und Höhe dieser Deckungsvorsorge sowie von Selbstbehalten, über Verfahren und Befugnisse der für die Überwachung der Deckungsvorsorge zuständigen Behörde und über Pflichten des Verantwortlichen gegenüber der für die Festsetzung und Überwachung der Deckungsvorsorge zuständigen Behörde. Mit dieser Regelung sollte Vorsorge für den Fall getroffen werden, dass auf europäischer Ebene eine verbindliche Deckungsvorsorge vorgeschrieben würde. Insoweit sollte bereits eine Verordnungsermächtigung geschaffen werden, von der dann Gebrauch gemacht werden könnte.

Im Gesetzgebungsverfahren wurde diese in § 12 vorgesehene Regelung ersatzlos gestrichen. Zur Begründung wurde vorgebracht, dass ein Bedarf für eine entsprechende Ermächtigungsgrundlage solange nicht bestehe, wie eine verbindliche Deckungsvorsorge europarechtlich nicht vorgeschrieben ist. Das Parlament solle seinen Gestaltungsspielraum nicht im Vorfeld aus der Hand geben (vgl. dazu Beschlussempfehlung des Ausschusses für Umwelt, Naturschutz und Reaktorsicherheit, BT-Drs. 16/4587, S. 7, 14). Außerdem wurde argumentiert, dass die Einführung einer Deckungsvorsorgepflicht die Entwicklung des Versicherungsmarktes für Umweltrisiken behindern und eine Absicherung gegen neue Haftungsrisiken erschweren könnte. Die Entwicklung geeigneter Versicherungslösungen könne ohne entsprechende Erfahrungswerte seitens der Versicherer nur schrittweise erfolgen, sie brauche außer klaren Haftungsgrundlagen, die zur Zeit noch nicht vorlägen, insbesondere auch Zeit (vgl. Stellungnahme des Bundesrates, BT-Drs. 16/3806, S. 35). **21**

Das Umweltschadensgesetz sieht daher bis heute **keine Versicherungspflicht** vor. Auch eine Ermächtigungsgrundlage zur Schaffung einer Versicherungspflicht durch Rechtsverordnung ist im Gesetz nicht enthalten. **22**

Trotzdem wird potentiell Verantwortlichen geraten, eine Versicherung gegen die Risiken aus dem Umweltschadensgesetz freiwillig abzuschließen. Die Notwendigkeit eines Versicherungsschutzes wird insbesondere im Hinblick auf das **Fehlen von Haftungshöchstgrenzen** und die Ausweitung der Verantwortlichkeit auf Schädigungen von Arten und natürlichen Lebensräumen betont. Daneben wird den Unternehmen empfohlen, ein umfassendes, speziell auf die Vermeidung von Umweltgefahren bezogenes **Risikomanagement** zu etablieren und klare und nachvollziehbar dokumentierte Aufgaben- und Verantwortungszuweisungen vorzunehmen (vgl. *Scheidler,* NVwZ 2007, 1113, 1119; ausführlich auch *Diederichsen/Jerxsen,* UPR 2007, 17 ff.; auch *Schmidt,* NZG 2007, 650 (652); *Diederichsen,* NJW 2007, 3377 (3381)). Zudem wird eine Überprüfung und Anpassung der innerbetrieblichen **Umweltschutzorganisation** angeraten, eine klare **Dokumentation** der regelmäßigen und ordnungsgemäßen Erfüllung von Aufsichts- und Überwachungsmaßnahmen sowie eine Ermittlung und Dokumentation der Umweltbedingungen und des Zustands der Umweltmedien in der Umgebung des Unternehmens, um in einem möglichen Streit mit der zuständigen Behörde über Eintritt, Ausmaß und Umfang eines Schadens und der entsprechenden Sanierungspflichten, insbesondere auch über den im Rahmen der primären Sanierung wiederherzustellenden Zustand, den bisherigen Zustand zu kennen und belegen zu können (vgl. dazu *Diederichsen,* NJW 2007, 3377, 3381 ff.). **23**

Letztlich ist es eine betriebswirtschaftliche Entscheidung, ob potentiell Verantwortliche, insbesondere Unternehmen, die schadensgeneigte Tätigkeiten nach Anlage 1 vornehmen, das Risiko ihrer Inanspruchnahme für die Sanierung von Umweltschäden über eine Versicherung abdecken (*Diederichsen,* NJW 2007, 3377 (3381)). Erforderlich ist dazu in der Regel eine Zusatzversicherung, da die Versicherung von Haftungsrisiken nach dem Umweltschadensgesetz nicht unter die meisten der früheren Umwelthaftpflichtver- **24** sicherungen fällt. Gegenstand der bisherigen Umwelthaftpflichtversicherungen war im Regelfall die Inanspruchnahme aufgrund gesetzlicher Haftpflichtbestimmungen privatrechtlichen Inhalts, nicht hingegen eine Inanspruchnahme nach öffentlich-rechtlichen Regelungen. Problematisch wird allerdings die Versicherbarkeit des durch das Umweltschadensgesetz geschaffenen Risikos eingestuft (vgl. dazu *Sasserath,* Kriterien der Versicherbarkeit, in: Knopp (Hrsg.), Neues Europäisches Umwelthaftungsrecht, Heidelberg 2003, S. 104 ff.; *Vogel,* Ist Umwelthaftung für Unternehmen noch versicherbar?, in: Knopp (Hrsg.), Neues Europäisches Umwelthaftungsrecht, Heidelberg 2003; S. 133 ff.; *Nell,* Zur Versicherbarkeit des Umwelthaftungsrisikos, UTR Band 81, S. 243 ff.; *Wagner,* VersR 2008, 565 (578)). Die Versicherbarkeit von Haftungsrisiken setzt grundsätzlich eine **Schätzbarkeit der Eintrittswahrscheinlichkeit und des Schadensausmaßes** sowie eine gewisse Homogenität der Haftungsfälle voraus. Da das Umweltschadensgesetz keine Haftungshöchstgrenzen normiert, ist das Schadensausmaß und damit die Höhe der potentiellen Haftung kaum vorhersehbar (*Wagner,* VersR 2008, 565 (578)). Auch die Eintrittswahrscheinlichkeit eines Schadens ist kaum zu berechnen, da das Umweltschadensgesetz (vorbehaltlich anderer Regelungen durch die einzelnen Bundesländer) die Haftung nicht auf Unfälle oder Störfälle beschränkt, deren Eintrittswahrscheinlichkeit sich in der Regel aus vorliegenden Statistiken der Versicherer berechnen ließe, sondern auch eine Haftung für Schädigungen durch genehmigungskonformen Normalbetrieb vorsieht. Schließlich ist auch eine Homogenität der Versicherungsnehmer kaum gegeben, da das Umweltschadensgesetz eine Haftung juristischer Personen, also auch großer Unternehmen vorsieht, in gleicher Weise aber auch eine Haftung handelnder Privatpersonen, Arbeitnehmer und kleiner Betriebe, die in ganz unterschiedlichem Maße schadensgeneigte Tätigkeiten ausüben.

25 Der Gesamtverband der Deutschen Versicherungswirtschaft e. V. (GDV) hat allgemeine **Musterbedingungen** für eine **Umweltschadensversicherung** erarbeitet (dazu ausführlich *Schröder,* EU-Umwelthaftungsrichtlinie, Umweltschadensgesetz und Umweltschadensversicherung, Karlsruhe 2008, passim; mittlerweile wurden die Bedingen allerdings mehrfach aktualisiert).

26/27 Das LG Düsseldorf geht in einer neueren, versicherungsnehmerfreundlichen Entscheidung davon aus, dass dann, wenn die gesetzliche Pflicht öffentlich-rechtlichen Inhalts des Versicherungsnehmers gemäß Umweltschadensgesetz zur Sanierung von Umweltschäden versichert sei, der Versicherungsschutz im Rahmen einer Umweltschadens-Basisversicherung nicht darauf reduziert werden dürfe, dass er nur im Falle unmittelbaren Eingreifens des Umweltschadensgesetzes wegen Fehlens anderer Bundes- oder Ländervorschriften bestehe. Eine solche Verengung führte zur Aushöhlung des Versicherungsschutzes. Im dortigen Fall sah das Gericht auch die Kosten einer Sanierung nach Art. 55 Abs. 1 Satz 1 BayWG als mitversichert an (LG Düsseldorf, Urt. v. 18.12.2018 – 9 S 1/18 –, Juris).

C. Interner Ausgleichsanspruch (Absatz 2)

28 Absatz 2 regelt einen internen Ausgleichsanspruch zwischen mehreren Verantwortlichen eines Umweltschadens oder der Gefahr eines solchen Schadens. Die Vorschrift dient der Umsetzung von Art. 9 UHRL und entspricht inhaltlich dem § 24 Abs. 2 BBodSchG. Die Regelung lehnt sich an die Vorschriften des Bürgerlichen Gesetzbuchs zur Gesamtschuld an. Insoweit kann dahinstehen, ob die §§ 421 ff. BGB auch unmittelbare Anwendung finden könnten, weil es sich um einen zivilrechtlichen Anspruch handelt, oder ob es sich bei dem Ausgleichsanspruch des Umweltschadensgesetzes um eine öffentlich-rechtliche Verpflichtung handelt. Der Gesetzgeber weist Streitigkeiten über den Anspruch in § 9 Abs. 2 Satz 5 ausdrücklich den Zivilgerichten zu, so dass der zivilrechtliche Charakter auch insoweit dahinstehen kann.

I. Inhalt und Voraussetzungen des Ausgleichsanspruchs

29 Der Ausgleichsanspruch bezieht sich auf aufgewandte Kosten für Vermeidungs-, Schadensbegrenzungs- und Sanierungsmaßnahmen.

30 § 9 Abs. 2 regelt ausschließlich das Innenverhältnis mehrerer Verantwortlicher untereinander und betrifft nicht das Rechtsverhältnis zwischen Verantwortlichen und zuständiger Behörde. Die Behörde kann sich vielmehr, ebenso wie der Gläubiger mehrerer Gesamtschuldner, an jeden einzelnen Verantwortlichen wenden und ihn – unter Einhaltung der Vorgaben des Vollstreckungsrechts und im Rahmen ihres Ermessens unter Berücksichtigung des Grundsatzes der Verhältnismäßigkeit – zu dem vollen Kostenbetrag heranziehen (OVG Schleswig, Urt. v. 4.2.2016 – 1 LB 2/13, NuR 2016, 578; *Beckbissinger,* EuRUP 2020, 2 (9)).

31 Der Ausgleichsanspruch zwischen den Verantwortlichen besteht nach dem Gesetzeswortlaut „unabhängig von ihrer Heranziehung". Zu der gleichlautenden Vorschrift des § 24 Abs. 2 Satz 1 BBodSchG wird zT die Ansicht vertreten, dass die Kostenpflicht eine behördliche Verpflichtung oder Anordnung gegenüber dem Ausgleichspflichtigen voraussetze (dazu *Dombert,* Bd. IV, Teil II Nr. 9, § 24 BBodSchG, Rn. 21 ff.). Diese Ansicht vermag jedoch nicht zu überzeugen (so auch *Petersen* § 9 Rn. 112; *Gassner/Schemel,* Umweltschadensgesetz, 2018, S. 96, die darauf hinweisen, dass mit Blick auf die Informationspflicht gem. § 4 und die Notwendigkeit der Abstimmung von Eigenmaßnahmen mit der Behörde die vorherige Einleitung eines Verwaltungsverfahrens praktisch nicht zu vermeiden ist und in der Sache auch erforderlich sei, um den Umfang der entstehenden Kostenbelastung überhaupt absehen zu können). Der Ausgleichsanspruch verfolgt den Zweck, zwischen mehreren Verantwortlichen einen gerechten Ausgleich zu schaffen, soll aber zugleich die behördliche Kostenbeitreibung erleichtern. Die Behörde soll sich nur an einen Verantwortlichen halten können, zugleich soll aber zwischen mehreren Verantwortlichen eine angemessene, dem Verursachungsbeitrag entsprechende Aufteilung der finanziellen Belastungen erreicht werden (zur Frage, ob ein solcher Binnenausgleich zwischen Störern oder öffentlich-rechtlich Verantwortlichen auch verfassungsrechtlich geboten sein könnte siehe *Lennartz,* NVwZ 2018, 1429). Dazu bedarf es keiner behördlichen Anordnung gegenüber jedem Verantwortlichen. Sofern der Schuldner des Ausgleichsanspruchs seine Verantwortung bestreitet, muss sie in der Auseinandersetzung mit demjenigen geklärt werden, der den Ausgleichsanspruch geltend macht.

32 Fraglich ist allerdings, ob der Ausgleichsanspruch auch dann geltend gemacht werden kann, wenn kein Verantwortlicher von der Behörde zu Maßnahmen iSd § 7 oder zur Kostenerstattung nach § 9 Abs. 1 herangezogen wurde. Hinsichtlich der Regelung des § 24 BBodSchG, an der sich der Gesetzgeber ausdrücklich orientiert hat (vgl. Gesetzesbegründung, BT-Drs. 16/3806, S. 27), wird die Ansicht vertreten, dass eine Kostenerstattung auch dann verlangt werden kann, wenn die Behörde darauf verzichtet hat, Sanierungsmaßnahmen anzuordnen, ein „Verpflichteter" im Sinne des § 4 BBodSchG aber dennoch (freiwillig) eine Sanierung vornimmt. Übertragen auf den Anwendungsbereich des § 9 Abs. 2 Satz 1 stellt sich insoweit die Frage, ob ein Ausgleichsanspruch auch dann geltend gemacht werden kann, wenn ein Verantwortlicher einen Umweltschaden verhindert, begrenzt oder saniert, ohne dazu von der zuständigen Behörde aufgefordert worden zu sein. Dies muss jedenfalls hinsichtlich der Kosten für Vermeidungs- und Schadensbe-

grenzungsmaßnahmen bejaht werden, da das Umweltschadensgesetz insoweit gerade eine kraft Gesetzes bestehende Handlungspflicht normiert, die den Verantwortlichen unabhängig von einer behördlichen Anordnung trifft. Da diese Pflicht kraft Gesetzes für alle Verantwortlichen besteht, erscheint es angemessen, dem Handelnden einen Ausgleichsanspruch zuzugestehen. Ob auch sämtliche Kosten, die für eine behördlich nicht angeordnete Sanierungsmaßnahme aufgewandt wurden, ausgleichspflichtig sind, ist hingegen fraglich. Nach der gesetzlichen Konzeption des Umweltschadensgesetzes besteht zwar auch die Sanierungspflicht unmittelbar kraft Gesetzes (vgl. §§ 6 Nr. 2, 8). Allerdings darf der Verantwortliche mit der Durchführung der Sanierung gem. § 8 Abs. 1 erst beginnen, wenn er eine **Zustimmung** der zuständigen Behörde eingeholt hat. Unter Beachtung dieser Regelung erscheint es angemessen, den Ausgleichsanspruch nur dann zu gewähren, wenn der Verantwortliche dieses Verfahren eingehalten hat. Auf diese Weise wird auch sichergestellt, dass ein anderer Verantwortlicher nicht die Kosten für unsachgemäße oder überflüssige Sanierungsmaßnahmen auszugleichen hat.

II. Individualrechtliche Abreden

33 Nach § 9 Abs. 2 Satz 2 können verschiedene Verantwortliche nach dem Umweltschadensgesetz – ebenso wie die Gesamtschuldner nach dem BGB – individuelle Vereinbarungen über den jeweiligen Anteil an der Kostentragungspflicht treffen. Besteht eine individuelle Vereinbarung nicht, hängt der von jedem Verantwortlichen zu tragende Anteil der Sanierungskosten von seinem Verursachungsbeitrag ab. Dementsprechend muss der Verursachungsgrad für den konkreten Umweltschaden für die Handlung eines jeden Verursachers bewertet und danach die Quote gebildet werden. Das kann im Einzelfall bereits schwierig werden. Noch schwieriger fällt eine Quotenbildung zwischen einer juristischen Person und einem Organmitglied, weil das Unternehmen, dh die juristische Person, selbst gar nicht handlungsfähig ist, sodass der Verursachungsbeitrag des Unternehmens und des Organs auf ein und derselben Handlung beruht (*Keich,* NuR 2012, 737 (738)). In einem solchen Fall müssen Quoten nach anderen Kriterien gebildet werden, bei denen auch gesellschaftsrechtliche Grundsätze zu bedenken sind.

Mit der Möglichkeit, eine Abrede über die Kostentragungspflicht zu treffen, sieht das Gesetz eine freiwillige Durchbrechung des Verursacherprinzips vor. Diese Möglichkeit besteht aber nur im Innenverhältnis zwischen den Verantwortlichen und kann im Außenverhältnis etwa die Behörde nicht verpflichten. Sie kann allerdings von der zuständigen Behörde im Rahmen einer Ermessensentscheidung über die Störerauswahl berücksichtigt werden. Eine entsprechende Abrede kann beispielsweise in **Kaufverträgen** über Grundstücke oder Anlagen getroffen werden, wenn nicht auszuschließen ist, dass der Verkäufer einen Umweltschaden (mit-)verursacht hat, oder auch in **Arbeitsverträgen,** da nach der Konzeption des Umweltschadensgesetzes der Verhaltensverantwortliche haftet und damit – ggf. neben einem weisungsbefugten Vorgesetzten oder einer juristischen Person – auch der unmittelbar handelnde Arbeitnehmer. Insoweit kann beispielsweise im Innenverhältnis zum Arbeitgeber eine Freistellung des Arbeitnehmers vereinbart werden. Ein einfacher **Gewährleistungsausschluss** in einem Grundstückskaufvertrag dürfte den Ausgleichsanspruch nach § 9 nicht miterfassen und daher auch nicht ausschließen. Die öffentlich-rechtlich begründete Verantwortlichkeit nach dem Umweltschadensgesetz unterscheidet sich grundlegend von zivilrechtlichen Gewährleistungsansprüchen und betrifft einen völlig anderen Risikobereich. Eine Parteivereinbarung, die dieses Risiko ausschließen bzw. übertragen will, muss in Kenntnis des speziellen Risikos und gerade in dem Willen, es auf den anderen Vertragpartner zu verlagern, geschlossen werden und daher auch ausdrücklich die Einstandspflicht nach Umweltschadensgesetz bezeichnen (vgl. dazu *Wagner,* VersR 2008, 565).

III. Durchsetzung des Ausgleichsanspruchs

Bestreitet der in Anspruch genommene Verantwortliche den geltend gemachten Ausgleichsanspruch, ist dieser gem. § 9 Abs. 2 Satz 6 vor den ordentlichen Gerichten geltend zu machen. Im gerichtlichen Verfahren gelten die allgemeinen Regeln des Zivilprozesses zur **Darlegungs- und Beweislast.** Derjenige, der den Anspruch geltend macht, muss die anspruchsbegründenden Tatsachen darlegen und beweisen. Der Verantwortliche, der einen Ausgleichsanspruch geltend macht, sieht sich dabei der Schwierigkeit ausgesetzt, den Verursachungsbeitrag des anderen/der anderen Schädiger und insbesondere die haftungsbegründende Kausalität nachweisen zu müssen. Dabei gilt hinsichtlich der Kausalität der **Strengbeweis;** ein Freibeweis nach § 287 ZPO kommt nicht in Betracht. Das Umweltschadensgesetz sieht – anders als etwa das Umwelthaftungsgesetz in § 6 – auch **keine Vermutungsregel** vor, nach der die Verursachung vermutet würde, wenn eine Tätigkeit grundsätzlich zur Verursachung des entsprechenden Schadens geeignet ist. Allerdings dürfen an die prozessuale Darlegung einer Partei, die nicht über die erforderliche Sachkunde oder die Kenntnis von betrieblichen Abläufen verfügt, keine unzumutbaren Anforderungen gestellt werden. Der Beweis streitiger Tatsachen muss ggf. durch **Sachverständigengutachten** erfolgen. Hinsichtlich des Ausgleichsanspruchs nach § 24 Abs. 2 BBodSchG wurde bereits die analoge Anwendung der §§ 6, 7 UmweltHG erwogen. Hätte allerdings der Gesetzgeber eine entsprechende Beweiserleichterung vorsehen wollen, hätte bei Erlass des Umweltschadensgesetzes dazu Gelegenheit bestanden. Da sich der Gesetzgeber der Parallelität zu § 24 Abs. 2 BBodSchG bewusst war und trotzdem im Umweltschadensgesetz keine Regelung zur Beweiserleichterung getroffen hat, ist davon auszugehen, dass eine solche bewusst nicht vorgesehen wurde. In Einzelfällen können aber ggf. anerkannte Beweiserleichterungen wie **Anscheinsbeweis** und **Beweislastumkehr** helfen (vgl. dazu *Dombert* → BBodSchG § 24 Rn. 41 ff.). **34**

IV. Anwendbarkeit des § 426 Abs. 1 Satz 2 BGB

§ 9 Abs. 2 Satz 1, 2. Halbsatz verweist ausdrücklich auf die Regelung des § 426 Abs. 1 Satz 2 BGB. Danach haben die übrigen Gesamtschuldner den vollen Betrag zu tragen, wenn der auf einen Gesamtschuldner entfallende Betrag von diesem nicht erlangt werden kann. Gegenüber der Behörde bleiben also alle Verantwortlichen gemeinsam zur vollen Kostentragung verpflichtet. Kann der Anspruch der Behörde gegen einen Verantwortlichen nicht durchgesetzt werden, müssen die anderen Verantwortlichen hierfür aufkommen und können gegenüber der Behörde keine anteilige Ermäßigung ihrer Kostentragungspflicht verlangen. **35**

V. Verjährung

§ 9 Abs. 2 Satz 3 sieht vor, dass der Ausgleichsanspruch in drei Jahren verjährt. Die Verjährung beginnt nach der **Beitreibung** der Kosten, wenn die Behörde die Sanierungsmaßnahmen selbst durchführt. Mit dem Begriff der „Beitreibung" verwendet der Gesetzgeber einen Ausdruck aus dem Vollstreckungsrecht. Im Rahmen des gleichlautenden § 24 Abs. 2 Satz 4 BBodSchG ist umstritten, ob die Voraussetzung auch dann gege- **36** ben ist, wenn der Verantwortliche freiwillig an die Behörde zahlt (dazu *Dombert* → BBodSchG Rn. 21 ff.). In jedem Fall sollte der Begriff so zu verstehen sein, dass die Verjährung dann beginnt, wenn die Behörde – freiwillig oder aufgrund einer Vollstreckung – in vollem Umfang befriedigt wurde. Nimmt die Behörde die Sanierungsmaßnahmen nicht selbst vor, beginnt die Verjährung gem. § 9 Abs. 2 Satz 4 nach Beendigung der Maßnahme. In beiden Varianten setzt der Verjährungsbeginn zusätzlich voraus, dass der Verantwortliche **Kenntnis von der Person des Ersatzpflichtigen** erlangt. Die dreijährige Frist läuft demnach erst ab Kenntnis von der Person des Anspruchsgegners. Der Anspruchsinhaber muss zumindest in der Lage sein, den Anspruch auch geltend zu machen. Das Gesetz sieht ausdrücklich vor, dass die Regelungen der §§ 438, 548 und 606 BGB keine Anwendung finden.

37 Ohne Rücksicht auf die Kenntnis vom Ersatzpflichtigen verjährt der Ausgleichsanspruch gem. § 9 Abs. 2 Satz 5 in dreißig Jahren nach Beendigung der Maßnahme. Mit dieser Vorschrift wird eine **Ewigkeitshaftung** vermieden und für alle Beteiligten Rechtsklarheit geschaffen.

D. Beschränkung der Haftung im Seerecht (Absatz 3)

38 Art. 4 Abs. 3 UHRL räumt nationalen Vorschriften zur Umsetzung der im See- und Binnenschifffahrtsrecht geltenden Übereinkommen über die globale Haftungsbeschränkung Vorrang ein. § 9 Abs. 3 dient der Umsetzung dieser Bestimmung der Umwelthaftungsrichtlinie.

39 Betroffen sind, soweit es um das **Seerecht** geht, die Vorschriften der §§ 486 Abs. 1, Abs. 4 und 5 iVm 487 bis 487e HGB. Gemäß § 486 Abs. 1 HGB kann die Haftung für Seeforderungen nach den Bestimmungen des Übereinkommens vom 19.11.1976 über die Beschränkung der Haftung für Seeforderungen (BGBl. 1986 II S. 786), geändert durch das Protokoll vom 2.5.1996 (BGBl. 2000 II S. 790), in ihrer jeweiligen für die Bundesrepublik Deutschland geltenden Fassung (Haftungsbeschränkungsübereinkommen) beschränkt werden. Die §§ 487 bis 487e HGB sind nach § 486 Abs. 5 HGB ergänzend anzuwenden. Es handelt sich hierbei um Vorschriften über Fragen, welche in dem Haftungsbeschränkungsübereinkommen nicht geregelt oder ausdrücklich einer abweichenden Regelung durch die Vertragsstaaten vorbehalten sind. Da sie der Umsetzung des Haftungsbeschränkungsübereinkommens dienen, sind auch sie als nationale Vorschriften iSv Art. 4 Abs. 2 UHRL anzusehen (Gesetzesbegründung der Bundesregierung, BT-Drucksache 16/3806, S. 27).

40 Neben den Vorschriften des Handelsgesetzbuchs zum Seerecht bleiben für das **Binnenschifffahrtsrecht** die §§ 4 bis 5n des Binnenschifffahrtsgesetzes unberührt. Diese Vorschriften setzen die Bestimmungen des Straßburger Übereinkommens vom 4.11.1988 über die Beschränkung der Haftung in der Binnenschifffahrt (CLNI) (BGBl. 1998 II S. 1643) um. Die Bundesregierung weist in der Gesetzesbegründung darauf hin, dass manche Vorschriften des Binnenschifffahrtsgesetzes, insbesondere § 5h vom Straßburger Übereinkommen abweichen. Diese Abweichungen seien jedoch durch Art. 18 des Übereinkommens ausdrücklich gestattet. Da die abweichenden Vorschriften nur im Zusammenhang mit den übrigen Vorschriften über die globale Haftungsbeschränkung verständlich seien, seien sie ebenfalls als nationale Vorschriften iSd Art. 4 Abs. 2 UHRL anzusehen. Nach Abs. 3 blieben die genannten Bestimmungen des Handelsgesetzbuches und des Binnenschifffahrtsgesetzes durch das Umweltschadensgesetz unberührt. Der nach § 486 HGB iVm Art. 1 des Haftungsbeschränkungsübereinkommens oder nach den §§ 4, 5c Binnenschifffahrtsgesetz Beschränkungsberechtigte, der nach dem Umweltscha-

densgesetz wegen Kosten von durchgeführten Vermeidungs-, Schadensbegrenzungs- und Sanierungsmaßnahmen in Anspruch genommen werde, habe also auch künftig die Möglichkeit, seine Haftung nach den oben genannten Vorschriften des HGB oder des Binnenschifffahrtsgesetzes zu beschränken, sofern es sich bei dem gegen ihn gerichteten Anspruch um einen solchen handle, der als Seeforderung iSv Art. 2 des Haftungsbeschränkungsübereinkommens oder als Anspruch wegen Sachschäden aus Wrackbeseitigung iSv § 4 Abs. 3 oder 4 Binnenschifffahrtsgesetz anzusehen sei (Gesetzesbegründung der Bundesregierung, BT-Drs. 16/3806, S. 27). Im Zuge der Seehandelsrechtsreform durch das Gesetz zur Reform des Seehandelsrechts vom 20.4.2012 (BGBl. 2013 I, S. 831) wurde § 9 Abs. 3 geändert. Inhaltlich erfolgte keine Änderung, die Regelung diente lediglich der Anpassung der Verweise an die neuen Vorschrifte des HGB und des BinSchG (vgl. Gesetzesbegründung, BT-Drs. 17/10309, S. 140). Eine weitere redaktionelle Anpassung des § 9 Abs. 3 erfolgte durch Art. 4 des Gesetzes zur Änderung der Haftungsbeschränkung in der Binnenschiffahrt vom 5.7.2016 (BGBl. 2016 I, S. 1578).

§ 10 Aufforderung zum Tätigwerden

Die zuständige Behörde wird zur Durchsetzung der Sanierungspflichten nach diesem Gesetz von Amts wegen tätig, wenn ein Betroffener oder eine Vereinigung, die nach § 11 Abs. 2 Rechtsbehelfe einlegen kann, dies beantragt und die zur Begründung des Antrags vorgebrachten Tatsachen den Eintritt eines Umweltschadens glaubhaft erscheinen lassen.

Schrifttum: siehe Vorbemerkung.

Übersicht

A. Überblick

1 § 10 dient der Umsetzung von Art. 12 Abs. 1 und Abs. 3 der Umwelthaftungsrichtlinie. Nach diesen Vorschriften können Betroffene sowie bestimmte Nichtregierungsorganisationen der zuständigen Behörde „Bemerkungen" zu ihnen bekannten Umweltschäden oder Gefahren solcher Schäden unterbreiten und die zuständige Behörde auffordern, gemäß der Richtlinie tätig zu werden. Sofern die vorgebrachten Tatsachen glaubhaft sind, muss die Behörde die Aufforderung prüfen und ggf. den Verantwortlichen Gelegenheit zur Stellungnahme geben. Nach Art. 12 Abs. 5 steht es den Mitgliedstaaten frei, dieses Recht nur für die Fälle zu regeln, in denen ein Umweltschaden vorliegt, nicht hingegen auch für die Fälle der Gefahr eines Umweltschadens.

2 Die in § 10 geregelte Möglichkeit der Betroffenen und Vereinigungen, die zuständige Behörde zur Durchsetzung der Sanierungspflichten aufzufordern, stärkt die Rechte der Betroffenen und der Umweltvereinigungen und ergänzt insoweit die Vorgaben aus § 8 Abs. 4. Nach § 8 Abs. 4 S. 1 hat die zuständige Behörde die nach § 10 antragsberechtigten Betroffene und Vereinigungen über die vorgesehenen Sanierungsmaßnahmen zu unterrichten und ihnen Gelegenheit zu geben, sich zu äußern. Die rechtzeitig eingehenden Stellungnahmen der antragsberechtigten Betroffenen und der Vereinigungen sind nach § 8 Abs. 4 S. 2 bei der Entscheidung über die Bestimmung von Sanierungsmaßnahmen zu berücksichtigen. Die Vorschrift beschränkt sich auf eine Regelung zur Durchsetzung von Sanierungspflichten nach § 6. In Fällen, in denen eine unmittelbare Gefahr eines Umweltschadens abgewendet werden muss, wird es regelmäßig nicht im Sinne einer effektiven Gefahrenabwehr sein, zunächst ein Verfahren zur Beteiligung der Betroffenen und der Vereinigungen iSv § 11 Abs. 2 durchzuführen. Selbstverständlich kann die Behörde aber auch auf der Grundlage von Informationen Betroffener oder Vereinigungen, die eine unmittelbare Gefahr eines Umweltschadens belegen, zur Gefahrenabwehr einschreiten und auf der Grundlage des § 7 Abs. 2 Nr. 1 den Verantwortlichen auffordern, die erforderlichen Vermeidungsmaßnahmen zu treffen.

B. Pflicht zum Tätigwerden

3 Dass die zuständige Behörde zur Durchsetzung der Sanierungspflichten von Amts wegen tätig werden muss, ergibt sich bereits aus § 7 Abs. 1, wonach die zuständige Behörde

überwacht, dass die erforderlichen Vermeidungs-, Schadensbegrenzungs- und Sanierungsmaßnahmen vom Verantwortlichen ergriffen werden. Insoweit besteht für die Behörde kein Ermessen; sie muss vielmehr ihren Überwachungspflichten nachkommen. Allerdings räumt § 7 Abs. 2 der zuständigen Behörde hinsichtlich der Verpflichtung der Verantwortlichen zur Information, zur Gefahrenabwehr und zur Sanierung ein Ermessen ein (vgl. dazu die Kommentierung zu § 7). Nach der hier vertretenen Ansicht begründet § 7 Abs. 2 nur ein **Auswahlermessen,** lässt der Behörde also keine Entscheidungsfreiheit bezüglich der Frage, ob sie bei Vorliegen eines Umweltschadens oder der Gefahr eines solchen Schaden überhaupt tätig wird (siehe auch OVG Schleswig, Urt. v. 4.2.2016 – 1 LB 2/13, juris Rn. 132; VGH München, Beschl. v. 17.4.2015 – 8 CE 15.398, juris Rn. 28; VG Gießen, Urt. v. 13.12.2017 – 1 K 4316/16.GI, juris Rn. 23). Sofern man das durch § 7 Abs. 2 eingeräumte Ermessen hingegen als Entscheidungsermessen versteht, wird es jedenfalls durch die Regelung des § 10 eingeschränkt. Wenn ein Betroffener oder eine Vereinigung, die nach § 11 Abs. 2 Rechtsbehelfe einlegen kann, beantragt, dass die zuständige Behörde zur Durchsetzung der Sanierungspflichten tätig wird, und wenn die zur Begründung dieses Antrags vorgebrachten Tatsachen den Eintritt eines Umweltschadens glaubhaft erscheinen lassen, ist die zuständige Behörde zum Einschreiten verpflichtet (aA *Petersen,* USchadG, § 9 Rn. 14, der uE nicht überzeugend annimmt, dass die Behörde im Sinne des § 10 bereits hinreichend tätig wird, wenn sie aufgrund eines Antrags in eine Prüfung mit dem Ziel eines möglichen Einschreitens eintritt und gegebenenfalls jedoch nach dieser Prüfung sich im Rahmen ihres Entschließungsermessens trotz Vorliegens der Voraussetzungen des § 10 gegen ein Einschreiten entscheidet). Das ansonsten im Bereich des Polizei- und Ordnungsrechts den zuständigen Behörden eingeräumte Opportunitätsermessen besteht auf der Grundlage des § 10 nicht. Legt der Verantwortliche nach § 8 Abs. 1 ein **Sanierungskonzept** vor, steht der zuständigen Behörde bei ihrer Entscheidung über die Zustimmung zu diesem Konzept kein Ermessen zu. Sie hat vielmehr die Zustimmung zu erteilen, wenn die fachrechtlichen Anforderungen an die Sanierungsmaßnahme erfüllt werden. Bei dieser Prüfung hat sie nach § 8 Abs. 4 Satz 2 die rechtzeitig eingegangenen Stellungnahmen der Betroffenen und der Vereinigungen zu berücksichtigen. Selbstverständlich ist sie dabei nicht an Vorschläge der Betroffenen oder Vereinigungen gebunden. Im Übrigen gilt auch hier, dass einem Verantwortlichen nichts abverlangt werden darf, was ihm aus rechtlichen oder tatsächlichen Gründen zu leisten nicht möglich ist.

4 Die Bundesrepublik hat von dem Recht aus Art. 12 Abs. 5 UHRL Gebrauch gemacht und kein vergleichbares Initiativrecht für die Durchsetzung von Vermeidungs- und Schadensbegrenzungsmaßnahmen getroffen. Vielmehr kann die zuständige Behörde über § 10 ausschließlich zur Durchsetzung von Sanierungsmaßnahmen verpflichtet werden (so OVG Hamburg, Urt. v. 8.4.2019 1 Bf 200/15 –, Rn. 74 ff., insbes. 78, juris; VG Trier, Beschl. v. 3.3.2016, 6 L 720/16.TR).

5 Der Gesetzgeber regelt im Umweltschadensgesetz nicht, wer **Betroffener** iSv § 10 ist. Der Begriff des Betroffenen muss insoweit aus allgemeinen verwaltungsverfahrensrechtlichen Grundsätzen abgeleitet werden (Begründung der Bundesregierung, BT-Drs. 16/3806, S. 27). Antragsberechtigt ist als Betroffener jede natürliche oder juristische Person, die durch den zu sanierenden Umweltschaden in ihren Rechten oder rechtlich geschützten Interessen betroffen sein kann (vgl. auch Art. 12 Abs. 1 UHRL). Insoweit kann auch ein Verantwortlicher, der den Schaden mitverursacht hat, als Betroffener einen Antrag auf Tätigwerden der zuständigen Behörde mit dem Ziel stellen, die zuständige Behörde zu einer Entscheidung über die Inanspruchnahme eines anderen, möglicherweise überwiegend Verantwortlichen zu zwingen (*Beckmann/Wittmann,* UPR 2008, 421 (423); zustimmend *Petersen,* USchadG, § 10 Rn. 16). Neben natürlichen und juristischen

Personen können auch **Personengesellschaften** als Betroffene anspruchsberechtigt sein (siehe zu Personengesellschaften in der Kreislaufwirtschaft BVerwG, Urt. v. 1.10.2015 – 7 C 8/14, GewArch 2016, 199).

Der Antrag ist grundsätzlich nur begründet, wenn die vom Antragssteller vorgebrachten Tatsachen den Eintritt eines Umweltschadens glaubhaft erscheinen lassen. Die antragstellende Person trifft insoweit eine **Darlegungs- und Mitwirkungslast.** Bei der Entscheidung über die Frage, ob die zur Begründung des Antrags vorgebrachten Tatsachen den Eintritt eines Umweltschadens glaubhaft erscheinen lassen, wird die zuständige Behörde allerdings auch ihre eigenen Erkenntnisse oder Informationen, die sie möglicherweise auf der Grundlage der Informationspflicht des Verantwortlichen bereits bekommen hat, berücksichtigen müssen. Ergibt sich aus den zur Begründung des Antrags vorgebrachten Tatsachen zusammen mit den bereits vorliegenden Informationen, dass der Eintritt eines Umweltschadens glaubhaft gemacht ist, dann ist der Antrag begründet, selbst wenn sich dies nicht ausschließlich aus den zur Begründung des Antrags vorgebrachten Tatsachen ergibt. Liegen der Behörde keine hinreichenden Informationen vor, die den Eintritt eines Umweltschadens glaubhaft erscheinen lassen, kann sie den Antrag auf Tätigwerden unter Verweis auf die fehlende Glaubhaftmachung zurückweisen. Im Falle einer Klage des Betroffenen bzw. der Umweltvereinigung hätten diese die materielle Beweislast für das Vorliegen eines Umweltschadens. Angesichts der Schwierigkeiten, eine erhebliche Schädigung nachzuweisen, sind die Erfolgsaussichten solcher Klagen im Einzelfall durchaus zweifelhaft (siehe dazu auch OVG Schleswig, Urt. v. 4.2.2016 – 1 LB 2/13, juris Rn. 67, wonach die Begründetheit einer auf die Anordnung von Sanierungsmaßnahmen nach dem Umweltschadengesetz gerichteten Verpflichtungsklage voraussetzen soll, dass der klagebefugte Verband einen Umweltschadensfall konkret darlegt und bei Bestreiten nachweist. § 10 biete keine Rechtsgrundlage für die Verpflichtung der zur Durchsetzung von Sanierungspflichten zuständigen Behörde zu Untersuchungen, ob überhaupt ein Umweltschaden vorliege; siehe dazu auch OVG RP, Urt. v. 22.7.2015 – 8 A 10041/15; VG Saarlouis, Urt. v. 2.9.2012 – 5 K 209/15, juris Rn. 67). 6

Geht die zuständige Behörde davon aus, dass die Voraussetzungen für ein Tätigwerden nicht vorliegen, weil etwa ein für die Sanierung Verantwortlicher nicht vorhanden ist oder der Eintritt eines Umweltschadens nicht glaubhaft erscheint, dann lehnt sie den Antrag eines Betroffenen oder einer Umweltvereinigung ab. Bei der ablehnenden Entscheidung handelt es sich um einen **Verwaltungsakt,** der zu begründen und mit einer **Rechtsmittelbelehrung** zu versehen ist. Dies ergäbe sich auch ohne die ausdrückliche Regelung des § 11 aus dem allgemeinen Verwaltungsverfahrensrecht. Vor einer Entscheidung der zuständigen Behörde, auf der Grundlage einer Aufforderung zum Tätigwerden nach § 10 gegen einen Verantwortlichen einzuschreiten, ist dieser Verantwortliche nach § 28 VwVfG anzuhören. Insoweit musste keine gesonderte Umsetzung von Art. 12 Abs. 3 Satz 2 UHRL im Umweltschadensgesetz erfolgen. Soweit die zuständige Behörde dem Antrag eines Betroffenen oder einer Umweltvereinigung Rechnung tragen will, bedarf es keines stattgebenden Bescheids. Der Antrag nach § 10 ist nicht auf den Erlass eines begünstigenden Verwaltungsakts gerichtet. Es reicht vielmehr aus, wenn die Behörde der Aufforderung Rechnung trägt und tätig wird, indem sie die Sanierungspflichten gegenüber dem Verantwortlichen mit dem Erlass eines Verwaltungsaktes, gegebenenfalls der Anordnung seiner sofortigen Vollziehung und den Möglichkeiten der Verwaltungsvollstreckung durchsetzt. Es bietet sich allerdings an, den Antragsteller über die ergriffenen Maßnahmen zur Durchsetzung der Sanierungspflichten zu unterrichten (im Verfahren besteht zudem die Beteiligungspflicht nach § 8 Abs. 4). Gibt die Behörde dem Antrag im Wege eines Bescheides statt, handelt es sich um einen den Adressaten begünstigenden, den Verantwortlichen und möglichen Adressaten der Sanierungspflicht belas- 7 tenden Verwaltungsakt. Ob es ein Rechtsschutzbedürfnis für eine (Dritt-)Anfechtungsklage des Verantwortlichen gegen einen solchen Bescheid geben kann, ist zweifelhaft und hängt maßgeblich von dessen konkretem, den Verantwortlichen möglicherweise belastenden Inhalt ab. Im Übrigen kann die Behörde selbstverständlich auch von Amts wegen gegen den Verantwortlichen einschreiten, wenn der dem Antrag des Betroffenen stattgebende Bescheid aufgehoben worden ist.

8 Bedeutung erlangt die Regelung des § 10 insbesondere im Zusammenspiel mit § 11 Abs. 2. Mit dem Antrag einer **Umweltvereinigung** nach § 10 wird zwischen dem Verband und der Behörde ein Verwaltungsverfahren eröffnet, das mit dem Erlass eines Bescheids endet, in dem die Behörde den Antrag auf Tätigwerden bescheidet. Lehnt sie den Antrag ab, kann der Verband als Adressat dieses Bescheids gem. § 11 Abs. 2 gegen die Entscheidung – ggf. nach Durchführung eines Vorverfahrens – Klage erheben. Auf diese Weise schafft das Gesetz neben dem Verbandsklagerecht des Umwelt-Rechtsbehelfsgesetzes eine Form der **„Tätigkeitserzwingungsklage"** (*Schrader/Hellenbroich,* ZUR 2007, 289 (291)).

§ 11 Rechtsschutz

(1) Ein Verwaltungsakt nach diesem Gesetz ist zu begründen und mit einer Rechtsbehelfsbelehrung zu versehen.

(2) Für Rechtsbehelfe von Vereinigungen gegen eine Entscheidung oder das Unterlassen einer Entscheidung der zuständigen Behörde nach diesem Gesetz gilt das Umwelt-Rechtsbehelfsgesetz.

Schrifttum: *Beckmann/Wittmann,* Rechtsschutz für Verantwortliche bei Umweltschäden nach dem Umweltschadensgesetz, DVBl. 2008, 1287 ff.; *Beckmann/Wittmann,* Rechtsschutz für Betroffene und Umweltvereinigungen bei Umweltschäden nach dem Umweltschadensgesetz, UPR 2008, 421 ff.; *Berkemann,* Die Rechtsprechung des BVerwG zum Umwelt-Rechtsbehelfsgesetz, DVBl. 2020, 1; *Buchberger,* Das Verbandsklagerecht der Umweltverbände – ein Streifzug, EuRUP 2019, 377; *Durner,* Direktwirkung europäischer Verbandsklagerechte?, ZUR 2005, 285; *Epiney,* Verwaltungsgerichtlicher Rechtsschutz in Umweltangelegenheiten in Europa; *Franzius,* Verbandsklage im Umweltercht, NuR 2019, 649; *Genth,* Ist das neue Umwelt-Rechtsbehelfsgesetz europarechtskonform?, NuR 2008, 28; *Gellermann,* Europäisierte Klagerechte anerkannter Umweltverbände, NVwZ 2006, 7; *Gröhn,* Die Anerkennung von Umweltvereinigungen – ein Rechtsinstitut zwischen Verwaltungskontrolle, Qualitätssicherung und Öffentlichkeitsbeteiligung, NuR 2019, 225; *Heß,* Alktivierung der Umweltverbandsklage, ZUR 2018, 687; *Jarass,* Der grundrechtliche Eigentumsschutz im EU-Recht, NVwZ 2006, 1089; *Külpmann,* Anmerkungen zum Stand des Umweltrechtsschutzes, DVBl. 2019, 140; *Kerkmann,* Das Umwelt-Rechtsbehelfsgesetz, BauR 2007, 1527; *Koch,* Die Verbandsklage im Umweltrecht, NVwZ 2007, 369; *Radespiel,* Entwicklungen des Rechtsschutzes im Umweltrecht aufgrund völker- und europarechtlicher Vorgaben – insbesondere das Umwelt-Rechtsbehelfsgesetz, EurUP 2007, 118; *Rubel,* Umweltrechtsschutz in der gerichtlichen Praxis, EuRUP 2019, 386; *Schlacke,* Aktuelles zum Umwelt-Rechtsbehelfsgesetz, NVwZ 2019, 1392; *Schrader/Hellenbroich,* Verbandsklage nach dem Umweltschadensgesetz, ZUR 2007, 289; *Schumacher,* Umweltrechtsbehelfsgesetz, UPR 2008, 13; *Schwertner,* Die Bedeutung des Umwelt-Rechtsbehelfsgesetzes für die rechtssichere Genehmigung unter besonderer Berücksichtigung der europarechtlichen Vorgaben, EurUP 2007, 124; *Seibert,* Die gerichtliche Kontrolle von Verfahrensvorschriften, NVwZ 2019, 337; *Vallendar,* Europäisches Naturschutzrecht: Die Verbandsklage – Risiken und Nebenwirkungen für Infrastrukturvorhaben, UPR 2008, 1; *Spieth/Hellermann,* Umweltverbände – mit Macht kommt Verantwortung, NVwZ 2019, 745; *Ziekow,* Das Umwelt-Rechtsbehelfsgesetz im System des deutschen Rechtsschutzes, NVwZ 2007, 259. Weitere Literatur: Siehe Vorbemerkung.

Übersicht

A. Einführung

§ 11 setzt Art. 11 Abs. 4, 12 Abs. 4, 13 Abs. 1 UHRL um Art. 11 Abs. 4 und 12 1
Abs. 4 UHRL verlangen von der zuständigen Behörde, ihre Entscheidungen zu begrün-

den. Nach Art. 13 Abs. 1 UHRL können die in Art. 12 Abs. 1 genannten Personen (natürliche oder juristische Personen, die von einem Umweltschaden betroffen oder wahrscheinlich betroffen sind oder ein ausreichendes Interesse an einem umweltbezogenen Entscheidungsverfahren haben oder eine Rechtsverletzung geltend machen sowie bestimmte Nichtregierungsorganisationen) ein Gericht oder eine unabhängige und unparteiische Stelle anrufen, um Entscheidungen, Handlungen oder die Untätigkeit der nach dieser Richtlinie zuständigen Behörde auf formelle und materielle Rechtmäßigkeit überprüfen zu lassen. Mit dieser Regelung sollen die Rechte von Betroffenen und Umweltverbänden – entsprechend dem Konzept der Aarhus-Konvention (UN/ECE-Übereinkommen über den Zugang zu Informationen, die Öffentlichkeitsbeteiligung an Entscheidungsverfahren und den Zugang zu Gerichten in Umweltangelegenheiten) – gestärkt werden. Man erhofft sich von der Beteiligung neben einer Kontrolle des Gesetzesvollzugs die Nutzbarmachung vorhandenen Fachwissens und eine geringere Konfliktquote durch konsensuale Verständigung (vgl. *Schrader/Hellenbroich,* ZUR 2007, 289).

B. Begründungspflicht

2 Nach Absatz 1 ist ein Verwaltungsakt, der auf der Grundlage des Umweltschadensgesetzes erlassen wird, zu begründen und mit einer Rechtsbehelfsbelehrung zu versehen. Verwaltungsakte nach dem Umweltschadensgesetz ergehen beispielsweise auf der Grundlage des § 7 Abs. 2 gegenüber dem Verantwortlichen zur Durchsetzung der Informations-, Gefahrenabwehr- und Sanierungspflichten. Auch die Zustimmung zu einer von dem Verantwortlichen vorgeschlagenen Sanierungsmaßnahme (§ 8 Abs. 1) ist als Verwaltungsakt einzuordnen, ebenso wie die Entscheidung der zuständigen Behörde über Art und Umfang der durchzuführenden Maßnahmen nach § 8 Abs. 2 sowie die Entscheidung der zuständigen Behörde über die Reihenfolge von Sanierungsmaßnahmen im Sinne von § 8 Abs. 3. Schließlich stellt auch die Entscheidung, mit der die Behörde einen Antrag nach § 10 zurückweist, einen Verwaltungsakt dar.

3 Die Pflicht, einen Verwaltungsakt zu begründen, ergibt sich bereits aus § 39 Abs. 1 VwVfG. Danach ist ein schriftlicher oder elektronischer sowie ein schriftlich oder elektronisch bestätigter Verwaltungsakt mit einer Begründung zu versehen. In der Begründung sind nach § 39 Abs. 1 S. 2 VwVfG die wesentlichen tatsächlichen und rechtlichen Gründe mitzuteilen, die die Behörde zu ihrer Entscheidung bewogen haben. Die Begründung von **Ermessensentscheidungen** soll nach § 39 Abs. 1 S. 3 VwVfG auch die Gesichtspunkte erkennen lassen, von denen die Behörde bei der Ausübung ihres Ermessens ausgegangen ist.

4 § 39 Abs. 2 VwVfG ermöglicht es allerdings, in verschiedenen Fällen von einer Begründung des Verwaltungsakts abzusehen. Einer Begründung bedarf es nicht, soweit die Behörde einem Antrag entspricht oder einer Erklärung folgt und der Verwaltungsakt nicht in Rechte eines anderen eingreift. Einer Begründung bedarf es außerdem nicht, soweit demjenigen, für den der Verwaltungsakt bestimmt ist oder der von ihm betroffen wird, die Auffassung der Behörde über die Sach- und Rechtslage bereits bekannt oder auch ohne Begründung für ihn ohne weiteres erkennbar ist. Nicht zuletzt bedarf es keiner Begründung des Verwaltungsakts, wenn die Behörde gleichartige Verwaltungsakte in größerer Zahl oder Verwaltungsakte mit Hilfe automatischer Einrichtungen erlässt und die Begründung nach den Umständen des Einzelfalls nicht geboten ist, wenn sich dies aus einer Rechtsvorschrift ergibt oder wenn eine Allgemeinverfügung öffentlich bekannt gegeben wird.

5 Da § 11 Abs. 1 eine **ausnahmslose Begründungspflicht** vorsieht, bleibt die Regelung des § 39 VwVfG hinter den Anforderungen des Umweltschadensgesetzes zurück.

Nach § 1 S. 1 ist daher im Anwendungsbereich des Umweltschadensgesetzes ausschließlich § 11 Abs. 1 für die Begründungspflicht maßgeblich. Ob allerdings aus Art. 11 Abs. 4 UHRL die Pflicht für den Gesetzgeber abzuleiten war, die in § 11 Abs. 1 vorgesehene ausnahmslose Begründungspflicht zu regeln, ist zweifelhaft. Zwar sieht Art. 11 Abs. 4 UHRL keine Ausnahmen von der Begründungspflicht vor. Art. 11 Abs. 4 UHRL bezieht sich aber ausdrücklich auch nur auf Entscheidungen, in denen Vermeidungs- oder Sanierungsmaßnahmen verlangt werden. Daraus lässt sich nicht ableiten, dass der Gesetzgeber zur Umsetzung der Richtlinie eine umfassende Begründungspflicht für jegliche Verwaltungsakte nach dem Umweltschadensgesetz schaffen musste.

Eine Verletzung der Begründungspflicht führt zur **Rechtswidrigkeit** des betroffenen Verwaltungsakts. Fraglich ist, ob der Verwaltungsakt darüber hinaus wegen eines Begründungsmangels nichtig sein kann. Nach § 44 Abs. 1 VwVfG ist ein Verwaltungsakt nichtig, soweit er an einem besonders schwerwiegenden Fehler leidet und dies bei verständiger Würdigung aller in Betracht kommenden Umstände offensichtlich ist. Zwar wird man angesichts der ausnahmslosen Begründungspflicht des § 11 Abs. 1 davon ausgehen dürfen, dass ein begründungsloser Verwaltungsakt nach dem Umweltschadensgesetz offensichtlich fehlerhaft ist. Zweifelhaft ist aber, ob es sich bei dem Begründungsmangel um einen besonders schwerwiegenden Fehler iSd § 44 Abs. 1 VwVfG handelt. Fehler im vorgenannten Sinne sind solche, die in einem so schwerwiegenden Widerspruch zur geltenden Rechtsordnung und den ihr zugrundeliegenden Wertvorstellungen der Gemeinschaft stehen, dass es unerträglich wäre, wenn der Verwaltungsakt die mit ihm intendierten Rechtswirkungen hätte (*Kopp/Schenke* VwVfG § 44 Rn. 2; BVerwG, Urt. v. 18.10.1983 – 1 C 13/81 –, NVwZ 1984, 578). Von einem in diesem Sinne unerträglichen Widerspruch zur Rechtsordnung kann bei einer fehlenden Begründung nicht gesprochen werden. Dies ist offensichtlich in Fällen, in denen nach § 39 Abs. 2 VwVfG eine Begründung nicht erforderlich wäre, etwa wenn demjenigen, für den der Verwaltungsakt bestimmt ist, die Auffassung der Behörde über die Sach- und Rechtslage bereits bekannt ist. Zwar ist in solchen Fällen nach dem Umweltschadensgesetz gleichwohl eine Begründung notwendig. Dennoch kann bei einem Absehen von einer solchen Begründung nicht von einem unerträglichen Widerspruch zur Rechtsordnung gesprochen werden. Hinzu kommt, dass § 45 Abs. 1 Nr. 2 VwVfG die Möglichkeit eröffnet, eine erforderliche Begründung nachträglich zu geben. Der Gesetzgeber geht insoweit davon aus, dass eine Missachtung der Begründungspflicht grundsätzlich nicht zur Nichtigkeit des Verwaltungsakts führt, sondern zu dessen Rechtswidrigkeit und Heilbarkeit. Das gilt auch für Verwaltungsakte nach dem Umweltschadensgesetz. 6

C. Rechtsbehelfsbelehrung

Nach Art. 11 Abs. 4 S. 2 UHRL wird eine Entscheidung dem betreffenden Betreiber (in der Terminologie des Umweltschadensgesetzes: dem Verantwortlichen) unverzüglich mitgeteilt, der gleichzeitig über die Rechtsbehelfe belehrt wird, die ihm nach den in dem betreffenden Mitgliedstaat geltenden Vorschriften zur Verfügung stehen, sowie über die für diese Rechtsbehelfe geltenden Fristen. Die Richtlinie sieht demnach eine Pflicht zur Rechtsbehelfsbelehrung vor. 7

Welchen Inhalt die Rechtsbehelfsbelehrung haben muss, insbesondere welche Rechtsbehelfe gegen einen Verwaltungsakt nach dem Umweltschadensgesetz eingelegt werden können, ergibt sich nicht aus dem Gesetz selbst, sondern aus der Verwaltungsgerichtsordnung. Nach § 42 Abs. 1 VwGO kann die Aufhebung eines Verwaltungsakts durch Anfechtungsklage sowie die Verurteilung zum Erlass eines abgelehnten oder unterlassenen 8

Verwaltungsakts durch Verpflichtungsklage begehrt werden. Vor Erhebung der Anfechtungsklage sind Rechtmäßigkeit und Zweckmäßigkeit des Verwaltungsakts nach § 68 Abs. 1 S. 1 VwGO in einem **Vorverfahren** nachzuprüfen. Einer solchen Nachprüfung bedarf es nicht, wenn ein Gesetz dies bestimmt oder wenn der Verwaltungsakt von einer obersten Bundesbehörde oder von einer obersten Landesbehörde erlassen worden ist, außer wenn ein Gesetz die Nachprüfung vorschreibt oder der Abhilfebescheid oder der Widerspruchsbescheid erstmalig eine Beschwerde enthält. Für die Verpflichtungsklage gilt Entsprechendes, wenn der Antrag auf Vornahme des Verwaltungsakts abgelehnt worden ist (§ 68 Abs. 2 VwGO).

9 Hinsichtlich der Möglichkeiten, von Vereinigungen, ein Handeln oder Unterlassen der zuständigen Behörde gerichtlich überprüfen zu lassen, verweist § 11 Abs. 2 auf § 2 UmwRG. Das **Umwelt-Rechtsbehelfsgesetz** wiederum erweitert die bestehenden Rechtsbehelfe nicht, sondern verweist in § 2 Abs. 1 UmwRG seinerseits auf die Rechtsbehelfe der Verwaltungsgerichtsordnung.

10 Der erforderliche Inhalt der Rechtsbehelfsbelehrung kann § 58 VwGO entnommen werden. Danach muss der Betroffene über den Rechtsbehelf, die Verwaltungsbehörde oder das Gericht, bei denen der Rechtsbehelf anzubringen ist, sowie über den Sitz und die einzuhaltende Frist belehrt werden.

D. Klagerecht der Umweltverbände

11 Nach § 11 Abs. 2 gilt § 2 UmwRG für Rechtsbehelfe von Vereinigungen gegen eine Entscheidung oder das Unterlassen einer Entscheidung der zuständigen Behörde entsprechend. Dieser Verweis soll nur Vereinigungen betreffen, die nach § 3 Abs. 1 UmwRG anerkannt sind oder als anerkannt gelten.

I. Berechtigte Vereinigungen

12 Nach § 3 Abs. 1 S. 1 UmwRG wird einer inländischen oder ausländischen Vereinigung die Anerkennung zur Einlegung von Rechtsbehelfen nach dem Umwelt-Rechtsbehelfsgesetz erteilt. Die Anerkennung ist nach § 3 Abs. 1 S. 2 **UmwRG** zu erteilen, wenn die Vereinigung

- nach ihrer Satzung ideell und nicht nur vorübergehend vorwiegend die Ziele des Umweltschutzes fördert,
- im Zeitpunkt der Anerkennung mindestens drei Jahre besteht und in diesem Zeitraum im Sinne der Nummer 1 tätig gewesen ist,
- die Gewähr für eine sachgerechte Aufgabenerfüllung, insbesondere für eine sachgerechte Beteiligung an behördlichen Entscheidungsverfahren bietet; dabei sind Art und Umfang ihrer bisherigen Tätigkeit, der Mitgliederkreis sowie die Leistungsfähigkeit der Vereinigung zu berücksichtigen,
- gemeinnützige Zwecke im Sinne von § 52 der Abgabenordnung verfolgt und
- jeder Person den Eintritt als Mitglied ermöglicht, die die Ziele der Vereinigung unterstützt; Mitglieder sind Personen, die mit dem Eintritt volles Stimmrecht in der Mitgliederversammlung haben; bei Vereinigungen, deren Mitglieder ausschließlich juristische Personen sind, kann von der Voraussetzung nach Halbsatz 1 abgesehen werden, sofern die Mehrzahl dieser juristischen Personen diese Voraussetzung erfüllt.

13 Die Anerkennung von Vereinigungen wird nach § 3 Abs. 2 S. 1 UmwRG durch das Umweltbundesamt oder nach § 3 Abs. 3 UmwRG durch die zuständigen Landesbehörden ausgesprochen. Alle Vereinigungen, die diese Voraussetzungen erfüllen, werden durch § 11 Abs. 2 berechtigt.

II. Voraussetzungen für die Geltendmachung von Rechtsbehelfen

§ 11 Abs. 2 erklärt § 2 UmwRG für entsprechend anwendbar. Das Umwelt-Rechtsbehelfsgesetz wurde geschaffen, um Umweltverbänden Rechtsschutzmöglichkeiten gegen bestimmte umweltrelevante Entscheidungen oder umweltrelevantes Unterlassen einzuräumen, die andernfalls mangels Klagebefugnis nicht gegeben sind. **14**

Eines Rückgriffs auf die Regelungen des Umwelt-Rechtsbehelfsgesetzes bedarf es nicht, wenn die Umweltvereinigung selbst Adressat eines Verwaltungsakts ist, der ihre eigenen Rechte betrifft. So kann die Vereinigung beispielsweise unmittelbar gegen eine Entscheidung vorgehen, mit der die Behörde ein Einschreiten ablehnt, zu dem sie von der Vereinigung nach § 10 aufgefordert wurde. In diesem Fall wäre die Vereinigung als Adressat selbst widerspruchs- bzw. klagebefugt, so dass ihr die Rechtsbehelfe nach der Verwaltungsgerichtsordnung zur Verfügung stünden, ohne dass es einer Regelung wie § 11 Abs. 2 und § 2 UmwRG bedürfte. Auch den Betroffenen, also denjenigen Personen, die vom Umweltschaden unmittelbar berührt sind, stehen unabhängig von § 11 Abs. 2 Klage- und Antragsrechte nach allgemeinen verwaltungsprozessrechtlichen Grundsätzen zu. **15**

Auf die Vorschriften des Umwelt-Rechtsbehelfsgesetzes kommt es nur dann an, wenn die Vereinigung selbst nicht Adressat eines Verwaltungsakts bzw. der Ablehnung eines Verwaltungsakts ist und keine eigene Rechtsverletzung geltend machen kann, zB wenn sie die gegen einen Verantwortlichen gerichtete Anordnung einer bestimmten Sanierungsmaßnahme angreifen oder ein entsprechendes Unterlassen rügen will. Für diesen Fall einer **„altruistischen Verbandsklage"** formuliert § 2 UmwRG verschiedene Voraussetzungen, die erfüllt sein müssen, damit ein Rechtsbehelf zulässig und begründet ist. § 11 Abs. 2 verweist auf diese Regelung, ohne deutlich zu machen, ob es sich insoweit um einen **Rechtsgrundverweis** handeln soll, die weiteren Voraussetzungen des § 2 UmwRG also zu prüfen sind, oder ob es sich um einen bloßen **Rechtsfolgenverweis** handelt, mit dem lediglich die Möglichkeit zur Einlegung von Rechtsbehelfen eröffnet werden soll. Die Gesetzesbegründung zum Umweltschadensgesetz führt aus, dass sich nach den entsprechend anwendbaren Regelungen des Umwelt-Rechtsbehelfsgesetzes insbesondere auch bestimme, welchen Voraussetzungen die Vereinigungen genügen müssten und unter welchen Voraussetzungen ein Klageverfahren begründet sein könnte (BT-Drs. 16/3806, S. 28). Diese Anmerkung spricht für die Annahme, dass die weiteren Voraussetzungen, die § 2 UmwRG für die Zulässigkeit und Begründetheit normiert, im Rahmen des Verweises nach § 11 Abs. 2 zu prüfen sind und es sich nicht bloß um einen Rechtsfolgenverweis handelt (zustimmend *Petersen* § 11 Rn. 33). **16**

1. § 11 Abs. 2 iVm § 2 Abs. 1 UmwRG Nach § 2 Abs. 1 S. 1 Nr. 1 UmwRG muss die Vereinigung geltend machen, dass eine Entscheidung nach § 1 Abs. 1 S. 1 UmwRG oder deren Unterlassen Rechtsvorschriften, die für die Entscheidung von Bedeutung sein können, widerspricht. **17**

Diese Voraussetzungen müssen im Rahmen des Verweises nach § 11 Abs. 2 (an sich) nicht umfassend geprüft werden. Über die Formulierung des § 11 Abs. 2 bezieht sich der Rechtsbehelf ausdrücklich auf „eine Entscheidung oder ein Unterlassen" nach dem Umweltschadensgesetz, nicht auf eine Entscheidung im Sinne des § 1 Abs. 1 UmwRG. Dennoch nennt die Aufzählung der behördlichen Maßnahmen, auf die das UmwRG anwendbar ist, unter § 1 Abs. 1 Nr. 3 UmwRG auch ausdrücklich „Entscheidungen nach dem Umweltschadensgesetz". Über § 2 Abs. 1 UmwRG kann eine Vereinigung mit dem eingelegten Rechtsbehelf zudem auch das Unterlassen einer solchen Entscheidung rügen. Demnach sind die tauglichen Verfahrensgegenstände einer Verbandskage im Anwendungsbereich des USchadG sowohl im USchadG selbst, als auch im UmwRG übereinstimmend (redundant) geregelt. § 1 Abs. 1 Satz 1 Nr. 3 UmwRG ist allerdings insofern weiter, als er Individualklagen erfasst und damit über § 11 Abs. 2 USchadG hinaus geht (Fellenberg/Schiller → UmwRG § 1 Rn. 69).

Der Begriff der „Entscheidung" nach § 11 Abs. 2 bzw. § 1 Abs. 1 Satz 1 Nr. 3 UmwRG ist auf Grundlage der UHRL unionsrechtskonform auszulegen und daher weit zu verstehen. Unter den Begriff der „Entscheidung" fallen die Anordnung der Vorlage von Informationen über Umweltschäden (§ 7 Abs. 2 Nr. 1) und die Anordnung von Maßnahmen zur Schadensbegrenzung und Sanierung (§ 7 Abs. 2 Nr. 3) sowie die behördliche Entscheidung über die Auswahl bestimmter Sanierungsmaßnahmen nach § 8 Abs. 2 als klassische Verwaltungsakte. Art. 13 UHRL verlangt aber ein gerichtliches Überprüfungsverfahren auch gegen behördliche „Handlungen", die in den Anwendungsbereich der Richtlinie fallen. Daher fallen behördliche Realakte nach dem USchadG, etwa Überwachungsmaßnahmen nach § 8 Abs. 1, ebenfalls unter § 11 Abs. 2 bzw. § 1 Abs. 1 Satz 1 Nr. 3 UmwRG (Fellenberg/Schiller → UmwRG § 1 Rn. 70).

Der Kläger muss geltend machen, dass die nach § 11 Abs. 2 angefochtene Entscheidung oder das Unterlassen Rechtsvorschriften, die für die Entscheidung von Bedeutung sein können, widerspricht (§ 2 Abs. 1 Nr. 1 UmwRG). Des Weiteren muss die Vereinigung nach § 2 Abs. 1 S. 1 Nr. 2 UmwRG geltend machen, in ihren satzungsgemäßen Aufgabenbereich der Förderung der Ziele des Umweltschutzes durch die Entscheidung oder deren Unterlassen berührt zu sein. Insoweit reicht es – wie bei § 42 Abs. 2 VwGO – aus, dass die Rechtsverletzung nach dem Vortrag der Vereinigung möglich erscheint.

18 Die Regelung des § 2 Abs. 1 Nr. 3 UmwRG nimmt ausdrücklich nur auf Entscheidungen nach § 1 Abs. 1 Satz 1 Nr. 1 – 2b und Nr. 4 UmwRG Bezug und nicht auf Entscheidungen nach dem USchadG gem. § 1 Abs. 1 Satz 1 Nr. 3 UmwRG, so dass sie in Klageverfahren über Entscheidungen nach dem USchadG nicht zu prüfen ist.

19/20 Das OVG Hamburg hat in einem Urt. v. 8.4.2019 die Auffassung begründet, die in § 11 Abs. 2 vorgesehene Verbandsklagebefugnis beziehe sich allein auf Fälle, für die § 10 auch eine Antragsbefugnis des Verbandes gegenüber der zuständigen Behörde eröffne, dh auf die Durchsetzung von Schadensbegrenzungs- und Sanierungspflichten, nicht auf Gefahrenvermeidungspflichten (OVG Hamburg, Urt. v. 8.4.2019 – 1 Bf 200/15, juris Rn. 75 unter Verweis auf VG Trier, Beschl. v. 3.3.2016, 6 L 720/16.TR). Der Wortlaut von § 1 Abs. 1 Satz 1 Nr. 3 UmwRG und § 11 Abs. 2 ergebe zwar keine Beschränkung der Verbandsklagebefugnis auf die Fälle der Durchsetzung von Sanierungspflichten. Denn nach § 1 Abs. 1 Satz 1 Nr. 3 UmwRG sei der Anwendungsbereich des Umwelt-Rechtsbehelfsgesetzes nicht auf bestimmte Entscheidungen nach dem Umweltschadensgesetz beschränkt, sondern umfasse alle Entscheidungen nach diesem Gesetz. Gleiches gelte für § 11 Abs. 2, der von Rechtsbehelfen von Vereinigungen gegen eine Entscheidung oder das Unterlassen einer Entscheidung der zuständigen Behörde „nach diesem Gesetz" spreche. Das Umweltschadensgesetz regele verschiedene „Entscheidungen", die die zuständige Behörde „nach diesem Gesetz" treffen könne: Nach § 7 Abs. 2 Nr. 1 könne sie dem Verantwortlichen aufgeben, alle erforderlichen Informationen und Daten über eine unmittelbare Gefahr von Umweltschäden, über den Verdacht einer solchen unmittelbaren Gefahr oder einen eingetretenen Schaden sowie eine eigene Bewertung vorzulegen (Informationspflicht, § 4). Gemäß § 7 Abs. 2 Nr. 2 könne sie dem Verantwortlichen aufgeben, die erforderlichen Vermeidungsmaßnahmen zu treffen (Gefahrenabwehrpflicht, § 5). Nach § 7 Abs. 2 Nr. 3 könne sie dem Verantwortlichen aufgeben, die erforderlichen Schadensbegrenzungs- und Sanierungsmaßnahmen zu ergreifen (Sanierungspflicht, § 6). Gemäß § 8 Abs. 2 entscheide die zuständige Behörde nach Maßgabe der fachrechtlichen Vorschriften über Art und Umfang der durchzuführenden Sanierungsmaßnahmen. Nicht ausdrücklich, aber implizit sei zudem in § 10 die Entscheidung der zuständigen Behörde über einen Antrag eines Betroffenen oder einer Vereinigung auf Tätigwerden geregelt. Mangels einer Beschränkung der Geltung des Umwelt-Rechtsbehelfsgesetzes auf bestimmte Entscheidungen nach dem Umweltschadensgesetz deute die Wortlautauslegung deshalb darauf hin, dass die Klagebefugnis einer Umweltvereinigung für alle Rechtsbehelfe besteht, die sich gegen irgendeine der oben genannten Entscheidungen der zuständigen Behörde oder deren Unterlassen richten. Damit wäre auch das Unterlassen der Anordnung von Vermeidungsmaßnahmen nach § 7 Abs. 2 Nr. 2 USchadG erfasst. Die systematische, historische und teleologische Auslegung der maßgeblichen Vorschriften führe jedoch zu einer Beschränkung der Verbandsklagebefugnis auf Fälle der Anordnung von Maßnahmen zur Durchsetzung der Sanierungspflicht (§§ 6, 7 Abs. 2 Nr. 3 iVm § 2 Nr. 7 und 8). Diese Auslegung sei auch mit der Umwelthaftungsrichtlinie vereinbar und verstoße nicht gegen die Vorgaben der Aarhus-Konvention.

3. § 11 Abs. 2 iVm § 2 Abs. 2 UmwRG. Eine Vereinigung, die nicht nach § 3 UmwRG anerkannt ist, kann nach § 2 Abs. 2 UmwRG einen Rechtsbehelf nach § 2 Abs. 1 UmwRG nur dann einlegen, wenn sie bei Einlegung des Rechtsbehelfs die Voraussetzungen für eine Anerkennung erfüllt (§ 2 Abs. 2 Nr. 1 UmwRG), sie einen Antrag auf Anerkennung gestellt hat (§ 2 Abs. 2 Nr. 2 UmwRG) und über eine Anerkennung aus Gründen, die von der Vereinigung nicht zu vertreten sind, noch nicht entschieden ist (§ 2 Abs. 2 Nr. 3 UmwRG). Bei einer ausländischen Vereinigung gelten die Voraussetzungen von § 2 Abs. 2 Nr. 3 UmwRG als erfüllt. Mit der Bestandskraft einer die Anerkennung versagenden Entscheidung wird der Rechtsbehelf unzulässig. 21

4. § 11 Abs. 2 iVm § 2 Abs. 3 UmwRG. Nach § 2 Abs. 3 Satz 1 UmwRG müssen, wenn eine Entscheidung nach § 1 Absatz 1 Satz 1 UmwRG nach den geltenden Rechtsvorschriften weder öffentlich bekannt gemacht noch der Vereinigung bekannt gegeben worden ist, Widerspruch oder Klage binnen eines Jahres erhoben werden, nachdem die Vereinigung von der Entscheidung Kenntnis erlangt hat oder hätte erlangen können. Diese Regelung bezieht sich auf sämtliche Entscheidungen und Verwaltungsakte nach § 1 Abs. 1 Satz 1 und findet damit auch auf Entscheidungen nach dem USchadG im oben beschriebenen Sinne Anwendung (vgl. auch Fellenberg/Schiller → UmwRG § 2 Rn. 43). Nach § 2 Abs. 3 Satz 3 UmwRG gilt die Widerspruchs- bzw. Klagefrist aus Absatz 3 Satz 1 entsprechend, wenn eine Entscheidung entgegen geltenden Rechtsvorschriften nicht getroffen worden ist und die Vereinigung von diesem Umstand Kenntnis erlangt hat oder hätte erlangen können (Unterlassen). 22

Wird eine Entscheidung gegenüber der Vereinigung bekannt gegeben, gelten die regulären Fristen aus den §§ 70, 74, 58 VwGO. 23–26

5. § 11 Abs. 2 iVm § 2 Abs. 4 UmwRG. Nach § 2 Abs. 4 Nr. 1 UmwRG ist der Rechtsbehelf einer Vereinigung begründet, soweit die angefochtene Entscheidung oder deren Unterlassen gegen Rechtsvorschriften, die für die Entscheidung von Bedeutung sind, verstößt und der Verstoß Belange des Umweltschutzes berührt, die zu den von der Vereinigung nach ihrer Satzung zu fördernden Zielen gehören. Die Gesetzesbegründung 27 zum Umweltschadensgesetz lässt vermuten, dass diese Regelung auch auf Rechtsbehelfe nach § 11 Abs. 2 anzuwenden ist. In der Begründung zum Umweltschadensgesetz heißt es, dass sich nach den entsprechend anwendbaren Bestimmungen des Umwelt-Rechtsbehelfsgesetzes insbesondere bestimmt, unter welchen Voraussetzungen ein Klageverfahren begründet sein kann (Gesetzentwurf der Bundesregierung, BT-Drs. 16/3806, S. 28).

28–33 Ob eine Verletzung von Vorschriften des Umweltschadensgesetzes tatsächlich gegeben ist, muss im einzelnen Rechtsbehelfsverfahren geprüft werden. Dabei besteht eine **Amtsermittlungspflicht** der Behörde (§ 24 Abs. 1 VwVfG) bzw. des Gerichts (§ 86 Abs. 1 VwGO); der klagende Verband muss lediglich im Rahmen der Zulässigkeit darlegen, dass eine Rechtsverletzung möglich erscheint. Insoweit dürfen an die Darlegung keine allzu hohen Anforderungen gestellt werden, will man das Recht zur Einlegung von Rechtsbehelfen nicht leer laufen lassen (vgl. dazu *Schrader/Hellenbroich,* ZUR 2007, 289 (293)).

§ 12 Zusammenarbeit mit den Mitgliedstaaten der Europäischen Union

(1) Sind einer oder mehrere Mitgliedstaaten der Europäischen Union von einem Umweltschaden betroffen oder wahrscheinlich betroffen, so arbeiten die zuständigen Behörden mit den Behörden der anderen Mitgliedstaaten der Europäischen Union zusammen und tauschen in angemessenem Umfang Informationen aus, damit die erforderlichen Vermeidungs-, Schadensbegrenzungs- und Sanierungsmaßnahmen durchgeführt werden.

(2) Ist ein Umweltschaden im Geltungsbereich dieses Gesetzes verursacht worden, der sich im Hoheitsgebiet eines anderen Mitgliedstaates der Europäischen Union auswirken kann, so hat die zuständige Behörde die Mitgliedstaaten, die möglicherweise betroffen sind, in angemessenem Umfang zu informieren.

(3) Stellt eine zuständige Behörde einen Umweltschaden fest, der nicht innerhalb des Geltungsbereichs dieses Gesetzes, sondern im Hoheitsgebiet eines anderen Mitgliedstaates der Europäischen Union verursacht wurde, so kann sie Empfehlungen für die Durchführung von Vermeidungs-, Schadensbegrenzungs- oder Sanierungsmaßnahmen geben und sich um die Erstattung der ihr im Zusammenhang mit der Durchführung dieser Maßnahmen angefallenen Kosten bemühen.

Schrifttum: siehe Vorbemerkung.

Übersicht

A. Einführung

Die Umwelthaftungsrichtlinie sieht vor, dass Mitgliedstaaten, die gemeinsam von einem Umweltschaden betroffen oder wahrscheinlich betroffen sind, zusammenarbeiten sollten, um angemessene und wirksame Vermeidungs- oder Sanierungstätigkeiten hinsichtlich des Umweltschadens sicher zu stellen (28. Erwägungsgrund). Die Mitgliedstaaten können sich um eine Rückerstattung der Kosten für die Vermeidungs- oder Sanierungstätigkeiten bemühen (28. Erwägungsgrund). § 12 setzt diese Vorgaben um und normiert wesentliche Grundregeln für die Zusammenarbeit mit den Mitgliedstaaten der Europäischen Union. **1**

B. Pflicht zur Zusammenarbeit

Absatz 1 setzt Art. 15 Abs. 1 UHRL um und verpflichtet die zuständigen Behörden, mit den Behörden der anderen Mitgliedstaaten zusammenzuarbeiten und in angemessenem Umfang Informationen auszutauschen, damit die erforderlichen Vermeidungs-, Schadensbegrenzungs- und Sanierungsmaßnahmen durchgeführt werden können. **2**

Bei Umweltschäden, die in Deutschland verursacht werden, die sich aber im Hoheitsgebiet eines anderen Mitgliedsstaats der Europäischen Union auswirken können, hat die zuständige Behörde nach Abs. 2 die Mitgliedstaaten, die möglicherweise betroffen sind, in angemessenem Umfang zu informieren. Die Regelung räumt ausdrücklich **kein Er-** **3**

messen ein; die Behörde verfügt lediglich über einen Entscheidungsspielraum hinsichtlich der Frage, in welchem Umfang sie die Behörde des Mitgliedstaates informiert, um eine „angemessene" Unterrichtung sicherzustellen. Da die Informationspflicht des in Deutschland ansässigen Verursachers nach § 4 gegenüber der deutschen Behörde besteht, ist es nach der Konzeption des Umweltschadensgesetzes sinnvoll, diese Behörde zur Weitergabe der Informationen an die Behörde des betroffenen Mitgliedstaates zu verpflichten.

4 Absatz 3 betrifft den umgekehrten Fall, dass der Umweltschaden in einem anderen Mitgliedstaat verursacht worden ist, sich aber in Deutschland auswirkt. Für diesen Fall sieht das Gesetz vor, dass die zuständige Behörde gegenüber den zuständigen Behörden des anderen Mitgliedsstaats **Empfehlungen** für die Durchführung der erforderlichen Maßnahmen geben kann. Die zuständige Behörde kann sich dabei auch um die Erstattung der ihr im Zusammenhang mit der Durchführung dieser Maßnahmen angefallenen **Kosten** bemühen. Eine Verpflichtung des Mitgliedstaates, hierauf zu reagieren, kann der deutsche Gesetzgeber selbstverständlich nicht normieren.

§ 13 Zeitliche Begrenzung der Anwendung

(1) **Dieses Gesetz gilt nicht für Schäden, die durch Emissionen, Ereignisse oder Vorfälle verursacht wurden, die vor dem 30. April 2007 stattgefunden haben, oder die auf eine bestimmte Tätigkeit zurückzuführen sind, die vor dem genannten Zeitpunkt geendet hat.**

(2) **Dieses Gesetz gilt nicht für Schäden, die vor mehr als 30 Jahren verursacht wurden, wenn in dieser Zeit keine Behörde Maßnahmen gegen den Verantwortlichen ergriffen hat.**

Schrifttum: siehe Vorbemerkung.

Übersicht

A. Einführung

1 Das Umweltschadensgesetz trat nach Art. 4 des „Gesetzes zur Umsetzung der Richtlinie des Europäischen Parlaments und des Rates über die Umwelthaftung zur Vermeidung und Sanierung von Umweltschäden" vom 10.5.2007 an dem Tag des sechsten auf den Monat der Verkündung folgenden Kalendermonats in Kraft, dessen Zahl mit der des Tages der Verkündung übereinstimmt. Da das Gesetz am 14.5.2007 im Bundesgesetzblatt veröffentlicht wurde, ist es am 14.11.2007 in Kraft getreten. Damit war der deutsche Gesetzgeber seiner Umsetzungspflicht nicht rechtzeitig nachgekommen. Die Umwelthaftungsrichtlinie verpflichtete die Mitgliedsstaaten in Art. 19 Abs. 1 zur Umsetzung bis zum 30.4.2007. § 13 enthält Übergangsregelungen und bestimmt, auf welche Schäden das Gesetz in zeitlicher Hinsicht anzuwenden ist.

B. Schadensverursachung vor dem 30.4.2007 (Absatz 1)

2 Gem. § 13 Abs. 1 gilt das Umweltschadensgesetz nicht für Schäden, die durch Emissionen, Ereignisse oder Vorfälle verursacht wurden, die vor dem 30.4.2007 stattgefunden haben oder die auf eine bestimmte Tätigkeit zurückzuführen sind, die vor dem genannten Zeitpunkt geendet hat. Das Gesetz sieht mit dieser Regelung eine **beschränkte Rückwirkung** auf den Zeitpunkt vor, zu dem die Umwelthaftungsrichtlinie in der Bundesrepublik umzusetzen war. Damit werden nach dem Willen des Gesetzgebers die Vorgaben aus Art. 17, 1. und 2. Spiegelstrich UHRL umgesetzt (Gesetzesbegründung der Bundesregierung, BT-Drs. 16/3806, S. 28). Die Richtlinie enthält eine entsprechende zeitliche Begrenzung ihrer Anwendung. Sie gilt nicht für Schäden, die durch Emissionen, Ereignisse oder Vorfälle verursacht wurden, die vor dem 30.4.2007 stattgefunden haben. Sie gilt außerdem nicht für Schäden, die durch Emissionen, Ereignisse oder Vorfälle verursacht wurden, die nach dem 30.4.2007 stattgefunden haben, sofern sie auf eine spezielle Tätigkeit zurückzuführen sind, die vor dem 30.4.2007 stattgefunden und geendet hat. In den Erwägungsgründen (Nr. 30) heißt es ausdrücklich, dass

Schäden, die vor dem Ablauf der Frist für die Umsetzung dieser Richtlinie verursacht worden sind, nicht von ihren Bestimmungen erfasst werden sollen. Der deutsche Gesetzgeber hat die Vorgaben der Richtlinie in § 13 sprachlich gestrafft, wollte damit aber keine Abweichungen von der Richtlinie normieren (vgl. BT-Drs. 16/3806, S. 28). Ob eine Umsetzung des Art. 17, 1. und 2. Spiegelstrich UHRL überhaupt erforderlich war, oder ob die Richtlinie nur vermeiden wollte, selbst Rückwirkung zu entfalten, mag dahinstehen (dazu *Becker,* NVwZ 2007, 1105 (1112)).

C. Verursachung vor mehr als dreißig Jahren (Absatz 2)

3 § 13 Abs. 2 regelt eine zeitliche Begrenzung des Anwendungsbereichs, die entsprechend einer **Verjährungsregelung** wirkt. Die Regelung dient der Umsetzung von Art. 17, 3. Spiegelstrich UHRL. Danach gilt die Richtlinie nicht für Schäden, wenn seit den schadensverursachenden Emissionen, Ereignissen oder Vorfällen mehr als dreißig Jahre vergangen sind. Auf diese Weise wird spätestens nach Ablauf von dreißig Jahren für alle Beteiligten Rechtssicherheit geschaffen und eine „Ewigkeits-Haftung" verhindert.

Schon vor Ablauf von 30 Jahren könnte allerdings im Einzelfall fraglich sein, ob eine hinreichende Kausalität zwischen der Schadensverursachung und dem Schadeseintritt feststellbar ist, wenn bereits eine lange Zeitspanne seit der Verursachungshandlung vergangen ist. Das Bundesverwaltungsgericht geht davon aus, dass eine Haftungsgrenze nach Maßgabe des allgemeinen Verhältnismäßigkeitsgrundsatzes dann erreicht sein kann, wenn das nach dem Verursacherprinzip maßgebliche Zurechnungskriterium der Ausübung einer gefahrgeneigten Tätigkeit nicht mehr trägt (vgl. auch oben § 9 Rn. 6). Bei der Zuordnung von Verantwortungssphären könne unter Umständen der Zeitablauf dazu führen, dass ein zunächst maßgeblicher Verursachungsbeitrag völlig in den Hintergrund trete, nur der jetzt vorfindliche Zustand zu bewerten sei und die Verantwortlichkeit nunmehr neu, etwa nach Maßgabe des Gemeinlastprinzips der Allgemeinheit, zugewiesen werde. Diese Einschätzung und die Formulierung genereller Vorgaben seien indessen in erster Linie dem Gesetzgeber vorbehalten (BVerwG, Urt. v. 18.12.2014 – 7 C 22/12, BVerwGE 151, 156, juris Rn. 47 – dort in Bezug auf Nachsorgepflichten eines Bergbauunternehmens –).

4 Eine Quasi-Unterbrechung der „Verjährung" nach Abs. 2 kann durch die Behörde bewirkt werden, indem sie Maßnahmen gegen den Verantwortlichen ergreift, ihn beispielsweise gem. § 7 Abs. 2 Nr. 1 zur Vorlage von Informationen über den Umweltschaden auffordert. Diese Einschränkung dürfte allerdings eher theoretischer Natur sein; regelmäßig wird § 13 Abs. 2 dann zur Anwendung kommen, wenn ein Umweltschaden dreißig Jahre unentdeckt bleibt, nicht hingegen in Fällen, in denen die Behörde – trotz Kenntnis vom Schaden – dreißig Jahre keine Maßnahmen gegenüber dem Verantwortlichen ergreift. Die Behörde ist gem. § 7 zum Handeln verpflichtet, wenn ein Umweltschaden eingetreten ist; sie müsste sich also rechtswidrig verhalten, wenn sie trotz Kenntnis eines Umweltschadens dreißig Jahre nicht gegen den Verantwortlichen vorgeht.

§ 14 Übergangsvorschrift zu Anlage 1

Für die Verbringungen von Abfällen, die Artikel 62 Abs. 1 der Verordnung (EG) Nr. 1013/2006 des Europäischen Parlaments und des Rates vom 14. Juni 2006 über die Verbringung von Abfällen unterliegen, ist § 3 Abs. 1 in Verbindung mit Anlage 1 (zu § 3 Abs. 1) Nr. 12 in der Fassung von Artikel 1 des Gesetzes zur Umsetzung der Richtlinie des Europäischen Parlaments und des Rates über die Umwelthaftung zur Vermeidung und Sanierung von Umweltschäden vom 10. Mai 2007 (BGBl. I S. 666) anzuwenden.

Schrifttum: siehe Vorbemerkung.

§ 14 wurde durch Art. 7 des Gesetzes zur Ablösung des Abfallverbringungsgesetzes **1** und zur Änderung weiterer Rechtsvorschriften vom 19. Juli 2007, BGBl. I, S. 1462, nachträglich in das Umweltschadensgesetz eingefügt. Im gleichen Zuge wurde Anlage 1 Nr. 12 neu gefasst. Nach der alten Fassung definierte Nr. 12 die grenzüberschreitende Verbringung von Abfällen in der, in die oder aus der Europäischen Union, für die eine Genehmigungspflicht oder ein Verbot im Sinne der Verordnung (EWG) Nr. 259/93 des Rates vom 1. Februar 1993 zur Überwachung und Kontrolle der Verbringung von Abfällen in der, in die und aus der Europäischen Gemeinschaft bestand, als berufliche Tätigkeit im Sinne der Anlage 1. Nach der neuen Nr. 12 ist als berufliche Tätigkeit die grenzüberschreitende Verbringung von Abfällen in der, in die oder aus der Europäischen Union definiert, für die eine Zustimmungspflicht oder ein Verbot im Sinne der Verordnung (EG) Nr. 1013 aus 2006 des Europäischen Parlaments und des Rates vom 14. Juni 2006 über die Verbringung von Abfällen besteht. Der Gesetzgeber musste mit Änderung bzw. Neufassung der Europäischen Abfallverbringungsverordnung auch die Regelung der Anlage 1, Nr. 12 anpassen. Entsprechend musste eine Übergangsvorschrift geschaffen werden. Nach § 14 soll auf Verbringungen von Abfällen, die Art. 62 der neuen Abfallverbringungsverordnung Nr. 1013/2006 vom 14. Juni 2006 unterliegen, die Anlage 1 Nr. 12 in der bisher geltenden Fassung Anwendung finden. Art. 62 der Abfallverbringungsverordnung Nr. 1013/2006 stellt seinerseits eine Übergangsbestimmung dar. Dort ist geregelt, welche Verbringungen der Vorgängerverordnung unterliegen und wann diese abzuschließen sind. Für den dadurch geschaffenen Übergangszeitraum musste entsprechend auch das Umweltschadensgesetz eine Übergangsregelung treffen.

Anlage 1
(zu § 3 Abs. 1)

Berufliche Tätigkeiten

1. Betrieb von Anlagen, für den eine Genehmigung gemäß der Richtlinie 96/61/EG des Rates vom 24. September 1996 über die integrierte Vermeidung und Verminderung der Umweltverschmutzung erforderlich ist. Dies umfasst alle in Anhang 1 der Richtlinie 96/61/EG aufgeführten Tätigkeiten, mit Ausnahme von Anlagen oder Anlagenteilen, die für Zwecke der Forschung, Entwicklung und Prüfung neuer Erzeugnisse und Verfahren genutzt werden.
2. Abfallbewirtschaftungsmaßnahmen (die Sammlung, die Beförderung, die Verwertung und die Beseitigung von Abfällen, einschließlich der Überwachung dieser Verfahren, der Nachsorge von Beseitigungsanlagen sowie der Tätigkeiten, die von Händlern und Maklern durchgeführt werden), soweit diese Maßnahmen einer Erlaubnis, einer Genehmigung, einer Anzeige oder einer Planfeststellung nach dem Kreislaufwirtschaftsgesetz bedürfen.
   Diese Maßnahmen umfassen unter anderem den Betrieb von Deponien, die gemäß § 35 Absatz 2 und 3 des Kreislaufwirtschaftsgesetzes einer Planfeststellung oder Plangenehmigung bedürfen, und den Betrieb von Verbrennungsanlagen, die gemäß § 4 des Bundes-Immissionsschutzgesetzes (BImSchG) in Verbindung mit dem Anhang der Verordnung über genehmigungsbedürftige Anlagen (4. BImSchV) einer Genehmigung bedürfen.
3. Einbringung, Einleitung und sonstige Einträge von Schadstoffen in Oberflächengewässer gemäß § 9 Absatz 1 Nummer 4 und Absatz 2 Nummer 2 bis 4 des Wasserhaushaltsgesetzes, die einer Erlaubnis gemäß § 8 Absatz 1 des Wasserhaushaltsgesetzes bedürfen.
4. Einbringung, Einleitung und sonstige Einträge von Schadstoffen in das Grundwasser gemäß § 9 Absatz 1 Nummer 4 und Absatz 2 Nummer 2 bis 4 des Wasserhaushaltsgesetzes, die einer Erlaubnis gemäß § 8 Absatz 1 des Wasserhaushaltsgesetzes bedürfen.
5. Entnahmen von Wasser aus Gewässern gemäß § 9 Absatz 1 Nummer 1 und 5 des Wasserhaushaltsgesetzes, die einer Erlaubnis oder Bewilligung gemäß § 8 Absatz 1 des Wasserhaushaltsgesetzes bedürfen.
6. Aufstauungen von oberirdischen Gewässern gemäß § 9 Absatz 1 Nummer 2 des Wasserhaushaltsgesetzes, die einer Erlaubnis oder Bewilligung gemäß § 8 Absatz 1 oder gemäß § 68 Absatz 1 oder Absatz 2 des Wasserhaushaltsgesetzes einer Planfeststellung oder Plangenehmigung bedürfen.
7. Herstellung, Verwendung, Lagerung, Verarbeitung, Abfüllen, Freisetzung in die Umwelt und innerbetriebliche Beförderung von
   a) gefährlichen Stoffen im Sinn des § 3a Abs. 1 des Chemikaliengesetzes (ChemG);
   b) gefährlichen Zubereitungen im Sinn des § 3a Abs. 1 ChemG;
   c) Pflanzenschutzmittel im Sinn des Artikels 2 Absatz 1 der Verordnung (EG) Nr. 1107/2009 des Europäischen Parlaments und des Rates vom 21. Oktober 2009 über das Inverkehrbringen von Pflanzenschutzmitteln und zur Aufhebung der Richtlinien 79/117/EWG und 91/414/EWG des Rates (ABl. L 309 vom 24.11.2009, S. 1);
   d) Biozid-Produkten im Sinn des Artikel 3 Absatz 1 Buchstabe a der Verordnung (EU) Nr. 528/2012 des Europäischen Parlaments und des Rates vom 22. Mai 2012 über die Bereitstellung auf dem Markt und die Verwendung von Biozidprodukten (ABl. L 167 vom 27.6.2012, S. 1).
8. Beförderung gefährlicher oder umweltschädlicher Güter auf der Straße, auf der Schiene, auf Binnengewässern, auf See oder in der Luft gemäß der Definition in § 2 Nr. 9 der Gefahrgutverordnung Straße und Eisenbahn oder der Definition in den Nummern 1.3 und 1.4 der Anlage zu § 1 Abs. 1 der Anlaufbedingungsverordnung.
9. *(aufgehoben)*
10. Gentechnische Arbeiten gemäß der Definition in § 3 Nr. 2 des Gentechnikgesetzes (GenTG) an Mikroorganismen in gentechnischen Anlagen gemäß der Definition in § 3 Nr. 4 GenTG sowie der außerbetriebliche Transport gentechnisch veränderter Mikroorganismen.
11. Jede absichtliche Freisetzung genetisch veränderter Organismen in die Umwelt gemäß der Definition in § 3 Nr. 5 erster Halbsatz GenTG sowie der Transport und das Inverkehrbringen gemäß der Definition in § 3 Nr. 6 GenTG dieser Organismen.
12. Grenzüberschreitende Verbringung von Abfällen in der, in die oder aus der Europäischen Union, für die eine Zustimmungspflicht oder ein Verbot im Sinne der Verordnung (EG) Nr. 1013/2006

des Europäischen Parlaments und des Rates vom 14. Juni 2006 über die Verbringung von Abfällen besteht.

13. Bewirtschaftung von mineralischen Abfällen gemäß der Richtlinie 2006/21/EG des Europäischen Parlaments und des Rates vom 15. März 2006 über die Bewirtschaftung von Abfällen aus der mineralgewinnenden Industrie.
14. Betrieb von Kohlendioxidspeichern nach § 3 Nummer 7 des Kohlendioxid-Speicherungsgesetzes.

Anlage 2
(zu § 3 Abs. 3 Nr. 3)

Internationale Abkommen

a) Internationales Übereinkommen vom 27. November 1992 über die zivilrechtliche Haftung für Ölverschmutzungsschäden (Haftungsübereinkommen von 1992, BGBl. 1996 II S. 670);
b) Internationales Übereinkommen vom 27. November 1992 über die Errichtung eines Internationalen Fonds zur Entschädigung für Ölverschmutzungsschäden (Fondsübereinkommen von 1992, BGBl. 1996 II S. 685);
c) Internationales Übereinkommen vom 23. März 2001 über die zivilrechtliche Haftung für Schäden durch Bunkerölverschmutzung;
d) Internationales Übereinkommen vom 3. Mai 1996 über Haftung und Entschädigung für Schäden bei der Beförderung schädlicher und gefährlicher Stoffe auf See;
e) Übereinkommen vom 10. Oktober 1989 über die zivilrechtliche Haftung für die während des Transports gefährlicher Güter auf dem Straßen-, Schienen- und Binnenschifffahrtsweg verursachten Schäden.

Anlage 3
(zu § 3 Abs. 3 Nr. 5)

Internationale Übereinkünfte

a) Pariser Übereinkommen vom 29. Juli 1960 über die Haftung gegenüber Dritten auf dem Gebiet der Kernenergie und Brüsseler Zusatzübereinkommen vom 31. Januar 1963 zum Pariser Übereinkommen vom 29. Juli 1960 über die Haftung gegenüber Dritten auf dem Gebiet der Kernenergie (BGBl. 1975 II S. 957);
b) Wiener Übereinkommen vom 21. Mai 1963 über die zivilrechtliche Haftung für nukleare Schäden (BGBl. 2001 II S. 202);
c) Übereinkommen vom 12. September 1997 über zusätzliche Entschädigungsleistungen für nuklearen Schaden;
d) Gemeinsames Protokoll vom 21. September 1988 über die Anwendung des Wiener Übereinkommens und des Pariser Übereinkommens (BGBl. 2001 II S. 202);
e) Brüsseler Übereinkommen vom 17. Dezember 1971 über die zivilrechtliche Haftung bei der Beförderung von Kernmaterial auf See (BGBl. 1975 II S. 957).

1. Gesetz zur Ordnung des Wasserrechts (Wasserhaushaltsgesetz – WHG)*

Vom 31.7.2009

(BGBl. I S. 2585), zuletzt geändert durch Art. 1 G v. 19.6.2020 (BGBl. I S. 1408)

Kapitel 1. Allgemeine Bestimmungen

§ 1 Zweck

Zweck dieses Gesetzes ist es, durch eine nachhaltige Gewässerbewirtschaftung die Gewässer als Bestandteil des Naturhaushalts, als Lebensgrundlage des Menschen, als Lebensraum für Tiere und Pflanzen sowie als nutzbares Gut zu schützen.

Schrifttum: BMU (Hrsg.), Umweltgesetzbuch (UGB-KomE), 1998; *Breuer,* Öffentliches und privates Wasserrecht, 3. Auflage 2004; *Czychowski/Reinhardt,* Wasserhaushaltsgesetz, 10. Auflage 2010; Kahl (Hrsg.), Nachhaltigkeit als Verbundbegriff, 2008; *Kloepfer,* Umweltrecht, 3. Auflage 2004; *Köck,* Klimawandel und Recht – Adaption an Klimaänderungen: Auswirkungen auf den Hochwasserschutz, die Bewirtschaftung der Wasserressourcen und die Erhaltung der Artenvielfalt, ZUR 2007, 393; *Kotulla,* Das novellierte Wasserhaushaltsgesetz, NVwZ 2010, 79; *Mager,* Die Entwicklung des Wasserwirtschaftsrechts – Referenzgebiet für ein materiell-rechtlich fundiertes Internationales Verwaltungsrecht, ZaöRV 2010, 789; *Reese/Möckel/Bovet/Köck,* Rechtlicher Handlungsbedarf für die Anpassung an die Folgen des Klimawandels – Analyse, Weiter- und Neuentwicklung rechtlicher Instrumente, UBA-Berichte 1/10, 2010; *Reinhardt,* Zum Verhältnis Wasserrecht und Naturschutzrecht, NuR 2009, 517; *Rolfsen,* Das neue Wasserhaushaltsgesetz, NuR 2009, 765.

Übersicht

A. Allgemeines

I. Entstehungsgeschichte

§ 1 geht auf das Gesetz zur Neuregelung des Wasserrechts vom 31.7.2009 (BGBl. I S. 2585) zurück und stellt insofern ein Novum dar, als das WHG bis zum Inkrafttreten 1

* Die Änderungen des WHG durch Art. 253 Elfte ZuständigkeitsanpassungsVO v. 19.6.2020 (BGBl. I S. 1328) sind im Gesetzestext und in den Kommentierungen noch nicht berücksichtigt. Eine Anpassung erfolgt mit einer der nächsten Ergänzungslieferungen.

diese Gesetzes keine ausdrückliche Regelung des Gesetzeszwecks enthielt. Das WHG normierte lediglich im erstem Teil „Gemeinsame Bestimmungen für die Gewässer" in § 1a Abs. 1 Satz 1 aF den „Grundsatz", dass Gewässer als Bestandteil des Naturhaushalts und als Lebensraum für Tiere und Pflanzen zu sichern waren. Ferner waren die Gewässer nach § 1a Abs. 1 Satz 2 aF so zu bewirtschaften, dass sie dem Wohl der Allgemeinheit und im Einklang mit ihm auch dem Nutzen Einzelner dienen, vermeidbare Beeinträchtigungen ihrer ökologischen Funktionen und der direkt von ihnen abhängenden Landökosysteme und Feuchtgebiete im Hinblick auf deren Wasserhaushalt unterbleiben und damit insgesamt eine nachhaltige Entwicklung gewährleistet wird.

2 Der nunmehr vorliegende § 1 kann in inhaltlicher Hinsicht unmittelbar auf den Referentenentwurf für ein Umweltgesetzbuch (UGB) vom 19.11.2007 zurückgeführt werden, der in § 1 des Zweiten Buchs „Wasserwirtschaft" eine wortgleiche Regelung enthielt. Die sachliche Begründung für diese Änderung fiel freilich schon seinerzeit denkbar spärlich aus. So fand sich in der seinerzeitigen Begründung zu dem zuvor erwähnten Entwurf für ein UGB II nur der lapidare Hinweis: „§ 1 bestimmt den nutzungsbezogenen und ökologischen Schutzzweck […] und gibt als Leitlinie für die Zweckerfüllung die nachhaltige Gewässerbewirtschaftung vor." Diese „Begründung" haben sich die Fraktionen der CDU/CSU und SPD in ihrem Entwurf eines Gesetzes zur Neuregelung des Wasserrechts vom 17.3.2009 inhaltlich zu Eigen gemacht (vgl. BT-Drs. 16/12275 S. 53).

3 Es ist aber darauf hinzuweisen, dass das Fehlen einer ausdrücklichen Regelung des Gesetzeszwecks das WHG schon seit langem von den meisten anderen Umweltgesetzen unterschied (so meint *Kloepfer,* Umweltrecht, § 1 Rn. 20, die Verwendung von gesetzlichen Ziel- und Zweckbestimmungen sei geradezu ein Charakteristikum der Umweltgesetzgebung). Dieses Fehlen hat bereits der so genannte Professoren-Entwurf für ein Umweltgesetzbuch (UGB-ProfE) von 1994 als Manko empfunden. Es wurde daher schon seinerzeit versucht, durch die Formulierung einer entsprechenden Zweckbestimmung die „Anschlussfähigkeit" der wasserrechtlichen Regelungen herzustellen (vgl. § 222 UGB-ProfE). Dem ist die Sachverständigenkommission zum UGB in ihrem Entwurf sowohl im Ausgangspunkt als auch in der sachlichen Begründung gefolgt (vgl. BMU (Hrsg.), UGB-KomE, S. 1059 ff.).

II. Bedeutung

4 Vor diesem Hintergrund sollte man zunächst einmal zur Kenntnis nehmen, dass der Bundesgesetzgeber mit der nunmehr erfolgten ausdrücklichen Normierung eines übergreifenden Gesetzeszwecks einer über viele Jahre mehrfach erhobenen Forderung nachgekommen ist. Ferner sprachen Gründe der „Europäisierung der Regelungstechnik" (zu diesen *Rolfsen,* NuR 2009, 765, 766 mit Fußn. 13), die freilich alles andere als zwingend sind, für die Einführung einer solchen Zweckbestimmung.

5 Dabei liegt es ein Stück weit in der Natur der Sache, dass die Gesetzeszwecke abstrakt formuliert sind und auch miteinander in Konflikt geraten können. Es besteht daher Einigkeit, dass die Vorschrift **weder subjektive Rechte noch individuelle Pflichten** begründet und den zuständigen Behörden auch **keine irgendwie gearteten Befugnisse** verleiht.

6 Es stellt sich aber vor allem aus rechtspraktischer Perspektive die Frage, ob und inwieweit § 1 als **Auslegungshilfe und ermessensleitende Vorschrift** bei der Anwendung der übrigen Vorschriften des WHG herangezogen werden kann und muss. Da-

§ 38a Landwirtschaftlich genutzte Flächen mit Hangneigung an Gewässern

(1) [1] **Eigentümer und Nutzungsberechtigte haben auf landwirtschaftlich genutzten Flächen, die an Gewässer angrenzen und innerhalb eines Abstandes von 20 Metern zur Böschungsoberkante eine Hangneigung zum Gewässer von durchschnittlich mindestens 5 Prozent aufweisen, innerhalb eines Abstandes von 5 Metern landseits zur Böschungsoberkante des Gewässers eine geschlossene, ganzjährig begrünte Pflanzendecke zu erhalten oder herzustellen.** [2] **Bei Gewässern ohne ausgeprägte Böschungsoberkante ist die Linie des Mittelwasserstandes maßgeblich.** [3] **Eine Bodenbearbeitung zur Erneuerung des Pflanzenbewuchses darf einmal innerhalb von Fünfjahreszeiträumen durchgeführt werden.** [4] **Der erste Fünfjahreszeitraum beginnt mit Ablauf des 30. Juni 2020.**

(2) [1] **Weitergehende Rechtsvorschriften der Länder bleiben unberührt.** [2] **Abweichend von Absatz 1 Satz 1 und 2 gilt die Linie des Mittelwasserstandes, sofern das Landesrecht diesen Bezugspunkt vorsieht und schädliche Gewässerveränderungen vermieden werden.**

(Kommentierung folgt)

§ 50 Öffentliche Wasserversorgung

(1) **Die der Allgemeinheit dienende Wasserversorgung (öffentliche Wasserversorgung) ist eine Aufgabe der Daseinsvorsorge.**

(2) **Der Wasserbedarf der öffentlichen Wasserversorgung ist vorrangig aus ortsnahen Wasservorkommen zu decken, soweit überwiegende Gründe des Wohls der Allgemeinheit dem nicht entgegenstehen. Der Bedarf darf insbesondere dann mit Wasser aus ortsfernen Wasservorkommen gedeckt werden, wenn eine Versorgung aus ortsnahen Wasservorkommen nicht in ausreichender Menge oder Güte oder nicht mit vertretbarem Aufwand sichergestellt werden kann.**

(3) **Die Träger der öffentlichen Wasserversorgung wirken auf einen sorgsamen Umgang mit Wasser hin. Sie halten insbesondere die Wasserverluste in ihren Einrichtungen gering und informieren die Endverbraucher über Maßnahmen zur Einsparung von Wasser unter Beachtung der hygienischen Anforderungen.**

(4) **Wassergewinnungsanlagen dürfen nur nach den allgemein anerkannten Regeln der Technik errichtet, unterhalten und betrieben werden.**

(5) **Durch Rechtsverordnung der Landesregierung oder durch Entscheidung der zuständigen Behörde können Träger der öffentlichen Wasserversorgung verpflichtet werden, auf ihre Kosten die Beschaffenheit des für Zwecke der öffentlichen gewonnenen oder gewinnbaren Wassers zu untersuchen oder durch eine von ihr bestimmte Stelle untersuchen zu lassen. Insbesondere können Art, Umfang und Häufigkeit der Untersuchungen sowie die Übermittlung der Untersuchungsergebnisse näher geregelt werden. Die Landesregierung kann die Ermächtigung nach Satz 1 durch Rechtsverordnung auf andere Landesbehörden übertragen.**

Schrifttum: *Breuer,* Wasserpreise und Kartellrecht, NVwZ 2009, 1249; *Ders.,* Öffentliches und privates Wasserrecht, 4. Auflage 2017, Rn. 167 ff.; *Ders.,* Wasserversorgung und Umweltschutz, in: Ipsen (Hrsg.), Wasserversorgung zwischen kommunaler Daseinsvorsorge und marktwirtschaftlichem Wettbewerb, 2003, S. 17 ff.; *Brömmelmeyer,* Der Einfluss des Kartellrechts auf die Wasserwirtschaft, ZögU 2011, 415; *Bürger/Herbold,* Flucht der Wasserversorger ins Gebührenrecht und die 8. GWB-Novelle, NVwZ 2012, 1217; *Dierkes/Hamann,* Öffentliches Preisrecht in der Wasserwirtschaft, 2009; *Ewers/Botzenhart/Jekel/Salzwedel/Kraemer,* Optionen, Chancen und Rahmenbedingungen einer Markteröffnung für eine nachhaltige Wasserversorgung, BMWI-Forschungsvorhaben (11/00), Endbericht, Juli 2001; *Gesterkamp,* Rechtsfragen zur Vergabe von Wasserkonzessionen, VergabeR 2020, 705; *Giebler,* Organisationsfragen der kommunalen Wasserwirtschaft, DÖV 2020, 476; *Greb/Böcker,* Wettbewerbliche Öffnung der letzten Bastionen? Netzzugangsansprüche und Regulierungsdiskussion in Fernwärme- und Wassersektor, RdE 2013, 15; *Hendler/Grewing,* Der Grundsatz der ortsnahen Versorgung im Wasserrecht, ZUR-Sonderheft 2001, 146; *Hoffmann,* Der Grundsatz der ortsnahen Wasserversorgung im Wasserhaushaltsgesetz. Normuntersuchung und Entwicklung (Dissertation) 2015; *Kahlenborn/Kraemer,* Nachhaltige Wasserwirtschaft in Deutschland, 1999, S. 77 ff.; *Kibele,* Zwischen Gemeinwohl und Individualinteressen – aktuelle Rechtsprechung zum Trinkwasserschutz, ZfW 2012, 177; *Ders.,* Neuordnung des Wasserrechts macht das Recht der öffentlichen Wasserversorgung komplizierter, BWGZ 2014, 419; *Köck,* Zur Entwicklung des Rechts der Wasserversorgung und der Abwasserbeseitigung, ZUR 2015, 3; *Ders./Henn,* Die Rechte der Wasserversorger bei der Grundwasserressourcenbewirtschaftung, NVwZ 2020, 504; *Laskowski,* Privatisierung der Wasserversorgung, KJ 2011, 185; *Lotze/Reinhardt,* Die kartellrechtliche Missbrauchskontrolle bei Wasserpreisen – Anforderungen und Grenzen aus verfassungsrechtlicher, kartellrechtlicher und umweltverwaltungsrechtlicher Sicht, NJW 2009, 3273; *Markopoulos,* Rechtliche Ge- und Verbote bei der Öffnung der Wasserversorgungsmärkte, KommJur 2012, 361; *Michel,* Die Zulässigkeit überörtlicher kommunaler Wirtschaftstätigkeit im Bereich der Wasserversorgung, 2007; *Pape/Zeissler,* Die Novelle des LWG NRW – Zu den Auswirkungen auf die oberirdische Gewinnung von Bodenschätzen in Wasserschutzgebieten, NWVBl 2016, 403; *Reinhardt,* Regelungsbedarf und Regelungsrahmen einer künftigen Europäischen Politik des Wassersparens, ZfW 2012, 61; *Ders.,* Das wasserrechtliche Bewirtschaftungsermessen im ökologischen Gewässerschutzrecht, NVwZ 2017, 1000; *Ders.,* Demographischer Wandel im Wasserrecht – Rechtsrahmen für Daseinsvorsorge und Gewässerschutz, LKV 2018, 289; *Ders.,* Auslaufmodell Ortsnäheprinzip?, W+R 2019, 211; *Ders.,* Der Vorrang der öffentlichen Wasserversorgung – einfachgesetzliche und verfassungsrechtliche Grundlagen, normative Umsetzung im geltenden Recht und Auswirkungen auf kommunizierende Rechtsbereiche, ZfW 2020, 1; *Rösch,* Regulierung der Trinkwasserversorgung, HGZ 2011, 177; *Schaefer,* Rechtsgrundlagen, Verfahrensgang und Entschädigung bei Wasserschutz- und Naturschutzgebietsausweisungen, AgrarR 1988, 33; *Schmidt,* Liberalisierung, Privatisierung und Regulierung der Wasserversorgung, LKV 2008, 193; *Schröder,* Das Verfahren zur Vergabe von Wasserkonzessionen, NVwZ 2017, 504; *v. Weschpfennig/Durner,* Zuständigkeitsfragen bei der Löschwasserversorgung, DVBl 2018, 1254; *Wrede/Seeliger,* Zur Novelle der Trinkwasserverordnung 2018 – Was hat sich für die Unternehmen der Wasserwirtschaft geändert?, ZfW 2019, 141; *Wolfers/Wollenschläger,* Rechtliche, betriebswirtschaftliche und technische Grundlagen der kartellrechtlichen Wasserpreiskontrolle, EnWZ 2013, 71; *Zabel,* Das Recht der öffentlichen Wasserversorgung nach dem novellierten Wasserhaushaltsgesetz, DVBl. 2010, 93.

Übersicht

A. Allgemeines

I. Entstehungsgeschichte

1 Vor Inkrafttreten des WHG 2009 waren die Grundsätze über die öffentliche Wasserversorgung vorwiegend in den jeweiligen Landeswassergesetzen geregelt (vgl. etwa § 2 Abs. 2 LWG NW aF; § 59 SächsWG aF; § 56 HessWG aF). § 50 hat den Inhalt dieser landeswassergesetzlichen Vorschriften zu wesentlichen Teilen übernommen und sie erstmals zusammengefasst als **bundeseinheitliche,** allgemeine **Grundsätze der öffentlichen Wasserversorgung** normiert. Die Regelungen des § 50 basieren auf der konkurrierenden Bundesgesetzgebungskompetenz nach Art. 74 Abs. 1 Nr. 32 GG, die nur teilweise – in Bezug auf die bereits durch das VII. Änderungsgesetz in § 1a Abs. 3 WHG aF eingefügten Leitlinien – ihre Entsprechung im WHG 2002 finden. Bereits im WHG 2002 (vgl. § 6 Abs. 1) wurde allerdings die öffentliche Wasserversorgung als ein Belang des Wohls der Allgemeinheit explizit hervorgehoben (vgl. BT-Drs. 16/12275, 66).

II. Überblick

§ 50 leitet das dritte Kapitel „Besondere wasserwirtschaftliche Bestimmungen" in seinem ersten Abschnitt mit der Festlegung allgemeiner Grundsätze über die öffentliche Wasserversorgung ein. Ergänzt wird § 50 durch die §§ 51 bis 53, die Regelungen in Bezug auf den wasserrechtlichen Gebietsschutz zur vorbeugenden Sicherung der Wasserversorgung und den Heilquellenschutz enthalten. Der Belang der öffentlichen Wasserversorgung ist in der Legaldefinition der schädlichen Gewässerveränderung nach § 3 Nr. 10 als **besondere Ausgestaltung des Wohls der Allgemeinheit** anerkannt und gewinnt dadurch seine hervorgehobene Bedeutung. In dieser Weise ist der Grundsatz der öffentlichen Wasserversorgung für zahlreiche Vorschriften des WHG prägend (vgl. insbes. § 3 Nr. 10 und § 6 Abs. 1 Satz 1 Nr. 4; vgl. unter Anführung weiterer Beispiele *Czychowski/Reinhardt* Rn. 3). 2

§ 50 **Abs. 1** enthält zunächst die Klarstellung, dass es sich bei der öffentlichen Wasserversorgung um eine Aufgabe der Daseinsvorsorge handelt. Nach § 50 **Abs. 2** (vgl. § 1a Abs. 3 WHG aF sowie die entsprechenden früheren landesrechtlichen Bestimmungen) ist der Wasserbedarf der öffentlichen Wasserversorgung vorrangig aus ortsnahen Wasservorkommen zu decken, soweit nicht überwiegende Gründe des Allgemeinwohls entgegenstehen. § 50 **Abs. 3** soll in Anlehnung an ehemalige landesrechtliche Vorschriften einen sorgsamen Umgang seitens der Wasserversorgungsunternehmen und auch der Endverbraucher mit der Ressource „Wasser" fördern und letzten Endes sicherstellen. Welche Anforderungen an das Postulat des Absatz 3 zu stellen sind, normiert auch § 50 **Abs. 4,** indem als technikbezogene Anforderungen für Wassergewinnungsanlagen die „allgemein anerkannten Regeln der Technik" festgelegt werden. Schließlich können nach § 50 **Abs. 5** – ebenfalls in Anlehnung an frühere landesrechtliche Vorschriften – Wasseruntersuchungen seitens der Träger der öffentlichen Wasserversorgung durch Rechtsverordnungen der Landesregierungen oder von dieser beauftragten Stellen oder durch behördliche Entscheidungen angeordnet werden. 3

B. Öffentliche Wasserversorgung als Aufgabe der Daseinsvorsorge (Absatz 1)

I. Begriff, Bedeutung und Grundlagen der „öffentlichen Wasserversorgung"

Der **Begriff** der öffentlichen Wasserversorgung wird von den Vorschriften des WHG vorausgesetzt, ohne dass das Gesetz diesen Begriff ausdrücklich definiert. Er ist jedoch als Richtschnur für behördliche Gestattungsentscheidungen maßgeblich, weil er insbesondere die Begriffe des Wohls der Allgemeinheit nach § 6 Abs. 1 Satz 1 Nr. 3 und Abs. 2 sowie der schädlichen Gewässerveränderungen nach § 3 Nr. 10 und die allgemeinen Bewirtschaftungsgrundsätze nach § 6 Abs. 1 Satz 1 Nr. 4 wesentlich mitprägt. 4

Unter den Begriff der **„Wasserversorgung"** fällt das Sammeln, Fördern, Reinigen, Aufbereiten, Bereitstellen, Speichern, Weiterleiten, Beliefern, Zu- und Verteilen von Trink- und Brauchwasser (*Czychowski/Reinhardt* Rn. 4). Der Begriff ist weit zu verstehen und umfasst sämtliche Wertschöpfungsstufen vom Ressourcenschutz über die Wassergewinnung, die Aufbereitung und den Transport bis hin zur Verteilung an den Endkunden (BeckOK UmweltR/*Hasche* UmweltR Rn. 3). Anhand der Begriffsbeschreibung wird deutlich, dass damit nicht nur die private, sondern auch die gewerbliche und industrielle 5

Wasserversorgung gemeint ist (vgl. VGH Kassel Urt. v. 7.7.2015 – 2 A 177/15 –, juris Rn. 98). Die **„öffentliche“** Wasserversorgung ist dadurch gekennzeichnet, dass sie einen unbestimmten Kreis der Belieferten betrifft (*Breuer/Gärditz* Rn. 575). Sie ist insofern nur von der privaten oder betrieblichen Eigenversorgung abzugrenzen, während Größe und Bedeutung des Versorgungsgebiets und die Rechtsform der Belieferung insoweit ohne Belang sind (vgl. OVG Münster Urt. v. 17.12.1985 – 20 A 831/83 –, NuR 1987, 374). „Öffentlich“ ist die Versorgung, wenn sie aufgrund öffentlich-rechtlicher Satzung oder privatvertraglicher Vereinbarung nicht nur vorübergehend erfolgt (vgl. VGH München Urt. v. 21.2.1995 – 22 N 92.99, ZfW 1996, 390).

6 Die **Bedeutung** der öffentlichen Wasserversorgung wurde von der höchstrichterlichen Rechtsprechung frühzeitig anerkannt. Das BVerfG machte bereits Ende der 1950er Jahre (vgl. BVerfG Urt. v. 29.7.1959 – 1 BvR 394/58, BVerfGE 10, 89) sowie in seinem grundlegenden Nassauskiesungsbeschluss (Beschl. v. 15.7.1981 – 1 BvL 77/78, BVerfGE 58, 300) deutlich, die Bedeutung des Elements Wasser als Lebens- und Überlebensmittel bestehe in erster Linie darin, dass es die Hauptgrundlage allen menschlichen, tierischen und pflanzlichen Lebens darstelle (vgl. *Stubenrauch* ZUR 2010, 512; vgl. auch OVG Münster Beschl. v. 22.3.2017 – 15 B 286/17 –, juris Rn. 13: „Öffentliche Aufgabe der Daseinsvorsorge von überragender Bedeutung“). Die öffentliche Wasserversorgung stellt nach dem Willen des Gesetzgebers einen „ausdrücklich und allein hervorgehobenen Belang des **Wohls der Allgemeinheit**“ dar (BT-Drs. 16/12275, S. 66). Zwar wurde die ausdrückliche Erwähnung und Hervorhebung der öffentlichen Wasserversorgung als zwingender Grund für die Versagung einer Erlaubnis oder Bewilligung, wie sie noch in § 6 Abs. 1 WHG aF zu finden war, in § 12 Abs. 1 Nr. 1 WHG 2009 gestrichen. Aus § 12 Abs. 1 Nr. 1 ergibt sich indes weiterhin die Verbindung zum Begriff der öffentlichen Wasserversorgung, indem auf das Wohl der Allgemeinheit nach § 3 Nr. 10 Bezug genommen wird, als dessen besondere Ausprägung die öffentliche Wasserversorgung normiert ist. Diese methodischen Umstellungen beeinflussen die materiellen Entscheidungsmaßstäbe nicht, zumal die §§ 12 Abs. 1 Nr. 1, 3 Nr. 10 eine ähnliche Sperrwirkung der Bedürfnisse der öffentlichen Wasserversorgung gegenüber anderen Nutzungsanträgen entfalten (*Reinhardt* ZfW 2020, 1 (5)). Dennoch ist kritisch zu hinterfragen, warum sich kein ausdrücklich formulierter Vorrang der öffentlichen Wasserversorgung im WHG 2009 mehr findet (so auch *Seeliger/Wrede* NuR 2009, 679 (683)). Die nunmehr gesteigert betonten ökologischen Belange in § 1 bergen zumindest die potentielle Gefahr, dass sich ein schleichender Wertungs- und Paradigmenwandel vollziehen könnte (so auch *Czychowski/Reinhardt* Rn. 6).

7 Tatsächlich ist die gesamte öffentlich-rechtliche Benutzungsordnung des WHG vor dem Hintergrund verfassungsrechtlicher Postulate des Sozialstaats- und des Umweltstaatsprinzips auf einen grundsätzlichen **Vorrang der öffentlichen Wasserversorgung** vor konfligierenden Gewässerbenutzungen ausgerichtet. Dies wirkt sich in unterschiedlicher Weise aus, insbesondere bei der Prüfung der grundsätzlichen Zulassungsfähigkeit bzw. der rechtlichen Ausgestaltung von Gewässerbenutzungen, welche Einfluss auf das Grundwasser als Trinkwasserreservoir haben, bei der Festsetzung von Wasserschutzgebieten, aber auch bei der Ausübung von Abwägungs- und Ermessensspielräumen außerhalb originär wasserrechtlicher Verfahren gegenüber anderen – insbes. ökonomischen – Nutzungsinteressen oder Belangen des Natur- und Gewässerschutzes (eingehend zum Vorrang der öffentlichen Wasserversorgung *Reinhardt* ZfW 2020, 1; zu der **Rechtsstellung der Wasserversorgungsunternehmen** im System der Wasserressourcenbewirtschaftung nach dem WHG *Köck/Henn* NVwZ 2020, 504, die den Wasserversorgungsunternehmen ein unionsrechtliches Klagerecht zur Umsetzung der Bewirtschaftungsziele der Wasserrahmenrichtlinie einräumen). Insbesondere ist aber das Bewirtschaftungsermessen gemäß

§ 12 Abs. 2 im Lichte des Nassauskiesungsbeschlusses des BVerfG zu interpretieren, nämlich dahingehend, dass seitens der Wasserbehörde nicht ausschließlich nutzungsunabhängige ökologische Ziele verfolgt werden dürfen, sondern vielmehr aktuelle und künftige widerstreitende Nutzungsinteressen in Ausgleich zu bringen sind und dabei insbesondere die Trinkwasserversorgung der Bevölkerung sicherzustellen ist (*Reinhardt* NVwZ 2017, 1000 (1004)).

Die Bedeutung der **öffentlichen Wasserversorgung** – auch unter Berücksichtigung des Ortsnäheprinzips gem. § 50 Abs. 2 – zeigt sich zB im Konflikt mit Belangen der **Rohstoffgewinnung.** Denkbar ist insbesondere, dass sich Wassereinzugsgebiete mit Bereichen, die sich – standortgebunden – für die Rohstoffgewinnung (Abbau von Sand, Kies und Gestein) eignen, überschneiden. Der Abbau von Kies- und Sandvorkommen ist, weil sich diese häufig in grundwasserführenden Schichten befinden, für die Beschaffenheit des Grundwassers von erheblicher Bedeutung; ein solcher Abbau ist regelmäßig geeignet, in einem nicht nur unerheblichen Ausmaß schädliche Veränderungen der physikalischen, chemischen oder biologischen Beschaffenheit des Wassers herbeizuführen (näher dazu und zu der daraus resultierenden Erlaubnispflichtigkeit solcher Maßnahmen vgl. *Gaentzsch* NVwZ 1998, 889 (892); ferner OVG Münster Urt. v. 18.11.2015 – 11 A 3048/11 –, juris Rn. 177 ff.). Relevant ist für einen derartigen Konflikt im Zusammenhang mit der Rohstoffgewinnung die **Rohstoffsicherungsklausel** des § 48 Abs. 1 S. 2 BBergG. Danach ist bei Anwendung von Rechtsvorschriften, welche gemäß § 48 Abs. 1 S. 1 BBergG in bergrechtlichen Verfahren unberührt bleiben, dafür zu sorgen, dass die Gewinnung von Bodenschätzen so wenig wie möglich beeinträchtigt wird. Unberührt bleiben sollen nach § 48 Abs. 1 S. 1 BBergG Rechtsvorschriften, die auf Grundstücken solche Tätigkeiten verbieten oder beschränken, die ihrer Art nach der Aufsuchung oder Gewinnung von Rohstoffen dienen können, wenn die Grundstücke durch Gesetz oder aufgrund eines Gesetzes einem öffentlichen Zweck gewidmet oder im Interesse eines öffentlichen Zwecks geschützt sind. Zu diesen Rechtsvorschriften zählen unstreitig auch die Normen des Wasserrechts (amtliche Begründung zum Regierungsentwurf des BBergG, BT-Drs. 8/1315, 104). Wie sich das Verhältnis zwischen § 50 WHG und § 48 Abs. 1 S. 2 BBergG im Rahmen der Ausübung des wasserrechtlichen Bewirtschaftungsermessens bzw. der jeweiligen Abwägung gestaltet, hängt entscheidend von der Charakterisierung des § 48 Abs. 1 S. 2 BBergG ab. Das Schrifttum geht überwiegend und zutreffend davon aus, dass es sich bei § 48 Abs. 1 S. 2 BBergG (wie auch bei § 50 Abs. 2 S. 1; → Rn. 25) um ein **Optimierungsgebot** (relative Vorrangregelung) handelt (*Wilde* DVBl. 1998, 1321 (326); *Kühne* DVBl. 1987, 1259 (1262); *Boldt/Weller* BBergG, § 48 Rn. 30 ff. mwN; *Frenz* BBergG, § 48 Rn. 36 mwN). Die Rechtsprechung wählt diesbezüglich regelmäßig die Formulierung, aus der Auslegung des § 48 Abs. 1 S. 2 BBergG ergebe sich, dass „kein genereller oder absoluter Vorrang der Rohstoffsicherung und -gewinnung vor allen anderen Belangen" begründet werden solle (BVerwG Beschl. v. 4.7.1986 – 4 C 31/84 –, BVerwGE 74, 315 (318 f.); Beschl. v. 25.8.1995 – 4 B 191/95 –, NVwZ-RR 1996, 140 (141); Beschl. v. 20.11.2008 – 7 C 10/08 –, ZfB 2009, 55; VGH Mannheim Urt. v. 9.6.1988 – 6 S 2972/84 –, ZfB 1989, 57 (71 f.); OVG Münster Urt. v. 21.12.2007 – 11 A 3051/06 –, juris Rn. 191; Urt. v. 18.11.2015 – 11 A 3048/11 –, juris Rn. 285 ff.; VG Potsdam Urt. v. 13.9.2001 – 5 K 4398/97 –, ZUR 2002, 236; OVG Greifswald Urt. v. 24.11.1999 – 2 L 30/98 –, NuR 2000, 471). Im konkreten Fall eines Nutzungskonfliktes zwischen Rohstoffabbau und Wasserversorgung stehen sich somit unter Umständen zwei (relative) Vorrangregelungen einander gegenüber. Diese müssen dann im Sinne des Prinzips praktischer Konkordanz jeweils soweit wie möglich realisiert werden. Letztlich wird bei der Entscheidung aber nicht unberücksichtigt bleiben können, dass der Schutz der natürlichen Lebensgrundlagen, namentlich des Grundwassers, 8 besonderer Ausdruck der Sozialpflichtigkeit des Grundeigentums und damit auch der entsprechenden Rechtspositionen nach dem BBergG ist (BVerfG Urt. v. 15.07.1981 – 1 BvL 77/78 –, BVerfGE 58, 300).

9 Als **rechtliche Grundlagen** der öffentlichen Wasserversorgung sind neben den Vorschriften des WHG und der Landeswassergesetze auch solche des Trinkwasserschutzrechts zu nennen. Zentrale Regelungswerke stellen insofern das Infektionsschutzgesetz (IfSG) und das Lebensmittel- und Futtermittelgesetzbuch (LFGB) dar. Die Trinkwasserverordnung (TrinkwV) vom 10.3.2016 (BGBl. I S. 459), die die europäische Trinkwasserrichtlinie 1998/83/EG in deutsches Recht transformiert und 2018 novelliert wurde, konkretisiert sowohl das IfSG als auch das LFGB (vgl. *Grohmann/Hässelbarth/Schwerdtfeger,* Die Trinkwasserverordnung, 4. Auflage 2003; *Breuer/Gärditz* Rn. 98 ff.; *Köck* ZUR 2015, 3 (13 ff.); zur Novelle 2018 *Wrede/Seelinger* ZfW 2019, 141 ff.). Die TrinkwV lehnt sich ihrem Inhalt nach eng an die Richtlinie 1998/83/EG an. Nach ihrem § 1 dient sie der Bereitstellung von genusstauglichem und reinem Trinkwasser, um die menschliche Gesundheit zu schützen. Im Einzelnen regelt § 2 den Anwendungsbereich der Verordnung. § 3 enthält wesentliche Definitionen, insbesondere die des „Trinkwassers", des „Rohwassers" und der „Wasserversorgungsanlagen". § 4 regelt allgemeine Anforderungen an die Beschaffenheit des Wassers für den menschlichen Gebrauch. Nach § 4 Abs. 1 S. 3 TrinkwV gelten diese Anforderungen dann als erfüllt, wenn bei Wassergewinnung, Wasseraufbereitung und Verteilung mindestens die allgemein anerkannten Regeln der Technik eingehalten werden und das Wasser den mikrobiologischen, chemischen und indikativen Anforderungen der §§ 5 bis 7a entspricht. Die §§ 11 und 12 enthalten Regelungen zur Aufbereitung und Desinfektion. Die §§ 13 bis 17 regeln Anzeige-, Untersuchungs- und Überwachungspflichten des Unternehmers oder sonstigen Inhabers der Wasserversorgungsanlage. Insbesondere die Untersuchungspflichten für Wasserversorgungsunternehmen nach § 14 waren Gegenstand der Novelle 2018. Schließlich normieren die §§ 18 bis 20 die Überwachungspflichten und Eingriffsermächtigungen des Gesundheitsamtes hinsichtlich der Wasserversorgungsanlagen (vgl. *Breuer/Gärditz* Rn. 99 f.). Weitere grundlegende Entwicklungen und Änderungen des Trinkwasserrechts – auch auf der Ebene des WHG – sind in den nächsten Jahren aufgrund zu erwartender weitreichender Änderungen der europäischen Vorgaben zu erwarten (vgl. den Entwurf einer geänderten Trinkwasserrichtlinie der Kommission, COM 2017(753) final vom 01.02.2018; dazu *Wrede/Seelinger* ZfW 2019, 141 (142)).

II. Trink- und Brauchwasserversorgung als kommunale Selbstverwaltungsangelegenheit

10 Zu den anerkannten Aufgaben der Städte und Gemeinden gehört insbesondere die Versorgung der Bevölkerung mit Wasser (vgl. BVerfG Beschl. v. 16.5.1989 – 1 BvR 705/88 –, NJW 1990, 1783). Die Wasserversorgung stellt einen wesentlichen Bestandteil der **öffentlichen Infrastruktur** dar, die in engem Sachzusammenhang mit der städtebaulichen und siedlungsstrukturellen Entwicklung der jeweiligen Gemeinde wie auch mit dem Umweltschutz steht (*Breuer* in Ipsen, S. 17 ff.; *Hünnekens* Rechtsfragen der wirtschaftlichen Infrastruktur, S. 28).

11 Folgerichtig wird die der Allgemeinheit dienende Wasserversorgung mit Trink- und Brauchwasser von § 50 Abs. 1 als eine **Aufgabe der Daseinsvorsorge** qualifiziert (zu dem auf *Forsthoff* zurückgehenden Begriff der Daseinsvorsorge vgl. *Hünnekens* Rechtsfragen der wirtschaftlichen Infrastruktur, S. 118 ff. mwN). Als öffentliche Aufgabe gehört die Wasserversorgung traditionell zu dem landesrechtlich anerkannten Bereich des kom-

munalen Wirkungskreises der Gemeinden im Rahmen der **Selbstverwaltungsgarantie des Art. 28 Abs. 2 GG** und der entsprechenden Bestimmungen der Landesverfassungen, etwa Art. 83 Abs. 1 BayVerf oder Art. 78 LVerf NW (vgl. BT-Drs. 16/12275, 66). Im Rahmen der Selbstverwaltungsgarantie sind die Kommunen grundsätzlich zur Erfüllung ihrer Aufgaben verpflichtet, nehmen sie aber inhaltlich in eigener Verantwortung und damit frei von inhaltlicher staatlicher Einflussnahme durch die Fachaufsicht wahr (*Lotze/Reinhardt* NJW 2009, 3273 (3274)). Auch die jeweiligen Landeswassergesetze haben die Aufgabe der Versorgung der Öffentlichkeit mit Trink- und Brauchwasser überwiegend den Städten und Gemeinden als **pflichtige Selbstverwaltungsangelegenheit** iSd Art. 28 Abs. 2 GG zugewiesen (vgl. *Reinhardt* ZfW 2008, 125 (130); *ders.* ZfW 2020, 1 (14)). In Konkretisierung dieser Pflichtenzuweisung wird in § 38 Abs. 1 LWG NW ausdrücklich eine kommunale Sicherstellungspflicht hinsichtlich der öffentlichen Wasserversorgung normiert, der zufolge die Gemeinden dafür Sorge zu tragen haben, dass die örtliche Wasserversorgung funktionsfähig ist und den Regeln der Technik entspricht (zur Frage der Erstreckung der kommunalen Wasserversorgungspflicht auf die Löschwasserversorgung und die unterschiedliche Rechtslage in den Bundesländern *v. Weschpfennig/Durner* ZfW 2018, 1254). Für den Fall einer defizitären Durchführung dieser Aufgabe durch Dritte müsste eine Gemeinde wieder selbst tätig werden (*Queitsch/Koll-Sarfeld/Wallbaum,* LWG NW, § 38 Rn. 2).

Seitens des Bürgers besteht **kein unmittelbarer Rechtsanspruch** auf Sicherstellung **12** der öffentlichen Wasserversorgung gegenüber dem Träger der öffentlichen Wasserversorgung iSe subjektiv-öffentlichen Rechts, sondern lediglich ein Anspruch auf Teilhabe an der bestehenden Wasserversorgung (vgl. VG Neustadt (Weinstraße) Beschl. v. 29.1.2014 – 4 L 77/14.NW –, juris Rn. 33). Ein unmittelbarer Anspruch des Grundstückseigentümers (nicht des Mieters oder Pächters) besteht allerdings in Gestalt eines Anschluss- und Benutzungsrechts, wenn die gemeindliche Wasserversorgung auf der Grundlage einer kommunalen Satzung mit Anschluss- und Benutzungszwang umgesetzt wird (OVG Münster Beschl. v. 22.3.2017 – 15 B 286/17 –, juris Rn. 12).

Durch die Einordnung als Angelegenheit der örtlichen Gemeinschaft wird die öffent- **13** liche Wasserversorgung rechtlich abgesichert, weil sie damit dem Schutz des Art. 28 Abs. 2 GG unterfällt, wenngleich Art. 28 Abs. 2 GG nicht als Abwehrrecht bei **Aufgabenverlagerungen in den privaten Markt** fungiert (*Fischer/Zwetkow* NVwZ 2003, 281 (282)), sondern grundsätzlich lediglich davor schützt, dass den Gemeinden Aufgaben der örtlichen Gemeinschaft ohne hinreichende Rechtfertigung entzogen werden. Diesem Schutz steht die Erkenntnis gegenüber, dass auch auf die Befriedigung der Bedürfnisse der Allgemeinheit gerichtete „wohltätige" Maßnahmen zur Einnahmenerzielung geeignet sind (vgl. *Czychowski/Reinhardt* Rn. 12). Aus diesem Spannungsverhältnis resultieren Bestrebungen Elemente der Daseinsvorsorge, wie etwa auch die Wasserversorgung, den Regeln eines wettbewerbsorientierten Marktes zu unterwerfen, um auf diese Weise die Kosten für die Bürger zu senken (vgl. *Emmerich-Fritsche* BayVBl 2007, 1). Diese Diskussion wird regelmäßig unter dem Begriff der Liberalisierung des Wassermarktes geführt (vgl. BeckOK UmweltR//*Hasche* UmweltR Rn. 6; *Markopoulos* KommJuR 2012, 361).

Es besteht jedoch weiterhin ein begründetes Interesse an der Beibehaltung des grund- **14** sätzlichen **kommunalen Versorgungsmonopols** mit seinem dominierenden örtlich-regionalen Gebietsbezug (vgl. *Dierkes/Hamann* S. 29 ff.; *Breuer* NVwZ 2009, 1249 (1250)) Schon die kommunalrechtlichen Bestimmungen der Länder über den Anschluss- und Benutzungszwang (vgl. etwa Art. 24 Abs. 1 Nr. 1, 2 BayGO; § 11 Abs. 1 GO BW; § 9 GO NW; allgemein zum Anschluss- und Benutzungszwang *Lell* ZKF 2003, 2; mit Blick auf das Wasserrecht vgl. *Schur* Der Wasserversorgungsvertrag, 2009, S. 31 ff.) würden einer vollständigen Marktöffnung in Bezug auf die öffentliche Wasserversorgung entgegenstehen. Zudem ist das Recht der Wasserversorgung in das öffentliche Gewässerschutzrecht eingebunden, weil die Trink- und Brauchwassergewinnung – im Gegensatz etwa zur Stromerzeugung – zwangsläufig von der Existenz geeigneter natürlicher Wasservorkommen abhängt.

15 Darüber hinaus ist die öffentliche Wasserversorgung im Hinblick auf lebensmittel- und infektionsschutzrechtliche Anforderungen an Gewinnung, Aufbereitung, Speicherung und Verteilung des Versorgungsgut „Wasser" auf eine Sicherung der gleichbleibenden Qualität des Wassers angewiesen. Zudem sind Wässer unterschiedlicher Herkunft und Beschaffenheit bei Vermeidung unerwünschter und qualitätsmindernder physikalisch-chemischer Nebenreaktionen nicht beliebig mischbar (vgl. DVGW-Arbeitsblatt W 216, Versorgung mit unterschiedlichen Wässern). Auch setzt der Erhalt der **Wassergüte** und hier insbesondere der **Wasserhygiene** dem Wassertransport über große Entfernungen und den damit verbundenen langen Aufenthaltszeiten in Rohrleitungen und Zwischenspeichern deutliche Grenzen. Einer dem Energiesektor vergleichbare Marktöffnung in Bezug auf die öffentliche Wasserversorgung stehen auch **physikalische Gesetzmäßigkeiten** entgegen. Während sich elektrische Energie in Verbundsystemen beliebig und bedarfsorientiert verteilen lässt, vollzieht sich der Wassertransport in Rohrleitungen weitgehend richtungsgebunden. Eine Umkehr von Transportrichtungen ist sowohl aus technischen wie auch aus wassergütewirtschaftlichen Gründen nicht beliebig möglich. Grenzen für eine Marktöffnung werden ferner durch die Tatsache gesetzt, dass die Systeme von Wassergewinnung, Aufbereitung, Transport, Zwischenspeicherung und Verteilung in sich geschlossen und aufeinander abgestimmt sind. Hinzu kommen die erheblichen Energieverluste bei dem Transport von Wasser aufgrund dessen hoher physikalischer Dichte. Nicht zuletzt konfligiert die Forderung nach einer stärkeren Marktöffnung im Bereich der öffentlichen Wasserversorgung mit dem Grundsatz einer Bedarfsdeckung aus vorrangig ortsnahen Wasservorkommen gem. § 50 Abs. 2 (zu den Besonderheiten der Wasserwirtschaft und den sich daraus ergebenden Konsequenzen für die kartellrechtliche Wasserpreiskontrolle gemäß § 31 GWB *Wolfers/Wollenschläger* EnWZ 2013, 71; ähnlich *Markopoulos* KommJuR 2012, 361 (364 ff.); vgl. auch BeckOK UmweltR/*Hasche* Rn. 6 mwN).

16 Vor diesem Hintergrund haben sich auf eine vollständige **Marköffnung** im Bereich der Wasserversorgung gerichtete Forderungen letztlich nicht durchsetzen können. Angesichts der aufgezeigten Entwicklungen wird verständlich, dass § 50 Abs. 1 die öffentliche Wasserversorgung ausdrücklich als eine Aufgabe der Daseinsvorsorge herausstellt (vgl. SZDK/*Gößl* Rn. 20). Damit unterscheidet sie sich etwa von der Energieversorgung, die nach dem Gesetz zur Neuregelung des Energiewirtschaftsrechts im Jahr 1998 (vgl. BGBl. I, S. 730) nicht mehr dem verfassungsrechtlichen Schutz des Art. 28 Abs. 2 GG unterfällt.

III. Organisationsrecht

17 Die institutionelle Garantie der kommunalen Selbstverwaltung spricht der jeweiligen Kommune, dh in der Regel die Gemeinde, von Verfassungs wegen die Kompetenz und die Verantwortung für die Wasserversorgung zu. Damit können die Städte und Gemeinden die Bandbreite gestalterischer Entscheidungen über die **Art und Weise der Wasserversorgung** ausnutzen. Organisationsrechtlich steht es den Kommunen daher frei, sowohl die institutionelle Handlungsform als auch das Versorgungsrechtsverhältnis in **privat- oder öffentlich-rechtlicher Form** auszugestalten (OVG Münster Urt. v. 17.12. 1985 – 20 A 831/83 – ZfW 1985, 49; *Breuer/Gärditz* Rn. 575; *Czychowski/Reinhardt* Rn. 14; *Dierkes/Hamann* S. 56; *Bürger/Herbold* NVwZ 2012, 1217; *Gesterkamp* VergabeR

2020, 705; *Giebler* DÖV 2020, 476 (479 ff.)). Dies wird auch durch die Entwurfsbegründung des WHG 2009 ausdrücklich herausgestellt, nach der die Qualifizierung der öffentlichen Wasserversorgung als Aufgabe der Daseinsvorsorge es nicht ausschließt, dass sie auch durch private Aufgabenträger erfüllt werden kann (BT-Drs. 16/12275, 66). Unabhängig von der Wahl der Rechtsform unterliegen Städte und Gemeinden den rechtlichen **Anforderungen des Verwaltungsprivatrechts,** insbesondere der Grundrechtsbindung des Art. 1 Abs. 3 GG. Den übergeordneten und ohnehin zu berücksichtigenden verfassungsrechtlichen Maßstab bildet – insbesondere mit Blick auf die Wasserpreisgestaltung – der rechtsstaatliche Grundsatz der **Verhältnismäßigkeit.**

Aufgrund ihrer Gestaltungsfreiheit ist es den Städten und Gemeinden möglich, die Aufgabe der öffentlichen Wasserversorgung in öffentlich-rechtlichen Formen wie Eigen- oder Regiebetrieben, Anstalten des öffentlichen Rechts oder Zweckverbänden wahrzunehmen. Zur Aufgabenerfüllung können alternativ auch in privater Rechtsform ausgestaltete Unternehmen (GmbH, GmbH & Co. KG oder AG) dienen. Letztere können wiederum als kommunale Eigengesellschaften, öffentliche Gesellschaften, gemischt öffentlich-privatwirtschaftliche oder rein privatwirtschaftliche Unternehmen betrieben werden (*Czychowski/Reinhardt* Rn. 14; *Dierkes/Hamann* S. 25, 54 f.; *Bürger/Herbold* NVwZ 2012, 1217). Da der überwiegende Teil der Landeswassergesetze die öffentliche Wasserversorgung jedoch als pflichtige Selbstverwaltungsaufgabe einordnet (vgl. dazu *Fischer/Zwetkow* NVwZ 2003, 281 (283)), ist in diesen Fällen lediglich eine **formelle Privatisierung** (dh eine Organisationsprivatisierung), nicht aber eine vollständige **materielle Privatisierung** im Sinne einer Aufgabenprivatisierung möglich (näher dazu und zu den Begrifflichkeiten *Hünnekens* Rechtsfragen der wirtschaftlichen Infrastruktur, S. 213 ff. sowie *Bauer* VVDStRL 54 (1995), 243 (251 ff.)). Eine in der Praxis weit verbreitete Form der Einbeziehung privater Dritter in die Erfüllung der kommunalen Aufgabe der Wasserversorgung ist die Vergabe von **Wasserkonzessionen,** bei denen der private Konzessionär die Einrichtungen der Wasserversorgung auf eigene Rechnung und eigenes Risiko betreibt und eine den Regeln der Technik entsprechende Wasserversorgung der Bevölkerung sicherstellen muss. Bei den Gemeinden verbleibt allerdings regelmäßig eine Sicherstellungspflicht, wie sie etwa in § 38 Abs. 1 S. 2 LWG NRW ausdrücklich geregelt ist (dazu und zu den sich dabei stellenden vergaberechtlichen Fragen *Gesterkamp* VergabeR 2020, 705; *Giebler* DÖV 2020, 476 (481 ff.); *Schröder* NVwZ 2017, 504; *Czychowski/Reinhardt* Rn. 25 ff.). 18

Der Entscheidung, ob die öffentliche Wasserversorgung in öffentlich- oder zivilrechtlicher Rechtsform vorgenommen wird, kommt in Bezug auf die **Ausgestaltung des Benutzungsverhältnisses** an sich, die strukturelle Unterscheidung zwischen öffentlich-rechtlichen Gebühren und zivilrechtlichen Entgelten sowie hinsichtlich der jeweiligen Rechtsaufsicht erhebliche Bedeutung zu. Nur in dem Fall, dass die Kommune die Aufgabe der öffentlichen Wasserversorgung in öffentlich-rechtlicher Organisationsform erbringt, kann sie weiter entscheiden, ob sie das Nutzungsverhältnis ebenfalls öffentlich-rechtlich oder aber privatrechtlich ausgestalten will (*Reinhardt* ZfW 2008, 125 (133)). Erbringt sie dagegen ihre Aufgabe mittels einer juristischen Person des Privatrechts, ist auch das Nutzungsverhältnis zwingend privatrechtlicher Natur (*Czychowski/Reinhardt* Rn. 16). Hinsichtlich der **Wasserpreisgestaltung** zieht die Wahl der Rechtsform die Entscheidung nach sich, ob es sich um öffentlich-rechtliche Gebühren oder um zivilrechtliche Entgelte handelt. Damit erfolgt gleichzeitig die Weichenstellung, ob die Rechtsaufsicht durch Kommunalaufsichts- oder durch Kartellbehörden wahrgenommen wird (*Lotze/Reinhardt* NJW 2009, 3273 (3274)). Handelt es sich um eine öffentlich-rechtliche Organisationsform, entstehen für die Wasserversorgung öffentlich-rechtliche Gebühren, die sich nach Kommunalabgabenrecht richten (*Dierkes/Hamann* S. 62 ff.; zur Relevanz des 19

Kartellrechts bei der öffentlich-rechtlichen Rechtsform *Bürger/Herbold* NVwZ 2012, 1217). Die Überprüfung erfolgt durch die Kommunalaufsicht; im Streitfall entscheidet die Verwaltungsgerichtsbarkeit.

20 Handelt es sich demgegenüber um eine Ausgestaltung in privatrechtlicher Form, unterliegen diese privatrechtlichen Versorgungsverhältnisse den jeweiligen vertraglichen Vereinbarungen, ergänzt durch die **Inhaltskontrolle der AVBWasserV** vom 20.6.1980 (BGB. I S. 750). Aufgrund der Monopolstellung der Wasserversorgungsunternehmen und des satzungsrechtlichen Anschluss- und Benutzungszwangs ist nach der Rechtsprechung des BGH daneben hinsichtlich der Überprüfung wasserrechtlicher Entgelte eine **Billigkeitskontrolle** entsprechend § 315 Abs. 3 BGB möglich (BGH Urt. v. 18.10.2005 – KZR 36/04 –, NJW 2006, 684; *Czychowski/Reinhardt* Rn. 17). Die Aufsicht übernimmt die Kartellbehörde, die eine **kartellrechtliche Missbrauchskontrolle** nach §§ 31 ff. GWB durchführt (näher dazu *Wolfers/Wollenschläger* EnWZ 2013, 71 ff.; *Markopoulos* KommJuR 2012, 361 (364 ff.); vgl. auch BeckOK UmweltR/*Hasche* Rn. 6 mwN). Rechtsstreitigkeiten aus dem Versorgungsverhältnis entscheiden die jeweils zuständigen ordentlichen Gerichte.

C. Vorrang der ortsnahen Wasserversorgung (Absatz 2)

I. Grundsatz

21 Nach § 50 Abs. 2 ist der Wasserbedarf der öffentlichen Wasserversorgung vorrangig aus **ortsnahen Wasservorkommen** zu decken, soweit nicht überwiegende Gründe des Allgemeinwohls entgegenstehen. Mit dem Grundsatz der ortsnahen Wasserversorgung wurde ein wesentliches Strukturprinzip des Wasserrechts bundesgesetzlich normiert (*Hendler/Grewing* ZUR-Sonderheft 2001, 146 (148 f.)). Dieser Grundsatz fand sich zuvor lediglich in den jeweiligen Landeswassergesetzen (vgl. etwa § 2 Abs. 2 LWG NRW aF, Art. 36a S. 2 BayWG aF, § 56 Abs. 1 HessWG aF). **Gesetzgeberische Intention** der Vorgabe, den Wasserbedarf aus ortsnahen Vorkommen zu decken, ist es, einen verantwortungsbewussten Umgang mit regional zur Verfügung stehenden Ressourcen zu fördern und damit auch die jeweils vor Ort zur Verfügung stehenden Wasserressourcen zu schützen (*Hendler/Grewing* ZUR-Sonderheft 2001, 146 (148)). Es soll nicht unnötigerweise auf entfernt liegende Wasservorkommen zurückgegriffen werden, wenn ausreichende ortsnahe Vorkommen vorhanden sind. Damit wird letztlich auch der flächendeckende Grundwasserschutz unterstützt (*Reinhardt* NuR 2004, 82 (87)). Der Grundsatz der ortsnahen Wasserversorgung soll die besonders wertvollen Wasservorkommen vor einer großräumigen Überforderung schützen und die transportbedingten Risiken für die Trinkwasserqualität vermeiden oder jedenfalls verringern (*Breuer* NVwZ 2009, 1249 (1251)). Gleichzeitig ist es beabsichtigt, dem mit dem Transport des Wassers einhergehenden Energie- und Ressourcenverbrauch entgegenzuwirken (*Hendler/Grewing* ZUR-Sonderheft 2001, 146 (148)), womit wiederum dem Postulat des integrierten Umweltschutzes (vgl. § 6) Rechnung getragen wird. Der Grundsatz der ortsnahen Wasserversorgung kann zudem als besondere Ausprägung des insgesamt im Umweltrecht geltenden Vorsorgeprinzips verstanden werden.

22 Diese Zielsetzungen des gesetzlichen Ortsnäheprinzips werden unter Verweis auf aktuelle, insbesondere **demographische Entwicklungen** (dazu *Reinhardt* LKV 2018, 289) vereinzelt infrage gestellt (*Reinhardt* W+R 2019, 211). Es ist jedoch keineswegs zwangsläufige Folge dieses Prinzips, dass es zu einer gewässerökologisch problematischen Vermehrung von Entnahmestellen führt. In der Praxis vorherrschend sind vielmehr Erlaub-

nis- oder Bewilligungsverfahren für Grundwasserentnahmen zugunsten der öffentlichen Wasserversorgung, die auf eine Fortsetzung langjährig bewährter Fördermaßnahmen gerichtet sind und stets den Voraussetzungen eines Bedarfsnachweises etc. genügen müssen. Demographische Entwicklungen (Tendenz zur Urbanisierung) vermögen die mit einer Dezentralisierung der Wasserbedarfsdeckung regelmäßig verbundenen Vorteile hinsichtlich der Sicherung hoher Qualität bei tendenziell niedrigeren Kosten nicht zu überwiegen (wie hier *Köck* ZUR 2015, 3 (14)). Dort wo diese Aspekte des Ortsnäheprinzips der Wasserversorgung eher zum Nachteil gereichen, kann die Ausnahmeregelung des Abs. 2 S. 2 zur Anwendung kommen.

Ausgangspunkt für die Anwendung der Regelung des Abs. 2 ist der Begriff des **Wasserbedarfs** (SZDK/*Gößl* Rn. 25). Dieser ist durch die versorgungspflichtige Kommune unter Berücksichtigung des Gebotes des sorgsamen Umgangs mit Trinkwasser gemäß § 50 Abs. 3 eigenverantwortlich zu bestimmen und nachzuweisen, etwa in Gestalt eines regelmäßig vorzuschreibenden Wasserversorgungskonzeptes (vgl. § 38 Abs. 3 LWG NRW; dazu *Queitsch/Koll-Sarfeld/Wallbaum* LWG NW, § 38 Rn. 7). 23

Der Begriff der **Ortsnähe** ist in einem weiteren Sinn als der kommunalrechtliche Begriff der „Örtlichkeit" zu verstehen (vgl. *Kibele* VBlBW 1997, 121 (124); SZDK/*Gößl* Rn. 26), weil sich die Einzugsgebiete der Grundwasservorkommen nicht an den bestehenden Gemeindegrenzen orientieren. Daher wird vertreten, als „ortsnah" den **Bereich des regionalen Gewinnungs- und Versorgungsraums** anzusehen, weshalb ein Zusammenschluss benachbarter Gemeinden zu Zweckverbänden weiterhin als sinnvoll erscheinen könne (*Czychowski/Reinhardt* Rn. 28 f.; SZDK/*Gößl* Rn. 27; BeckOK UmweltR/*Hasche UmweltR* Rn. 9). Angezeigt ist eine Inhaltsbestimmung des Begriffs der Ortsnähe, die sich stark an **wasserwirtschaftlichen Kriterien** orientiert, in dem an die durch ortsnahe oder ortsferne Wasserversorgungen beeinflusste Wasserbilanzen angeknüpft wird. Im Hinblick auf die Ziele der Wasserrahmenrichtlinie vom 23.10.2000 ist eine ganzheitliche Betrachtung der aquatischen Ökosysteme im Rahmen einer flussgebietsbezogenen Bewirtschaftung geboten. In Anlehnung an diesen Grundsatz müsste sich die Definition eines ortsnahen Wasservorkommens an der Abgrenzung eines flussgebietsbezogenen Wasserkörpers, uU auch kleinräumiger Teileinzugsgebiete, und dessen Bilanzen orientieren. Die Wasserbilanz durch Entnahme und Wiedereinleitung innerhalb derartiger Abgrenzungen ist ausgeglichen. Ein „Ressourcenverbrauch" findet nicht statt. Als ortsferne Wasserversorgung wäre demnach ein Wassertransport über Teileinzugsgebietsgrenzen oder Flussgebietsgrenzen hinaus zu charakterisieren. Dabei wird in die Wasserbilanz des Abgrenzungsgebietes eingegriffen. Es vollzieht sich ein tatsächlicher Ressourcenverbrauch. Die Wasserbilanz ist nicht ausgeglichen. Eine solche Begriffsbestimmung der Ortsnähe bzw. Ortsferne setzt allerdings voraus, dass die Flussgebiets- oder Teileinzugsgebietsgrenzen sinnvoll und nicht zu großräumig angelegt werden. 24

Die Regelung des § 50 Abs. 2 S. 1 verdeutlicht zudem das Gebot der ortsnahen Wasserversorgung als **Optimierungsgebot** (vgl. *Czychowski/Reinhardt* Rn. 29; BeckOK UmweltR/*Hasche* Rn. 9; aA wohl SZDK/*Gößl* Rn. 31). Wegen seiner unmittelbaren Geltung ist es nicht als bloße programmatische Deklaration, sondern als verbindliches rechtliches Optimierungsgebot zu verstehen, dem bei Ausübung der Bewirtschaftung und in der Abwägung einer Entscheidung größtmögliche Wirkung zu verschaffen ist (*Breuer* NVwZ 2009, 1249 (1251)). Erst, wenn alle Möglichkeiten der Sicherstellung einer geordneten Wasserversorgung mit ortsnahem Wasser mit negativem Ausgang geprüft wurden, kommt eine ortsferne Wasserversorgung in Betracht, dh es besteht ein Vorrang der ortsnahen Wasserversorgung gegenüber der Fernwasserversorgung und damit ein **gesetzliches Regel-Ausnahme-Verhältnis** zugunsten der Ortsnähe (so auch *Czychowski/Reinhardt* Rn. 29). Innerhalb des Bereichs der ortsnahen Wasserversorgung ist jedoch 25 kein Optimierungsgebot statuiert, sodass nicht zwingend das „ortsnächste" Wasservorkommen zu nutzen ist. Vielmehr kann die Wasserversorgung innerhalb des Bereichs der Ortsnähe frei von den Vorrangregelungen des Abs. 2 organisiert werden. Auch der Wasserversorger selbst muss nicht ortsnah ansässig sein, sondern kann zur Trinkwasserversorgung, soweit dies unter den Aspekten der Qualität, Quantität und wirtschaftlichen Zumutbarkeit möglich ist, dezentrale Wassergewinnungsanlagen zum Zweck des Gewässerschutzes betreiben, wenn ansonsten der Bereich der Ortsnähe überschritten würde (*Hasche,* Das neue Bewirtschaftungsermessen im Wasserrecht, 284 f.). Es handelt sich bei dem Optimierungsgebot jedoch wiederum nicht um eine den subjektiven Schutz des Einzelnen bezweckende Vorschrift; sie beinhaltet lediglich eine objektiv-rechtliche Verpflichtung, die durch die Gewässeraufsicht zu überwachen und ggf. nach § 100 Abs. 1 Satz 2 durchzusetzen ist (vgl. VG Regensburg Urt. v. 23.5.2012 – RN 3 K 12.00646 –, juris Rn. 26).

26 In dem bereits oben (→ Rn. 8) angesprochenen Konflikt zwischen den Grundsätzen des § 50 WHG und der **Rohstoffsicherungsklausel** des § 48 Abs. 1 S. 2 BBergG zeigt der Wortlaut „so wenig wie möglich" – neben der Entstehungsgeschichte dieser Vorschrift (vgl. BT-Drs. 8/3965, 137, näher dazu *Wilde* DVBl. 1998, 1321 (1326)) –, dass es sich auch bei der Rohstoffsicherungsklausel um ein Optimierungsgebot handeln muss, dem in der Abwägung einer Entscheidung zwar größtmögliche Wirkung zu verschaffen ist (vgl. *Hoppe* DVBl. 1992, 853 und *Stüer* Handbuch des Bau- und Fachplanungsrechts, 5. Auflage 2015, Rn. 1452), das jedoch (etwa im Gegensatz zu einem Planungsleitsatz) in der Abwägung überwindbar bleibt. Damit ist davon auszugehen, dass sich in dem Fall des Nutzungskonflikts von ortsnaher öffentlicher Wasserversorgung und Rohstoffgewinnung beiderseits Optimierungsgebote gegenüberstehen. Je nach den Einzelfallgegebenheiten und den speziellen Umständen kann sich daher im Rahmen der konkreten Abwägung sowohl ein Zurücktreten der ortsnahen Wasserversorgung als auch ein Zurücktreten der Rohstoffgewinnung ergeben.

II. Anforderungen an eine ortsferne Wasserversorgung

27 Der Grundsatz der ortsnahen Wasserversorgung des § 50 Abs. 2 S. 1 Hs. 1 findet seine Grenzen in den **„überwiegenden Gründen des Wohls der Allgemeinheit"** nach § 50 Abs. 2 S. 1 Hs. 2. Dieser Begriff umfasst nicht nur Gesichtspunkte der Wasserwirtschaft und insbesondere der Wasserversorgung, sondern auch andere Belange des öffentlichen Wohls, etwa Belange des Naturhaushalts oder der Ökologie (vgl. *Reinhardt* NuR 2004, 82 (88)). Es ist von einem weiten, nicht auf wasserwirtschaftliche Belange begrenzten Verständnis des Gemeinwohls auszugehen. Eine Präzisierung der Voraussetzungen, bei deren Vorhandensein Abweichungen vom Grundsatz der ortsnahen Wasserversorgung nach Satz 1 zulässig sind und die in § 50 Abs. 2 S. 1 Hs. 2 genannten „überwiegende(n) Gründe des Wohls der Allgemeinheit" vorliegen, leistet § 50 Abs. 2 S. 2. Danach ist es möglich, den Bedarf mit Wasser aus ortsfernen Wasservorkommen zu decken, wenn eine Versorgung aus ortsnahen Wasservorkommen nicht **in ausreichender Menge oder Güte** oder nicht mit **vertretbarem Aufwand** sichergestellt werden kann. Soweit und solange eine quantitativ und qualitativ ausreichende Bedarfsdeckung aus ortsnahen Vorkommen mit vertretbarem Aufwand möglich ist, muss sie vorrangig verwirklicht werden, auch wenn sie teurer ist als der Anschluss an eine Fernwasserversorgung (*Breuer* NVwZ 2009, 1249 (1251)). **Finanzielle Kriterien** können zur Begründung einer Ausnahme von dem Grundsatz der ortsnahen Wasserversorgung lediglich dann herangezogen werden, wenn die Kosten bei Bezug des ortsnahen Wassers diejenigen des Bezugs von Fernwasser bei weitem überschritten. In diesem Zusammenhang ist darauf hinzuweisen, dass bloße „Komfort-Defizite", wie etwa ein besonderer Härtegrad des Wassers, nicht geeignet sind, eine Ausnahme vom Grundsatz der ortsnahen Wasserversorgung zu begründen.

D. Ressourcenschonung (Absatz 3)

§ 50 Abs. 3 S. 1 richtet sich ausschließlich an die Träger der Wasserversorgung. Die Vorschrift normiert das Grundsatzgebot für diese, auf einen sorgsamen Umgang mit dem Gut „Wasser" hinzuwirken, ergänzt die für jedermann geltende allgemeine Sorgfaltspflicht des § 5 Abs. 1 Nr. 2, einen mit Rücksicht auf den Wasserhaushalt gebotenen sparsamen Umgang mit dem Wasser sicherzustellen und legt damit gleichzeitig einen **wesentlichen Programmsatz des Wasserrechts** fest. Entwickelte sich der personenbezogene Wasserverbrauch in Deutschland seit 1990 im Trend stark rückläufig (vgl. https://www.bmu.de/themen/wasser-abfall-boden/binnengewaesser/trinkwasser/), so steht es nach der Gesetzesbegründung des WHG 2009 weiterhin im Zentrum des Interesses des Gesetzgebers, unnötigen Wasserverbrauch im Interesse der öffentlichen Wasserversorgung und der Schonung der Ressource Wasser zu verhindern, gleichzeitig aber den Geboten der Wirtschaftlichkeit und der Hygiene hinreichend Rechnung zu tragen (BT-Drs. 16/12275, 66). Mit § 50 Abs. 3 wird daher die Zielsetzung des § 1 in Bezug auf die öffentliche Wasserversorgung und deren Träger konkretisiert. 28

Was mit einem **„sorgsamen Umgang"** mit Wasser gemeint ist, wird in § 50 Abs. 3 nicht näher beschrieben. Nach dem allgemeinen Sprachgebrauch und unter Heranziehung des § 50 Abs. 3 S. 2 , der die Pflicht der Träger der Wasserversorgung begründet, in ihren Einrichtungen die Wasserverluste gering zu halten, ist mit einem „sorgsamen Umgang" eine sparsame Verwendung der Ressource „Wasser" und eine daraus resultierende Begrenzung von Wasserverlusten auf das unvermeidliche Maß gemeint (quantitatives Verständnis; so auch *Czychowski/Reinhardt* Rn. 36). **„Hinwirken"** bedeutet in erster Linie, dass ein Bewusstsein für die Endlichkeit von Wasservorkommen und ein dementsprechendes Nutzungsverhalten geschaffen werden soll. 29

Um dem Grundsatz des sorgsamen und sparsamen Umgangs mit Wasser Rechnung zu tragen, muss der **Verteilungsmaßstab** für die Kosten des Wasserbezugs zumindest teilweise vom tatsächlichen Wasserverbrauch abhängen (VG Stuttgart Urt. v. 15.8.2012 – 3 K 1490/11 –, juris Rn. 42). Dies entspricht auch der EU-Wasserrahmenrichtlinie, wonach die Wassergebührenpolitik angemessene Anreize schaffen soll, die Wasserressourcen effizient zu nutzen (Art. 9 Richtlinie 2000/60/EG). 30

§ 50 Abs. 3 S. 2 präzisiert diese Vorgaben im Hinblick auf die Träger der Wasserversorgung: Die Träger der öffentlichen Wasserversorgung selbst haben in ihren Einrichtungen, dh in sämtlichen vom Versorger unterhaltenen Anlagen, **Wasserverluste gering zu halten.** Dieses Gebot erstreckt sich auf den gesamten Vorgang der Wasserversorgung, von seiner Gewinnung bis hin zur Belieferung mit Wasser. Welche konkrete Quote unter „gering" in diesem Zusammenhang zu verstehen ist, gibt § 50 Abs. 3 S. 2 indes nicht vor; es ist daher auf den Einzelfall und das jeweilige Verhältnis zwischen Vermeidung der Wasserverluste und dem dafür erforderlichen Aufwand abzustellen. In der Regel wird ein Verstoß gegen dieses Gebot behördlich nicht sanktionierbar sein (*Czychowski/Reinhardt* Rn. 39). 31

Durch das Gebot des § 50 Abs. 3 S. 2 sollen die Träger der öffentlichen Wasserversorgung eine Art Vorbildfunktion für die Verbraucher übernehmen, was die **Aufklärung** und die **Publizierung von Informationen** über Einsparungsmöglichkeiten, zu der die 32

Träger der öffentlichen Wasserversorgung verpflichtet sind, konsequent ergänzt. Dabei werden bewusst keine Vorgaben dahingehend vorgenommen, auf welche Weise die Endverbraucher über Maßnahmen zum sorgsamen und schonenden Umgang mit Wasser zu informieren sind, um die Flexibilität bei der Erfüllung dieser Informationspflicht nicht unnötig einzuschränken (vgl. BR-Drs. 280/09, 128). Der Informationspflicht wird daher durch Beifügung eines Informationsblatts bei der Versendung der Jahresrechnung, durch Verbreitung von Informationen über die Websites des Wasserversorgungsunternehmens, über die Medien oder mittels schriftlichen Informationsmaterials hinreichend Rechnung getragen. Auch diesbezüglich ist darauf hinzuweisen, dass ein Verstoß gegen die Informationspflicht nur schwer sanktionierbar sein dürfte.

E. Technische Anforderungen an Wassergewinnungsanlagen (Absatz 4)

33 Das Gebot, dass Wassergewinnungsanlagen nur nach den allgemein anerkannten Regeln der Technik errichtet, unterhalten und betrieben werden dürfen, findet sich in § 50 Abs. 4. § 50 Abs. 4 normiert damit für Wassergewinnungs- und -versorgungsanlagen entsprechend der bereits im WHG 2002 für andere wasserwirtschaftlich bedeutsame Anlagen bestehenden Regelungen, etwa § 18b Abs. 1 S. 2 und 19g Abs. 3 WHG aF, **technikbezogene Anforderungen.** Gleichzeitig griff der Bundesgesetzgeber bei der Einführung dieser Regelung auf bislang geltende Landesvorschriften zurück (vgl. zB § 48 Abs. 1 LWG NW aF).

I. Begriff/Abgrenzung

34 **„Wassergewinnungsanlagen"** sind zunächst in Abgrenzung zu Wasserversorgungsanlagen iSd § 3 Nr. 2 TrinkwV 2001 und nach Auslegung des insoweit eindeutigen Wortlauts als Anlagen zu bezeichnen, die im engeren Sinne der Gewinnung von Rohwasser durch Entnehmen, Zutagefördern oder Zutageleiten dienen (*Czychowski/Reinhardt* Rn. 43). **Errichtung** ist die erstmalige Herstellung der Wassergewinnungsanlage, **Betrieb** ihre bestimmungsgemäße Verwendung, wozu auch Maßnahmen der Unterhaltung, Wartung, Instandhaltung oder Instandsetzung zählen (*Czychowski/Reinhardt* Rn. 44).

II. Anerkannte Regeln der Technik

35 **Regeln der Technik** sind solche, die die technische Konstruktion, die Beschaffenheit und die Wirkungsweise, aber auch die Wartung, Erhaltung und Überwachung von Anlagen zum Gegenstand haben (näher zu den diversen Technikstandards *Kloepfer,* Umweltrecht, § 3 Rn. 74 ff.). **Allgemein anerkannt** sind sie, wenn sie in der Praxis erprobt und bewährt sind und sich deshalb bei der Mehrheit der auf diesem technischen Gebiet tätigen Praktiker durchgesetzt haben (BVerfG Beschl. v. 8.8.1978 – 2 BvL 8/77 –, NJW 1979, 359 (361 f.); vgl. auch *Schwerdtfeger,* in: Grohmann/Hässelbarth/Schwerdtfeger TrinkwV, 4. Auflage 2003, S. 23). „Anerkannt" in diesem Sinne sind technische Regeln insbesondere dann, wenn sie durch ministeriellen Erlass ausdrücklich als allgemein anerkannt eingeführt werden (SZDK/*Gößl* Rn. 40). Hinsichtlich der **technischen Regelwerke** ist insbesondere die allgemeine DIN 2000 hervorzuheben (Zentrale Trinkwasserversorgung – Leitsätze für Anforderungen an Trinkwasser, Planung, Bau, Betrieb und Instandhaltung der Wasserversorgungsanlagen). Diese wird durch speziellere DIN-Normen zu technischen Einzelaspekten der Wassergewinnung, Trinkwasserbehandlung, Was-

seruntersuchung und Wasseraufbereitung ergänzt (*Czychowski/Reinhardt* Rn. 46). Erwähnenswert ist in diesem Zusammenhang schließlich die DIN 1988 (Technische Regeln für Trinkwasser-Installationen).

Das in § 50 Abs. 4 festgelegte Anforderungsniveau der allgemein anerkannten Regeln bezieht sich lediglich auf **Wassergewinnungsanlagen.** Daher bleiben die Bundesländer berechtigt, Anforderungen jedenfalls in Bezug auf Anlagen zur Aufbereitung und Verteilung des Wassers aufzustellen. Insofern ist der abweichungsfeste Kern von stoff- und anlagenbezogenen Regelungen gem. Art. 72 Abs. 3 S. 1 Nr. 5 GG nicht betroffen (näher *Lauer* NuR 2010, 692 (693)). So sind Wasseraufbereitungsanlagen etwa in Nordrhein-Westfalen gem. § 40 Abs. 1 LWG NW nach dem „Stand der Technik" (vgl. *Queitsch/Koll-Sarfeld/Wallbaum* LWG NW, § 40 Rn. 2) zu errichten und zu betreiben. Darüber hinaus ist es den Ländern aber auch in Bezug auf die von § 50 Abs. 4 erfassten Wassergewinnungsanlagen weiterhin möglich, strengere Anforderungen aufzustellen, weil § 50 Abs. 4 mit dem Standard der „allgemein anerkannten Regeln der Technik" lediglich einen **Mindeststandard** aufstellt (*Breuer* NVwZ 2009, 1249 (1252); *Czychowski/Reinhardt* Rn. 47). Art. 28 Abs. 2 GG eröffnet den Kommunen als Trägern der öffentlichen Wasserversorgung eigenständige Entscheidungsspielräume, die es ihnen ermöglichen, über die bindenden Anforderungen der TrinkwV hinaus oder aber durch einen gesteigerten Grad der Versorgungssicherheit oder Minimierung der Wasserverluste über das gesetzlich gebotene Maß hinaus Standortfaktoren zu schaffen, die sie im Wettbewerb mit anderen Gemeinden hervorheben (*Lotze/Reinhardt* NJW 2009, 3273 (3274)). **36**

Die grundsätzliche rechtliche Zulässigkeit der Normierung strengerer Anforderungen an Wasseraufbereitungs- und auch Wassergewinnungsanlagen darf indes nicht zu der Schlussfolgerung verleiten, dass die heute nach den „allgemein anerkannten Regeln der Technik" konzipierten und betriebenen Anlagen nicht aus Gründen der Betriebssicherheit, des behutsamen Umgangs mit Ressourcen sowie der Energieeffizienz in der Regel bereits eine optimale Abstimmung und Auslegung auf die relevanten örtlichen Verhältnisse (zB Einzugsgebiet, Rohwassergüte etc.) aufwiesen. So begegnet gerade auch die normative Festlegung des Anforderungsniveaus des **„Standes der Technik"** für **Wasseraufbereitungsanlagen** in § 40 Abs. 1 LWG NW durchaus Zweifeln, weil dadurch ein Standard, der regelmäßig nur bei „Problemwässern" geboten ist (Mikro-/Ultrafiltration, Nanofiltration oder Umkehrosmose), flächendeckend gefordert werden könnte. Dies steht in gewissem Widerspruch zu den allgemeinen wasserwirtschaftlichen Bemühungen, die Gewässer so zu schützen, dass aus ihnen allein mit naturnahen oder einfachen Verfahren Trinkwasser gewonnen werden kann. In diesem Zusammenhang ist auch auf Art. 7 Abs. 3 der Wasserrahmenrichtlinie zu verweisen, nach dem die Mitgliedsstaaten verpflichtet sind, den Schutz der Gewässer so zu gestalten, dass der „für die Gewinnung von Trinkwasser erforderliche Umfang der Aufbereitung" verringert wird. **37**

F. Untersuchungspflicht (Absatz 5)

Die Regelung des § 50 Abs. 5 lehnt sich ebenfalls an bereits bestehende landesrechtliche Vorschriften an. Nach Absatz 5 Satz 1 können die Träger der öffentlichen Wasserversorgung verpflichtet werden, auf ihre Kosten die Beschaffenheit des für Zwecke der öffentlichen Wasserversorgung gewonnenen oder gewinnbaren Wassers zu untersuchen oder durch eine von ihr bestimmte Stelle untersuchen zu lassen. Die Untersuchungen können nach Absatz 5 Satz 1 durch **Rechtsverordnung** der Landesregierungen, vgl. Art. 80 Abs. 1 S. 1, 4 GG, oder durch **behördliche Entscheidungen** angeordnet werden. Zuvor bestehende vergleichbare unmittelbare gesetzliche Verpflichtungen oder Er- **38** mächtigungsregelungen der Bundesländer (vgl. etwa § 50 LWG NRW aF, § 43 Abs. 4 BadWttbgWG aF) wurden durch das einheitliche Regelungskonzept des § 50 Abs. 5 abgelöst (VG Gera Urt. v. 30.3.2017 – 5 K 1339/16 Ge – juris Rn. 38).

39 Adressat der Verordnungsermächtigung ist die **Landesregierung,** wobei nach § 50 Abs. 5 S. 3 auch die Subdelegation auf andere Landesbehörden möglich ist. In Bezug auf die ebenfalls ermöglichten behördlichen Anordnungen („Entscheidungen") ist zu beachten, dass das WHG selbst eine rechtliche Untersuchungspflicht nicht unmittelbar begründet, sondern lediglich die Voraussetzungen zur Begründung einer Untersuchungspflicht schafft. Daher ist bei der Wahl der behördlichen Entscheidung eine Handlungsform mit verbindlicher Außenwirkung vorzusehen; in der Regel wird insoweit nur ein Verwaltungsakt oder eine Allgemeinverfügung nach § 35 VwVfG in Frage kommen.

40 Die Begründung der Selbstüberwachungspflicht steht nach dem ausdrücklichen Wortlaut im **Ermessen der Länder.** Gleiches gilt auch für die inhaltliche Ausgestaltung der Eigenüberwachung, die – im Rahmen der bundesgesetzlichen Vorgaben – den Ländern anheimgestellt ist. Nach dem Wortlaut des § 50 Abs. 5 S. 2 können auf diese Weise insbesondere **Art, Umfang und Häufigkeit der Untersuchungen** und die **Übermittlung der Untersuchungsergebnisse** näher geregelt werden (vgl. auch BT-Drs. 16/12275, 66). Dabei richtet sich der Umfang der vorzunehmenden Untersuchungen insbesondere nach den im Einzugsgebiet der Wassergewinnungsanlage vorhandenen Gefahren, wobei das Vorliegen einer konkreten Gefahr keine Voraussetzung für die Anordnung ist (vgl. VG Gera Urt. v. 30.3.2017 – 5 K 1339/16 Ge – juris Rn. 43).

41 Wie sich aus dem Begriff des „gewinnbaren" Wassers ergibt, bezieht sich die Untersuchungspflicht des § 50 Abs. 5 insoweit auf **Rohwasser.** Demgegenüber betreffen die Untersuchungspflichten der §§ 14 ff. TrinkwV 2016 in erster Linie das an den Endverbraucher gelangende Wasser. Insofern besteht jedoch die notwendige Kongruenz zwischen dem WHG und der TrinkwV, weil auch nach § 14 Abs. 4 S. 5 TrinkwV Unternehmer und sonstige Inhaber einer Wasserversorgungsanlage Untersuchungen des Rohwassers vorzunehmen oder vornehmen zu lassen haben. Allerdings sind diese Untersuchungen nur dann durchzuführen, soweit dies nach dem Ergebnis der nach § 14 Abs. 4 S. 1 TrinkwV regelmäßig durchzuführenden Besichtigungen der Wasserschutzgebiete erforderlich erscheint. Das WHG geht diesbezüglich über die Anforderungen der TrinkwV 2016 hinaus, indem es routinemäßige Untersuchungen unabhängig vom Ergebnis der Besichtigungen ermöglicht. Hierdurch wird eine nutzungsbezogene Überwachung eingeführt, die frühzeitig Veränderungen, die sich auf die Versorgungstauglichkeit des Wasservorkommens auswirken könnten, erkennen lassen soll (*Czychowski/Reinhardt* Rn. 49).

42 Der **Inhalt der Untersuchungen** wird insbesondere durch Analysen darüber gebildet, ob das Rohwasser Veränderungen, gleich welcher Form, unterliegt, die möglicherweise zur Folge haben, dass die trinkwasserrechtlichen Qualitätsanforderungen nicht mehr oder nicht mehr vollständig erfüllt werden. Allerdings formulieren weder § 50 Abs. 5 noch die Landeswassergesetze konkret, welchen Zielvorgaben die Untersuchungsergebnisse mindestens zu entsprechen haben, um das Rohwasser in Abhängigkeit von den nachgeschalteten Verfahren als für Trinkwasserzwecke geeignet zu erklären. In der Praxis orientieren sich die Wasserversorgungsunternehmen heute an den Rohwasser-Qualitätszielen, die sich aus einer Vielzahl von Richtlinien und Merkblättern ergeben, etwa der EU-Richtlinie über die Qualität von Wasser für den menschlichen Gebrauch vom 3.11.1998, der DIN 2000 (Zentrale Trinkwasserversorgung – Leitsätze für Anforderungen an Trinkwasser, Planung, Bau, Betrieb und Instandhaltung von Versorgungsanlagen), der DIN 2001 (Trinkwasserversorgung aus Kleinanlagen), den WHO-Guidelines for Drinking Water Quality sowie verschiedenen LAWA-Merkblättern. Damit ist bereits heute ein hoher Untersuchungsstandard gegeben.

§ 51 Festsetzung von Wasserschutzgebieten

(1) **Soweit es das Wohl der Allgemeinheit erfordert,**

1. **Gewässer im Interesse der derzeit bestehenden oder künftigen öffentlichen Wasserversorgung vor nachteiligen Einwirkungen zu schützen,**
2. **das Grundwasser anzureichern oder**
3. **das schädliche Abfließen von Niederschlagswasser sowie das Abschwemmen und den Eintrag von Bodenbestandteilen, Dünge- oder Pflanzenschutzmitteln in Gewässer zu vermeiden,**

kann die Landesregierung durch Rechtsverordnung Wasserschutzgebiete festsetzen. In der Rechtsverordnung ist die begünstigte Person zu benennen. Die Landesregierung kann die Ermächtigung nach Satz 1 durch Rechtsverordnung auf andere Landesbehörden übertragen.

(2) **Trinkwasserschutzgebiete sollen nach Maßgabe der allgemein anerkannten Regeln der Technik in Zonen mit unterschiedlichen Schutzbestimmungen unterteilt werden.**

Schrifttum: *Anders/Ellinghoven,* Neue Tendenzen bei der Zulässigkeit von Nassgrabungen in Wasserschutzgebieten, ZfW 2002, 4; *Ders./Krüger,* Festsetzung von Wasserschutzgebieten – Keine babylonische Sprachverwirrung im Wasserrecht –, NuR 2004, 491; *Axer,* Landwirtschaft und Umweltschutz, DVBl. 1999, 1533; *Czychowski,* Gewässerschutz und Ölgefahr, ZfW 1967, 1; *Di Fabio,* Rechtliche Instrumente zum Schutz von Boden, Wasser und Luft vor landwirtschaftlichen Umweltbelastungen, NuR 1995, 123; *Dürr,* Aktuelle Fragen der Planfeststellung, VBlBW 1992, 321; *Frenz,* Mineralwassergewinnung im Wasserschutzgebiet für Trinkwasser, UPR 2008, 125; *Hartmann,* Naturschutz und Landwirtschaft, NuR 1983, 53; *Henneke,* Beschränkungen ordnungsgemäßer Landwirtschaft und Landschaftsschutzgebiet, NuR 1984, 263; *Kaiser,* Festsetzung von Wasserschutzgebieten, GWF 1972, 5; *Knopp,* Abwägungsprobleme bei der Festsetzung von Wasserschutzgebieten für die öffentliche Wasserversorgung, ZUR 2007, 467; *Ders.,* Rechtliche Kriterien bei der Festsetzung von Wasserschutzgebieten, ZfW 1995, 1; *Ders.,* Flächendeckender Gewässerschutz und Wasserschutzgebiete – ihr Beitrag zur Sicherstellung der Trinkwasserversorgung – aus rechtlicher Sicht, GWF (Wasser Spezial) 1996, 36; *Kröger/Moos,* Die Festsetzung von Wasserschutzgebieten in der Bewertung durch die Gerichte, ZfW 1997, 1; *Langer,* Raumordnung und Landesplanung als Instrumente der räumlichen Entwicklung, WuB 1974, 307; *Lübbe-Wolf,* Wasserschutzgebiete bei vorhandener Bebauung, ZUR 1994, 177; *Salzwedel,* Ausweisung von Wasserschutzgebieten und verwaltungsgerichtliche Nachprüfung – Zur Funktion besonderer Schutzanordnungen vor dem Hintergrund verschärfter flächendeckender Anforderungen an den Gewässerschutz –, ZfW 1992, 397; *Peters,* Grundwasserschutz durch neuartige Wasserschutzgebiete, DVBl. 1987, 991; *Pieroth/Bromm,* Die Verfassungswidrigkeit des ausnahmslosen Bauverbots im Uferbereich von Gewässern, NuR 1992, 372; *Rehbinder,* Das neue Pflanzenschutzgesetz, NuR 1987, 68; *Reinhardt,* Die Ausweisung von Wasserschutzgebieten zum Schutz verschwenkter und zukünftiger Einzugsgebiete: Ein Beitrag zum vorausschauenden Verwaltungshandeln im Umweltrecht, UTR 54 (2000), 111; *Ders.,* Die Ausweisung von Wasserschutzgebieten bei vorfindlicher Flächennutzung – Zur praktischen Konkordanz von erweitertem Rohwasserschutz und wasserwirtschaftlichem Bestandsschutz, ZfW 2019, 85; *Salzwedel,* Neue Tendenzen des Wasserrechts, NVwZ 1982, 596; *Ders.,* Rechtsfragen der Gewässerverunreinigung durch Überdüngung, NuR 1983, 41; *Ders.,* Ausweisung von Wasserschutzgebieten und verwaltungsgerichtliche Nachprüfung – Zur Funktion besonderer Schutzanordnungen vor dem Hintergrund verschärfter flächendeckender Anforderungen an den Gewässerschutz –, ZfW 1992, 397; *Schaefer,* Rechtsgrundlagen, Verfahrensgang und Entschädigung bei Wasserschutz- und Naturschutzgebietsausweisungen, AgrarR 1988, 33; *Scheidler,* Beschränkungen landwirtschaftlicher Nutzungen durch die Festsetzung von Wasserschutzgebieten, NuR 2006, 631; *Ders.,* Die Festsetzung von Wasserschutzgebieten nach § 19 WHG mit Ausblick auf das kommende Umweltgesetzbuch, UPR 2008, 334; *Schink,* Umweltrechtliche Beschränkungen ordnungsgemäßer Landwirtschaft, UPR 1991, 201; *Ders.,* Beeinträchtigung der Umwelt in Deutschland durch landwirtschaftliche Produktion, UPR 1999, 8; *Schmidt-Aßmann,* Grundwasserschutz als Aufgabe wasserrechtlicher und regionalplanerischer Gebietsausweisungen, DÖV 1986, 985; *Seifert,* Entschädigungspflicht und Feststellung des Entschädigungspflichtigen bei der Festsetzung von Wasserschutzgebieten, AgrarR

1977, 45; *Sellmann,* Das Eigentum im Verfahren der Festsetzung von Wasserschutzgebieten, DVBl. 1992, 235.

Übersicht

A. Allgemeines

I. Entstehungsgeschichte

1 Die Vorschriften der §§ 51 f. umfassen diejenigen Inhalte als **Vollregelungen,** die zuvor Regelungsgegenstand des § 19 WHG aF iVm den jeweiligen Landeswassergesetzen waren. Vor der Neufassung des § 51 erfuhr § 19 WHG aF durch das IV. Änderungsgesetz vom 6.1.1976 (BGBl. I 2209, vgl. auch BT-Drs. 7/4546 zu § 19 WHG aF) und durch das V. Änderungsgesetz vom 25.5.1986 (BGBl. I 1165, vgl. auch den Bericht des Innenausschusses des Bundestags, BT-Drs. 10/5727) wesentliche Änderungen. Im Zuge des IV. Änderungsgesetzes verdeutlichte der Gesetzgeber in § 19 Abs. 1 S. 1 Nr. 1 WHG aF, dass

Wasserschutzgebiete auch zum Schutz der künftigen Wasserversorgung festgesetzt werden können. Das V. Änderungsgesetz erweiterte § 19 Abs. 1 S. 1 Nr. 3 WHG aF in der Weise, dass fortan Wasserschutzgebiete auch festgesetzt werden konnten, um das Abschwemmen und den Eintrag von Bodenbestandteilen und von Dünge- oder Pflanzenbehandlungsmitteln in Gewässer zu verhindern.

Mit dem WHG 2009 wurden die bisherigen Regelungsinhalte über die Festsetzung von Wasserschutzgebieten **neu strukturiert** und in die Einzelbestimmungen der **§§ 51, 52 aufgeteilt.** § 51 entspricht im Wortlaut weitgehend dem früheren § 19 Abs. 1 WHG aF. Neben der veränderten Struktur wurde der bisher verwandte Begriff der „Dünge- oder Pflanzenbehandlungsmittel" in Absatz 1 Satz 1 Nr. 3 durch den Begriff der „Dünge- und Pflanzenschutzmittel", angelehnt an § 2 Abs. 1 Nr. 9 des Pflanzenschutzgesetzes vom 14.5.1998 (BGBl. I 971), ersetzt. Die bisher landesrechtliche Normierung der Rechtsform für die Festsetzung von Wasserschutzgebieten (Rechtsverordnung) wurde bundesrechtlich übernommen, ergänzt um die Befugnis der Landesregierungen zur Subdelegation. Ferner wurde die Pflicht zur Benennung des von der Festsetzung Begünstigten und zur Unterteilung der Wasserschutzgebiete in Schutzzonen bundesrechtlich geregelt. 2

II. Überblick und gesetzgeberische Motive

Gewässer sind generell aufgrund ihrer Bedeutung für die Allgemeinheit und der aus ihrer Immobilität folgenden Anfälligkeit gegenüber äußeren Einflüssen **in hohem Maße schutzbedürftig,** zumal die vorhandenen Wasservorkommen nicht vermehrbar sind (vgl. VGH Mannheim Urt. v. 21.12.1982 – 5 S 1359/81 –, ZfW 1983, 170 (172); VGH München Urt. v. 30.6.1977 – 4 VII/76 –, ZfW 1978, 293 (294)). Eine verlässliche Trinkwasserversorgung ist daher angesichts der **staatlichen Schutzpflicht** des Art. 2 Abs. 2 GG für das Gemeinwohl von überragender Bedeutung (*Reinhardt* UTR 54 (2000), 111 (124)). § 51 kommt insoweit die Aufgabe zu, eine sichere Rechtsgrundlage für den Schutz bestimmter Gewässer zu schaffen (OVG Saarlouis Beschl. v. 22.4.1993 – 8 N 3/92 –, ZfW 1994, 297). Vor diesem Hintergrund und mit Blick auf die zunehmende Belastung der Gewässer sollen durch die Festsetzung von Wasserschutzgebieten gem. § 51 ausgewählte Gebiete einer **verstärkten wasserwirtschaftlichen Aufsicht, Lenkung und Pflege** unterstellt werden (*Breuer/Gärditz* Rn. 1038; *Hoppe/Beckmann/Kauch* Umweltrecht, § 18 Rn. 173). Über sektorale und repressive Regelungen zum Grundwasserschutz innerhalb und außerhalb des Wasserrechts (→ Rn. 7 ff.) hinaus wird durch die Festsetzung von Wasserschutzgebieten ein umfassender, präventiver und die jeweiligen Schutzziele gemäß § 51 Abs. 1 S. 1 konkret erfassender Schutzstatus bewirkt (vgl. *Czychowski/Reinhardt* Rn. 4). 3

Zur Gewährleistung des intendierten umfassenden Schutzes müssen nicht nur die Gewässer selbst, sondern auch die Grundstücke, auf oder unter denen sich das Wasser befindet, vor störenden Einflüssen bewahrt werden (*Thiem* Wasserrecht, Einführung IV. 1. lit. b); *Langer* WuB 1974, 308). § 51 soll diesen Schutz sowohl in quantitativer als auch in qualitativer Hinsicht über die allgemeinen Regeln der Gewässerbenutzung und des Gewässerschutzes hinaus sicherstellen, indem er die Einrichtung von Wasserschutzgebieten im Interesse bestimmter Zwecke und Ziele (Wasserversorgung, Verhinderung der Bodenerosion, Schutz vor Verschmutzung) und damit zugleich die Anordnung zweckgerichteter Verbote und Duldungspflichten ermöglicht. Nach Angaben des Umweltbundesamts aus dem Jahr 1997 existierten im Jahr 1994 über **18 000 Wasserschutzgebiete** mit einer **Gesamtfläche von 38 000 km²** in der Bundesrepublik Deutschland (vgl. Umweltbundesamt, Daten zur Umwelt 1997, 277). 4

5 § 51 **Abs. 1** (vgl. § 19 Abs. 1 WHG aF) regelt die Voraussetzungen und insbesondere die Zwecke für die Festsetzung von Wasserschutzgebieten und enthält die Ermächtigung, dass die Landesregierungen die Wasserschutzgebiete in Form einer Rechtsverordnung festsetzen können. Dabei gelten nach § 106 Abs. 1 auch vor dem 1.3.2010 festgesetzte Wasserschutzgebiete als Schutzgebiete im Sinne des § 51 Abs. 1. In der DDR wurden Wasserschutzgebiete auf Grundlage des § 29 des Wasserschutzgesetzes der DDR vom 2.7.1982 in Verbindung mit der dritten Durchführungsverordnung vom 2.7.1982 festgesetzt. Auch diese nach DDR-Recht festgesetzten Trinkwasserschutzgebiete gelten gemäß § 106 Abs. 1 als festgesetzte Wasserschutzgebiete im Sinne von § 51 Abs. 1 (dazu *Czychowski/Reinhardt* Rn. 8). Mit § 51 **Abs. 1 S. 2** wurde auch die Pflicht zur Benennung des von der Festsetzung Begünstigten in der Rechtsverordnung ausdrücklich geregelt. § 51 **Abs. 2** hat die Unterteilung von Trinkwasserschutzgebieten in Zonen mit unterschiedlichem Schutzniveau zum Inhalt, die zuvor nur Gegenstand einer auf Länderebene geübten und in den Landeswassergesetzen geregelten Praxis war. Maßstab sind dabei die allgemein anerkannten Regeln der Technik. Die weiteren bundesrechtlichen Vorgaben zu den Inhalten von Wasserschutzgebieten, behördlichen Befugnissen, Befreiungs-, Ausgleichs- und Entschädigungsregelungen etc. werden dagegen in § 52 geregelt.

6 § 51 stellt **unmittelbar geltendes Recht** dar. Er enthält jedoch **keine abschließende Regelung,** sondern ist, wie bereits die Vorgängerregelung des § 19 Abs. 1 WHG aF, ausfüllungsfähig und -bedürftig. Dies gilt nicht nur hinsichtlich der genauen Zuständigkeiten im Falle der Subdelegation und Verfahrensfragen, sondern auch in Bezug auf den Schutz weiterer, für die Wasserversorgung bedeutsamer Anlagen (*Czychowski/Reinhardt* Rn. 7).

III. Stellung der Vorschrift innerhalb des Gesetzes und Verhältnis zu anderem Fachrecht

7 § 51 verdrängt die **allgemeinen Bestimmungen des WHG** und der jeweiligen Landeswassergesetze nicht. Vielmehr normiert § 51 zusätzliche Anforderungen, denen neben den Vorschriften hinsichtlich der Wasserschutzgebiete Rechnung zu tragen ist (vgl. BVerwG Urt. v. 26.6.1970 – IV C 99/67 –, NJW 1970, 1890; *Breuer/Gärditz* Rn. 1039). In Betracht kommt daher insbesondere eine Anwendung der allgemeinen und besonderen Vorschriften zur Gewässerbewirtschaftung gem. §§ 5 f., 32, 45, 48, über Anforderungen an Abwasseranlagen gem. § 60 und über Anlagen zum Umgang mit wassergefährdenden Stoffen gem. §§ 62 f. iVm der darauf gestützten Bundesverordnung AwSV (dazu BVerwG Urt. v. 12.4.2001 – 4 C 5/00 –, NVwZ 2001, 1049; *Czychowski/Reinhardt* Rn. 10 mwN; *Czychowski* ZfW 2019, 85 (93 ff.); vgl. ferner *Peters* DVBl. 1987, 993). § 51 wird durch § 52 ergänzt, der behördliche Schutzanordnungen nach seinem Absatz 3 auch außerhalb von Wasserschutzgebieten ermöglicht und Entschädigungs- und Ausgleichsfragen zum Inhalt hat. Zugleich wurde mit § 53 eine bundeseinheitliche und bisher lediglich auf Landesebene existierende Bestimmung über den Heilquellenschutz eingefügt.

8 Das mit diesem Regelungskomplex intendierte Ziel des umfassenden und präventiven Gewässerschutzes verfolgen auch andere **Vorschriften außerhalb des Wasserrechts,** zB § 15 Abs. 2 KrWG (Anforderungen an die Abfallbeseitigung), § 329 Abs. 2 StGB (Gefährdung schutzbedürftiger Gebiete), § 13 Abs. 1 Nr. 1 PflanzenschutzG sowie § 15 Abs. 6 Nr. 1 KlärschlammVO. Die genannten Vorschriften greifen allerdings zum Teil erst bedingt, dh mit Festsetzung eines Wasserschutzgebiets, bzw. ergänzen die aufgrund der §§ 51, 52 geltenden Vorschriften (vgl. *Czychowski/Reinhardt* Rn. 4; SZDK/*Gößl* Rn. 8).

Daneben können Verwaltungsakte auf Grund des Bauordnungs-, Abfall-, Natur- und Landschaftsschutzrechts sowie des Gewerbe- und Immissionsschutzrechts ebenfalls zum Schutz bestehender und künftiger Wassergewinnungsgebiete vor unerwünschten Beeinträchtigungen beitragen (vgl. *Czychowski/Reinhardt* Rn. 4 mwN).

Gleiches gilt für Maßnahmen der **Raumordnung:** Nach den in § 2 Abs. 2 Nr. 6 **9**
ROG niedergelegten Grundsätzen stellt die Reinhaltung des Wassers und die Sicherung der Wasserversorgung ein auch im Rahmen der Raumordnung zu verfolgendes gesetzgeberisches Ziel dar. Konkret ist in raumordnerischen Programmen und Plänen den gegenwärtigen und künftigen Bedürfnissen der Wasserversorgung etwa durch Ausweisung von Wasservorrangs- und Wasserschongebieten (vgl. dazu *Mitschang* ZfBR 1996, 63 (64)) Rechnung zu tragen (*Czychowski/Reinhardt* Rn. 21). Da raumordnerische Maßnahmen aber keine Standorte für Wassergewinnungsanlagen bzw. keine Wassergewinnungs- und Wasserschutzgebiete verbindlich festlegen können (*Reinhardt* UTR 54 (2000), 111 (161)) ist letztlich die konkrete Festlegung von Wasserschutzgebieten nach §§ 51, 52 für die umfassende Gewährleistung des Trinkwasserschutzes alternativlos.

In der **Bauleitplanung** ist der Gewässerschutz unabhängig von den Vorschriften für **10**
Wasserschutzgebiete zu berücksichtigen (BVerwG Beschl. v. 26.3.1993 – 4 NB 45/92 –, ZfW 1994, 275 (276); OVG Lüneburg Urt. v. 27.4.1994 – 1 K 69/91 –, ZfW 1995, 243 (245)). Bauleitpläne haben nach den in § 1 Abs. 6 Nr. 8 lit. e) BauGB niedergelegten Planungsleitlinien aber insofern zum Gewässerschutz beizutragen, als der Belang der Wasserversorgung bei ihrer Aufstellung zu berücksichtigen ist. Nach der bundesverwaltungsgerichtlichen Rechtsprechung stellt die Pflicht zur Beachtung festgesetzter Wasserschutzgebiete keine zu beanstandende Beschränkung der kommunalen Planungshoheit dar (BVerwG Beschl. v. 28.10.2008 – 7 BN 4/08 –, UPR 2009, 236). Bereits bestehende Schutzgebiete sollen nach den §§ 5 Abs. 4 S. 1, 9 Abs. 6 BauGB in die Bauleitpläne nachrichtlich übernommen werden. Sie sind im Rahmen der bauleitplanerischen Abwägung zwingend zu berücksichtigen, womit ein Vorfeldschutz bereits vor Eingreifen der wasserrechtlichen Bestimmungen gewährleistet werden soll (vgl. BVerwG Beschl. v. 28.10.2008 – 7 BN 4/08 –, UPR 2009, 236; *Czychowski/Reinhardt* Rn. 22; *SZDK/Gößl* Rn. 26 jeweils mwN). Bei Bebauungsplänen, welche Vorhaben zulassen, die zwingend gegen Verbotsbestimmungen einer Wasserschutzgebietsverordnung verstoßen würden, stellt sich die Frage ihrer Vollzugsfähigkeit gemäß § 1 Abs. 3 BauGB und damit ihrer Wirksamkeit (vgl. zum Verhältnis zwischen Bebauungsplänen und Wasserschutzgebietsverordnungen auch BVerwG Beschl. v. 30.9.1996 – 4 NB 31/96, 4 NB 32/96 –, NVwZ 1997, 887 (888).

B. Festsetzung von Wasserschutzgebieten (Absatz 1)

I. Begriff

Obschon § 51 die zentrale Vorschrift in Bezug auf die Festsetzung von Wasserschutz- **11**
gebieten darstellt, definiert sie den Begriff der Wasserschutzgebiete nicht, sondern setzt ihn lediglich voraus. Allerdings ist den allgemeinen Voraussetzungen der Norm zu entnehmen, dass es sich bei **Wasserschutzgebieten** um Teile der Erdoberfläche handelt, in denen bestimmte Handlungen, die sich auf Menge und Güte des Wassers, auf die Abflussverhältnisse und den Bodenabtrag auswirken können, verboten oder zu dulden sind (ähnlich die Gesetzesbegründung; vgl. *Czychowski/Reinhardt* Rn. 11; SZDK/*Gößl* Rn. 17; *Hoppe/Beckmann/Kauch* Umweltrecht, § 18 Rn. 173).

II. Allgemeine Voraussetzungen

12 § 51 normiert in seinen Nummern 1 bis 3 verschiedene Voraussetzungen, unter denen ein Wasserschutzgebiet festgesetzt werden kann. In allen Fällen ist die Festsetzung von Wasserschutzgebieten nach § 51 Abs. 1 nur zulässig, ***soweit* (in sachlicher, räumlicher und zeitlicher Hinsicht) das Wohl der Allgemeinheit dies erfordert.** Dieser Maßstab ist an Art. 14 Abs. 3 S. 1 GG angelehnt und seine Anwendung unterliegt der uneingeschränkten gerichtlichen Überprüfung (SZDK/*Gößl* Rn. 18). Die rechtlichen Voraussetzungen für die Festsetzung von Wasserschutzgebieten und ihre Anwendung im Einzelfall sind stark von dem **Verhältnismäßigkeitsprinzip** geprägt, welches in einem **abgestuften System** mehrfach zur Anwendung kommt (ähnlich *Reinhardt* ZfW 2019, 85 ff.): Hinsichtlich der allgemeinen Voraussetzungen des § 51 Abs. 1 S. 1 (Erforderlichkeit zum Wohl der Allgemeinheit), hinsichtlich der besonderen Schutzanforderungen gemäß § 52 Abs. 1 S. 1, bei der darauf jeweils bezogenen Ermessensausübung gemäß § 51 Abs. 1 S. 1 und § 52 Abs. 1 S. 1 sowie schließlich auf der Vollzugsebene bei der evtl. Entscheidung über die Erteilung einer Befreiung gemäß § 52 Abs. 1 S. 2. Der Maßstab der Verhältnismäßigkeitsprüfung auf der jeweiligen Stufe ist zunächst abstrakt und wird im Hinblick auf individuelle Betroffenheiten ebenenspezifisch jeweils konkreter.

1. Wohl der Allgemeinheit

13 Das Erfordernis des **Wohls der Allgemeinheit** bestimmt sowohl Ziel als auch Grenzen der Festsetzung von Wasserschutzgebieten (BVerwG Beschl. v. 23.1.1984 – 4 B 157/83; 4 B 158/83 –, ZfW 1984, 294 f.; OVG Koblenz Urt. v. 8.5.2008 – 1 C 10511/06 –, juris Rn. 57). Es bezieht sich nicht nur auf die Frage, ob überhaupt ein Schutzgebiet festgelegt wird, sondern auch darauf, welche Grundstücke konkret in ein solches Gebiet mit einbezogen werden (OVG Koblenz Urt. v. 14.8.1997 – 1 C 11152/96 –, ZfW 1999, 107; *Anders/Krüger* NuR 2004, 491 (494)). Die Tatsache, dass das Allgemeinwohl bei der Entscheidung über die Festsetzung eines Wasserschutzgebiets zwingend berücksichtigt werden muss, macht eine Wasserschutzgebietsverordnung jedoch noch nicht zu einer drittschützenden Vorschrift (VG Stade Urt. v. 22.2.2007 – 1 A 1316/04 –, NuR 2007, 631; näher zum Rechtsschutz → Rn. 69).

14 Bei dem Begriff des Wohls der Allgemeinheit (vgl. § 6 Abs. 1 Nr. 3) handelt sich um einen der vollständigen gerichtlichen Kontrolle unterliegenden **unbestimmten Rechtsbegriff,** der neben wasserwirtschaftlichen Zielsetzungen auch sonstige (vgl. § 51 Abs. 1 S. 1 Nr. 2, 3) öffentliche Belange und relevante Gesichtspunkte erfasst, die sich im Einzelfall konkret feststellen lassen und die in der Abwägung zu berücksichtigen sind (*Czychowski/Reinhardt* Rn. 15; *Scheidler* NuR 2006, 631 (632)). Nach der Rechtsprechung müssen demgegenüber Aspekte der Steuerung des Wasserbedarfs oder der Senkung des Wasserverbrauchs nicht berücksichtigt werden (VGH Mannheim Urt. v. 21.12.1982 – 5 S 1359/81 –, ZfW 1983, 170). Das privatwirtschaftliche oder betriebstechnische Interesse des begünstigten Wasserversorgungsunternehmens an der Festsetzung des Wasserschutzgebiets wird ebenfalls nicht vom Gemeinwohl erfasst (*Salzwedel* NuR 1983, 41 (52)).

15 Im Rahmen der Feststellung, ob das Wohl der Allgemeinheit die Festsetzung eines Wasserschutzgebiets verlangt, ist eine Gegenüberstellung und **Abwägung** der für und gegen die Festsetzung sprechenden Aspekte des Allgemeinwohls vorzunehmen; zugleich ist dem Verhältnismäßigkeitsprinzip Rechnung zu tragen (OVG Koblenz Urt. v. 8.5.2008 – 1 C 10511/06 –, juris Rn. 57; OVG Münster Urt. v. 22.3.1990 – 20 A 2600/88 –, ZfW 1991, 51). Der Festsetzung eines Wasserschutzgebiets nach § 51 Abs. 1 S. 1 Nr. 3

können daher etwa überwiegende Belange der Landesverteidigung entgegenstehen. Im Rahmen des § 51 Abs. 1 S. 1 Nr. 1 dürfte allerdings in aller Regel das Interesse der öffentlichen Wasserversorgung vorrangig sein (OVG Schleswig Urt. v. 4.10.1995 – 2 K 2/94 –, ZfW 1996, 541 (545); OVG Saarlouis Beschl. v. 22.4.1993 – 8 N 3/92 –, ZfW 1994, 297 (299); vgl. auch *Reinhardt* UTR 54 (2000), 111 (130)). Ausnahmsweise kann aber auch in einem solchen Fall die Festsetzung eines Wasserschutzgebiets scheitern, etwa wenn eine derartige Festsetzung in unzumutbarer Weise in die Planungshoheit der Gemeinde eingreifen würde (näher dazu BVerwG Beschl. v. 28.10.2008 – 7 BN 4/08 –, UPR 2009, 236; VGH Mannheim Beschl. v. 5.8.1998 – 8 S 1906/97 –, ZfW 2000, 138).

2. Erforderlichkeit

Auch bei dem Begriff der **Erforderlichkeit** handelt es sich um einen **unbestimmten Rechtsbegriff,** der der vollständigen verwaltungsgerichtlichen Kontrolle unterliegt (BVerfG Beschl. v. 6.9.2005 – 1 BvR 1161/03, ZfW 2007, 99; BVerwG Urt. v. 2.8.2012 – 7 CN 1/11 –, NVwZ 2013, 228; VGH Mannheim Urt. v. 7.12.2009 – 3 S 170/07 –, NuR 2010, 659 (660); *Czychowski/Reinhardt* Rn. 17). Liegt die Erforderlichkeit der Festsetzung eines Wasserschutzgebiets nicht vor, führt dies zur Nichtigkeit der Wasserschutzgebietsverordnung und damit zur Unwirksamkeit der Nutzungsbeschränkungen (BVerwG Beschl. v. 10.7.1997 – 11 B 12/97 –, ZfW 1998, 423 (424f.); VGH München Urt. v. 18.12.1996 – 22 N 95.3196 –, ZfW 1997, 236 (239)). 16

Die Festsetzung eines Wasserschutzgebiets ist indes bereits dann erforderlich, wenn sie **vernünftigerweise geboten** ist (stRspr; vgl. OVG Lüneburg Urt. v. 14.11.2018 – 13 KN 249/16 –, juris Rn. 64; VGH München Urt. v. 9.7.2010 – 22 N 06.1741 –, juris Rn. 26; Urt. v. 27.10.2006 – 22 N 04.1544 –, ZfW 2008, 112 (116f.); VGH Kassel Urt. v. 24.11.2006 – 7 N 1420/05 –, ZUR 2007, 156 (157)). Dies ist wiederum dann der Fall, wenn durch die Festsetzung eines Wasserschutzgebiets die Beeinträchtigung der Eignung des in Anspruch genommenen Gewässers für Trinkwasserzwecke der Allgemeinheit dauerhaft vermieden oder jedenfalls verringert wird (VGH München Urt. v. 9.7.2010 – 22 N 06.1741 –, juris Rn. 26; VGH Mannheim Urt. v. 26.11.2009 – 3 S 140/07 –, DÖV 2010, 410). Dass die Festsetzung dem Wohl der Allgemeinheit dient und lediglich nützlich und geeignet ist, den beabsichtigten Zweck zu erreichen, genügt dagegen nicht (*Czychowski/Reinhardt* Rn. 18). Der Nachweis eines drohenden Schadeneintritts im Einzelfall ist jedoch nicht erforderlich: Anders als bei § 48 als Vorschrift des flächendeckenden Gewässerschutzes ist nicht von einer konkreten Betrachtungsweise auszugehen, bei der der Nachweis eines nicht auszuschließenden Schadeneintritts notwendig wäre. Als ausreichend ist es insoweit anzusehen, dass das zu schützende Gewässer ohne die vorgesehene Maßnahme **abstrakt gefährdet** ist und daher ein Anlass besteht, typischerweise gefährlichen Situationen entgegenzutreten (OVG Lüneburg Urt. v. 14.11.2018 – 13 KN 249/16 –, juris Rn. 64; VGH Mannheim Urt. v. 7.12.2009 – 3 S 170/07 –, NuR 2010, 659 (660); OVG Greifswald Urt. v. 25.6.2008 – 4 K 7/05 – juris Rn. 27). Der Erforderlichkeitsbegriff ist nicht im Sinne einer Subsidiarität der Wasserschutzgebietsfestsetzung in der Weise zu verstehen, dass sie nur dann erfolgen darf, wenn alle anderen gesetzlichen Regelungen im Wasser- und im sonstigen Umweltrecht (zB die Festsetzung von Schutzgebieten nach dem BNatSchG) nicht ausreichen. Eine abstrakte Gefährdung des jeweils zu schützenden Wasserkörpers reicht aus (BVerwG, Beschl. v. 18.7.1997 – 4 BN 5/97 –, NuR 1998, 37; VGH München, Urt. v. 6.12.2000 – 22 N 96.1148 –, ZfW 2001, 243; *Czychowski/Reinhardt* Rn. 18 mwN). Es dürfen nur solche Grundstücke in das jeweilige Gebiet mit einbezogen werden, die im Einzugsbereich der zu schützenden Wasserversorgung liegen und von denen nach den gegebenen Erkennt- 17 nismöglichkeiten aufgrund eingehender Prüfung der örtlichen Verhältnisse negative Einwirkungen auf das zu schützende Gewässer ausgehen können (VGH München Urt. v. 28.8.2019 – 8 N 17.523 –, juris Rn. 43; OVG Koblenz Urt. v. 8.10.2015 – 1 C 10843/13 –, juris Rn. 37; VGH München Urt. v. 20.5.2009 – 22 N 07.1775 – juris Rn. 14 mwN). Der mit der Festsetzung bezweckte Schutz muss **auf Dauer angelegt** sein (VGH München Urt. v. 18.12.1996 – 22 N 95.3196 –, ZfW 1997, 239; *Czychowski/Reinhardt* Rn. 18; SZDK/*Gößl* Rn. 20; *Knopp* ZfW 1995, 1).

18 Für das Vorliegen der Erforderlichkeit in diesem Sinne genügt es demgegenüber nicht, wenn die künftige Inanspruchnahme dieses Gewässers und dessen Schutz durch die Festsetzung eines Wasserschutzgebiets lediglich eine zweckmäßige Verfahrensweise darstellen würden, aber andere Lösungen ohne zusätzliche Beschränkungen des Grundstückseigentümers ebenfalls möglich wären. Es muss vielmehr geprüft werden, ob ein Wasserschutzgebiet überhaupt und **nach Art, Umfang und Zeit** erforderlich ist: Wasserschutzgebiete können nur festgesetzt werden, „soweit" (und „sobald" bzw. „solange") das Wohl der Allgemeinheit es erfordert. Es stellen sich die **Fragen des „Ob" und des „Wie"** der Festsetzung eines Wasserschutzgebiets (VGH München Urt. v. 9.7.2010 – 22 N 06.1741 –, juris; *Czychowski/Reinhardt* Rn. 17). Dies ist auch für die jeweils zu schützende Trinkwassergewinnungsanlage und den Umfang der Trinkwasserförderung zu prüfen. Das unter Schutz gestellte Wasservorkommen muss für die künftige öffentliche Wasserversorgung der Gemeinde, die das Wasservorkommen in Anspruch nehmen will, quantitativ und qualitativ benötigt werden (vgl. VGH München Urt. v. 9.7.2010 – 22 N 06.1741 –, juris). Es muss eine erhebliche Wahrscheinlichkeit dafür bestehen, dass das betreffende Wasservorkommen in absehbarer Zeit für die öffentliche Wasserversorgung benötigt wird (*Breuer/Gärditz* Rn. 1071). Dabei genügt es, dass eine Beeinträchtigung der wasserwirtschaftlichen Verhältnisse in Zeiträumen zu erwarten ist, die für eine vernünftige Vorausplanung maßgebend sind. Eine Unterschutzstellung als Reserve für die künftige öffentliche Wasserversorgung ist danach etwa dann möglich, wenn feststeht, dass sich in dem fraglichen Gebiet das Trinkwasserdargebot künftig verknappen und deshalb die Bedeutung des für die öffentliche Wasserversorgung gut geeigneten Wasservorkommen zunehmen wird. Dagegen ist eine Unterschutzstellung unter Berücksichtigung des Vorsorgegedankens, die lediglich die Vorratshaltung zum Ziel hat, nicht zulässig: Eine reine Vorsorge um der Vorsorge willen ermöglicht § 51 gerade nicht (*Reinhardt* UTR 54 (2000), 111 (121)). Gleiches gilt auch dann, wenn die Schutzgebietsfestsetzung lediglich der Sicherung einer anderen Planung dienen soll (*Czychowski/Reinhardt* Rn. 27, 41).

19 Die Erforderlichkeit der Festsetzung im Hinblick auf das Wohl der Allgemeinheit im Sinne von § 51 Abs. 1 S. 1 Nr. 1 und damit als Ausprägung des **Verhältnismäßigkeitsprinzips** wird durch die Kriterien der **Schutzbedürftigkeit,** der **Schutzwürdigkeit** und der **Schutzfähigkeit** des konkreten Wasserkörpers konkretisiert, wobei es zwischen diesen Kriterien durchaus Überschneidungen gibt. Wie bereits mehrfach erwähnt, gelten sie in sachlicher, räumlicher und zeitlicher Hinsicht. Insbesondere setzt eine Wasserschutzgebietsfestsetzung voraus, dass das Wasservorkommen nicht nur dem Grunde nach schutzwürdig, schutzbedürftig und schutzfähig ist, sondern dass dies auch in räumlicher Hinsicht in Bezug auf die betroffenen Grundstücke der Fall ist (BVerwG Urt. v. 2.8.2012 – 7 CN 1/11 –, NVwZ 2013, 227; VGH München Urt. v. 6.10.2015 – 8 N 13.1281 ua –, juris Rn. 21). Es ist eine Gegenüberstellung und Abwägung der für die Maßnahme sprechenden öffentlichen Interessen und der durch sie beeinträchtigten Belange wie die Beschränkung der Rechte Dritter vorzunehmen (vgl. OVG Lüneburg,Urt. v. 14.11.2018 – 13 KN 249/16 –, juris Rn. 61; VGH München Urt. v. 12.7.2018 – 8 N 16.2563 –, juris Rn. 50; OVG Koblenz Urt. v. 8.10.2015 – 1 C 10843/13 –, juris Rn. 26; Urt. v. 8.5.2008 – 1 C 10511/06 –, juris Rn. 58; VGH München Urt. v. 27.10.2006 – 22 N

04.1544 –, ZfW 2008, 112 (116); VGH Kassel Urt. v. 24.11.2006 – 7 N 1420/05 –, ZUR 2007, 156 (157); *Cosack* ZfW 2008, 61 (64); *Scheidler* NuR 2006, 631 (633); *Czychowski/Reinhardt* Rn. 19 mwN).

a) Schutzbedürftigkeit

Unter der Schutzbedürftigkeit eines Gewässers ist dabei die **Wahrscheinlichkeit** zu 20 verstehen, dass das in Anspruch genommene Wasser ohne Wasserschutzgebietsfestsetzung (zB wegen einer nur gering mächtigen Schutzfunktion der Deckschichten, vgl. VGH München Urt. v. 6.10.2015 – 8 N 13.1281 ua –, juris Rn. 29f.) **in seiner Eignung als Trinkwasser** hygienisch oder geschmacklich **beeinträchtigt** würde (OVG Lüneburg Urt. v. 14.11.2018 – 13 KN 249/16 –, juris Rn. 64; OVG Greifswald Urt. v. 25.6.2008 – 4 K 7/05 –, juris Rn. 29). Dies wird heute angesichts der Vielzahl von Gefahrpotentialen für Gewässer und angesichts der Bedeutung der öffentlichen Wasserversorgung **in der Regel zu bejahen** sein (VGH Mannheim Urt. v. 26.3.2015 – 3 S 166/14 –, juris Rn. 41; *Knopp* ZfW 1995, 1 (2)). Auch insoweit gilt, dass der konkrete Nachweis eines unmittelbar drohenden Schadenseintritts nicht erforderlich ist. Vielmehr reicht der Anlass, typischerweise gefährlichen Situationen zu begegnen (BVerwG, Urt. v. 12.9.1980 – IV C 89.77 –, ZfW 1981, 87; VGH München, Urt. v. 15.9.2005 – 22 N 05.1126 –, ZfW 2007, 235; Urt. v. 6.10.2015 – 8 N 13.1281 ua –, juris Rn. 29; OVG Lüneburg Urt. v. 14.11.2018 – 13 KN 249/16 –, juris Rn. 64; VGH Mannheim Urt. v. 7.12.2009 – 3 S 170/07 –, NuR 2010, 659 (660); OVG Greifswald Urt. v. 25.6.2008 – 4 K 7/05 – juris Rn. 27; BeckOK UmweltR/*Tünnesen-Harmes* Rn. 28). Die Schutzbedürftigkeit wird (auch im Hinblick auf das Ortsnäheprinzip gem. § 50 Abs. 2) nicht dadurch ausgeschlossen, dass der Wasserbedarf auch auf andere Weise zu decken wäre (*Breuer/Gärditz* Rn. 1085; SZDK/*Gößl* Rn. 19). Gleiches gilt, wenn zur Aufbereitung und Einspeisung des gewonnenen Wassers in das Versorgungsnetz erhebliche Aufwendungen erforderlich sind (VGH München Urt. v. 21.12.1989 – 22 N 87.3336 –, ZfW 1990, 465) oder sich im Wassereinzugsbereich eine ehemalige Müllkippe (OVG Schleswig Urt. v. 4.10.1995 – 2 K 2/94 –, ZfW 1996, 544) oder ein Gewerbegebiet befindet, es sei denn, es handelt sich um ein besonders intensiv genutztes Gewerbegebiet (vgl. VGH München Urt. v. 13.6.1996 – 22 N 93.2863, 22 N 94.270, 22 N 94.1569 –, ZfW 1997, 178 (180); OVG Saarlouis, Beschl. v. 22.4.1993 – 8 N 3/92 – ZfW 1994, 297 (299)). Insoweit ist zugleich auch das Kriterium der Schutzwürdigkeit betroffen.

b) Schutzwürdigkeit

Die Schutzwürdigkeit eines Gewässers ist immer dann anzunehmen, wenn das konkrete 21 Wasservorkommen **nach seiner Menge und Qualität für die öffentliche Trinkwasserversorgung geeignet** ist (OVG Koblenz Urt. v. 8.5.2008 – 1 C 10511/06 –, juris; bestätigt durch BVerwG Beschl. v. 28.10.2008 – 7 BN 4.08 –, UPR 2009, 236; VGH München Urt. v. 28.8.2019 – 8 N 17.523 –, juris Rn. 39). Sie ist zu verneinen, wenn die Nutzung des Trinkwassers trotz Festsetzung eines Wasserschutzgebiets gesundheits- und seuchenpolizeiliche Bedenken auslösen kann (BVerwG Urt. v. 17.3.1989 – 4 C 30.88 –, BVerwGE 81, 347; Beschl. v. 20.1.2015 – 7 BN 2.14 –, juris Rn. 30; OVG Greifswald Urt. v. 25.6.2008 – 4 K 7/05 –, juris Rn. 30; VGH München Urt. v. 1.8.2011 – 22 N 09.2729 –, ZfW 2012, 94; VGH Mannheim Urt. v. 26.3.2015 – 3 S 166/14 –, NuR 2015, 575). An der Schutzwürdigkeit fehlt es auch, wenn trotz Schutzanordnungen etwa aus hydrologischen oder geologischen Gründen eine nicht unwesentliche Beeinträchtigung des in Anspruch genommenen Wassers zu befürchten ist und daher eine Trinkwassernutzung ausscheiden muss (*Reinhardt* UTR 54 (2000), 111 (30)).

22 Nicht „erforderlich“ kann die Festsetzung etwa auch dann sein, wenn die für die Wassergewinnung erforderliche **Erlaubnis** oder **Bewilligung** nicht erteilt werden dürfte (VGH München Urt. v. 12.10.1995 – 22 B 91.231, ZfW 1997, 39, (40) in Bezug auf Gründe des Natur- und Landschaftsschutzes) oder die Festsetzung eines Wasserschutzgebiets deswegen ihrem Zweck nicht gerecht werden kann, weil die Gewährleistung des Schutzes des Wasservorkommens von vornherein zum Scheitern verurteilt ist, ebenso wenn die bestehenden Beeinträchtigungen so groß sind, dass ein Schutz des Wasservorkommens vor weiteren Störungen sinnlos erscheint (OVG Münster, Urt. v. 22.3.1990 – 20 A 2600/88 –, ZfW 1991, 51; *Czychowski/Reinhardt* Rn. 19 mwN und zu dem Beispiel, dass etwa bei Festsetzung eines Wasserschutzgebiets durch den Fassungsbereich und die engere Schutzzone des Gebiets eine bestehende öffentliche Straße verlaufen würde). Demgegenüber ist die Schutzwürdigkeit eines der öffentlichen Trinkwasserversorgung dienenden Gewässers auch dann zu bejahen, wenn dieses im Zeitpunkt der Ausweisung des Wasserschutzgebiets zwar noch eine über dem Grenzwert nach der TrinkwV liegende Nitratbelastung aufweist, im Übrigen aber keine trinkwassergefährdenden Mängel vorliegen und aufgrund der Schutzgebietsausweisung mit den darin geltenden Schutzbestimmungen – gegebenenfalls im Zusammenhang mit weiteren **Sanierungsmaßnahmen** – die Einhaltung des Grenzwerts absehbar ist und nachhaltig gesichert werden kann (VGH Mannheim Urt. v. 26.11.2009 – 3 S 140/07 –, DÖV 2010, 410; ebenso bzgl. Fluorid- und Arsenbelastung VGH München, Urt. v. 27.10.2006 – 22 N 04.1943 -, ZfW 2008, 51 f.; Urt. v. 27.10.2006 – 22 N 04.1544 -, ZfW 2008, 116). Wird die Schutzwürdigkeit nachträglich gemindert, tritt die Schutzgebietsverordnung **nicht** per se wegen **Funktionslosigkeit** außer Kraft (VGH Mannheim Beschl. v. 24.3.1986 – 5 S 2831/84 –, NVwZ 1987, 241). Gleiches gilt auch in dem Fall, dass in einem Wasserschutzgebiet in nicht unerheblichem Ausmaß Nutzungen und Handlungen vorgenommen werden, die von dem Verbotskatalog der Verordnung erfasst sind oder zumindest dem Zweck der Schutzgebietsausweisung zuwiderlaufen (VGH Mannheim Urt. v. 29.11.1988 – 8 B 85 A. 2651 –, ZfW 1990, 283).

c) Schutzfähigkeit

23 Wenn demnach die zu schützende Wasserversorgung auf den Zufluss aus einem bestimmten Gebiet angewiesen und insoweit ein Wasserschutzgebiet „erforderlich“ ist, muss abgewogen werden, ob das Wasserschutzgebiet **ohne unverhältnismäßige Beschränkungen der Rechte Dritter** auch schutzfähig ist (OVG Koblenz Urt. v. 8.10. 2015 – 1 C 10843/13 –, juris Rn. 30; *Sparwasser/Engel/Voßkuhle* § 8 Rn. 240; *Reinhardt* UTR 54 (2000), 111 (130)). In diesem Rahmen sind die verschiedenen, von der Wasserschutzgebietsfestsetzung ausgelösten Betroffenheiten zu würdigen und dahingehend zu überprüfen, ob der mit der Festsetzung verfolgte Zweck auch auf andere geeignete, weniger einschneidende und zumutbare Weise zu erreichen ist (*Knopp* ZfW 1995, 1 (4)). Weil jedoch mit allgemein geltenden Vorschriften ein hoher und flächendeckender Schutzstandard nur schwer durchsetzbar ist, lassen sich etwa mit der Ausweisung von Naturschutz- und Landschaftsschutzgebieten Gewässer nicht mit der gleichen Intensität vor Beeinträchtigungen schützen wie mit der ausdrücklichen Ausweisung von Wasserschutzgebieten. Insbesondere Maßnahmen der Landespflege stellen daher nicht solche weniger einschneidenden, aber mindestens gleich geeigneten Maßnahmen dar (vgl. *Czychowski/Reinhardt* Rn. 20).

24 Die Forderung, dass der Schutz des Wasservorkommens ohne unverhältnismäßige Beschränkung der Rechte Dritter möglich sein muss, bedeutet indes nicht, dass schon auf dieser Ebene eine umfassende Abwägung zwischen dem Allgemeinwohlinteresse und

spezifischen Individualinteressen erfolgen müsste. Es geht vielmehr um die **generelle Entscheidung** zugunsten der Festsetzung des konkreten Wasserschutzgebietes, während eine Würdigung und Abwägung individueller Rechtspositionen unter dem Gesichtspunkt der Verhältnismäßigkeit erst auf der nachfolgenden Stufe der konkreten Schutzanordnungen gemäß § 52 Abs. 1 erfolgt (VGH Mannheim Urt. v. 26.11.2009 – 3 S 140/07 –, juris Rn. 82 ff; SZDK/*Gößl*, Rn. 21). Konkrete **Nutzungskonflikte** mit bereits bestehenden (bestandsgeschützten) baulichen, gewerblichen oder sonstigen Oberflächennutzungen lassen daher die Schutzfähigkeit regelmäßig nicht entfallen. Ihnen ist ggf. bei der konkreten Ausgestaltung der spezifischen Schutzanordnungen der Schutzgebietsverordnung, zB durch Unberührtheitsregelungen oder Genehmigungsvorbehalte anstelle repressiver Verbote, Rechnung zu tragen (vgl. *Reinhardt* ZfW 2019, 85 ff.; zu den unterschiedlichen Prüfungsebenen der Verhältnismäßigkeitsprüfung → Rn. 12).

An der Schutzfähigkeit kann es dann fehlen, wenn sich zB wegen der vorgefundenen **25** geologischen Verhältnisse Oberflächenwasser mit Grundwasser vermengen kann und durch im Oberflächenwasser enthaltene Verunreinigungen auch das Grundwasser gefährdet wird und diesen Verunreinigungen auch nicht mit spezifischen Verboten entgegengewirkt werden kann. Dies wird dann anzunehmen sein, wenn eine überregionale und deshalb stark befahrene Straße durch das geplante Wasserschutzgebiet führt (*Scheidler* NuR 2006, 631 (633)). Auf der anderen Seite ist das **Grundwassergefährdungspotential** bei kleineren und relativ wenig befahrenen Straßen gering (VGH München Urt. v. 15.9.2005 – 22 N 05.1126 –, ZUR 2006, 36). Zudem ist nach der Rechtsprechung bei einer bereits bestehenden Trinkwasserversorgung einer jahrzehntelangen Erfahrung mit dem entsprechenden Betrieb als Kriterium für die Entscheidung der Frage, ob das Wasserschutzgebiet schutzfähig ist, entscheidende Bedeutung zuzumessen (VGH München Urt. v. 15.9.2005 – 22 N 05.1126 –, ZUR 2006, 36; Urt. v. 26.6.2002 – 22 N 01.2625 –, BayVBl 2003, 146). Die Schutzfähigkeit wird durch im Schutzgebiet liegende Verkehrswege nicht infrage gestellt, wenn auf der Basis eines nachvollziehbaren **Schutzkonzeptes** im Zeitpunkt des Normerlasses erkennbar ist, dass das von den Verkehrsflächen ausgehende Risiko einer Trinkwasserverunreinigung beherrschbar ist (VGH München Urt. v. 28.8.2019 – 8 N 17.523 –, W+B 2019, 244).

Insbesondere im Hinblick auf die Voraussetzung der Schutzfähigkeit des vorgesehenen **26** Wasserschutzgebietes sind auch Anforderungen an eine **Alternativenprüfung** zu stellen. Die Festsetzung ist dann nicht erforderlich im Sinne des § 51 Abs. 1 S. 1, wenn das von ihr verfolgte Ziel auf andere ebenso geeignete und zumutbare, aber insbesondere die betroffenen Grundstückseigentümer weniger belastende Weise erreichbar ist (*Czychowski/Reinhardt* Rn. 14, 19, 20 mwN). Je geringer die Schutzfähigkeit ist, desto intensiver muss eine Alternativenprüfung ausfallen (VGH München Urt. v. 29.11.2011 – 22 N 08.190 –, juris Rn. 47; Urt. v. 25.1.2008 – 22 N 04.3471 –, ZfW 2010, 177). In Betracht kommen insoweit grundsätzlich die Instrumente des Wasserrechts zur Bewirtschaftung und Reinhaltung der Wasserkörper bzw. zur Vermeidung nachteiliger Veränderungen, die in Einzelfällen die Ausweisung eines Wasserschutzgebietes entbehrlich machen können. Auch planungsrechtliche Steuerungsinstrumente der Raumordnung und Bauleitplanung sowie Schutzgebietsfestsetzungen nach dem BNatSchG können unter Umständen Alternativen zu der Festsetzung eines Wasserschutzgebietes sein (vgl. *Czychowski/Reinhardt* Rn. 20 ff.). In der Regel werden sie indes die mit einer Wasserschutzgebietsausweisung verbundene Zielsetzung eines ebenso umfassenden und präventiven wie die Besonderheiten des jeweiligen Wasserkörpers und der Nutzungsstruktur des vorgesehenen Schutzgebietes erfassenden Schutzes nicht erreichen können.

Streitig ist in diesem Zusammenhang die Frage, ob die Festsetzungsbehörde im Rah- **27** men der Erforderlichkeitsprüfung (Alternativenprüfung) bei einer Wasserschutzgebietsfestsetzung gemäß § 51 Abs. 1 S. 1 Nr. 1 auch den zugrunde liegenden **Standort einer legal betriebenen Wasserversorgungsanlage** in Frage stellen darf bzw. zu prüfen hat. Teilweise wird vertreten, dass bei einer im Sinne des § 51 Abs. 1 S. 1 Nr. 1 *bestehenden* Wasserversorgung, der regelmäßig eine durch Erlaubnis oder Bewilligung zugelassene Wasserentnahme zugrunde liegt, diese und ihr Standort für die Schutzgebietsfestsetzung präjudiziert seien (VGH Mannheim Beschl. v. 25.3.1971 – II 504/69 –, ZfW 1972, 182; Urt. v. 7.12.2009 – 3 S 170/07 –, NuR 2010, 659; VGH Kassel Urt. v. 17.5.2002 – 7 N 4645/98 –, NuR 2002, 609; *Knopp* ZUR 2007, 470; *Breuer,* 3. Aufl., Rn. 869; *Czychowski/Reinhardt* Rn. 28). Nach anderer Ansicht dürfe im Verfahren zur Festsetzung eines Wasserschutzgebietes nicht von vornherein von vorhandenen und in Betrieb befindlichen Brunnen ausgegangen werden, weil in den darauf bezogenen Zulassungsverfahren die Abwehrmöglichkeiten Drittbetroffener eingeschränkt seien und es ein Rechtsschutzdefizit bedeuten würde, wenn ein Drittbetroffener der Wasserschutzgebietsfestsetzung, der auf der vorgelagerten Stufe der Standortentscheidung mangels unmittelbarer Betroffenheit seine Interessen nicht geltend machen konnte, diese Standortentscheidung im Rahmen einer Prüfung der Wasserschutzgebietsfestsetzung nicht mehr rügen könne (VGH München Urt. v. 29.12.2011 – 22 N 08.190 –, BayVBl 2012, 500; grundsätzlich zustimmend nun auch *Breuer/Gärditz* Rn. 1082). Die letztgenannte Auffassung berücksichtigt nicht ausreichend, dass gerade in Verfahren zur Erteilung von Bewilligungen für Wasserentnahmen zum Zwecke der öffentlichen Wasserversorgung umfangreiche Untersuchungen und Nachweise zum Wasserbedarf, zu den Auswirkungen auf rechtlich geschützte Interessen Dritter sowie auch zu Versorgungsalternativen vorgelegt werden müssen (so letztlich auch VGH München Urt. v. 6.10.2015 – 8 N 13.1281 ua –, juris Rn. 49). Zudem ist festzustellen, dass die sich im Falle einer solchen Bewilligungserteilung für Dritte (Grundstückseigentümer, Gewerbebetriebe etc.) ergebenden mittelbaren Einschränkungen im Bewilligungsverfahren über § 14 Abs. 3 und 4 hinaus nach Maßgabe des wasserrechtlichen Rücksichtnahmegebotes umfassend zu prüfen sind (vgl. OVG Münster Beschl. v. 21.12.2016 – 20 A 335/15 –, juris Rn. 43 ff.; zu den Abwehrrechten der Wasserversorger aufgrund des Rücksichtnahmegebotes wiederum *Köck/Henn* NVwZ 2020, 504 (507)). Betrachtet man weiter den Umstand, dass die Standortauswahl von Wasserversorgungsanlagen regelmäßig das Ergebnis einer vorgeschalteten räumlichen und wasserwirtschaftlichen Planung ist, die nur eingeschränkter gerichtlicher Kontrolle unterliegt, dürften in der Praxis Wasserschutzgebietsfestsetzungen selbst unter Zugrundelegung der letztgenannten Rechtsauffassung nur dann erfolgreich beanstandet werden können, wenn die vorgelagerte Standortauswahl evident willkürlich oder rücksichtslos war (so wohl auch *Breuer/Gärditz* Rn. 1083 f.).

III. Die einzelnen Voraussetzungen des Satzes 1 Nr. 1 bis 3

28 § 51 Abs. 1 S. 1 bestimmt gesetzliche Zwecksetzungen, aufgrund derer Wasserschutzgebiete festgesetzt werden können. Sie stellen letztlich konkrete Ausprägungen des Wohls der Allgemeinheit als grundsätzlicher Festsetzungsvoraussetzung dar. Die besonderen Voraussetzungen des Satzes 1 Nr. 1 bis 3 können **alternativ** oder auch **kumulativ** zugrunde gelegt werden (SZDK/*Gößl* Rn. 31; zur Möglichkeit der Schutzgebietsfestsetzung zu *anderen* Zwecken SZDK/*Gößl* Rn. 41 ff.).

1. Im Interesse der öffentlichen Wasserversorgung (Nr. 1)

29 Wasserschutzgebiete können zunächst zum Schutz von Gewässern im Interesse der derzeit bestehenden oder künftigen öffentlichen Wasserversorgung festgesetzt werden.

Auf diese Bestimmung, die eine normative Ausprägung des **Vorsorgegrundsatzes** darstellt, gehen fast alle bisherigen Schutzgebiete zurück. Zweck der Vorschrift ist es, speziell das für die Trinkwasserversorgung der Bevölkerung elementar wichtige Grundwasser, bereits bevor Beeinträchtigungen oder Verschmutzungen des Wassers auftreten, zu schützen.

a) Gewässer

Der **Begriff** des Gewässers ist in § 2 Abs. 1 iVm § 3 bestimmt. Wasserschutzgebiete können dem Schutz der verschiedenen oberirdischen Gewässer (Wasserläufe, Seen, Talsperren), daneben auch der Küstengewässer, des Grundwassers sowie seiner Quellen dienen (*Reinhardt* UTR 54 (2000), 111 (140)). Voraussetzung dafür, dass das jeweils zu schützende Gewässer Gegenstand einer Schutzgebietsanordnung sein kann, ist, dass es noch im unmittelbaren Zusammenhang mit dem natürlichen Wasserhaushalt steht und somit im Interesse der öffentlichen Wasserversorgung zu schützen sein muss (SZDK/*Gößl* Rn. 32). Schutzanordnungen für das Wasser in Leitungen oder anderen Anlagen müssen daher auf Vorschriften außerhalb des Wasserrechts gestützt werden (*Czychowski/Reinhardt* Rn. 24). 30

b) Öffentliche Wasserversorgung

Das WHG definiert den Begriff der öffentlichen Wasserversorgung nicht, sondern setzt ihn voraus. Der Begriff der **öffentlichen Wasserversorgung** (→ § 50 Rn. 4 f.) ist zusammengefasst zu definieren als die nicht nur vorübergehende Versorgung anderer mit Trink- oder Brauchwasser aufgrund vertraglicher Verpflichtung oder öffentlicher Satzung (VGH München Urt. v. 21.2.1995 – 22 N 92.99 –, ZfW 1996, 390). Größe und Bedeutung des Versorgungsgebiets sowie der Umstand, in welcher Rechtsform die Belieferung erfolgt, sind insoweit irrelevant (OVG Münster Urt. v. 17.12.1985 – 20 A 831/83 –, ZfW 1987, 49; SZDK/*Gößl* Rn. 33). Den Gegensatz zur öffentlichen Wasserversorgung bildet die private oder betriebliche **Eigenversorgung** (VGH München Urt. v. 21.2.1995 – 22 N 92.99 –, ZfW 1996, 390 f.). Im Schrifttum wird unter dem Begriff der Wasserversorgung teilweise nur die Belieferung mit Trinkwasser verstanden (*Schaefer* AgrarR 1988, 35). Diese Sichtweise wird jedoch weder vom allgemeinen Verständnis des Begriffs der Wasserversorgung noch von der teleologischen Auslegung der Vorschrift gestützt und ist daher abzulehnen (so auch *Czychowski/Reinhardt* Rn. 25). 31

Auf eine „Überörtlichkeit" der Wasserversorgung im Sinne einer „überörtlichen Bedeutung" der Wasserversorgung kommt es nicht an; die Zuweisung oder Zurechnung zu einem örtlichen Versorgungsunternehmen oder Versorgungsgebiet wird von der Rechtsprechung daher als ausreichend angesehen (VGH München Urt. v. 12.10.1995 – 22 B 91.231 –, ZfW 1997, 39 (40)). Insbesondere ist nach Sinn und Zweck der Vorschrift auch die **Versorgung durch Private** vom Begriff der öffentlichen Wasserversorgung erfasst (vgl. VGH München Urt. v. 9.1.1967 – 169 VIII 65 –, BayVBl. 1967, 241; *Breuer/Gärditz* Rn. 1070). So wurde von der Rechtsprechung auch das Betreiben von Brunnen zur Trink- und Brauchwassergewinnung eines Krankenhauses von 1.200 Personen durch einen privaten Unternehmer als zur öffentlichen Wasserversorgung im Sinne des Absatz 1 Satz 1 Nr. 1 gehörig verstanden (VGH Mannheim ZfW Sh 1979, II 20). 32

c) Künftige Wasserversorgung

Auch die **künftige** öffentliche Wasserversorgung kann Grund einer Wasserschutzgebietsfestsetzung sein. Dies war bereits vor der ausdrücklichen Klarstellung in § 19 WHG aF, die durch das IV. Änderungsgesetz in das WHG eingeführt wurde, allgemein aner- 33 kannt (vgl. SZDK/*Gößl* § 19 WHG aF Rn. 10a; SZDK/*Gößl* Rn. 34; zu dem IV. Änderungsgesetz von 1976 insoweit *Riegel* NJW 1976, 783).

34 In diesem Zusammenhang ist darauf hinzuweisen, dass die avisierte öffentliche Wasserversorgung noch nicht konkret geplant oder in der Ausführung begriffen sein muss (SZDK/*Gößl* Rn. 34). Dass die Zuweisung oder Zurechnung zu einem bestimmten Versorgungsgebiet oder Versorgungsunternehmen noch nicht sicher ist, steht der Gültigkeit eines Wasserschutzgebietsverordnung daher noch nicht entgegen (VGH München Urt. v. 12.10.1995 – 22 B 91.231 –, ZfW 1997, 39 (40)). Vielmehr ist es als ausreichend anzusehen, dass **aufgrund eines allgemeinen Plans** (beispielsweise eines Rahmen- oder Bewirtschaftungsplans) **oder** eines **Programms** oder zumindest aufgrund im Einzelfall ausreichend dargelegter Gründe (vgl. BVerwG Beschl. v. 26.3.1990 – 7 NB 1/90 –, NVwZ 1990, 972) ein bestimmtes Wasservorkommen für Zwecke der künftigen öffentlichen Wasserversorgung sichergestellt werden soll (*Breuer/Gärditz* Rn. 1071). Die Pläne oder Programme brauchen dabei Dritten gegenüber keine Rechtsverbindlichkeit aufweisen. Zu fordern ist jedoch, dass die vorsorgende Sicherung der Wasserversorgung im Rahmen **vernünftiger Wasserbewirtschaftung** liegt, was wiederum am Maßstab des Schutzauftrags des WHG zu messen ist. Dabei sind auch die möglicherweise entgegenstehenden Interessen der Grundeigentümer oder der gemeindlichen Entwicklung zu berücksichtigen (VGH München Urt. v. 21.12.1989 – 22 N 87.3336 –, ZfW 1990, 465 (466)). Eine Schutzgebietsausweisung, die der Sicherung der künftigen öffentlichen Wasserversorgung dienen soll, wird daher insbesondere dann zulässig sein, wenn eine **erhebliche Wahrscheinlichkeit** dafür besteht, dass sich in dem fraglichen Gebiet das Trinkwasserangebot künftig verknappen und deshalb die Bedeutung des strittigen, für die öffentliche Wasserversorgung geeigneten Grundwasservorkommens zunimmt (VGH München Urt. v. 6.12.1996 – 22 N 94.1658 –, ZfW 1997, 232 (233)) und damit ein bestimmtes Wasservorkommen in absehbarer Zeit auch mengenmäßig benötigt wird (VGH München Urt. v. 12.10.1995 – 22 B 91.231 –, ZfW 1997, 39 (40); siehe auch → Rn. 18). Unschädlich ist es dabei jedoch, wenn der genaue Zeitpunkt für die Wassergewinnung nicht bestimmbar ist (BVerwG Beschl. v. 26.3.1990 – 7 NB 1/90 –, NVwZ 1990, 972).

35 Zur Festsetzung von Wasserschutzgebieten für die künftige Wasserversorgung bedarf es allerdings bereits aus tatsächlichen Gründen zumindest einer hinreichend **konkreten Planung möglicher Standorte** für die Wassergewinnungsanlage und der Ermittlung der Flächen, die als Einzugsgebiet der Wassergewinnung in Betracht kommen in der Weise, dass jedenfalls eine Einteilung des Schutzgebietes in eine engere und eine weitere Schutzzone (Schutzzonen II und III) möglich ist (vgl. OVG Koblenz, Urt. v. 14.8.1997 – 1 C 11152/96 –, ZfW 1999, 107; SZDK/*Gößl* Rn. 34). Unzulässig ist dagegen eine Schutzgebietsfestsetzung, die nicht durch geologische Befunde gerechtfertigt ist, insbesondere eine Ausdehnung auf Grundstücke, die als Einzugsbereich für die Wassergewinnung noch nicht einmal einigermaßen konkret vorgesehen sind (VGH Mannheim, Beschl. v. 3.12.1969 – III 85/67 –, ESVGH 21, 41 (48); *Breuer/Gärditz* Rn. 1071). Denn die Abgrenzung des Schutzgebiets und seiner Zonen erfordert grundsätzlich genaue Vorstellungen, etwa in Bezug auf den Ort, an dem die Wasserentnahme stattfinden soll, hinsichtlich der Grenzen des Einzugsgebiets, der Bodenverhältnisse sowie der zu gewinnenden Wassermengen (*Reinhardt* UTR 54 (2000), 111 (141)). Von der Festsetzung einer Schutzzone I (Fassungsbereich) kann indes uU abgesehen werden (*Czychowski/Reinhardt* Rn. 27). Die Erlaubnis oder Bewilligung für die Wassergewinnung braucht indes noch nicht erteilt sein, da das Erlaubnis- und Bewilligungsverfahren und das Schutzgebietsverfahren gleichzeitig durchgeführt werden können (vgl. *Czychowski/Reinhardt* Rn. 28). Ist demgegenüber bereits eine Bewilligung oder Erlaubnis für die Wasserentnahme erteilt worden, wird damit zugleich die Standortwahl für das Schutzgebiet präjudiziert: Die

Bewilligung oder Erlaubnis macht den Standort zum vorgegebenen Tatbestandselement (VGH Mannheim Beschl. v. 25.3.1971 – II 504/69 –, ZfW 1972, 182; Urt. v. 7.12.2009 – 3 S 170/07 –, NuR 2010, 659; VGH Kassel Urt. v. 17.5.2002 – 7 N 4645/98 –, NuR 2002, 609; *Knopp* ZUR 2007, 469 (470); str.; vgl. zur Frage der Notwendigkeit einer Alternativenprüfung für Versorgungsanlagen im Rahmen einer Wasserschutzgebietsfestsetzung bei *bestehender* Wasserversorgung → Rn. 27). Steht bereits fest, dass für die Wassergewinnung eine Erlaubnis oder Bewilligung nicht erteilt werden darf, ist von der vorherigen Festsetzung eines Wasserschutzgebiets abzusehen (*Breuer/Gärditz* Rn. 1071).

Eine Sicherung von **Planungen für Wassergewinnungsanlagen** ist durch eine Schutzgebietsausweisung nach § 51 nicht möglich; dies kann ausschließlich die Veränderungssperre nach § 86 leisten (*Czychowski/Reinhardt* Rn. 27). Die Ausweisung eines Wasserschutzgebiets mit der ausschließlichen oder überwiegenden Intention, eine derartige Planung zu sichern, ist daher nicht zulässig. 36

d) Schutz vor nachteiligen Einwirkungen

Der weit zu verstehende Begriff der nachteiligen Einwirkungen ist ein **unbestimmter Rechtsbegriff,** der der Auslegung fähig und bedürftig ist. **Einwirkungen** sind alle Maßnahmen, die sich unmittelbar oder mittelbar auf die Menge oder Beschaffenheit des Wassers auswirken. **Nachteilig** können Einwirkungen aller Art sein, die die natürlich vorhandene Beschaffenheit des Wassers in chemischer, physikalischer, biologischer, hygienischer oder auch geschmacklicher Hinsicht unvorteilhaft berühren können (SZDK/*Gößl* Rn. 35; vgl. auch § 32 Abs. 2), insbesondere wenn dadurch die Verwendung des Gewässers zur öffentlichen Wasserversorgung beeinträchtigt wird. Darunter fallen insbesondere Verunreinigungen durch organische oder anorganische Stoffe. Aber auch Vorgänge, durch die das Wasser versalzen, verhärtet, in seiner natürlichen Temperatur erhöht, in seiner Oberflächenspannung verändert oder radioaktiver Bestrahlung ausgesetzt wird, sind vom Begriff der nachteiligen Einwirkungen erfasst. **Zu schützen** sind die Gewässer, wenn die Möglichkeit nachteiliger Einwirkungen im Rahmen einer sachlich vertretbaren Prognose nicht von der Hand zu weisen ist (BVerwG Urt. v. 12.9.1980 – IV V 89.77 –, ZfW 1981, 87 (88 f.)). 37

2. Zur Anreicherung des Grundwassers (Nr. 2)

Ein weiterer Zweck, dem die Festsetzung von Wasserschutzgebieten dienen kann, ist die beabsichtigte Anreicherung des Grundwassers. Dies kann etwa dadurch geschehen, dass Oberflächenwasser in natürliche oder künstlich angelegte filternde Bodenschichten (zB Kies- oder Sandbänke) geleitet oder über Anlagen zur unterirdischen Einleitung dem Grundwasser zugeführt wird. Die **Grundwasseranreicherung** kann im Interesse der Wasserversorgung erfolgen; sie kann aber auch bezwecken, den Grundwasserspiegel auf dem gleichen Niveau zu erhalten oder zu heben, um auf diese Weise die Bodenfruchtbarkeit zu steigern (*Breuer/Gärditz* Rn. 1073). Diese Maßnahme wird in der Praxis häufig mit einer Maßnahme nach § 51 Abs. 1 S. 1 Nr. 3 verbunden sein (SZDK/*Gößl* Rn. 36). Der Sinn und Zweck der Ausweisung eines Wasserschutzgebiets für eine Grundwasseranreicherung ist darin zu sehen, dass die filternden Bodenschichten in ihrer Reinigungswirkung erhalten bleiben sollen und eine Beeinträchtigung ihrer Funktion vermieden werden soll (näher zur Schutzwirkung des Bodens *Beims/Hölting/Matthess* in: Lehrbuch der Hydrogeologie, Bd. 4: Grundwassererschließung, Kap. 4.2.5). Daneben soll dafür gesorgt werden, dass es nicht zu einer Verunreinigung des Oberflächenwassers kommt (vgl. *Cosack* ZfW 2008, 61 (64); *Czychowski/Reinhardt* Rn. 31). Im Gegensatz zu § 51 Abs. 1 S. 1 Nr. 1 und 3 will § 51 Abs. 1 S. 1 Nr. 2 damit nicht nur nachteilige Auswir- 38 kungen auf Gewässer vermeiden; vielmehr kommt § 51 Abs. 1 S. 1 Nr. 2 darüber hinaus eine **positive Schutzrichtung** zu, indem zusätzlich eine Verbesserung der wasserwirtschaftlichen Verhältnisse angestrebt wird (*Breuer/Gärditz* Rn. 1073).

3. Schädliches Abfließen von Niederschlagswasser (Nr. 3 Alt. 1)

39 Wasserschutzgebiete können nach § 51 Abs. 1 S. 1 Nr. 3 Alt. 1 auch zur Verhütung des schädlichen Abfließens von Niederschlagswassers festgesetzt werden. Niederschlagswasser gehört an sich nicht zu den Gewässern nach § 2, weshalb die Vorschrift insoweit über den Geltungsbereich des WHG hinausgeht (*Czychowski/Reinhardt* Rn. 32). Dennoch konnte der Bundesgesetzgeber, gestützt auf die Kompetenznorm des Art. 74 Abs. 1 Nr. 32 GG, diese Regelung schaffen. Dies ergibt sich bereits aus dem Regelungszweck der Vorschrift, der in erster Linie in der **Verzögerung des Wasserabflusses** liegt, um auf diese Weise eine bessere Ausnutzung des Mediums „Wasser" insgesamt zu erreichen (vgl. *Cosack* ZfW 2008, 61 (64)). Daneben sollen Austrocknung, Bodenerosion und Hochwasserschäden vermieden sowie die Unterhaltung von Gewässern erleichtert werden, weshalb es sich um eine echte Regelung des Wasserhaushalts (vgl. Art. 74 Abs. 1 Nr. 32 GG) handelt. Eine Parallele zu § 51 Abs. 1 S. 1 Nr. 3 Alt. 1 findet sich in **§ 12 Abs. 1 Bundeswaldgesetz** vom 2.5.1975 (BGBl. I 1037). § 12 Abs. 1 Bundeswaldgesetz sieht vor, dass ein Waldstück insbesondere zur Vermeidung der Erosion durch Wasser, Austrocknung und schädliches Abfließen von Niederschlagswasser zum Schutzwald erklärt werden kann. Da die Schutzanordnungen in Wasserschutzgebieten nach § 52 ihrer Wirkkraft nach über diese Regelung hinausreichen, ist es nur konsequent, dass § 12 Abs. 1 S. 3 Bundeswaldgesetz ausdrücklich die Möglichkeit eröffnet, dass neben der Erklärung zum Schutzwald gleichzeitig auch eine Ausweisung als Wasserschutzgebiet nach § 51 Abs. 1 S. 1 Nr. 3 erfolgen kann (so auch *Czychowski/Reinhardt* Rn. 33).

40 Der Begriff des **Niederschlagswassers** ist nunmehr in § 54 Abs. 1 Nr. 2 legaldefiniert, der im Wesentlichen der Definition des § 2 Abs. 1 des Abwasserabgabengesetzes (AbwAG) und der jeweiligen Landeswassergesetze entspricht. Danach handelt es sich um das von Niederschlägen aus dem Bereich von bebauten oder befestigten Flächen gesammelt abfließende Wasser. Es geht daher um atmosphärisches Niederschlagswasser, dh um Regen, Tau und Schnee- oder Eisschmelzwasser. Dementsprechend wird Wasser aus Niederschlägen, welches auf unbefestigte Flächen (etwa Grünanlagen) auftrifft, von der Gesetzesdefinition des Niederschlagswassers nicht erfasst. Das **Abfließen** des Niederschlagswassers ist **schädlich,** wenn es im Interesse des Allgemeinwohls liegt, das Wasser zurückzuhalten, weil der Wasserhaushalt, der Boden oder auch die Umgebung durch ein Abfließen Schaden nehmen würde. Es handelt sich dabei um einen **unbestimmten Rechtsbegriff** (vgl. SZDK/*Gößl* Rn. 37).

41 Bei nach § 76 festgesetzten **Überschwemmungsgebieten** (→ § 76 Rn. 19 ff.) kommt die zusätzliche Festsetzung eines Wasserschutzgebiets nach § 51 Abs. 1 S. 1 Nr. 3 dann in Betracht, wenn neben dem Schutz vor der Zerstörung durch Hochwasser auch eine Anreicherung des Grundwassers bezweckt wird, was bei Überschwemmungsgebieten gem. § 76 Abs. 2 S. 1 Nr. 2 nicht vorstellbar ist (vgl. *Czychowski/Reinhardt* Rn. 33). Grundsätzlich können Überschwemmungsgebiete und Wasserschutzgebiete nach § 51 Abs. 1 Nr. 3 aber gleichwertig nebeneinander ausgewiesen werden. Allerdings ist davon auszugehen, dass ein Überschwemmungsgebiet gegenüber einem Wasserschutzgebiet nach § 51 Abs. 1 Nr. 3 dann vorrangig festzusetzen ist, wenn die Hochwasserrückhaltung und der Schutz vor Hochwassergefahren im Vordergrund stehen und damit als Zielsetzungen diejenigen der Festsetzung eines Wasserschutzgebiets nach § 51 Abs. 1 Nr. 3 überwiegen.

4. Abschwemmen von Bodenbestandteilen, Dünge- oder Pflanzenschutzmitteln in Gewässer (Nr. 3 Alt. 2)

Darüber hinaus kommt nach § 51 Abs. 1 S. 1 Nr. 3 Alt. 2 die Festsetzung eines Wasserschutzgebiets in Betracht, wenn ein Abschwemmen und der Eintrag von Bodenbestandteilen sowie von Dünge- oder Pflanzenschutzmitteln in ein Gewässer vermieden werden soll. Die Vorschrift dient ausschließlich dem **Schutz der Gewässer** (OVG Schleswig Urt. v. 4.10.1995 – 2 K 2/94 –, ZfW 1996, 541 (548)). Eine mit der Schutzgebietsausweisung intendierte Bodensanierung auf Grundlage des § 51 Abs. 1 S. 1 Nr. 3 Alt. 2 kommt daher nicht in Betracht. Der Begriff der **Bodenbestandteile** umfasst alle festen Teile des Bodens, dh sowohl die Muttererde an sich als auch ihre Einzelstoffe wie Sand, Kies, Kalk, Lehm, Ton, Lava, Bims und Basalt. Diese werden **abgeschwemmt** und **eingetragen,** wenn sie aus der Bodenhaftung herausgelöst werden und in ein Gewässer gelangen (SZDK/*Gößl* Rn. 39). 42

Düngemittel werden in § 1 Nr. 1 Düngemittelgesetz (BGBl. 1977 I, S. 2134) definiert. Es handelt sich demnach um Stoffe, die dazu bestimmt sind, unmittelbar oder mittelbar Nutzpflanzen zugeführt zu werden, um ihr Wachstum zu fördern, ihren Ertrag zu erhöhen oder ihre Qualität zu verbessern. Zu unterscheiden ist „Handelsdünger" vom „Wirtschaftsdünger". Unter letzterem sind insbesondere tierische Ausscheidungen, Gülle und Jauche zu verstehen. Sog. Sekundärstoffträger fallen ebenfalls unter den Begriff der Düngemittel, somit auch Abwasser, Fäkalien, Klärschlamm und gleichartige Stoffe aus anderen Quellen (*Bockey* UPR 1998, 255f.). **Pflanzenschutzmittel** sind nach § 2 Abs. 1 Nr. 9 des Pflanzenschutzgesetzes vom 14.5.1998 (BGBl. I, S. 971) Stoffe, die dazu bestimmt sind, Pflanzen und Pflanzenerzeugnisse vor Schadorganismen oder nichtparasitären Beeinträchtigungen und auch vor Tieren, Pflanzen und Mikroorganismen, die nicht als Schadorganismen gelten, zu schützen und das Keimen von Pflanzenerzeugnissen zu verhindern. Allerdings gelten als Pflanzenschutzmittel auch Stoffe, die dazu bestimmt sind, Pflanzen abzutöten und damit Flächen von Pflanzenbewuchs freizuhalten. Was Pflanzen und Pflanzenerzeugnisse sind, ergibt sich aus § 2 Nr. 3, 4 Pflanzenschutzgesetz. 43

Die Notwendigkeit einer derartigen Schutzgebietsausweisung kann sich aus dem Vorliegen **ungünstiger Standortverhältnisse,** wie etwa bei Uferzonen oder bei ungeschützten Hanglagen, ergeben (vgl. die Gesetzesbegründung zu § 19 WHG aF, BT-Drs. 10/3973, 13; *Czychowski/Reinhardt* Rn. 34). Sofern hierdurch Phosphateinträge aus Düngemaßnahmen in Oberflächengewässer gelangen, können Eutrophierungen und in der Folge Sauerstoffzehrungen die Wasserqualität erheblich beeinträchtigen. Zudem sind durch den Eintrag von Düngemitteln in Oberflächenwässer oder durch Versickerung über die Bodenpassage in das Grundwasser Nitratgehalte möglich, welche die Nutzung des Wasserskörpers für Trinkwasserzwecke deutlich einschränken. Die Rechtsprechung hat diesen Umstand daher zum Anlass genommen, landwirtschaftliche Flüssigmist-Erdbecken, auch als „Güllelagunen" bezeichnet, regelmäßig als unzulässig zu erachten (vgl. OVG Lüneburg Urt. v. 15.5.1992 – 6 L 52/90 –, ZfW 1993, 116). Zu den geschilderten Erscheinungen hat in den letzten Jahren insbesondere die **gesteigerte Intensität der landwirtschaftlichen Bodennutzung** beigetragen (vgl. *Schink* UPR 1999, 8 (9ff.)). Diese resultierte wiederum aus der Intention, immer größere landwirtschaftliche Ertragssteigerungen herbeizuführen, was vermehrt Monokulturen, den Verzicht auf Zwischenfrüchte (vgl. zum Ganzen die Gesetzesbegründung zu § 19 WHG aF, BT-Drs. 10/3973, S. 4f., 13; SZDK/*Gößl* Rn. 40) sowie Überdüngungen mit sich brachte und der Grundwasserverunreinigung insgesamt Vorschub leistete. Die weiterhin bestehenden unterschiedlichen Zielsetzungen des Gewässerschutzes auf der einen und die Belange der Landwirtschaft auf der anderen Seite führen dazu, dass ein sachgerechter Ausgleich 44 erheblichen Schwierigkeiten begegnet (vgl. VGH München Beschl. v. 4.7.2008 – 19 ZB 06.3173 –, juris Rn. 5 und *Eysel*, Rechtsfragen zum Umweltschutz in der Landwirtschaft), gerade in Bezug auf die räumliche Festlegung des Gebiets unter Heranziehung wesentlicher Gesichtspunkte der Geologie und Hydrologie sowie mit Blick auf die gegenwärtige Nutzung und mögliche Vorbelastungen der Flächen (vgl. *Scheidler* NuR 2006, 631 f.). Vor diesem Hintergrund findet § 51 Abs. 1 S. 1 Nr. 3 Alt. 2 zumeist keine Anwendung, weshalb der Vorschrift letztlich keine große praktische Bedeutung zukommt (*Czychowski/Reinhardt* Rn. 35 mit Hinweis auf *Praml* NuR 1986, 66 (67)).

IV. Festsetzung

45 Die Festsetzung eines Wasserschutzgebiets selbst wird nicht nur durch die Festlegung der Schutzanordnungen nach § 52, sondern auch durch seine räumliche Abgrenzung entscheidend geprägt. Die tatbestandliche Voraussetzung der Erforderlichkeit erstreckt sich insbesondere auch darauf (→ Rn. 19). Bei der **räumlichen Abgrenzung des Schutzgebiets** geht es vor allem um deren flächenmäßige Ausdehnung und die Ausdehnung der einzelnen Schutzzonen nach § 51 Abs. 2 sowie etwa die Einbeziehung oder Ausgrenzung bestimmter Gewerbebetriebe oder Anbauflächen, Verkehrswege und Versorgungseinrichtungen. Im Zuge dessen müssen sowohl das Schutzgebiet als Ganzes als auch deren einzelne Zonen im Interesse der **Bestimmtheit** und der **Rechtsklarheit** so festgelegt sein, dass ohne weiteres erkennbar ist, auf welche Grundstücke sich Verbote, Beschränkungen und Duldungspflichten nach § 52 beziehen. Durch die Rechtsprechung des BVerwG (zu Landschaftsschutzgebieten vgl. BVerwG Urt. v. 27.1.1967 – IV C 105.65 –, E 26, 129) wurden insofern die für eine Grenzziehung erforderlichen Mindestanforderungen entwickelt. Danach ist grundsätzlich eine genaue Beschreibung durch Darstellung in Karten, Plänen oder Verzeichnissen, die Bestandteil der Festsetzung sind, sowie mit Hilfe präziser Angabe des Grenzverlaufs entlang fester natürlicher Markierungen im Gelände, zu fordern. Alternativ ist auch eine nur grobe Umschreibung der Abgrenzungen im Verordnungstext möglich, wenn dies unter Hinweis darauf geschieht, dass die näheren Unterlagen während der Dienststunden bei den Gemeinden zu jedermanns Einsicht ausliegen (*Czychowski/Reinhardt* Rn. 43). Folge einer diesen Anforderungen nicht entsprechenden Grenzziehung ist die Nichtigkeit der Festsetzung des Schutzgebiets (BVerwG Beschl. v. 10.7.1997 – 11 B 12/97 –, ZfW 1998, 423 (424)).

46 Auf der anderen Seite ist es aufgrund der Natur der Sache, insbesondere aufgrund der regelmäßig unvermeidbaren und mit verhältnismäßigem Aufwand nicht zu schließenden Erkenntnislücken bei schwierigen geologischen und hydraulischen Verhältnissen, nicht zu beanstanden, wenn sich die Wasserbehörde in einem gewissen Rahmen bei der näheren Abgrenzung des Wasserschutzgebiets und seiner Zonen mit in sich schlüssigen Schätzungen begnügt (stRspr; vgl. VGH München Urt. v. 28.8.2019 – 8 N 17.523 –, juris Rn. 43; OVG Koblenz Urt. v. 8.10.2015 – 1 C 10843/13 –, juris Rn. 37; VGH München Urt. v. 6.10.2015 – 8 N 13.1281 –, juris Rn. 35; Urt. v. 20.5.2009 – 22 N 07.1775 –, juris Rn. 14; OVG Lüneburg Urt. v. 4.3.1999 – 3 K 1304/97 –, ZfW 2001, 135 (138)); insofern besteht ein Wertungsspielraum iSe **„administrativen Vereinfachungsspielraums"** für die Behörde, der nicht mit einem Ermessensspielraum bei der Schutzgebietsabgrenzung zu verwechseln ist (BVerwG Urt. v. 2.8.2012 – 7 CN 1/11 –, ZUR 2013, 33 (34), bezugnehmend auf *Breuer*, 3. Aufl., Rn. 867; *Czychowski/Reinhardt* Rn. 45; SZDK/*Gößl* Rn. 46, jeweils mwN). Wenn etwa das unterirdische Einzugsgebiet einer Trinkwassergewinnungsanlage trotz intensiver Bemühungen nicht vollständig sicher abgegrenzt werden kann, ist die räumliche Abgrenzung der weiteren Schutzzone vor-

sorglich so zu gestalten, dass alle möglichen Einzugsgebietsvarianten umfasst werden (SZDK/*Gößl* Rn. 46). Andererseits ist eine bewusste Ausdehnung der Grenze über das Einzugsgebiet hinaus im Sinne einer „Pufferzone", wie sie bei der Festsetzung von Schutzgebieten nach dem BNatSchG bekannt ist, nicht zulässig (*Czychowski/Reinhardt* Rn. 45). Im Zusammenhang mit der Abgrenzung des Schutzgebiets wird es zudem in aller Regel der Einbeziehung von **Fachgutachtern** und sachverständiger Stellungnahmen der **Fachbehörden** bedürfen. Diesen kommt – ebenso wie den auch die räumliche Ausbreitung von Wasserschutzgebieten konkretisierenden Richtlinien für Trinkwasserschutzgebiete des Deutschen Vereins des Gas- und Wasserfachs (DVGW-Arbeitsblatt W 101, Richtlinien für Trinkwasserschutzgebiete, I. Teil: Schutzgebiete für Grundwasser; DVGW-Arbeitsblatt W 102, Richtlinien für Trinkwasserschutzgebiete, II. Teil: Schutzgebiete für Talsperren, jeweils Stand Juni 2006) –hohe Bedeutung zu (VGH München Urt. v. 27.10.2006 – 22 N 04.1544 –, ZfW 2008, 112 (119); *Czychowski/Reinhardt* Rn. 50 mwN). Generell ist festzustellen, dass angesichts der Bedeutung der öffentlichen Wasserversorgung zwar einerseits ein vergleichsweise weiter Erforderlichkeitsmaßstab und ein ebensolcher behördlicher Beurteilungsspielraum anzuerkennen ist, dass andererseits aber hohe **Anforderungen an die Qualität und Dokumentation der Untersuchungen** zu stellen sind, welche zum Nachweis der Unterschutzstellungsvoraussetzungen in sachlicher, räumlicher und zeitlicher Hinsicht herangezogen werden (eingehend dazu OVG Münster Urt. v. 18.11.2015 – 11 A 3048/11 –, juris Rn. 90 ff.).

V. Ermessensentscheidung

Die Entscheidung der Wasserbehörde, ein Wasserschutzgebiet auszuweisen, ist Ergebnis eines differenzierten Bewertungs- und Gestaltungsprozesses (VGH Kassel ZUR 2007, 156 (157)). Resultat dieses Prozesses ist die jeweilige Wasserschutzgebietsverordnung, der eine positive Schutzkonzeption zugrunde liegen muss (*Reinhardt* UTR 54 (2000), 111 (131)). Dementsprechend steht die Festsetzung des Wasserschutzgebiets im pflichtgemäßen, dh auch in angemessener Frist auszuübenden und in den Grenzen des § 114 VwGO verwaltungsgerichtlicher Nachprüfung unterliegendem **Ermessen** (vgl. BVerwG Beschl. v. 17.10.2005 – 7 BN 1/05 –, NuR 2006, 369; OVG Koblenz Urt. v. 8.5.2008 – 1 C 10511/06 –, juris Rn. 56 f.) der zuständigen Wasserbehörde. **47**

Das Ermessen, ein Wasserschutzgebiet festzusetzen, darf dabei nur **im Rahmen des § 51 Abs. 1** ausgeübt werden. Damit erstreckt es sich **nicht** auf die Frage, **ob** überhaupt ein Schutzgebiet festgesetzt werden darf; dies ist allein Gegenstand der Erforderlichkeitsprüfung. Vielmehr bezieht sich das behördliche Ermessen lediglich darauf, ob der an sich gebotene Schutz gerade die Festsetzung eines **Wasserschutzgebiets** erfordert, weil nicht jedes schützenswerte Gewässer rechtlich durch ein Wasserschutzgebiet geschützt werden muss (**„Normsetzungsermessen"**, so zutreffend BeckOK UmweltR/*Tünnesen-Harmes* Rn. 31). In diesem Kontext ist es die Aufgabe der Wasserbehörde, zu untersuchen, ob wegen der sonst schon bestehenden Nutzungsregelungen oder natürlicher Nutzungsbeschränkungen bereits einfache, einzelfallbezogene Nutzungsbeschränkungen sinnvoller und damit ausreichend sind (BVerwG Beschl. v. 23.1.1984 – 4 B 157/83, 4 B 158/83 –, ZfW 1984, 294 (295)). Es ist die Frage zu stellen, ob ein effektiver Schutz des Wassers sinnvoller auf andere Weise zu erreichen ist, etwa durch baurechtliche Maßnahmen (vgl. *Knopp* ZUR 2007, 467 (469)). Danach verbietet es § 51 nicht grundsätzlich, im Geltungsbereich von Bebauungsplänen auf Bauverbote zu verzichten und es mit den dort vorgesehenen restriktiven Regelungen von Art und Maß der baulichen Nutzung bewenden zu lassen (BVerwG Beschl. v. 30.9.1996 – 4 NB 31/96, 4 NB 32/96 –, NVwZ **48**

1997, 887 (888); VGH München Urt. v. 13.6.1996 – 22 N 93.2863, 22 N 94.270, 22 N 94.1569 –, ZfW 1997, 178 (179)). Ein Ausweichen auf **vertragliche Regelungen,** insbesondere mit betroffenen Landwirten, stellt regelmäßig kein effektiveres Mittel dar, da vertragliche Regelungen lediglich zwischen den Parteien gelten und Rechtsnachfolger und sonstige Dritte nicht binden (vgl. *Scheidler* UPR 2008, 334 (336)), außerdem befristet oder jedenfalls kündbar sind (vgl. *Breuer* NuR 1998, 337 (343)), weshalb solche Vereinbarungen regelmäßig ausscheiden müssen.

49 Bei der Ermessensentscheidung sind die für die Festsetzung des Wasserschutzgebiets sprechenden öffentlichen Belange und die dadurch beeinträchtigten Interessen der Grundstückseigentümer am **Maßstab der Verhältnismäßigkeit** gegenüberzustellen und gegeneinander **abzuwägen** (VGH Mannheim Urt. v. 21.10.1988 – 5 S 1088/88 –, NVwZ-RR 1989, 356; *Sellmann* DVBl. 1992, 238; zu der mehrstufigen Verhältnismäßigkeitsprüfung → Rn. 12). Die angesprochene Abwägung innerhalb der Ermessensentscheidung führt jedoch nicht etwa dazu, dass insoweit von einem Planungsermessen der Behörde, wie etwa im Rahmen der Bauleitplanung, auszugehen ist. Zwar sind Schutzgebiete für die öffentliche Wasserversorgung nach § 51 Abs. 1 S. 1 Nr. 1 nach der Rechtsprechung als das **„Ergebnis von Entscheidungen mit planerischem Einschlag"** zu charakterisieren (VGH Mannheim Urt. v. 20.4.1994 – 8 S 2449/93 – ZfW 1995, 91). Insofern wird teilweise vertreten (vgl. *Drost,* Das neue Wasserrecht in Bayern, § 51 Rn. 85), es handele sich um ein der Wasserbehörde zustehendes „Planungsermessen". Anders als bei „echten" planerischen Entscheidungen geht es jedoch nicht darum, ein raumbedeutsames Vorhaben, für dessen Realisierung der Behörde mehrere Alternativen zu Gebote stehen, in die Umwelt einzuordnen. Vielmehr steht lediglich die Sicherung eines bereits vorhandenen natürlichen Wasservorkommens mit rechtlichen Instrumenten, dh mit einer Regelung, die in ihren rechtlichen Voraussetzungen im Wesentlichen durch die bereits vorgegebenen tatsächlichen Umstände determiniert ist, in Rede (vgl. etwa BVerwG Beschl. v. 28.3.1989 – 4 NB 39/88 –, Zfw 1989, 219 (220)). Bereits dieser Umstand steht einer Einordnung des der Wasserbehörde zustehenden Festsetzungsermessens als „Planungsermessen" entscheidend entgegen (so auch *Czychowski/Reinhardt* Rn. 48).

50 Das **Ermessen** kann durch das in § 50 Abs. 2 (vgl. § 1a Abs. 3 WHG aF sowie die entsprechenden landesrechtlichen Bestimmungen) normierte **Gebot ortsnaher Wasserversorgung eingeschränkt** sein.

51 Als Ermessensvorschrift beinhaltet § 51 **keinen Rechtsanspruch** Dritter auf Festsetzung eines Wasserschutzgebiets (VG Arnsberg Urt. v. 29.11.2011 – 7 K 2895/09 –, juris Rn 58; *Breuer/Gärditz* Rn. 1089), dh etwaige Anträge Dritter sind lediglich als Anregungen zu werten (VGH Kassel Urt. v. 14.9.1995 – 5 UE 3330/94 –, NVwZ-RR 1996, 691). Insbesondere besteht keine Verpflichtung der Behörde, für ein Gewässer, an dem ein Unternehmen der öffentlichen Wasserversorgung ein Entnahmerecht hat, auch ein Wasserschutzgebiet festzusetzen, selbst wenn die gesetzlichen Voraussetzungen für die Festsetzung vorliegen (*Czychowski/Reinhardt* Rn. 47; vgl. zur Rechtsstellung von Wasserversorgungsunternehmen → Rn. 55).

52 Eine Verpflichtung zur Festsetzung eines Wasserschutzgebiets in Bezug auf ein konkretes Gewässer besteht dann, wenn ein Unternehmen der öffentlichen Wasserversorgung daran ein Recht zur Entnahme hat, wenn die gesetzlichen Voraussetzungen der Festsetzung vorliegen und das Ermessen auf Null reduziert ist. Insofern kann – ordnungsrechtlich formuliert (vgl. *Breuer/Gärditz* Rn. 1032) – das Entschließungsermessen als Frage des „Ob" der Festsetzung auf Null reduziert sein. Dies ist allgemein dann anzunehmen, wenn eine Gefahr die Schädlichkeitsgrenze überschreitet. Eine derartige **Ermessensreduzierung** kann etwa in Betracht kommen, wenn die Wasserversorgung bedroht ist (*Scheidler* UPR 2008, 334 (336)). Dabei sind die Gesundheit des Menschen und die Intensität der Gefahr, die sich aus der Beurteilung der Schutzbedürftigkeit ergibt, maßgebliche Kriterien (*Knopp* ZUR 2007, 467 (469)). In solchen Fällen kann die Untätigkeit der Behörde eine Haftung nach § 839 BGB/ Art. 34 GG nach sich ziehen (*Czychowski/ Reinhardt* Rn. 49).

VI. Adressat der Ermächtigung

Adressatin der Verordnungsermächtigung ist im Einklang mit Art. 80 Abs. 1 S. 1 GG nach § 51 Abs. 1 S. 1 die jeweilige **Landesregierung.** Von der Möglichkeit der Schaffung einer **Subdelegation,** die von Verfassungs wegen in Art. 80 Abs. 1 S. 4 GG vorgesehen ist, hat der Gesetzgeber in § 51 Abs. 1 S. 3 Gebrauch gemacht. Insoweit ist auf die Zuständigkeitsregelungen in den Landeswassergesetzen zu verweisen (vgl. näher *Czychowski/ Reinhardt* Rn. 52). Von § 51 Abs. 1 S. 1 gedeckt ist auch der Erlass einer landesweit gültigen (Muster-)Schutzgebietsverordnung durch die Landesregierung für alle Schutzgebiete oder für bestimmte (hydrogeologisch bedingte) Gebietstypen (vgl. § 33 Abs. 3 HWG, § 92 NWG, § 74 WG LSA, § 35 Abs. 1 S. 3 LWG NRW; dazu Queitsch/Koll-Sarfeld/ Wallbaum-*Koll-Sarfeld,* LWG NRW, § 35 Rn. 12). Dies mag im Interesse einer Vollzugserleichterung sinnvoll sein. Unverzichtbar ist aber die Möglichkeit einer Abweichung im Einzelfall durch die zuständige Behörde, da jede Unterschutzstellung gemäß § 51 den hohen Anforderungen an den Nachweis der *individuellen* Erforderlichkeit in sachlicher und räumlicher Hinsicht genügen muss. Die praktische Bedeutung einer solchen landesweiten Musterverordnung dürfte daher stark zu relativieren sein. **53**

VII. Bezeichnung der begünstigten Person

Gem. § 51 Abs. 1 S. 2 ist die begünstigte Person in der Rechtsverordnung explizit zu bezeichnen. Dies entspricht der überkommenen Rechtslage in Bezug auf die entsprechenden landeswassergesetzlichen Regelungen (vgl. etwa § 35 Abs. 5 LWG NW, § 46 Abs. 2 SächsWG). Damit wird geklärt, wer die Entschädigung nach § 52 Abs. 4 iVm § 97 S. 1 bzw. den Ausgleich nach § 52 Abs. 5 iVm § 99 S. 2 zu leisten hat. Begünstigte Person ist regelmäßig das **Wasserversorgungsunternehmen,** zu dessen Gunsten das Wasserschutzgebiet festgesetzt wird (vgl. Gesetzesbegründung, BT-Drs. 16/12275, S. 67). Etwas anderes wird in Bezug auf die Festsetzung von Wasserschutzgebieten für die künftige Wasserversorgung gelten, wenn der Träger dieser künftigen Wasserversorgung noch nicht feststeht. In diesem Fall wird als Begünstigter derjenige anzusehen sein, der die Festsetzung des Wasserschutzgebiets veranlasst, im Zweifel der Staat. **54**

VIII. Verfahren

1. Einleitung und Form des Verfahrens

Das Festsetzungsverfahren wird regelmäßig **von Amts wegen** eingeleitet. Einige Bundesländer sehen alternativ in ihren Landesgesetzen auch eine Einleitung **auf Antrag** hin vor (von Amts wegen oder alternativ auf Antrag: § 41 Abs. 2 S. 2 BremWG, § 91 Abs. 1 S. 3 NdsWG, § 37 Abs. 1 SaarlWG; ausschließlich von Amts wegen: § 113 S. 1 LWG NRW). Dennoch kommt dem Antragsteller auch im Fall eines Antrags weder eine Beteiligtenstellung iSd § 13 VwVfG zu, noch beinhaltet § 51 einen Rechtsanspruch auf Festsetzung eines Wasserschutzgebiets (*Breuer/Gärditz* Rn. 1046). **55**

56 Im Zuge des V. Änderungsgesetzes vom 25.5.1986 (BGBl. I 1165, vgl. auch den Bericht des Innenausschusses des Bundestags, BT-Drs. 10/5727), wurde das überkommene obligatorische **förmliche Verfahren** des § 19 Abs. 4 WHG aF abgeschafft. Obwohl bundesgesetzliche Vollregelung, enthält das WHG 2009 keine Bestimmungen über die Verfahrensgestaltung. Die Vorschriften der Verwaltungsverfahrensgesetze (vgl. §§ 63 ff. VwVfG) über das förmliche Verfahren gelten jedoch nicht ohne Weiteres für das Verfahren zur Festsetzung eines Wasserschutzgebiets. Denn förmliche Verwaltungsverfahren nach dem VwVfG finden nur statt, wenn dies durch Rechtsvorschrift angeordnet wurde (vgl. SZDK/*Gößl,* Rn. 51). Die Bundesländer können allerdings auch im Rahmen des WHG entweder förmliche Verfahren regeln (vgl. etwa Art. 69, 73Abs. 3 BayWG, § 113 LWG NW) oder aber die Schutzgebietsausweisungen verfahrensmäßig am allgemeinen Verfahren für Rechtsverordnungen orientieren (vgl. *Peters* DVBl. 1987, 990 (992)). Eine **strategische Umweltprüfung** ist richtlinienkonform durch das UVPG (vgl. Anl. 5) nicht angeordnet (*Czychowski/Reinhardt* Rn. 54; kritisch insoweit *Breuer/Gärditz* Rn. 1049).

2. Durchführung und Abschluss des Verfahrens

57 Förmliche Verfahren dienen in erster Linie den **Interessen und Rechten des Betroffenen** (vgl. *Hoppe/Beckmann/Kauch,* Umweltrecht, § 18 Rn. 182; SZDK/*Gößl* Rn. 50; *Czychowski/Reinhardt* Rn. 56). Daran orientiert, ist das Vorhaben in diesem Fall **öffentlich bekannt** zu machen und die entsprechenden **Unterlagen zur Einsicht auszulegen** (vgl. VGH München Urt. v. 28.1.2008 – 22 N 04.3471 –, ZfW 2010, 177; *Breuer/Gärditz* Rn. 1047). Die Betroffenen müssen der Bekanntmachung dabei ohne weiteres entnehmen können, ob ihre Grundstücke von der jeweiligen Wasserschutzgebietsverordnung erfasst sein können **(Anstoßfunktion);** dazu gehört es selbstverständlich auch, dass ausgelegte Karten lesbar sein müssen (VGH München Urt. v. 27.10.2006 – 22 N 04.1544 –, ZfW 2008, 112 (115)). Demgegenüber ist es nicht erforderlich, dass in der Bekanntmachung Flurnummern aufgeführt werden. Ausreichend ist insofern auch eine geographische Bezeichnung, die die Grenzen des Vorhabens jedenfalls in groben Zügen wiedergibt, wenn diese Bezeichnung nur hinreichend übereinstimmend mit dem von dem Entwurf der Wassergebietsverordnung erfassten Gebiet ist (vgl. VGH München Urt. v. 11.4.2000 – 22 N 99.2159 –, BayVBl 2000, 531). Weiter muss das Verfahren gewährleisten, dass die Betroffenen sowie die beteiligten Behörden **Einwendungen** geltend machen können (*Breuer/Gärditz* Rn. 1047). Die Behörde darf bei ihrer Entscheidung rechtzeitiges und möglicherweise erhebliches Vorbringen nicht außer Acht lassen. Vielmehr sind die fristgerecht vorgebrachten Einwendungen mit dem Betroffenen zu erörtern. In diesem Zusammenhang hat eine substantielle Erörterung der Einwendungen zu erfolgen, die nicht durch Verweis auf die Möglichkeit zur schriftlichen Äußerung ersetzt werden kann (VGH München Urt. v. 4.6.2008 – 22 N 06.1407 –, ZfW 2010, 117). Zudem ist es der Behörde verwehrt, bei ihrer Entscheidung Tatsachen zugrunde legen, zu denen die Betroffenen keine Stellungnahme abgeben konnten (vgl. zu allem VGH München Beschl. v. 31.1.1977 – 85 VIII 70 –, ZfW Sh 1979 II Nr. 17). Diejenigen, deren Bedenken oder Anregungen nicht berücksichtigt wurden, sind über die Gründe zu unterrichten (*Breuer/Gärditz* Rn. 1048; vgl. etwa Art. 73 Abs. 3 Satz 2 BayWG, § 111 Abs. 2 S. 2 WG RhPf). Die genannten Verfahrensvorschriften sind auch dann zu beachten, wenn ein bestehendes Wasserschutzgebiet zB ausgeweitet oder in anderer Weise geändert werden soll (vgl. etwa § 95 Abs. 5 BadWttbgWG); ob im Fall der Vergrößerung einer Schutzgebietsausweisung möglicherweise auf eine Auslegung des Plans verzichtet werden kann, bestimmt sich nach § 73 Abs. 3 S. 2 VwVfG.

58 Den **Abschluss** des förmlichen Verfahrens bildet der Erlass der Wasserschutzgebietsverordnung, wie sich aus den jeweiligen Landeswassergesetzen ergibt (vgl. etwa Art. 73 Abs. 1

S. 1 BayWG, § 113 Abs. 1 S. 2 LWG NW). Weil es für die Frage der Zuordnung zum Bundes- oder Landesrecht darauf ankommt, welches Organ die Rechtsnorm erlasen hat und die jeweilige Landesregierung (bzw. im Fall der Subdelegation andere Landesbehörden) zum Erlass der Rechtsverordnungen ermächtigt sind, stellen die Rechtsverordnungen zur Festsetzungen von Wasserschutzgebieten auf Grundlage des § 51 , dh einer bundesgesetzlichen Norm, dennoch **landesrechtliche Normen** dar (SZDK/*Gößl* Rn. 52).

Der Erlass einer Wasserschutzgebietsverordnung stellt keine Amtshandlung im Sinne des Landesgebührenrechts dar; Normungsakte sind nicht dem Begriff der Amtshandlung zugehörig. Für die Ausweisung eines Wasserschutzgebiets können daher vom Träger der Wasserversorgung **keine Gebühren** verlangt werden (VG Freiburg Urt. v. 17.2.1981 – 6 K 132/80 –, VBlBW 1983, 43). **59**

Schließlich ist mit Blick auf die für die Wassergewinnung erforderliche Erlaubnis oder Bewilligung darauf hinzuweisen, dass das **Erlaubnis- oder Bewilligungsverfahren** und das Schutzgebietsverfahren **parallel** durchgeführt werden können. Darf für die Wassergewinnung eine Erlaubnis oder Bewilligung nicht erteilt werden, so ist von der vorherigen Festsetzung eines Wasserschutzgebiets abzusehen; umgekehrt ist mit der Erteilung der Bewilligung für die Wasserentnahme regelmäßig zugleich die Standortwahl für das Schutzgebiet präjudiziert (näher dazu → Rn. 27, 35). **60**

3. Verkündung und Inkrafttreten

Als Rechtsverordnung unterliegt die jeweilige Wasserschutzgebietsfestsetzung den allgemeinen Anforderungen an die Verkündung von Rechtsverordnungen. Grundsätzlich ist sie mit ihrem **gesamten Inhalt** im Gesetz- und Verordnungsblatt des jeweiligen Bundeslandes zu verkünden. Der Verkündung muss insbesondere einwandfrei entnommen werden können, welche Grundstücke die Wasserschutzgebietsverordnung erfasst (vgl. in Bezug auf Festsetzungen von Landschaftsschutzgebieten BVerwG Urt. v. 27.1.1967 – IV C 105/65 –, NJW 1967, 1244). Gerade letztere Anforderung begegnet jedoch in der Praxis erheblichen Schwierigkeiten, weil eine textlich formulierte Umschreibung des betreffenden Gebiets zumeist kaum machbar ist und sich vielfach eine Verweisung auf eine als Anlage im Verkündungsblatt mitveröffentlichte Landkarte wegen der notwendig werdenden Verkleinerung als unzureichend darstellt (vgl. BVerwG Urt. v. 27.1.1967 – IV C 105/65 –, NJW 1967, 1244). In Betracht kommt auch eine **Ersatzverkündung** (vgl. *Breuer/Gärditz* Rn. 1052). In diesem Fall genügt es, dass der ordentlich verkündete Verkündungstext das Schutzgebiet grob umschreibt und auf eine anderweitig aufbewahrte Landkarte verweist. Zu fordern ist neben dem Bestehen einer gesetzlichen Grundlage für die Ersatzverkündung (vgl. etwa § 112 Abs. 2 LWG NW), dass der Aufbewahrungsort ohne weiteres erreichbar, zugänglich und anderweitig archivmäßig gesichert ist, damit insofern keine Manipulationen durch nachträgliche Eintragungen vorgenommen werden können (vgl. BVerwG Urt. v. 26.5.1964 – I C 182.58 –, NJW 1965, 511; Urt. v. 27.1.1967 – IV C 105/65 –, NJW 1967, 1244). Letztlich richtet sich die Art und Weise der Verkündung einer Wasserschutzgebietsverordnung nach dem jeweiligen Landesrecht. Bundesrechtlich ist nicht vorgegeben, dass die der Rechtsverordnung zugeordneten Karten gesondert ausgefertigt werden müssen (BVerwG Beschl. v. 26.8.1993 – 7 NB 1/93 –, NVwZ-RR 1994, 201; SZDK/*Gößl* Rn. 53). **61**

Den Zeitpunkt für das **Inkrafttreten** der Verordnung bestimmt der Verordnungsgeber. Wasserschutzgebiete sind sodann nach § 87 Abs. 2 Nr. 2 (deklaratorisch) in das **Wasserbuch einzutragen.** Im Rahmen von Bauleitplänen soll die Wasserschutzgebietsfestsetzung zudem nachrichtlich nach § 5 Abs. 4 S. 1 bzw. § 9 Abs. 6 BauGB übernommen werden (*Czychowski/Reinhardt* Rn. 59). Hinsichtlich der Geltungsdauer von Wasser- **62** schutzgebietsverordnungen ist darauf hinzuweisen, dass Wasserschutzgebiete **regelmäßig unbefristet** festgesetzt werden. Die Notwendigkeit einer Befristung ergibt sich insbesondere auch nicht aus dem Grundsatz der Verhältnismäßigkeit (vgl. VGH Mannheim Urt. v. 21.12.1982 – 5 S 1359/81 –, ZfW 1983, 170 (177)). Eine Befristung kann sich allerdings aus der Rechtsverordnung selbst ergeben (vgl. etwa § 35 Abs. 1 Satz 2 LWG NW, wonach die Erlassbehörde die Verordnung befristen kann).

63 Nach allgemeinen Grundsätzen kann die Behörde jedoch möglicherweise verpflichtet sein, hinsichtlich der Wasserschutzgebietsverordnung auf geänderte tatsächliche Umstände zu reagieren. **Geänderte Umstände** können dazu führen, dass die Voraussetzungen für die Festsetzung eines Wasserschutzgebiets nicht mehr vorliegen, sodass die Behörde in diesem Fall gezwungen ist, die Verordnung entweder von Amts wegen **aufzuheben** oder sie jedenfalls an die nunmehr vorherrschenden Umstände **anzupassen** (vgl. BVerwG Urt. v. 26.11.2015 – 7 CN 1/14 –, NVwZ 2016, 609 (610); VGH Mannheim Urt. v. 21.12.1982 – 5 S 1359/81 –, ZfW 1983, 170 (177)). Eine solche Pflicht besteht zum einen, wenn die Festsetzung aufgrund wasserwirtschaftlicher, räumlicher oder wirtschaftlicher Entwicklungen nicht mehr in ihrem ursprünglichen Umfang notwendig ist (vgl. VGH Mannheim Urt. v. 21.12.1982 – 5 S 1359/81 –, ZfW 1983, 170 (177)), zum anderen aber auch dann, wenn festgestellt wird, dass der Schutz (etwa bzgl. der gewählten Schutzzone oder der konkreten Formulierung der Ge- und Verbotstatbestände) nicht ausreicht. Das Gebot der Erforderlichkeit einer Wasserschutzgebietsverordnung gemäß Abs. 1 Satz 1 gilt auch in zeitlicher Hinsicht (→ Rn. 12, 19). Als actus contrarius zur Festsetzung hat auch die Aufhebung eines Wasserschutzgebietes im Verordnungswege und unter ordnungsgemäßer Ermessensausübung zu erfolgen. Sind die Festsetzungsvoraussetzungen entfallen, reduziert sich das Ermessen zu einer Pflicht zur Aufhebung (BVerwG BVerwG Urt. v. 26.11.2015 – 7 CN 1/14 –, NVwZ 2016, 609 (610)). Entsprechendes gilt für eine Anpassung in räumlicher und/oder sachlicher Hinsicht. Eine Verpflichtung der Behörde, die tatbestandlichen Voraussetzungen für die Beibehaltung eines Wasserschutzgebietes herbeizuführen, besteht nicht (OVG Bautzen Urt. v. 11.12.2013 – 4 C 1/11 –, juris Rn. 38).

64 Indes wird eine zum Schutz der künftigen Wasserversorgung erlassene Wasserschutzgebietsverordnung noch nicht dadurch unwirksam, dass die ursprünglichen Planungen der Wassergewinnung zwar nicht weiterverfolgt werden, die Nutzung des geschützten Wasservorkommens jedoch weiterhin mit hinreichender Sicherheit zu erwarten und daher die Aufrechterhaltung der Unterschutzstellung im bisherigen Umfang erforderlich ist (OVG Koblenz Urt. v. 14.8.1997 – 1 C 11152/96 –, ZfW 1999, 107). Wird jedoch die zunächst aufgenommene **Wassergewinnung aufgegeben,** wesentlich reduziert oder nicht für die Zwecke der öffentlichen Wasserversorgung weiterbetrieben, hat die Behörde ebenfalls die Aufrechterhaltung der Verordnung zu überprüfen (vgl. OVG Koblenz Urt. v. 14.8.1997 – 1 C 11152/96 –, ZfW 1999, 107 (109)).

4. Verstöße

65 Ob Verfahrensfehler die jeweilige Wasserschutzgebietsfestsetzung stets nichtig machen, ist höchstrichterlich zwar noch nicht abschließend entscheiden (vgl. BVerwG Beschl. v. 8.7.2019 – 7 BN 5/18 –, juris Rn. 8; *Czychowski/Reinhardt* Rn. 58). Weil in Bezug auf Wasserschutzgebietsverordnungen jedoch keine einschlägigen Rechtsvorschriften über die Unbeachtlichkeit von Verfahrensfehlern existieren und weder §§ 214 ff. BauGB noch §§ 45, 46 VwVfG (entsprechend) anwendbar sind, dürften Verstöße gegen die genannten, auf die Beteiligung Betroffener gerichteten Verfahrensgebote grundsätzlich zur **Nichtigkeit** der Verordnung über die Festsetzung eines Wasserschutzgebiets führen (so

auch VGH München Urt. v. 11.4.2000 – 22 N 99.2159 –, BayVBl 2000, 531; *Breuer/Gärditz* Rn. 1048). Es braucht jedoch in diesem Fall nicht das gesamte förmliche Verfahren wiederholt zu werden, vielmehr hat eine Wiederholung des Verfahrens lediglich in Bezug auf die konkreten Verfahrensfehler stattzufinden, etwa in Form einer erneuten Verkündigung (vgl. VGH Mannheim Urt. v. 13.6.1983 – 5 S 1334/83 –, NuR 1983, 320). Auch dann, wenn die Wasserschutzgebietsverordnung vom veröffentlichten Entwurf so erheblich abweicht, dass bei entsprechenden Änderungen einer schon wirksam erlassenen Verordnung ein neues förmliches Verfahren hätte durchgeführt werden müssen, ist von einer Ungültigkeit der Verordnung auszugehen (VGH München Urt. v. 11.5.1989 – 22 N 87.2409 –, ZfW 1990, 333 (334); *Salzwedel* NVwZ 1982, 596 (601)). Gleiches gilt nach der Rechtsprechung in dem Fall, dass die Grenzen des geplanten Wasserschutzgebiets noch nicht einmal in ihren Grundzügen wiedergegeben sind (OVG Koblenz Urt. v. 24.8.1983 – 10 C 30/82 –, DÖV 1984, 470).

IX. Rechtsschutz und Überwachung

Die Wasserschutzgebietsverordnung unterliegt der prinzipalen **Normenkontrolle** 66
nach § 47 Abs. 1 Nr. 2 VwGO, soweit das jeweilige Landesrecht dieses Verfahren eröffnet (vgl. VGH München Urt. v. 9.7.2010 – 22 N 06.1741 –, juris Rn. 23; VGH Mannheim Urt. v. 7.12.2009 – 3 S 170/07 –, NuR 2010, 659; *Knopp* ZUR 2007, 467 (470)). Im Übrigen unterliegt sie der Inzidentprüfung. Dagegen kann sie nicht unmittelbarer Gegenstand einer Anfechtungsklage nach § 42 Abs. 1 VwGO sein. Maßgeblicher **Zeitpunkt** für die Beurteilung der Rechtmäßigkeit einer Wasserschutzgebietsverordnung ist derjenige der gerichtlichen Entscheidung (VGH Kassel Urt. v. 17.5.2002 – 7 N 4645/98 –, ZfW 2004, 33). Die materiellen Voraussetzungen des § 51 gelten unter Berücksichtigung der Überleitungsvorschrift des § 106 Abs. 1 daher auch für Altverordnungen (BeckOK UmweltR/*Tünnesen-Harmes* Rn. 35; *Czychowski/Reinhardt* Rn. 62).

Nach § 47 Abs. 2 S. 1 VwGO kann jede natürliche oder juristische Person, die geltend 67
macht, in eigenen Rechten verletzt zu sein oder verletzt zu werden, sowie jede Behörde innerhalb von zwei Jahren, gerechnet ab dem Zeitpunkt der Bekanntmachung, den Normenkontrollantrag stellen. **Antragsbefugt** sind im Zusammenhang mit der Festsetzung von Wasserschutzgebieten naturgemäß v. a. **Grundstückseigentümer** (vgl. zur Antragsbefugnis bei ehevertraglicher Gütergemeinschaft VGH München Urt. v. 9.7.2010 – 22 N 06.1741 –, juris) und andere aufgrund schuldrechtlicher Basis (Miete, Pacht) Berechtigte, deren Bodennutzungsrechte durch die Wasserschutzgebietsfestsetzung eingeschränkt werden. **Gemeinden** können ebenfalls angesichts der mit der Wasserschutzgebietsverordnung verbundenen Beschränkung ihrer aus dem verfassungsrechtlich verankerten Selbstverwaltungsrecht nach Art. 28 Abs. 2 S. 1 GG folgenden Planungshoheit antragsbefugt sein (vgl. BVerwG Beschl. v. 28.10.2008 – 7 BN 4/08 –, UPR 2009, 236; *Breuer/Gärditz* Rn. 1064; *Czychowski/Reinhardt* Rn. 62). Für das Vorliegen der Antragsbefugnis von **Behörden** genügt es, dass sie mit der Ausführung der Wasserschutzgebietsverordnung beschäftigt sind oder die Verordnung ihre Tätigkeit berührt, sich in sonstiger Weise auswirkt oder von ihnen zu beachten ist (vgl. OVG Koblenz Urt. v. 9.3.2000 – 1 C 12087/98 –, NuR 2000, 387).

Auch ein **Wasserverband,** der in der Verordnung ausdrücklich als Begünstigter ge- 68
nannt wird, ist im Normenkontrollverfahren gegen eine das Wasserschutzgebiet wiederum aufhebende Verordnung nach § 47 Abs. 2 S. 1 VwGO antragsbefugt (VGH Mannheim Urt. v. 23.6.1997 – 8 S 374/97 –, ZfW 1998, 436). Ein Rechtsanspruch des Trägers der öffentlichen Wasserversorgung, dass ein Wasserschutzgebiet festgesetzt wird,

besteht jedoch nicht, weil der zuständigen Wasserbehörde insofern ein Ermessen zusteht, ob sie bei fortbestehenden Festsetzungsvoraussetzungen ein Wasserschutzgebiet aufrechterhält oder aufhebt (vgl. VGH Mannheim Urt. v. 23.6.1997 – 8 S 374/97 –, ZfW 1998, 436; VG Stade, Urt. v. 22.2.2007 – 1 A 1316/04 –, juris Orientierungssatz; *Scheidler* NuR 2006, 631 (634)). Entschieden wurde von der Rechtsprechung teilweise, dass dies auch dann gelten soll, wenn ein offenkundiges wirtschaftliches Interesse an einer derartigen gerichtlichen Entscheidung besteht (VG Freiburg Urt. v. 17.2.1981 – 6 K 132/80 –, VBlBW 1983, 43).

69 Vor dem Hintergrund, dass die Festsetzung eines Wasserschutzgebiets nur erfolgen kann und darf, soweit es „das Wohl der Allgemeinheit erfordert", erscheint es konsequent, dass zwar interessierten Dritten die Möglichkeit verbleibt, eine Wasserschutzgebietsfestsetzung anzuregen, den Tatbeständen des § 51 jedoch grundsätzlich **keine drittschützende Wirkung** zukommen kann (BVerwG Urt. v. 12.4.2018 – 3 A 16/15 –, juris Rn. 17; VGH München Urt. v. 18.5.1990 – 22 B 88.763 –, NVwZ 1990, 998; *Czychowski/Reinhardt* Rn. 64); ein **Rechtsanspruch auf** die **Festsetzung** eines Wasserschutzgebiets besteht nicht (vgl. BVerwG Urt. v. 12.4.2018 – 3 A 16/15 –, juris Rn. 17; VGH Kassel Urt. v. 14.9.1995 – 5 UE 3330/94 –, ZfW 1996, 446 (448); VG Stade Urt. v. 22.2.2007 – 1 A 1316/04 –, NuR 2007, 631; *Scheidler* NuR 2006, 631 (634)), weil dies dem Verordnungsermessen des Verordnungsgebers entgegenstehen würde (→ Rn. 51). Entsprechendes gilt für die Ausgestaltung einer Schutzgebietsverordnung in inhaltlicher, räumlicher oder sonstiger Hinsicht (*Czychowski/Reinhardt* Rn. 65 mwN).

70 Allerdings können die **Träger der öffentlichen Wasserversorgung Abwehrrechte aus der Festsetzung** eines Wasserschutzgebiets geltend machen und sich gegen in einem Wasserschutzgebiet geplante Bauvorhaben wenden (OVG Lüneburg Urt. v. 5.9.1996 – 3 L 7866/94 –, ZfW 1997, 249; OVG Münster Urt. v. 29.4.1993 – 20 A 12/91 –; Urt. v. 18.11.2015 – 11 A 3048/11 –, juris Rn. 46 ff. mwN; aA noch VGH München Urt. v. 18.5.1990 – 22 B 88.763, NVwZ 1990, 998, nun aber ein Abwehrrecht gegen eine **Befreiung** gem. § 52 Abs. 1 S. 2 bejahend Beschl. v. 10.2.2015 – 8 CS 14.2590 –, juris, Rn. 12). Nach der Rechtsprechung des EuGH (Urt. v. 28.5.2020 – C-535/18 –, juris) ist ein Abwehrrecht des Trägers der öffentlichen Wasserversorgung unmittelbar aufgrund der **Wasserrahmenrichtlinie** anzuerkennen, soweit eine konkrete Maßnahme behördlich zugelassen werden soll, die zu einer Verschlechterung des Zustands des Grundwasserkörpers und damit zu einer Beeinträchtigung der legitimen Grundwassernutzung führen könnte (*Köck/Henn* NVwZ 2020, 504 ff.; → § 52 Rn. 75).

71 Als weitere Rechtsschutzmöglichkeit kommt in Bezug auf Ge- und Verbote einer Wasserschutzgebietsverordnung die Erhebung einer **Feststellungsklage** nach § 43 Abs. 1 VwGO in Betracht. Diese ist dabei auf ein bestimmtes Tun oder Unterlassen zu richten. Vorauszusetzen ist insofern daher, dass das Rechtsverhältnis durch besondere Umstände bereits hinreichend konkretisiert ist (*Knopp* ZUR 2007, 467 (470)). Angesichts dessen ist insbesondere die durch den Erlass einer Wasserschutzgebietsverordnung ausgelöste allgemeine rechtliche Betroffenheit nicht als ausreichend anzuerkennen (VG Arnsberg Urt. v. 11.5.1984 – 3 K 2652/83 –, juris). Neben diesen Rechtsschutzmöglichkeiten besteht stets auch die Möglichkeit der verwaltungsgerichtlichen **Inzidentkontrolle,** mit der im Verwaltungsprozess über die Rechtmäßigkeit des Vollzugsakts auch die Rechtswidrigkeit oder Nichtigkeit der zugrunde liegenden Wasserschutzgebietsverordnung geltend gemacht werden kann (*Breuer/Gärditz* Rn. 1068).

72 Die **Überwachung** der Wasserschutzgebiete insgesamt bzw. die Überwachung der für sie erlassenen Bestimmungen begegnet in der Praxis mannigfaltigen Schwierigkeiten (vgl. *Schink* ZUR 1993, 1 (3)). Bei Verstößen entscheidet die zuständige Wasserbehörde nach pflichtgemäß auszuübendem Ermessen, ob und in welcher Weise sie tätig wird (*Czy-*

chowski/Reinhardt Rn. 67). **Nachbarschützenden Charakter** haben die Wasserschutzgebietsverordnungen grundsätzlich nicht. Unterschiedlich beantwortet wird in der Rechtsprechung allerdings die Frage, ob nicht jedenfalls der Wasserwerksbetreiber als durch die Festsetzung eines Wasserschutzgebiets Begünstigter **ein subjektiv-öffentliches Recht** dergestalt erwirbt, dass die Bestimmungen der Verordnung von Dritten einzuhalten sind (verneinend VGH München Urt. v. 11.10.1984 – 2 B 83 A.1315 –, UPR 1985, 182; bejahend OVG Münster 29.4.1993 – 20 A 12/91 – nv; vgl. *Czychowski/Reinhardt* Rn. 67). Sind in der Verordnung festgesetzte Anordnungen ohne weiteren Vollzugsakt der Wasserbehörde verbindlich, können sie gemäß der jeweiligen Verwaltungsvollstreckungsgesetze der Bundesländer durch die Zwangsmittel der Ersatzvornahme, des Zwangsgeldes oder des unmittelbaren Zwangs durchgesetzt werden. Dem Grundsatz der Verhältnismäßigkeit entsprechend hat jedoch die Wasserbehörde von einer möglicherweise in Betracht kommenden Vollstreckung zugunsten eines anderen, gleich geeigneten, aber milderen Mittels abzusehen.

Wasserschutzgebiete stehen zudem unter dem besonderen Schutz des **Straf- und** 73
Ordnungswidrigkeitenrechts. Einschlägig sind insofern insbesondere die §§ 329 Abs. 2, 330 StGB bzw. § 103 Abs. 1 Nr. 8 WHG. Ob eine Schutzgebietsverordnung ein **Schutzgesetz iSd § 823 Abs. 2 BGB** darstellen kann, hängt davon ab, ob die jeweilige Festsetzung auf Grundlage des § 51 Abs. 1 Nr. 1 oder des § 51 Abs. 1 Nr. 2 oder 3 erfolgt. § 51 Abs. 1 Nr. 1 ermöglicht die Festsetzung von Wasserschutzgebieten im Interesse der öffentlichen Wasserversorgung (und damit mittelbar auch im Interesse der Wasserversorgungsunternehmen), während § 51 Abs. 1 Nr. 2 oder 3 eine solche bereits aus allgemeinen wasserwirtschaftlichen Gründen zulässt. Eine Schutzgebietsverordnung kann daher jedenfalls dann ein Schutzgesetz iSd § 823 Abs. 2 BGB darstellen, wenn sie auf § 51 Abs. 1 Nr. 1 beruht (vgl. *Tettinger* ZfW 1991, 1 (10); *Czychowski/Reinhardt* § 103 Rn. 53).

C. Unterteilung in Zonen mit unterschiedlichen Schutzbestimmungen (Absatz 2)

I. Allgemeines

Gem. § 51 Abs. 2 sollen Trinkwasserschutzgebiete in Zonen mit unterschiedlichem 74
Schutzniveau unterteilt werden, um dem **Verhältnismäßigkeitsgrundsatz** und der sich daran orientierenden unterschiedlichen Schutzbedürftigkeit durch gestufte Schutzanordnungen angemessen Rechnung tragen zu können (vgl. BT-Drs. 16/12275, 67). Regelmäßig werden Wasserschutzgebiete in drei unterschiedliche Zonen mit unterschiedlicher Schutzintensität eingeteilt.

II. Allgemein anerkannte Regeln der Technik

Maßstab für die Ausgestaltung der Schutzzonen sind die **„allgemein anerkannten** 75
Regeln der Technik", somit diejenigen Regeln, die in der Fachpraxis erprobt und bewährt sind und nach vorherrschender Meinung der Fachleute den einschlägigen Anforderungen entsprechen (vgl. BVerwG Beschl. v. 30.9.1996 – 4 NB 31/96, 4 NB 32/96 –, NVwZ 1997, 887; *Sparwasser/Engel/Voßkuhle* § 1 Rn. 191). Es handelt sich dabei um einen unbestimmten, auszufüllenden und vollständig von den Verwaltungsgerichten überprüfbaren Rechtsbegriff (*Czychowski/Reinhardt* Rn. 69).

76 Anhaltspunkte dafür, mit welcher Einteilung der Zonen und mit welchen Anordnungen der besondere Schutz in den Wasserschutzgebieten zu erreichen ist, enthalten die vom Deutschen Verein des Gas- und Wasserfachs (DVGW) herausgegebenen **Richtlinien** für Trinkwasserschutzgebiete (Arbeitsblätter W 101: Schutzgebiete für Grundwasser, W 102: Schutzgebiete für Trinkwassertalsperren, W 103: Schutzgebiete für Seen; vgl. dazu VGH München Urt. v. 6.12.1996 – 22 N 94.1658 –, ZfW 1997, 232 (234) sowie BT-Drs. 16/12275, 67). Landesrechtlich sind die Richtlinien durch Verwaltungsvorschriften eingeführt. Eine dadurch herbeigeführte generelle Bindung besteht für die Wasserbehörden jedoch nicht (*Salzwedel* ZfW 1992, 397 (409)). Weil die Richtlinien technische Regeln mit sachverständigen Äußerungen enthalten, kommt ihnen als **antizipierte Sachverständigengutachten** besondere Bedeutung, v. a. in Bezug auf die Auslegung und Anwendung unbestimmter Rechtsbegriffe, zu (VGH München Urt. v. 28.08.2019 – 8 N 17.523 –, juris Rn. 100; Urt. v. 27.10.2006 – 22 N 04.1544 –, ZfW 2008, 112 (119 f.); *Czychowski/Reinhardt* Rn. 70 mwN). Sie enthalten selbst bereits Hinweise, wie die Schutzzonenabgrenzung bei besonderen hydrogeologischen Voraussetzungen bzw. Förderbedingungen in Abweichung von dem Regelmodell vorzunehmen ist (zB bei Karst- und Kluftgrundwasserleitern mit hohen Abstandsgeschwindigkeiten). Dessen ungeachtet dürfen auch diese eingeführten technischen Regelwerke nicht pauschal und ohne Differenzierungsmöglichkeiten angewandt werden. Vielmehr müssen Abweichungen von den Vorgaben der DVGW-Richtlinien insbesondere dann möglich sein, wenn eine sachliche gebotene Rechtfertigung für die Abweichung besteht (OVG Koblenz Urt. v. 27.9.1989 – 10 C 42/88 –, NVwZ-RR 1990, 126; *Breuer/Gärditz* Rn. 1096; *Czychowski/Reinhardt* Rn. 70). Dies gilt umso mehr, als sich insbesondere das DVGW-Arbeitsblatt W 101 auf dem Stand des Jahres 2006 und somit nicht mehr uneingeschränkt auf der Höhe der wissenschaftlichen und vollzugspraktischen Erkenntnis befindet. Allerdings wird es derzeit überarbeitet. Ein Entwurf (Stand April 2020) befindet sich in der Abstimmung.

III. Schutzzonen

77 Das in Absatz 2 des § 51 angeordnete Zonenstaffelungsgebot beinhaltet die Unterteilung der Wasserschutzgebiete in Zonen mit unterschiedlichen Schutzbestimmungen und lehnt sich an die Landeswassergesetze an, die eine normative Regelung der Einteilung von Wasserschutzgebieten in verschiedene Schutzzonen bereits seit längerem vorgenommen hatten (vgl. etwa § 15 Abs. 1 S. 3 BadWttbgWG aF, Art. 35 Abs. 1 S. 2 BayWG aF, § 14 Abs. 1 LWG NW aF). Mit der abschließenden Regelung des § 51 Abs. 2 entfallen die entsprechenden Regelungen der Landeswassergesetze. Auch die Einteilung eines Wasserschutzgebiets in Schutzzonen entspricht dem Gebot der **Erforderlichkeit** einer Schutzgebietsfestsetzung, insbesondere hinsichtlich des Kriteriums der Schutzbedürftigkeit (VGH Kassel Urt. v. 24.11.2006 – 7 N 1420/05 –, ZUR 2007, 156; SZDK/*Gößl* Rn. 58). Unter Umständen wirkt sich auch die Beurteilung der Schutzfähigkeit auf die konkrete Schutzzoneneinteilung aus. Grundsätzlich ist der Notwendigkeit einer differenzierten Bewertung und Regelung besonderer Einzelfälle aber eher auf der nachfolgenden Stufe der konkreten Schutzanordnungen gemäß § 52 Abs. 1 Rechnung zu tragen (→ Rn. 24).

78 Wasserschutzgebiete werden üblicherweise in **drei Zonen mit unterschiedlicher Schutzintensität** eingeteilt (*Breuer/Gärditz* Rn. 1094). Es ist zwischen der **Fassungszone** (Zone I), die die Wasserentnahmestelle selbst umfasst, die **engere Schutzzone** (Zone II), in der insbesondere nur beschränkte landwirtschaftliche Nutzungen erlaubt sind und der **weiteren Schutzzone** (Zone III), in der in gewissem Umfang auch Wohnhäuser und gewerbliche Nutzungen zugelassen werden können, zu unterscheiden.

Der Fassungsbereich, **Zone I,** dient dem Schutz der eigentlichen Fassungsanlage oder des Talsperrenwassers im Nahbereich vor jedweder Beeinträchtigung. Er ist im Regelfall sehr klein gefasst und nur dem Betreiber der Wassergewinnungsanlage zugänglich; lediglich bei Talsperren wird er größer gefasst. **79**

Die engere Schutzzone, **Zone II,** reicht von der Grenze der Zone I bis zu einer Linie, von der aus das Grundwasser etwa 50 Tage bis zum Eintreffen in der Fassungsanlage benötigt (sog. „50-Tage-Linie“). Vom Rand der engeren Schutzzone soll die Fließzeit des Wassers mindestens 50 Tage betragen, um Trinkwasser vor pathogenen Keimen und Verunreinigungen, die ein besonderes Gefahrenpotential in sich bergen können, zu schützen (vgl. zur „50-Tage-Linie“ VGH München Urt. v. 6.5.1986 – 8 N 81 A. 974 –, n. v.; Urt. v. 20.5.2009 – 22 N 07.1775 –, juris Rn. 15 ff.; SZDK/*Gößl* Rn. 60 mwN). Das engere Schutzgebiet dient insbesondere dem Schutz des dahinter liegenden Einzugsbereichs, weil eine besondere Nähe zur Fassungsanlage besteht. Das Kriterium der „50-Tage-Linie“ ist daher für die räumliche Abgrenzung der Zone II von der Zone I entscheidend (vgl. *Czychowski/Reinhardt* Rn. 72). Bei Talsperren wird die Zone II zumeist entlang der oberirdischen Zuflüsse ausgewiesen. **80**

Die weitere Schutzzone, **Zone III,** umfasst – sofern möglich – das gesamte Einzugsgebiet der geschützten Wassererfassung; sie soll den Schutz vor mittel- und langfristigen Beeinträchtigungen gewährleisten (*Breuer/Gärditz* Rn. 1094). Dazu zählen vor allem solche chemischen Verunreinigungen, die kaum abbaubar sind (vgl. OVG Lüneburg Urt. v. 19.4.2007 – 7 LC 67/05 –, NVwZ-RR 2007, 666 (668)). Die Zone III kann gegebenenfalls noch weiter in die Sektionen „A“ und „B“ unterteilt werden. **81**

§ 52 Besondere Anforderungen in Wasserschutzgebieten

(1) In der Rechtsverordnung nach § 51 Absatz 1 oder durch behördliche Entscheidung können in Wasserschutzgebieten, soweit der Schutzzweck es erfordert,

1. bestimmte Handlungen verboten oder für nur eingeschränkt zulässig erklärt werden,

2. die Eigentümer und Nutzungsberechtigten von Grundstücken verpflichtet werden,

a) bestimmte auf das Grundstück bezogene Handlungen vorzunehmen, insbesondere die Grundstücke nur in bestimmter Weise zu nutzen,

b) Aufzeichnungen über die Bewirtschaftung der Grundstücke anzufertigen, aufzubewahren und der zuständigen Behörde auf Verlangen vorzulegen,

c) bestimmte Maßnahme zu dulden, insbesondere die Beobachtung des Gewässers und des Bodens, die Überwachung von Schutzbestimmungen, die Errichtung von Zäunen sowie Kennzeichnungen, Bepflanzungen und Aufforstungen,

3. Begünstigte verpflichtet werden, die nach Nummer 2 Buchstabe c zu duldenden Maßnahmen vorzunehmen.

Die zuständige Behörde kann von Verboten, Beschränkungen sowie Duldungs- und Handlungspflichten nach Satz 1 eine Befreiung erteilen, wenn der Schutzzweck nicht gefährdet wird oder überwiegende Gründe des Wohls der Allgemeinheit dies erfordern. Sie hat eine Befreiung zu erteilen, soweit dies zur Vermeidung unzumutbarer Beschränkungen des Eigentums erforderlich ist und hierdurch der Schutzzweck nicht gefährdet wird.

(2) In einem als Wasserschutzgebiet vorgesehenen Gebiet können vorläufige Anordnungen nach Absatz 1 getroffen werden, wenn andernfalls der mit der Festsetzung des Wasserschutzgebiets verfolgte Zweck gefährdet wäre. Die vorläufige Anordnung tritt mit dem Inkrafttreten der Rechtsverordnung nach § 51 Absatz 1 außer Kraft, spätestens mit dem Ablauf von drei Jahren. Wenn besondere Umstände es erfordern, kann die Frist um höchstens ein weiteres Jahr verlängert werden. Die vorläufige Anordnung ist vor Ablauf der Frist nach Satz 2 oder Satz 3 außer Kraft zu setzen, sobald und soweit die Voraussetzungen für ihren Erlass weggefallen sind.

(3) Behördliche Entscheidungen nach Absatz 1 können auch außerhalb eines Wasserschutzgebiets getroffen werden, wenn andernfalls der mit der Festsetzung des Wasserschutzgebiets verfolgte Zweck gefährdet wäre.

(4) Soweit eine Anordnung nach Absatz 1 Satz 1 Nummer 1 oder Nummer 2, auch in Verbindung mit Absatz 2 oder Absatz 3, das Eigentum unzumutbar beschränkt und diese Beschränkung nicht durch eine Befreiung nach Absatz 1 Satz 3 oder andere Maßnahmen vermieden oder ausgeglichen werden kann, ist eine Entschädigung zu leisten.

(5) Setzt eine Anordnung nach Absatz 1 Satz 1 Nummer 1 oder Nummer 2, auch in Verbindung mit Absatz 2 oder Absatz 3, erhöhte Anforderungen fest, die die ordnungsgemäße land- oder forstwirtschaftliche Nutzung eines Grundstücks einschränken, so ist für die dadurch verursachten wirtschaftlichen Nachteile ein angemessener Ausgleich zu leisten, soweit nicht eine Entschädigungspflicht nach Absatz 4 besteht.

Schrifttum: wie bei § 51, **ergänzend** *Breuer,* Die Kostenlast bei Wasserschutzgebietsfestsetzungen, NuR 1998, 337; *Cosack,* Das Verhältnis von Wasserrecht und Forstrecht, ZfW 2008, 61; *Czychowski,* § 19 Abs. 4 WHG und sein Ausgleichsanspruch für Beschränkungen der Landwirtschaft in Wasserschutzgebieten, AgrarR 1988, 297; *Knopp,* Wasserschutzgebiete und Entschädigung, BayVBl. 1994, 10; *Kolkmann,* Ausgleichszahlungen in Wassergewinnungsgebieten – Umsetzungsprobleme des § 19 Abs. 4 WHG in der Praxis, UPR 1991, 1; *Labbé/Kaltenegger,* Wasserschutzgebiete und Entschädigung,

BayVBl. 1994, 1; *Murswiek,* Rechtsfragen der Umsetzung des § 19 Abs. 4 WHG in den Ländern, NuR 1990, 289; *Nies,* Rechtsanwendungsprobleme beim wasserrechtlichen Ausgleichsanspruch nach § 19 Abs. 4 WassHG, NVwZ 1987, 189; *Pietzcker,* Zur Entwicklung des öffentlichrechtlichen Entschädigungsrechts – insbesondere am Beispiel der Entschädigung von Beschränkungen der landwirtschaftlichen Produktion, NVwZ 1991, 418; *Reinhardt,* Nicht-normative Anordnungen im Wasserschutzgebiet, NVwZ 2019, 781; *Schink,* Naturschutzgebietsfestsetzung und Grundeigentum, AgrarR 1985, 185; *Schulz,* Bodenschatzgewinnung in Grundwasserschutzgebieten, UTR 49 (1999), 199; *Stemmler,* Die Privilegierung „ordnungsgemäßer Gewässerverschmutzung" durch § 19 Abs. 4 WHG.

Übersicht

A. Allgemeines

I. Entstehungsgeschichte

1 § 52 hat entsprechend der vollständigen Neustrukturierung des Rechts der Wasserschutzgebiete im WHG 2009 die Funktion des § 19 Abs. 2 bis 4 WHG aF übernom-

men. Im Zuge des WHG 2009 (vgl. auch die Gesetzesbegründung, BT-Drs. 16/12275, 67) wurde die Nummer 2 des Absatzes 1 erweitert und eine neue Nummer 3 geschaffen. Zudem wurden mit § 52 Abs. 2 und 3 zusätzliche Anordnungsbefugnisse geschaffen. Die Entschädigungsregelung des § 19 Abs. 4 WHG aF, ursprünglich durch das V. Änderungsgesetz vom 25.5.1986 (BGBl. I 1165, vgl. auch den Bericht des Innenausschusses des Bundestags, BT-Drs. 10/5727) geschaffen, findet sich in Absatz 5 des § 52 (vgl. dazu BT-Drs. 16/12275, 67).

II. Überblick und gesetzgeberische Motive

§ 52 vervollständigt die Bestimmungen über Wasserschutzgebiete: Während § 51 die generellen Voraussetzungen für die Festsetzung von Wasserschutzgebieten normiert, legt § 52 neben weiteren Regelungsinhalten insbesondere fest, unter welchen Anforderungen **konkrete Schutzanordnungen** für die jeweiligen Wasserschutzgebiete getroffen werden können. Entsprechend ihrer häufigsten Funktion, die Versorgung mit unbelastetem Trinkwasser sicherzustellen, können in Wasserschutzgebieten bestimmte wassergefährdende Handlungen durch Schutzanordnungen gem. § 52, die neben der räumlichen Abgrenzung zugleich Bestandteil der Festsetzung eines Wasserschutzgebiets sind, untersagt werden. Durch sie wird nicht nur die in den Schutz einbezogene Fläche räumlich abgegrenzt, sondern es werden auch die im Schutzgebiet geltenden Ge- und Verbote sowie sonstigen Beschränkungen festgelegt. Aufgrund der inhaltlichen Reichweite der Festsetzung eines Wasserschutzgebiets wird diese auch als „raumgestaltende Nutzungsregelung" bezeichnet (*Karstens* ZUR 2000, 226; *Seifert* AgrarR 1977, 45 (46)). 2

§ 52 **Abs. 1** enthält die möglichen Anforderungen für ein Wasserschutzgebiet, die durch die Schutzgebietsverordnung selbst oder durch behördliche Einzelweisung festgelegt werden können. Diesbezügliche Befreiungen können von der zuständigen Wasserbehörde nach § 52 Abs. 1 S. 2, 3 erteilt werden. § 52 **Abs. 2** ermöglicht darüber hinaus vorläufige Schutzanordnungen. Schutzanordnungen können nach § 52 **Abs. 3** unter bestimmten Voraussetzungen auch außerhalb des Wasserschutzgebiets getroffen werden. § 52 **Abs. 4** enthält eine durch die verfassungsrechtliche Eigentumsgarantie des Art. 14 GG notwendig werdende Entschädigungsregelung, während § 52 **Abs. 5** einen Billigkeitsausgleich für die Beeinträchtigung der ordnungsgemäßen Land- und Forstwirtschaft festlegt. Die Vorschrift gilt nach der Übergangsregelung des § 104 Abs. 1 auch für Wasserschutzgebiete, die bei Inkrafttreten des WHG 2009 bereits nach dem bisherigen § 19 Abs. 1 WHG aF festgesetzt waren. 3

B. Inhalt der Schutzanordnungen (Absatz 1)

I. Allgemeine Voraussetzungen

1. Festsetzung von Schutzanordnungen

Materieller Kern einer Wasserschutzgebietsfestsetzung ist die Normierung der in ihrem räumlichen Geltungsbereich – differenziert nach den einzelnen Schutzzonen – geltenden Ge- und Verbote, die über die allgemeinen wasserrechtlichen Anforderungen hinausgehen. Über den Inhalt der konkreten Schutzanordnungen entscheidet die Behörde im Rahmen ihres pflichtgemäß auszuübenden **Ermessens** (vgl. §§ 40 VwVfG, 114 VwGO) und auf Grundlage des Einzelfalls sowie der vorgefundenen örtlichen Gegebenheiten. 4

§ 52 gibt insofern lediglich einen begrenzenden Rahmen für die möglichen Schutzanordnungen vor, innerhalb dessen die Behörde weitestgehend frei in der Ausgestaltung der Schutzanordnungen ist. Mit der Festlegung der Verbote und Beschränkungen hat die Behörde gleichzeitig auch über die **Bußgeldbewehrung** nach § 103 Abs. 1 Nr. 8 zu entscheiden. Die Schutzanordnung selbst muss zunächst den materiellen Anforderungen des § 51 genügen. Daneben muss sie sachbezogen und sachgerecht sein; insbesondere darf sie nicht über die gesetzliche Regelung hinausgehen oder dem Zweck der Wasserschutzgebietsverordnung entgegenstehen. Vielmehr dürfen unmittelbar lediglich die in § 51 Abs. 1 Nr. 1–3 oder in den jeweiligen Landeswassergesetzen zusätzlich angeführten **Zwecke** verfolgt werden (SZDK/*Gößl* Rn. 33; *Czychowski/Reinhardt* Rn. 4; → § 51 Rn. 4). Unschädlich ist es jedoch, dass die Schutzanordnungen mittelbar auch anderen, zum Beispiel ökologischen Belangen dienen. Es gelten die allgemeinen Rechtmäßigkeitsanforderungen, insbesondere das Gebot hinreichender **Bestimmtheit,** das **Übermaßverbot** und das **Gleichbehandlungsgebot.**

5 Anhaltspunkte dafür, mit welcher **Einteilung der Zonen** und **mit welchen Anordnungen** der besondere Schutz vor Ort in den Wasserschutzgebieten zu erreichen ist, enthalten die **DVGW-Richtlinien für Trinkwasserschutzgebiete** (vgl. OVG Saarlouis Beschl. v. 22.4.1993 – 8 N 3/92 –, ZfW 1994, 297 (298); *Czychowski/Reinhardt* Rn. 6; vgl. DVGW-Arbeitsblatt W 101, Richtlinien für Trinkwasserschutzgebiete, I. Teil: Schutzgebiete für Grundwasser; DVGW-Arbeitsblatt W 102, Richtlinien für Trinkwasserschutzgebiete, II. Teil: Schutzgebiete für Talsperren; → § 51 Rn. 76). Regelmäßig werden Wasserschutzgebiete in drei Zonen mit unterschiedlicher Schutzintensität eingeteilt, was sich wiederum in unterschiedlich starken Schutzanordnungen äußert (*Breuer/Gärditz* Rn. 1094; → § 51 Rn. 78). Allerdings darf keine generelle Übernahme der Richtlinien ohne Prüfung des konkreten Einzelfalls in dem Sinn erfolgen, dass nicht mehr geprüft wird, ob die Anordnungen im konkreten Fall geboten und gerechtfertigt sind, weil jedes Wasserschutzgebiet aufgrund der jeweiligen geologischen und hydrologischen Verhältnisse ihm eigene Charakteristika aufweist (vgl. *Lübbe-Wolff* ZUR 1994, 177 (180)). Um Schutzanordnungen abzuwenden, kann der Betroffene jedoch eigene Maßnahmen im Austausch anbieten.

6 Im Interesse der Rechtssicherheit kann es weiterhin zweckmäßig sein, in die Anordnungen auch solche Verbote und Beschränkungen aufzunehmen, die sich schon aus **anderen Vorschriften,** etwa aus dem Abfallrecht, dem Pflanzenschutzrecht, der Verordnung über Anlagen zum Umgang mit wassergefährdenden Stoffen und über Fachbetriebe (Anlagenverordnung – VAwS) oder einem Bebauungsplan ergeben (*Czychowski/Reinhardt* Rn. 7; zur Zulässigkeit der generellen Ausnahme für nach einem Bebauungsplan zulässige Bauvorhaben im Wege einer dynamischen Verweisung BVerwG Beschl. v. 30.9.1996 – 4 NB 31/96 ua –, NVwZ 1997, 887). Die Schutzanordnungen dienen dazu, sämtliche schädliche Einwirkungen auf das zu schützende Gewässer abzuwehren. Sie können sich daher ebenso auf zulassungsfreie Gewässerbenutzungen beziehen, wie auf solche, die einer Erlaubnis oder Bewilligung bedürfen, wobei zu beachten ist, dass Erlaubnisse und Bewilligungen nur im Rahmen der Anordnungen für das Wasserschutzgebiet erteilt werden dürfen.

7 Schutzanordnungen iSd § 52 stellen **Inhalts- und Schrankenbestimmungen** des Eigentums gem. Art. 14 Abs. 1 S. 2 GG dar (VGH München Urt. v. 24.10.2007 – 22 N 05.2524 –, NVwZ-RR 2008, 380 (381)). Daher müssen sie mit Blick auf das verfassungsrechtlich geschützte Institut des Privateigentums nach Art. 14 GG einerseits die Interessen und Rechte der Betroffenen wahren, andererseits aber auch den Belangen der Allgemeinheit Rechnung tragen (OVG Lüneburg Urt. v. 8.11.1990 – 3 K 2/89 –, ZfW 1991, 191 (193)). Eine diesen Grundsätzen widersprechende und damit unzulässige In-

haltsbestimmung führt regelmäßig zur Nichtigkeit der Wasserschutzgebietsfestsetzung, womit zugleich die in den Schutzanordnungen enthaltenen Nutzungsbeschränkungen unwirksam werden (BVerwG Beschl. v. 10.7.1997 – 11 B 12/97 –, ZfW 1998, 423 (424); ausführlich zur eigentumsrechtlichen Dogmatik im Hinblick auf die §§ 51, 52 SZDK/*Gößl* Rn. 11 ff.).

2. Behördliche Anordnung anstelle Verordnungsregelung

§ 52 Abs. 1 enthält die Ermächtigung der Wasserbehörde, über den Erlass einer Rechtsverordnung hinaus **Anordnungen** in Form von Verboten, Beschränkungen und Verpflichtungen auch **im Einzelfall** zu treffen. Nach der Gesetzesbegründung soll damit den zuständigen Behörden ein flexibles und schnelles Handeln ermöglicht werden (so BT-Drs. 16/12275, 67). Diese behördliche Entscheidung wird regelmäßig als **Verwaltungsakt** nach § 35 S. 1 VwVfG getroffen werden, gegen den mit Hilfe der Anfechtungsklage nach §§ 42 Abs. 1 Alt. 1, 113 Abs. 1 S. 1 VwGO vorgegangen werden kann. Zulässig, wenngleich mit Blick auf die verfahrens- und materiell-rechtlichen Anforderungen für den Erlass einer Schutzgebietsverordnung (→ § 51 Rn. 66) fragwürdig (vgl. SZDK/*Gößl* Rn. 38; BeckOK UmweltR/*Tünnesen-Harmes* Rn. 15; ablehnend *Czychowski/Reinhardt* Rn. 42; *Reinhardt* NVwZ 2019, 781) ist auch die Handlungsform der **Allgemeinverfügung** nach § 35 S. 2 VwVfG (VGH München Beschl. v. 18.6.2012 – 8 ZB 12.76 –, NVwZ-RR 2012, 754; Urt. v. 15.3.2016 – 8 BV 14.1102 –, juris; BVerwG Urt. v. 25.10.2018 – 7 C 22/16 –, NVwZ 2019, 574). Vorauszusetzen für jede Form der Einzelfallanordnung ist aber das Vorliegen einer **wirksamen Schutzgebietsverordnung;** die Behörde kann Anforderungen nach Satz 1 Nr. 1–3 nicht unabhängig vom Bestehen eines Wasserschutzgebiets treffen. Denkbar ist insbes. eine Anordnung, die sich unter Anwendung des Absatzes 3 auf Teile außerhalb eines Wasserschutzgebiets bezieht (→ Rn. 46 f.) oder die der kurzfristigen (und temporären) Bewältigung von bei dem Verordnungserlass nicht berücksichtigten Ereignissen (zB Hochwasser nach Starkregen) dient. **8**

3. Bestimmtheit

Die Wasserschutzgebietsverordnung muss die Grundsätze des allgemeinen Verwaltungsrechts beachten. Dazu gehört insbesondere das verfahrensrechtliche Gebot des § 37 Abs. 1 VwVfG, nach dem Verbote und Beschränkungen als hoheitliche Regelungen inhaltlich **hinreichend bestimmt** und damit genau bezeichnet oder umschrieben sein müssen (vgl. den Wortlaut des § 52 Abs. 1 S. 1 Nr. 1: „bestimmte" Handlungen). Insbesondere muss die getroffene Regelung für den Adressaten so vollständig, klar und unzweideutig erkennbar sein, dass er sein Verhalten danach richten kann (vgl. BVerwG Urt. v. 21.12.1995 – 3 C 34/94 –, BVerwGE 100, 230 (236); *Kopp/Ramsauer* VwVfG § 37 Rn. 5). **9**

Übermäßige Anforderungen sind an das Bestimmtheitsgebot jedoch nicht zu stellen; anderenfalls würde der Vielgestaltigkeit der möglichen Handlungsweisen, dem Wandel der Lebensverhältnisse und den Besonderheiten des Einzelfalls nicht hinreichend Rechnung getragen (VGH Mannheim Beschl. v. 27.4.1981 – VII 2009/79 –, ZfW 1981, 173 (177)). Demgemäß sind Rechtsvorschriften entsprechend den Anforderungen des Art. 20 Abs. 3 GG so genau zu fassen, wie dies nach der Eigenart der zu ordnenden Lebenssachverhalte mit Rücksicht auf den Normzweck möglich ist (vgl. BVerwG Urt. v. 21.12. 1995 – 3 C 34/94 –, BVerwGE 100, 230 (236)). **Unbestimmte, auslegungsbedürftige** und **auslegungsfähige Rechtsbegriffe** sowie **Generalklauseln** sind daher regelmäßig zulässig (in Bezug auf unbestimmte Rechtsbegriffe vgl. BVerwG Urt. v. 3.11.1999 – 8 C 19/98 –, BVerwGE 110, 33 (56 f.); VGH München Urt. v. 5.2.2007 – 22 N **10**

06.2838 –, ZUR 2007, 257; VG Würzburg Urt. v. 10.6.2008 – W 4 K 08.2 –, juris Rn. 64 ff.; VGH München Urt. v. 28.8.2019 – 8 N 17.523 –, juris Rn. 153 f.; in Bezug auf Generalklauseln vgl. BVerfG Urt. v. 24.5.2006 – 2 BvR 669/04 –, BVerfGE 110, 24 (54)).

11 Eine **bloße Aneinanderreihung von Beispielen** genügt diesen Grundsätzen nicht (VGH Mannheim Beschl. v. 3.12.1969 – III 85/67 –, ESVGH 21, 41). Gleiches gilt etwa für Anordnungen zur **„Intensivbeweidung".** Zwar wurden derartige Anordnungen noch vor einigen Jahren von der Rechtsprechung als bestimmt genug anerkannt (vgl. OVG Koblenz Urt. v. 2.12.1985 – 10 C 26/85 –, NVwZ 1987, 243 (245)). Zwingend ist diese Annahme jedoch nicht, insbesondere dann nicht, wenn eine einheitliche Begriffsbestimmung nicht oder nicht mehr möglich ist (vgl. hinsichtlich des Begriffs der „Intensivbeweidung" OLG Koblenz Beschl. v. 20.1.2010 – 1 SsBs 107/09 –, juris Rn. 11 ff.). Anordnungen zur **„Massentierhaltung"** können dagegen weiterhin dem Bestimmtheitsgebot genügen (vgl. etwa VGH München Urt. v. 13.6.1996 – 22 N 93.2863, 22 N 94.270, 22 N 94.1569 –, ZfW 1997, 178 (185)). In diesem Zusammenhang ist aber darauf hinzuweisen, dass für diesen wasserrechtlich geprägten Begriff der Massentierhaltung nicht auf die Obergrenzen der Tierbestände nach § 8 iVm Anlage I des Gesetzes zur Förderung der bäuerlichen Landwirtschaft (LaFG) vom 12.7.1989 (BGBl. I, 1435) zurückgegriffen werden kann. Vielmehr bilden die dort festgelegten Obergrenzen lediglich einen Maßstab für Ausgleichsleistungen an die nach dem LaFG begünstigten Landwirte und können daher – weil sie damit wasserwirtschaftliche Belange nicht berücksichtigen – nicht als Maßstab für eben diese Belange des Gewässerschutzes herangezogen werden (VGH München Urt. v. 13.6.1996 – 22 N 93.2863, 22 N 94.270, 22 N 94.1569 –, ZfW 1997, 178 (185)).

12 Die Formulierung, dass hinsichtlich des Umgangs mit „Stoffen, die geeignet sind, eine Verunreinigung des Wassers oder eine sonstige nachteilige Veränderung seiner Eigenschaften herbeizuführen", wird ebenfalls als hinreichend bestimmt anzusehen sein (vgl. *Czychowski/Reinhardt* Rn. 13). Die Rechtsprechung hält zudem die Begriffe des **„Grünlands"** (vgl. VGH München Urt. v. 5.2.2007 – 22 N 06.2838 –, ZUR 2007, 257 (259), VG Würzburg Urt. v. 10.6.2008 – W 4 K 08.2 –, juris Rn. 64 ff.) und die Formulierung „Verbote von Handlungen, die das Eindringen von giftigen Stoffen, Trübungs-, Farb-, Geruchs- und Geschmacksstoffen oder anderen gefährlichen Stoffen mit der Folge ermöglichen, dass eine die Wasserversorgung gefährdende Verunreinigung oder eine sonstige für die Wasserversorgung nachteilige Veränderung ihrer Eigenschaft zu befürchten ist" (VGH Mannheim Beschl. v. 27.4.1981 – VII 2009/79 –, ZfW 1981, 173 (177)) für ausreichend bestimmt (vgl. zu weiteren Formulierungen VGH München Beschl. v. 16.11.2009 – 22 ZB 08.2165 –, juris Rn. 11). Darüber hinaus führt nach der Rechtsprechung des BVerwG ein **dynamischer Verweis** in der Weise, dass in der Wasserschutzgebietsverordnung auf einen Bebauungsplan in der jeweils gültigen Fassung verwiesen wird, ebenfalls nicht zu seiner Unbestimmtheit (BVerwG Beschl. v. 30.9.1996 – 4 NB 31/96, 4 NB 32/96 –, NVwZ 1997, 887 (888)).

13 Die öffentliche Wasserversorgung stellt ein Rechtsgut von besonderem Rang dar und das Grundwasser als deren Grundlage ist vor jeglicher vermeidbarer Beeinträchtigung zu schützen (vgl. OVG Münster Urt. v. 1.10.2001 – 20 A 1945/99 – ZfW 2004, 114; BVerwG Urt. v. 9.11.1995 – 4 C 25.94 – DVBl. 1996, 259). Daher muss etwa die Formulierung in einer Wasserschutzgebietsverordnung, dass „Grabungen und Abgrabungen verboten sind, durch die das Grundwasser dauernd freigelegt oder angeschnitten wird", insbesondere der Begriff **„dauernd",** zwingend eng interpretiert werden; akzeptabel sind insofern lediglich kurzzeitige Grundwasserfreilegungen, wie sie etwa für die Dauer einer Leitungsverlegung unvermeidbar sind. Die **Auslegung** der jeweiligen Formulierung in der Wasserschutzgebietsverordnung hat sich somit grundsätzlich an dem Schutzzweck der Wasserschutzgebietsverordnung zu orientieren; im Zweifel ist sie vor dem Hintergrund des besonderen Schutzzwecks **restriktiv** auszulegen (OVG Münster Urt. v. 18.11.2015 – 11 A 3048/11 –, juris Rn. 235 ff.).

4. Übermaßverbot

Die Einschränkung der Ermächtigung in § 52 Abs. 1 „*soweit* der Schutzzweck dies erfordert" ist als Ausfluss des verfassungsrechtlich determinierten **Übermaßverbots** zu verstehen (BVerfG Beschl. v. 6.9.2005 – 1 BvR 1161/03 –, NuR 2006, 171 (173)). Auch wenn daher die Anordnungen für das betreffende Gebiet an sich zulässig sind, bleibt doch ihr Vollzug im Einzelfall am rechtsstaatlichen Übermaßverbot zu messen (vgl. OVG Lüneburg Beschl. v. 8.11.1990 – 3 K 2/89 –, NuR 1991, 440; *Breuer/Gärditz* Rn. 1092): Der nähere Inhalt der Schutzanordnungen muss sich, vergleichbar zu der Festsetzung des Wasserschutzgebiets selbst, nach den Maßstäben der **Geeignetheit, Erforderlichkeit** und **Verhältnismäßigkeit** im engeren Sinne im Hinblick auf das **Wohl der Allgemeinheit** richten (vgl. OVG Lüneburg Urt. v. 20.12.2017 – 13 KN 67/14 –, NordÖR 2018, 395 (397); OVG Saarlouis Beschl. v. 22.4.1993 – 8 N 3/92 –, NVwZ 1994, 1029 (1030)). Dies wird – neben § 52 Abs. 1 S. 2 und 3 – insbesondere durch die Formulierung des § 52 Abs. 1 verdeutlicht, nach der Schutzanordnungen allgemein lediglich dann getroffen werden können, **„soweit der Schutzzweck dies erfordert"**, ebenso wie die Gebietsfestsetzung gem. § 51 Abs. 1 nur zulässig ist, „soweit es das Wohl der Allgemeinheit erfordert"; inhaltlich sind dabei allgemeine wasserwirtschaftliche und technische Erkenntnisse wie auch der Zweck des jeweiligen Schutzgebiets und die örtlichen Verhältnisse zu berücksichtigen (vgl. *Breuer/Gärditz* Rn. 1092). Insofern ist auch die Festlegung konkreter Schutzanforderungen gemäß § 52 Abs. 1 S. 1 Bestandteil eines abgestuften Systems, in dem das Verhältnismäßigkeitsprinzip bei der Anwendung der §§ 51, 52 mehrfach zur Geltung kommt (→ § 51 Rn. 12; *Czychowski/Reinhardt* Rn. 14). 14

Werden durch die für den Gewässerschutz gebotenen Anordnungen **andere Gesichtspunkte des Allgemeinwohls,** etwa des Erholungs- oder des Straßenverkehrs (*Stüer/Hönig* DVBl. 2004, 483) oder bergbauliche Belange **berührt,** so ist auch in Schutzgebieten nach § 51 Abs. 1 S. 1 Nr. 1 trotz der besonderen Bedeutung der Trinkwasserversorgung eine **Abwägung** vorzunehmen; insbesondere haben die einzelnen Anordnungen den unterschiedlichen Grad der Dringlichkeit oder Notwendigkeit einzelner potentiell gefährlicher Einrichtungen und Verhaltensweisen zu berücksichtigen (OVG Münster Urt. v. 22.3.1990 – 20 A 2600/88 –, juris; *Czychowski/Reinhardt* Rn. 18). Dem Verordnungsgeber kommt dabei sowohl bei der Einschätzung der Gefahren und der Reichweite der von ihm für erforderlich gehaltenen Vorsorge als auch in Bezug auf die allgemeine Zumutbarkeit für die von bestimmten Verboten Betroffenen eine **Einschätzungsprärogative** zu (VGH Mannheim Urt. v. 13.12.1996 – 8 S 1888/96 –, ZfW 1998, 312; *Czychowski/Reinhardt* Rn. 16). Zu beachten ist jedoch, dass nach der oberverwaltungsgerichtlichen Rechtsprechung im Rahmen der Verhältnismäßigkeitsprüfung die Versorgung der Bevölkerung mit einwandfreiem Trinkwasser in Zweifelsfällen prioritär zu behandeln ist (vgl. VGH Mannheim Urt. v. 13.12.1996 – 8 S 1757/97 –, ZfW 1998, 312). 15

Aus den geschilderten Anforderungen ergibt sich auch, dass die in Betracht kommenden Verbote und Beschränkungen generell nur diejenigen **Personen** betreffen dürfen, die durch die jeweiligen Anordnungen am **wenigsten belastet** werden. Zudem dürfen Verbote oder Beschränkungen in der weiteren Schutzzone generell nicht strenger sein als in der engeren Zone. Ohne eine entsprechende Rechtfertigung darf von diesen Grundsätzen nicht abgewichen werden (OVG Saarlouis Beschl. v. 22.4.1993 – 8 N 3/92 –, NVwZ 16

1994, 1029 (1030)). Die Gründe für eine derartige Rechtfertigung dürfen den in § 51 Abs. 1 gesteckten Rahmen des Erfordernisses des Gemeinwohls nicht überschreiten. Schutzzonenverordnungen müssen zumindest **Ausnahmen** enthalten oder **Befreiungen** nach § 52 Abs. 1 S. 2 und 3 zur Vermeidung von unbilligen Härten zulassen (*Czychowski/Reinhardt* Rn. 14; SZDK/*Gößl* Rn. 69, 83 mit Hinweis auf BVerfG Beschl. v. 2.3.1999 – 1 BvL 7/91 –, BVerfGE 100, 226 (245 ff.); zur Abgrenzung von Ausnahmen und Befreiungen → Rn. 34). In Sonderfällen kann sogar die Möglichkeit solcher Ausnahmen oder Befreiungen von den Verboten der Schutzgebietsverordnung nicht genügen, um den gebotenen Verhältnismäßigkeitsausgleich zu leisten. In der Rechtsprechung wurde etwa in dem Fall eines Ortskerns mit ausgeprägter Gemengelage und vielfältigen Nutzungen nur eine **präventive** wasserrechtliche Genehmigung, nicht jedoch ein repressives Bauverbot mit der Möglichkeit der Befreiung für zulässig erachtet (vgl. erneut OVG Saarlouis Beschl. v. 22.4.1993 – 8 N 3/92 –, NVwZ 1994, 1029 (1030)).

17 Unter Zugrundelegung dieser Grundsätze sind Schutzanordnungen dann als **unverhältnismäßig** zu bewerten, wenn sie bereits nach ihrem Schutzzweck nicht benötigt werden, etwa wenn in festgesetzten Wasserschutzgebieten nach § 51 Abs. 1 S. 1 Nr. 1 eine Gefährdung des Trinkwassers von vornherein ausgeschlossen ist (OVG Koblenz Urt. v. 24.6.1987 – 10 C 25/85 –, SuR 1989, 32). Gleiches soll nach der Rechtsprechung dann gelten, wenn ein effektiver Schutz des Grundwassers auf andere Weise gewährleistet werden kann (VGH München Urt. v. 13.6.1996 – 22 N 93.2863, 22 N 94.270, 22 N 94.1569 –, ZfW 1997, 178 (180)). Auch Verbote oder Beschränkungen, die **nicht geeignet** sind, den Schutzzweck zu erreichen (zB der Widerruf einer Baugenehmigung in einem Wasserschutzgebiet nach § 51 Abs. 1 S. 1 Nr. 1, ohne dass dadurch die Verunreinigung des Wassers verringert wird), dürfen nicht angeordnet werden (vgl. *Czychowski/Reinhardt* Rn. 17). Werden bestimmte Handlungen nur beschränkt zugelassen, kann von Seiten der Wasserbehörde dann nicht rechtmäßigerweise gegen Handlungen, die dennoch uneingeschränkt vorgenommen werden, vorgegangen werden, wenn der mit der Beschränkung verfolgte Zweck wegen der tatsächlichen Verhältnisse (zB wegen der vorhandenen Bebauung oder einer bereits bestehenden Straße) oder wegen der nachträglichen Zulassung von Ausnahmen nicht mehr erreicht werden kann. In Bezug auf Wasserschutzgebiete, die im Interesse der künftigen Wasserversorgung festgesetzt wurden, sind Schutzanordnungen jedenfalls dann unverhältnismäßig und damit unzulässig, wenn sie Handlungen erst vom Beginn der Wasserversorgung an betreffen (vgl. *Czychowski/Reinhardt* Rn. 14).

18 Demgegenüber sind Bauverbote in der engeren Zone eines Schutzgebiets nach § 51 Abs. 1 S. 1 Nr. 1 grundsätzlich **nicht** als **unverhältnismäßig** einzustufen (vgl. BVerwG Beschl. v. 23.1.1984 – 4 B 157/83, 4 B 158/83 –, DVBl. 1984, 342 mit Hinweis auf OVG Münster Urt. v. 3.6.1983 – 20 A 2234/82, 20 A 2233/82; *Czychowski/Reinhardt* Rn. 15). Das gilt auch für das generelle Verbot der Verrieselung von Abwasser in der weiteren Schutzzone (OVG Münster Urt. v. 6.9.1990 – 20 A 1959/84 –, ZfW 1991, 67) oder mit Blick auf Schutzanordnungen, die die Lagermöglichkeiten von Düngemitteln und die Beschränkung ihres Einsatzes auf das übliche Maß zum Inhalt haben (VGH Mannheim Beschl. v. 27.4.1981 – VII 2009/79 –, UPR 1981, 62).

II. Besondere Anforderungen

1. Verbote und Einschränkungen (Satz 1 Nr. 1)

19 Grundsätzlich dem Gemeingebrauch unterfallende Handlungen können in Wasserschutzgebieten für die Wasserversorgung aus oberirdischen Gewässern mittels einer ent-

sprechenden behördlichen Anordnung nach § 52 Abs. 1 Nr. 1 nicht nur **verboten,** sondern auch für **beschränkt zulässig** erklärt werden, wobei zwischen diesen Anordnungsoptionen ein gradueller Unterschied zu sehen ist (SZDK/*Gößl* Rn. 46). Im Zuge der Erklärung als „beschränkt zulässig" werden sie als Verbot mit Erlaubnisvorbehalt ausgestaltet und einem **Genehmigungsvorbehalt** unterworfen (*Breuer/Gärditz* Rn. 1091; *Czychowski/Reinhardt* Rn. 9). Festgelegt werden kann in diesem Zusammenhang insbesondere auch, dass die Genehmigung nur in dem Fall erteilt werden darf, dass eine Beeinträchtigung der für die öffentliche Wasserversorgung genutzten Gewässer nicht zu besorgen ist. Bestimmen Schutzanordnungen iSd § 52 Abs. 1 S. 1 Nr. 1 etwa, dass für bestimmte bauliche Anlagen im Wasserschutzgebiet eine wasserrechtliche Genehmigung erforderlich sein soll, können solche Anordnungen auch in Bezug auf den Ersatz schon vorhandener Anlagen Geltung beanspruchen. Umgekehrt sind zum Zeitpunkt der Unterschutzstellung bereits gestattete Benutzungen bzw. sonstige wasserrechtliche Erlaubnisse ggfs. gem. §§ 48, 49 VwVfG aufzuheben. In diesem Zusammenhang ist allein maßgeblich, worauf sich die Gestattung konkret bezieht; nur insoweit reicht ihre Legalisierungswirkung. Entscheidend für die Bewertung der jeweiligen Gestattung im Einzelfall sind daher der konkrete Umfang der Legalisierungswirkung und das Verhältnis von Gewässerbeeinträchtigung und Schutzziel (BGH Urt. v. 3.2.2000 – III ZR 296/98 –, NVwZ 2000, 1206). In dem Fall, dass die Schutzgebietsverordnung nicht selbst die Versagung der jeweiligen Genehmigung von dem Vorliegen bestimmter Voraussetzungen abhängig macht, können für die Versagungsentscheidung die Schutzzwecke des § 51 Abs. 1 unmittelbar herangezogen werden.

Mit Hilfe von Schutzanordnungen können nicht nur Verbote ausgesprochen und bestimmte Handlungen für beschränkt zulässig erklärt werden; vielmehr lassen sich auf die gleiche Art und Weise auch **Anzeigepflichten** in Bezug auf bestimmte Maßnahmen oder ein **Einvernehmensvorbehalt** herstellen (VGH München Urt. v. 13.6.1996 – 22 N 93.2863, 22 N 94.270, 22 N 94.1569 –, ZfW 1997, 178 (181)). Solche Genehmigungs- und Anzeigenvorbehalte, aber auch Einvernehmensvorbehalte, stellen gegenüber Verboten mildere Mittel dar. Angesichts der Zulässigkeit genereller Verbote sind sie rechtlich nicht zu beanstanden (OVG Saarlouis Beschl. v. 22.4.1993 – 8 N 3/92 –, ZfW 1994, 297 (300 f.); *Breuer/Gärditz* Rn. 1091; *Salzwedel* NuR 1983, 41 (45); *Czychowski/Reinhardt* Rn. 9). **20**

Auf der anderen Seite können auch **Ausnahmen** und die für eine Ausnahme zu beachtenden Vorkehrungen angeordnet werden. Zu denken ist in diesem Kontext angesichts der Geltung des Übermaßverbots insbesondere an Ausnahmeregelungen für bestimmte Härtefälle. Diese Möglichkeit wird durch die Einführung der bundesrechtlichen Befreiungsregelungen in Abs. 1 S. 2, 3 nicht verdrängt (*Czychowski/Reinhardt* Rn. 9a; BeckOK UmweltR/*Tünnesen-Harmes* Rn. 4, 26). Dabei sind im Rahmen der Beantwortung der Frage, ob im Einzelfall die Voraussetzungen für die Erteilung einer Ausnahmegenehmigung erfüllt sind, die Grundsätze, die zu § 34 WHG aF (§ 48 WHG nF) entwickelt wurden, anzuwenden (vgl. BVerwG Urt. v. 16.7.1965 – IV C 54.65 –, DVBl. 1966, 496; Urt. v. 26.6.1970 – IV C 90/69 –, NJW 1971, 396). Dabei ist ein **strenger Maßstab** anzulegen (VG Augsburg Urt. v. 3.3.2005 – Au 7 K 03.234 –, juris Rn. 50). Eine schädliche Verunreinigung des Gewässers ist daher nur in dem Fall nicht zu besorgen, dass die Möglichkeit ihres Eintritts auf Grund der wasserwirtschaftlichen Erkenntnisse und Erfahrungen, sei es auch bei ungewöhnlichen Umständen, nach menschlicher Erfahrung unwahrscheinlich ist. **21**

Während § 52 Abs. 1 S. 1 Nr. 2 den Personenkreis hinsichtlich der von der Wasserbehörde anzuordnenden Verpflichtungen konkret auf Eigentümer und Nutzungsberechtigte von Grundstücken eingrenzt, enthält § 52 Abs. 1 S. 1 Nr. 1 keine Vorgaben dazu, wer von den in Nummer 1 genannten Verboten und Beschränkungen betroffen, dh wer **Ad-** **22**

ressat sein kann. Irrelevant ist zunächst, ob es sich um eine **private oder** eine **öffentliche Rechtsperson** handelt (*Seifert* AgrarR 1977, 45 (47)), weil auch die Träger hoheitlicher Gewalt generell an die wasserrechtlichen Vorschriften gebunden sind (*Salzwedel* NuR 1984, 165 (169)). Denn Sinn und Zweck aller Regelungen des § 52 Abs. 1 ist es, nach § 51 festgesetzte Wasserschutzgebiete mit dem Instrument der Schutzanordnungen vollständig und möglichst effektiv zu bewahren und zu schützen. Angesichts dessen und vor dem Hintergrund der weiten Ermächtigung zur Verhängung von Verboten und Beschränkungen können sich Schutzanordnungen auf Grundlage der Nummer 1 sowohl an den **Eigentümer und Nutzungsberechtigten** des konkreten Grundstücks im Wasserschutzgebiet als auch an die **Allgemeinheit** richten, wenn das Wasserschutzgebiet von der Allgemeinheit betreten oder befahren werden oder in sonstiger Weise Einwirkungen unterliegen kann. Auch **Hoheitsträger** können Adressaten sein (SZDK/*Gößl* Rn. 44). An den Eigentümer und Nutzungsberechtigten kann etwa eine beschränkende „Auflage" ergehen, nur in einem bestimmten Maß Düngungen vorzunehmen; die Allgemeinheit kann beispielsweise verpflichtet werden, bestimmte Freizeithandlungen in oder in unmittelbarer Nähe von Wasserschutzgebieten zu unterlassen. Schutzanordnungen, die sich an Hoheitsträger richten, sind allerdings dann nicht angezeigt, wenn sich im Rahmen der gebotenen Abwägung herausstellt, dass die von den Trägern hoheitlicher Gewalt wahrgenommenen Belange diejenigen des Wasserschutzes überwiegen. Weil es den Wasserbehörden grundsätzlich nicht zusteht, im Rahmen der Durchsetzung ihrer Verbote und Beschränkungen in den Hoheitsbereich anderer Behörden einzugreifen, müssen sie sich dazu im Allgemeinen an deren Dienst- oder Fachaufsichtsbehörde wenden (vgl. allgemein zur Polizeipflichtigkeit von Hoheitsträgern *Gebhard* DÖV 1986, 545 (552)).

23 Schutzanordnungen nach § 52 Abs. 1 S. 1 Nr. 1 können auch die **Bebauung von Grundstücken im Wasserschutzgebiet beschränken** oder technische Sicherheitsvorkehrungen für sie festschreiben. Bei der Wasserschutzgebietsverordnung handelt es sich um eine öffentlich-rechtliche Vorschrift iSd der Landesbauordnungen (vgl. etwa § 74 Abs. 1 BauO NRW), die bei der Prüfung von Bauanträgen zu berücksichtigen ist. Der Wasserschutzgebietsverordnung kommt nach der Rechtsprechung des BVerwG die Wirkung einer eigenständigen, normativen Zulassungsschranke zu, die nach § 29 Abs. 2 BauGB von den §§ 30 bis 37 BauGB unberührt bleibt (BVerwG Urt. v. 12.4.2001 – 4 C 5/00 –, NVwZ 2001, 1048; SZDK/*Gößl* Rn. 50). Die **Beschränkung** der verfassungsrechtlich gesicherten **Planungs- und Entwicklungshoheit** der Gemeinden ist indes – vergleichbar mit § 78 Abs. 1– rechtlich grundsätzlich unbedenklich (VGH München Urt. v. 26.6.2002 – 22 N 01.2625 –, ZfW 2003, 219 (224)), auch wenn ein erheblicher Teil des Gemeindegebiets betroffen ist (vgl. *Czychowski/Reinhardt* Rn. 14; OVG Koblenz Urt. v. 9.3.2000 – 1 C 12087/98 –, ZfW 2000, 243 für den Fall, dass die Hälfte der Fläche eines Gemeindegebiets von der Schutzgebietsausweisung erfasst wird). Im Einzelfall kann sogar ein grundsätzliches **Bauverbot** zum Schutz der Trinkwassererschließung in Betracht kommen. Vorauszusetzen ist dafür, dass keine Alternative zu der gefährdeten Trinkwassererschließung existiert, deren Schutzbedürftigkeit nicht gemindert ist und Härtefällen durch Ausnahmebestimmungen Rechnung getragen werden kann. Bebauungs- oder Flächennutzungspläne im Geltungsbereich einer Wasserschutzgebietsverordnung, deren Festsetzungen den Regelungen der Verordnung (etwa Bauverboten) widersprechen, verstoßen gegen bindendes Recht; sie sind vollzugsunfähig und daher unwirksam (vgl. VGH München Urt. v. 13.6.1996 – 22 N 93.2863, 22 N 94.270, 22 N 94.1569 –, ZfW 1997, 178 (181); für eine Landschaftsschutzverordnung BVerwG Beschl. v. 28.11.1988 – 4 B 212/88 –, NuR 1989, 225; *Czychowski/Reinhardt* Rn. 22; → § 51 Rn. 10).

24 Weitere mögliche Verbote oder Beschränkungen können insbesondere hinsichtlich der **Land- und Forstwirtschaft** festgelegt werden, worauf bereits § 51 Abs. 1 S. 1 Nr. 3

hindeutet (vgl. VGH München Urt. v. 13.6.1996 – 22 N 93.2863, 22 N 94.270, 22 N 94.1569 –, ZfW 1997, 178 (184)). Gerade die von der Landwirtschaft hervorgerufenen Auswirkungen auf den Wasserhaushalt werden als „vielfältig und teilweise von besorgniserregender Art" eingestuft (*Breuer* NuR 1987, 49 (54f.); *Meyer/Jörissen/Socher* Vorsorgestrategien zum Grundwasserschutz für den Bereich der Landwirtschaft, Teilbericht I zum TA-Projekt „Grundwasserschutz und Wasserversorgung", 1993, 21ff.; *Czychowski/Reinhardt* Rn. 20). Während die Wasserschutzgebietsverordnungen höchst selten ein allgemeines Düngemittelverbot normieren, kommen in den Wasserschutzgebietsverordnungen für den Bereich der Landwirtschaft jedoch mehr oder weniger weitreichende Beschränkungen hinsichtlich des Einsatzes und der Lagerung von natürlichen Düngemitteln (etwa Gülle oder Jauche; vgl. zur Lagerung solcher natürlichen Düngemittel in der weiteren Schutzzone III *Stüer/Hönig* DVBl. 2001, 1179 (1185)) oder von Wirtschaftsdünger vor, etwa im Hinblick auf Höchstmengen und Einsatzzeiten; daneben kommen Verbote und Beschränkungen in Bezug auf die Verwendung von Pflanzenschutz- und Schädlingsbekämpfungsmitteln, Bestimmungen hinsichtlich der Art der Flächen- und Bodennutzung (etwa: Rodungsverbot; Verbot des Grünlandumbruchs; Einschränkungen des Wegebaus; Untersagung des Hopfenanbaus, VGH München Beschl. v. 9.7.2019 – 8ZB 19.296 –, NVwZ-RR 2020, 306), der Fruchtfolge, der Tierhaltung und der Anlegung von Gärfuttermieten in Betracht (*Breuer* NuR 1987, 49 (55)). Schließlich sind Verbote oder Beschränkungen in Bezug insbesondere auch auf die Errichtung oder Erweiterung von Anlagen und den Einsatz bestimmter Maschinen denkbar. Seit geraumer Zeit kommen zudem vermehrt Verbote in Bezug auf die Umwandlung von Wald- bzw. Grün- in Ackerflächen sowie hinsichtlich des Anbaus von Hackfrüchten und Mais (vgl. VG Düsseldorf Urt. v. 15.11.1990 – 8 K 981/90 –, ZfW 1991, 264 (267); OVG Lüneburg Urt. v. 20.12.2017 – 13 KN 67/14 –, NordÖR 2018, 395 (398); OVG Lüneburg Beschl. v. 23.5.2018 – 13 LA 284/17 –, NordÖR 2018, 407) zur Anwendung. Diese Liste der vielseitigen Anordnungsmöglichkeiten ließe sich beliebig fortsetzen. Unabhängig von den genannten Anordnungen können uU gleichzeitig andere Regelungen zur Geltung kommen, etwa bei Schutzanordnungen hinsichtlich der Anwendung von Pflanzenschutzmitteln die ohnehin einschlägigen Bestimmungen des Pflanzenschutzrechts.

Fachplanungen, gleich welcher Art, können oftmals auf bereits bestehende oder sich 25
in der konkreten Planung befindlichen Wasserschutzgebiete treffen. In den Wasserschutzgebietsverordnungen getroffene Anordnungen sind zu beachten, etwa im **Flurbereinigungsplan,** wobei diesbezüglich sogar künftigen Festsetzungen insoweit Berücksichtigung finden sollen, als es nach dem Planungsstand möglich ist (*Drost* § 51 Rn. 22; *Czychowski/Reinhardt* Rn. 30).

Problematisch sind indes vor allem die Fälle, in denen Planungen von **Straßen- oder** 26
Eisenbahntrassen durch ein Wasserschutzgebiet führen sollen, sodass eine gegenseitige Behinderung die Folge wäre. Dies gilt umso mehr deswegen, als dass Straßen, Eisenbahntrassen und Wassergewinnungsanlagen gleichzeitig geplant werden können. Nach der Rechtsprechung ist daher vorrangig eine grundsätzliche **räumliche Trennung** von Straßen und Wassergewinnungsgebieten anzustreben (VGH Mannheim Urt. v. 4.7.1991 – 5 S 84/89 –, juris; *Czychowski/Reinhardt* Rn. 23), zumal gerade Straßen wegen des von ihnen abfließenden und verunreinigten Straßenoberflächenwassers Gefahren für die Trinkwassergewinnung bergen. Ist eine räumliche Trennung nicht realisierbar, wurden, um derartige Konfliktsituationen sachgerecht lösen zu können, seitens der Forschungsgesellschaft für das Straßen- und Verkehrswesen unter Mitwirkung der Länderarbeitsgemeinschaft Wasser (LAWA) und des Deutschen Vereins des Gas- und Wasserfachs (DVGW) Richtlinien für bautechnische Maßnahmen an Straßen in Wasserschutzgebieten erarbeitet (vgl. zum Rechtscharakter dieser Richtlinien als nicht normkonkretisierende

Verwaltungsvorschriften VGH München Urt. v. 10.5.1999 – 8 B 99.147, 8 B 98.3165 –, NuR 1999, 650 (652)). Ähnliche Richtlinien existieren auch für das Verhältnis von Wasserschutzgebieten und Bahnanlagen (vgl. SZDK/*Gößl* Rn. 62).

27 Folgende **Grundsätze** sind zu berücksichtigen: Die Verbote und Beschränkungen nach § 52 Abs. 1 S. 1 Nr. 1 sind bei der straßenrechtlichen Planfeststellung zu beachten (*Drost* § 51 Rn. 17; *Czychowski/Reinhardt* Rn. 24), weshalb der Bau neuer Straßen bzw. die wesentliche Änderung von bestehenden Straßen in **bestehenden Wasserschutzgebieten** grundsätzlich als **unzulässig** ausscheiden muss. Dies wird stets für den **Fassungsbereich** sowie die **engere Schutzzone** eines Wasserschutzgebiets, grundsätzlich aber auch für die weitere Schutzzone gelten (SZDK/*Gößl* Rn. 62). Lediglich in dem Fall, dass keine andere Straßenführung möglich ist, muss uU der Umfang der Schutzzonen geändert oder aber als letzter Schritt die Wassergewinnungsanlage stillgelegt und damit das Wasserschutzgebiet aufgegeben werden (vgl. zu diesem Fall VGH Mannheim Urt. v. 21.10.1988 – 5 S 1088/88 –, NVwZ-RR 1989, 354; *Czychowski/Reinhardt* Rn. 23). Diese Grundsätze gelten auch dann, wenn ein **Wasserschutzgebiet noch nicht förmlich festgesetzt,** sondern erst in der Festsetzung begriffen ist (etwa im Fall des § 52 Abs. 2). Ebenso ist zu entscheiden, wenn die jeweilige Wasserschutzgebietsverordnung **fälschlicherweise kein Verbot für Straßen** enthält, wenn die Straße aber in dem Fassungsbereich oder der engeren Schutzzone geplant ist (SZDK/*Gößl* Rn. 64). Weil die Träger der Straßenbaulast nämlich dem Wohl der Allgemeinheit in einem weit verstandenen Sinne verpflichtet sind, kann nach der dazu ergangenen Rechtsprechung von ihnen verlangt werden, eine Gefährdung der Wasserversorgung auch dort zu vermeiden, wo (noch) keine Schutzvorschriften bestehen (VGH München Urt. v. 10.5.1999 – 8 B 99.147, 8 B 98.3165 –, NuR 1999, 650 (651)). Der Straßenbaulastträger als Adressat von Schutzauflagen gem. § 74 Abs. 2 S. 2 VwVfG hat die durch die Schutzanordnungen verursachten Kosten zu tragen, auch dann, wenn die Wassergewinnungsanlage erst nachträglich im Einzugsbereichs einer Straße errichtet wird (BVerwG Urt. v. 13.9.1985 – 4 C 47/82 –, NVwZ 1986, 204). Daneben ist an straßenverkehrsrechtliche Beschränkungen zu denken. Grundlage für solche **straßenverkehrsrechtliche Beschränkungen** zum Schutz der Gewässer und Heilquellen kann § 45 Abs. 1 S. 1 iVm S. 2 Nr. 4 StVO sein (vgl. OVG Schleswig Urt. v. 27.4.1993 – 2 L 179/92 –, ZfW 1994, 305 (306) und § 41 StVO, Zeichen 269 sowie § 42 StVO, Zeichen 354).

28 Da wasserrechtliche Schutzanordnungen auch gegenüber anderen Hoheitsträgern ihre Wirkung entfalten können, wirken Verbote und ähnliche Anordnungen auch gegenüber der **Bundeswehr,** daneben auch gegenüber den **NATO-Streitkräften,** da diese nach Art. II des NATO-Truppenstatuts iVm Art. 53 Abs. 1 des entsprechenden Zusatzabkommens, die in deutsches Recht transformiert wurden (Gesetz zum NATO-Truppenstatut und den Zusatzvereinbarungen vom 18.8.1961, BGBl. II, 1183, 1190, zuletzt geändert durch das Gesetz zu dem Abkommen vom 18.3.1993 zur Änderung des Zusatzabkommens zum NATO-Truppenstatut und zu weiteren Übereinkünften vom 28.9.1994, BGBl. II, 2594), das deutsche Recht einhalten müssen (SZDK/*Gößl* Rn. 44). Ein unter einem Ausnahmevorbehalt stehendes Verbot in einer Wasserschutzgebietsverordnung, in einem Wasserschutzgebiet militärische Anlagen und Übungsplätze zu errichten bzw. Manöver durchzuführen, ist daher von § 52 Abs. 1 S. 1 Nr. 1 gedeckt (vgl. auch DVGW-Arbeitsblatt W 106 „Militärische Übungen und Liegenschaften der Streitkräfte in Wasserschutzgebieten", Stand: April 1991).

2. Handlungs- und Duldungspflichten (Satz 1 Nr. 2)

a) Nutzungsbeschränkungen und Handlungspflichten (Satz 1 Nr. 2 lit. a))

29 Da Verbote, Beschränkungen und Duldungspflichten nicht immer ausreichen, um den mit der Festsetzung eines Wasserschutzgebiets verfolgten Gewässerschutz zu gewährleis-

ten, sieht § 52 Abs. 1 Nr. 2 lit a) in Anlehnung an die früheren Vorschriften der meisten Landeswassergesetze (vgl. etwa § 33 Abs. 1, 2 HessWG aF; § 24 Abs. 1 BadWttbgWG aF; Art. 35 Abs. 1 S. 4 BayWG aF) und Erweiterung der Regelung des § 19 Abs. 2 Nr. 2 WHG aF die Möglichkeit vor, auch bestimmte Handlungspflichten – allerdings begrenzt durch das Übermaßverbot – für **Eigentümer und Nutzungsberechtigte** von Grundstücken festzusetzen. Dabei sind als Nutzungsberechtigte alle an einem Grundstück zivil- oder öffentlich-rechtlich, ganz oder teilweise, dinglich oder schuldrechtlich zur Nutzung Berechtigten zu bezeichnen, meist etwa Pächter, Inhaber von Grunddienstbarkeiten, Nießbraucher oder Mieter, auch Wasserversorgungsunternehmen: Wenn sie Eigentümer oder Nutzungsberechtigte von Grundstücken sind, können entsprechende Handlungs- und Aufzeichnungspflichten nach § 52 Abs. 1 S. 1 Nr. 2 lit. a) und b) auch für sie festgesetzt werden (vgl. die Gesetzesbegründung, BT-Drs. 16/12275, 67; *Czychowski/Reinhardt* Rn. 33).

Den Grundstückseigentümern oder Nutzungsberechtigten eines Grundstücks kann **30** danach aufgegeben werden, auf das Grundstück bezogene Handlungen vorzunehmen oder die Grundstücke lediglich in einer bestimmten Art und Weise zu nutzen. Letzten Endes können auf diese Weise **stringente Verbote vermieden** werden. Im Einzelnen ist etwa die Anordnung der Pflicht, Bodenverfüllungen vorzunehmen, damit das Grundwasser nicht weiter zu Tage tritt, oder der Pflicht, Gewässer in einer bestimmten, vorgegebenen Art und Weise zu unterhalten, denkbar (vgl. *Czychowski/Reinhardt* Rn. 34, unter Anführung weiterer Beispiele). Ermöglicht werden auch nur mittelbar wirkende Anordnungen, etwa bestimmte Düngemittel nicht oder nur in einem bestimmten Maß oder in einem bestimmten Zeitraum zu verwenden (vgl. *Stemmler* NuR 1991, 366 (370)).

b) Bewirtschaftungsnachweis (Satz 1 Nr. 2 lit. b))

Nach der Regelung des § 52 Abs. 1 Nr. 2 lit. b) können die Eigentümer und Nut- **31** zungsberechtigten von Grundstücken verpflichtet werden, **Aufzeichnungen** über die Bewirtschaftung der Grundstücke anzufertigen, aufzubewahren und der zuständigen Behörde auf Verlangen vorzulegen. Die Regelung macht die effektive Überwachung durch die Wasserbehörden erst möglich. Weil mit der Feststellung derartiger Bewirtschaftungsnachweise in die grundrechtlich geschützte Sphäre eingegriffen wird, muss diese Maßnahme entsprechend des Verhältnismäßigkeitsgrundsatzes erforderlich sein und darf nicht lediglich der Erleichterung der behördlichen Gefahrenabwehr dienen (*Czychowski/Reinhardt* Rn. 36 mwN).

c) Duldungspflichten (Satz 1 Nr. 2 lit. c))

§ 52 Abs. 1 S. 1 Nr. 2 lit. c) stellt die normative Fortführung des § 19 Abs. 2 Nr. 2 **32** WHG aF dar. Im Gegensatz zur Vorgängerregelung soll er jedoch nach dem Willen des Gesetzgebers den Anwendungsbereich des geltenden Rechts verdeutlichen, indem er zu duldende Maßnahmen beispielhaft aufzählt (vgl. die Gesetzbegründung, BT-Drs. 16/12275, 67 und *Wellmann* in Wellmann/Queitsch/Fröhlich, Rn. 2). Die **exemplarische Aufzählung** umfasst das Dulden von Maßnahmen zur Beobachtung des Gewässers oder Bodens, die Überwachung von Schutzbestimmungen einer Schutzgebietsverordnung (vgl. dazu *Krämer* WuB 1965, 149), die Anbringung von Zäunen und Kennzeichnungen sowie Maßnahmen zur Bepflanzung und Aufforstung. Die Beobachtung eines Gewässers kann der Klärung der Frage dienen, ob sich Schutzanordnungen etwa bereits positiv auf schädliche Einflüsse von außen ausgewirkt haben. Denn die Kontrolle des Wasserschutzgebiets im Hinblick auf positive wie negative Veränderungen ist Sinn und Zweck von Maßnahmen nach § 52 Abs. 1 S. 1 Nr. 2 lit. c). Als technische Hilfsmittel werden dabei regelmäßig Grundwasserbeobachtungsrohre und -brunnen oder Pegelstellen herangezogen (*Czychowski/Reinhardt* Rn. 38). Denkbar sind in diesem Zusammenhang auch pflanzensoziologische Beobachtungen (SZDK/*Gößl* Rn. 53). Möglich sind auch Maßnahmen, die ein Abschwemmen von Bodenbestandteilen verhindern sollen, etwa mittels des Verfüllens eines Baggersees (VGH München Urt. v. 12.10.1995 – 22 B 91.231 –, ZfW 1997, 39 (41)).

33 Die Maßnahmen sind zu „dulden"; es besteht daher keine Verpflichtung zu einem aktiven Handeln, sondern lediglich die **Pflicht, Behinderungen der jeweiligen Maßnahme zu unterlassen.** Wie auch bei Anordnungen nach § 51 Abs. 1 muss dabei der Bestimmtheitsgrundsatz (§ 37 VwVfG) gewahrt werden: Duldungspflichten dürfen sich nur auf genau festgelegte Maßnahmen beziehen. Darüber hinaus darf der mit den Maßnahmen verbundene finanzielle Aufwand nicht die Eigentümer oder Nutzungsberechtigten treffen. Bereits vor Inkrafttreten des WHG 2009 konnte nach manchen Landeswassergesetzen die **zuständige Behörde in der Verordnung** nach Landesrecht dazu **befugt** werden, die jeweilige **zu duldenden Maßnahme durch Verwaltungsakt anzuordnen,** statt die einzelnen Duldungsfälle in der Verordnung zu regeln; diesen Gedanken hat nun auch das Bundesrecht mit § 52 Abs. 1 aufgegriffen. Damit werden andererseits aber vertragliche Vereinbarungen in Bezug auf eine bestimmte Handlungspflicht sowie Anordnungen der Ordnungsbehörden sowie der Polizei, schutzgebietswidrige Zustände zu beseitigen, dennoch nicht ausgeschlossen (*Czychowski/Reinhardt* Rn. 39).

3. Verpflichtungen des Begünstigten (Satz 1 Nr. 3)

34 Die Neuregelung des § 52 Abs. 1 S. 1 Nr. 3 schließt eine Regelungslücke, indem sie die zuständige **Behörde ermächtigt,** die Vornahme von **Maßnahmen,** die nach Nummer 2 lit. c) von Eigentümern oder Nutzungsberechtigten von Grundstücken zu dulden sind, **gegenüber dem Begünstigten (Wasserversorgungsunternehmen) anzuordnen.** Die Vorschrift ist an § 14 Abs. 1 S. 3 LWG NRW aF angelehnt (vgl. BT-Drs. 16/12275, 67; vgl. SZDK/*Gößl* Rn. 54). § 52 Abs. 1 S. 1 Nr. 3 ist spiegelbildlich zu der Duldungspflicht des § 52 Abs. 1 S. 1 Nr. 2 lit. c) zu verstehen (ähnlich *Czychowski/Reinhardt* Rn. 40). Sie normiert die Befugnis, den Begünstigten der Festsetzung eines Wasserschutzgebiets zu verpflichten, die von den Eigentümern und Nutzungsberechtigten rechtlich zu duldenden Maßnahmen durchzuführen. Weil sich § 52 Abs. 1 S. 1 Nr. 3 als unbestimmt in Bezug auf die Reichweite der möglichen Anordnung erweist, ist als Maßstab zunächst das Verhältnis zwischen Wasserbehörde und Gewässerbenutzer, begrenzt durch den Grundsatz der Verhältnismäßigkeit, heranzuziehen. Weiteres maßgebendes Kriterium dafür, wie weit sich die jeweilige, auf § 52 Abs. 1 S. 1 Nr. 3 gestützte Anordnung erstrecken kann, muss die Entnahme von Wasser zu Zwecken der Trinkwassergewinnung, die durch die Festsetzung eines Wasserschutzgebiets ermöglicht und sichergestellt wird, sein. Daneben ist als Ziel die Verringerung oder Vermeidung des Abfließens von schädlichem Niederschlagswasser bzw. von Schadstoffen zu nennen (vgl. § 51 Abs. 1 S. 1 Nrn. 1, 3). Nicht gerechtfertigt sind dagegen Anordnungen, welche in erstere Linie der Entlastung der Wasserbehörde bei ihrem Auftrag zur Umsetzung der Umweltziele der WRRL dienen. Dies schließt insbesondere Verpflichtungen aus weitergehenden ökologischen Motiven aus (*Czychowski/Reinhardt* Rn. 40).

III. Befreiung (Sätze 2 und 3)

35 Durch § 52 Abs. 1 S. 2 und 3 ist in unmittelbarem Kontext mit der Rechtsgrundlage für die Festlegung besonderer Anforderungen in Wasserschutzgebieten auch diejenige für

die Erteilung von **Befreiungen** von diesen normiert worden. In **Abgrenzung zu Ausnahmen,** die analog zur Systematik des Bauplanungsrechts (vgl. § 31 BauGB) als Abweichungen von den wasserrechtlichen Ge- oder Verboten zu charakterisieren sind, die der Gesetz- bzw. Verordnungsgeber bei deren Normierung als typisch erkannt und berücksichtigt hat, dient die Befreiung dem Zweck, eine Abweichung von an sich zwingenden Vorschriften im Fall von atypischen, bei der Normsetzung nicht bedachten Sachverhalten zu ermöglichen (vgl. *Hünnekens* NVwZ 2000, 527 (529); SZDK/*Gößl* Rn. 70 ff.). Daraus folgt wiederum, dass an die Erteilung einer Befreiung deutlich strengere Anforderungen zu stellen sind.

36 Die Befreiungsregelung in § 52 Abs. 1 S. 2, 3 ist Ausdruck des **Verhältnismäßigkeitsprinzips** und insofern Bestandteil eines abgestuften Systems, in dem dieses bei der Anwendung der §§ 51, 52 mehrfach zur Geltung kommt (→ § 51 Rn. 12 und § 52 Rn. 13). Es muss den Wasserbehörden wegen der Bestandsgarantie des Art. 14 Abs. 1 S. 1 GG und des Grundsatzes des Übermaßverbots gerade bei den repressiven Verboten einer Wasserschutzgebietsverordnung möglich sein, Ausnahmen oder Befreiungen zu erteilen und nicht nur auf pauschale Ausgleichsansprüche zu verweisen (*Czychowski/Reinhardt* Rn. 43). Die Regelung lehnt sich an frühere landesrechtliche Vorschriften, etwa § 13 Abs. 6 RhPfWG aF, an, wurde aber schon im Rahmen der Geltung des § 19 Abs. 1 und 2 WHG aF selbst hergeleitet (*Salzwedel* ZfW 1992, 397 (409)). Der Bundesgesetzgeber hat mit § 52 Abs. 1 S. 2 und 3 ausdrücklich klargestellt, dass aus verfassungsrechtlichen Gründen des Eigentumsschutzes Befreiungen von Schutzanordnungen gewährt werden *können* und zur Vermeidung unzumutbarer Beschränkungen des Eigentums gewährt werden *müssen*. Damit wird der Rechtsprechung des BVerfG und des BVerwG Rechnung getragen, nach der Nutzungsbeschränkungen in Schutzgebieten als Inhalts- und Schrankenbestimmungen nach Art. 14 Abs. 1 S. 2 GG dem Verhältnismäßigkeitsprinzip entsprechen müssen (BVerwG Beschl. v. 30.9.1996 – 4 NB 31/96, 4 NB 32/96 –, NVwZ 1997, 887 (889)). Danach sind vorrangig Vorkehrungen zu treffen, die eine unverhältnismäßige Belastung des Eigentümers „real" vermeiden und damit die Privatnützigkeit des Eigentums soweit wie möglich erhalten. Soweit derartige Beschränkungen das Eigentum unzumutbar beeinträchtigen, kommt eine finanzielle Entschädigung nur in Betracht, wenn Vorkehrungen zur **realen Vermeidung der Belastung** ausscheiden (BVerfG Beschl. v. 6.9.2005 – 1 BvR 1161/03 –, NVwZ 2005, 1412 (1413 f.); BVerwG Beschl. v. 15.4.2003 – 7 BN 4.02 –, NVwZ 2003, 1116 (1117)).

37 Nach der Rechtsprechung kommt eine Befreiung von Verboten, Beschränkungen und Duldungs- und Handlungspflichten iSd § 52 Abs. 1 S. 1 insbesondere dann in Betracht, wenn eine nach dem typisierenden Tatbestandskatalog der jeweiligen Verordnung (vgl. zur Zulässigkeit solcher typisierenden Tatbestandskataloge OVG Münster Urt. v. 1.10. 1991 – 20 A 1945/99 –, ZfW 2004, 114 (117)) verbotene Grundstücksnutzung zu einer **unbilligen Härte** führen würde und das **Wohl der Allgemeinheit** der Ausnahme nicht entgegensteht (VGH München, Urt. v. 5.4.1990 – 22 B 88.2640 –, UPR 1990, 356; vgl. auch OVG Saarlouis Beschl. v. 22.4.1993 – 8 N 3/92 –, ZfW 1994, 297 (301)). Wurde in der Vergangenheit überwiegend vertreten, dass die Erteilung von Befreiungen von Anordnungen in Wasserschutzgebietsverordnungen nur bei atypischen Einzelfällen möglich sei, bei denen im Rahmen einer Güterabwägung der privatnützigen Grundstücksnutzung der Vorrang einzuräumen ist (VGH Mannheim Beschl. v. 21.2.1994 – 8 S 2694/93 –, ZfW 1995, 86; OVG Münster Urt. v. 1.10.2001 – 20 A 1945/99 –, ZfW 2004, 114), wird diese restriktive Sichtweise analog zu § 31 Abs. 2 BauGB aufgrund des Wortlauts des § 51 Abs. 1 S. 2 nicht mehr verlangt (SZDK/*Gößl* Rn. 76). Auch in einer Mehrzahl von Fällen können bei gleich gelagertem Sachverhalt somit durchaus Befreiungen in Betracht kommen. In Abgrenzung von den tatbestandlichen Voraussetzungen für die Erteilung einer Ausnahme muss es sich jedoch weiterhin regelmäßig um atypische Sachverhalte handeln, die der Verordnungsgeber weder erkennen konnte noch musste.

38 Durch die Einführung der bundesrechtlichen Befreiungsregelung in Abs. 2, 3 werden **bestehende Befreiungs- oder Härtefallklauseln** in Schutzgebietsverordnungen nach altem Recht als niedrigschwellige Dispensmöglichkeiten indes nicht verdrängt (*Czychowski/Reinhardt* Rn. 9a, 44; BeckOK UmweltR/*Tünnesen-Harmes* Rn. 4, 26; differenzierend SZDK/*Gößl* Rn. 72; aA OVG Greifswald Urt. v. 4.9.2013 – 3 L 185/11 –, NVwZ-RR 2014, 261; VG Berlin Urt. v. 11.11.2016 – 10 K 402.14 –, juris Rn. 16). Erst recht gilt dies für Ausnahmeregelungen in Schutzverordnungen für typisierte Fallgestaltungen.

39 Ob eine Befreiung erteilt wird, steht nach § 51 Abs. 1 S. 2 grundsätzlich im **Ermessen** der zuständigen Behörde. Tatbestandlich ist es erforderlich, dass der Schutzzweck der Verordnung nicht gefährdet wird oder überwiegende Gründe des Wohls der Allgemeinheit dies erforderlich machen, wobei regelmäßig ein **strenger Maßstab** anzulegen ist (VG Augsburg Urt. v. 3.3.2005 – Au 7 K 03.234 –, juris Rn. 50; *Czychowski/Reinhardt* Rn. 45 mwN). In Übertragung der von der Rechtsprechung zu § 48 WHG **(Besorgnisgrundsatz)** erarbeiteten Grundsätze kommt eine Befreiung jedenfalls dann nicht in Betracht, wenn eine Verunreinigung des Wassers oder eine sonstige nachteilige Veränderung seiner Eigenschaften nach den gegebenen Umständen und im Rahmen einer sachlich vertretbaren, auf konkreten Feststellungen beruhenden Prognoseentscheidung nicht von der Hand zu weisen ist (BVerwG Urt. v. 12.9.1980 – IV C 89.77 –, ZfW 1981, 87; VG Bremen Urt. v. 18.10.2019 – 5 K 910/18 –, W+B 2020, 48, 50). Die Möglichkeit der **abstrakten Gefährdung** des Schutzzwecks schließt die Erteilung einer Befreiung aus (SZDK/*Gößl* Rn. 77). Trotz Gefährdung des Schutzzwecks kann eine Befreiung erteilt werden, wenn **überwiegende Allgemeinwohlinteressen** dies erfordern. Alleinige Individualinteressen scheiden insoweit aus (aA BeckOK/*Tünnesen-Harmes* Rn. 28) und die Allgemeinwohlinteressen müssen im Rahmen einer Abwägung, die auch eine Prüfung zumutbarer Alternativen einschließt, den Schutzzielen der Wasserschutzgebietsverordnung vorgehen. Im Rahmen der **Ermessensentscheidung** kann auch der Gesichtspunkt einer möglichen negativen Vorbildwirkung berücksichtigt werden (SZDK/*Gößl* Rn. 82).

40 Demgegenüber **muss** die Wasserbehörde nach § 52 Abs. 1 S. 3 die Befreiung erteilen (gebundene Entscheidung), wenn der verfassungsrechtliche Eigentumsschutz dies erforderlich macht, weil ansonsten das Eigentum **unzumutbar** beschränkt werden würde (ausführlich zum Tatbestandsmerkmal der Unzumutbarkeit mit typischen Fallgruppen SZDK/*Gößl* Rn. 84 ff.). Der Befreiungsvorbehalt führt dann aus Gründen des durch Art. 14 Abs. 1 GG vermittelten Besitzstands- oder Vertrauensschutzes und bei weniger gefährlichen Vorgängen zu einem **Rechtsanspruch auf die Befreiung,** wenn die dafür festgelegten Voraussetzungen erfüllt sind (*Czychowski/Reinhardt* Rn. 46). Gleichzeitig darf jedoch der Schutzzweck der Schutzgebietsverordnung durch die Erteilung der Befreiung nicht gefährdet werden, was aus der „Situationsgebundenheit" des Eigentums abgeleitet wird (VGH München Urt. v. 24.10.2007 – 22 N 05.2524 –, juris; vgl. *Breuer* NuR 1996, 537 (538)). Die tatbestandliche Voraussetzung des § 52 Abs. 1 S. 3 (unzumutbare Beschränkung des Eigentums) ist mit der des Entschädigungsanspruchs gemäß § 52 Abs. 4 identisch. Allerdings ergibt sich daraus kein Wahlrecht des Betroffenen, denn der Entschädigungsanspruch setzt voraus, dass vorrangig die Erteilung einer Befreiung oder einer anderen Ausgleichsmöglichkeit geprüft wurde (→ Rn. 55).

C. Vorläufige Anordnungen (Absatz 2)

I. Allgemeines

41 Um zu verhindern, dass der mit der Festsetzung von Wasserschutzgebieten verfolgte Zweck durch Schaffung vollendeter Tatsachen vor Beginn oder während eines Festsetzungsverfahrens gefährdet wird, können nach Absatz 2 auch schon vor der endgültigen Festsetzung **vorläufige Anordnungen** nach Absatz 1 getroffen werden. Vorauszusetzen ist dafür, dass ohne den Erlass der vorläufigen Anordnung der mit der Festsetzung des Wasserschutzgebiets verfolgte **Zweck** kurzfristig **gefährdet** wäre.

42 Die Regelungen in Absatz 2 lehnen sich an frühere landesrechtliche Vorschriften (etwa § 15 Abs. 5 LWG NRW aF, § 48 Abs. 5 SächsWG aF, Art. 81 Abs. 1 BayWG aF, § 24 Abs. 2 S. 1 BadWttbgWG aF) an (vgl. die Gesetzesbegründung, BT-Drs. 16/12275, 67). Im Unterschied zu den landesrechtlichen Bestimmungen (eine Ausnahme stellt insoweit lediglich Art. 81 Abs. 1 BayWG aF dar) nimmt § 52 Abs. 2 jedoch Bezug auf seinen Absatz 1. Damit können vorläufige Anordnungen nicht nur als **Verordnungen,** sondern auch in Gestalt einer **Einzelverfügung** ergehen (*Czychowski/Reinhardt* Rn. 47). Beim vorläufigen Verwaltungsakt wird die Regelung unter den Vorbehalt einer späteren endgültigen Entscheidung gestellt (*Knopp* WHG-Novelle 2010, Rn. 398 Fn. 377). Als belastende Einzelverfügung zieht eine derartige Anordnung eine Anhörungspflicht gem. § 28 VwVfG für den Betroffenen mit sich.

II. Voraussetzungen

43 Die Formulierung des § 52 Abs. 2 S. 1, wonach vorläufige Anordnungen getroffen werden können, wenn es sich um ein als „Wasserschutzgebiet **vorgesehenes** Gebiet" handelt, wirft die Frage auf, wann konkret die Planung eines Wasserschutzgebiets in diesem Sinne vorliegt. Zwar bezieht sich die Begründung des Gesetzesentwurfs auf § 17 Abs. 4 BauGB (vgl. BT-Drs. 16/12275, 67), der die Geltungsdauer einer Veränderungssperre im Baurecht normiert. Vor Inkrafttreten einer Veränderungssperre schafft dabei der ortsüblich bekanntzumachende Planaufstellungsbeschluss die notwendige Klarheit über die jeweiligen Planungsabsichten; gerade dieses Instrument ist indes dem Wasserrecht fremd. Ein nach außen klar zu identifizierender Beginn eines förmlichen Festsetzungsverfahrens ist gerade nicht zwingend vorgesehen (→ § 51 Rn. 56; missverständlich insoweit *Czychowski/Reinhardt* Rn. 48). Eine Konkretisierung des Gebiets muss daher in anderer Weise erfolgen. Die Anforderung, dass ein Gebiet „als Wasserschutzgebiet vorgesehen ist", ist jedenfalls erfüllt, wenn das **Festsetzungsverfahren** bereits bis zur Durchführung des Erörterungstermins gediehen ist (vgl. den Sachverhalt in VG München Urt. v. 24.3.2015 – M 2 K 14.3508 –, juris Rn. 18), weil dann die räumlichen Grenzen des Wasserschutzgebiets (evtl. auch seiner inneren Grenzen, dh die Schutzzonen) festgelegt und fachbehördlich überprüft sind, auf dessen Grundlage die Anordnungen präzise ergehen können. Eine weitere Vorverlagerung der vorläufigen Sicherung muss im Hinblick auf das Regelungsziel des § 52 Abs. 2 aber möglich sein, wenn zumindest ein **Festsetzungsentwurf** der zuständigen Behörde vorliegt, aus dem sich die inneren und äußeren Grenzen des geplanten Wasserschutzgebiets ergeben. Nach zutreffender Ansicht des VGH München (Beschl. v. 18.6.2012 – 8 ZB 12.76 –, juris Rn. 13) ist eine hinreichend konkretisierte Planungsabsicht ausreichend, die sich aus einem durch ein Ingenieurbüro erstellten (qualifizierten) Plan ergibt, da es im Hinblick auf die hohe Schutzwürdigkeit

des Wassers als überlebensnotwendiges Allgemeingut der Behörde möglich sein müsse, mit vorläufigen Anordnungen schon vor der förmlichen Einleitung des Verfahrens zur Festsetzung eines Wasserschutzgebiets zeitnah auf eine konkrete Gefahrenlage für die Wasserversorgung zu reagieren, zumal es sich hierbei um vorübergehende Maßnahmen handelt. Erforderlich, aber auch ausreichend ist es, dass bei summarischer Prüfung die vorläufigen Anordnungen voraussichtlich auch in der endgültigen Wasserschutzverordnung enthalten sein werden (OVG Magdeburg Beschl. v. 13.2.2017 – 2 M 7/17 –, juris Rn. 8). Demgegenüber dürfte die **bloße Absicht,** ein Gebiet als Wasserschutzgebiet festzusetzen, ohne Vorliegen eines Schutzgebietsgutachtens, mangels näherer Verifizierung **nicht ausreichen** (aA nur *Bulling/Finkenbeiner/Eckhardt/Kibele* Rn. 106 zu § 24 BadWttbgWG aF). Gleiches gilt für den Fall, dass bei Erlass der vorläufigen Anordnung Umstände bestehen, die eine Verabschiedung der Verordnung rechtlich unmöglich werden lassen (vgl. VGH Mannheim Urt. v. 10.10.1980 – 1 S 463/80 –, ESVGH 31, 74).

44 Die in der Gesetzesbegründung (BT-Drs. 16/12275, S. 67) angelegte Parallelität zu §§ 14 ff. BauGB lässt sowohl einen großzügigeren Maßstab bei der Prüfung der Voraussetzungen einer vorläufigen Unterschutzstellung gem. § 52 Abs. 2 im Interesse eines effektiven vorgezogenen Schutzes zu, als auch die Möglichkeit einer **Ausnahme** von einer Schutzanordnung im Einzelfall als entsprechendes Korrektiv, wenn überwiegende öffentliche Belange nicht entgegenstehen (vgl. § 14 Abs. 2 BauGB).

45 Materiell-rechtlich ist nach § 52 Abs. 2 weiter vorauszusetzen, dass ohne die vorläufige Anordnung der mit der Festsetzung verfolgte **Zweck gefährdet** wäre, wobei eine abstrakte Gefährdung ausreicht (SZDK/*Gößl* Rn. 56). Dabei stellt der Zweck die jeweilige Zielsetzung, die mit der Unterschutzstellung nach § 51 Abs. 1 S. 1 Nr. 1–3 verfolgt wird, dar. Eine Gefährdung des Festsetzungszwecks wird man generell immer dann anzunehmen haben, wenn zu befürchten ist, dass durch bestimmte Vorhaben die materiellen **Voraussetzungen für die Schutzgebietsfestsetzung** selbst, namentlich Schutzbedürftigkeit, Schutzwürdigkeit und Schutzfähigkeit, infrage gestellt werden könnten, etwa weil eine beabsichtigte Grundstücksnutzung zu einer Beeinträchtigung des Wasserdargebots in dem beabsichtigten Trinkwasserschutzgebiet führen würde (*Czychowski/Reinhardt* Rn. 50). Im konkreten Einzelfall ist eine **Abwägung** vorzunehmen, und zwar zwischen der Gefährdung des Schutzzwecks ohne die jeweilige Anordnung einerseits und des Ausmaßes der Eigentumsbeschränkung andererseits.

46 Angesichts der in § 52 Abs. 2 Satz 1 definierten materiell-rechtlichen Voraussetzungen einer vorläufigen Anordnung und ihrem Sinn und Zweck nach ist im Rahmen der Prüfung der Rechtmäßigkeit der noch zu erlassenden Wasserschutzgebietsverordnung der **Prüfungsmaßstab** dahingehend eingeschränkt, dass nur überprüft wird, ob die der vorläufigen Anordnung zugrunde liegende Schutzgebietsplanung nicht behebbare, zur offensichtlichen Rechtswidrigkeit der Wasserschutzgebietsverordnung führende Mängel beinhaltet (VG München Urt. v. 24.3.2015 – M 2 K 14.3508 –, juris Rn. 19).

III. Geltungsdauer; Außerkrafttreten

47 Die Vorschrift des § 52 Abs. 2 S. 2–4 bestimmt die **höchstens zulässige Geltungsdauer** vorläufiger Anordnungen; damit wird dem Verhältnismäßigkeitsgrundsatz Rechnung getragen. Der Natur der Sache nach werden vorläufige Anordnungen insoweit durch Inkrafttreten einer Wasserschutzgebietsverordnung abgelöst, als diese endgültige Regelungen mit gleichem Inhalt enthält, was § 52 Abs. 2 S. 2 ausdrücklich erwähnt. Ansonsten schreibt § 52 Abs. 2 S. 2 in Bezug auf die Geltungsdauer einzelner vorläufiger Anordnungen vor, dass jedenfalls spätestens nach Ablauf von drei Jahren vorläufige An-

ordnungen automatisch, dh ohne Dazutun der Wasserbehörde, **außer Kraft treten,** also auch dann, wenn das Festsetzungsverfahren bis dahin noch nicht abgeschlossen sein sollte. Bei „besonderen Umständen" iSd § 52 Abs. 2 S. 3 kann die Frist höchstens um ein Jahr **verlängert** werden (vgl. auch § 17 Abs. 2 BauGB und BVerwG Urt. v. 10.9.1976 – IV C 39.74 –, BVerwGE 51, 121). Die Regelung des § 52 Abs. 2 S. 4 bestimmt des Weiteren die rechtliche Selbstverständlichkeit, dass bei Wegfall der materiellen Voraussetzungen für den Erlass der vorläufigen Anordnung diese von der Behörde **aufzuheben** ist. Der Aufhebungsentscheidung der Wasserbehörde kommt dabei ex-nunc-Wirkung zu. Im Gegensatz zu der Bestimmung des § 52 Abs. 2 S. 2 bedarf es jedoch einer explizit formulierten Entscheidung der Behörde. Weil der Eigentumsschutz und die Wahrung des Übermaßverbots Hintergrund für die Schaffung des § 52 Abs. 2 S. 3 waren, kann der von vorläufigen Anordnungen Betroffene die Entscheidung der zuständigen Wasserbehörde nach § 52 Abs. 2 S. 2 **beantragen** und, wenn sie in Form einer Einzelverfügung ergangen sind, diesbezüglich auch die Verwaltungsgerichte um Rechtsschutz ersuchen.

D. Anordnungen außerhalb des Wasserschutzgebiets (Absatz 3)

Die Neuregelung des § 52 Abs. 3 lehnt sich ebenfalls an ehemalige landesrechtliche Vorschriften an. Nach § 52 Abs. 3 können Anordnungen nach Absatz 1 ausnahmsweise **auch außerhalb eines festgesetzten Wasserschutzgebiets** getroffen werden (kritisch zu der damit verbundenen erheblichen Ausweitung BR-Drs. 280/09, 39 f.). Anordnungen außerhalb des Wasserschutzgebiets sind wegen der ausdrücklichen Bezugnahme nur auf Absatz 1 nicht als vorläufige Anordnungen (vgl. § 52 Abs. 2) zulässig. Anordnungen nach Absatz 3 für bestimmte Bereiche, die aus rechtlichen Gründen nicht in die Schutzgebietsfläche mit einbezogen werden können, sind indes nicht möglich. § 51 darf nicht unterlaufen werden (*Czychowski/Reinhardt* Rn. 54). **48**

Vorauszusetzen ist für Anordnungen außerhalb des Wasserschutzgebiets jedenfalls, dass – wie im Fall der vorläufigen Anordnungen nach § 52 Abs. 2 – der Verzicht auf die intendierte Anordnung eine (abstrakte) **Gefährdung** des mit der Wasserschutzgebietsausweisung verfolgten **Zwecks** iSd § 51 Abs. 1 S. 1 Nr. 1–3 hervorrufen würde (→ Rn. 37, 43). Zudem ist zu fordern, dass ein bestimmtes Gebiet nicht in den Geltungsbereich der jeweiligen Wasserschutzgebietsverordnung mit eingeschlossen werden konnte (etwa weil die Unterwerfung des Grundstücks unter *sämtliche* Schutzanordnungen dem Eigentumsschutz widersprechen würde, einzelne Ge- oder Verbote jedoch zulässigerweise angeordnet werden können) und dem Zweck des Gewässerschutzes nicht gleichwertig mit allgemeinen wasserhaushaltsrechtlichen Instrumenten (vgl. § 48) Genüge getan werden kann (vgl. *Reinhardt* UTR 54 (2000), 111 (126 f.)). Der Erlass einer Anordnung nach § 52 Abs. 3 wird regelmäßig die Frage nach sich ziehen, ob eine räumliche Ausweitung des Wasserschutzgebietes geboten ist (SZDK/*Gößl* Rn. 60). **49**

E. Entschädigung (Absatz 4)

I. Unzumutbare Beschränkung des Eigentums

1. Hintergrund und dogmatische Würdigung

Schutzanordnungen einer Wasserschutzgebietsfestsetzung können – je nachdem, wie stringent sie sich erweisen – das Problem der eigentumsrechtlichen Zulässigkeit hervorru- **50** fen. Als Leitlinien des verfassungsrechtlich gesicherten Eigentums nach Art. 14 GG sind auf der einen Seite zunächst das Abwehrrecht gegen **rechtswidrige hoheitliche Eingriffe in das Eigentum** (Art. 14 Abs. 1 S. 1 GG), auf der anderen Seite aber auch die **Sozialpflichtigkeit des Eigentums** (Art. 14 Abs. 1 S. 2 GG), hier des Eigentums an Grund und Boden, die sich in der grundsätzlichen Zulässigkeit von weiten Inhalts- und Schrankenbestimmungen des Eigentums zeigt, zu beachten (vgl. grundlegend dazu den sog. Nassauskiesungsbeschluss des BVerfG, Beschl. v. 15.7.1981 – 1 BvL 77/78 –, BVerfGE 58, 300 (318 ff., 330 ff.); zur Entwicklung der Rspr. vgl. weitergehend *Breuer* NuR 1996, 537, etwa zur „Sonderopfertheorie" des BGH Urt. v. 25.1.1973 – III ZR 118/70 –, BGHZ 60, 145 (147) und zur „Schweretheorie" des BVerwG Urt. v. 25.1.1957 – I C 3.56 –, BVerwGE 5, 143 (145); eingehend zur Eigentumsgarantie im Zusammenhang mit Wasserschutzgebietsfestsetzungen auch SZDK/*Gößl* Rn. 11 ff.). Die Sozialpflichtigkeit des Eigentums wird wiederum durch die jeweilige (örtliche) Situation entscheidend geprägt (**„Situationsgebundenheit des Eigentums"**, vgl. BGH Urt. v. 20.2.1992 – III ZR 188/90 –, BGHZ 117, 240 (256); Urt. v. 3.3.1983 – III ZR 93/81 –, BGHZ 87, 66 (71 ff.); VGH München Beschl. v. 13.2.2014 – 8 ZB 12.1985 –, juris Rn. 12; *Breuer* NuR 1996, 537 (538)). Diesbezüglich ist allerdings zu beachten, dass aus der Situationsgebundenheit des Eigentums zwar Nutzungs- und Verfügungsbeschränkungen vor allem in Natur- und Landschaftsschutzgebieten und im Zusammenhang mit dem Denkmalschutz abgeleitet werden können (vgl. BGH Urt. v. 20.2.1992 – III ZR 188/90 –, BGHZ 117, 240 (257)); dies kann, muss aber nicht zwingend auch für Wasserschutzgebiete gelten, weil die Grundstücke, auf denen Trinkwasser gewonnen wird, und dementsprechend auch die Lage der Trinkwasserschutzgebiete und die Begrenzung der Schutzzonen nicht allein von natürlichen Gegebenheiten abhängen, sondern es maßgeblich auf die Entscheidung des Unternehmers ankommt, das Trinkwasser gerade an einer bestimmten Stelle des Wasservorkommens zu gewinnen (*Labbé/Kaltenegger* BayVBl. 1994, 1 (8); vgl. auch *Weyreuther* UPR 1987, 41 (49); *Czychowski/Reinhardt* Rn. 59).

51 § 19 Abs. 3 WHG aF ging als Vorgängerregelung des § 52 Abs. 4 von einem „weiten" Enteignungsbegriff aus und enthielt eine sog. **„salvatorische Entschädigungsklausel"**, die allgemein bestimmte, dass eine Entschädigung zu leisten war, wenn eine Schutzanordnung eine „Enteignung" darstellte. Die Vorschrift sollte damit der Junktimklausel des Art. 14 Abs. 3 S. 2 GG Rechnung tragen, nach der eine Enteignung nur durch Gesetz oder aufgrund eines Gesetzes erfolgen darf, das Art und Ausmaß der Entschädigung regelt. Demgegenüber formulierte das BVerfG einen „engen", formalisiert-finalisierten Enteignungsbegriff, nach dem eine Enteignung iSd Art. 14 Abs. 3 GG einen hoheitlichen, staatlichen Zugriff darstellt, der auf die Entziehung konkreter subjektiver Rechtspositionen gerichtet ist (wofür die bloße Einbeziehung eines Grundstücks in ein Wasserschutzgebiet für sich allein regelmäßig nicht ausreicht, vgl. etwa *Breuer* EUDUR Bd. II, § 65 Rn. 123, wobei zu beachten ist, dass das Grundwasser nach § 4 Abs. 2 ohnehin nicht eigentumsfähig sein kann und daher insofern nicht dem Eigentumsschutz unterliegt). Eine Inhalts- und Schrankenbestimmung ist nach dem BVerfG als generelle und abstrakte Festlegung von Rechten und Pflichten durch den Gesetzgeber für das Eigentum zu charakterisieren (BVerfG Beschl. v. 15.7.1981 – 1 BvL 77/78 –, BVerfGE 58, 300 (330)). Folgerichtig urteilte das BVerwG, dass eine solche salvatorische Entschädigungsklausel nicht den Anforderungen der Junktimklausel des Art. 14 Abs. 3 S. 2 GG genüge (vgl. BVerwG Urt. v. 15.2.1990 – 4 C 47/89 –, BVerwGE 84, 361 (366)), weil sie eine Entschädigung für nicht festumrissene Fälle vorsah und daher zu unbestimmt und damit verfassungswidrig sei.

52 Unter Zugrundlegung der geschilderten Eigentumskonzeption hat sich in der Rechtsprechung herauskristallisiert, dass **Schutzanordnungen** grundsätzlich – abgesehen von

Ausnahmefällen – **entschädigungslose Inhalts- und Schrankenbestimmungen** darstellen (vgl. dazu BGH Urt. v. 25.1.1973 – III ZR 118/70 –, BGHZ 60, 145 (146); auf Grundlage des Nassauskiesungsbeschlusses des BVerfG: BGH Urt. v. 19.9.1996 – III ZR 82/95 –, BGHZ 133, 271 (274); BVerwG Beschl. v. 30.9.1996 – 4 NB 31/96, 4 NB 32/96 –, NVwZ 1997, 887). Vor diesem Hintergrund, insbesondere in Anlehnung an den engen Enteignungsbegriff des BVerfG und angesichts der Tatsache, dass Schutzanordnungen nicht auf eine Enteignung gem. Art. 14 Abs. 3 GG abzielen, sondern lediglich eine Inhaltsbestimmung des Eigentums im Sinne von Art. 14 Abs. 1 S. 2 GG darstellen, wurde auch die Entschädigung nach § 19 Abs. 3 WHG aF nicht als enteignungsentschädigungsrechtliche Regelung nach Art. 14 Abs. 3 GG, sondern als Ausgleichsregelung im Rahmen der Inhaltsbestimmung des Eigentums nach Art. 14 Abs. 1 S. 2 GG uminterpretiert, dh als „Pflicht zur Zahlung eines finanziellen Ausgleichs für sonst unverhältnismäßige Nutzungsbeschränkungen des Eigentums" angesehen (BVerwG Urt. v. 24.6. 1993 – 7 C 26.92 –, NuR 1993, 487; Beschl. v. 30.9.1996 – 4 NB 31/96, 4 NB 32/96 –, NVwZ 1997, 887 (890)). Diesen Weg der Uminterpretation, die Regelung als **ausgleichspflichtige Inhalts- und Schrankenbestimmung** (vgl. zu dieser Rechtsfigur BVerwG Urt. v. 24.6.1993 – 7 C 26.92 –, BVerwGE 94, 1 (5), kritisch dazu *Breuer* NuR 1996, 537 (545)) einzuordnen, beschreitet auch das WHG 2009, wobei konsequenterweise an die Stelle des Begriffs der „Enteignung" derjenige der **„unzumutbaren Eigentumsbeschränkung"** tritt.

Die Regelung des Absatzes 4 des § 52 führt – abgesehen von dem geschilderten Begriffswechsel – den bisherigen § 19 Abs. 3 HS 1 WHG aF im Wesentlichen unverändert fort. Danach kann – sofern Anordnungen eine „unzumutbare Beschränkung des Eigentums" darstellen – eine Entschädigungsleistung nach Absatz 4 verlangt werden. Letztlich dient eine Regelung wie die des § 52 Abs. 4 (§ 19 Abs. 3 WHG aF) damit auch der Wahrung der **Verhältnismäßigkeit** von Nutzungsbeschränkungen nach § 52 Abs. 1 (vgl. SZDK/*Gößl* Rn. 106; ferner → § 51 Rn. 12 und oben → Rn. 35). Ob allerdings durch den Begriffswechsel die intendierte Entbindung von enteignungsrechtlichen Regelungen und Grundsätzen (so die Gesetzesbegründung, BT-Drs. 16/12275, 79) gelingt, ist zu bezweifeln, gerade weil die Grenzen zwischen entschädigungslos hinzunehmender Inhalts- und Schrankenbestimmung und entschädigungspflichtiger Enteignung nur schwer zu ziehen sind (vgl. *Breuer* NuR 1996, 537 (545 f.); *Czychowski/Reinhardt* Rn. 56) und zudem bereits im Rahmen der Geltung des § 19 Abs. 3 WHG aF keine hinreichende gesetzliche Grundlage für eine Enteignung vorhanden war. Die Umformulierung allein hindert es daher nicht, dass weiterhin die **Maßstäbe des Art. 14 GG,** insbesondere seines Absatzes 3, Anwendung finden müssen, was sich bereits aus der Überlegung ergibt, dass ansonsten keine gesicherten Entscheidungsleitlinien, auch im Hinblick auf die Abgrenzung zum Billigkeitsausgleich nach § 52 Abs. 5, bestehen würden. 53

2. Begriff der unzumutbaren Eigentumsbeschränkung

Im Rahmen der Prüfung der Zumutbarkeit einer Eigentumsbeschränkung sind daher die geschilderten Grundsätze zum verfassungsrechtlichen Schutz des Eigentums sinngemäß heranzuziehen (SZDK/*Gößl* Rn. 107, 84 ff.). Danach ergibt sich keine Entschädigungspflicht bei Grundstücksnutzungen, die nur im Rahmen einer zulassungspflichtigen **Gewässerbenutzung** vorgenommen werden können und für die eine Bewilligung oder Erlaubnis nicht erteilt wurde (BGH, Urt. v. 19.9.1996 – III ZR 82/95 –, BGHZ 133, 271 (277); *Breuer/Gärditz* Rn. 1105; *Czychowski/Reinhardt* Rn. 68). Insoweit kann von vornherein weder ein Enteignungstatbestand noch eine ausgleichs- oder entschädigungspflichtige Inhalts- und Schrankenbestimmung des Eigentums vorliegen (vgl. *Knauber* 54

AgrarR 1985, 125). Dabei ist darauf hinzuweisen, dass auch ein Bauvorhaben, das die nicht nur entfernte Möglichkeit einer schädlichen Einwirkung auf das Grundwasser mit sich bringt, eine erlaubnispflichtige Gewässerbenutzung iSd § 9 Abs. 1 darstellt (VGH Mannheim, Urt. v. 3.8.1998 – 3 S 990/98 –, Juris). Eine Entschädigungspflicht ergibt sich ebenfalls nicht für Schutzanordnungen, die derartige Benutzungen verbieten, was insb. für **Auskiesungsverbote** gilt (BGH Urt. v. 3.6.1982 – III ZR 28/76 –, BGHZ 84, 223; OVG Koblenz Urt. v. 26.8.1992 – 10 C 11217/91 –, Juris; VGH München Beschl. v. 13.2.2014 – 8 ZB 12.1985 –, GewArch 2015, 229 (230); SZDK/*Gößl* Rn. 94 ff.), sowie für das Verbot, Abwasser zu verrieseln, oder mit Blick auf das Einbauen, Aufstellen oder Betreiben von Anlagen zum **Umgang mit wassergefährdenden Stoffen** (§§ 62 f. iVm der AwSV). Beinahe alle Maßnahmen, die zwar nicht unmittelbar auf Gewässer einwirken, für sie aber im Sinne des § 9 potentiell gefährlich sein können, sind auf diese Weise zu beurteilen, da die entsprechenden Beschränkungen der Wasserschutzgebietsverordnung insofern nicht über die ohnehin durch das WHG normierte Inhaltsbestimmung des Eigentums hinausgehen. Umgekehrt kann aber etwa eine rechtmäßige, dh wasserrechtlich zugelassene Auskiesung/Abgrabung, die ausgeschlossen oder so eingeschränkt wird, dass sie bei verständiger Betrachtung nicht mehr als wirtschaftlich vernünftig angesehen kann, einen entschädigungspflichtigen Eingriff darstellen (zu allem: BGH Urt. v. 19.9.1996 – III ZR 82/95 –, BGHZ 133, 271 (277)).

55 Sonstige, etwa **landwirtschaftliche Grundstücksnutzungen,** die zwar keine Nutzungen iSd § 9 Abs. 1 darstellen, hinsichtlich derer aber bestimmte Schutzanordnungen erlassen wurden, sind regelmäßig ebenfalls als nicht entschädigungspflichtige Inhalts- und Schrankenbestimmungen des Eigentums nach Art. 14 Abs. 1 S. 2 GG einzuordnen. Im Einzelnen kann es sich dabei etwa um Verbote und Beschränkungen in Bezug auf bestimmte Düngearten (zB VGH Mannheim Urt. v. 13.12.1996 – 8 S 1888/96 –, ZfW 1998, 312), in Bezug auf eine bestimmte Handhabung des Düngers (vgl. *Breuer/Gärditz* Rn. 1110; SZDK/*Gößl* Rn. 90; *Czychowski/Reinhardt* Rn. 72), den Betrieb auf Gärfutteranlagen zur Bullenmast (BGH Urt. v. 19.9.1996 – III ZR 82/95 –, BGHZ 133, 271 (277)) oder das Umwandeln von Grün- in Ackerland handeln (hierzu OVG Koblenz Urt. v. 28.8.1991 – 10 C 10840/90 –, juris; → Rn. 23). Die Grenzen einer entschädigungslos hinzunehmenden Inhalts- und Schrankenbestimmung können jedoch durchaus überschritten werden. Dies soll etwa für Fälle gelten, in denen der Betroffene im konkreten Einzelfall so erheblich belastet wird, dass eine ordnungsgemäße landwirtschaftliche Bewirtschaftung der Flächen **praktisch unmöglich** ist (vgl. *Labbé/Kaltenegger* BayVBl. 1994, 1 (6); *Schaefer* AgrarR 1988, 33 (35)). Beispielhaft kann etwa das vorsorgliche Verbot *jeder* landwirtschaftlichen Düngung genannt werden, das unabhängig von einer nachweisbaren Gefährdung des Grundwassers angeordnet wird (*Breuer/Gärditz* Rn. 1111 mit Hinweis auf OVG Koblenz Urt. v. 23.9.1992 – 10 C 10084/88 –, ZfW 1994, 289).

56 **Bauverbote,** die im Einklang mit dem materiellen Recht erlassen wurden, stellen – weil die Baufreiheit des Eigentümers nur im Rahmen der Gesetze besteht – grundsätzlich keine entschädigungspflichtigen Maßnahmen dar, wenn das betroffene Grundstück zuvor weder bebaut noch bebaubar war (dies gilt insbesondere für den Außenbereich, soweit auch § 35 BauGB keine Bebauung zulässt; vgl. SZDK/*Gößl* Rn. 100; *Czychowski/Reinhardt* Rn. 79). Anders ist zu entscheiden, wenn das betroffene Grundstück zuvor bebaut war (*Breuer/Gärditz* Rn. 1106). Ebenfalls enteignende Wirkung kann der dauernden Entziehung der Baulandqualität zukommen, insbesondere bei Grundstücken, die nach § 30 oder § 34 BauGB zu beurteilen sind (BVerwG Urt. v. 25.1.1957 – I C 3.56 –, BVerwGE 5, 143 (145)). Aus der fehlgeschlagenen Erwartung des Eigentümers, sein Grundstück künftig bebauen oder intensiver nutzen zu können, kann demgegenüber kein Entschädigungsanspruch hergeleitet werden (*Czychowski/Reinhardt* Rn. 80). Bauverbote in einem Wasserschutzgebiet stellen ebenfalls eine nicht entschädigungspflichtige Inhalts- und Schrankenbestimmung des Eigentums dar (BVerwG Beschl. v. 30.9.1996 – 4 NB 31/96, 4 NB 32/96 –, NVwZ 1997, 887). Gleiches gilt im Hinblick auf die **gemeindliche Planungshoheit.** Auch insofern besteht hier eine Parallele zu den Planungs- und Nutzungsbeschränkungen gem. § 78 Abs. 1 (→ § 78 Rn. 3).

II. Vermeidung oder Realausgleich

Die Feststellung, dass eine unzumutbare Eigentumsbeschränkung vorliegt, führt jedoch nicht automatisch zum Entschädigungsanspruch nach § 52 Abs. 4; vielmehr ist vorrangig zu prüfen, ob die unzumutbare Beeinträchtigung nicht **real vermieden oder ausgeglichen** werden kann (*Czychowski/Reinhardt* Rn. 82; SZDK/*Gößl* Rn. 108; → Rn. 52 ff.). Damit soll der Rechtsprechung des BVerfG Rechnung getragen werden, wonach eine unverhältnismäßige Belastung des Eigentümers in erster Linie **durch tatsächliche Ausgleichsmaßnahmen** vermieden werden muss, also insb. durch Übergangsregelungen, Ausnahmeregelungen und Befreiungen iSd § 52 Abs. 1 S. 3 (BVerfG Beschl. v. 6.9.2005 – 1 BvR 1161/03 –, NVwZ 2005, 1412 (1414); vgl. auch BT-Drs. 16/12275, 67). Der finanzielle Ausgleich nach § 52 Abs. 4 kommt daher nur dann und insoweit in Betracht, als die beabsichtigte Grundstücksnutzung, die der Wasserschutzgebietsverordnung zuwiderläuft, durch Ausnahme, Befreiung oder sonstige technische oder administrative Maßnahmen im Einzelfall nicht oder nur mit unverhältnismäßigem Aufwand ermöglicht werden kann. 57

III. Entschädigungsleistung

Einzelheiten der Entschädigungsleistung, wie insbesondere der **Umfang** der Entschädigung und das **Entschädigungsverfahren,** bestimmen sich nach den §§ 96–98 (vgl. BT-Drs. 16/12275, 67). Demnach hat regelmäßig der **Begünstigte** die Entschädigung zu leisten, wobei nicht das volle Maß, sondern nur der Teil des Schadens auszugleichen ist, der über die einen jeden Eigentümer treffende Sozialbindung hinausgeht. An diesem Grundsatz ändert sich auch nichts, wenn man die Entschädigungsleistung zur Ausgleichsleistung im Rahmen der Eigentumsbestimmung uminterpretiert (*Breuer* NuR 1998, 337 (340)). **Entschädigungsberechtigt** ist derjenige, gegen dessen vermögenswertes Recht sich der Eingriff richtet. Dies gilt nicht, wenn sich ein gegen einen anderen gerichteter Eingriff noch mittelbar auswirkt (vgl. BGH Urt. v. 4.2.1957 – III ZR 181/55 –, BGHZ 23, 235). **Entschädigungspflichtig** ist nach § 97 Abs. 1, wer durch die Festsetzung eines Wasserschutzgebiets unmittelbar begünstigt wird, regelmäßig das Wasserversorgungsunternehmen (SZDK/*Gößl* Rn. 110). 58

F. Ausgleich wirtschaftlicher Nachteile (Absatz 5)

I. Entstehungsgeschichte, gesetzgeberische Intention und dogmatische Würdigung

Der sog. **Billigkeitsausgleich** des § 19 Abs. 4 WHG aF (§ 52 Abs. 5 WHG 2009) 59
wurde ursprünglich erst in den Beratungen des Innenausschusses des Bundestags in die 5. Novelle zum Wasserhaushaltsgesetz eingefügt (Beschlussempfehlung und Bericht: BT-

Drs. 10/5727). Die Vorschrift ist seit dem 1.1.1987 in Kraft und trat an die Stelle des damaligen Absatzes 4, der in Bezug auf die Festsetzung von Wasserschutzgebieten ein förmliches Verfahren normativ festlegte. Sie stützte sich auf Art. 75 Abs. 1 S. 1 GG aF (vgl. BT-Drs. 10/5727, 33) und wird von der Rechtsprechung als **„flankierende Maßnahme"** des Gesetzgebers zu den nunmehr in § 52 Abs. 1, 4 zur Sicherstellung der öffentlichen Wasserversorgung vorgesehenen Anordnungen verstanden; § 52 Abs. 5 entspricht dem § 19 Abs. 4 S. 1 WHG aF. Die Vorschrift begründet einen **aus bloßen Billigkeitsgründen eingeführten einfachgesetzlichen Ausgleichsanspruch** (BGH Urt. v. 14.5.1998 – III ZR 286/97 –, BGHZ 138, 395 (397f.); vgl. auch *Cosack* ZfW 2008, 61 (67); *Breuer* NuR 1998, 337 (340); *Czychowski/Reinhardt* Rn. 92). Der Charakter als bloße Billigkeitsleistung wird bereits anhand der Bezeichnung der Leistung als „Ausgleich" im Gegensatz zur üblicherweise gewählten Formulierung „Schadenersatz" oder „Entschädigung" deutlich. Dabei wird der bisherige Regelungsauftrag an die Länder zur näheren Bestimmung des Ausgleichs durch eine bundesgesetzliche Vollregelung abgelöst. Die Regelungen des § 19 Abs. 4 S. 2 und 3 WHG aF wurden indes nicht fortgeführt. § 52 Abs. 5 soll – wie § 19 Abs. 4 WHG aF – einen angemessenen Ausgleich für wirtschaftliche Nachteile ermöglichen, die sich aus Beschränkungen der **land- oder forstwirtschaftlichen Nutzung** eines Grundstücks aufgrund von erhöhten Anforderungen in einem Wasserschutzgebiet ergeben. Ähnliche Vorschriften finden sich nicht nur im WHG (vgl. etwa § 14 Abs. 3), sondern auch in anderen Gesetzen (vgl. beispielsweise § 10 Abs. 2 BBodSchG, § 21 Abs. 4 BImSchG; zu den praktischen Vollzugsschwierigkeiten des § 19 Abs. 4 WHG aF vgl. *Czychowski* AgrarR 1988, 297 (298)).

60 Im Gegensatz zur Entschädigung, die nach § 52 Abs. 4 (§ 19 Abs. 3 WHG aF) gewährt werden kann, erfasst § 52 Abs. 5 **Auswirkungen auf die Grundstücksnutzung, die den Betroffenen an sich ohne Verstoß gegen Art. 14 GG entschädigungslos zuzumuten** wären (VerfGH Rheinland-Pfalz, Entscheidung vom 18.3.1992 – VGH 2/91 –, juris; *Breuer* NuR 1998, 337 (340)), greift also bereits ein, wenn eine „unzumutbare Beschränkung des Eigentums" und damit eine Pflicht zur Entschädigung nach § 52 Abs. 4 (noch) nicht vorliegt. Dadurch soll erreicht werden, dass land- und forstwirtschaftliche Betriebe in einem Wasserschutzgebiet bei Beachtung bestimmter Vorgaben nicht schlechter gestellt werden als vergleichbare Betriebe außerhalb eines Wasserschutzgebiets (vgl. BT-Drs. 10/5727, 33ff.). Unter anderem wegen der ausschließlichen Erwähnung der **land- und forstwirtschaftlichen Betriebe** ist die Regelung mit Blick auf Art. 3 GG auf breite Kritik in der Literatur gestoßen (vgl. etwa *Breuer/Gärditz* Rn. 1120, 1129; *ders.* NuR 1998, 337 (340f.); *Hoppe/Beckmann/Kauch* Umweltrecht, § 21 Rn. 161; *Labbé/Kaltenegger* BayVBl. 1994, 1 (10)). Gerade vor diesem umweltpolitischen Hintergrund und angesichts der Tatsache, dass der Gesetzgeber durch die Eigentumsgarantie nicht verpflichtet – wohl aber berechtigt – ist, eine allgemeine Billigkeitsentschädigungsregelung zu treffen, ist die Vorschrift **eng auszulegen** (vgl. in diesem Sinne erneut BGH Urt. v. 14.5.1998 – III ZR 286/97 –, BGHZ 138, 395 (398); *Czychowski/Reinhardt* Rn. 92).

61 Im Einzelnen gab es bei der Auslegung von § 19 Abs. 4 WHG aF Unstimmigkeiten vor allem in Bezug auf die **rechtssystematische Einordnung** der Regelung im System der Ersatzansprüche. Diese muss immer noch als ungeklärt bezeichnet werden (*Czychowski/Reinhardt* Rn. 91). So wurde die Vorgängerregelung des § 52 Abs. 5 teilweise als Entschädigungsregelung charakterisiert, die in Fällen zur Anwendung komme, wenn zwar keine Enteignung im Sinne der Rechtsprechung des BVerfG und des BVerwG (Enteignung als teilweise oder vollständige Entziehung konkreter subjektiver Rechtspositionen, vgl. etwa BVerfG Beschl. v. 10.5.1977 –1 BvR 514/68 und 323/69 –, BVerfGE 45, 297 (326)), jedoch ein Überschreiten der Schwelle des ohne Entschädigung verfassungsrechtlich Zumutbaren anzunehmen war (so etwa *Kimminich* NuR 1989, 1 (5); aA etwa *Nacke* NVwZ 1987, 185 (189)); darüber hinaus existierten aber zahlreiche weitere Charakterisierungsvorschläge (vgl. zB *Gallwas* BayVBl. 1991, 290: Absatz 5 gehört zu der „Gruppe der Ansprüche zum Ausgleich von Sonderopfern"). Richtigerweise ist die Vorschrift als **einfachgesetzlicher Billigkeitsausgleich** anzusehen, weil er Nachteile auffängt, die bereits vor einer Enteignung entstehen (BGH Urt. v. 14.5.1998 – III ZR 286/97 –, BGHZ 138, 395 (397); *Cosack* ZfW 2008, 61 (67); *Breuer* NuR 1998, 337 (340)).

Trotz der expliziten Erwähnung der Land- und Forstwirtschaft als Adressat des Billigkeitsausgleichs ist § 52 Abs. 5 **nicht** als europarechtlich problematische **Subventionierung** zu verstehen (vgl. in diesem Sinne erneut BGH Urt. v. 14.5.1998 – III ZR 286/97 –, BGHZ 138, 395 (397); so auch SZDK/*Gößl* Rn. 115; aA *König* NVwZ 1999, 382 (383 f.); *Czychowski/Reinhardt* Rn. 93 mwN). Auch wenn die Vorschrift in Bezug auf das Europarecht im Blickwinkel des **Beihilfenrechts** durchaus Bedenken begegnen mag (vgl. dazu *Cosack* ZfW 2008, 61 (71) mwN), ist nicht davon auszugehen, dass sie das umweltrechtliche Verursacherprinzip in unzulässiger Art und Weise konterkariert, weil sie als bloße flankierende Maßnahme bei der Sicherstellung der öffentlichen Wasserversorgung (vgl. VerfGH Rheinland-Pfalz, Entscheidung vom 18.3.1992 – VGH 2/91 –, juris; *Breuer/Gärditz* Rn. 1125 und in NuR 1998, 337 (340)) zu verstehen ist und der Gesetzgeber nach dem Bericht des Innenausschusses (BT-Drs. 10/5727, 33) zudem nicht von dem Verursacherprinzip Abstand nehmen wollte. 62

II. Ausgleichspflicht

1. Anordnung erhöhter Anforderungen

Durch den ausdrücklichen Hinweis des § 52 Abs. 5 auf den Absatz 1 des § 52 wird deutlich, dass die Möglichkeit eines Billigkeitsausgleichs nur dann besteht, wenn die jeweilige Wasserschutzgebietsverordnung selbst oder aber die Wasserbehörde durch Einzelanordnung Beschränkungen festlegen. Daher ist für die Anwendung von § 52 Abs. 5 grundsätzlich die **Festsetzung eines Wasserschutzgebiets** vorauszusetzen; daneben findet § 52 Abs. 5 auch bei vorläufig gesicherten Wasserschutzgebieten und bei Anordnungen nach § 52 Abs. 3 Anwendung (vgl. *Thieme* ZfW 1998, 470). Veränderungssperren iSd § 86 sind indes nicht erfasst. 63

Die in den Anordnungen enthaltenen Verbote oder Beschränkungen können sich etwa auf die Ausbringung von Mineraldünger oder biologischem Dünger (Stallmist, Gülle, Jauche, Kompost etc.) beziehen; möglich sind auch Verbote und Beschränkungen in Bezug auf die Lagerung der Düngemittel. Gleiches gilt für zumeist chemische Pflanzenschutzmittel oder deren Lagerung. Weiterhin können bestimmte Monokulturen (VG Düsseldorf Urt. v. 15.11.1990 – 8 K 981/90 –, ZfW 1991, 264 (265)), bestimmte Umwandlungen von Wald- in Ackerflächen sowie die Errichtung oder Erweiterung von baulichen Anlagen Gegenstand der Anordnungen sein (vgl. *Czychowski/Reinhardt* Rn. 98). Diese Anordnungen sind von **allgemeinen Verboten und Beschränkungen** (zB des Kreislaufwirtschafts-/Abfall-, Bau- und Immissionsschutzrechts) **abzugrenzen**, die wegen der geschilderten Zielsetzung des § 52 Abs. 5 und der mit ihm verfolgten Absichten keinen Fall des Ausgleichs begründen (*Czychowski/Reinhardt* Rn. 99). Gleiches gilt für sonstige allgemeingültige Vorschriften, etwa für die AwSV, für die Klärschlammverordnung und das Pflanzenschutzgesetz mit der Pflanzenschutz-Anwendungsverordnung sowie für die Gefahrgutverordnung Straße iVm mit ihren Durchführungsrichtlinien (*Kolkmann* UPR 1991, 1 (3); *Czychowski* AgrarR 1998, 297 (298)). Indes besteht im Rahmen des Pflanzenschutzrechts eine eigene Härtefallregelung in § 54 Abs. 2 PflSchG. 64

65 Bei **erhöhten** Anforderungen handelt es sich um solche Anforderungen, die **über** die **allgemeinen Anforderungen,** die auch außerhalb der Wasserschutzgebiete Geltung beanspruchen, **hinausgehen** (vgl. OLG Frankfurt a.M. Urt. v. 7.11.1997 – 24 U 251/95 –, ZfW 1998, 515 (516); OLG Celle Urt. v. 13.12.1996 – 4 U 82/95 –, ZfW 1998, 395 (396); *Murswiek* NuR 1990, 289 (290); vgl. auch BT-Drs. 10/5727, 34; als erhöhte Anforderungen in diesem Sinne sind Anforderungen jedenfalls dann zu betrachten, wenn gerade die Festsetzung eines Wasserschutzgebiets erhöhte Aufwendungen nach sich gezogen hat, vgl. OLG Frankfurt a.M. Urt. v. 0.11.1997 – 24 U 251/95 –, ZfW 1998, 515; *Czychowski/Reinhardt* Rn. 101). Somit sind erhöhte Anforderungen in der Weise zu prüfen, dass die speziellen Einschränkungen der Land- und Forstwirtschaft in einem festgesetzten Wasserschutzgebiet mit den Einschränkungen, die allgemein, dh auch außerhalb der Wasserschutzgebiete gelten, verglichen werden (*Breuer/Gärditz* Rn. 1124; SZDK/*Gößl* Rn. 120). In dem Fall, dass die zuständige Wasserbehörde allgemeine Normen, die nicht nur in Wasserschutzgebieten bestimmten Handlungen Grenzen setzen (etwa das aus § 5 abzuleitende Verbot, Dünger außerhalb der Wachstumsperiode aufzubringen, vgl. dazu die Düngeverordnung vom 26.1.1996, BGBl. I, S. 118), (deklaratorisch) in eine Wasserschutzgebietsverordnung aufnimmt, können diese regelmäßig nicht für eine Ausgleichsverpflichtung herangezogen werden, auch wenn sie ein solches allgemeines Verbot bekräftigen (*Breuer/Gärditz* Rn. 1124).

2. Beschränkung der Nutzung eines Grundstücks

66 § 52 Abs. 5 umfasst ausschließlich die **„land- oder forstwirtschaftliche Nutzung".** Dieser Begriff wird in verschiedenen Regelungswerken (vgl. etwa § 201 BauGB) mit unterschiedlichem Verständnis genutzt; ein allgemein feststehender Sprachgebrauch ist nicht erkennbar. Da es nach seinem § 1 insbesondere die Intention des WHG darstellt, die Gewässer als Lebensgrundlage zu schützen, und dieser Zweck anderen Gesetzen nicht primär zugrunde liegt, lassen sich Definitionen außerhalb des WHG nicht für eine Definition des im WHG verwandten Begriffs heranziehen (ähnlich SZDK/*Gößl* Rn. 118). Somit wird man von einer **landwirtschaftlichen Tätigkeit** bei der Ausübung des **Ackerbaus,** der **Wiesen- und Weidewirtschaft** und der darauf basierenden **Viehhaltung** im Sinne einer agrarwirtschaftlichen Nutzung auszugehen haben. Es handelt sich somit ausschließlich um eine Tätigkeit, die sich die Bodenfruchtbarkeit zu Nutze macht. Die bauliche Nutzung im Rahmen eines land- und forstwirtschaftlichen Betriebs fällt daher ebenso wenig unter § 52 Abs. 5 wie eine gärtnerische Nutzung (anders das LWG NRW, vgl. § 103 Abs. 2, nach dem die gärtnerische Nutzung ausdrücklich als landwirtschaftliche Nutzung gelten soll, vgl. zur Vorgängerregelung *Pietzcker* NVwZ 1991, 418 (425)) oder eine Nutzung für Fremdenverkehrszwecke (vgl. zur baulichen Nutzung BGH, Urt. v. 14.5.1998 – III ZR 286/97 –, BGHZ 138, 395 (399); OVG Schleswig Urt. v. 22.2.1999 – 2 L 206/97 –, UPR 2000, 466). Eine **forstwirtschaftliche Nutzung** liegt vor, wenn Waldflächen (vgl. § 2 BWaldG) außerhalb der im Zusammenhang bebauten Ortsteile oder Waldflächen dienende oder dem Wald gleichgestellte Flächen im Rahmen des Waldbetriebs bewirtschaftet, dh gepflegt, gerodet und wieder aufgeforstet werden (vgl. *Cosack* ZfW 2008, 61 (68)).

67 Durch die jeweilige Anordnung muss die **Nutzung** (vgl. § 100 BGB) **eines Grundstücks** beschränkt werden. Damit fallen Rechtsnutzungen (zB aufgrund eines Pachtvertrags) bereits nach dem Wortlaut nicht unter § 52 Abs. 5. Gemeint sind vielmehr **Bewirtschaftungsmaßnahmen von Grund und Boden,** wobei die entstehenden Vorteile keine Vermögensvorteile darstellen müssen. Keine Grundstücksnutzung in diesem Sinne stellen Veränderungen der Substanz des Bodens an sich dar (Sand- und Kiesabbau).

Tätigkeiten, die lediglich „mittelbar" als Grundstücksnutzung betrachtet werden können, dürften jedenfalls dann unter den Begriff der Grundstücksnutzung fallen, wenn sie der unmittelbaren Bodennutzung zwingend vorauszugehen haben und Voraussetzung für diese sind, wie beispielsweise das Anlegen von Wirtschaftswegen, um eine Bestellung der Felder erst zu ermöglichen (zweifelnd *Czychowski/Reinhardt* Rn. 107; vgl. auch *Schink* NWVBl. 1991, 73 (75)).

Die von § 52 Abs. 5 vorauszusetzende **Ordnungsgemäßheit** der land- und forstwirtschaftlichen Nutzung ist als **unbestimmter Rechtsbegriff** auslegungsbedürftig und der vollständigen gerichtlichen Überprüfung unterworfen (*Czychowski/Reinhardt* Rn. 108); den **Nachweis** dafür, dass eine ordnungsgemäße Nutzung erfolgt ist, hat der **Betroffene** als Anspruchssteller zu führen (*Czychowski/Reinhardt* Rn. 114). Was jedoch inhaltlich unter diesem Begriff zu verstehen ist, ist Gegenstand wissenschaftlicher Diskussionen (vgl. dazu weitergehend SZDK/*Gößl* Rn. 123; *Kimminich* NuR 1989, 1 (6f.); *Nies* NVwZ 1987, 189 (191)), was gerade angesichts der Tatsache, dass der Begriff häufig auch in anderen Rechtsbereichen mit teilweise stark differierenden Sinngehalten verwendet wird, verständlich wird (vgl. auch die „gute fachliche Praxis" in § 5 BNatSchG). Letztlich geht es vor allem darum, ob „ordnungsgemäß" nur als eine **ökologisch** richtige Wirtschaftsweise zu verstehen oder ob der Begriff der Ordnungsgemäßheit entsprechend den Zielsetzungen der Landwirtschaft auszulegen ist. Bei letzterer Lesart ist allein eine langfristig **ökonomische** Wirtschaftsweise entscheidend (vgl. SZDK/*Gößl* Rn. 123). Diese Diskussion fördert die Auslegung des § 52 Abs. 5 jedoch im Ergebnis nicht (so auch *Czychowski* AgrarR 1988, 297 (299)); letztlich muss der Begriff der „ordnungsgemäßen land- oder forstwirtschaftlichen Nutzung eines Grundstücks" iSd § 52 Abs. 5 einer telelogischen Auslegung zugeführt werden, die unter Einbeziehung des Gesamtzusammenhangs der wasserwirtschaftlichen Vorschriften insbesondere die Intention des Gesetzgebers, in erster Linie den Schutz der Gewässer effektiv sicherzustellen (vgl. § 5), in den Fokus rückt (so auch *Cosack* ZfW 2008, 61 (70)). Vor diesem Hintergrund hängt die „Ordnungsgemäßheit" einer land- oder forstwirtschaftlichen Nutzung vor allem von den **Auswirkungen einer Handlung ab, die diese für ein Gewässer nach sich ziehen kann.** Damit hat ein Mindestmaß der Rücksichtnahme auf Gewässer zu erfolgen; zugleich muss auch der Boden – ebenfalls im Interesse des Gewässerschutzes – vor nachteiligen Einwirkungen bewahrt werden (vgl. *Stemmler* NuR 1991, 366 (371)). Dies alles zeigt, dass eine rein betriebswirtschaftliche Betrachtung dem Schutzzweck des WHG nicht gerecht werden kann (so auch *Cosack* ZfW 2008, 61 (70)). Vielmehr kann eine Bodennutzung lediglich dann als „ordnungsgemäß" iSd § 52 Abs. 5 angesehen werden, wenn sie standortgerecht vorgenommen wird und sich dabei nicht vorrangig an optimalen Erträgen, sondern am **Maß des für den Gewässerschutz Hinnehmbaren** orientiert (*Breuer/Gärditz* Rn. 1123). 68

Unter Zugrundlegung dieser Grundsätze ergibt sich, dass jedenfalls eine generell die Umwelt belastende oder sogar gefährdende land- oder forstwirtschaftliche Nutzung keine ordnungsgemäße Nutzung iSd § 52 Abs. 5 darstellen kann (SZDK/*Gößl* Rn. 123). Die ordnungsgemäße land- oder forstwirtschaftliche Nutzung endet zudem dort, wo eine Maßnahme im Rahmen der land- und forstwirtschaftlichen Nutzung einen erlaubnispflichtigen Gewässerbenutzungstatbestand erfüllt, eine Erlaubnis nicht erteilt ist und die Maßnahme deswegen unbefugt durchgeführt wurde (vgl. *Murswiek* NuR 1990, 289 (291)). „Ordnungsgemäß" bedeutet zwar **„zumindest ansonsten rechtmäßig";** umgekehrt kann aber nicht zwingend jedes rechtmäßige Verhalten, dh das Fehlen eines Rechtsbruchs im Sinne der Einhaltung des Rechts als „ordnungsgemäß" anzusehen sein (*Schink* UPR 1991, 201 (202f.) mwN). Eindeutig als nicht „ordnungsgemäß" in diesem Sinne sind nach §§ 324ff. StGB strafbewehrte Landbaumaßnahmen anzusehen (so auch 69

BT-Drs. 10/5727, 34; *Pietzcker* NVwZ 1991, 418 (424); SZDK/*Gößl* Rn. 125). **Nicht** ausgleichspflichtig sind daher Verbote oder Beschränkungen der Landbewirtschaftung, die eine nicht zugelassene Gewässerbenutzung oder einen Gewässerausbau darstellen (vgl. dazu *Nies* NVwZ 1978, 189 (192)), der Wechsel von einer landwirtschaftlichen zur forstwirtschaftlichen Nutzung (SZDK/*Gößl* Rn. 124) sowie etwa das bereits erwähnte Verbot, Düngemittel, gleich welcher Art, außerhalb der Vegetationsphase aufzubringen. **Ausgleichspflichtig** dürften demgegenüber weitergehende Produktionsbeschränkungen sein, die **ausschließlich zu Gunsten des Gewässerschutzes** vorgenommen wurden (so *Czychowski/Reinhardt* Rn. 113).

70 Die land- oder forstwirtschaftliche Nutzung kann sowohl **inhaltlich** als auch **zeitlich** oder **räumlich beschränkt** werden, wobei unter den Begriff der Beschränkung sowohl unwesentliche Eingriffe als auch spürbare Einschränkungen, die auch in Form von Auflagen bestehen können, bis hin zu Nutzungsverboten zu fassen sind. Die Nutzungsverbote können auch nur teilweise ausgesprochen werden. Auf diese Weise können etwa Monokulturen verboten werden (vgl. dazu VG Düsseldorf Urt. v. 15.11.1990 – 8 K 981/90 –, ZfW 1991, 264 (265)).

3. Wirtschaftliche Nachteile und kausaler Zusammenhang

71 Unter wirtschaftlichen Nachteilen sind **in Geld messbare Vermögenseinbußen** (vgl. *Breuer/Gärditz* Rn. 1127), nicht jedoch Nachteile an immateriellen Gütern zu verstehen. Der Ausgleichsberechtigte ist so zu stellen, wie er aller Wahrscheinlichkeit nach stehen würde, wenn sein Betrieb bei ansonsten gleichen Bedingungen außerhalb des Wasserschutzgebiets gelegen hätte. Entscheidend ist daher **der Unterschied zwischen dem tatsächlichen Wert des Grundstücks vor und nach der Anordnung** (*Schink* AgrarR 1985, 185 (186)). Dabei sind die wirtschaftlichen Nachteile nach der Gesetzesbegründung zur Vorgängernorm unter Ertragsgesichtspunkten zu betrachten, weil an die Benutzungsbeschränkungen nahtlos angeknüpft wird. **Unerhebliche Nachteile** bleiben bezüglich der Frage, ob ein wirtschaftlicher Nachteil vorliegt, **außer Betracht;** vielmehr ist eine gewisse Schwere des Nachteils vorauszusetzen. Damit kann es sich um Mindererträge oder um einen Mehraufwand in Form von höheren Kosten der Betriebsmittel, etwa von Düngemitteln, handeln (OLG München Urt. v. 11.5.1995 – 1 U 1661/95 –, NVwZ-RR 1996, 316 (317)). Nicht ersatzfähig sind zudem freiwillig übernommene Kosten, die sich positiv auf die Qualität und die Quantität des Wasserangebots im Schutzgebiet auswirken (*Cosack* ZfW 2008, 61 (75)).

72 Der eindeutige Wortlaut („dadurch verursachten") deutet darauf hin, dass zwischen der Anordnung und dem entstandenen Nachteil ein **unmittelbarer, adäquat-kausaler Zusammenhang** bestehen muss. Die **Darlegungs- und Beweislast** dafür trägt der **Betroffene** (*Kolkmann* UPR 1991, 1 (6); *Czychowski/Reinhardt* Rn. 118). Er muss darlegen und sodann beweisen (zu den Beweisschwierigkeiten vgl. *Salzwedel* ZfW 1987, 71), dass die ihn belastenden erhöhten Anforderungen auf wasserwirtschaftlichen Gründen beruhen und genau daraus der Nachteil resultierte (vgl. OLG Frankfurt a. M. Urt. v. 7.11.1997 – 24 U 251/95 –, ZfW 1998, 515; *Kolkmann* UPR 1991, 1 (5)). Damit sind die Folgen, die nicht durch die Beschränkung, sondern durch sonstige äußere Umstände, wie etwa die jeweiligen klimatische Bedingungen, eingetreten sind, nicht ersatzfähig.

4. Ausgleich

73 Liegen die genannten Voraussetzungen des § 52 Abs. 5 vor, „ist" (es handelt sich um einen Ausgleichs**anspruch** bei Vorliegen der Voraussetzungen, vgl. *Nies* NVwZ 1987, 189 (194)) an den Betroffenen ein **„angemessener" Ausgleich** (in Geldform, vgl. § 99)

zu leisten. Ausgeglichen wird, was zur Zeit der Anordnung vorhanden war und durch die Anordnung genommen wurde. In der Zukunft mögliche Wertverbesserungen, die ohne die Anordnung eingetreten wären, werden nicht berücksichtigt (BGH Urt. v. 20.12.1971 – III ZR 79/69 –, BGHZ 57, 359 (369)). **Angemessen** ist ein Ausgleich, wenn die **Interessen der Betroffenen und die der Allgemeinheit gerecht gegeneinander abgewogen** wurden (BGH Urt. v. 28.9.1972 – III ZR 44/70 –, BGHZ 59, 250 (256); *Czychowski/Reinhardt,* Rn. 121); der Betroffene muss sich dabei sowohl Vorteile als auch ein eventuelles Mitverschulden nach § 254 BGB anrechnen lassen (BGH Urt. v. 20.12.1971 – III ZR 79/69 –, BGHZ 57, 359 (369)). Ersparte Kosten und Aufwendungen sind daher nach allgemeinen Grundsätzen anzurechnen (vgl. etwa die diesbezügliche landesrechtliche Regelung des Art. 57 S. 3 BayWG). Aus § 52 Abs. 5 ist nicht zu entnehmen, dass das Genommene stets vollständig ersetzt werden muss (vgl. *Breuer/Gärditz* Rn. 1126). Wie das **Ausgleichsverfahren** konkret durchgeführt wird, konnte der Bundesgesetzgeber mangels Gesetzgebungskompetenz nicht regeln. Verfahrensregelungen sind durch den Landesgesetzgeber zu treffen (*Wellmann* in Wellmann/Queitsch/Fröhlich Rn. 10). **Ausgleichspflichtig** ist derjenige, der nach § 97 durch die Wasserschutzgebietsfestsetzung **unmittelbar begünstigt** wird. Leistungspflichtig ist daher der jeweils Begünstigte nach § 97, dh der Träger der öffentlichen Wasserversorgung (OVG Münster Urt. v. 22.3.1990 – 20 A 2600/88 –, ZfW 1991, 50 (51)), der Träger der Unterhaltung oder letzten Endes auch der Staat.

5. Subsidiarität

§ 52 Abs. 5 greift nach seinem ausdrücklichen Wortlaut nur insoweit ein, als nicht eine 74
Entschädigungspflicht nach § 52 Abs. 4 besteht. Demnach ist der Ausgleichsanspruch **subsidiär** und als **Auffangtatbestand** nur in dem Fall anwendbar, dass dieselbe Anordnung keine unzumutbare Eigentumsbeschränkung darstellt (*Breuer/Gärditz* Rn. 1120; *Czychowski/Reinhardt* Rn. 123). Daraus folgt auch, dass dem Betroffenen **kein diesbezügliches Wahlrecht** zusteht. Allerdings können mehrere entschädigungslose Nutzungsbeschränkungen für dieselbe Fläche, die gesondert betrachtet dem Absatz 5 unterfallen, die Enteignungsschwelle überschreiten (*Czychowski/Reinhardt* Rn. 123). Faktisch dürften die Grenzen indes fließend sein.

G. Rechtsschutz

Anordnungen, die auf Grundlage des § 52 Abs. 1 ergangen sind, können mit der **Anfechtungs- oder der Feststellungsklage** (§§ 42, 43 VwGO) einer gerichtlichen 75
Überprüfung unterzogen werden. Dabei ist auch eine inzidente Überprüfung der Rechtmäßigkeit der Schutzgebietsfestsetzung selbst möglich (→ § 51 Rn. 71).

Vor der Geltendmachung eines Entschädigungsanspruchs nach Absatz 4 muss der Betrof- 76
fene zunächst den Eingriff selbst angreifen (vgl. *Nies* NVwZ 1987, 189 (194)). Streitig ist, ob dies auch für den Ausgleichsanspruch nach Absatz 5 gilt (bejahend *Peters,* DVBl. 1987, 993, verneinend *Kerger* AgrarR 1989, 144 (148f.)). Die besseren Argumente sprechen indes dafür, hinsichtlich des Ausgleichsanspruchs nach Absatz 5 auf ein solches Erfordernis zu verzichten, da § 52 Abs. 5 nicht voraussetzt, dass keine Vermeidung bzw. kein Ausgleich möglich ist und nur eine reine Billigkeitsregelung darstellt (aA wohl *Czychowski/Reinhardt* Rn. 124). Durch die Streichung des § 19 Abs. 4 S. 3 WHG aF im WHG 2009 ist die ausdrückliche Zuweisung von Streitigkeiten über den Ausgleichsanspruch nach Absatz 5 zu den ordentlichen Gerichten aufgehoben worden. Nunmehr ist daher – da es sich auch

nicht um einen Aufopferungsanspruch iSd § 40 Abs. 2 S. 1 VwGO handelt – der Weg zu den Verwaltungsgerichten zu bestreiten (so auch die Gesetzesbegründung, vgl. BT-Drs. 16/12275, 79; *Czychowski/Reinhardt* Rn. 124; SZDK/*Gößl* Rn. 133ff.). Die **Darlegungs- und Beweislast** für die tatsächlichen Voraussetzungen des Anspruchs trägt der Betroffene (*Kolkmann* UPR 1991, 1 (6)).

77 Gegen die Erteilung einer **Befreiung** gemäß § 52 Abs. 1 S. 2 oder 3 steht dem betroffenen **Träger der öffentlichen Wasserversorgung** eine Abwehrrecht zu. Dies ergibt sich sowohl aufgrund der unionsrechtlich vorgegebenen Qualitätsanforderungen für das Trinkwasser (VGH München Beschl. v. 10.2.2015 – 8 CS 14.2590 –, juris, Rn. 12). Es ergibt sich nach der Rechtsprechung des EuGH (Urt. v. 28.5.2020 – C-535/18 –, juris) aber auch aufgrund der Wasserrahmenrichtlinie, soweit eine konkrete Maßnahme behördlich zugelassen werden soll, die zu einer Verschlechterung des Zustands des Grundwasserkörpers und damit zu einer Beeinträchtigung der legitimen Grundwassernutzung führen könnte (→ § 51 Rn. 70).

§ 53 Heilquellenschutz

(1) Heilquellen sind natürlich zu Tage tretende oder künstlich erschlossene Wasser- oder Gasvorkommen, die auf Grund ihrer chemischen Zusammensetzung, ihrer physikalischen Eigenschaften oder der Erfahrung nach geeignet sind, Heilzwecken zu dienen.

(2) Heilquellen, deren Erhaltung aus Gründen des Wohls der Allgemeinheit erforderlich ist, können auf Antrag staatlich anerkannt werden (staatlich anerkannte Heilquellen). Die Anerkennung ist zu widerrufen, wenn die Voraussetzungen nach Satz 1 nicht mehr vorliegen.

(3) Die zuständige Behörde kann besondere Betriebs- und Überwachungspflichten vorschreiben, soweit dies zur Erhaltung der staatlich anerkannten Heilquelle erforderlich ist. Die Überwachung von Betrieben und Anlagen ist zu dulden; § 101 gilt insoweit entsprechend.

(4) Zum Schutz staatlich anerkannter Heilquellen kann die Landesregierung durch Rechtsverordnung Heilquellenschutzgebiete festsetzen. In der Rechtsverordnung ist die begünstigte Person zu benennen. Die Landesregierung kann die Ermächtigung nach Satz 1 durch Rechtsverordnung auf andere Landesbehörden übertragen.

(5) § 51 Absatz 2 und § 52 gelten entsprechend.

Übersicht

A. Allgemeines

I. Entstehungsgeschichte

Die Vorschrift des § 53 stellt eine **vollständige Neuregelung** im Rahmen des WHG 2009 dar. Wie zahlreiche neue Vorschriften des WHG 2009 orientiert sich auch § 53 an bereits zuvor bestehenden landesrechtlichen Regelungen, die den Heilquellenschutz zum Inhalt hatten (vgl. etwa § 16 LWG NRW aF; Art. 40 BayWG aF; §§ 38–42 BadWttbgWG aF; § 123 HessWG aF) und noch unter Geltung der aufgehobenen Rahmengesetzgebungskompetenz des Art. 75 GG aF erlassen wurden. 1

II. Überblick und gesetzgeberische Intention

2 § 53 **Abs. 1** führt den herkömmlichen und in den jeweiligen Landeswassergesetzen zumeist einheitlich gebrauchten Begriff der Heilquelle in das Bundesrecht ein. § 53 **Abs. 2** legt fest, dass die Anerkennung solcher Heilquellen, deren Erhaltung aus Gründen des Wohls der Allgemeinheit erforderlich ist, der staatlichen Anerkennung seitens der zuständigen Behörde bedarf. Eine Ergänzung erfährt Absatz 2 durch § 53 **Abs. 3,** wonach die Behörde im Zuge der staatlichen Anerkennung einer Heilquelle besondere, zur Erhaltung der Heilquelle erforderliche Betriebs- und Überwachungspflichten vorschreiben kann. Durch § 53 **Abs. 4** werden die Landesregierungen ermächtigt, durch Rechtsverordnung Heilquellenschutzgebiete festzusetzen. Da die Schutzbedürftigkeit von Heilquellen mit der von Wasserschutzgebieten vergleichbar ist, sind die für Wasserschutzgebiete geltenden Schutzvorschriften nach § 53 **Abs. 5** entsprechend anzuwenden. Durch die entsprechende Anwendung der §§ 51 Abs. 2, 52 werden die Einteilung in Schutzzonen und besondere behördliche Schutzanordnungen in Bezug auf die Heilquellenschutzgebiete ermöglicht. Dies gilt auch für Heilquellenschutzgebiete, die bei Inkrafttreten des WHG 2009 bereits nach Landesrecht festgesetzt waren, wie sich aus § 106 Abs. 2 ergibt. Diese gelten als festgesetzte Schutzgebiete iSd § 53 Abs. 4.

3 Seinem **Sinn und Zweck** nach will § 53 im Interesse der Volksgesundheit der gesundheitsfördernden, aber auch der wirtschaftlichen Bedeutung von Heilquellen Rechnung tragen, indem Heilquellen zum Gegenstand besonderer Schutzmaßnahmen gemacht werden können (vgl. BT-Drs. 16/12275, 67 f.).

B. Begriff der Heilquelle (Absatz 1)

4 § 53 Abs. 1 übernimmt den herkömmlichen Begriff der Heilquelle, wonach es sich bei Heilquellen um natürlich zu Tage tretende oder künstlich erschlossene Wasser- oder Gasvorkommen handelt, die aufgrund ihrer chemischen Zusammensetzung, ihrer physikalischen Eigenschaften oder der Erfahrung nach geeignet sind, Heilzwecken zu dienen. Zu unterscheiden sind Quellen, denen wegen der chemischen Zusammensetzung des Wassers eine besondere Heilwirkung zukommt **(Mineralquellen)** und Quellen, die wegen der hohen natürlichen Wärme Heilkraft besitzen **(Thermalquellen).** Mineral- und Thermalquellen, die nicht geeignet sind, Heilzwecken zu dienen, weil ihnen keine Heilkraft zukommt, unterliegen nur den allgemeinen wasserrechtlichen und gesundheitsrechtlichen Vorschriften, etwa der TrinkwV vom 21.5.2001 (BGBl. I S. 959), nicht aber dem Heilquellenrecht.

5 Damit ist der Begriff der Heilquelle iSd § 53 nicht deckungsgleich mit dem der **„Quelle"** nach § 3 Nr. 1. Vielmehr ist er deutlich weiter gefasst, weil er im Gegensatz zum Begriff der Quelle nach § 3 Nr. 1 auch Gasvorkommen und künstlich erschlossene Wasservorkommen umfasst. Letzteres rührt daher, dass oftmals ein Wasser-Gas-Gemisch zu Tage tritt und zudem in erster Linie die Geeignetheit der Quelle, Heilzwecken zu dienen, maßgeblich ist. Unter dem Aspekt der öffentlichen Gesundheit sollen daher auch heilkräftige Gasvorkommen besonders geschützt werden (*Koll-Sarfeld* in Queitsch/Koll-Sarfeld/Wallbaum, LWG NW, § 36 Rn. 1).

6 Als **Wasservorkommen** sind Gewässer im Sinne des § 2 Abs. 1 S. 1 oder deren mit dem Wasserhaushalt in Verbindung stehenden Teile zu bezeichnen. Somit handelt es sich um oberirdisches Wasser oder um Grundwasser, das noch im Zusammenhang mit dem natürlichen Wasserhaushalt steht und das entweder **natürlich zu Tage tritt** oder durch

den Benutzungstatbestand des § 9 erfüllende Vorgehensweisen **künstlich erschlossen** werden kann. Auch Solequellen fallen unter diesen Begriff (SZDK/*Schwendner* Rn. 4). **Gasvorkommen** bestehen aus einer Menge an Gas, das natürlichen Ursprungs ist (SZDK/*Schwendner* Rn. 5). Vergleichbar zu den Wasservorkommen müssen auch Gasvorkommen iSd § 53 Abs. 1 nicht zwangsläufig von sich aus dem Boden entweichen. Möglich ist es vielmehr auch, dass die Gase künstlich zutage geleitet werden. Dies wird regelmäßig nicht den Benutzungstatbestand des § 9 erfüllen. Muss jedoch ein im Wasser gebundenes Gas zur Entfaltung seiner Nutzbarkeit erst aus dem Wasser gewonnen werden, gilt allein die wasserrechtliche Betrachtungsweise (*Czychowski/Reinhardt* Rn. 6).

Vorauszusetzen ist für das Vorliegen einer Heilquelle weiterhin, dass diese geeignet **7** ist, Heilzwecken zu dienen und dass ihr eine nachgewiesene **Heilwirkung** zukommt. Wasser oder Gas dient dann Heilzwecken, wenn es gem. § 2 Abs. 1 Nr. 1 des Arzneimittelgesetzes (AMG) dazu bestimmt ist, durch Anwendung am oder im menschlichen oder tierischen Körper Krankheiten, Leiden, Körperschäden oder krankhafte Beschwerden zu heilen, zu lindern, zu verhüten oder zu erkennen (zur Abgrenzung von Lebens- und Arzneimitteln vgl. BGH, Urt. v. 14.1.2010 – I ZR 138/07 –, LSK 2010, 110613). Ausreichend ist insofern die **objektive Eignung** des Wasser- oder Gasvorkommens, Heilzwecken zu dienen. Irrelevant ist demgegenüber, ob die Vorkommen auch tatsächlich entsprechend genutzt werden können oder ob eine solche Nutzung unmittelbar und konkret beabsichtigt ist (*Czychowski/Reinhardt* Rn. 8). Die aus der objektiven Eignung zur Gesundheitsförderung entspringende Heilwirkung muss tatsächlich vorhanden sein und ist im Anerkennungsverfahren auf Grundlage einer naturwissenschaftlich-medizinischen Bewertung nachzuweisen (SZDK/*Schwendner* Rn. 6). § 53 Abs. 1 legt dabei die Anforderungen fest, nach denen sich das Vorliegen der Heilwirkung beurteilt.

Die Heilwirkung einer Quelle kann zunächst aus ihrer besonderen **chemischen Zusammensetzung** herrühren. **8** Zwar wird natürliches Wasser regelmäßig gelöste oder emulgierte Stoffe enthalten. Enthält es jedoch in größeren Mengen (mehr als 1g/l) gelöste Mineralstoffe oder weist es unabhängig vom Gesamtgehalt an gelösten festen Mineralstoffen besonders wirksame Bestanteile wie Jod, Schwefel, Eisen, Fluor oder ähnliche Stoffe auf, kommt es als Heilwasser in Betracht. In Bezug auf Gase zählen insbesondere Kohlenstoffdioxid, Schwefelwasserstoff und Radon aufgrund ihrer chemischen Zusammensetzung zu den allgemein anerkannten Heilgasen nach § 53 Abs. 1.

Eine gesundheitsfördernde Wirkung aufgrund **physikalischer Eigenschaften** des **9** Wassers kann sich daraus ergeben, dass das Wasser eine der Heilung dienende überdurchschnittlich hohe natürliche Temperatur aufweist. Es muss sich um sog. „Thermalwasser" handeln, deren Temperatur von Natur aus höher ist als 20 °C (vgl. zum Ganzen SZDK/*Schwendner* Rn. 8 unter Hinweis auf *Deutscher Heilbäderverband e. V. und Deutscher Tourismusverband e. V.,* Begriffsbestimmungen – Qualitätsstandards für die Prädikatisierung von Kurorten, Erholungsorte und Heilbrunnen).

Schwieriger kann sich die Einordnung als Heilquelle gestalten, wenn lediglich **der Erfahrung nach** **10** die Anwendung des Wassers oder Gases auf den Menschen heilende Wirkung hat. Die Heilwirkung eines Wasser- oder Gasvorkommens aufgrund von Erfahrung setzt – neben einer tatsächlich eingetretenen Heilwirkung nach dessen Anwendung – vor allem eine praktische, regelmäßig klinische Erprobung der Heilkraft voraus. Beispielhaft für eine möglicherweise der Erfahrung nach bestehende Heilwirkung seien mineralarme kalte Quellen genannt, bei denen die chemische Zusammensetzung allein die jeweils im Einzelfall nachzuweisende heilkräftige Wirkung nicht zu begründen vermag (SZDK/*Schwendner* Rn. 9). Eine bloße Vermutung oder Behauptung einer entsprechenden Erfahrung reicht dagegen angesichts der weitreichenden Folgen der Unterschutzstellung von

Heilquellen für den verfassungsrechtlichen Eigentumsschutz betroffener Grundstückseigentümer nicht aus; vielmehr ist eine klinische Erprobung erforderlich (*Czychowski/Reinhardt* Rn. 7).

C. Staatliche Anerkennung (Absatz 2)

I. Voraussetzungen und Folgen der staatlichen Anerkennung

11 Nach § 53 Abs. 2 können Heilquellen, deren Erhaltung aus Gründen des Wohls der Allgemeinheit erforderlich ist, auf Antrag staatlich anerkannt werden. § 53 Abs. 2 verdeutlicht damit, dass die jeweilige Quelle erst nach einem **konstitutiven behördlichen Anordnungsakt** durch § 53 geschützt und zu einer staatlich anerkannten Heilquelle mit einem entsprechenden, gesetzlich verliehenen **Güte- und Qualitätssiegel („Staatlich anerkannte Heilquelle")** wird. Unabhängig von der Heilquelleneigenschaft als solcher stellt die Benutzung einer Heilquelle einen Benutzungstatbestand dar, der nach §§ 8, 9 einer Erlaubnis oder Bewilligung bedarf. Demzufolge ist eine staatliche Anerkennung als Heilquelle iSd § 53 Abs. 1 bereits dann nicht denkbar, wenn zwar die tatsächlichen Voraussetzungen des § 53 Abs. 1 vorliegen, jedoch die hierfür nach § 8 Abs. 1 erforderliche Erlaubnis oder Bewilligung nicht erteilt werden darf (vgl. SZDK/*Schwendner* Rn. 15; aA *Czychowski/Reinhardt* Rn. 12). Jedenfalls dürfte es dann an dem erforderlichen Sachbescheidungsinteresse fehlen. Positiv ist für eine staatliche Anerkennung gem. § 53 Abs. 1 vorauszusetzen, dass es sich bei der Quelle um eine **„Heilquelle"** iSd § 53 Abs. 1 handelt (→ Rn. 4).

12 Weiterhin muss die Erhaltung der Heilquelle aus Gründen des Wohls der Allgemeinheit erforderlich sein. Die **Erhaltung** der Heilquelle hat dabei die Sicherung der Nutzbarkeit der Heilquelle und ihren Schutz vor jedweder Beeinträchtigung – künstlicher oder natürlicher Art – zum Ziel. Da der Begriff des **Wohls der Allgemeinheit** (vgl. § 6 Abs. 1 S. 1 Nr. 3) nicht nur Gesichtspunkte der Wasserwirtschaft, sondern auch andere Belange des öffentlichen Wohls umfasst und von einem weiten Verständnis des Gemeinwohls auszugehen ist, sind vor dem Hintergrund der Schutzrichtung des § 53 insbesondere **Gesichtspunkte der Gesundheit** zu berücksichtigen. Entscheidend ist dabei insbesondere die Wirkrichtung und -kraft der Heilkraft. Andererseits führt die nachgewiesene Heilwirkung *allein* nicht zwangsläufig zu einer staatlichen Anerkennung, sodass im Einzelfall gegen die Anerkennung sprechende wasserwirtschaftliche Belange gegen die Belange der Förderung der öffentlichen Gesundheit abzuwägen sind. Ein besonderes Augenmerk ist etwa auch darauf zu legen, ob im Einzelfall konkret vergleichbare Quellen existieren.

13 Weiterhin muss die Erhaltung **erforderlich** sein. Das Merkmal der Erforderlichkeit stellt eine Ausprägung des Verhältnismäßigkeitsgrundsatzes dar und unterliegt als **unbestimmter Rechtsbegriff** vollständig der verwaltungsgerichtlichen Kontrolle. Der Behörde steht dabei kein Beurteilungsspielraum zu Gebote, weil die Wasserbehörde nach eindeutig bestimmbaren wasserwirtschaftlichen, naturwissenschaftlichen und medizinischen Leitlinien entscheidet und keine weisungsfrei vorzunehmenden wertenden Prognoseentscheidungen in Rede stehen (so auch *Czychowski/Reinhardt* Rn. 11). Die Erforderlichkeit liegt vor, wenn die Verwendung der Heilquelle oder ihre besondere Heilwirkung für die öffentliche Gesundheit von großer Bedeutung ist, andere öffentliche Interessen nicht entgegenstehen und die Quelle durch Maßnahmen in einem vernünftigen Umfang geschützt werden kann (SZDK/*Schwendner* Rn. 11).

14 Hinsichtlich ihres Rechtscharakters ist die staatliche Anerkennung als ein **begünstigender, mitwirkungsbedürftiger Verwaltungsakt** nach § 35 VwVfG einzuordnen (vgl. *Wellmann,* in: Wellmann/Queitsch/Fröhlich, Rn. 3). Aus diesem Grund bedarf die Anerkennung nach § 53 Abs. 2 S. 1 eines entsprechenden **Antrags.** Die Entscheidung über die staatliche Anerkennung steht im pflichtgemäß auszuübenden **Ermessen** der Wasserbehörde (nicht des Bewirtschaftungsermessens im Sinne des § 12 Abs. 2), sodass dem Quellenunternehmer kein unmittelbarer Anspruch auf Erteilung der staatlichen Anerkennung zukommt. Weitere Anforderungen an das Verfahren sind § 53 nicht zu entnehmen; insoweit können zusätzliche Anforderungen vom Landesgesetzgeber bestimmt und geregelt werden. Auch eine Anerkennung von Amts wegen ist bundesrechtlich nicht ausgeschlossen. Die staatliche Anerkennung bewirkt, dass die Eigenschaft der jeweiligen Quelle als Heilquelle verbindlich festgestellt ist; sie bezieht sich dabei stets auf eine bestimmte und genau festgelegte Heilquelle (vgl. BT-Drs. 16/12275, 68). Im Zweifel muss daher für erforderliche Ersatz- oder Erweiterungsbohrungen ein eigenständiges Benutzungs- und Anerkennungsverfahren eingeleitet werden. Weil die staatliche Anerkennung dinglich auf die jeweilige Heilquelle bezogen ist, geht sie bei Veräußerung auf den Rechtsnachfolger über. Vergleichbar zur wasserrechtlichen Gestattung in Form der Erlaubnis, der gehobenen Erlaubnis und der Bewilligung kommt der staatlichen Anerkennung keine privatrechtsgestaltende Wirkung zu.

II. Widerruf und Rücknahme

15 Liegen die Voraussetzungen des Erhalts der Heilquelle unter dem Aspekt des Wohls der Allgemeinheit nicht (mehr) vor, ist die zuständige Behörde **verpflichtet,** sie nach **§ 53 Abs. 2 S. 2** zu widerrufen. In dem Fall, dass die Voraussetzungen des § 53 Abs. 1 S. 1 zwar weiterhin erfüllt sind, aber ein sonstiger Widerrufsgrund nach § 49 Abs. 2 VwVfG vorliegt, steht der Widerruf im Ermessen der Behörde. Hinsichtlich der Rechtsfolgen sind die allgemeinen Regelungen des VwVfG maßgeblich, insbesondere die Vorschriften der §§ 49 f. VwVfG.

16 Die staatliche Anerkennung enthält keine für den betroffenen Quellenunternehmer verbindliche Feststellung, dass die Erhaltung der Heilquelle aus Gründen des Wohl der Allgemeinheit erforderlich sei; dem Quellenunternehmer kommt daher **keine Klagebefugnis** für die Anfechtung des Widerrufs der Anerkennung zu (VGH Mannheim Beschl. v. 1.10.1991 – 8 S 1754/91 –, ZfW 1993, 26; bestätigt durch BVerwG Beschl. v. 20.7. 1992 – 7 B 186/91 –, NVwZ 1993, 63). Die begünstigende Wirkung der staatlichen Anerkennung erschöpft sich im Verhältnis zum Quellenunternehmer in einem bloßen Rechtsreflex. Fehlten die Anerkennungsvoraussetzungen von Anfang an, wird man a maiore ad minus in diesem Fall erst recht von einer Verpflichtung der zuständigen Behörde auszugehen haben, die rechtswidrige Anerkennung zurückzunehmen. Die Anforderungen an die Rücknahme bestimmen sich insofern nach § 48 VwVfG.

D. Anordnung von Betriebs- und Überwachungspflichten (Absatz 3)

17 Der Verwaltungsakt der staatlichen Anerkennung kann als Ermessensentscheidung der Wasserbehörde zunächst unter den allgemeinen Voraussetzungen des § 36 Abs. 2 VwVfG mit **Nebenbestimmungen** versehen werden. § 13 ist nicht unmittelbar, sondern nur als Auslegungshilfe anwendbar (*Czychowski/Reinhardt* Rn. 13). Eine Konkretisierung nimmt insoweit § 53 **Abs. 3** vor. Nach § 53 Abs. 3 ist die Wasserbehörde berechtigt, dem Benutzer Betriebs- und Überwachungspflichten aufzugeben, soweit dies zur Erhaltung der jeweiligen Heilquelle erforderlich ist. Damit wird der Behörde nicht nur die Möglichkeit anheimgegeben, Nebenbestimmungen zu erlassen, sondern – vor dem Hintergrund der gesetzgeberischen Absicht, die Heilquellen wegen ihrer besonderen Bedeutung für die öffentliche Gesundheit zu erhalten – auch nachträglich zu ihrem Schutz einzuschreiten (*Czychowski/Reinhardt* Rn. 18). Dem Quellenunternehmer können damit belastende Nebenbestimmungen aufgegeben werden, wenn diese zur Sicherung des ordnungsgemäßen Zustands der jeweiligen Heilquelle und deren chemisch-physikalischer Beschaffenheit auch in qualitativer Hinsicht erforderlich sind.

18 Die von § 53 Abs. 3 angesprochenen **Betriebspflichten** erstrecken sich nicht nur auf die Verpflichtung, die Heilquelle überhaupt zu betreiben, sondern können auch Modalitäten in Bezug auf die Art und Weise der Nutzung der Heilquelle festlegen. Derartige Verpflichtungen dienen dazu, die **dauerhafte Bestandserhaltung** der Heilquelle zu gewährleisten. In Betracht kommen etwa Vorgaben mit Blick auf die Fördermenge, um ein mengenmäßiges Gleichgewicht zwischen Grundwasserentnahme und natürlicher Grundwasserneubildung abzusichern. Weitere Anforderungen können die bauliche, technische und hygienische Ausgestaltung und Unterhaltung der Anlage selbst betreffen, um insbesondere zu gewährleisten, dass die Nutzung den naturwissenschaftlichen und medizinischen Zielsetzungen des Quellbetriebs genügt (*Czychowski/Reinhardt* Rn. 19).

19 **Überwachungspflichten** haben die fortlaufende Kontrolle der chemischen Zusammensetzung und der physikalischen Eigenschaften der Heilquelle zum Gegenstand, die von den Wasserbehörden bzw. durch einen von diesen beauftragten Sachverständigen durchgeführt wird. Darunter fällt auch die fortlaufende Überprüfung, ob der Heilquelle nach wie vor eine gesundheitsfördernde Wirkung zukommt. Mit den Überwachungspflichten gehen die **Duldungspflichten** des Quellenunternehmers entsprechend § 101 einher, die behördliche Überwachung und die Vornahme notwendig werdender Handlungen hinzunehmen (*Czychowski/Reinhardt* Rn. 21). Die Duldungspflichten sind damit Voraussetzung für eine effektive Überwachung. Ergeben die Kontrollen, dass die Anforderungen des § 53 Abs. 1 WHG nicht mehr erfüllt werden – etwa bei Veränderungen der chemisch-physikalischen Eigenschaften der Heilquelle oder in dem Fall, dass die Erfahrung heilender Wirkung aufgrund neuester, entgegenstehender Erkenntnisse erschüttert ist – hat die Wasserbehörde die staatliche Anerkennung nach § 53 Abs. 2 S. 2 zu widerrufen.

E. Festsetzung von Heilquellenschutzgebieten (Absatz 4 und 5)

I. Festsetzung (Absatz 4)

20 Nach der Gesetzesbegründung rechtfertigt die besondere gesundheitsfördernde Bedeutung von Heilquellen, ihren Bestand vorbeugend gegen Beeinträchtigungen und Schäden zu schützen (BR-Drs. 280/09, 196). Daher werden die zuständigen Behörden durch § 53 Abs. 4 S. 1 ermächtigt, entsprechende Heilquellenschutzgebiete für staatlich anerkannte Heilquellen festzusetzen. Die staatliche Anerkennung einer Heilquelle zieht nicht zwangsläufig die Festsetzung eines Heilquellenschutzgebiets nach sich (*Koll-Sarfeld,* in: Queitsch/Koll-Sarfeld/Wallbaum, LWG NW, § 36 Rn. 2). Denn die staatliche Anerkennung gibt **keinen Anspruch auf Festsetzung** eines Heilquellenschutzgebiets (VGH München Urt. v. 21.4.1971 – 85 VIII 69 –, juris). Nach § 53 Abs. 4 *können* vielmehr derartige Schutzgebiete festgesetzt werden. Umgekehrt setzt jedoch die Festsetzung eines

Heilquellenschutzgebiets die staatliche Anerkennung der geschützten Heilquelle voraus (VGH München Urt. v. 13.11.2012 – 22 N 09.1092 –, juris Rn. 15; *Breuer,* Rn. 1132, 1135). Die materiellen Anforderungen an die Schutzgebietsfestsetzung, insbesondere die Kriterien der Schutzbedürftigkeit, Schutzwürdigkeit und Schutzfähigkeit, welche die Voraussetzung der Erforderlichkeit konkretisieren, entsprechen denen des § 51 (→ § 51 Rn. 19 ff; VGH München, Urt. v. 13.11.2012 – 22 N 09.1092 –, juris Rn. 31 ff.). Wird die staatliche Anerkennung widerrufen oder zurückgenommen, ist dementsprechend auch die Schutzgebietsfestsetzung aufzuheben. Die Festsetzung erfolgt – wie bei Wasserschutzgebieten auch – durch **Rechtsverordnung,** zu deren Erlass die Landesregierungen nach Art. 80 Abs. 1 S. 1 GG ermächtigt werden (*Breuer* Rn. 1137). Eine Subdelegation auf andere Landesbehörden ist jedoch gem. Art. 80 I S. 4 GG und § 53 Abs. 3 S. 4 möglich. Drittbetroffene, insbesondere Grundstückseigentümer, können im Wege des Rechtsschutzes gegen die Heilquellen Schutzverordnung inzident auch die staatliche Anerkennung der Heilquelle selbst gerichtlich überprüfen lassen (VGH München Urt. v. 13.11.2012 – 22 N 09.1092 –, juris Rn. 17).

II. Entsprechende Anwendbarkeit der Vorschriften über Wasserschutzgebiete (Absatz 5)

§ 53 Abs. 5 legt unter entsprechender Anwendung des § 51 Abs. 2 fest, dass Heilquellenschutzgebiete vergleichbar zu Wasserschutzgebieten in verschiedene **Schutzzonen** einzuteilen sind. Wasserschutzgebiete werden üblicherweise in drei Zonen mit unterschiedlicher Schutzintensität eingeteilt (*Breuer* Rn. 1094; → § 51 Rn. 78). Es ist zwischen der Fassungszone, die die Entnahmestelle selbst umfasst, der engeren Schutzzone, in der insbesondere nur beschränkte landwirtschaftliche Nutzungen erlaubt sind und der weiteren Schutzzone, in der in gewissem Umfang auch Wohnhäuser und gewerbliche Nutzungen zugelassen werden können, zu unterscheiden. Vergleichbar dazu wird die Einteilung in Schutzzonen hinsichtlich der Heilquellenschutzgebiete zu erfolgen haben. In der Praxis haben die Bundesländer diesbezüglich **Richtlinien** mit konkretisierendem Charakter ausgearbeitet und eingeführt (vgl. Länderarbeitsgemeinschaft Wasser, Richtlinie für Heilquellenschutzgebiete, 3. Auflage 1998). Diese verweisen ihrerseits wiederum auf die Richtlinien für Trinkwasserschutzgebiete des Deutschen Vereins des Gas- und Wasserfachs (DVGW-Arbeitsblätter W 101–103, vgl. dazu VGH München Urt. v. 6.12. 1996 – 22 N 94.1658 –, ZfW 1997, 232 (234); *Czychowski/Reinhardt* Rn. 25). Den genannten Richtlinien kommt zwar keine rechtsverbindliche Wirkung zu, weshalb sie keine generelle Bindung gegenüber den Wasserbehörden entfalten; sie sind aber als technische Leitlinien bei der Bemessung der Schutzzonen der Wasserschutz- wie auch der Heilquellenschutzgebiete zu berücksichtigen. 21

LANDMANN/ROHMER

UMWELTRECHT

BAND II

KOMMENTAR

Herausgegeben von

Prof. Dr. Martin Beckmann
Rechtsanwalt und Fachanwalt für
Verwaltungsrecht,
Honorarprofessor der Universität Münster

Prof. Dr. Dr. Wolfgang Durner LL. M.
Rheinische Friedrich-Wilhelms-Universität
Bonn und Direktor des Instituts für das Recht
der Wasser- und Entsorgungswirtschaft

Prof. Dr. Thomas Mann
Direktor des Instituts für
Öffentliches Recht,
Lehrstuhl für Verwaltungsrecht der
Georg-August-Universität Göttingen

Prof. Dr. Marc Röckinghausen
Hochschule für Polizei und öffentliche
Verwaltung NRW, Abteilung Gelsenkirchen,
Fachbereich Allgemeine Verwaltung/
Rentenversicherung

Stand: 1. August 2020
(93. Ergänzungslieferung)

(Zum Bearbeitungsstand im Einzelnen siehe die Datumszeile
am unteren Ende jeder Seite)

C.H.BECK

Dieses Titelblatt entstammt der 93. Ergänzungslieferung August 2020

(Anschluss an die 92. Ergänzungslieferung Februar 2020)

ISBN 978 3 406 75341 1

Der Kommentar wurde von der 1. bis zur 50. Ergänzungslieferung von Prof. Dr. Klaus Hansmann und von der 51. bis zur 58. Ergänzungslieferung von Prof. Dr. Martin Beckmann herausgegeben.

Zitiervorschläge:

Beckmann in Landmann/Rohmer UmweltR KrWG § 17 Rn. 1
Landmann/Rohmer UmweltR/*Beckmann* KrWG § 17 Rn. 1

www.beck.de

Grundwerk ISBN 978 3 406 34327 8 ergänzt bis ISBN 978 3 406 75341 1

Wilhelmstraße 9, 80801 München
Satz und Druck: Druckerei C. H. Beck Nördlingen
(Adresse wie Verlag)

CO_2 neutral
chbeck.de/nachhaltig

Gedruckt auf säurefreiem, alterungsbeständigem Papier
(hergestellt aus chlorfrei gebleichtem Zellstoff)

Abschnitt 5. Auskunfts- und Zutrittsrecht; Gebühren und Auslagen

Abschnitt 6. Ermächtigungen

Kapitel 6. Meeresnaturschutz

Kapitel 7. Erholung in Natur und Landschaft

Kapitel 8. Mitwirkung von anerkannten Naturschutzvereinigungen

Kapitel 9. Eigentumsbindung, Befreiungen

Bearbeiterverzeichnis (Band I–IV)

Prof. Dr. Martin Beckmann Rechtsanwalt in Münster	Vorb. Abfallrecht, §§ 1–2, 4–39, 41–57, 62–68, 70–72 KrWG § 15 UVPG, Umweltschadensgesetz (mit Wittmann)
Dr. Christian-Dietrich Bracher Rechtsanwalt in Bonn	§§ 41 bis 43 BImSchG, 16. und 24. BImSchV
Prof. Dr. Peter Bruckmann Landesamt für Natur, Umwelt und Verbraucherschutz Nordrhein-Westfalen, Essen	39. BImSchV (mit Strecker und Vogt), 43. BImSchV (mit van Endern und Vogt)
Prof. Dr. Pascale Cancik O. Professorin an der Universität Osnabrück	Vorb. §§ 47a ff. BImSchG, §§ 47a–47f BImSchG (§§ 47a–47c, 47e und 47f mit Hansmann)
Prof. Dr. Johannes Dietlein O. Professor an der Universität Düsseldorf	§§ 1, 2, Vorb. §§ 4–21, 4 bis 8, 9 bis 11, 16a, 19, 23a–23c und 25a BImSchG, 9. BImSchV
Dr. Robert Dix Syndikusrechtsanwalt der EWE AG, Oldenburg	§ 29 UVPG
Prof. Dr. Matthias Dombert Rechtsanwalt in Potsdam	§§ 4–6, 8, 13, 14, 20, 24, 25 BBodSchG
Rolf-Dieter Dörr Ministerialrat a. D.	OberflächengewässerV (mit Walter)
Prof. Dr. Dr. Wolfgang Durner LL. M. O. Professor an der Universität Bonn	Umweltvölkerrecht, Vorb. §§ 27 ff. WHG, §§ 27–31, 34, 35, 82–85 WHG
Benedikt van Endern Ministerium für Umwelt, Landwirtschaft, Natur- und Verbraucherschutz des Landes Nordrhein-Westfalen	43. BImSchV (mit Bruckmann und Vogt)
Prof. Dr. Astrid Epiney LL. M. O. Professorin an der Université de Fribourg	Art. 191–193 AEUV
Prof. Dr. Wolfgang Ewer Rechtsanwalt in Kiel	Vorb. BBodSchG, §§ 9, 15, 16 BBodSchG
Prof. Dr. Kurt Faßbender O. Professor an der Universität Leipzig	§§ 1–5, 33, 36–38 WHG
Dr. Frank Fellenberg LL. M. Rechtsanwalt in Berlin	Fluglärmgesetz (mit Reidt und Schiller), Umweltrechtsbehelfsgesetz (mit Schiller)
Dr. Henrik Flatter Bundesamt für Naturschutz, Bonn	§§ 69–74 BNatSchG

Bearbeiter

Dr. Matthias Ganske Rechtsanwalt in Bonn	§§ 25, 26, 54–61 WHG
Prof. Dr. Klaus Ferdinand Gärditz O. Professor an der Universität Bonn	Art. 20a GG
Prof. Dr. Martin Gellermann Rechtsanwalt, apl. Professor an der Universität Osnabrück	Vorb. BNatSchG, §§ 4, 7–51, §§ 52–56, §§ 57–68 Vorb. §§ 37, 38, §§ 37–40, BNatSchG (§§ 41–43 mit Sanden)
Nela Gies Richterin am Verwaltungsgericht Gelsenkirchen	§§ 41, 42 WHG
Prof. Dr. Christoph Görisch Hochschule für Polizei und öffentliche Verwaltung NRW, Abteilung Münster	§§ 4–14 UAG
Dipl.-Met. Arno Graff Umweltbundesamt, Dessau	Nr. 5.5 TA Luft (mit Hansmann), Vorb. zu Anhang 3 der TA Luft
Moritz Grunow Rechtsanwalt in Düsseldorf	Vorb. AwSV, § 1 AwSV
Prof. Dr. Günter Hager O. Professor an der Universität Freiburg	§§ 1, 6, 7 UmweltHG (mit Rehbinder), §§ 8–10 UmweltHG
Prof. Dr. Klaus Hansmann Leitender Ministerialrat a. D.	§§ 17, 18, 20, 21, 26–37, 38–40, 44–47c, 47e, 47f, 52, 52b–58d, 59, 60, 62–72, 74 BImSchG (§§ 17, 18 mit Ohms, Vor § 26, §§ 26–31 mit Pabst, Vor § 38, §§ 38–40 mit Hofmann, §§ 20, 21, Vor 32, §§ 32–37, Vorb. §§ 44–47, §§ 45, 46, 46a, 47, 52, 52b, 62, 66 und 67 mit Röckinghausen, §§ 47a–47c, 47e und 47f mit Cancik), Vor § 53, §§ 53–58d mit Maciejewski, 14., 32. und 34. BImSchV, TA Lärm, TA Luft (ohne Vorb. zu Anhang 3), 4., 11., 20., 21., 25., 27., 28., 30. und 35. BImSchV (mit Röckinghausen), 2. BImSchV (mit Mahrwald und Röckinghausen), 5. BImSchV mit Maciejewski, 12. BImSchV (mit König), BzBlG, 1. DVO BzBlG
Dr. Felix Hardach Bundesministerium für Umwelt, Naturschutz und nukleare Sicherheit	§§ 1, 8, 11–13, 17, 20, 22, 23, 26 31, 32, 35 TEHG
Prof. Dr. Torsten Heilshorn Rechtsanwalt in Freiburg	Vor § 22 BImSchG, §§ 22–25 BImSchG (mit Sparwasser)

Michael Heugel Bundesministerium für Umwelt, Naturschutz und nukleare Sicherheit	§§ 5, 6 BNatSchG
Prof. Dr. Ekkehard Hofmann O. Professor an der Universität Trier	Vorb. § 38, §§ 38–40 BImSchG
Dr. Frank Hofmann Bundesministerium für Umwelt, Naturschutz und nukleare Sicherheit	§ 23 WHG
Dr. Georg Hünnekens Rechtsanwalt in Münster	§§ 50–53 WHG, Vorb. §§ 64–66, §§ 64–66 WHG, Vorb. §§ 72–81 WHG, §§ 72–81 WHG
Georg Kahl † Ministerialrat a. D.	7. BImSchV
Lutz Keppner Bundesministerium für Umwelt, Naturschutz und nukleare Sicherheit	Grundwasserverordnung
Dr. Andreas Kersting Rechtsanwalt in Münster	§§ 58–61 KrWG
Dr. Heike Kieserling Deutsche Bahn AG	§§ 13, 14, 25–38 AwSV
Dr. Jens Martin König Hessisches Ministerium für Umwelt, Klimaschutz, Landwirtschaft und Verbraucherschutz	12. BImSchV (mit Hansmann)
Dr. Olaf Konzak Rechtsanwalt in Köln	§§ 2, 3 und 7 VerpackG (mit Körner)
Dr. Michael Körner, LL.M. Rechtsanwalt in Köln	§§ 2, 3 und 7 VerpackG (mit Konzak)
Dr. Philip Kubitza Richter auf Probe, Rheinland-Pfalz	§§ 100–102 WHG
Prof. Dr. Silke Ruth Laskowski O. Professorin an der Universität Kassel	§ 24 WHG, § 58e BImSchG mit der EMASPrivilegV
Prof. Dr. Joachim Lege O. Professor an der Universität Greifswald	§§ 96–99 WHG
Dr. Rasso Ludwig LL. M. Bayerisches Staatsministerium für Umwelt und Verbraucherschutz	§§ 19, 21–23, 26 BBodSchG
Prof. Dr. Karim Maciejewski Hochschule des Bundes für öffentliche Verwaltung	Vor § 53 BImSchG, §§ 53–58d BImSchG (mit Hansmann), 5. BImSchV (mit Hansmann)
Birgit Mahrwald Bundesministerium für Umwelt, Naturschutz und nukleare Sicherheit	2. BImSchV (mit Hansmann und Röckinghausen)

Bearbeiter	Bearbeiterverzeichnis (Band I–IV)
Prof. Dr. Thomas Mann O. Professor an der Universität Göttingen	§§ 8a, 12 BImSchG, Vorb. ElektroG, §§ 1, 2 ElektroG, §§ 1–14, 16–28, 30–46, 48–74 UVPG
Dr. Cedric Christian Meyer Rechtsanwalt in Köln	§§ 46–49, 62–63 WHG
Dr. Uwe Neuser Bundesministerium für Umwelt, Naturschutz und nukleare Sicherheit	§§ 2, 27, 33, 34 TEHG
Volkmar Nies Landwirtschaftsdirektor bei der Landwirtschaftskammer Rheinland	§§ 1, 2, 7, 17, 18 BBodSchG
Dr. Martin Ohms Rechtsanwalt in Berlin	§§ 17, 18 BImSchG (mit Hansmann), 13. BImSchV, 17. BImSchV (z. T. mit Sahm)
Prof. Dr. Heinz-Joachim Pabst Hochschule des Bundes für öffentliche Verwaltung	Vor § 26, §§ 26–31 BImSchG (mit Hansmann), § 61 BImSchG, 41. BImSchV
Dr. Kay Artur Pape Rechtsanwalt in Bonn	Vorb. WHG, §§ 6–22 WHG
Dr. Malte Petersen LL. M. Bundesnetzagentur, Bonn	§§ 89–95 WHG
Prof. Dr. Alexander Proelß O. Professor an der Universität Trier	§§ 43–45l WHG
Prof. Dr. Eckard Rehbinder Em. Professor an der Universität Frankfurt/Main	§ 14 BImSchG §§ 1–7, 11–23 UmweltHG (§§ 1, 6, 7 mit Hager)
Prof. Dr. Olaf Reidt Rechtsanwalt in Berlin	§ 16 BImSchG (mit Schiller), 18. BImSchV (mit Schiller), Fluglärmgesetz (mit Fellenberg und Schiller), Umweltinformationsgesetz (mit Schiller)
Dr. Christoph Riese Rechtsanwalt in Berlin	§§ 67–71, 86 WHG
Prof. Dr. Marc Röckinghausen Hochschule für Polizei und öffentliche Verwaltung NRW, Abteilung Gelsenkirchen	§§ 20, 21, Vor § 32, §§ 32–37, Vorb. §§ 44–47, §§ 45, 46, 46a, 47, 52, 52b, 62, 66, 67 BImSchG (mit Hansmann), §§ 37a bis 37f, 52a, 73 BImSchG, 1., 10., 26., 36., 37., 38., 42. BImSchV, 4., 11., 20., 21., 25., 27., 28., 30. und 35. BImSchV (mit Hansmann), 2. BImSchV (mit Hansmann und Mahrwald), Schadstofffreisetzungs- und Verbringungsregistergesetz
Christoph Sahm LL. M. E.ON Kernkraft GmbH	§§ 23–25, 27 der 17. BImSchV (mit Ohms)

Prof. Dr. Dr. Joachim Sanden † Behörde für Stadtentwicklung und Umwelt, Freie und Hansestadt Hamburg, zugl. Apl. Prof. an der Universität Lüneburg	§§ 41–43 (mit Gellermann)
Dr. Gernot Schiller Rechtsanwalt in Berlin	§ 16 BImSchG (mit Reidt), 18. BImSchV (mit Reidt), Fluglärmgesetz (mit Reidt und Fellenberg), Umweltinformationsgesetz (mit Reidt) Umweltrechtsbehelfsgesetz (mit Fellenberg), §§ 14a, 15 BImSchG
Prof. Dr. Marcus Schladebach, LL.M. O. Professor an der Universität Potsdam	§ 47 UVPG
Matthias Schleifenbaum, LL.M. Rechtsanwalt in Köln	Vorb. BattG, § 1 BattG
Prof. Dr. Hendrik Schoen Hochschule für Polizei und öffentliche Verwaltung NRW, Abteilung Münster	§ 50 BImSchG
Prof. Dr. Meinhard Schröder Em. Professor an der Universität Trier	EG-Abfallverbringungs-VO
Prof. Dr. Max-Jürgen Seibert Vorsitzender Richter am Oberverwaltungsgericht Münster	§ 13 BImSchG
Prof. Dr. Reinhard Sparwasser Rechtsanwalt in Freiburg	Vor § 22 BImSchG, §§ 22–25 BImSchG (mit Heilshorn)
Prof. Dr. Indra Spiecker genannt Döhmann, LL.M. O. Professorin an der Universität Frankfurt a. M.	UStatG
Prof. Dr. Peter-Tobias Stoll O. Professor an der Universität Göttingen	EG-Artenschutzverordnung
Silvia Strecker Ministerium für Umwelt, Landwirtschaft, Natur- und Verbraucherschutz des Landes Nordrhein-Westfalen	39. BImSchV (mit Bruckmann und Vogt)
Prof. Dr. Dr. Markus Thiel Deutsche Hochschule der Polizei, Münster	§§ 3, 48–48b BImSchG
Dr. Christian Tünnesen-Harmes Rechtsanwalt in Duisburg	AbfAEV
Dr. Klaus Vogt Landesamt für Natur, Umwelt und Verbraucherschutz Nordrhein-Westfalen	39. BImSchV (mit Bruckmann und Strecker), 43. BImSchV (mit Bruckmann und van Endern)
Anne-Barbara Walter Umweltbundesamt	OberflächengewässerV (mit Dörr)
Dr. Dirk Weinreich Bundesministerium für Umwelt, Naturschutz und nukleare Sicherheit	Vorb. TEHG, §§ 7, 19 TEHG

Bearbeiter

Dr. Armin von Weschpfennig Akademischer Rat, Universität Bonn	§§ 13a, 13b, 103–107 WHG
Dr. Antje Wittmann Rechtsanwältin in Münster	UmweltschadensG (zusammen mit Beckmann)
Frank Wolke Umweltbundesamt, Deutsche Emissionshandelsstelle	§§ 4, 18, 24 TEHG

1.2 Verordnung zum Schutz der Oberflächengewässer (Oberflächengewässerverordnung – OGewV)[1, *]

vom 20. Juni 2016 (BGBl. I S. 1373), geändert durch Art. 255 VO v. 19.6.2020 (BGBl. I S. 1328)

Vorbemerkung

Schrifttum: *Albrecht,* Umweltqualitätsziele im Gewässerschutzrecht, 2007; *Berendes, Frenz, Müggenborg,* Wasserhaushaltsgesetz, 2011; *Dörr,* Verordnung zum Schutz der Oberflächengewässer und zu den prioritären Stoffen, in: Durner (Hrsg.), Wasserrechtlicher Reformbedarf in Bund und Ländern, 2011, S. 47; *Durner,* Rechtsfragen der Anordnung zusätzlicher Reinigungsstufen zur Eliminierung von Mikroschadstoffen, Köln 2014, *Durner,* Wasserbehördliche Einzelfallentscheidungen und wasserwirtschaftliche Planung, W+B 2014, S. 113; *Durner* Urteilsanmerkungen, DVBl 2015, 1049; *Durner,* Probleme und Perspektiven bei der Umsetzung des Weservertiefungsurteils des EuGH insbesondere beim Umgang mit Einleitungen, W+B 2015, 195; *Durner/Trillmich,* Ausstieg aus der Kohlenutzung kraft europäischen Wasserrechts? Auswirkungen der Phasing-Out-Ziele der Union für Quecksilber auf die Nutzung von Kohle, DVBl. 2011, 517; *Ekardt/Steffenhagen,* Kohlekraftwerkbau, wasserrechtliche Bewirtschaftungsziele und das Klimaschutzrecht, NuR 2010, 705; *Faßbender,* Die Umweltziele der Wasserrahmenrichtlinie, EurUP 2015, 173; *Franzius,* Die Mutter aller Wasserrechtsfälle – Das Urteil des EuGH zur Weservertiefung und die Folgen, ZUR 2015, 643; *Ginzky,* Die Pflicht zur Minderung von Schadstoffeinträgen in Oberflächengewässer – Vorgaben der Wasserrahmenrichtlinie und der Richtlinie Prioritäre Stoffe –, ZUR 2009, 242 ff.; *Ginzky,* Die Entscheidung des EuGH zum Verschlechterungsverbot – Alle Fragen geklärt?, NuR 2015, 624; *Giesberts/Reinhardt,* BeckOK Umweltrecht, 2017; *Guillen* et al., Prioritization of chemicals in the aquatic environment based on risk assessment: analytical, modeling and regulatory perspective, in: STE 440, 2012, 236; *Haneklaus,* Statement zum Entwurf der Verordnung zum Schutz der Oberflächengewässer, in: Durner (Hrsg.), Wasserrechtlicher Reformbedarf in Bund und Ländern, 2011, S. 59; *Geiger/Khan/Kotzur,* EUV/AEUV, 2010; *Henning,* Das wasserrechtliche Verschlechterungsverbot und Verbesserungsgebot – Folgen aus dem EuGH-Weservertiefungs-Urteil, NordÖR, 2017, 73; *Heiß,* Die neue Verordnung zum Schutz der Oberflächengewässer, W+B 2016, 131; *Heiß/Küster,* A regulatory perspective on prioritization of emerging pollutants in the context of the Water Framework Directiv, ETC Vol. 34, Nr. 10, 2181; *Hofmann,* Landmann/Rohmer, Umweltrecht, 2016; *Irmer u. a.* Die neue Oberflächengewässerverordnung (OGewV) – Strategien und normative Anforderungen, 2010, 687;

---

[1] **(Amtl. Anm.:)** Ersetzt V 753-13-3 v. 20.7.2011 I 1429 (OGewV)
1 Diese Verordnung dient der Umsetzung der
- Richtlinie 2000/60/EG des Europäischen Parlaments und des Rates vom 23. Oktober 2000 zur Schaffung eines Ordnungsrahmens für Maßnahmen der Gemeinschaft im Bereich der Wasserpolitik (ABl. L 327 vom 22.12.2000, S. 1), die zuletzt durch die Richtlinie 2014/101/EU (ABl. L 311 vom 31.10.2014, S. 32) geändert worden ist,
- Richtlinie 2008/105/EG des Europäischen Parlaments und des Rates vom 16. Dezember 2008 über Umweltqualitätsnormen im Bereich der Wasserpolitik und zur Änderung und anschließenden Aufhebung der Richtlinien des Rates 82/176/EWG, 83/513/EWG, 84/156/EWG, 84/491/EWG und 86/280/EWG sowie zur Änderung der Richtlinie 2000/60/EG (ABl. L 348 vom 24.12.2008, S. 84), die zuletzt durch die Richtlinie 2013/39/EU (ABl. L 226 vom 24.8.2013, S. 1) geändert worden ist,
- Richtlinie 2009/90/EG der Kommission vom 31. Juli 2009 zur Festlegung technischer Spezifikationen für die chemische Analyse und die Überwachung des Gewässerzustands gemäß der Richtlinie 2000/60/EG des Europäischen Parlaments und des Rates (ABl. L 201 vom 1.8.2009, S. 36),
- Richtlinie 2014/101/EU der Kommission vom 30. Oktober 2014 zur Änderung der Richtlinie 2000/60/EG des Europäischen Parlaments und des Rates zur Schaffung eines Ordnungsrahmens für Maßnahmen der Gemeinschaft im Bereich der Wasserpolitik (ABl. L 311 vom 31.10.2014, S. 32),
- Beschluss 2013/480/EU der Kommission vom 20. September 2013 zur Festlegung der Werte für die Einstufungen des Überwachungssystems des jeweiligen Mitgliedstaats als Ergebnis der Interkalibrierung gemäß der Richtlinie 2000/60/EG des Europäischen Parlaments und des Rates und zur Aufhebung der Entscheidung 2008/915/EG (ABl. L 266 vom 8.10.2013, S. 1, L 102 vom 5.4.2014, S. 22).

[*] Die Änderungen der OGewV durch Art. 255 Elfte ZuständigkeitsanpassungsVO v. 19.6.2020 (BGBl. I S. 1328) sind im Gesetzestext und in den Kommentierungen noch nicht berücksichtigt. Eine Anpassung erfolgt mit einer der nächsten Ergänzungslieferungen.

Kern, Neue Anforderungen und Instrumente für die europäische Gewässerqualität, NVwZ 2014, 256; *Kloepfer,* Umweltrecht, 4. Aufl., 2016; *Köck/Möckel,* Quecksilber-Einträge in Oberflächengewässern durch Kohlekraftwerke, NVwZ 2010, 1390; *Laskowski,* Das Verschlechterungsverbot im europäischen Wasserrecht nach dem EuGH-Urt. v. 1. Juli 2015, ZUR 2015, 542; *Nisipeanu,* Rechtliche Grenzen weitergehender Anforderungen an Abwassereinleitungen, NuR 2015, S. 449; *Ohms,* Beste verfügbare Techniken versus „Phasing-Out-Verpflichtung", NVwZ 2010, 675; *Reidt/Schiller,* Quecksilbereinträge in oberirdische Gewässer durch Kohlekraftwerke, NuR 2011, 624; *Sieder/Zeitler,* Wasserhaushaltsgesetz Kommentar, 2016; *Spieth/Ipsen,* Verbietet die Wasserrahmenrichtlinie den Bau von Kohlekraftwerken? NVwZ 2011, 536; *Reinhardt,* Grenzwerte – Fluch oder Segen, NuR 2015, 269; *Reinhardt,* Das Verschlechterungsverbot der Wasserrahmenrichtlinie in der Rechtsprechung des Europäischen Gerichtshofs, UPR 2015, 321; *Riese/Dieckmann,* Verbot der Einleitung von Industrieabwässern? Die Reichweite der phasing-out-Verpflichtung der Wasserrahmenrichtlinie, UPR 2011, 212; *Riese/Losert,* Schlussanträge zur Weservertiefung – Verschlechterung als Regelfall, DVBl 2015, 346; *Schütte/Warnke/Wittrock,* Die Ausnahme vom Verschlechterungsverbot: rechtliche und praktische Lösungsvorschläge, ZUR 2016, 215; *Ullrich/Heidemeier,* Bestandsaufnahme Prioritärer Stoffe nach WRRL und OGewV – eine Herausforderung an den Erkenntnisstand der Wasserwirtschaft, in: 27. Hamburger Kolloquium zur Abwasserwirtschaft 2015, Hamburger Berichte zur Siedlungswasserwirtschaft Band Nr. 91; *von der Ohe* et al., A new risk assessment approach for the prioritization of 500 classical and emerging organic microcontaminants as potential river basin specific pollutants under the Water Framework Directive, in: STE 409, 2011, 2064.

Übersicht

A. Ziel der Verordnung

1 Am 23. Juni 2016 wurde die neue Verordnung zum Schutz der Oberflächengewässer (OGewV) im Bundesgesetzblatt veröffentlicht und trat nach Art. 3 der Verordnung am Tag darauf in Kraft. Sie löst die alte OGewV aus dem Jahr 2011 (OGewV 2011) ab.

Die chemische Verschmutzung von Oberflächengewässern stellt eine Gefahr für die aquatische Umwelt dar. Sie kann zu akuter und chronischer Toxizität für Wasserlebewesen, zur Akkumulation von Schadstoffen in den Ökosystemen, zur Zerstörung von Lebensräumen und zur Beeinträchtigung der biologischen Vielfalt führen sowie die menschliche Gesundheit bedrohen (vgl. Erwägungsgrund 1 der Richtlinie 2008/105/EG des Europäischen Parlaments und des Rates über Umweltqualitätsnormen im Bereich der Wasserpolitik vom 16. Dezember 2008, ABl. EG L 348, S. 84, geändert am 12. August 2013, ABl. EU L 226, S. 1, 6 – UQN-Richtlinie).

Ziel der OGewV ist es daher, die Verschmutzungsursachen von Oberflächengewässern zu ermitteln und Emissionen in wirtschaftlicher und ökologischer Hinsicht möglichst wirksam an ihrem Ursprung zu bekämpfen. Dafür ergänzt und konkretisiert sie auf Verordnungsebene die der Umsetzung der Richtlinie 2000/60/EG (Richtlinie 2000/60/EG des Europäischen Parlaments und des Rates vom 23. Oktober 2000 zur Schaffung eines Ordnungsrahmens für Maßnahmen der Gemeinschaft im Bereich der Wasserpolitik, ABl. EG L 327 S. 1, zuletzt geändert am 30. Oktober 2014, ABl. EU L 311 S. 32 – WRRL)

1.4 Verordnung über Anlagen zum Umgang mit wassergefährdenden Stoffen (AwSV)*

Vom 18.4.2017 (BGBl. I S. 905), geändert durch Art. 255 VO v. 19.6.2020 (BGBl. I S. 1328)

Schrifttum: *Beckmann,* Abstellflächen für Transportmittel mit wassergefährdenden Stoffen sind keine Lageranlagen, W+B 3 (2018, S. 137; *Berendes/Frenz/Müggenborg,* WHG, 2. Auflage 2017; *Czychowski/Reinhardt,* Wasserhaushaltsgesetz, 11. Auflage 2014; *Böhme,* Anlagen zum Umgang mit wassergefährdenden Stoffen – Die neuen Bundesverordnung, Wasser und Abfall 2012, S. 52 ff.; *Drost/Wagner,* Verordnung über Anlagen zum Umgang mit wassergefährdenden Stoffen (AwSV), 1. Auflage 2017; *Gans-Eichler/Junge/Lühr/Tschacher/Tschersich,* Die neue AwSV 2017, 1. Auflage 2017; *Giesberts/Reinhardt,* BeckOK UmweltR, WHG, Stand 1.10.2018; *Ibes,* Der Besorgnisgrundsatz im Grundwasserschutz, 1. Auflage 2017; *Janssen-Overath,* Die neue Bundesverordnung über Anlagen zum Umgang mit wassergefährdenden Stoffen – AwSV – Ein Überblick zum Entwurf vom 22.7.2013, W+B 4 (2013), S. 202 ff.; *Lühr,* Anforderungen an Kälteanlagen gemäß neuer AwSV, KA 2017 (64) Nr. 8, S. 707 ff.; *Lühr/Steiner,* Welche Auswirkungen hat die neue AwSV auf Baustellen, Altlastensanierung und Flächenrecycling?, altlastenspektrum 4/2017, S. 125 ff.; *Müller,* Die neue AwSV – Das ändert sich für Sie, 1. Auflage 2017; *Rausch,* Umgang mit wassergefährdenden Stoffen, Internationales Verkehrswesen (69) 3 (2017), S. 30 f.; *Rottgardt/Lühr,* Überlegungen zum wasserrechtlichen Anlagenbegriff hinsichtlich des Anlagenvolumens und der Bestimmung der Gefährdungsstufen gemäß § 6 Muster-VAwS, LTwS 29, Druckdatum 1.8.2000; *Sieder/Zeitler/Dahme/Knopp,* Wasserhaushaltsgesetz, Stand 52. EL Juni 2018.

Vorbemerkung

Übersicht

A. Allgemeines

Die Verordnung über Anlagen zum Umgang mit wassergefährdenden Stoffen (AwSV) 1
regelt im Zusammenspiel mit §§ 62 ff. WHG Anforderungen an Anlagen, in denen mit wassergefährdenden Stoffen umgegangen wird. Ziel der Regelungen ist es, einen Stoffeintrag in Gewässer zu vermeiden (→ WHG § 62 Rn. 1).

I. Rechtsentwicklung

Das ursprüngliche WHG von 1957 (BGBl. I 1110) hatte bereits bei Inkrafttreten am 2
1.3.1960 verlangt, dass Stoffe nur so gelagert oder abgelagert werden dürfen, dass eine Verunreinigung eines oberirdischen Gewässers oder des Grundwassers nicht zu besorgen ist (§ 26 Abs. 2, § 34 Abs. 2 WHG aF). Die Vorgängerregelung zu §§ 62 ff. WHG fand

* Die Änderungen der AwSV durch Art. 256 Elfte ZuständigkeitsanpassungsVO v. 19.6.2020 (BGBl. I S. 1328) sind im Gesetzestext und in den Kommentierungen noch nicht berücksichtigt. Eine Anpassung erfolgt mit einer der nächsten Ergänzungslieferungen.

sich dann in §§ 19g–19l WHG aF; diese Vorschriften sind mit dem 4. Änderungsgesetz von 1976, zunächst nur bezogen auf Anlagen zum Lagern, Abfüllen und Umschlagen von wassergefährdenden Stoffen (sog. LAU-Anlagen) in das WHG eingefügt worden (vgl. BT-Drs. 7/888, 5f., 17f.; 7/1088, 5f., 16; 7/4546, 4, 7). Die allgemeinen Vorschriften des WHG wurden durch **landesrechtliche Verordnungen** über das Lagern wassergefährdender Flüssigkeiten (Lagerverordnungen) konkretisiert. Die Lagerverordnungen beruhten auf bau- und (landes-)wasserrechtlichen Ermächtigungen. Der anlagenbezogene Gewässerschutz blickt von daher auf eine **lange Tradition** zurück. Weil aber dieses Rechtsgebiet über Jahrzehnte hinweg im Schwerpunkt landesrechtlich geregelt war, konnte das Bundesrecht, als bloßes Rahmenrecht, kaum zu einer Rechtvereinheitlichung beitragen. Auf Länderebene wurde zwar versucht, die einzelnen Verordnungen über Musterverordnungen der Länderarbeitsgemeinschaft Wasser (LAWA) zu koordinieren. Jedoch führten die Eigenheiten in den Ländern naturgemäß zu eigenständigen Ausprägungen der Regelungen.

3 Mit dem Gesetz zur Neuregelung des Wasserrechts vom 31.7.2009 (BGBl. I 2009, S. 2585) wurde das anlagenbezogene Recht zum Umgang mit wassergefährdenden Stoffen als **bundesrechtliche Vollregelung** schließlich neu strukturiert. Es eröffnete mit der Verordnungsermächtigung des § 62 Abs. 4 WHG die Möglichkeit, Detailregelungen im Bereich der wassergefährdenden Stoffe auf die Verordnungsebene zu verlagern. Hierzu wurde 2017, nach einem durchaus langwierigen Rechtsetzungsverfahren (näher zur Entstehungsgeschichte: *Drost/Wagner,* AwSV, § 1 Rn. 2ff. mwN), die AwSV erlassen (BGBl. I S. 905), die in ihren wesentlichen Teilen zum 1.8.2017 in Kraft getreten ist (§ 73).

II. Anlagenbezogener Gewässerschutz und Besorgnisgrundsatz

4 Als gewässerschützende **Kardinal-Anforderung** schreibt § 62 Abs. 1 Satz 1 WHG für den Umgang mit wassergefährdenden Stoffen den **Besorgnisgrundsatz** vor. Die Regelung bezieht sich auf Gewässer iSd § 2 Abs. 1 WHG und ist der übliche Standard für deren Reinhaltung (vgl. §§ 32 Abs. 2, 45 Abs. 2, 48 Abs. 1 Satz 1 WHG, näher zu der „Unbesorgnisvorgabe" des Besorgnisgrundsatzes: *Ibes,* Besorgnisgrundsatz, 2017, S. 101ff.); sie begnügt sich mit einer auf den Schutzzweck ausgerichteten Generalklausel: Eine nachteilige Veränderung der Eigenschaften von Gewässern durch den Umgang mit wassergefährdenden Stoffen darf demnach nicht zu besorgen sein.

5 Unter **Eigenschaften** von Gewässern sind gemäß § 3 Nr. 7 WHG die auf die Wasserbeschaffenheit, die Wassermenge, die Gewässerökologie und die Hydromorphologie bezogenen Eigenschaften von Gewässern und Gewässerteilen zu verstehen. Eine nachteilige Veränderung liegt vor, wenn sich die physikalische, chemische oder biologische Beschaffenheit des Wassers gem. § 3 Nr. 9 WHG im Vergleich zum vorherigen Normalzustand ungünstig verändert, wobei kein gesamter Wasserkörper betroffen sein muss und nur geringfügige oder belanglose Beeinträchtigungen für den Wasserhaushalt außer Betracht bleiben.

6 Von einer **Besorgnis** ist, wie bei § 48 Abs. 2 Satz 1 WHG, dann auszugehen, wenn die Möglichkeit eines entsprechenden Schadenseintritts nach den gegebenen Umständen und im Rahmen einer sachlich vertretbaren, auf konkreten Feststellungen beruhenden Prognose nicht von der Hand zu weisen ist (BVerwG, ZfW 1981, 87 (88f.); dem folgend VGH München, ZfW 1998, 322 (324); VG München, Urt. v. 28.6.2011 – M 2 K 11.1003). Ein Schadenseintritt ist dann nicht zu besorgen, wenn er nach menschlicher Erfahrung unwahrscheinlich ist (BVerwG, ZfW 1965, 113 (115f.) und ZfW 1971, 109 (112); dem folgend VGH München, Urt. v. 17.10.1974 – 82 VIII 71; VG München,

4. Benzinbleigesetz und Durchführungsverordnung

4.1 Gesetz zur Verminderung von Luftverunreinigungen durch Bleiverbindungen in Ottokraftstoffen für Kraftfahrzeugmotore (Benzinbleigesetz – BzBlG –)*

Vom 5. August 1971

(BGBl. I S. 1234), zuletzt geändert durch Art. 102 VO v. 19.6.2020 (BGBl. I S. 1328)

Vorbemerkung

Schrifttum: *Hoppe/Beckmann,* Stoffzulassung nach dem Benzinbleigesetz, UPR 90, 161 ff.; *Schleifenbaum/Kamphausen,* Verbraucherschutz an den Tankstellen nach dem Benzinbleigesetz, GewA 83, 45 ff.

Übersicht

* Die Änderungen des BzBlG durch Art. 102 Elfte ZuständigkeitsanpassungsVO v. 19.6.2020 (BGBl. I S. 1328) sind im Gesetzestext und in den Kommentierungen noch nicht berücksichtigt. Eine Anpassung erfolgt mit einer der nächsten Ergänzungslieferungen.

A. Bedeutung des Benzinbleigesetzes

I. Luftverunreinigungen durch die Verwendung bleihaltiger Kraftstoffe

1 Das Benzinbleigesetz dient der Verminderung von Luftverunreinigungen, die durch Bleiverbindungen in Ottokraftstoffen für Kraftfahrzeugmotore hervorgerufen werden. Damit handelt es sich um ein Immissionsschutzgesetz, dessen Ziele jedoch weit weniger umfassend sind als die des Bundes-Immissionsschutzgesetzes. Das Gesetz bezieht sich nur auf den Kraftfahrzeugverkehr und begrenzt nur die Luftverunreinigungen durch einen bestimmten Schadstoff.

2 Eine Beschränkung der Luftverunreinigungen aus dem Kraftfahrzeugverkehr ist eine wichtige Aufgabe des Immissionsschutzes, weil insbesondere in den Ballungsgebieten ein erheblicher Teil der Emissionen aus diesem Bereich entstammt (vgl. Bd. I, Vorbemerkung vor § 38 BImSchG Rn. 1). Alle Kraftfahrzeuge mit Verbrennungsmotoren verursachen Abgase. Diese enthalten vor allem Kohlenmonoxid, Kohlenwasserstoffe, Stickoxide, Schwefeldioxid, Ruß und Bleiverbindungen. Da die Abgase von Kraftfahrzeugen in Bodennähe und damit vielfach in der Nähe der zu schützenden Menschen, Tiere, Pflanzen und sonstigen Sachgüter emittiert werden, besteht bei ihnen in besonderer Weise die Gefahr von schädlichen Umwelteinwirkungen (vgl. dazu auch Teil A der Begründung zum Benzinbleigesetz, BT-Drs. VI/1902).

3 Im Jahre 1974 wurden in der Bundesrepublik Deutschland etwa 11 500t Blei und Bleiverbindungen emittiert; davon entfielen allein etwa 8000t auf den Kraftfahrzeugverkehr (vgl. dazu und zum Folgenden: „Was Sie schon immer über Umweltschutz wissen wollten", herausgegeben vom Bundesminister des Innern, Verlag Kohlhammer, Stuttgart, S. 144f.). Dies beruhte darauf, dass Bleiverbindungen, insbesondere Bleitetraäthyl und Bleitetramethyl, dem Benzin als Antiklopfmittel beigesetzt wurden· und dass von dem im Benzin enthaltenen Blei 50 bis 75% mit den Abgasen emittiert werden, davon der größte Teil als Feinstaub. Mit dem Inkrafttreten der zweiten Stufe des Benzinbleigesetzes am 1. Januar 1976 (vgl. § 2 Abs. 1 Satz 2 des Gesetzes) sind die Bleiemissionen aus dem Kraftfahrzeugverkehr auf weniger als die Hälfte der Menge des Jahres 1974 gesunken. In einzelnen Hauptstraßen von Großstädten ist die Immissionsbelastung durch Blei nach dem 1. Januar 1976 um bis zu 65% zurückgegangen. Eine weitere deutliche Verminderung der Bleiemissionen trat mit der Einführung der unverbleiten Ottokraftstoffe Mitte der 80er Jahre ein.

II. Schädlichkeit von Blei- und anderen Metallverbindungen

4 Eine Beschränkung der Immissionsbelastung durch Bleiverbindungen hat aus verschiedenen Gründen eine große Bedeutung (vgl. dazu näher *Schlipköter/Pott,* Die Bleibelastung des Menschen und ihre Bedeutung für die Gesundheit, Umweltbrief Nr. 15, herausgegeben vom Bundesminister des Innern, 1976, S. 19ff.). Eine überhöhte Aufnahme von Blei kann beim Menschen Gesundheitsschäden durch Beeinträchtigung der Blutbildung und des Nervensystems hervorrufen; besonders gefährdet sind Kinder und Schwangere. Hinzukommt, dass Blei sich im Körper ansammeln kann; vornehmlich kann es in den Knochen gespeichert werden. Dabei ist der durch die Lunge aufgenommene Anteil an Blei besonders gefährlich, da das mit der Nahrung aufgenommene Blei zu 95% wieder aus dem Körper ausgeschieden wird, das in die Lunge gelangte Blei jedoch nur zu etwa 50%.

6.60 Gesetz über das Inverkehrbringen, die Rücknahme und die hochwertige Verwertung von Verpackungen (Verpackungsgesetz – VerpackG)

Vom 5. Juli 2017 (BGBl. I S. 2234), geändert durch Art. 139 VO v. 19.6.2020 (BGBl. I S. 1328)

Abschnitt 1. Allgemeine Vorschriften

§ 1 Abfallwirtschaftliche Ziele

(1) [1] Dieses Gesetz legt Anforderungen an die Produktverantwortung nach § 23 des Kreislaufwirtschaftsgesetzes für Verpackungen fest. [2] Es bezweckt, die Auswirkungen von Verpackungsabfällen auf die Umwelt zu vermeiden oder zu verringern. [3] Um dieses Ziel zu erreichen, soll das Gesetz das Verhalten der Verpflichteten so regeln, dass Verpackungsabfälle vorrangig vermieden und darüber hinaus einer Vorbereitung zur Wiederverwendung oder dem Recycling zugeführt werden. [4] Dabei sollen die Marktteilnehmer vor unlauterem Wettbewerb geschützt werden.

(2) Durch eine gemeinsame haushaltsnahe Sammlung von Verpackungsabfällen und weiteren stoffgleichen Haushaltsabfällen sollen zusätzliche Wertstoffe für ein hochwertiges Recycling gewonnen werden.

(3) [1] Der Anteil der in Mehrweggetränkeverpackungen abgefüllten Getränke soll mit dem Ziel der Abfallvermeidung gestärkt und das Recycling von Getränkeverpackungen in geschlossenen Kreisläufen gefördert werden. [2] Zur Überprüfung der Wirksamkeit der in diesem Gesetz vorgesehenen Mehrwegförderung ermittelt das Bundesministerium für Umwelt, Naturschutz und nukleare Sicherheit jährlich den Anteil der in Mehrweggetränkeverpackungen abgefüllten Getränke und gibt die Ergebnisse bekannt. [3] Ziel ist es, einen Anteil von in Mehrweggetränkeverpackungen abgefüllten Getränken in Höhe von mindestens 70 Prozent zu erreichen.

(4) [1] Mit diesem Gesetz soll außerdem das Erreichen der europarechtlichen Zielvorgaben der Richtlinie 94/62/EG über Verpackungen und Verpackungsabfälle sichergestellt werden. [2] Danach sind von den im Geltungsbereich dieses Gesetzes anfallenden Verpackungsabfällen jährlich mindestens 65 Masseprozent zu verwerten und mindestens 55 Masseprozent zu recyceln. [3] Dabei muss das Recycling der einzelnen Verpackungsmaterialien mindestens für Holz 15, für Kunststoffe 22,5, für Metalle 50 und für Glas sowie Papier und Karton 60 Masseprozent erreichen, wobei bei Kunststoffen nur Material berücksichtigt wird, das durch Recycling wieder zu Kunststoff wird. [4] Zum Nachweis des Erreichens der Zielvorgaben nach den Sätzen 2 und 3 führt die Bundesregierung die notwendigen Erhebungen durch und veranlasst die Information der Öffentlichkeit und der Marktteilnehmer.

(Kommentierung folgt)

Gesetz über das Inverkehrbringen, die Rücknahme und die hochwertige Verwertung von Verpackungen (Verpackungsgesetz – VerpackG)

Abschnitt 1. Allgemeine Vorschriften

§ 1 Abfallwirtschaftliche Ziele

[illegible]

9.2 Bundes-Bodenschutz- und Altlastenverordnung (BBodSchV)

Vom 12. Juli 1999

(BGBl. I S. 1554), zuletzt geändert durch Art. 126 VO v. 19.6.2020 (BGBl. I S. 1328)

Inhaltsübersicht

Erster Teil. Allgemeine Vorschriften

§ 1 Anwendungsbereich

Diese Verordnung gilt für

1. die Untersuchung und Bewertung von Verdachtsflächen, altlastverdächtigen Flächen, schädlichen Bodenveränderungen und Altlasten sowie für die Anforderungen an die Probennahme, Analytik und Qualitätssicherung nach § 8 Abs. 3 und § 9 des Bundes-Bodenschutzgesetzes,

2. Anforderungen an die Gefahrenabwehr durch Dekontaminations- und Sicherungsmaßnahmen sowie durch sonstige Schutz- und Beschränkungsmaßnahmen nach § 4 Abs. 2 bis 5, § 8 Abs. 1 Satz 2 Nr. 3 des Bundes-Bodenschutzgesetzes,
3. ergänzende Anforderungen an Sanierungsuntersuchungen und Sanierungspläne bei bestimmten Altlasten nach § 13 Abs. 1 des Bundes-Bodenschutzgesetzes,
4. Anforderungen zur Vorsorge gegen das Entstehen schädlicher Bodenveränderungen nach § 7 des Bundes-Bodenschutzgesetzes einschließlich der Anforderungen an das Auf- und Einbringen von Materialien nach § 6 des Bundes-Bodenschutzgesetzes,
5. die Festlegung von Prüf- und Maßnahmenwerten sowie von Vorsorgewerten einschließlich der zulässigen Zusatzbelastung nach § 8 Abs. 1 Satz 2 Nr. 1 und 2 und Abs. 2 Nr. 1 und 2 des Bundes-Bodenschutzgesetzes.

§ 2 Begriffsbestimmungen

Im Sinne dieser Verordnung sind

1. Bodenmaterial: Material aus Böden im Sinne des § 2 Abs. 1 des Bundes-Bodenschutzgesetzes und deren Ausgangssubstraten einschließlich Mutterboden, das im Zusammenhang mit Baumaßnahmen oder anderen Veränderungen der Erdoberfläche ausgehoben, abgeschoben oder behandelt wird;
2. Einwirkungsbereich: Bereich, in dem von einem Grundstück im Sinne des § 2 Abs. 3 bis 6 des Bundes-Bodenschutzgesetzes Einwirkungen auf Schutzgüter zu erwarten sind oder in dem durch Einwirkungen auf den Boden die Besorgnis des Entstehens schädlicher Bodenveränderungen hervorgerufen wird;
3. Orientierende Untersuchung: Örtliche Untersuchungen, insbesondere Messungen, auf der Grundlage der Ergebnisse der Erfassung zum Zweck der Feststellung, ob der Verdacht einer schädlichen Bodenveränderung oder Altlast ausgeräumt ist oder ein hinreichender Verdacht im Sinne des § 9 Abs. 2 Satz 1 des Bundes-Bodenschutzgesetzes besteht;
4. Detailuntersuchung: Vertiefte weitere Untersuchung zur abschließenden Gefährdungsabschätzung, die insbesondere der Feststellung von Menge und räumlicher Verteilung von Schadstoffen, ihrer mobilen oder mobilisierbaren Anteile, ihrer Ausbreitungsmöglichkeiten in Boden, Gewässer und Luft sowie der Möglichkeit ihrer Aufnahme durch Menschen, Tiere und Pflanzen dient;
5. Sickerwasserprognose: Abschätzung der von einer Verdachtsfläche, altlastverdächtigen Fläche, schädlichen Bodenveränderung oder Altlast ausgehenden oder in überschaubarer Zukunft zu erwartenden Schadstoffeinträge über das Sickerwasser in das Grundwasser, unter Berücksichtigung von Konzentrationen und Frachten und bezogen auf den Übergangsbereich von der ungestättigten zur wassergesättigten Zone;
6. Schadstoffe: Stoffe und Zubereitungen, die auf Grund ihrer Gesundheitsschädlichkeit, ihrer Langlebigkeit oder Bioverfügbarkeit im Boden oder auf Grund anderer Eigenschaften und ihrer Konzentration geeignet sind, den Boden in seinen Funktionen zu schädigen oder sonstige Gefahren hervorzurufen;
7. Expositionsbedingungen: Durch örtliche Gegebenheiten und die Grundstücksnutzung im Einzelfall geprägte Art und Weise, in der Schutzgüter der Wirkung von Schadstoffen ausgesetzt sein können;

Gesetz über Naturschutz und Landschaftspflege (Bundesnaturschutzgesetz – BNatSchG)*

vom 29. Juli 2009 (BGBl. I S. 2542), zuletzt geändert durch Art. 290 VO v. 19.6.2020 (BGBl. I S. 1328)

Kapitel 1. Allgemeine Vorschriften

§ 1 Ziele des Naturschutzes und der Landschaftspflege

(1) Natur und Landschaft sind auf Grund ihres eigenen Wertes und als Grundlage für Leben und Gesundheit des Menschen auch in Verantwortung für die künftigen Generationen im besiedelten und unbesiedelten Bereich nach Maßgabe der nachfolgenden Absätze so zu schützen, dass

1. die biologische Vielfalt,
2. die Leistungs- und Funktionsfähigkeit des Naturhaushalts einschließlich der Regenerationsfähigkeit und nachhaltigen Nutzungsfähigkeit der Naturgüter sowie
3. die Vielfalt, Eigenart und Schönheit sowie der Erholungswert von Natur und Landschaft auf Dauer gesichert sind; der Schutz umfasst auch die Pflege, die Entwicklung und, soweit erforderlich, die Wiederherstellung von Natur und Landschaft (allgemeiner Grundsatz).

(2) Zur dauerhaften Sicherung der biologischen Vielfalt sind entsprechend dem jeweiligen Gefährdungsgrad insbesondere

1. lebensfähige Populationen wild lebender Tiere und Pflanzen einschließlich ihrer Lebensstätten zu erhalten und der Austausch zwischen den Populationen sowie Wanderungen und Wiederbesiedelungen zu ermöglichen,
2. Gefährdungen von natürlich vorkommenden Ökosystemen, Biotopen und Arten entgegenzuwirken,
3. Lebensgemeinschaften und Biotope mit ihren strukturellen und geografischen Eigenheiten in einer repräsentativen Verteilung zu erhalten; bestimmte Landschaftsteile sollen der natürlichen Dynamik überlassen bleiben.

(3) Zur dauerhaften Sicherung der Leistungs- und Funktionsfähigkeit des Naturhaushalts sind insbesondere

1. die räumlich abgrenzbaren Teile seines Wirkungsgefüges im Hinblick auf die prägenden biologischen Funktionen, Stoff- und Energieflüsse sowie landschaftlichen Strukturen zu schützen; Naturgüter, die sich nicht erneuern, sind sparsam und schonend zu nutzen; sich erneuernde Naturgüter dürfen nur so genutzt werden, dass sie auf Dauer zur Verfügung stehen,
2. Böden so zu erhalten, dass sie ihre Funktion im Naturhaushalt erfüllen können; nicht mehr genutzte versiegelte Flächen sind zu renaturieren, oder, soweit eine Entsiegelung nicht möglich oder nicht zumutbar ist, der natürlichen Entwicklung zu überlassen,

---

* Die Änderungen des BNatSchG durch Art. 1 Zweites ÄndG v. 4.3.2020 (BGBl. I S. 440) und Art. 290 Elfte ZuständigkeitsanpassungsVO v. 19.6.2020 (BGBl. I S. 1328) sind im Gesetzestext und in den Kommentierungen noch nicht berücksichtigt. Eine Anpassung erfolgt mit einer der nächsten Ergänzungslieferungen.

3. Meeres- und Binnengewässer vor Beeinträchtigungen zu bewahren und ihre natürliche Selbstreinigungsfähigkeit und Dynamik zu erhalten; dies gilt insbesondere für natürliche und naturnahe Gewässer einschließlich ihrer Ufer, Auen und sonstigen Rückhalteflächen; Hochwasserschutz hat auch durch natürliche oder naturnahe Maßnahmen zu erfolgen; für den vorsorgenden Grundwasserschutz sowie für einen ausgeglichenen Niederschlags-Abflusshaushalt ist auch durch Maßnahmen des Naturschutzes und der Landschaftspflege Sorge zu tragen,
4. Luft und Klima auch durch Maßnahmen des Naturschutzes und der Landschaftspflege zu schützen; dies gilt insbesondere für Flächen mit günstiger lufthygienischer oder klimatischer Wirkung wie Frisch- und Kaltluftentstehungsgebiete oder Luftaustauschbahnen; dem Aufbau einer nachhaltigen Energieversorgung insbesondere durch zunehmende Nutzung erneuerbarer Energien kommt eine besondere Bedeutung zu,
5. wild lebende Tiere und Pflanzen, ihre Lebensgemeinschaften sowie ihre Biotope und Lebensstätten auch im Hinblick auf ihre jeweiligen Funktionen im Naturhaushalt zu erhalten,
6. der Entwicklung sich selbst regulierender Ökosysteme auf hierfür geeigneten Flächen Raum und Zeit zu geben.

(4) Zur dauerhaften Sicherung der Vielfalt, Eigenart und Schönheit sowie des Erholungswertes von Natur und Landschaft sind insbesondere

1. Naturlandschaften und historisch gewachsene Kulturlandschaften, auch mit ihren Kultur-, Bau- und Bodendenkmälern, vor Verunstaltung, Zersiedelung und sonstigen Beeinträchtigungen zu bewahren,
2. zum Zweck der Erholung in der freien Landschaft nach ihrer Beschaffenheit und Lage geeignete Flächen vor allem im besiedelten und siedlungsnahen Bereich zu schützen und zugänglich zu machen.

(5) Großflächige, weitgehend unzerschnittene Landschaftsräume sind vor weiterer Zerschneidung zu bewahren. Die erneute Inanspruchnahme bereits bebauter Flächen sowie die Bebauung unbebauter Flächen im beplanten und unbeplanten Innenbereich, soweit sie nicht für Grünflächen vorgesehen sind, hat Vorrang vor der Inanspruchnahme von Freiflächen im Außenbereich. Verkehrswege, Energieleitungen und ähnliche Vorhaben sollen landschaftsgerecht geführt, gestaltet und so gebündelt werden, dass die Zerschneidung und die Inanspruchnahme der Landschaft sowie Beeinträchtigungen des Naturhaushalts vermieden oder so gering wie möglich gehalten werden. Beim Aufsuchen und bei der Gewinnung von Bodenschätzen, bei Abgrabungen und Aufschüttungen sind dauernde Schäden des Naturhaushalts und Zerstörungen wertvoller Landschaftsteile zu vermeiden; unvermeidbare Beeinträchtigungen von Natur und Landschaft sind insbesondere durch Förderung natürlicher Sukzession, Renaturierung, naturnahe Gestaltung, Wiedernutzbarmachung oder Rekultivierung auszugleichen oder zu mindern.

(6) Freiräume im besiedelten und siedlungsnahen Bereich einschließlich ihrer Bestandteile, wie Parkanlagen, großflächige Grünanlagen und Grünzüge, Wälder und Waldränder, Bäume und Gehölzstrukturen, Fluss- und Bachläufe mit ihren Uferzonen und Auenbereichen, stehende Gewässer, Naturerfahrungsräume sowie gartenbau- und landwirtschaftlich genutzte Flächen, sind zu erhalten und dort, wo sie nicht in ausreichendem Maße vorhanden sind, neu zu schaffen.

(Kommentierung folgt)

§ 45 Ausnahmen; Ermächtigung zum Erlass von Rechtsverordnungen

(1) Von den Besitzverboten sind, soweit sich aus einer Rechtsverordnung nach § 54 Abs. 5 nichts anderes ergibt, ausgenommen

1. Tiere und Pflanzen der besonders geschützten Arten, die rechtmäßig
   a) in der Gemeinschaft gezüchtet und nicht herrenlos geworden sind, durch künstliche Vermehrung gewonnen oder der Natur entnommen worden sind,
   b) aus Drittländern in die Gemeinschaft gelangt sind,
2. Tiere und Pflanzen der Arten, die in einer Rechtsverordnung nach § 54 Abs. 4 aufgeführt und vor ihrer Aufnahme in die Rechtsverordnung rechtmäßig in der Gemeinschaft erworben worden sind.

Satz 1 Nummer 1 Buchstabe b gilt nicht für Tiere und Pflanzen der Arten im Sinne des § 7 Absatz 2 Nummer 13 Buchstabe b, die nach dem 3. April 2002 ohne eine Ausnahme oder Befreiung nach § 43 Absatz 8 Satz 2 oder § 62 des Bundesnaturschutzgesetzes in der bis zum 1. März 2010 geltenden Fassung oder nach dem 1. März 2010 ohne eine Ausnahme nach Absatz 8 aus einem Drittstaat unmittelbar in das Inland gelangt sind. Abweichend von Satz 2 dürfen tote Vögel von europäischen Vogelarten im Sinne des § 7 Absatz 2 Nummer 13 Buchstabe b Doppelbuchstabe bb, soweit diese nach § 2 Absatz 1 des Bundesjagdgesetzes dem Jagdrecht unterliegen, zum persönlichen Gebrauch oder als Hausrat ohne eine Ausnahme oder Befreiung aus einem Drittstaat unmittelbar in das Inland verbracht werden.

(2) Soweit nach Absatz 1 Tiere und Pflanzen der besonders geschützten Arten keinen Besitzverboten unterliegen, sind sie auch von den Vermarktungsverboten ausgenommen. Dies gilt vorbehaltlich einer Rechtsverordnung nach § 54 Absatz 5 nicht für aus der Natur entnommene

1. Tiere und Pflanzen der streng geschützten Arten,
2. Tiere europäischer Vogelarten.

(3) Von den Vermarktungsverboten sind auch ausgenommen

1. Tiere und Pflanzen der streng geschützten Arten, die vor ihrer Unterschutzstellung als vom Aussterben bedrohte oder streng geschützte Arten rechtmäßig erworben worden sind,
2. Tiere europäischer Vogelarten, die vor dem 6. April 1981 rechtmäßig erworben worden oder in Anhang III Teil A der Richtlinie 2009/147/EG aufgeführt sind,
3. Tiere und Pflanzen der Arten, die den Richtlinien 92/43/EWG und 2009/147/EG unterliegen und die in einem Mitgliedstaat in Übereinstimmung mit den Richtlinien zu den in § 44 Absatz 2 Satz 1 Nummer 2 genannten Handlungen freigegeben worden sind.

(4) Abweichend von den Besitz- und Vermarktungsverboten ist es vorbehaltlich jagd- und fischereirechtlicher Vorschriften zulässig, tot aufgefundene Tiere und Pflanzen aus der Natur zu entnehmen oder an die von der für Naturschutz und Landschaftspflege zuständigen Behörde bestimmte Stelle abzugeben, oder, soweit sie nicht zu den streng geschützten Arten gehören, für Zwecke der Forschung oder Lehre oder zur Präparation für diese Zwecke zu verwenden.

(5) Abweichend von den Verboten des § 44 Absatz 1 Nummer 1 sowie den Besitzverboten ist es vorbehaltlich jagdrechtlicher Vorschriften ferner zulässig, verletzte, hilflose oder kranke Tiere aufzunehmen, um sie gesund zu pflegen. Die Tiere sind unverzüglich freizulassen, sobald sie sich selbständig erhalten können. Im Übrigen sind sie an die von der für Naturschutz und Landschaftspflege zuständigen Behörde bestimmte Stelle abzugeben. Handelt es sich um Tiere der streng ge-

schützten Arten, so hat der Besitzer die Aufnahme des Tieres der für Naturschutz und Landschaftspflege zuständigen Behörde zu melden. Diese kann die Herausgabe des aufgenommenen Tieres verlangen.

(6) **Die nach Landesrecht zuständigen Behörden können Ausnahmen von den Besitz- und Vermarktungsverboten zulassen, soweit dies für die Verwertung beschlagnahmter oder eingezogener Tiere und Pflanzen erforderlich ist und Rechtsakte der Europäischen Gemeinschaft dem nicht entgegenstehen. Ist für die Beschlagnahme oder Einziehung eine Bundesbehörde zuständig, kann diese Behörde Ausnahmen von den Besitz- und Vermarktungsverboten im Sinne von Satz 1 zulassen.**

(7) **Die für Naturschutz und Landschaftspflege zuständigen Behörden sowie im Falle des Verbringens aus dem Ausland das Bundesamt für Naturschutz können von den Verboten des § 44 im Einzelfall weitere Ausnahmen zulassen**

1. **zur Abwendung ernster land-, forst-, fischerei- oder wasserwirtschaftlicher oder sonstiger ernster Schäden,**
2. **zum Schutz der natürlich vorkommenden Tier- und Pflanzenwelt,**
3. **für Zwecke der Forschung, Lehre, Bildung oder Wiederansiedlung oder diesen Zwecken dienende Maßnahmen der Aufzucht oder künstlichen Vermehrung,**
4. **im Interesse der Gesundheit des Menschen, der öffentlichen Sicherheit, einschließlich der Verteidigung und des Schutzes der Zivilbevölkerung, oder der maßgeblich günstigen Auswirkungen auf die Umwelt oder**
5. **aus anderen zwingenden Gründen des überwiegenden öffentlichen Interesses einschließlich solcher sozialer oder wirtschaftlicher Art.**

Eine Ausnahme darf nur zugelassen werden, wenn zumutbare Alternativen nicht gegeben sind und sich der Erhaltungszustand der Populationen einer Art nicht verschlechtert, soweit nicht Art. 16 Absatz 1 der Richtlinie 92/43/EWG weiter gehende Anforderungen enthält. Art. 16 Absatz 3 der Richtlinie 92/43/EWG und Art. 9 Absatz 2 der Richtlinie 2009/147/EG sind zu beachten. Die Landesregierungen können Ausnahmen auch allgemein durch Rechtsverordnungen zulassen. Sie können die Ermächtigung nach Satz 4 durch Rechtsverordnung auf andere Landesbehörden übertragen.

(8) **Das Bundesamt für Naturschutz kann im Falle des Verbringens aus dem Ausland von den Verboten des § 44 unter den Voraussetzungen des Absatzes 7 Satz 2 und 3 im Einzelfall weitere Ausnahmen zulassen, um unter kontrollierten Bedingungen und in beschränktem Ausmaß eine vernünftige Nutzung von Tieren und Pflanzen bestimmter Arten im Sinne des § 7 Absatz 2 Nummer 13 Buchstabe b sowie für gezüchtete und künstlich vermehrte Tiere oder Pflanzen dieser Arten zu ermöglichen.**

Schrifttum: *Bick/Wulfert,* Der Artenschutz in der Vorhabenzulassung aus rechtlicher und naturschutzfachlicher Sicht, NVwZ 2017, 346 ff.; *dies.,* Artenschutzrechtliche Ausnahme für Vogelarten, NuR 2020, 250 ff.; *Borwiek,* Die Tötung des Wolfes zur Abwendung von Übergriffen auf Nutztiere, NuR 2019, 21 ff; *dies.,* Die geplante Änderung des BNatSchG zur erleichterten Entnahme von Wölfen im Lichte der Tapiola-Entscheidung des EuGH, ZUR 2020, 50 ff.; *Brocker,* Zur landesrechtlichen Bejagung geschützter Arten, – Elster und Rabenkrähe im Dickicht von Naturschutz und Jagdrecht, NuR 2000, 307 ff.; *Ditscherlein,* Norwegische Krähenmassenfallen und Nebelkrähenfallen, NuR 2003, 530 ff.; *Fellenberg,* Artenschutz, in: Kerkmann, Naturschutzrecht in der Praxis, 2. Aufl. 2010, § 7; *Gellermann,* Artenschutzrecht im Wandel, NuR 2007, S. 165 ff.; *ders.,* Aktuelle Entwicklungen des unionsbasierten Habitat- und Artenschutzrechts, UPR Sonderheft 2015, 417 ff.; *ders.,* Windkraftnutzung im Lichte der Vogelschutzrichtlinie 2009/147/EG, NuR 2020, 178 ff.; *ders./Schreiber,* Schutz wildlebender Tiere und Pflanzen in staatlichen Planungs- und Zulassungsverfahren, 2007; *Köck,* Der Schutz des Wolfes und die Möglichkeiten der Entnahme in Deutschland, NuR 2018, 812 ff.; *Lau,* Die Rechtsprechung des BVerwG zum europäischen Naturschutzrecht im Jahre zwei und drei nach seiner Entscheidung zur Westumfahrung Halle, NVwZ 2011, 461 ff.; *Nebelsiek,* Wolfsabschuss in Niedersachsen, NuR 2019, 272 ff.; *Sailer,* Gesetzgeberische Handlungsmöglichkeiten zur Weiterentwicklung der artenschutzrechtlichen Ausnahmeregelung, Hintergrundpapier, 11.3.2020, https://stiftung-umweltenergierecht.de/wp-content/uploads/2020/03/Stiftung_Umwelt energierecht_Wue Berichte_49_Artenschutzrechtliche_Ausnahme_2020-03-11.pdf; *Sobotta,* Artenschutz in der Rechtsprechung des Europäischen Gerichtshofs, NuR 2007, 642 ff.; *Steeck,* Wer hat Angst vor dem finnischen Wolf? Die artenschutzrechtliche Ausnahmegenehmigung bei Arten im ungünstigen Erhaltungszustand, NuR 2010, 4 ff.; 94. Umweltministerkonferenz (UMK), Anlage zu Top. 4, Hinweise zu den rechtlichen und fachlichen Ausnahmevoraussetzungen nach § 45 Abs. 7 BNatSchG bei der Zulassung von Winenergievorhaben (Stand: 13.5.2020), https://www.umwelt ministerkonferenz.de/documents/anlage-zu-top-4,-ziff-4_1591168257.pdf.

Übersicht

A. Allgemeines

I. Verbote, Ausnahmen, Befreiungen

Die Wirksamkeit des besonderen Artenschutzrechts wird maßgeblich durch die den 1
Verbotsregeln beigegebenen Ausnahmen bestimmt. Während § 44 Abs. 1–3 BNatSchG die in ihrer Reichweite durch die in § 44 Abs. 4, 5 BNatSchG enthaltenen Privilegierungstatbestände begrenzten Zugriffs-, Besitz- und Vermarktungsverbote begründet, nimmt § 45 Abs. 1–5 BNatSchG den hierdurch begründeten Schutz ein Stück weit zurück. Die Vorschrift schränkt die Verbotsnormen durch verschiedene **Legalausnahmen** ein und bringt es mit sich, dass sämtliche Handlungen, die einen entsprechenden Ausnahmetatbestand erfüllen, von vornherein nicht untersagt sind (*Gassner/Heugel* Naturschutzrecht Rn. 594). Ob ein artenschutzrechtlich relevantes Verhalten verboten ist, kann daher stets nur anhand einer Zusammenschau der §§ 44, 45 BNatSchG beurteilt werden.

2 § 45 BNatSchG beschränkt die artenschutzrechtlichen Verbote nicht nur in ihrer Reichweite, sondern gestattet überdies die Erteilung **einzelfallbezogener Ausnahmen.** § 45 Abs. 6–8 BNatSchG lassen die Geltung der in § 44 BNatSchG enthaltenen Verbote unberührt, erlauben es aber, ihr tatsächliches Einsatzfeld im Einzelfall durch die Erteilung von Ausnahmen zu begrenzen. Die in früherer Zeit noch uneinheitlich beantwortete Frage nach dem Verhältnis zwischen einzelfallbezogenen artenschutzrechtlichen Ausnahmen und gleichfalls nur im Einzelfall in Frage kommenden Befreiungen (vgl. hierzu OVG Magdeburg NuR 1996, 161; VGH Mannheim NuR 2000, 149 (153); *Louis* BNatSchG § 31 Rn. 6; wohl auch *Marzik/Wilrich* § 62 Rn. 5; aA *Gassner/Bendomir-Kahlo/Schmidt-Räntsch* § 43 Rn. 4), hat bereits im Zuge der „Kleinen Novelle“ des Bundesnaturschutzgesetzes eine Klärung erfahren. Während die öffentlichen Interessen, deretwegen artenschutzrechtliche Verbote im Einzelfall überwunden werden können, vollständig in den erweiterten Katalog der Ausnahmegründe (§ 43 Abs. 8 S. 1 Nr. 1–5 BNatSchG aF) aufgenommen wurden, beschränkte sich § 62 BNatSchG aF auf Fälle, in denen die Beachtung der Verbote unzumutbare Belastungen Einzelner verursacht (BT-Drs. 16/5100). Der Wegfall thematischer Überschneidungen brachte es mit sich, dass die Ausnahme- und Befreiungsvorschriften mit jeweils eigenständigem Anwendungsbereich nebeneinander stehen. An dieser Rechtslage hat sich im Zuge der Novelle 2010 nichts geändert.

II. § 45 BNatSchG im Überblick

3 Abgesehen von gewissen Änderungen eher redaktioneller Art übernimmt § 45 BNatSchG die Inhalte des § 43 BNatSchG aF (*Fellenberg* in Lütkes/Ewer Rn. 3), dessen Ausgestaltung von dem gesetzgeberischen Bemühen geprägt war, der von Seiten des EuGH an der Vorläuferregelung geübten Kritik abzuhelfen (Slg. 2006, I-53 Rn. 53 ff.). Mag dem Gesetzgeber bei Erlass dieser Regelung auch an einer Verbesserung der Übersichtlichkeit und Lesbarkeit gelegen gewesen sein (BT-Drs. 16/5100), belehrt § 45 BNatSchG doch darüber, dass Anspruch und Wirklichkeit gelegentlich nicht miteinander in Einklang stehen. Die Vorschrift etabliert ein schwer zu durchdringendes **Dickicht von Ausnahmen und Rückausnahmen,** das kaum als anwendungsfreundlich bezeichnet werden kann (ebenso *Meßerschmidt* Rn. 1). Um dennoch den Überblick zu wahren, bietet es sich an, von den Verboten des § 44 BNatSchG ausgehend eine Zuordnung der in § 45 BNatSchG vorgesehenen Ausnahmen vorzunehmen. Ausdrücklich auf die Besitzverbote des § 44 Abs. 2, 3 BNatSchG beziehen sich die Ausnahmevorschriften des § 45 Abs. 1, 4–7 BNatSchG, während sich § 45 Abs. 2–4 sowie Abs. 6–8 BNatSchG begrenzend auf die Reichweite der in § 44 Abs. 2, 3 BNatSchG geregelten Vermarktungsverbote auswirkt. Von den Zugriffsverboten des § 44 Abs. 1 Nr. 1 BNatSchG werden durch § 45 Abs. 5 BNatSchG Handlungen freigestellt, die auf eine Pflege hilfloser Tiere abzielen. Im Übrigen eröffnet § 45 Abs. 7, 8 BNatSchG die Möglichkeit zur Erteilung von Ausnahmen, die bei allen Verboten des § 44 BNatSchG zum Tragen kommen.

B. Ausnahmen vom Besitzverbot (Abs. 1)

4 § 45 Abs. 1 BNatSchG enthält eine Legalausnahme von den Besitzverboten des § 44 Abs. 2 S. 1 Nr. 1, Abs. 3 BNatSchG. Während § 45 Abs. 1 S. 1 BNatSchG Exemplare aus rechtmäßiger Herkunft von den Besitzverboten freistellt, begrenzt § 45 Abs. 1 S. 2 BNatSchG die Reichweite der durch Absatz 1 Nr. 1 lit. b begründeten Ausnahmen.

Diese Rückausnahme betrifft Tiere und Pflanzen im Sinne des Anhangs IV FFH-RL sowie europäische Vögel, die nach dem Inkrafttreten des BNatSchGNeuregG (3.4.2002) ohne eine Ausnahme oder Befreiung (§§ 43 Abs. 8, 62 BNatSchG aF) oder nach dem Inkrafttreten der Novelle 2010 (1.3.2010) ohne eine vom Bundesamt für Naturschutz auf Grundlage des § 45 Abs. 8 BNatSchG erteilten Ausnahme aus einem Drittstaat unmittelbar in das Inland gelangt sind. Letzteres wiederum erfährt in § 45 Abs. 1 S. 3 BNatSchG unter bestimmten Bedingungen eine Einschränkung, soweit es dem Jagdrecht unterliegende tote Vögel der europäischen Arten anbetrifft. Der so umrissene Ausnahmetatbestand steht unter dem Vorbehalt anderweitiger Regelung in einer Rechtsverordnung nach § 54 Abs. 5 BNatSchG. Da es hiernach gestattet ist, die Haltung und Zucht von Tieren sowie das Inverkehrbringen von Tieren und Pflanzen zu verbieten oder zu beschränken, kann die BArtSchVO Abweichungen von den Legalausnahmen des § 45 Abs. 1 BNatSchG vorsehen (vgl. *Meßerschmidt* Rn. 15). Von dieser Ermächtigung hat der Verordnungsgeber im Hinblick auf die Zucht und Haltung von Greifvogelhybriden in den §§ 8–11 BArtSchV Gebrauch gemacht (*Lütkes* in Lütkes/Ewer § 54 Rn. 28).

I. Ausnahmetatbestände

Die verschiedenen Modalitäten dieser Ausnahme setzen die **Rechtmäßigkeit des Besitzes** voraus, die sich als zentrales Element des § 45 Abs. 1 BNatSchG erweist. Ausweislich des § 7 Abs. 2 Nr. 19 BNatSchG ist ein Verhalten rechtmäßig, wenn es sich in Übereinstimmung mit den jeweils geltenden Rechtsvorschriften zum Schutz der betreffenden Art im jeweiligen Staat sowie mit Rechtsakten der Europäischen Gemeinschaft (nunmehr: Europäische Union) auf dem Gebiet des Artenschutzes und dem Washingtoner Artenschutzübereinkommen im Rahmen ihrer jeweiligen räumlichen und zeitlichen Geltung oder Anwendbarkeit befindet (→ § 7 Rn. 35). Entscheidend ist daher die Übereinstimmung mit Vorschriften des internationalen, europäischen und nationalen Artenschutzrechts (*Meßerschmidt* Rn. 13), während es auf eine Übereinstimmung mit sonstigen Rechtsvorschriften nicht ankommt (*Gläß* in BeckOK UmweltR Rn. 5). 5

§ 45 Abs. 1 S. 1 Nr. 1 lit. a BNatSchG relativiert das Besitzverbot im Hinblick auf Tiere und Pflanzen besonders geschützter Arten (§ 7 Abs. 2 Nr. 13 BNatSchG), die in der Gemeinschaft, mithin im Gebiet der Mitgliedstaaten der Europäischen Union, unter Wahrung der hierfür maßgeblichen Rechtsvorschriften gezüchtet und nicht herrenlos, künstlich vermehrt oder der Natur entnommen worden sind. Was unter einem Tier zu verstehen ist, beurteilt sich anhand der Definition des § 7 Abs. 2 Nr. 1 BNatSchG (→ § 7 Rn. 16). Ausweislich des § 7 Abs. 2 Nr. 15 BNatSchG sind Tiere **gezüchtet,** wenn sie in kontrollierter Umgebung geboren oder auf andere Weise erzeugt und deren Elterntiere rechtmäßig erworben worden sind (→ § 7 Rn. 31; OVG Münster Beschl. v. 11.8.2014 – 8 A 2587/12, juris Rn. 7). Überdies dürfen sie nicht herrenlos geworden sein (→ § 7 Rn. 16), was sich aber bereits aus der gesetzlichen Definition des Tieres in § 7 Abs. 2 Nr. 1 lit. a BNatSchG ergibt (*Marzik/Wilrich* § 43 Rn. 6). Ob ein gezüchtetes Tier **herrenlos** geworden ist, beurteilt sich anhand der zivilrechtlichen Vorschriften der § 959f. BGB (BGH NuR 2020, 50 Rn. 19; hierzu *Gellermann* NuR 2020, 34f.); das **Zuchtprivileg** entfällt daher nicht schon dann, wenn ein gezüchtetes Exemplar verwildert (aA *Fellenberg* in Lütkes/Ewer Rn. 6; ähnlich *Gläß* in BeckOK UmweltR Rn. 6). Künstlich vermehrt sind Pflanzen (→ § 7 Rn. 18), die aus Samen, Gewebekulturen, Stecklingen oder Teilungen unter kontrollierten Bedingungen herangezogen worden sind (§ 7 Abs. 2 Nr. 16 BNatSchG). Eine **rechtmäßige Naturentnahme** liegt vor, wenn sie in Übereinstimmung mit dem Recht des jeweiligen Mitgliedstaates auf der Grundlage 6 einer allgemeinen oder einzelfallbezogenen Ausnahme vorgenommen wurde (ebenso *Fellenberg* in Lütkes/Ewer Rn. 9; *Meßerschmidt* Rn. 21).

7 Durch § 45 Abs. 1 S. 1 Nr. 1 lit. b BNatSchG werden **rechtmäßige Einfuhren aus Drittstaaten** (§ 7 Abs. 2 Nr. 21 BNatSchG; → § 7 Rn. 36) in die Europäische Union von dem Besitzverbot freigestellt. Dabei handelt es sich um Tiere und Pflanzen, die unter Wahrung einschlägiger Bestimmungen des EU-Rechts sowie des nationalen Rechts in das Gebiet der Mitgliedstaaten gelangt sind. Soweit es Direkteinfuhren in die Bundesrepublik anbelangt, ist seit dem 1.3.2010 die Vorschrift des § 45 Abs. 8 BNatSchG zu beachten.

8 Die Ausnahme des § 45 Abs. 1 S. 1 Nr. 2 BNatSchG betrifft **invasive Arten,** für die auf der Grundlage des § 54 Abs. 4 BNatSchG in Ergänzung der Liste invasiver gebietsfremder Arten von unionsweiter Bedeutung (→ § 7 Rn. 24) bestimmt werden kann, welche Anforderungen und Beschränkungen der VO (EG) Nr. 1143/2014 zur Anwendung gelangen. Von der mit dem Gesetz zur Durchführung der VO (EG) Nr. 1143/2014 neu gefassten Verordnungsermächtigung hat das Bundesministerium für Umwelt, Naturschutz und nukleare Sicherheit (BMU) bislang keinen Gebrauch gemacht. Auf der Basis der vorherigen Fassung dieser Verordnungsermächtigung wurde die Geltung der Besitz- und Vermarktungsverbote des § 44 Abs. 2 Nr. 1, Abs. 3 Nr. 2 BNatSchG aber bereits für so genannte Floren- und Faunenverfälscher angeordnet (§ 3 Abs. 1 BArtSchVO). Von diesen Verboten werden Exemplare dieser Arten, zu denen der Amerikanische Biber, Schnapp- und Geierschildkröte sowie das Grauhörnchen gehören, nicht erfasst, wenn sie in der Zeit vor ihrer Aufnahme in die BArtSchVO rechtmäßig in der Gemeinschaft erworben wurden (vgl. auch § 3 Abs. 1 S. 2 BArtSchVO iVm § 45 Abs. 1 S. 1 Nr. 2 BNatSchG).

II. Rückausnahme für Arten iSd § 7 Abs. 2 Nr. 13 lit. b BNatSchG

9 Während § 45 Abs. 1 S. 1 Nr. 1 lit. b BNatSchG rechtmäßige Importe aus Drittländern in die Gemeinschaft freistellt, begrenzt § 45 Abs. 1 S. 2 BNatSchG die Reichweite dieser Legalausnahme für jene Fälle, in denen besonders geschützte Tiere und Pflanzen der in § 7 Abs. 2 Nr. 13 lit. b BNatSchG bezeichneten Arten in der Zeit seit dem Inkrafttreten des BNatSchGNeuregG (3.4.2002) ohne Umweg über einen anderen Mitgliedstaat der Union unmittelbar aus einem Drittstaat in die Bundesrepublik Deutschland gelangten. Die Vorschrift bezieht sich auf Tiere und Pflanzen der in Anhang IV FFH-RL bezeichneten sowie auf Vögel der europäischen Arten. Exemplare dieser Arten durften in der Zeit vom 3.4.2002 bis zum 1.3.2010 nur auf der Grundlage einer Einzelausnahme des Bundesamtes für Naturschutz (§ 43 Abs. 8 S. 2 BNatSchG aF) oder einer sich auf § 62 BNatSchG aF gründenden Befreiung eingeführt werden; seit dem 1.3.2010 bedarf es hierzu einer Ausnahme, die ihre Grundlage in § 45 Abs. 8 BNatSchG findet. Fehlt es an einer entsprechenden Gestattung, kommt die Verbotsausnahme des § 45 Abs. 1 S. 1 lit. b BNatSchG mit der Folge nicht zum Tragen, dass der Besitz von Exemplaren der in Anhang IV FFH-RL bezeichneten Tier- und Pflanzenarten sowie der europäischen Vogelarten verboten ist (§ 44 Abs. 2 BNatSchG).

III. Sonderregel für tote Vögel europäischer Arten

10 Diese Rückausnahme des § 45 Abs. 1 S. 2 BNatSchG erfährt in Satz 3 dieser Bestimmung ihrerseits eine Einschränkung im Hinblick auf tote Vögel der europäischen Arten, die dem § 2 Abs. 1 BJagdG unterliegen und zum persönlichen Gebrauch oder als Haus-

rat ohne Ausnahmegenehmigung oder Befreiung aus einem Drittstaat unmittelbar in die Bundesrepublik verbracht werden. Zu den Gegenständen des persönlichen Gebrauchs zählen ausschließlich jene, die unmittelbar dem eigenen Nutzen zu dienen bestimmt sind; zum Hausrat gehören alle der eigenen Haushaltsführung dienenden Gegenstände (*Gläß* in BeckOK UmweltR Rn. 13). Auch wenn dies nicht unbestritten ist, bedarf die Vorschrift restriktiver Interpretation und kommt nur im Hinblick auf die persönliche Einfuhr von Gegenständen in haushaltsüblicher Menge zum Tragen (eingehend *Meßerschmidt* Rn. 27 mwN). Legalisiert wird neben dem Besitz zugleich auch die direkte Verbringung in das Inland (*Schütte/Gerbig* in Schlacke Rn. 9). Dieses **Jagdtrophäenprivileg** gilt ausschließlich für die dem Jagdrecht unterliegenden und in § 2 Abs. 1 BJagdG bezeichneten Vogelarten (zB Auerwild, Birkwild, Waldschnepfe), nicht aber für solche Arten, die auf Grundlage des § 2 Abs. 2 BJagdG durch Landesrecht zu jagdbaren Arten bestimmt sind (vgl. *Müller-Walter* in Lorz/Konrad/Mühlbauer/Müller-Walter/Stöckel Rn. 8; ebenso *Fellenberg* in Lütkes/Ewer Rn. 13). Überdies kommt § 43 Abs. 1 S. 3 BNatSchG nur zum Tragen, wenn die Tiere im Drittland rechtmäßig erworben wurden (*Marzik/Wilrich* § 43 Rn. 10), zumal es nicht dem Sinn der Regelung entspricht, die Wilderei im Ausland zu begünstigen (vgl. *Meßerschmidt* Rn. 26).

C. Ausnahmen vom Vermarktungsverbot (Abs. 2, 3)

Legalausnahmen von dem Vermarktungsverbot des § 42 Abs. 2 Nr. 2, Abs. 3 **11**
BNatSchG werden durch § 45 Abs. 2, 3 BNatSchG begründet. Während Absatz 2 Satz 1 an die für die Besitzverbote vorgesehenen Ausnahmen anknüpft, begründet Satz 2 eine Rückausnahme für der Natur entnommene Exemplare bestimmter Arten, die wiederum in § 45 Abs. 3 BNatSchG im Wesentlichen EU-rechtlich bedingte Einschränkungen erfährt.

§ 45 Abs. 2 S. 1 BNatSchG stellt klar, dass Tiere und Pflanzen der besonders geschütz- **12**
ten Arten keinem Vermarktungsverbot unterliegen, soweit sie Anteil an einer durch § 45 Abs. 1 BNatSchG bedingten Freistellung von den Besitzverboten haben. Dabei ist zu beachten, dass sich die Vermarktungsverbote von vornherein nicht auf solche Tier- und Pflanzenarten beziehen, die der **VO (EG) Nr. 338/97** unterliegen (*Kratsch* in Schumacher/Fischer-Hüftle Rn. 12; *Müller-Walter* in Lorz/Konrad/Mühlbauer/Müller-Walter/Stöckel Rn. 8). Auch die Ausnahme des § 45 Abs. 2 BNatSchG kann sich daher nur auf besonders geschützte Tiere und Pflanzen der in § 7 Abs. 2 Nr. 13 lit. b, c BNatSchG bezeichneten Arten beziehen. Eine weitere Einschränkung bringt § 45 Abs. 2 S. 2 BNatSchG mit sich. Die Vorschrift stellt klar, dass es bei dem grundsätzlichen Vermarktungsverbot verbleibt, soweit sich die in Rede stehende Handlung auf der Natur entnommene Tiere und Pflanzen der streng geschützten Arten – im vorliegenden Zusammenhang sind dies einzig die in Anhang IV FFH-RL aufgeführten Arten – sowie auf Vögel europäischer Arten bezieht (vgl. *Gassner/Bendomir-Kahlo/Schmidt-Räntsch* § 43 Rn. 19). Entsprechende Exemplare dürfen daher zwar besessen, aber nicht vermarktet werden (*Meßerschmidt* Rn. 29). Diese Rückausnahme erfährt eine Einschränkung durch § 45 Abs. 3 BNatSchG, der Fälle bezeichnet, in denen **der Natur entnommene Arten** des Anhangs IV FFH-RL sowie Vögel der europäischen Arten vermarktet werden dürfen. Durch § 45 Abs. 3 Nr. 1 BNatSchG werden Exemplare vom Vermarktungsverbot freigestellt, die in der Zeit vor ihrer Unterschutzstellung in der Terminologie des BNatSchG (1987) vom Aussterben bedroht oder im Sprachgebrauch des BNatSchG (1998) streng geschützt waren und in rechtmäßiger Weise erworben wurden (vgl. *Müller Walter* in Lorz/Konrad/Mühlbauer/Müller-Walter/Stöckel Rn 10). § 45 Abs. 3 Nr. 2

BNatSchG betrifft Vögel europäischer Arten, die entweder vor Ablauf des zur Umsetzung der VRL bestimmten Zeitraums (6.4.1981) rechtmäßig erworben wurden oder in Anhang III Teil 1 VRL aufgeführt sind. In diesem Anhang sind Vogelarten (Stockente, Schottisches Moorschneehuhn, Rothuhn, Felsenhuhn, Rebhuhn, Fasan, Ringeltaube) genannt, die in Übereinstimmung mit Art. 6 Abs. 2 VRL keinem Vermarktungsverbot unterworfen werden müssen, sofern sie rechtmäßig getötet, gefangen oder sonst rechtmäßig erworben wurden. § 45 Abs. 3 Nr. 3 BNatSchG schließlich betrifft Fälle, in denen Tiere und Pflanzen des Anhangs IV FFH-RL oder der VRL unterfallende Vogelarten in einem Mitgliedstaat in Übereinstimmung mit den einschlägigen Richtlinienbestimmungen freigegeben worden sind.

D. Totfunde (Abs. 4)

13 § 45 Abs. 4 BNatSchG begründet Ausnahmen von den Besitz- und Vermarktungsverboten des § 44 Abs. 2, 3 BNatSchG, soweit es sich um Totfunde handelt. Die Vorschrift kommt nur zum Tragen, wenn ein Tier oder eine Pflanze im Rahmen seines normalen Lebens zu Tode gekommen ist, nicht aber dann, wenn der Finder den Tod selbst herbeigeführt hat oder daran beteiligt war (*Müller-Walter* in Lorz/Konrad/Mühlbauer/Müller-Walter/Stöckel Rn. 11). Die Regelung gilt im Übrigen nur **vorbehaltlich jagd- und fischereirechtlicher Vorschriften.** Für die diesen Rechtsbereichen unterstehenden Arten ist das ausschließliche Aneignungsrecht der Jagd- und Fischereiberechtigten zu beachten (VG Freiburg NuR 1996, 425; *Fellenberg* in Lütkes/Ewer Rn. 21; *Kratsch* in Schumacher/Fischer-Hüftle Rn. 15). Aber auch jenseits dieser Bestimmungen dürfen tot aufgefundene Tiere und Pflanzen nicht zu jedem, sondern grundsätzlich nur zu dem Zweck der Natur entnommen werden, sie bei der von der Naturschutzbehörde bestimmten Stelle abzugeben. Das gilt jedenfalls für Exemplare der **streng geschützten Arten.** Wer unter einer Windenergieanlage eine an den Rotoren zu Tode gekommene Fledermaus (zB Zwergfledermaus, Großer Abendsegler, Rauhautfledermaus) findet, die zu den in Anhang IV FFH-RL gelisteten und als solches streng geschützten Arten gehört (§ 7 Abs. 2 Nr. 14 lit. b BNatSchG), hat das Exemplar daher abzuliefern; vorbehaltlich einer ihnen auf der Grundlage des § 45 Abs. 7 BNatSchG erteilten artenschutzrechtlichen Ausnahme gilt dies auch für Mitarbeiter eines Planungsbüros, die mit der Durchführung eines betriebsbegleitenden Totfundmonitorings betraut wurden. § 44 Abs. 6 BNatSchG erfasst diesen Fall nicht, weil eine betriebsbegleitende Schlagopfersuche nicht zu den gesetzlich vorgeschriebenen Prüfungen im Sinne dieser Ausnahmevorschrift gehört (→ § 44 Rn. 59).

14 Werden Exemplare einer „nur" **besonders geschützten Tier- oder Pflanzenart** tot aufgefunden, müssen diese nicht zwangsläufig bei der von der Naturschutzbehörde bestimmten Stelle abgegeben werden. § 45 Abs. 4 BNatSchG lässt es in solchen Fällen zu, dass entsprechende Totfunde für Zwecke der Forschung und Lehre oder zur Präparation verwendet werden. Von dem Forschungsprivileg kann auch eine private oder betriebliche Forschung profitieren, solange sie auf die Gewinnung von Erkenntnissen gerichtet ist und von Personen durchgeführt wird, die hierfür ausgebildet sind und über die notwendigen Einrichtungen verfügen (*Meßerschmidt* Rn. 39; *Gläß* in BeckOK UmweltR Rn. 21). Dem Begriff der Lehre unterfällt jedenfalls die wissenschaftlich fundierte Übermittlung der durch Forschung gewonnenen Erkenntnisse, während uneinheitlich beurteilt wird, ob der Terminus auch die schulische und allgemeinbildende Lehre umfasst (vgl. hierzu *Fellenberg* in Lütkes/Ewer Rn. 20; *Lau* in Frenz/Müggenborg Rn. 10). Präparation meint die Haltbarmachung toter Tiere und Pflanzen, die aber nur dann von der

Ausnahmeregelung des § 45 Abs. 4 BNatSchG profitiert, wenn sie für Zwecke der Forschung oder Lehre erfolgt.

E. Pflege verletzter, hilfloser oder kranker Tiere (Abs. 5)

§ 45 Abs. 5 S. 1 BNatSchG begründet abweichend von den Entnahme- und Besitzverboten (§ 44 Abs. 1 Nr. 1, Abs. 2 BNatSchG) sowie vorbehaltlich des jagdrechtlichen Aneignungsrechts (hierzu OVG Koblenz NuR 2015, 41 (42); *Gassner/Bendomir-Kahlo/Schmidt-Räntsch* § 43 Rn. 37) die Befugnis zur vorübergehenden Inbesitznahme verletzter, hilfloser oder kranker Tiere der besonders geschützten Arten mit dem Ziel, sie gesund zu pflegen. Die im Rahmen der „Kleinen Novelle" vorgenommene Ergänzung des § 43 Abs. 6 S. 1 BNatSchG aF, nach der diese Bestimmung zugleich von einer Beachtung des in § 42 Abs. 1 Nr. 3 BNatSchG aF enthaltenen lebensstättenbezogenen Verbots entbindet, beruhte auf einem redaktionellen Versehen, dem bereits im Zuge der Novelle 2010 abgeholfen wurde. Mit dem Zweiten Gesetz zur Änderung des Bundesnaturschutzgesetzes (BGBl. 2020 I 440) wurde eine Sonderregelung zum **Umgang mit dem Wolf** *(Canis Lupus)* geschaffen, die bestimmt, dass § 45 Abs. 5 BNatSchG auf Exemplare dieser streng geschützten Arten keine Anwendung findet (§ 45a Abs. 1 S. 3 BNatSchG). **15**

Im Unterschied zur früheren Rechtslage (§ 20g Abs. 4 BNatSchG aF) verbindet sich mit § 45 Abs. 5 S. 1 BNatSchG insofern eine Erweiterung, als sich die Vorschrift auch auf hilflose Tiere erstreckt. Erfasst werden hiervon namentlich Jungtiere, die zwar weder verletzt noch krank sind, aber infolge des Verlustes der Elterntiere zu sterben drohen (OVG Koblenz NuR 2012, 273; weitere Beispiele bei *Kratsch* in Schumacher/Fischer-Hüftle Rn. 21). Dies festzustellen bereitet freilich gerade bei scheinbar verlassen aufgefundenen Jungvögeln nicht geringe Schwierigkeiten. Das Merkmal ist daher nicht unproblematisch, zumal eine Besitzberechtigung nur bei objektivem Vorliegen der Hilflosigkeit zum Tragen kommen kann. **16**

Einmal begründet, ist diese Besitzberechtigung dennoch nicht von Dauer. § 45 Abs. 5 S. 2 BNatSchG stellt klar, dass die Tiere unverzüglich in die Freiheit zu entlassen sind, wenn sie sich dort selbständig erhalten können; einer sich auf § 40 Abs. 1 BNatSchG gründenden Ausbringungsgenehmigung bedarf es hierzu nicht (→ § 40 Rn. 14). Die Möglichkeit zur **selbständigen Erhaltung** wird nicht dadurch in Frage gestellt, dass sich ein Tier (zB Habicht) auf eine Nahrungsbeschaffung aus menschlichen Tierhaltungen (zB Brieftauben, Hühner) spezialisiert hat (OVG Koblenz NuR 2012, 273). Kann sich das Tier in Freiheit nicht selbständig erhalten, ist es ausweislich des § 45 Abs. 5 S. 3 BNatSchG an die von der Naturschutzbehörde bestimmte Stelle abzugeben. Besondere Regelungen gelten, soweit es sich um Exemplare streng geschützter Tierarten handelt. In erster Linie ist nochmals auf § 45a Abs. 1 S. 3 BNatSchG aufmerksam zu machen, der zum Ausdruck bringt, dass die in § 45 Abs. 5 BNatSchG vorgesehene Legalausnahme von den Besitzverboten in Ansehung verletzter, hilfloser oder kranker Exemplare des streng geschützten **Wolfes** nicht zum Tragen kommt. Abgesehen von diesem Sonderfall ist die Inbesitznahme von Tieren der streng geschützten Arten der zuständigen Naturschutzbehörde zu melden (§ 45 Abs. 5 S. 4 BNatSchG). Der Behörde steht dann nach § 45 Abs. 5 S. 5 BNatSchG die Möglichkeit zu Gebote, die Herausgabe des Tieres zu verlangen. Auch wenn die Stellung der Vorschrift anderes nahelegen könnte (in dieser Hinsicht *Kratsch* in Schumacher/Fischer-Hüftle § 45 Rn. 22; *Marzik/Willrich* § 43 Rn. 15), bezieht sich diese Ermächtigung nicht bloß auf Fälle des § 45 Abs. 5 S. 4 BNatSchG, sondern kann von der für Natur- und Landschaftspflege zuständigen Behörde **17** auch zur Durchsetzung der sich aus Satz 3 ergebenden Pflicht zur Herausgabe von Exemplaren der besonders geschützten Arten genutzt werden (ebenso *Fellenberg* in Lütkes/Ewer Rn. 24; *Meßerschmidt* Rn. 46; *Schütte/Gerbig* in Schlacke Rn. 17; wohl auch *Lau* in Frenz/Müggenborg Rn. 11).

F. Verwertung beschlagnahmter oder eingezogener Exemplare (Abs. 6)

18 Um eine Verwertung beschlagnahmter oder eingezogener Tiere und Pflanzen zu ermöglichen, können die zuständigen Behörden des Bundes und der Länder (§§ 47 und § 51 BNatSchG) nach Maßgabe des § 45 Abs. 6 BNatSchG Ausnahmen von den Besitz- und Vermarktungsverboten zulassen. Das setzt freilich die Erforderlichkeit für Zwecke der Verwertung und überdies die Vereinbarkeit mit Rechtsakten der Europäischen Union voraus. In dieser Hinsicht sind in erster Linie Art. 8 Abs. 6, 16 Abs. 3 VO (EG) 338/97 zu beachten; daneben darf die Verwertung nicht in Widerstreit zu den Art. 12, 13 FFH-RL und Art 6 VRL geraten, die jeweils nur eng begrenzte Ausnahmen von den Vermarktungsverboten zulassen (*Meßerschmidt* Rn. 49).

G. Weitere Ausnahmen einzelfallbezogener oder allgemeiner Art (Abs. 7)

19 § 45 Abs. 7 S. 1 BNatSchG ermächtigt die nach Landesrecht zuständigen Behörden sowie im Fall des Verbringens aus dem Ausland das Bundesamt für Naturschutz (BfN) zur Erteilung einzelfallbezogener Ausnahmen von den Verboten des § 44 BNatSchG. Während die hierfür maßgeblichen **Ausnahmegründe** im Katalog des Satzes 1 abschließend aufgeführt sind, stellt Satz 2 klar, dass eine Ausnahme nur in Frage kommt, wenn es keine **zumutbaren Alternativen** gibt und sich der Erhaltungszustand der betroffenen Populationen einer Art **nicht verschlechtert,** soweit sich aus Art. 16 Abs. 1 FFH-RL keine weitergehenden Anforderungen ergeben. § 45 Abs. 7 S. 3 BNatSchG ermächtigt die Landesregierungen, Ausnahmen im Wege einer Rechtsverordnung zuzulassen, während ihnen durch Satz 4 der Vorschrift die Übertragung der Ermächtigung auf andere Landesbehörden gestattet wird.

I. Einzelfallbezogene Ausnahmen

20 § 45 Abs. 7 S. 1 BNatSchG erlaubt es, von sämtlichen Verboten des § 44 Abs. 1 BNatSchG eine Ausnahme zuzulassen. Anders als § 47 Abs. 1–4 und 6 BNatSchG bezieht sich die Ermächtigung daher nicht bloß auf die Besitz- und Vermarktungsverbote des Artenschutzrechts, sondern zugleich auch auf die Zugriffsverbote des § 44 Abs. 1 BNatSchG (*Meßerschmidt* Rn. 50). Nicht zuletzt deshalb verfügt die Vorschrift in der Praxis gerade mit Blick auf Investitions- und Infrastruktur- sowie sonstige Eingriffsvorhaben über ein breites Anwendungsfeld, zumal deren Zulassung – trotz der Legalausnahme des § 44 Abs. 5 BNatSchG – nicht selten mit den Verboten des § 44 Abs. 1 BNatSchG in Konflikt gerät. Die aktuelle Diskussion um die Möglichkeiten der Inanspruchnahme artenschutzrechtlicher Ausnahmen bei der Zulassung von Windenergievorhaben bietet dafür anschaulich Beleg und belehrt zugleich darüber, dass die Voraussetzungen des § 45 Abs. 7 BNatSchG noch in mancher Hinsicht der abschließenden Klärung harren (vgl. nur 94. UMK, Anlage zu Top. 4, Hinweise zu den rechtlichen und fachlichen Ausnah-

mevoraussetzungen nach § 45 Abs. 7 BNatSchG bei der Zulassung von Winenergievorhaben, Stand 13.5.2020).

1. Ausnahmevoraussetzungen. Die zuständigen Behörden können auf der Grundlage des § 45 Abs. 7 S. 1 BNatSchG im Einzelfall aus den in Nr. 1–5 genannten Gründen sowie unter strikter Wahrung der sich aus Satz 2 dieser Bestimmung ergebenden Begrenzungen Ausnahmen von den Zugriffs-, Besitz- und Vermarktungsverboten des § 44 BNatSchG zulassen. Auch wenn dies in der Formulierung des § 45 Abs. 7 S. 1 BNatSchG nicht zum Ausdruck kommt, wird eine artenschutzrechtliche Ausnahme doch nur auf **Antrag** erteilt (OVG Magdeburg NuR 2018, 784; aA *Fellenberg* in Kerkmann § 7 Rn. 137). Das folgt aus einer Auslegung der Vorschrift unter Berücksichtigung des Umstandes, dass artenschutzrechtliche Ausnahmen zumeist im Interesse desjenigen erteilt werden, der eine Handlung vornehmen oder eine Maßnahme durchführen möchte, die ohne eine artenschutzrechtliche Ausnahme gegen die Verbote des § 44 BNatSchG verstößt (vgl. hierzu *Schmitz* in Stelkens/Bonk/Sachs VwVfG, 9. Aufl. 2018, § 22 Rn. 15). **21**

a) Ausnahmegründe. Während § 43 Abs. 8 S. 1 Nr. 1 BNatSchG 2002 nur erhebliche Schäden gemeinwirtschaftlicher Art als Grund zur Erteilung einer Verbotsausnahme anerkannte, erfuhr der Ausnahmegrund durch die Kleine Novelle 2007 auf Vorschlag des Bundesrates eine Änderung (BT-DR. 16/5100, 16), die im Zuge der Novelle 2010 in den § 45 Abs. 7 S. 1 Nr. 1 BNatSchG übernommen wurde. In der seither geltenden Fassung konnte eine Ausnahme erteilt werden, wenn es dessen zur Abwendung erheblicher land-, forst-, fischerei-, wasser- oder sonstiger erheblicher **wirtschaftlicher Schäden** bedurfte. Mit dem Zweiten Gesetz zur Änderung des Bundesnaturschutzgesetzes (BGBl. 2020 I 440) passte der Gesetzgeber den Normtext an die Formulierung des Art. 16 Abs. 1 lit. b FFH-RL an. Seither muss der Schaden nicht mehr „erheblich", sondern „ernst" sein, um die Erteilung einer Ausnahme rechtfertigen zu können. Mag die Auswechslung der Begriffe auch auf eine Verschärfung der Anforderungen hindeuten, verbindet sich hiermit dennoch keine Veränderung der maßgeblichen Schadensschwelle. Beide Termini finden sich in den einschlägigen völker- und unionsrechtlichen Regelungen (Art. 9 Abs. 1, 2. Spiegelstr. Berner Konvention: „Verhütung ernster Schäden"; Art. 9 Abs. 1 lit. a, 3. Spiegelstr. VRL: „Abwendung erheblicher Schäden"; Art. 16 Abs. 1 lit. b FFH-RL: „Verhütung ernster Schäden"), ohne dass es Anhaltspunkte dafür gäbe, dass damit Unterschiedliches gemeint sein könnte (→ Vorkommentierung zu § 45 BNatSchG aF Rn. 20, Stand EL 63, Dezember 2011, abrufbar unter www.beck-online.de). **22**

Indem § 45 Abs. 7 S. 1 Nr. 1 BNatSchG die Abwendung ernster land-, forst-, fischerei- oder wasserwirtschaftlicher oder sonstiger **ernster wirtschaftlicher Schäden** zum Ausnahmegrund bestimmt, bringt die Vorschrift zum Ausdruck, dass nur zugunsten der berufsmäßig betriebenen Land-, Forst-, Fischerei-, Wasser- oder sonstigen Wirtschaft von den artenschutzrechtlichen Zugriffsverboten abgewichen werden darf. Erforderlich ist stets ein wirtschaftlicher Schaden, während der Rechtfertigungsgrund nicht bemüht werden kann, um Schäden im Bereich einer freizeit- oder hobbymäßigen Betätigung zu verhindern (VGH München BeckRS 2004, 13106 Rn. 25; OVG Magdeburg NuR 2019, 45 (46); OVG Lüneburg NVwZ-RR 2019, 264 Rn. 6; *Kratsch* in Schumacher/Fischer-Hüftle Rn. 32; *Meßerschmidt* Rn. 62). Der Schaden muss noch nicht eingetreten sein; stattdessen darf eine artenschutzrechtliche Ausnahme erteilt werden, um erst noch drohende ernste Schäden abzuwenden (*Nebelsieck* NuR 2019, 253 (255)). Musste vormals zudem einer der ausdrücklich genannten oder ein sonstiger Zweig der Volks- **23** wirtschaft, an dem ein existenzielles Interesse der Allgemeinheit besteht, in der jeweiligen Region betroffen sein (BVerwG NuR 1998, 541; VGH Mannheim NuR 2000, 149 (152); VG Schleswig NuR 2002, 633), genügt es nunmehr, wenn es zu einer Beeinträchtigung oder Verschlechterung der wirtschaftlichen Grundlage einzelner Betriebe kommt (vgl. *Gassner/Heugel* Naturschutzrecht Rn. 597). Verantwortlich zeichnet hierfür die Erwägung, dass der Gesetzgeber den Ausnahmetatbestand an einschlägige Vorgaben des EU-Artenschutzrechts (Art. 9 Abs. 1 lit. a, Spiegelstr. 3 VRL, Art. 16 Abs. 1 lit. b FFH-RL) angepasst hat, die ihrerseits zu Abweichungen von artenschutzrechtlichen Verboten berechtigen, wenn Schädigungen an Kulturen und in der Tierhaltung sowie an Wäldern, Fischgründen und Gewässern sowie sonstigen Formen des individuellen Eigentums zu gewärtigen sind. Da die EU-rechtlichen Vorschriften dem **grundrechtlichen Schutz des Privateigentums** im Unionsrecht Rechnung tragen (vgl. OVG Lüneburg NVwZ-RR 2019, 264 Rn. 6; *Wirths* Naturschutz durch europäisches Gemeinschaftsrecht S. 220), hat im Kontext des § 45 Abs. 7 S. 1 Nr. 1 BNatSchG Entsprechendes zu gelten. Der unionsrechtliche Hintergrund bietet zugleich den entscheidenden Anhaltspunkt für die nähere Bemessung der nunmehr mit dem Adjektiv „ernst" umschriebenen Schadensschwelle. Dieser Begriff entstammt dem an Art. 9 Abs. 1 Spiegelstr. 2 Berner Konvention eng angelehnten Art. 16 Abs. 1 lit. b FFH-RL, stimmt mit jenem des „erheblichen" Schadens im Sinne des Art. 9 Abs. 1 lit. a, Spiegelstr. 3 VRL überein und ist im Lichte dieser Regelungsvorgaben zu interpretieren. Da diese EU-rechtlichen Termini ihrer Funktion nach die rechtliche Grenzlinie zwischen dem eigentumsrechtlich Hinnehmbaren und solchen Belastungen markieren, die dem Eigentümer auch in Ansehung der besonderen Bedeutung des Artenschutzes nicht mehr zumutbar sind (*Schütte/Gerbig* in Schlacke Rn. 23), kann von einem ernsten Schaden im Sinne des § 45 Abs. 7 S. 1 Nr. 1 BNatSchG nur gesprochen werden, wenn die Pflicht zur Beachtung der artenschutzrechtlichen Verbote in Ansehung der Gegebenheiten des Einzelfalles grundrechtsrelevante Ausmaße erreicht. Sofern ein grundrechtlicher Schutz des eingerichteten und ausgeübten Gewerbebetriebes anzuerkennen sein sollte (vgl. hierzu *Vosgerau* in Stern/Sachs Europäische Grundrechte-Charta 2016, Art. 17 Rn. 35; BVerfG NJW 2017, 217 Rn. 227), wird die maßgebliche Schwelle erst erreicht, wenn das Festhalten an den artenschutzrechtlichen Verboten den jeweiligen Betrieb „schwer und unerträglich" trifft, obwohl der Betriebsinhaber ihm zumutbare Anstrengungen zur Abwendung der Schäden unternommen hat (OVG Bautzen Urt. v. 28.5.2009 – 1 B 700/06, juris Rn. 21; VG Oldenburg BeckRS 2012, 50158; *Lau* in Frenz/Müggenborg Rn. 14; *Borwieck* NuR 2019, 21 (23)).

24 § 45 Abs. 7 S. 1 Nr. 2 BNatSchG erlaubt die Erteilung von Ausnahmen, soweit dies zum **Schutz der natürlich vorkommenden Tier- und Pflanzenwelt** erforderlich ist. Im Unterschied zu § 43 Abs. 8 S. 1 Nr. 2 BNatSchG aF kann die Ermächtigung nicht mehr generell zum Schutz heimischer Tier- und Pflanzenarten eingesetzt werden, zumal es dann – zumindest theoretisch – denkbar wäre, Ausnahmen im Interesse invasiver Arten zu erteilen, die die Voraussetzung der Definition des § 7 Abs. 2 Nr. 9 BNatSchG erfüllen (vgl. *Schütte/Gerbig* in Schlacke Rn. 26). Von dieser Änderung abgesehen orientiert sich § 45 Abs. 7 S. 1 Nr. 2 BNatSchG – nicht anders als die Vorläuferregelung des § 43 Abs. 8 S. 1 Nr. 2 BNatSchG aF – an Art. 16 Abs. 1 lit. a FFH-RL und Art. 9 Abs. 1 lit. a, Spiegelstr. 4 VRL und setzt voraus, dass sich eine geschützte Art so stark ausbreitet, dass andere Arten, Lebensgemeinschaften etc. verdrängt oder gar vernichtet zu werden drohen (vgl. *Müller-Walter* in Lorz/Konrad/Mühlbauer/Müller-Walter/Stöckel Rn. 25; ebenso *Lau* in Frenz/Müggenborg Rn. 15). Die Ausnahmeermächtigung dient einzig dem öffentlichen Interesse an der Bewältigung artenschutzinterner Konfliktlagen und vermittelt keinen Drittschutz (*Schütte/Gerbig* in Schlacke Rn. 26);

einem Jagdpächter gewährt § 45 Abs. 7 S. 1 Nr. 2 BNatSchG daher keinen Anspruch auf Erteilung einer artenschutzrechtlichen Ausnahme für den Abschuss eines Wolfes, selbst wenn dieser den Reh- und Rotwildbestand reduziert (VG Dresden NuR 2006, 584 (585); *Meßerschmidt* Rn. 63)

Nach § 45 Abs. 1 S. 1 Nr. 3 BNatSchG kommen Ausnahmen für näher bestimmte zielgerichtete menschliche Aktivitäten in Frage. Auch hier sind die EU-rechtlichen Vorbilder (Art. 16 lit. d FFH-RL, Art. 9 lit. b VRL) unverkennbar, die ihrerseits für Zwecke der **Forschung, Lehre und Bildung** (die Richtlinien handeln von Unterrichtszwecken), der **Wiederansiedlung** sowie hierauf gerichteter Maßnahmen der Aufzucht und künstlichen Vermehrung Abweichungen von den einschlägigen Verboten der Art. 12 Abs. 1 FFH-RL bzw. Art. 5 VRL zulassen. **25**

Die im Zuge der „Kleinen Novelle" in den Katalog der Ausnahmegründe eingeführte und nun in § 45 Abs. 7 S. 1 Nr. 4 BNatSchG enthaltene Regelung berechtigt in Anknüpfung an Art. 16 Abs. 1 lit. c FFH-RL und Art. 9 Abs. 1 lit. a VRL zur Erteilung einer Ausnahme, wenn dies im Interesse der **Gesundheit des Menschen,** der **öffentlichen Sicherheit,** einschließlich der Landesverteidigung und des Schutzes der Zivilbevölkerung oder **maßgeblich günstiger Auswirkungen auf die Umwelt** erforderlich ist. Da die Merkmale ihrem sachlichen Gehalt nach mit jenen übereinstimmen, die in § 34 Abs. 4 BNatSchG enthalten sind, darf zunächst auf die dortigen Erläuterungen verwiesen werden (→ § 34 Rn. 46). In Ergänzung dessen ist allerdings darauf aufmerksam zu machen, dass in jüngerer Zeit Stimmen laut geworden sind, die sich im Zusammenhang mit der Zulassung bedeutender **Infrastrukturvorhaben** für eine erweiternde Auslegung des Begriffs der **öffentlichen Sicherheit** aussprechen (VGH München Urt. v. 19.2.2014 – 8 A 11.440, juris Rn. 849; OVG Münster Urt. v. 29.3.2017 – 11 D 70/09.AK, juris Rn. 949; OVG Koblenz BeckRS 2019, 30636 Rn. 280). Selbst Projekte der **Windenergienutzung** werden neuerdings als Maßnahmen bewertet, die der Energieversorgungssicherheit als Teil der öffentlichen Sicherheit dienen (VGH Kassel BeckRS 2020, 9733 Rn. 29; VG Darmstadt Urt. v. 24.8.2018 – 6 L 4907/17.DA, juris Rn. 168; 94. UMK, Anlage zu Top. 4, Hinweise zu den rechtlichen und fachlichen Ausnahmevoraussetzungen nach § 45 Abs. 7 BNatSchG bei der Zulassung von Windenergievorhaben, Stand 13.5.2020; *Sailer* Gesetzgeberische Handlungsmöglichkeiten, S. 11 f.; zurückhaltend *Bick/Wulfert* NuR 2020, 250 (251)). Derlei Überlegungen mögen mit Blick auf die nachfolgend zu behandelnde Frage, ob der weitere Ausnahmegrund des § 45 Abs. 7 S. 1 Nr. 5 BNatSchG in Fällen der Betroffenheit europäischer Vogelarten angewendet werden darf (→ Rn. 27), verständlich sein. Dennoch darf dem Wunsch, diesem Problemfeld bei der Zulassung von Infrastrukturvorhaben und Windkraftprojekten auszuweichen, in Ansehung des § 45 Abs. 7 S. 1 Nr. 4 BNatSchG keine interpretationsleitende Bedeutung beigemessen werden. Maßgeblich ist stattdessen, dass der Begriff der öffentlichen Sicherheit den einschlägigen Regelungsvorgaben des Unionsrechts entstammt und in deren Lichte ausgelegt werden muss. In unionsrechtlichen Zusammenhängen kommt der Rechtfertigungsgrund der öffentlichen Sicherheit zum Tragen, wenn es um die für die Existenz des Staates wesentlichen Fragen der inneren und äußeren Sicherheit geht (EuGH ECLI:EU:C:1991:376 Rn. 22; ECLI:EU:C:1997:8 Rn. 44); das schließt die Energieversorgungssicherheit ein, zumal sie für die Existenz des Staates, das Funktionieren seiner Wirtschaft und das Überleben seiner Bevölkerung wesentlich ist (EuGH ECLI:EU:C:1984:256 Rn. 34; ECLI:EU:C:2002:328 Rn. 46; *Becker* in Schwarze/Becker/Hatje/Schoo, EU-Kommentar, 4. Aufl. 2019, Art. 36 AEUV Rn. 12; *Schroeder* in Streinz, EUV/AEUV, 3. Aufl. 2018, Art. 36 AEUV Rn. 12). Der Begriff der öffentlichen Sicherheit ist allerdings „eng zu verstehen" (EuGH ECLI:EU:C:2000:124 Rn. 17). Das Ziel der Sicherung der Energieversorgung kann daher nur geltend gemacht werden, wenn eine tatsächliche und hinreichend **26** schwere Gefährdung vorliegt, die ein Grundinteresse der Gesellschaft berührt (EuGH ECLI:EU:C:2000:124 Rn. 17; ECLI:EU:C:2002:328 Rn. 47; ECLI:EU:C:2012:694 Rn. 67). Hiermit übereinstimmend stellte der Gerichtshof der Europäischen Union mit Blick auf Art. 6 Abs. 4 UA 2 FFH-RL erst unlängst klar, dass nur die Notwendigkeit der Abwendung einer tatsächlichen und schwerwiegenden Gefahr für die Stromversorgung eines Mitgliedstaates einen Grund der öffentlichen Sicherheit darstellt, der Beeinträchtigungen eines Natura 2000-Gebietes mit prioritären Bestandteilen rechtfertigen kann (EuGH ECLI:EU:C:2019:622 Rn. 158). Mag diese Aussage auch in habitatschutzrechtlichem Zusammenhang getroffen worden sein, ist kein Grund ersichtlich, denselben Begriff in artenschutzrechtlicher Hinsicht in einem erweiternden Sinne zu verstehen. Dies umso weniger, als er zu Ausnahmen berechtigenden Richtlinienbestimmungen entstammt, die nach den Erkenntnissen der europäischen Gerichtsbarkeit restriktiver Interpretation bedürfen (EuGH ECLI:EU:C:2006:378 Rn. 34; ECLI:EU:C:2019:851 Rn. 30; ECLI:EU:C:2020:458 Rn. 46). Insoweit muss es sein Bewenden damit haben, dass der Ausnahmegrund der öffentlichen Sicherheit bemüht werden darf, wenn die Existenssicherung des Staates, die Gewaltanwendung im Inneren und von außen sowie die Abwehr unmittelbar drohender Gefahren für grundlegende gesellschaftliche Interessen in Rede stehen (*Lau* in Frenz/Müggenborg Rn. 17; ebenso VG Frankfurt (Oder) ZUR 2015, 300 (303); VG Sigmaringen NuR 2019, 353 (354); VG Gießen NuR 2020, 206 (212f.); *Meßerschmidt* Rn. 67; *Schütte/Gerbig* in Schlacke Rn. 30; *Gellermann* NuR 2020, 178 (180) mwN). Dagegen lassen sich Infrastrukturvorhaben allenfalls in besonders gelagerten Ausnahmefällen als der öffentlichen Sicherheit dienliche Maßnahmen bewerten, während dies bei einzelnen Windenergieanlagen und Windparks von vornherein ausgeschlossen erscheint.

27 § 45 Abs. 7 S. 1 Nr. 5 BNatSchG ermöglicht die Erteilung einer Ausnahme aus **anderen zwingenden Gründen des überwiegenden öffentlichen Interesses** einschließlich solcher sozialer und wirtschaftlicher Art. Die Merkmale wurden dem Art. 16 Abs. 1 lit. c FFH-RL entnommen und stimmen inhaltlich mit den in § 34 Abs. 3 Nr. 1 BNatSchG enthaltenen Voraussetzungen für die Erteilung einer habitatschutzrechtlichen Ausnahme überein. Auf die dortige Kommentierung darf verwiesen werden (→ § 34 Rn. 38 ff.). Der Rückgriff auf diesen Ausnahmegrund birgt in Fällen der Betroffenheit europäischer Vogelarten allerdings Probleme in sich. Da der Gerichtshof der Europäischen Union in ständiger Rechtsprechung auf die Abgeschlossenheit des Katalogs der zur Inanspruchnahme einer Verbotsausnahme rechtfertigenden Gründe des Art. 9 Abs. 1 VRL verweist (EuGH Slg. 1987, 3029 Rn. 9; Slg. 1996, I-1242 Rn. 21; Slg. 2007, I-5939 Rn. 326), ist nicht gesichert, ob eine artenschutzrechtliche Verbotsausnahme zu Lasten europäischer Vögel auf „zwingende Gründe des überwiegenden öffentlichen Interesses" gestützt werden darf. Die diesbezüglichen Zweifel des Bundesverwaltungsgerichts (NuR 2008, 633 Rn. 262; hierzu *Lau* NVwZ 2011, 461 (466f.)) haben neuen Auftrieb erfahren, nachdem der EuGH in seinem Polen-Urteil eine mit § 45 Abs. 7 S. 1 Nr. 5 BNatSchG übereinstimmende Vorschrift des polnischen Naturschutzrechts unter Hinweis darauf für unionsrechtswidrig erklärte, dass Art. 9 Abs. 1 VRL den Rechtfertigungsgrund der „zwingenden Gründe des überwiegenden öffentlichen Interesses" nicht umfasst (EuGH NuR 2013, 718 Rn. 39 f). Das Urteil ist schon deshalb ernst zu nehmen, weil der Gerichtshof über das Auslegungsmonopol für das Unionsrecht verfügt (vgl. nur *Ehricke* in Streinz EUV/AEUV, 3. Aufl. 2018, Art. 267 AEUV Rn. 6) und zur letztverbindlichen Interpretation des Art. 9 Abs. 1 VRL berufen ist.

28 Dies nötigt allerdings noch nicht dazu, den unionsrechtlichen Stab über § 45 Abs. 7 S. 1 Nr. 5 BNatSchG zu brechen (so aber VG Gießen NuR 2020, 206 (211); *Schütte/Gerbig* in Schlacke Rn. 36; *Möckel* NuR 2014, 381 (389)), zumal Art. 9 Abs. 1 VRL ohne eine dem Art. 16 Abs. 1 lit. c FFH-RL entsprechende Anreicherung zu Wertungswidersprüchen führte, die ernste Zweifel an der Vereinbarkeit dieser Bestimmung mit verfassungsschweren **Gehalten des Primärrechts** aufkommen lassen (Vorkommentierung zu § 45 BNatSchG aF Rn. 24, Stand EL 63, Dezember 2011, abrufbar unter www.beck-online.de; *Lau* in Frenz/Müggenborg Rn. 20; *Bick/Wulfert* NuR 2020, 250f.; *Gellermann* NuR 2020, 178 (180f.)). Bei wortgetreuer Anwendung gestattete es die Vorschrift wohl, einer als Freizeitbeschäftigung betriebenen Jagd (EuGH Slg. 2003, I-12 103 Rn. 11) oder dem Fang und der Haltung von Vögeln zu Liebhaberzwecken (EuGH Slg. 1987, 3073 Rn. 38; Slg. 1996, I-6775 Rn. 15) über die Hürden des Art. 5 VRL hinwegzuhelfen, bietet aber selbst dann keine Gelegenheit zur Verwirklichung bedeutsamer Infrastruktur- und Investitionsvorhaben, wenn sich hiermit die Tötung einzelner Vögel ungefährdeter Arten verbände. Da solche Folgen das Ergebnis einer sachgerechten Interpretation nicht sein können, muss Art. 9 Abs. 1 VRL – ähnlich wie zuvor schon die habitatschutzrechtliche Vorschrift des Art. 4 Abs. 4 S. 1 VRL (vgl. EuGH Slg. 1991, I-883 Rn. 22ff.) – um einen ungeschriebenen Rechtfertigungsgrund angereichert werden, der es ermöglicht, wichtigen Belangen des gemeinen Wohls unter Überwindung der artenschutzrechtlichen Verbote zur Durchsetzung zu verhelfen (*Dolde* NVwZ 2008, 125; *Gellermann/Schreiber,* Schutz wildlebender Tiere, S. 80f.; *Kauz* NuR 2007, 239; in dieser Hinsicht auch OVG Münster, NuR 2007, 360 (365f.); OVG Koblenz NuR 2008, 181 (202); OVG Berlin-Bbg LKV 2020, 131 (136)). Um in dieser Hinsicht Klarheit zu gewinnen, wäre es hilfreich, wenn sich nationale Gerichte dazu entschließen könnten, den Gerichtshof der Europäischen Union im Rahmen eines Vorabentscheidungsverfahrens (Art. 267 AEUV) um Klärung der maßgeblichen Auslegungsfragen zu ersuchen.

b) Zumutbare Alternativen. Liegt einer der genannten Ausnahmegründe im Einzelfall vor, darf eine Ausnahme aus Gründen des § 45 Abs. 7 S. 2 BNatSchG dennoch nur zugelassen werden, wenn es keine zumutbaren Alternativen gibt. Die Einschränkung trägt den Regelungsvorgaben des Art. 9 Abs. 1 VRL und Art. 16 Abs. 1 FFH-RL Rechnung, die zum Ausdruck bringen, dass eine Verbotsausnahme nur in Frage kommt, wenn es keine „anderweitige zufriedenstellende Lösung" gibt. Hiermit übereinstimmend etabliert § 45 Abs. 7 S. 2 BNatSchG ein **strikt beachtliches Vermeidungsgebot** (vgl. BVerwG NuR 2014, 262 Rn. 74; *Müller-Walter* in Lorz/Konrad/Mühlbauer/Müller-Walter/Stöckel Rn. 16), dem nur entsprochen wird, wenn die Ausnahme alternativlos ist. Während die „Nullvariante" von vornherein nicht als zumutbare Alternative zu betrachten ist, muss doch stets geprüft werden, ob die in Rede stehende Handlung oder Maßnahme nicht in einer Weise verwirklicht werden kann, die keine oder zumindest geringere Beeinträchtigungen geschützter Arten mit sich bringt. Neben schonenderen Ausführungsvarianten (hierzu OVG Magdeburg ZUR 2017, 302 (306); OVG Lüneburg NVwZ-RR 2019, 264 Rn. 7) sind auch alternative Trassen oder Standorte in den Blick zu nehmen (*Lütkes* in Lütkes/Ewer Rn. 48). Da die Anforderungen mit jenen des Habitatschutzrechts im Wesentlichen übereinstimmen (*Gläß* in BeckOK UmweltR Rn. 54; *Schütte/Gerbig* in Schlacke Rn. 38), darf auf die Erläuterungen zu § 34 Abs. 3 Nr. 2 BNatSchG verwiesen werden (→ § 34 Rn. 36f.). Hier wie dort wirkt sich der Grundsatz der Verhältnismäßigkeit begrenzend auf das zumutbare Maß der Vermeidungsanstrengungen aus. Was aus rechtlichen oder tatsächlichen Gründen nicht realisierbar ist, kann einem Vorhabenträger auch nicht abverlangt werden; das gilt etwa für einen alternativen Vorhabenstandort außerhalb einer Konzentrationszone für die Windkraftnutzung, die für den Träger eines Windkraftprojekts aus Rechtsgründen (§ 35 Abs. 3 S. 3 BauGB) nicht nutzbar ist (*Hintsch* ZUR 2011, 191 (197)). Die Durchführung einer prinzipiell realisierbaren Alternative ist nicht mehr zumutbar, wenn sie einem Vorhabenträger Opfer 29 abverlangt, die in keinem Verhältnis zu dem sich damit verbindenden Gewinn für die Natur stehen; in diesem Zusammenhang können auch finanzielle Gründe zur Unzumtbarkeit einer Alternative führen (*Gellermann* NdsVBl. 2016, 13 (17)). Kann der Aktivierung der Zugriffsverbote in zumutbarer Weise durch vorgezogene Ausgleichsmaßnahmen im Sinne des § 44 Abs. 5 S. 3 BNatSchG begegnet werden, handelt es sich jedenfalls um eine Alternative, die die Erteilung einer artenschutzrechtlichen Ausnahme ausschließt (*Grothe/Frey* NuR 2016, 316 (320)). Im Übrigen können Alternativlösungen verworfen werden, wenn sich das Artenschutzrecht an einem Alternativstandort als gleich wirksames Hindernis erweist (vgl. BVerwG, NuR 2013, 565 Rn. 105). Es liegt auf der Hand, dass dies ein „Nullsummenspiel" wäre, das für den Schutz der Natur keinen Vorteil verspricht.

30 **c) Keine Verschlechterung des Erhaltungszustandes der Populationen.** Fehlt es an zumutbaren Alternativen, darf eine Ausnahme grundsätzlich nur erteilt werden, wenn der Erhaltungszustand der Populationen der hiervon betroffenen Art nicht leidet. Abzustellen ist insoweit nicht auf die Erhaltungssituation der lokalen Population (VGH München Urt. v. 29.3.2016 – 22 B 14.1875 ua, juris Rn. 69; *Gellermann* NuR 2009, 476 (479)). Stattdessen kommt es darauf an, ob die Population, als deren Teil der lokale Bestand erscheint, in ihrem natürlichen Verbreitungsgebiet als lebensfähiges Element erhalten bleibt (vgl. BVerwG NVwZ 2010, 1221 Rn. 10; NuR 2011, 866 Rn. 151). In welchem aktuellen Erhaltungszustand sich diese **„Population als solche"** befindet, ist in Ansehung des § 45 Abs. 7 S. 2 BNatSchG nicht von Belang; entscheidend ist nur, dass sich die im Zeitpunkt der Erteilung einer Ausnahme gegebene Erhaltungssituation – mag sie im Einzelfall auch ungünstig sein – nicht nachteilig verändert. Das ist anzunehmen, wenn sich die Anzahl der die jeweilige Fortpflanzungsgemeinschaft bildenden Individuen nicht in einer populationsrelevanten Weise verringern (OVG Koblenz NuR 2008, 181 (201); OVG Münster NuR 2007, 360 (364)). Das darf auch bei häufig vorkommenden Arten nicht einfach unterstellt werden (so aber OVG Koblenz Urt. v. 6.11.2019 – 8 C 10240/18, juris Rn. 283), zumal § 45 Abs. 7 S. 2 BNatSchG sichergestellt wissen will, dass eine Verschlechterung des Erhaltungszustandes ausbleibt. In diesem Zusammenhang stellt sich naturgemäß die Frage, ob bei absehbar negativer Entwicklung stets von der Erteilung einer Ausnahme abgesehen werden muss. Dies ist nur dann nicht der Fall, wenn durch gezielte und der betroffenen Population unmittelbar zugute kommende Ausgleichsmaßnahmen Gewähr dafür geboten ist, dass sich ihr Zustand trotz der negativen Folgen der Ausnahme im Ergebnis nicht verschlechtert (→ Rn. 32).

31 Während § 45 Abs. 7 S. 2 BNatSchG es dem Grunde nach genügen lässt, wenn keine **Verschlechterung des aktuellen Erhaltungszustandes** eintritt, stellt die Vorschrift doch zugleich klar, dass es damit sein Bewenden nicht haben kann, wenn sich aus Art. 16 Abs. 1 FFH-RL weitergehende Anforderungen ergeben. Dies trägt dem Umstand Rechnung, dass Abweichungen von den zum Schutz der Arten des Anhangs IV FFH-RL bestimmten Verboten grundsätzlich nur zugelassen werden dürfen, wenn der Erhaltungszustand der hiervon betroffenen Population günstig ist (EuGH Slg. 2007, I-3787 Rn. 115; Slg. 2007, I-4713 Rn. 28; hierzu *Sobotta,* NuR 2007, 642 (647 f.)). Der sich hiermit verbindende absolute Schutz aller nicht in günstigem Zustand befindlichen Populationen hat in der Rechtsprechung des Gerichtshofs der Europäischen Union allerdings eine gewisse Lockerung erfahren. Während die deutsche Fassung des Urteils „finnische Wölfe" zunächst noch der These Vorschub geleistet hat, dass es in einer solchen Situation stets „außergewöhnlicher Umstände" bedürfte (BVerwG NVwZ 2009, 910 Rn. 53, 56; VGH Kassel NuR 2008, 785 (796)), gelangte der 9. Senat des Bundesverwaltungsgerichts auf Grundlage einer sorgfältigen Analyse verschiedener Sprachfassungen zu der Erkenntnis,

dass die deutsche Fassung der Urteilsgründe auf einem Übersetzungsfehler beruht (BVerwG NVwZ 2010, 1225 Rn. 141; NVwZ 2010, 1221 Rn. 8f.). Die Aussagen des Gerichtshofs sind hiernach so zu verstehen, dass eine sich auf Art. 16 Abs. 1 FFH-RL gründende Abweichung von den Verboten trotz ungünstigen Erhaltungszustandes „ausnahmsweise“ (poikkeuksellisesti) in Betracht kommt, wenn sachgemäß nachgewiesen ist, dass sich dieser Zustand der Populationen nicht weiter verschlechtert und die Wiederherstellung ihres günstigen Erhaltungszustandes nicht behindert wird.

Auch wenn dies keine ausdrückliche Regelung erfahren hat, ist doch anerkannt, dass 32 dem Eintritt einer Verschlechterung des Erhaltungszustandes mit populationsstärkenden Maßnahmen begegnet werden kann, die als **FCS-Maßnahmen** bezeichnet zu werden pflegen (BVerwG NuR 2014, 706 Rn. 122; *Fellenberg* NuR 2016, 749 (750)). Derartige Maßnahmen können erforderlich werden, wenn der Erhaltungszustand der betroffenen Population andernfalls eine Verschlechterung erführe oder dies nicht mit hinreichender Sicherheit auszuschließen ist. Von den als CEF-Maßnahmen bezeichneten vorgezogenen Ausgleichsmaßnahmen im Sinne des § 44 Abs. 5 S. 3 BNatSchG unterscheiden sich FCS-Maßnahmen dadurch, dass sie nicht auf der Ebene der betroffenen lokalen Population wirken müssen; stattdessen genügt, wenn sie diejenige Population stabilisieren, als deren Teil sich die betroffene lokale Population darstellt. Nicht anders als CEF-Maßnahmen muss allerdings auch bei FCS-Maßnahmen gesichert sein, dass sie zu dem Zeitpunkt verfügbar und vollen Umfangs wirksam sind, zu dem von der artenschutzrechtlichen Ausnahme Gebrauch gemacht wird (*Gellermann/Schreiber* Schutz wildlebender Tiere und Pflanzen S. 75f.). Die in der obergerichtlichen Judikatur neuerdings vertretene Auffassung, vermöge derer aus „Gründen der Praktikabilität“ eine gewisse Verzögerung zwischen Eingriffszeitpunkt und voller Wirksamkeit einer FCS-Maßnahmen akzeptiert werden könnte (OVG Magdeburg BeckRS 2017, 131944 Rn. 145; OVG Koblenz Urt. v. 6.11.2019 – 8 C 10240/18, juris Rn. 286), lässt außer Acht, dass eine Ausnahme von den Verboten des § 44 BNatSchG nur zugelassen werden darf, wenn eine Verschlechterung des Erhaltungszustandes ausbleibt. § 45 Abs. 7 S. 2 BNatSchG etabliert eine absolute Grenze (*Gellermann* NdsVBl. 2016, 13 (17)), die strikt zu beachten ist und nicht aus schlichten Praktikabilitätserwägungen beiseite geschoben werden darf. Dies umso weniger, als hierzulande 63% aller FFH-Arten einen ungünstigen oder sogar schlechten Erhaltungszustand aufweisen und etwa ein Drittel aller Brutvogelarten in den letzten 12 Jahren einen Bestandsrückgang erfahren haben (*Bundesministerium für Umwelt, Naturschutz und nukleare Sicherheit/Bundesamt für Naturschutz,* Die Lage der Natur in Deutschland. Ergebnisse von EU-Vogelschutz- und FFH-Bericht, 19.5.2020, S. 31). In einer derartige Lage verbleibt für eine „hemdsärmelige“ Handhabung des § 45 Abs. 7 S. 2 BNatSchG kein Raum.

2. Ermessen. Liegen die sich aus § 45 Abs. 7 S. 1, 2 BNatSchG ergebenden Voraus- 33 setzungen vor, „können“ die zuständigen Behörden eine artenschutzrechtliche Ausnahme von den Verboten des § 44 BNatSchG erteilen. Ob eine derartige Ausnahme erteilt wird, steht in deren pflichtgemäß zu betätigenden Ermessen (*Lütkes* in Lütkes/Ewer Rn. 26; *Müller-Walter* in Lorz/Konrad/Mühlbauer/Müller-Walter/Stöckel Rn. 14). Hierbei soll es sich jedoch nach neuerdings vertretener Auffassung um sogenanntes **intendiertes Ermessen** mit der Folge handeln, dass die Ausnahme zumindest im Regelfall zu erteilen ist (OVG Koblenz Urt. v. 6.11.2019 – 8 C 10240/18, juris Rn. 280; *Lau* in Frenz/Müggenborg Rn. 13; *Schütte/Gerbig* in Schlacke Rn. 22). Abgesehen davon, dass schon die Rechtsfigur des intendierten Ermessens umstritten ist (vgl. nur *Ramsauer* in Kopp/Ramsauer VwVfG, 20. Aufl. 2019, § 40 Rn. 65), lässt der Hinweis auf eine dezidierte Regelung der Ausnahmevoraussetzungen nicht den Schluss zu, dass nach dem Willen des Gesetzgebers im Regelfall eine Ausnahme erteilt werden soll. Zutreffend wurde darauf aufmerksam gemacht, dass § 45 Abs. 7 S. 1 Nr. 5 BNatSchG viele Abwägungsgesichtspunkte bereits beinhaltet, dies aber insbesondere bei der Nr. 2 und 3 nicht der Fall sei (*Müller-Walter* in Lorz/Konrad/Mühlbauer/Müller-Walter/Stöckel Rn. 14). Gerade wenn es um den Schutz der natürlich vorkommenden Tierarten oder Maßnahmen zur Wiederansiedlung geht, fehlt jeder Anhaltspunkt, der es rechtfertigen könnte, die Ermessensnorm in eine Sollvorschrift umzudeuten (*Meßerschmidt* Rn. 92).

34 **3. Entscheidung der Behörde.** Die behördliche Entscheidung über die Erteilung einer artenschutzrechtlichen Ausnahme muss schon aus Gründen des **§ 37 Abs. 1 VwVfG** hinreichend bestimmt sein und darf sich nicht als „Blankoermächtigung" darstellen (*Meßerschmidt* Rn. 93). Es muss bestimmbar sein, auf welche Arten sich die Ausnahme bezieht und von welchem Verbot des § 44 BNatSchG eine Ausnahme zugelassen wird (*Fellenberg* in Kerkmann § 7 Rn. 138 mwN). Zudem wird in der Rechtsprechung mit Blick auf die von einer immissionsschutzrechtlichen Genehmigung umfasste Ausnahme von dem Zugriffsverbot des § 44 Abs. 1 Nr. 1 BNatSchG neuerdings eine hinreichend genaue Angabe zur Größenordnung der zugelassenen Tötung von Tieren gefordert (OVG Lüneburg BeckRS 2018, 33497 Rn. 216; Urt. v. 11.5.2020 – 12 LA 150/19, juris Rn. 45). Das mag mit Blick auf die Bestimmung der zulässigen Reichweite nachträglicher Betriebseinschränkungen bei immissionsschutzrechtlich genehmigten Anlagen erforderlich erscheinen. Praktisch sind konkrete Angaben dazu, wie viele Exemplare einer Art an einer Anlage während der Betriebszeit zu Tode kommen dürfen, aber nicht leistbar und können daher von Rechts wegen nicht gefordert sein.

35 Die zur Entscheidung über eine Ausnahme berufene Behörde trägt die **Beweislast** für das Vorliegen der Ausnahmevoraussetzungen (vgl. EuGH Slg. 2005, I-11033 Rn. 39, 60; Slg. 2007, I-5939 Rn. 198) und ist zudem gehalten, die jeweilige Entscheidung mit einer genauen, die Einzelmerkmale der Ermächtigung in Bezug nehmenden **Begründung** zu versehen (EuGH Slg. 2006, I-5083 Rn. 34). Wird diesen unionsrechtlichen Anforderungen nicht entsprochen, kann dies Anlass zur gerichtlichen Beanstandung bieten (OVG Berlin-Bbg. BeckRS 2015, 43114; *Meßerschmidt* Rn. 95).

36 Bestehen im Hinblick auf die Aktivierung der Verbotsfolge des § 44 Abs. 1 BNatSchG Zweifel, werden in der Praxis „hilfsweise" artenschutzrechtliche Ausnahmen für den Fall erteilt, dass sich die behördliche Annahme der mangelnden Erfüllung des Verbotstatbestandes im Rahmen einer gerichtlichen Überprüfung als unzutreffend erweist. Diese **überschießenden Ausnahmezulassungen** werden zumeist als unschädlich bewertet (BVerwG NuR 2009, 112 Rn. 128; NuR 2009, 882 (894); *Lau* in Frenz/Müggenborg Rn. 19; *Lütkes* in Lütkes/Ewer Rn. 63; anders aber OVG Lüneburg Urt. v. 11.5.2020 – 12 LA 150/19, juris Rn. 51).

37 **4. Dokumentation.** Nach § 45 Abs. 7 S. 3 BNatSchG sind die Art. 16 Abs. 3 FFH-RL und Art. 9 Abs. 2 VRL zu beachten. Die Vorschrift enthält einen Verweis auf die in Abweichungsfällen bestehenden behördlichen Dokumentationspflichten (hierzu *Schütte/Gerbig* in Schlacke Rn. 55).

II. Rechtverordnungen der Landesregierungen

38 Während § 45 Abs. 7 S. 4 BNatSchG die Landesregierungen ermächtigt, Ausnahmen auch allgemein durch Rechtsverordnung vorzusehen, eröffnet ihnen § 45 Abs. 7 S. 5 BNatSchG die Möglichkeit der Subdelegation auf andere Landesbehörden. Im Unter-

schied zur früheren Rechtslage (§ 43 Abs. 8 S. 4 BNatSchG 2002) beschränkt sich die Ermächtigung nicht mehr nur auf besonders geschützte Tier- und Pflanzenarten, sondern kommt auch in Ansehung streng geschützter Arten zum Tragen (*Schütte/Gerbig* in Schlacke Rn. 57). Auch wenn der Wortlaut der Bestimmung dies nicht erkennen lässt, folgt doch aus dem systematischen Zusammenhang, dass sich im Wege der Rechtsverordnung eingeführte allgemeine Ausnahmen stets den in § 45 Abs. 7 S. 1, 2 BNatSchG bezeichneten Voraussetzungen zu fügen haben (*Meßerschmidt* Rn. 98). Auf der Grundlage des § 45 Abs. 7 S. 4 BNatSchG wurden in Brandenburg, Bayern, Niedersachsen, Nordrhein-Westfalen, Sachsen, Thüringen und Sachsen-Anhalt Verordnungen mit dem Ziel erlassen, erhebliche fischereiwirtschaftliche Schäden durch **Kormorane** abzuwenden (Übersicht bei *Lütkes* in Lütkes/Ewer Rn. 64 ff.; vgl. auch OVG Magdeburg NuR 2017, 480; *Ditscherlein* NuR 2006, 542 ff.; *Habighorst* ZUR 2007, 244 ff.; *Thum,* AUR 2005, 148 ff.). Ausnahmen von den Schutzvorschriften des § 44 Abs. 1 BNatSchG zu Lasten des **Bibers** finden sich in Bayern, Brandenburg und Mecklenburg-Vorpommern (vgl. hierzu VGH München Beschl. v. 3.2.2020 – 8 ZB 19.2185, juris). Als erstes Bundesland hat Brandenburg eine Verordnung über die Zulassung von Ausnahmen von den Schutzvorschriften für den **Wolf** erlassen, die Regelungen über das Vergrämen von Wölfen und die Tötung von Problemwölfen umfasst und es berechtigten Personen gestattet, Wölfen zur Abwendung erheblicher landwirtschaftlicher Schäden nachzustellen und mit geeigneten Schusswaffen tierschutzgerecht zu töten (vgl. hierzu *Borwieck* NuR 2019, 21 ff.; *Wüstenberg* LKV 2018, 106 ff.). In Niedersachsen befindet sich eine Wolfsverordnung in Vorbereitung. Im Übrigen finden sich im Landesrecht in Ansehung der dem Jagdrecht unterfallende Tierarten, zu denen ua **europäische Vögel** gehören (zB Ringeltaube, Blässhuhn, Lachmöwe), Regelungen über Änderungen der Jagdzeiten (*Lütkes* in Lütkes/Ewer Rn. 66; zur hessischen Jagdverordnung StGH Hess BeckRS 2020, 1557), die ihre Rechtgrundlage allerdings nicht in § 45 Abs. 7 BNatSchG finden.

H. Weitere Einzelausnahmen durch das Bundesamt für Naturschutz (Abs. 8)

Auf der Grundlage des § 45 Abs. 8 BNatSchG sowie unter Wahrung der sich aus Absatz 7 Satz 2 und 3 ergebenden Anforderungen kann das Bundesamt für Naturschutz weitere Ausnahmen von den Zugriffs-, Besitz- und Vermarktungsverboten des § 44 BNatSchG in Fällen der **Verbringung aus dem Ausland** zulassen, um unter kontrollierten Bedingungen und in beschränktem Ausmaß eine vernünftige Nutzung von Tieren und Pflanzen des Anhangs IV FFH-RL und europäischer Vogelarten (§ 7 Abs. 2 Nr. 13 lit. b BNatSchG) sowie für gezüchtete oder künstlich vermehrte Tiere und Pflanzen dieser Arten zu ermöglichen. Die Vorschrift knüpft an Vorbilder des europäischen Artenschutzrechts an (Art. 9 Abs. 1 lit. c VRL, Art. 16 Abs. 1 lit. e FFH-RL) und verdeutlicht zugleich, dass der auf vernünftige Nutzungen abhebende Ausnahmegrund des EU-Artenschutzrechts nur in Fällen einer Einfuhr aus Drittstaaten zum Tragen kommt (*Meßerschmidt* Rn. 99). Da von der Ermächtigung nur unter den in § 45 Abs. 7 S. 2 und 3 BNatSchG genannten Voraussetzungen Gebrauch gemacht werden darf, muss sichergestellt sein, dass es keine zumutbaren Alternativlösungen gibt, es nicht zu einer Verschlechterung der Erhaltungssitaution der betroffenen Populationen kommt und weitergehende Anforderungen des Art. 16 Abs. 1 FFH-RL erfüllt sind (*Lütkes* in Lütkes/Ewer Rn. 68). **39**

§ 45a Umgang mit dem Wolf

(1) **Das Füttern und Anlocken mit Futter von wildlebenden Exemplaren der Art Wolf *(Canis lupus)* ist verboten. Ausgenommen sind Maßnahmen der für Naturschutz und Landschaftspflege zuständigen Behörde. § 45 Absatz 5 findet keine Anwendung.**

(2) **§ 45 Absatz 7 Satz 1 Nummer 1 gilt mit der Maßgabe, dass, wenn Schäden bei Nutztierrissen keinem bestimmten Wolf eines Rudels zugeordnet worden sind, der Abschuss von einzelnen Mitgliedern des Wolfsrudels in engem räumlichem und zeitlichem Zusammenhang mit bereits eingetretenen Rissereignissen auch ohne Zuordnung der Schäden zu einem bestimmten Einzeltier bis zum Ausbleiben von Schäden fortgeführt werden darf. Ernste wirtschaftliche Schäden im Sinne von § 45 Absatz 7 Satz 1 Nummer 1 können auch drohen, wenn ein Wolf nicht landwirtschaftlich gehaltene Weidetiere reißt, soweit diese durch zumutbare Herdenschutzmaßnahmen geschützt waren. Die in Satz 1 geregelte Möglichkeit des Abschusses weiterer Wölfe gilt auch für Entnahmen im Interesse der Gesundheit des Menschen nach § 45 Absatz 7 Satz 1 Nummer 4. Die Anforderungen des § 45 Absatz 7 Satz 2 und 3 sind zu beachten.**

(3) **Vorkommen von Hybriden zwischen Wolf und Hund (Wolfshybriden) in der freien Natur sind durch die für Naturschutz und Landschaftspflege zuständige Behörde zu entnehmen; die Verbote des § 44 Absatz 1 Nummer 1 gelten insoweit nicht.**

(4) **Bei der Bestimmung von geeigneten Personen, die eine Entnahme von Wölfen nach Erteilung einer Ausnahme gemäß § 45 Absatz 7, auch in Verbindung mit Absatz 2, sowie nach Absatz 3 durchführen, berücksichtigt die für Naturschutz und Landschaftspflege zuständige Behörde nach Möglichkeit die Jagdausübungsberechtigten, soweit diese ihr Einverständnis hierzu erteilen. Erfolgt die Entnahme nicht durch die Jagdausübungsberechtigten, sind die Maßnahmen zur Durchführung der Entnahme durch die Jagdausübungsberechtigten zu dulden. Die Jagdausübungsberechtigten sind in geeigneter Weise vor Beginn über Maßnahmen zur Entnahme zu benachrichtigen; ihnen ist nach Möglichkeit Gelegenheit zur Unterstützung bei der Durchführung der Entnahme zu geben. Bei Gefahr im Verzug bedarf es der vorherigen Benachrichtigung nach Satz 3 nicht.**

Schrifttum: *Bundesministerium für Umwelt, Naturschutz und nukleare Sicherheit* (BMU)/*Bundesamt für Naturschutz* (BfN), Die Lage der Natur in Deutschland. Ergebnisse von EU-Vogelschutz- und FFH-Bericht, 19.5.2020; *Borwieck,* Die Tötung des Wolfes zur Abwendung von Übergriffen auf Nutztiere, NuR 2019, 21 ff.; *dies.,* Die geplante Änderung des BNatSchG zur erleichterten Entnahme von Wölfen im Lichte der Tapiola-Entscheidung des EuGH, ZUR 2020, 50; *Köck,* Der Schutz des Wolfes und die Möglichkeiten der Entnahme in Deutschland, NuR 2018, 812 ff.; *Nebelsieck,* Wolfsabschuss in Niedersachsen, NuR 2019, 253 ff.; *Reinhardt/Kluth,* Leben mit Wölfen. Leitfaden für den Umgang mit einer konfliktträchtigen Tierart in Deutschland, BfN-Skripten 201/2007; *Reinhardt/Kaczensky/Frank/Knauer/Kluth,* Konzept zum Umgang mit Wölfen, die sich Menschen gegenüber auffällig verhalten. Empfehlungen der DBBW, BfN-Skripten 502/2018; *Schumacher,* Rechtlicher Schutz von Wolf, Luchs und Bär, in: Heurich (Hrsg.), Wolf, Luchs und Bär in der Kulturlandschaft. Konflikte, Chancen, Lösungen im Umgang mit großen Beutegreifern, 2019, S. 149 ff.; *Wotschikowski,* Wolf, in Heurich (Hrsg.), Wolf, Luchs und Bär in der Kulturlandschaft. Konflikte, Chancen, Lösungen im Umgang mit großen Beutegreifern, 2019, S. 10 ff.; *Wüstenberg,* Maßnahmen gegen Wölfe nach der brandenburgischen Wolfsverordnung, LKV 2018, 106 ff.; *ders.,* Der böse Hund im Wolf – Abschuss frei?, ThürVBl. 2019, 55 ff.

Übersicht

A. Allgemeines

1 Mit dem zweiten Gesetz zur Änderung des Bundesnaturschutzgesetzes wurde mit § 45a BNatSchG eine Sonderregelung zum Umgang mit dem Wolf *(Canis lupus)* geschaffen. In Deutschland ist der Wolf als eine in Anhang A VO (EG) 338/97 und zugleich in Anhang IV FFH-RL aufgeführte Tierart **streng geschützt** (§ 7 Abs. 2 Nr. 14 BNatSchG). Von diesem Schutz profitieren in erster Linie reinerbige Grauwölfe, daneben aber ausweislich der Erläuterung zu Nr. 11 des Anhangs der VO (EG) 338/97 zugleich auch Wolfs-Hund-Hybride bis hin zur vierten Generation der Abkömmlinge (vgl. *Wüstenberg* ThürVBl. 2019, 55 (57 f.).

I. Wölfe in Deutschland

2 Die Geschichte des Wolfes in Deutschland ist wechselvoll. Als Folge einer jahrhundertelangen **menschlichen Verfolgung** galt der Wolf in Deutschland etwa ab Mitte des 19. Jahrhunderts als ausgestorben. In Brandenburg verlieren sich um 1850 die letzten Hinweise auf ein Wolfsrudel, während der als „Tiger von Sabrodt" bekannt gewordene offiziell „letzte" Wolf im Jahr 1904 in Sachsen geschossen wurde. In der Folgezeit wanderten immer wieder einzelne Tiere ein, indessen konnte sich erstmals im Jahre 2000 ein Wolfspaar in Sachsen etablieren und erfolgreich reproduzieren. Seit 2006 nimmt die Zahl der Wolfsterritorien und damit auch die von Wölfen besiedelte Fläche in Deutschland kontinuierlich zu (*Wotschikowski,* Wolf, S. 30; *Herzog/Gruber* NuR 2018, 682 (686)). Nach den Angaben der Dokumentations- und Beratungsstelle des Bundes zum Thema Wolf (DBBW) beläuft sich der **Wolfsbestand** im Monitoringjahr 2018/19 auf 105 Rudel, 25 Paare und 13 territoriale Einzeltiere (Stand: 3.1.2020, BT-Drs. 19/16626, 2). Die Vorkommen konzentrieren sich auf ein Gebiet von der sächsischen Lausitz über Brandenburg, Sachsen-Anhalt, Mecklenburg-Vorpommern bis nach Niedersachsen. Territoriale Wölfe wurden in Baden-Württemberg, Bayern, Brandenburg, Mecklenburg-Vorpommern, Niedersachsen, Nordrhein-Westfalen, Rheinland-Pfalz, Sachsen, Sachsen-Anhalt, Schleswig-Holstein und Thüringen registriert (*DBBW,* Die Rückkehr des Wolfes nach Deutschland, https://www.dbb-wolf.de/Wolf_Steckbrief).

3 Die Rückkehr des Wolfs nach Deutschland und seine positive Bestandsentwicklung werden als Erfolg des Artenschutzes bezeichnet (BR-Drs. 243/19, 3). Das ändert aber nichts daran, dass der **Erhaltungszustand dieser Tierart** nach dem FFH-Bericht 2019 noch immer als schlecht eingestuft wird (*BMU/BfN,* Lage der Natur, Anhänge). Zu den Hauptgefährdungsursachen zählen Krankheiten (zB Räude), genetische Verarmung, Störung an den Wurfhöhlen, die Fragmentierung der Landschaft, der Verkehrstod und die illegale Bejagung der Tiere (*BfN,* Internethandbuch Säugetiere, Wolf *(Canis lupus),* https://ffh-anhang4.bfn.de/arten-anhang-iv-ffh-richtlinie/saeugetiere-sonstige/wolf-canis-lupus/lokale-population-gefaehrdung.html). Seit dem Jahr 2000 wurden insgesamt 473 Wölfe tot aufgefunden, von denen allein 360 Exemplare im Straßenverkehr zu Tode kamen, während 46 Tiere illegal geschossen wurden (*DBBW,* Totfunde von Wölfen in Deutschland, Stand: 23.6.2020, https://www.dbb-wolf.de/Totfunde/). Bis sich die Erhaltungssituation des Wolfes als günstig darstellt, werden daher noch erhebliche Anstrengungen unternommen werden müssen, um sicherzugehen, dass diese Tierart in Deutschland nicht nochmals ausstirbt.

4 Während die Rückkehr des Wolfes von Seiten des Naturschutzes als **Erfolgsgeschichte** gefeiert wird (vgl. nur *Köck* NuR 2018, 812), sehen andere der sich vollziehenden Ausbreitung dieses großen Beutegreifers mit Sorge entgegen. Auch wenn sich Wölfe in Mitteleuropa vorwiegend von Reh-, Rot- und Schwarzwild ernähren, werden doch auch Schafe und Ziegen, Gatterwild und gelegentlich Rinder gerissen. Bei ca. 600 Wolfsangriffen wurden in der Zeit von 2000 bis 2018 rund 2000 Nutztiere getötet, bei denen es sich zu 85,5 % um Schafe und Ziegen handelte, während auf Gatterwild und Rinder (meist Kälber) 8,5 % bzw. 5,3 % entfielen (*DBBW,* Bundesweite Schadensstatistik, https://www.dbb-wolf.de/wolfsmanagement/herdenschutz/schaden statistik). Im Vergleich zum Gesamtbestand der in Deutschland gehaltenen Schafe (rund 1,6 Millionen), Ziegen (ca. 170 000) und Rinder (rund 12,7 Millionen) sind die Verluste gering. Dennoch birgt die Ausbreitung des Wolfes **Probleme** in sich, zumal sich traditionelle Formen der Landwirtschaft, die unverzichtbare Beiträge zu Naturschutz und Landschaftspflege erbringen (zB Wanderschäferei), neuen Herausforderungen konfrontiert sehen (*Köck* NuR 2018, 812). Im Übrigen gibt es gelegentlich Einzelfälle, in denen Wölfe ihre Scheu vor dem Menschen ablegen und sich ihnen nähern (Beschreibung einzelner Fälle bei *Reinhardt et al.* BfN-Skripten 502/2018, S. 40 ff.). Der Wolf Kurti (MT6), der die nötige Distanz vermissen ließ und auf entsprechende behördliche Anordnung letal entnommen wurde, bietet dafür exemplarischen Beleg. Um derartige Konfliktlagen in rechtlich gesicherter Weise bewältigen zu können, sah sich der Gesetzgeber veranlasst, mit § 45a BNatSchG eine Sonderregelung zum Umgang mit dem Wolf zu schaffen.

II. Entstehungsgeschichte des § 45a BNatSchG

5 Der **Gesetzentwurf der Bundesregierung** (BR-Drs. 243/19; kritisch hierzu *Borwieck* ZUR 2020, 50 (52 ff.)) umfasste eine Änderung des § 45 Abs. 7 S. 1 Nr. 1 BNatSchG, die es gestattet hätte, artenschutzrechtliche Ausnahmen auch im Interesse einer hobbymäßigen Weidetierhaltung zu erteilen, wenn *„sonstige ernste Schäden"* durch besonders oder streng geschützte Tiere hervorgerufen zu werden drohen. Daneben enthielt der Gesetzentwurf mit § 45a eine den Umgang mit dem Wolf betreffende Sondervorschrift, die ein Fütterungsverbot vorsah, den Abschuss einzelner Mitglieder eines Wolfsrudels aus Anlass von Nutztierrissen regelte, die Naturschutzbehörden zur Entnahme von Wolf-Hund-Hybriden verpflichtete und die Mitwirkung von Jagdausübungsberechtigten bei der Entnahme eines Wolfes behandelte. Eine Ergänzung der Bußgeldvorschrift des § 69 Abs. 2 BNatSchG rundete den Gesetzentwurf ab.

6 Die im Entwurf der Bundesregierung zum Ausdruck kommenden Regelungsvorstellungen haben sich im Gesetzgebungsverfahren nicht in jeder Hinsicht durchzusetzen vermocht. Der **Beschlussempfehlung** des Ausschusses für Umwelt, Naturschutz- und Reaktorsicherheit (BT-Drs. 19/16148) folgend beließ es der **Gesetzgeber** dabei, dass eine artenschutzrechtliche Ausnahme auf Grundlage des § 45 Abs. 7 S. 1 Nr. 1 BNatSchG nur zur Abwendung wirtschaftlicher Schäden, nicht aber auch zur Verhinderung von Schäden einer als Freizeitbetätigung betriebenen Weidetierhaltung erteilt werden darf. Die Regelungsvorschläge der Bundesregierung zum Abschuss einzelner Wölfe und zur Entnahme von Hybriden haben in modifizierter Form Eingang in das Gesetz gefunden, während die Mitwirkung der Jagdausübungsberechtigten in § 45a Abs. 4 BNatSchG in einer den Vorschlägen der Bundesregierung entsprechenden Weise normiert wurde. Die Forderung des Bundesrates, künftig alljährlich einen Bericht über den gesamten Wolfsbestand in Deutschland auf wissenschaftlicher Grundlage zu erstellen (BR-Drs. 243/19, 2), griff der Gesetzgeber nicht auf.

III. Schwerpunkt der Sonderregelung

7 Aus Gründen des europäischen Artenschutzrechts haben die Mitgliedstaaten zugunsten der in Anhang IV FFH-RL aufgeführten Tierarten nicht nur ein **strenges Schutzsystem** zu etablieren, das den Erlass kohärenter und koordinierter vorbeugender Maßnahmen umfasst, sondern sind zugleich gehalten, konkrete besondere Schutzmaßnahmen durchzuführen (EuGH ECLI:EU:C:2018:255 Rn. 231; ECLI:EU:C:2019:851 Rn. 27; ECLI:EU:C:2020:458 Rn. 23). Die vor diesem unionsrechtlichen Hintergrund durch die amtliche Überschrift des § 45a BNatSchG geweckte Erwartung, dass eine umfassend angelegte Sonderregelung für den Umgang mit dem Wolf geschaffen wurde, die zugleich Auskunft darüber gibt, auf welchen Wegen und unter Einsatz welcher Mittel das unionsrechtlich vorgegebene Ziel eines günstigen Erhaltungszustandes bei dieser nach wie vor stark gefährdeten Tierart erreicht werden soll, wird bei der Lektüre der einzelnen Absätze dieser Bestimmung enttäuscht. Abgesehen von der Regelung des § 45a Abs. 1 BNatSchG, die sich als echte Neuerung darstellt, ist die Sondervorschrift in ihrem **Schwerpunkt** darauf gerichtet, Maßgaben für die Gestattung des Abschusses von Wölfen zu erteilen, zur Entnahme von Wolfshybriden zu verpflichten und Sorge dafür zu tragen, dass Jagdausübungsberechtigten die Möglichkeit zur Mitwirkung bei der Entnahme eröffnet wird. Im Vordergrund steht nicht der Schutz, sondern die letale Entnahme geschützter Individuen. Die Vorschrift dient daher vor allem der politisch gewünschten Erleichterung des Abschusses von Wölfen (*Deter* Klöckner bittet um Erleichterungen beim Wolfsabschuss, top agrar-online v. 31.12.2018; natürlich-jagd v. 4.3.2019, Schulze will Wolfsabschuss erleichtern). Der **praktische Nutzen** einer derartigen Rechtsvorschrift, die nicht einmal den Versuch unternimmt, den Ausnahmevoraussetzungen des § 45 Abs. 7 S. 2 BNatSchG in Ansehung des Wolfes konkrete Gestalt zu verleihen, sondern es bei dem schlichten Hinweis auf die Notwendigkeit zur Beachtung dieser Bestimmung belässt, ist allerdings eher begrenzt.

B. Füttern, Anlocken, Umgang mit verletzten, hilflosen oder kranken Wölfen

8 § 45a Abs. 1 S. 1 BNatSchG verbietet das Füttern und Anlocken von wildlebenden Exemplaren der Art Wolf. Mit der Fütterung und der Anlockung werden Verhaltenswei-

sen untersagt, die es mit sich bringen können, dass sich Wölfe an den Menschen gewöhnen und lernen, den Menschen nicht als Gefahr anzusehen. Dies kann zu einer deutlichen Reduzierung der Fluchtdistanz führen und zur Folge haben, dass derart **habituierte Tiere** für den Menschen gefährlich werden (BR-Drs. 243/19, 6). Nicht anders als im Kontext des § 44 Abs. 1 BNatSchG hängt die Aktivierung der Verbotsfolge nicht von subjektiven Merkmalen, sondern von der Eignung der Handlung ab, wildlebende Wölfe mit dem Menschen in Kontakt zu bringen und an ihn zu gewöhnen. Es verwirklicht daher den Verbotstatbestand, wenn **Wolfswelpen,** die generell eine geringere Fluchtdistanz als ältere Tiere aufweisen, von einer Person mit Nahrung versorgt, mit interessanten Gegenständen zur Annäherung veranlasst oder zum Spielen verführt werden. Derart positive Erfahrungen im Kontakt mit Menschen können bei ausgewachsenen Wölfen der Grund für problematische Verhaltensweisen sein. **Positiv konditionierte Tiere** können sehr fordernd werden, wenn der sich mit der Anwesenheit eines Menschen verbindende positive Reiz (zB Futter) ausbleibt (eingehend *Reinhard et al.* BfN-Skripten 502/18, S. 10). Gleichfalls erfasst ist das Anlegen und regelmäßige Beschicken von **Luderplätzen,** deren Funktion gerade darin besteht, Beutegreifer anzulocken. Ob auch das Belassen des **Aufbruchs** (Eingeweide) im Habitat der Wölfe nach erfolgreicher Jagd als eine den Tatbestand der Verbotsnorm erfüllende Handlung zu bewerten ist, erscheint dagegen weniger gewiss, zumal es dabei typischerweise kaum zu Kontakten kommen dürfte, die dazu führen, dass Wölfe die Anwesenheit des Menschen mit der Erlangung von Futter in Verbindung bringen.

§ 45a Abs. 1 S. 2 BNatSchG nimmt Maßnahmen der zuständigen Naturschutzbehörde **9** von dem Fütterungs- und Anlockverbot aus. Auch wenn sich die Gesetzesbegründung diesbezüglicher Erläuterungen enthält, dürfte die **Legalausnahme** im Zusammenhang mit der in Absatz 3 geregelten Entnahme von Wolfshybriden stehen, zumal das Auslegen von Futter die Chancen erhöht, der Tiere habhaft zu werden.

§ 45a Abs. 1 S. 3 BNatSchG ordnet an, dass § 45 Abs. 5 BNatSchG keine Anwendung fin- **10** det. In Konsequenz dessen handelt dem durch § 44 Abs. 1 Nr. 1 BNatSchG begründeten Verbot der Naturentnahme und dem **Besitzverbot** des § 44 Abs. 2 BNatSchG zuwider, wer einen verletzten, hilflosen oder kranken Wolf aufnimmt, um ihn gesund zu pflegen. In der Gesetzesbegründung wird darauf verwiesen, dass die Aufnahme eines verletzten Wolfes durch Private aufgrund des Risikos einer Gewöhnung an den Menschen nicht angemessen wäre (BR-Drs. 243/19, 6). Das trifft sicherlich zu, indessen erscheint es auch nicht angemessen, wenn derjenige, der einen verletzten Wolf findet, denselben seinem Schicksal überlässt, ohne die zuständige Naturschutzbehörde über den Fund, die Fundumstände und den Fundort informieren zu müssen. Da § 45 Abs. 5 S. 4 BNatSchG bei Aufnahme einer streng geschützten Art eine Meldepflicht gegenüber der Naturschutzbehörde begründet, hätte es mit Rücksicht auf die mangelnde Anwendbarkeit dieser Vorschrift nahegelegen, zumindest eine entsprechende **Meldepflicht** für den Fall des Auffindens eines verletzten, hilflosen oder kranken Wolfes zu begründen. Jagdrechtliche Anzeige- oder Meldepflichten, die von den Ländern auf Grundlage des § 36 Abs. 2 Nr. 2 BJagdG eingeführt werden (zB § 27 BbgJagdG, § 4 JWMG BW, § 5 Abs. 2 LJG RP), können diese Lücke nicht füllen, weil der Wolf – sieht man von der Rechtslage in Sachsen ab – nicht zu den jagdbaren Tierarten (§ 2 Abs. 1 BJagdG; Übersicht über die landesrechtlichen Bestimmungen bei *Recken* in Kolodziejcok/Recken/Endres/Krohn/Markus Kennzahl 4929 Rn. 4) gehört.

C. Abschuss von Wölfen

§ 45a Abs. 2 BNatSchG enthält Maßgaben für die Anwendung der zur Erteilung ar- **11** tenschutzrechtlicher Ausnahmen ermächtigenden Vorschrift des § 45 Abs. 7 S. 1

BNatSchG. Während sich § 45a Abs. 2 S. 1 und 2 BNatSchG auf einzelfallbezogene Ausnahmen zur Abwendung wirtschaftlicher Schäden bezieht (§ 45 Abs. 7 S. 1 Nr. 1 BNatSchG), stellt Satz 3 der Sondervorschrift klar, dass diese Maßgaben auch in Fällen zum Tragen kommen, in denen der Abschuss von Wölfen im Interesse der Gesundheit des Menschen zugelassen wird (§ 45 Abs. 7 S. 1 Nr. 4 BNatSchG). Im Übrigen verweist § 45a Abs. 2 S. 4 BNatSchG auf die Notwendigkeit zur Beachtung der sich aus § 45 Abs. 7 S. 2, 3 BNatSchG ergebenden Anforderungen.

I. Abschuss zur Abwendung wirtschaftlicher Schäden

12 Nach § 45 Abs. 7 S. 1 Nr. 1 BNatSchG kann eine artenschutzrechtliche Ausnahme zur Abwendung erheblicher landwirtschaftlicher Schäden erteilt werden (→ § 45 Rn. 22 f.). Diese Vorschrift gilt kraft der Anordnung des § 45a Abs. 2 S. 1 BNatSchG mit der Maßgabe, dass der Abschuss einzelner Mitglieder eines Wolfsrudels in engem Zusammenhang mit einem Rissereignis auch ohne Zuordnung der Schäden zu einem bestimmten Einzeltier bis zum Ausbleiben der Schäden fortgeführt werden darf, wenn Schäden bei Nutztierrissen keinem bestimmten Wolf zugeordnet worden sind.

13 **1. Nutztierrisse als Anwendungsvoraussetzung.** Diese Maßgabe setzt zunächst voraus, dass es bereits zu Nutztierrissen gekommen ist. Was unter einem **Nutztier** zu verstehen ist, wird im Gesetz nicht erläutert, indessen ergibt sich im Umkehrschluss aus § 45a Abs. 2 S. 2 BNatSchG, dass damit Tiere gemeint sind, die „landwirtschaftlich gehalten" werden. Das verweist auf die Definition des Nutztieres in **§ 2 Nr. 1 TierSchutzNutztV.** Gemeint sind daher landwirtschaftliche Nutztiere, die zur Erzeugung von Nahrungsmitteln, Wolle, Häuten oder Fellen oder zu anderen landwirtschaftlichen Zwecken gehalten werden. Werden hobbymäßig gehaltene Weidetiere von Wölfen gerissen, mag diesem Umstand Bedeutung bei der Beurteilung drohender wirtschaftlicher Schäden beizumessen sein (→ Rn. 21). Für die Maßgabe des § 45a Abs. 2 S. 1 BNatSchG sind derartige Rissereignisse nicht von Belang.

14 Davon abgesehen lässt der Wortlaut des § 45 Abs. 2 S. 1 BNatSchG erkennen, dass diese Maßgabe nicht schon dann zum Tragen kommt, wenn ein landwirtschaftlicher Betrieb ein einzelnes Schaf oder ein Rind durch einen Wolfsangriff verliert. Die Vorschrift verweist auf Zusammenhänge „mit bereits eingetretenen **Rissereignissen**" und setzt „Schäden bei Nutztierrissen" voraus. Es muss daher bereits zum wiederholten Male zu Wolfsangriffen gekommen sein. Wenn zudem von „Schäden" bei Nutztierrissen gesprochen wird, können damit schon aus Gründen des systematischen Zusammenhangs mit § 45 Abs. 7 S. 1 Nr. 1 BNatSchG nur erhebliche landwirtschaftliche Schäden gemeint sein. Der Anwendungsbereich des § 45a Abs. 2 S. 1 BNatSchG ist daher **eng begrenzt** und beschränkt sich auf Situationen, in denen Wölfe bereits einen ernsten wirtschaftlichen Schaden verursacht haben, während es nicht genügt, wenn Tatsachen die Prognose rechtfertigen, dass derartige Schäden in Zukunft drohen.

15 **2. Abschuss beliebiger Mitglieder eines Wolfsrudels.** Sind relevante Schäden durch wiederholte Nutztierrisse keinem bestimmten Wolf zugeordnet worden, lässt § 45a Abs. 2 S. 1 BNatSchG die Fortführung des Abschusses einzelner Mitglieder des betreffenden Wolfrudels unter bestimmten Bedingungen (→ Rn. 19 f.) auch ohne Zuordnung der Schäden zu einem bestimmten Einzeltier bis zum Ausbleiben von Schäden zu.

16 In der bisherigen Verwaltungspraxis wurde die Entnahme zuvor identifizierter einzelner Wölfe durch die zuständigen Behörden auf der Grundlage des § 45 Abs. 7 S. 1 Nr. 1

BNatSchG gestattet, die sich Menschen ohne Scheu annäherten (zB Kurti (MT6)) oder die für Risse von Weidetieren verantwortlich waren (zB Rodewalder Wolf (W717 m); „Problemwolf“ GW924 m). Darüber geht § 45a Abs. 2 S. 1 BNatSchG insoweit hinaus, als hiernach der **Abschuss beliebiger Mitglieder** eines Wolfsrudels gerechtfertigt ist, wenn Schäden bei Nutztierrissen keinem bestimmten Wolf eines Rudels „zugeordnet worden sind“. Die in der Gesetzesbegründung getroffene Aussage, nach der sich bereits aus allgemeinen Erwägungen des Gefahrenabwehrrechts ergibt, dass grundsätzlich das schadensverursachende Tier zu entnehmen ist (BR-Drs. 243/19, S. 6), hat in der Formulierung des § 45a Abs. 2 S. 1 BNatSchG keinen Niederschlag gefunden. Ganz im Gegenteil stellt die Sondervorschrift gerade nicht darauf ab, ob Schäden einem bestimmten Wolf des Rudels „zugeordnet werden können“. Entscheidend ist daher nicht das Fehlen der Möglichkeit zur Identifikation des schadensursächlichen Wolfes, sondern nur, ob die Behörde diesbezügliche Anstrengungen tatsächlich unternommen hat. Selbst wenn dies – aus welchen Gründen auch immer – unterblieben ist, darf der Abschuss beliebiger Wölfe eines Rudels gestattet werden. Der Sache nach wird auf diesem Wege eine Art **„Sippenhaft“** eingeführt, weil einzelne Wölfe unabhängig davon, ob sie den Nutztierriss verursacht haben oder daran beteiligt waren, allein deshalb geschossen werden dürfen, weil sie dem jeweiligen Rudel angehören.

Ob § 45a Abs. 2 S. 1 BNatSchG nur einschlägig ist, wenn das schadensursächliche **17** Tier nicht identifiziert wurde (in dieser Hinsicht VG Lüneburg Beschl. v. 11.6.2020 – 2 B 56/20, n. V.), oder auch in solchen Fällen zum Tragen kommen kann, in denen eine Zuordnung (z. B. durch genetische Analyse) erfolgt ist, sich die gezielte Tötung des verantwortlichen Wolfes aber als schwierig erweist, weil das Tier wegen des Fehlens leicht erkennbarer Merkmale in der Landschaft nicht angesprochen oder von anderen Individuen unterschieden werden kann, ist bislang nicht geklärt. Das OVG Lüneburg hat mit Rücksicht auf die Gesetzesbegründung (BT-Drs. 19/10899, 10) eine Tendenz zur erweiternden Interpretation erkennen lassen, die Auslegungsfragen aus Anlass der von ihm getroffenen Eilentscheidung aber letztlich offengelassen (OVG Lüneburg BeckRS 2020, 15015 Rn. 39). Gesichert ist aber jedenfalls, dass § 45a Abs. 2 S. 1 BNatSchG immer nur dann einschlägig ist, wenn die Rissereignisse nachweislich von Wölfen verursacht worden sind. Es muss daher ausgeschlossen werden können, dass ein **Hund** für den Nutztierriss verantwortlich ist (BT-Drs. 19/10899, 10). Im Übrigen bezieht sich § 45a Abs. 2 S. 1 BNatSchG ausdrücklich nur auf Mitglieder eines **Wolfsrudels;** werden Rissereignisse durch **Wolfspaare** oder territoriale **Einzeltiere** verursacht, kommt die Maßgabe nicht zum Tragen. Welche Gründe den Gesetzgeber dazu bewogen haben, ist der Begründung des Gesetzentwurfs nicht zu entnehmen.

Außerdem muss der Abschuss in **engem räumlichem und zeitlichem Zusammenhang** mit den auf Wolfsangriffe rückführbaren Rissereignissen erfolgen. Auf diesem **18** Wege soll gewährleistet werden, dass mit hoher Wahrscheinlichkeit derjenige Wolf getötet wird, der für die Nutztierrisse verantwortlich ist (OVG Lüneburg BeckRS 2020, 15015 Rn. 40). Ob hier die Binsenweisheit der Kriminalisten („Der Täter kehrt immer zum Tatort zurück“) der Vater des Gedankens war, ist nicht überliefert. Gewiss ist dagegen, dass der Gesetzgeber es verabsäumt hat, konkrete Kriterien für die Bemessung des erforderlichen Zusammenhangs zu benennen. In räumlicher Hinsicht muss der Abschuss am Ort des Risses oder in seinem räumlichen Umfeld erfolgen. Ob dieser Umkreis nach Metern oder Kilometern bemessen werden muss, ist allerdings unklar. Dasselbe gilt für den zeitlichen Zusammenhang, zumal weder dem Gesetz noch der Gesetzesbegründung zu entnehmen ist, ob es insoweit auf Tage, Wochen oder gar Monate ankommen soll. Derartige Unklarheiten tragen nicht eben zur angestrebten Rechtssicherheit bei, zumal nun die Naturschutzbehörden genötigt sind, im Einzelfall den räumlichen und zeitlichen

Zusammenhang zu konkretisieren und anhand wissenschaftlich fundierter Daten den Nachweis zu führen, dass ihre diesbezügliche Entscheidung geeignet und erforderlich ist (OVG Lüneburg BeckRS 2020, 15015 Rn. 41).

19 **3. Fortführung des Abschusses bis zum Ausbleiben von Schäden.** Im Übrigen stellt § 45a Abs. 2 S. 1 BNatSchG klar, dass der Abschuss einzelner Tiere eines Rudels „bis zum Ausbleiben von Schäden fortgeführt werden darf". Auch wenn sich die Ausnahme von dem Tötungsverbot stets nur auf einzelne Mitglieder des Rudels beziehen darf, lässt diese Formulierung doch keinen Zweifel daran, dass im Interesse der Abwehr von Schäden auch das gesamte Rudel entnommen werden kann. Die Begründung des Gesetzentwurfs bestätigt diesen Befund, wird doch auch dort betont, „dass zur Abwehr drohender ernster landwirtschaftlicher Schäden durch Nutztierrisse erforderlichenfalls auch mehrere Tiere eines Rudels oder auch ein **ganzes Wolfsrudel entnommen** werden können" (BR-Drs. 243/19, S. 7).

20 Ob derartige Aussagen realitätsnah sind, wird füglich bezweifelt werden dürfen. § 45a Abs. 2 S. 4 BNatSchG betont die Notwendigkeit, die Anforderungen des § 45 Abs. 7 S. 2 BNatSchG bei der Erteilung von Ausnahmen zu Lasten des Wolfes zu beachten. Die damit in Bezug genommene Vorschrift stellt ua klar, dass eine artenschutzrechtliche Ausnahme nur erteilt werden darf, wenn sich der **Erhaltungszustand einer Art** nicht verschlechtert, soweit sich aus Art. 16 Abs. 1 FFH-RL keine weitergehenden Anforderungen ergeben. Es muss daher in jedem Einzelfall sachgemäß nachgewiesen werden, dass sich der aktuelle Zustand der Wolfs-Populationen nicht weiter verschlechtert und die Wiederherstellung ihres günstigen Erhaltungszustandes nicht behindert wird (vgl. BVerwG NVwZ 2010, 1225 Rn. 141; NVwZ 2010, 1221 Rn. 8 f.; → § 45 Rn. 31). Ob der Abschuss eines ganzen Rudels bei einer Tierart, die sich in Deutschland noch immer in schlechtem Erhaltungszustand befindet, unter Krankheiten, einer genetischen Verarmung, erheblichen verkehrsbedingten Verlusten und illegaler Verfolgung leidet, diese Voraussetzung erfüllt, wird sich in der Praxis kaum feststellen lassen, zumal die zuständigen Behörden nicht über die für derartige populationsbiologische Beurteilungen erforderlichen Sachinformationen verfügen. Insoweit mag die Aussage, dass im Einzelfall auch ganze Rudel entnommen werden können, allenfalls denjenigen zur Beruhigung gereichen, die sich im Interesse der Weidetierhaltung für den Abschuss von Wölfen aussprechen. Dass eine Behörde, die sich dem geltenden Recht verpflichtet fühlt, in dieser Weise verfährt, ist dagegen unwahrscheinlich.

21 **4. Rissereignisse bei der hobbymäßigen Weidetierhaltung.** Werden hobbymäßig gehaltene Weidetiere von Wölfen gerissen, begründet dies keinen wirtschaftlichen Schaden, der dazu berechtigte, eine artenschutzrechtliche Ausnahme zu erteilen (VGH München BeckRS 2004, 13106 Rn. 25; OVG Magdeburg NuR 2019, 45 (46); OVG Lüneburg NVwZ-RR 2019, 264 Rn. 6; → § 45 Rn. 23). Gänzlich unbedeutend sind sie dennoch nicht, zumal relevante wirtschaftliche Schäden nach § 45a Abs. 2 S. 2 BNatSchG auch dann drohen können, wenn ein Wolf nicht landwirtschaftlich gehaltene Weidetiere reißt. Derartige Rissereignisse können daher den **Schluss auf das Vorliegen des Ausnahmegrundes** des § 45 Abs. 7 S. 1 Nr. 1 BNatSchG zulassen, dies allerdings nur, wenn hobbymäßig gehaltene Weidetiere mit zumutbaren **Herdenschutzmaßnahmen** gesichert waren. Dem Riss ungesicherter Weidetiere eines Hobbyhalters darf daher bei der Entscheidung über artenschutzrechtliche Ausnahmen keine Relevanz zuerkannt werden.

22 Die auf Vorschlag des Umweltausschusses in das Gesetz aufgenommene Regelung (BT-Drs. 1916148, S. 2) ist plausibel. Da Wölfe nicht zwischen landwirtschaftlichen Nutztieren und hobbymäßig gehaltenen Weidetieren unterscheiden, können Risse von

Weidetieren im Bereich einer freizeit- oder hobbymäßigen Haltung durchaus die Prognose stützen, dass hiervon auch landwirtschaftliche Nutztiere in einer Weise betroffen sein können, die einen ernsten wirtschaftlichen Schaden begründet. Das setzt naturgemäß voraus, dass es in der Gegend, in der die Rissereignisse auftraten, überhaupt noch landwirtschaftliche Betriebe gibt, die sich der Weidetierhaltung verschrieben haben. Fehlt es daran, geht § 45a Abs. 2 S. 2 BNatSchG naturgemäß ins Leere.

Bemerkenswert ist diese Sondervorschrift vor allem, weil dem Riss nicht landwirtschaftlich gehaltener Weidetiere ausweislich des § 45a Abs. 2 S. 2 BNatSchG nur dann eine Bedeutung für die Beurteilung eines drohenden wirtschaftlichen Schadens zuerkannt werden kann, wenn es den Wölfen gelungen ist, durch zumutbare **Herdenschutzmaßnahmen** gesicherte Weidetiere zu reißen. Der Gesetzgeber bringt damit zum Ausdruck, dass der Schluss auf einen ernsthaften wirtschaftlichen Schaden nur berechtigt ist, wenn der Halter alle ihm zumutbaren Anstrengungen unternommen hat, um Wolfangriffe abzuwenden. Das gilt dann allerdings nicht nur im Falle von Übergriffen auf hobbymäßig gehaltene Weidetiere, sondern auch bei Rissereignissen, von denen Nutztiere betroffen sind. Insoweit bestätigt § 45a Abs. 2 S. 2 BNatSchG, dass Nutztierrisse bei landwirtschaftlichen Betrieben keinen zur Erteilung einer Ausnahme berechtigenden ernsten Schaden darstellen können, wenn der Landwirt die ihm zumutbaren Herdenschutzmaßnahmen nicht ergriffen hat (vgl. hierzu OVG Bautzen, Urt. v. 28.5.2009 – 1 B 700/06, juris Rn. 21; *Lau* in Frenz/Müggenborg § 45 Rn. 14; *Borwieck* NuR 2019, 21 (23); *Köck* NuR 2018, 812 (814); → § 45 Rn. 23). **23**

II. Abschuss im Interesse des Schutzes der Gesundheit des Menschen

§ 45a Abs. 2 S. 3 BNatSchG stellt klar, dass die Maßgabe des Satzes 1 auch für die Gestattung der Entnahme von Wölfen gilt, die dem Interesse der Gesundheit des Menschen nach § 45 Abs. 7 S. 1 Nr. 4 BNatSchG dient. In Konsequenz dessen soll auch in Fällen, in denen sich Wölfe auffällig verhalten, der Abschuss beliebiger Mitglieder des Wolfrudels bis zum Ausbleiben der zur Besorgnis Anlass bietenden Verhaltensweisen fortgeführt werden können. **24**

III. Beachtung der Anforderungen des § 45 Abs. 7 S. 2 BNatSchG

§ 45a Abs. 2 S. 4 BNatSchG schließlich weist ausdrücklich darauf hin, dass artenschutzrechtliche Ausnahmen zum Abschuss von Wölfen unter Beachtung der Anforderungen zugelassen werden dürfen, die sich aus § 45 Abs. 7 S. 2 und 3 BNatSchG ergeben. Die letale Entnahme kommt daher nur in Betracht, wenn es dazu keine zumutbaren **Alternativen** gibt, sich der aktuell ungünstige **Erhaltungszustand** der Wolfspopulation nicht verschlechtert und die Wiederherstellung ihres günstigen Erhaltungszustandes nicht behindert wird (→ § 45 Rn. 29, 31). Zudem muss den **Dokumentationspflichten** genügt werden, die sich aus Art. 16 Abs. 3 FFH-RL ergeben. Obwohl § 45a BNatSchG darauf gerichtet sein soll, die Rechtssicherheit im Umgang mit dem Wolf zu verbessern, löst der Gesetzgeber den selbst gesetzten Anspruch in diesem Zusammenhang nicht einmal annäherungsweise ein. **25**

In der Begründung zur Beschlussempfehlung des Umweltausschusses finden sich immerhin noch vage Hinweise auf Herdenschutzmaßnahmen in Gestalt von Herdenschutzhunden und wolfsabweisenden Zäunen (BT-Drs. 19/16148, S. 9), indessen gibt es keine konkreten Regeln, die auf der Grundlage des verfügbaren wissenschaftlichen Erkenntnis- **26** standes Auskunft über die an Schutzmaßnahmen zu stellenden Mindestanforderungen gäben. Wenn kraft der Anordnung des § 45a Abs. 2 S. 2 BNatSchG aus der Überwindung **„zumutbarer Herdenschutzmaßnahmen"** rechtliche Folgerungen zu ziehen sind, trägt es nicht zum rechtssicheren Umgang mit dem Wolf bei, wenn sich der Gesetzgeber jeder Aussage zu Art und Umfang der im Rahmen des § 45a Abs. 2 S. 2 BNatSchG relevanten Herdenschutzmaßnahmen enthält. Davon abgesehen gibt es zahlreiche weitere Maßnahmen, die prinzipiell als **Alternativen zum Abschuss** von Wölfen fungieren könnten. Zu denken ist etwa an die Beseitigung von Anreizen für die Annäherung an Menschen (zB Beseitigung von Futter), Maßnahmen zur Vergrämung (zB Einsatz von Gummigeschossen) oder den Fang und die Umsiedlung von Wölfen (hierzu EuGH ECLI:EU:C:2020:458). Eine auf wissenschaftlicher Grundlage erfolgende Bewertung solcher Maßnahmen durch den Gesetzgeber und eine klare Aussage dazu, ob und unter welchen Bedingungen sie als zumutbare Alternativen zur letalen Entnahme in Erwägung zu ziehen sind, hätte der Praxis den rechtssicheren Umgang mit dem Wolf fraglos erleichtert, indessen enthält sich § 45a Abs. 2 BNatSchG auch diesbezüglich jeder Regelung.

27 Als defizitär erweist sich diese Sonderregel auch deshalb, weil die Forderung des Bundesrates, Sorge dafür zu tragen, dass künftig alljährlich ein **Bericht über den gesamten Wolfsbestand** auf wissenschaftlicher Grundlage erstellt wird (BR-Drs. 243/19, 2), vom Gesetzgeber nicht aufgegriffen wurde. Um Verschlechterungen des Erhaltungszustandes beurteilen zu können, sind die zur Erteilung von Ausnahmen berufenen Behörden auf Sachinformationen angewiesen, die sie in den Stand versetzen, die Auswirkungen einer Entnahme von Wölfen in ihrem Zuständigkeitsbereich auf die Erhaltungssituation der mitteleuropäischen Flachlandpopulation (vormals deutsch-westpolnische Population) beurteilen zu können. Dies erfordert mindestens Daten über die Größe, Altersstruktur und Zusammensetzung dieser Population, ihre Reproduktionsrate sowie ihre natürliche und anthropogen verursachte Mortalitätsrate. Ohne entsprechende Sachinformationen fehlt den Behörden die Tatsachenbasis, um über das Ausbleiben einer Verschlechterung der Erhaltungssituation verantwortbar befinden zu können. Eine gesetzliche Regelung, die in Reaktion auf die Forderung des Bundesrates zur Erstellung eines jährlichen Berichts verpflichtet und die Aufgabe einer fachlich hierzu geeigneten staatlichen Stelle zuweist, hätte daher maßgeblich dazu beitragen können, den Vollzugsbehörden die Möglichkeit zu bieten, in rechtlich gesicherter Weise über die Entnahme von Wölfen befinden zu können.

IV. Bewertung im Lichte des Unionsrechts

28 Da der Wolf zu den in Anhang IV FFH-RL gelisteten Tierarten zählt, hängt die Unionsrechtskonformität des § 45a Abs. 2 BNatSchG maßgeblich davon ab, ob diese Vorschrift des nationalen Rechts einer Überprüfung am Maßstab des Art. 16 Abs. 1 FFH-RL standhält. Dies sieht sich gerade mit Blick auf die hierdurch eröffnete Möglichkeit des Abschusses beliebiger Wölfe eines Rudels Bedenken ausgesetzt.

29 Mit Rücksicht darauf, dass Art. 16 Abs. 1 lit. b FFH-RL es erlaubt, zur Verhütung von Schäden in der Tierhaltung von den Verboten des Art. 12 Abs. 1 lit. a FFH-RL abzuweichen, sind die Mitgliedstaaten nicht genötigt, von dieser Möglichkeit erst dann Gebrauch zu machen, wenn es zu einem ernsten Schaden gekommen ist. Stattdessen ist es ihnen gestattet, Maßnahmen zur Verhinderung des Eintritts entsprechender Schäden zu ergreifen. In seinem ersten Wolfs-Urteil hat der Gerichtshof der Europäischen Union es daher akzeptiert, dass sich eine Abschussgenehmigung nicht immer auf einzelne Wölfe beziehen kann, die ernste Schäden verursachen, aber doch klargestellt, dass eine aus **Gründen der Prävention** erfolgende Jagd auf Wölfe unzulässig ist, solange nicht nachgewiesen ist, dass eine derartige Jagd zur Verhütung ernster Schäden geeignet ist (EuGH ECLI:EU:C:2007:341 Rn. 41). Welche Anforderungen an den diesbezüglichen **Eignungsnachweis** zu stellen sind, hat der Gerichtshof in seinem Tapiola-Urt. v. 10.10.2019 verdeutlicht, in dem es um eine Bekämpfung der Wilderei durch die Gestattung einer bestandspflegenden Jagd ging. Danach muss die Annahme, dass eine derartige Jagd die illegalen Abschüsse verringert, auf der Grundlage streng wissenschaftlicher Erkenntnisse untermauert werden (EuGH ECLI:EU:C:2019:851 Rn. 45).

In Ansehung des § 45a Abs. 2 BNatSchG wurden keine wissenschaftlichen Belege **30**
beigebracht, die den Schluss tragen könnten, dass der Abschuss beliebiger Wölfe eines Rudels in einem räumlichen und zeitlichen Zusammenhang mit bereits erfolgten Rissereignissen geeignet wäre, weitere Nutztierrisse zu verhindern. Die Gesetzesbegründung enthält sich diesbezüglich jeder Aussage (kritisch daher *Borwieck* ZUR 2020, 50 (53)). Es wird lediglich auf fraglos bestehende praktische Schwierigkeiten bei der Identifikation und Entnahme schadensursächlicher Tiere verwiesen (BR-Drs. 243/19, S. 6f.). Ob sich ein wissenschaftlicher Nachweis für die Annahme erbringen ließe, dass der Abschuss einzelner Wölfe eines Rudels zur Verhinderung weiterer Nutztierrisse geeignet ist, erscheint fragwürdig, zumal kein Grund ersichtlich ist, warum die Wölfe nach dem Abschuss eines beliebigen Rudelmitgliedes ihr bisheriges Verhalten ändern und künftig von Angriffen auf Nutztiere absehen sollten. Dies umso weniger, als ihnen der zur Entnahme eines Einzeltieres veranlassende Grund selbst dann schwerlich bewusst sein dürfte, wenn diese Handlung in einem räumlichen und zeitlichen Zusammenhang mit einem Nutztierriss steht, zumal Wölfe kaum zwischen Nutztieren, hobbymäßig gehaltenen Weidetieren und sonstigen Beutetieren unterscheiden dürften. Das stellt die **Eignung** des § 45a Abs. 2 S. 1 BNatSchG aber noch nicht durchgreifend in Frage. Im Unterschied zu den vom Gerichtshof entschiedenen Fällen sieht § 45a Abs. 2 BNatSchG eben nicht bloß die letale Entnahme einzelner Tiere, sondern einen sich unter behördlicher Kontrolle vollziehenden Prozess des sukzessiven Abschusses einzelner Mitglieder des Rudels bis zum Ausbleiben der Schäden vor. Der **Ausrottung des Wolfsrudels,** dessen Mitglieder für Nutztierrisse verantwortlich sind, kann die Eignung zur Verhinderung künftiger Schäden aber schwerlich abgesprochen werden. Das muss dann aber auch für sämtliche Einzelschritte gelten, die zu einer Reduzierung der Anzahl der zum schadensursächlichen Wolfsrudel gehörenden Mitglieder sowie dazu führt, dem Ziel der Schadensvermeidung näherzukommen. Ob sich der EuGH dieser Bewertung anschließen würde, ist freilich noch nicht ausgemacht.

Selbst wenn von einer Eignung des in § 45a Abs. 2 BNatSchG geregelten Abschusses **31**
von Wölfen ausgegangen wird, sieht sich die Vorschrift dennoch **erheblichen Rechtszweifeln** ausgesetzt, zumal eine Entnahme von Wölfen – wie bereits bemerkt – keine negativen Rückwirkungen auf die Erhaltungssituation der mitteleuropäischen Wolfpopulation haben darf. § 45a Abs. 2 S. 4 BNatSchG gibt den zur Entscheidung berufenen Behörden auf, diese Voraussetzung zu beachten. Der Gesetzgeber hat es trotz der in diese Richtung weisenden Forderung des Bundesrates aber verabsäumt, eine Regelung zu schaffen, die sicherstellt, dass die Behörden in den Stand versetzt werden, das Ausbleiben einer Verschlechterung auf der Ebene der Population zu prüfen und den ihnen obliegenden Nachweis zu erbringen, dass diese Voraussetzung des Art. 16 Abs. 1 FFH-RL im Einzelfall tatsächlich erfüllt ist (vgl. nur EuGH ECLI:EU:C:2019:851 Rn. 30; ECLI:EU:C:2020:458 Rn. 25). Bei der Umsetzung von Richtlinien der Europäischen Union haben die Mitgliedstaaten Sorge dafür zu tragen, dass das nationale Recht „tatsächlich die vollständige Anwendung der Richtlinie in hinreichend bestimmter und

klarer Weise gewährleistet" (EuGH ECLI:EU:C:1987:339 Rn. 9; ECLI:EU:C:1987:196 Rn. 7; ECLI:EU:C:1988:202 Rn. 5). Insbesondere dann, wenn den Mitgliedstaaten die Verwaltung des gemeinsamen Naturerbes anvertraut ist, misst der Gerichtshof der Genauigkeit der Umsetzung besondere Bedeutung bei (vgl. EuGH ECLI:EU:C:1987:339 Rn. 9; ECLI:EU:C:1988:202 Rn. 5; ECLI:EU:C:1990:119 Rn. 28; ECLI:EU:C:1991:23 Rn. 8; ECLI:EU:C:2006:3 Rn. 59). In derartigen Konstellationen muss die Umsetzung in einer Weise erfolgen, die weder tatsächlich noch theoretisch die **Gefahr einer Verfehlung** der richtliniengestützten Vorgaben heraufbeschwört (EuGH ECLI:EU:C:1987:196 Rn. 12; hierzu *Gellermann* Beeinflussung des bundesdeutschen Rechts durch Richtlinien der EG, 1994, S. 23f.). Diesen Anforderungen wird es nicht gerecht, wenn § 45a Abs. 2 BNatSchG zwar das Signal zum sukzessiven Abschuss ganzer Wolfsrudel setzt, es aber der alleinigen Verantwortung der zuständigen Behörden überlässt, sich – auf welchem Wege auch immer – die Sachinformationen zu beschaffen, derer es bedarf, um unter Beachtung des § 45 Abs. 7 S. 2 BNatSchG die Auswirkungen einer Ausnahmeentscheidung auf die Erhaltungssituation der mitteleuropäischen Flachlandpopulation des Wolfes zu beurteilen, deren Verbreitungsgebiet nicht auf Deutschland beschränkt ist, sondern West- und Mittelpolen umfasst. Die **Signalwirkung des § 45a Abs. 2 BNatSchG** birgt die Gefahr in sich, dass Behörden artenschutzrechtliche Ausnahmen zum Abschuss von Wölfen auch dann erteilen, wenn sie mangels entsprechender Sachinformationen nicht im Stande sind, die populationsbezogenen Auswirkungen einer derartigen Entscheidung zu beurteilen. Insoweit wird die Verfehlung der Anforderungen des Art. 16 Abs. 1 FFH-RL durch § 45a Abs. 2 BNatSchG in einer Weise vorprogrammiert, die mit den mitgliedstaatlichen Pflichten zur korrekten Umsetzung dieser Richtlinienbestimmung schwerlich vereinbar sein dürfte.

D. Entnahme von Hybriden

32 § 45a Abs. 3 BNatSchG regelt den Umgang mit Hybridwölfen, die als Exemplare einer der in Anhang A der VO (EG) Nr. 338/97 aufgeführten Tierart in Deutschland streng geschützt sind (§ 7 Abs. 2 Nr. 14 lit. a BNatSchG; → Rn. 1).

I. Regelungsinhalt

33 Der erste Halbsatz des § 45a Abs. 3 BNatSchG macht es den zuständigen Naturschutzbehörden zur Pflicht, Vorkommen von Hybriden zwischen Wolf und Hund (Wolfshybriden) in der freien Natur zu entnehmen; **Ermessen** wird den Naturschutzbehörden nicht eingeräumt. Die Entfernung nachgewiesener Hybride aus wilden Wolfspopulationen dient dazu, den Gefahren zu begegnen, die sich mit der Einbringung von Haustiergenen in Wildtierpopulationen verbinden (BR-Drs. 243/19, 7). **Hybridisierung** zwischen Wölfen und Haushunden wertet die Fachwissenschaft vor allem als Problem kleiner und fragmentierter Populationen. Die Hybridisierung kann zu morphologischen und physiologischen Veränderungen führen und Einfluss auf das Verhalten der Tiere haben. Neben der Verschlechterung der Habitate (Fragmentierung, Zerstörung) und der menschlichen Verfolgung wird die Hybridisierung als eine der **Hauptgefährdungsursachen** für einige europäische Wolfspopulationen angesehen (eingehend *Reinhardt/Kluth* BfN-Skripten 201/2007, S. 49 mwN). § 45a Abs. 3 BNatSchG reagiert auf diesen Befund, greift damit die Empfehlung Nr. 173 (2014) des Ständigen Ausschusses der Berner Konvention auf und trägt den Erkenntnissen der Internationalen Naturschutz-

organisation (IUCN) Rechnung, die Hybridisierung zwischen Wölfen und Hunden aus Gründen des Artenschutzes gleichfalls ablehnt. Im Hinblick auf Entnahmehandlungen („insoweit") entbindet § 45a Abs. 3 Halbsatz 2 BNatSchG die Naturschutzbehörden von der Beachtung der Verbote des § 44 Abs. 1 Nr. 1 BNatSchG. Den Naturschutzbehörden ist es daher gestattet, Hybridwölfen nachzustellen, sie zu fangen, zu verletzen oder zu töten. Dasselbe gilt für geeignete Personen, die von der Naturschutzbehörde in Anwendung des § 45a Abs. 4 BNatSchG mit dieser Aufgabe betraut wurden. Dies kann auch der Jagdausübungsberechtigte sein, wenn er sich bereit zeigt, die Entnahmehandlung selbst durchzuführen; der lediglich zur Duldung der Entnahmehandlungen verpflichtete Jagdausübungsberechtigte hat die Verbote des § 44 Abs. 1 Nr. 1 BNatSchG dagegen zu beachten.

Abweichend von den Regelungsvorstellungen der Bundesregierung sah der Gesetzgeber davon ab, die Naturschutzbehörden zugleich auch von der Beachtung des § 44 Abs. 1 Nr. 3 BNatSchG zu entbinden. Die entspricht der Stellungnahme des Umweltausschusses, der darauf hinwies, dass eine generelle Ausnahme vom Verbot der Beschädigung oder Zerstörung von **Fortpflanzungs- und Ruhestätten** des Wolfes für die Entnahme von Wolfhybriden nicht erforderlich ist (BT-Drs. 19/16148, 10). Soll daher eine Wurfhöhle aufgegraben werden, um der aus der Vereinigung eines Haushundes mit einer Wölfin hervorgegangenen Welpen habhaft zu werden, bleibt es dabei, dass derartige Handlungen nur auf der Grundlage einer sich auf § 45 Abs. 7 BNatSchG gründenden Einzelausnahme vorgenommen werden dürfen. 34

II. Bewertung im Lichte des Unionsrechts

Aus unionsrechtlicher Perspektive sieht sich § 45a Abs. 3 BNatSchG keinen durchgreifenden Bedenken ausgesetzt. In diesem Zusammenhang stellt sich bereits die Frage, ob Wolfshybriden den Schutz des Art. 12 Abs. 1 FFH-RL genießen. Während dies in der VO (EG) 338/87 eine ausdrückliche Regelung erfahren hat, enthält sich die FFH-Richtlinie einer klaren Aussage, ob das zu etablierende strenge Schutzsystem auf Hybride zu erstrecken ist. In diese Richtung weist allerdings der Umstand, dass die in Anhang A der VO (EG) 338/97 in fett gedruckten Arten, zu denen auch der Wolf gehört, nach der Erläuterung zu Ziff. 2 des Anhangs dieser Verordnung „dort im Einklang mit ihrem Schutz gemäß der Richtlinie … 92/43/EWG des Rates aufgenommen (sind)". Dies deutet darauf hin, dass die Schutzmechanismen der FFH-Richtlinie allen Exemplaren der Arten zugutekommen, die von der VO (EG) Nr. 338/97 erfasst werden. Gelten die Regeln der Verordnung nach Nr. 11 der Erläuterungen auch für Hybride, spricht dies dafür, dass dies im Kontext der FFH-Richtlinie nicht abweichend zu beurteilen ist. Ein derartiges Verständnis entspricht im Übrigen dem **Zweck der FFH-Richtlinie,** die einen wirksamen Schutz der in Anhang IV gelisteten Arten gewährleistet wissen will. Wölfe und Wolfshybriden lassen sich nicht immer anhand leicht erkennbarer äußerer Merkmale (zB Fellzeichnung) unterscheiden. Wenn Wolfshybriden in der Landschaft nicht in jedem Fall eindeutig als solche angesprochen werden können, besteht eine **Verwechslungsgefahr** mit reinrassigen Wölfen. Schon um deren Tötung zu verhindern, entspricht es dem Zweck der FFH-Richtlinie, Wolfshybride dem Schutz des Art. 12 Abs. 1 FFH-RL zu unterstellen. 35

Gerät die Entnahme eines Wolfshybriden daher mit Art. 12 Abs. 1 lit. a FFH-RL in Konflikt, hängt die Unionsrechtskonformität des § 45a Abs. 3 BNatSchG davon ab, ob die Vorschrift einer Überprüfung am Maßstab des Art. 16 Abs. 1 FFH-RL standhält. Nach Art. 16 Abs. 1 lit. a FFH-RL dürfen die Mitgliedstaaten von den Verboten im Interesse 36 des **Schutzes der wildlebenden Tiere und Pflanzen** abweichen. Der Zweck dieser Vorschrift besteht darin, artenschutzinterne Konfliktlagen zu bewältigen, die namentlich dann auftreten können, wenn eine in Ausbreitung begriffene Tierart eine andere geschützte Tier- oder Pflanzenart verdrängt (→ § 45 Rn. 24). Einen derartigen Fall betrifft § 45a Abs. 3 BNatSchG nicht; stattdessen geht es darum, reinrassige Wölfe vor dem Einbringen von Haustiergenen in die Wildtierpopulation zu schützen. Insoweit handelt es sich nicht um einen **Konflikt zwischen Arten,** sondern um einen **innerartlichen Konflikt.** Das schließt den Rückgriff auf Art. 16 Abs. 1 lit. a FFH-RL allerdings nicht aus (aA *Wüstenberg* ThürVBl. 2019, 55 (59)). Schon der Wortlaut der Vorschrift bietet keinen Anhaltspunkt dafür, dass auf dieser Grundlage einzig die Konfliktlage zwischen verschiedenen Arten bewältigt werden könnte. Die Vorschrift gestattet die Abweichung von einschlägigen Verboten „zum Schutz der wildlebenden Tiere und Pflanzen". Solche Maßnahmen können aus Artenschutzsicht aber auch dann erforderlich werden, wenn es zu innerartlichen Konflikten kommt. So ist es beispielsweise im Falle einer Erkrankung, von der eine geschützte Tierart betroffen ist (zB Amphibien-Chytridpilz), ohne weiteres denkbar, dass erkrankte Tiere zur Eindämmung der Krankheit und zur Vermeidung einer Ansteckung gesunder Individuen bzw. Bestände derselben Art in einer mit Art. 12 Abs. 1 lit. a FFH-RL an sich nicht zu vereinbarenden Weise entnommen werden. Obwohl es sich dabei um einen „artinternen Kampf" handelt (erkrankte gegen gesunde Tiere derselben Art), ist die Entnahme eine Maßnahme, die dem Schutz einer natürlich vorkommenden Tierart dient. Da der Zweck des Art. 16 Abs. 1 lit. a FFH-RL nicht darin besteht, Maßnahmen des Artenschutzes zu verhindern, die darauf gerichtet sind, noch nicht erkrankte Bestände einer Tierart zu erhalten, ermöglicht die Vorschrift auch in solchen Fällen die Abweichung von den Verboten des Art. 12 Abs. 1 FFH-RL. Auch wenn die Hybridisierung der Wolfsbestände keine Krankheit ist, hat für deren Verhinderung nichts anderes zu gelten, zumal die Entnahme von Wolfshybriden aus Gründen des Artenschutzes erfolgt. Insoweit entspricht § 45a Abs. 3 BNatSchG den unionsrechtlichen Vorgaben und ist auch im Übrigen mit Art. 16 Abs. 1 FFH-RL vereinbar, zumal keine anderen zufriedenstellenden Lösungen ersichtlich sind und die Maßnahme darauf gerichtet ist, den Erhaltungszustand der Wolfspopulation zu verbessern.

E. Mitwirkung der Jagdausübungsberechtigten

37 § 45a Abs. 4 S. 1 BNatSchG regelt die Mitwirkung der im betroffenen Gebiet zur Ausübung der Jagd berechtigten Personen an der Entnahme von Wölfen auf der Grundlage einer nach § 45 Abs. 7 BNatSchG, auch in Verbindung mit § 45a Abs. 2, 3 BNatSchG, erteilten artenschutzrechtlichen Ausnahme auf freiwilliger Basis (BR-Drs. 243/19, 7). Die Vorschrift stellt in erster Linie klar, dass nur **geeignete Personen** mit der Entnahme von Wölfen betraut werden dürfen. Bei der diesbezüglichen Bestimmung hat die Naturschutzbehörde die **Jagdausübungsberechtigten** nach Möglichkeit zu berücksichtigen, sofern diese ihr Einverständnis erteilen. Selbst wenn der Jagdausübungsberechtigte die Bereitschaft zur Übernahme der Aufgabe erklärt, ist die Behörde dennoch nicht verpflichtet, ihm die Durchführung der artenschutzrechtlichen Ausnahme zu überlassen. Dafür mögen zwar die Ortskenntnisse des Jagdausübungsberechtigten sprechen, die aber zumeist keine Erfahrung mit der Entnahme von Wölfen haben werden. Insoweit wird die Naturschutzbehörde auch in Betracht zu ziehen haben, ob mit der Ausnahme der Fang oder der Abschuss von Wölfen gestattet wird.

38 Ist der Jagdausübungsberechtigte nicht bereit, die Entnahmehandlung vorzunehmen oder wird er von Naturschutzbehörde trotz seines Einverständnisses nicht mit der Durch-

führung der Entnahmehandlung betraut, erlegt ihm § 45a Abs. 4 S. 2 BNatSchG in Konkretisierung des § 65 Abs. 1 BNatSchG die Pflicht auf, die Entnahme durch die von der Behörde bestimmte Person zu dulden (BR-Drs. 243/19, 7). Insoweit handelt es sich um eine Inhalts- und Schrankenbestimmung des Eigentums im Sinne des Art. 14 Abs. 1 S. 2 GG, die sich schon deshalb keinen verfassungsrechtlichen Bedenken ausgesetzt sieht, weil den Jagdausübungsberechtigten keine Handlungspflichten auferlegt werden, sondern ihnen lediglich die Hinnahme von Handlungen Dritter abverlangt wird, zu deren Durchführung sie selbst nicht bereit oder geeignet sind. Die **Duldungspflicht** besteht unmittelbar kraft Gesetzes und bedarf zu ihrer Aktualisierung keiner behördlichen Anordnung. Sie bezieht sich auf sämtliche Aktivitäten, derer es zur Durchführung der Entnahmehandlung bedarf. Das betrifft das Betreten und Befahren des jeweiligen Reviers, die Nutzung der jagdlichen Einrichtungen (Hochsitze), das Auslegen von Futter (zB Anlegung eines Luderplatzes) oder das Aufstellen und Kontrollieren von Lebendfallen.

Dem Vorbild des § 65 Abs. 2 BNatSchG entsprechend sieht § 45a Abs. 4 S. 3 eine **39**
Benachrichtigung des Jagdausübungsberechtigten vor Beginn der Entnahmehandlungen vor, auf die nach Satz 4 der Bestimmung in **Eilfällen** (Gefahr in Verzug) verzichtet werden darf. Zugleich stellt § 45a Abs. 4 S. 3 BNatSchG klar, dass den Jagdausübungsberechtigten die Gelegenheit zur Unterstützung bei der Durchführung der Entnahme zu geben ist. Eine Pflicht zur Erbringung derartiger Unterstützungsleistungen wird den Jagdausübungsberechtigten allerdings nicht auferlegt.

§ 46 Nachweispflicht

(1) Diejenige Person, die

1. lebende Tiere oder Pflanzen der besonders geschützten Arten, ihre lebenden oder toten Entwicklungsformen oder im Wesentlichen vollständig erhaltene tote Tiere oder Pflanzen der besonders geschützten Arten,

2. ohne Weiteres erkennbare Teile von Tieren oder Pflanzen der streng geschützten Arten oder ohne Weiteres erkennbar aus ihnen gewonnene Erzeugnisse

besitzt oder die tatsächliche Gewalt darüber ausübt, kann sich gegenüber den für Naturschutz und Landschaftspflege zuständigen Behörden auf eine Berechtigung hierzu nur berufen, wenn sie auf Verlangen diese Berechtigung nachweist oder nachweist, dass sie oder ein Dritter die Tiere oder Pflanzen vor ihrer Unterschutzstellung als besonders geschützte Art in Besitz hatte.

(2) Auf Erzeugnisse im Sinne des Absatzes 1 Nummer 2, die dem persönlichen Gebrauch oder als Hausrat dienen, ist Absatz 1 nicht anzuwenden. Für Tiere oder Pflanzen, die vor ihrer Unterschutzstellung als besonders geschützte Art erworben wurden und die dem persönlichen Gebrauch oder als Hausrat dienen, genügt anstelle des Nachweises nach Absatz 1 die Glaubhaftmachung. Die Glaubhaftmachung darf nur verlangt werden, wenn Tatsachen die Annahme rechtfertigen, dass keine Berechtigung vorliegt.

(3) Soweit nach Artikel 8 oder Artikel 9 der Verordnung (EG) Nr. 338/97 die Berechtigung zu den dort genannten Handlungen nachzuweisen ist oder für den Nachweis bestimmte Dokumente vorgeschrieben sind, ist der Nachweis in der in der genannten Verordnung vorgeschriebenen Weise zu führen.

Schrifttum: *Battefeld/Weitzel,* Nochmals: Ausweis- und Meldepflichten im gesetzlichen Artenschutz, NJW 1990, 171 f.; *Hammer,* Rechtsprechungshinweise zum Recht des Greifvogelschutzes, NuR 1996, 186 ff.; *Bund/Länder-Arbeitsgemeinschaft Naturschutz,* Landschaftspflege und Erholung (LANA), Vollzugshinweise zum Artenschutzrecht, Stand: 19.11.2010; *Wirth,* Ausweis- und Meldepflichten im gesetzlichen Artenschutz, NJW 1989, 1582 ff.

Übersicht

A. Allgemeines

Um den Verboten des § 44 Abs. 2 und 3 BNatSchG zur effektiven Durchsetzung zu verhelfen, begründet § 46 BNatSchG Nachweispflichten im Hinblick auf die Berechtigung zum Besitz bestimmter Tiere und Pflanzen, deren Nichterfüllung von der zuständigen Landesbehörde zum Anlass ihrer Einziehung genommen werden kann. Im Unterschied zur vormaligen Rechtslage (vgl. § 49 Abs. 4 BNatSchG aF) hat die Einziehung nunmehr in § 47 BNatSchG eine eigenständige Regelung erfahren. Im Übrigen fanden **1** die in § 49 Abs. 1–3 BNatSchG getroffenen Regelungen mit gewissen sprachlichen Veränderungen Eingang in den Normtext des § 46 BNatSchG (*Heugel* in Lütkes/Ewer Rn. 1). Mit dem Gesetz zur Durchführung der VO (EU) Nr. 1143/2014 wurden die bisherigen Bezüge zu § 54 Abs. 4 BNatSchG mit Rücksicht darauf gestrichen, dass § 40b BNatSchG nunmehr eine zusammenhängende Regelung über die Nachweispflicht und die Einziehung bei invasiven Arten enthält; eine Regelung dieser Tatbestände in § 46 BNatSchG wird in der Gesetzesbegründung zutreffend als systemwidrig bezeichnet (BT-Drs. 18/11942, 29; hierzu *Gläß* in BeckOK UmweltR Rn. 4).

B. Nachweis der Berechtigung

2 Wer in Abweichung von den Verboten des § 44 Abs. 2, 3 BNatSchG Exemplare bestimmter Arten in Besitz hat oder die tatsächliche Gewalt darüber ausübt, kann sich nach § 46 Abs. 1 BNatSchG gegenüber der zuständigen Landesbehörde auf seine Berechtigung nur berufen, wenn er diese auf Verlangen der Behörde nachweist oder den Nachweis führt, dass er oder ein Dritter die in Rede stehenden Tiere oder Pflanzen bereits vor ihrer Unterschutzstellung in Besitz hatte. Die so umrissene Nachweispflicht bringt es mit sich, dass in Abweichung von § 24 VwVfG nicht die Behörde den Sachverhalt von Amts wegen zu ermitteln, sondern der Pflichtige den Nachweis seiner Berechtigung zu führen hat (vgl. *Müller-Walter* in Lorz/Konrad/Mühlbauer/Müller-Walter/Stöckel Rn. 2; *Battefeld/Weitzel,* NJW 1990, 171 (172); anders *Wirth,* NJW 1989, 1582 (1586)). Insoweit kommt es nicht bloß zu einer Umkehr der Beweislast in dem Sinne, dass der Besitzer zwar das Risiko einer mangelnden Aufklärbarkeit seiner Besitzberechtigung trägt, die Behörde aber zur amtswegigen Ermittlung der die Besitzberechtigung begründenden Umstände verpflichtet wäre; vielmehr wird ihm die Berufung auf die Besitzberechtigung abgeschnitten, soweit er der Nachweispflicht nicht genügt (VGH München BeckRS 2011, 33159 Rn. 18; OVG Münster Beschl. v. 11.8.2014 – 8 A 2587/12, juris Rn. 9; *Heugel* in Lütkes/Ewer Rn. 8; *Meßerschmidt* Rn. 1).

I. Gegenstand und Reichtweite der Nachweispflicht

3 Die Nachweispflicht bezieht sich ausschließlich auf die in § 46 Abs. 1 BNatSchG genannten Gegenstände. Soweit es besonders geschützte Arten im Sinne des § 7 Abs. 2 Nr. 13 BNatSchG anbetrifft, werden ausweislich des § 46 Abs. 1 Nr. 1 BNatSchG nur lebende oder im Wesentlichen vollständig erhaltene tote Tiere und Pflanzen sowie ihre lebenden oder toten Entwicklungsformen, nicht aber Teile dieser Tiere oder aus solchen Teilen gewonnene Erzeugnisse erfasst, selbst wenn sie ohne Weiteres erkennbar sind (§ 7 Abs. 2 Nr. 1 Buchst. c, d BNatSchG). Das Fell eines Serval *(Leptailurus serval)* ist in diesem Sinne ein ohne weiteres erkennbares Teil eines Exemplars dieser afrikanischen Wildkatzenart, seinen Besitzer trifft aber dennoch keine Nachweispflicht, weil diese Tierart nur besonders geschützt ist (hierzu VG Oldenburg BeckRS 2017, 114248 Rn. 39). Anders ist dies bei den streng geschützten Arten im Sinne des § 7 Abs. 2 Nr. 14 BNatSchG, bei denen sich die Nachweispflicht ausweislich der Nummer 2 des § 46 Abs. 1 BNatSchG auch auf ohne weiteres erkennbare Teile von Tieren oder Pflanzen und ohne weiteres erkennbar aus ihnen gewonnene Erzeugnisse erstreckt. Wer daher das Fell des in Anhang IV FFH-RL verzeichneten und daher aus Gründen des § 7 Abs. 2 Nr. 14 Buchst. b BNatSchG streng geschützten Feldhamsters *(Cricetus cricetus)* in Besitz hat oder die tatsächliche Gewält darüber ausübt, muss den Nachweis des Bestehens einer diesbezüglichen Berechtigung erbringen.

Der Besitzer oder Inhaber der tatsächlichen Gewalt hat auf Verlangen der für Naturschutz und Landschaftspflege zuständigen Behörde entweder seine Berechtigung zum Besitz oder das Vorliegen eines legalen Altbesitzes nachzuweisen. Dieser Nachweis ist in Ansehung desjenigen Exemplars zu führen, hinsichtlich dessen eine Besitzberechtigung bzw. legaler Altbesitz geltend gemacht wird (vgl. VGH München BeckRS 2011, 33159 Rn. 19; OVG Münster Beschl. v. 11.8.2014 – 8 A 2587/12, juris Rn. 9). **4**

Auf eine artenschutzrechtliche Besitzberechtigung kann sich zunächst berufen, wer den Nachweis erbringt, dass die Voraussetzungen eines der gesetzlichen Ausnahmetatbestände des § 45 Abs. 1–6 BNatSchG erfüllt sind. Eine diesbezügliche Besitzberechtigung kann sich namentlich aus einer rechtmäßigen Zucht bzw. künstlichen Vermehrung, einer rechtmäßigen Einfuhr oder einer (vorübergehenden) Aufnahme eines verletzten oder toten Tieres ergeben. Daneben kommen aus Anlass des Einzelfalles erteilte Ausnahmen nach § 45 Abs. 7, 8 BNatSchG oder Befreiungen nach § 67 Abs. 2 BNatSchG in Betracht (*Fellenberg* in Lütkes/Ewer Rn. 7; *Meßerschmidt* Rn. 5). **5**

Alternativ kann der Pflicht aus § 46 Abs. 1 BNatSchG genügt werden, indem der Pflichtige den Nachweis führt, dass er oder ein Dritter die in Rede stehenden Tiere oder Pflanzen bereits vor ihrer Unterschutzstellung in Besitz hatte. Damit verbindet sich eine Erleichterung insoweit, als sich der Nachweis lediglich auf den Besitzerwerb vor dem Zeitpunkt der Unterschutzstellung beziehen muss, während ein voller Nachweis der Besitzberechtigung nicht erforderlich ist (*Gläß* in BeckOK UmweltR Rn. 8; *Heugel* in Lütkes/Ewer Rn. 7; *Lau* in Frenz/Müggenborg Rn. 4). Zum Tragen kommt dies allerdings nur, wenn der Besitzerwerb im zeitlichen Vorfeld der Unterschutzstellung als besonders geschützte Art erfolgte. Dabei bemisst sich der Zeitpunkt der Unterschutzstellung anhand der Regelung des § 7 Abs. 5 BNatSchG, vermöge derer es nicht auf das Inkrafttreten des Zweiten Änderungsgesetzes des BNatSchG (1998), sondern auf denjenigen der erstmaligen Unterschutzstellung ankommt (*Lau* in Frenz/Müggenborg Rn. 4; *Meßerschmidt* Rn. 7). **6**

II. Nachweispflichtiger

Zur Erbringung der entsprechenden Nachweise ist neben dem unmittelbaren oder mittelbaren Besitzer (§ 854 BGB) diejenige Person verpflichtet, die die tatsächliche Gewalt über das jeweilige Exemplar ausübt. Pflichtig ist daher auch der Besitzdiener (§ 855 BGB), der nicht selbst Besitzer ist, sondern nur die tatsächliche Gewalt über das jeweilige Exemplar innehat (VG Oldenburg BeckRS 2017, 114248 Rn. 23; *Gläß* in BeckOK UmweltR Rn. 6). Zu denken ist dabei namentlich an Beförderer, Tierpfleger oder Ladenangestellte (vgl. *Lau* in Frenz/Müggenborg Rn. 2; *Schütte/Gerbig* in Schlacke Rn. 2). **7**

III. Führung des Nachweises

Auf ein entsprechendes Verlangen der Naturschutzbehörde muss der Besitzer oder Inhaber der tatsächlichen Gewalt zur vollen Überzeugung der Behörde den Nachweis seiner Besitzberechtigung bzw. des Altbesitzes erbringen. Da für die von der VO (EG) Nr. 338/97 nicht erfassten Tier- und Pflanzenarten keine bestimmten Dokumente vorgeschrieben sind, stellt das Gesetz keine spezifischen Anforderungen an die Form des Nachweises, der demgemäß durch alle im Sinne des § 26 VwVfG geeigneten Beweismittel erbracht werden kann (*Lau* in Frenz/Müggenborg Rn. 3; *Schütte/Gerbig* in Schlacke Rn. 7). Zur Nachweisführung kommen namentlich Einfuhrdokumente, behördliche Bescheide oder Bescheinigungen, Belege, Rechnungen oder Garantiescheine in Betracht **8**

(LANA Vollzugshinweise Kap. 14.2.2.1), soweit sie zuverlässig bestimmten Exemplaren bzw. ohne weiteres erkennbaren Teilen oder Erzeugnissen zugeordnet werden können (→ Rn. 5; *Müller-Walter* in Lorz/Konrad/Müller-Walter/Stöckel Rn. 11); dagegen genügt es nicht, wenn der Behörde lediglich pauschal Herkunftsnachweise oder sonstige Aufzeichnungen überlassen werden, anhand derer sie die Herkunft und den Verbleib des jeweiligen Tieres erst noch ermitteln muss (VG Dresden BeckRS 2013, 50284 Rn. 56; *Lau* in Frenz/Müggenborg Rn. 3). Bei ihrer Würdigung der vom Pflichtigen beigebrachten Dokumente und sonstigen Beweismittel muss die Behörde keine absolute Gewissheit gewinnen, indessen müssen die Nachweise doch einen so hohen Grad an Wahrscheinlichkeit vermitteln, dass an der Rechtmäßigkeit des Besitzes keine ernstlichen Zweifel verbleiben (OVG Lüneburg NuR 2005, 659; VG Karlsruhe BeckRS 2009, 32378; VG Münster BeckRS 2009, 39340; VG Gelsenkirchen Beschl. v. 16.3.2020 – 6 L 1646/19, juris Rn. 16; *Gläß* in BeckOK UmweltR Rn. 7; *Meßerschmidt* Rn. 9).

C. Gegenstände des persönlichen Bedarfs und Hausrat

9 Nach § 46 Abs. 2 S. 1 BNatSchG kommt die Nachweispflicht nicht zum Tragen, soweit es Erzeugnisse aus Exemplaren streng geschützter Arten (§ 46 Abs. 1 Nr. 2 BNatSchG) betrifft, die dem persönlichen Gebrauch oder als Hausrat dienen (*Heugel* in Lütkes/Ewer Rn. 9). Die Vorschrift beseitigt die Nachweispflicht für Gegenstände im privaten Bereich. Während zu den Gegenständen des persönlichen Gebrauchs jene zu rechnen sind, die zum unmittelbar eigenen Nutzen verwendet werden (zB Kleidungsstücke), gehören zum Hausrat sämtliche Gegenstände, die zum persönlichen Lebensbereich einer Person am Ort ihres gewöhnlichen Aufenthaltes dienen (vgl. hierzu *Kratsch* in Schumacher/Fischer-Hüftle Rn. 8). Der Ausnahmetatbestand ist restriktiv zu interpretieren (VG Oldenburg, BeckRS 2017, 114248 Rn. 31).

10 § 46 Abs. 2 S. 2 BNatSchG führt eine Erleichterung des Nachweises für Tiere und Pflanzen besonders geschützter Arten ein, die dem persönlichen Gebrauch oder als Hausrat dienen und vor ihrer Unterschutzstellung erworben wurden. An die Stelle des vollen Nachweises nach § 46 Abs. 1 BNatSchG tritt hier die Glaubhaftmachung (§ 294 ZPO), die nach § 46 Abs. 2 S. 3 BNatSchG von der Behörde aber nur verlangt werden darf, wenn Tatsachen die Annahme rechtfertigen, dass eine Besitzberechtigung nicht besteht (*Gläß* in BeckOK UmweltR Rn. 14; *Heugel* in Lütkes/Ewer Rn. 10).

D. Nachweis mit EU-Dokumenten

11 Für die in § 46 Abs. 1 BNatSchG angesprochenen Exemplare, die von der VO (EG) Nr. 338/97 erfasst werden, stellt § 46 Abs. 3 BNatSchG klar, dass die in Art. 8 f. dieser Verordnung vorgesehenen Nachweise in der unionsrechtlich dafür jeweils vorgesehenen Form zu erbringen sind (eingehend *Meßerschmidt* Rn. 12 ff.). Während für die in Anhang A VO (EG) Nr. 339/97 aufgeführten Arten für den Nachweis eine eigenständige europäische Dokumentationspflicht mit vorgeschriebenen Formblättern besteht (hierzu OVG Bautzen NVwZ-RR 2010, 429 (430); VG Stuttgart NuR 2009, 664 (665)), gelten für die in Anhang B VO (EG) Nr. 338/97 aufgeführten Arten keine besonderen Bescheinigungspflichten. Der rechtmäßige Besitz kann daher durch alle geeigneten Beweismittel nachgewiesen werden (OVG Lüneburg NuR 2005, 659; OVG Münster, Beschl. v. 11.8.2014, 8 A 2587/12, juris Rn. 15).

§ 47 Einziehung

Kann für Tiere oder Pflanzen eine Berechtigung nach § 46 nicht nachgewiesen oder glaubhaft gemacht werden, können diese von den für Naturschutz und Landschaftspflege zuständigen Behörden beschlagnahmt oder eingezogen werden. § 51 gilt entsprechend; § 51 Absatz 1 Satz 2 gilt mit der Maßgabe, dass auch die Vorlage einer Bescheinigung einer sonstigen unabhängigen sachverständigen Stelle oder Person verlangt werden kann.

Schrifttum: Vgl. die Nachweise zu § 46 BNatSchG

Übersicht

A. Allgemeines

1 Die in untrennbarem Zusammenhang mit § 46 BNatSchG stehende Bestimmung des § 47 BNatSchG betrifft die Einziehung und Beschlagnahme von Tieren und Pflanzen, für die eine erforderliche Besitzberechtigung nicht in der gebotenen Weise nachgewiesen wurde. Mit dem Gesetz zur Durchführung der Verordnung (EU) Nr. 1143/2014 vom 8.9.2017 (BGBl. I 3373) wurde die Vorschrift neu gefasst, um klarzustellen, dass die für Naturschutz und Landschaftspflege zuständigen Behörden über sämtliche Befugnisse des § 51 BNatSchG verfügen (BT-Drs. 18/11942, S. 29). Im Unterschied zur vorherigen Fassung wird in der amtlichen Überschrift und dem ersten Satz der Vorschrift nicht mehr nur die Einziehung thematisiert, sondern zugleich auch die Beschlagnahme angesprochen. Eine sachliche Änderung verbindet sich damit nicht, zumal dem auch schon zuvor in § 47 S. 2 BNatSchG aF enthaltenen Verweis auf § 51 BNatSchG zu entnehmen war, dass die Naturschutzbehörden über die Befugnis zur Beschlagnahme verfügten (→ Vorkommentierung zu § 47 BNatSchG aF Rn. 3, Stand EL 63, Dezember 2011, abrufbar unter www.beck-online.de; ferner VG München NuR 2015, 287 (288); *Fischer-Hüftle* in Schumacher/Fischer-Hüftle Rn. 1 a. E.; *Müller-Walter* in Lorz/Konrad/Mühlbauer/Müller-Walter/Stöckel Rn. 2).

2 Auch wenn sich die Beschlagnahme und die Einziehung aus Anlass eines Verstoßes gegen Besitzverbote des Artenschutzrechts als Eingriff in das durch Art. 14 Abs. 1 GG verbürgte Eigentumsgrundrecht darstellen, ist dagegen aus verfassungsrechtlicher Sicht nichts zu erinnern. Wie das Bundesverfassungsgericht bereits zur Vorläuferregelungen des § 47 BNatSchG festgestellt hat, handelt es sich bei der Ermächtigung um eine in Ansehung des Art. 20a GG zulässige Ausgestaltung des Inhalts und der Schranken des Eigentums (BVerfG NJW 1990, 1229 f.; NVwZ 1997, 159; *Gläß* in BeckOK UmweltR Rn. 6).

B. Beschlagnahme und Einziehung

3 § 47 S. 1 BNatSchG ermächtigt die zuständige Naturschutzbehörde zur Beschlagnahme und Einziehung von Tieren und Pflanzen, deren Besitzer den von § 46 BNatSchG

geforderten Nachweis der Besitzberechtigung nicht erbringen bzw. glaubhaft machen kann. Durch die Einziehung wird der Übergang des Eigentums bewirkt, der mit der Bestandskraft der behördlichen Entscheidung eintritt (VGH München BeckRS 2011, 33159 Rn. 15; *Schenke,* Polizei- und Ordnungsrecht, 10. Aufl. 2018 Rn. 166). Die Beschlagnahme ist eine zwangsweise Sicherstellung, mit der die staatliche Verfügungsgewalt über ein Exemplar begründet wird, die aber die Eigentumszuordnung unberührt lässt (*Müller-Walter* in Lorz/Konrad/Mühlbauer/Müller-Walter/Stöckel § 51 Rn. 9). Im Übrigen sind die zuständigen Naturschutzbehörden zum Besitzentzug (Inverwahrungsnahme) berechtigt; mag dies in § 47 S. 1 BNatSchG auch nicht ausdrücklich betont werden, ergibt es sich doch daraus, dass § 47 S. 2 BNatSchG die entsprechende Geltung des § 51 BNatSchG umfassend anordnet und dadurch zum Ausdruck bringt, dass auch die Naturschutzbehörden berechtigt sind, Tiere oder Pflanzen nach Maßgabe des § 51 Abs. 1 BNatSchG selbst in Verwahrung zu nehmen oder Dritte mit der Verwahrung zu beauftragen (vgl. BT-Drs. 18/11942, S. 29; *Meßerschmidt* Rn. 4).

4 Von der durch § 47 S. 1 BNatSchG begründeten Befugnis kann ausschließlich in Fällen einer nicht nachgewiesenen bzw. glaubhaft gemachten Besitzberechtigung im Sinne des § 46 BNatSchG Gebrauch gemacht werden; auf andere als die in § 46 BNatSchG geregelten Nachweispflichten ist § 47 BNatSchG nicht anwendbar (*Fellenberg* in Lütkes/Ewer Rn. 2; *Gläß* in BeckOK UmweltR Rn. 1). Der Kreis der Objekte, zu deren Beschlagnahme oder Einziehung die Naturschutzbehörden berechtigt sind, hat daher in § 46 Abs. 1 BNatSchG seine abschließende Bestimmung erfahren. Er umfasst Tiere und Pflanzen der besonders geschützten Arten, ihre lebenden oder toten Entwicklungsformen oder im Wesentlichen vollständig erhaltene tote Tiere oder Pflanzen (zB Präparate) sowie ohne weiteres erkennbare Teile von Tieren und Pflanzen der streng geschützten Arten (zB Felle) und ohne Weiteres erkennbar aus ihnen gewonnene Erzeugnisse. Dagegen sind selbst unschwer erkennbare Teile eines Tieres oder einer Pflanze der Beschlagnahme oder Einziehung von vornherein unzugänglich, wenn sie von Exemplaren einer Art stammen, die lediglich besonders geschützt ist.

5 Die Beschlagnahme oder Einziehung eines dafür in Frage kommenden Objekts setzt voraus, dass sein Besitzer im Falle des § 46 Abs. 1 BNatSchG den ihm obliegenden Nachweis der Besitzberechtigung nicht erbringt oder im Falle des § 46 Abs. 2 S. 2 BNatSchG nicht glaubhaft macht. Zur Überzeugung der Behörde muss feststehen, dass ein erforderlicher Nachweis nicht erbracht bzw. die Besitzberechtigung nicht glaubhaft gemacht ist (*Müller-Walter* in Lorz/Konrad/Mühlbauer/Müller-Walter/Stöckel Rn. 4). Zweifel hinsichtlich der Rechtmäßigkeit der zum Zwecke des Nachweises bzw. der Glaubhaftmachung vorgelegten Dokumente (zB Bescheid über die Erteilung einer sich auf § 45 Abs. 7 BNatSchG gründenden artenschutzrechtlichen Ausnahme) genügen für eine Beschlagnahme oder Einziehung daher nicht (*Fellenberg* in Lütkes/Ewer Rn. 3); allerdings können die in Rede stehenden Objekte bis zur Klärung der Zweifel nach § 47 S. 2 iVm § 51 Abs. 1 BNatSchG in Verwahrung genommen werden (*Meßerschmidt* Rn. 5).

6 Die Formulierung des § 47 S. 1 BNatSchG („können") belehrt darüber, dass die Entscheidung dem pflichtgemäß zu betätigenden Ermessen der Naturschutzbehörde überantwortet ist. Das gilt allerdings nicht uneingeschränkt. Da § 51 Abs. 2 BNatSchG die Zollstellen zur Beschlagnahme verpflichtet und § 47 S. 2, Halbs. 1 BNatSchG die entsprechende Geltung dieser Bestimmung anordnet, wurde zu Recht darauf aufmerksam gemacht, dass auch der Naturschutzbehörde in den von einer EU-Verordnung geregelten Fällen kein Ermessen zu Gebote steht (OVG Bautzen NVwZ-RR 2010, 429 (430); eingehend unter Einbezug der unionsrechtlichen Anforderungen VG Stuttgart NuR 2009, 664 (665 f.); ebenso VG Oldenburg BeckRS 2017, 114248 Rn. 33; aA VG München

NuR 2015, 287 (288); *Meßerschmidt* Rn. 6 mwN). Das naturschutzbehördliche Ermessen kommt daher nur in Fällen zum Tragen, in denen der Nachweis einer Besitzberechtigung ohne EU-Dokumente möglich ist. Im Übrigen bestimmt § 47 S. 2, Halbs. 2 BNatSchG, dass § 51 Abs. 1 S. 2 BNatSchG mit der Maßgabe gilt, dass in Zweifelsfällen auch die Vorlage einer Bescheinigung einer sonstigen unabhängigen sachverständigen Stelle oder Person verlangt werden kann. Der Bescheinigung einer vom Bundesumweltministerium anerkannten unabhängigen sachverständigen Stelle oder Person bedarf es daher nicht (*Schütte/Gerbig* in Schlacke Rn. 2).

§ 48 Zuständige Behörden für den Schutz von Exemplaren wild lebender Tier- und Pflanzenarten durch Überwachung des Handels

(1) **Vollzugsbehörden im Sinne des Artikels 13 Absatz 1 der Verordnung (EG) Nr. 338/97 und des Artikels IX des Washingtoner Artenschutzübereinkommens sind**

1. das Bundesministerium für Umwelt, Naturschutz und nukleare Sicherheit für den Verkehr mit anderen Vertragsparteien und mit dem Sekretariat (Artikel IX Absatz 2 des Washingtoner Artenschutzübereinkommens), mit Ausnahme der in Nummer 2 Buchstabe a und c sowie Nummer 4 genannten Aufgaben, und für die in Artikel 12 Absatz 1, 3 und 5, den Artikeln 13 und 15 Absatz 1 und 5 und Artikel 20 der Verordnung (EG) 338/97 genannten Aufgaben,

2. das Bundesamt für Naturschutz

a) für die Erteilung von Ein- und Ausfuhrgenehmigungen und Wiederausfuhrbescheinigungen im Sinne des Artikels 4 Absatz 1 und 2 und des Artikels 5 Absatz 1 und 4 der Verordnung (EG) Nr. 338/97 sowie von sonstigen Dokumenten im Sinne des Artikels IX Absatz 1 Buchstabe a des Washingtoner Artenschutzübereinkommens sowie für den Verkehr mit dem Sekretariat, der Kommission der Europäischen Gemeinschaften und mit Behörden anderer Vertragsstaaten und Nichtvertragsstaaten im Zusammenhang mit der Bearbeitung von Genehmigungsanträgen oder bei der Verfolgung von Ein- und Ausfuhrverstößen sowie für die in Artikel 15 Absatz 4 Buchstabe a und c genannten Aufgaben,

b) für die Zulassung von Ausnahmen nach Artikel 8 Absatz 3 der Verordnung (EG) Nr. 338/97 im Falle der Einfuhr,

c) für die Anerkennung von Betrieben, in denen im Sinne des Artikels VII Absatz 4 des Washingtoner Artenschutzübereinkommens Exemplare für Handelszwecke gezüchtet oder künstlich vermehrt werden sowie für die Meldung des in Artikel 7 Absatz 1 Nr. 4 der Verordnung (EG) Nr. 338/97 genannten Registrierungsverfahrens gegenüber dem Sekretariat (Art. IX Absatz 2 des Washingtoner Artenschutzübereinkommens),

d) die Erteilung von Bescheinigungen nach den Artikeln 30, 37 und 44a der Verordnung (EG) Nr. 865/2006 der Kommission vom 4. Mai 2006 mit Durchführungsbestimmungen zur Verordnung (EG) Nr. 338/97 des Rates über den Schutz von Exemplaren wild lebender Tier- und Pflanzenarten durch Überwachung des Handels (ABl. L 166 vom 19.6.2006, S. 1), die durch die Verordnung (EG) Nr. 100/2008 (ABl. L 31 vom 5.2.2008, S. 3) geändert worden ist, im Falle der Ein- und Ausfuhr,

e) die Registrierung von Kaviarverpackungsbetrieben nach Artikel 66 der Verordnung (EG) Nr. 865/2006,

f) für die Verwertung der von den Zollstellen nach § 51 eingezogenen lebenden Tieren und Pflanzen sowie für die Verwertung der von Zollbehörden nach § 51 eingezogenen toten Tiere und Pflanzen sowie Teilen davon und Erzeugnisse daraus, soweit diese von streng geschützten Arten stammen,

3. die Bundeszollverwaltung für den Informationsaustausch mit dem Sekretariat in Angelegenheiten der Bekämpfung der Artenschutzkriminalität,

4. die nach Landesrecht für Naturschutz und Landschaftspflege zuständigen Behörden für alle übrigen Aufgaben im Sinne der Verordnung (EG) Nr. 338/97.

(2) **Wissenschaftliche Behörde im Sinne des Artikels 13 Absatz 2 der Verordnung (EG) Nr. 338/97 ist das Bundesamt für Naturschutz.**

Übersicht

A. Allgemeines

1 Während die Durchführung des Bundesnaturschutzgesetzes ausweislich des § 3 Abs. 1 BNatSchG grundsätzlich den nach Landesrecht für Naturschutz und Landschaftspflege zuständigen Behörden obliegt, trifft § 48 BNatSchG für Zwecke des Vollzuges des Washingtoner Artenschutzübereinkommens (WA), der zu seiner unionsweit einheitlichen Umsetzung bestimmten VO (EG) Nr. 338/97 und ihrer Durchführungsbestimmungen eine anderweitige Regelung. In Übereinstimmung mit den internationalen bzw. europäischen Bestimmungen zum Artenschutz und mit Bezug auf die dort umschriebenen Aufgabenfelder unterscheidet § 48 BNatSchG zwischen den in Absatz 1 angesprochenen „Vollzugsbehörden" und der „wissenschaftlichen Behörde", die in Absatz 2 bestimmt wird.

2 § 48 BNatSchG entspricht weitgehend der vormaligen Bestimmung des § 44 BNatSchG aF Neu ist die Zuständigkeit des Bundesamtes für Naturschutz in den in § 48 Abs. 1 Nr. 2 lit. d-f BNatSchG bezeichneten Fällen, die Änderungen der VO (EG) Nr. 865/2006 und der gegenwärtigen Praxis im Bereich der Verwertung Rechnung tragen (*Fellenberg* in Lütkes/Ewer Rn. 2; *Gassner/Heugel* Naturschutzrecht Rn. 617). Die bisher in § 44 Abs. 1 Nr. 3 BNatSchG aF geregelte Zuständigkeit der Zollstellen für die Kontrolle des grenzüberschreitenden Verkehrs mit Drittländern wurde mit Rücksicht auf die in § 49 ff. BNatSchG enthaltenenen Mitwirkungsregelungen für die – im Abschnitt 4 beinahe durchgehend als Zollbehörden bezeichneten – Stellen gestrichen (BT-Drs. 16/12274, S. 71). Durch Art. 290 der Elften Zuständigkeitsanpassungverordnung vom 19. Juni 2020 (BGBl. I, 1328) wurde die Bezeichnung des Bundesumweltministeriums in § 48 Abs. 1 Nr. 1 BNatSchG angepasst.

B. Vollzugsbehörden

3 In Reaktion auf die sich aus Art. IX lit. a WA und Art. 13 Abs. 1 VO (EG) Nr. 338/97 ergebenden Pflichten bestimmt § 48 Abs. 1 BNatSchG die Vollzugsbehörden und verteilt die sich aus dem WA, der VO (EG) Nr. 338/97 und VO (EG) Nr. 865/2006 ergebenden Aufgaben. Vollzugsbehörden sind das Bundesministerium für Umwelt, Naturschutz und nukleare Sicherheit (BMU), das Bundesamt für Naturschutz (BfN), die Bundeszollverwaltung sowie für die nicht explizit bezeichneten Aufgaben die nach Landesrecht zuständigen Naturschutzbehörden.

I. Bundesministerium für Umwelt, Naturschutz und nukleare Sicherheit

4 Nach § 48 Abs. 1 Nr. 1 BNatSchG ist das BMU in erster Linie zuständig für den Verkehr mit anderen Vertragsparteien und mit dem Sekretariat des WA. Ausgenommen von

dieser Zuständigkeit sind die dem BfN in § 48 Abs. 1 Nr. 2 Buchst. a und c sowie die der Bundeszollverwaltung in Nr. 3 zugewiesenen Aufgaben; soweit in Absatz 1 Nr. 1 stattdessen auf die Nr. 4 verwiesen wird, handelt es sich um ein offensichtliches Redaktionsversehen (*Fellenberg* in Lütkes/Ewer Rn. 3; *Gläß* in BeckOK UmweltR Rn. 3). Überdies obliegt dem BMU die Bekanntgabe von Zollstellen (§ 49 Abs. 2 BNatSchG) und die entsprechende Mitteilung an die Kommission (Art. 12 Abs. 1, 3 VO (EG) Nr. 338/97), die Information der Öffentlichkeit an den Grenzübergangsstellen (Art. 12 Abs. 5 VO (EG) Nr. 338/97), die Benennung der Vollzugsbehörden und der wissenschaftlichen Behörden (Art. 13 Abs. 3 VO (EG) Nr. 338/97), der Informationsaustausch mit anderen Mitgliedstaaten und der Kommission (Art. 13 Abs. 1 VO (EG) Nr. 338/97) sowie die Unterrichtung der Kommission und des Sekretariats des WA über die innerstaatliche Umsetzung (Art. 20 VO (EG) Nr. 338/97). Vor dem Hintergrund des Kreises der ihm zugewiesenen Aufgaben wird das BMU als „oberste Kommunikations- und Koordinationsinstanz in Bezug auf den internationalen und europäischen Artenschutz" bezeichnet (*Schütte/Gerbig* in Schlacke Rn. 4).

II. Bundesamt für Naturschutz

Nach § 48 Abs. 1 Nr. 2 BNatSchG ist das BfN zuständig für die Erteilung der Ein- **5**
und Ausfuhrgenehmigungen (Art. 4 Abs. 1, 2 und 5 Abs. 1 VO (EG) Nr. 338/97), der Wiederausfuhrbescheinigungen (Art. 5 Abs. 1, 4 VO (EG) Nr. 338/97) sowie von sonstigen Dokumenten i. S.d Art. IX Abs. 1 lit. a WA. Daneben ist es zur Entscheidung über die Zulassung von Ausnahmen nach Art. 8 Abs. 3 VO (EG) Nr. 338/97 und die Anerkennung von Betrieben iSd Art. VIII Abs. 4 WA berufen. Überdies tritt das BfN im Zusammenhang mit der Bearbeitung von Genehmigungsanträgen oder der Ahndung von Verstößen unmittelbar in Kontakt mit dem Sekretariat des WA, der Kommission und den Behörden anderer Staaten und ist schließlich zuständig für die Erfüllung der sich aus Art. 15 Abs. 4 lit. a, c VO (EG) Nr. 338/97 ergebenden Informationsverpflichtungen. Zugewiesen wurde dem BfN zudem die Zuständigkeit zur Entscheidung über die Erteilung von Bescheinigungen nach Art. 30, 37 und 44a VO (EG) Nr. 865/2006 (Wanderausstellungsbescheinigung, Reisebescheinigung, Musterkollektionsbescheinigung), die Registrierung von Kaviarverpackungsbetrieben nach Art. 66 VO (EG) Nr. 865/2006 und die Verwertung der von den Zollstellen nach § 51 BNatSchG eingezogenen lebenden Tieren und Pflanzen und der eingezogenen toten Tiere und Pflanzen sowie ihrer Teile und daraus stammenden Erzeugnisse, soweit diese von streng geschützten Arten stammen. Soweit in diesem Zusammenhang auf die Zuständigkeit des BfN zur Erteilung artenschutzrechtlicher Ausnahmen auf Grundlage des § 45 Abs. 8 BNatSchG verwiesen wird (*Kratsch* in Schumacher/Fischer-Hüftle Rn. 6 a. E.), ist daran zu erinnern, dass § 48 Abs. 1 BNatSchG nur Aufgaben im Vollzug des WA oder der VO (EG) Nr. 338/97 zuweist.

III. Bundeszollverwaltung

Die Regelung der Nr. 3 des § 48 Abs. 1 BNatSchG ermöglicht es der Bundeszollver- **6**
waltung, unmittelbar mit dem Sekretariat des WA in Kontakt zu treten. Diese Bestimmung soll zur Verbesserung der Bekämpfung der Artenschutzkriminalität beitragen (BT-Drs. 14/6378, S. 56; *Fellenberg* in Lütkes/Ewer Rn. 9; *Gläß* in BeckOK UmweltR Rn. 5).

IV. Naturschutzbehörden der Länder

7 Für sämtliche nicht explizit benannten Aufgaben sind nach § 48 Abs. 1 Nr. 4 BNatSchG die nach Landesrecht bestimmten Naturschutzbehörden zuständige Vollzugsbehörde. Dies folgt bereits aus dem verfassungsrechtlichen Grundsatz der Länderzuständigkeit nach Art. 83 GG (*Meßerschmidt* Rn. 10). Das betrifft nicht bloß die weiteren Aufgaben nach der VO (EG) Nr. 338/97 (in dieser Hinsicht aber *Lorz/Müller/Stöckel,* A 1 § 44 Rn. 8), sondern auch jene vollzugsbehördlichen Agenden, die sich in der VO (EG) 865/2006 niedergelegt finden (zB Art. 17, 18 Abs. 3 VO (EG) 865/2006). Dagegen verhält sich § 48 Abs. 1 Nr. 5 BNatSchG nicht über die Erteilung artenschutzrechtlicher Ausnahmen oder Befreiungen (aA *Kratsch* in Schumacher/Fischer-Hüftle Rn. 9), zumal es sich hierbei nicht um Aufgaben der Vollzugsbehörden iSd WA bzw. des EG-Artenschutzrechts handelt (ebenso *Schütte/Gerbig* in Schlacke Rn. 9).

C. Wissenschaftliche Behörde

8 Die Aufgaben der wissenschaftlichen Behörde, die etwa dazu berufen ist, die im Rahmen der Ein- und Ausfuhr wichtigen wissenschaftlichen Fragen der Arterhaltung zu beantworten oder zu beurteilen hat, ob die Pflege- und Unterbringungsmöglichkeiten für lebende Exemplare den hieran zu stellenden Anforderungen genügen, weist § 48 Abs. 2 BNatSchG dem BfN zu. Das ist nicht ganz unproblematisch, bestimmt Art. 13 Abs. 2 VO (EG) Nr. 338/97 doch, dass der Aufgabenbereich der wissenschaftlichen Behörden sich mit demjenigen einer benannten Vollzugsbehörde nicht decken darf. Um diesem Problem zu entrinnen, werden die vollzugsbehördlichen und die wissenschaftlichen Aufgaben im BfN von unterschiedlichen Abteilungen wahrgenommen (*Lau* in Frenz/Müggenborg Rn. 8: *Meßerschmidt* Rn. 11; *Schütte/Gerbig* in Schlacke Rn. 11).

§ 48a Zuständige Behörde in Bezug auf invasive Arten

Zuständig für den Vollzug der Verordnung (EU) Nr. 1143/2014, der Vorschriften dieses Gesetzes und der auf ihrer Grundlage erlassenen Rechtsvorschriften in Bezug auf invasive Arten sind

1. das Bundesministerium für Umwelt, Naturschutz und nukleare Sicherheit für die Erfüllung von Verpflichtungen zur Notifizierung und Unterrichtung der Europäischen Kommission und anderer Mitgliedstaaten gemäß Artikel 10 Absatz 2, Artikel 12 Absatz 1 und 2, Artikel 16 Absatz 2, Artikel 17 Absatz 1 und 4, Artikel 18 Absatz 1, Artikel 19 Absatz 5, Artikel 23 und 24 Absatz 2 der Verordnung;

2. das Bundesamt für Naturschutz

a) für den Vollzug im Bereich der deutschen ausschließlichen Wirtschaftszone und des Festlandsockels und

b) für die Erteilung von Genehmigungen gemäß § 40c bei Verbringung aus dem Ausland;

3. die zuständigen Dienststellen der Bundeswehr

a) im Hinblick auf militärisches Gerät der Bundeswehr,

b) für die Durchführung der Überwachung nach Artikel 14, der Früherkennung nach Artikel 16 Absatz 1, von Maßnahmen zur sofortigen Beseitigung nach Artikeln 17 und 18 der Verordnung sowie der nach § 40e festgelegten Managementmaßnahmen auf den durch die Bundeswehr militärisch genutzten Flächen;

4. die Bundesanstalt für Immobilienaufgaben für die Durchführung der in Nummer 3 Buchstabe b genannten Maßnahmen auf den durch die Gaststreitkräfte militärisch genutzten Flächen;

5. für alle übrigen Aufgaben die nach Landesrecht zuständigen Behörden.

Die in Satz 1 Nummer 3 und 4 genannten Behörden führen die in Nummer 3 Buchstabe b und Nummer 4 genannten Maßnahmen im Benehmen mit den für Naturschutz und Landschaftspflege zuständigen Behörden und unter Berücksichtigung der durch diese festgelegten Zielvorgaben durch.

Übersicht

A. Allgemeines

Als im Verhältnis zu § 48 BNatSchG vorrangige **Spezialvorschrift** (*Fellenberg* in Lütkes/Ewer § 48 Rn. 1) regelt § 48a BNatSchG die behördlichen Zuständigkeiten in Bezug auf invasive Arten. Die Bestimmung wurde mit dem Gesetz zur Durchführung der 1

VO (EU) Nr. 1143/2014 eingeführt (BGBl. I 2017, 3317; → § 40a Rn. 1). Sie dient der Sicherstellung des Vollzuges der unionsrechtlichen Verordnung, betrifft daneben aber auch den Vollzug der Vorschriften des Bundesnaturschutzgesetzes sowie der auf ihrer Grundlage erlassenen Rechtsvorschriften in Bezug auf invasive Arten, die ihre Rechtsgrundlage im neu gefassten § 54 Abs. 4 bis 4c BNatSchG finden. Mit der Elften Zuständigkeitsanpassungsverordnung vom 19.6.2020 (BGBl. I, 1328) wurde die Bezeichnung des Bundesumweltministeriums in § 48a Abs. 1 Nr. 1 BNatSchG angepasst.

B. Vollzugsbehörden

2 Während § 48a S. 1 Nr. 1 bis 4 BNatSchG die Zuständigkeit verschiedener Bundesbehörden für den Vollzug der Vorschriften über invasive Arten regelt, stellt Nummer 5 im Einklang mit der Kompetenzverteilung zwischen Bund und Ländern nach Art. 83 GG klar, dass es im Hinblick auf alle übrigen Vollzugsaufgaben in Bezug auf invasive Arten bei der Zuständigkeit der nach Landesrecht zuständigen Behörden verbleibt.

I. Bundesministerium für Umwelt, Naturschutz und nukleare Sicherheit

3 § 48a S. 1 Nr. 1 BNatSchG weist dem Bundesministerium für Umwelt, Naturschutz und nukleare Sicherheit (BMU) die Aufgabe zu, die sich aus der VO (EU) Nr. 1143/2014 ergebenden **Notifizierungs- und Unterrichtungspflichten** gegenüber der Europäischen Kommission und anderen Mitgliedstaaten zu erfüllen. Die Verbandskompetenz des Bundes zur Wahrnehmung dieser Aufgaben folgt aus der bundesstaatlichen Kompetenzverteilung (*Meßerschmidt* Rn. 2), während die Zuständigkeit des BMU der Stellung des Ministeriums als sachlich spezialisierter Koordinationsbehörde entspricht (*Fellenberg* in Lütkes/Ewer Rn. 2). Zu den in der Nummer 1 abschließend aufgeführten Aufgaben des BMU gehören zunächst die Notifizierung des Erlasses von Dringlichkeitsmaßnahmen (Art. 10 Abs. 2 VO (EU) Nr. 1143/2014), die Notifizierung von Maßnahmen und die Unterrichtung der Kommission und der anderen Mitgliedstaaten über invasive gebietsfremde Arten von Bedeutung für die Bundesrepublik Deutschland (Art. 12 Abs. 1 S. 3, Abs. 2 VO (EU) Nr. 1143/2014) sowie die Notifizierung der Früherkennung der Einbringung oder des Vorkommens invasiver gebietsfremder Arten und die Unterrichtung der anderen Mitgliedstaaten (Art. 16 Abs. 2 VO (EU) Nr. 1143/2014). Die Zuständigkeit des BMU bezieht sich daneben auf die Notifizierung der Maßnahmen zur sofortigen Beseitigung invasiver Arten von unionsweiter Bedeutung, die Unterrichtung anderer Mitgliedstaaten und die Information über die Wirksamkeit der ergriffenen Maßnahmen (Art. 17 Abs. 1, 4 VO (EU) Nr. 1143/2014) sowie die Notifizierung der auf Grundlage fundierter wissenschaftlicher Erkenntnisse zu treffenden Entscheidung, von Beseitigungsmaßnahmen abzusehen (Art. 18 Abs. 1 VO (EU) Nr. 1143/2014). Im Übrigen ist das BMU zuständig für die Unterrichtung über das Risiko der Ausbreitung einer unionsweit bedeutsamen invasiven Art in einem anderen Mitgliedstaat (Art. 19 Abs. 5 VO (EU) Nr. 1143/2014) sowie die Notifizierung strengerer nationaler Vorschriften (Art. 23 VO (EU) Nr. 1143/2014) und der für den Vollzug der Verordnung verantwortlichen Behörden.

II. Bundesamt für Naturschutz (BfN)

4 Vollzugausgaben im Hinblick auf invasive Arten werden ausweislich des § 48a S. 1 Nr. 2 vom Bundesamt für Naturschutz (BfN) in zwei Fällen wahrgenommen. Nach lit. a

dieser Bestimmung obliegt dem Bundesamt die Aufgabe des Vollzuges der einschlägigen Vorschriften im Bereich der **deutschen ausschließlichen Wirtschaftszone.** Mit Rücksicht auf die Regelung des § 58 Abs. 1 BNatSchG ist diese Vorschrift von rein deklaratorischer Art (BT-Drs. 18/11942, 30; *Meßerschmidt* Rn. 3). Ausweislich des § 48a S. 1 Nr. 2 lit. b ist das BfN zudem für die Erteilung von **Genehmigungen für die Verbringung aus dem Ausland** nach § 40c BNatSchG zuständig.

III. Zuständigkeiten in militärischen Bereichen

5 § 48a S. 1 Nr. 3 und 4 BNatSchG tragen besonderen verteidigungspolitischen Belangen Rechnung (BT-Drs. 18/11942, 30), indem die Zuständigkeiten zum Vollzug der Vorschriften in Bezug auf invasive Arten in bestimmten **militärischen Bereichen** der Bundeswehr bzw. der Bundesanstalt für Immobilienaufgaben zugewiesen werden.

6 **1. Bundeswehr.** Nach § 48a S. 1 Nr. 3 lit. a BNatSchG sind die Dienststellen der Bundeswehr zum Vollzug der VO (EU) Nr. 1143/2014 sowie der zu ihrer Durchführung erlassenen Vorschriften im Hinblick auf das **militärische Gerät** der Bundeswehr berufen. Mit diesem Begriff ist die technische Ausrüstung der Bundeswehr angesprochen, die unmittelbar zur Bewältigung militärischer Einsätze dient (zB Kampf- und Transportflugzeuge, Hubschrauber, Kriegsschiffe, Kettenfahrzeuge, Waffen), nicht aber Kraftfahrzeuge für den zivilen Gebrauch oder Lagereinrichtungen zur zivilen Ausstattung und Verpflegung der Angehörigen der Bundeswehr (*Fellenberg* in Lütkes/Ewer Rn. 6). Im Hinblick auf den Vollzug der VO (EU) Nr. 1143/2014 wird den Dienststellen der Bundeswehr die Zuständigkeit zur Durchführung der in dieser Verordnung geregelten Überwachung, der Früherkennung und von Maßnahmen zur sofortigen Beseitigung (Art. 14, 16 Abs. 1, 17, 18 VO (EU) Nr. 1143/2014) auf den von der Bundeswehr **militärisch genutzten Flächen** zugewiesen. Dort obliegt es den Dienststellen der Bundeswehr zudem, die von den zuständigen Naturschutzbehörden nach § 40e BNatSchG festgelegten Managementmaßnahmen durchzuführen (→ § 40e Rn. 3). Der so umrissene Zuständigkeitsbereich beschränkt sich in räumlicher Hinsicht auf Liegenschaften, die von der Bundeswehr militärisch genutzt werden; dies gilt für Kasernen, Truppenübungsplätze, Schießplätze und militärisch genutzte Flugplätze, während Parkplätze ziviler Angestellte der Bundeswehr hiervon nicht umfasst werden (*Fellenberg* in Lütkes/Ewer Rn. 8).

7 **2. Bundesanstalt für Immobilienaufgaben.** Der Liegenschaftsservice für die **Gaststreitkräfte,** zu denen Streitkräfte der NATO-Bündnispartner und befreundeter Staaten gehören, obliegt der Bundesanstalt für Immobilien (BIMA), die ua zur Wahrnehmung der Liegenschaftsaufgaben berufen ist. Hiermit übereinstimmend weist § 48a S. 1 Nr. 4 der BIMA die in Nr. 3b geregelten Aufgaben im Hinblick auf die von den Gaststreitkräften militärisch genutzten Flächen zu (BT-Drs. 18/11942, 30).

8 **3. Kooperation mit den Naturschutzbehörden.** Nach § 48a S. 2 BNatSchG führen die Dienststellen der Bundeswehr und die BIMA die sich auf militärisch genutzte Flächen beziehenden Maßnahmen im Benehmen mit den Naturschutzbehörden und unter Berücksichtigung der durch diese festgelegten Zielvorgaben durch. Die Dienststellen der Bundeswehr und die BIMA werden hierdurch zur **Kooperation** mit den Naturschutzbehörden veranlasst, deren Stellung allerdings schwach ausgeprägt ist. Bei der Durchführung von Maßnahmen auf militärisch genutzten Liegenschaften muss lediglich das **Benehmen** hergestellt werden, das eine Anhörung der Naturschutzbehörde sowie

eine abwägende Berücksichtigung ihres Standpunktes bedeutet. Die von den Naturschutzbehörden etwa im Hinblick auf das Monitoring oder Management invasiver Arten festgelegten Zielvorgaben sind dementsprechend nicht bindend und ändern nichts an der Letztverantwortlichkeit der Dienststellen der Bundeswehr bzw. der BIMA (BT-Drs. 18/11942, 30).

IV. Landesbehörden

9 Alle sonstigen Vorschriften in Bezug auf invasive Arten, für deren Vollzug durch § 48a S. 1 Nr. 1 bis 4 BNatSchG keine Zuständigkeit von Bundesbehörden begründet wird, werden von den nach Landesrecht zuständigen Behörden vollzogen. § 48a S. 1 Nr. 5 BNatSchG hebt dies ausdrücklich hervor, indessen hat die Vorschrift **deklaratorischen Charakter,** zumal es der Regelung aus Gründen des Art. 83 GG nicht bedurft hätte (*Fellenberg* in Lütkes/Ewer Rn. 11; *Meßerschmidt* Rn. 5).

§ 49 Mitwirkung der Zollbehörden

(1) **Die Zollbehörden wirken mit bei der Überwachung des Verbringens von Tieren und Pflanzen, die einer Ein- oder Ausfuhrregelung nach Rechtsakten der Europäischen Gemeinschaft unterliegen, sowie bei der Überwachung von Besitz- und Vermarktungsverboten nach diesem Kapitel im Warenverkehr mit Drittstaaten. Die Zollbehörden dürfen im Rahmen der Überwachung vorgelegte Dokumente an die nach § 48 zuständigen Behörden weiterleiten, soweit zureichende tatsächliche Anhaltspunkte dafür bestehen, dass Tiere oder Pflanzen unter Verstoß gegen Regelungen oder Verbote im Sinne des Satzes 1 verbracht werden.**

(2) **Die Zollstellen, bei denen Tiere und Pflanzen zur Ein-, Durch- und Ausfuhr nach diesem Kapitel anzumelden sind, werden vom Bundesministerium für Umwelt, Naturschutz und nukleare Sicherheit im Einvernehmen mit der Generalzolldirektion im Bundesanzeiger bekannt gegeben. Auf Zollstellen, bei denen lebende Tiere abgefertigt werden, ist besonders hinzuweisen.**

Schrifttum: *Bund/Länderarbeitsgemeinschaft Naturschutz (LANA),* Vollzugshinweise zum Artenschutzrecht, aktualisierte Fassung, Stand: 19.11.2010, Kap. 9: Ein-/Ausfuhr; *Weerth,* Das neue europäische Artenschutzrecht, CITES und die Umsetzung durch die Zollverwaltung in Deutschland, 5. Aufl. 2014, https://mobil.wwf.de/fileadmin/fm-wwf/Publikationen-PDF/CITES_und_Zollverwaltung_in_Deutschland_06.pdf; *Vögele,* VUB – Generalzolldirektion gibt die Neufassung der DV Artenschutz bekannt, AW-Prax 2019, 234.

Übersicht

A. Allgemeines

Um dem Artenschutzrecht zur effektiven Durchsetzung zu verhelfen, ist eine wirksame Überwachung der Einhaltung seiner Bestimmungen unverzichtbar. Hiermit übereinstimmend regelt § 49 Abs. 1 BNatSchG die Mitwirkung der Zollbehörden bei der Überwachung der Ein- und Ausfuhr von Tieren und Pflanzen, für die das EU-Artenschutzrecht Ein- und Ausfuhrregelungen vorsieht, und bestimmt zugleich, dass die Zollbehörden in die Überwachung der Besitz- und Vermarktungsverbote des § 44 Abs. 2 BNatSchG im Warenverkehr mit Drittstaaten eingebunden sind (zur herausragenden Bedeutung der zollamtlichen Überwachung, *Schmidt* NuR 1983, 142). § 49 Absatz 2 BNatSchG betrifft die Bekanntgabe der Zollstellen, bei denen Tiere und Pflanzen zur Ein-, Durch- und Ausfuhr anzumelden sind. 1

§ 49 BNatSchG entspricht weitgehend der Vorläuferregelung des § 45 BNatSchG 2002. Im Rahmen der Novelle 2010 erfolgte insoweit eine Ergänzung, als § 49 Abs. 1 S. 2 BNatSchG seither auf die Möglichkeit der Zollbehörden hinweist, vorgelegte Dokumente an die nach § 48 BNatSchG zuständigen Behörden weiterzuleiten (BT-Drs. 16/12274, S. 71). Mit dem Gesetz zur Durchführung der VO (EU) Nr. 1143/2014 rea- 2 gierte der Gesetzgeber auf die Neuorganisation der Zollverwaltung (BT-Drs. 18/11942, 30) und ersetzte in § 49 Abs. 1 S. 1 BNatSchG die Wörter „Das Bundesministerium der Finanzen und die von ihm bestimmten Zollstellen" durch die Wörter „Die Zollbehörden". Zugleich wurde die in Absatz 2 enthaltene Verordnungsermächtigung ersatzlos gestrichen und im Übrigen klargestellt, dass die Bekanntgabe der Zollstellen im Bundesanzeiger im Einvernehmen mit der Generalzolldirektion zu erfolgen hat. Mit der Elften Zuständigkeitsanpassungsverordnung vom 19.6.2020 (BGBl. I, 1328) wurde die Bezeichnung des Bundesumweltministeriums in § 48 Abs. 1 Nr. 1 BNatSchG angepasst.

B. Mitwirkung der Zollbehörden

I. Überwachung der Ein- und Ausfuhr

3 Nach § 49 Abs. 1 S. 1 BNatSchG wirken die Zollbehörden zunächst bei der Überwachung der Ein- und Ausfuhr von Tieren und Pflanzen mit, die nach Rechtsakten der EU einer Ein- oder Ausfuhrregelung unterliegen. Den Zollbehörden obliegt danach die Kontrolle des grenzüberschreitenden Verkehrs mit Drittstaaten, zu denen sämtliche Staaten zählen, die nicht Mitglied der Europäischen Union sind (§ 7 Abs. 2 Nr. 21 BNatSchG). Das gilt – wie sich aus § 50 Abs. 1 S. 1 BNatSchG ergibt – auch für die Durchfuhr (*Gläß* in BeckOK UmweltR Rn. 1), während eine rein innergemeinschaftliche Verbringung ohne jeden Drittstaatbezug von der zollbehördlichen Überwachung nicht umfasst ist (*Meßerschmidt* Rn. 4). Da die Zollstellen lediglich „mitwirken", werden sie in die Kontrolle der Einhaltung der Ein- und Ausfuhrregelungen des EU-Rechts eingebunden, indessen bleiben hiervon die Zuständigkeiten der nach § 48 BNatSchG primär zur Überwachung berufenen Behörden unberührt (vgl. *Marzik/Wilrich* § 45 Rn. 3); insofern wird von einer „gesetzlich vorgeschriebenen Amtshilfe" gesprochen (*Fellenberg* in Lütkes/Ewer Rn. 4). Die Überwachung bezieht sich auf die Verbringung von Tieren und Pflanzen, die einer Ein- oder Ausfuhrregelung nach Rechtsakten der Europäischen Gemeinschaft unterliegen. Zu diesen Regelungen gehören die VO (EG) Nr. 338/97, die zu ihrer Durchführung erlassene VO (EG) Nr. 865/2006 sowie die VO (EU) Nr. 2019/1587, die ein Verbot der Einfuhr von Exemplaren der in ihrem Anhang aufgelisteten wildlebenden Tiere und Pflanzen in die Union begründet. Das betrifft Jagdtrophäen von in Anhang A VO (EG) Nr. 338/97 gelisteten Arten (zB Wolf, Braunbär, afrikanischer Elefant) aus bestimmten Urspungsländern sowie Exemplare einer langen Liste von Arten aus im Einzelnen benannten Ursprungsländern, die in Anhang B VO (EG) Nr. 338/97 verzeichnet sind. Daneben bezieht sich die zollbehördliche Überwachung auf die Einhaltung der sich aus Art. 3 VO (EWG) Nr. 3254/91 ergebenden Einfuhrverbote (→ Vor § 37 Rn. 33). Die Überwachung umfasst sämtliche Maßnahmen, die dazu dienen, die Einhaltung der Ein- und Ausfuhrvorschriften durchzusetzen. Neben der Kontrolle der Dokumente und deren Übereinstimmung mit der vorgelegten Ware betrifft dies auch sonstige Kontrollmaßnahmen etwa in Gestalt von Verkehrsbeobachtungen, Vorbesichtigungen und Waggonkontrollen (*Gläß* in BeckOK UmweltR Rn. 2; *Lau* in Frenz/Müggenborg Rn. 2; *Schütte/Gerbig* in Schlacke Rn. 7).

II. Überwachung der Besitz- und Vermarktungsverbote

4 Bereits im Zuge des Zweiten Gesetzes zur Änderung des BNatSchG (1998) sind die bis dahin bestehenden Ein- und Ausfuhrgenehmigungspflichten (§§ 21–21b BNatSchG

aF) für die nach nationalem Recht geschützten Arten in Wegfall geraten. Drittstaatsherkünfte könnten daher – soweit sie EU-rechtlich möglich sind – unkontrolliert ins Inland gelangen (*Schütte/Gerbig* in Schlacke Rn. 6; *Meßerschmidt* Rn. 1), unterliegen dort aber den Besitz- und Vermarktungsverboten des § 44 Abs. 2, 3 BNatSchG. Um deren Durchsetzung zu sichern, bestimmt § 49 Abs. 1 BNatSchG, dass die Zollbehörden auch an der Aufgabe der Überwachung der Besitz- und Vermarktungsverbote im Warenverkehr mit Drittstaaten mitwirken.

III. Weiterleitung von Dokumenten

Im Rahmen ihrer Überwachungstätigkeit überprüfen die Zollbehörden die Echtheit **5** und Gültigkeit der ihnen vorgelegten Dokumente. Ergeben sich in diesem Zusammenhang hinreichende Anhaltspunkte tatsächlicher Art dafür, dass Tiere oder Pflanzen unter Verstoß gegen Ein- und Ausfuhrregelungen der Union oder die Besitz- und Vermarktungsverbote des § 44 Abs. 2, 3 BNatSchG verbracht werden, weist § 49 Abs. 1 S. 2 BNatSchG nunmehr ausdrücklich darauf hin, dass die Zollbehörden berechtigt sind, die entsprechenden Dokumente an die nach § 48 BNatSchG zuständigen Behörden weiterzuleiten (BT-Drs. 16/12274, 71). Da Art. 45 VO (EG) Nr. 865/2006 die unverzügliche Übermittlung der Dokumente an die zuständigen Vollzugsbehörden vorsieht, ist § 49 Abs. 1 S. 2 BNatSchG von lediglich deklaratorischer Art (*Fellenberg* in Lütkes/Ewer Rn. 4).

C. Zollstellen

Die Zollstellen, die zur Abfertigung von Tieren und Pflanzen berufen sind, werden **6** vom Bundesministerium für Umwelt, Naturschutz und nukleare Sicherheit (BMU) einvernehmlich mit der Generalzolldirektion im Bundesanzeiger bekannt gemacht. Die Festlegung ist erfolgt durch die „Bekanntmachung der Zollstellen, über die der Verordnung (EG) Nr. 338/97 und der Bundesartenschutzverordnung unterliegende Tier- und Pflanzenarten ein- und ausgeführt werden" vom 22.3.2002 (BAnz. Nr. 80 v. 27.4.2002, S. 9352). Nach § 49 Abs. 2 S. 2 BNatSchG ist auf die Zollstellen, bei denen lebende Tiere und Pflanzen abgefertigt werden, besonders hinzuweisen. Mit dieser Regelung wird den Anforderungen des Art. 12 Abs. 1 VO (EG) Nr. 338/97 entsprochen, wonach die Mitgliedstaaten anzugeben haben, welche der von ihnen zu benennenden Zollstellen speziell für lebende Exemplare bestimmt sind. Andere als die dort benannten Zollstellen sind zur Abfertigung nicht befugt (*Fellenberg* in Lütkes/Ewer Rn. 5; *Gläß* in BeckOK UmweltR Rn. 5; *Meßerschmidt* Rn. 8; *Schütte/Gerbig* in Schlacke Rn. 9).

§ 50 Verfahren bei der Ein-, Durch und Ausfuhr oder dem Verbringen aus Drittstaaten

(1) **Wer Tiere oder Pflanzen, die einer von der Europäischen Gemeinschaft erlassenen Ein- oder Ausfuhrregelung unterliegen oder deren Verbringen aus einem Drittstaat einer Ausnahme des Bundesamtes für Naturschutz bedarf, unmittelbar aus einem Drittstaat in den oder durch den Geltungsbereich dieses Gesetzes verbringt (Ein- oder Durchfuhr) oder aus dem Geltungsbereich dieses Gesetzes in einen Drittstaat verbringt (Ausfuhr), hat diese Tiere oder Pflanzen zur Ein-, Durch- oder Ausfuhr unter Vorlage der für die Ein-, Durch- oder Ausfuhr vorgeschriebenen Genehmigungen oder sonstigen Dokumente bei einer nach § 49 Absatz 2 bekannt gegebenen Zollstelle anzumelden und auf Verlangen vorzuführen. Das Bundesamt für Naturschutz kann auf Antrag aus vernünftigem Grund eine andere als die in Satz 1 bezeichnete Zollstelle zur Abfertigung bestimmen, wenn diese ihr Einverständnis erteilt hat und Rechtsvorschriften dem nicht entgegenstehen.**

(2) **Die ein-, durch- oder ausführende Person hat die voraussichtliche Ankunftszeit lebender Tiere der abfertigenden Zollstelle unter Angabe der Art und Zahl der Tiere mindestens 18 Stunden vor der Ankunft mitzuteilen.**

Übersicht

A. Allgemeines

1 § 50 BNatSchG trifft Regelungen zum Verfahren bei der Ein-, Durch- und Ausfuhr bestimmter Tiere und Pflanzen. Die Vorschrift führt die durch § 46 BNatSchG aF begründete Rechtslage fort, erstreckt die Anmeldepflicht nunmehr aber auch auf solche Tiere und Pflanzen, die einer Ausnahmeregelung durch das Bundesamt für Naturschutz (BfN) unterliegen (BT-Drs. 16/12274, 71). Während § 50 Abs. 1 S. 1 BNatSchG die Anmeldung bei der nach § 49 Abs. 2 BNatSchG bekannt gegebenen Zollstelle gebietet, eröffnet der neu aufgenommene Satz 2 der Bestimmung dem BfN die Möglichkeit, aus vernünftigen Gründen eine andere Zollstelle zur Abfertigung zu bestimmen.

B. Anmeldung, Vorführung

2 § 50 Abs. 1 S. 1 BNatSchG begründet in erster Linie eine Anmeldepflicht (*Lau* in Frenz/Müggenborg Rn. 9). Wer Tiere und Pflanzen, für die das Artenschutzrecht der Europäischen Union Ein- oder Ausfuhrregelungen vorsieht (→ Vor § 37 Rn. 10 ff.), einführen, durchführen oder ausführen will, ist gehalten, dies bei einer nach § 49 Abs. 2 BNatSchG bekannt gegebenen Zollstelle anzumelden (→ § 49 Rn. 6). Dasselbe gilt bei solchen Tieren und Pflanzen, die im Falle des Verbringens aus dem Ausland einem aus § 45 Abs. 7, 8 BNatSchG folgenden Genehmigungserfordernis des Bundesamtes für Naturschutz unterliegen; dies betrifft europäische Vögel sowie Tiere der in Anhang IV lit. a

FFH-RL gelisteten Arten, aber auch die den Besitz- und Vermarktungsverboten des § 44 Abs. 2, 3 BNatSchG unterliegenden Jungrobben (BT-Drs. 16/12274, 71). Die Anmeldung ist eine an die Zollstelle gerichtete Mitteilung, aus der sich ergibt, dass eine Ein-, Durch- oder Ausfuhr vorgenommen werden soll (*Müller-Walter* in Lorz/Konrad/Mühlbauer/Müller-Walter/Stöckel Rn. 4). Hierbei sind die für den Verbringungsvorgang jeweils maßgeblichen Dokumente vorzulegen (eingehend *Fellenberg* in Lütkes/Ewer Rn. 1). Der auf eine Anmeldung „zur Ein-, Durch- und Ausfuhr" verweisende Wortlaut sowie der Umstand, dass die Tiere auf Verlangen der Zollstelle vorzuführen sind, verweisen auf die Notwendigkeit, der Zollstelle die geforderte Mitteilung im zeitlichen Vorfeld der zu meldenden Handlung zu machen. Es wird jedoch auch vertreten, dass die Anmeldung zumindest bei Pflanzen und toten Tieren zeitgleich mit der Ein-, Aus- oder Durchfuhr (*Fellenberg* in Lütkes/Ewer Rn. 7) oder sogar erst nachträglich erfolgen kann (*Meßerschmidt* Rn. 5; wohl auch *Schütte/Gerbig* in Schlacke Rn. 3). Während die Anmeldung grundsätzlich an die nach § 49 Abs. 2 BNatSchG bekannt gemachte Zollestelle zu richten ist, kann das BfN auf Grundlage des § 50 Abs. 1 S. 2 BNatSchG auf einen Antrag hin aus sachlichen Gründen eine andere Zollstelle zur Abfertigung bestimmen, sofern diese ihr Einverständnis erteilt und dies rechtlich zulässig ist. Diese Flexibilisierung trägt nach der Gesetzesbegründung einem praktischen Bedürfnis Rechnung (BT-Drs. 16/12274, 71), ist aber vor dem Hintergrund des Art. 12 Abs. 4 VO Nr. (EG) 339/97 restriktiv zu handhaben und auf Ausnahmefälle zu begrenzen.

3 Soweit die Zollstelle dies verlangt, sind ihr die zur Verbringung vorgesehenen Exemplare der Tier- und Pflanzenarten vorzuführen. Die Vorführung ermöglicht die körperliche Inaugenscheinnahme, die es der Behörde erlaubt, die Identität, die Anzahl und den Zustand der Exemplare zu überprüfen (*Lau* in Frenz/Müggenborg Rn. 9; *Meßerschmidt* Rn. 5).

C. Ein-, Durch- und Ausfuhr lebender Exemplare

4 Die erst mit § 46 Abs. 2 BNatSchG aF wieder eingeführte Pflicht, der abfertigenden Zollstelle die voraussichtliche Ankunftszeit lebender Tiere mindestens 18 Stunden zuvor mitzuteilen, behält § 50 Abs. 2 BNatSchG bei. Dies trägt den Erfordernissen des Tierschutzes Rechnung und versetzt die Zollstelle in die Lage, die zum Wohle lebender Exemplare erforderlichen Vorbereitungen zu treffen. Da nicht jede Zollstelle über eine Veterinärabfertigung verfügt, kommen als abfertigende Zollstellen nur jene in Frage, auf die in der Bekanntmachung nach § 45 Abs. 2 BNatSchG besonders hingewiesen wurde (→ § 49 Rn. 6).

LANDMANN/ROHMER

UMWELTRECHT

BAND III

KOMMENTAR

Herausgegeben von

Prof. Dr. Martin Beckmann
Rechtsanwalt und Fachanwalt für Verwaltungsrecht,
Honorarprofessor der Universität Münster

Prof. Dr. Dr. Wolfgang Durner LL. M.
Rheinische Friedrich-Wilhelms-Universität Bonn und Direktor des Instituts für das Recht der Wasser- und Entsorgungswirtschaft

Prof. Dr. Thomas Mann
Direktor des Instituts für Öffentliches Recht,
Lehrstuhl für Verwaltungsrecht der Georg-August-Universität Göttingen

Prof. Dr. Marc Röckinghausen
Hochschule für Polizei und öffentliche Verwaltung NRW, Abteilung Gelsenkirchen,
Fachbereich Allgemeine Verwaltung/Rentenversicherung

Stand: 1. August 2020
(93. Ergänzungslieferung)

(Zum Bearbeitungsstand im Einzelnen siehe die Datumszeile am unteren Ende jeder Seite)

C.H.BECK

Dieses Titelblatt entstammt der 93. Ergänzungslieferung August 2020

(Anschluss an die 92. Ergänzungslieferung Februar 2020)

ISBN 978 3 406 75341 1

Der Kommentar wurde von der 1. bis zur 50. Ergänzungslieferung
von Prof. Dr. Klaus Hansmann und von der 51. bis zur 58. Ergänzungslieferung von
Prof. Dr. Martin Beckmann herausgegeben.

Zitiervorschläge:

Beckmann in Landmann/Rohmer UmweltR KrWG § 17 Rn. 1
Landmann/Rohmer UmweltR/*Beckmann* KrWG § 17 Rn. 1

www.beck.de

Grundwerk ISBN 978 3 406 34327 8 ergänzt bis ISBN 978 3 406 75341 1

Wilhelmstraße 9, 80801 München
Satz und Druck: Druckerei C. H. Beck Nördlingen
(Adresse wie Verlag)

CO_2 neutral
chbeck.de/nachhaltig

Gedruckt auf säurefreiem, alterungsbeständigem Papier
(hergestellt aus chlorfrei gebleichtem Zellstoff)

Bearbeiterverzeichnis (Band I–IV)

Prof. Dr. Martin Beckmann Rechtsanwalt in Münster	Vorb. Abfallrecht, §§ 1–2, 4–39, 41–57, 62–68, 70–72 KrWG § 15 UVPG, Umweltschadensgesetz (mit Wittmann)
Dr. Christian-Dietrich Bracher Rechtsanwalt in Bonn	§§ 41 bis 43 BImSchG, 16. und 24. BImSchV
Prof. Dr. Peter Bruckmann Landesamt für Natur, Umwelt und Verbraucherschutz Nordrhein-Westfalen, Essen	39. BImSchV (mit Strecker und Vogt), 43. BImSchV (mit van Endern und Vogt)
Prof. Dr. Pascale Cancik O. Professorin an der Universität Osnabrück	Vorb. §§ 47a ff. BImSchG, §§ 47a–47f BImSchG (§§ 47a–47c, 47e und 47f mit Hansmann)
Prof. Dr. Johannes Dietlein O. Professor an der Universität Düsseldorf	§§ 1, 2, Vorb. §§ 4–21, 4 bis 8, 9 bis 11, 16a, 19, 23a–23c und 25a BImSchG, 9. BImSchV
Dr. Robert Dix Syndikusrechtsanwalt der EWE AG, Oldenburg	§ 29 UVPG
Prof. Dr. Matthias Dombert Rechtsanwalt in Potsdam	§§ 4–6, 8, 13, 14, 20, 24, 25 BBodSchG
Rolf-Dieter Dörr Ministerialrat a. D.	OberflächengewässerV (mit Walter)
Prof. Dr. Dr. Wolfgang Durner LL. M. O. Professor an der Universität Bonn	Umweltvölkerrecht, Vorb. §§ 27 ff. WHG, §§ 27–31, 34, 35, 82–85 WHG
Benedikt van Endern Ministerium für Umwelt, Landwirtschaft, Natur- und Verbraucherschutz des Landes Nordrhein-Westfalen	43. BImSchV (mit Bruckmann und Vogt)
Prof. Dr. Astrid Epiney LL. M. O. Professorin an der Université de Fribourg	Art. 191–193 AEUV
Prof. Dr. Wolfgang Ewer Rechtsanwalt in Kiel	Vorb. BBodSchG, §§ 9, 15, 16 BBodSchG
Prof. Dr. Kurt Faßbender O. Professor an der Universität Leipzig	§§ 1–5, 33, 36–38 WHG
Dr. Frank Fellenberg LL. M. Rechtsanwalt in Berlin	Fluglärmgesetz (mit Reidt und Schiller), Umweltrechtsbehelfsgesetz (mit Schiller)
Dr. Henrik Flatter Bundesamt für Naturschutz, Bonn	§§ 69–74 BNatSchG

Bearbeiter

Dr. Matthias Ganske — §§ 25, 26, 54–61 WHG
Rechtsanwalt in Bonn

Prof. Dr. Klaus Ferdinand Gärditz — Art. 20a GG
O. Professor an der Universität Bonn

Prof. Dr. Martin Gellermann — Vorb. BNatSchG, §§ 4, 7–51, §§ 52–56, §§ 57–68 Vorb. §§ 37, 38, §§ 37–40, BNatSchG (§§ 41–43 mit Sanden)
Rechtsanwalt, apl. Professor an der Universität Osnabrück

Nela Gies — §§ 41, 42 WHG
Richterin am Verwaltungsgericht Gelsenkirchen

Prof. Dr. Christoph Görisch — §§ 4–14 UAG
Hochschule für Polizei und öffentliche Verwaltung NRW, Abteilung Münster

Dipl.-Met. Arno Graff — Nr. 5.5 TA Luft (mit Hansmann), Vorb. zu Anhang 3 der TA Luft
Umweltbundesamt, Dessau

Moritz Grunow — Vorb. AwSV, § 1 AwSV
Rechtsanwalt in Düsseldorf

Prof. Dr. Günter Hager — §§ 1, 6, 7 UmweltHG (mit Rehbinder), §§ 8–10 UmweltHG
O. Professor an der Universität Freiburg

Prof. Dr. Klaus Hansmann — §§ 17, 18, 20, 21, 26–37, 38–40, 44–47c, 47e, 47f, 52, 52b–58d, 59, 60, 62–72, 74 BImSchG (§§ 17, 18 mit Ohms, Vor § 26, §§ 26–31 mit Pabst, Vor § 38, §§ 38–40 mit Hofmann, §§ 20, 21, Vor 32, §§ 32–37, Vorb. §§ 44–47, §§ 45, 46, 46a, 47, 52, 52b, 62, 66 und 67 mit Röckinghausen, §§ 47a–47c, 47e und 47f mit Cancik), Vor § 53, §§ 53–58d mit Maciejewski, 14., 32. und 34. BImSchV, TA Lärm, TA Luft (ohne Vorb. zu Anhang 3), 4., 11., 20., 21., 25., 27., 28., 30. und 35. BImSchV (mit Röckinghausen), 2. BImSchV (mit Mahrwald und Röckinghausen), 5. BImSchV mit Maciejewski, 12. BImSchV (mit König), BzBlG, 1. DVO BzBlG
Leitender Ministerialrat a. D.

Dr. Felix Hardach — §§ 1, 8, 11–13, 17, 20, 22, 23, 26 31, 32, 35 TEHG
Bundesministerium für Umwelt, Naturschutz und nukleare Sicherheit

Prof. Dr. Torsten Heilshorn — Vor § 22 BImSchG, §§ 22–25 BImSchG (mit Sparwasser)
Rechtsanwalt in Freiburg

Michael Heugel Bundesministerium für Umwelt, Naturschutz und nukleare Sicherheit	§§ 5, 6 BNatSchG
Prof. Dr. Ekkehard Hofmann O. Professor an der Universität Trier	Vorb. § 38, §§ 38–40 BImSchG
Dr. Frank Hofmann Bundesministerium für Umwelt, Naturschutz und nukleare Sicherheit	§ 23 WHG
Dr. Georg Hünnekens Rechtsanwalt in Münster	§§ 50–53 WHG, Vorb. §§ 64–66, §§ 64–66 WHG, Vorb. §§ 72–81 WHG, §§ 72–81 WHG
Georg Kahl † Ministerialrat a. D.	7. BImSchV
Lutz Keppner Bundesministerium für Umwelt, Naturschutz und nukleare Sicherheit	Grundwasserverordnung
Dr. Andreas Kersting Rechtsanwalt in Münster	§§ 58–61 KrWG
Dr. Heike Kieserling Deutsche Bahn AG	§§ 13, 14, 25–38 AwSV
Dr. Jens Martin König Hessisches Ministerium für Umwelt, Klimaschutz, Landwirtschaft und Verbraucherschutz	12. BImSchV (mit Hansmann)
Dr. Olaf Konzak Rechtsanwalt in Köln	§§ 2, 3 und 7 VerpackG (mit Körner)
Dr. Michael Körner, LL.M. Rechtsanwalt in Köln	§§ 2, 3 und 7 VerpackG (mit Konzak)
Dr. Philip Kubitza Richter auf Probe, Rheinland-Pfalz	§§ 100–102 WHG
Prof. Dr. Silke Ruth Laskowski O. Professorin an der Universität Kassel	§ 24 WHG, § 58e BImSchG mit der EMASPrivilegV
Prof. Dr. Joachim Lege O. Professor an der Universität Greifswald	§§ 96–99 WHG
Dr. Rasso Ludwig LL. M. Bayerisches Staatsministerium für Umwelt und Verbraucherschutz	§§ 19, 21–23, 26 BBodSchG
Prof. Dr. Karim Maciejewski Hochschule des Bundes für öffentliche Verwaltung	Vor § 53 BImSchG, §§ 53–58d BImSchG (mit Hansmann), 5. BImSchV (mit Hansmann)
Birgit Mahrwald Bundesministerium für Umwelt, Naturschutz und nukleare Sicherheit	2. BImSchV (mit Hansmann und Röckinghausen)

Bearbeiter	Bearbeiterverzeichnis (Band I–IV)
Prof. Dr. Thomas Mann O. Professor an der Universität Göttingen	§§ 8a, 12 BImSchG, Vorb. ElektroG, §§ 1, 2 ElektroG, §§ 1–14, 16–28, 30–46, 48–74 UVPG
Dr. Cedric Christian Meyer Rechtsanwalt in Köln	§§ 46–49, 62–63 WHG
Dr. Uwe Neuser Bundesministerium für Umwelt, Naturschutz und nukleare Sicherheit	§§ 2, 27, 33, 34 TEHG
Volkmar Nies Landwirtschaftsdirektor bei der Landwirtschaftskammer Rheinland	§§ 1, 2, 7, 17, 18 BBodSchG
Dr. Martin Ohms Rechtsanwalt in Berlin	§§ 17, 18 BImSchG (mit Hansmann), 13. BImSchV, 17. BImSchV (z. T. mit Sahm)
Prof. Dr. Heinz-Joachim Pabst Hochschule des Bundes für öffentliche Verwaltung	Vor § 26, §§ 26–31 BImSchG (mit Hansmann), § 61 BImSchG, 41. BImSchV
Dr. Kay Artur Pape Rechtsanwalt in Bonn	Vorb. WHG, §§ 6–22 WHG
Dr. Malte Petersen LL. M. Bundesnetzagentur, Bonn	§§ 89–95 WHG
Prof. Dr. Alexander Proelß O. Professor an der Universität Trier	§§ 43–45l WHG
Prof. Dr. Eckard Rehbinder Em. Professor an der Universität Frankfurt/Main	§ 14 BImSchG §§ 1–7, 11–23 UmweltHG (§§ 1, 6, 7 mit Hager)
Prof. Dr. Olaf Reidt Rechtsanwalt in Berlin	§ 16 BImSchG (mit Schiller), 18. BImSchV (mit Schiller), Fluglärmgesetz (mit Fellenberg und Schiller), Umweltinformationsgesetz (mit Schiller)
Dr. Christoph Riese Rechtsanwalt in Berlin	§§ 67–71, 86 WHG
Prof. Dr. Marc Röckinghausen Hochschule für Polizei und öffentliche Verwaltung NRW, Abteilung Gelsenkirchen	§§ 20, 21, Vor § 32, §§ 32–37, Vorb. §§ 44–47, §§ 45, 46, 46a, 47, 52, 52b, 62, 66, 67 BImSchG (mit Hansmann), §§ 37a bis 37f, 52a, 73 BImSchG, 1., 10., 26., 36., 37., 38., 42. BImSchV, 4., 11., 20., 21., 25., 27., 28., 30. und 35. BImSchV (mit Hansmann), 2. BImSchV (mit Hansmann und Mahrwald), Schadstofffreisetzungs- und Verbringungsregistergesetz
Christoph Sahm LL. M. E.ON Kernkraft GmbH	§§ 23–25, 27 der 17. BImSchV (mit Ohms)

Prof. Dr. Dr. Joachim Sanden † Behörde für Stadtentwicklung und Umwelt, Freie und Hansestadt Hamburg, zugl. Apl. Prof. an der Universität Lüneburg	§§ 41–43 (mit Gellermann)
Dr. Gernot Schiller Rechtsanwalt in Berlin	§ 16 BImSchG (mit Reidt), 18. BImSchV (mit Reidt), Fluglärmgesetz (mit Reidt und Fellenberg), Umweltinformationsgesetz (mit Reidt) Umweltrechtsbehelfsgesetz (mit Fellenberg), §§ 14a, 15 BImSchG
Prof. Dr. Marcus Schladebach, LL.M. O. Professor an der Universität Potsdam	§ 47 UVPG
Matthias Schleifenbaum, LL.M. Rechtsanwalt in Köln	Vorb. BattG, § 1 BattG
Prof. Dr. Hendrik Schoen Hochschule für Polizei und öffentliche Verwaltung NRW, Abteilung Münster	§ 50 BImSchG
Prof. Dr. Meinhard Schröder Em. Professor an der Universität Trier	EG-Abfallverbringungs-VO
Prof. Dr. Max-Jürgen Seibert Vorsitzender Richter am Oberverwaltungsgericht Münster	§ 13 BImSchG
Prof. Dr. Reinhard Sparwasser Rechtsanwalt in Freiburg	Vor § 22 BImSchG, §§ 22–25 BImSchG (mit Heilshorn)
Prof. Dr. Indra Spiecker genannt Döhmann, LL.M. O. Professorin an der Universität Frankfurt a. M.	UStatG
Prof. Dr. Peter-Tobias Stoll O. Professor an der Universität Göttingen	EG-Artenschutzverordnung
Silvia Strecker Ministerium für Umwelt, Landwirtschaft, Natur- und Verbraucherschutz des Landes Nordrhein-Westfalen	39. BImSchV (mit Bruckmann und Vogt)
Prof. Dr. Dr. Markus Thiel Deutsche Hochschule der Polizei, Münster	§§ 3, 48–48b BImSchG
Dr. Christian Tünnesen-Harmes Rechtsanwalt in Duisburg	AbfAEV
Dr. Klaus Vogt Landesamt für Natur, Umwelt und Verbraucherschutz Nordrhein-Westfalen	39. BImSchV (mit Bruckmann und Strecker), 43. BImSchV (mit Bruckmann und van Endern)
Anne-Barbara Walter Umweltbundesamt	OberflächengewässerV (mit Dörr)
Dr. Dirk Weinreich Bundesministerium für Umwelt, Naturschutz und nukleare Sicherheit	Vorb. TEHG, §§ 7, 19 TEHG

Bearbeiter

Dr. Armin von Weschpfennig
Akademischer Rat, Universität Bonn
§§ 13a, 13b, 103–107 WHG

Dr. Antje Wittmann
Rechtsanwältin in Münster
UmweltschadensG
(zusammen mit Beckmann)

Frank Wolke
Umweltbundesamt,
Deutsche Emissionshandelsstelle
§§ 4, 18, 24 TEHG

1. Gesetz zum Schutz vor schädlichen Umwelteinwirkungen durch Luftverunreinigungen, Geräusche, Erschütterungen und ähnliche Vorgänge (Bundes-Immissionsschutzgesetz – BImSchG)

In der Fassung der Bekanntmachung vom 17. Mai 2013

(BGBl. I S.1274, geändert durch Art. 1 d. 11. BImSchG-ÄnderungsG v. 2.7.2013, BGBl. I S. 1943, berichtigt am 7.10.2013, BGBl. I S. 3753, geändert durch Art. 1 d. 12. BImSchG- ÄnderungsG v. 20.11.2014, BGBl. I S. 1740, durch Art. 76 d. 10. ZuständigkeitsanpassungsV v. 31.8.2015, BGBl. I S. 1474, durch Art. 3 d. G. v. 26.7.2016, BGBl. I S. 1839, durch Art. 1 d. G v. 30.11.2016, BGBl. I S. 2749, durch Art. 55 d. G. v. 29.3.2017, BGBl. I S. 626, durch Art. 3 d. G. v. 29.5.2017, BGBl. I S. 1298, durch Art. 3 d. G. v. 18.7.2017, BGBl. I S. 2771, durch Art. 1 d. 13. BImSchG-ÄnderungsG v. 8.4.2019, BGBl. I S. 432, und durch Art. 103 d. 11. ZuständigkeitsanpassungsV v. 19.6.2020, BGBl. I S. 1328)

BGBl. III 2129-8

Inhaltsübersicht

(7) [1]Der Genehmigungsbescheid ist schriftlich zu erlassen, schriftlich zu begründen und dem Antragsteller und den Personen, die Einwendungen erhoben haben, zuzustellen. [2]Er ist, soweit die Zustellung nicht nach Absatz 8 erfolgt, öffentlich bekannt zu machen. [3]Die öffentliche Bekanntmachung erfolgt nach Maßgabe des Absatzes 8.

(8) [1]Die Zustellung des Genehmigungsbescheids an die Personen, die Einwendungen erhoben haben, kann durch öffentliche Bekanntmachung ersetzt werden. [2]Die öffentliche Bekanntmachung wird dadurch bewirkt, daß der verfügende Teil des Bescheides und die Rechtsbehelfsbelehrung in entsprechender Anwendung des Absatzes 3 Satz 1 bekannt gemacht werden; auf Auflagen ist hinzuweisen. [3]In diesem Fall ist eine Ausfertigung des gesamten Bescheides vom Tage nach der Bekanntmachung an zwei Wochen zur Einsicht auszulegen. [4]In der öffentlichen Bekanntmachung ist anzugeben, wo und wann der Bescheid und seine Begründung eingesehen und nach Satz 6 angefordert werden können. [5]Mit dem Ende der Auslegungsfrist gilt der Bescheid auch gegenüber Dritten, die keine Einwendung erhoben haben, als zugestellt; darauf ist in der Bekanntmachung hinzuweisen. [6]Nach der öffentlichen Bekanntmachung können der Bescheid und seine Begründung bis zum Ablauf der Widerspruchsfrist von den Personen, die Einwendungen erhoben haben, schriftlich angefordert werden.

(8a) [1]Unbeschadet der Absätze 7 und 8 sind bei Anlagen nach der Industrieemissions-Richtlinie folgende Unterlagen im Internet öffentlich bekannt zu machen:

1. der Genehmigungsbescheid mit Ausnahme in Bezug genommener Antragsunterlagen und des Berichts über den Ausgangszustand sowie
2. die Bezeichnung des für die betreffende Anlage maßgeblichen BVT-Merkblatts.

[2]Soweit der Genehmigungsbescheid Geschäfts- oder Betriebsgeheimnisse enthält, sind die entsprechenden Stellen unkenntlich zu machen. [3]Absatz 8 Satz 3, 5 und 6 gilt entsprechend.

(9) Die Absätze 1 bis 8 gelten entsprechend für die Erteilung eines Vorbescheides.

(10) [1]Die Bundesregierung wird ermächtigt, durch Rechtsverordnung mit Zustimmung des Bundesrates das Genehmigungsverfahren zu regeln; in der Rechtsverordnung kann auch das Verfahren bei Erteilung einer Genehmigung im vereinfachten Verfahren (§ 19) sowie bei der Erteilung eines Vorbescheides (§ 9), einer Teilgenehmigung (§ 8) und einer Zulassung vorzeitigen Beginns (§ 8a) geregelt werden. [2]In der Verordnung ist auch näher zu bestimmen, welchen Anforderungen das Genehmigungsverfahren für Anlagen genügen muß, für die nach dem Gesetz über die Umweltverträglichkeitsprüfung eine Umweltverträglichkeitsprüfung durchzuführen ist.

(11) Das Bundesministerium der Verteidigung wird ermächtigt, im Einvernehmen mit dem Bundesministerium für Umwelt, Naturschutz und nukleare Sicherheit durch Rechtsverordnung mit Zustimmung des Bundesrates das Genehmigungsverfahren für Anlagen, die der Landesverteidigung dienen, abweichend von den Absätzen 1 bis 9 zu regeln.

§ 11 Einwendungen Dritter bei Teilgenehmigung und Vorbescheid. Ist eine Teilgenehmigung oder ein Vorbescheid erteilt worden, können nach Eintritt ihrer Unanfechtbarkeit im weiteren Verfahren zur Genehmigung der Errichtung und des Betriebs der Anlage Einwendungen nicht mehr auf Grund von Tatsachen erhoben werden, die im vorhergehenden Verfahren fristgerecht vorgebracht worden sind oder nach den ausgelegten Unterlagen hätten vorgebracht werden können.

§ 12 Nebenbestimmungen zur Genehmigung. (1) [1]Die Genehmigung kann unter Bedingungen erteilt und mit Auflagen verbunden werden, soweit dies erforderlich ist, um die Erfüllung der in § 6 genannten Genehmigungsvoraussetzungen sicherzustellen. [2]Zur Sicherstellung der Anforderungen nach § 5 Absatz 3 soll bei Abfallentsorgungsanlagen im Sinne des § 4 Absatz 1 Satz 1 auch eine Sicherheitsleistung auferlegt werden.

(1a) Für den Fall, dass eine Verwaltungsvorschrift nach § 48 für die jeweilige Anlagenart keine Anforderungen vorsieht, ist bei der Festlegung von Emissionsbegrenzungen für Anlagen nach der Industrieemissions-Richtlinie in der Genehmigung sicherzustellen, dass die Emissionen unter normalen Betriebsbedingungen die in den BVT-Schlussfolgerungen genannten Emissionsbandbreiten nicht überschreiten.

(1b) [1]Abweichend von Absatz 1a kann die zuständige Behörde weniger strenge Emissionsbegrenzungen festlegen, wenn

1. eine Bewertung ergibt, dass wegen technischer Merkmale der Anlage die Anwendung der in den BVT-Schlussfolgerungen genannten Emissionsbandbreiten unverhältnismäßig wäre, oder
2. in Anlagen Zukunftstechniken für einen Gesamtzeitraum von höchstens neun Monaten erprobt oder angewendet werden sollen, sofern nach dem festgelegten Zeitraum die Anwendung der betreffenden Technik beendet wird oder in der Anlage mindestens die mit den besten verfügbaren Techniken assoziierten Emissionsbandbreiten erreicht werden.

[2]Bei der Festlegung der Emissionsbegrenzungen nach Satz 1 sind insbesondere mögliche Verlagerungen von nachteiligen Auswirkungen von einem Schutzgut auf ein anderes zu berücksichtigen; ein hohes Schutzniveau für die Umwelt insgesamt ist zu gewährleisten. [3]Emissionsbegrenzungen nach Satz 1 dürfen die in den Anhängen der Richtlinie 2010/75/EU festgelegten Emissionsgrenzwerte nicht überschreiten und keine schädlichen Umwelteinwirkungen hervorrufen.

(2) [1]Die Genehmigung kann auf Antrag für einen bestimmten Zeitraum erteilt werden. [2]Sie kann mit einem Vorbehalt des Widerrufs erteilt werden, wenn die genehmigungsbedürftige Anlage lediglich Erprobungszwecken dienen soll.

(2a) [1]Die Genehmigung kann mit Einverständnis des Antragstellers mit dem Vorbehalt nachträglicher Auflagen erteilt werden, soweit hierdurch hinreichend bestimmte, in der Genehmigung bereits allgemein festgelegte Anforderungen an die Errichtung oder den Betrieb der Anlage in einem Zeitpunkt nach Erteilung der Genehmigung näher festgelegt werden sollen. [2]Dies gilt unter den Voraussetzungen des Satzes 1 auch für den Fall, daß eine beteiligte Behörde sich nicht rechtzeitig äußert.

(2b) Im Falle des § 6 Absatz 2 soll der Antragsteller durch eine Auflage verpflichtet werden, der zuständigen Behörde unverzüglich die erstmalige Herstellung oder Verwendung eines anderen Stoffes innerhalb der genehmigten Betriebsweise mitzuteilen.

(2c) [1]Der Betreiber kann durch Auflage verpflichtet werden, den Wechsel eines im Genehmigungsverfahren dargelegten Entsorgungswegs von Abfällen der zuständigen Behörde anzuzeigen. [2]Das gilt ebenso für in Abfallbehandlungsanlagen erzeugte Abfälle. [3]Bei Abfallbehandlungsanlagen können außerdem Anforderungen an die Qualität und das Schadstoffpotential der angenommenen Abfälle sowie der die Anlage verlassenden Abfälle gestellt werden.

(3) Die Teilgenehmigung kann für einen bestimmten Zeitraum oder mit dem Vorbehalt erteilt werden, dass sie bis zur Entscheidung über die Genehmigung widerrufen oder mit Auflagen verbunden werden kann.

§ 13 Genehmigung und andere behördliche Entscheidungen. Die Genehmigung schließt andere die Anlage betreffende behördliche Entscheidungen ein, insbeson-

Dritter Abschnitt. Ermittlung von Emissionen und Immissionen, sicherheitstechnische Prüfungen

§ 26 Messungen aus besonderem Anlass. [1]Die zuständige Behörde kann anordnen, dass der Betreiber einer genehmigungsbedürftigen Anlage oder, soweit § 22 Anwendung findet, einer nicht genehmigungsbedürftigen Anlage Art und Ausmaß der von der Anlage ausgehenden Emissionen sowie die Immissionen im Einwirkungsbereich der Anlage durch eine der von der zuständigen Behörde eines Landes bekannt gegebenen Stellen ermitteln lässt, wenn zu befürchten ist, dass durch die Anlage schädliche Umwelteinwirkungen hervorgerufen werden. [2]Die zuständige Behörde ist befugt, Einzelheiten über Art und Umfang der Ermittlungen sowie über die Vorlage des Ermittlungsergebnisses vorzuschreiben.

§ 27 Emissionserklärung. (1) [1]Der Betreiber einer genehmigungsbedürftigen Anlage ist verpflichtet, der zuständigen Behörde innerhalb einer von ihr zu setzenden Frist oder zu dem in der Rechtsverordnung nach Absatz 4 festgesetzten Zeitpunkt Angaben zu machen über Art, Menge, räumliche und zeitliche Verteilung der Luftverunreinigungen, die von der Anlage in einem bestimmten Zeitraum ausgegangen sind, sowie über die Austrittsbedingungen (Emissionserklärung); er hat die Emissionserklärung nach Maßgabe der Rechtsverordnung nach Absatz 4 entsprechend dem neuesten Stand zu ergänzen. [2]§ 52 Abs. 5 gilt sinngemäß. [3]Satz 1 gilt nicht für Betreiber von Anlagen, von denen nur in geringem Umfang Luftverunreinigungen ausgehen können.

(2) [1]Auf die nach Absatz 1 erlangten Kenntnisse und Unterlagen sind die §§ 93, 97, 105 Abs. 1, § 111 Abs. 5 in Verbindung mit § 105 Abs. 1 sowie § 116 Abs. 1 der Abgabenordnung nicht anzuwenden. [2]Dies gilt nicht, soweit die Finanzbehörden die Kenntnisse für die Durchführung eines Verfahrens wegen einer Steuerstraftat sowie eines damit zusammenhängenden Besteuerungsverfahrens benötigen, an deren Verfolgung ein zwingendes öffentliches Interesse besteht, oder soweit es sich um vorsätzlich falsche Angaben des Auskunftspflichtigen oder der für ihn tätigen Personen handelt.

(3) [1]Der Inhalt der Emissionserklärung ist Dritten auf Antrag bekannt zu geben. [2]Einzelangaben der Emissionserklärung dürfen nicht veröffentlicht oder Dritten bekannt gegeben werden, wenn aus diesen Rückschlüsse auf Betriebs- oder Geschäftsgeheimnisse gezogen werden können. [3]Bei Abgabe der Emissionserklärung hat der Betreiber der zuständigen Behörde mitzuteilen und zu begründen, welche Einzelangaben der Emissionserklärung Rückschlüsse auf Betriebs- oder Geschäftsgeheimnisse erlauben.

(4) [1]Die Bundesregierung wird ermächtigt, durch Rechtsverordnung mit Zustimmung des Bundesrates Inhalt, Umfang, Form und Zeitpunkt der Abgabe der Emissionserklärung, das bei der Ermittlung der Emissionen einzuhaltende Verfahren und den Zeitraum, innerhalb dessen die Emissionserklärung zu ergänzen ist, zu regeln. [2]In der Rechtsverordnung wird auch bestimmt, welche Betreiber genehmigungsbedürftiger Anlagen nach Absatz 1 Satz 3 von der Pflicht zur Abgabe einer Emissionserklärung befreit sind. [3]Darüber hinaus kann zur Erfüllung der Pflichten aus bindenden Rechtsakten der Europäischen Gemeinschaften oder der Europäischen Union in der Rechtsverordnung vorgeschrieben werden, dass die zuständigen Behörden über die nach Landesrecht zuständige Behörde dem Bundesministerium für Umwelt, Naturschutz und nukleare Sicherheit zu einem festgelegten Zeitpunkt Emissionsdaten zur Verfügung stellen, die den Emissionserklärungen zu entnehmen sind.

§ 28 Erstmalige und wiederkehrende Messungen bei genehmigungsbedürftigen Anlagen. [1]Die zuständige Behörde kann bei genehmigungsbedürftigen Anlagen

1. nach der Inbetriebnahme oder einer Änderung im Sinne des § 15 oder des § 16 und sodann
2. nach Ablauf eines Zeitraums von jeweils drei Jahren

Anordnungen nach § 26 auch ohne die dort genannten Voraussetzungen treffen. [2]Hält die Behörde wegen Art, Menge und Gefährlichkeit der von der Anlage ausgehenden Emissionen Ermittlungen auch während des in Nummer 2 genannten Zeitaums für erforderlich, so soll sie auf Antrag des Betreibers zulassen, dass diese Ermittlungen durch den Immissionsschutzbeauftragten durchgeführt werden, wenn dieser hierfür die erforderliche Fachkunde, Zuverlässigkeit und gerätetechnische Ausstattung besitzt.

§ 29 Kontinuierliche Messungen. (1) [1]Die zuständige Behörde kann bei genehmigungsbedürftigen Anlagen anordnen, dass statt durch Einzelmessungen nach § 26 oder § 28 oder neben solchen Messungen bestimmte Emissionen oder Immissionen unter Verwendung aufzeichnender Messgeräte fortlaufend ermittelt werden. [2]Bei Anlagen mit erheblichen Emissionsmassenströmen luftverunreinigender Stoffe sollen unter Berücksichtigung von Art und Gefährlichkeit dieser Stoffe Anordnungen nach Satz 1 getroffen werden, soweit eine Überschreitung der in Rechtsvorschriften, Auflagen oder Anordnungen festgelegten Emissionsbegrenzungen nach der Art der Anlage nicht ausgeschlossen werden kann.

(2) Die zuständige Behörde kann bei nicht genehmigungsbedürftigen Anlagen, soweit § 22 anzuwenden ist, anordnen, dass statt durch Einzelmessungen nach § 26 oder neben solchen Messungen bestimmte Emissionen oder Immissionen unter Verwendung aufzeichnender Messgeräte fortlaufend ermittelt werden, wenn dies zur Feststellung erforderlich ist, ob durch die Anlage schädliche Umwelteinwirkungen hervorgerufen werden.

§ 29a Anordnung sicherheitstechnischer Prüfungen. (1) [1]Die zuständige Behörde kann anordnen, dass der Betreiber einer genehmigungsbedürftigen Anlage oder einer Anlage innerhalb eines Betriebsbereichs nach § 3 Absatz 5a einen der von der zuständigen Behörde eines Landes bekannt gegebenen Sachverständigen mit der Durchführung bestimmter sicherheitstechnischer Prüfungen sowie Prüfungen von sicherheitstechnischen Unterlagen beauftragt. [2]In der Anordnung kann die Durchführung der Prüfungen durch den Störfallbeauftragten (§ 58a), eine zugelassene Überwachungsstelle nach § 37 Absatz 1 des Produktsicherheitsgesetzes oder einen in einer für Anlagen nach § 2 Nummer 30 des Produktsicherheitsgesetzes erlassenen Rechtsverordnung genannten Sachverständigen gestattet werden, wenn diese die Anforderungen nach § 29b Absatz 2 Satz 2 und 3 erfüllen; das Gleiche gilt für einen nach § 36 Absatz 1 der Gewerbeordnung bestellten Sachverständigen oder für Sachverständige, die im Rahmen von § 13a der Gewerbeordnung ihre gewerbliche Tätig-

(Fortsetzung nächste Seite)

diese deutlich sichtbar und leicht lesbar mit Angaben über bestimmte Eigenschaften kenntlich zu machen hat und

7. daß derjenige, der Stoffe oder Zusätze nach Absatz 1 Satz 1 gewerbsmäßig oder im Rahmen wirtschaftlicher Unternehmungen in den Verkehr bringt, den nach Nummer 6 Auszeichnungspflichtigen über bestimmte Eigenschaften zu unterrichten hat.

(3) [1]Die Bundesregierung wird ermächtigt, nach Anhörung der beteiligten Kreise (§ 51) durch Rechtsverordnung mit Zustimmung des Bundesrates vorzuschreiben, dass, wer gewerbsmäßig oder im Rahmen wirtschaftlicher Unternehmungen Treibstoffe in den Verkehr bringt, zur Vermeidung von Schäden an Fahrzeugen verpflichtet werden kann, auch Treibstoffe mit bestimmten Eigenschaften, insbesondere mit nicht zu überschreitenden Höchstgehalten an Sauerstoff und Biokraftstoff, in den Verkehr zu bringen. [2]In der Rechtsverordnung nach Satz 1 kann darüber hinaus die Unterrichtung der Verbraucher über biogene Anteile der Treibstoffe und den geeigneten Einsatz der verschiedenen Treibstoffmischungen geregelt werden; für die Regelung der Pflicht zur Unterrichtung gilt Absatz 2 Nummer 6 und 7 entsprechend.

(4) Die Bundesregierung wird ermächtigt, nach Anhörung der beteiligten Kreise (§ 51) durch Rechtsverordnung ohne Zustimmung des Bundesrates zu regeln, dass Unternehmen, die Treibstoffe in Verkehr bringen, jährlich folgende Daten der in der Rechtsverordnung zu bestimmenden Bundesbehörde vorzulegen haben:

a) die Gesamtmenge der jeweiligen Art von geliefertem Treibstoff unter Angabe des Erwerbsortes und des Ursprungs des Treibstoffs und

b) die Lebenszyklustreibhausgasemissionen pro Energieeinheit.

§ 35 Beschaffenheit von Stoffen und Erzeugnissen. (1) [1]Die Bundesregierung wird ermächtigt, nach Anhörung der beteiligten Kreise (§ 51) durch Rechtsverordnung mit Zustimmung des Bundesrates vorzuschreiben, daß bestimmte Stoffe oder Erzeugnisse aus Stoffen, die geeignet sind, bei ihrer bestimmungsgemäßen Verwendung oder bei der Verbrennung zum Zwecke der Beseitigung oder der Rückgewinnung einzelner Bestandteile schädliche Umwelteinwirkungen durch Luftverunreinigungen hervorzurufen, gewerbsmäßig oder im Rahmen wirtschaftlicher Unternehmungen nur hergestellt, eingeführt oder sonst in den Verkehr gebracht werden dürfen, wenn sie zum Schutz vor schädlichen Umwelteinwirkungen durch Luftverunreinigungen bestimmten Anforderungen an ihre Zusammensetzung und das Verfahren zu ihrer Herstellung genügen. [2]Die Ermächtigung des Satzes 1 erstreckt sich nicht auf Anlagen, Brennstoffe, Treibstoffe und Fahrzeuge.

(2) [1]Anforderungen nach Absatz 1 Satz 1 können unter Berücksichtigung der technischen Entwicklung auch für einen Zeitpunkt nach Inkrafttreten der Rechtsverordnung festgesetzt werden. [2]Wegen der Anforderungen nach Absatz 1 und Absatz 2 Satz 1 gilt § 7 Abs. 5 entsprechend.

(3) Soweit dies mit dem Schutz der Allgemeinheit vor schädlichen Umwelteinwirkungen durch Luftverunreinigungen vereinbar ist, kann in der Rechtsverordnung nach Absatz 1 an Stelle der Anforderungen über die Zusammensetzung und das Herstellungsverfahren vorgeschrieben werden, daß die Stoffe und Erzeugnisse deutlich sichtbar und leicht lesbar mit dem Hinweis zu kennzeichnen sind, daß bei ihrer bestimmungsgemäßen Verwendung oder bei ihrer Verbrennung schädliche Umwelteinwirkungen entstehen können oder daß bei einer bestimmten Verwendungsart schädliche Umwelteinwirkungen vermieden werden können.

§ 36 Ausfuhr. In den Rechtsverordnungen nach den §§ 32 bis 35 kann vorgeschrieben werden, daß die Vorschriften über das Herstellen, Einführen und das Inverkehrbringen nicht gelten für Anlagen, Stoffe, Erzeugnisse, Brennstoffe und Treibstoffe, die zur Lieferung in Gebiete außerhalb des Geltungsbereichs dieses Gesetzes bestimmt sind.

§ 37 Erfüllung von zwischenstaatlichen Vereinbarungen und Rechtsakten der Europäischen Gemeinschaften oder der Europäischen Union. Zur Erfüllung von Verpflichtungen aus zwischenstaatlichen Vereinbarungen oder von bindenden Rechtsakten der Europäischen Gemeinschaften oder der Europäischen Union kann die Bundesregierung zu dem in § 1 genannten Zweck durch Rechtsverordnung mit Zustimmung des Bundesrates bestimmen, daß Anlagen, Stoffe, Erzeugnisse, Brennstoffe oder Treibstoffe gewerbsmäßig oder im Rahmen wirtschaftlicher Unternehmungen nur in den Verkehr gebracht werden dürfen, wenn sie nach Maßgabe der §§ 32 bis 35 bestimmte Anforderungen erfüllen. [2]In einer Rechtsverordnung nach Satz 1, die der Erfüllung bindender Rechtsakte der Europäischen Gemeinschaften oder der Europäischen Union über Maßnahmen zur Bekämpfung der Emission von gasförmigen Schadstoffen und luftverunreinigenden Partikeln aus Verbrennungsmotoren für mobile Maschinen und Geräte dient, kann das Kraftfahrt-Bundesamt als Genehmigungsbehörde bestimmt und insoweit der Fachaufsicht des Bundesministeriums für Umwelt, Naturschutz und nukleare Sicherheit unterstellt werden.

Zweiter Abschnitt. Treibhausgasminderung bei Kraftstoffen

§ 37a Mindestanteil von Biokraftstoffen an der Gesamtmenge des in Verkehr gebrachten Kraftstoffs; Treibhausgasminderung. (1) [1]Wer gewerbsmäßig oder im Rahmen wirtschaftlicher Unternehmungen nach § 2 Absatz 1 Nummer 1 und 4 des Energiesteuergesetzes zu versteuernde Otto- oder Dieselkraftstoffe in Verkehr bringt, hat sicherzustellen, dass für die gesamte im Lauf eines Kalenderjahres (Verpflichtungsjahr) von ihm in Verkehr gebrachte Menge Kraftstoffs die Vorgaben der Absätze 3 und 4 eingehalten werden. [2]Kraftstoff gilt mit dem Entstehen der Energiesteuer nach § 8 Absatz 1, § 9 Absatz 1, § 9a Absatz 4, § 15 Absatz 1 oder Absatz 2, auch jeweils in Verbindung mit § 15 Absatz 4, §§ 19b Absatz 1, 22 Absatz 1 oder § 23 Absatz 1 oder Absatz 2, § 38 Absatz 1, § 42 Absatz 1 oder § 43 Absatz 1 des Energiesteuergesetzes als in Verkehr gebracht. [3]Die Abgabe von fossilem Otto- und fossilem Dieselkraftstoff an die Bundeswehr zu Zwecken der Verteidigung oder der Erfüllung zwischenstaatlicher Verpflichtungen gilt nicht als Inverkehrbringen im Sinne der Sätze 1 und 2. [4]Dies gilt auch für den Erwerb von fossilem Otto- und fossilem Dieselkraftstoff durch die Bundeswehr zu einem in Satz 3 genannten Zweck. [5]Der Bundeswehr gleichgestellt sind auf Grund völkerrechtlicher Verträge in der Bundesrepublik Deutschland befindliche Truppen sowie Einrichtungen, die die Bundeswehr oder diese Truppen zur Erfüllung ihrer jeweiligen Aufgaben einsetzt oder einsetzen. [6]Die Abgabe von Kraftstoff im Eigentum des Erdölbevorratungsverbandes auf Grund einer Freigabe nach § 12 Absatz 1 des Erdölbevorratungsgesetzes durch den Erdölbevorratungsverband, Mitglieder des Erdölbevorratungsverbandes oder

(Fortsetzung nächste Seite)

(3) [1]Bioethanol ist abweichend von Absatz 1 nur dann Biokraftstoff, wenn es sich um Ethylalkohol ex Unterposition 2207 10 00 der Kombinierten Nomenklatur im Sinne des § 1a Satz 1 Nummer 2 des Energiesteuergesetzes handelt. [2]Im Fall von Bioethanol, das fossilem Ottokraftstoff beigemischt wird, müssen die Eigenschaften des Bioethanols außerdem mindestens den Anforderungen der DIN EN 15376, Ausgabe März 2008 oder Ausgabe November 2009 oder Ausgabe April 2011, entsprechen. [3]Im Fall von Bioethanol, das im Ethanolkraftstoff (E85) enthalten ist, müssen die Eigenschaften des Ethanolkraftstoffs (E85) außerdem mindestens den Anforderungen für Ethanolkraftstoff (E85) nach § 6 der Verordnung über die Beschaffenheit und die Auszeichnung der Qualitäten von Kraft- und Brennstoffen entsprechen. [4]Für Energieerzeugnisse, die anteilig aus Bioethanol hergestellt werden, gelten für den Bioethanolanteil die Sätze 1 und 2 entsprechend.

(4) Pflanzenöl ist abweichend von Absatz 1 nur dann Biokraftstoff, wenn seine Eigenschaften mindestens den Anforderungen für Pflanzenölkraftstoff nach § 9 der Verordnung über die Beschaffenheit und die Auszeichnung der Qualitäten von Kraft- und Brennstoffen entsprechen.

(5) [1]Hydrierte biogene Öle sind abweichend von Absatz 1 nur dann Biokraftstoffe, wenn sie aus biogenen Ölen oder Fetten gewonnen werden, die selbst Biomasse im Sinne der Biomasseverordnung sind, und wenn die Hydrierung nicht in einem raffinerietechnischen Verfahren gemeinsam mit mineralölstämmigen Ölen erfolgt ist. [2]Hydrierte biogene Öle sind unter diesen Voraussetzungen in vollem Umfang als Biokraftstoffe zu behandeln.

(6) Biomethan ist abweichend von Absatz 1 nur dann Biokraftstoff, wenn es den Anforderungen für Erdgas nach § 8 der Verordnung über die Beschaffenheit und die Auszeichnung der Qualitäten von Kraft- und Brennstoffen entspricht.

(7) [1]Für die Kraftstoffe nach den Absätzen 1 bis 6 gilt § 11 der Verordnung über die Beschaffenheit und die Auszeichnung der Qualitäten von Kraft- und Brennstoffen entsprechend. [2]Die in Satz 1 sowie den Absätzen 2 bis 4 und 6 genannten oder in Bezug genommenen Normen sind im Beuth Verlag GmbH, Berlin, erschienen und bei der Deutschen Nationalbibliothek archivmäßig gesichert niedergelegt.

(8) [1]Nicht auf die Erfüllung von Verpflichtungen nach § 37a Absatz 1 Satz 1 und 2 in Verbindung mit § 37a Absatz 3 und 4 angerechnet werden können

1. biogene Öle, die in einem raffinerietechnischen Verfahren gemeinsam mit mineralölstämmigen Ölen hydriert wurden,
2. der Biokraftstoffanteil von Energieerzeugnissen mit einem Bioethanolanteil von weniger als 70 Volumenprozent, denen Bioethanol enthaltende Waren der Unterposition 3824 90 99 der Kombinierten Nomenklatur zugesetzt wurden,
3. Biokraftstoffe, die vollständig oder teilweise aus tierischen Ölen oder Fetten hergestellt wurden, und
4. Biokraftstoffe, für die eine Steuerentlastung nach § 50 Absatz 1 Satz 1 Nummer 1, 2 oder 4 des Energiesteuergesetzes gewährt wurde oder wird.

[2]Im Fall des § 37a Absatz 1 Satz 1 und 2 in Verbindung mit § 37a Absatz 3 werden Biokraftstoffe, für die eine Steuerentlastung nach § 46 Absatz 1 Satz 1 Nummer 1 oder Nummer 3 oder nach § 47 Absatz 1 Nummer 1, 2 oder Nummer 6 des Energiesteuergesetzes gewährt wurde oder wird, nicht auf die Erfüllung der Verpflichtungen angerechnet.

(9) Das Bundesministerium für Umwelt, Naturschutz und nukleare Sicherheit gibt den Energiegehalt der verschiedenen Kraftstoffe sowie Änderungen ihres Energiegehaltes im Bundesanzeiger bekannt.

§ 37c Mitteilungs- und Abgabepflichten. (1) [1]Verpflichtete haben der zuständigen Stelle jeweils bis zum 15. April des auf das Verpflichtungsjahr folgenden Jahres die im Verpflichtungsjahr von ihnen in Verkehr gebrachte Menge fossilen Otto- und fossilen Dieselkraftstoffs, die im Verpflichtungsjahr von ihnen in Verkehr gebrachte Menge Biokraftstoffs, bezogen auf die verschiedenen jeweils betroffenen Biokraftstoffe, und für die Verpflichtungsjahre ab dem Kalenderjahr 2015 außerdem die Treibhausgasemissionen in Kilogramm Kohlenstoffdioxid-Äquivalent der jeweiligen Mengen schriftlich mitzuteilen. [2]In der Mitteilung sind darüber hinaus die Firma des Verpflichteten, der Ort der für das Inverkehrbringen verantwortlichen Niederlassung oder der Sitz des Unternehmens, die jeweils zugehörige Anschrift sowie der Name und die Anschrift des Vertretungsberechtigten anzugeben. [3]Soweit die Erfüllung von Verpflichtungen nach § 37a Absatz 6 Satz 1 oder nach § 37a Absatz 7 Satz 1 vertraglich auf Dritte übertragen wurde, haben Verpflichtete der zuständigen Stelle zusätzlich die Angaben nach § 37a Absatz 6 Satz 2 oder Satz 3 oder § 37a Absatz 7 Satz 2 oder Satz 3 schriftlich mitzuteilen und eine Kopie des Vertrags mit dem Dritten vorzulegen. [4]Im Fall des § 37a Absatz 6 hat der Dritte der zuständigen Stelle die auf Grund seiner vertraglichen Verpflichtung von ihm im Verpflichtungsjahr in Verkehr gebrachte Menge Biokraftstoffs, bezogen auf die verschiedenen jeweils betroffenen Biokraftstoffe, und für die Verpflichtungsjahre ab dem Kalenderjahr 2015 außerdem die Treibhausgasemissionen in Kilogramm Kohlenstoffdioxid-Äquivalent der jeweiligen Mengen schriftlich mitzuteilen. [5]Im Fall des § 37a Absatz 6 Satz 5 gilt dies entsprechend für die im Vorjahr des Verpflichtungsjahres vom Dritten in Verkehr gebrachten Biokraftstoffe. [6]Im Fall des § 37a Absatz 7 hat der Dritte der zuständigen Stelle die auf Grund seiner vertraglichen Verpflichtung von ihm im Verpflichtungsjahr in Verkehr gebrachte Menge Biokraftstoffs, bezogen auf die verschiedenen jeweils betroffenen Biokraftstoffe, und für die Verpflichtungsjahre ab dem Kalenderjahr 2015 die auf Grund seiner vertraglichen Verpflichtung im Verpflichtungsjahr sichergestellte Treibhausgasminderungsmenge in Kilogramm Kohlenstoffdioxid-Äquivalent schriftlich mitzuteilen. [7]Die zuständige Stelle erteilt jedem Verpflichteten eine Registriernummer und führt ein elektronisches Register, das für alle Verpflichteten die nach den Sätzen 1 bis 6 erforderlichen Angaben enthält.

(2) [1]Soweit Verpflichtete einer Verpflichtung nach § 37a Absatz 1 Satz 1 und 2 in Verbindung mit § 37a Absatz 3 und 4 nicht nachkommen, setzt die zuständige Stelle in den Fällen des § 37a Absatz 3 für die nach dem Energiegehalt berechnete Fehlmenge Biokraftstoffs oder in den Fällen des § 37a Absatz 4 für die Fehlmenge der zu mindernden Treibhausgasemissionen eine Abgabe fest. [2]Die Abgabenschuld des Verpflichteten entsteht am 15. April des auf das Verpflichtungsjahr folgenden Kalenderjahres. [3]In den Fällen des § 37a Absatz 3 Satz 1 oder Satz 3, auch in Verbindung mit § 37a Absatz 3 Satz 4, beträgt die Höhe der Abgabe 19 Euro pro Gigajoule. [4]In den Fällen des § 37a Absatz 3 Satz 2 beträgt die Höhe der Abgabe 43 Euro pro Gigajoule. [5]In den Fällen des § 37a Absatz 3 Satz 3, auch in Verbindung mit § 37a Absatz 3 Satz 4, wird die Abgabe nicht für die Fehlmengen Biokraftstoffs festgesetzt, für die bereits nach Satz 3 oder Satz 4 eine Abgabe festzusetzen ist. [6]In den Fällen des § 37a Absatz 4 wird die Abgabe nach der Fehlmenge der zu mindernden Treibhausgasemis-

(Fortsetzung nächste Seite)

11. die Anrechenbarkeit von elektrischem Strom zur Verwendung in Straßenfahrzeugen gemäß § 37a Absatz 5 Satz 2 zu regeln und dabei insbesondere
    a) das Berechnungsverfahren für die Treibhausgasemissionen der eingesetzten Mengen elektrischen Stroms festzulegen und
    b) das Nachweisverfahren zu regeln,
12. unter Berücksichtigung der technischen Entwicklung den Anwendungsbereich in § 37a Absatz 1 Satz 1 auf weitere Kraftstoffe auszudehnen und dabei insbesondere
    a) das Berechnungsverfahren für die Treibhausgasemissionen dieser Kraftstoffe festzulegen und
    b) das Nachweisverfahren zu regeln,
13. unter Berücksichtigung der technischen Entwicklung die Vorgaben nach § 37a Absatz 5 Satz 1 um weitere Maßnahmen zur Treibhausgasminderung, die zur Erfüllung von Verpflichtungen nach § 37a Absatz 1 Satz 1 und 2 in Verbindung mit § 37a Absatz 3 und 4 eingesetzt werden können, zu ergänzen und dabei insbesondere
    a) das Berechnungsverfahren für die Treibhausgasemissionen dieser Maßnahmen festzulegen und
    b) das Nachweisverfahren sowie die Übertragbarkeit der Nachweise zu regeln,
14. die Berichtspflicht nach § 37f Absatz 1 insbesondere zu Art, Form und Inhalt des Berichts näher auszugestalten sowie die zur Sicherstellung einer ordnungsgemäßen Berichterstattung erforderlichen Anordnungen der zuständigen Stelle zu regeln,
15. ein Nachweisverfahren festzulegen für die Voraussetzungen
    a) nach § 37a Absatz 4 Satz 7 Nummer 5,
    b) nach § 37b Absatz 1 bis 7, gegebenenfalls in Verbindung mit der Verordnung nach Nummer 1 Buchstabe a oder Buchstabe b,
    c) nach § 37b Absatz 8 Satz 1,
    d) der Verordnung nach Nummer 1 Buchstabe c und
    e) der Verordnung nach den Nummern 2 bis 4,
16. Ausnahmen von den Vorgaben nach § 37b Absatz 8 Satz 1 Nummer 3 festzulegen, sofern dies dem Sinn und Zweck der Regelung nicht entgegensteht,
17. von § 37c Absatz 1 und 3 bis 5 abweichende Verfahrensregelungen zu treffen,
18. Ausnahmen von der in § 37a Absatz 6 Satz 5 und Absatz 8 Satz 1 vorgesehenen Möglichkeiten der Anrechnung von Übererfüllungen auf den Mindestanteil des Folgejahres festzulegen, sofern dies zur Einhaltung von Zielvorgaben aus bindenden Rechtsakten der Europäischen Gemeinschaften oder der Europäischen Union erforderlich ist.

[2]Rechtsverordnungen nach Satz 1 kann die Zuständigkeit zur Durchführung einer in einer Rechtsverordnung nach Absatz 1 Satz 2 bestimmten Stelle übertragen werden. [3]Rechtsverordnungen nach Satz 1 Nummer 1 Buchstabe c bedürfen der Zustimmung des Deutschen Bundestages. [4]Rechtsverordnungen nach Satz 1 Nummer 13 bedürfen der Zustimmung des Deutschen Bundestages, sofern Regelungen zu strombasierten Kraftstoffen getroffen werden. [5]Hat sich der Deutsche Bundestag nach Ablauf von vier Sitzungswochen seit Eingang der Rechtsverordnung nach Satz 3 oder 4 nicht mit ihr befasst, gilt die Zustimmung zu der unveränderten Rechtsverordnung als erteilt.

(3) Die Bundesregierung wird ermächtigt, durch Rechtsverordnung ohne Zustimmung des Bundesrates nähere Bestimmungen zur Durchführung der §§ 37a bis 37c sowie der auf Absatz 2 beruhenden Rechtsverordnungen zu erlassen und darin insbesondere

1. das Verfahren zur Sicherung und Überwachung der Erfüllung der Quotenverpflichtung in den Fällen des § 37a Absatz 6 und 7 und hinsichtlich der für die Ermittlung der Mindestanteile an Biokraftstoff oder der Treibhausgasminderung benötigten Daten näher zu regeln,
2. zur Sicherung und Überwachung der Erfüllung der Quotenverpflichtung abweichende Bestimmungen zu § 37a Absatz 4 Satz 9 und 10 sowie zu § 37a Absatz 6 und 7 zu erlassen,
3. die erforderlichen Nachweise und die Überwachung der Einhaltung der Anforderungen an Biokraftstoffe sowie die hierfür erforderlichen Probenahmen näher zu regeln,
4. zu bestimmen, dass das Entstehen von Verpflichtungen nach § 37a Absatz 1 Satz 1 und 2 in Verbindung mit § 37a Absatz 3 und 4 an das Inverkehrbringen einer bestimmten Mindestmenge an Kraftstoff geknüpft wird.

§ 37e Gebühren und Auslagen; Verordnungsermächtigung. (1) Für Amtshandlungen, die auf Rechtsverordnungen beruhen

1. die auf der Grundlage des § 37d Absatz 2 Satz 1 Nummer 3 und 4 erlassen worden sind oder
2. die auf der Grundlage des § 37d Absatz 2 Satz 1 Nummer 13 erlassen worden sind,

werden zur Deckung des Verwaltungsaufwands Gebühren und Auslagen erhoben.

(2) [1] Das Bundesministerium für Ernährung und Landwirtschaft wird ermächtigt, im Einvernehmen mit dem Bundesministerium für Umwelt, Naturschutz und nukleare Sicherheit und dem Bundesministerium der Finanzen durch Rechtsverordnungen ohne Zustimmung des Bundesrates die gebührenpflichtigen Tatbestände und Gebührensätze für Amtshandlungen im Sinne von Absatz 1 Nummer 1 zu bestimmen und dabei feste Sätze, auch in Form von Zeitgebühren oder Rahmensätzen, vorzusehen. [2] In der Rechtsverordnung kann die Erstattung von Auslagen abweichend vom Verwaltungskostengesetz in der bis zum 14. August 2013 geltenden Fassung oder von § 12 Absatz 1 des Bundesgebührengesetzes vom 7. August 2013 (BGBl. I S. 3154), das zuletzt durch Artikel 3 des Gesetzes vom 31. März 2016 (BGBl. I S. 518) geändert worden ist, geregelt werden.

(3) [1] Das Bundesministerium für Umwelt, Naturschutz und nukleare Sicherheit wird ermächtigt, durch Rechtsverordnung ohne Zustimmung des Bundesrates die gebührenpflichtigen Tatbestände und Gebührensätze für Amtshandlungen im Sinne von Absatz 1 Nummer 2 zu bestimmen und dabei feste Sätze, auch in Form von Zeitgebühren oder Rahmensätzen, vorzusehen. [2] In der Rechtsverordnung kann die Erstattung von Auslagen auch abweichend von § 12 Absatz 1 des Bundesgebührengesetzes geregelt werden.

§ 37f Berichte über Kraftstoffe und Energieerzeugnisse. (1) [1] Verpflichtete haben der zuständigen Stelle jährlich bis zum 31. März einen Bericht über die im vorangegangenen Verpflichtungsjahr in Verkehr gebrachten Kraftstoffe und Energie-

(Fortsetzung nächste Seite)

ten. [2]Sie müssen so betrieben werden, daß vermeidbare Emissionen verhindert und unvermeidbare Emissionen auf ein Mindestmaß beschränkt bleiben.

(2) [1]Das Bundesministerium für Verkehr und digitale Infrastruktur und das Bundesministerium für Umwelt, Naturschutz und nukleare Sicherheit bestimmen nach Anhörung der beteiligten Kreise (§ 51) durch Rechtsverordnung mit Zustimmung des Bundesrates die zum Schutz vor schädlichen Umwelteinwirkungen notwendigen Anforderungen an die Beschaffenheit, die Ausrüstung, den Betrieb und die Prüfung der in Absatz 1 Satz 1 genannten Fahrzeuge und Anlagen, auch soweit diese den verkehrsrechtlichen Vorschriften des Bundes unterliegen. [2]Dabei können Emissionsgrenzwerte unter Berücksichtigung der technischen Entwicklung auch für einen Zeitpunkt nach Inkrafttreten der Rechtsverordnung festgesetzt werden.

(3) Wegen der Anforderungen nach Absatz 2 gilt § 7 Abs. 5 entsprechend.

§ 39 Erfüllung von zwischenstaatlichen Vereinbarungen und Rechtsakten der Europäischen Gemeinschaften oder der Europäischen Union. [1]Zur Erfüllung von Verpflichtungen aus zwischenstaatlichen Vereinbarungen oder von bindenden Rechtsakten der Europäischen Gemeinschaften oder der Europäischen Union können zu dem in § 1 genannten Zweck das Bundesministerium für Verkehr und digitale Infrastruktur und das Bundesministerium für Umwelt, Naturschutz und nukleare Sicherheit durch Rechtsverordnung mit Zustimmung des Bundesrates bestimmen, dass die in § 38 genannten Fahrzeuge bestimmten Anforderungen an Beschaffenheit, Ausrüstung, Prüfung und Betrieb genügen müssen. [2]Wegen der Anforderungen nach Satz 1 gilt § 7 Abs. 5 entsprechend.

§ 40 Verkehrsbeschränkungen. (1) [1]Die zuständige Straßenverkehrsbehörde beschränkt oder verbietet den Kraftfahrzeugverkehr nach Maßgabe der straßenverkehrsrechtlichen Vorschriften, soweit ein Luftreinhalteplan oder ein Plan für kurzfristig zu ergreifende Maßnahmen nach § 47 Abs. 1 oder 2 dies vorsehen. [2]Die Straßenverkehrsbehörde kann im Einvernehmen mit der für den Immissionsschutz zuständigen Behörde Ausnahmen von Verboten oder Beschränkungen des Kraftfahrzeugverkehrs zulassen, wenn unaufschiebbare und überwiegende Gründe des Wohls der Allgemeinheit dies erfordern.

(2) [1]Die zuständige Straßenverkehrsbehörde kann den Kraftfahrzeugverkehr nach Maßgabe der straßenverkehrsrechtlichen Vorschriften auf bestimmten Straßen oder in bestimmten Gebieten verbieten oder beschränken, wenn der Kraftfahrzeugverkehr zur Überschreitung von in Rechtsverordnungen nach § 48a Abs. 1a festgelegten Immissionswerten beiträgt und soweit die für den Immissionsschutz zuständige Behörde dies im Hinblick auf die örtlichen Verhältnisse für geboten hält, um schädliche Umwelteinwirkungen durch Luftverunreinigungen zu vermindern oder deren Entstehen zu vermeiden. [2]Hierbei sind die Verkehrsbedürfnisse und die städtebaulichen Belange zu berücksichtigen. [3]§ 47 Abs. 6 Satz 1 bleibt unberührt.

(3) [1]Die Bundesregierung wird ermächtigt, nach Anhörung der beteiligten Kreise (§ 51) durch Rechtsverordnung mit Zustimmung des Bundesrates zu regeln, dass Kraftfahrzeuge mit geringem Beitrag zur Schadstoffbelastung von Verkehrsverboten ganz oder teilweise ausgenommen sind oder ausgenommen werden können, sowie die hierfür maßgebenden Kriterien und die amtliche Kennzeichnung der Kraftfahrzeuge festzulegen. [2]Die Verordnung kann auch regeln, dass bestimmte Fahrten oder Personen ausgenommen sind oder ausgenommen werden können, wenn das Wohl der Allgemeinheit oder unaufschiebbare und überwiegende Interessen des Einzelnen dies erfordern.

§ 41 Straßen und Schienenwege. (1) Bei dem Bau oder der wesentlichen Änderung öffentlicher Straßen sowie von Eisenbahnen, Magnetschwebebahnen und Straßenbahnen ist unbeschadet § 50 sicherzustellen, dass durch diese keine schädlichen Umwelteinwirkungen durch Verkehrsgeräusche hervorgerufen werden können, die nach dem Stand der Technik vermeidbar sind.

(2) Absatz 1 gilt nicht, soweit die Kosten der Schutzmaßnahme außer Verhältnis zu dem angestrebten Schutzzweck stehen würden.

§ 42 Entschädigung für Schallschutzmaßnahmen. (1) [1] Werden im Falle des § 41 die in der Rechtsverordnung nach § 43 Abs. 1 Satz 1 Nr. 1 festgelegten Immissionsgrenzwerte überschritten, hat der Eigentümer einer betroffenen baulichen Anlage gegen den Träger der Baulast einen Anspruch auf angemessene Entschädigung in Geld, es sei denn, dass die Beeinträchtigung wegen der besonderen Benutzung der Anlage zumutbar ist. [2] Dies gilt auch bei baulichen Anlagen, die bei Auslegung der Pläne im Planfeststellungsverfahren oder bei Auslegung des Entwurfs der Bauleitpläne mit ausgewiesener Wegeplanung bauaufsichtlich genehmigt waren.

(2) [1] Die Entschädigung ist zu leisten für Schallschutzmaßnahmen an den baulichen Anlagen in Höhe der erbrachten notwendigen Aufwendungen, soweit sich diese im Rahmen der Rechtsverordnung nach § 43 Abs. 1 Satz 1 Nr. 3 halten. [2] Vorschriften, die weitergehende Entschädigungen gewähren, bleiben unberührt.

(3) [1] Kommt zwischen dem Träger der Baulast und dem Betroffenen keine Einigung über die Entschädigung zustande, setzt die nach Landesrecht zuständige Behörde auf Antrag eines der Beteiligten die Entschädigung durch schriftlichen Bescheid fest. [2] Im Übrigen gelten für das Verfahren die Enteignungsgesetze der Länder entsprechend.

§ 43 Rechtsverordnung der Bundesregierung. (1) [1] Die Bundesregierung wird ermächtigt, nach Anhörung der beteiligten Kreise (§ 51) durch Rechtsverordnung mit Zustimmung des Bundesrates die zur Durchführung des § 41 und des § 42 Abs. 1 und 2 erforderlichen Vorschriften zu erlassen, insbesondere über

1. bestimmte Grenzwerte, die zum Schutz der Nachbarschaft vor schädlichen Umwelteinwirkungen durch Geräusche nicht überschritten werden dürfen, sowie über das Verfahren zur Ermittlung der Emissionen oder Immissionen,
2. bestimmte technische Anforderungen an den Bau von Straßen, Eisenbahnen, Magnetschwebebahnen und Straßenbahnen zur Vermeidung von schädlichen Umwelteinwirkungen durch Geräusche und
3. Art und Umfang der zum Schutz vor schädlichen Umwelteinwirkungen durch Geräusche notwendigen Schallschutzmaßnahmen an baulichen Anlagen.

[2] Der in den Rechtsverordnungen auf Grund des Satzes 1 zur Berücksichtigung der Besonderheiten des Schienenverkehrs vorgesehene Abschlag von 5 Dezibel (A) ist ab dem 1. Januar 2015 und für Schienenbahnen, die ausschließlich der Verordnung über den Bau und Betrieb der Straßenbahnen vom 11. Dezember 1987 (BGBl. I S. 2648) unterliegen, ab dem 1. Januar 2019 nicht mehr anzuwenden, soweit zu diesem Zeit-

(Fortsetzung nächste Seite)

1. Daten zur Eisenbahninfrastruktur und
2. Daten zum Verkehr der Eisenbahnen auf den Schienenwegen.

(3) Die zuständigen Behörden arbeiten bei der Ausarbeitung von Lärmkarten für Grenzgebiete mit den zuständigen Behörden anderer Mitgliedstaaten der Europäischen Union zusammen.

(4) Die Lärmkarten werden mindestens alle fünf Jahre nach dem Zeitpunkt ihrer Erstellung überprüft und bei Bedarf überarbeitet.

(5) [1]Die zuständigen Behörden teilen dem Bundesministerium für Umwelt, Naturschutz und nukleare Sicherheit oder einer von ihm benannten Stelle zum 30. Juni 2005 und danach alle fünf Jahre die Ballungsräume mit mehr als 250 000 Einwohnern, die Hauptverkehrsstraßen mit einem Verkehrsaufkommen von über sechs Millionen Kraftfahrzeugen pro Jahr, die Haupteisenbahnstrecken mit einem Verkehrsaufkommen von über 60 000 Zügen pro Jahr und die Großflughäfen mit. [2]Gleiches gilt zum 31. Dezember 2008 für sämtliche Ballungsräume sowie sämtliche Hauptverkehrsstraßen und Haupteisenbahnstrecken.

(6) Die zuständigen Behörden teilen Informationen aus den Lärmkarten, die in der Rechtsverordnung nach § 47f bezeichnet werden, dem Bundesministerium für Umwelt, Naturschutz und nukleare Sicherheit oder einer von ihm benannten Stelle mit.

§ 47d Lärmaktionspläne. (1) [1]Die zuständigen Behörden stellen bis zum 18. Juli 2008 Lärmaktionspläne auf, mit denen Lärmprobleme und Lärmauswirkungen geregelt werden für

1. Orte in der Nähe der Hauptverkehrsstraßen mit einem Verkehrsaufkommen von über sechs Millionen Kraftfahrzeugen pro Jahr, der Haupteisenbahnstrecken mit einem Verkehrsaufkommen von über 60 000 Zügen pro Jahr und der Großflughäfen,
2. Ballungsräume mit mehr als 250 000 Einwohnern.

[2]Gleiches gilt bis zum 18. Juli 2018 für sämtliche Ballungsräume sowie für sämtliche Hauptverkehrsstraßen und Haupteisenbahnstrecken. [3]Die Festlegung von Maßnahmen in den Plänen ist in das Ermessen der zuständigen Behörden gestellt, sollte aber auch unter Berücksichtigung der Belastung durch mehrere Lärmquellen insbesondere auf die Prioritäten eingehen, die sich gegebenenfalls aus der Überschreitung relevanter Grenzwerte oder aufgrund anderer Kriterien ergeben, und insbesondere für die wichtigsten Bereiche gelten, wie sie in den Lärmkarten ausgewiesen werden.

(2) [1]Die Lärmaktionspläne haben den Mindestanforderungen des Anhangs V der Richtlinie 2002/49/EG zu entsprechen und die nach Anhang VI der Richtlinie 2002/49/EG an die Kommission zu übermittelnden Daten zu enthalten. [2]Ziel dieser Pläne soll es auch sein, ruhige Gebiete gegen eine Zunahme des Lärms zu schützen.

(2a) Öffentliche Eisenbahninfrastrukturunternehmen sind verpflichtet, an der Aufstellung von Lärmaktionsplänen für Orte in der Nähe der Haupteisenbahnstrecken und für Ballungsräume mit Eisenbahnverkehr mitzuwirken.

(3) [1]Die Öffentlichkeit wird zu Vorschlägen für Lärmaktionspläne gehört. [2]Sie erhält rechtzeitig und effektiv die Möglichkeit, an der Ausarbeitung und der Überprüfung der Lärmaktionspläne mitzuwirken. [3]Die Ergebnisse der Mitwirkung sind zu berücksichtigen. [4]Die Öffentlichkeit ist über die getroffenen Entscheidungen zu unterrichten. [5]Es sind angemessene Fristen mit einer ausreichenden Zeitspanne für jede Phase der Beteiligung vorzusehen.

(4) § 47c Abs. 3 gilt entsprechend.

(5) Die Lärmaktionspläne werden bei bedeutsamen Entwicklungen für die Lärmsituation, ansonsten jedoch alle fünf Jahre nach dem Zeitpunkt ihrer Aufstellung überprüft und erforderlichenfalls überarbeitet.

(6) § 47 Abs. 3 Satz 2 und Abs. 6 gilt entsprechend.

(7) Die zuständigen Behörden teilen Informationen aus den Lärmaktionsplänen, die in der Rechtsverordnung nach § 47f bezeichnet werden, dem Bundesministerium für Umwelt, Naturschutz und nukleare Sicherheit oder einer von ihm benannten Stelle mit.

§ 47e Zuständige Behörden. (1) Zuständige Behörden für die Aufgaben dieses Teils des Gesetzes sind die Gemeinden oder die nach Landesrecht zuständigen Behörden, soweit nicht nachstehend Abweichendes geregelt ist.

(2) Die obersten Landesbehörden oder die von ihnen benannten Stellen sind zuständig für die Mitteilungen nach § 47c Abs. 5 und 6 sowie nach § 47d Abs. 7.

(3) Das Eisenbahn-Bundesamt ist zuständig für die Ausarbeitung der Lärmkarten für Schienenwege von Eisenbahnen des Bundes nach § 47c sowie insoweit für die Mitteilung der Haupteisenbahnstrecken nach § 47c Abs. 5, für die Mitteilung der Informationen nach § 47c Abs. 6 und für die Information der Öffentlichkeit über Lärmkarten nach § 47f Abs. 1 Satz 1 Nr. 3.

(4) [1] Abweichend von Absatz 1 ist ab dem 1. Januar 2015 das Eisenbahn-Bundesamt zuständig für die Aufstellung eines bundesweiten Lärmaktionsplanes für die Haupteisenbahnstrecken des Bundes mit Maßnahmen in Bundeshoheit. [2] Bei Lärmaktionsplänen für Ballungsräume wirkt das Eisenbahn-Bundesamt an der Lärmaktionsplanung mit.

§ 47f Rechtsverordnungen. (1) [1] Die Bundesregierung wird ermächtigt, nach Anhörung der beteiligten Kreise (§ 51) durch Rechtsverordnung mit Zustimmung des Bundesrates weitere Regelungen zur Umsetzung der Richtlinie 2002/49/EG in deutsches Recht zu erlassen, insbesondere

1. zur Definition von Lärmindizes und zu ihrer Anwendung,
2. zu den Berechnungsmethoden für Lärmindizes und zur Bewertung gesundheitsschädlicher Auswirkungen,
3. zur Information der Öffentlichkeit über zuständige Behörden sowie Lärmkarten und Lärmaktionspläne,
4. zu Kriterien für die Festlegung von Maßnahmen in Lärmaktionsplänen.

[2] Passt die Kommission gemäß Artikel 12 der Richtlinie 2002/49/EG deren Anhang I Abschnitt 3, Anhang II und Anhang III nach dem Verfahren des Artikels 13 Abs. 2 der Richtlinie 2002/49/EG an den wissenschaftlichen und technischen Fortschritt an, gilt Satz 1 auch insoweit.

(2) Die Bundesregierung wird ermächtigt, nach Anhörung der beteiligten Kreise (§ 51) durch Rechtsverordnung mit Zustimmung des Bundesrates weitere Regelungen zu erlassen

(Fortsetzung nächste Seite)

§ 51a Kommission für Anlagensicherheit. (1) Beim Bundesministerium für Umwelt, Naturschutz und nukleare Sicherheit wird zur Beratung der Bundesregierung oder des zuständigen Bundesministeriums eine Kommission für Anlagensicherheit gebildet.

(2) [1]Die Kommission für Anlagensicherheit soll gutachtlich in regelmäßigen Zeitabständen sowie aus besonderem Anlass Möglichkeiten zur Verbesserung der Anlagensicherheit aufzeigen. [2]Sie schlägt darüber hinaus dem Stand der Sicherheitstechnik entsprechende Regeln (sicherheitstechnische Regeln) unter Berücksichtigung der für andere Schutzziele vorhandenen Regeln vor. [3]Nach Anhörung der für die Anlagensicherheit zuständigen obersten Landesbehörden kann das Bundesministerium für Umwelt, Naturschutz und nukleare Sicherheit diese Regeln im Bundesanzeiger veröffentlichen. [4]Die Kommission für Anlagensicherheit überprüft innerhalb angemessener Zeitabstände, spätestens nach jeweils fünf Jahren, ob die veröffentlichten sicherheitstechnischen Regeln weiterhin dem Stand der Sicherheitstechnik entsprechen.

(3) In die Kommission für Anlagensicherheit sind im Einvernehmen mit dem Bundesministerium für Arbeit und Soziales neben Vertreterinnen oder Vertretern der beteiligten Bundesbehörden sowie der für den Immissions- und Arbeitsschutz zuständigen Landesbehörden insbesondere Vertreterinnen oder Vertreter der Wissenschaft, der Umweltverbände, der Gewerkschaften, der Sachverständigen nach § 29a und der zugelassenen Überwachungsstellen nach § 37 Absatz 5 des Produktsicherheitsgesetzes, der Berufsgenossenschaften, der beteiligten Wirtschaft sowie Vertreterinnen oder Vertreter der nach § 24 der Betriebssicherheitsverordnung und § 21 der Gefahrstoffverordnung eingesetzten Ausschüsse zu berufen.

(4) [1]Die Kommission für Anlagensicherheit wählt aus ihrer Mitte eine Vorsitzende oder einen Vorsitzenden und gibt sich eine Geschäftsordnung. [2]Die Wahl der oder des Vorsitzenden und die Geschäftsordnung bedürfen der im Einvernehmen mit dem Bundesministerium für Arbeit und Soziales zu erteilenden Zustimmung des Bundesministeriums für Umwelt, Naturschutz und nukleare Sicherheit.

§ 51b Sicherstellung der Zustellungsmöglichkeit. [1]Der Betreiber einer genehmigungsbedürftigen Anlage hat sicherzustellen, dass für ihn bestimmte Schriftstücke im Geltungsbereich dieses Gesetzes zugestellt werden können. [2]Kann die Zustellung nur dadurch sichergestellt werden, dass ein Bevollmächtigter bestellt wird, so hat der Betreiber den Bevollmächtigten der zuständigen Behörde zu benennen.

§ 52 Überwachung. (1) [1]Die zuständigen Behörden haben die Durchführung dieses Gesetzes und der auf dieses Gesetz gestützten Rechtsverordnungen zu überwachen. [2]Sie können die dafür erforderlichen Maßnahmen treffen und bei der Durchführung dieser Maßnahmen Beauftragte einsetzen. [3]Sie haben Genehmigungen im Sinne des § 4 regelmäßig zu überprüfen und soweit erforderlich durch nachträgliche Anordnungen nach § 17 auf den neuesten Stand zu bringen. [3]Eine Überprüfung im Sinne von Satz 2 wird in jedem Fall vorgenommen, wenn

1. Anhaltspunkte dafür bestehen, dass der Schutz der Nachbarschaft und der Allgemeinheit nicht ausreichend ist und deshalb die in der Genehmigung festgelegten Begrenzungen der Emissionen überprüft oder neu festgesetzt werden müssen,
2. wesentliche Veränderungen des Standes der Technik eine erhebliche Verminderung der Emissionen ermöglichen,
3. eine Verbesserung der Betriebssicherheit erforderlich ist, insbesondere durch die Anwendung anderer Techniken, oder
4. neue umweltrechtliche Vorschriften dies fordern.

[5]Bei Anlagen nach der Industrieemissions-Richtlinie ist innerhalb von vier Jahren nach der Veröffentlichung von BVT-Schlussfolgerungen zur Haupttätigkeit

1. eine Überprüfung und gegebenenfalls Aktualisierung der Genehmigung im Sinne von Satz 3 vorzunehmen und
2. sicherzustellen, dass die betreffende Anlage die Genehmigungsanforderungen nach § 6 Absatz 1 Nummer 1 und der Nebenbestimmungen nach § 12 einhält.

[6]Satz 5 gilt auch für Genehmigungen, die nach Veröffentlichung von BVT-Schlussfolgerungen auf der Grundlage der bislang geltenden Rechts- und Verwaltungsvorschriften erteilt worden sind. [7]Wird festgestellt, dass eine Einhaltung der nachträglichen Anordnung nach § 17 oder der Genehmigung innerhalb der in Satz 5 bestimmten Frist wegen technischer Merkmale der betroffenen Anlage unverhältnismäßig wäre, kann die zuständige Behörde einen längeren Zeitraum festlegen. [8]Als Teil jeder Überprüfung der Genehmigung hat die zuständige Behörde die Festlegung weniger strenger Emissionsbegrenzungen nach § 7 Absatz 1b Satz 1 Nummer 2 Buchstabe a, § 12 Absatz 1b Satz 1 Nummer 1, § 17 Absatz 2b Satz 1 Nummer 1 und § 48 Absatz 1b Satz 1 Nummer 2 Buchstabe a erneut zu bewerten.

(1a) Im Falle des § 31 Absatz 1 Satz 3 hat die zuständige Behörde mindestens jährlich die Ergebnisse der Emissionsüberwachung zu bewerten, um sicherzustellen, dass die Emissionen unter normalen Betriebsbedingungen die in den BVT-Schlussfolgerungen festgelegten Emissionsbandbreiten nicht überschreiten.

(1b) [1]Zur Durchführung von Absatz 1 Satz 1 stellen die zuständigen Behörden zur regelmäßigen Überwachung von Anlagen nach der Industrieemissions-Richtlinie in ihrem Zuständigkeitsbereich Überwachungspläne und Überwachungsprogramme gemäß § 52a auf. [2]Zur Überwachung nach Satz 1 gehören insbesondere Vor-Ort-Besichtigungen, Überwachung der Emissionen und Überprüfung interner Berichte und Folgedokumente, Überprüfung der Eigenkontrolle, Prüfung der angewandten Techniken und der Eignung des Umweltmanagements der Anlage zur Sicherstellung der Anforderungen nach § 6 Absatz 1 Nummer 1.

(2) [1]Eigentümer und Betreiber von Anlagen sowie Eigentümer und Besitzer von Grundstücken, auf denen Anlagen betrieben werden, sind verpflichtet, den Angehörigen der zuständigen Behörde und deren Beauftragten den Zutritt zu den Grundstücken und zur Verhütung dringender Gefahren für die öffentliche Sicherheit oder Ordnung auch zu Wohnräumen und die Vornahme von Prüfungen einschließlich der Ermittlung von Emissionen und Immissionen zu gestatten sowie die Auskünfte zu erteilen und die Unterlagen vorzulegen, die zur Erfüllung ihrer Aufgaben erforderlich sind. [2]Das Grundrecht der Unverletzlichkeit der Wohnung (Artikel 13 des Grundgesetzes) wird insoweit eingeschränkt. [3]Betreiber von Anlagen, für die ein Immissionsschutzbeauftragter oder ein Störfallbeauftragter bestellt ist, haben diesen auf Verlangen der zuständigen Behörde zu Überwachungsmaßnahmen nach Satz 1 hinzuzuziehen. [4]Im Rahmen der Pflichten nach Satz 1 haben die Eigentümer und Betreiber der Anlagen Arbeitskräfte sowie Hilfsmittel, insbesondere Treibstoffe und Antriebsaggregate, bereitzustellen.

(Fortsetzung nächste Seite)

(5) [1]Nach jeder Vor-Ort-Besichtigung einer Anlage erstellt die zuständige Behörde einen Bericht mit den relevanten Feststellungen über die Einhaltung der Genehmigungsanforderungen nach § 6 Absatz 1 Nummer 1 und der Nebenbestimmungen nach § 12 sowie mit Schlussfolgerungen, ob weitere Maßnahmen notwendig sind. [2]Der Bericht ist dem Betreiber innerhalb von zwei Monaten nach der Vor-Ort-Besichtigung durch die zuständige Behörde zu übermitteln. [3]Der Bericht ist der Öffentlichkeit nach den Vorschriften über den Zugang zu Umweltinformationen innerhalb von vier Monaten nach der Vor-Ort-Besichtigung zugänglich zu machen.

§ 52b Mitteilungspflichten zur Betriebsorganisation. (1) [1]Besteht bei Kapitalgesellschaften das vertretungsberechtigte Organ aus mehreren Mitgliedern oder sind bei Personengesellschaften mehrere vertretungsberechtigte Gesellschafter vorhanden, so ist der zuständigen Behörde anzuzeigen, wer von ihnen nach den Bestimmungen über die Geschäftsführungsbefugnis für die Gesellschaft die Pflichten des Betreibers der genehmigungsbedürftigen Anlage wahrnimmt, die ihm nach diesem Gesetz und nach den auf Grund dieses Gesetzes erlassenen Rechtsverordnungen und allgemeinen Verwaltungsvorschriften obliegen. [2]Die Gesamtverantwortung aller Organmitglieder oder Gesellschafter bleibt hiervon unberührt.

(2) Der Betreiber der genehmigungsbedürftigen Anlage oder im Rahmen ihrer Geschäftsführungsbefugnis die nach Absatz 1 Satz 1 anzuzeigende Person hat der zuständigen Behörde mitzuteilen, auf welche Weise sichergestellt ist, daß die dem Schutz vor schädlichen Umwelteinwirkungen und vor sonstigen Gefahren, erheblichen Nachteilen und erheblichen Belästigungen dienenden Vorschriften und Anordnungen beim Betrieb beachtet werden.

§ 53 Bestellung eines Betriebsbeauftragten für Immissionsschutz. (1) [1]Betreiber genehmigungsbedürftiger Anlagen haben einen oder mehrere Betriebsbeauftragte für Immissionsschutz (Immissionsschutzbeauftragten) zu bestellen, sofern dies im Hinblick auf die Art oder die Größe der Anlagen wegen der

1. von den Anlagen ausgehenden Emissionen,
2. technischen Problemen der Emissionsbegrenzung oder
3. Eignung der Erzeugnisse, bei bestimmungsgemäßer Verwendung schädliche Umwelteinwirkungen durch Luftverunreinigungen, Geräusche oder Erschütterungen hervorzurufen,

erforderlich ist. [2]Das Bundesministerium für Umwelt, Naturschutz und nukleare Sicherheit bestimmt nach Anhörung der beteiligten Kreise (§ 51) durch Rechtsverordnung mit Zustimmung des Bundesrates die genehmigungsbedürftigen Anlagen, deren Betreiber Immissionsschutzbeauftragte zu bestellen haben.

(2) Die zuständige Behörde kann anordnen, daß Betreiber genehmigungsbedürftiger Anlagen, für die die Bestellung eines Immissionsschutzbeauftragten nicht durch Rechtsverordnung vorgeschrieben ist, sowie Betreiber nicht genehmigungsbedürftiger Anlagen einen oder mehrere Immissionsschutzbeauftragte zu bestellen haben, soweit sich im Einzelfall die Notwendigkeit der Bestellung aus den in Absatz 1 Satz 1 genannten Gesichtspunkten ergibt.

§ 54 Aufgaben. (1) [1]Der Immissionsschutzbeauftragte berät den Betreiber und die Betriebsangehörigen in Angelegenheiten, die für den Immissionsschutz bedeutsam sein können. [2]Er ist berechtigt und verpflichtet,

1. auf die Entwicklung und Einführung
   a) umweltfreundlicher Verfahren, einschließlich Verfahren zur Vermeidung oder ordnungsgemäßen und schadlosen Verwertung der beim Betrieb entstehenden Abfälle oder deren Beseitigung als Abfall sowie zur Nutzung von entstehender Wärme,
   b) umweltfreundlicher Erzeugnisse, einschließlich Verfahren zur Wiedergewinnung und Wiederverwendung,

hinzuwirken,

2. bei der Entwicklung und Einführung umweltfreundlicher Verfahren und Erzeugnisse mitzuwirken, insbesondere durch Begutachtung der Verfahren und Erzeugnisse unter dem Gesichtspunkt der Umweltfreundlichkeit,
3. soweit dies nicht Aufgabe des Störfallbeauftragten nach § 58b Abs. 1 Satz 2 Nr. 3 ist, die Einhaltung der Vorschriften dieses Gesetzes und der auf Grund dieses Gesetzes erlassenen Rechtsverordnungen und die Erfüllung erteilter Bedingungen und Auflagen zu überwachen, insbesondere durch Kontrolle der Betriebsstätte in regelmäßigen Abständen, Messungen von Emissionen und Immissionen, Mitteilung festgestellter Mängel und Vorschläge über Maßnahmen zur Beseitigung dieser Mängel,
4. die Betriebsangehörigen über die von der Anlage verursachten schädlichen Umwelteinwirkungen aufzuklären sowie über die Einrichtungen und Maßnahmen zu ihrer Verhinderung unter Berücksichtigung der sich aus diesem Gesetz oder Rechtsverordnungen auf Grund dieses Gesetzes ergebenden Pflichten.

(2) Der Immissionsschutzbeauftragte erstattet dem Betreiber jährlich einen Bericht über die nach Absatz 1 Satz 2 Nr. 1 bis 4 getroffenen und beabsichtigten Maßnahmen.

§ 55 Pflichten des Betreibers. (1) [1]Der Betreiber hat den Immissionsschutzbeauftragten schriftlich zu bestellen und die ihm obliegenden Aufgaben genau zu bezeichnen. [2]Der Betreiber hat die Bestellung des Immissionsschutzbeauftragten und die Bezeichnung seiner Aufgaben sowie Veränderungen in seinem Aufgabenbereich und dessen Abberufung der zuständigen Behörde unverzüglich anzuzeigen. [3]Dem Immissionsschutzbeauftragten ist eine Abschrift der Anzeige auszuhändigen.

(1a) [1]Der Betreiber hat den Betriebs- oder Personalrat vor der Bestellung des Immissionsschutzbeauftragten unter Bezeichnung der ihm obliegenden Aufgaben zu unterrichten. [2]Entsprechendes gilt bei Veränderungen im Aufgabenbereich des Immissionsschutzbeauftragten und bei dessen Abberufung.

(2) [1]Der Betreiber darf zum Immissionsschutzbeauftragten nur bestellen, wer die zur Erfüllung seiner Aufgaben erforderliche Fachkunde und Zuverlässigkeit besitzt. [2]Werden der zuständigen Behörde Tatsachen bekannt, aus denen sich ergibt, daß der Immissionsschutzbeauftragte nicht die zur Erfüllung seiner Aufgaben erforderliche Fachkunde oder Zuverlässigkeit besitzt, kann sie verlangen, daß der Betreiber einen anderen Immissionsschutzbeauftragten bestellt. [3]Das Bundesministerium für Umwelt, Naturschutz und nukleare Sicherheit wird ermächtigt, nach Anhörung der beteiligten Kreise (§ 51) durch Rechtsverordnung mit Zustimmung des Bundesrates vorzu-

(Fortsetzung nächste Seite)

(3) Der Betreiber kann dem Störfallbeauftragten für die Beseitigung und die Begrenzung der Auswirkungen von Störungen des bestimmungsgemäßen Betriebs, die zu Gefahren für die Allgemeinheit und die Nachbarschaft führen können oder bereits geführt haben, Entscheidungsbefugnisse übertragen.

§ 58d Verbot der Benachteiligung des Störfallbeauftragten, Kündigungsschutz. § 58 gilt für den Störfallbeauftragten entsprechend.

§ 58e Erleichterungen für auditierte Unternehmensstandorte. (1) Die Bundesregierung wird ermächtigt, zur Förderung der privaten Eigenverantwortung für EMAS-Standorte durch Rechtsverordnung mit Zustimmung des Bundesrates Erleichterungen zum Inhalt der Antragsunterlagen im Genehmigungsverfahren sowie überwachungsrechtliche Erleichterungen vorzusehen, soweit die entsprechenden Anforderungen der Verordnung (EG) Nr. 1221/2009 gleichwertig mit den Anforderungen sind, die zur Überwachung und zu den Antragsunterlagen nach diesem Gesetz oder nach den auf Grund dieses Gesetzes erlassenen Rechtsverordnungen vorgesehen sind oder soweit die Gleichwertigkeit durch die Rechtsverordnung nach dieser Vorschrift sichergestellt wird.

(2) Durch Rechtsverordnung nach Absatz 1 können weitere Voraussetzungen für die Inanspruchnahme und die Rücknahme von Erleichterungen oder die vollständige oder teilweise Aussetzung von Erleichterungen für Fälle festgelegt werden, in denen die Voraussetzungen für deren Gewährung nicht mehr vorliegen.

(3) [1]Durch Rechtsverordnung nach Absatz 1 können ordnungsrechtliche Erleichterungen gewährt werden, wenn der Umweltgutachter oder die Umweltgutachterorganisation die Einhaltung der Umweltvorschriften geprüft hat, keine Abweichungen festgestellt hat und dies in der Validierung bescheinigt. [2]Dabei können insbesondere Erleichterungen vorgesehen werden zu

1. Kalibrierungen, Ermittlungen, Prüfungen und Messungen,
2. Messberichten sowie sonstigen Berichten und Mitteilungen von Ermittlungsergebnissen,
3. Aufgaben des Immissionsschutz- und Störfallbeauftragten,
4. Mitteilungspflichten zur Betriebsorganisation und
5. der Häufigkeit der behördlichen Überwachung.

§ 59 Zuständigkeit bei Anlagen der Landesverteidigung. Die Bundesregierung wird ermächtigt, durch Rechtsverordnung mit Zustimmung des Bundesrates zu bestimmen, dass der Vollzug dieses Gesetzes und der auf dieses Gesetz gestützten Rechtsverordnungen bei Anlagen, die der Landesverteidigung dienen, Bundesbehörden obliegt.

§ 60 Ausnahmen für Anlagen der Landesverteidigung. (1) [1]Das Bundesministerium der Verteidigung kann für Anlagen nach § 3 Absatz 5 Nummer 1 und 3, die der Landesverteidigung dienen, in Einzelfällen, auch für bestimmte Arten von Anlagen, Ausnahmen von diesem Gesetz und von den auf dieses Gesetz gestützten Rechtsverordnungen zulassen, soweit dies zwingende Gründe der Verteidigung oder die Erfüllung zwischenstaatlicher Verpflichtungen erfordern. [2]Dabei ist der Schutz vor schädlichen Umwelteinwirkungen zu berücksichtigen.

(2) [1]Die Bundeswehr darf bei Anlagen nach § 3 Absatz 5 Nummer 2, die ihrer Bauart nach ausschließlich zur Verwendung in ihrem Bereich bestimmt sind, von den Vorschriften dieses Gesetzes und der auf dieses Gesetz gestützten Rechtsverordnungen abweichen, soweit dies zur Erfüllung ihrer besonderen Aufgaben zwingend erforderlich ist. [2]Die auf Grund völkerrechtlicher Verträge in der Bundesrepublik Deutschland stationierten

Truppen dürfen bei Anlagen nach § 3 Absatz 5 Nummer 2, die zur Verwendung in deren Bereich bestimmt sind, von den Vorschriften dieses Gesetzes und der auf dieses Gesetz gestützten Rechtsverordnungen abweichen, soweit dies zur Erfüllung ihrer besonderen Aufgaben zwingend erforderlich ist.

§ 61 Berichterstattung an die Europäische Kommission. (1) [1]Die Länder übermitteln dem Bundesministerium für Umwelt, Naturschutz und nukleare Sicherheit nach dessen Vorgaben Informationen über die Umsetzung der Richtlinie 2010/75/EU, insbesondere über repräsentative Daten über Emissionen und sonstige Arten von Umweltverschmutzung, über Emissionsgrenzwerte und darüber, inwieweit der Stand der Technik angewendet wird. [2]Die Länder stellen diese Informationen auf elektronischem Wege zur Verfügung. [3]Art und Form der von den Ländern zu übermittelnden Informationen sowie der Zeitpunkt ihrer Übermittlung richten sich nach den Anforderungen, die auf der Grundlage von Artikel 72 Absatz 2 der Richtlinie 2010/75/EU festgelegt werden. [4]§ 5 Absatz 1 Satz 2, Absatz 2 bis 6 des Gesetzes zur Ausführung des Protokolls über Schadstofffreisetzungs- und -verbringungsregister vom 21. Mai 2003 sowie zur Durchführung der Verordnung (EG) Nr. 166/2006 gilt entsprechend.

(2) [1]Die Länder übermitteln dem Bundesministerium für Umwelt, Naturschutz und nukleare Sicherheit nach dessen Vorgaben Informationen über die Umsetzung der Richtlinie 2012/18/EU sowie über die unter diese Richtlinie fallenden Betriebsbereiche. [2]Art und Form der von den Ländern zu übermittelnden Informationen sowie der Zeitpunkt ihrer Übermittlung richten sich nach den Anforderungen, die auf der Grundlage von Artikel 21 Absatz 5 der Richtlinie 2012/18/EU festgelegt werden. [3]Absatz 1 Satz 2 und 4 gilt entsprechend.

§ 62 Ordnungswidrigkeiten. (1) Ordnungswidrig handelt, wer vorsätzlich oder fahrlässig

1. eine Anlage ohne die Genehmigung nach § 4 Absatz 1 errichtet,
2. einer auf Grund des § 7 erlassenen Rechtsverordnung oder auf Grund einer solchen Rechtsverordnung erlassenen vollziehbaren Anordnung zuwiderhandelt, soweit die Rechtsverordnung für einen bestimmten Tatbestand auf diese Bußgeldvorschrift verweist,
3. entgegen § 31 Absatz 1 Satz 1 eine dort genannte Zusammenfassung oder dort genannte Daten nicht, nicht richtig, nicht vollständig oder nicht rechtzeitig vorlegt,

3a. entgegen § 31 Absatz 5 Satz 1 eine Mitteilung nicht, nicht richtig, nicht vollständig oder nicht rechtzeitig macht,

4. die Lage, die Beschaffenheit oder den Betrieb einer genehmigungsbedürftigen Anlage ohne die Genehmigung nach § 16 Absatz 1 wesentlich ändert,

4a. ohne Genehmigung nach § 16a Satz 1 oder § 23b Absatz 1 Satz 1 eine dort genannte Anlage störfallrelevant ändert oder störfallrelevant errichtet,

5. einer vollziehbaren Anordnung nach § 17 Absatz 1 Satz 1 oder 2, jeweils auch in Verbindung mit Absatz 5, § 24 Satz 1, § 26, § 28 Satz 1 oder § 29 nicht, nicht richtig, nicht vollständig oder nicht rechtzeitig nachkommt,
6. eine Anlage entgegen einer vollziehbaren Untersagung nach § 25 Absatz 1 betreibt,
7. einer auf Grund der §§ 23, 32, 33 Absatz 1 Nummer 1 oder 2, §§ 34, 35, 37, 38 Absatz 2, § 39 oder § 48a Absatz 1 Satz 1 oder 2, Absatz 1a oder 3 erlassenen Rechtsverordnung oder einer auf Grund einer solchen Rechtsverordnung ergangenen vollziehbaren Anordnung zuwiderhandelt, soweit die Rechtsverordnung für einen bestimmten Tatbestand auf diese Bußgeldvorschrift verweist,

7a. entgegen § 38 Absatz 1 Satz 2 Kraftfahrzeuge und ihre Anhänger, die nicht zum Verkehr auf öffentlichen Straßen zugelassen sind, Schienen-, Luft- und Wasserfahrzeuge sowie Schwimmkörper und schwimmende Anlagen nicht so betreibt, dass vermeidbare Emissionen verhindert und unvermeidbare Emissionen auf ein Mindestmaß beschränkt bleiben oder

8. entgegen einer Rechtsverordnung nach § 49 Absatz 1 Nummer 2 oder einer auf Grund einer solchen Rechtsverordnung ergangenen vollziehbaren Anordnung eine ortsfeste Anlage errichtet, soweit die Rechtsverordnung für einen bestimmten Tatbestand auf diese Bußgeldvorschrift verweist,

9. entgegen § 37c Absatz 1 Satz 1 bis 3 der zuständigen Stelle die dort genannten Angaben nicht, nicht richtig, nicht vollständig oder nicht rechtzeitig mitteilt oder nicht oder nicht rechtzeitig eine Kopie des Vertrages mit dem Dritten vorlegt,

10. entgegen § 37c Absatz 1 Satz 4, auch in Verbindung mit Satz 5, oder Satz 6 der zuständigen Stelle die dort genannten Angaben nicht richtig mitteilt.

11. entgegen § 37f Absatz 1 Satz 1, auch in Verbindung mit einer Rechtsverordnung nach § 37d Absatz 2 Satz 1 Nummer 14, der zuständigen Stelle einen Bericht nicht, nicht richtig, nicht vollständig oder nicht rechtzeitig vorlegt.

(2) Ordnungswidrig handelt ferner, wer vorsätzlich oder fahrlässig

1. entgegen § 15 Absatz 1 oder 3 eine Anzeige nicht, nicht richtig, nicht vollständig oder nicht rechtzeitig macht,

1a. entgegen § 15 Absatz 2 Satz 2 eine Änderung vornimmt,

1b. entgegen § 23a Absatz 1 Satz 1 eine Anzeige nicht, nicht richtig, nicht vollständig oder nicht rechtzeitig macht,

2. entgegen § 27 Absatz 1 Satz 1 in Verbindung mit einer Rechtsverordnung nach Absatz 4 Satz 1 eine Emissionserklärung nicht, nicht richtig, nicht vollständig oder nicht rechtzeitig abgibt oder nicht, nicht richtig, nicht vollständig oder nicht rechtzeitig ergänzt,

3. entgegen § 31 Absatz 1 Satz 1 eine dort genannte Zusammenfassung oder dort genannte Daten nicht, nicht richtig, nicht vollständig oder nicht rechtzeitig vorlegt,

3a. entgegen § 31 Absatz 5 Satz 1 eine Mitteilung nicht, nicht richtig, nicht vollständig oder nicht rechtzeitig macht,

das Ergebnis der Ermittlungen nicht mitteilt oder die Aufzeichnungen der Meßgeräte nicht aufbewahrt,

4. entgegen § 52 Absatz 2 Satz 1, 3 oder 4, auch in Verbindung mit Absatz 3 Satz 1 oder Absatz 6 Satz 1 Auskünfte nicht, nicht richtig, nicht vollständig oder nicht rechtzeitig erteilt, eine Maßnahme nicht duldet, Unterlagen nicht vorlegt, beauftragte Personen nicht hinzuzieht oder einer dort sonst genannten Verpflichtung zuwiderhandelt,

5. entgegen § 52 Absatz 3 Satz 2 die Entnahme von Stichproben nicht gestattet,

6. eine Anzeige nach § 67 Absatz 2 Satz 1 nicht, nicht richtig, nicht vollständig oder nicht rechtzeitig erstattet oder

7. entgegen § 67 Absatz 2 Satz 2 Unterlagen nicht, nicht richtig, nicht vollständig oder nicht rechtzeitig vorlegt.

(3) [1] Ordnungswidrig handelt, wer vorsätzlich oder fahrlässig

1. einer unmittelbar geltenden Vorschrift in Rechtsakten der Europäischen Union zuwiderhandelt, die inhaltlich

a) einem in Absatz 1 Nummer 1, 3, 4, 5, 6, 7a, 9 oder Nummer 10 oder
b) einem in Absatz 2

bezeichneten Gebot oder Verbot entspricht, soweit eine Rechtsverordnung nach Satz 2 für einen bestimmten Tatbestand auf diese Bußgeldvorschrift verweist, oder

2. einer unmittelbar geltenden Vorschrift in Rechtsakten der Europäischen Union zuwiderhandelt, die inhaltlich einer Regelung entspricht, zu der die in Absatz 1 Nummer 2, 7 oder Nummer 8 genannten Vorschriften ermächtigen, soweit eine Rechtsverordnung nach Satz 2 für einen bestimmten Tatbestand auf diese Bußgeldvorschrift verweist.

[2]Das Bundesministerium für Umwelt, Naturschutz und nukleare Sicherheit wird ermächtigt, soweit dies zur Durchsetzung der Rechtsakte der Europäischen Union erforderlich ist, durch Rechtsverordnung mit Zustimmung des Bundesrates die Tatbestände zu bezeichnen, die als Ordnungswidrigkeit geahndet werden können.

(4) Die Ordnungswidrigkeit kann in den Fällen der Absätze 1 und 3 Nummer 1 Buchstabe a und Nummer 2 mit einer Geldbuße bis zu fünfzigtausend Euro und in den übrigen Fällen mit einer Geldbuße bis zu zehntausend Euro geahndet werden.

(5) Verwaltungsbehörde im Sinne des § 36 Absatz 1 Nummer 1 des Gesetzes über Ordnungswidrigkeiten ist in den Fällen des Absatzes 1 Nummer 9 bis 11 die zuständige Stelle.

§§ 63 bis 65. (weggefallen)

Achter Teil. Schlussvorschriften

§ 66 Fortgeltung von Vorschriften. (1) (aufgehoben)

(2) Bis zum Inkrafttreten von entsprechenden Rechtsverordnungen oder allgemeinen Verwaltungsvorschriften nach diesem Gesetz ist die Allgemeine Verwaltungsvorschrift zum Schutz gegen Baulärm – Geräuschimmissionen – vom 19. August 1970 (Beilage zum BAnz. Nr. 160 vom 1. September 1970) maßgebend.

§ 67 Übergangsvorschrift. (1) Eine Genehmigung, die vor dem Inkrafttreten dieses Gesetzes nach § 16 oder § 25 Absatz 1 der Gewerbeordnung erteilt worden ist, gilt als Genehmigung nach diesem Gesetz fort.

(2) [1]Eine genehmigungsbedürftige Anlage, die bei Inkrafttreten der Verordnung nach § 4 Absatz 1 Satz 3 errichtet oder wesentlich geändert ist, oder mit deren Errichtung oder wesentlichen Änderung begonnen worden ist, muss innerhalb eines Zeitraums von drei Monaten nach Inkrafttreten der Verordnung der zuständigen Behörde angezeigt werden, sofern die Anlage nicht nach § 16 Absatz 1 oder § 25 Absatz 1 der Gewerbeordnung genehmigungsbedürftig war oder nach § 16 Absatz 4 der Gewerbeordnung angezeigt worden ist. [2]Der zuständigen Behörde sind innerhalb eines Zeitraums von zwei Monaten nach Erstattung der Anzeige Unterlagen gemäß § 10 Absatz 1 über Art, Lage, Umfang und Betriebsweise der Anlage im Zeitpunkt des Inkrafttretens der Verordnung nach § 4 Absatz 1 Satz 3 vorzulegen.

(3) Die Anzeigepflicht nach Absatz 2 gilt nicht für ortsveränderliche Anlagen, die im vereinfachten Verfahren (§ 19) genehmigt werden können.

Soweit der Genehmigungsbescheid Geschäfts- oder Betriebsgeheimnisse enthält, sind die entsprechenden Stellen unkenntlich zu machen. Absatz 8 Satz 3, 5 und 6 gilt entsprechend.

(9) **Die Absätze 1 bis 8 gelten entsprechend für die Erteilung eines Vorbescheides.**

(10) **Die Bundesregierung wird ermächtigt, durch Rechtsverordnung mit Zustimmung des Bundesrates das Genehmigungsverfahren zu regeln; in der Rechtsverordnung kann auch das Verfahren bei Erteilung einer Genehmigung im vereinfachten Verfahren (§ 19) sowie bei der Erteilung eines Vorbescheides (§ 9), einer Teilgenehmigung (§ 8) und einer Zulassung vorzeitigen Beginns (§ 8a) geregelt werden. In der Verordnung ist auch näher zu bestimmen, welchen Anforderungen das Genehmigungsverfahren für Anlagen genügen muss, für die nach dem Gesetz über die Umweltverträglichkeitsprüfung (UVPG) eine Umweltverträglichkeitsprüfung durchzuführen ist.**

(11) **Das Bundesministerium der Verteidigung wird ermächtigt, im Einvernehmen mit dem Bundesministerium für Umwelt, Naturschutz und nukleare Sicherheit durch Rechtsverordnung mit Zustimmung des Bundesrates das Genehmigungsverfahren für Anlagen, die der Landesverteidigung dienen, abweichend von den Absätzen 1 bis 9 zu regeln.**

Schrifttum (Auswahl): A. Erläuterungswerke und sonstige Schriften: *Bender/Sparwasser/Engel,* Umweltrecht, Grundzüge des öffentlichen Umweltschutzrechts, 4. Aufl. 2000; *Erbguth/Schlacke,* Umweltrecht, 6. Aufl. 2016; *Eversberg,* Der Zeitfaktor im bundesimmissionsschutzrechtlichen Genehmigungsverfahren, 1999; *Feldhaus,* Bundesimmissionsschutzrecht, Loseblatt, 181. Ergänzungslieferung (Mai 2018); *Führ,* Gemeinschaftskommentar zum Bundes-Immissionsschutzgesetz, 2016; *Führ,* Gemeinschaftkommentar zum Bundesimmissionsschutzgesetz, Loseblattausgabe (Stand Juni 2014); *Harder,* Das immissionsschutzrechtliche Genehmigungsverfahren, 1987; *Hett,* Öffentlichkeitsbeteiligung bei atom- und immissionsschutzrechtlichen Genehmigungsverfahren, 1994; *Hoppe/Beckmann/Kauch,* Umweltrecht, 2. Aufl. 2000; *Hufen/Siegel,* Fehler im Verwaltungsverfahren, 5. Aufl. 2013; *Jarass,* Bundes-Immissionsschutzgesetz, 12. Aufl. 2017; *Kloepfer,* Umweltrecht, 4. Aufl. 2016; *Koch/Pache/Scheuing* Gemeinschaftskommentar zum Bundes-Immissionsschutzgesetz Loseblatt 36. Ergänzungslieferung (Juni 2014); *Kluth,* Umweltrecht, 2013; *Kopp/Ramsauer,* Verwaltungsverfahrensgesetz, 15. Aufl. 2014; *Kopp/Schenke,* Verwaltungsgerichtsordnung, 20. Aufl. 2014; *Kreppel,* Rechtsnachfolge in anlagenbezogene Zulassungsakte im Bereich des Umweltrechts, 1998; *Maunz/Dürig,* Grundgesetz, Loseblatt, 83. Ergänzungslieferung (April 2018); *Nicklas,* Implementationsprobleme des EG-Umweltrechts, 1997; *Redeker/von Oertzen,* Verwaltungsgerichtsordnung, 16. Aufl. 2014; *Ronellenfitsch,* Beschleunigung und Vereinfachung der Anlagenzulassungsverfahren, 1994; *Schönke/Schröder,* Strafgesetzbuch, 29. Aufl. 2014; *Sellner,* Immissionsschutzrecht und Industrieanlagen, 2. Aufl. 1988; *Stelkens/Bonk/Sachs,* Verwaltungsverfahrensgesetz, 9. Aufl. 2018; *Ule/Laubinger/Repkewitz,* Bundes-Immissionsschutzrecht, Loseblatt, 222. Ergänzungslieferung (August 2018); *Wachs,* Das Recht auf Akteneinsicht im immissionsschutzrechtlichen Genehmigungsverfahren, 1996; *Wickel,* Bestandsschutz im Umweltrecht. Entwicklung einer einheitlichen Bestandsschutzkonzeption für genehmigte Anlagen, 1996; *Wilting,* Gestuftes atomrechtliches Genehmigungsverfahren und Bürgerbeteiligung, 1985.

B. Aufsätze: *Bothe,* Grenzüberschreitender Verwaltungsrechtsschutz gegen umweltbelastende Anlagen, UPR 1983, 1; *Breuer,* Anlagengenehmigung und Grundpflichten, in: FSf. Feldhaus, 1999, 49; *Breuer,* Schutz von Betriebs- und Geschäftsgeheimnissen im Umweltrecht, NVwZ 1986, 171; *Bunge,* Der Rechtsschutz in Umweltangelegenheiten in Deutschland – Stand und offene Fragen, ZUR 2015, 531; *v. Danwitz,* Umweltrechtliche Präklusionsnormen zwischen Verwaltungseffizienz und Rechtsschutzgarantie, UPR 1996, 323; *Degenhart,* Präklusion im Verwaltungsprozeß, in: FSf. Menger, 1985, 621; *Di Fabio,* Integratives Umweltrecht, NVwZ 1998, 329; *Dolde,* Grundrechtsschutz durch einfaches Verfahrensrecht?, NVwZ 1982, 65; *Dolde,* Die EG-Richtlinie über die integrierte Vermeidung und Verminderung der Umweltverschmutzung (IVU-Richtlinie), NVwZ 1997, 313; *Ekardt,* Das Umweltrechtsbehelfsgesetz vor dem EuGH und dem BVerwG, NVwZ 2012, 530; *Ekhardt/Pöhlmann,* Die neue EG-Öffentlichkeitsrichtlinie – mehr Partizipation für die Bürger?, ThürVBl. 2005, 252; *Enders/Krings,* Das Artikelgesetz aus immissionsschutz- und abfallrechtlicher Sicht, DVBl. 2001, 1389; *Feldhaus,* Entwicklung des Immissionsschutzrechts, NVwZ 1998, 1138;

Feldhaus, Integriertes Anlagenzulassungsrecht – materiell- und verfahrensrechtliche Anforderungen nach neuem Recht, ZUR 2002, 1; *Fluck,* Die Änderungen des Umweltrechts zur Investitionsbeschleunigung, DB 1993, 2011; *Fröhler,* Effektiver Rechtsschutz bei der Genehmigung technischer Großanlagen, in: FSf. Ule, 1987, 55; *Gärditz,* Verwaltungsgerichtlicher Rechtsschutz im Umweltrecht, NVwZ 2014, 1; *Gerhardt/Jacob,* Die ungeliebte Öffentlichkeit, DÖV 1986, 258; *Grimm,* Verfahrensfehler als Grundrechtsverstöße, NVwZ 1985, 865; *Hansmann,* Immissionsschutz und Föderalismus, Immissionsschutz 2001, 84; *Hildebrandt/Koch,* Unionsrechtswidrigkeit der Präklusion – Neues aus Leipzig?, NVwZ 2017, 1099; *Hofmann,* Ausgewählte Probleme des allgemeinen Umweltrechts, Die Verwaltung 2017, 247; *Hofmann,* Der Abschied von der (ohnehin meist falsch verstandenen) Verfahrensautonomie der Mitgliedstaaten?, EuR 2016, 188; *Hoppe/Püchel,* Zur Anwendung der Art. 3 und 8 EG-Richtlinie zur UVP bei der Genehmigung nach dem Bundes-Immissionsschutzgesetz, DVBl. 1988, 1; *Huber,* Der Immissionsschutz im Brennpunkt des modernen Verwaltungsrechts, AöR 114 (1989), 252; *Hufen,* Zur Systematik der Folgen von Verfahrensfehlern – eine Bestandsaufnahme nach zehn Jahren VwVfG, DVBl. 1988, 69; *Jarass,* Verfahrensfehler – Verfahrensverstöße im Genehmigungsverfahren: Folgen, Rechtsschutz, Präklusion, in: FSf. Battis, 2014, 467; *Jarass,* Grundstrukturen des Gesetzes über die Umweltverträglichkeitsprüfung, NuR 1991, 201; *Jarass,* Die Kontrolle gefährlicher Anlagen nach dem Bundesimmissionsschutzgesetz, JuS 1984, 351; *Keller,* Drittanfechtungen im Umweltrecht durch Umweltvereinigungen und Individualkläger, NVwZ 2017, 1080; *Kloepfer,* Grenzüberschreitende Umweltbelastungen als Rechtsproblem, DVBl. 1984, 245; *Knäpple,* Gesetz zur Reduzierung und Beschleunigung von immissionsschutzrechtlichen Genehmigungsverfahren, Immissionsschutz 2008, 28; *Knopp,* Öffentlichkeitsbeteiligungsgesetz und Umwelt-Rechtsbehelfsgesetz, ZUR 2005, 281; *Konrad,* Verwaltungsrechtsschutz im Nachbarschaftsverhältnis, BayVBl. 1984, 33; *Korbmacher,* Das atomrechtliche Anhörungsverfahren, UPR 1994, 325; *Kormann,* Lastenverteilung bei Mehrheit von Umweltstörern, UPR 1983, 281; *Kutscheidt,* Die Umsetzung des Integrationsgebots im Anlagenzulassungsrecht, NVwZ 2001, Sonderheft, 26; *Lecheler,* Planungsbeschleunigung bei verstärkter Öffentlichkeitsbeteiligung und Ausweitung des Rechtsschutzes?, DVBl. 2007, 713; *Lukes,* Klagebefugnis und Verwaltungsverfahrensbeteiligung für ausländische Nachbarn am Beispiel des Immissionsschutzrechts, GewArch 1986, 1; *Maaß,* Behördenkoordination im immissionsschutzrechtlichen Genehmigungsverfahren, DVBl. 2002, 364; *Manten,* Volle Kraft voraus – Gesetz zur Reduzierung und Beschleunigung von immissionsschutzrechtlichen Genehmigungsverfahren, DVBl. 2009, 213; *Michl,* Die Umweltverbandsklage nach dem Regierungsentwurf zur Anpassung des UmwRG an europa- und völkerrechtliche Vorgaben, NuR 2016, 543; *Müggenborg,* Einführung in das Artikelgesetz zur Umsetzung der UVP-Änderungsrichtlinie, der IVU-Richtlinie und weiterer EG-Richtlinien zum Umweltschutz, SächsVBl. 2001, 205; *v. Mutius,* Akteneinsicht in atom- und immissionsschutzrechtlichen Genehmigungsverfahren, DVBl. 1978, 665; *Ochtendung,* Neuere Entwicklungen des Anlagengenehmigungsrechts nach BImSchG, ZUR 2006, 184; *Papier,* Einwendungen Dritter im Verwaltungsverfahren, NJW 1980, 313; *Paulus,* Immissionsschutzrechtliche Öffentlichkeitsbeteiligung im Lichte aktueller gemeinschaftsrechtlicher Vorgaben, AUR 2006, 167; *Pützenbacher/Sailer,* Der Zugang zu Umweltinformationen bei Kommunen und Landesbehörden nach der Neufassung des Umweltinformationsgesetzes (UIG), NVwZ 2006, 1257; *Rebentisch,* Probleme des Geheimnisschutzes im Rahmen der Emmissionserklärung, NJW 1980, 99; *Redeker,* Grundgesetzliche Rechte auf Verfahrensteilhaben, NJW 1980, 1593; *Reidt,* Rechtsprobleme bei Bodenuntersuchungen im Rahmen immissionsschutzrechtlicher Genehmigungsverfahren, UPR 1992, 172; *Reinhardt,* Wasserrechtliche Richtlinientransformation zwischen Gewässerschutzrichtlinie und Wasserrahmenrichtlinie, DVBl. 2001, 145; *Rieger/Groß,* Wegfall der Präklusion in UVP-Verfahren, NzBau 2017, 195; *Roßnagel,* Die Genehmigung von Großvorhaben durch Verweisung auf technischen Antragsunterlagen, UPR 1995, 121; *Roßnagel,* Kritischer Verstand für die praktische Vernunft?, DVBl. 1995, 644; *Schäfer,* Zur Beschleunigung des Genehmigungsverfahrens nach dem Bundes-Immissionsschutzgesetz, DÖV 1977, 88; *Schink/Erbguth,* Die Umweltverträglichkeitsprüfung im immissionsschutzrechtlichen Zulassungsverfahren, DVBl. 1991, 413; *Schlacke,* Die Novelle des UmwRG 2017, NVwZ 2017, 905; *Schmehl,* Die verfassungsrechtlichen Rahmenbedingungen des Bestands- und Vertrauensschutzes bei Genehmigungen unter Änderungsvorbehalt, DVBl. 1999, 19; *Schmidt-Preuß,* Integrative Anforderungen an das Verfahren der Vorhabenzulassung – Anwendung und Umsetzung der IVU-Richtlinie, NVwZ 2000, 252; *Schüren/Kramer,* EuGH-Entscheidung zum UmwRG: Das Aus für materielle Präklusion und traditionelle Verfahrensfehlerfolgenlehre?, ZUR 2016, 400; *v. Schwanenflug/Strohmayr,* Rechtsschutz von Kommunen gegen UVP-pflichtige Vorhaben, NVwZ 2006, 395; *Seibert,* Die Beachtlichkeit von Fehlern im Verwaltungsverfahren gemäß § 46 VwVfG und die Konsequenzen für das verwaltungsgerichtliche Verfahren, in: FSf. Zeidler, 1987, 469; *Sellner,* Die Genehmigung nach dem Bundes-Immissionsschutz-

einträchtigung geltend gemacht werden können, ist umstritten (grds. bejahend OLG Hamm ZUR 2018, 119; *Frank* NVwZ 2017, 664 (668f.); *Kling* Krit. Justiz 2018, 213 (218ff.); verneinend die Vorinstanz LG Essen NVwZ 2017, 734).

IV. Durchsetzbarkeit des Abwehranspruchs

Zum Teil wurde früher die Auffassung vertreten, dass Ansprüche nach § 14 entfallen, wenn der an sich bestehende öffentlich-rechtliche Abwehranspruch bereits nach **§ 10 Abs. 3 S. 5 präkludiert** ist, weil der betroffene Nachbar Einwendungen im Genehmigungsverfahren nicht, nicht rechtzeitig oder nicht substantiiert geltend gemacht hat (BVerwG DVBl. 1973, 645; *Sellner/Reidt/Ohms* Teil 3 Rn. 61; *Storost* in Ule/Laubinger/Repewitz Rn. D 1). Diese Auffassung war bereits nach bisherigem Recht abzulehnen (LG Aachen NVwZ 1988, 188; aus dem Schrifttum statt aller *Spindler in Feldhaus* Rn. 84; *Sach* S. 213; → § 10 Rn. 161f.). Die Novelle zur Änderung des UmweltRG von 2017 hat die materiellrechtliche Präklusion öffentlich-rechtlicher Abwehransprüche bei der immissionsschutzrechtlichen Anlagengenehmigung abgeschafft. Die Versäumung der Beteiligung hat nach dem Wortlaut und der Entstehungsgeschichte des neuen § 10 Abs. 3 S. 5 Folgen nur noch für das Verwaltungsverfahren. Damit ist auch die Grundlage für eine mögliche Präklusion zivilrechtlicher Abwehransprüche entfallen (*Roßnagel/Hentschel* in GK-BImSchG Rn. 41). 40

V. Abwehransprüche zum Schutz nichtgrundstücksbezogener Rechte

1. Fahrniseigentum. a) Beschränkung des § 14 auf Grundstücksrechte. Die Frage, ob § 14 über Grundstücksrechte hinaus auch für **Eigentum an beweglichen Sachen** gilt, wird in der Regel nur für § 14 S. 2 diskutiert. Die vorgängige Frage ist jedoch die nach der Präklusionswirkung gemäß § 14 S. 1 (so mit Recht *Wagner* S. 257ff.). Nach hM beschränken sich die Ausgleichsansprüche nach § 14 S. 2 – und entsprechend muss sich die Ausschlusswirkung nach § 14 S. 1 beschränken – auf grundstücksbezogene Abwehrrechte aus Nachbarrecht (inbesondere § 1004 BGB), dem Recht des Besitzschutzes (§ 862 BGB) und entsprechende Ansprüche aus § 823 BGB. Für den Schutz des Fahrniseigentums soll nicht § 14, sondern allein § 823 BGB heranzuziehen sein, weil diese Vorschrift grundstückbezogene Unterlassungsansprüche einschränkt bzw. umwandelt (BGHZ 92, 143 (146) = NJW 1985, 47; BGH NJW 2008, 992 (Rn. 14); RGZ 159, 68 (73); *Kohler* in Staudinger UmweltHR Rn. 38; *Jarass* Rn. 11; *Storost in Ule/Laubinger/Repkewitz* Rn. D 4; *Guckelberger* in Kotulla Rn. 35; *Marburger/Herrmann* JuS 1986, 354 (355); *Pietzker* JZ 1985, 209 (212f.)). Dabei sind zwei Akteursgruppen zu unterscheiden: Eigentümer des betroffenen Grundstücks und sonstige Dritte. 41

b) Rechtslage im Rahmen von § 906 Abs. 2 BGB. Für eine Ausdehnung der Präklusionswirkung und der Surrogatansprüche spricht jedoch, dass die Rspr. im Rahmen von **§ 823 BGB** auch **gegenüber Fahrniseigentum** ein einheitliches Rechtswidrigkeitsurteil anstrebt und Duldungspflichten nach § 906 Abs. 2 S. 1 auch auf die deliktischen Ansprüche erstreckt (BGHZ 90, 255 (258) = NJW 1984, 2207; BGHZ 92, 143 (148) = NJW 1985, 47; BGH NJW 2010, 3160 (Rn. 11f.); zustimmend *Marburger/Herrmann* JuS 1986, 354 (355f.)). Dieses Ergebnis erscheint sinnvoll. Es ist kein Grund ersichtlich, dem Verursacher im Verhältnis zu weniger intensiv betroffenen Dritten strengere Verhaltenspflichten aufzuerlegen (*Gerlach* S. 186 (231ff.); *Wagner* S. 265f.; 42

Peine NJW 1990, 2442 (2447)). Die Rspr. erreicht das selbst gesetzte Ziel jedoch nicht, da der Eigentümer beweglicher Sachen seine Abwehr- und Schadensersatzansprüche aus § 823 BGB wegen einheitlicher Bestimmung der Rechtswidrigkeit zwar verliert, jedoch mangels Anerkennung einer Präklusion weiterhin nach §§ 1004, 227 BGB den Betrieb unterbinden können müsste. Dies erscheint in sich inkonsequent und ist wohl von der Rspr. auch nicht gewollt. Es stünde in einem Wertungswiderspruch dazu, dass die Grundstücksnachbarn den Betrieb nach § 906 Abs. 2 S. 1 BGB dulden müssten. Damit hätten die am intensivsten Betroffenen die schwächsten Abwehrrechte. Der durch § 906 Abs. 2 S. 1 BGB intendierte Investitionsschutz (*Konzen* S. 201; *Peine* NJW 1990, 2442 (2447)) sowie die Überlegung, dass schwächer Betroffene keine stärkeren Rechte als intensiver Betroffene besitzen dürfen, nötigt zu dem Schluss, dass § 906 Abs. 2 S. 1 BGB auch auf den Unterlassungsanspruch von Eigentümern beweglicher Sachen aus §§ 1004, 227 BGB zu erstrecken ist (*Wagner* S. 265 f.; *Peine* NJW 1990, 2442 (2447)).

43 Allerdings muss diese Ausdehnung des § 906 Abs. 2 S. 1 BGB auch die gleichzeitige Anerkennung eines **Aufopferungsanspruchs für Drittbetroffene** zur Folge haben. Dies wird von der Rspr. und der hL zu Unrecht abgelehnt (BGHZ 92, 143 (145 ff.) = NJW 1985, 47; BGH NJW 2008, 992 (Rn. 14 f.); *Westermann* in Privatrecht und Umweltschutz S. 103 (111 f.); *Baur* in Soergel, BGB Sachenrecht, 13. Aufl. 2002 § 906 Rn. 142; *Roth* in Staudinger § 906 Rn. 108, 268). Der Eigentümer beweglicher Sachen würde sonst schutzlos. Das Argument, § 906 Abs. 2 S. 2 sei auf Fälle der Entziehung eines dinglichen Unterlassungsanspruchs eines Grundeigentümers beschränkt, wird mit der vollen Anerkennung einer Duldungspflicht nach § 906 Abs. 2 S. 1 auch zu Lasten von Fahrniseigentümern gegenstandslos. Die kompensatorische Einheit von Aufopferungspflicht und Aufopferungsausgleich gebietet eine Ausdehnung auf Eigentümer beweglicher Sachen (*Kohler* in Staudinger UmweltHR Einl. Rn. 138). Die Aufopferungssituation von Eigentümern beweglicher Sachen ist grds. mit der von Grundeigentümern vergleichbar; maßgeblich ist die **tatsächliche Dauerbeziehung** zu einem Grundstück und damit zu einer Störungsquelle in der Nachbarschaft, die zu einer qualifizierten Exposition gegenüber den Immissionen führt (*Gerlach* S. 231 ff., 236 ff.; *Wagner* S. 266 ff.; *Kohler* in Staudinger UmweltHR Einl. Rn. 138; *Konzen* S. 199 ff.; *Marburger* in 56. DJT 1986, C 118 f.; *Lytras* S. 165 ff., 176 f.) Die Rspr. erkennt immerhin an, dass wenigstens der **Grundeigentümer** wegen Beeinträchtigung beweglicher Sachen, die einen Bezug zum Grundstück besitzen, anspruchsberechtigt ist (BGHZ 155, 99 (106) = NJW 2003, 2377; BGH NJW 2008, 992 (Rn. 11 f.); ebenso *Jarass* Rn. 11, 23; *Roth* in Staudinger § 906 Rn. 109). Die Möglichkeit des Ausweichens des Fahrniseigentümers vor der Beeinträchtigung lässt sich über § 254 BGB oder im Rahmen der Zumutbarkeit nach § 906 Abs. 2 S. 2 BGB berücksichtigen. Dies rechtfertigt aber kein gespaltenes Rechtswidrigkeitsurteil. Solange ein Aufopferungsanspruch des Eigentümers beweglicher Sachen nicht anerkannt wird, lässt es sich nicht rechtfertigen, dem Betroffenen den deliktischen Unterlassungs- und Schadensersatzanspruch zu entziehen (*Gerlach* S. 93 ff.; *Wagner* S. 267 f.).

44 Die Gefahr einer uferlosen Ausdehnung des **Kreises der Anspruchsberechtigten** ist zwar nicht dadurch zu begrenzen, dass der Unterlassungsanspruch Wiederholungsgefahr voraussetzt und der Aufopferungsanspruch dem folgt; denn auch schon ein einmaliges Schadensereignis kann den Anspruch auf Schadloshaltung auslösen (vgl. → Rn. 70 f.). Eine sachgemäße Begrenzung hat vielmehr durch Bestimmung des anspruchsberechtigten Personenkreises zu erfolgen. Es muss sich um eine **grundeigentümergleiche Gefährdung** aufgrund einer Dauerbeziehung zum Grundstück handeln. Hier kommen neben dem Eigentümer des beeinträchtigten Grundstücks hinsichtlich seiner auf dem

§ 27 Emissionserklärung

(1) Der Betreiber einer genehmigungsbedürftigen Anlage ist verpflichtet, der zuständigen Behörde innerhalb einer von ihr zu setzenden Frist oder zu dem in der Rechtsverordnung nach Absatz 4 festgesetzten Zeitpunkt Angaben zu machen über Art, Menge, räumliche und zeitliche Verteilung der Luftverunreinigungen, die von der Anlage in einem bestimmten Zeitraum ausgegangen sind, sowie über die Austrittsbedingungen (Emissionserklärung); er hat die Emissionserklärung nach Maßgabe der Rechtsverordnung nach Absatz 4 entsprechend dem neuesten Stand zu ergänzen. § 52 Abs. 5 gilt sinngemäß. Satz 1 gilt nicht für Betreiber von Anlagen, von denen nur in geringem Umfang Luftverunreinigungen ausgehen können.

(2) Auf die nach Absatz 1 erlangten Kenntnisse und Unterlagen sind die §§ 93, 97, 105 Abs. 1, § 111 Abs. 5 in Verbindung mit § 105 Abs. 1 sowie § 116 Abs. 1 der Abgabenordnung nicht anzuwenden. Dies gilt nicht, soweit die Finanzbehörden die Kenntnisse für die Durchführung eines Verfahrens wegen einer Steuerstraftat sowie eines damit zusammenhängenden Besteuerungsverfahrens benötigen, an deren Verfolgung ein zwingendes öffentliches Interesse besteht, oder soweit es sich um vorsätzlich falsche Angaben des Auskunftspflichtigen oder der für ihn tätigen Personen handelt.

(3) Der Inhalt der Emissionserklärung ist Dritten auf Antrag bekannt zu geben. Einzelangaben der Emissionserklärung dürfen nicht veröffentlicht oder Dritten bekannt gegeben werden, wenn aus diesen Rückschlüsse auf Betriebs- oder Geschäftsgeheimnisse gezogen werden können. Bei Abgabe der Emissionserklärung hat der Betreiber der zuständigen Behörde mitzuteilen und zu begründen, welche Einzelangaben der Emissionserklärung Rückschlüsse auf Betriebs- oder Geschäftsgeheimnisse erlauben.

(4) Die Bundesregierung wird ermächtigt, durch Rechtsverordnung mit Zustimmung des Bundesrates Inhalt, Umfang, Form und Zeitpunkt der Abgabe der Emissionserklärung, das bei der Ermittlung der Emissionen einzuhaltende Verfahren und den Zeitraum, innerhalb dessen die Emissionserklärung zu ergänzen ist, zu regeln. In der Rechtsverordnung wird auch bestimmt, welche Betreiber genehmigungsbedürftiger Anlagen nach Absatz 1 Satz 3 von der Pflicht zur Abgabe einer Emissionserklärung befreit sind. Darüber hinaus kann zur Erfüllung der Pflichten aus bindenden Rechtsakten der Europäischen Gemeinschaften oder der Europäischen Union in der Rechtsverordnung vorgeschrieben werden, dass die zuständigen Behörden über die nach Landesrecht zuständige Behörde dem Bundesministerium für Umwelt, Naturschutz und nukleare Sicherheit zu einem festgelegten Zeitpunkt Emissionsdaten zur Verfügung stellen, die den Emissionserklärungen zu entnehmen sind.

Schrifttum: Vgl. die Hinweise in der Vorbemerkung zu den §§ 26 bis 31a und außerdem: *Dreyhaupt* in Grundlagen der Luftreinhaltung und der Lärmbekämpfung in Nordrhein-Westfalen, 1975, S. 11 ff.; *ders.,* Handbuch zur Aufstellung von Luftreinhalteplänen, Köln 1979; *Rebentisch,* Probleme des Geheimnisschutzes im Rahmen der Emissionserklärung, NJW 1980, 99 ff.; *Scheidler,* Die Emissionserklärung nach § 27 BImSchG, ZUR 2010, 579 ff.

Übersicht

A. Allgemeines

1 **1. Zweck und Bedeutung der Emissionserklärung.** Unsere Rechtsordnung kennt in verschiedenen Bereichen Vorschriften, durch die die Bürger zu Erklärungen über bestimmte tatsächliche Verhältnisse verpflichtet werden. Die Erklärungen können – wie etwa die Einkommensteuererklärung – zur Überprüfung und Durchsetzung öffentlich-rechtlicher Pflichten dienen, sie können aber auch – wie Erklärungen zu statistischen Zwecken – Grundlagen für die Vorbereitung und Durchführung behördlicher Maßnahmen ohne unmittelbare Außenwirkung schaffen.

2 Mit der in § 27 vorgesehenen Emissionserklärung werden beide Ziele verfolgt. Sie hat einmal Bedeutung für die Wahrnehmung öffentlicher Aufgaben zur Luftreinhaltung. Um in bestimmten Gebieten mittel- und langfristig eine Verbesserung der Luftqualität zu erreichen, müssen zunächst flächenbezogen Art, Menge, räumliche und zeitliche Verteilung der Emissionen sowie ihre Austrittsbedingungen erfasst werden. Diesem Zweck dienen Emissionskataster, die nach § 46 aufgestellt werden müssen, soweit das unionsrechtlich gefordert ist (vgl. dazu Vorb. zur 11. BImSchV – abgedruckt in Band II unter Nr. 2.11 – Rn. 9) und im Übrigen aufgestellt werden können, soweit das zur Wahrnehmung öffentlicher Aufgaben zweckmäßig erscheint (vgl. auch § 46 Rn. 4 und 5). Aus dem Bereich der genehmigungsbedürftigen Anlagen sollen die Daten für das Emissionskataster über die Emissionserklärungen der Anlagenbetreiber beschafft werden (vgl. die amtl. Begr. zu § 25 des Regierungsentwurfs – BT-DrS. 7/179, S. 40 –).

§ 37 Erfüllung von zwischenstaatlichen Vereinbarungen und Rechtsakten der Europäischen Gemeinschaften oder der Europäischen Union

Zur Erfüllung von Verpflichtungen aus zwischenstaatlichen Vereinbarungen oder von bindenden Rechtsakten der Europäischen Gemeinschaften oder der Europäischen Union kann die Bundesregierung zu dem in § 1 genannten Zweck durch Rechtsverordnung mit Zustimmung des Bundesrates bestimmen, dass Anlagen, Stoffe, Erzeugnisse, Brennstoffe oder Treibstoffe gewerbsmäßig oder im Rahmen wirtschaftlicher Unternehmungen nur in den Verkehr gebracht werden dürfen, wenn sie nach Maßgabe der §§ 32 bis 35 bestimmte Anforderungen erfüllen. In einer Rechtsverordnung nach Satz 1, die der Erfüllung bindender Rechtsakte der Europäischen Gemeinschaften oder der Europäischen Union über Maßnahmen zur Bekämpfung der Emission von gasförmigen Schadstoffen und luftverunreinigenden Partikeln aus Verbrennungsmotoren für mobile Maschinen und Geräte dient, kann das Kraftfahrt-Bundesamt als Genehmigungsbehörde bestimmt und insoweit der Fachaufsicht des Bundesministeriums für Umwelt, Naturschutz und nukleare Sicherheit unterstellt werden.

Schrifttum: Vgl. die Hinweise in der Vorbemerkung zu den §§ 32 bis 37.

Übersicht

A. Allgemeines

I. Bedeutung der Vorschrift

Im Bereich der produktbezogenen Immissionsschutzvorschriften besteht ein erhebliches Interesse an einer **Harmonisierung** der verschiedenen nationalen Bestimmungen. Unterschiedliche Anforderungen können sich hier nämlich als Handelshemmnisse auswirken (→ Vorb. zu §§ 32 bis 37 Rn. 13). Insbesondere im Rahmen der **Europäischen Union** ist eine Angleichung der nationalen Rechtsvorschriften erforderlich (→ Vorb. 1

zu §§ 32 bis 37 Rn. 14). Durch § 37 soll die Umsetzung der internationalen oder supranationalen Verpflichtungen in innerstaatliche Normen erleichtert werden (vgl. die Begründung zu § 35 des Regierungsentwurfs – BT-DrS. 7/179). Die Bestimmung enthält eine Verordnungsermächtigung, die der Bundesregierung die Möglichkeit gibt, auf den in §§ 32 bis 35 umschriebenen Gebieten Rechtsvorschriften **ohne Inanspruchnahme anderer Ermächtigungen** und ohne deren – insbesondere verfahrensrechtlichen (Anhörung der beteiligten Kreise) – Einschränkungen zu erlassen (vgl. *Feldhaus* BImSchR § 37 Anm. 2; *Pache* in GK-BImSchG § 37 Rn. 3 f.). **Vergleichbare Verordnungsermächtigungen** zur Umsetzung unionsrechtlicher Verpflichtungen finden sich in § 7 Abs. 4 und § 48 a Abs. 1 und 3, deren Anwendungsbereiche sich mit dem des § 37 teilweise überschneiden. Ein Vorrangverhältnis besteht dabei weder zugunsten noch zulasten von § 37 (so auch *Jarass* § 37 Rn. 1; *Mast* BeckOK UmweltR § 37 Rn. 3). § 39 ist demgegenüber eine dem § 37 vorgehende Spezialregelung (→ Rn. 3).

II. Entstehungsgeschichte

2 Die Fassung des § 37 geht auf § 35 des Regierungsentwurfs zum Bundes-Immissionsschutzgesetz zurück (BT-DrS. 7/179). Vorbild für die Regelung war § 4 des Gesetzes über technische Arbeitsmittel vom 24. Juni 1968 (vgl. jetzt § 8 Abs. 1 des Produktsicherheitsgesetzes). – § 35 des Regierungsentwurfs umfasste auch die jetzt in § 39 enthaltene Verordnungsermächtigung. Die Aufteilung der Entwurfsfassung auf zwei Vorschriften beruht auf den Beschlüssen des Bundestages. Aufgrund dieser Beschlüsse ist das Bundes-Immissionsschutzgesetz um einen besonderen Teil über den Immissionsschutz im Verkehr (Vierter Teil; §§ 38 bis 43) erweitert worden. Die Vorschrift über die Beschaffenheit und den Betrieb von Fahrzeugen (jetzt § 38) und die entsprechende Ermächtigung zur Umsetzung internationaler und supranationaler Verpflichtungen in innerstaatliches Recht (jetzt § 39) gehören systematisch in diesen Teil, so dass § 35 des Regierungsentwurfs nicht unverändert übernommen werden konnte. Im Gesetzgebungsverfahren sind außerdem die Worte „Stoffe" und „Erzeugnisse" in die Bestimmung aufgenommen worden. Hierbei handelt es sich um eine Folge der Einfügung des jetzigen § 35 in das Bundes-Immissionsschutzgesetz (→ § 35 Rn. 2).

2 a Durch das Fünfte Gesetz zur Änderung des Bundes-Immissionsschutzgesetzes vom 19. Oktober 1998 (BGBl. I S. 3178) wurde Satz 2 angefügt. Damit wurde im Hinblick auf die Umsetzung der Richtlinie 97/68/EG durch die 28. BImSchV (abgedruckt in Bd. IV unter Nr. 2.28) die Möglichkeit geschaffen, das Kraftfahrt-Bundesamt als Genehmigungsbehörde zu bestimmen (vgl. § 10 der 28. BImSchV). Lediglich redaktionelle Bedeutung hatten die Änderungen in der Überschrift sowie in Satz 1 und Satz 2 durch das 9. Gesetz zur Änderung des Bundes-Immissionsschutzgesetzes vom 26. November 2010 (BGBl. I S. 1728). Nach dem Inkrafttreten des Lissabonner Vertrages am 1. Dezember 2009 wurde der Passus „Beschlüsse der Europäischen Gemeinschaften" durch die Formulierung „Rechtsakte der Europäischen Gemeinschaften oder der Europäischen Union" ersetzt.

III. Verhältnis zu §§ 32 bis 35

3 **1. Materielle Unterschiede.** Die Verordnungsermächtigung des § 37 ist teilweise enger und teilweise weiter als die Ermächtigungen der §§ 32 bis 35. Enger ist die Vorschrift, weil sie **nur eine Beschränkung des Inverkehrbringens**, nicht aber des Her-

§ 37b Begriffsbestimmungen und Anrechenbarkeit von Biokraftstoffen

(1) Biokraftstoffe sind unbeschadet der Absätze 2 bis 6 Energieerzeugnisse ausschließlich aus Biomasse im Sinne der Biomasseverordnung vom 21. Juni 2001 (BGBl. I S. 1234), die zuletzt durch Artikel 12 des Gesetzes vom 21. Juli 2014 (BGBl. I S. 1066) geändert worden ist, in der jeweils geltenden Fassung. Energieerzeugnisse, die anteilig aus Biomasse hergestellt werden, gelten in Höhe dieses Anteils als Biokraftstoff.

(2) Fettsäuremethylester (Biodiesel) sind abweichend von Absatz 1 nur dann Biokraftstoffe, wenn sie aus biogenen Ölen oder Fetten gewonnen werden, die selbst Biomasse im Sinne der Biomasseverordnung sind, und wenn ihre Eigenschaften mindestens den Anforderungen für Biodiesel nach § 5 der Verordnung über die Beschaffenheit und die Auszeichnung der Qualitäten von Kraft- und Brennstoffen vom 8. Dezember 2010 (BGBl. I S. 1849), die durch Artikel 8 Absatz 1 der Verordnung vom 2. Mai 2013 (BGBl. I S. 1021) geändert worden ist, in der jeweils geltenden Fassung entsprechen. Biodiesel ist unter diesen Voraussetzungen in vollem Umfang als Biokraftstoff zu behandeln.

(3) Bioethanol ist abweichend von Absatz 1 nur dann Biokraftstoff, wenn es sich um Ethylalkohol ex Unterposition 2207 10 00 der Kombinierten Nomenklatur im Sinne des § 1a Satz 1 Nummer 2 des Energiesteuergesetzes handelt. Im Fall von Bioethanol, das fossilem Ottokraftstoff beigemischt wird, müssen die Eigenschaften des Bioethanols außerdem mindestens den Anforderungen der DIN EN 15 376, Ausgabe März 2008 oder Ausgabe November 2009 oder Ausgabe April 2011, entsprechen. Im Fall von Bioethanol, das im Ethanolkraftstoff (E85) enthalten ist, müssen die Eigenschaften des Ethanolkraftstoffs (E85) außerdem mindestens den Anforderungen für Ethanolkraftstoff (E85) nach § 6 der Verordnung über die Beschaffenheit und die Auszeichnung der Qualitäten von Kraft- und Brennstoffen entsprechen. Für Energieerzeugnisse, die anteilig aus Bioethanol hergestellt werden, gelten für den Bioethanolanteil die Sätze 1 und 2 entsprechend.

(4) Pflanzenöl ist abweichend von Absatz 1 nur dann Biokraftstoff, wenn seine Eigenschaften mindestens den Anforderungen für Pflanzenölkraftstoff nach § 9 der Verordnung über die Beschaffenheit und die Auszeichnung der Qualitäten von Kraft- und Brennstoffen entsprechen.

(5) Hydrierte biogene Öle sind abweichend von Absatz 1 nur dann Biokraftstoffe, wenn sie aus biogenen Ölen oder Fetten gewonnen werden, die selbst Biomasse im Sinne der Biomasseverordnung sind, und wenn die Hydrierung nicht in einem raffinerietechnischen Verfahren gemeinsam mit mineralölstämmigen Ölen erfolgt ist. Hydrierte biogene Öle sind unter diesen Voraussetzungen in vollem Umfang als Biokraftstoffe zu behandeln.

(6) Biomethan ist abweichend von Absatz 1 nur dann Biokraftstoff, wenn es den Anforderungen für Erdgas nach § 8 der Verordnung über die Beschaffenheit und die Auszeichnung der Qualitäten von Kraft- und Brennstoffen entspricht.

(7) Für die Kraftstoffe nach den Absätzen 1 bis 6 gilt § 11 der Verordnung über die Beschaffenheit und die Auszeichnung der Qualitäten von Kraft- und Brennstoffen entsprechend. Die in Satz 1 sowie den Absätzen 2 bis 4 und 6 genannten oder in Bezug genommenen Normen sind im Beuth Verlag GmbH, Berlin, erschienen und bei der Deutschen Nationalbibliothek archivmäßig gesichert niedergelegt.

(8) Nicht auf die Erfüllung von Verpflichtungen nach § 37a Absatz 1 Satz 1 und 2 in Verbindung mit § 37a Absatz 3 und 4 angerechnet werden können

1. biogene Öle, die in einem raffinerietechnischen Verfahren gemeinsam mit mineralölstämmigen Ölen hydriert wurden,

2. der Biokraftstoffanteil von Energieerzeugnissen mit einem Bioethanolanteil von weniger als 70 Volumenprozent, denen Bioethanol enthaltende Waren der Unterposition 3824 90 99 der Kombinierten Nomenklatur zugesetzt wurden,

3. Biokraftstoffe, die vollständig oder teilweise aus tierischen Ölen oder Fetten hergestellt wurden, und

4. Biokraftstoffe, für die eine Steuerentlastung nach § 50 Absatz 1 Satz 1 Nummer 1, 2 oder 4 des Energiesteuergesetzes gewährt wurde oder wird.

Im Fall des § 37a Absatz 1 Satz 1 und 2 in Verbindung mit § 37a Absatz 3 werden Biokraftstoffe, für die eine Steuerentlastung nach § 46 Absatz 1 Satz 1 Nummer 1 oder Nummer 3 oder nach § 47 Absatz 1 Nummer 1, 2 oder Nummer 6 des Energiesteuergesetzes gewährt wurde oder wird, nicht auf die Erfüllung der Verpflichtungen angerechnet.

(9) **Das Bundesministerium für Umwelt, Naturschutz und nukleare Sicherheit gibt den Energiegehalt der verschiedenen Kraftstoffe sowie Änderungen ihres Energiegehaltes im Bundesanzeiger bekannt.**

Schrifttum: Vgl. die Hinweise in der Vorbemerkung zu §§ 37a bis 37g.

Übersicht

A. Allgemeines

I. Bedeutung der Vorschrift

1 In § 37b wird festgelegt, welche Kraftstoffe oder Kraftstoffzusätze Biokraftstoffe im Sinne des § 37a sind (vgl. dazu auch *Laubinger* in Ule/Laubinger/Repkewitz Vor §§ 37a–37f Rn. F 1 ff.) und auch, welche Biokraftstoffe nicht anrechnungsfähig sind. Diese genaue und abschließende Aufzählung ist notwendig für die Möglichkeit der **Anrechnung auf die Quotenverpflichtung** in § 37a Abs. 1 Satz 1 und 2 in Verbindung mit Absatz 3 und 4. Um im Vollzug der immissionsschutzrechtlichen und der energiesteuerrechtlichen Pflichten kohärente und konsistente Regelungen sicherzustellen, ist die einschlägige Begriffsbestimmung des § 1a Nr. 13a EnergieStG *(Biokraft- und Bioheizstoffe)* mit § 37b Abs. 1 bis 4 weitgehend wortgleich. Weitergehende Begriffsbestimmungen enthält § 37b nicht. Andere für den Vollzug der Biokraftstoffquote relevante Begriffe sind in § 37a Abs. 1 Satz 1 (Otto- oder Dieselkraftstoff), in § 37a Abs. 2 (Verpflichteter) sowie in § 37d Abs. 1 (zuständige Stelle) definiert. Neben der ausführlichen Aufzählung der auf

kung bezüglich Energieerzeugnissen mit einem Bioethanolanteil von weniger als 70 Volumenprozent (Absatz 8 Satz 1 Nr. 2) wurde ein Änderungsantrag des Bundestags-Finanzausschusses umgesetzt. Damit soll der Möglichkeit einer Umgehung der geltenden Definition für Bioethanol durch Verwendung alkoholhaltiger Mischprodukte begegnet werden (vgl. BT-Drs. 16/3178, 17). Einen weiteren Ausschlusstatbestand enthält § 37b Abs. 8 Satz 1 Nr. 3 für Biokraftstoffe, die vollständig oder teilweise aus **tierischen Ölen oder Fetten** hergestellt wurden. Bereits die anteilige Verwendung tierischer Öle oder Fette führt zu einem vollständigen Anrechnungsausschluss (VG Köln Urt. v. 10.12.2015 – 13 K 5314/13 –, juris Rn. 47 ff.). Eine Anrechnung würde die Nutzung tierischer Öle und Fette in anderen Branchen beeinträchtigen und damit eine unnötige Verschiebung bewirken (BR-Drs. 360/14, 19; *Ghazarian/Koenig* StoffR 2015, 245 ff. halten diese Regelung für unvereinbar mit der Richtlinie 2009/28/EG). Differenziert geregelt ist die Anrechenbarkeit im Falle von Steuerentlastungen. § 37b Abs. 8 Satz 1 Nr. 4 erfasst die Entlastung nach § 50 Abs. 1 Satz 1 Nummer 1, 2 und 4 EnergieStG und gilt sowohl für die energetische Quote nach § 37a Abs. 3 als auch die Treibhausgasquote nach § 37a Abs. 4. Allein für die energetische Quote gilt § 37b Abs. 8 Satz 2, da die Anrechenbarkeit für eine **Steuerentlastung** nach § 46 Abs. 1 Nr. 1, 3 oder § 47 Abs. 1 Nr. 1, 2 oder Nr. 6 EnergieStG unter Geltung der Treibhausgasquote unmittelbar in § 37a Abs. 4 Satz 9 geregelt ist (vgl. dazu die Begründung des BT-Umweltausschusses, BT-Drs. 18/2776, 15). Eine Anrechnung scheidet ebenfalls aus, wenn Biokraftstoffe in begünstigten Anlagen nach § 3 EnergieStG eingesetzt werden. Die Versteuerung dieser Kraftstoffe erfolgt nach § 2 Abs. 3 EnergieStG, so dass sie schon nicht von § 37a Abs. 1 Satz 1 erfasst werden (vgl. *Jarass* § 37b Rn. 9; *Laubinger* in Ule/Laubinger/Repkewitz § 37b Rn. C 20).

C. Die Bekanntgabe des Energiegehaltes

Da die Berechnung der Mindestanteile von Biokraftstoff sowohl unter Geltung der 8
energetischen Quote als auch der Treibhausgasquote auf den Energiegehalt der Kraftstoffe bezogen ist, ist es für einen einheitlichen Gesetzesvollzug unerlässlich, von **bestimmten Werten** für die jeweiligen Kraftstoffarten **auszugehen.** § 37b Abs. 9 legt die Aufgabe, die Energiegehalte der verschiedenen Kraftstoffe bekannt zu geben, in die Hände des Bundesministeriums für Umwelt, Naturschutz und nukleare Sicherheit (zutreffend weist *Czajka* in Feldhaus BImSchR § 37b Rn. 19 darauf hin, dass es sich nicht um eine normative Festlegung handelt, sondern eine Tatsachenfeststellung; vgl. auch *Jarass* § 37b Rn. 10, der von „Standardisierung“ spricht). Bis zum Inkrafttreten des 12. BImSchG-Änderungsgesetzes (vgl. dazu → Rn. 2b) lag die Befugnis beim Bundesministerium der Finanzen.

Da die Quotenverpflichtung auf das Kalenderjahr (Verpflichtungsjahr) bezogen ist, ist es aus Gründen der Rechtssicherheit für die Quotenverpflichteten erforderlich, bereits zu Beginn des Jahres auf eine Bekanntmachung zurückgreifen zu können, die in allgemein zugänglicher Form veröffentlicht worden ist. Nicht notwendig ist es demgegenüber, dass die Bekanntmachung in außenrechtswirksamer Form erfolgt. Das Bundesministerium der Finanzen hatte bereits vor Verabschiedung des BioKraftQuG in einem Erlass Energiegehalte sowohl für fossile als auch für Biokraftstoffe festgelegt (Erlass vom 15. September 2006 – III A 1 – V 0205/05/0001). Mit Erlass vom 23. Januar 2007 (III A 1 – V 9905/06/0001) wurden die in diesem Schreiben genannten Zahlen nochmals bekräftigt und durch die Veröffentlichung im Bundesanzeiger war dem Publizitätserfordernis ebenfalls genüge getan. An die Stelle dieser Erlasse war der Erlass vom 17. Juli 2007 (III A 1 –

V 8405/07/0002), ergänzt durch Erlass vom 30. April 2008 getreten. Trotz der seit dem 1. Januar 2015 geltenden Zuständigkeitszuweisung an das Bundesministerium für Umwelt, Naturschutz und nukleare Sicherheit in § 37b Abs. 9 hat das Bundesministerium der Finanzen in der *Dienstvorschrift zur Überwachung der Einhaltung der Treibhausgasminderung nach § 37a Abs. 4 des Bundes-Immissionsschutzgesetzes (DV THG-Quote)* vom 6. Januar 2016 (III B 3 – V 8405/09/10004) den genannten Erlass aufgehoben und in Anlage 1 die Energiegehalte der Kraftstoffsorten entsprechend der Werte im Anhang III zur Richtlinie 2009/28/EG bestimmt. Der Aufgabe zur Bekanntgabe des Energiegehalts der verschiedenen Kraftstoffe ist das Bundesministerium für Umwelt, Naturschutz und nukleare Sicherheit nunmehr durch Bekanntmachung im Bundesanzeiger vom 6. April 2020 nachgekommen (BAnz AT 7.5.2020 B5).*

---

* Die Energiegehalte betragen danach für

Bioethanol (aus Biomasse hergestelltes Ethanol)	21 MJ/l
Bio-ETBE (auf der Grundlage von Bioethanol hergestellter Ethyl-Tertiär-Butylether)	27 MJ/l
Biomethanol (aus Biomasse hergestelltes Methanol zur Verwendung als Biokraftstoff)	16 MJ/l
Bio-MTBE (auf der Grundlage von Bioethanol hergestellter Methyl-Tertiär-Butylether)	26 MJ/l
Bio-DME (aus Biomasse hergestellter Dimethylether zur Verwendung als Biokraftstoff)	19 MJ/l
Bio-TAEE (auf der Grundlage von Bioethanol hergestellter Tertiär-Amyl-Ethyl-Ether)	29 MJ/l
Biobutanol (aus Biomasse hergestelltes Butanol zur Verwendung als Biokraftstoff)	27 MJ/l
Biodiesel (Methylester eines pflanzlichen oder tierischen Öls mit Dieselkraftstoffqualität zur Verwendung als Biokraftstoff)	33 MJ/l
Fischer-Tropsch-Diesel („BtL-Kraftstoff") (aus Biomasse hergestellter/s synthetischer/s Kohlenwasserstoff(-gemisch)	34 MJ/l
Hydrierte Pflanzenöle (thermochemisch mit Wasserstoff behandeltes Pflanzenöl) zur Verwendung als Dieselkraftstoffersatz	34 MJ/l
Hydrierte Pflanzenöle (thermochemisch mit Wasserstoff behandeltes Pflanzenöl) zur Verwendung als Ottokraftstoffersatz	30 MJ/l
Hydrierte Pflanzenöle (thermochemisch mit Wasserstoff behandeltes Pflanzenöl) nach §§ 10 und 11 der Siebenunddreißigsten Verordnung zur Durchführung des Bundes-Immissionsschutzgesetzes bei gemeinsamer Hydrierung mit mineralölstämmigen Ölen in einem raffinerietechnischen Verfahren zur Verwendung als Dieselkraftstoffersatz	34 MJ/l
Hydrierte Pflanzenöle (thermochemisch mit Wasserstoff behandeltes Pflanzenöl) nach §§ 10 und 11 der Siebenunddreißigsten Verordnung zur Durchführung des Bundes-Immissionsschutzgesetzes bei gemeinsamer Hydrierung mit mineralölstämmigen Ölen in einem raffinerietechnischen Verfahren zur Verwendung als Ottokraftstoffersatz	30 MJ/l
Reines Pflanzenöl (durch Auspressen, Extraktion oder vergleichbare Verfahren aus Ölsaaten gewonnenes Öl, roh oder raffiniert, jedoch chemisch unverändert, … Emissionsanforderungen erfüllt)	34 MJ/l
Biogas (aus Biomasse und/oder aus dem biologisch abbaubaren Teil von Abfällen hergestelltes Brenngas, oder Holzgas)	50 MJ/kg
Komprimiertes synthetisches Methan	50 MJ/kg
Verflüssigtes Biomethan	50 MJ/kg
Biogenes Flüssiggas (Bio-LPG)	46 MJ/kg
Ottokraftstoff	32,2 MJ/l
Dieselkraftstoff	35,9 MJ/l
Komprimiertes Erdgas (CNG)	45,1 MJ/kg
Verflüssigtes Erdgas (LNG)	45,1 MJ/kg
Flüssiggas (LPG)	46,0 MJ/kg
Wasserstoff	120,1 MJ/kg

§ 37e Gebühren und Auslagen; Verordnungsermächtigung

(1) Für Amtshandlungen, die auf Rechtsverordnungen beruhen
1. die auf der Grundlage des § 37d Absatz 2 Satz 1 Nummer 3 und 4 erlassen worden sind oder
2. die auf der Grundlage des § 37d Absatz 2 Satz 1 Nummer 13 erlassen worden sind,

werden zur Deckung des Verwaltungsaufwands Gebühren und Auslagen erhoben.

(2) Das Bundesministerium für Ernährung und Landwirtschaft wird ermächtigt, im Einvernehmen mit dem Bundesministerium für Umwelt, Naturschutz und nukleare Sicherheit und dem Bundesministerium der Finanzen durch Rechtsverordnung ohne Zustimmung des Bundesrates die gebührenpflichtigen Tatbestände und Gebührensätze für Amtshandlungen im Sinne von Absatz 1 Nummer 1 zu bestimmen und dabei feste Sätze, auch in Form von Zeitgebühren oder Rahmensätzen, vorzusehen. In der Rechtsverordnung kann die Erstattung von Auslagen abweichend vom Verwaltungskostengesetz in der bis zum 14. August 2013 geltenden Fassung oder von § 12 Absatz 1 des Bundesgebührengesetzes vom 7. August 2013 (BGBl. I, S. 3154), das zuletzt durch Artikel 3 des Gesetzes vom 31. März 2016 (BGBl. I S. 518) geändert worden ist, geregelt werden.

(3) Das Bundesministerium für Umwelt, Naturschutz und nukleare Sicherheit wird ermächtigt, durch Rechtsverordnung ohne Zustimmung des Bundesrates die gebührenpflichtigen Tatbestände und Gebührensätze für Amtshandlungen im Sinne von Absatz 1 Nummer 2 zu bestimmen und dabei feste Sätze, auch in Form von Zeitgebühren oder Rahmensätzen, vorzusehen. In der Rechtsverordnung kann die Erstattung von Auslagen auch abweichend von § 12 Absatz 1 des Bundesgebührengesetzes geregelt werden.

Schrifttum: Vgl. die Hinweise in der Vorbemerkung zu §§ 37a bis 37g.

Übersicht

A. Allgemeines

I. Bedeutung der Vorschrift

1 § 37e ergänzt die Regelungen zur Quotenpflicht und unterstützt die zusätzliche Ausrichtung des Systems im Abschnitt „Biokraftstoffe" auf Anforderungen an die in Verkehr gebrachten Biokraftstoffe. Aus der Formulierung der Verordnungsermächtigung in § 37d Abs. 2 Satz 1 Nr. 3 wird deutlich, dass die Anerkennung eines Biokraftstoffs nicht nur von der Erfüllung technischer Spezifikationen abhängen kann, sondern darüber hinaus von der **Erfüllung von Nachhaltigkeitskriterien** (vgl. dazu → § 37d Rn. 6). Über Rechtsverordnungen auf der Grundlage des § 37d Abs. 2 Satz 1 Nr. 13 können die in § 37a Abs. 5 Satz 1 genannten

Erfüllungsoptionen erweitert werden. Das gilt nun auch ausdrücklich für Upstream-Emissionsminderungen (vgl. § 37a Abs. 5 Satz 3). Während § 37d Abs. 2 Satz 1 Nrn. 3, 4 und 13 zur Begründung derartiger Anforderungen ermächtigen, liefert § 37e kostenrechtliche Regelungen rund um die Anerkennung nachhaltig hergestellter Biokraftstoffe. § 37e Abs. 1 ordnet die Erhebung von Gebühren und Auslagen nach dem Kostendeckungsprinzip an, § 37e Abs. 2 und 3 ermächtigt zum Erlass einer Rechtsverordnung über die gebührenpflichtigen Tatbestände und die Gebührensätze.

II. Entstehungsgeschichte

2 § 37e wurde dem Abschnitt „Biokraftstoffe" gemeinsam mit § 37f durch das Gesetz zur Änderung der Förderung von Biokraftstoffen vom 15. Juli 2009 (BGBl. I S. 1804) hinzugefügt. Die Vorschrift beruhte in ihrer ursprünglichen Fassung auf dem Regierungsentwurf vom 1. Dezember 2008. Zur Begründung führte die Bundesregierung dazu folgendes aus (BT-Drs. 16/11 131, S. 14):

„Absatz 1 legt den Kreis der gebührenpflichtigen Amtshandlungen fest und ordnet die Geltung des Kostendeckungsprinzips an. Eine Amtshandlung in diesem Sinne ist z. B. die Beantwortung von Anfragen durch die Anerkennungsbehörde oder die Anerkennung und Überwachung einer unabhängigen Kontrollstelle durch die Anerkennungsbehörde.

Absatz 2 regelt die Verordnungsermächtigung. Der Verordnungsgeber hat danach die Möglichkeit, Regelungen zu treffen, wonach die Gebühren nach festen Sätzen, auch nach dem Zeitaufwand, der für eine Amtshandlung erforderlich ist, oder aufgrund eines jeweils zu bestimmenden Gebührenrahmens zu berechnen sind. Zeitgebühren kommen insbesondere bei der Beantwortung von Anfragen und bei Vorortkontrollen bei unabhängigen Kontrollstellen (Kontrolle der Kontrolle) in Betracht, weil diese Amtshandlungen im Wesentlichen aus in zeitlicher Beziehung eindeutig messbaren Personalaufwendungen bestehen. Satz 2 ermächtigt den Verordnungsgeber, Auslagen auch abweichend von § 10 des Verwaltungskostengesetzes zu normieren; dies ermöglicht insbesondere eine Pauschalierung von Aufwendungen für einzelne Amtshandlungen".

2a Geändert wurde § 37e durch Art. 1 Nr. 8 des **12. BImSchG-Änderungsgesetzes** vom 20. November 2014 (BGBl. I S. 1740) sowie durch Art. 3 Nr. 3 des Gesetzes zur Änderung des Umweltstatistikgesetzes, des Hochbaustatistikgesetzes sowie bestimmter immissionsschutz- und wasserrechtlicher Vorschriften vom 26. Juli 2016 (BGBl. I S. 1839). Seit Inkrafttreten des 12. BImSchG-Änderungsgesetzes am 1. Januar 2015 ist für den Erlass der auf § 37e Abs. 2 Satz 1 gestützten Rechtsverordnung nicht mehr das Bundesministerium der Finanzen, sondern das Bundesministerium für Ernährung und Landwirtschaft zuständig. Rechtsverordnungen auf der Grundlage des § 37e Abs. 3 hingegen erlässt das Bundesministerium für Umwelt, Naturschutz, Bau und Reaktorsicherheit.

B. Erhebung von Gebühren und Auslagen

3 § 37e Abs. 1 benennt die **kostenpflichtigen Amtshandlungen.** Im Sinne des allgemeinen Kostenrechts handelt es sich dabei um individuell zurechenbare öffentliche Leistungen (§ 1 BGebG). Die Benennung kostenpflichtiger Amtshandlungen ist Voraussetzung dafür, dass überhaupt eine Gebühr erhoben werden darf. Nach der sprachlich nicht gelungenen Formulierung in § 37e Abs. 1 (*Laubinger* in Ule/Laubinger/Repkewitz § 37e Rn. B 7 nennt sie „nebulös") muss es sich bei den relevanten Amtshandlungen um solche handeln, die im Regelungsbereich der Verordnungsermächtigungen des § 37d Abs. 2 Satz 1 Nrn. 3, 4 und 13 zu verorten sind. Das betrifft zum einen die Formulierung von **Anforderungen an die Erzeugung der eingesetzten Biomasse** und die mit der Erfül-

§ 38 Beschaffenheit und Betrieb von Fahrzeugen

(1) **Kraftfahrzeuge und ihre Anhänger, Schienen-, Luft- und Wasserfahrzeuge sowie Schwimmkörper und schwimmende Anlagen müssen so beschaffen sein, dass ihre durch die Teilnahme am Verkehr verursachten Emissionen bei bestimmungsgemäßem Betrieb die zum Schutz vor schädlichen Umwelteinwirkungen einzuhaltenden Grenzwerte nicht überschreiten. Sie müssen so betrieben werden, dass vermeidbare Emissionen verhindert und unvermeidbare Emissionen auf ein Mindestmaß beschränkt bleiben.**

(2) **Das Bundesministerium für Verkehr und digitale Infrastruktur und das Bundesministerium für Umwelt, Naturschutz und nukleare Sicherheit bestimmen nach Anhörung der beteiligten Kreise (§ 51) durch Rechtsverordnung mit Zustimmung des Bundesrates die zum Schutz vor schädlichen Umwelteinwirkungen notwendigen Anforderungen an die Beschaffenheit, die Ausrüstung, den Betrieb und die Prüfung der in Absatz 1 Satz 1 genannten Fahrzeuge und Anlagen, auch soweit diese den verkehrsrechtlichen Vorschriften des Bundes unterliegen. Dabei können Emissionsgrenzwerte unter Berücksichtigung der technischen Entwicklung auch für einen Zeitpunkt nach Inkrafttreten der Rechtsverordnung festgesetzt werden.**

(3) **Wegen der Anforderungen nach Absatz 2 gilt § 7 Abs. 5 entsprechend.**

Schrifttum: *Büge,* Zur rechtlichen Bewertung sog. Eisenbahn-Kesselwagen-Umfüllstellen, GewA 93, 357 ff.; *Engelhardt/Schlicht,* Bundes-Immissionsschutzgesetz, 4. Auflage, 1997; *Feldhaus,* Bundes-Immissionsschutzrecht, Band 1 Teil II, 180. Lfg. Stand: Mai 2014; *Hansmann,* Bundes-Immissionsschutzgesetz, 33. Aufl. 2015; *Hofmann,* Der Schutz vor Immissionen des Verkehrs, 1997; *Koch/Pache/Scheuing* (Hrsg.), GK-BlmSchG, 2015 (i.E.); *Jarass,* Bundes-Immissionsschutzgesetz, 10. Auflage; *ders.,* Probleme und Lücken des Verkehrsimmissionsschutzrechts, in: *Koch/Lechelt,* Zwanzig Jahre Bundes-Immissionsschutzgesetz, 1994, S. 145 ff.; *Koch,* Aktuelle Probleme des Lärmschutzes, NVwZ 2000, 490 ff.; Kotulla, Bundesimmissionsschutzgesetz, 18. Lfg. Stand: Januar 2014; *Philipp,* Abgasnormen Euro 5 und Euro 6, EuZW 2007, 69; *Pudenz,* Eisenbahnkesselwaggons als Anlagen zum Lagern brennbarer Gase, GewA 90, 12 ff.; *Schmatz/Nöthlichs/Weber,* Immissionsschutz; *Scheidler,* Anforderungen an die Beschaffenheit und den Betrieb von Kraftfahrzeugen aus immissionsschutzrechtlicher Sicht, SVR 2010, 201; *Schröder,* Verbesserung des Klimaschutzes durch Einführung einer City-Maut, NVwZ 2012, 1438; *Schulze-Fielitz,* Konzept und Erfolge des Schutzes vor Verkehrsimmissionen nach dem Bundes-Immissionsschutzgesetz, in: *Koch/Lechelt* (Hrsg.), Zwanzig Jahre Bundes-Immissionsschutzgesetz, 1994, 117 ff.; *Ule/Laubinger/Repkewitz* (Hrsg.), Bundes-Immissionsschutzgesetz, 2013.

Übersicht

A. Allgemeines

I. Zweck und Bedeutung der Vorschrift

1 § 38 dient der Verminderung der Emissionen aus dem Bereich des Verkehrs. Durch technische Anforderungen an die Beschaffenheit der Fahrzeuge und durch Vorschriften über ihren Betrieb sollen die durch den modernen Verkehr verursachten schädlichen Umwelteinwirkungen (vgl. → §§ 38 bis 43 Vorb. Rn. 1) vermindert werden. Dabei geht es nicht nur darum, akute Gefahren, erhebliche Nachteile und erhebliche Belästigungen abzuwehren. § 38 dient auch der Vorsorge (so ausdrücklich der Bericht des Bundestags-Innenausschusses, BT-DrS. 7/1513, S. 7 – zu § 35a). Es können demnach auch Forderungen gestellt werden, die die Vermeidung von Belästigungen unterhalb der Erheblichkeitsschwelle (vgl. dazu § 3 Rn. 42 bis 52) bezwecken oder die möglichen schädlichen Umwelteinwirkungen bei einem Ansteigen des Verkehrs vorbeugen sollen. Zur praktischen Bedeutung des § 38 vgl. unten → Rn. 31 sowie *Schulze-Fielitz* in *Koch/Lechelt,* Zwanzig Jahre Bundes-Immissionsschutzgesetz, S. 117, 122.

II. Entstehungsgeschichte

2 Die Vorschrift des § 38 geht auf § 34 des Regierungsentwurfs (BT-DrS. 7/179) zurück. Im Laufe des Gesetzgebungsverfahrens sind jedoch wesentliche Änderungen vorgenommen worden, die auf das Bestreben des Bundestages zurückgehen, schärfere Immissionsschutzanforderungen für den Verkehrsbereich in das Bundes-Immissionsschutz-

§ 39 Erfüllung von zwischenstaatlichen Vereinbarungen und Rechtsakten der Europäischen Gemeinschaften oder der Europäischen Union

Zur Erfüllung von Verpflichtungen aus zwischenstaatlichen Vereinbarungen oder von bindenden Rechtsakten der Europäischen Gemeinschaften oder der Europäischen Union können zu dem in § 1 genannten Zweck das Bundesministerium für Verkehr und digitale Infrastruktur und das Bundesministerium für Umwelt, Naturschutz und nukleare Sicherheit durch Rechtsverordnung mit Zustimmung des Bundesrates bestimmen, dass die in § 38 genannten Fahrzeuge bestimmten Anforderungen an Beschaffenheit, Ausrüstung, Prüfung und Betrieb genügen müssen. Wegen der Anforderungen nach Satz 1 gilt § 7 Abs. 5 entsprechend.

Schrifttum: Vgl. die Hinweise bei § 38.

Übersicht

A. Allgemeines

I. Entstehungsgeschichte

Oben genannte Vorschrift geht auf den § 35 des Regierungsentwurfs der Bundesregierung (BT-DrS. 7/179) zurück. Dieser sah eine dem jetzigen § 39 Satz 1 entsprechende Verordnungsermächtigung in § 35 Satz 1 Nr. 2 vor. Die Formulierung war dabei an § 4 des Gesetzes über technische Arbeitsmittel (GtA) vom 24. Juni 1968 (BGBl. I S. 717) angelehnt. Entsprechend dem Beschluss des Bundestages, das Bundes-Immissionsschutzgesetz um einen besonderen Teil über den Immissionsschutz im Verkehr zu erweitern (vgl. dazu Vorb. vor §§ 38 bis 43 Rn. 5), wurde die Ermächtigung zur Umsetzung internationaler und supranationaler Verpflichtungen in Bezug auf Fahrzeuge als selbstständige Vorschrift in diesen neuen Teil übernommen (vgl. dazu auch → § 37 Rn. 2). Durch Art. 2 Nr. 3 des 3. Gesetzes zur Änderung des Binnenschifffahrtsaufgabengesetzes vom 21. April 1986 (BGBl. I S. 551) ist Satz 2 angefügt worden. Die 9. ZustAnpVO vom 1

31. Oktober 2006 (BGBl. I S. 2407/2414) änderte die Bezeichnung des Bundesbauministeriums. Die Änderungen in der Überschrift sowie in Satz 1 durch das 9. Gesetz zur Änderung des Bundes-Immissionsschutzgesetzes vom 26. November 2010 (BGBl. I S. 1728) hatten ebenfalls redaktionelle Bedeutung. Nach dem Inkrafttreten des Lissabonner Vertrages (2009) wurde der Passus „Beschlüsse der Europäischen Gemeinschaften" durch die Formulierung „Rechtsakte der Europäischen Gemeinschaften oder der Europäischen Union" ersetzt. Durch die Dritte Zuständigkeitsanpassungs-Verordnung (26. 11. 1989) ist die **Zuständigkeit** des Bundesministers des Innern auf den Bundesminister für Umwelt, Naturschutz und Reaktorsicherheit übergegangen.

Die heutige Fassung des § 39 ist aufgrund des Neunten Gesetzes zur Änderung des Bundes-Immissionsschutzgesetzes vom 26. 11. 2010 entstanden (BGBl. I S. 1728).

Auf Grund der Anpassung an die europarechtlichen Entwicklungen wird seither in der Überschrift, sowie in Satz 1 generell auf europarechtliche Rechtsakte abgestellt. Somit wird die EU zusätzlich in Bezug genommen. (vgl. *Knauff* in GK-BlmSchG, § 39 Rn. 4)

II. Bedeutung der Vorschrift

2 Anforderungen an die Beschaffenheit und die Ausrüstung von Fahrzeugen können erhebliche Auswirkungen auf den Preis und die Absatzmöglichkeiten dieser Waren haben. Werden in den verschiedenen Ländern unterschiedliche Anforderungen gestellt, kann sich das als **Handelshemmnis** auswirken, da die für den inländischen Markt produzierten Fahrzeuge dann nicht ohne weiteres exportiert werden können. Im Interesse einer Ausweitung des internationalen Handels, insbesondere im Rahmen der Europäischen Union, wird deshalb eine Harmonisierung der unterschiedlichen nationalen Vorschriften angestrebt. In diesem Zusammenhang ermöglicht § 39 eine **Umsetzung internationaler oder supranationaler Verpflichtungen** der Bundesrepublik Deutschland in innerstaatliches Recht. Die Vorschrift hat insoweit dieselbe Bedeutung wie § 37 in Bezug auf Anlagen, Brennstoffe, Treibstoffe und sonstige Stoffe (vgl. → § 37 Rn. 1).

III. Verhältnis und Abgrenzung zu anderen Vorschriften

3 **1. Verhältnis zu § 38.** Die Verordnungsermächtigung des § 39 tritt **selbstständig neben** die Verordnungsermächtigung in § 38 Abs. 2. Soweit die Voraussetzungen des § 38 Abs. 2 und des § 39 vorliegen, hat der Verordnungsgeber es in der Hand, auf welche Bestimmung er seine Regelung stützen will (zustimmend *Jarass,* Rn. 1; *Knauff* in GK-BlmSchG, Rn. 17; *Storost* in *Ule/Laubinger,* Rn. B 1). Nimmt er die Ermächtigung des § 39 in Anspruch, sind vor Erlass der Verordnung die beteiligten Kreise (§ 51) nicht zu hören (vgl. Rn. 5), dies führt dazu, dass in verfahrensrechtlicher Hinsicht der Erlass von Rechtsverordnungen erleichtert wird. Hinsichtlich der Ermächtigungsvoraussetzungen **unterscheidet** sich § 39 insoweit von § 38 Abs. 2, als an die Erforderlichkeit der Anforderungen zum Schutz vor schädlichen Umwelteinwirkungen (vgl. dazu → § 38 Rn. 28) **weniger strenge Anforderungen** gestellt werden: Regelungen nach § 39 müssen nur dem in § 1 genannten Zweck dienen (vgl. dazu → Rn. 7); im Übrigen ergibt sich ihre Erforderlichkeit aus den zwischenstaatlichen Vereinbarungen oder den bindenden Beschlüssen der Europäischen Gemeinschaften.

Die den Beschluss umsetzende Verordnung kann neben § 39 jedoch auch auf **§ 48a** gestützt werden. Hier hat der Verordnungsgeber ein Wahlrecht, auf welche Ermächtigungsgrundlage er sich stützt. Jedoch ist das Verfahren des § 48a insofern ein komplizierteres, als das nach § 48b die Beteiligung des Bundestages erforderlich ist.

§ 47c Lärmkarten

(1) Die zuständigen Behörden arbeiten bis zum 30. Juni 2007 bezogen auf das vorangegangene Kalenderjahr Lärmkarten für Ballungsräume mit mehr als 250 000 Einwohnern sowie für Hauptverkehrsstraßen mit einem Verkehrsaufkommen von über sechs Millionen Kraftfahrzeugen pro Jahr, Haupteisenbahnstrecken mit einem Verkehrsaufkommen von über 60 000 Zügen pro Jahr und Großflughäfen aus. Gleiches gilt bis zum 30. Juni 2012 und danach alle fünf Jahre für sämtliche Ballungsräume sowie für sämtliche Hauptverkehrsstraßen und Haupteisenbahnstrecken.

(2) Die Lärmkarten haben den Mindestanforderungen des Anhangs IV der Richtlinie 2002/49/EG des Europäischen Parlaments und des Rates vom 25. Juni 2002 über die Bewertung und Bekämpfung von Umgebungslärm (ABl. EG Nr. L 189 S. 12) zu entsprechen und die nach Anhang VI der Richtlinie 2002/49/EG an die Kommission zu übermittelnden Daten zu enthalten.

(2a) Öffentliche Eisenbahninfrastrukturunternehmen sind verpflichtet, den für die Ausarbeitung von Lärmkarten zuständigen Behörden folgende für die Erarbeitung von Lärmkarten erforderlichen Daten unentgeltlich zur Verfügung zu stellen:

1. Daten zur Eisenbahninfrastruktur und

2. Daten zum Verkehr der Eisenbahnen auf den Schienenwegen.

(3) Die zuständigen Behörden arbeiten bei der Ausarbeitung von Lärmkarten für Grenzgebiete mit den zuständigen Behörden anderer Mitgliedstaaten der Europäischen Union zusammen.

(4) Die Lärmkarten werden mindestens alle fünf Jahre nach dem Zeitpunkt ihrer Erstellung überprüft und bei Bedarf überarbeitet.

(5) Die zuständigen Behörden teilen dem Bundesministerium für Umwelt, Naturschutz und nukleare Sicherheit oder einer von ihm benannten Stelle zum 30. Juni 2005 und danach alle fünf Jahre die Ballungsräume mit mehr als 250 000 Einwohnern, die Hauptverkehrsstraßen mit einem Verkehrsaufkommen von über sechs Millionen Kraftfahrzeugen pro Jahr, die Haupteisenbahnstrecken mit einem Verkehrsaufkommen von über 60 000 Zügen pro Jahr und die Großflughäfen mit. Gleiches gilt zum 31. Dezember 2008 für sämtliche Ballungsräume sowie sämtliche Hauptverkehrsstraßen und Haupteisenbahnstrecken.

(6) Die zuständigen Behörden teilen Informationen aus den Lärmkarten, die in der Rechtsverordnung nach § 47f bezeichnet werden, dem Bundesministerium für Umwelt, Naturschutz und nukleare Sicherheit oder einer von ihm benannten Stelle mit.

LAI: Hinweise zur Lärmkartierung vom 2. und 3. März 2011

Übersicht

A. Allgemeines

I. Bedeutung der Vorschrift

1 § 47c begründet die (behördliche) Pflicht zur Erarbeitung von Lärmkarten, stellt grundsätzliche Anforderungen an deren Form und Inhalt, statuiert Informationspflichten öffentlicher Eisenbahninfrastrukturunternehmen und verpflichtet die zuständigen Behörden zu bestimmten Mitteilungen im Zusammenhang mit der Lärmkartierung. Die Lärmkarten dienen der Darstellung der Lärmsituation. Sie sind Grundlage für die Aufstellung von Lärmaktionsplänen nach § 47d. Darüber hinaus dienen sie zur Aufbereitung der der EU-Kommission zu übermittelnden Daten und als Informationsquelle für die Bürger (vgl. Anhang IV Nr. 4 der Umgebungslärm-Richtlinie).

II. Entstehungsgeschichte

2 Schon nach altem Recht gab es mit § 47a Abs. 1a. F. eine ähnliche Regelung (vgl. Vor § 47a Rn. 3) zur Ermittlung der Lärmsituation. Anders als in der von der Bundesregierung vorgelegten und vom Bundestag zunächst beschlossenen Fassung für einen neuen Sechsten Teil des Bundes-Immissionsschutzgesetzes (vgl. Vorb. zum 6. Teil Rdnrn. 4, 7) ist die örtliche Lärmkartierung ganz entfallen; die Regelung der Datenerhebung und des Datenaustauschs ist der Rechtsverordnung nach § 47f Abs. 2 vorbehalten worden. Viele Detailvorgaben beruhen daneben auf Entwicklungen der Verwaltungspraxis, u. a. koordiniert durch Empfehlungen des LAI (vgl. Vor § 47a Schrifttumshinweise).

2a Durch Art. 2 des 7. EisenbRÄndG vom 27. Juni 2012 (BGBl. I S. 1421) wurde mit Abs. 2a eine Pflicht öffentlicher Eisenbahninfrastrukturunternehmen zur Datenübermittlung eingefügt (vgl. unten Rdnrn. 13af.). Die Änderung wurde vom Bundesrat vorgeschlagen (BR-Drs. 527/11 (B) vom 14.10.2011), sie sollte ursprünglich im AEG aufgenommen werden. Aus systematischen Gründen wurde die Regelung dann aber im

§ 47d Lärmaktionspläne

(1) Die zuständigen Behörden stellen bis zum 18. Juli 2008 Lärmaktionspläne auf, mit denen Lärmprobleme und Lärmauswirkungen geregelt werden für

1. Orte in der Nähe der Hauptverkehrsstraßen mit einem Verkehrsaufkommen von über sechs Millionen Kraftfahrzeugen pro Jahr, der Haupteisenbahnstrecken mit einem Verkehrsaufkommen von über 60 000 Zügen pro Jahr und der Großflughäfen,

2. Ballungsräume mit mehr als 250 000 Einwohnern.

Gleiches gilt bis zum 18. Juli 2013 für sämtliche Ballungsräume sowie für sämtliche Hauptverkehrsstraßen und Haupteisenbahnstrecken. Die Festlegung von Maßnahmen in den Plänen ist in das Ermessen der zuständigen Behörden gestellt, sollte aber auch unter Berücksichtigung der Belastung durch mehrere Lärmquellen insbesondere auf die Prioritäten eingehen, die sich gegebenenfalls aus der Überschreitung relevanter Grenzwerte oder aufgrund anderer Kriterien ergeben, und insbesondere für die wichtigsten Bereiche gelten, wie sie in den Lärmkarten ausgewiesen werden.

(2) Die Lärmaktionspläne haben den Mindestanforderungen des Anhangs V der Richtlinie 2002/49/EG zu entsprechen und die nach Anhang VI der Richtlinie 2002/49/EG an die Kommission zu übermittelnden Daten zu enthalten. Ziel dieser Pläne soll es auch sein, ruhige Gebiete gegen eine Zunahme des Lärms zu schützen.

(2a) Öffentliche Eisenbahninfrastrukturunternehmen sind verpflichtet, an der Aufstellung von Lärmaktionsplänen für Orte in der Nähe der Haupteisenbahnstrecken und für Ballungsräume mit Eisenbahnverkehr mitzuwirken.

(3) Die Öffentlichkeit wird zu Vorschlägen für Lärmaktionspläne gehört. Sie erhält rechtzeitig und effektiv die Möglichkeit, an der Ausarbeitung und der Überprüfung der Lärmaktionspläne mitzuwirken. Die Ergebnisse der Mitwirkung sind zu berücksichtigen. Die Öffentlichkeit ist über die getroffenen Entscheidungen zu unterrichten. Es sind angemessene Fristen mit einer ausreichenden Zeitspanne für jede Phase der Beteiligung vorzusehen.

(4) § 47c Abs. 3 gilt entsprechend.

(5) Die Lärmaktionspläne werden bei bedeutsamen Entwicklungen für die Lärmsituation, ansonsten jedoch alle fünf Jahre nach dem Zeitpunkt ihrer Aufstellung überprüft und erforderlichenfalls überarbeitet.

(6) § 47 Abs. 3 Satz 2 und Abs. 6 gilt entsprechend.

(7) Die zuständigen Behörden teilen Informationen aus den Lärmaktionsplänen, die in der Rechtsverordnung nach § 47 f bezeichnet werden, dem Bundesministerium für Umwelt, Naturschutz und nukleare Sicherheit oder einer von ihm benannten Stelle mit.

Übersicht

A. Allgemeines[1]

I. Bedeutung der Vorschrift

1 § 47d ist die Kernvorschrift des Sechsten Teils des Bundes-Immissionsschutzgesetzes. Der Lärmaktionsplan als Bündel möglicher Maßnahmen verschiedenster Art soll zur Lö-

[1] Die Kommentierung beruht zum Teil auf der Vorkommentierung von Hansmann.

§ 51a Kommission für Anlagensicherheit

(1) Beim Bundesministerium für Umwelt, Naturschutz und nukleare Sicherheit wird zur Beratung der Bundesregierung oder des zuständigen Bundesministeriums eine Kommission für Anlagensicherheit gebildet.

(2) Die Kommission für Anlagensicherheit soll gutachtlich in regelmäßigen Zeitabständen sowie aus besonderem Anlass Möglichkeiten zur Verbesserung der Anlagensicherheit aufzeigen. Sie schlägt darüber hinaus dem Stand der Sicherheitstechnik entsprechende Regeln (sicherheitstechnische Regeln) unter Berücksichtigung der für andere Schutzziele vorhandenen Regeln vor. Nach Anhörung der für die Anlagensicherheit zuständigen obersten Landesbehörden kann das Bundesministerium für Umwelt, Naturschutz und nukleare Sicherheit diese Regeln im Bundesanzeiger veröffentlichen. Die Kommission für Anlagensicherheit überprüft innerhalb angemessener Zeitabstände, spätestens nach jeweils fünf Jahren, ob die veröffentlichten sicherheitstechnischen Regeln weiterhin dem Stand der Sicherheitstechnik entsprechen.

(3) In die Kommission für Anlagensicherheit sind im Einvernehmen mit dem Bundesministerium für Arbeit und Soziales neben Vertreterinnen oder Vertretern der beteiligten Bundesbehörden sowie der für den Immissions- und Arbeitsschutz zuständigen Landesbehörden insbesondere Vertreterinnen oder Vertreter der Wissenschaft, der Umweltverbände, der Gewerkschaften, der Sachverständigen nach § 29a und der zugelassenen Überwachungsstellen nach § 37 Absatz 5 des Produktsicherheitsgesetzes, der Berufsgenossenschaften, der beteiligten Wirtschaft sowie Vertreterinnen oder Vertreter der nach § 24 der Betriebssicherheitsverordnung und § 21 der Gefahrstoffverordnung eingesetzten Ausschüsse zu berufen.

(4) Die Kommission für Anlagensicherheit wählt aus ihrer Mitte eine Vorsitzende oder einen Vorsitzenden und gibt sich eine Geschäftsordnung. Die Wahl der oder des Vorsitzenden und die Geschäftsordnung bedürfen der im Einvernehmen mit dem Bundesministerium für Arbeit und Soziales zu erteilenden Zustimmung des Bundesministeriums für Umwelt, Naturschutz und nukleare Sicherheit.

Übersicht

A. Allgemeines

I. Bedeutung der Vorschrift

1 § 51a ordnet in Absatz 1 die Einrichtung einer **Kommission für Anlagensicherheit (KAS)** beim Bundesministerium für Umwelt, Naturschutz, Bau und Reaktorsicherheit gesetzlich an („wird ... gebildet"). Die Kommission soll externen Sachverstand hinsichtlich der Anlagensicherheit (in einem weiten Verständnis, → Rn. 10f.) bündeln und für die Regierungstätigkeit fruchtbar machen (*Böhm* in GK BImSchG Rn. 2). Sie hat **beratende Funktionen** gegenüber der Bundesregierung bzw. dem zuständigen Bundesministerium. Die weiteren Absätze der Vorschrift enthalten detaillierte Vorgaben bezüglich der Aufgaben der Kommission (Absatz 2), ihrer Zusammensetzung (Absatz 3) und ihrer Binnenorganisation (Absatz 4).

II. Entstehungsgeschichte

2 Durch Art. 1 Nr. 6 des Gesetzes zur Umsetzung der Richtlinie 2003/105/EG des Europäischen Parlaments und des Rates vom 16. Dezember 2003 zur Änderung der Richtlinie 96/82/EG des Rates zur Beherrschung der Gefahren bei schweren Unfällen mit gefährlichen Stoffen vom 25. Juni 2005 (BGBl. I S. 1865) wurde § 51a mit Wirkung zum 1. Juli 2005 in die aktuell geltende Fassung gebracht. Die Bestimmung hat die Vorschriften in § 31a und § 51 aF über den Technischen Ausschuss für Anlagensicherheit und die Störfall-Kommission aufgehoben und die Ersetzung dieser Gremien durch die Kommission für Anlagensicherheit vorgesehen. Gesetzgeberisches Ziel waren die Beibehaltung eines entsprechenden Beratungsgremiums, zugleich aber die Zusammenlegung der bestehenden Kommissionen und damit die „Bündelung" der Aufgaben sowie entsprechende Kosteneinsparungen (vgl. *Mast* in BeckOK UmweltR Rn. 1). Zur Begründung des Gesetzentwurfs hat die Bundesregierung ausgeführt (BT-Drs. 15/5220, S. 8, zu Nr. 6; s. zur Entstehungsgeschichte eingehend *Laubinger* in Ule/Laubinger Rn. A 1ff.; *Feldhaus* in Feldhaus BImSchR S. 1f.):

> „Im Laufe der letzten Jahre haben sich die in TAA und SFK behandelten Themen stark angeglichen. Die Arbeitsabläufe sind gleich und die Strukturen ähnlich. Die jeweiligen Vorsitzenden sind gemäß Bundes-Immissionsschutzgesetz Mitglied beider Gremien. Auch andere Mitglieder sind zum Teil für beide Gremien bzw. deren Unterausschüsse und Arbeitskreise oder -gruppen tätig. Deshalb soll die Effizienz der Beratungstätigkeit durch Vermeidung von Doppelarbeit und Verringerung des Zeitaufwands für die ehrenamtlichen Mitglieder erhöht werden. Diesem Ziel dient die Zusammenlegung von TAA und SFK zu einer Kommission für Anlagensicherheit. Das zum Geschäftsbereich des Bundesrechnungshofs gehörende Prüfungsamt des Bundes Berlin (PAB Berlin) sieht eine Zusammenlegung vor allem aus wirtschaftlichen Gründen angezeigt.

Der geänderte § 51a enthält die Bestimmungen für die durch Zusammenlegung von TAA und SFK neu zu bildende Kommission für Anlagensicherheit (KAS). Die Aufgaben der KAS sind in Absatz 2 festgelegt. Sie umfassen die bisherigen Aufgaben von TAA und SFK, ergänzt um die Aufgabe, veröffentlichte sicherheitstechnische Regeln innerhalb angemessener Zeitabstände darauf zu überprüfen, ob sie weiterhin dem Stand der Sicherheitstechnik entsprechen. Damit soll die Aktualität dieser sicherheits-

§ 53 Bestellung eines Betriebsbeauftragten für Immissionsschutz

(1) Betreiber genehmigungsbedürftiger Anlagen haben einen oder mehrere Betriebsbeauftragte für Immissionsschutz (Immissionsschutzbeauftragte) zu bestellen, sofern dies im Hinblick auf die Art oder die Größe der Anlagen wegen der

1. von den Anlagen ausgehenden Emissionen,

2. technischen Probleme der Emissionsbegrenzung oder

3. Eignung der Erzeugnisse, bei bestimmungsgemäßer Verwendung schädliche Umwelteinwirkungen durch Luftverunreinigungen, Geräusche oder Erschütterungen hervorzurufen,

erforderlich ist. Das Bundesministerium für Umwelt, Naturschutz und nukleare Sicherheit bestimmt nach Anhörung der beteiligten Kreise (§ 51) durch Rechtsverordnung mit Zustimmung des Bundesrates die genehmigungsbedürftigen Anlagen, deren Betreiber Immissionsschutzbeauftragte zu bestellen haben.

(2) Die zuständige Behörde kann anordnen, dass Betreiber genehmigungsbedürftiger Anlagen, für die die Bestellung eines Immissionsschutzbeauftragten nicht durch Rechtsverordnung vorgeschrieben ist, sowie Betreiber nicht genehmigungsbedürftiger Anlagen einen oder mehrere Immissionsschutzbeauftragte zu bestellen haben, soweit sich im Einzelfall die Notwendigkeit der Bestellung aus den in Absatz 1 Satz 1 genannten Gesichtspunkten ergibt.

Schrifttum: Vgl. die Hinweise in der Vorbemerkung zu den §§ 53 bis 58d.

Übersicht

A. Allgemeines

I. Inhalt und Bedeutung der Vorschrift

1 § 53 regelt nicht den Vorgang der Bestellung von Betriebsbeauftragten für Immissionsschutz, sondern die **Pflicht des Anlagenbetreibers zur Vornahme der Bestellung.** Insoweit ist die Überschrift missverständlich. Nähere Bestimmungen über den Bestellungsakt enthält § 55.

2 Als Grundpflicht bestimmt Abs. 1 Satz 1, dass die Betreiber bestimmter genehmigungsbedürftiger Anlagen einen oder mehrere Betriebsbeauftragte für Immissionsschutz zu bestellen haben. Die Vorschrift regelt aber nicht unmittelbar, für welche Anlagen diese Vorgabe gilt (vgl. *Böhm* in GK-BImSchG § 53 Rn. 1; *Engelhardt/Schlicht,* Bundes-Immissionsschutzgesetz, 4. Aufl., § 53 Rn. 6; *Feldhaus* Bundes-Immissionsschutzrecht Bd. 1 Teil II, § 53 BImSchG Rn. 11; *Jarass* § 53 Rn. 8). Die Plicht zur Bestellung von Betriebsbeauftragten muss entweder durch eine **Rechtsverordnung nach Abs. 1 Satz 2** oder durch eine **behördliche Einzelanordnung nach Abs. 2** konkretisiert werden. Durch Einzelanordnung kann die Pflicht auch auf die Betreiber nicht genehmigungsbedürftiger Anlagen erstreckt werden.

3 Die Pflicht zur Bestellung eines oder mehrerer Immissionsschutzbeauftragter aufgrund des § 53 ist auf **die einzelne Anlage** und nicht auf die Betriebseinheit, das Werk oder das gesamte Unternehmen bezogen. Nur in Bezug auf den Betrieb der bestimmten Anlage sind dem Immissionsschutzbeauftragten die gesetzlich umschriebenen Aufgaben (vgl. § 54) zu übertragen. Das schließt nicht aus, dass in der Rechtsverordnung nach Abs. 1 Satz 2 oder in einer Einzelanordnung nach Abs. 2 zugelassen wird, dass dieselbe Person die Funktion des Immissionsschutzbeauftragten für mehrere Anlagen wahrnimmt (vgl. § 3 der 5. BImSchV; abgedr. in Bd. IV Nr. 2.5). Auch kann der Unternehmer dem Immissionsschutzbeauftragten weitergehende Aufgaben auf dem Gebiet des Immissionsschutzes oder auf anderen Gebieten zuweisen, sofern dadurch die sachgemäße Erfüllung seiner Aufgaben beim Betrieb der Anlage, für die er bestellt ist, nicht beeinträchtigt wird (vgl. → § 55 Rn. 18).

4 Die aus § 53 abzuleitende Pflicht zur Bestellung eines oder mehrerer Immissionsschutzbeauftragter schließt auch die Pflicht ein, im Falle der Verhinderung der bestellten Person (z. B. durch Urlaub oder Krankheit) für eine **sachgemäße Vertretung** zu sorgen (vgl. dazu *Jarass* § 53 Rn. 21; *Köhler,* Der wasserwirtschaftliche Betriebsbeauftragte, S. 39; *Haratsch* in Ule/Laubinger/Repkewitz, Bundes-Immissionsschutzgesetz § 53 C 36; aA *Kotulla* Bundes-Immissionsschutzgesetz § 53 Rn. 61). Allerdings setzt auch die Pflicht zur Bestellung eines Stellvertreters eine entsprechende Konkretisierung voraus, da § 53 bereits hinsichtlich der Pflicht zur Bestellung eines Immissionsschutzbeauftragten eine Konkretisierung durch Rechtsverordnung oder Verwaltungsakt verlangt (vgl. → Rn. 2). Eine solche ist in der 5. BImSchV nicht ausdrücklich vorgenommen worden. Wenn die Bestellung mehrerer Immissionsschutzbeauftragter verlangt werden kann, muss es als milderes Mittel auch zulässig sein, die Bestellung eines Vertreters zu fordern (*Jarass* § 53 Rn. 14; vgl. *Feldhaus* § 53 Rn. 13). Grundlage für eine solche Anordnung ist bei Anlagen, die in der Fünften Verordnung zur Durchführung des Bundes-Immissionsschutzgesetzes (5. BImSchV) genannt sind, § 2 der 5. BImSchV (vgl. dazu → 5. BImSchV § 2 Rn. 9; *Jarass* § 53 Rn. 14). In den übrigen Fällen kann die Anordnung unmittelbar auf § 53 Abs. 2 gestützt werden.

§ 55 Pflichten des Betreibers

(1) Der Betreiber hat den Immissionsschutzbeauftragten schriftlich zu bestellen und die ihm obliegenden Aufgaben genau zu bezeichnen. Der Betreiber hat die Bestellung des Immissionsschutzbeauftragten und die Bezeichnung seiner Aufgaben sowie Veränderungen in seinem Aufgabenbereich und dessen Abberufung der zuständigen Behörde unverzüglich anzuzeigen. Dem Immissionsschutzbeauftragten ist eine Abschrift der Anzeige auszuhändigen.

(1a) Der Betreiber hat den Betriebs- oder Personalrat vor der Bestellung des Immissionsschutzbeauftragten unter Bezeichnung der ihm obliegenden Aufgaben zu unterrichten. Entsprechendes gilt bei Veränderungen im Aufgabenbereich des Immissionsschutzbeauftragten und bei dessen Abberufung.

(2) Der Betreiber darf zum Immissionsschutzbeauftragten nur bestellen, wer die zur Erfüllung seiner Aufgaben erforderliche Fachkunde und Zuverlässigkeit besitzt. Werden der zuständigen Behörde Tatsachen bekannt, aus denen sich ergibt, dass der Immissionsschutzbeauftragte nicht die zur Erfüllung seiner Aufgaben erforderliche Fachkunde oder Zuverlässigkeit besitzt, kann sie verlangen, dass der Betreiber einen anderen Immissionsschutzbeauftragten bestellt. Das Bundesministerium für Umwelt, Naturschutz und nukleare Sicherheit wird ermächtigt, nach Anhörung der beteiligten Kreise (§ 51) durch Rechtsverordnung mit Zustimmung des Bundesrates vorzuschreiben, welche Anforderungen an die Fachkunde und Zuverlässigkeit des Immissionsschutzbeauftragten zu stellen sind.

(3) Werden mehrere Immissionsschutzbeauftragte bestellt, so hat der Betreiber für die erforderliche Koordinierung in der Wahrnehmung der Aufgaben, insbesondere durch Bildung eines Ausschusses für Umweltschutz, zu sorgen. Entsprechendes gilt, wenn neben einem oder mehreren Immissionsschutzbeauftragten Betriebsbeauftragte nach anderen gesetzlichen Vorschriften bestellt werden. Der Betreiber hat ferner für die Zusammenarbeit der Betriebsbeauftragten mit den im Bereich des Arbeitsschutzes beauftragten Personen zu sorgen.

(4) Der Betreiber hat den Immissionsschutzbeauftragten bei der Erfüllung seiner Aufgaben zu unterstützen und ihm insbesondere, soweit dies zur Erfüllung seiner Aufgaben erforderlich ist, Hilfspersonal sowie Räume, Einrichtungen, Geräte und Mittel zur Verfügung zu stellen und die Teilnahme an Schulungen zu ermöglichen.

Schrifttum: Vgl. die Hinweise in der Vorbemerkung zu den §§ 53 bis 58d.

Übersicht

A. Allgemeines

I. Bedeutung der Vorschrift

1 Die Pflicht zur Bestellung eines oder mehrerer Immissionsschutzbeauftragter folgt entweder aus der Rechtsverordnung aufgrund des § 53 Abs. 1 Satz 2 oder aus einer behördlichen Anordnung nach § 53 Abs. 2 (vgl. → § 53 Rn. 2). § 55 regelt lediglich, **wie die Bestellung vorzunehmen ist** und zu welchen **Koordinierungs- und Unterstützungsmaßnahmen der Anlagenbetreiber** verpflichtet ist.

§ 61 Berichterstattung an die Europäische Kommission

(1) Die Länder übermitteln dem Bundesministerium für Umwelt, Naturschutz und nukleare Sicherheit nach dessen Vorgaben Informationen über die Umsetzung der Richtlinie 2010/75/EU, insbesondere über repräsentative Daten über Emissionen und sonstige Arten von Umweltverschmutzung, über Emissionsgrenzwerte und darüber, inwieweit der Stand der Technik angewendet wird. Die Länder stellen diese Informationen auf elektronischem Wege zur Verfügung. Art und Form der Von den Ländern zu übermittelnden Informationen sowie der Zeitpunkt ihrer Übermittlung richten sich nach den Anforderungen, die auf der Grundlage von Artikel 72 Absatz 2 der Richtlinie 2010/75/EU festgelegt werden. § 5 Absatz 1 Satz 2, Absatz 2 bis 6 des Gesetzes zur Ausführung des Protokolls über Schadstofffreisetzungs- und -verbringungsregister vom 21. Mai 2003 sowie zur Durchführung der Verordnung (EG) Nr. 166/2006 gilt entsprechend.

(2) Die Länder übermitteln dem Bundesministerium für Umwelt, Naturschutz und nukleare Sicherheit nach dessen Vorgaben Informationen über die Umsetzung der Richtlinie 2012/18/EU sowie über die unter diese Richtlinie fallenden Betriebsbereiche. Art und Form der von den Ländern zu übermittelnden Informationen sowie der Zeitpunkt ihrer Übermittlung richten sich nach den Anforderungen, die auf der Grundlage von Artikel 21 Absatz 5 der Richtlinie 2012/18/EU festgelegt werden. Absatz 1 Satz 2 und 4 gilt entsprechend.

Schrifttum: Vgl. die Hinweise in der Vorbemerkung zu den §§ 26 bis 31a, sowie Scheidler, Die wichtigsten Änderungen im Immissionsschutzrecht nach Umsetzung der Industrieemissions-Richtlinie, UPR 2013, 121 ff.

Übersicht

A. Allgemeines

1. Entstehungsgeschichte

§ 61 war ursprünglich Gegenstand der Fassung des BImSchG bis zum 2.8.2001. In der damaligen Fassung beinhaltete die Norm eine Berichtspflicht der Bundesregie- 1 rung gegenüber dem Bundestag zum Stand schädlicher Umwelteinwirkungen und zur Umsetzung des BImSchG (kritisch insoweit *Waechter* ZG 1986, 84ff.). Die Vorschrift lautete:

§ 61 Bericht der Bundesregierung. *Die Bundesregierung erstattet dem Deutschen Bundestag jeweils ein Jahr nach dem ersten Zusammentritt Bericht über*

1. den Stand und die Entwicklung schädlicher Umwelteinwirkungen durch Luftverunreinigungen und Geräusche im Bundesgebiet während des Berichtszeitraums sowie über die voraussichtliche weitere Entwicklung,

2. die in Durchführung dieses Gesetzes getroffenen und beabsichtigten Maßnahmen,

3. die laufenden und die in Aussicht genommenen Forschungsvorhaben über die Wirkung von Luftverunreinigungen und Geräuschen,

4. die Entwicklung technischer Verfahren und Einrichtungen zur Verminderung schädlicher Umwelteinwirkungen durch Luftverunreinigungen und Geräusche und

5. die für die Forschung und Entwicklung nach den Nummern 3 und 4 aufgewendeten, insbesondere die von Bund und Ländern zu diesen Zwecken bereitgestellten Mittel.

2 Aufgehoben wurde die Vorschrift mit Wirkung zum 3.8.2001 durch das Gesetz zur Umsetzung der UVP-Richtlinie, der IVU-Richtlinie und weiterer EG-Richtlinien zum Umweltschutz vom 27.7.2001 (BGBl. I, S. 1950). Die seit 1974 bestehende Berichtspflicht, die jeweils ein Jahr nach Beginn der Legislaturperiode vorgesehen war, war ursprünglich die vornehmliche Quelle für Informationen über den Vollzug des BImSchG; sie wurde seitens des Ausschusses für Umwelt, Naturschutz und Reaktorsicherheit insbesondere mit Blick auf die Verpflichtung der Bundesregierung zur Vorlage eines Umweltzustandsberichts gem. § 11 des Umweltinformationsgesetzes (UIG) als überflüssig angesehen (BT-Drs. 14/5750, S. 132; vgl. auch *Scheidler* in Feldhaus, BImSchG, § 61 Rn. 2).

3 § 61 ist in der Fassung des Gesetzes zur Umsetzung der Richtlinie über Industrieemissionen vom 8.4.2013 (BGBl. I, S. 734) am 2.5.2013 in Kraft getreten.

Mit Umsetzung der Richtlinie 2012/18/EU des Europäischen Parlaments und des Rates vom 4. Juli 2012 zur Beherrschung der Gefahren schwerer Unfälle mit gefährlichen Stoffen, zur Änderung und anschließenden Aufhebung der Richtlinie 96/82/EG des Rates (sog. Seveso III-Richtlinie – Seveso III-RL) ist der jetzige Absatz 2 eingefügt worden und der bisherige Text zu Absatz 1 geworden. In Kraft getreten ist das Gesetz am 1.12.2016.

2. Sinn und Zweck der Bestimmung

4 Mit der jetzigen Fassung der Vorschrift wird sichergestellt, dass die Berichtspflichten der Bundesrepublik gegenüber der europäischen Kommission, wie sie sich aus Art. 72 Abs. 1 der Richtlinie 2010/75/EU, der Industrieemissionsrichtlinie (IE-RL) und der Richtlinie 2012/18/EU (Seveso III-Richtlinie – Seveso III-RL) ergeben, erfüllt werden können.

5 Anders als die Normüberschrift dies vermuten lässt, regelt § 61 dabei vorrangig die Sammlung der durch den Bund an die Kommission zu übermittelnden Daten. Die Länder tragen die im Rahmen der Gesetzesausführung nach Art. 84 GG anfallenden Daten dem Bund zu. Die Datenübermittlung durch die Bundesrepublik an die europäische Kommission ist in Art. 72 Abs. 1, 2 IE-RL und Art. 21 Abs. 3 Seveso III-RL geregelt.

§ 62 Ordnungswidrigkeiten

(1) Ordnungswidrig handelt, wer vorsätzlich oder fahrlässig

1. eine Anlage ohne die Genehmigung nach § 4 Absatz 1 errichtet,
2. einer auf Grund des § 7 erlassenen Rechtsverordnung oder auf Grund einer solchen Rechtsverordnung erlassenen vollziehbaren Anordnung zuwiderhandelt, soweit die Rechtsverordnung für einen bestimmten Tatbestand auf diese Bußgeldvorschrift verweist,
3. eine vollziehbare Auflage nach § 8a Absatz 2 Satz 2 oder § 12 Absatz 1 nicht, nicht richtig, nicht vollständig oder nicht rechtzeitig erfüllt,
4. die Lage, die Beschaffenheit oder den Betrieb einer genehmigungsbedürftigen Anlage ohne die Genehmigung nach § 16 Absatz 1 wesentlich ändert,

4a. ohne Genehmigung nach § 16a Satz 1 oder § 23b Absatz 1 Satz 1 eine dort genannte Anlage störfallrelevant ändert oder störfallrelevant errichtet,

5. einer vollziehbaren Anordnung nach § 17 Absatz 1 Satz 1 oder 2, jeweils auch in Verbindung mit Absatz 5, § 24 Satz 1, § 26, § 28 Satz 1 oder § 29 nicht, nicht richtig, nicht vollständig oder nicht rechtzeitig nachkommt,
6. eine Anlage entgegen einer vollziehbaren Untersagung nach § 25 Absatz 1 betreibt,
7. einer auf Grund der §§ 23, 32, 33 Absatz 1 Nummer 1 oder 2, §§ 34, 35, 37, 38 Absatz 2, § 39 oder § 48a Absatz 1 Satz 1 oder 2, Absatz 1 a oder 3 erlassenen Rechtsverordnung oder einer auf Grund einer solchen Rechtsverordnung ergangenen vollziehbaren Anordnung zuwiderhandelt, soweit die Rechtsverordnung für einen bestimmten Tatbestand auf diese Bußgeldvorschrift verweist,

7a. entgegen § 38 Absatz 1 Satz 2 Kraftfahrzeuge und ihre Anhänger, die nicht zum Verkehr auf öffentlichen Straßen zugelassen sind, Schienen-, Luft- und Wasserfahrzeuge sowie Schwimmkörper und schwimmende Anlagen nicht so betreibt, dass vermeidbare Emissionen verhindert und unvermeidbare Emissionen auf ein Mindestmaß beschränkt bleiben oder

8. entgegen einer Rechtsverordnung nach § 49 Absatz 1 Nummer 2 oder einer auf Grund einer solchen Rechtsverordnung ergangen vollziehbaren Anordnung eine ortsfeste Anlage errichtet, soweit die Rechtsverordnung für einen bestimmten Tatbestand auf diese Bußgeldvorschrift verweist.
9. entgegen § 37c Absatz 1 Satz 1 bis 3 der zuständigen Stelle die dort genannten Angaben nicht, nicht richtig, nicht vollständig oder nicht rechtzeitig mitteilt oder nicht oder nicht rechtzeitig eine Kopie des Vertrages mit dem Dritten vorlegt,
10. entgegen § 37c Absatz 1 Satz 4, auch in Verbindung mit Satz 5, oder Satz 6 der zuständigen Stelle die dort genannten Angaben nicht richtig mitteilt,
11. entgegen § 37f Absatz 1 Satz 1, auch in Verbindung mit einer Rechtsverordnung nach § 37d Absatz 2 Satz 1 Nummer 14, der zuständigen Stelle einen Bericht nicht, nicht richtig, nicht vollständig oder nicht rechtzeitig vorlegt.

(2) Ordnungswidrig handelt ferner, wer vorsätzlich oder fahrlässig

1. entgegen § 15 Absatz 1 oder 3 eine Anzeige nicht, nicht richtig, nicht vollständig oder nicht rechtzeitig macht,

1a. entgegen § 15 Absatz 2 Satz 2 eine Änderung vornimmt,

1b. entgegen § 23a Absatz 1 Satz 1 eine Anzeige nicht, nicht richtig, nicht vollständig oder nicht rechtzeitig macht,

2. entgegen § 27 Absatz 1 Satz 1 in Verbindung mit einer Rechtsverordnung nach Absatz 4 Satz 1 eine Emissionserklärung nicht, nicht richtig, nicht vollständig oder nicht rechtzeitig abgibt oder nicht, nicht richtig, nicht vollständig oder nicht rechtzeitig ergänzt,

3. entgegen § 31 Absatz 1 Satz 1 eine dort genannte Zusammenfassung oder dort genannte Daten nicht, nicht richtig, nicht vollständig oder nicht rechtzeitig vorlegt,

3a. entgegen § 31 Absatz 5 Satz 1 eine Mitteilung nicht, nicht richtig, nicht vollständig oder nicht rechtzeitig macht,

4. entgegen § 52 Absatz 2 Satz 1, 3 oder 4, auch in Verbindung mit Absatz 3 Satz 1 oder Absatz 6 Satz 1 Auskünfte nicht, nicht richtig, nicht vollständig oder nicht rechtzeitig erteilt, eine Maßnahme nicht duldet, Unterlagen nicht vorlegt, beauftragte Personen nicht hinzuzieht oder einer dort sonst genannten Verpflichtung zuwiderhandelt,

5. entgegen § 52 Absatz 3 Satz 2 die Entnahme von Stichproben nicht gestattet,

6. eine Anzeige nach § 67 Absatz 2 Satz 1 nicht, nicht richtig, nicht vollständig oder nicht rechtzeitig erstattet oder

7. entgegen § 67 Absatz 2 Satz 2 Unterlagen nicht, nicht richtig, nicht vollständig oder nicht rechtzeitig vorlegt.

(3) **Ordnungswidrig handelt, wer vorsätzlich oder fahrlässig**

1. einer unmittelbar geltenden Vorschrift in Rechtsakten der Europäischen Union zuwiderhandelt, die inhaltlich

a) einem in Absatz 1 Nummer 1, 3, 4, 5, 6, 7a, 9 oder Nummer 10 oder

b) einem in Absatz 2

bezeichneten Gebot oder Verbot entspricht, soweit eine Rechtsverordnung nach Satz 2 für einen bestimmten Tatbestand auf diese Bußgeldvorschrift verweist, oder

2. einer unmittelbar geltenden Vorschrift in Rechtsakten der Europäischen Union zuwiderhandelt, die inhaltlich einer Regelung entspricht, zu der die in Absatz 1 Nummer 2, 7 oder Nummer 8 genannten Vorschriften ermächtigen, soweit eine Rechtsverordnung nach Satz 2 für einen bestimmten Tatbestand auf diese Bußgeldvorschrift verweist.

Das Bundesministerium für Umwelt, Naturschutz und nukleare Sicherheit wird ermächtigt, soweit dies zur Durchsetzung der Rechtsakte der Europäischen Union erforderlich ist, durch Rechtsverordnung mit Zustimmung des Bundesrates die Tatbestände zu bezeichnen, die als Ordnungswidrigkeit geahndet werden können.

(4) **Die Ordnungswidrigkeit kann in den Fällen der Absätze 1 und 3 Nummer 1 Buchstabe a und Nummer 2 mit einer Geldbuße bis zu fünfzigtausend Euro und in den übrigen Fällen mit einer Geldbuße bis zu zehntausend Euro geahndet werden.**

(5) **Verwaltungsbehörde im Sinne des § 36 Absatz 1 Nummer 1 des Gesetzes über Ordnungswidrigkeiten ist in den Fällen des Absatzes 1 Nummer 9 bis 11 die zuständige Stelle.**

Schrifttum: *Dederer,* § 62 BImSchG (Stand: Oktober 2006), in: Kotulla, Bundes-Immissionsschutzgesetz; *Engelhardt,* Ordnungswidrigkeiten im Umweltrecht, BayVBl. 74, 575 ff.; *Engelhardt/Schlicht,* Bundes-Immissionsschutzgesetz, 4. Auflage; *Engelstätter/Weber,* in Führ (Hrsg.), Gemeinschaftskommentar zum Bundes-Immissionsschutzgesetz, 1. Aufl. 2016; *Feldhaus,* Bundes-Immissionsschutzrecht, Band 1 Teil II; *Jarass,* Bundes-Immissionsschutzgesetz, 11. Auflage; *Scheidler,* Umweltrechtliche Verantwortung im Betrieb, GewArch 2008, 195 ff.; *Schmatz/Nöthlichs,* Immissionsschutz; *Ule/Laubinger/Repkewitz,* Bundes-Immissionsschutzgesetz.

LANDMANN/ROHMER

UMWELTRECHT

BAND IV

KOMMENTAR

Herausgegeben von

Prof. Dr. Martin Beckmann
Rechtsanwalt und Fachanwalt für
Verwaltungsrecht,
Honorarprofessor der Universität Münster

Prof. Dr. Dr. Wolfgang Durner LL. M.
Rheinische Friedrich-Wilhelms-Universität
Bonn und Direktor des Instituts für das Recht
der Wasser- und Entsorgungswirtschaft

Prof. Dr. Thomas Mann
Direktor des Instituts für
Öffentliches Recht,
Lehrstuhl für Verwaltungsrecht der
Georg-August-Universität Göttingen

Prof. Dr. Marc Röckinghausen
Hochschule für Polizei und öffentliche
Verwaltung NRW, Abteilung Gelsenkirchen,
Fachbereich Allgemeine Verwaltung/
Rentenversicherung

Stand: 1. August 2020
(93. Ergänzungslieferung)

(Zum Bearbeitungsstand im Einzelnen siehe die Datumszeile
am unteren Ende jeder Seite)

C.H.BECK

Dieses Titelblatt entstammt der 93. Ergänzungslieferung August 2020

(Anschluss an die 92. Ergänzungslieferung Februar 2020)

ISBN 978 3 406 75341 1

Der Kommentar wurde von der 1. bis zur 50. Ergänzungslieferung von Prof. Dr. Klaus Hansmann und von der 51. bis zur 58. Ergänzungslieferung von Prof. Dr. Martin Beckmann herausgegeben.

Zitiervorschläge:

Beckmann in Landmann/Rohmer UmweltR KrWG § 17 Rn. 1
Landmann/Rohmer UmweltR/*Beckmann* KrWG § 17 Rn. 1

www.beck.de

Grundwerk ISBN 978 3 406 34327 8 ergänzt bis ISBN 978 3 406 75341 1

Wilhelmstraße 9, 80801 München
Satz und Druck: Druckerei C. H. Beck Nördlingen
(Adresse wie Verlag)

CO_2 neutral
chbeck.de/nachhaltig

Gedruckt auf säurefreiem, alterungsbeständigem Papier
(hergestellt aus chlorfrei gebleichtem Zellstoff)

Bearbeiterverzeichnis (Band I–IV)

Prof. Dr. Martin Beckmann Rechtsanwalt in Münster	Vorb. Abfallrecht, §§ 1–2, 4–39, 41–57, 62–68, 70–72 KrWG § 15 UVPG, Umweltschadensgesetz (mit Wittmann)
Dr. Christian-Dietrich Bracher Rechtsanwalt in Bonn	§§ 41 bis 43 BImSchG, 16. und 24. BImSchV
Prof. Dr. Peter Bruckmann Landesamt für Natur, Umwelt und Verbraucherschutz Nordrhein-Westfalen, Essen	39. BImSchV (mit Strecker und Vogt), 43. BImSchV (mit van Endern und Vogt)
Prof. Dr. Pascale Cancik O. Professorin an der Universität Osnabrück	Vorb. §§ 47a ff. BImSchG, §§ 47a–47f BImSchG (§§ 47a–47c, 47e und 47f mit Hansmann)
Prof. Dr. Johannes Dietlein O. Professor an der Universität Düsseldorf	§§ 1, 2, Vorb. §§ 4–21, 4 bis 8, 9 bis 11, 16a, 19, 23a–23c und 25a BImSchG, 9. BImSchV
Dr. Robert Dix Syndikusrechtsanwalt der EWE AG, Oldenburg	§ 29 UVPG
Prof. Dr. Matthias Dombert Rechtsanwalt in Potsdam	§§ 4–6, 8, 13, 14, 20, 24, 25 BBodSchG
Rolf-Dieter Dörr Ministerialrat a. D.	OberflächengewässerV (mit Walter)
Prof. Dr. Dr. Wolfgang Durner LL. M. O. Professor an der Universität Bonn	Umweltvölkerrecht, Vorb. §§ 27 ff. WHG, §§ 27–31, 34, 35, 82–85 WHG
Benedikt van Endern Ministerium für Umwelt, Landwirtschaft, Natur- und Verbraucherschutz des Landes Nordrhein-Westfalen	43. BImSchV (mit Bruckmann und Vogt)
Prof. Dr. Astrid Epiney LL. M. O. Professorin an der Université de Fribourg	Art. 191–193 AEUV
Prof. Dr. Wolfgang Ewer Rechtsanwalt in Kiel	Vorb. BBodSchG, §§ 9, 15, 16 BBodSchG
Prof. Dr. Kurt Faßbender O. Professor an der Universität Leipzig	§§ 1–5, 33, 36–38 WHG
Dr. Frank Fellenberg LL. M. Rechtsanwalt in Berlin	Fluglärmgesetz (mit Reidt und Schiller), Umweltrechtsbehelfsgesetz (mit Schiller)
Dr. Henrik Flatter Bundesamt für Naturschutz, Bonn	§§ 69–74 BNatSchG

Bearbeiter

Dr. Matthias Ganske Rechtsanwalt in Bonn	§§ 25, 26, 54–61 WHG
Prof. Dr. Klaus Ferdinand Gärditz O. Professor an der Universität Bonn	Art. 20a GG
Prof. Dr. Martin Gellermann Rechtsanwalt, apl. Professor an der Universität Osnabrück	Vorb. BNatSchG, §§ 4, 7–51, §§ 52–56, §§ 57–68 Vorb. §§ 37, 38, §§ 37–40, BNatSchG (§§ 41–43 mit Sanden)
Nela Gies Richterin am Verwaltungsgericht Gelsenkirchen	§§ 41, 42 WHG
Prof. Dr. Christoph Görisch Hochschule für Polizei und öffentliche Verwaltung NRW, Abteilung Münster	§§ 4–14 UAG
Dipl.-Met. Arno Graff Umweltbundesamt, Dessau	Nr. 5.5 TA Luft (mit Hansmann), Vorb. zu Anhang 3 der TA Luft
Moritz Grunow Rechtsanwalt in Düsseldorf	Vorb. AwSV, § 1 AwSV
Prof. Dr. Günter Hager O. Professor an der Universität Freiburg	§§ 1, 6, 7 UmweltHG (mit Rehbinder), §§ 8–10 UmweltHG
Prof. Dr. Klaus Hansmann Leitender Ministerialrat a. D.	§§ 17, 18, 20, 21, 26–37, 38–40, 44–47c, 47e, 47f, 52, 52b–58d, 59, 60, 62–72, 74 BImSchG (§§ 17, 18 mit Ohms, Vor § 26, §§ 26–31 mit Pabst, Vor § 38, §§ 38–40 mit Hofmann, §§ 20, 21, Vor 32, §§ 32–37, Vorb. §§ 44–47, §§ 45, 46, 46a, 47, 52, 52b, 62, 66 und 67 mit Röckinghausen, §§ 47a–47c, 47e und 47f mit Cancik), Vor § 53, §§ 53–58d mit Maciejewski, 14., 32. und 34. BImSchV, TA Lärm, TA Luft (ohne Vorb. zu Anhang 3), 4., 11., 20., 21., 25., 27., 28., 30. und 35. BImSchV (mit Röckinghausen), 2. BImSchV (mit Mahrwald und Röckinghausen), 5. BImSchV mit Maciejewski, 12. BImSchV (mit König), BzBlG, 1. DVO BzBlG
Dr. Felix Hardach Bundesministerium für Umwelt, Naturschutz und nukleare Sicherheit	§§ 1, 8, 11–13, 17, 20, 22, 23, 26 31, 32, 35 TEHG
Prof. Dr. Torsten Heilshorn Rechtsanwalt in Freiburg	Vor § 22 BImSchG, §§ 22–25 BImSchG (mit Sparwasser)

Michael Heugel Bundesministerium für Umwelt, Naturschutz und nukleare Sicherheit	§§ 5, 6 BNatSchG
Prof. Dr. Ekkehard Hofmann O. Professor an der Universität Trier	Vorb. § 38, §§ 38–40 BImSchG
Dr. Frank Hofmann Bundesministerium für Umwelt, Naturschutz und nukleare Sicherheit	§ 23 WHG
Dr. Georg Hünnekens Rechtsanwalt in Münster	§§ 50–53 WHG, Vorb. §§ 64–66, §§ 64–66 WHG, Vorb. §§ 72–81 WHG, §§ 72–81 WHG
Georg Kahl † Ministerialrat a. D.	7. BImSchV
Lutz Keppner Bundesministerium für Umwelt, Naturschutz und nukleare Sicherheit	Grundwasserverordnung
Dr. Andreas Kersting Rechtsanwalt in Münster	§§ 58–61 KrWG
Dr. Heike Kieserling Deutsche Bahn AG	§§ 13, 14, 25–38 AwSV
Dr. Jens Martin König Hessisches Ministerium für Umwelt, Klimaschutz, Landwirtschaft und Verbraucherschutz	12. BImSchV (mit Hansmann)
Dr. Olaf Konzak Rechtsanwalt in Köln	§§ 2, 3 und 7 VerpackG (mit Körner)
Dr. Michael Körner, LL.M. Rechtsanwalt in Köln	§§ 2, 3 und 7 VerpackG (mit Konzak)
Dr. Philip Kubitza Richter auf Probe, Rheinland-Pfalz	§§ 100–102 WHG
Prof. Dr. Silke Ruth Laskowski O. Professorin an der Universität Kassel	§ 24 WHG, § 58e BImSchG mit der EMASPrivilegV
Prof. Dr. Joachim Lege O. Professor an der Universität Greifswald	§§ 96–99 WHG
Dr. Rasso Ludwig LL. M. Bayerisches Staatsministerium für Umwelt und Verbraucherschutz	§§ 19, 21–23, 26 BBodSchG
Prof. Dr. Karim Maciejewski Hochschule des Bundes für öffentliche Verwaltung	Vor § 53 BImSchG, §§ 53–58d BImSchG (mit Hansmann), 5. BImSchV (mit Hansmann)
Birgit Mahrwald Bundesministerium für Umwelt, Naturschutz und nukleare Sicherheit	2. BImSchV (mit Hansmann und Röckinghausen)

Bearbeiter

Prof. Dr. Thomas Mann O. Professor an der Universität Göttingen	§§ 8a, 12 BImSchG, Vorb. ElektroG, §§ 1, 2 ElektroG, §§ 1–14, 16–28, 30–46, 48–74 UVPG
Dr. Cedric Christian Meyer Rechtsanwalt in Köln	§§ 46–49, 62–63 WHG
Dr. Uwe Neuser Bundesministerium für Umwelt, Naturschutz und nukleare Sicherheit	§§ 2, 27, 33, 34 TEHG
Volkmar Nies Landwirtschaftsdirektor bei der Landwirtschaftskammer Rheinland	§§ 1, 2, 7, 17, 18 BBodSchG
Dr. Martin Ohms Rechtsanwalt in Berlin	§§ 17, 18 BImSchG (mit Hansmann), 13. BImSchV, 17. BImSchV (z. T. mit Sahm)
Prof. Dr. Heinz-Joachim Pabst Hochschule des Bundes für öffentliche Verwaltung	Vor § 26, §§ 26–31 BImSchG (mit Hansmann), § 61 BImSchG, 41. BImSchV
Dr. Kay Artur Pape Rechtsanwalt in Bonn	Vorb. WHG, §§ 6–22 WHG
Dr. Malte Petersen LL. M. Bundesnetzagentur, Bonn	§§ 89–95 WHG
Prof. Dr. Alexander Proelß O. Professor an der Universität Trier	§§ 43–45l WHG
Prof. Dr. Eckard Rehbinder Em. Professor an der Universität Frankfurt/Main	§ 14 BImSchG §§ 1–7, 11–23 UmweltHG (§§ 1, 6, 7 mit Hager)
Prof. Dr. Olaf Reidt Rechtsanwalt in Berlin	§ 16 BImSchG (mit Schiller), 18. BImSchV (mit Schiller), Fluglärmgesetz (mit Fellenberg und Schiller), Umweltinformationsgesetz (mit Schiller)
Dr. Christoph Riese Rechtsanwalt in Berlin	§§ 67–71, 86 WHG
Prof. Dr. Marc Röckinghausen Hochschule für Polizei und öffentliche Verwaltung NRW, Abteilung Gelsenkirchen	§§ 20, 21, Vor § 32, §§ 32–37, Vorb. §§ 44–47, §§ 45, 46, 46a, 47, 52, 52b, 62, 66, 67 BImSchG (mit Hansmann), §§ 37a bis 37f, 52a, 73 BImSchG, 1., 10., 26., 36., 37., 38., 42. BImSchV, 4., 11., 20., 21., 25., 27., 28., 30. und 35. BImSchV (mit Hansmann), 2. BImSchV (mit Hansmann und Mahrwald), Schadstofffreisetzungs- und Verbringungsregistergesetz
Christoph Sahm LL. M. E.ON Kernkraft GmbH	§§ 23–25, 27 der 17. BImSchV (mit Ohms)

Prof. Dr. Dr. Joachim Sanden † Behörde für Stadtentwicklung und Umwelt, Freie und Hansestadt Hamburg, zugl. Apl. Prof. an der Universität Lüneburg	§§ 41–43 (mit Gellermann)
Dr. Gernot Schiller Rechtsanwalt in Berlin	§ 16 BImSchG (mit Reidt), 18. BImSchV (mit Reidt), Fluglärmgesetz (mit Reidt und Fellenberg), Umweltinformationsgesetz (mit Reidt) Umweltrechtsbehelfsgesetz (mit Fellenberg), §§ 14a, 15 BImSchG
Prof. Dr. Marcus Schladebach, LL.M. O. Professor an der Universität Potsdam	§ 47 UVPG
Matthias Schleifenbaum, LL.M. Rechtsanwalt in Köln	Vorb. BattG, § 1 BattG
Prof. Dr. Hendrik Schoen Hochschule für Polizei und öffentliche Verwaltung NRW, Abteilung Münster	§ 50 BImSchG
Prof. Dr. Meinhard Schröder Em. Professor an der Universität Trier	EG-Abfallverbringungs-VO
Prof. Dr. Max-Jürgen Seibert Vorsitzender Richter am Oberverwaltungsgericht Münster	§ 13 BImSchG
Prof. Dr. Reinhard Sparwasser Rechtsanwalt in Freiburg	Vor § 22 BImSchG, §§ 22–25 BImSchG (mit Heilshorn)
Prof. Dr. Indra Spiecker genannt Döhmann, LL.M. O. Professorin an der Universität Frankfurt a. M.	UStatG
Prof. Dr. Peter-Tobias Stoll O. Professor an der Universität Göttingen	EG-Artenschutzverordnung
Silvia Strecker Ministerium für Umwelt, Landwirtschaft, Natur- und Verbraucherschutz des Landes Nordrhein-Westfalen	39. BImSchV (mit Bruckmann und Vogt)
Prof. Dr. Dr. Markus Thiel Deutsche Hochschule der Polizei, Münster	§§ 3, 48–48b BImSchG
Dr. Christian Tünnesen-Harmes Rechtsanwalt in Duisburg	AbfAEV
Dr. Klaus Vogt Landesamt für Natur, Umwelt und Verbraucherschutz Nordrhein-Westfalen	39. BImSchV (mit Bruckmann und Strecker), 43. BImSchV (mit Bruckmann und van Endern)
Anne-Barbara Walter Umweltbundesamt	OberflächengewässerV (mit Dörr)
Dr. Dirk Weinreich Bundesministerium für Umwelt, Naturschutz und nukleare Sicherheit	Vorb. TEHG, §§ 7, 19 TEHG

Bearbeiter

Dr. Armin von Weschpfennig
Akademischer Rat, Universität Bonn
§§ 13a, 13b, 103–107 WHG

Dr. Antje Wittmann
Rechtsanwältin in Münster
UmweltschadensG
(zusammen mit Beckmann)

Frank Wolke
Umweltbundesamt,
Deutsche Emissionshandelsstelle
§§ 4, 18, 24 TEHG

2. Verordnungen zum Bundes-Immissionsschutzgesetz

2.1 Erste Verordnung zur Durchführung des Bundes-Immissionsschutzgesetzes (Verordnung über kleine und mittlere Feuerungsanlagen – 1. BImSchV)

Vom 26. Januar 2010

(BGBl. I S. 38, geändert durch Art. 77 d. 10. ZuständigkeitsanpassungsV v. 31.8.2015, BGBl. I S. 1474, durch Art. 16 d. Branntweinmonopol-AuflösungsG v. 10.3.2017, BGBl. I S. 420, durch Art. 2 d. VO zur Einführung der 44. BImSchV v. 13.6.2019, BGBl. I S. 804, und durch Art. 105 d. 11. ZuständigkeitsanpassungsV v. 19.6.2020, BGBl. I S. 1328)

Vorbemerkung

Schrifttum: *Behnke,* Die neue 1. BImSchV, ImSch 2011, 31 ff.; *Führ,* Gemeinschaftskommentar zum Bundes-Immissionsschutzgesetz, 2. Aufl. 2019; *Happ,* Die Änderungen der Verordnung über kleine und mittlere Feuerungsanlagen (1. BImSchV), DWW 2009, 362 ff.; *Jarass,* Bundes-Immissionsschutzgesetz, 12. Aufl. 2017, § 23 Rn. 21–23; *Porger,* in: Kotulla, Bundes-Immissionsschutzgesetz, § 23 Rn. 46–48; *Röckinghausen,* Die neue Verordnung über kleine und mittlere Feuerungsanlagen, ZUR 2011, 65 ff.; *Stollenwerk,* Der qualmende Kamin des Nachbarn, KommJur 2015, 326 ff.; *Ule/Laubinger/Repkewitz,* Bundes-Immissionsschutzgesetz; *Wildanger/Wagner,* Eignung von automatischen Messsystemen für die Emissionsermittlung im gesetzlich geregelten Bereich, I+E 2017, 100 ff.

Übersicht

A. Allgemeines

I. Anwendungsbereich und Bedeutung

Nach der Zahl der Betroffenen hat die Verordnung über kleine und mittlere Feuerungsanlagen (1. BImSchV) wohl die größte Bedeutung von allen Durchführungsvorschriften zum Bundes-Immissionsschutzgesetz. Das gilt auch noch nach dem Inkrafttreten der *Verordnung über mittelgroße Feuerungs-, Gasturbinen- und Verbrennungsmotoranlagen* 1

(44. BImSchV) am 20.6.2019 (BGBl. I S. 804), mit der zugleich Änderungen an der 1. BImSchV bewirkt wurden, die sämtliche Feuerungsanlagen mit einer Feuerungswärmeleistung ab 1 Megawatt aus deren Auswendungsbereich herausgenommen haben (vgl. *Dilling/Vollmer* I+E 2019, 67 (68f.)). Weiterhin gilt die 1. BImSchV grundsätzlich für Feuerungsanlagen, die keiner Genehmigung nach § 4 BImSchG bedürfen (§ 1 Abs. 1). Durch die Ergänzung des § 1 Abs. 1 um den Halbsatz am Ende wird der Kreis der erfassten Anlagen aber darüber hinaus mit Blick auf die Feuerungswärmeleistung eingeschränkt. Damit werden alle Feuerungsanlagen ab einer Feuerungswärmeleistung von 1 Megawatt – unabhängig vom Brennstoff – aus dem Anwendungsbereich der 1. BImSchV in den Anwendungsbereich der 44. BImSchV verlagert. Ebenfalls in den Anwendungsbereich der 44. BImSchV fallen die Feuerungsanlagen mit einer geringeren Feuerungswärmeleistung, die gleichwohl genehmigungsbedürftig sind (vgl. Ziffern 1.2.4, 1.4.2.2 des Anhangs 1 der 4. BImSchV).

2 Langjährige Messreihen zeigen, dass die Belastung der Luft in Deutschland mit Schadstoffen zurückgegangen ist. Im letzten Jahrzehnt des vergangenen Jahrhunderts hat sich die Luftqualität deutlich verbessert. Der Trend zur deutlichen Verbesserung ist jedoch seit Beginn des neuen Jahrhunderts nicht mehr zu erkennen (vgl. https://krank.de/ratgeber/umwelt/emissionen-aus-kleinfeuerungsanlagen-in-wohngebieten/). Gemessen an den **anspruchsvollen Luftqualitätswerten** der Richtlinie 2008/50/EG über Luftqualität und saubere Luft in Europa vom 21. Mai 2008 (ABl. EU Nr. L 152, S. 1ff.) besteht weiterhin Handlungsbedarf zur Reduzierung der Emissionen relevanter Luftschadstoffe. Der Emissionsbeitrag kleiner und mittlerer Feuerungsanlagen ist dabei zwar jeweils relativ gering. Der Immissionsanteil ist jedoch auf Grund der großen Zahl derartiger Anlagen sowie wegen der geringen Höhe, in der die Abgase abgeleitet werden, nach wie vor hoch. Das gilt insbesondere für **besonders gesundheitsgefährdende Stoffe** wie Feinstaub, polyzyklische aromatische Kohlenwasserstoffe (PAK) und Kohlenmonoxid (CO). Ein umweltpolitischer **Zielkonflikt** ergibt sich darüber hinaus aus dem angestrebten Ausbau der **energetischen Nutzung biogener Brennstoffe.** Während dieser Ausbau klimapolitisch begrüßenswert ist, kann er die Erreichung der Luftqualitätsziele gefährden. Denn vor allem mit Holz befeuerte Kleinfeuerungsanlagen tragen maßgeblich zu den relevanten Emissionen bei. Die Minderung der Emissionen aus kleinen und mittleren Feuerungsanlagen, die durch die 1. BImSchV bewirkt wird, stellt daher nicht nur einen wichtigen Beitrag zur Luftreinhaltung dar, sondern ist eine notwendige Voraussetzung für die **umweltpolitische Akzeptanz** des Ausbaus der energetischen Nutzung von Biomasse (vgl. dazu auch die Begründung der Bundesregierung, BT-Drs. 16/13100, S. 22).

II. Entstehungsgeschichte

3 Die Verordnung vom 26. Januar 2010 hat die 1997 neu bekanntgemachte Verordnung über kleine und mittlere Feuerungsanlagen (1. BImSchV) vom 15. Juli 1988 (BGBl. I S. 1059) abgelöst. Diese Verordnung hatte bereits eine unter Geltung des Bundes-Immissionsschutzgesetzes erlassene Vorgängerverordnung vom 28. August 1974 (BGBl. I S. 2121). Ebenso wie bei der Neuregelung im Jahr 1988 ging es im Jahr 2010 wieder darum, die **Anforderungen zur Emissionsbegrenzung** bei häuslichen, gewerblichen und industriellen kleinen und mittleren Feuerungsanlagen **an den verbesserten Stand der Technik anzupassen.** Darüber hinaus wurde der **Anwendungsbereich** durch Formulierung umfassender Anforderungen an Einzelraumfeuerungsanlagen (vgl. unten → Rn. 11) erheblich **erweitert.** Die von der Bundesregierung am 22. Mai 2009 dem

Überwachung eingebunden. Der ordnungsgemäße Betrieb und die Einhaltung der Grenzwerte sind für die Reduzierung der Staubbelastung von Bedeutung. Mit der Überwachung, die alle zwei Jahre von einer Schornsteinfegerin oder einem Schornsteinfeger zu erfolgen hat, soll sichergestellt werden, dass diese Anlagen gewartet und schadstoffarm betrieben werden. Im Rahmen der Überwachung sollen auch die Anforderungen hinsichtlich der Brennstoffqualität (Feuchte) überprüft werden.

Zu Absatz 2

Einzelraumfeuerungsanlagen für feste Brennstoffe sind bisher nicht in der Überwachungs- und Überprüfungspflicht. Einzelraumfeuerungsanlagen sind jedoch wesentlich für die hohe Feinstaubbelastung verantwortlich. Eine regelmäßige Überprüfung der Anlagen durch den Bezirksschornsteinfegermeister soll sicherstellen, dass die Feuerstätten ordnungsgemäß gewartet und betrieben werden. Diese Überprüfung soll in Verbindung mit der ohnehin auf der Grundlage des Schornsteinfegergesetzes bzw. des Schornsteinfeger-Handwerksgesetzes stattfindenden Feuerstättenschau stattfinden.

Zu Absatz 3

Der Schwellenwert von 11 kW für eine wiederkehrende Überwachung wurde ursprünglich unter dem Gesichtspunkt gewählt, dass die Haupt-Heizungsanlage einer Wohneinheit der regelmäßigen Überwachung unterliegen sollte. Auf Grund des geringeren Heizwärmebedarfs von modernen Niedrigenergiehäusern werden nun zunehmend Feuerungsanlagen mit geringerer Nennwärmeleistung, aber gleichem technischem Aufbau wie bei größeren Geräten als alleinige Heizungsanlagen eingesetzt. Für diese Geräte besteht ohne die Pflicht zur regelmäßigen Überwachung auch kein Anreiz zur Wartung.

Die Technologieentwicklung bei den Öl- und Gasheizungen hat in den letzten Jahren dazu geführt, dass die Anlagen im Emissionsverhalten stabiler geworden sind. Der Verordnungsentwurf sieht die Verlängerung der Wartungsintervalle für öl- und gasbefeuerte Heizungsanlagen vor. Die derzeitige jährliche Überwachung wird auf eine dreijährliche bei neuen Anlagen für die ersten zwölf Jahre und anschließend auf eine zweijährliche Überwachung reduziert. Anlagen mit kalibrierender kontinuierlicher Regelung sind in der Lage Veränderungen im Brennverhalten selbst zu justieren und damit Emissionen zu vermeiden. Diese Anlagen sind nur noch alle 5 Jahre zu überwachen."

§ 16 Zusammenstellung der Messergebnisse

Der Bezirksschornsteinfegermeister meldet die Ergebnisse der Messungen nach den §§ 14 und 15 kalenderjährlich nach näherer Weisung der Innung für das Schornsteinfegerhandwerk dem zuständigen Landesinnungsverband. Die Landesinnungsverbände für das Schornsteinfegerhandwerk erstellen für jedes Kalenderjahr Übersichten über die Ergebnisse der Messungen und legen diese Übersichten im Rahmen der gesetzlichen Auskunftspflichten der Innungen für das Schornsteinfegerhandwerk der für den Immissionsschutz zuständigen obersten Landesbehörde oder der nach Landesrecht zuständigen Behörde bis zum 30. April des folgenden Jahres vor. Der zuständige Zentralinnungsverband des Schornsteinfegerhandwerks erstellt für jedes Kalenderjahr eine entsprechende länderübergreifende Übersicht und legt diese dem Bundesministerium für Umwelt, Naturschutz und nukleare Sicherheit bis zum 30. Juni des folgenden Jahres vor.

§ 16 wurde unverändert aus der 1. BImSchV vom 15. Juli 1988 (BGBl. I S. 1059) übernommen. Somit bleibt die Erläuterung der Vorschrift aus dem Jahr 1988 maßgeblich.

Amtliche Begründung (BR-Drs. 252/88, S. 43):

„Von den Schornsteinfegern anzufertigende landes- und bundesweite Statistiken über die Messergebnisse sollen eine Erfolgskontrolle der Überwachung ermöglichen und Grundlage für zukünftige Novellierungen dieser Verordnung sein."

§ 17 Eigenüberwachung

(1) **Die Aufgaben der Schornsteinfegerinnen und der Schornsteinfeger und der Bezirksschornsteinfegermeister nach den §§ 14 bis 16 werden bei Feuerungsanlagen der Bundeswehr, soweit der Vollzug des Bundes-Immissionsschutzgesetzes und der auf dieses Gesetz gestützten Rechtsverordnungen nach § 1 der Verordnung über Anlagen der Landesverteidigung vom 9. April 1986 (BGBl. I S. 380) Bundesbehörden obliegt, von Stellen der zuständigen Verwaltung wahrgenommen. Diese Stellen teilen die Wahrnehmung der Eigenüberwachung der für den Vollzug dieser Verordnung jeweils örtlich zuständigen Landesbehörde und dem Bezirksschornsteinfegermeister mit.**

(2) **Die in Absatz 1 genannten Stellen richten die Bescheinigungen nach § 14 Absatz 4 sowie die Informationen nach § 16 Satz 1 an die zuständige Verwaltung. Anstelle des Kehrbuchs führt sie vergleichbare Aufzeichnungen.**

(3) **Die zuständige Verwaltung erstellt landesweite Übersichten über die Ergebnisse der Messungen nach den §§ 14 und 15 und teilt diese den für den Immissionsschutz zuständigen obersten Landesbehörden oder den nach Landesrecht zuständigen Behörden und dem Bundesministerium für Umwelt, Naturschutz und nukleare Sicherheit innerhalb der Zeiträume nach § 16 Satz 2 und 3 mit.**

§ 17 wurde unverändert aus der 1. BImSchV vom 15. Juli 1988 (BGBl. I S. 1059) übernommen. Somit bleibt die Erläuterung der Vorschrift aus dem Jahr 1988 maßgeblich.

Amtliche Begründung (BR-Drs. 252/88, S. 44):

„Zu Absatz 1

Die Ausnahmen von der Verpflichtung zur Überwachung durch den zuständigen Bezirksschornsteinfegermeister gemäß § 10 Abs. 1 der bisherigen Verordnung werden auf die Fälle eingeschränkt, wo die Eigenüberwachung aufgrund der Rechts- oder Sachlage zwingend geboten ist. Dies trifft in vollem Umfang auf die Feuerungsanlagen … der Bundeswehr zu, nicht dagegen auf die bisher der Eigenüberwachung unterworfenen Feuerungsanlagen in den Bereichen der Bundesstraßen- und Bundeswasserstraßenverwaltung. Von der Möglichkeit, den zuletzt genannten Verwaltungen eine Wahlmöglichkeit zwischen eigenverantwortlicher Eigenüberwachung und Fremdüberwachung durch den zuständigen Bezirksschornsteinfeger einzuräumen, wurde aus Vollzugsgesichtspunkten abgesehen.

Die Möglichkeit, den zuständigen Bezirksschornsteinfegermeister mit der Wahrnehmung der Durchführung der Messungen zu beauftragen, bleibt von der Vorschrift des Absatzes 1 unberührt.

Zu Absatz 2 und 3

Die Vorschriften des Absatz 2 und 3 regeln die Pflichten des Bezirksschornsteinfegermeisters gemäß §§ 14 bis 16 für die Stellen der zuständigen Verwaltungen."

§ 18 (weggefallen)

2.2 Zweite Verordnung zur Durchführung des Bundes-Immissionsschutzgesetzes (Verordnung zur Emissionsbegrenzung von leichtflüchtigen halogenierten organischen Verbindungen – 2. BImSchV)

Vom 10. Dezember 1990

(BGBl. I S. 2694, geändert durch Art. 2a d. 3. VO z. Änd. d. GefStoffV v. 5. Juni 1991, BGBl. I S. 1218, durch Art. 2d. 2. ZustLockG v. 3. Mai 2000, BGBl. I S. 632, durch Art. 2 d. VO z. Umsetzung VOC-RL v. 21. August 2001, BGBl. I S. 2180/2209, durch Art. 3 d. VO z. Anp. d. GefStoffVO v. 23. Dezember 2004, BGBl. I S. 3758/3807, durch Art. 5 d. VO z. Neuf. d. GefStoffVO v. 26. November 2010, BGBl. I S. 1643/1691, durch Art. 1 d. VO v. 20. Dezember 2010, BGBl. I S. 2194, durch Art. 1 d. VO v. 2. Mai 2013, BGBl. I S. 1021, berichtigt am 7. Oktober 2013, BGBl. I S. 3754, durch Art. 2 d. VO v. 28. April 2015, BGBl. I S. 670, durch Art. 78 d. 10. ZuständigkeitsanpassungsV v. 31.8.2015, BGBl. I S. 1474, durch Art. 56 d. G v. 29.3.2017, BGBl. I S. 626, durch Art. 1 d. VO zur Umsetzung der RL 2014/99/EU v. 24.3.2017, BGBl. I S. 656, und durch Art. 106 d. 11. ZuständigkeitsanpassungsV v. 19.6.2020, BGBl. I S. 1328)

Vorbemerkung

Schrifttum: *Engelhardt,* Bundes-Immissionsschutzgesetz, 3. Auflage, 2. Band, 1. Teilband.

Übersicht

A. Allgemeines

I. Zweck der Verordnung

1. Begrenzung leichtflüchtiger halogenierter organischer Verbindungen. Die 2. BImSchV dient nach ihrer amtlichen Bezeichnung der Emissionsbegrenzung von leichtflüchtigen halogenierten organischen Verbindungen. Zum Begriff der organischen Verbindungen wird auf § 2 Nr. 26 der 31. BImSchV (abgedruckt in diesem Band unter Nr. 2.31) verwiesen. Die Halogenkohlenwasserstoffe sind eine Untergruppe der halogenierten organischen Verbindungen. Die in diesen Kohlenwasserstoffen enthaltenen Halogene bilden 1 die siebte Hauptgruppe des Periodensystems der Elemente. Zu ihnen gehören u. a. Fluor, Chlor und Brom. Die Halogene sind stark elektronegativ und sehr reaktionsfähig. Halogenierte organische Verbindungen sind leichtflüchtig, wenn ihr Siedepunkt bei 1013 Hektopascal nicht über 423 Kelvin (150 Grad Celsius liegt (vgl. § 1 Abs. 1).

2 **2. Bedeutung leichtflüchtiger halogenierter organischer Verbindungen.** Leichtflüchtige halogenierte organische Verbindungen können in verschiedener Hinsicht zu Umweltproblemen führen. Einmal kann es in der Nachbarschaft von Emissionsquellen zu Immissionsbelastungen kommen, bei denen eine Gesundheitsgefährdung oder erhebliche Nachteile durch unzulässige Kontaminationen von Lebensmitteln nicht ausgeschlossen werden können. Der Stoff Trichlorethen ist als krebserzeugender Stoff (vgl. Nr. 5.2.7.1 Abs. 4 TA Luft, abgedruckt in diesem Band unter Nr. 3.2), eingestuft. Die Stoffe Tetrachlorethen und Dichlormethan sind als Stoffe mit begründetem Verdacht auf krebserzeugendes Potential eingestuft (vgl. Nrn. 5.2.2 Abs. 3 und 5.2.5 Abs. 6 TA Luft; abgedruckt in diesem Band unter Nr. 3.2). Von diesen Stoffen hat insbesondere Tetrachlorethen (Per) eine große Bedeutung, da es insbesondere in Chemisch-Reinigungsanlagen, die in der Regel in der Nähe von Wohnungen oder Einkaufszentren betrieben werden, eingesetzt wird und durch Diffusion oder auf andere Weise in Nachbarräume gelangen kann. Dabei ist eine Anreicherung insbesondere in fetthaltigen Lebensmitteln nicht ausgeschlossen. Insoweit dient die Emissionsbegrenzung von leichtflüchtigen halogenierten organischen Verbindungen, insbesondere von Halogenkohlenwasserstoffen dem Nachbarschutz.

3 Leichtflüchtige halogenierte organische Verbindungen stellen auch eine erhebliche Belastung für die Umwelt insgesamt dar. Es handelt sich um wassergefährdende Stoffe, die in tiefere Bodenschichten und in das Grundwasser eindringen können, sich dort anreichern. Insbesondere sind die leichtflüchtigen Fluorchlorkohlenwasserstoffe (FCKW) am Abbau der stratosphärischen Ozonschicht maßgebend beteiligt (vgl. dazu die Verordnung (EG) Nr. 2037/2000 über Stoffe, die zum Abbau der Ozonschicht führen; ABl. der EG Nr. L 244/1). Deshalb werden weltweit Anstrengungen unternommen, die Verwendung dieser Stoffe einzuschränken (vgl. das Montrealer Protokoll vom 16.9.1987 über Stoffe, die zu einem Abbau der Ozonschicht führen, BGBl. II 1988 S. 1014).

3 a Wasserstoffhaltige Fluorkohlenwasserstoffe wiederum sind klimaschädliche Stoffe mit einem hohen Treibhauspotential. Die Vertragsstaaten haben sich verpflichtet, Treibhausgase, u. a. von H-FKW, schrittweise zu vermindern (vgl. Protokoll von Kyoto zum Rahmenübereinkommen der Vereinten Nationen über Klimaänderungen vom 11. Dezember 1997, Gesetz zu dem Protokoll BGBl. 2002 Teil II Nr. 16 S. 966). Die 2. BImSchV dient dem Ziel, die Umwelt- und Gesundheitsbelastungen durch leichtflüchtige halogenierte organische Verbindungen, insbesondere von voll- oder teilhalogenierten Kohlenwasserstoffen zu vermeiden bzw. zu begrenzen.

II. Anwendungsbereich

4 Die 2. BImSchV regelt ausschließlich die Emissionsbegrenzung der in § 1 genannten Anlagenarten, sofern in ihnen die in § 1 definierten leichtflüchtigen halogenierten organischen Verbindungen oder Halogenkohlenwasserstoffe eingesetzt werden. Als Halogenkohlenwasserstoffe dürfen aber nur die in § 2 Absatz 2 aufgeführten oder die in § 17 im Ausnahmefall zugelassenen Stoffe eingesetzt werden. Die Begrenzung der Emissionen flüchtiger organischer Verbindungen bei der Verwendung organischer Lösemittel in bestimmten Anlagen wird in der 31. BImSchV (abgedruckt in diesem Band unter Nr. 2.31) geregelt (vgl. auch BR-Drs. 271/01 S. 76).

Dem Aufenthalt von Menschen dient jeder Raum, in dem Personen bestimmungsgemäß wohnen, arbeiten oder sich aus anderen Gründen nicht nur kurzfristig (z. B. zur Entnahme von Gegenständen) aufhalten (vgl. *Engelhardt,* Bundes-Immissionsschutzgesetz, 3. Auflage, 2. Band, 1. Teilband, § 15 der 2. BImSchV Rn. 1). Betriebsfremd ist ein Aufenthaltsraum dann, wenn er nicht zur Erreichung des Anlagenzwecks genutzt wird. Dabei ist der Anlagenbegriff weit auszulegen (vgl. § 1 Rn. 1 und 2). Betriebsräume, die mit der Maschine in einem engen räumlichen und betriebstechnischen Zusammenhang stehen (z. B. Lagerräume, Bügelräume, Sozialräume oder Pausenräume) zählen ebenso wie der eigentliche Maschinenaufstellungsraum zur Anlage, nicht jedoch räumlich getrennte Annahme- und Ausgabestellen (sog. Kaltbetriebe; vgl. § 4 Rn. 3). Bei der Ermittlung, ob ein Aufenthaltsraum betriebsfremd ist, kommt es nicht darauf an, von wem er genutzt wird. Auch das Büro oder die Wohnung des Anlagenbetreibers können betriebsfremde Räume sein. 3

Nach Absatz 1 Nr. 2 sind auch angrenzende Lebensmittelbetriebe zu schützen. Lebensmittel im Sinne des § 1 des Lebensmittel- und Bedarfsgegenständegesetzes sind Stoffe, die dazu bestimmt sind, in unverändertem, zubereitetem oder verarbeitetem Zustand von Menschen verzehrt zu werden; ausgenommen sind jedoch Stoffe, die überwiegend dazu bestimmt sind, zu anderen Zwecken als zur Ernährung oder zum Genuss verzehrt zu werden. Ein Lebensmittelbetrieb in dem genannten Sinne ist nur anzunehmen, wenn er nach seiner Zweckbestimmung (auch) dem Umgang mit Lebensmitteln dient; der gelegentliche Verzehr von Lebensmitteln in einem anderen Zwecken dienenden Betrieb macht diesen noch nicht zu einem Lebensmittelbetrieb (ebenso *Engelhardt,* Bundes-Immissionsschutzgesetz, 3. Auflage, 2. Band, 1. Teilband, § 6 der 2. BImSchV Rn. 4). „Angrenzend" ist ein Lebensmittelbetrieb dann, wenn er mit einer Anlage im Sinne des § 1 räumlich verbunden ist; d. h. zwischen den Räumen der Chemisch-Reinigung und denen des Lebensmittelbetriebes dürfen keine weiteren Räume oder eine Freifläche liegen. Dabei ist allerdings zu beachten, dass auch der Zugang zu den Betriebsräumen (Flur) und die Abstellräume dem Lebensmittelbetrieb zuzurechnen sein können. Zweck der Vorschrift ist es, eine Belastung der Lebensmittel aufgrund einer möglichen Diffusion der leichtflüchtigen Halogenkohlenwasserstoffe zu vermeiden. 4

II. Begrenzung des Übertritts von Halogenkohlenwasserstoffen

Absatz 1 fordert allgemein, dass der Übertritt von Halogenkohlenwasserstoffen in die zu schützenden Bereiche nach dem Stand der Technik zu begrenzen ist. Diese Forderung gilt für alle leichtflüchtigen Halogenkohlenwasserstoffe (also nicht nur für Tetrachlorethen) und für alle von der Verordnung erfassten Anlagen. Der Begriff des Standes der Technik ist in § 3 Abs. 6 BImSchG legal definiert (vgl. dazu näher § 3 BImSchG Rn. 29 bis 32). Als praktisch geeignete Maßnahmen zur Verhinderung des Übertritts von Halogenkohlenwasserstoffen (als Folge der Diffusion durch Wände oder Decken oder als Folge des Übergangs belasteter Luft durch Türen oder Fenster) kommen insbesondere lüftungstechnische Maßnahmen (z. B. Aufrechterhaltung eines permanenten Unterdrucks) und Diffusionssperren (z. B. geeignete Anstriche oder Tapeten; Be- und Entlüftung von Zwischenräumen bei Wänden) in Betracht. 5

III. Begrenzung der Raumluftkonzentration von Tetrachlorethen

1. Verursachung durch den Anlagenbetrieb. Im Hinblick auf die Belastung durch Tetrachlorethen (Per) wird die allgemeine Anforderung des Absatzes 1 durch Absatz 2 kon- 6 kretisiert. Hiernach müssen Maßnahmen zur Einhaltung einer Raumluftkonzentration von 0,1 mg/m^3 (Mittelwert über sieben Tage) getroffen werden. Vorausgesetzt wird dabei, dass die Konzentration durch den Betrieb einer benachbarten Anlage im Sinne des § 1 (mit-) verursacht ist. Benachbart ist in diesem Sinne jede Anlage, von der ein relevanter (d. h. von der allgemeinen Immissionsbelastung abgrenzbarer) Beitrag zu der Raumluftkonzentration ausgehen kann (vgl. auch *Engelhardt,* a. a. O., § 6 der 2. BImSchV Rn. 5).

7 **2. Bedeutung des Konzentrationswertes.** Der Wert von 0,1 mg Per pro m^3 Raumluft kennzeichnet nicht die Grenze, ab der Gesundheitsgefahren auftreten können. Vielmehr handelt es sich um einen Vorsorgewert. Seine Einhaltung kann durch Passiv-/Diffusionssammler (z. B. ORSA-5) überprüft werden. Eine Überprüfung von benachbarten Räumen ist jedoch nur angezeigt, wenn Anhaltspunkte für eine Überschreitung des Wertes von 0,1 mg/m^3 vorliegen. Derartige Anhaltspunkte können sich aus Nachbarbeschwerden, festgestellten Belastungen von Lebensmitteln, ungünstigen baulichen Gegebenheiten u. ä. ergeben.

8 **3. Mögliche Maßnahmen.** Als Maßnahmen zur Einhaltung der vorgegebenen Raumluftkonzentration von 0,1 mg/m^3 kommen in Betracht:
- Erhöhung des Wirkungsgrades der emissionsbegrenzenden Maßnahmen nach §§ 3 bis 5 und 11,
- Verbesserung der Abgasableitung (§ 14) und
- Ausschöpfung der technisch möglichen und mit einem verhältnismäßigen Aufwand durchführbaren Maßnahmen zur Verhinderung des Übertritts von Per (§ 16 Abs. 1).

Reichen die genannten Maßnahmen nicht aus, kommt eine Anlagenstilllegung nach § 25 Abs. 2 BImSchG nur in Betracht, wenn Gesundheitsgefahren nachgewiesen werden. Diese können jedoch bei Raumluftkonzentrationen unter 5 mg Per pro m^3 Raumluft nicht angenommen werden (vgl. dazu auch VG Berlin, Urteil vom 27. 10. 1988, NuR 90, 380 f. = UPR 89, 80 f.).

§ 17 Berichterstattung an die Europäische Kommission, Unterrichtung der Öffentlichkeit

(1) **Der Betreiber einer Anlage hat die für die Berichterstattung an die Europäische Kommission nach Absatz 2 benötigten Informationen der zuständigen Behörde auf Verlangen nach dem festgelegten Verfahren und in der festgelegten Form zuzuleiten.**

(2) **Die zuständige Behörde hat alle drei Jahre entsprechend den Anforderungen des Artikels 72 Absatz 1 und 2 der Richtlinie 2010/75/EU des Europäischen Parlaments und des Rates vom 24. November 2010 über Industrieemissionen (integrierte Vermeidung und Verminderung der Umweltverschmutzung) (Neufassung) (ABl. L 334 vom 17. 12. 2010, S. 17) innerhalb von sechs Monaten nach Ablauf eines jeden Dreijahreszeitraums dem Bundesministerium für Umwelt, Naturschutz und nukleare Sicherheit oder der von ihm benannten Stelle einen Bericht über die Durchführung dieser Verordnung zu übermitteln. Das Bundesministerium für Umwelt, Naturschutz und nukleare Sicherheit legt der Kommission der Europäischen Gemeinschaften entsprechend den Anforderungen des Artikels 72 Absatz 1 und 2 der Richtlinie 2010/75/EU einen Bericht vor.**

(3) **Die zuständige Behörde hat**

1. **die für Anlagen geltenden allgemein verbindlichen Regeln und die Verzeichnisse der angezeigten und genehmigten Tätigkeiten sowie**

2.12 Zwölfte Verordnung zur Durchführung des Bundes-Immissionsschutzgesetzes (Störfall-Verordnung – 12. BImSchV)

In der Fassung der Bekanntmachung vom 15. März 2017

(BGBl. I S. 483, berichtigt am 2.10.2017, BGBl. I S. 3527, geändert durch Art. 58 d. G. v. 29.3.2017, BGBl. I S. 626, durch Art. 1a d. VO v. 8.12.2017, BGBl. I S. 3882, und durch Art. 107 d. 11. ZuständigkeitsanpassungsV v. 19.6.2020, BGBl. I S. 1328)

Vorbemerkung

Schrifttum zur Debatte um das störfallrechtliche Abstandsgebot: *Becher,* Land-Use-planning nach Artikel 12 der Seveso-II Richtlinie in: Thomé-Kozmiensky, Dombert, Versteyl, Rotar, Appel (Hrsg.), Immissionsschutz, Band 2 – Planung, Genehmigung und Betrieb von Anlagen, 2011, S. 101 ff., *Burger* Richtlinienkonforme Auslegung als Ersatz der legislativen Umsetzung? Zum gesetzgeberischen Handlungsbedarf aufgrund des EuGH-Urteils in der Rechtssache Mücksch, DVBl 2013, 1431 ff.; *Cohen,* Baugenehmigungen und Störfallrecht, NVwZ 2014, 902 ff.; *Grüner,* Störfallschutz und Immissionsschutz in der Bauleitplanung, UPR 2014, 161 ff.; *Hellriegel,* Anmerkung zum EuGH – Urteil vom 15.9.2011, Rs. C-53/10, EuZW 2011, 876 ff.; *Hellriegel/Farsbotter,* Abstand ist nicht alles!, NVwZ 2013, S. 1117 ff.; *Hendler,* Schutz der Umgebung vor Störfallauswirkungen bei Bebauungsplanung und Baugenehmigunserteilung, DVBl 2012, 532 ff.; *Hurst,* Chemieparkentwicklung unter der Seveso-II-Richtlinie, I+E 2014, 138 ff.; *Klepper,* Störfallbetrieb in der Nähe: Kein Anspruch auf Baugenehmigung!, IBR 2011, S. 666 ff.; *Köck,* The Distance Requirement under Art. 12 (1) of the Seveso II-Directive – The ECJ's Müksch ruling, Review of Administrative Law 2013, 149 ff.; *ders.,* Das Abstandswahrungsgebot im europäischen Störfallrecht, ZUR 2012, 418 ff.; *König,* Die Sache Mücksch oder das Ende der bisherigen Genehmigungspraxis, ZfBR 2014, 336 ff.; *König/Darimont,* Land-Use Planning – ein Neuanfang, UPR 2012, 286 ff.; *Kraus,* Anwendung der Seveso-II-Richtlinie im Bauplanungsrecht, ZfBR 2012, 324 ff.; *Kukk,* Erhöhte Verantwortung von Genehmigungsbehörden für empfohlene „Achtungsabstände" aufgrund der „Seveso II"-Richtlinie, ZfBR 2012, 219 ff.; *Lau,* Der Störfallschutz im Baugenehmigungsverfahren und in der Bauleitplanung nach dem Urteil des EuGH vom 15.9.2011, Rs. C-53/10, DVBl 2012, 678 ff.; *Mitschang,* Anforderungen der Seveso-II-Richtlinie an die örtliche Raumplanung – Teil I, UPR 2001, 281 ff.; *ders.,* Anforderungen der Seveso-II-Richtlinie an die örtliche Raumplanung – Teil II, UPR 2001, 342 ff.; *Otting/Olgemöller,* Nochmals: Abstand ist nicht alles!, NVwZ 2013, 1396; *Reidt,* Störfallschutz und Städtebaurecht – Schutzabstände in der Bauleitplanung und bei der Vorhabengenehmigung, BauR 2012, 1182 ff.; *Reidt,* Praxisanmerkung zum EuGH – Urteil vom 15.9.2011, Rs. C-53/10, UPR 2011, 448 f.; *Reitberger,* Steuerung der Ansiedlung von Störfallbetrieben mit Mitteln der Bauleitplanung, I+E 2012, 154 ff.; *Schmitt/Kreutz,* Die Bedeutung des Abstandsgebots der Seveso-II-Richtlinie im nationalen Recht, NVwZ 2012, 483 ff.; *Schröer/Kullick,* NZBau 2012, 691 ff.; *Schröer/Kümmel,* Praktische Auswirkungen des EuGH-Urteils zur Anwendbarkeit von Art. 12 Seveso-II-Richtlinie bei der Vorhabengenehmigung, NZBau 2011, 742 ff.; *Schröer/Kümmel,* NZBau 2013, 291 ff.; *Uechtritz/Farsbotter,* Städtebauliche Entwicklung im Umfeld von Störfallbetrieben, Teil 1: Rechtliche und fachtechnische Überlegungen zum Umgang mit dem Abstandsgebot aus Art. 13 der Seveso-III-Richtlinie, BauR 2015, 1919 ff.; *Uechtritz/Farsbotter,* Städtebauliche Entwicklung im Umfeld von Störfallbetrieben, Teil 2: Steuerung durch gesamtstädtische Konzepte, BauR 2016, 48 ff.; *Uechtritz,* Schutzobjekte i. S. des Art. 12 Abs. 1 der Seveso-II-Richtlinie, BauR 2014, 1098 ff.; *ders.,* Anmerkung zu BVerwG, Urteil vom 20.12.2012 – 4 C 11/11, NVwZ 2013, 724 ff.; *ders.,* „Seveso II" im Baugenehmigungsverfahren: Herausforderungen für die Bauaufsichtsbehörden, BauR 2012, 1039 ff.; *Uechtritz/Farsbotter,* Städtebauliche Entwicklung im Umfeld von Störfallbetrieben, Teil 1: Rechtliche und fachtechnische Überlegungen zum Umgang mit dem „Abstandsgebot" des Art. 13 der Seveso-III-Richtlinie, BauR 2015, 1919 ff.; *dies.,* Städtebauliche Entwicklung im Umfeld von Störfallbetrieben, Teil II: Steuerung durch gesamtstädtische Konzepte, BauR 2016, 48 ff.; *Wasielewski,* Anwendung des Abstandsgebots der Seveso-III-Richtlinie im Vollzug, I+E 2015, 145 ff.; *Weidemann,* Die höchstrichterliche Seveso II-Rechtsprechung – Konsequenzen und offene Fragen im Bauplanungsrecht und im Immissionsschutzrecht, BauR 2014, S. 784 ff.

Allgemeines Schrifttum zu den verschiedenen Fassungen der Störfall-Verordnung: *Breuer,* Der Störfall im Atom- und Immissionsschutzrecht, WiVerw 81, 219 f.; *ders.,* Anlagensicherheit und Störfälle, NVwZ 90, 211 ff.; *Dreyhaupt,* Die Störfall-Verordnung, Handbuch für Immissionsschutzbeauftragte, Teil 2, Sonderkapitel P, S. 605 ff.; *Feldhaus,* Einführung in die Störfall-Verordnung, WiVerw 81, 191 ff.; *ders.,* Einführung in die neue Störfall-Verordnung, UPR 2000, 121 ff.; *Gallas,* Störfall, in: *Kimminich/von Lersner/Storm,* Handwörterbuch des Umweltrechts, Band II; *Hansmann,* Neue Durchführungsvorschriften zum Bundes-Immissionsschutzgesetz, NVwZ 88, 1000; *ders.,* Sicherheitsanforderungen im Atomrecht und im Immissionsschutzrecht, DVBl. 81, 898 ff.; *ders.,* Änderungen der Störfallverordnung und der Verordnung über genehmigungsbedürftige Anlagen, NVwZ 91, 1138 ff.; *ders.,* Der Sicherheitsbericht nach der Störfall-Verordnung, Immissionsschutz 02, 44 ff.; *Köck,* Störfallrecht, NVwZ 2012, 1353 ff.; *König,* Seveso III – wie weit reicht die unmittelbare Wirkung der Richtlinie?, I+E 2015, S. 52 ff.; *Ladeur,* Risikobewertung und Risikomanagement im Anlagensicherheitsrecht, UPR 93, 121 ff.; *Marburger,* Die Bewertung von Risiken chemischer Anlagen, in: Technische Risiken und Recht, herausgegeben vom Kernforschungszentrum Karlsruhe, 1981, S. 27 ff.; *Müggenborg,* Die neue Störfall-Verordnung, NVwZ 2000, 1096 ff.; *ders.,* Das Phänomen von Industrieparks – eine erste Annäherung aus umwelt- und sicherheitsrechtlicher Sicht, DVBl. 2001, 417 ff.; *Neuser,* Störfallprävention, 2002; *Pettelkau,* Die Störfall-Verordnung und ihr Bezug zur Sicherheit konventioneller Anlagen, Tagungsbericht über das III. GfS-Sommer-Symposion, im Auftrag der Gesellschaft für Sicherheitswissenschaften herausgegeben von *Peter C. Compes,* Wuppertal 1981, S. 231 ff.; *Schäfer,* Störfall-Verordnung, Kommentar 1982; *Roßnagel/Hentschel* in Führ, GK-BImSchG, 2016, § 5, Rn. 190 ff.; *Rövekamp,* Die Seveso-III-Richtlinie – Änderungen im Störfallrecht auch ohne Umsetzungsgesetz durch unmittelbar geltende Richtlinie, UPR 2015, 377 ff.; *Scheidmann,* Veränderungen im Störfallrecht durch die Seveso-III-Richtlinie, I+E 2013, 3 ff.; *Spindler,* Anlagensicherheit im deutschen und europäischen Recht, UPR 2001, 81 ff.; *Uth,* Störfall-Verordnung, 2001; *Wasielewski,* Stand der Umsetzung der Seveso-III-RL in deutsches Recht UPR 2017, 1 ff.; *Wietfeldt,* Das Anlagensicherheitsrecht des BImSchG, seine Interdependenzen zum Arbeitsschutzrecht und die Seveso-Richtlinien, in: *Czajka/Hansmann/Rebentisch,* Immissionsschutzrecht in der Bewährung, Festschrift für *Gerhard Feldhaus,* 1999, S. 341 ff.

Übersicht

Dritter Teil.
Meldeverfahren, Schlussvorschriften

§ 19 Meldeverfahren. (1) Der Betreiber hat der zuständigen Behörde unverzüglich den Eintritt eines Ereignisses, das die Kriterien des Anhangs VI Teil 1 erfüllt, mitzuteilen.

(2) Der Betreiber hat der zuständigen Behörde unverzüglich, spätestens innerhalb einer Woche nach Eintritt eines Ereignisses nach Absatz 1 eine ergänzende schriftliche oder elektronische Mitteilung vorzulegen, die mindestens die Angaben nach Anhang VI Teil 2 enthält. Er hat die Mitteilung bei Vorliegen neuer Erkenntnisse unverzüglich zu ergänzen oder zu berichtigen.

(3) Erhält die zuständige Behörde Kenntnis von einem Ereignis nach Anhang VI Teil 1 Ziffer I, hat sie

1. durch Vor-Ort-Besichtigungen, Untersuchungen oder andere geeignete Mittel die für eine vollständige Analyse der technischen, organisatorischen und managementspezifischen Gesichtspunkte dieses Ereignisses erforderliche Informationen einzuholen,
2. geeignete Maßnahmen zu ergreifen, um sicherzustellen, dass der Betreiber alle erforderlichen Abhilfemaßnahmen trifft,
3. die von dem Störfall möglicherweise betroffenen Personen über diesen sowie gegebenenfalls über Maßnahmen zu unterrichten, die ergriffen wurden, um seine Auswirkungen zu mildern, und
4. Empfehlungen zu künftigen Verhinderungsmaßnahmen abzugeben, sobald die Analyse nach Nummer 1 vorliegt.

Zur Erfüllung ihrer Verpflichtungen nach den Nummern 1, 2 und 4 kann die zuständige Behörde auch ein Gutachten vom Betreiber fordern.

(4) Die zuständige Behörde hat dem Bundesministerium für Umwelt, Naturschutz und nukleare Sicherheit über die nach Landesrecht zuständige Behörde unverzüglich eine Kopie der Mitteilung nach Absatz 2 zuzuleiten. Das Bundesministerium für Umwelt, Naturschutz und nukleare Sicherheit unterrichtet die Europäische Kommission, wenn eines der Kriterien des Anhangs VI Teil 1 Ziffer I oder II erfüllt ist. Die Unterrichtung hat so bald wie möglich zu erfolgen, spätestens jedoch bis zum Ablauf eines Jahres nach dem Ereignis.

(5) Die zuständige Behörde teilt das Ergebnis der Analyse nach Absatz 3 Nummer 1 und die Empfehlungen nach Absatz 3 Nummer 4 dem Bundesministerium für Umwelt, Naturschutz und nukleare Sicherheit schriftlich oder elektronisch über die nach Landesrecht zuständige Behörde mit. Das Bundesministerium für Umwelt, Naturschutz und nukleare Sicherheit unterrichtet die Europäische Kommission so bald wie möglich, spätestens jedoch bis zum Ablauf eines Jahres nach dem Ereignis, über das Ergebnis der Analyse und die Empfehlungen. Die Informationen sind zu aktualisieren, sobald Ergebnisse weiterer Analysen und Empfehlungen verfügbar sind. Die Unterrichtung darf zurückgestellt werden, wenn der Abschluss gerichtlicher Verfahren durch eine solche Informationsübermittlung beeinträchtigt werden könnte.

(6) Der Betreiber hat die Beschäftigten oder deren Personalvertretung über eine Mitteilung nach Absatz 1 unverzüglich zu unterrichten und ihnen auf Verlangen eine Kopie der Mitteilung nach Absatz 2 zugänglich zu machen.

(Kommentierung folgt)

Dreizehnte Verordnung zur Durchführung des Bundes-Immissionsschutzgesetzes (Verordnung über Großfeuerungs- Gasturbinen- und Verbrennungsmotoranlagen – 13. BImSchV)*

Vom 2. Mai 2013

(BGBl. I S. 1021, berichtigt am 7.10.2013, BGBl. I S. 3754, geändert durch Art. 6 d. VO v. 28.4.2015, BGBl. I S. 670, durch Art. 80 d. VO v. 31.8.2015, BGBl. I S. 1474, durch Art. 1 d. VO v. 19.12.2017, BGBl. I S. 4007, und durch Art. 108 d. 11. ZuständigkeitsanpassungsV v. 19.6.2020, BGBl. I S. 1328)

Schrifttum: *Begemann/Lustermann,* Verfeuerung von Destillations- und Konversionsrückständen – 13 oder 17 BImSchV?, Immissionsschutz 2005, 116; *Calliess,* Integrierte Vorhabengenehmigung und Rechtsschutz im aktuellen Entwurf des UGB I, ZUR 2008, 343; *Danner/Theobald* (Hrsg.), Energierecht, Loseblatt Kommentar 2016 (Erläuterungen zu *Jacobshagen/Kachel* § 5 KWKG 85. EL Juni 2015); *Dieckmann,* Das neue CCS-Gesetz – Überblick und Ausblick, NVwZ 2012, 989; *Ewer,* Ausgewählte Rechtsanwendungsfragen des Entwurfs für ein Umwelt-Rechtsbehelfsgesetz, NVwZ 2007, 267; *Feldhaus* (Hrsg.), Bundesimmissionsschutzrecht, Kommentar (Erläuterungen zu *Scheidler* § 7 BImSchG 176. Akt. September 2013; *Czajka* § 16 BImSchG 155 Akt. Januar 2010); *Fest/Leifer:* Verzicht auf und Duldung von Kraftwerksbetrieb NVwZ 2011, 1046; *Gruber,* Zur methodischen Auswahl von Emissionsminderungsmaßnahmen, 1991; *Halmschlag,* Zukünftige Überwachung von Industrieanlagen nach der Industrie-Emissionsrichtlinie (IE-RL), I+E 2011, 16 ff.; *Hansmann,* Änderungen von genehmigungsbedürftigen Anlagen im Sinne des Immissionsschutzrechts, DVBl 1997, 1421; *Hansmann,* Vorsorgepflichten bei nicht genehmigungsbedürftigen Anlagen, NVwZ 1991, 829; *Hellriegel,* Der neue Gesetzesentwurf zu Carbon Capture and Storage, NVwZ 2010, 1530; *Hummel,* Die neue Bundeseinheitliche Praxis bei der Überwachung der Emissionen, Immissionsschutz 2006, 78; *Jarass,* Bundesimmissionsschutzgesetz, 11. Aufl. 2015; *Jarass,* Das neue Recht der Industrieanlagen, NVwZ 2013, 169; *Jäde,* Die Bindungswirkung der Nachbarzustimmung – eine unendliche Geschichte?, UPR 2005, 161; *Kachel,* Das Kraft-Wärme-Kopplungsgesetz 2016, EnWZ 2016, 51; *Kluth,* Rechtsfragen der verwaltungsrechtlichen Willenserklärung Auslegung, Bindung, Widerruf, Anfechtung, NVwZ 1990, 608; *Koch/Braun,* Aktuelle Entwicklungen des Immissionsschutzrechts, NVwZ 2010, 1271; *Kohls/Kahle,* Klimafreundliche Kohlekraft dank CCS?, ZUR 2009, 122; *Kotulla* (Hrsg.), Bundes-Immissionsschutzgesetz, Stand: Januar 2014 (Erläuterungen zu *Frenz* § 16 BImSchG Stand Juli 2004); *Landmann/Rohmer* (Hrsg.), Umweltrecht, Loseblatt Kommentar 77. EL. 2015 (Erläuterungen zu *Thiel* § 3 BImSchG 71. EL Januar 2014; *Dietlein* §§ 4–6 BImSchG 73. EL August 2014; *Dietlein* §§ 7, 10 BImSchG 76. EL Mai 2015; *Schiller* § 15 BImSchG 65. EL April 2012; *Reidt/Schiller* § 16 BImSchG 61. EL April 2011; *Hansmann/Ohms* § 17 BImSchG 72. EL April 2014; *Hansmann/Ohms* § 18 BImSchG 48. EL April 2006; *Hansmann/Pabst* § 31 BImSchG 70. EL August 2013; *Hansmann/Röckinghausen* § 52 BImSchG 71. EL Januar 2014; *Hansmann* § 62 BImSchG 75. EL Januar 2015); *Ohms,* Die neue TA Luft 2002, DVBl 2002, 1365; *Ohms,* Praxishandbuch Immissionsschutzrecht, 2003; *Posser/Wolff* (Hrsg.) Beck-OK VwGO (Erläuterungen zu *Schmidt-Kötters* § 42 VwGO 35. Edition Stand: 1.4.2015); *Scheidler,* Die wichtigsten Änderungen im Immissionsschutzrecht nach Umsetzung der Industrieemissions-Richtlinie, UPR 2013, 121; *Schlacke,* Das neue Umwelt-Rechtsbehelfsgesetz, NuR 2007, 8; *Sellner/Reidt/Ohms,* Immissionsschutzrecht und Industrieanlagen, 3. Aufl. 2006, 1. Teil Rn. 185, 205; *Stevens,* Das CO2-emissionsarme Kohlekraftwerk, UPR 2007, 281; *v. Danwitz,* Aarhus-Konvention: Umweltinformation; Öffentlichkeitsbeteiligung, Zugang zu den Gerichten, NVwZ 2004, 272; *Wasielewski,* Das Gesetz zur Umsetzung der Richtlinie über Industrieemissionen Auswirkungen auf den Vollzug der Länder, I+E 2013, 17; *Wolff,* Das Kohlendioxid-Speicherungsgesetz: Eine erste Bewegung, UPR 2013, 298; *Ziekow,* Das Umwelt-Rechtsbehelfsgesetz im System des deutschen Rechtsschutzes, NVwZ 2007, 259.

* Die Verordnung dient der Umsetzung der Richtlinie 2010/75/EU des Europäischen Parlaments und des Rates vom 24.11.2010 über Industrieemissionen (integrierte Vermeidung und Verminderung der Umweltverschmutzung) (Neufassung) (ABl. EG Nr. L 334, 17), der Richtlinie 2001/81/EG des Europäischen Parlaments und des Rates vom 23.10.2001 über nationale Emissionshöchstmengen für bestimmte Luftschadstoffe (ABl. EG Nr. L 309, 22) sowie der Richtlinie 2008/50/EG des Europäischen Parlaments und des Rates vom 21.5.2008 über Luftqualität und saubere Luft für Europa (ABl. EG Nr. L 152, 1).

Vorbemerkung

Übersicht

A. Entstehungsgeschichte

I. Die Verordnung über Großfeuerungsanlagen v. 22.6.1983

1 Die Verordnung über Großfeuerungsanlagen (13. BImSchV) v. 22.6.1983 (BGBl. I 719) ist am 1.7.1983 in Kraft getreten. Die einzige Änderung der 13. BImSchV durch das zweite Zuständigkeitslockerungsgesetz v. 3.5.2000 (BGBl. I 632) betraf lediglich die Zuständigkeit für die Bekanntgabe von Stellen nach § 26 Abs. 5 und § 28 Abs. 1 13. BImSchV 1983.

8. für Feuerungsanlagen, die im gleitenden Durchschnitt über einen Zeitraum von fünf Jahren nicht mehr als 1500 Stunden pro Jahr in Betrieb sind, die Zahl der Betriebsstunden pro Jahr für das Berichtsjahr und die vorangegangenen vier Kalenderjahre,

9. die Angabe, ob die Feuerungsanlage Teil einer Raffinerie ist.

(2) **Bis einschließlich für das Berichtsjahr 2015 hat der Betreiber einer Anlage der zuständigen Behörde jährlich jeweils bis zum 31. Mai des Folgejahres für jede einzelne Anlage gemäß Absatz 1 Nummer 4, 6 und 9 zu berichten.**

(3) **Die nach Landesrecht zuständigen obersten Landesbehörden oder die von ihnen bestimmten Behörden prüfen den Bericht nach den Absätzen 1 und 2 auf Plausibilität und leiten diesen dem Umweltbundesamt bis zum 31. Oktober des auf das Berichtsjahr folgenden Jahres auf elektronischem Weg zur Weiterleitung an die Europäische Kommission zu. Das Umweltbundesamt hat die Berichte zu Aufstellungen für jedes einzelne Berichtsjahr und Dreijahreszeiträume zusammenzustellen, wobei die Angaben zu Feuerungsanlagen in Raffinerien gesondert aufzuführen sind.**

§ 25 setzt die Berichtspflicht des § 19 der 13. BImSchV 2004 nach Maßgabe von Art. 72 Abs. 3 und 4 IE-RL fort. Die jährliche Berichtspflicht nach § 19 Abs. 1 13. BImSchV 2004 leitete sich ab aus Anhang III Abschnitt B der RL 2001/80/EG. Neu hinzugekommen waren 2004 durch die Änderung der Großfeuerungsanlagen-RL die Meldung der Jahresemissionsfrachten für Gesamtstaub und die Jahresbrennstoffdurchsätze für die fünf aufgeführten Brennstoffarten. Durch die Änderung des Geltungsbereiches der Großfeuerungsanlagen-RL gilt diese Berichtspflicht ab 2004 auch für Gasturbinen-Anlagen. Die Berichte waren erstmals für das Berichtsjahr 2004 bis spätestens zum 31.5. des auf den Berichtszeitraum folgenden Jahres an die zuständige Behörde zu übermitteln. § 25 Abs. 2 setzt die auf der 13. BImSchV 2004 beruhende Berichtspraxis bis einschließlich dem Berichtsjahr 2015 fort. Erstmals für das Jahr 2016 gelten die erweiterten und verifizierten Berichtspflichten des § 25 Abs. 1. 1

Durch die Einführung einer bundeseinheitlichen Software (BUBE-online) können die Berichtspflichten für Großfeuerungsanlagen ab dem Berichtsjahr 2010 webbasiert erfüllt werden. Die Software ist unter http://www.bube.bund.de oder http://www.thru.de erhältlich. Die Zugangsdaten zu dieser Software, wie auch die Stammdaten der berichtspflichtigen Anlagen, werden dem Betreiber durch die zuständige Behörde zur Verfügung gestellt. Die Zusammenfassung der Jahresberichte für einen 3-Jahreszeitraum nach § 19 Abs. 2 13. BImSchV 2004 ist in der neuen 13. BImSchV entfallen. 2

Die Weitergabe der Berichte nach § 19 Abs. 1 und 2 durch die zuständige Behörde erfolgte nach der 13. BImSchV 2004 an das Bundesministerium für Umwelt, Naturschutz und Reaktorsicherheit. Nunmehr hat das Umweltbundesamt diese Zuständigkeit übernommen. 3

Abschnitt 4: Gemeinsame Vorschriften

§ 26 Zulassung von Ausnahmen

(1) **Die zuständige Behörde kann auf Antrag des Betreibers Ausnahmen von Vorschriften dieser Verordnung zulassen, soweit unter Berücksichtigung der besonderen Umstände des Einzelfalls**

1. einzelne Anforderungen der Verordnung nicht oder nur mit unverhältnismäßigem Aufwand erfüllbar sind,

2. im Übrigen die dem Stand der Technik entsprechenden Maßnahmen zur Emissionsbegrenzung angewandt werden,

3. die Schornsteinhöhe nach der Technischen Anleitung zur Reinhaltung der Luft in der jeweils geltenden Fassung auch für einen als Ausnahme zugelassenen Emissionsgrenzwert ausgelegt ist, es sei denn, auch insoweit liegen die Voraussetzungen der Nummer 1 vor, und

4. die Ausnahmen den Anforderungen aus der Richtlinie 2010/75/EU nicht entgegenstehen.

(2) **Soweit in Übereinstimmung mit der Richtlinie 2010/75/EU Ausnahmen erteilt werden, die zu einer Berichtspflicht an die Europäische Kommission führen, hat die zuständige Behörde eine Ausfertigung der Ausnahmegenehmigung nach Absatz 1 dem Bundesministerium für Umwelt, Naturschutz und nukleare Sicherheit unverzüglich zur Weiterleitung an die Europäische Kommission zuzuleiten.**

Übersicht

A. Allgemeines und unionsrechtlicher Rahmen

1 § 26 entspricht § 21 der 13. BImSchV 2004. Die 13. BImSchV sieht die Möglichkeit für Ausnahmen von den Vorschriften der Verordnung vor. Solche Ausnahmen können sich grundsätzlich auf jede Anforderung der Verordnung beziehen; sie sind regelmäßig aber nur in besonderen Situationen möglich, dann aber im Hinblick auf den Verhältnismäßigkeitsgrundsatz geboten (vgl. BVerwG GewArch 1982, 303). An die Prüfung sind nach dem Willen des Verordnungsgebers besonders strenge Maßstäbe anzulegen (BT-Drs. 15/3420, 28). Dies gilt aber nur insoweit, als der Verordnungsgeber eine nunmehr im Wege der Ausnahme zu beurteilende Konstellation nicht schon bedacht und bewusst nicht oder anders geregelt hat.

2 Die Ausnahmemöglichkeit gilt für Neu- und Altanlagen. Die dem Stand der Technik entsprechenden Maßnahmen sind jedoch in jedem Fall soweit wie möglich anzuwenden. Besonders bedeutsam ist die Beachtung von § 26 Abs. 1 Nr. 4 (vormals § 21 Abs. 1 Nr. 4 13. BImSchV 2004). Bei der Erteilung einer Ausnahme ist zu prüfen, ob die IE-RL bzw. die Großfeuerungsanlagen-RL der Ausnahme entgegensteht. Da die Verordnung häufig strengere Anforderungen als die Richtlinie fordert, besteht ein Spielraum für Ausnahmen, der im Einzelfall durch Abgleich mit dem Unionsrecht zu ermitteln ist. Außerdem enthält die Richtlinie selbst an mehreren Stellen die Möglichkeit zur Erteilung von Ausnahmen:

- Art. 30 Abs. 5: bei einer sich aus einer ernsten Mangellage ergebenden Unterbrechung der Versorgung mit schwefelarmem Brennstoff,
- Art. 30 Abs. 6: bei plötzlicher Unterbrechung der Gasversorgung,
- Art. 33 Abs. 1: für den Zeitraum vom 1.1.2016 bis 31.12.2023 bei Limitierung der Betriebsstunden ab 1.1.2016 und Außerbetriebnahme zum 31.12.2023 mit Sonder-

2.31 Einunddreißigste Verordnung zur Durchführung des Bundes-Immissionsschutzgesetzes (Verordnung zur Begrenzung der Emissionen flüchtiger organischer Verbindungen bei der Verwendung organischer Lösemittel in bestimmten Anlagen – 31. BImSchV)

Vom 21. August 2001

(BGBl. I S. 2180*, geändert durch Art. 4 d. VO z. Anp. d. GefStoffVO vom 23. Dezember 2004, BGBl. I S. 3758/3807, durch Art. 5 d. VO z. Neuf. d. GefStoffVO v. 26. November 2010, BGBl. I S. 1643/1691, durch Art. 2 d. VO v. 20. Dezember 2010, BGBl. I S. 2194/2195, durch Art. 7 d. VO v. 2. Mai 2013, BGBl. I S. 1021/1070, berichtigt am 7. Oktober 2013, BGBl. I S. 3754, durch Art. 8 d. VO v. 28. April 2015, BGBl. I S. 670/676, durch Art. 82 d. 10. ZuständigkeitsanpassungsV v. 31.8.2015 BGBl. I S. 1474, durch Art. 5 d. VO v. 24. März 2017, BGBl. I S. 656, und durch Art. 109 d. 11. ZuständigkeitsanpassungsV v. 19.6.2020, BGBl. I S. 1328)

Inhaltsübersicht

Erster Teil. Anwendungsbereich, Begriffsbestimmungen

§ 1 Anwendungsbereich

(1) Diese Verordnung gilt für die Errichtung und den Betrieb der in Anhang I genannten Anlagen, in denen unter Verwendung organischer Lösemittel Tätigkeiten nach Anhang II ausgeführt werden, soweit der Lösemittelverbrauch bei den jeweiligen Tätigkeiten die in Anhang I genannten Schwellenwerte überschreitet. Bei Anlagen, in denen eine bestimmte Tätigkeit in mehreren Teilanlagen, Verfahrensschritten oder Nebeneinrichtun-

* Die Verordnung dient der Umsetzung der Richtlinie 1999/13/EG des Rates vom 11. März 1999 über die Begrenzung von Emissionen flüchtiger organischer Verbindungen, die bei bestimmten Tätigkeiten und in bestimmten Anlagen bei der Verwendung organischer Lösungsmittel entstehen (ABl. EG Nr. L 85 S. 1), in deutsches Recht.
Die Verordnung ist am 25. August 2001 in Kraft getreten.

gen ausgeführt wird, ist für den Lösemittelverbrauch nach Satz 1 die Summe der jeweiligen Teillösemittelverbräuche maßgebend. Das Vorhandensein gemeinsamer, verbindender Betriebseinrichtungen zwischen den Teilanlagen ist nicht erforderlich.

(2) Diese Verordnung gilt nicht für Anlagen nach der Zweiten Verordnung zur Durchführung des Bundes-Immissionsschutzgesetzes, in denen organische Lösemittel, die flüchtige halogenierte organische Verbindungen mit einem Siedepunkt bei 1013 Hektopascal bis zu 423 Kelvin [150 Grad Celsius] (leichtflüchtige halogenierte organische Verbindungen) enthalten, verwendet werden.

§ 2 Begriffsbestimmungen

Im Sinne dieser Verordnung bedeuten die Begriffe

1. Abgase: die Trägergase mit den Emissionen;
2. Abgasreinigungseinrichtung: eine Einrichtung zur Entfernung von flüchtigen organischen Verbindungen aus den Abgasen einer Anlage;
3. Altanlage:
   a) eine genehmigungsbedürftige Anlage, für die am 25. August 2001
      aa) eine Genehmigung zur Errichtung und zum Betrieb nach § 6 oder § 16 des Bundes-Immissionsschutzgesetzes oder eine Zulassung vorzeitigen Beginns nach § 8 a des Bundes-Immissionsschutzgesetzes erteilt ist und in dieser Zulassung Anforderungen nach § 5 Abs. 1 Nr. 2 des Bundes-Immissionsschutzgesetzes festgelegt sind,
      bb) eine Teilgenehmigung nach § 8 des Bundes-Immissionsschutzgesetzes oder ein Vorbescheid nach § 9 des Bundes-Immissionsschutzgesetzes erteilt ist, soweit darin Anforderungen nach § 5 Abs. 1 Nr. 2 des Bundes-Immissionsschutzgesetzes festgelegt sind, oder
      cc) ein vollständiger Genehmigungsantrag zur Errichtung und zum Betrieb nach § 6 oder § 16 des Bundes-Immissionsschutzgesetzes gestellt ist und die spätestens bis zum 31. März 2002 in Betrieb genommen wird,
   b) eine Anlage, die nach § 67 Abs. 2 des Bundes-Immissionsschutzgesetzes anzuzeigen ist oder die entweder nach § 67a Abs. 1 des Bundes-Immissionsschutzgesetzes oder vor Inkrafttreten des Bundes-Immissionsschutzgesetzes nach § 16 Abs. 4 der Gewerbeordnung anzuzeigen war oder
   c) eine nicht genehmigungsbedürftige Anlage, deren Errichtung und Betrieb vor dem 25. August 2001 nach sonstigen Vorschriften des öffentlichen Rechts zugelassen worden ist, oder – soweit eine solche Zulassung nicht erforderlich war – mit der Errichtung begonnen worden ist;
4. An- und Abfahren: Vorgänge, mit denen der Betriebs- oder Bereitschaftszustand einer Anlage oder eines Anlagenteils hergestellt oder beendet wird. Regelmäßig wiederkehrende Phasen der in der Anlage durchgeführten Tätigkeiten gelten nicht als An- oder Abfahren;
5. Beschichtungsstoff: flüssiges, pasten- oder pulverförmiges Gemisch, einschließlich aller enthaltenen oder für seine Gebrauchstauglichkeit zugesetzten organischen Lösemittel, das dazu verwendet wird, auf einer Oberfläche eine dekorative, schützende oder auf sonstige Art und Weise funktionale Wirkung zu erzielen;
6. diffuse Emissionen: alle nicht in gefassten Abgasen einer Anlage enthaltenen Emissionen flüchtiger organischer Verbindungen einschließlich der Emissionen, die durch Fenster, Türen, Entlüftungsschächte und ähnliche Öffnungen in die Umwelt gelang-

[5]Abweichend von Satz 1 ist bei Anlagen des Anhangs I Nr. 9.1 die Feststellung der Einhaltung der Anforderungen mindestens alle drei Jahre vorzunehmen.

(7) [1]Entscheidet sich der Betreiber für einen Reduzierungsplan im Sinne des § 4 Satz 2, so muss er diesen der zuständigen Behörde rechtzeitig vor Inbetriebnahme der Anlage vorlegen. [2]Die verbindliche Erklärung bedarf der Annahme der zuständigen Behörde. [3]Eine Ausfertigung des Reduzierungsplans hat der Betreiber am Betriebsort der Anlage aufzubewahren, solange der Reduzierungsplan angewendet wird.

(8) [1]Der Betreiber einer Anlage hat über die Ergebnisse der Messungen nach Absatz 4 oder 5 sowie über die Ergebnisse der Lösemittelbilanz für die maßgeblichen Anforderungen nach Absatz 6 Satz 1 jeweils unverzüglich einen Bericht zu erstellen oder erstellen zu lassen. [2]Der Betreiber hat den Bericht am Betriebsort fünf Jahre ab der Erstellung aufzubewahren und der zuständigen Behörde auf Verlangen vorzulegen.

(9) [1]Wird bei einer nicht genehmigungsbedürftigen Anlage festgestellt, dass die Anforderungen nach § 3 oder § 4 Satz 1 nicht eingehalten werden, hat der Betreiber dies der zuständigen Behörde unverzüglich mitzuteilen. [2]Der Betreiber hat unverzüglich die erforderlichen Maßnahmen zu treffen, um den ordnungsgemäßen Betrieb der Anlage sicherzustellen.

§ 6 Genehmigungsbedürftige Anlagen

[1]Für die Messung und Überwachung der Emissionen von genehmigungsbedürftigen Anlagen finden die Anforderungen der TA Luft Anwendung. [2]Dabei gelten mindestens die Anforderungen nach § 5 Abs. 3 bis 5. [3]§ 5 Abs. 6 bis 9 gilt entsprechend.

Vierter Teil. Gemeinsame Vorschriften

§ 7 Ableitbedingungen für Abgase

(1) Die gefassten Abgase von nicht genehmigungsbedürftigen Anlagen hat der Betreiber so abzuleiten, dass ein Abtransport mit der freien Luftströmung nach dem Stand der Technik gewährleistet ist.

(2) Die gefassten Abgase von genehmigungsbedürftigen Anlagen hat der Betreiber nach den Anforderungen für die Ableitung von Abgasen gemäß der Technischen Anleitung zu Reinhaltung der Luft abzuleiten.

§ 8 Berichterstattung an die Europäische Kommission

(1) [1]Der Betreiber einer Anlage hat die für die Berichterstattung an die Europäische Kommission nach Absatz 2 benötigten Informationen der zuständigen Behörde mitzuteilen. [2]Das Bundesministerium für Umwelt, Naturschutz und nukleare Sicherheit gibt die zur Erfüllung dieser Verpflichtung anzuwendenden Verfahren bekannt, sobald der Fragebogen und das Schema gemäß Artikel 72 Absatz 1 und 2 der Richtlinie 2010/75/EU des Europäischen Parlaments und des Rates vom 24. November 2010 über Industrieemissionen (integrierte Vermeidung und Verminderung der Umweltverschmutzung) (Neufassung) (ABl. L 334 vom 17.12.2010, S. 7) von der Kommission ausgearbeitet sind. [3]Die Informationen schließen die Erfahrungen aus der Anwendung von Reduzierungsplänen ein.

(2) Das Bundesministerium für Umwelt, Naturschutz und nukleare Sicherheit oder die von ihm beauftragte Stelle übermitteln auf der Grundlage der Stellungnahmen der Län-

der entsprechend den Anforderungen des Artikels 72 Absatz 1 und 2 der Richtlinie 2010/75/EU einen Bericht über die Durchführung dieser Verordnung.

§ 9 Unterrichtung der Öffentlichkeit

Die zuständige Behörde hat

1. die für Anlagen geltenden allgemein verbindlichen Regeln und die Verzeichnisse der angezeigten und genehmigten Tätigkeiten sowie
2. die ihr vorliegenden Ergebnisse der nach § 5 oder § 6 durchzuführenden Überwachung der Emissionen

der Öffentlichkeit zugänglich zu machen. Satz 1 gilt nicht für solche Angaben, aus denen Rückschlüsse auf Betriebs- oder Geschäftsgeheimnisse gezogen werden können.

§ 10 Andere oder weitergehende Anforderungen

Die Befugnis der zuständigen Behörde, auf Grund des Bundes-Immissionsschutzgesetzes andere oder weitergehende Anordnungen zu treffen, bleibt unberührt, soweit die Anforderungen aus der Richtlinie 2010/75/EU nicht entgegenstehen.

§ 11 Zulassung von Ausnahmen

Die zuständige Behörde kann auf Antrag des Betreibers Ausnahmen von den Anforderungen dieser Verordnung zulassen, soweit unter Berücksichtigung der besonderen Umstände des Einzelfalls

1. einzelne Anforderungen der Verordnung nicht oder nur mit unverhältnismäßig hohem Aufwand erfüllt werden können,
2. keine schädlichen Umwelteinwirkungen zu erwarten sind und
3. die Ausnahmen den Anforderungen aus der Richtlinie 2010/75/EU nicht entgegenstehen.

§ 12 Ordnungswidrigkeiten

(1) Ordnungswidrig im Sinne des § 62 Abs. 1 Nr. 2 des Bundes-Immissionsschutzgesetzes handelt, wer vorsätzlich oder fahrlässig als Betreiber einer genehmigungsbedürftigen Anlage

(Fortsetzung nächste Seite)

32. Verordnung zur Durchführung des Bundes-Immissionsschutzgesetzes (Geräte- und Maschinenlärmschutzverordnung – 32. BImSchV)

Vom 29. August 2002

(BGBl. I S. 3478), geändert durch Gesetz vom 6. Januar 2004 (BGBl. I S. 2/19), durch 1. ÄndVO vom 27. Dezember 2005 (BGBl. I S. 3725), die durch VO vom 16. Juni 2006 (BGBl. I S. 1312) geändert worden ist, durch Art. 6 Abs. 5 d. VO vom 6. März 2007 (BGBl. I S. 261/277), durch Art. 9 d. G über die Neuordnung des Geräte- und Produktsicherheitsrechts vom 8. November 2011 (BGBl. I S. 2178/2199), durch Art. 83 d. 10. ZuständigkeitsanpassungsV v. 31. 8. 2015 (BGBl. I S. 1474, und durch Art. 110 d. 11. ZuständigkeitsanpassungsV v. 19.6.2020 (BGBl. I S. 1328)

Vorbemerkung

Die Geräte- und Maschinenlärmschutzverordnung (32. BImSchV) ist als Artikel 1 der Verordnung zur Einführung der Geräte- und Maschinenlärmschutzverordnung vom 29. August 2002 am 5. September 2002 im Bundesgesetzblatt (Teil I S. 3478) veröffentlicht worden und am 6. September 2002 in Kraft getreten. Gleichzeitig sind die Rasenmäherlärm-Verordnung (8. BImSchV) und die Baumaschinenlärm-Verordnung (15. BImSchV) aufgehoben worden. In einer amtlichen Fußnote wird darauf hingewiesen, dass die Verordnung der Umsetzung der Richtlinie 2000/14/EG zur Angleichung der Rechtsvorschriften der Mitgliedstaaten über umweltbelastende Geräuschemissionen von zur Verwendung im Freien vorgesehenen Geräten und Maschinen vom 8. Mai 2000 (ABl. der EG Nr. L 162/1, Nr. L 311/50, hier abgedruckt in Band IV Teil III unter Nr. 4.2.1) dient. Zur Umsetzung der Richtlinie 2005/88/EG, durch die die Richtlinie 2000/14/EG geändert worden ist, wurde durch die 1. Änderungsverordnung vom 27. Dezember 2005 (BGBl. I S. 3725) das Zitat in § 1 Abs. 1 entsprechend ergänzt. Die zunächst vorgesehene Begrenzung der Geltungsdauer dieser Ergänzung bis zum Ablauf des 2. Juli 2006 ist durch die Verordnung vom 16. Juni 2006 (BGBl. I S. 1312) wieder aufgehoben worden. 1

Die Einführungsverordnung enthält folgende Präambel: 2

Es verordnet:

1. auf Grund der § 23 Abs. 1, §§ 32 und 37 des Bundes-Immissionsschutzgesetzes in der Fassung der Bekanntmachung vom 14. Mai 1990 (BGBl. I S. 880), von denen § 23 durch Artikel 1 Nr. 3 Buchstabe a des Gesetzes vom 19. Oktober 1998 (BGBl. I S. 3178) und § 37 durch Artikel I Nr. 5 des Gesetzes vom 19. Oktober 1998 (BGBl. I S. 3178) zuletzt geändert worden sind, die Bundesregierung nach Anhörung der beteiligten Kreise,
2. auf Grund des § 4 Abs. 1 des Gerätesicherheitsgesetzes in der Fassung der Bekanntmachung vom 11. Mai 2001 (BGBl. I S. 866) die Bundesregierung nach Anhörung des Ausschusses für technische Arbeitsmittel:

Im allgemeinen Teil der Begründung zur Verordnung wird Folgendes ausgeführt (BR-Drs. 422/02): 3

I. Zielsetzung und Konzeption des Verordnungsentwurfs

Die Verordnung dient in erster Linie der Umsetzung der Richtlinie 2001/14/EG des Europäischen Parlaments und des Rates vom 8. Mai 2000 zur Angleichung der Rechtvorschriften der Mitgliedstaaten über umweltbelastende Geräuschemissionen von zur Verwendung im Freien vorgesehenen Geräten und Maschinen (ABl. EG Nr. L 162 S. 1, L 311 S. 50) in deutsches Recht. Daneben dient die Verordnung der Einführung einer nationalen Betriebsregelung für Geräte und Maschinen, die darauf abzielt, zum Schutz der Bevölkerung den Betrieb in Wohngebieten und anderen empfindlichen Gebieten einzuschränken.

Die Verordnung enthält alle Vorschriften, die für eine möglichst einfache Umsetzung der Richtlinie 2000/14/EG notwendig sind. Da die auf
– Artikel 95 EG-Vertrag,
– die Grundprinzipien und Ansätze der Entschließung des Rates vom 7. Mai 1985 über eine neue Konzeption auf dem Gebiet der technischen Harmonisierung und der Normung (ABl. EG Nr. C 136 S. 1) und
– den Beschluss 93/465/EWG des Rates vom 22. Juli 1993 über die in den technischen Harmonisierungsrichtlinien zu verwendenden Module für die verschiedenen Phasen der Konformitätsbewertungsverfahren und die Regeln für die Anbringung und Verwendung der CEKonformitätskennzeichnung (ABl. EG Nr. L 220 S. 23)

gestützte Richtlinie hinreichend konkret und unbedingt gefasst ist, bedarf es zu ihrer Umsetzung lediglich einiger Vorschriften, mit denen unmittelbar die für den Vollzug erforderlichen Rechte und Pflichten normiert werden. Im Übrigen kann die Verordnung weitgehend auf bestimmte Regelungen der Richtlinie verweisen.

So sind zentral für die Umsetzung der Richtlinie Vorschriften für das Inverkehrbringen und die Inbetriebnahme von Geräten und Maschinen; diese Vorschriften ermöglichen der zuständigen Behörde bei Verstößen ein entsprechendes Eingreifen. Dagegen können hinsichtlich der Anforderungen, die an das Inverkehrbringen und die Inbetriebnahme zu stellen sind, klare Verweise verwandt werden, durch die sehr detaillierte Regelungen der Richtlinie in Bezug genommen und damit mittelbar zum Regelungsgehalt der Verordnung gemacht werden. Eine textliche Übernahme dieser Regelungen in die Verordnung würde lediglich zu einer unnötigen Ausweitung des Vorschriftentextes führen. Dies gilt für bestimmte Begriffsbestimmungen nach Artikel 3, für die EG-Konformitätserklärung nach Artikel 8, für die CE-Kennzeichnung nach Artikel 11, für die Zulässigkeit von Schallleistungspegeln nach Artikel 12, für die Konformitätsbewertung nach Artikel 14 und für Benannte Stellen nach Artikel 15 der Richtlinie. Dies gilt grundsätzlich auch für den Anwendungsbereich nach Artikel 2 der Richtlinie sowie für die Auflistung und Definitionen in ihrem Anhang I; hier wird allerdings nicht nur auf Artikel 2 sowie auf den Anhang I verwiesen, sondern im Anhang 1 der Verordnung auch eine gleichlautende Auflistung gegeben, um dem Anwender eine schnelle Orientierung zu ermöglichen.

Diese weitgehendst auf Verweisungen abstellende Konzeption der Verordnung kommt der Neuen Konzeption auf dem Gebiet der technischen Harmonisierung und der Normung entgegen, da die Richtlinie für die Regelung nationaler Besonderheiten nur noch in Randpunkten Spielraum lässt und es auch für ausländische Hersteller, die Geräte und Maschinen auch in Deutschland auf den Markt bringen wollen, einfacher ist, sich an die Richtlinie 2000/14/EG zu halten.

II. Umsetzung der Richtlinie 2000/14/EG

1. Zielsetzung und wesentlicher Inhalt der Richtlinie 2000/14/EG

Das Europäische Parlament und der Rat haben am 8. Mai 2000 die Richtlinie 2000/14/EG zur Angleichung der Rechtvorschriften der Mitgliedstaaten über umweltbelastende Geräuschemissionen von zur Verwendung im Freien vorgesehenen Geräten und Maschinen erlassen. Mit Veröffentlichung im Amtblatt der Europäischen Gemeinschaften (ABl. EG Nr. L 162 S. 1) am 3. 7. 2000 ist die Richtlinie gemäß ihrem Artikel 23 am gleichen Tag in Kraft getreten.

Die Richtlinie 2000/14/EG ist gemäß ihrem Artikel 22 Abs. 1 spätestens am 3. Juli 2001 in nationales Recht umzusetzen. Gemäß Absatz 2 dieses Artikels sind die nationalen Vorschriften ab dem 3. Januar 2002 von den Mitgliedstaaten anzuwenden, wobei jedoch dem Hersteller oder seinem in der Gemeinschaft ansässigen Bevollmächtigten zu gestatten ist, von den Bestimmungen der Richtlinie ab dem 3. Juli 2001 Gebrauch zu machen (siehe Berichtigung der Richtlinie 2000/14/EG, ABl. EG Nr. L 311 S. 50).

Mit der Richtlinie wird gemäß ihrem Artikel 1 das Ziel verfolgt, die Rechtsvorschriften der Mitgliedstaaten über Geräuschemissionsnormen, Konformitätsbewertungsverfahren, Kennzeichnung, technische Unterlagen sowie über die Sammlung von Daten über umweltbelastende Geräuschemissionen von zur Verwendung im Freien vorgesehenen Geräten und Maschinen zu harmonisieren. Dadurch soll die Richtlinie zum reibungslosen Funktionieren des Binnenmarktes beitragen und gleichzeitig für den Schutz der menschlichen Gesundheit und des Wohlbefindens sorgen.

Die Richtlinie ist in Erwägung verschiedener Gründe, die sich auf den Binnenmarkt wie auch auf den Schutz von Mensch und Umwelt beziehen, erlassen worden. Zum letzteren geht es vor allem um
– die Festlegung (Stufe I ab 2002) und die weitere Senkung (Stufe II ab 2006) des zulässigen Schallleistungspegels von bestimmten Geräten und Maschinen,

Gebrauch gemacht, eine Ausstellung in der nationalen Amtssprache verlangen zu können. Im Übrigen ist auch hier der Verweis auf Artikel 8 der Richtlinie, der hinreichend konkret und unbedingt gefasst ist, für dessen Umsetzung in deutsches Recht ausreichend.

Nummer 3 von § 3 Abs. 1 Satz 1 betrifft als dritte Anforderung an die Zulässigkeit des Inverkehrbringens und der Inbetriebnahme von Geräten und Maschinen die Übermittlung einer Kopie der EG-Konformitätserklärung an die Europäische Kommission. Mit dieser Regelung wird Artikel 16 Abs. 1 der Richtlinie insoweit umgesetzt, wie die Verpflichtung zur Übermittlung an dem Tatbestand des Inverkehrbringens und der Inbetriebnahme ansetzt. Im Übrigen erfolgt die weitere Umsetzung durch die Vorschrift des § 4.

Nummer 4 von § 3 Abs. 1 Satz 1 betrifft als vierte Anforderung an die Zulässigkeit des Inverkehrbringens und der Inbetriebnahme von Geräten und Maschinen die Konformitätsbewertung, die nach Artikel 14 der Richtlinie für jeden Typ eines Gerätes oder einer Maschine durchzuführen ist. Die Regelung unterscheidet entsprechend Artikel 14 der Richtlinie zwischen Geräten und Maschinen, für die nach Artikel 12 der Richtlinie Geräuschemissionsgrenzwerte, d. h. zulässige Schallleistungspegel, gelten (Geräte und Maschinen nach Anhang 1 Spalte 1 der Verordnung) oder die nach Artikel 13 der Richtlinie nur der Kennzeichnungspflicht unterliegen (Geräte und Maschinen nach Anhang 1 Spalte 2 der Verordnung). Für erstere stehen verschiedene Verfahren der Konformitätsbewertung mit Einschaltung einer Benannten Stelle nach Artikel 15 der Richtlinie bzw. nach § 8 der Verordnung zur Verfügung, von denen eines nach Wahl des Herstellers durchzuführen ist. Für letztere ist lediglich ein internes Konformitätsbewertungsverfahren (interne Fertigungskontrolle) durchzuführen. Auch für die interne Fertigungskontrolle gelten nach der Richtlinie allerdings Pflichten betreffend die Aufbewahrung und Übermittlung von Informationen aus der Konformitätsbewertung, die wegen ihrer Bedeutung für den Vollzug unmittelbar in deutsches Recht umgesetzt werden (siehe § 5). Auch hier ist im Übrigen der Verweis auf Artikel 14 der Richtlinie, der hinreichend konkret und unbedingt gefasst ist, für dessen Umsetzung in deutsches Recht ausreichend.

Nummer 5 von § 3 Abs. 1 Satz 1 regelt als fünfte Anforderung an die Zulässigkeit des Inverkehrbringens und der Inbetriebnahme von Geräten und Maschinen die Einhaltung des zulässigen Schallleistungspegels nach Artikel 12 der Richtlinie durch den garantierten Schallleistungspegel, soweit es sich um Geräte und Maschinen nach Artikel 12 der Richtlinie bzw. nach Anhang 1 Spalte 1 der Verordnung handelt. Auch hier ist im Übrigen der Verweis auf Artikel 12 der Richtlinie, der hinreichend konkret und unbedingt gefasst ist, für dessen Umsetzung in deutsches Recht ausreichend.

Absatz 2 des § 3 regelt die Frage, wem die Anforderungen des Absatzes 1 obliegen, wenn weder der Hersteller noch sein Bevollmächtigter in der Europäischen Gemeinschaft ansässig sind. In diesem Fall ist es ausreichend, wenn jede sonstige Person, die die Geräte oder Maschinen in Verkehr bringt oder in Betrieb nimmt, die Erfüllung der Anforderung sicher gestellt hat. Die Vorschrift setzt Artikel 4 Abs. 2 der Richtlinie in deutsches Recht um.

§ 4 Übermittlung der Konformitätserklärung

Der in Deutschland ansässige Hersteller oder andernfalls sein in Deutschland ansässiger Bevollmächtigter hat der nach Landesrecht zuständigen Behörde des Landes, in dem er seinen Sitz hat, und der Europäischen Kommission eine Kopie der EG-Konformitätserklärung für jeden Typ eines Gerätes und einer Maschine nach dem Anhang zu übermitteln, wenn Geräte und Maschinen dieses Typs in der Europäischen Gemeinschaft in Verkehr gebracht oder in Betrieb genommen werden.

Die amtliche Begründung zu § 4 hat folgenden Wortlaut (BR-Drs. 422/02, S. 18):

§ 4 regelt die Übermittlung der EG-Konformitätserklärung an die zuständige deutsche Behörde und die Europäische Kommission. Die Vorschrift dient der Umsetzung von Artikel 16 Abs. 1 der Richtlinie 2000/14/EG in deutsches Recht. Sie ist neben der zentralen Vorschrift des § 3 für die Umsetzung der Richtlinie erforderlich, um unmittelbar Rechte und Pflichten zu begründen. Da allerdings Artikel 16 Abs. 1 eine Ergänzung des Artikels 8 der Richtlinie darstellt und dieser insbesondere im Regelungszusammenhang mit Artikel 4 steht, der das Inverkehrbringen lediglich auf dem Gemeinschaftsmarkt und das Inbetriebnehmen lediglich im Gebiet der Europäischen Gemeinschaft betrifft, ergibt sich nach Sinn und Zweck der Regelung, dass Artikel 16 Abs. 3 keine Geltung beanspruchen kann für Geräte und Maschinen, die in einem Mitgliedstaat für den Export in ein

Drittland hergestellt werden (vgl. Leitfaden, aaO., Seite 19). Demzufolge ist die Regelung des § 4 entsprechend eingeschränkt.

§ 5 Aufbewahrung und Übermittlung von Informationen aus der Konformitätsbewertung

Der in Deutschland ansässige Hersteller oder andernfalls sein in Deutschland ansässiger Bevollmächtigter hat nach Herstellung des letzten Gerätes oder der letzten Maschine eines Typs zehn Jahre lang alle Informationen, die im Laufe des Konformitätsbewertungsverfahrens für den Geräte- oder Maschinentyp verwendet wurden, insbesondere die in Artikel 14 Abs. 3 der Richtlinie 2000/14/EG angegebenen technischen Unterlagen, sowie ein Exemplar der EG-Konformitätserklärung aufzubewahren. Auf Verlangen hat er der nach Landesrecht zuständigen Behörde Einsicht in die Informationen zu geben und ihr Kopien der Informationen zur Verfügung zu stellen.

In der amtlichen Begründung zu § 5 wird Folgendes ausgeführt (BR-DrS. 422/02, S. 18):

§ 5 regelt die Verpflichtung des Herstellers von Geräten und Maschinen zur Aufbewahrung von Informationen aus der Konformitätsbewertung und zur Übermittlung von Informationen an die zuständige Behörde. Die Vorschrift dient der Umsetzung von Artikel 8 Abs. 3 und Artikel 14 Abs. 3 der Richtlinie 2000/14/EG in deutsches Recht. Sie ist neben der zentralen Vorschrift des § 3 für die Umsetzung der Richtlinie erforderlich, um unmittelbar Rechte und Pflichten zu begründen. Dadurch, dass der Hersteller verpflichtet wird, der zuständigen deutschen Behörde die in Artikel 14 Abs. 3 angesprochenen Informationen zur Verfügung zu stellen ist sicher gestellt, dass auch die Europäische Kommission diese Informationen erhalten kann. Im Übrigen ist auch hier der Verweis auf Artikel 14 Abs. 3 der Richtlinie, der hinreichend konkret und unbedingt gefasst ist, für dessen Umsetzung in deutsches Recht ausreichend.

§ 6 Mitteilungspflichten

(1) **Die zuständige Landesbehörde teilt Marktüberwachungsmaßnahmen nach § 26 des Produktsicherheitsgesetzes dem Bundesministerium für Umwelt, Naturschutz und nukleare Sicherheit im Hinblick auf die nach Artikel 9 Abs. 2 der Richtlinie 2000/14/EG erforderliche Unterrichtung der anderen Mitgliedstaaten der Europäischen Gemeinschaft und der Europäischen Kommission unverzüglich mit.**

(2) **Die zuständige Landesbehörde nach § 9 Absatz 1 des Produktsicherheitsgesetzes teilt dem Bundesministerium für Umwelt, Naturschutz und nukleare Sicherheit im Hinblick auf die nach Artikel 15 Abs. 3 der Richtlinie 2000/14/EG erforderliche Meldung an die Mitgliedstaaten der Europäischen Gemeinschaft und an die Europäische Kommission mit, welche Stellen sie benannt hat. In der Mitteilung ist anzugeben, für welche Geräte und Maschinen sowie Konformitätsbewertungsverfahren die Benennung gilt. Satz 1 gilt entsprechend für einen Widerruf sowie eine Rücknahme, einen Ablauf oder ein Erlöschen der Benennung im Hinblick auf Artikel 15 Abs. 5 der Richtlinie 2000/14/EG.**

Die Fassung des § 6 geht auf den Bundesrat zurück (BR-Drs. 422/02 – Beschluss, S. 2 Buchst. b).

2.34 Vierunddreißigste Verordnung zur Durchführung des Bundes-Immissionsschutzgesetzes (Verordnung über die Lärmkartierung – 34. BImSchV)*

Vom 6. März 2006

(BGBl. I S. 516, geändert durch Art. 84 d. 10. ZuständigkeitsanpassungsV v. 31.8.2015, BGBl. I S. 1474, und durch Art. 111 d. 11. ZuständigkeitsanpassungsV v. 19.6.2020, BGBl. I S. 1328)

Vorbemerkung

1. Ermächtigungsgrundlage

1 Die Verordnung über die Lärmkartierung ist auf § 47f BImSchG gestützt worden (zur Verfassungsmäßigkeit des § 47f BImSchG vgl. Band I, § 47f Rn. 3). Sie enthält folgende Präambel:

Auf Grund des § 47f des Bundes-Immissionsschutzgesetzes, der durch Artikel 1 des Gesetzes zur Umsetzung der EG-Richtlinie über die Bewertung und Bekämpfung von Umgebungslärm vom 24. Juni 2005 (BGBl. I S. 1794) eingefügt worden ist, verordnet die Bundesregierung nach Anhörung der beteiligten Kreise:

2. Zweck und Inhalt der Verordnung

2 Die 34. BImSchV dient der Konkretisierung der in § 47c BImSchG festgelegten Anforderungen an Lärmkarten (vgl. Band I, § 47c Rn. 3). Damit dient sie – wie auch in der amtlichen Fußnote zur Verordnung angegeben wird – zugleich der Umsetzung der Richtlinie 2002/49/EG über die Bewertung und Bekämpfung von Umgebungslärm (Umgebungslärm-Richtlinie; abgedruckt in Band IV unter Nr. 4.1.1 EU). Die Umgebungslärm-Richtlinie enthält in Anhang IV „Mindestanforderungen für die Ausarbeitung strategischer Lärmkarten nach Artikel 7". § 47c Abs. 2 BImSchG verlangt, dass die Lärmkarten diesen Mindestanforderungen zu entsprechen haben (vgl. dazu Band I, § 47c Rn. 8–12). In der Lärmkartierungsverordnung werden diese Mindestanforderungen näher festgelegt (vgl. insbesondere § 4). Darüber hinaus werden in § 2 der 34. BImSchV die Lärmindizes aus Anhang I der Umgebungslärm-Richtlinie in das deutsche Recht übernommen. § 5 enthält Vorgaben für die Berechnung der Lärmindizes. Schließlich konkretisieren die §§ 6 und 7 der Verordnung die Pflicht zur Übermittlung der Informationen aus den Lärmkarten (§ 47c Abs. 6; vgl. dazu Band I, § 47c Rn. 18) und zur Information der Öffentlichkeit entsprechend Art. 4 Abs. 2 und Art. 9 der Umgebungslärm-Richtlinie (§ 47f Abs. 1 Satz 1 Nr. 3 BImSchG).

3. Entstehungsgeschichte

3 Die Verordnung über die Lärmkartierung entspricht nach Inhalt und Wortlaut dem Beschluss des Bundesrates vom 21. Dezember 2005 (BR-Drs. 710/05 – Beschluss). Die Bundesregierung hatte zuvor zweimal Verordnungen über die Lärmkartierung beschlossen und dem Bundesrat zugeleitet (BR-Drs. 95/05 und BR-Drs. 710/05; vgl. dazu auch Band I, § 47c Rn. 3). Zu der ersten Vorlage hatte der Bundesrat seine Zustimmung mit

* Die Rechtsverordnung dient der Umsetzung der Richtlinie 2002/49/EG des Europäischen Parlaments und des Rates vom 25. Juni 2002 über die Bewertung und Bekämpfung von Umgebungslärm (ABl. EG Nr. L 189 S. 12) in deutsches Recht.

der Begründung verweigert, der Sechste Teil des Bundes-Immissionsschutzgesetzes, zu dessen Konkretisierung die Verordnung diene, sei nach dem Beschluss der Bundesregierung im Vermittlungsverfahren wesentlich geändert worden. Der daraufhin von der Bundesregierung überarbeiteten Verordnung stimmte der Bundesrat nur mit der Maßgabe zu, dass sie entsprechend seinen Vorstellungen neu gefasst wird. Zur Begründung führte der Bundesrat aus (BR-Drs. 710/05 – Beschluss, S. 7):

Bereits die Vorlage des ersten Entwurfs der Kartierungsverordnung (BR-Drs. 95/05) stieß auf fachliche Einwände der Länder. Trotz Überarbeitung nach Verabschiedung des Umsetzungsgesetzes im Juni 2005 blieben die meisten Einwendungen der Länder unberücksichtigt. Die hier vorliegende Fassung berücksichtigt dagegen die Einwendungen weitgehend. Das betrifft den Verzicht auf Wiederholung von an anderer Stelle verankerten Regelungen, die strikte 1 : 1-Umsetzung von Vorgaben der Richtlinie mit dem Verzicht auf die Einführung sonstiger Hauptlärmquellen und die klare Zuweisung der Festlegung von Auslöseschwellen und -kriterien für die Maßnahmeplanung in die noch zu erlassende Verordnung zur Lärmaktionsplanung. Dabei wird davon ausgegangen, dass die Verordnung zur Lärmaktionsplanung als Änderungsverordnung zur Verordnung über die Lärmkartierung konzipiert wird.

Die Bundesregierung ist der Maßgabe des Bundesrates gefolgt und hat die Verordnung über die Lärmkartierung (34. BImSchV) am 6. März 2006 ausgefertigt. Die Verordnung ist am 15. März 2006 im Bundesgesetzblatt (Teil I S. 516) veröffentlicht worden. Sie ist am 16. März 2006 in Kraft getreten (§ 8).

§ 1 Anwendungsbereich

Diese Verordnung gilt für die Kartierung von Umgebungslärm. Sie konkretisiert Anforderungen an Lärmkarten nach § 47c des Bundes-Immissionsschutzgesetzes.

§ 2 Lärmindizes

(1) **Die Lärmindizes L_{Day}, $L_{Evening}$ und L_{Night} sind die A-bewerteten äquivalenten Dauerschallpegel in Dezibel gemäß ISO 1996-2: 1987, erschienen bei der Beuth-Verlag GmbH, 10772 Berlin, und archivmäßig niedergelegt beim Deutschen Patent- und Markenamt in München, wobei der Beurteilungszeitraum ein Jahr beträgt und die Bestimmungen an allen Tagen in folgenden Zeiträumen erfolgen:**

1. L_{Day}: 12 Stunden, beginnend um 6.00 Uhr,

2. $L_{Evening}$: 4 Stunden, beginnend um 18.00 Uhr,

3. L_{Night}: 8 Stunden, beginnend um 22.00 Uhr.

Ein Jahr ist das für die Schallemission ausschlaggebende und ein hinsichtlich der Witterungsbedingungen durchschnittliches Kalenderjahr.

(2) **Der Lärmindex L_{DEN} in Dezibel ist wie folgt definiert:**

$$L_{DEN} = 10 \cdot \lg \frac{1}{24}\left(12 \cdot 10^{\frac{L_{Day}}{10}} + 4 \cdot 10^{\frac{L_{Evening}+5}{10}} + 8 \cdot 10^{\frac{L_{Night}+10}{10}}\right)$$

Die Definitionen der Lärmindizes in § 2 und die Anforderungen an ihre Ermittlung entsprechen dem Anhang I der Umgebungslärm-Richtlinie.

(Fortsetzung nächste Seite)

b) den L_{Night} über 50 dB(A) bis 55 dB(A), über 55 dB(A) bis 60 dB(A), über 60 dB(A) bis 65 dB(A), über 65 dB(A) bis 70 dB(A), sowie über 70 dB(A) und optional über 45 dB(A) bis 50 dB(A),

mit den Farben nach DIN 18005 Teil 2, Ausgabe September 1991, erschienen bei der Beuth-Verlag GmbH, 10772 Berlin, und archivmäßig niedergelegt beim Deutschen Patent- und Markenamt in München,

2. einer geographischen Darstellung der Überschreitung eines Wertes, bei dessen Überschreitung Lärmschutzmaßnahmen in Erwägung gezogen oder eingeführt werden,

3. tabellarischen Angaben über die geschätzte Zahl der Menschen, die in Gebieten wohnen, die innerhalb der Isophonen-Bänder nach Nummer 1 liegen, wobei die Abschätzung nach Absatz 5 zu erfolgen hat,

4. einer allgemeinen Beschreibung der Hauptlärmquellen nach Lage, Größe und Verkehrsaufkommen,

5. einer Beschreibung der Umgebung: Ballungsräume (Lage, Größe, Einwohnerzahl), Städte, Dörfer, ländliche Gegend oder nicht ländliche Gegend, Flächennutzung, andere Hauptlärmquellen,

6. Angaben über durchgeführte und laufende Lärmaktionspläne und Lärmschutzprogramme,

7. einer tabellarischen Angabe über lärmbelasteten Flächen sowie über die geschätzte Zahl der Wohnungen, Schulen und Krankenhäuser in diesen Gebieten, nach Maßgabe des Absatzes 6,

8. Angaben über die zuständigen Behörden für die Lärmkartierung.

In den Lärmkarten können zusätzliche Texterläuterungen und Informationen verwendet werden.

(5) **Die Zahl der in ihren Wohnungen durch Umgebungslärm belasteten Menschen (Absatz 4 Satz 1 Nr. 3) ist separat für jede Lärmart anzugeben. Die Zahlenangaben sind auf die nächste Hunderterstelle auf- oder abzurunden.**

(6) **Die Gesamtfläche der lärmbelasteten Gebiete (Absatz 4 Satz 1 Nr. 7) ist anzugeben. Die Angabe hat in Quadratkilometern zu erfolgen und ist aufzugliedern nach L_{DEN}-Werten über 55 dB(A), über 65 dB(A) und über 75 dB(A). Entsprechendes gilt für die Zahl der Wohnungen, Schulen und Krankenhäuser. Bei der Zahlenangabe für Wohnungen ist auf 100 Wohnungen zu runden.**

§ 4 entspricht in Teilen § 5 der von der Bundesregierung vorgelegten zweiten Fassung der Verordnung (BR-Drs. 710/05; vgl. Vorb. Rn. 3). § 4 Abs. 1 ist neu formuliert. Die Absätze 2 und 3 entsprechen § 5 Abs. 4 und 6 der von der Bundesregierung vorgelegten Fassung. In § 4 Abs. 4 sind die in § 5 Abs. 7 bis 9 der Bundesratsvorlage vorgesehenen Regelungen vereinfacht und mit Änderungen zusammengefasst. Die Absätze 5 und 6 des § 4 entsprechen teilweise den Regelungen in § 5 Abs. 10 und 11 in der Bundesrats-Drucksache 710/05. Aus der Begründung der Bundesregierung sind die folgenden Ausführungen zu den Absätzen 4 und 6 (jetzt: Absätze 2 und 3) von besonderem Interesse (BR-Drs. 710/05, S. 17 f.):

Absatz 4 dient der Umsetzung von Anhang IV Nr. 8 und Anhang VI Nr. 1.5, 1.6, 2.5 und 2.6 der Umgebungslärmrichtlinie. Nach Anhang IV Nr. 8 müssen Lärmkarten in Ballungsräumen jeweils für den Straßenverkehrslärm, Eisenbahnlärm, Fluglärm und Industrie- und Gewerbelärm getrennt erstellt werden. Auch nach Anhang VI Nr. 1.5 und 1.6 wird für Ballungsräume gefordert, dass die Angaben zur geschätzten Anzahl von Menschen, die bestimmten Lärmpegelbereichen ausgesetzt sind, für Straßenverkehrslärm, Eisenbahnlärm, Fluglärm und Industrie- und Gewerbelärm getrennt aufzuführen sind. Nach Artikel 5 Abs. 1 der Umgebungslärmrichtlinie sind die Lärmindizes L_{DEN} und L_{Night} bei der Ausarbeitung der Lärmkarten zu verwenden.

...

Absatz 6 Satz 1 stellt sicher, dass Lärmkarten und die dazugehörigen Eingangsdaten georeferenziert sind, d. h. dass die Lage der einzelnen Punktinformationen in einem amtlichen Raumbezugssystem bekannt ist und ein Koordinatenbezug mit Angabe der x-, y- und z-Koordinaten gegeben ist. Sollten bei der Erstellung von Lärmkarten Eingangsdaten noch nicht in digitaler Form vorliegen, z. B. auf der Grundlage „alter“, nur in Papierfassung vorhandener Karten, müssen diese daher digital aufbereitet werden. Für die Weiterverarbeitung der Daten ist eine Georeferenzierung unbabdingbar. Absatz 6 Satz 2 dient der Vereinfachung und Vereinheitlichung bei der Ausarbeitung von Lärmkarten. Da die Ermittlung der Lärmbelastung wegen der großen Datenmengen nur rechnergestützt erfolgen kann, müssen die Eingangsdaten in entsprechend aufgearbeiteter – digital weiter verarbeitbarer – Form zugeliefert werden. Artikel 9 der Umgebungslärmrichtlinie verpflichtet die Mitgliedstaaten dazu, die erarbeiteten Lärmkarten der Öffentlichkeit – auch durch Einsatz der verfügbaren Informationstechnologien – zugänglich zu machen; hierfür ist die Bereitstellung der Lärmkarten in elektronischer Form notwendig. Nur für denjenigen Teil der Öffentlichkeit, der keinen Zugang zur Informationstechnologie hat, müssen die Lärmkarten auch in körperlicher Form (Papierausdrucke) herstellbar sein.

§ 5 Berechnungsverfahren

(1) **Die Lärmindizes werden nach Verfahren berechnet, die den allgemein anerkannten Regeln der Technik entsprechen. Die Berechnungsverfahren werden**

1. **für die Lärmarten nach § 4 Absatz 1 Nummer 1 bis 3 vom Bundesministerium für Verkehr und digitale Infrastruktur,**
2. **für Fluglärm (§ 4 Absatz 1 Nummer 4) vom Bundesministerium für Umwelt, Naturschutz und nukleare Sicherheit im Einvernehmen mit dem Bundesministerium für Verkehr und digitale Infrastruktur,**
3. **für Industrie- und Gewerbelärm (§ 4 Absatz 1 Nummer 5) vom Bundesministerium für Umwelt, Naturschutz und nukleare Sicherheit**

durch Veröffentlichung im Bundesanzeiger konkretisiert.

(2) **Die Berechnungspunkte zur Ermittlung von L_{DEN} und L_{Night} für die Lärmbelastung in der Nähe von Gebäuden liegen in einer Höhe von vier Meter über dem Boden.**

(3) **Für die Ermittlung der Belastetenzahlen nach § 4 Abs. 5 liegen die Berechnungspunkte auf der Gebäudefassade. Für diesen Fall wird die letzte Reflexion an der Gebäudefassade, auf der der Berechnungspunkt liegt, nicht berücksichtigt. Für die flächenmäßige Darstellung der Lärmbelastung nach § 4 Abs. 4 ist ein Raster von 50 Meter mal 50 Meter oder weniger zu Grunde zu legen.**

(4) **Das Bundesamt für Kartographie und Geodäsie stellt den für die Ausarbeitung von Lärmkarten zuständigen Behörden zentral das Digitale Geländemodell für Deutschland (DGM-D) zur Verfügung. Liegen in den Ländern detailliertere geographische Daten vor, können diese ergänzend zu dem DGM-D verwendet werden.**

(5) **Für die Berechnung sind für jede Lärmart dieselben Gebäude- und Einwohnerdaten zu verwenden. Gleiches gilt für sonstige Bauwerke auf dem Ausbreitungsweg.**

Die Bundesratsvorlage 710/05 sah in § 6 Regelungen zum Berechnungsverfahren vor. Diese sind auf Veranlassung des Bundesrates (vgl. Vorb. Rn. 3) stringenter gefasst worden. Inhaltlich ist in § 5 Abs. 3 geändert worden, dass für die flächenmäßige Darstellung der Lärmbelastung ein Raster von 50 m mal 50 m oder weniger (statt: 10 m mal 10 m oder weniger) zugrunde zu legen ist. Da die Begründung der Bundesregierung zu § 6 der Bundesratsvorlage auch für die Auslegung des § 5 der Verordnungsfassung von Interesse ist, wird sie nachstehend wiedergegeben (BR-Drs. 710/05, S. 20 ff.):

Die vorgesehene Regelung des § 6 dient der Umsetzung von Artikel 6 der Umgebungslärmrichtlinie, der Vorgaben für die zur Ausarbeitung der Lärmkarten zu verwendenden Berechnungsverfahren enthält.

Bis gemeinsame Bewertungsmethoden für Lärmindizes geschaffen und ihre Anwendung verbindlich im Verfahren nach dem Beschluss 1999/468/EG vorgeschrieben wird, eröffnet die Richtlinie in Artikel 6 i. V. m. Anhang I und II den Mitgliedstaaten entweder die Möglichkeit, die bestehenden nationalen Bewertungsmethoden anzuwenden oder die Interimsverfahren nach Anhang II zu verwenden. In Hinblick auf die Entscheidung, welche Verfahren für die Kartierung verwendet werden sollen, bis die harmonisierten Verfahren vorliegen, wird die Möglichkeit der Richtlinie genutzt, die nationalen Verfahren weiterzuverwenden, da die Verwendung der Interimsverfahren als Zwischenlösung in Hinblick auf die bereits existierenden Verfahren nur einen weiteren Umstellungsschritt bedeuten würde. Bei der Verwendung der nationalen Verfahren muss nach der Richtlinie zum einen eine Anpassung nach Anhang I der Richtlinie erfolgen. Zum anderen muss der Nachweis der Gleichwertigkeit mit den empfohlenen vorläufigen Berechnungsmethoden nach Nummer 2.2 des Anhangs II erzielt werden. Die nationalen Verfahren werden z. Zt. im unbedingt notwendigen Umfang angepasst. Bei den bestehenden nationalen Verfahren handelt es sich um die AzB für den Bereich des Fluglärms, die TA Lärm für den Bereich des Industrie- und Gewerbelärms, die RLS-90 für den Bereich des Straßenlärms und die Schall 03 für den Bereich des Schienenlärms. In Anhang I der Richtlinie werden als mögliche zu verwendende vorläufige Berechnungsmethoden (sog. Interimsverfahren) das Verfahren der „ISO 9613-2" für Industrie- und Gewerbelärm, das Verfahren „ECAC.DOC 29" für Fluglärm, das Verfahren der „NMBP-ROUTES" für Straßenlärm und das Verfahren der „Reken- en Meetvoorschrift Railverkeerslawaai" für Schienenlärm genannt.

Absatz 1 Satz 1 bestimmt zunächst, dass die Lärmbelastung durch Berechnung ermittelt wird. Eine Messung des Lärms ist in der Praxis nicht geeignet, eine zuverlässige und belastbare Darstellung der Lärmbelastung zu erreichen. Messergebnisse stellen die Wiedergabe von Momentansituationen dar und hängen stark von den jeweiligen Randbedingungen wie der aktuellen Verkehrsstärke, den Witterungsbedingungen etc. ab. Daher wird bei der Umsetzung in deutsches Recht die Berechnung vorgegeben.

Absatz 1 Satz 2 sieht vor, dass die zur Berechnung der Lärmindizes L_{DEN} und L_{Night} zu verwendenden Berechnungsverfahren den allgemein anerkannten Regeln der Technik zu entsprechen haben und durch Veröffentlichung im Bundesanzeiger konkretisiert werden können. Weiterhin kann die Bundesregierung nach Anhörung der beteiligten Kreise allgemeine Verwaltungsvorschriften erlassen.

Absatz 2 mit der Bestimmung der Höhe der Berechnungspunkte dient der Umsetzung der Vorgaben von Anhang I Nr. 1 Anstrich 8 der Umgebungslärmrichtlinie. Indem in Absatz 2 eine Höhe von 4 Meter über dem Boden vorgegeben wird, handelt es sich um eine Genauigkeitsanforderung, die praktischen Anforderungen entspricht.

Absatz 3 dient zunächst der Umsetzung von Anhang I Nr. 1 Anstrich 7 und 8 der Umgebungslärmrichtlinie. Ferner wird eine ergänzende Vorgabe für die Verwendung eines einheitlichen Rasters geregelt. Satz 1 legt die Lage des Berechnungspunktes fest, indem die Gebäudefassade als Immissionsort für die Ermittlung der Belastetenzahlen nach Anhang VI für die Berechnung maßgeblich ist. Satz 2 schließt die Berücksichtigung der letzten Reflexion an der betrachteten Gebäudefassade aus. Das entspricht auch schon der in den existierenden nationalen Verfahren festgelegten Vorgehensweise bei der Berechnung der Lärmbelastung. Satz 3 gibt ein Raster zur flächenhaften Berechnung der Lärmbelastung mit einem Abstand von 10 Meter × Meter oder weniger *(jetzt: 50 m × 50 m oder weniger)* vor. Der Rasterabstand entspricht einer in der Praxis für Darstellungszwecke üblichen Rasterweite. Liegen die zugrunde zu legenden geographischen Daten nicht in dieser Rasterweite vor, so kann das 10 Meter × 10 Meter-Raster aus diesen Daten interpoliert werden.

Absatz 4 Satz 1 regelt die Verwendung eines deutschlandweiten digitalen Geländemodells. Ein solches Geländemodell wird zur Zeit vom Bundesamt für Kartographie und Geodäsie zentral zur Verfügung gestellt. Da die einheitliche Geländeinformation eine Voraussetzung für die konsistente Berechnung und Darstellung der Lärmbelastung verschiedener Lärmquellen ist, ist die Verpflichtung zur Verwendung dieses Modells notwendig. Auch in Hinblick auf die Lärmaktionsplanung, in der die Dringlichkeit der Maßnahmen auch unter Berücksichtigung mehrerer Lärmquellen möglich sein muss, ist die Verwendung eines einheitlichen Modells zweckmäßig. Das beim Bundesamt für Kartographie und Geodäsie verfügbare bundesweite digitale Geländemodell hat eine Rasterweite von 25 Meter × 25 Meter und bietet somit eine gute Grundlage für die Erstellung der Lärmkarten. Satz 2 ermöglicht es den Ländern, weitergehende geographische Daten zu verwenden, um eine Verbesserung der Datengrundlage und somit eine bessere Qualität der Geländeinformationen zu erreichen.

. . . . . .

Absatz 5 regelt die einheitliche Verwendung von Eingangsdaten für die Berechnung. Satz 1 sieht die Verwendung derselben Gebäude- und Einwohnerdaten für die Berechnung unterschiedlicher Lärmarten in ein- und demselben Gebiet vor. Dies soll gewährleisten, dass durch die zuständigen Behörden auf einheitliche Daten zurückgegriffen wird, um die Kompatibilität der für die einzelnen Lärmarten aufgestellten Lärmkarten zu gewährleisten. Durch die Ausweitung der in Satz 1 genannten Regelung auf eine Verwendung einheitlicher Daten auch für den Bereich sonstiger Bauwerke (z. B. Brücken, Dämme und Einschnitte) auf dem Ausbreitungsweg wird in Satz 2 ein weiterer wesentlicher Bereich der in die Berechnung eingehenden Daten mit erfasst und insoweit die Lärmkartierung ebenfalls vereinheitlicht.

§ 6 Übermittlung der Lärmkarten

(1) **Die nach § 47e Abs. 2 und 3 des Bundes-Immissionsschutzgesetzes zuständigen Behörden übermitteln binnen vier Monaten nach den in § 47c Abs. 1 des Bundes-Immissionsschutzgesetzes aufgeführten Fristen dem Bundesministerium für Umwelt, Naturschutz und nukleare Sicherheit oder einer von ihm benannten Stelle die vollständigen Lärmkarten.**

(2) **Die nach § 47e Abs. 1 des Bundes-Immissionsschutzgesetzes zuständigen Behörden übermitteln zu den in § 47c Abs. 1 des Bundes-Immissionsschutzgesetzes aufgeführten Fristen den obersten Landesbehörden oder den von ihnen benannten Stellen die vollständigen Lärmkarten.**

§ 6 Abs. 1 entspricht § 7 der Bundesratsvorlage der Bundesregeierung (BR-Drs. 710/05). Absatz 2 geht auf den Beschluss des Bundesrates zurück (vgl. Vorb. Rn. 3). Zur Begründung ihrer Vorlage hat die Bundesregierung u. a. ausgeführt (BR-Drs. 710/05, S. 22):

Die Übermittlung hat zu den in § 47c BImSchG genannten Ausarbeitungsfristen zu erfolgen, um die rechtzeitige Weiterleitung an die Kommission der Europäischen Gemeinschaften zu gewährleisten. Aus Gründen der Verwaltungsvereinfachung wird davon abgesehen, die Übermittlung nur bestimmter Angaben nach Anhang VI der Umgebungslärmrichtlinie zu verlangen. Es ist dem Mitgliedstaat unbenommen, die Lärmkarten vollständig an die Kommission der Europäischen Gemeinschaften zu übermitteln.

§ 7 Information der Öffentlichkeit über Lärmkarten

Geeignete Ausfertigungen der Lärmkarten, die der Unterrichtung der Öffentlichkeit dienen, werden von den zuständigen Behörden nach § 47e Abs. 1 und 3 des Bundes-Immissionsschutzgesetzes verbreitet. Die Verbreitung der Lärmkarten hat in für die Öffentlichkeit verständlicher Darstellung und leicht zugänglichen Formaten zu erfolgen. Erforderlichenfalls ist eine Zusammenfassung mit den wichtigsten Punkten der Öffentlichkeit zur Verfügung zu stellen. Für die Verbreitung sollen, soweit vorhanden elektronische Kommunikationsmittel verwendet werden. Die Anforderungen an die Unterrichtung der Öffentlichkeit können auch dadurch erfüllt werden, dass Verknüpfungen zu Internet-Seiten eingerichtet werden, auf denen die zu verbreitenden Lärmkarten zu finden sind.

(Fortsetzung nächste Seite)

genüber der zuständigen Stelle, dass der Strom ordnungsgemäß gemessen und überwacht wurde. Diesen Anforderungen kommen die §§ 5 bis 9 der 38. BImSchV nach.

I. Anrechnung von elektrischem Strom

27 Den Verordnungsvorbehalt erfüllt § 5 Abs. 1 S. 1, wonach eine Anrechnung die **Entnahme aus dem Netz** zur Verwendung in Straßenfahrzeugen mit Elektroantrieb voraussetzt. Die Entnahme muss im Steuergebiet nach § 1 Abs. 1 S. 2 Stromsteuergesetz erfolgen. Nach der Definition in § 2 Abs. 2 fallen unter den Begriff des **Straßenfahrzeugs mit Elektroantrieb** alle in § 2 Nummer 1 und 2 der Ladesäulenverordnung aufgeführten Fahrzeuge. Das sind sowohl reine Batterieelektrofahrzeuge als auch von außen aufladbare Hybridelektrofahrzeuge, die neben dem elektrischen Antrieb auch einen Verbrennungsmotor haben.

28 Der **Stromanbieter** (vgl. § 2 Abs. 1) wird nicht zum Verpflichteten nach § 37a Abs. 2 BImSchG (vgl. → BImSchG § 37a Rn. 7). Durch § 5 Abs. 1 S. 2 wird klargestellt, dass die Strommengen, die zur Anrechnung gebracht werden sollen, im Rahmen des **Quotenhandels** (vgl. dazu → BImSchG § 37a Rn. 12f.) an den Verpflichteten veräußert werden können. Damit ist gleichwohl nicht ausgeschlossen, dass ein Verpflichteter auch als Stromanbieter auftritt. Möglich ist auch, dass ein Stromanbieter an einen weiteren Dritten im Sinne des § 37a Abs. 6 BImSchG veräußert, der wiederum im Rahmen des Quotenhandels an einen Verpflichteten veräußert. Auch eine Übertragung auf das Folgejahr ist durch den Verweis auf § 37a Abs. 8 BImSchG in § 5 Abs. 4 möglich (vgl. dazu → BImSchG § 37a Rn. 14). Durch die Neudefinition des Stromanbieters in § 2 Abs. 1, die mit der Verordnung zur Änderung der 38. BImSchV vom 21.5.2019 (BGBl. I S. 742) erfolgte, ist nunmehr klargestellt, dass der Betreiber eines Ladepunktes kein Stromanbieter ist. Der Strombezug durch den Betreiber eines Ladepunktes für Straßenfahrzeuge mit Elektroantrieb gilt als Letztverbrauch nach § 3 Nr. 25 EnWG.

29 Die **Berechnung der Lebenszyklustreibhausgasemissionen** erfolgt durch Multiplikation der energetischen Menge des entnommenen Stroms auf der Basis der durchschnittlichen Treibhausgasemissionen pro Energieeinheit des Stroms in Deutschland (§ 5 Abs. 2). Der Durchschnittswert wurde vom nach § 20 Abs. 1 Nr. 1 zuständigen Umweltbundesamt gemäß § 5 Abs. 3 im Bundesanzeiger für das Verpflichtungsjahr 2020 bekanntgemacht und beträgt 153 Kilogramm CO_2-Äquivalent pro Gigajoule (BAnz. AT 30.10.2019 B3). Zur Korrektur wird noch der Anpassungsfaktor für die Antriebseffizienz von 0,4 der Anlage 3 miteinbezogen. Dieser Korrekturfaktor wird auch bei der Referenzwertberechnung nach § 37a Abs. 4 S. 3 BImSchG berücksichtigt (vgl. dazu → BImSchG § 37a Rn. 10b).

II. Nachweise

30 Der Nachweis gegenüber der zuständigen Stelle, dass der Strom ordnungsgemäß gemessen und überwacht wurde, wird durch den Stromanbieter durch eigene Aufzeichnungen (§§ 6 und 7) und Mitteilungen gegenüber dem Umweltbundesamt (§ 8) erbracht. Die Aufzeichnungspflichten hängen dabei davon ab, ob der Strom über einen **öffentlich zugänglichen Ladepunkt** entnommen wurde oder nicht. Gemäß § 2 Nr. 9 der Ladesäulenverordnung, auf den § 6 Abs. 1 verweist, ist ein Ladepunkt öffentlich zugänglich, wenn er sich entweder im öffentlichen Straßenraum oder auf privatem Grund befindet, sofern der zum Ladepunkt gehörende Parkplatz von einem unbestimmten oder nur nach allgemeinen Merkmalen bestimmbaren Personenkreis tatsächlich befahren wer-

den kann. Für jeden Ladepunkt, der eine dieser Voraussetzungen erfüllt, muss der Stromanbieter nach § 6 Abs. 1 bezogen auf das Verpflichtungsjahr den genauen Standort des Ladepunktes sowie die energetische Menge des zur Verwendung in Straßenfahrzeugen mit Elektroantrieb entnommenen Stroms aufzeichnen.

31 Sofern der Strom **nicht über öffentlich zugängliche Ladepunkte** entnommen wurde, ändern sich nicht nur die Aufzeichnungspflichten. Nach § 7 Abs. 1 ist eine Anrechnung dann nur insoweit möglich, als der Strom für **reine Batterieelektrofahrzeuge** genutzt wurde. Hybridfahrzeuge sind damit ausgenommen. Der Stromanbieter muss nach § 7 Abs. 2 Aufzeichnungen über **Stromkunden** führen, auf die nachweislich ein reines Batterieelektrofahrzeug zugelassen ist. Den Nachweis kann er durch die Vorlage von Kopien der Zulassungsbescheinigung Teil I erbringen, wobei alle drei Jahre eine aktuelle Kopie vorzulegen ist. Die energetische Menge des entnommen Stroms, die in die Berechnung der Treibhausgasemissionen nach § 5 Abs. 2 einfließt (vgl. → Rn. 29), wird dabei auf der Grundlage eines **Schätzwertes**, der nach § 7 Abs. 3 vom Bundesumweltministerium bekanntzugeben ist, ermittelt. Dieser liegt zurzeit bei 1943 kWh für ein Fahrzeug (BAnz. AT 29.12.2017 B8). Der Wert wird jährlich anhand neuer verfügbarer Daten und Statistiken überprüft und gegebenenfalls angepasst. Nach § 7 Abs. 4 wird der Schätzwert mit der Zahl der Stromkunden multipliziert.

32 Nach § 8 Abs. 1 hat der Stromanbieter bis zum **28. Februar** des auf das Verpflichtungsjahr folgenden Jahres die entnommenen Strommengen dem nach § 20 Abs. 1 Nr. 2 zuständigen Umweltbundesamt mitzuteilen, unabhängig von der Art der Ladepunkte. Die weitergehenden Aufzeichnungen werden nur auf Verlagen durch das Umweltbundesamtes stichprobenhaft überprüft. Die nach § 8 Abs. 2 vorgeschriebene **Bescheinigung** stellt das Umweltbundesamt aus, soweit es davon überzeugt ist, dass die Anrechnungsvoraussetzungen erfüllt sind. Da der Verpflichtete diese Bescheinigung zusammen mit der Mitteilung nach § 37c Abs. 1 BImSchG (vgl. dazu → BImSchG § 37c Rn. 3 ff.) vorlegen muss und diese bis zum **15. April** des auf das Verpflichtungsjahr folgenden Jahres zu erfolgen hat, müssen die Bescheinigungen so rechtzeitig vom Umweltbundesamt erstellt werden, dass eine Abwicklung des Quotenhandels noch möglich ist. Eine Schätzung der energetischen Mengen, die zur Anrechnung kommen sollen, ist durch § 9 Abs. 2 ausgeschlossen.

E. Berichtspflichten

33 Die §§ 16 bis 19 lassen eine Berichtspflicht wirksam werden, die den nach § 37a Abs. 2 BImSchG Verpflichteten (vgl. → BImSchG § 37a Rn. 7 f.) obliegt. Der Bericht ist unabhängig von der **Mitteilungspflicht** nach § 37c Abs. 1 BImSchG, die der Überprüfung der Einhaltung der Treibhausgasemissionsminderungspflicht dient (vgl. dazu → BImSchG § 37c Rn. 3 f.). Die Pflicht zur Berichterstattung ergibt sich bereits aus § 37f Abs. 1 BImSchG, der jedoch den Erlass einer Rechtsverordnung verlangt, damit die Berichtspflicht wirksam wird (vgl. → BImSchG § 37f Rn. 8). Aus § 16 Abs. 1 S. 2 ergibt sich nunmehr, dass ab dem Verpflichtungsjahr 2018 ein Bericht über **die in Verkehr gebrachten Kraftstoffe und Energieerzeugnisse** (vgl. dazu → BImSchG § 37f Rn. 6) dem nach § 20 Abs. 1 Nr. 5 zuständigen **Umweltbundesamt** vorzulegen ist.

34 Da die Berichte der Verpflichteten Grundlage für eine **Berichterstattung gegenüber der Europäischen Kommission** sind, mussten zunächst einheitliche Regeln für die Berichterstattung in den Mitgliedstaaten erlassen werden. Nachdem dies mit der Richtlinie (EU) 2015/652 zur Festlegung von Berechnungsverfahren und Berichterstattungspflichten (ABl. L 107 vom 25.4.2015, S. 26 ff.) zwischenzeitlich erfolgt ist, konnte die in

2.39 Neununddreißigste Verordnung zur Durchführung des Bundes-Immissionsschutzgesetzes (Verordnung über Luftqualitätsstandards und Emissionshöchstmengen – 39. BImSchV)[1]

Vom 2. August 2010

(BGBl. I S. 1065, geändert durch Art. 87 der 10. ZuständigkeitsanpassungsV vom 31.8.2015, BGBl. I S. 1474), durch Art. 1 der 1. VO zur Änderung der 39. BImSchV vom 10.10.2016, BGBl. I S. 2244, durch Art. 2 der 43. VO zur Durchführung des Bundes-Immissionsschutzgesetzes vom 18.7.2018, BGBl. I S. 1222, und durch Art. 112 d. 11. ZuständigkeitsanpassungsV v. 19.6.2020, BGBl. I S. 1328)

Vorbemerkung

Übersicht

A. Allgemeines

I. Zweck der Verordnung

Die am 6.8.2010 in Kraft getretene 39. BImSchV dient inhaltlich dem Schutz der menschlichen Gesundheit sowie dem Schutz der Umwelt gegen mögliche Schäden so- 1

[1] Diese Verordnung dient der Umsetzung der Richtlinie 2008/50/EG des Europäischen Parlaments und des Rates vom 21. Mai 2008 über Luftqualität und saubere Luft für Europa (ABl. L 152 vom 11.6.2008, S. 1), der Richtlinie 2004/107/EG des Europäischen Parlaments und des Rates vom 15. Dezember 2004 über Arsen, Kadmium, Quecksilber, Nickel und polyzyklische aromatische Kohlenwasserstoffe in der Luft (ABl. L 23 vom 26.1. 2005, S. 3), der Richtlinie 2001/81/EG des Europäischen Parlaments und des Rates vom 23. Oktober 2001 über nationale Emissionshöchstmengen für bestimmte Luftschadstoffe (ABl. L 309 vom 27.11.2001, S. 22). sowie der Richtlinie 2015/1480 der Kommission vom 28. August 2015 zur Änderung bestimmter Anhänge der Richtlinien 2004/107/EG und 2008/50/EG des Europäischen Parlaments und des Rates betreffend Referenzmethoden, Datenvalidierung und Standorten für Probenahmestellen zur Bestimmung der Luftqualität (ABl. L 226 vom 29.8. 2015, S. 4).

wohl durch primäre als auch durch sekundäre Luftverunreinigungen. Primäre Luftverunreinigungen (zB Schwefeldioxid) werden direkt durch anthropogene Tätigkeiten in die Atmosphäre emittiert; sekundäre Luftverunreinigungen (zB Ozon) bilden sich durch chemische Reaktionen in der Atmosphäre aus anthropogenen Emissionen.

2 Formal dient die 39. BImSchV der Umsetzung mehrerer Richtlinien der Europäischen Union in deutsches Recht, soweit diese Umsetzung nicht durch das Achte Gesetz zur Änderung des Bundes-Immissionsschutzgesetzes vom 31.7.2010 erfolgte (BGBl. I S. 1059). Geändert wurde hauptsächlich § 47 BImSchG, der die Luftreinhalteplanung und die Pläne für kurzfristig zu ergreifende Maßnahmen behandelt (→ Rn. 52).

3 Insbesondere wurde die Richtlinie 2008/50/EG des Europäischen Parlaments und des Rates vom 21.5.2008 über Luftqualität und saubere Luft für Europa (ABl. EG Nr. L 152, S. 1) umgesetzt. Diese Richtlinie harmonisiert und ersetzt mehrere ältere Regelwerke zur Luftqualität, und zwar die Richtlinie 96/62/EG des Rates vom 27.9.1996 über die Beurteilung und die Kontrolle der Luftqualität (ABl. EG Nr. L 296, S. 55), die Richtlinie 1999/30/EG des Rates vom 22.4.1999 über Grenzwerte für Schwefeldioxid, Stickstoffdioxid und Stickstoffoxide, Partikel und Blei in der Luft (ABl. EG Nr. L 163, S. 41), die Richtlinie 2000/69/EG des Europäischen Parlaments und des Rates vom 16.11.2000 über Grenzwerte für Benzol und Kohlenmonoxid in der Luft (ABl. EG Nr. L 313, S. 1), die Richtlinie 2002/3/EG des Europäischen Parlaments und des Rates vom 12.2.2002 über den Ozongehalt der Luft (ABl. EG Nr. L 67, S. 14) sowie die Entscheidung des Rates 97/101/EG vom 27.1.1997 zur Schaffung eines Austausches von Informationen und Daten aus den Netzen und Einzelstationen zur Messung der Luftverschmutzung in den Mitgliedstaaten (ABl. EG Nr. L 359, S. 14, geändert durch die Entscheidung 2001/752/EG der Kommission, ABl. EG Nr. L 282, S. 69). Darüber hinaus enthält die Richtlinie 2008/50/EG als wesentliches neues Element Regelungen zur Feinstaubfraktion PM2.5.

4 Zusätzlich werden in der 39. BImSchV bestehende Umsetzungsvorschriften für zwei Richtlinien der Europäischen Union aufgenommen, die nicht durch die neue Luftqualitäts-Richtlinie 2008/50/EG abgelöst werden, und zwar die Richtlinie 2004/107/EG des Europäischen Parlaments und des Rates vom 15.12.2004 über Arsen, Kadmium, Quecksilber, Nickel und polyzyclische aromatische Kohlenwasserstoffe in der Luft (ABl. EG Nr. L 23, S. 3) sowie die Richtlinie 2001/81/EG des Europäischen Parlaments und des Rates vom 23.10.2001 über nationale Emissionshöchstmengen für bestimmte Luftschadstoffe (ABl. EG Nr. L 209, S. 22). Die Richtlinie 2004/107/EG wurde nicht in die Richtlinie 2008/50/EG integriert, weil zum Zeitpunkt des Vorschlags der Kommission für die neue Luftqualitäts-Richtlinie 2008/50/EG (21.9.2005) die Frist zur Umsetzung in nationales Recht noch nicht abgelaufen war (15.2.2007) und somit noch keine Erfahrungen in den Mitgliedstaaten gesammelt werden konnten. Diese älteren Richtlinien waren bereits in der 22. bzw. 33. BImSchV in deutsches Recht umgesetzt worden (→ Rn. 9 und 10).

5 Die Richtlinie 2001/81/EG über nationale Emissionshöchstmengen wurde Ende 2016 neu gefasst (Richtlinie (EU) 2016/2284 des Europäischen Parlaments und des Rates vom 14. Dezember 2016 über die Reduktion der nationalen Emissionen bestimmter Luftschadstoffe zur Änderung der Richtlinie 2003/35/EG und zur Aufhebung der Richtlinie 2001/81/EG (ABl. L 344 vom 17.12.2016, S. 1). Diese Novellierung erforderte eine weitere Änderung der 39. BImSchV, → Rn. 16).

II. Entstehungsgeschichte

6 Die 39. BImSchV knüpft an die früher geltende Zweiundzwanzigste Verordnung zur Durchführung des Bundes-Immissionsschutzgesetzes (Verordnung über Immissionswerte

§ 13 Vorschriften zur Ermittlung von Schwefeldioxid, Stickstoffdioxid und Stickstoffoxiden, Partikeln (PM_{10} und $PM_{2,5}$), Blei, Benzol und Kohlenmonoxid

(1) **Die Luftqualität wird in Bezug auf die in § 12 Absatz 1 genannten Schadstoffe in allen Gebieten und Ballungsräumen anhand der in den Absätzen 2 bis 4 sowie in der Anlage 3 festgelegten Kriterien beurteilt.**

(2) **In allen Gebieten und Ballungsräumen, in denen der Wert der in Absatz 1 genannten Schadstoffe die für diese Schadstoffe festgelegte obere Beurteilungsschwelle überschreitet, sind zur Beurteilung der Luftqualität ortsfeste Messungen durchzuführen. Über diese ortsfesten Messungen hinaus können Modellrechnungen sowie orientierende Messungen durchgeführt werden, um angemessene Informationen über die räumliche Verteilung der Luftqualität zu erhalten.**

(3) **In allen Gebieten und Ballungsräumen, in denen der Wert der in Absatz 1 genannten Schadstoffe die für diese Schadstoffe festgelegte obere Beurteilungsschwelle unterschreitet, kann zur Beurteilung der Luftqualität eine Kombination von ortsfesten Messungen und Modellrechnungen oder orientierenden Messungen angewandt werden.**

(4) **In allen Gebieten und Ballungsräumen, in denen der Wert der in Absatz 1 genannten Schadstoffe die für diese Schadstoffe festgelegte untere Beurteilungsschwelle unterschreitet, genügen zur Beurteilung der Luftqualität Modellrechnungen, Techniken der objektiven Schätzung oder beides.**

(5) **Zusätzlich zu den Beurteilungskriterien gemäß den Absätzen 2 bis 4 sind Messungen an Messstationen im ländlichen Hintergrund abseits signifikanter Luftverschmutzungsquellen gemäß Anlage 3 durchzuführen, um zumindest Informationen über die Gesamtmassenkonzentration und die Konzentration von Staubinhaltsstoffen von Partikeln ($PM_{2,5}$) im Jahresdurchschnitt zu erhalten. Diese Messungen sind anhand der folgenden Kriterien durchzuführen:**

1. es ist eine Probenahmestelle je 100 000 Quadratkilometer einzurichten;

2. Anlage 1 Abschnitt A und C gilt für die Datenqualitätsziele für Massenkonzentrationsmessungen von Partikeln; Anlage 4 ist uneingeschränkt anzuwenden.

Zu § 13 wird in der amtlichen Begründung ausgeführt (BT-Drs. 17/508, S. 43 f.):

Mit § 13 wird Artikel 6 der Richtlinie 2008/50/EG in Verbindung mit Anhang III umgesetzt.

§ 13 Absatz 1 legt fest, dass die Luftqualität im Hinblick auf die genannten Stoffe beurteilt wird. Die Beurteilungsintensität richtet sich nach der Höhe der Luftbelastung in Bezug auf den jeweiligen Luftqualitätsgrenzwert. Eine Messpflicht besteht bei Überschreitung der in Anlage 2 festgelegten oberen Beurteilungsschwelle. Ist die obere Beurteilungsschwelle unterschritten, so können zur Beurteilung der Luftqualität auch eine Kombination von Messungen und Modellrechnungen oder andere Beurteilungsmethoden, wie objektive Schätzungen, angewandt werden. Einzelheiten zur Beurteilung der Luftqualität werden in Anlage 3 festgelegt.

In den Absätzen 2 bis 4 werden die Anforderungen an die Beurteilung der Luftqualität präzisiert.

Absatz 5 legt fest, dass zusätzlich zu den Beurteilungskriterien der Absätze 2 bis 4 Messungen im ländlichen Hintergrund für $PM_{2,5}$-Partikel durchgeführt werden müssen. Durch diese Messungen sollen Informationen über die Gesamtkonzentration und die Konzentration von Staubinhaltsstoffen von $PM_{2,5}$-Partikeln erhalten werden.

In Absatz 5 Nummer 1 ist festgelegt, dass eine Probenahmestelle je 100 000 Quadratkilometer einzurichten ist. In Deutschland müssen die ab 2010 verpflichtenden Messungen an 3 bis 4 Probenahmestellen durchgeführt werden. Da es sich um Messungen der Hintergrundbelastung handelt, liegt die Zuständigkeit beim Bund; die Messungen werden vom Umweltbundesamt durchgeführt.

Absatz 5 Nummer 2 legt weitere Messkriterien fest und verweist auf die dort genannten Anlagen.

§ 14 Probenahmestellen zur Messung von Schwefeldioxid, Stickstoffdioxid und Stickstoffoxiden, Partikeln (PM_{10} und $PM_{2,5}$), Blei, Benzol und Kohlenmonoxid

(1) **Für die Festlegung des Standorts von Probenahmestellen, an denen die in § 12 Absatz 1 genannten Schadstoffe in der Luft gemessen werden, gelten die Kriterien der Anlage 3.**

(2) **In Gebieten und Ballungsräumen, in denen ortsfeste Messungen die einzige Informationsquelle für die Beurteilung der Luftqualität darstellen, darf die Anzahl der Probenahmestellen für jeden relevanten Schadstoff nicht unter der in Anlage 5 Abschnitt A festgelegten Mindestanzahl liegen.**

(3) **Für Gebiete und Ballungsräume, in denen die Informationen aus Probenahmestellen für ortsfeste Messungen durch solche aus Modellrechnungen oder orientierenden Messungen ergänzt werden, kann die in Anlage 5 Abschnitt A festgelegte Gesamtzahl der Probenahmestellen um bis zu 50 Prozent verringert werden, sofern**

1. **die zusätzlichen Methoden die notwendigen Informationen für die Beurteilung der Luftqualität in Bezug auf Immissionsgrenzwerte und Alarmschwellen sowie angemessene Informationen für die Öffentlichkeit liefern;**
2. **die Zahl der einzurichtenden Probenahmestellen und die räumliche Repräsentativität anderer Techniken ausreichen, um bei der Ermittlung des Werts des relevanten Schadstoffs die in Anlage 1 Abschnitt A festgelegten Datenqualitätsziele zu erreichen und Beurteilungsergebnisse ermöglichen, die den in Anlage 1 Abschnitt B festgelegten Kriterien entsprechen.**

Die Ergebnisse von Modellrechnungen oder orientierenden Messungen werden bei der Beurteilung, ob die Immissionsgrenzwerte eingehalten wurden, berücksichtigt.

(4) **Das Bundesministerium für Umwelt, Naturschutz und nukleare Sicherheit oder die von ihm beauftragte Stelle errichtet und betreibt im Bundesgebiet mindestens drei Messstationen gemäß § 13 Absatz 5.**

(5) **Die zuständigen Behörden weisen gemäß Anlage 5 Abschnitt C Probenahmestellen aus, die für den Schutz der Vegetation repräsentativ sind. Die Absätze 2 und 3 gelten sinngemäß.**

Die Begründung zu § 14 lautet (BT-Drs. 17/508, S. 44):

Mit § 14 werden Artikel 6 und 7 der Richtlinie 2008/50/EG in Verbindung mit den Anhängen I, III, V und XIV umgesetzt.

§ 14 Absatz 1 regelt in Verbindung mit Anlage 3 die Kriterien zur Beurteilung der Luftqualität und zur Ortsbestimmung und Dokumentation von Probenahmestellen. Die in Bezug genommene Anlage 3 regelt, dass die Luftqualität in allen Gebieten und Ballungsräumen nach den festgelegten Kriterien beurteilt werden muss. Sie enthält darüber hinaus in Abschnitt A Nummer 2) eine wesentliche Neuregelung der Richtlinie 2008/50/EG. Darin wird klargestellt, dass die Einhaltung der zum Schutz der menschlichen Gesundheit festgelegten Immissionsgrenzwerte an bestimmten Orten (zum Beispiel in Bereichen ohne öffentlichen Zugang und ohne feste Wohnunterkünfte, auf Industriegeländen und auf Mittelstreifen von Straßen) nicht beurteilt werden muss.

(Fortsetzung nächste Seite)

4. Stickstoffdioxid an allen verbleibenden Probenahmestellen mit Ausnahme von Stationen im ländlichen Hintergrund im Sinne von Anlage 8 Abschnitt A gemessen wird.

Die Ergebnisse von Modellrechnungen oder orientierenden Messungen werden bei der Beurteilung der Luftqualität in Bezug auf die Zielwerte berücksichtigt.

(4) **Die Stickstoffdioxidwerte sind an mindestens 50 Prozent der nach Anlage 9 Abschnitt A erforderlichen Ozonprobenahmestellen zu messen. Außer bei Messstationen im ländlichen Hintergrund im Sinne von Anlage 8 Abschnitt A, wo andere Messmethoden angewandt werden können, sind diese Messungen kontinuierlich vorzunehmen.**

(5) **In Gebieten und Ballungsräumen, in denen in jedem Jahr während der vorangehenden fünfjährigen Messperiode die Werte unter den langfristigen Zielen liegen, ist die Zahl der Probenahmestellen für ortsfeste Messungen gemäß Anlage 9 Abschnitt B zu bestimmen.**

(6) **Das Bundesministerium für Umwelt, Naturschutz und nukleare Sicherheit oder die von ihm beauftragte Stelle errichtet und betreibt im Bundesgebiet mindestens eine Probenahmestelle zur Erfassung der Werte der in der Anlage 10 aufgelisteten Ozonvorläuferstoffe. Sofern die Länder Ozonvorläuferstoffe messen, stimmen sie sich mit dem Bundesministerium für Umwelt, Naturschutz, Bau und Reaktorsicherheit oder der von ihm beauftragten Stelle ab.**

In der amtlichen Begründung zu § 18 wird Folgendes ausgeführt (BT-Drs. 17/508, S. 45):

Mit § 18 wird Artikel 10 der Richtlinie 2008/50/EG in Verbindung mit den Anhängen I, VII, IX und X umgesetzt. Die Regelung entspricht inhaltlich § 3 Absatz 2 und 4 bis 8 der 22. BImSchV.

Absatz 1 legt in Verbindung mit Anlage 8 die Kriterien für die Festlegung des Standortes der Probenahmestellen für Ozon sowie für deren Repräsentativität fest.

Absatz 2 legt in Verbindung mit Anlage 9 Abschnitt A die Mindestanzahl der zu betreibenden Probenahmestellen in dem Gebiet fest, in denen Messungen die einzige Informationsquelle sind.

Absatz 3 legt fest, in welchem Umfang die Gesamtzahl von Probenahmestellen in den Fällen verringert werden darf, in denen die Ergebnisse ortsfester Messungen durch Modellrechnungen und/oder orientierender Messungen ergänzt werden. Dabei muss eine Mindestzahl von Probenahmestellen eingehalten werden. Darüber hinaus muss sichergestellt werden, dass die Informationen für die Beurteilung der Luftqualität in Bezug auf die festgelegten Zielwerte, langfristigen Ziele und Informations- bzw. Alarmschwellen ausreichen.

Absatz 4 regelt die Messung der Ozonvorläufersubstanz Stickstoffdioxid und legt die Zahl der Probenahmestellen fest.

Absatz 5 regelt in Verbindung mit Anlage 9 Abschnitt B, unter welchen Voraussetzungen eine Reduzierung der Ozonprobenahmestellen möglich ist. Danach kann in Gebieten mit guter Luftqualität eine Reduzierung der sonst vorgeschriebenen Ozonprobenahmestellen um bis zu zwei Drittel vorgenommen werden.

Absatz 6 regelt die Messung von Ozonvorläuferstoffen. Da diese Messungen nicht dem unmittelbaren Vollzug dienen, sondern der großräumigen Überwachung der Bildungs- und Ausbreitungsbedingungen von Ozonvorläuferstoffen dienen, werden sie vom Umweltbundesamt durchgeführt. Das Umweltbundesamt misst die zur Erfüllung der bereits existierenden Verpflichtungen aus der so genannten Ozon-Richtlinie 2002/3/EG erforderlichen Komponenten.

§ 19 Referenzmessmethoden für die Beurteilung von Ozonwerten

(1) **Es gilt die in Anlage 6 Abschnitt A Nummer 8 festgelegte Referenzmethode für die Messung von Ozon.**

(2) **Andere Messmethoden können angewandt werden, sofern die in Anlage 6 Abschnitt B festgelegten Bedingungen erfüllt sind.**

Die Begründung zu § 19 lautet (BT-Drs. 17/508, S. 45):

Mit § 19 wird Artikel 11 Absatz 1 in Verbindung mit Anhang VI Abschnitt A Nummer 8 und Anhang VI Abschnitt B der Richtlinie 2008/50/EG umgesetzt.

§ 19 regelt in Verbindung mit Anlage 6 die Verwendung von Referenzmethoden zur Beurteilung der Werte von Ozon.

§ 20 Vorschriften zur Ermittlung von Arsen, Kadmium, Nickel und Benzo[*a*]pyren und Quecksilber

(1) **Die zuständigen Behörden erstellen für Arsen, Kadmium, Nickel und Benzo[*a*]pyren jeweils eine Liste von Gebieten und Ballungsräumen, in denen**

1. der Wert den jeweiligen Zielwert nach § 10 erreicht oder unter diesem liegt und

2. der Wert den jeweiligen Zielwert überschreitet. Für diese Gebiete und Ballungsräume ist anzugeben, in welchen Teilgebieten die Zielwerte überschritten werden und welche Quellen hierzu beitragen.

(2) **Die oberen und unteren Beurteilungsschwellen für Arsen, Kadmium, Nickel und Benzo[*a*]pyren sind in Anlage 15 festgelegt.**

(3) **In Gebieten und Ballungsräumen, in denen die Werte von Arsen, Kadmium, Nickel und Benzo[*a*]pyren über der unteren Beurteilungsschwelle liegen, ist eine Messung entsprechend den Kriterien aus Anlage 16 Abschnitt A und B vorzusehen. In Gebieten und Ballungsräumen, in denen ortsfeste Messungen die einzige Informationsquelle für die Beurteilung der Luftqualität darstellen, darf die Anzahl der Probenahmestellen nicht unter der in Anlage 16 Abschnitt D festgelegten Mindestanzahl liegen.**

(4) **Die Messungen können durch Modellrechnungen ergänzt werden, damit in angemessenem Umfang Informationen über die Luftqualität gewonnen werden. Eine Kombination von Messungen, einschließlich orientierender Messungen nach Anlage 17 Abschnitt A, und Modellrechnungen kann herangezogen werden, um die Luftqualität in Gebieten und Ballungsräumen zu beurteilen, in denen die Werte während eines repräsentativen Zeitraums zwischen der oberen und der unteren Beurteilungsschwelle liegen.**

(5) **In Gebieten und Ballungsräumen, in denen die Werte unter der unteren Beurteilungsschwelle gemäß Anlage 15 Abschnitt A liegen, brauchen für die Beurteilung der Werte nur Modellrechnungen oder Methoden der objektiven Schätzung angewandt zu werden.**

(6) **Die Einstufung von Gebieten und Ballungsräumen ist spätestens alle fünf Jahre zu überprüfen. Hierfür ist das Verfahren der Anlage 15 Abschnitt B anzuwenden. Die Einstufung ist bei signifikanten Änderungen der Aktivitäten, die Auswirkungen auf die Werte von Arsen, Kadmium, Nickel oder Benzo[*a*]pyren haben, früher zu überprüfen.**

(7) **Dort, wo die Werte von Arsen, Kadmium, Nickel und Benzo[*a*]pyren gemessen werden müssen, sind die Messungen kontinuierlich oder stichprobenartig an festen Orten durchzuführen. Die Messungen sind so häufig durchzuführen, dass die Werte entsprechend beurteilt werden können.**

(8) **Um den Anteil von Benzo[*a*]pyren-Immissionen an der Gesamtimmission von polyzyklischen aromatischen Kohlenwasserstoffen beurteilen zu können, werden an einer begrenzten Zahl von Probenahmestellen des Umweltbundesamtes andere relevante polyzyklische aromatische Kohlenwasserstoffe überwacht. Diese Verbindungen umfassen mindestens:**

1. Benzo[*a*]anthracen,

2. Benzo[*b*]fluoranthen,

3. Benzo[*j*]fluoranthen,

4. Benzo[*k*]fluoranthen,

5. Indeno[*1,2,3-cd*]pyren und

6. Dibenz[*a,h*]anthracen.

Die Überwachungsstellen für diese polyzyklischen aromatischen Kohlenwasserstoffe werden mit Probenahmestellen für Benzo[*a*]pyren zusammengelegt und so gewählt, dass geographische Unterschiede und langfristige Trends bestimmt werden können. Es gelten die Bestimmungen der Anlage 16 Abschnitt A bis C. Sofern die Länder diese Stoffe messen, stimmen sie sich mit dem Bundesministerium für Umweltschutz, Naturschutz und nukleare Sicherheit oder der von ihm beauftragten Stelle ab.

(9) **Ungeachtet der Werte wird für eine Fläche von je 100 000 Quadratkilometern jeweils eine Hintergrundprobenahmestelle installiert, die zur orientierenden Messung von Arsen, Kadmium, Nickel, dem gesamten gasförmigen Quecksilber, Benzo[*a*]pyren und den übrigen in Absatz 8 genannten polyzyklischen aromatischen Kohlenwasserstoffen in der Luft dient. Gemessen wird außerdem die Ablagerung von Arsen, Kadmium, Quecksilber und seinen Verbindungen, Nickel, Benzo[*a*]pyren und der übrigen in Absatz 8 genannten polyzyklischen aromatischen Kohlenwasserstoffe. Das Bundesministerium für Umwelt, Naturschutz und nukleare Sicherheit oder die von ihm beauftragte Stelle errichtet und betreibt im Bundesgebiet mindestens drei Messstationen, um die notwendige räumliche Auflösung zu erreichen. An einer der Hintergrundprobenahmestellen erfolgt zusätzlich die Messung von partikel- und gasförmigem zweiwertigem Quecksilber. Die Probenahmestellen für diese Schadstoffe werden so gewählt, dass geographische Unterschiede und langfristige Trends bestimmt werden können. Es gelten die Bestimmungen der Anlage 16 Abschnitt A, B und C.**

(10) **Die Verwendung von Bioindikatoren kann erwogen werden, wo regionale Muster der Auswirkungen der in Absatz 1 genannten Schadstoffe auf Ökosysteme beurteilt werden sollen.**

(11) **In Gebieten und Ballungsräumen, in denen Informationen von ortsfesten Messstationen durch Informationen aus anderen Quellen, zum Beispiel Emissionskataster, orientierende Messmethoden oder Modellierung der Luftqualität, ergänzt werden, müssen die Zahl einzurichtender ortsfester Messstationen und die räumliche Auflösung anderer Techniken ausreichen, um die Luftschadstoffwerte gemäß Anlage 16 Abschnitt A und Anlage 17 Abschnitt A zu ermitteln.**

(12) **Die Kriterien für die Datenqualität werden in Anlage 17 Abschnitt A festgelegt. Werden Modelle zur Beurteilung der Luftqualität verwendet, so gilt Anlage 17 Abschnitt B.**

(13) **Die Referenzmethoden für die Probenahmen und die Analyse der Werte von Arsen, Kadmium, Quecksilber, Nickel und polyzyklischen aromatischen Kohlenwasserstoffen in der Luft sind in Anlage 18 Abschnitte A bis C festgelegt. Anlage 18 Abschnitt D enthält Referenzmethoden zur Messung der Ablagerung von Arsen, Kadmium, Quecksilber, Nickel und polyzyklischen aromatischen Kohlenwasserstoffen. Anlage 18 Abschnitt E betrifft Referenzmethoden zur Erstellung von Luftqualitätsmodellen, soweit solche Methoden verfügbar sind.**

Zu § 20 hat die Bundesregierung in der amtlichen Begründung Folgendes ausgeführt (BT-Drs. 17/508, S. 45):

Diese Regelung entspricht den Regelungen in den Artikeln 2 bis 4 der Richtlinie 2004/107/EG, die bereits durch die §§ 16 und 17 der 22. BImSchV in deutsches Recht umgesetzt worden waren.

Absatz 1 legt fest, dass die zuständigen Behörden jeweils Listen von Gebieten und Ballungsräumen erstellen müssen, in denen die Zielwerte für Arsen, Cadmium, Nickel und Benzo[*a*]pyren erreicht oder unterschritten bzw. überschritten werden.

Absatz 2 legt in Verbindung mit Anlage 15 die obere bzw. untere Beurteilungsschwelle fest. Diese Schwellen sind maßgeblich für Festlegung der Mess- bzw. Beurteilungsanforderungen und die damit verbundene Messintensität.

Die Absätze 3, 4 und 5 legen in Verbindung mit den Anlagen 16 und 17 fest, wo und an wie vielen Standorten verpflichtende Messungen erforderlich sind. Verpflichtende Messungen müssen dann durchgeführt werden, wenn die Werte über der in Anlage 15 festgelegten unteren Beurteilungsschwelle liegen.

Absatz 6 trifft Regelungen zur Einstufung von Gebieten und Ballungsräumen und hinsichtlich der Aktualisierungserfordernisse für die Einstufung.

In Absatz 7 wird festgelegt, dass die Messungen an festen Orten kontinuierlich oder stichprobenartig mit ausreichender Häufigkeit durchzuführen sind.

Absatz 8 legt fest, dass zur Beurteilung des Beitrages der Benzo[a]pyren-Immissionen zusätzlich weitere relevante polyzyklische aromatische Kohlenwasserstoffe gemessen werden müssen und legt die hierfür geltenden Randbedingungen fest. Diese Probenahmestellen werden vom Umweltbundesamt betrieben. Soweit die Länder die genannten Stoffe erfassen, werden die Ergebnisse bei der Beurteilung berücksichtigt.

Absatz 9 trifft Festlegungen für die zusätzliche Beurteilung der Hintergrundbelastung für die Stoffe Arsen, Kadmium, Nickel und Benzo[a]pyren sowie die in Absatz 8 genannten polyzyklischen aromatischen Kohlenwasserstoffe, Quecksilber und der Gesamtablagerungen von Arsen, Kadmium, Nickel, Benzo[*a*]pyren und Quecksilber. Diese Probenahmestellen werden vom Umweltbundesamt wegen dessen Zuständigkeit für die Überwachung der großräumigen Schadstoffbelastung der Luft betrieben.

Absatz 10 erlaubt die Verwendung von Bioindikatoren für die Beurteilung der Auswirkungen der betrachteten Schadstoffe auf Ökosysteme.

Die Absätze 11 bis 13 enthalten Festlegungen, mit der die Datenqualität der Messungen gemäß den Anlagen 16 und 17 sichergestellt werden soll.

In Absatz 8 wurde auf Antrag des Bundesrates das Wort „Messstationen" durch „Probenahmestellen des Umweltbundesamtes" ersetzt; vgl. dazu (BR-Drs. 117/10 (Beschluss), S. 4):

Der Änderungsvorschlag dient der Klarstellung der Zuständigkeit des Bundes, der sprachlichen Vereinheitlichung und entspricht dem bisher geltenden Recht (§ 17 Absatz 8 Satz 1 der 22. BImSchV).

Teil 4. Kontrolle der Luftqualität

§ 21 Regelungen für die Einhaltung der Immissionsgrenzwerte für Schwefeldioxid, Stickstoffdioxid, Partikel (PM_{10} und $PM_{2,5}$), Blei, Benzol und Kohlenmonoxid

(1) **Die Einhaltung der Immissionsgrenzwerte für Schwefeldioxid, Stickstoffdioxid, Partikel PM_{10}, Partikel $PM_{2,5}$, Blei, Benzol und Kohlenmonoxid wird nach Anlage 3 beurteilt.**

(Fortsetzung nächste Seite)

Zur Begründung des § 23 hat die Bundesregierung Folgendes ausgeführt (BT-Drs. 17/508, S. 46):

§ 23 dient der Umsetzung von Artikel 1 Nummer 22 in Verbindung mit 15 Absatz 1, Artikel 1 Nummer 9 in Verbindung mit 16 Absatz 1 und Artikel 1 Nummer 9, 14 in Verbindung mit 17 Absatz 1 der Richtlinie 2008/50/EG sowie Artikel 2a in Verbindung mit 3 Absatz 1 der Richtlinie 2004/107/EG. Diese Vorschrift legt den Rahmen fest, unter denen die Einhaltung des langfristigen Ziels für Ozon, des nationalen Ziels für $PM_{2,5}$ sowie der Zielwerte für $PM_{2,5}$, Ozon, Arsen, Kadmium, Nickel und Benzo[*a*]pyren sicherzustellen ist. Insbesondere müssen die Maßnahmen verhältnismäßig sein und dürfen keine unverhältnismäßigen Kosten verursachen.

§ 24 Überschreitung von Immissionsgrenzwerten durch Emissionsbeiträge aus natürlichen Quellen

(1) **Die zuständigen Behörden übermitteln dem Bundesministerium für Umwelt, Naturschutz und nukleare Sicherheit über die nach Landesrecht zuständige Behörde zur Weiterleitung an die Kommission für das jeweilige Jahr eine Aufstellung der ausgewiesenen Gebiete und Ballungsräume, in denen die Überschreitungen der Immissionsgrenzwerte für einen bestimmten Schadstoff Emissionsbeiträgen aus natürlichen Quellen zuzurechnen sind. Sie fügen Angaben zu den Konzentrationen und Quellen sowie Unterlagen dafür bei, dass die Überschreitungen auf natürliche Quellen zurückzuführen sind.**

(2) **Emissionsbeiträge aus natürlichen Quellen bleiben bei der Ermittlung von Überschreitungen von Immissionsgrenzwerten außer Ansatz.**

In der amtlichen Begründung zu § 24 wird Folgendes ausgeführt (BT-Drs. 17/508, S. 46):

Mit dieser Regelung wird Artikel 20 Absatz 1 und 2 der Richtlinie 2008/50/EG umgesetzt. Die bisher geltenden Regelungen der Richtlinie 1999/30/EG, umgesetzt in § 14 Absatz 6 und 7 der 22. BImSchV, für die Berücksichtigung der Beiträge aus natürlichen Quellen wurden weiter gefasst.

§ 24 Absatz 1 regelt die Nachweisführung gegenüber der Kommission für den Fall, dass Überschreitungen der Immissionsgrenzwerte für einen bestimmten Schadstoff Emissionsbeiträgen aus natürlichen Quellen zuzurechnen sind.

In Absatz 2 wird festgelegt, dass eine entsprechend Absatz 1 nachgewiesene Überschreitung eines Immissionsgrenzwertes nicht als Überschreitung gilt, die Maßnahmen im Sinne dieser Verordnung, wie zum Beispiel die Aufstellung von Luftreinhalteplänen, erfordert. Mit dieser Regelung werden die bisher nur für die Luftschadstoffe Schwefeldioxid und PM_{10}-Feinstaub geltenden Regelungen zur Berücksichtigung natürlicher Immissionsbeiträge auf alle Luftschadstoffe übertragen und ausgeweitet und Einschränkungen bezüglich bestimmter natürlicher Quellen aufgehoben. Um diese Regelung in Anspruch nehmen zu können, müssen die zuständigen Behörden den Beitrag aus natürlichen Quellen, der ursächlich für die Überschreitung ist, nachweisen.

Die Fassung des Absatzes 2 geht auf einen Vorschlag des Bundesrates zurück; vgl. dazu (BR-Drs. 117/10 (Beschluss), S. 7):

Es ist lediglich die rechtliche Bedeutung von Emissionsbeiträgen aus natürlichen Quellen und Aufwirbelungen zu regeln.

Das BMU hat kein Entscheidungsrecht darüber, ob der Nachweis geführt wurde; das ist Aufgabe allein der EU-Kommission.

§ 25 Überschreitung von Immissionsgrenzwerten für Partikel PM_{10} auf Grund der Ausbringung von Streusand oder -salz auf Straßen im Winterdienst

(1) **Die zuständigen Behörden übermitteln dem Bundesministerium für Umwelt, Naturschutz und nukleare Sicherheit über die nach Landesrecht zuständige Behörde zur Weiterleitung an die Kommission eine Liste der Gebiete und Ballungsräume, in denen die Immissionsgrenzwerte für Partikel PM_{10} in der Luft auf Grund der Aufwirbelung von Partikeln nach der Ausbringung abstumpfender Streumittel auf Straßen im Winterdienst überschritten werden, sowie Informationen über die dortigen Werte und Quellen von PM_{10}-Partikeln.**

(2) **Bei der Übermittlung fügen die zuständigen Behörden die erforderlichen Unterlagen dafür bei, dass die Überschreitungen auf aufgewirbelte Partikel zurückzuführen sind und angemessene Maßnahmen zur Verringerung der Werte getroffen wurden.**

(3) **Für Gebiete und Ballungsräume gemäß Absatz 1 ist ein Luftreinhalteplan gemäß § 27 nur insoweit zu erstellen, als Überschreitungen auf andere Partikel PM_{10}-Quellen als die Ausbringung von Streusand oder -salz auf Straßen im Winterdienst zurückzuführen sind.**

(4) **Emissionsbeiträge im Sinne des Absatzes 1 bleiben bei der Ermittlung von Überschreitungen von Immissionsgrenzwerten außer Ansatz.**

Die Bundesregierung hat zur Begründung der Vorschrift Folgendes ausgeführt (BT-Drs. 17/508, S. 46 f.):

Mit dieser Regelung wird Artikel 21 der Richtlinie 2008/50/EG umgesetzt. Die bisher geltenden Regelungen der Richtlinie 1999/30/EG bzw. der 22. BImSchV (§ 11 Absatz 5) wurden klarer gefasst, insbesondere in Bezug auf die Luftreinhalteplanung und Wertung der Beiträge bei der Beurteilung der Überschreitung des Immissionsgrenzwertes.

§ 25 Absatz 1 regelt die Nachweisführung gegenüber der Kommission für den Fall, dass Überschreitungen der Immissionsgrenzwerte für Partikel PM_{10} aufgrund von Aufwirbelungen von Partikeln nach der Ausbringung von Streumitteln (zum Beispiel Sand, Split oder Streusalz) auf Straßen im Winterdienst überschritten werden sowie die Bereitstellung einschlägiger Daten und Informationen.

Absatz 2 legt fest, dass eine durch Streumittel im Winter verursachte Grenzwertüberschreitung durch die zuständigen Behörden nachgewiesen wird und dass angemessene Maßnahmen zur Verringerung der Werte getroffen wurden.

In Absatz 3 wird festgelegt, dass ein Luftreinhalteplan in dem Falle, dass Grenzwertüberschreitung durch den Einsatz von Streumitteln verursacht wurde und dies gemäß Absatz 1 und 2 nachgewiesen wurde, nicht erstellt werden muss.

Absatz 4 stellt klar, dass eine nach Absatz 2 nachgewiesene Überschreitung keine Überschreitung des Immissionsgrenzwertes für Partikel PM_{10} im Sinne dieser Verordnung darstellt.

Die Fassung des Absatzes 4 geht auf einen Vorschlag des Bundesrates zurück; vgl. dazu (BR-Drs. 117/10 (Beschluss), S. 7):

Es ist lediglich die rechtliche Bedeutung von Emissionsbeiträgen aus natürlichen Quellen und Aufwirbelungen zu regeln.

Das BMU hat kein Entscheidungsrecht darüber, ob der Nachweis geführt wurde; das ist Aufgabe allein der EU-Kommission.

de, Interessenvertretungen empfindlicher Bevölkerungsgruppen, andere mit dem Gesundheitsschutz befasste relevante Stellen und die betroffenen Wirtschaftsverbände über

1. die Luftqualität gemäß Anlage 14,

2. Fristverlängerungen und Ausnahmen nach § 21 Absatz 2 bis 4 und

3. Luftreinhaltepläne.

Diese Informationen sind kostenlos über leicht zugängliche Medien einschließlich des Internets oder jede andere geeignete Form der Telekommunikation zur Verfügung zu stellen; sie müssen den Bestimmungen der Richtlinie 2007/2/EG des Europäischen Parlaments und des Rates vom 14. März 2007 zur Schaffung einer Geodateninfrastruktur in der Europäischen Gemeinschaft (INSPIRE) (ABl. L 108 vom 25.4.2007, S. 1) entsprechen.

(2) **Die zuständigen Behörden veröffentlichen Jahresberichte für die von dieser Verordnung erfassten Schadstoffe. Die Jahresberichte enthalten eine Zusammenfassung der Überschreitungen von Grenzwerten, Zielwerten und langfristigen Zielen, Informationsschwellen und Alarmschwellen in den relevanten Mittelungszeiträumen gemäß den §§ 2 bis 10. Anhand der in den Jahresberichten enthaltenen Daten werden die Auswirkungen der Überschreitungen von den zuständigen Behörden zusammenfassend bewertet.**

(3) **Werden die in § 2 oder § 3 festgelegten Alarmschwellen oder die in § 9 festgelegte Alarmschwelle oder Informationsschwelle überschritten, informieren die zuständigen Behörden die Öffentlichkeit über Rundfunk, Fernsehen, Zeitungen oder Internet gemäß der in Anlage 14 festgelegten Maßnahmen.**

(4) **Wenn die zuständige Behörde in der Bundesrepublik Deutschland von der zuständigen Behörde eines benachbarten Mitgliedstaats der Europäischen Union die Mitteilung erhält, dass in diesem Mitgliedstaat eine Informationsschwelle oder eine Alarmschwelle in Gebieten oder Ballungsräumen nahe der Landesgrenzen überschritten wurde, hat sie die Öffentlichkeit so schnell wie möglich darüber zu informieren.**

(5) **Falls die zuständigen Behörden einen Plan für kurzfristige Maßnahmen erstellt haben, machen sie der Öffentlichkeit, insbesondere Umweltschutzorganisationen, Verbraucherverbänden, Interessenvertretungen empfindlicher Bevölkerungsgruppen, anderen mit dem Gesundheitsschutz befassten relevanten Stellen und den betroffenen Wirtschaftsverbänden sowohl die Ergebnisse ihrer Untersuchungen zu Durchführbarkeit und Inhalt spezifischer Pläne für kurzfristige Maßnahmen als auch Informationen über die Durchführung dieser Pläne zugänglich.**

(6) **Die zuständigen Behörden stellen sicher, dass die Öffentlichkeit, insbesondere Umweltschutzorganisationen, Verbraucherverbände, Interessenvertretungen empfindlicher Bevölkerungsgruppen und andere relevante Gruppen im Gesundheitsbereich angemessen und rechtzeitig über die Immissionswerte und Ablagerungsraten von Arsen, Kadmium, Quecksilber, Nickel und Benzo[*a*]pyren und den übrigen polyzyklischen aromatischen Kohlenwasserstoffen zum Beispiel über das Internet unterrichtet werden. Die Informationen nach Satz 1 müssen auch Folgendes enthalten:**

1. Angaben zu jeder jährlichen Überschreitung der in § 10 festgelegten Zielwerte für Arsen, Kadmium, Nickel und Benzo[*a*]pyren,

2. Gründe für die Überschreitung und das Gebiet, in dem die Überschreitung festgestellt wurde,

3. eine kurze Beurteilung anhand des Zielwerts sowie

4. einschlägige Angaben über Auswirkungen auf die menschliche Gesundheit und Umweltfolgen.

Darüber hinaus werden alle genannten Stellen darüber informiert, welche Maßnahmen zur Einhaltung der Zielwerte ergriffen wurden.

(7) **Das Bundesministerium für Umwelt, Naturschutz und nukleare Sicherheit veröffentlicht die nach den §§ 34 und 35 erstellten Programme.**

(8) **Die zuständigen Behörden unterrichten die Öffentlichkeit zum Beispiel über das Internet über ihre Zuständigkeiten bei der Beurteilung der Luftqualität, der Zulassung von Messsystemen und bei der Qualitätssicherung.**

In der Begründung der Regierungsvorlage heißt es zu § 30 (BT-Drs. 17/508, S. 48):

In § 30 werden die in der Richtlinie 2008/50/EG in den Artikeln 19, 25 und 26 getroffenen Regelungen zur Unterrichtung der Öffentlichkeit zusammengefasst und umgesetzt. Regelungen zur Unterrichtung der Öffentlichkeit, die von der Richtlinie 2008/50/EG nicht erfasst werden (Richtlinien 2001/81/EG und 2004/107/EG), wurden aus § 19 der 22. BImSchV übernommen.

In Absatz 1 werden die grundlegenden Verpflichtungen zur Information der Öffentlichkeit festgelegt. Danach ist die Öffentlichkeit, insbesondere relevante Organisationen (zum Beispiel Umweltschutzverbände, Verbraucherverbände, Interessenvertretungen und empfindliche Bevölkerungsgruppen), kostenlos über die Luftqualität, Fristverlängerungen und Ausnahmen bei der Einhaltung von Grenzwerten sowie über Luftreinhaltepläne zu informieren. Die Informationen müssen nicht aktiv verbreitet werden, sondern sind über leicht zugängliche Medien, wie zum Beispiel das Internet, zur Verfügung zu stellen.

In Absatz 2 ist festgelegt, dass die zuständigen Behörden Jahresberichte für die Schadstoffe Schwefeldioxid, Stickstoffdioxid und Stickstoffoxide, Partikeln PM_{10} und $PM_{2,5}$, Blei, Benzol, Ozon sowie Kohlenmonoxid zu veröffentlichen haben.

Absatz 3 legt fest, dass bei Überschreitungen der Informationsschwelle für Ozon, sowie der Alarmschwellen für Ozon, Schwefeldioxid und Stickstoffdioxid die Öffentlichkeit gemäß Anlage 14 zu informieren ist.

Absatz 4 verpflichtet die zuständigen Behörden, die Öffentlichkeit bei grenznahen Überschreitungen der Informationsschwelle für Ozon oder einer Alarmschwelle für Schwefeldioxid, Stickstoffoxide bzw. Ozon in einem Nachbarstaat über die von dort gegebenen Informationen zu informieren.

In Absatz 5 ist geregelt, wie und in welchem Umfang die Öffentlichkeit über Inhalte, Untersuchungsergebnisse, Wirkungen und Durchführung von Plänen für kurzfristige Maßnahmen zu informieren ist.

In Absatz 6 ist die Information der Öffentlichkeit und relevanter Stellen, die die Luftschadstoffe Arsen, Kadmium, Nickel, Benzo[a]pyren und Quecksilber betreffen, geregelt. Es sind rechtzeitige und angemessene Informationen über die Immissionswerte und Ablagerungsraten für die genannten Stoffe zur Verfügung zu stellen. Die Informationen müssen Angaben zu jeder jährlichen Überschreitung der festgelegten Zielwerte, zu Gründen für die Überschreitung und zu Maßnahmen zur Einhaltung der Zielwerte, sowie einschlägige Angaben über gesundheitliche Auswirkungen und Umweltfolgen enthalten.

In Absatz 7 ist festgelegt, dass das Bundesministerium für Umwelt, Naturschutz und Reaktorsicherheit die nach den §§ 34 und 35 erstellten Pläne zu veröffentlichen hat.

In Absatz 8 ist festgelegt, dass die Öffentlichkeit über die Zuständigkeiten bei der Beurteilung der Luftqualität sowie bei der Zulassung von Messsystemen und der Qualitätssicherung von den zuständigen Behörden unterrichtet wird.

Die Erwähnung des Internets in Absatz 6 und 8 geht auf die Initiative des Bundesrates zurück; vgl. dazu (BR-Drs. 117/10 (Beschluss), S. 8):

Angemessene Begrenzung des Verwaltungsaufwandes.

Zugang und Nutzung des Internets kann insbesondere bei den in Absatz 6 genannten Interessenvertretern unterstellt werden.

§ 31 Übermittlung von Informationen und Berichten für Schwefeldioxid, Stickstoffoxide, Partikel PM_{10}, Partikel $PM_{2,5}$, Blei, Benzol, Kohlenmonoxid, Staubinhaltsstoffe und Ozon

Die zuständigen Behörden übermitteln dem Bundesministerium für Umwelt, Naturschutz und nukleare Sicherheit oder der von ihm beauftragten Stelle über die nach Landesrecht zuständige Behörde zur Weiterleitung an die Kommission die gemäß der Richtlinie 2008/50/EG erforderlichen Informationen.

Zur Begründung des § 31 führt die Bundesregierung aus (BT-Drs. 17/508, S. 48):

Diese Regelung setzt Artikel 27 der Richtlinie 2008/50/EG unter Berücksichtigung um. Regelungen aus § 13 der 22. BImSchV und § 6 der 33. BImSchV wurden übernommen, da sie von der der Richtlinie 2008/50/EG nicht erfasst werden.

In § 31 ist die Pflicht der zuständigen Behörden festgelegt, rechtzeitig alle Informationen, die für die Berichterstattung an die Kommission nach der Richtlinie 2008/50/EG erforderlich sind, dem Bundesministerium für Umwelt, Naturschutz und Reaktorsicherheit oder der von ihm beauftragten Stelle, das ist im Regelfall das Umweltbundesamt, zu übermitteln.

Die konkreten Termine und Inhalte für die Berichterstattung ergeben sich aus den auf der Grundlage der von der Kommission nach Artikel 28 der Richtlinie 2008/50/EG noch zu treffenden Festlegungen beziehungsweise zu erarbeitenden Leitlinien.

§ 32 Übermittlung von Informationen und Berichten für Arsen, Kadmium, Nickel und Benzo[*a*]pyren

(1) **Die zuständigen Behörden übermitteln dem Bundesministerium für Umwelt, Naturschutz und nukleare Sicherheit oder der von ihm beauftragten Stelle über die nach Landesrecht zuständige Behörde zur Weiterleitung an die Kommission in Bezug auf Gebiete und Ballungsräume, in denen einer der in § 10 festgelegten Zielwerte überschritten wird, folgende Informationen:**

1. die Listen der betreffenden Gebiete und Ballungsräume,

2. die Teilgebiete, in denen die Werte überschritten werden,

3. die beurteilten Werte,

4. die Gründe für die Überschreitung der Zielwerte und insbesondere die Quellen, die zur Überschreitung der Zielwerte beitragen,

5. die Teile der Bevölkerung, die den überhöhten Werten ausgesetzt sind.

(2) **Die zuständigen Behörden übermitteln ferner zur Weiterleitung an die Kommission alle gemäß § 20 beurteilten Daten, sofern diese nicht bereits auf Grund der Entscheidung 97/101/EG des Rates vom 27. Januar 1997 zur Schaffung eines Austausches von Informationen und Daten aus den Netzen und Einzelstationen zur Messung der Luftverschmutzung in den Mitgliedstaaten (ABl. L 35 vom 5.2.1997, S. 14), die zuletzt durch die Richtlinie 2008/50/EG geändert worden ist, gemeldet worden sind. Diese Informationen werden für jedes Kalenderjahr bis spätestens zum 31. Juli des darauffolgenden Jahres übermittelt.**

(3) **Zusätzlich zu den in Absatz 1 geforderten Angaben melden die zuständigen Behörden zur Weiterleitung an die Kommission alle gemäß § 22 ergriffenen Maßnahmen.**

Zu § 32 gab die Bundesregierung folgende Begründung (BT-Drs. 17/508, S. 48 f.):

Diese Regelung entspricht den Regelungen in Artikel 5 der Richtlinie 2004/107/EG, die bereits im Rahmen des § 18 der 22. BImSchV in deutsches Recht umgesetzt worden waren.

Absatz 1 regelt die Berichtspflichten gegenüber der Kommission und die entsprechenden Pflichten für die zuständigen Behörden.

Absatz 2 regelt die nach § 20 festgelegte Datenübermittlung einschließlich der Termine für diese Informationen.

Absatz 3 regelt die Berichterstattung bezüglich der nach § 22 ergriffenen Maßnahmen.

Teil 7. Emissionshöchstmengen, Programme der Bundesregierung

§ 33 Emissionshöchstmengen, Emissionsinventare und -prognosen

(1) **Für die Bundesrepublik Deutschland werden für die Stoffe Schwefeldioxid (SO_2), Stickstoffoxide (NO_x), flüchtige organische Verbindungen (NMVOC) und Ammoniak (NH_3) folgende Emissionshöchstmengen in Kilotonnen pro Kalenderjahr bis einschließlich 31. Dezember 2019 festgelegt:**

1. SO_2	**520**
2. NO_x	**1051**
3. NMVOC	**995**
4. NH_3	**550.**

(2) **Die Emissionen sind mit Maßnahmen des in § 34 beschriebenen Programms spätestens ab dem Jahr 2011 auf die in Absatz 1 genannten Höchstmengen zu begrenzen und dürfen bis einschließlich 31. Dezember 2019 nicht mehr überschritten werden.**

(3) **Das Umweltbundesamt erstellt für die in Absatz 1 genannten Stoffe jährlich Emissionsinventare und Emissionsprognosen für die Jahre 2015 und 2020.**

Die Begründung zu § 33 der Regierungsvorlage lautet (BT-Drs. 17/508, S. 49):

Mit § 33 werden geltende Regelungen des § 7 der 33. BImSchV (Artikel 7 der NEC-Richtlinie 2001/81/EG) in diese Verordnung übernommen. Sie entsprechen den Regelungen der Artikel 4, 6 und 7 der Richtlinie 2000/81/EG.

In Absatz 1 setzt die in der NEC-Richtlinie 2001/81/EG für Deutschland gemäß Artikel 4 in Verbindung mit Anhang I genannten Emissionshöchstmengen für die Luftschadstoffe Schwefeldioxid (SO_2), Stickstoffoxide (NO_x), flüchtige organische Verbindungen (NMVOC) und Ammoniak (NH_3) fest.

Absatz 2 regelt, dass diese Höchstmengen bis spätestens 2010 einzuhalten sind und danach nicht mehr überschritten werden dürfen. Diese Einhaltung ist durch Maßnahmen des Programms nach § 34 sicherzustellen.

Absatz 3 verpflichtet das Umweltbundesamt zur jährlichen Erstellung von Emissionsinventaren und -prognosen für 2015 und 2020. Diese Zieljahre ergeben sich daraus, dass die Verpflichtung zur Einhaltung der Emissionshöchstmengen und zur Durchführung geeigneter Maßnahmen über das in der NEC-Richtlinie 2001/81/EG genannte Jahr 2010 weiter bestehen bleibt. Dabei sollen die in § 13 Absatz 5 Nummer 2 genannten Verfahren verwendet werden. Die jährliche Fortschreibung ist erforderlich, um eventuell notwendige Änderungen am Programm nach § 34 frühzeitig erkennen zu können.

Mit Inkrafttreten der 43. BImSchV (s. 2.43 43. BImSchV) am 31.7.2018 wurde § 33 in Absatz 1 und 2 geändert. Die dort enthaltenen Regelungen über nationale Emissionshöchstmengen bleiben zunächst erhalten, laufen aber Ende 2019 aus und werden dann durch die neue 43. BImSchV (Verordnung über nationale Verpflichtungen zur Reduktion der Emissionen bestimmter Luftschadstoffe) abgelöst.

§ 34 Programm der Bundesregierung zur Verminderung der Ozonwerte und zur Einhaltung der Emissionshöchstmengen

(1) **Die Bundesregierung erstellt, nach Anhörung der Länder und der beteiligten Kreise gemäß § 51 des Bundes-Immissionsschutzgesetzes, ein Programm,**

Land	Anzahl der Probenahmestellen
Niedersachsen	2
Nordrhein-Westfalen	9
Rheinland-Pfalz	1
Saarland	1
Sachsen	1
Sachsen-Anhalt	2
Schleswig-Holstein	1
Thüringen	1

Die Länder teilen dem Bundesministerium für Umwelt, Naturschutz und nukleare Sicherheit die konkreten Standorte der betriebenen Probenahmestellen mit.

C. Mindestzahl der Probenahmestellen für ortsfeste Messungen, um zu beurteilen, ob die kritischen Werte zum Schutz der Vegetation in anderen Gebieten als Ballungsräumen eingehalten werden

Falls der maximale Wert die obere Beurteilungsschwelle überschreitet	Falls der maximale Wert zwischen der oberen und der unteren Beurteilungsschwelle liegt
1 Station je 20 000 km^2	1 Station je 40 000 km^2

Im Fall von Inselgebieten sollte die Zahl der Probenahmestellen für ortsfeste Messungen so berechnet werden, dass die wahrscheinliche Verteilung der Luftschadstoffe und die mögliche Exposition der Vegetation berücksichtigt werden.

Amtliche Begründung (BT-Drs. 17/508, S. 50f.):

Anlage 5 dient der Umsetzung von Anhang V der Richtlinie 2008/50/EG.

In Anlage 5 werden Kriterien und Mindestzahlen für ortsfeste Messungen festgelegt. In Abschnitt A ist die Mindestzahl von Probenahmestellen für die Schadstoffe Schwefeldioxid, Stickstoffdioxid und Stickstoffoxide, Partikel (PM_{10} und $PM_{2,5}$), Blei, Benzol und Kohlenmonoxid festgelegt. Diese Mindestzahlen dienen der Beurteilung der Einhaltung von Immissionsgrenzwerten und Alarmschwellen zum Schutz der menschlichen Gesundheit, soweit ortsfeste Messungen die einzige Informationsquelle darstellen. Die Mindestzahl der Probenahmestellen entspricht weitgehend dem geltenden Recht. Abweichungen betreffen vor allem die Anzahl der Probenahmestellen für Partikel PM_{10} und $PM_{2,5}$. Für diese ist ein Summenwert festgelegt, der es den zuständigen Behörden erlaubt, den Schwerpunkt der Messungen je nach Erfordernis entweder auf die PM_{10}- oder auf die $PM_{2,5}$-Fraktion zu legen. Dieses Wahlrecht der Behörden ist allerdings durch mehrere Randbedingungen eingeschränkt, z. B. müssen Probenahmestellen mit mindestens einer Überschreitung in den letzten 3 Jahren erhalten bleiben, außerdem darf die Zahl der Probenahmestellen für die Messung der Feinstaubfraktionen PM_{10} und $PM_{2,5}$ um nicht mehr als den Faktor 2 differieren.

Die in Abschnitt B aufgelisteten Probenahmestellen dienen der Beurteilung der Einhaltung der Vorgaben für die Reduzierung der $PM_{2,5}$-Exposition zum Schutz der menschlichen Gesundheit. Da die Beurteilung der Einhaltung auf der Grundlage eines Vergleichs des aus den Mittelwerten der 36 an festgelegten Probenahmestellen in Ballungsräumen und städtischen Flächen mit mehr als 100 000 Einwohnern für die Jahre 2008 bis 2010 gebildeten Indikators mit dem Indikator der Jahre 2018 bis 2020 erfolgt, ist der Bestand dieser Probenahmestellen mindestens bis 2020 erforderlich. Sollte aus baurechtlichen oder anderen Gründen ein Betrieb dieser Probenahmestellen bis 2020 nicht gewährleistet werden können, müssen die zuständigen Behörden Sorge dafür tragen, dass eine geeignete Ersatz-Probenahmestelle errichtet und betrieben wird. Dabei ist sicherzustellen, dass die Bestimmung des Indikators der Jahre 2018 bis 2020 gemäß den in dieser Verordnung gestellten Anforderungen erfolgt, insbesondere dürfen die Messergebnisse der Ersatzstation nicht zu einer Verfälschung der Berechnungsergebnisse für den Indikator führen.

Diese Anlage konkretisiert die §§ 14 und 15.

Die Fassung des Abschnitts B geht auf einen Änderungsantrag des Bundesrates zurück; vgl. dazu (BR-Drs. 117/10 (Beschluss), S. 12):

Die Festschreibung der pro Land zu betreibenden Anzahl an Probenahmestellen ist ausreichend. Die Festschreibung der konkreten Probenahmestellen auf Verordnungsebene würde bei einer eventuellen Verlagerung einer Messstelle eine Änderung der Verordnung erfordern.

Anlage 6
(zu den §§ 1, 16 und 19)

Referenzmethoden für die Beurteilung der Konzentrationen von für Schwefeldioxid, Stickstoffdioxid und Stickstoffoxiden, Partikeln (PM_{10} und $PM_{2,5}$), Blei, Benzol, Kohlenmonoxid und Ozon

A. Referenzmessmethoden

1. Referenzmethode zur Messung der Schwefeldioxidkonzentration
Als Referenzmethode zur Messung der Schwefeldioxidkonzentration gilt die Methode, die in DIN EN 14212:2012, Ausgabe November 2012, August 2014, „Außenluft – Messverfahren zur Bestimmung der Konzentration von Schwefeldioxid mit Ultraviolett-Fluoreszenz" beschrieben ist.
2. Referenzmethode zur Messung der Konzentration von Stickstoffdioxid und Stickstoffoxiden
Als Referenzmethode zur Messung von Stickstoffdioxid und Stickstoffoxiden gilt die Methode, die in DIN EN 14211:2012, Ausgabe November 2012, „Außenluft – Messverfahren zur Bestimmung der Konzentration von Stickstoffdioxid und Stickstoffmonoxid mit Chemilumineszenz" beschrieben ist.
3. Referenzmethode für die Probenahme und Messung der Konzentration von Blei
Als Referenzmethode zur Probenahme von Blei gilt die in Nummer 4 beschriebene Methode. Als Referenzmethode zur Messung der Bleikonzentration gilt die Methode, die in DIN EN 14902:2005 (Oktober 2005) „Außenluftbeschaffenheit – Standardisiertes Verfahren zur Bestimmung von Pb/Cd/As/Ni als Bestandteil der PM_{10}-Fraktion des Schwebstaubes" beschrieben ist.
4. Referenzmethode für die Probenahme und Messung der Konzentration von PM_{10}
Als Referenzmethode für die Probenahme und Messung der Konzentration von PM_{10} gilt die Methode, die in DIN EN 12341:2014, Ausgabe August 2014, „Außenluft – Gravimetrisches Standardmessverfahren für die Bestimmung der PM_{10}- oder $PM_{2,5}$-Massenkonzentration des Schwebstaubes und Feldprüfverfahren zum Nachweis der Gleichwertigkeit von Messverfahren und Referenzmessmethode" beschrieben ist.
5. Referenzmethode für die Probenahme und Messung der Konzentration von $PM_{2,5}$
Als Referenzmethode für die Probenahme und Messung der Konzentration von $PM_{2,5}$ gilt die Methode, die in DIN EN 12341:2014, Ausgabe August 2014, „Außenluft – Gravimetrisches Standardmessverfahren für die Bestimmung der PM_{10}- oder $PM_{2,5}$-Massenkonzentration des Schwebstaubes beschrieben ist.
6. Referenzmethode für die Probenahme und Messung der Konzentration von Benzol
Als Referenzmethode für die Messung der Benzolkonzentration gilt die Methode, die in DIN EN 14662:2005 (August 2005) „Luftbeschaffenheit – Standardverfahren zur Bestimmung von Benzolkonzentrationen (Teile 1, 2 und 3)" beschrieben ist.
7. Referenzmethode für die Messung der Kohlenmonoxidkonzentration
Als Referenzmethode für die Messung der Kohlenmonoxidkonzentration gilt die Methode, die in DIN EN 14626:2012, Ausgabe Dezember 2012, „Außenluft – Messverfahren zur Bestimmung der Konzentration von Kohlenmonoxid mit nicht-dispersiver Infrarot-Photometrie" beschrieben ist.
8. Referenzmethoden für die Messung der Ozonkonzentration
Als Referenzmethode für die Messung der Ozonkonzentration gilt die Methode, die in DIN EN 14625:2012, Ausgabe Dezember 2012, „Außenluft – Messverfahren zur Bestimmung der Konzentration von Ozon mit Ultraviolett-Photometrie" beschrieben ist.

B. Nachweis der Gleichwertigkeit

Sollen andere Methoden angewendet werden, muss dokumentiert werden, dass damit gleichwertige Ergebnisse wie mit den unter Abschnitt A genannten Methoden erzielt werden. Bei Partikeln kann eine andere Methode angewendet werden, wenn dokumentiert wird, dass diese einen konstanten Bezug zur Referenzmethode aufweist. In diesem Fall müssen die mit dieser Methode erzielten

2.41 Einundvierzigste Verordnung zur Durchführung des Bundes-Immissionsschutzgesetzes (Bekanntgabeverordnung – 41. BImSchV)

Vom 2. Mai 2013

(BGBl. I S. 973/1001/3756, geändert durch Art. 9 d. VO v. 28.4.2015, BGBl. I S. 670, durch Art. 88 d. VO v. 31.8.2015, BGBl. I S. 1474, durch Art. 60 d. G v. 29.3.2017, BGBl. I S. 626, und durch Art. 113 d. 11. ZuständigkeitsanpassungsV v. 19.6.2020, BGBl. I S. 1328)

Übersicht

Vorbemerkung

A. Allgemeines

I. Entstehungsgeschichte

1 Die 41. BImSchV beruht vornehmlich auf der Verordnungsermächtigung nach § 29 b Abs. 3, zugleich auf § 7 Abs. 1 S. 1 Nr. 3, 4 und § 23 Abs. 1 S. 1. Der Entwurf der Verordnung ist dem Bundesrat am 25.5.2012 zugeleitet worden (BR-Drs. 319/12), zusammen mit dem Entwurf einer Verordnung zur Umsetzung der Richtlinie über Industrieemissionen und zur Änderung der Verordnung über Immissionsschutz- und Störfallbeauftragte.

2 Der Bundesrat hat der Verordnung auf der 904. Sitzung am 14.12.2012 nach Maßgabe der Ausschussempfehlung (BR-Drs. 319/1/12) zugestimmt (Plenarprotokoll 904 vom 14.12.2012, S. 574). Die Notwendigkeit der Beteiligung des Bundesrates bei Erlass der Rechtsverordnung nach § 29 b Abs. 3 ergibt sich daraus, dass das BImSchG durch die Länder als eigene Angelegenheit ausgeführt wird, woraus die generelle Zustimmungsbedürftigkeit nach Art. 80 Abs. 2 GG erwächst (*Maunz* in *Maunz/Dürig* GG, 67. EL 2013, Art. 80 Rn. 59). Gegenstand der Ausschussempfehlung war neben redaktionellen Änderungen, Klarstellungen und Anpassungen an die bisherige Praxis insbesondere die Absenkung der nachzuweisenden Mindestversicherungssumme der Haftpflichtversicherung nach § 11 Abs. 4 von 20 Millionen auf 2,5 Millionen pro Schadensfall.

II. Sinn und Zweck der 41. BImSchV

3 Die allgemeine amtliche Begründung zum Entwurf der 41. BImschV (BR-Drs. 319/12, S. 98) lautet:

„d) Erlass der Bekanntgabeverordnung

Ermittlungen und Prüfungen durch Messstellen und Sachverständige sind notwendig, um festzustellen, ob die Betreiberpflichten, die sich aus dem Betrieb von Anlagen nach dem Bundes-Immissionsschutzgesetz ergeben, erfüllt sind. Hierzu wird im Bundes-Immissionsschutzgesetz und in Rechtsverordnungen und Verwaltungsvorschriften zur Durchführung des Gesetzes gefordert, dass diese Tätigkeiten von hierfür besonders qualifizierten, bekannt zu gebenden Stellen und Sachverständigen durchgeführt werden. Dies ist notwendig, da zum einen fehlerhafte Beurteilungen große Auswirkungen auf den Mensch und die Umwelt nach sich ziehen können, zum anderen die Ergebnisse der Ermittlungen und Prüfungen als Grundlage für Verwaltungsakte herangezogen werden können.

Die Bekanntgabeverordnung regelt das Bekanntgabeverfahren und stellt Anforderungen an Stellen und Sachverständige. Sie konkretisiert die im neu erlassenen § 29 b des Bundes-Immissionsschutzgesetzes getroffenen Vorgaben.

Die Bekanntgabeverordnung ersetzt die bisher durch die Bund-Länder-Arbeitsgemeinschaft für Immissionsschutz (LAI) beschlossenen Vorgaben (Richtlinie für die Bekanntgabe von sachverständi-

Begründung:
Nummer 9 bedeutet eine zur Deutschen Akkreditierungsstelle parallele Befassung der zuständigen Behörden mit der Kompetenzfeststellung und -überwachung. Diese ist entbehrlich. Für die zuständigen Behörden leitet sich aus diesen Berichten kein Handlungserfordernis ab; ausgenommen wären Berichte, die darauf schließen lassen, dass die Akkreditierung ganz oder teilweise ausgesetzt oder entzogen wurde. Diese Information wird den zuständigen Behörden jedoch bereits durch § 16 Absatz 1 Nummer 1 gegeben. Im Übrigen sind nach § 16 Absatz 4 Nummer 8 alle erforderlichen Unterlagen auf Verlangen der zuständigen Behörde vorzulegen.*

III. Anmerkung

Die Bestimmung füllt die Verordnungsermächtigung nach § 29b Abs. 3 Nr. 7 BImSchG hinsichtlich der Festlegung von Pflichten der bekannt gegebenen Stellen aus. 86

Die in die Schlussfassung eingegangene Änderung in Absatz 4 Nr. 4 verkennt, dass die Übermittlung an die genannten Behörden jeweils *„auf deren Verlangen"* erfolgen sollte, so dass das befürchtete Wahlrecht nicht bestanden hätte; es hätte der Messstelle nicht freigestanden, bei Verlangen der einen Behörde der anderen Behörde vorzulegen. 87

§ 16 Abs. 4 Nr. 8 der Entwurfsfassung lautete: 88

„8. der für die Bekanntgabe zuständigen Behörde auf Verlangen alle erforderlichen Unterlagen über durchgeführte Ermittlungen vorzulegen,"

§ 16 Abs. 4 Nr. 9 der Entwurfsfassung lautete: 89

„9. die Begutachtungsberichte der Akkreditierungsstelle und die Berichte der bekannt gegebenen Stellen über jährliche interne Auditierungen unverzüglich der für die Bekanntgabe zuständigen Behörde vorzulegen"

§ 17 Pflichten bekannt gegebener Sachverständiger

(1) Für bekannt gegebene Sachverständige gilt § 16 Absatz 1 Nummer 1 Buchstabe c bis e und Nummer 2 und 3 entsprechend. Sie sind zusätzlich verpflichtet,

1. neben den im Rahmen ihrer Aufträge anzufertigenden Prüfungsberichten Erfahrungen, die bei der Durchführung der sicherheitstechnischen Prüfungen und der Prüfungen sicherheitstechnischer Unterlagen gemacht werden, so aufzuzeichnen, dass sie ausgewertet werden können; die Aufzeichnungen müssen insbesondere Folgendes enthalten:

a) Angaben über Anlagenart, Grund, Zeitpunkt, Gegenstand und Umfang der Prüfung,

b) Angaben über die bei der Prüfung festgestellten Mängel sowie Vorschläge zu deren Abhilfe,

c) grundlegende Folgerungen für die Verbesserung der Anlagensicherheit, einschließlich Störfallvorsorge, sowie

d) Angaben über eingegangene Beschwerden, getroffene Abhilfe und Maßnahmen zur Verbesserung der Qualität der Prüfung;

2. die vorgenannten Aufzeichnungen einmal jährlich zusammenzufassen und der zuständigen Behörde auf Verlangen vorzulegen;

3. Aufzeichnungen über die gerätetechnische Ausstattung bereit zu halten;

4. innerhalb von drei Monaten nach Ablauf eines Kalenderjahres den zuständigen Behörden über jede durchgeführte Prüfung einen Bericht nach behördlichen Vorgaben vorzulegen, in dem eine Zusammenfassung der bei der jeweiligen Prüfung festgestellten bedeutsamen Mängel sowie eine Zusammenfassung der

grundlegenden Folgerungen für die Verbesserung der Anlagensicherheit, einschließlich Störfallvorsorge, enthalten ist;

5. die vom Bundesministerium für Umwelt, Naturschutz und nukleare Sicherheit im Bundesanzeiger veröffentlichten sicherheitstechnischen Regeln zu berücksichtigen;

6. einen Prüfauftrag nicht anzunehmen, wenn sie im Rahmen

a) der Planung oder des Genehmigungsverfahrens,

b) der Erstellung des Konzepts zur Verhinderung von Störfällen,

c) der Erstellung des Sicherheitsberichts oder

d) der Erstellung des internen Alarm- und Gefahrenabwehrplans

für den Betreiber der Anlage, auf die sich der Prüfungsauftrag beziehen soll, Aufträge durchgeführt haben, durch die sie bei einer nachfolgenden Prüfungstätigkeit in einen Interessenskonflikt geraten könnten;

7. zur Aufrechterhaltung der Fachkunde

a) sich entsprechend der Entwicklung des Standes der Technik und der Sicherheitstechnik fortzubilden und

b) alle zwei Jahre an einem vom Bundesministerium für Umwelt, Naturschutz und nukleare Sicherheit autorisierten Meinungs- und Erfahrungsaustausch teilzunehmen;

8. den Schutz von Betriebs- und Geschäftsgeheimnissen sowie von Geheimnissen aus Gründen der öffentlichen Sicherheit zu gewährleisten.

(2) **In begründeten Einzelfällen können Unteraufträge an andere Sachverständige vergeben werden; vor der Vergabe ist der zuständigen Behörde der Unterauftrag nebst Begründung anzuzeigen.**

Erläuterung

I. Amtliche Begründung

90 Durch die Erstreckung des § 16 in dem vorgegebenen Rahmen auf Sachverständige wird eine Doppelnormierung vermieden.

91 Die amtliche Begründung zu § 17 der 41. BImSchV lautet (BR-Drs. 319/12, S. 158 f.):

„Nach Absatz 1 Satz 1 gilt für bekannt gegebene Sachverständige § 16 Absatz 1 Nummer 1 Buchstabe c bis e und Nummern 2 und 3 entsprechend. Darüber hinaus werden in Satz 1 weitere Anforderungen an bekannt gegebene Sachverständige gestellt. So dienen etwa die Erfahrungsberichte von Sachverständigen nach Satz 1 Nummer 1 sowohl der Information der zuständigen Behörden, der Kommission für Anlagensicherheit und des Bundesministeriums für Umwelt, Naturschutz und Reaktorsicherheit über festgestellte Mängel und grundlegende Folgerungen für die Verbesserung der Anlagensicherheit als auch der Reflektion der Sachverständigen über die Ursachen ihrer Prüfungsergebnisse mit dem Ziel der kontinuierlichen Verbesserung und Überprüfung der Schwerpunktsetzungen ihrer Vorgehensweisen bei Prüfungen. Weiter werden Pflichten zur Fortbildung und zum Schutz von Betriebs- und Geschäftsgeheimnissen gestellt.

Absatz 2 erfordert das Vorhandensein eines Qualitätssicherungssystems.

Absatz 3 verbietet die Vergabe von Unteraufträgen.

Absatz 4 legt fest, dass Sachverständige keine Beratungstätigkeiten oder andere Dienstleistungen aufnehmen dürfen, die Interessenkonflikte mit ihrer Tätigkeit im Sinne dieser Verordnung entstehen lassen können. Ausgeschlossen sind etwa Beraterverträge des Sachverständigen mit einem Betreiber, die Fachfragen im Bereich der Anlagensicherheit berühren, z. B. ein Auftrag zur Mitarbeit in einem Gremium zur Erarbeitung einer Technischen Regel, die danach bei der Prüfung der Anlagen des Betreibers zu Grunde gelegt wird."

5. Handel mit Emissionsberechtigungen

5.1 Gesetz über den Handel mit Berechtigungen zur Emission von Treibhausgasen (Treibhausgas-Emissionshandelsgesetz – TEHG)

Vom 21. Juli 2011

(BGBl. I S. 1475, geändert durch Art. 25 d. Gesetzes vom 6.12.2011, BGBl. I S. 2481, durch Art. 2 d. Gesetzes v. 22.12.2011, BGBl. I S. 3044, durch das 1. Gesetz zur Änderung des TEHG v. 15.7.2013, BGBl. I S. 2431, durch Art. 2 Abs. 45 und Art. 4 Abs. 28 d. Gesetzes v. 7.8.2013, BGBl. I S. 3154, durch die 10. ZuständigkeitsanpassungsV v. 31.8.2015, BGBl. I S. 1474, durch Art. 4 d. Gesetzes v. 18.7.2016, BGBl. I S. 1666, durch Art. 17 d. Gesetzes v. 23.6.2017, BGBl. I S. 1693, durch Art. 1 d. Gesetzes v. 13.7.2017, BGBl. I S. 2354, durch Art. 11 d. Gesetzes v. 18.7.2017, BGBl. I S. 2745, durch Art. 1 d. Gesetzes v. 18.1.2019, BGBl. I S. 37, und durch Art. 135 d. 11. ZuständigkeitsanpassungsV v. 19.6.2020, BGBl. I S. 1328)

Vorbemerkung

Schrifttum: *Adolf/Berg,* Die Umsetzung der EU-Emissionshandels-Richtlinie aus der Perspektive eines globalen Energiekonzerns, EurUP 2004, 2–29; *Altvater/Brunnengräber,* Ablasshandel gegen Klimawandel?, Hamburg 2008; *Bail/Marr/Oberthür,* Klimaschutz und Recht, in: *Rengeling* (Hrsg.), Handbuch zum europäischen und deutschen Umweltrecht, 2003, 254 ff.; *Bartlik,* Die Einbeziehung des Luftverkehrs in das EU-Emissionshandelssystem, EuR 2011, 196–225; *Beckmann/Fisahn,* Probleme des Handels mit Verschmutzungsrechten, ZUR 2009, 299–307; *Begemann/Lustermann,* Emissionshandel: Problem des Anwendungsbereiches und Auslegungsfragen zu Härtefallregelungen des ZuG 2007, NVwZ 2004, 1292 ff.; *Bilitewski/Wünsch,* Energieeffizienzsteigerung und CO_2-Vermeidungspotenziale bei der Müllverbrennnung, EdDE-Dokumentation 13, 2010; *BMU,* Nationaler Allokationsplan für die Bundesrepublik Deutschland, Berlin 31. März 2004; *Bratting,* Handel mit Treibhausgas-Emissionszertifikaten in der EG, Band 16, Hamburg 2004; *Burgi,* Grundprobleme des deutschen Emissionshandelssystems: Zuteilungskonzept und Rechtsschutz, NVwZ 2004, 1162 ff.; *Burgi,* Emissionszertifikate als Eigentum im Sinne des Art. 14 Grundgesetz, RdE 2004, 29 ff.; *Burgi/Müller,* Das Emissionshandelssystem in Deutschland, ZUR 2004, 419–426; *Calliess/Ruffert,* EUV/AEUV, 4. Auflage, München 2011; *Cames/Deuber,* Emissionshandel im internationalen zivilen Luftverkehr, Berlin 2004; *Corbach,* Die deutsche Stromwirtschaft und der Emissionshandel, Band 5, Stuttgart 2007; *Dauses,* EU-Wirtschaftsrecht, München, Loseblatt; *Department of the Environment, Food and Rural Affairs,* Consultation Paper on the Implementation of the EU Emissions Trading Scheme, London August 2003; *DEHSt,* Informationen der Deutschen Emissionshandelstelle zum Anwendungsbereich des Treibhausemissionshandelsgesetzes – TEHG, Berlin 13. September 2004; *DEHSt,* Hinweispapier zum Anwendungsbereich des Treibhausgas-Emissionshandelsgesetzes (TEHG) für die Handelsperiode 2013–2020, 2011; *Desens,* Finanzierung des Emissionshandels, DVBL 2010, 228–237; *Diehr,* Rechtschutz im Emissionszertifikate-Handelssystem, Schriften zum Umweltrecht Band 147, Berlin 2006; *Döring/Ewringmann,* Europäischer CO_2-Emissionshandel, nationale Gestaltungsspielräume bei der Vergabe von Emissionsberechtigungen und EU-Beihilfenkontrolle, ZfU 2004, 27–45; *Dröge,* „Klimazölle" und die Glaubwürdigkeit der EU- Klimastrategie, SWP-Aktuell 2008, 1–8; *Ebsen,* Emissionshandel in Deutschland, Köln 2004; *Ellinghaus/Ebsen,* Das Treibhausgas-Emissionshandelsgesetz, Energiewirtschaftliche Tagesfragen 2004, 277–280; *Ellinghaus/Ebsen/Schloemann,* The EU Emissions Trading Scheme (EU ETS): a Status Report, Journal for European Environmental and Planning Law, 2004, 3 ff.; *Elsässer,* Emissionshandel und Wettbewerb, Vortrag: Kongress „Energiewandel und Klimaschutz", Berlin 2004; *Ekardt,* Wie weiter im globalen Klimaschutz, ZRP 7/2010, 230–232; *Endres,* Emissionszertifikate und Umweltrecht: 19. Trierer Kolloquium zum Umwelt- und Technikrecht vom 28. bis 30. September 2003, Umwelt- und Technikrecht Band 74, Berlin 2004; *Epiney,* Zur Entwicklung des Emissionshandels in der EU, ZUR 5/2010, 236–244; *Erling,* Emissionshandel- Rechtsgrundlagen und Einführung, Berlin 2008; *Erling,* Der EU-Emissionshandel im Luftverkehr, Zeitschrift für Luft- und Weltraumrecht 2009, 337–355; *Erling,* Carbon Compliance – Vermögens- und Investitionsschutz in Zeiten des Klimawandels, CCZ 5/2010, 188–192; *EU-Kommission,* Vorschlag für eine Richtlinie des Europäischen Parlaments und des Rates über ein System für den Handel mit Treibhausgasemissionsberechtigungen in der Gemeinschaft und zur Änderung der

Richtlinie 96/61/EG des Rates, KOM(2001) 581 endgültig vom 23.10.2001; *EU-Kommission,* The EU Emissions Trading Scheme: How to develop a National Allocation Plan, Non-Paper, April 2003; *EU-Kommission,* Non-Paper on the installation coverage of the EU emissions trading scheme and the interpretation of Annex I, September 2003; *EU-Kommission* DG Climate Action „Guidance on Interpretation of Annex I of the EU ETS Directive" 18.3.2010; *Fichtner,* Emissionsrechte, Energie und Produktion, Band 61, Berlin 2005; *Frenz,* Das Ökosteuer-Urteil und seine Folgen für den Emissionshandel, Natur + Recht 2004, 429–434; *Frenz,* Aktuelles Immissionsschutzrecht und Emissionshandel, GDMB 106, Clausthal-Zellerfeld 2006; *Frenz,* Genehmigungsbedürftige Anlagen nach dem Bundesimmissionsschutzgesetz und Emissionshandel, NVwZ 2006, 1095; *Frenz,* Gleichheitssatz und Wettbewerbsrelevanz bei BVerfG und EuGH – Das Beispiel Emissionshandel, DVBl 2010, 223–227; *Frenz,* Staatliche Veräußerung von Emissionshandelszertifikaten und Finanzverfassung, DVBl 2007, 1385–1392; *Frenz,* Die Zuteilungsregeln für die zweite Emissionshandelsperiode – Teil 1: Industrie- vs. Energieanlagen, Natur und Recht 2007, 513–520; *Frenz,* Die Zuteilungsregeln für die zweite Emissionshandelsperiode – Teil 2: Benchmark-System und Standardauslastungsfaktor für alle Anlagen ab 2003 sowie Zertifikatveräußerung, Natur und Recht 2007, 587–594; *Frenz,* Emissionshandel und Grundgesetz nach drei Entscheidungen des BVerfG, UPR 2008, 8–12; *Frenz,* Emissionshandelsrecht – Kommentar zum TEHG und ZuG, 2. Auflage, Berlin 2008; *Friedl,* Auswirkungen des Treibhausgas-Emissionshandelsgesetzes für den Unternehmenskauf, RdE 2006, 150–157; *Frondel/Hillebrand,* Reform der ökologischen Steuerreform: Harmonisierung mit dem Emissionshandel, Energiewirtschaftliche Tagesfragen 2004, 330–332; *FutureCamp GmbH,* Emissionshandel, Kissing 2005*; FutureCamp GmbH,* Emissionshandel und Emissionsminderungsprojekte, Kissing 2006; *FutureCamp GmbH,* Emissionshandel und Klimastrategien, Kissing 2007; *Gesellschaft für Umweltrecht,* Rechtsprobleme des CO2-Emissionshandels, Band 34, Berlin 2004; *Giesberts/Hilf,* Handel mit Emissionszertifikaten: Regelungsrahmen für einen künftigen Markt, Band 1, Köln 2002; *Goodarzi,* Ausschreibungspflichtigkeit des Erwerbs von Emissionszertifikaten durch Stadtwerke und andere öffentliche Anlagenbetreiber, NVwZ 2004, 949–953; *Greb,* Der Emissionshandel ab 2013 – Die Versteigerung der Emissionszertifikate auf europäischer Ebene, Baden-Baden 2011; *Greinacher/Ehrmann,* Die Übertragungsregelung im Emissionshandel, RdE 2006, 329–334; *Groteloh,* Internationaler Emissionsrechtehandel und nationale Förderungsmaßnahmen, Band 102, Hamburg 2007; *Grünwald,* Treibhausgas – ab in die Versenkung?, Band 25, Berlin 2008; *Hadroušek,* Trading in Green House Gas Emission Allowances: The Czech Approach, Journal for European Environmental and Planning Law, 2004, 32 ff.; *Häder,* Energiepolitik in Deutschland, Band 1, Bochum 2010; *Hansmann,* Bundes-Immissions-Schutzgesetz – Textsammlung mit Einführung und Erläuterungen, Baden-Baden 23. Aufl. 2005; *Heye,* Rechtliche Instrumente zur Reduktion der Treibhausgasemission, Frankfurt a. M. 2002; *Hildebrandt,* CO_2-Emissionshandel – Strategien und Unternehmensimage, Saarbrücken 2007; *Himmer,* Energiezertifikate in den Mitgliedstaaten der Europäischen Union, Band 14, Baden-Baden 2005; *Hobe/Boewe/Geisler,* Luftverkehr und Klimawandel, Band 1, Münster 2009; *Hobley,* Transposition of the Emissions Trading Scheme Directive into UK Law and Associated Issues, Journal for European Environmental and Planning Law, 2004, 10 ff.; *Hohmuth,* Emissionshandel und deutsches Anlagenrecht Band 101, Berlin/Köln/München 2006; *Holtwisch,* Das Nichteinhaltungsverfahren des Kyoto-Protokolls, Band 167, Berlin 2006; *Kerth,* Emissionshandel im Gemeinschaftsrecht: die EG-Emissionshandelsrichtlinie als neues Instrument europäischer Klimaschutzpolitik, Band 29, Baden-Baden 2004; *Kerr,* Legal aspects of storing CO2, Paris 2007; *Kirchhof/Kemmler,* Einstimmigkeitserfordernis im Rat bei der Beschlussfassung über eine europäische Richtlinie zum Handel mit Treibhausgasemissionsberechtigungen, EWS 2003, 217–223; *Klemmer/Hillebrand/Bleuel,* Klimaschutz und Emissionshandel, RWI-Papiere 82, Essen 2002; *Kloepfer,* der Handel mit Emissionszertifikaten im System des Umweltrechts, in: Jahrbuch Umwelt- und Technikrecht, 71 ff.; *Knopp/Hoffmann,* EU-Emissionsrechtehandel und deutsches Treibhausgas-Emissionshandelsgesetz, EWS 2004, 201–207; *Kobes,* Grundzüge des Emissionshandels in Deutschland, NVwZ 2004, 513 ff.; *Kobes,* Das Zuteilungsgesetz 2007, NVwZ 2004, 1153 ff.; *Kobes,* Emissionshandel 2008–2012, NVwZ 2007, 857; *Kobes/Engel,* Der Emissionshandel im Lichte der Rechtsprechung (Teil 1), NVwZ 2011, 207–212; *Kobes/Engel,* Der Emissionshandel im Lichte der Rechtsprechung (Teil 2), NVwZ 2011, 268–275; *Konzak,* Emissionshandel in der Praxis, 1. Aufl., Heidelberg 2006; *Körner/Vierhaus,* Treibhausgasemissionshandelsgesetz. Kommentar zum TEHG und ZuG 2007, München 2005; *Krisp,* Die deutsche Stromwirtschaft, 1. Aufl., Frankfurt am Main 2008; *Lassen,* Einbeziehung des Schiffsverkehrs in das Emissionshandelssystem, ZUR 12/2010, 570–579; *Lafeld,* Emissionshandel im Zeitalter der Global Governance, Saarbrücken 2007; *Levin,* Emissionshandel – Grundlagen, Praxis, Perspektiven, Berlin 2005; *Luhmann,* CCS: ein Beitrag zur Bekämpfung des Klimawandels – oder zu dessen Steigerung?, ZfU 2008, 141–154; *Mager,* Das europäische System für den Handel mit Treib-

§ 8 Versteigerung von Berechtigungen

(1) **Die Versteigerung von Berechtigungen erfolgt nach den Regeln der Verordnung (EU) Nr. 1031/2010 der Kommission vom 12. November 2010 über den zeitlichen und administrativen Ablauf sowie sonstige Aspekte der Versteigerung von Treibhausgasemissionszertifikaten gemäß der Richtlinie 2003/87/EG des Europäischen Parlaments und des Rates über ein System für den Handel mit Treibhausgasemissionszertifikaten in der Gemeinschaft (ABl. L 302 vom 18.11.2010, S. 1) in der jeweils geltenden Fassung. Im Fall der Stilllegung von Stromerzeugungskapazitäten aufgrund zusätzlicher nationaler Maßnahmen kann die Bundesregierung festlegen, dass Berechtigungen aus der zu versteigernden Menge an Berechtigungen gelöscht werden, soweit dies den Vorgaben nach Artikel 12 Absatz 4 der Richtlinie 2003/87/EG entspricht.**

(2) **Das Bundesministerium für Umwelt, Naturschutz und nukleare Sicherheit beauftragt im Einvernehmen mit dem Bundesministerium der Finanzen und dem Bundesministerium für Wirtschaft und Energie eine geeignete Stelle mit der Durchführung der Versteigerung.**

(3) **Die Erlöse aus der Versteigerung der Berechtigungen nach Absatz 1 stehen dem Bund zu. Die Kosten, die dem Bund durch die Wahrnehmung der ihm im Rahmen des Emissionshandels zugewiesenen Aufgaben entstehen und nicht durch Gebühren nach § 22 gedeckt sind, werden aus den Erlösen nach Satz 1 gedeckt.**

(4) **Zur Gebotseinstellung auf eigene Rechnung oder im Namen der Kunden ihres Hauptgeschäftes bedürfen die in § 3 Absatz 1 Nummer 8 des Wertpapierhandelsgesetzes genannten Unternehmen einer Erlaubnis der Bundesanstalt für Finanzdienstleistungsaufsicht (Bundesanstalt). Die Erlaubnis wird erteilt, sofern das Unternehmen die Bedingungen des Artikels 59 Absatz 5 der Verordnung (EU) Nr. 1031/2010 erfüllt. Die Bundesanstalt kann die Erlaubnis außer nach den Vorschriften des Verwaltungsverfahrensgesetzes aufheben, wenn ihr Tatsachen bekannt werden, welche eine Erteilung der Erlaubnis nach Satz 2 ausschließen würden.**

Schrifttum: *Becker-Neetz,* Rechtliche Probleme der Umweltzertifikatmodelle in der Luftreinhaltepolitik, Frankfurt 1988; *Boos/Fischer/Schulte-Mattler,* Kreditwesengesetz, 4. Auflage, München 2012; *Burgi,* Kostenlose Zuteilung oder Versteigerung von Emissionsberechtigungen (Emissionszertifikaten), in: Hendler/Marburger/Reiff/Schröder, Energieversorgung und Umweltschutz, Umwelt- und Technikrecht Band 102, Berlin 2010, 183–210; *Burgi/Selmer,* Verfassungswidrigkeit einer entgeltlichen Zuteilung von Emissionszertifikaten, Stuttgart u. a. O. 2007; *Dauses,* Handbuch des EU-Wirtschaftsrechts, Band 1, Loseblatt-Sammlung, München Stand: 31. Lieferung Juli 2012; *Diekmann/Schleich,* Auktionierung von Emissionsrechten – Eine Chance für mehr Gerechtigkeit und Effizienz im Emissionshandel, ZfE 2006, 259–266; *EU-Kommission,* Grünbuch zum Handel mit Treibhausgasemissionen in der Europäischen Union, KOM(2000) 87 endgültig, Brüssel 2000; *EU-Kommission,* Final Report of the 3rd meeting of the ECCP working group on emissions trading on the review of the EU ETS on Further Harmonisation and Increased Predictability, 070521-22 Final report M3, Brüssel 2007; *EU-Kommission,* Arbeitspapier der Kommissionsdienststellen – Folgenabschätzung – Begleitpapier zum Paket der Durchführungsmaßnahmen für die Ziele der EU in den Bereichen Klimawandel und erneuerbare Energie bis 2020, SEK(2008) 85, Brüssel 2008; *EU-Kommission,* Commission Staff Working Document, Information provided on the functioning of the EU Emissions Trading System, the volumes of greenhouse gas emission allowances auctioned and freely allocated and the impact on the surplus of allowances in the period up to 2020 SWD(2012) 234 final, Brüssel 2012; *EU-Kommission,* Green Paper, A 2030 framework for climate and energy policies, COM(2013) 169 final, Brüssel 2013; *EU-Kommission/Ecofys,* Auctioning of CO2 Emission Allowances in the EU ETS, Utrecht 2006; *Frenz,* Emissionshandelsrecht – Kommentar zu TEHG und ZuV 2020, 3. Auflage, Berlin 2012; *Helbig,* Windfall Profits im europäischen Emissionshandel, Baden-Baden 2010; *IEA,* CO2 Allowance & Electricity Price Interaction, Paris 2007; *Koenig/Ernst/Hasenkamp,* Gemeinschaftsrechtliche Rahmenbedingungen der Vollversteigerung von Emissionszertifikaten im Energiesektor, RdE 2009, 73–80; *Küll,* Grundrechtliche Probleme der Allokation von CO_2-Zertifikaten, Berlin 2009; *Ludwigs,* Unternehmensbezogene Effizienzanforderungen im Öffentlichen Recht, Berlin 2013; *Martini,* Der Markt als Instrument hoheitlicher Verteilungslenkung, Tübingen 2008; *Matthes/Gores/Hermann,* Zusatzerträge von ausgewählten deutschen Unternehmen und Branchen im Rahmen des EU-Emissionshandelssystems, Analyse für den Zeitraum 2005–2012, Berlin 2011; *Rebentisch,* NVwZ 2006, 747–753; *SRU,* Umweltgutachten 2008, Berlin 2008; *Umweltbundesamt,* Implementation of Emissions Trading in the EU: National Allocation Plans of all EU States, Berlin 2005; *Umweltbundesamt/KFW,* Auctioning of Emission Allowances in Germany, Berlin 2012; siehe weiterhin das Schrifttumsverzeichnis unter der → Vorbemerkung zum TEHG.

Übersicht[1]

I. Allgemeines

1 **1. Bedeutung der Vorschrift.** Die Versteigerung ist in der dritten Handelsperiode (2013 bis 2020) die **Regelzuteilungsmethode** für Emissionsberechtigungen. Nach Artikel 10 Absatz 1 Satz 1 der EH-Richtlinie versteigern die Mitgliedstaaten ab dem Jahr 2013 sämtliche Emissionsberechtigungen, die nicht gemäß Artikel 10a und 10c der Richtlinie kostenlos zugeteilt werden. Die kostenlose Zuteilung für Stromerzeugung ist grundsätzlich ausgeschlossen (Artikel 10a Absatz 3 EH-Richtlinie, mit Ausnahmen für neue Mitgliedstaaten nach Artikel 10c EH-Richtlinie). Für die Erzeugung anderer Produkte ist nach Artikel 10a Absatz 1 EH-Richtlinie weiterhin die kostenlose Zuteilung von Emissionsberechtigungen vorgesehen. Grundsätzlich schmilzt die kostenlose Zutei-

[1] Die Kommentierung berücksichtigt noch nicht die Änderungen in Absatz 4 durch Art. 17 des Zweiten Finanzmarktnovellierungsgesetzes vom 23.6.2017 (BGBl. I S. 1693). Die Änderung durch das Gesetz zur Anpassung der Rechtsgrundlagen für die Fortentwicklung des Europäischen Emissionshandels vom 18.1.2019 (BGBl. I S. 37) ist in der Kommentierung ebenfalls noch nicht berücksichtigt. Eine Anpassung erfolgt mit einer der nächsten Ergänzungslieferungen.